Groos

Studienreihe Rechtswissenschaften

herausgegeben von
Professor Dr. Winfried Boecken und Professor Dr. Heinrich Wilms (†)

fortgeführt von
Professor Dr. Winfried Boecken und Professor Dr. Stefan Korioth

# Vorwort

War das Ausländer- und Asylrecht zum Erscheinungszeitpunkt der letzten Auflage in erster Linie durch den Prozess der Umsetzung des Unionsrechts und die Konsolidierung der europäischen und nationalen Rechtsprechung zu den europa- und völkerrechtlichen Rahmenbedingungen des nationalen Rechts gekennzeichnet, prägt zu Beginn des Jahres 2016 eine hektische Folge von kurz aufeinanderfolgenden Gesetzesänderungen das Erscheinungsbild des Aufenthalts- und Asylrechts. Die Ursache dafür ist in einer sich weitgehend ungesteuert vollziehenden Zuwanderung aus den Krisen- und Armutsregionen der Welt in einer bisher ungeahnten Größenordnung von über einer Million „Flüchtlingen" im Jahre 2015 zu sehen. Demgegenüber erscheint die bereits seit 2012 zu beobachtende, politisch erwünschte starke Erhöhung der Einwanderungszahlen nach Deutschland mit einem Wanderungssaldo von 550.000 im Jahre 2014 unerheblich im Hinblick auf eine Änderung der rechtlichen Vorgaben, zumal die EU Binnenmigration 55 % des gesamten Zuwanderungsgeschehens ausmachte. Zwar war bereits im Jahre 2014 auch eine deutliche Erhöhung des Anstiegs der Asylbewerberzahlen auf 203.000 Antragsteller zu beobachten, der an sich mit den rechtlichen Vorgaben des europäischen Asylrechts und insbesondere der Zuständigkeitsregelung der Dublin III VO Nr. 604/2013 kaum in Einklang zu bringen war. Die trotz der Finanzkrise ausgezeichnete Wirtschaftslage Deutschlands, ein wachsender Bedarf an Arbeitskräften und eine insgesamt befriedigende Integration der in Deutschland lebenden ausländischen Bevölkerung begünstigten Änderungen des geltenden Rechts allenfalls in Richtung einer „Legalisierung" an sich ausreisepflichtiger Drittstaatsangehöriger und eine partielle Nichtanwendung des geltenden deutschen und europäischen Ausländer- und Asylrechts, soweit es um die Ergreifung aufenthaltsbeendender Maßnahmen und die Rückführung von Drittstaatsangehörigen in zuständige EU-Mitgliedstaaten ging.

Diese Ausgangslage hat sich im Frühjahr 2016 grundsätzlich verändert. Plötzlich rückt die Zielsetzung von § 1 Aufenthaltsgesetz, den Zuzug von Ausländern zu steuern und zu begrenzen und die Zuwanderung unter Berücksichtigung der Aufnahme- und Integrationsfähigkeit, sowie der wirtschaftlichen und arbeitsmarktpolitischen Interessen der Bundesrepublik Deutschland zu gestalten, wieder in den Blickpunkt von Regierung und Parlament. Die Begrenzung der ungesteuerten Zuwanderung, ein verschärftes Abschiebungs- und Ausweisungsrecht, die Beschleunigung der Verfahren und die Einschränkung des Familiennachzugs markieren neben Änderungen des Integrationsrechts die neuen Zielrichtungen des Ausländer- und Asylrechts. Der Fokus hat sich daneben vom Unionsrecht, das noch Ende 2015 als die primäre Arena im Kampf um rechtliche Reformen des Asylrechts gesehen wurde, deutlich auf das nationale Recht verlagert. Zum Zeitpunkt der Erstellung der Neuauflage ist nicht absehbar, welche weiteren rechtlichen Änderungen erforderlich sein werden, um eine geordnete und gesteuerte Zuwanderung wiederherzustellen und die große Zahl von nach Deutschland als Flüchtlinge eingereisten Ausländer in die Gesellschaft und den Arbeitsmarkt zu integrieren. Es ist kaum anzunehmen, dass die Ende 2015 und Anfang bis Mitte 2016 verabschiedeten zahlreichen Änderungen des Aufenthalts- und Asylrechts die letzten Änderungen sein werden. Die Neuauflage kann daher nur eine Momentaufnahme über eine ihren Konturen bisher kaum deutlich erkennbare ausländerrechtliche Konzeption des größten europäischen Einwanderungslandes sein. Ein Einwanderungsland, in dem derzeit jeder fünfte Einwohner und bald – berücksichtigt man die im Bundesgebiet lebenden Kinder unter zehn Jahren – jeder dritte Einwohner einen Migrationshintergrund aufweist.

Im Hinblick auf die Fülle von Rechtsakten und gerichtlichen Entscheidungen waren wie bisher Prioritätensetzungen unvermeidlich. Angesichts der nahezu unbeschränkten Verfügbarkeit von Gerichtsentscheidungen, Aufsätzen und sonstigen Informationsquellen im Internet wurden bei den Anmerkungen und Quellennachweisen weitere Kürzungen vorgenommen.

Das Lehrbuch soll einen Überblick über die wesentlichen Bereiche des Ausländer- und Asylrechts geben. Daher versteht es sich weniger als wissenschaftliches Lehrbuch, sondern vielmehr als eine kompakte Darstellung des relevanten Stoffes.

Gesetzgebung, Rechtsprechung sowie Literatur sind bis Ende Mai 2016 berücksichtigt. Einbezogen wurden auch die auf der Grundlage eines Beschlusses der Regierungskoalition vorgeschlagenen aufenthaltsrechtlichen Änderungen eines Integrationsgesetzes, die zum Zeitpunkt des Manuskriptabschlusses in der Form eines Gesetzentwurfs vom Mai 2016 bekannt gemacht wurden.

Das Lehrbuch enthält keine Gesetzestexte. Hierfür kann auf die Sammlungen von Vorschriften zum Ausländer- und Asylrecht, die auch die bis dato erlassenen Verordnungen und Richtlinien der Europäischen Union im Ausländer- und Asylrecht umfassen, verwiesen werden. Für weiterführende Kommentarliteratur kann auf die einschlägigen Kommentare, zum Aufenthalts- und Asylrecht sowie den Kommentar des Autors, Ausländerrecht, 5 Bände, Stand, Juli 2016 verwiesen werden. Hinweise im Text auf Auffassungen der neueren Literatur sind deutlich reduziert worden, im Hinblick darauf, dass zum Zeitpunkt des Erstellens des Manuskripts nahezu die gesamte ausländer- und asylrechtliche Literatur zumindest teilweise durch die Rechtsentwicklung überholt ist.

Anregungen und Hinweise zur Verbesserung, insbesondere auch im Hinblick auf die praktische Nutzung des Buches, sind erwünscht:

Universität Konstanz
Prof. Dr. Dr. h. c. Kay Hailbronner, LL.M (McGill)
Universitätsstraße 10
78 457 Konstanz

Konstanz, im Juli 2016                                    Kay Hailbronner

# Inhaltsverzeichnis

# Abkürzungsverzeichnis

| | |
|---|---|
| ABl. EG | Amtsblatt der Europäischen Gemeinschaften |
| ABl. EU | Amtsblatt der Europäischen Union |
| AEUV | Vertrag über die Arbeitsweise der Europäischen Union |
| AH-BMI | Vorläufige Anwendungshinweise des Bundesministeriums des Innern zum AufenthG und zum FreizügG/EU |
| ARB 1/80 | Beschluss Nr. 1/80 des Assoziationsrats EWG-Türkei über die Entwicklung der Assoziation |
| AsylG | Asylgesetz (Fortführung des Asylverfahrensgesetzes durch das Asylverfahrensbeschleunigungsgesetz v. 20.10.2015) |
| AsylVfG | Asylverfahrensgesetz |
| AsylbLG | Asylbewerberleistungsgesetz |
| AuAS | Schnelldienst Ausländer- und Asylrecht |
| AufenthG | Gesetz über den Aufenthalt, die Erwerbstätigkeit und die Integration von Ausländern im Bundesgebiet (Aufenthaltsgesetz) |
| AufenthV | Aufenthaltsverordnung |
| AuslG | Gesetz über die Einreise und den Aufenthalt von Ausländern im Bundesgebiet (Ausländergesetz) |
| AuslG-VwV | Allgemeine Verwaltungsvorschrift zum Ausländergesetz |
| AVwV-AufenthG | Allgemeine Verwaltungsvorschrift zum AufenthG |
| AZRG | Gesetz über das Ausländerzentralregister (AZR-Gesetz) |
| BAFl. | Bundesamt für die Anerkennung ausländischer Flüchtlinge |
| BAMF | Bundesamt für Migration und Flüchtlinge |
| ber. | berichtigt |
| BeschV | Beschäftigungsverordnung |
| BeschVerfV | Beschäftigungsverfahrensverordnung |
| BGBl. | Bundesgesetzblatt |
| BMI | Bundesminister(ium) des Innern |
| BQFG | Berufsqualifikationsfeststellungsgesetz |
| BR-Drs. | Drucksachen des Deutschen Bundesrates |
| BT-Drs. | Drucksachen des Deutschen Bundestages |
| BVFG | Gesetz über die Angelegenheiten der Vertriebenen und Flüchtlinge (Bundesvertriebenengesetz) |
| DA-BA | Durchführungsanweisungen der Bundesagentur für Arbeit |
| DÖV | Die Öffentliche Verwaltung |
| DVBl. | Deutsches Verwaltungsblatt |
| EG | Europäische Gemeinschaften |
| EGMR | Europäischer Gerichtshof für Menschenrechte |
| EGV | Vertrag zur Gründung der Europäischen Gemeinschaft |
| EKMR | Europäische Kommission für Menschenrechte |
| EMRK | Europäische Konvention zum Schutze der Menschenrechte und Grundfreiheiten |
| EU | Europäische Union |
| EuGH | Europäischer Gerichtshof |

## Abkürzungsverzeichnis

| | |
|---|---|
| EuGRZ | Europäische Grundrechte-Zeitschrift |
| EUV | Vertrag über die Europäische Union |
| EZAR | Entscheidungssammlung zum Ausländer- und Asylrecht |
| FamRZ | Zeitschrift für das gesamte Familienrecht |
| FreizügG/EU | Gesetz über die allgemeine Freizügigkeit von Unionsbürgern (Freizügigkeitsgesetz/EU) |
| GAD | Gesetz über den Auswärtigen Dienst |
| GK | Abkommen über die Rechtsstellung der Flüchtlinge (Genfer Flüchtlingskonvention) |
| HAG | Gesetz über die Rechtsstellung heimatloser Ausländer im Bundesgebiet |
| HumHAG | Gesetz über Maßnahmen für im Rahmen humanitärer Hilfsaktionen aufgenommene Flüchtlinge |
| IMK | Innenministerkonferenz |
| InfAuslR | Informationsbrief zum Ausländerrecht |
| IntV | Verordnung über die Durchführung von Integrationskursen für Ausländer und Spätaussiedler (Integrationskursverordnung) |
| JZ | Juristenzeitung |
| KMK | Kultusministerkonferenz |
| NJW | Neue Juristische Wochenschrift |
| NVwZ | Neue Zeitschrift für Verwaltungsrecht |
| RL | Richtlinie |
| Rs. | Rechtssache |
| RVO | Rechtsverordnung |
| SDÜ | Schengener Durchführungsübereinkommen |
| SGB | Sozialgesetzbuch |
| SGK | Schengener Grenzkodex |
| SIS | Schengener Informationssystem |
| Slg. | Entscheidungen des EuGH, amtliche Sammlung |
| StAG | Staatsangehörigkeitsgesetz |
| StlMindÜbk | Übereinkommen zur Verminderung der Staatenlosigkeit |
| StlÜbk | Übereinkommen zur Rechtsstellung der Staatenlosen |
| TBG | Gesetz zur Bekämpfung des internationalen Terrorismus (Terrorismusbekämpfungsgesetz) |
| UBRL | Unionsbürgerrichtlinie |
| VBlBW | Verwaltungsblätter Baden-Württemberg |
| VIS | Visa-Informationssystem |
| VK | Visakodex |
| VO | Verordnung |
| VwV | Verwaltungsvorschrift |
| ZAR | Zeitschrift für Ausländerrecht und Ausländerpolitik |
| ZRP | Zeitschrift für Rechtspolitik |
| ZuwG | Gesetz zur Steuerung und Begrenzung der Zuwanderung und zur Regelung des Aufenthalts und der Integration von Unionsbürgern und Ausländern (Zuwanderungsgesetz) |

# A. Allgemeiner Überblick

## § 1 Migration – Zahlen und Fakten zur Einwanderung in die Bundesrepublik Deutschland

Deutschland ist das größte europäische Einwanderungsland. Für das Jahr 2015 **1** wurde mit ca. 2 Mio. Zuwanderern und einer Nettozuwanderung von 1,14 Mio. die höchste, jemals gemessene Zuwanderung registriert[1]. Im Jahre 2014 hatten bereits 16,4 Mio. der insgesamt 80,9 Mio. Einwohner, dh. jede fünfte Person einen Migrationshintergrund.[2] Davon waren 8,15 Mio. ausländische Staatsangehörige, von denen die größte Gruppe (1,52 Mio.) die türkische Staatsangehörigkeit besaß[3]. Die Zahl der Zuwanderer nach Deutschland steigt seit 2011 deutlich an[4]. Besonders deutlich fällt der Zuwachs von 2011 bis 2014 bei Zuwanderern aus der Europäischen Union aus. Hierbei spielen vor allem Migranten aus Polen, Rumänien, Italien, Bulgarien und Ungarn mit Zuwachsraten zwischen 18,3 % (Polen) und 51,9 % (Ungarn) eine erhebliche Rolle[5]. Insgesamt wanderten im Jahr 2014 1,46 Mio. Ausländer nach Deutschland ein, was einem Wanderungssaldo von 550.000 Personen entspricht[6]. Das Jahr 2015 ist durch eine beispiellose Zuwanderung von ca. 1 Mio. Flüchtlingen gekennzeichnet[7]. Diese Zuwanderung hat sich im Jahr 2016 zunächst bis zur Schließung der „Balkanroute"

---

1  Pressemitt. des Statistischen Bundesamts, zeit online, afp, dpa. 21.3.2016.

2  Statistisches Bundesamt: Mikrozensus – Bevölkerung mit Migrationshintergrund. Unter Person mit Migrationshintergrund versteht man die seit 1950 nach Deutschland zugewanderten Personen und deren Nachkommen sowie der ausländischen Bevölkerung.

3  Statistisches Bundesamt – Pressemitt. v. 3.8.2015 Nr. 277/15. Die Zahlen beruhen auf dem Ausländerzentralregister, das registrierte Ausländer erfasst, die sich in der Regel länger als drei Jahre im Bundesgebiet aufhalten. Die Zahlen aus dem AZR liegen geringfügig über den Zahlen, die sich aus der Bevölkerungsfortschreibung, in der alle ausländischen Staatsangehörigen, die sich in Deutschland an- und abmelden, registriert werden, ergeben. Lediglich das AZR ermöglicht eine nach Aufenthaltstitel differenzierte Erfassung der ausländischen Bevölkerung. Nicht registriert im Ausländerzentralregister sind Doppelstaater, die neben der ausländischen Staatsangehörigkeit zugleich die deutsche Staatsangehörigkeit besitzen. Das Aufenthaltsgesetz ist auf deutsche Doppelstaater nicht anwendbar.

4  Die nachfolgenden statistischen Daten sind im Wesentlichen den Publikationen des Bundesamts für Migration und Flüchtlinge (BAMF) entnommen, darunter „Das Bundesamt in Zahlen 2014" (Juli 2015), sowie „Migrationsbericht 2014" (Februar 2016), sowie weitere einschlägige Berichte des BAMF zu Integration und Migration, sämtlich verfügbar unter www.bamf.de; weitere statistische Daten zur Migrationsentwicklung in Deutschland und zu Integrationsfragen sind den Jahresgutachten des Sachverständigenrates deutscher Stiftungen für Integration und Migration entnommen (SVR Jahresgutachten, zuletzt Jahresgutachten 2015, Unter Einwanderungsländern: Deutschland im internationalen Vergleich, verfügbar unter http://www.svr-migration.de.

5  Statistisches Bundesamt a. a. O.

6  Migrationsbericht 2014, S. 5.

7  Genaue Zahlen sind bisher nicht bekannt. Im EASY-Registrierungssystem sind im Jahr 2015 ca. 1,1 Mio. Zugänge von Asylsuchenden registriert, wobei Fehl- und Doppelerfassungen wegen der zu diesem Zeitpunkt noch fehlenden erkennungsdienstlichen Behandlung nicht ausgeschlossen werden können, BAMF Pressemitt. v. 6.1.2016 und v. 8.3.2016.

durch Ungarn und Mazedonien fortgesetzt. In der Zeit von Januar bis Februar 2016 haben 120.624 Personen in Deutschland Asyl beantragt. Die Asylbeantragung und der sich daraus ergebende Aufenthalt stehen daher – unabhängig vom Ausgang des Asylverfahrens – weiterhin an der Spitze der Zuwanderung in die Bundesrepublik Deutschland und ist damit quantitativ weit bedeutsamer als die reguläre Zuwanderung zu den Zwecken des Familiennachzugs, Erwerbstätigkeit, Studium und Berufsausbildung entsprechend den im Aufenthaltsgesetz geregelten Voraussetzungen.

**2**    Nach den Ergebnissen des Migrationsberichts 2014[8] macht die EU Binnenmigration 55 % des gesamten Zuwanderungsgeschehens nach Deutschland aus. Obwohl die absolute Zahl der Zuzüge von Unionsbürgern weiter im Steigen begriffen ist, ist der Anteil der EU-Binnenmigration an der Gesamtzuwanderung aufgrund der weit überproportionalen Zunahme der Asylzuwanderung rückläufig. Die genauere Analyse der Zuwanderergruppen zeigt, dass im Bereich der regulären Migration die EU-Binnenmigration mit 809.807 Personen weit an der Spitze liegt vor der Zuwanderung von Drittstaatsangehörigen. Die größten regulären Zuwandergruppen bildeten im Jahr 2014 die Zuwanderung zum Zweck des Familiennachzugs (50.564), der Erwerbsmigration (37.283) und den Studenten-Bildungsausländern (92.916). Einige Gruppen, die in der Statistik bis Anfang 2000 noch einen erheblichen Bestandteil des Zuwanderungsgeschehens ausgemacht haben, wie z. B. Spätaussiedler und Familienangehörige und jüdische Zuwanderer aus der ehemaligen Sowjetunion, sowie Saisonarbeitnehmer und Schaustellergehilfen sind weitgehend aus der Statistik verschwunden, bzw. insignifikant geworden[9]. Ungeachtet der großen rechtlichen Veränderungen, die von 2005 bis 2014 im Bereich der Öffnung der Zuwanderung für insbes. qualifizierte Arbeitskräfte aus Drittstaaten vorgenommen worden sind, ist die Zuwanderung zum Zweck der Aufnahme einer Erwerbstätigkeit eher bescheiden geblieben. An Drittstaatsangehörige, die im Jahr 2014 eingereist sind, wurden nach § 18 AufenthG insgesamt 29.696 Aufenthaltserlaubnisse erteilt (+10,7 % gegenüber dem Vorjahr). 5.378 Drittstaatsangehörige reisten im Besitz einer Blauen Karte-EU nach Deutschland ein (+15,6 %). 31 besonders Hochqualifizierte (Wissenschaftler, Lehrpersonen) erhielten eine Niederlassungserlaubnis und 397 Forscher eine bes. Aufenthaltserlaubnis zum Zweck der Ausübung von Forschungstätigkeit. Die Zahl der zugewanderten Selbständigen, insbes. Freiberufler aus Drittstaaten betrug 1781 Personen[10].

**3**    Die Erwartung, dass sich die 2. und 3. Ausländergeneration quasi bereits aufgrund ihres langen Aufenthalts voll in die deutschen Lebensverhältnisse integrieren werde, hat sich nicht erfüllt. Dies spiegelt sich in einer deutlich höheren Arbeitslosenquote und einem höheren „Sozialhilferisiko" der ausländischen Bevölkerung wider. So lag die Arbeitslosenquote der Ausländer im Jahre 2015 mit 14,8 % deutlich über der Gesamtquote von 6,7 %[11]. Zurückgeführt wird dies in erster Linie auf den sehr hohen Anteil an Ungelernten unter den Nicht-Deutschen. Die Arbeitslosigkeit ist zugleich eine der Hauptursachen für den überdurchschnittlich hohen Bezug von Sozialleistungen. Ausländer erhielten im Jahr

---

8   Bundesministerium des Inneren und BAMF, Migrationsbericht 2014, Stand Jan. 2016, S. 8 f.
9   Migrationsbericht 2014, S. 43, Tabelle 3-1 mit der Entwicklung von 1991 bis 2014.
10   Das Bundesamt in Zahlen, 2014, S. 81–90.
11   IAB, Zuwanderungsmonitor, Februar 2016; Bundesagentur für Arbeit, Arbeitsmarkt in Zahlen, Februar 2016, zum Vergleich siehe BAMF, Integration in Zahlen, Nürnberg 2007, S. 27.

2015 mit einer Quote von 17,6 % deutlich häufiger Leistungen nach dem SGB II als Deutsche mit 7,60 %[12]. Darunter befinden sich auch erwerbstätige Personen, deren Arbeitseinkommen nicht zur Deckung des Lebensunterhalts ausreicht. Unverändert ist die Zahl der ausländischen Jugendlichen, die ihre Schullaufbahn ohne beruflichen Abschluss beenden, besorgniserregend hoch[13]. Die Statistik zeigt allerdings auch, dass zwischen den verschiedenen ausländischen Bevölkerungsgruppen erhebliche Unterschiede bestehen. Die Entwicklung der Beschäftigungslage verläuft nach Herkunftsländern unterschiedlich. Während die Arbeitslosenquote der ausländischen Bevölkerung aus den EU-8 Staaten sinkt, steigt diejenige der bulgarischen und rumänischen Staatsangehörigen deutlich an. Bei dieser Personengruppe ist auch ein besonders hoher Anteil an erwerbstätigen Leistungsbeziehern (42 % „Aufstocker") zu vermerken[14]. Steigende Arbeitslosenquoten sind auch bei den Flüchtlingen aus Kriegs-und Krisenländer zu vermerken, soweit sie dem Arbeitsmarkt zur Verfügung stehen[15]. Die Schwierigkeiten der Integration schlägt sich auch in einer höheren Kriminalitätsbelastung einiger Ausländergruppen, insbesondere der jungen Ausländer, im Vergleich zur deutschen Bevölkerung nieder[16]. Ungeachtet der Problematik der Kriminalitätserfassung von Ausländern ist unbestritten, dass in der Gruppe ausländischer Tatverdächtiger bei mittleren und schweren Delikten und vor allem bei Gewaltdelikten ausländische Jugendliche dominieren, die in der Bundesrepublik Deutschland geboren und/oder aufgewachsen sind. Dieser Befund, der zahlreiche Ursachen hat, deutet auf gravierende Integrationsprobleme hin[17]. Spätestens seit dem Bericht der Unabhängigen Kommission „Zuwanderung"[18] sind daher Integrationsfragen in das Zentrum der ausländerpolitischen Diskussion gerückt[19]. Auf der normativen Ebene sind mit dem Zuwanderungsgesetz 2004 erstmals Rechte und Pflichten von Ausländern zum Besuch von Integrationskursen und Integrationserfordernisse als aufenthaltsrechtliche Voraussetzungen für die Erlangung von Daueraufenthaltsrechten und der Einbürgerung gesetzlich verankert worden. Die Integration als „Querschnittsaufgabe" des Migrationsverwaltungsrechts[20] hat nicht nur zahlreiche Initiativen auf der Ebene von Bund, Ländern und Gemeinden zur Integrationsförderung hervorgerufen, sondern bestimmt in vielfacher Weise die Entwicklung des Staats-, Verwaltungs- und Sozialrechts.

---

12  IAB, Zuwanderungsmonitor. Ziff. 1; April 2015, http://de.statista.com.
13  Vgl. SVR, Jahresgutachten 2014, Deutschlands Wandel zum modernen Einwanderungsland, S. 18, 97 ff.
14  Zuwanderungsmonitor Februar 2016, Ziff. 3.
15  Die Flüchtlingsmigration wird erst mit erheblicher Verzögerung auf dem Arbeitsmarkt sichtbar. Die Bundesagentur für Arbeit geht für 2016 von einer Zahl von zusätzlich ca. 160.000 arbeitslosen Flüchtlingen aus; nach Schätzungen des Bundesinnenministeriums wird ein Anstieg der Bezieher von Grundleistungen nach SGB II in der Größenordnung zwischen 245.000 bis 465.000 Personen erwartet, zeit online v. 9.3.2016.
16  Hierzu und zur Problematik der korrekten Erfassung der Kriminalität von Ausländern vgl. Zweiter periodischer Sicherheitsbericht der Bundesregierung, Berlin 2006, S. 408 ff.; Bericht der Beauftragen der Bundesregierung, September 2002, S. 298; vgl. ferner die vom Bundesministerium des Innern jährlich herausgegebenen polizeilichen Kriminalstatistiken; SVR Jahresgutachten 2010, S. 213 ff.
17  Zu integrationspolitischen Empfehlungen vgl. auch Bericht der Unabhängigen Kommission „Zuwanderung", Zuwanderung gestalten – Integration fördern, Juli 2001, S. 218 f., 227 f.
18  A. a. O., S. 197 – 267.
19  Für eine eingehende Analyse der Integrationsproblematik vgl. SVR Jahresgutachten 2010 „Einwanderungsgesellschaft 2010", sowie SVR Jahresgutachten 2012 „Integration im föderalen System: Bund, Länder und die Rolle der Kommunen".
20  *D. Thym*, Migrationsverwaltungsrecht, 2010, S. 274 – 323.

**4**  Im *europäischen Vergleich* liegt Deutschland mit knapp 8,15 Mio. Ausländern und einer Zu- und Abwanderung im Zehnjahresvergleich von 2004 bis 2013 an der Spitze. Relativ gesehen haben allerdings eine Reihe europäischer Staaten wie z. B. Luxemburg, Malta, Zypern, die Schweiz, Spanien, Belgien und Österreich im Vergleich zur Gesamtbevölkerung höhere Zuwanderungsraten als Deutschland, wenn man die Flüchtlingszuwanderung des Jahres 2015 ausklammert[21]. Zu berücksichtigen ist, dass der Ausländeranteil nicht völlig dem Maß der Zuwanderung entspricht. Denn im Ausländeranteil spiegelt sich nicht die Einbürgerungsregelung und -praxis des jeweiligen Staates wider, was bei Staaten mit restriktiver Einbürgerungspraxis unter Umständen zu einem hohen Ausländeranteil führen kann.

Insgesamt setzt sich die *legale Zuwanderung* nach Deutschland aus folgenden *Gruppen* zusammen:
–  EU-Binnenmigration,
–  Ehegatten und Familienangehörige aus Drittstaaten,
–  Flüchtlinge und Asylsuchende,
–  Erwerbsmigration (Blaue Karte, Qualifizierte Arbeitnehmer, Berufsausbildung usw.),
–  ausländische Studierende,
–  jüdische Zuwanderer aus der ehemaligen UdSSR,
–  Spätaussiedler.

**5**  Unionsbürger, die innerhalb der Europäischen Union Personenfreizügigkeit genießen, sind mit 55,3 % Anteil an der Gesamtzuwanderung im Jahre 2014[22] beteiligt. Im Vordergrund steht dabei die Zuwanderung aus Rumänien mit 198.705, Polen 192.172 und Bulgarien mit 80.069 Personen. Insgesamt ergab sich bei Berücksichtigung der Fortzüge ein positiver Wanderungssaldo von 297.115 Personen. Die Tendenz einer stärkeren Zuwanderung nach Deutschland, insbes. aus den EU-Mitgliedstaaten Bulgarien und Rumänien, aber zunehmend auch Kroatien, Ungarn und Italien hat sich damit auch in den Jahren 2010 bis 2014 fortgesetzt[23].

**6**  Eine praktisch besonders bedeutsame Einwanderungsquelle stellt der *Ehegatten- und Familiennachzug* dar. Die Visastatistik des Auswärtigen Amts, das seit 1996 die an Drittstaatsangehörige zum Zweck des Ehegatten- und Familiennachzugs erteilten Visa erfasst, ergab in den Jahren von 1996 bis 2002 eine Steigerung von 54.886 erteilten Visa auf 85.305. Seitdem ist die Zahl der erteilten Visa kontinuierlich gesunken, zuletzt auf 50.564 im Jahr 2014.[24] Zumindest z. T. kann allerdings der Rückgang der Zahlen auf den Wegfall der Visumpflicht für die Staatsangehörigen der neu beigetretenen EU-Mitgliedstaaten zurückgeführt werden. Es ist davon auszugehen, dass der Zuzug von Familienangehörigen angesichts des starken Anstiegs der humanitären Zuwanderung und ansteigender Zahlen bei der Zuwanderung zum Zweck der Erwerbstätigkeit an Bedeutung gewinnt, da bei diesen Personengruppen eine längerfristige Bleibeperspektive angenommen werden kann[25].

---

21  BAMF, Migrationsbericht 2014, S. 161 ff; Quelle: Eurostat.
22  Vgl. BAMF, Das Bundesamt in Zahlen 2014, S. 35 ff.
23  Das Bundesamt in Zahlen 2014, S. 37.
24  BAMF, Das Bundesamt in Zahlen 2014, S. 119.
25  BAMF, Das Bundesamt in Zahlen 2014, S. 119.

Die *Arbeitsmigration* speist sich in Deutschland überwiegend aus Fachkräften, **7**
insbesondere den aufgrund von § 18 AufenthG zum Zweck der Erwerbstätigkeit
eingereisten Migranten. Insgesamt wurden an Drittstaatsangehörige, die im Jahr
2014 zum Zweck der Erwerbstätigkeit eingereist sind, 29.696 Aufenthaltserlaubnisse erteilt. Der Rückgang zum Vorjahr wird auf den Wegfall Kroatiens in
der Statistik zurückgeführt. Die größten Gruppen ausländischer Arbeitnehmer
waren Staatsangehörige aus Indien, den USA, Bosnien-Herzegowina und China.
Etwa zwei Drittel übten eine qualifizierte Beschäftigung nach § 18 Abs. 4 AufenthG aus[26]. Mit einer Blauen Karte eingereist sind im Jahr 2014 5.378 Drittstaatsangehörige[27]. Unionsbürger und ihre Familienangehörigen, die eine Erwerbstätigkeit in Deutschland ausüben, sind in diesen Zahlen nicht erfasst. Sie
unterliegen als freizügigkeitsberechtigte Personen keinerlei Beschränkungen beim
Zugang zum Arbeitsmarkt und bedürfen daher weder einer Aufenthalts- noch
einer Arbeitserlaubnis. Nicht erfasst sind auch aufgrund spezieller Abkommen
beschäftigte Werkvertragsarbeitnehmer und nur kurzfristig tätige Saisonarbeitnehmer. Nicht erfasst sind auch die als Familienangehörigen erwerbstätigen
Drittstaatsangehörigen, die bereits aufgrund des Aufenthaltstitels zum Familiennachzug unbeschränkten Zugang zum Arbeitsmarkt haben.

Die Zahl der Vermittlungen von *Saisonarbeitnehmern* insbesondere aus den mit- **8**
tel- und osteuropäischen Staaten, die noch im Jahr 2010 bei 293.711 Vermittlungen[28] lag, ist mittlerweile in die Bedeutungslosigkeit abgesunken[29]. Auch die
Zahl der *Werkvertragsarbeitnehmer* ist seit 2001[30]. kontinuierlich auf zuletzt
6.847 im Jahr 2014 abgesunken[31]. Nur noch bis zum Ablauf der Übergangsregelung 2013 benötigten rumänische und bulgarische Arbeitnehmer eine Arbeitser-
laubnis-EU und waren insoweit in ihrer Freizügigkeit zum Zweck der Ausübung
einer Erwerbstätigkeit eingeschränkt. Auch für EU-Saisonarbeiter entfallen damit sämtliche Beschränkungen, die aufgrund der BeschV für saisonale Erwerbstätigkeiten vorgesehen sind. Für Kroatien gilt seit 1.7.2015 ebenfalls die volle
Arbeitnehmerfreizügigkeit.

9.351 *Fachkräften* ist darüber hinaus für eine zeitlich befristete Beschäftigung **9**
im Rahmen des internationalen Personalaustausches eine Aufenthaltserlaubnis
erteilt worden[32, 33].

Mit dem Aufenthaltsgesetz erfolgte erstmals eine differenziertere Regelung für **10**
die Einreise und den Aufenthalt von Ausländern zum Zweck einer unselbständigen oder selbständigen Erwerbstätigkeit. Im AZR werden die Rechtsgrundlagen
für die Einreise und den Aufenthalt von Drittstaatsangehörigen dargestellt. Danach hat sich die Zahl der zum Zweck der Ausübung einer Beschäftigung eingereisten Drittstaatsangehörigen von 29.466 im Jahr 2006 auf 29.696 im Jahr
2014 nicht wesentlich erhöht, auch wenn man berücksichtigt, dass sich statis-
tisch durch die EU-Erweiterung ein erheblicher Anteil von Zuwanderung Dritt-

---

26  BAMF, Das Bundesamt in Zahlen 2014, S. 47 ff.
27  BAMF, Das Bundesamt in Zahlen 2014, S. 66, 68.
28  Von der Zahl der Vermittlungen kann nicht unmittelbar auf die Zahl der ins Bundesgebiet einrei-
    senden Personen geschlossen werden, vgl. BAMF, Migrationsbericht 2010, S. 78 ff.
29  BAMF, Das Bundesamt in Zahlen 2014, S. 57.
30  BAMF, Migrationsbericht 2006, S. 72.
31  BAMF, Migrationsbericht 2014, S. 56.
32  BAMF, Das Bundesamt in Zahlen 2014, S. 55.
33  BAMF, Das Bundesamt in Zahlen 2014, S. 58.

staatsangehöriger auf die EU-Binnenwanderung verschoben hat. Die mit dem Zuwanderungsgesetz neu geschaffene Möglichkeit der Erteilung einer Niederlassungserlaubnis an Hochqualifizierte nach § 19 AufenthG hat keine große quantitative Bedeutung erlangt. Im Jahr 2014 sind 31 Personen Niederlassungserlaubnisse nach § 19 AufenthG, 397 Forschern nach § 20 AufenthG und 1.221 Selbständigen nach § 21 AufenthG erteilt worden[34]. Immerhin ist eine Zunahme auf 1.447 Personen im Bereich der Erteilung von Aufenthaltserlaubnissen zum Zweck der Berufsausbildung zu registrieren. Für die relativ geringe Bedeutung der neuen Regeln wurden zahlreiche Gründe genannt, u. a. die Schwierigkeiten der Erlernung der deutschen Sprache, kulturelle Barrieren, Probleme bei der Anerkennung von Diplomen, aufenthaltsrechtliche Einschränkungen für den Ehegatten- und Familiennachzug und das Fehlen einer „Willkommenskultur"[35]. Inwiefern diese Ursachenanalyse auch im Jahr 2016 trotz der zahlreichen Verbesserungen im rechtlichen Bereich u. a. beim Zugang von Familienangehörigen zum Arbeitsmarkt und der Schaffung eines gesetzlichen Anspruchs auf die Anerkennung beruflicher Qualifikationen nach wie vor als zutreffend angesehen werden kann, bedarf der Überprüfung.

**11**  Seit 1991 können *jüdische Zuwanderer aus dem Gebiet der ehemaligen Sowjetunion* in einem geregelten Verfahren dauerhaft nach Deutschland einreisen. Von 1993 bis 2004 sind 191.142 jüdische Zuwanderer aus den Nachfolgestaaten der ehemaligen Sowjetunion nach Deutschland zugewandert. In den Jahren 1995 bis 2003 lag die durchschnittliche Zahl jüdischer Zuwanderer bei 15.000 bis 20.000 Personen pro Jahr. In den darauf folgenden Jahren sank die Zahl der eingereisten Person jedoch auf zunächst 11.208 (2004), dann auf 5.968 (2005) und schließlich auf 1079 (2006). Dieser Rückgang ist wenigstens teilweise auf die veränderten rechtlichen Rahmenbedingungen zurückzuführen[36]. Neuere Zahlen zeigen eine weiter rückläufige Tendenz. Im Jahr 2014 wurden 237 Zuzüge jüdischer Zuwanderer registriert. Insgesamt sind zwischen 1993 und 2010 zusammengerechnet 204.230 jüdische Zuwanderer einschließlich ihrer Familienangehörigen aus der ehemaligen Sowjetunion nach Deutschland zugewandert[37].

**12**  *Asylbewerber* und *sonstige Flüchtlinge* stellen einen erheblichen Teil an der Gesamtzuwanderung in die Bundesrepublik dar. Seit 1992, als die höchste Zahl aller Asylanträge[38] (438.191) registriert wurde, ging die Zahl der Erstanträge zunächst kontinuierlich zurück und lag bei ca. 30.000 in den Jahren 2006–2008[39]. Der seit 2008 zu beobachtende Anstieg der Asylbewerberzahlen nach einer langen Phase des ständigen Rückgangs hat sich im Jahre 2014 mit einem Anstieg auf 202.834 Personen, die einen Erstasylantrag gestellt haben, noch deutlich verstärkt. Im Jahre 2015 wurden 476.649 formelle Asylanträge gestellt, die aber die tatsächliche Zahl der Einreisenden nicht ausreichend wiedergibt[40].

---

34  BAMF, Das Bundesamt in Zahlen 2014, S. 87–90.
35  Vgl. die schriftliche Befragung von Arbeitsmigranten durch eine Arbeitsgruppe des BAMF, Zuwanderung von Fachkräften nach § 18 AufenthG aus Drittstaaten nach Deutschland, WP 44, Mai 2012; zu Lösungsvorschlägen vgl. z. B. SVR Jahresgutachten 2011, Migrationsland 2011, insbes. Teil A, S. 70 ff., 79 ff.
36  BAMF, Migrationsbericht 2006, S. 86.
37  BAMF, Migrationsbericht 2010, S. 92.
38  Erst- und Folgeanträge.
39  BAMF, Das Bundesamt in Zahlen 2014, S. 11.
40  BAMF, Pressemitt. v. 6.1.2016.

Bei den zehn Hauptherkunftsländern im Jahr 2015 steht Syrien an der Spitze, **13** gefolgt von Albanien, Kosovo, Afghanistan, Irak, Serbien, Mazedonien, Personen ungeklärter Staatsangehörigkeit, Eritrea und Pakistan[41]. Während im Zeitraum von 1986 bis 1994 osteuropäische Staaten (Polen, Ungarn, Rumänien, Bulgarien) zu den Hauptherkunftsländern zählten, spielen sie seit dem Beitritt zur EU naturgemäß keine Rolle. Serbien und Montenegro zählen seit 1987 zu den Hauptherkunftsländern, die Türkei bei insgesamt vergleichsweise niedrigen Asylbewerberzahlen durchgängig seit 1986 bis 2005 (mit 10,2 % der Asylanträge). Von den afrikanischen Staaten zählten in den Jahren 1986 bis 1996 Algerien, Ghana, Nigeria, Togo und die Demokratische Republik Kongo (ehemals Zaire) mindestens je einmal zu den Hauptherkunftsländern. Seit 1997 trifft dies nur noch für Nigeria und Algerien zu. Im Jahr 2010 zählte erstmals Somalia mit 2235 Antragstellern zu den Hauptherkunftsstaaten. Eritrea gehört mit 10.990 Antragstellern im Jahr 2015 zu den Hauptherkunftsstaaten, neben Pakistan mit 8.472 Asylbewerbern. Unter den Staaten des Nahen und Mittleren Ostens befinden sich insbesondere Afghanistan, der Iran und seit 1995 auch der Irak und neuerdings Syrien unter den Hauptherkunftsländern. Asylbewerber aus den Nachfolgestaaten der UdSSR, insbesondere aus der Russischen Föderation sind mittlerweile auf der Liste der 10 Hauptherkunftsstaaten nicht mehr vertreten.

Ob die weitere Entwicklung des Zuwanderungsgeschehens unverändert von der **14** Flüchtlingsbewegung beherrscht wird, lässt sich derzeit nicht absehen. In den beiden ersten Monaten des Jahres 2016 haben insgesamt 120.838 Personen in Deutschland förmlich Asyl beantragt[42]. Bei den Hauptherkunftsstaaten sind geringere Veränderungen festzustellen, mit der Besonderheit, dass die Gruppe der Personen mit ungeklärter Staatsangehörigkeit auf Platz 4 der Hauptherkunftstaaten (insgesamt von Januar bis Februar 2016 6.149 Personen) zu Buche schlägt.

Im europäischen Vergleich (EU-Mitgliedstaaten) hat Deutschland jahrzehntelang **15** den größten Zuzug von Asylbewerbern zu verzeichnen gehabt. So hat Deutschland von 1996 bis 2005 mit 767.539 Asylbewerbern im Vergleich zum Vereinigten Königreich mit 624.928 Personen und Frankreich mit 415.585 Personen den weitaus größten Anteil aufgenommen[43]. Im Jahr 2014 war Deutschland mit 202.815 das wichtigste Zielland von Asylsuchenden in Europa gefolgt von Schweden mit 81.325, Italien mit 64.625, Frankreich mit 64.310, Ungarn mit 42.775 und dem Vereinigten Königreich von 31.945[44]. Setzt man die Zahl der Asylanträge in Relation zur Bevölkerungszahl, so ergibt sich ein differenzierteres Bild[45]. Kleinere EU-Mitgliedsländer weisen tendenziell einen verhältnismäßig höheren Asylzugang auf (Schweden, Österreich, Ungarn, Malta). Lediglich Deutschland und Italien (für 2014) stellen insoweit Ausnahmen dar[46]. Für 2015 ergibt sich auf Grund der Flüchtlingszuwanderung aus Syrien und Afghanistan nach Deutschland, Schweden und Österreich noch eine wesentlich signifikantere Ungleichgewichtigkeit bei der Aufnahme von Flüchtlingen in den EU–Mitgliedstaaten.

---

41 BAMF, a. a. O.
42 BAMF, Pressemit. 8.3.2016.
43 IGC – Stand 20.4.2006 und UNHCR – Stand 20.3.2006.
44 BAMF, Das Bundesamt in Zahlen 2014, S. 28.
45 BAMF, Das Bundesamt in Zahlen 2014, S. 30 .
46 A. a. O., S. 31.

**16** Die Stellung eines Asylantrags beinhaltet zwar noch keine Einwanderung ins Bundesgebiet. Ungeachtet dessen zeigt jedoch die Statistik, dass nur ein relativ geringer Prozentsatz der erfolglosen Asylantragsteller entweder freiwillig in sein Heimatland zurückkehrt, in einen Drittstaat ausreist oder aus der Bundesrepublik abgeschoben wird. Eine wesentliche Quelle der faktischen Einwanderung stellt deshalb der Verbleib von Personen dar, bei denen aus den unterschiedlichsten Gründen keine aufenthaltsbeendenden Maßnahmen ergriffen werden oder ergriffen werden können, z. B. aus humanitären Gründen, wegen Krankheit oder aufgrund von Abschiebungshindernissen. Diese sog. *de-facto-Flüchtlinge* sind Personen, die entweder keinen Asylantrag gestellt haben oder deren Asylantrag abgelehnt worden ist und deren Abschiebung vorübergehend ausgesetzt wurde und sie daher im Besitz einer Duldung sind. Gründe hierfür sind entweder eine konkrete Gefahr für Leib, Leben oder Freiheit im Herkunftsland oder sonstige humanitäre, persönliche oder rein faktische Gründe, die der Abschiebung entgegenstehen. Unter die tatsächlichen Abschiebungshindernisse fallen insbesondere die fehlende Kooperationsbereitschaft der Betroffenen und der Herkunftsländer, aber auch fehlende Transportmöglichkeiten oder Mangel an Reisedokumenten.

**17** Insgesamt hielten sich Ende 2014 aufgrund einer dringenden humanitären Aufenthaltserlaubnis nach § 25 Abs. 4 AufenthG 49.898 Personen in Deutschland auf[47]. Aufgrund humanitärer Aufnahmeprogramme des Bundes und der Länder wurden ab 2013 ca. 35.000 Flüchtlinge, überwiegend syrischer Staatsangehörigkeit in Deutschland aufgenommen[48]. Über die Zahl der sich nach Ablehnung eines Asylantrags weiterhin in Deutschland aufhaltenden Flüchtlinge gibt es keine exakten Zahlen. Im Besitz einer Duldung waren Ende 2014 112.767 Ausländer. Die Zahl der sich irregulär, dh. ohne Duldung in Deutschland aufhältigen Ausländer wird in der Literatur auf eine Größenordnung zwischen 180.000 und 520.000 geschätzt[49]. Auf der Grundlage einer Härtefallregelung waren 6.026 Personen im Jahr 2014 im Besitz eines Aufenthaltstitels[50].

**18** Ein beträchtlicher Teil der geduldeten Ausländer hält sich bereits seit mehreren Jahren in Deutschland auf. Von zum Stichtag 1.6.2012 86.440 geduldeten Ausländern lebten 50.049 bereits 4 Jahre und länger in Deutschland, weitere 24.692 zwischen 1 und 4 Jahren. Dieser Personenkreis kommt damit grundsätzlich für die Erteilung einer Aufenthaltserlaubnis auf Basis der sog. Altfallregelung des § 104 a AufenthG in Betracht, mit der langjährig geduldeten Ausländern eine Aufenthaltsperspektive in Deutschland eröffnet werden soll. Im Rahmen dieser zum 28.8.2007 in Kraft getretenen Regelung besteht ein Anspruch auf eine Aufenthaltserlaubnis allerdings nur unter zusätzlichen, insbesondere integrationsbezogenen Voraussetzungen[51].

**19** Eine weitere, für die Entwicklung der Zuwanderung nach Deutschland beachtliche Gruppe von Zuwanderern sind die *Spätaussiedler*, die zusammen mit ihren Familienangehörigen aufgrund von Art. 116 GG die deutsche Staatsangehörigkeit mit der Ausstellung einer Bescheinigung nach § 7 StAG erwerben. Spätaus-

---

47 BAMF, Migrationsbericht 2014, S. 110.
48 Vgl. BT-Drs. 18/5799.
49 BAMF, Migrationsbericht 2014, S. 176 unter Hinweis auf Vogel, http://www.irregular-migration.net.
50 BAMF, Migrationsbericht 2014, S. 111.
51 Vgl. dazu § 7 VI. 4.

siedler sind deutsche Volkszugehörige, die die Republiken der ehemaligen Sowjetunion, Estland, Lettland oder Litauen nach dem 31.12.1992 im Wege des Aufnahmeverfahrens verlassen und ihren ständigen Aufenthalt im Bundesgebiet begründet haben (vgl. § 4 Abs. 1 BVFG). Hierunter fallen auch deutsche Volkszugehörige aus anderen Aussiedlungsgebieten, die die genannten Voraussetzungen erfüllen und glaubhaft machen, dass sie noch am 31.12.1992 oder danach persönliche Benachteiligungen aufgrund ihrer deutschen Volkszugehörigkeit erlitten haben (vgl. § 4 Abs. 2 BVFG). Zuständig für die Feststellung der Eigenschaft als Spätaussiedler ist das Bundesverwaltungsamt. Von 1990 bis 2006 wanderten fast 2,5 Millionen Personen als Spätaussiedler nach Deutschland. Mehrheitlich kamen sie aus dem Gebiet der ehemaligen Sowjetunion. Im Jahr 2006 waren es rund 99 % aller Spätaussiedler[52]. Nachdem der Zuzug von Spätaussiedlern mit annähernd 400.000 im Jahr 1990 einen Höhepunkt erreicht hatte, ist die Zahl der Spätaussiedler stetig zurückgegangen und betrug im Jahr 2012 nur noch 1.817 Personen mit einer leichten Steigerung auf 5.649 registrierte Spätaussiedler im Jahr 2014[53]. Auch Ehegatten oder Abkömmlinge von Spätaussiedlern können auf Antrag in deren Aufnahmebescheid einbezogen werden. Aufgrund der steigenden Zahl gemischt-nationaler Ehen, vor allem aber, weil viele Aufnahmebewerber die sprachlichen Voraussetzungen für eine Aufnahme als Spätaussiedler (Bestehen einer deutschen Sprachprüfung) nicht mehr erfüllen, hat sich der Anteil der Spätaussiedler innerhalb der zuziehenden Familienverbände von etwas über 74 % im Jahr 1993 auf ca. 19 % im Jahr 2004 verringert. Seit 1.1.2005 müssen sich auch Ehegatten und Abkömmlinge von Spätaussiedlern einem Sprachtest unterziehen und ausreichende deutsche Sprachkenntnisse bei einer Anhörung vor einer deutschen Auslandsvertretung nachweisen. Insgesamt wurden im Zeitraum von 1990 bis 2014 etwa 2,8 Mio. Aufnahmeanträge gestellt[54].

Die Zahl der *Studierenden*, die aus dem Ausland zum Studium nach Deutschland **20** gekommen sind, ist von 1993/1994 bis zum WS 2014/2015 kontinuierlich von 86.750 auf 235.898 Personen angestiegen. Im gleichen Zeitraum hat sich die Zahl der Studierenden mit ausländischer Staatsangehörigkeit mehr als verdoppelt (von 134.391 auf 321.596)[55]. Insgesamt ist bei der Zahl der ausländischen Studierenden zwischen „Bildungsinländern" und „Bildungsausländern" zu unterscheiden. Die Bildungsinländer verfügen über eine deutsche Hochschulzugangsberechtigung, sind zu einem großen Teil in Deutschland geboren bzw. aufgewachsen, besitzen aber nicht die deutsche Staatsangehörigkeit und können daher in diesem Sinne nicht als Migranten bezeichnet werden. Bildungsausländer sind diejenigen Personen, die ihre Hochschulzugangsberechtigung im Ausland erworben haben und zum Zweck des Studiums nach Deutschland einreisen. Ihr Anteil liegt relativ konstant bei etwa zwei Drittel aller ausländischen Studierenden. Die erhebliche Zahl der Studienanfänger wird allgemein auf die höhere europäische Bildungsmobilität zurückgeführt. Insgesamt bilden die größte Gruppe der Studienanfänger chinesische Staatsangehörige, es folgen Staatsangehörige aus den USA, Frankreich, Spanien, Russland und Österreich. Im Winter-

---

52 BAMF, Migrationsbericht 2005, S. 43.
53 BAMF, Migrationsbericht 2014 S. 183.
54 A.a.O.
55 BAMF, Migrationsbericht 2014, S. 75 f.

semester 2014/2015 kamen die meisten Neueingeschriebenen aus China, Indien, Russland und Österreich[56]

**21**  Den größten *Anteil an der ausländischen Bevölkerung* stellen im Jahr 2014 mit 18,3 % türkische Staatsangehörige, gefolgt von den polnischen Staatsangehörigen mit 8,3 %, Italien mit 7,0 % und Rumänien mit 4,5 %[57]. 3.74 Millionen hatten am 31.3.2015 die Staatsangehörigkeit eines EU-Mitgliedstaates[58] und waren daher aufenthaltsrechtlich gegenüber Drittstaatsangehörigen privilegiert.

**22**  Die in Deutschland lebenden Ausländer sind in aller Regel schon seit vielen Jahren hier. Am Ende des ersten Quartals 2015 lebte knapp ein Drittel der ausländischen Bevölkerung seit mindestens 20 Jahren in Deutschland, fast zwei Fünftel hatten Aufenhaltszeiten von mehr als 15 Jahren und fast die Hälfte hatten Aufenthaltszeiten von mehr als zehn Jahren aufzuweisen[59]. Über drei Viertel erfüllen damit grundsätzlich die aufenthaltsrechtlichen Voraussetzungen für eine Einbürgerung. Insbesondere die Staatsangehörigen aus den ehemaligen Anwerbeländern Türkei, Griechenland, Italien und Kroatien halten sich weit überwiegend seit mehr als 10 Jahren in Deutschland auf, während russische, rumänische, polnische, chinesische und indische Staatsangehörige zumeist erst seit kürzerer Zeit in Deutschland sind. Mit dem sprunghaften Anstieg der Asylbewerberzahlen in den Jahren 2015/2016 verschiebt sich das Verhältnis länger aufhältiger Ausländer zu Ausländern mit kurzen Aufenthaltszeiten.

**23**  Der Aufenthaltstitel entspricht diesen zumeist langen Aufenthaltszeiten. Ende 2014 verfügten ca. drei Viertel aller Ausländer über ein unbefristetes Aufenthaltsrecht, entweder in Form einer unbefristeten Aufenthaltserlaubnis, einer Niederlassungserlaubnis oder einer EU-Freizügigkeitsbescheinigung. Von den Drittstaatsangehörigen verfügten Ende 2014 56,1 % über einen unbefristeten Aufenthaltstitel und fast ein Drittel waren im Besitz einer befristeten Aufenthaltserlaubnis, der Rest im Besitz einer Duldung oder einer Aufenthaltsgestattung[60]. 24,8 % aller in Deutschland lebender türkischer Staatsangehöriger, 27,4 % der Italiener und 22,8 % der Griechen sind bereits in Deutschland geboren. Insgesamt sind von den 8,152 Mio. in Deutschland lebenden Ausländern 15,1 % im Inland geboren[61]. Der Anteil ist gegenüber dem Jahr 2000 gesunken, weil ein großer Teil der seit dem 1.1.2000 in Deutschland geborenen Ausländer kraft Geburt die deutsche Staatsangehörigkeit erwirbt und damit aus der Ausländerstatistik ausscheidet.

---

56  A.a.O.
57  BAMF, Das Bundesamt in Zahlen 2014, S. 108 (Stand am 31.3.2015).
58  45 %, der Beitritt Kroatiens ist noch nicht berücksichtigt, vgl. BAMF, Das Bundesamt in Zahlen 2014, S. 109.
59  BAMF, Das Bundesamt in Zahlen 2014, S. 111.
60  BAMF, Migrationsbericht 2014, S. 203.
61  A.a.O. S. 213.

# § 2 Regelungsgegenstand und Rechtsquellen des Ausländerrechts

## I. Aufgabe des Ausländerrechts

Gegenstand des Ausländerrechts ist die *Regelung der Rechtsstellung von Ausländern*, insbesondere die Festlegung der Voraussetzungen für ihre Einreise und ihren Aufenthalt. Neben der Steuerung und Begrenzung des Zuzugs von Ausländern dient das Ausländerrecht in Deutschland auch deren Integration und der Erfüllung humanitärer Verpflichtungen der Bundesrepublik. Der *Begriff des Ausländers* ist für das deutsche Recht in § 2 Abs. 1 AufenthG legal definiert. Danach ist jeder Ausländer, der nicht Deutscher im Sinne des Art. 116 Abs. 1 GG ist. *Deutscher* im Sinne von Art. 116 Abs. 1 GG ist jeder, der die deutsche Staatsangehörigkeit besitzt. Dies gilt unabhängig davon, ob die Staatsangehörigkeit durch Geburt oder später durch Erklärung, Annahme als Kind oder Einbürgerung erlangt worden ist. Auch die sog. Statusdeutschen sind Deutsche im Sinne des Art. 116 Abs. 1 GG. Hierbei handelt es sich um Flüchtlinge oder Vertriebene deutscher Volkszugehörigkeit sowie deren Ehegatten und Kinder, die Aufnahme im Bundesgebiet gefunden haben. Entsprechend der Negativdefinition des § 2 Abs. 1 AufenthG sind nicht nur EU-Bürger, sondern auch Staatenlose Ausländer im Sinne des Ausländerrechts[1].

**24**

## II. Historischer Überblick über die Rechtsquellen

Das in Deutschland geltende Ausländerrecht besteht aus einem Gefüge von Regelungen auf allen Ebenen der Normenhierarchie. Neben dem Grundgesetz und einfachen Gesetzen sind nicht nur Verordnungen und Verwaltungsvorschriften von Bedeutung, auch das Europa- und das Völkerrecht enthalten Vorschriften, die Auswirkungen auf das deutsche Ausländerrecht haben. Ursprünglich war das Ausländerrecht fast ausschließlich national geprägt und zählt historisch-systematisch zum besonderen Polizeirecht. Das AuslG 1965 wurde durch das *Ausländergesetz von 1990 (AuslG 1990)*[2] abgelöst. Dieses Gesetz war noch von dem Grundprinzip geprägt, dass Ausländern, die zum Zweck einer unselbständigen Erwerbstätigkeit in die Bundesrepublik Deutschland einreisen wollen, ein Aufenthaltsrecht nur ausnahmsweise nach Maßgabe einer Rechtsverordnung gewährt wird. Eine entscheidende Wende brachte das am 1.1.2005 in Kraft getretene *Zuwanderungsgesetz (ZuwG)*[3], das neben zahlreichen Änderungen bestehender Gesetze als wichtigste Bestandteile das *Aufenthaltsgesetz (AufenthG)* und das *Freizügigkeitsgesetz (FreizügG/EU)* enthält. Zweck des Zuwanderungsgesetzes war es, Gestaltungsspielräume für eine gesteuerte Zuwanderung zu eröffnen und zugleich die Integration von Einwanderern zu regeln. Der Gesetzgeber machte mit der Ersetzung des AuslG durch das „Gesetz über den Aufenthalt, die Erwerbstätigkeit und die Integration von Ausländern im Bundesgebiet" *(Aufenthaltsgesetz – AufenthG)* deutlich, dass mit dem neuen Zuwanderungsgesetz ein „Paradigmenwechsel" verbunden sein sollte, der durch den Dreiklang Steuerung, Begren-

**25**

---

1  Vgl. § 1 Abs. 1 AufenthG.
2  Ausländergesetz v. 9.7.1990, BGBl. I, S. 1354.
3  Gesetz zur Steuerung und Begrenzung der Zuwanderung und zur Regelung des Aufenthalts und der Integration von Unionsbürgern und Ausländern v. 30.7.2004, BGBl. I, S. 1950.

zung und Integration gekennzeichnet war[4]. Eine Neufassung wurde aber auch im Hinblick auf die Rechts- und Verfahrensvereinfachung für erforderlich angesehen. Während das AuslG 1990 die verschiedenen Aufenthaltszwecke in unterschiedlichen Aufenthaltstiteln zum Ausdruck brachte (Aufenthaltsbewilligung, Aufenthaltsbefugnis, Aufenthaltserlaubnis, Aufenthaltsberechtigung), kennt das AufenthG nur noch zwei Aufenthaltstitel, nämlich die Aufenthaltserlaubnis und die Niederlassungserlaubnis (unbefristetes Aufenthaltsrecht). Um eine an den Erfordernissen des Arbeitsmarkts orientierte flexible Steuerung der Zuwanderung aus Erwerbsgründen zu ermöglichen, wurde der Grundsatz der Zuwanderungsbegrenzung in § 10 AuslG 1990 aufgegeben und durch einen Abschnitt über den Aufenthalt zum Zweck der Erwerbstätigkeit, der unter anderem auch eine Niederlassungserlaubnis für Hochqualifizierte und für Selbständige vorsieht, ersetzt. Eine wesentliche Neuerung stellt ferner die Aufnahme von Integrationsvoraussetzungen im AufenthG dar, indem erstmals gewisse Verpflichtungen und Rechtsansprüche wie der Besuch von Sprachkursen und Integrationskursen gesetzlich geregelt werden.

**26**   Durch das am 28.8.2007 in Kraft getretene *Richtlinienumsetzungsgesetz – Rili-UmsG*[5] wurden das AufenthG sowie weitere Gesetze im Bereich des Ausländer- und Asylrechts grundlegend reformiert. Die Notwendigkeit hierfür ergab sich in erster Linie aus der Umsetzung elf aufenthalts- und asylrechtlicher Richtlinien der Europäischen Union in nationales Recht. Aber auch Empfehlungen des Evaluationsberichtes zum Zuwanderungsgesetz[6] sind in die Reform mit eingeflossen. Das im Jahr 2008 neu gefasste Aufenthaltsgesetz[7] war bereits im Jahr 2008 Gegenstand weiterer gesetzlicher Änderungen und mit dem Arbeitsmigrationssteuerungsgesetz vom 20.12.2008[8] wurden eine Reihe von Vorschriften, die die Erteilung von Aufenthaltstiteln zum Zweck der Aufnahme einer Beschäftigung regelten, geändert, um attraktivere Aufnahmebedingungen für qualifizierte Migranten in Deutschland zu schaffen. Darüber hinaus wurden Regelungen in das Gesetz eingefügt, um auch qualifizierten Geduldeten mit erfolgreichem Ausbildungsabschluss oder einem Studium den Zugang zum Arbeitsmarkt zu ermöglichen. Mit dem Gesetz zur Verfolgung der Vorbereitung von schweren staatsgefährdenden Gewalttaten vom 30.7.2009[9] wurden insbesondere neue Ausweisungsgründe zur Bekämpfung schwerer staatsgefährdender Gewalttaten in das Aufenthaltsgesetz eingefügt und Möglichkeiten zur Überwachung ausgewiesener Ausländer aus Gründen der inneren Sicherheit erweitert. Weitere Gesetzesänderungen im Jahr 2011 standen weitgehend im Zeichen der Umsetzung bzw. Anpassung an das EU-Recht. Im Gesetz vom 12.4.2011[10] wurde das Aufenthaltsrecht an die geänderten unionsrechtlichen Vorschriften zur einheitlichen Gestaltung des Aufenthaltstitels für Drittstaatsangehörige[11] angepasst. Das Gesetz zur Bekämpfung der Zwangsheirat und zum besseren Schutz der Opfer von

---

4   Vgl. hierzu auch den Bericht der Unabhängigen Kommission „Zuwanderung", Zuwanderung gestalten – Integration fördern, Juli 2001, Einleitung, S. 11 f.
5   Gesetz zur Umsetzung aufenthalts- und asylrechtlicher Richtlinien der Europäischen Union v. 19.8.2007, BGBl. I, S. 1970.
6   Bericht zur Evaluierung des Zuwanderungsgesetzes, Bundesministerium des Innern, Juli 2006.
7   BGBl. I 2008, S. 162.
8   BGBl. I 2008, S. 2846.
9   BGBl. I 2009, S. 2437.
10   BGBl. I 2011, S. 610.
11   VO (EG) Nr. 380/2008 v. 18.4.2008.

Zwangsheirat vom 23.6.2011[12] hat u. a. einen neuen Aufenthaltstitel für Opfer von Zwangsheirat geschaffen und die Voraussetzungen für ein eigenständiges Aufenthaltsrecht des Ehegatten erleichtert. Durch das Gesetz zur Umsetzung aufenthaltsrechtlicher Richtlinien der Europäischen Union und zur Anpassung nationaler Rechtsvorschriften an den EU-Visakodex vom 22.11.2011[13] wurden den Vorgaben der EU-Rückführungsrichtlinie entsprechend zahlreiche Änderungen beim Recht der Aufenthaltsbeendigung vorgenommen, insbesondere in Bezug auf die Zurückschiebung, die Abschiebung, die Abschiebungsandrohung, das Einreise- und Aufenthaltsverbot sowie die Abschiebungshaft. Zur Umsetzung der Sanktionsrichtlinie 2009/52/EG über Mindeststandards für Sanktionen und Maßnahmen gegen Arbeitgeber, die Drittstaatsangehörige ohne rechtmäßigen Aufenthalt beschäftigen[14] wurde die Arbeitgeberhaftung auf Generalunternehmer und zwischengeschaltete Unternehmer erweitert und ein befristeter Aufenthaltstitel für Opfer illegaler Beschäftigung ins Gesetz aufgenommen. Bei den Form- und Verfahrensvorschriften des Aufenthaltsgesetzes wurden zur Anpassung an den unmittelbar anwendbaren Visakodex Änderungen bei der Begründung von Visumsversagungen sowie zur Anfechtbarkeit der Visumsversagung erforderlich. Einen vorläufigen Abschluss fand die Reform des Aufenthaltsrechts durch das Gesetz zur Umsetzung der Hochqualifiziertenrichtlinie der Europäischen Union vom 1.6.2012[15]. Ergänzt werden diese Änderungen durch die vom Bundesrat am 3.5.2013 beschlossene Verordnung der Bundesregierung zur Änderung des Ausländerbeschäftigungsrechts[16], die am 1.7.2013 in Kraft trat. Das Freizügigkeitsrecht für Unionsbürger ist schließlich durch das Gesetz zur Änderung des FreizügG/EU vom 21.1.2013[17] in wesentlichen Teilen neu geregelt worden.

Die Weiterentwicklung des Ausländer- und Asylrechts stand zunächst im Zeichen der Umsetzung der asylrechtlichen EU Normen. In den Jahren 2011 bis 2013 wurden zahlreiche Richtlinien der „2. Generation" des EU-Einwanderungs- und Asylrechts verabschiedet, die bis 2013 bzw. 2015 umzusetzen waren. Mit dem Gesetz zur Umsetzung der EU-Richtlinie 2011/95 v. 28.8.2013[18] wurden zahlreiche Vorschriften des Aufenthaltsgesetzes und des Asylverfahrensgesetzes an die EU Richtlinie 2011/95 über die Normen für die Anerkennung von Drittstaatsangehörigen als Personen mit Anspruch auf internationalen Schutz, für einen einheitlichen Status für Flüchtlinge oder für Personen mit Anrecht auf subsidiären Schutz und für den Inhalt des zu gewährenden Schutzes (inhaltlich weitgehend unveränderte Neufassung der „Qualifikationsrichtlinie EG 2004/83") angepasst. Das Gesetz zur Verbesserung des Rechts von international Schutzberechtigten und ausländischen Arbeitnehmern v. 20.8.2013[19] hat Erleichterungen beim Zugang zum Arbeitsmarkt u. a. durch neue Aufenthaltstitel zur Arbeitsplatzsuche und Aufenthaltsrechte für erfolgreiche Studienabsolventen in Deutschland eingeführt. Durch das Gesetz werden ferner die Richtlinienvorschriften zum Daueraufenthaltsrecht sowie u. a. über ein einheitliches Verfahren

**27**

---

12  BGBl. I 2011, S. 1266.
13  BGBl. I 2011, S. 2258.
14  ABl. EU Nr. L 168, S. 24.
15  BGBl. 2012 I, S. 1224.
16  BGBl. 2013 I, S. 1449.
17  BGBl. I, S. 254.
18  BGBl. I, S. 3474.
19  BGBl. I, S. 3484.

zur Beantragung einer kombinierten Erlaubnis für Drittstaatsangehörige in innerstaatliches Recht umgesetzt. Die Rechte von arbeitssuchenden und geduldeten Ausländern sind durch das Gesetz zur Verbesserung der Rechtsstellung von asylsuchenden und geduldeten Ausländern vom 23.12.2014[20] insbesondere durch eine weitgehende Lockerung von räumlichen Beschränkungen und wesentlich schnellere Zugangsmöglichkeiten zum Arbeitsmarkt gestärkt worden.

**28**    Im Jahr 2015 ist mit dem Gesetz zur Neubestimmung des Bleiberechts und des Rechts der Aufenthaltsbeendigung v. 27.7.2015[21] zunächst der Reigen der die Rechtstellung von Ausländern verbessernden Gesetze weiter vervollständigt worden, indem Rechtsansprüche auf Erteilung einer Aufenthaltserlaubnis für nachhaltig integrierte geduldete Ausländer geschaffen wurden und eine stichtagsunabhängige Bleiberechtsregelung in das Gesetz eingeführt wurde. Zugleich wurde, weitgehend in Anpassung an die Rechtsprechung zu den völker- und europarechtlichen Grenzen aufenthaltsbeendender Maßnahmen, das Ausweisungsrecht neu geregelt und das bisherige System zwingender Regel- und Ermessensausweisungen durch eine einheitliche Abwägung von Ausweisungs- und Bleibeinteressen ersetzt. Das kurz darauf verabschiedete Asylverfahrensbeschleunigungsgesetz v. 20.10.2015[22] steht bereits im Zeichen dramatisch erhöhter Zugangszahlen für irregulär ins Bundesgebiet zuwandernde Flüchtlinge, für die nach den Regeln der seit dem Jahr 2013 unmittelbar anwendbaren Dublin III Verordnung Nr. 604/2013 zur Festlegung der Kriterien und Verfahren zur Bestimmung des Mitgliedsstaates, der für die Prüfung eines von einem Drittstaatsangehörigen oder Staatenlosen in einem Mitgliedstaat gestellten Antrags auf internationalen Schutz v. 26.6.2013 zuständig ist[23], die Bundesrepublik Deutschland weitgehend für die Prüfung eines Asylantrags nicht zuständig war. Durch organisatorische Änderungen im Ablauf des Asylverfahrens, Einschränkungen der Rechtsstellung von Asylsuchenden „ohne Bleibeperspektive" beim Zugang zum Arbeitsmarkt, Leistungskürzungen, schnellere Registrierung und Verfahrensbeschleunigung soll eine Kontrolle über die Zuwanderung wiederhergestellt und durch beschleunigte Rückführungsverfahren eine Reduzierung der Zuwanderungszahlen erreicht werden.

**29**    Die Zielsetzungen dieser Änderungen werden mit einer in kurzen Abstand aufeinanderfolgender Gesetze im Jahre 2016 fortgesetzt. Das Gesetz zur Verbesserung der Registrierung und des Datenaustauschs zu aufenthalts- und asylrechtlichen Zwecken (Datenaustauschverbesserungsgesetz v. 2.2.2016[24]) will eine schnelle und flächendeckende Erfassung von Personen, die als Asylsuchende, Flüchtlinge oder unerlaubt nach Deutschland einreisen, mittels eines neu eingeführten, mit biometrischen Merkmalen versehenen Ankunftsnachweises (Bescheinigung über die Meldung als Asylsuchender) erreichen. Das Gesetz zur erleichterten Ausweisung von straffälligen Ausländern und zum erweiterten Ausschluss der Flüchtlingsanerkennung v. 11.3.2016[25] steht im Zeichen der Reaktion auf die zahlrei-

---

20 BGBl. I, S. 2439.
21 BGBl. I, S. 1386.
22 BGBl. I, S. 1722.
23 ABl. EU L 180/31.
24 BGBl. I, S. 130.
25 BGBl. I, S. 394.

chen von im Gruppenverbund begangenen Straftaten während der Silvesternacht 2015/2016. Das Gesetz qualifiziert neu Straftaten gegen das Leben, die körperliche Unversehrtheit, die sexuelle Selbstbestimmung, das Eigentum oder den Widerstand gegen Vollstreckungsbeamte als besonders schwerwiegende bzw. je nach Höhe der Strafe als schwerwiegende „Ausweisungsinteressen" und will damit die Ausweisung straffälliger Ausländer erleichtern. Die Reform des Asylverfahrensrechts wird im „2. Asylpaket" mit dem Gesetz zur Einführung beschleunigter Asylverfahren v. 11.3.2016[26] fortgeführt. Zentrale Punkte der Reform sind die Einführung beschleunigter Verfahren in besonderen Aufnahmeeinrichtungen im Falle offensichtlich unbegründeter oder wegen mangelnder Kooperation verschleppter Asylverfahren. Der Familiennachzug für subsidiär Schutzberechtigte wird im Grundsatz für eine Dauer von zwei Jahren ausgesetzt. Im Asylbewerberleistungsrecht erfolgen weitere Kürzungen insbesondere für Asylsuchende bis zur Ausstellung des Ankunftsnachweises. Mit dem Integrationsgesetz v. 31.7.2016 wird unter dem Motto „Fördern und Fordern" der Zugang von Asylbewerbern und Flüchtlingen zur Ausbildungsförderung und zu Flüchtlingsintegrationsmaßnahmen wesentlich erleichtert, zugleich aber auch die Beachtung von Integrationspflichten durch Sanktionen u. a. in der Form von Leistungskürzungen und Wohnsitzbeschränkungen verstärkt.

## III.   Das auf Drittstaatsangehörige anwendbare Recht

### 1.   Das Aufenthaltsgesetz

Kernstück des Zuwanderungsgesetzes vom 30.7.2004 ist das „Gesetz über den **30** Aufenthalt, die Erwerbstätigkeit und die Integration von Ausländern im Bundesgebiet" (*Aufenthaltsgesetz – AufenthG*[27]). Obwohl es das AuslG 1990 vollständig abgelöst hat, lehnt es sich dennoch in weiten Teilen an dieses an. Das AufenthG regelt für Drittstaatsangehörige[28] die Einreise, den Aufenthalt und die Niederlassung im Bundesgebiet sowie die Erwerbstätigkeit und Aufenthaltsbeendigung. Zudem ist ein eigenes Kapitel der Integration gewidmet. Die §§ 43 bis 45 definieren Grundsätze der Integrationspolitik. Einzelheiten der Integrationskurse sowie das Verwaltungsverfahren sind in der Verordnung über die Durchführung von Integrationskursen für Ausländer und Spätaussiedler (*Integrationskursverordnung – IntV*[29]) vom 13.12.2004 geregelt.

Das Aufenthaltsgesetz und Asylgesetz werden durch die Länder ausgeführt. So-  **31** weit nicht mit Zustimmung des Bundesrates die Verwaltungsbehörden der Länder bindende Verwaltungsvorschriften von Seiten des Bundes erlassen werden, wird ein Mindestmaß an einheitlicher Anwendung durch unverbindliche „Hinweise" des Bundesinnenministeriums oder „Arbeitshilfen" des Bundesministeriums für Arbeit und Soziales zum Beschäftigungsrecht erreicht[30]. Im Rahmen der

---

26  BGBl. I, S. 390; vgl. auch für weitere Änderungen die VO zum Asylverfahrensbeschleunigungsgesetz v. 24.10.2015, BGBl. I, S. 1789.
27  BGBl. 2004 I, S. 1950, zuletzt geändert durch Art. 7 des Gesetzes v. 17.6.2013, BGBl. I, S. 1555.
28  D. h. nicht EU-Bürger.
29  BGBl. 2004 I, S. 3370, zuletzt geändert durch VO v. 24.10.2015, BGBl. I, S. 1789; *Hailbronner*, Ausländerrecht, A 1.4.
30  Vgl. z. B. die Übersicht in der Verwaltungsvorschrift des Bad. Württ. Innenministeriums, https://www.baden-wüttemberg.de, Stand 28. April 2015.

Auslegungsspielräume, die die geltenden bundesrechtlichen Vorschriften bieten, können die Länder neben Fragen der Zuständigkeit und der Organisation des Ausländerwesens den Ausländerbehörden auch materielle Vorgaben zur Gesetzesanwendung machen oder von den im AufenthG eröffneten Regelungsspielräumen z. B. beim Erlass allgemeiner Abschiebestoppanordnungen oder der Rückführung ausreisepflichtiger Ausländer Gebrauch machen. Die nicht selten je nach politischen Vorgaben gemachten unterschiedlichen Anordnungen insbes. zur Rückführungspolitik tragen erheblich zur Gesamtbeurteilung einer in sich intransparenten und inkonsistenten Ausländerpolitik der Bundesrepublik Deutschland bei.

### 2. Die Aufenthaltsverordnung

**32** Ergänzt wird das AufenthG durch die *Aufenthaltsverordnung (AufenthV)*[31], die die Stelle der Durchführungsverordnung zum Ausländergesetz (DVAuslG) und weiterer Verordnungen, wie der Ausländerdatenübermittlungsverordnung (AuslDÜV) und der Ausländergebührenverordnung (AuslGebV) einnimmt. Die Aufenthaltsverordnung konkretisiert die Bestimmungen des Aufenthaltsgesetzes zur Einreise und zum Aufenthalt im Bundesgebiet, zur Passpflicht und zum Erfordernis eines Aufenthaltstitels. Der Aufbau der AufenthV folgt dabei weitgehend dem Aufbau des AufenthG, um eine rasche Orientierung zu ermöglichen. Ferner regelt die Verordnung die Erhebung von Gebühren sowie die Führung von Ausländerdateien durch die Ausländerbehörden und deutschen Auslandsvertretungen (Botschaften).

### 3. Die Beschäftigungsverordnung

**33** In der Verordnung des Bundesministeriums für Arbeit und Wirtschaft vom 22.11.2004 über die Zulassung von neu einreisenden Ausländern zur Ausübung einer Beschäftigung (*Beschäftigungsverordnung – BeschV*)[32] wurden die Zulassungsvoraussetzungen für Ausländer zum Arbeitsmarkt in der Bundesrepublik geregelt. Diese fanden sich bis dahin in der Arbeitsgenehmigungsverordnung (ArGV), der Anwerbestoppausnahmeverordnung (ASAV) und der Verordnung über die Arbeitsgenehmigung für hoch qualifizierte ausländische Fachkräfte der Informations- und Kommunikationstechnologie (IT-ArGV und IT-AV). Die BeschV enthielt zunächst eine Reihe von Vorschriften darüber, welche Aufenthaltstitel zum Zweck der Beschäftigung keiner Zustimmung der Bundesagentur für Arbeit bedürfen, einen nachfolgenden Abschnitt über die Zustimmung zu Beschäftigungen, die keine qualifizierte Berufsausbildung voraussetzen, und schließlich Regelungen zur Zustimmung zu Beschäftigungen, die eine qualifizierte Berufsausbildung erfordern.

**34** Die Beschäftigungsverordnung ist komplementär zu den zahlreichen Änderungen des Aufenthaltsgesetzes, die die Erteilung von Aufenthaltstiteln zum Zweck der Ausübung einer Beschäftigung regelten, vielfach geändert worden. Dabei wurde der Anwendungsbereich des Prinzips des Vorrangs inländischer und EU-Arbeitnehmer bei der Erteilung von Aufenthaltstiteln zum Zweck der Beschäftigung eingeschränkt und insbesondere der Zugang qualifizierter Migranten zum deutschen Arbeitsmarkt (u. a. Inhaber einer Blauen Karte) und geduldeter Ausländer

---

31  BGBl. 2004 I, S. 2945; zuletzt geändert durch Art. 7 des Gesetzes v. 2.2.2016 (BGBl I, S. 130); *Hailbronner*, Ausländerrecht, A 1.1.
32  BGBl. 2004 I, S. 2937.

zur betrieblichen Ausbildung vom Erfordernis der Zustimmung der Bundesagentur für Arbeit weitgehend freigestellt. Die ursprüngliche Aufteilung in Beschäftigungsverordnung und Beschäftigungsverfahrensverordnung (Zugang im Inland aufhältiger Ausländer zum Arbeitsmarkt)[33] ist durch die Beschäftigungsverordnung (BeschV) v. 6.6.2013[34] abgelöst worden.

Die VO öffnet den Arbeitsmarkt auch für Arbeitskräfte außerhalb der EU mit mittlerer Qualifikation, die eine abgeschlossene Berufsausbildung vorweisen können. Gering qualifizierte Drittstaatsangehörige werden auch weiterhin nur ausnahmsweise zugelassen. Zugleich sollen alle Ausländer mit einer humanitären Aufenthaltserlaubnis uneingeschränkt zu jeder Beschäftigung zugelassen werden, sofern sie dieses Recht nicht ohnedies aufgrund des Aufenthaltsgesetzes besitzen. Nachfolgende Änderungen sehen eine weitgehende Öffnung des Arbeitsmarktes und die Aufgabe des Zustimmungserfordernisses der Bundesagentur für Arbeit für Inhaber einer Duldung vor. Der Zugang von Asylbewerbern zum Arbeitsmarkt ist neu in § 61 AsylG geregelt.

In Teil 2 der Beschäftigungsverordnung werden die bisher in unterschiedlichen **35** Vorschriften geregelten Befreiungen vom Zustimmungserfordernis der Bundesagentur für Inhaber der Blauen Karte, ausländische Absolventen inländischer Hochschulen oder leitende Angestellte zusammengefasst und auf Ausbildungsberufe (qualifizierte Berufsausbildung von mindestens zwei Jahren im In- oder Ausland) erweitert. Bei ausländischer Ausbildung muss nach den Anerkennungsgesetzen des Bundes oder der Länder die Gleichwertigkeit festgestellt sein. Um auf künftig auftretenden Bedarf flexibel reagieren zu können, sieht die VO Steuerungselemente vor. Für Ausländer, die ihre Berufsqualifikation im Ausland erworben haben, kann die Zustimmung zur Ausübung einer Beschäftigung von einer bilateralen Absprache mit der Arbeitsverwaltung eines Herkunftslandes oder einer Feststellung der Bundesagentur zur arbeitsmarktpolitischen Verantwortbarkeit der Stellenbesetzung (Positivliste, auf der die Engpassberufe stehen, in denen der Bedarf besonders groß ist) abhängig gemacht werden.

### 4. Das Asylgesetz

Das Asylgesetz (AsylG) ist mit dem Asylverfahrensbeschleunigungsgesetz v. **36** 20.10.2015 unter weitgehender Beibehaltung der bisherigen Struktur und des Inhalts an die Stelle des Asylverfahrensgesetzes vom 2.9.2008[35] getreten. Das Gesetz regelt die materiell-rechtlichen Grundsätze über die Anerkennung von Ausländern als Asylberechtigte und international Schutzberechtigte (Flüchtlinge und subsidiär Schutzberechtigte), das Asylverfahren und die Rechte und Pflichten von Asylbewerbern, einschließlich der Aufenthaltsbeendigung und Unterbringung und des gerichtlichen Verfahrens. Es enthält für Asylsuchende Sonderregelungen, die nach § 1 Abs. 1 Satz 5 AufenthG dem allgemeinen Ausländerrecht vorgehen. Das AufenthG bleibt daneben aber komplementär anwendbar, z.B. bezüglich der Ausweisung oder Rückführung von Asylantragstellern. Das AsylG kommt zur Anwendung, wenn ein Ausländer im Bundesgebiet um Schutz vor

---

33  BGBl. I, S. 2934.
34  Art. 1 der Verordnung zur Änderung des Ausländerbeschäftigungsrechts v. 6.6.2013, BGBl. I, S. 1499, zuletzt geändert durch Art. 2 der VO v. 31.7.2016, BGBl. I. S. 1953; *Hailbronner*, Ausländerrecht, C 1.1.
35  BGBl. I, S. 1798; zuletzt geändert durch Art. 6 des Gesetzes v. 31.7.2016 (BGBl I, S. 1946); *Hailbronner*, Ausländerrecht, B. 2.

politischer Verfolgung oder Schutz vor Abschiebung in einen Staat, in dem ihm eine Verfolgung im Sinne des § 3 Abs. 1 (Flüchtling) oder ein ernsthafter Schaden im Sinne des § 4 AsylG (subsidiärer Schutz) droht, nachsucht (vgl. §§ 1, 13 AsylG).

**37** Das Zuwanderungsgesetz ließ die Grundstrukturen des AsylVfG unangetastet. Durch das Gesetz wurde die Weisungsunabhängigkeit der sog. Einzelentscheider, d. h. der Mitarbeiter des Bundesamts für Migration und Flüchtlinge, die über die Anerkennung als Asylberechtigter oder internationale Schutzberechtigung entscheiden, sowie daran anknüpfend die Institution des Bundesbeauftragten für Asylangelegenheiten abgeschafft. Neu eingeführt als wesentliche Beschleunigungsmaßnahme wurde die Verweisung des Antragstellers in das Asylfolgeverfahren, wenn der Ausländer zwar bei Grenzbehörden, Ausländerbehörden oder den Polizeien der Länder ein Asylgesuch stellt, danach aber seinen Mitwirkungspflichten nicht nachkommt. Im Bereich des Widerrufsverfahrens wurde eine obligatorische Überprüfungspflicht nach Ablauf von drei Jahren im Hinblick auf Widerruf oder Rücknahme eingeführt. Mit der Einfügung des (mittlerweile nach dem Integrationsgesetz durch § 29 a AsylG ersetzten) § 27 a AsylVfG, wonach ein Asylantrag in Deutschland unzulässig ist, wenn ein anderer Staat aufgrund von Gemeinschaftsrecht oder Völkerrecht für die Durchführung des Asylverfahrens zuständig ist, wurde dem Dubliner Übereinkommen[36] Rechnung getragen.

**38** Der starke Anstieg der Asylbewerberzahlen im Jahre 2015 hat zu einer Reihe gesetzlicher Maßnahmen insbesondere zur Beschleunigung des Asylverfahrens geführt. Das **Asylverfahrensbeschleunigungsgesetz** v. 20.10.2015[37] sieht eine Unterbringungspflicht in Erstaufnahmeeinrichtungen für die Dauer des Asylverfahrens vor und erleichtert die Durchsetzung bestehender Ausreisepflichten. Um die Unterbringung einer großen Zahl von Flüchtlingen zu ermöglichen, werden Abweichungen von den geltenden Standards und Regelungen zugelassen. Durch die Einbeziehung von Albanien, Kosovo und Montenegro und zukünftig Algerien, Marokko und Tunesien in die Liste der sicheren Herkunftsstaaten sollen erheblich kürzere Verweilzeiten für Asylsuchende, die über keine Bleibeperspektive verfügen, erreicht werden. Reduzierungen bei der Gewährung von Sozialleistungen an Asylbewerber ohne Bleibeperspektive sollen Fehlanreize beseitigen. Für Asylbewerber mit einer „Bleibeperspektive" sind Verbesserungen im Bereich der Integrationsleistungen, insbes. beim Zugang zu Deutschkursen und der Streichung des Leiharbeitsverbots für fachlich qualifizierte Asylbewerber und Geduldete nach drei Monaten Aufenthalt vorgesehen. Aus dem Asylverfahrensgesetz wird das „Asylgesetz".[38]

**39** Das „Asylpaket 2" ändert mit dem Gesetz zur Einführung beschleunigter Asylverfahren v. 11.3.2016[39] die asylverfahrensrechtlichen Parameter erneut durch zahlreiche weitere Einschnitte beim Bezug von Leistungen nach dem Asylbewerberleistungsgesetz[40] und eine Reihe verfahrensrechtlicher Neuerungen, durch die

---

36 Vgl. unten § 11 IV.
37 BGBl. I, S. 1722.
38 BT-Drs. 18/6185.
39 BGBl. I, S. 390.
40 Asylbewerberleistungsgesetz in der Fassung der Bekanntmachung v. 6.10.1997 (BGBl. I, S. 20122), geändert durch Art. 2 des Gesetzes v. 20.10.2015 (BGBl. I, S. 1722) und Art. 4 des Integrationsgesetzes v. 31.7.2016, BGBl. I, S. 1939, 1940.

das Verfahren beschleunigt werden soll. Neu ist insbesondere die Ermöglichung beschleunigter Asylverfahren für Asylbewerber ohne Bleibeperspektive in besonderen mit einer Außenstelle des Bundesamtes verbundenen Aufnahmeeinrichtungen, in denen innerhalb einer Woche über den Asylantrag entschieden werden soll und in denen abgewiesene Bewerber zur Wohnung bis zur Ausreise oder Abschiebung verpflichtet sind. Die schon bisher im Asylgesetz vorgesehenen Regeln über das Nichtbetreiben des Verfahrens werden verschärft, um eine fehlende Kooperation des Ausländers mit den Asylbehörden stärker zu sanktionieren.

## 5.  Das Ausländerzentralregistergesetz

Im Ausländerzentralregister (AZR)[41] werden grundsätzlich alle Ausländer, die **40** sich nicht nur vorübergehend in Deutschland aufhalten, erfasst. Das AZR ist Informationsquelle für circa 6000 Behörden. Es dient den Verwaltungsbehörden zur Erfüllung von Aufgaben im ausländer- und asylrechtlichen Bereich, hat Unterstützungsfunktion als Instrument der inneren Sicherheit und wird für ausländerpolitische Planungen sowie die Ermittlung steuerungsrelevanter Größen verwendet. Gespeichert werden nur Daten von Ausländern, die ihren Wohnsitz nicht nur vorübergehend im Bundesgebiet haben. Neben aufenthaltsrechtlich und strafrechtlich relevanten Entscheidungen erfasst das AZR auch die Speicherung von Daten von Ausländern, gegen deren Einreise Bedenken bestehen, weil die Erteilungsvoraussetzungen nach § 5 Abs. 1 AufenthG nicht vorliegen oder weil wegen aufenthaltsbeender Maßnahmen die Einreise und der Aufenthalt nicht gestattet werden soll (§ 2 Abs. 2 Nr. 4 AZRG).

Das *Ausländerzentralregistergesetz (AZRG)* vom 2.9.1994[42] regelt für die bei- **41** den Bestandteile des Ausländerzentralregisters – allgemeiner Datenbestand und Visadatei – insbesondere den Anlass und Inhalt der Speicherung, Fragen der Datenübermittlung, Löschfristen und die Rechte des Betroffenen. Durch Art. 4 des Zuwanderungsgesetzes wurde dem Bundesamt für Migration und Flüchtlinge (BAMF) als zentralem Kompetenzzentrum für Migration und Integration zum 1.1.2005 die Registerführung für das Ausländerzentralregister übertragen. Das Bundesverwaltungsamt verarbeitet und nutzt die Daten im Auftrag des BAMF. Änderungen sind vorgenommen worden im Hinblick auf die Anpassung des Datenschutzrechts an die Richtlinie 95/46/EG des Europäischen Parlaments und des Rates vom 24.10.1995 zum Schutz natürlicher Personen bei der Verarbeitung personenbezogener Daten und zum freien Datenverkehr[43]. Ferner erhielten die Träger der Sozialhilfe und die für die Gewährung von Leistungen nach dem Asylbewerberleistungsgesetz zuständigen Stellen neben den personenbezogenen Grunddaten Zugang zu weiteren Daten aus dem Ausländerzentralregister, um die Anspruchsberechtigung vor Leistungsgewährung prüfen und Personen in Anspruch nehmen zu können, die Verpflichtungserklärungen abgegeben haben (§ 18 a AZRG). Mit dem Richtlinienumsetzungsgesetz vom 19.8.2007 wurde mit der Einfügung der Ziffer 5 a in § 3 AZRG eine Rechtsgrundlage für die Speicherung von Lichtbildern im allgemeinen Bestand des AZR geschaffen. Dies ermöglicht den Behörden, die Identitätsprüfung des Ausländers, die in § 5 Abs. 1

---

41  Gesetz über das Ausländerzentralregister v. 2.9.1994, zuletzt geändert durch Gesetz zur Verbesserung der Registrierung und des Datenaustausches zu aufenthalts- und asylrechtlichen Zwecken v. 2.2.2016 (BGBl. I, S. 130) und Integrationsgesetz v. 31.7.2016, BGBl. I, S. 1939.
42  BGBl. 1994 I, S. 2265; *Hailbronner*, Ausländerrecht, A 1.6.
43  ABl. EG Nr. L 281, S. 31 f.

Nr. 1 a AufenthG als Voraussetzung für die Erteilung eines jeden Aufenthaltstitels vorgeschrieben ist, anhand von Lichtbildern vorzunehmen. Zwar wurden schon bisher Lichtbilder in der AZR-Visadatei gespeichert. Dies allein wurde jedoch als nicht ausreichend erachtet, weil auch bei visafrei einreisenden Ausländern eine Identitätsfeststellung erforderlich sein kann, etwa bei der Ausstellung einer Aufenthaltserlaubnis oder Niederlassungserlaubnis. Zudem sind der allgemeine Datenbestand des AZR und die Visadatei zwei getrennt voneinander bestehende Datenbestände mit zum Teil unterschiedlichem Nutzerkreis.

**42** Eine weitere wichtige Änderung betrifft den Suchvermerk, den nunmehr nach § 5 Abs. 2 AZRG auch das Bundeskriminalamt zur Feststellung anderer Sachverhalte als dem des Aufenthalts eines Ausländers in das AZR einstellen darf. Hiermit kann das Bundeskriminalamt zum Beispiel erreichen, dass es automatisch darüber informiert wird, dass ein Verdächtiger oder Beschuldigter eine Namensänderung, etwa durch Heirat, vorgenommen hat. In diesem Fall können Erkenntnisanfragen bei den Länderpolizeien unter dem aktuellen Namen erfolgen.

**43** Mit dem Gesetz zur Umsetzung des Visakodex vom 22. November 2011 wurde die Umschreibung der mitteilungspflichtigen Daten über aufenthaltsbeendende Maßnahmen an die geänderten Vorschriften des Aufenthaltsgesetzes angepasst. Das Änderungsgesetz vom 20.12.2012 hat die Vorschriften des AZRG an die Vorgaben des EuGH-Urteils vom 16.12.2008 in der Rechtssache *Huber*[44] angepasst und damit die Verwendung der Daten von Unionsbürgern für nicht nach der Unionsbürgerrichtlinie zugelassene Zwecke, insbes. zum Zweck der Strafverfolgung ausgeschlossen.

**44** Mit dem Inkrafttreten des Datenaustauschverbesserungsgesetzes v. 2.2.2016[45] werden in das AZR für Asyl-und Schutzsuchende sowie unerlaubt eingereiste oder aufhältige Personen über bestimmte Grundpersonalien hinaus auch weitere Daten wie die im Rahmen der erkennungsdienstlichen Behandlung erhobenen Fingerabdrücke, das Herkunftsland, Kontaktdaten sowie Informationen zu Gesundheitsuntersuchungen und Impfungen gespeichert. Bei Asyl- und Schutzsuchenden sollen zudem weitere Daten in dem Kerndatensystem gespeichert werden, die für die schnelle Integration und Arbeitsvermittlung erforderlich sind. Die Daten sollen nicht erst bei Stellung eines Antrags, sondern nach Möglichkeit bereits beim Erstkontakt mit den zur Registrierung befugten Stellen (Bundespolizei, Polizeien der Länder, Aufnahmeeinrichtungen, Ausländerbehörden) erhoben werden. Allen öffentlichen Stellen sind die im Rahmen der Aufgabenerfüllung erforderlichen Informationen aus dem Kerndatensystem zur Verfügung zu stellen. Zusätzlich wird die Bescheinigung über die Meldung als Asylsuchender (Ankunftsnachweis), ausgestellt von den Aufnahmeeinrichtungen und den zuständigen BAMF Außenstellen, als ein papierbasiertes Dokument mit fälschungssicheren Elementen ausgestaltet. Ein Sicherheitsabgleich ist unverzüglich nach Speicherung der Daten im AZR vorgesehen[46].

---

44 Rs. C-524/06 – *Huber*.
45 Gesetz zur Verbesserung der Registrierung und des Datenaustausches zu aufenthalts- und asylrechtlichen Zwecken v. 2.2.2016, BGBl. I, S. 130.
46 Vgl. BT-Drs. 18/7043.

## 6.  Das Staatsangehörigkeitsgesetz

Das Staatsangehörigkeitsgesetz[47] regelt in erster Linie die Fragen des Erwerbs **45** und des Verlustes der deutschen Staatsangehörigkeit. Mit dem Reformgesetz von 1999 wurde mit Wirkung vom 1.1.2000 das freilich vielfach modifizierte Reichs- und Staatsangehörigkeitsgesetz von 1913 durch das Staatsangehörigkeitsgesetz abgelöst.[48] Zentrale Neuerungen waren u. a. die Einführung eines neuen *ius soli*-Erwerbstatbestandes. Ein Kind ausländischer Eltern erwirbt danach die deutsche Staatsangehörigkeit durch die Geburt im Inland, wenn ein Elternteil seit acht Jahren rechtmäßig seinen gewöhnlichen Aufenthalt im Bundesgebiet hat und ein unbefristetes Aufenthaltsrecht besitzt. Die dauernde Beibehaltung der auf diese Weise erworbenen deutschen und ausländischen Staatsangehörigkeit der Eltern ist im Grundsatz daran geknüpft, dass mit Erreichen der Volljährigkeit eine Erklärung abgegeben werden muss, ob der deutsche Staatsangehörige die deutsche Staatsangehörigkeit unter Aufgabe der ausländischen beibehalten will oder ob er für eine ausländische Staatsangehörigkeit optiert (Optionsregelung). Wesentlich erleichtert wurden die Möglichkeiten der Beibehaltung der ausländischen Staatsangehörigkeit bei der Einbürgerung, ohne dass allerdings das Prinzip der Vermeidung der Mehrstaatigkeit aufgegeben wurde. Die Optionspflicht für deutsche Doppelstaater, die die deutsche Staatsangehörigkeit kraft Geburt in Deutschland erlangt haben, ist mit dem Gesetz v. 13.11.2014[49] für diejenigen Personen abgeschafft worden, die im Inland aufgewachsen sind, sich im Inland acht Jahre gewöhnlich aufgehalten haben oder über einen in Deutschland erworbenen Schulabschluss verfügen.

Das Zuwanderungsgesetz bezieht die bis 2005 im AuslG geregelten Einbürge- **46** rungsvorschriften in das *Staatsangehörigkeitsgesetz* ein. Als wesentliche Neuerung ist zu nennen, dass aus Gründen des öffentlichen Interesses oder zur Vermeidung einer unbilligen Härte von der Einbürgerungsvoraussetzung der Unterhaltsfähigkeit abgesehen werden kann (§ 8 Abs. 2 StAG). Damit sollen insbesondere Härten vermieden werden, die dadurch entstehen können, dass etwa die ausländische Ehefrau aufgrund einer zur Durchführung eines Entlassungsverfahrens erteilten Einbürgerungszusicherung aus ihrer bisherigen Staatsangehörigkeit ausgeschieden ist, nun aber ihrer Einbürgerung mangelnde Unterhaltsfähigkeit entgegensteht und sie dadurch staatenlos geworden ist[50]. Zudem gibt es Erleichterungen bei der Einbürgerung nach § 10 Abs. 3 StAG, indem die Zeit des für die Entstehung eines Einbürgerungsanspruchs geforderten Mindestaufenthalts von acht auf sieben bzw. sechs Jahre verkürzt wurde, wenn der Ausländer erfolgreich an einem Integrationskurs (§ 43 AufenthG) teilgenommen hat oder über überragende deutsche Sprachkenntnisse verfügt. Erwähnenswert ist ferner die mit Gesetz vom 16.5.2007 eingefügte Ergänzung der Gründe für den Erwerb der deutschen Staatsangehörigkeit um den Grund der jahrelangen Behandlung als deutscher Staatsangehöriger durch deutsche Stellen (vgl. § 3 Abs. 2 StAG). Schließlich wurde die erleichterte Einbürgerung von Ehegatten bzw. Lebenspartnern Deutscher durch den neu eingefügten Ausschlusstatbestand der

---

47  Staatsangehörigkeitsgesetz v. 22.7.1913, zuletzt geändert durch G. v. 28.10.2015, BGBl. I, S. 1802.
48  Vgl. *Hailbronner*, in: Hailbronner/Renner/Maaßen, Staatsangehörigkeitsrecht, 5. Aufl., 2010, Teil I., B. Rn. 2 ff.
49  Vgl. BGBl. I, S. 1714; zur Diskussion über die Optionspflicht s. BT-Drs. 17/542; 17/7654; 17/ 12 185; BT-Innenauschuss Drs. 17(4)539 mit Stellungnahmen von Sachverständigen am 13.3.2013.
50  Vgl. BT-Drs. 15/420, S. 116.

nicht ausreichenden Kenntnisse der deutschen Sprache eingeschränkt (§ 9 Abs. 1 StAG). Die im Zuge der Terrorismusbekämpfungsgesetze in das AufenthG neu eingeführten Ausweisungsgründe wurden in das StAG übernommen. § 11 StAG schließt eine Einbürgerung aus, wenn tatsächliche Anhaltspunkte für die Verfolgung oder Unterstützung verfassungsfeindlicher Bestrebungen oder für das Vorliegen eines Ausweisungsgrundes nach § 54 Nr. 5 oder Nr. 5 a AufenthG (Mitgliedschaft oder Unterstützung von Vereinigungen, die Terrorismus unterstützt oder Sicherheitsgefährdung oder Beteiligung an gewalttätigen Auseinandersetzungen)[51] gegeben sind.

### 7.  Das Bundesvertriebenengesetz

**47**  Art. 6 und 7 ZuwG befassen sich mit der Rechtsstellung von Spätaussiedlern und dem Gesetz über die Angelegenheiten der Vertriebenen und Flüchtlinge (*Bundesvertriebenengesetz – BVFG*)[52]. Spätaussiedler und in den Aufnahmebescheid einbezogene Familienangehörige erwerben mit der Ausstellung einer Spätaussiedlerbescheinigung nach § 15 Abs. 1 oder Abs. 2 des Bundesvertriebenengesetzes von Gesetzes wegen die deutsche Staatsangehörigkeit und scheiden damit aus dem Anwendungsbereich des Ausländerrechts aus. Das Bundesvertriebenengesetz enthält unter anderem Bestimmungen über die Begriffe Spätaussiedler und Vertriebener, deren Rechte sowie Regelungen zu dem besonderen Aufnahmeverfahren dieser Personen in die Bundesrepublik. Die in der Vergangenheit erfolgten Änderungen im Bundesvertriebenengesetz beruhen in erster Linie auf den Empfehlungen der Unabhängigen Kommission „Zuwanderung"[53]. Danach wird eine Einbeziehung der nicht-deutschen Ehegatten oder Abkömmlinge von Spätaussiedlerbewerbern vom Nachweis von Grundkenntnissen der deutschen Sprache abhängig gemacht und das Bescheinigungsverfahren nunmehr von Amts wegen beim Bundesverwaltungsamt eingeleitet.

### 8.  Das Asylbewerberleistungsgesetz

**48**  Im *Asylbewerberleistungsgesetzes (AsylbLG)*[54] sind die Höhe und Form sozialer Leistungen an Asylbewerber und Geduldete in der Bundesrepublik geregelt. Durch das Zuwanderungsgesetz wurde der Kreis der Empfänger dieser abgesenkten, unter dem Sozialhilfesatz liegenden Sozialleistungen ausgeweitet. Nach einem Aufenhalt von 18 Monaten wird der Bezug von Asylbewerberleistungen durch Sozialhilfeleistungen abgelöst. Seit dem Inkrafttreten des Zuwanderungsgesetzes werden zudem alle Ausländer, die rechtsmissbräuchlich die Dauer ihres Aufenthalts (z. B. durch Vernichtung des Passes, Angabe einer falschen Identität usw.) selbst beeinflusst haben, nicht mehr automatisch den Sozialhilfeempfängern gleichgestellt (vgl. § 2 Abs. 1 AsylbLG).

**49**  Die Vorschriften des Asylbewerberleistungsgesetzes, die die Höhe der Geldleistungen für asylsuchende und geduldete Ausländer (§ 3 Abs. 2 Satz 2 Nr. 1 und § 3 Abs. 2 Satz 3) festgelegt haben, sind durch Urteil des Bundesverfassungsge-

---

51 Vgl. z. B. OVG Berlin v. 7.6.2012, 5 B 5.10; BVerwG v. 5.12.2009, 5 C 24/08; *Berlit*, GK-StAR, Stand August 2011, § 11, Rn. 175 ff., 186 ff.
52 In der Fassung der Bekanntmachung v. 10.8.2007, BGBl. I, S. 1902, zuletzt geändert durch Art. 10 des Gesetzes v. 20.11.2015, (BGBl. I, S. 2010); s. auch zur Fassung der Bekanntmachung v. 2.6.1993, BGBl. I, S. 829, *Hailbronner/Renner/Maaßen*, Staatsangehörigkeitsrecht, Anhang A. 6 a.
53 Vgl. Bericht v. 4.7.2001, S. 183 f.
54 BGBl. 1997 I, S. 2022; zuletzt geändert durch Art. 4 des Gesetzes v. 31.7.2016, BGBl. I, S. 1940; *Hailbronner*, Ausländerrecht, B 12.

richts vom 18. Juli 2012[55] mit dem Grundrecht auf Gewährleistung eines menschenwürdigen Existenzminimums aus Art. 1 Abs. 1 GG in Verbindung mit dem Sozialstaatsprinzip des Art. 20 Abs. 1 GG unvereinbar erklärt worden. Nach Auffassung des Gerichts sichert Art. 1 GG jedem Hilfsbedürftigen unabhängig von Zweck und Bestand eines Aufenthaltsrechts diejenigen materiellen Voraussetzungen, die für die physische Existenz und ein Mindestmaß an Teilhabe am gesellschaftlichen, kulturellen und politischen Leben unerlässlich sind. Diese Gewährleistung könne nicht von migrationspolitischen Erwägungen abhängig gemacht werden. Das BVerfG orientiert sich dabei an den Leistungen, die der Gesetzgeber für Inländer festgelegt hat. Der Gesetzgeber ist verpflichtet worden, für den Anwendungsbereich des Gesetzes eine Neuregelung zur Sicherung des menschenwürdigen Existenzminimums zu treffen. Bis zum Inkrafttreten der Neuregelung ist angeordnet worden, dass sich die Geldleistungen ab 1.1.2011 nach den einschlägigen Vorschriften für Regelbedarfe nach dem SGB XII bemessen.

Der Gesetzgeber hat diesen Vorgaben durch das Dritte Gesetzes zur Änderung **50** des AsylbLG[56] entsprochen[57]. Das Gesetz sieht analog den Vorschriften des SGB II und XII eine Ermittlung der existenznotwendigen Leistungen und Geldbeträge auf der Grundlage einer Einkommens- und Verbrauchsstichprobe (sog. EVS, § 28 Abs. 3 SGB XII) vor. Für Kinder, Jugendliche und junge Erwachsene wird ein Anspruch auf Leistungen für Bildung und Teilhabe festgeschrieben. Für die Dauer des Bezugs von Leistungen nach § 3 AsylbLG wird nicht mehr wie bisher auf die Zeiten des Vorbezugs abgestellt, sondern auf die Zeiten des Aufenthalts im Bundesgebiet. Das Asylverfahrensbeschleunigungsgesetz v. 20.10.2015 und das Gesetz zur Einführung beschleunigter Asylverfahren (Asylpaket 2) v. 11.3.2016[58] sieht Absenkungen der Asylbewerberleistungen insbes. für Asylsuchende ohne Bleibeperspektive vor. Weitere Einschränkungen sieht das Integrationsgesetz 2016 für Leistungsberechtigte vor, wenn sie bestimmte Mitwirkungspflichten gegenüber dem BAMF verletzen. Daneben sind leistungsrechtliche Sanktionen für Ausländer vorgesehen, die ihren Verpflichtungen zu Flüchtlingsintegrationsmaßnahmen nicht nachkommen. Leistungsrechtliche Sanktionen sind künftig ferner möglich, wenn Flüchtlinge zur Teilnahme an Integrationskursen durch die zuständige Leistungsbehörde aufgefordert werden und sie diesen Verpflichtungen nicht nachkommen. Die Pflichtverletzung hat eine Absenkung auf das Leistungsniveau nach § 1a Abs. 2 AsylbLG zur Folge, d. h. Flüchtlinge erhalten nur noch Leistungen zur Deckung ihres Bedarfs an Ernährung und Unterkunft.

## 9. SGB III – Arbeitsförderung

Das SGB III[59] umfasst sämtliche Leistungen und Maßnahmen zur Arbeitsförde- **51** rung von Deutschen, Drittstaatsangehörigen und freizügigkeitsberechtigten EU-

---

55 1 BvL 10/10, 1 BvL 2/11, ZAR 2012, 339; vgl. *Rothkegel*, ZAR 2012, 357.
56 Art. 3 des Gesetzes vom 23.12.2014 (BGBl. I, S. 2439).
57 Ein Teil der Bundesländer hat die Grundidee eines gesonderten Leistungsgesetzes für Asylsuchende abgelehnt und zusammen mit zahlreichen karitativen Organisationen die völlige Abschaffung des AsylbLG und die Einbeziehung von Asylbewerbern in das allgemeine Sozialhilferecht empfohlen.
58 Vgl. BGBl. 2015 I, S. 1722 und BGBl. 2016 I, S. 390, für weitere zahlreiche Änderungen siehe Integrationsgesetz v. 31.7.2016, BGBl. I, S. 1939.
59 Art. 1 des Gesetzes v. 24.3.1997, BGBl. I, S. 594, 595, zuletzt geändert durch Gesetz v. 31.7.2016, BGBl. I, S. 1939; vgl. *Hailbronner*, Ausländerrecht, C 1.

Bürgern. Durch das Asylverfahrensbeschleunigungsgesetz v. 20.10.2015 sind auch Asylsuchende, die aufgrund des § 61 AsylG noch keine Erwerbstätigkeit ausüben dürfen, in beschränktem Umfang in den Anwendungsbereich des Gesetzes bei Bestehen einer Bleibeperspektive einbezogen worden. Ausgeschlossen sind Asylsuchende, bei denen ein rechtmäßiger und dauerhafter Aufenthalt nicht zu erwarten ist, d. h. insbes. Asylbewerber aus sicheren Herkunftsstaaten[60]. Das Integrationsgesetz 2016 sieht bis Dezember 2018 befristet eine Reihe weiterer Änderungen vor, die Sonderregelungen für die Ausbildungsförderung von Ausländern enthalten, bei denen ein rechtmäßiger und dauerhafter Aufenthalt zu erwarten ist. Sie werden in gestaffelter Weise in die umfangreiche Palette der Leistungen des SGB III zur Förderung des Arbeitsmarktzugangs (z. B. Berufsausbildungsbeihilfe, Ausbildungsgeld, berufsvorbereitende Bildungsmaßnahmen) einbezogen, u. a. in Maßnahmen nach den §§ 51, 75 und 130 SGB III bereits nach drei Monaten gestatteten Aufenthalts (Asylbewerber) und Maßnahmen nach den §§ 56 und 122 SGB III nach 15 Monaten gestatteten Aufenthalts. Auch geduldete Ausländer gehören danach zum förderungsfähigen Personenkreis, wenn bestimmte Aufenthaltszeiten vorliegen. Nach 12 Monaten Aufenthalt wird ihnen Zugang zu Leistungen nach den §§ 75 und 130 Abs. 1 SGB III für eine betriebliche Ausbildung und außerhalb einer solchen Ausbildung liegende Phasen gewährt. Nach 6 Jahren Aufenthalt wird der unbeschränkte Zugang zu den Leistungen nach den §§ 51, 56 und 122 SGB III gewährt, sofern kein Beschäftigungsverbot nach § 60 a Abs. 6 AufenthG besteht.

## IV.    Völkerrechtliche Verträge

**52**   In das innerstaatliche Recht übernommene völkerrechtliche Verträge haben besonderen Kategorien von Ausländern eine *bevorrechtigte Stellung* verschafft. Zu nennen sind insbesondere das *Abkommen über die Rechtsstellung von Flüchtlingen* (Genfer Flüchtlingskonvention) vom 28.7.1951[61] und das Übereinkommen über die Rechtsstellung von Staatenlosen vom 28.9.1954[62]. Die *Genfer Flüchtlingskonvention* bildet die Grundlage des internationalen Schutzes für Flüchtlinge. Sie legt fest, wer ein Flüchtling ist und welchen rechtlichen Schutz er oder sie genießt. Ferner definiert sie die Hilfe und die sozialen Rechte, die ein Flüchtling von den Unterzeichnerstaaten der Genfer Flüchtlingskonvention erhalten soll. Sie richtet sich aber auch an die Flüchtlinge und bezeichnet deren Pflichten, die diese gegenüber dem Gastland zu erfüllen haben. Das *Übereinkommen über die Rechtsstellung von Staatenlosen* verpflichtet die Unterzeichnerstaaten, Staatenlosen mindestens die Behandlung zukommen zu lassen, die Ausländern allgemein unter gleichen Umständen gewährt wird. Dies bezieht sich zum Beispiel auf die Grundrechte wie Eigentumsschutz, Berufsfreiheit und Freizügigkeit sowie auf staatliche Leistungen der Daseinsfürsorge. Das Übereinkommen verpflichtet andererseits den Staatenlosen zur Gesetzeseinhaltung (vgl. Art. 2 des Übereinkommens).

**53**   Eine bevorzugte Rechtsstellung aufgrund zwischenstaatlicher Abkommen haben darüber hinaus die Angehörigen bestimmter Staaten inne. Privilegierungen erge-

---

60  § 131 SGB III n. F.
61  Vgl. BGBl. 1953 II, S. 559; *Hailbronner,* Ausländerrecht, B 5.
62  Vgl. BGBl. 1976 II, S. 473; *Hailbronner,* Ausländerrecht, B 4.

ben sich insbesondere aus bilateralen Freundschafts-, Handels- und Niederlassungsabkommen[63], aus Verträgen über die Entsendung von Werkvertragsarbeitnehmern sowie aus dem Europäischen Niederlassungsabkommen vom 13.12.1955[64].

## V.    Das auf Unionsbürger anwendbare Recht

Nach § 1 Abs. 2 AufenthG unterfallen Staatsangehörige eines Mitgliedstaates **54** der Europäischen Union grundsätzlich nicht dem Anwendungsbereich des AufenthG, soweit nicht durch Gesetz etwas anderes bestimmt wird. Damit wird die bisherige Rechtslage, wonach im Prinzip das AuslG 1990 auch auf Unionsbürger anwendbar war, soweit nicht spezielle Vorschriften des EG-Rechts entgegenstanden, grundlegend geändert. Nunmehr regelt das *Gesetz über die allgemeine Freizügigkeit von Unionsbürgern (FreizügG/EU*[65]) die Einreise und den Aufenthalt von Staatsangehörigen anderer Mitgliedstaaten der Europäischen Union und ihrer Familienangehörigen (vgl. § 1 FreizügG/EU). § 11 FreizügG/EU bestimmt hingegen, unter welchen Voraussetzungen ausnahmsweise auf Unionsbürger und ihre Familienangehörigen bestimmte Vorschriften des AufenthG entsprechende Anwendung finden. Im Übrigen findet das AufenthG nur dann Anwendung, wenn es eine günstigere Rechtsstellung vermittelt als das FreizügG/EU. Mit dem FreizügG/EU hat der Gesetzgeber wesentliche Vorgaben der Unionsbürgerrichtlinie vom 29.4.2004[66] (UBRL) und der Freizügigkeitsvorschriften des Unionsvertrages in nationales Recht umgesetzt. Das Gesetz gewährt den Unionsbürgern ein umfassendes Sonderrecht, das sich im Bereich des Aufenthalts-, Arbeits- und Sozialrechts durch eine weitgehende Gleichstellung mit Inländern von der Rechtsstellung der Drittstaatsangehörigen unterscheidet[67]. Das FreizügG/EU ist durch das Gesetz v. 21.2.2013 in wesentlichen Punkten neu geregelt worden. U. a. hat das Änderungsgesetz die volle freizügigkeitsrechtliche Gleichstellung von Lebenspartnern hergestellt, die Freizügigkeitsbescheinigung für Unionsbürger abgeschafft und zur Umsetzung von Art. 35 UBRL (Missbrauch des Freizügigkeitsrechts) das Verlustfeststellungsverfahren um neue Missbrauchstatbestände der betrügerischen Erschleichung eines Freizügigkeitsrechts erweitert.

Nach § 12 FreizügG/EU gilt das Freizügigkeitsgesetz auch für *Staatsangehörige* **55** und ihre Familienangehörigen der Staaten, die dem *Europäischen Wirtschaftsraum (EWR*[68]) angehören.

Für *Staatsangehörige neuer EU-Mitgliedstaaten* gilt das Freizügigkeitsgesetz nur **56** unter dem Vorbehalt, dass ihnen die Beschäftigung im Bundesgebiet durch die Bundesagentur für Arbeit genehmigt wurde (vgl. § 13 FreizügG/EU). Der Klausel

---

63  Für eine Übersicht vgl. *Hailbronner*, Ausländerrecht, E 2.
64  Vgl. BGBl. II, S. 997; *Hailbronner*, Ausländerrecht, E 1.
65  BGBl. 2004 I, S. 1950, 1986, zuletzt geändert durch Art. 6 des Gesetzes v. 22.12.2015, BGBl. I, S. 2551; *Hailbronner*, Ausländerrecht, D 1.
66  RL 2004/38/EG des Europäischen Parlaments und des Rates v. 29.4.2004 über das Recht der Unionsbürger und ihrer Familienangehörigen, sich im Hoheitsgebiet der Mitgliedstaaten frei zu bewegen und aufzuhalten, zur Änderung der Verordnung (EWG) Nr. 1612/68 und zur Aufhebung der RL 64/221/EWG, 68/360/EWG, 72/194/EWG, 73/148/EWG, 75/34/EWG, 75/35/EWG, 90/364/EWG, 90/365/EWG u. 93/90/EWG (ABl. EU L 158 v. 30.4.2004, S. 77; ber. ABl. EU L 229 v. 29.6.2004, S. 35) Unionsbürger-RL; *Hailbronner*, Ausländerrecht, D 2.2.
67  Näheres hierzu unten § 12.
68  Island, Liechtenstein und Norwegen.

kommt derzeit keine Bedeutung zu, nachdem die Freizügigkeitsbeschränkungen auch für kroatische Staatsangehörige zum 1.7.2015 entfallen sind.

## VI.  Das auf türkische Staatsangehörige anwendbare Recht

**57**   Grundsätzlich fallen türkische Staatsangehörige als Drittstaatsangehörige in den Anwendungsbereich des AufenthG. Allerdings genießen sie nach Maßgabe des Assoziationsabkommens *der Türkei mit der EWG und ihren Mitgliedstaaten* vom 12.9.1963[69], des Zusatzprotokolls vom 23.11.1970[70] und der hierauf ergangenen *Assoziationsratsbeschlüsse (ARB)* Nr. 1/80 und Nr. 2/76 eine privilegierte aufenthaltsrechtliche Stellung[71]. Insbesondere die vom Europäischen Gerichtshof vertretene Auslegung des *ARB Nr. 1/80*[72] *über die Entwicklung der Assoziation* hat für türkische Staatsangehörige, die mindestens ein Jahr auf dem deutschen Arbeitsmarkt ordnungsgemäß als Arbeitnehmer beschäftigt waren, zu einer weitgehenden aufenthaltsrechtlichen Besserstellung geführt. Nach der Rechtsprechung des EuGH sind die Vorschriften des ARB Nr. 1/80 integraler Bestandteil des Gemeinschaftsrechts und haben daher Vorrang vor dem staatlichen Gesetzesrecht und damit auch Vorrang vor dem AufenthG. Folglich richtet sich die Rechtsstellung der oben genannten türkischen Staatsangehörigen weitgehend nach Assoziationsrecht, soweit sich hieraus Änderungen gegenüber den allgemeinen ausländerrechtlichen Vorschriften ergeben. Zwar enthält ARB Nr. 1/80 keine unmittelbar anwendbaren aufenthaltsrechtlichen Vorschriften, sondern regelt einen erleichterten Zugang zum Arbeitsmarkt für diejenigen türkischen Arbeitnehmer, die dem „regulären Arbeitsmarkt" eines Mitgliedstaates angehören. Nach der Rechtsprechung des EuGH folgt hieraus jedoch ein „implizites Aufenthaltsrecht", das den Vorschriften des allgemeinen Ausländerrechts in Bezug auf die Erteilung befristeter Aufenthaltstitel und aufenthaltsbeendende Maßnahmen vorgeht. Daraus ergeben sich auch wesentliche Änderungen des Rechts der aufenthaltsbeendenden Maßnahmen gegenüber türkischen Staatsangehörigen, da insoweit nach Auffassung des EuGH weitgehend die für Unionsbürger geltenden Grundsätze über die Beschränkung der Freizügigkeit aus Gründen der öffentlichen Sicherheit und Ordnung Anwendung finden.

## VII.  Das auf schweizerische Staatsangehörige anwendbare Recht

**58**   *Schweizerische* Staatsangehörige sind aufgrund der Abkommen zwischen der Europäischen Gemeinschaft und ihren Mitgliedstaaten einerseits und der Schweizerischen Eidgenossenschaft andererseits über die Freizügigkeit bezüglich der Einräumung eines Rechts auf Einreise, Aufenthalt, Zugang zu einer unselbständigen Erwerbstätigkeit und Niederlassung weitgehend den Unionsbürgern gleichge-

---

69  BGBl. 1964 II, S. 509.
70  BGBl. 1972 II, S. 385.
71  Näheres hierzu unten § 13; zum Assoziationsabkommen, zum Zusatzprotokoll und zu den Assoziationsratsbeschlüssen Nr. 1/80 u. Nr. 2/76 vgl. *Hailbronner*, Ausländerrecht, D 5.1 u. D 5.2 mit ausführlicher Erläuterung des ARB Nr. 1/80.
72  Vgl. EuGH v. 20.9.1990, Rs. C- 192/89 – *Sevince*; dazu *Hailbronner*, Ausländerrecht, D 5.1, Rn. 1 ff.

stellt[73]. Das *Freizügigkeitsabkommen* ist als Assoziierungsabkommen im Sinne des Art. 217 AEUV ebenfalls integraler Bestandteil des Unionsrechts und geht allgemeinen Vorschriften des Ausländerrechts vor. Soweit daher durch das Freizügigkeitsabkommen schweizerische Staatsangehörige begünstigt werden, genießen sie Freizügigkeit entsprechend den Regeln des Europäischen Unionsrechts. Das AufenthG und die hierzu ergangenen Durchführungsverordnungen finden nur Anwendung, soweit das Freizügigkeitsabkommen keine unmittelbar anwendbaren abweichenden Vorschriften enthält.

## VIII. Das Verhältnis der verschiedenen Rechtsquellen zueinander und die Einwirkungen des Völkerrechts auf das innerstaatliche Recht

Das Verhältnis der verschiedenen Rechtsquellen des Ausländerrechts beurteilt **59** sich nach den allgemeinen Grundsätzen des Verfassungsrechts. Verfassungsrechtliche Prinzipien, insbesondere der Schutz von Ehe und Familie, und rechtsstaatliche Grundsätze wie z. B. das Verhältnismäßigkeitsprinzip gehen anderen ausländerrechtlichen Normen vor. Die in der ausländerrechtlichen Praxis wichtigen *Verwaltungsvorschriften* des Bundes und der Länder (Erlasse, Bekanntmachungen, Richtlinien, Rundschreiben) sind keine Rechtsnormen im engeren Sinne, sondern innerdienstliche Anweisungen vorgesetzter Behörden, die im Ausländerrecht vor allem eine einheitliche und gleichmäßige Handhabung der Ermessensvorschriften des AufenthG sicherstellen sollen. Zum AufenthG hat das Bundesministerium des Innern mit Wirkung zum 31.10.2009 die Allgemeine Verwaltungsvorschrift zum Aufenthaltsgesetz[74] mit Zustimmung des Bundesrats erlassen. Zum 18.2.2016 trat die revidierte Allgemeine Verwaltungsvorschrift zum Freizügigkeitsgesetz/EU[75], zum 3.11.2009 die Allgemeine Verwaltungsvorschrift zum Ausländerzentralregistergesetz[76] in Kraft. Die Verwaltungsvorschriften sind für die Ausländerbehörden, nicht aber für die Gerichte bindend und sollen die Verwaltungspraxis in Deutschland vereinheitlichen. Aufgrund der mittlerweile vorgenommenen zahlreichen gesetzlichen Änderungen und der Rechtsprechung sind die Verwaltungsvorschriften, soweit sie nicht förmlich auf einen neueren Stand gebracht worden sind, teilweise überholt. Soweit die bundeseinheitlichen Verwaltungsvorschriften keine Regelungen enthalten, sind Ausländerbehörden der Länder für die Ausführung des Aufenthaltsrechts zuständig und zum Erlass von Verwaltungsanweisungen befugt.

*Völkerrechtliche Verträge* werden regelmäßig nach Art. 59 Abs. 2 GG durch ein **60** Zustimmungsgesetz in das innerstaatliche Recht transformiert und gelten mit dem gleichen Rang wie jedes andere Bundesgesetz. Ausländerrechtlich relevante Regelungen in völkerrechtlichen Verträgen, die in innerstaatliches Recht transformiert worden sind, sind unmittelbar anwendbar, sofern sie hinreichend genau und unbedingt sind, es sei denn, die innerstaatliche Anwendbarkeit ist ausdrück-

---

73  BGBl. 2001 II, S. 810; vgl. dazu *Westphal*, InfAuslR 2002, 329; zur schweizerischen Rechtslage *Grossen/Daepp*, in: *Übersax* u. a. (Hrsg.), Ausländerrecht, 2. Aufl. 2009, S. 135 ff.; *Epiney/Metz/Pirker*, Zur Parallelität der Rechtsentwicklung in der EU und in der Schweiz – ein Beitrag zur rechtlichen Tragweite der bilateralen Abkommen, 2012, S. 96 ff.; *Thürer/Weber/Zaech*, Bilaterale Verträge Schweiz/EG, Ein Handbuch, Zürich 2002.
74  AVwV-AufenthG v. 26.10.2009, GMBl., S. 878, *Hailbronner*, Ausländerrecht, A 1.2.
75  Vom 26.10.2009, GMBl., S. 1270.
76  Vom 26.10.2009, GMBl., S. 1293.

lich ausgeschlossen oder deshalb nicht möglich, weil die Vorschrift nicht hinreichend konkret ist. Im Verhältnis zu Gesetzen ist zunächst zu beachten, dass
innerstaatliche Normen im Zweifel im Sinne völkerrechtlicher Verträge auszulegen sind. Es gilt der Grundsatz, dass im Zweifel der Gesetzgeber keinen Konflikt
mit völkerrechtlichen Verträgen beabsichtigt. Ist eine vertragskonforme Auslegung nicht möglich, so hat nach allgemeinen Grundsätzen das spätere Gesetz
vor dem früheren und das speziellere vor dem allgemeinen Gesetz Vorrang[77].
Ausländerrechtliche Bestimmungen enthalten gelegentlich Bestimmungen, wonach abweichende Regelungen in völkerrechtlichen Verträgen unberührt bleiben.
Auch das AufenthG lässt eine den Angehörigen von Vertragsstaaten völkerrechtlicher Verträge eingeräumte günstigere Rechtsposition grundsätzlich unberührt.

**61**   Im Verhältnis zum Recht der Europäischen Union gilt der Grundsatz des Vorrangs des Unionsrechts vor allen innerstaatlichen ausländerrechtlichen Vorschriften, insbesondere des AufenthG und des FreizügG/EU. Soweit das FreizügG/EU
für Unionsbürger spezifische Regelungen trifft, gelten diese im Allgemeinen als
Umsetzung der in einschlägigen Verordnungen und Richtlinien niedergelegten
unionsrechtlichen Vorschriften und gehen den allgemeinen Vorschriften vor. Ein
Konflikt mit dem Unionsrecht kann sich allerdings daraus ergeben, dass innerstaatliche Vorschriften einschließlich des FreizügG/EU, sei es aufgrund der Bestimmungen der Verträge über die Unionsbürgerschaft oder die Arbeitnehmer-
Niederlassungs- oder Dienstleistungsfreiheit, sei es aufgrund sekundärer Rechtsvorschriften über die Freizügigkeit von Unionsbürgern, wie sie z. B. in der Unionsbürgerrichtlinie niedergelegt sind, nicht mehr mit den Anforderungen des
Unionsrechts aufgrund einer Entscheidung des EuGH übereinstimmen. Zwar haben EuGH-Entscheidungen keine über die Parteien des Rechtsstreits hinausgehende unmittelbar bindende Wirkung. Zu beachten ist allerdings, dass der
EuGH als authentischer Interpret des Unionsrechts angerufen werden kann, um
in einem Vorlage- oder Vertragsverletzungsverfahren über die Vereinbarkeit innerstaatlicher Vorschriften mit dem Unionsrecht verbindlich zu entscheiden.
Faktisch ergeben sich daraus Bindungen der Ausländerbehörden und Gerichte,
im Einklang mit der EuGH-Rechtsprechung die Vorschriften des deutschen Ausländerrechts jeweils so auszulegen, dass sie dem aktuellen Stand der EuGH-
Rechtsprechung entsprechen. Darüber hinaus ist zu beachten, dass unionsrechtliche Vorschriften des sekundären (abgeleiteten) Rechts mit der EU-Grundrechtecharta und dem sog. primären EU Recht insbes. dem EU-Vertrag übereinstimmen müssen und im Zweifelsfall in Übereinstimmung mit den für alle EU-
Mitgliedstaaten bindenden völkerrechtlichen Vorgaben aus der Europäischen
Menschenrechtskonvention und der Genfer Flüchtlingskonvention auszulegen
sind[78].

---

77  *K. Doehring*, Völkerrecht, Rn. 720 ff., 734.
78  Zum Verhältnis der verschiedenen Rechtsquellen des europäischen Rechts und zur Auslegung des
    EU-Rechts vgl. auch *Hailbronner/Thym*, in: dies., European Immigration and Asylum Law,
    2. Aufl. 2016, Introduction, S. 1–30.

# § 3   Ausländer- und Asylpolitik im europäischen Zusammenhang

## I.   Kompetenz der Europäischen Union im Bereich Visa, Einwanderung und Asyl

Bereits in den *Römischen Verträgen* von 1957[1] war die *Freizügigkeit wirtschaft-* **62**
*lich tätiger Angehöriger der Mitgliedstaaten* der Europäischen Gemeinschaft angelegt und sie ist seither im Wesentlichen unverändert geblieben. Demgegenüber
hat sich die *allgemeine Freizügigkeit* der Unionsbürger nicht zuletzt aufgrund
der Aufnahme der Unionsbürgerschaft in den EG-Vertrag durch den *Maastrich-*
*ter Vertrag* von 1992 und eine dynamische Weiterentwicklung der Unionsbürger-
rechte durch die EuGH-Rechtsprechung wesentlich verändert. Heute ist der freie
Personenverkehr innerhalb der Union nicht nur für wirtschaftlich Erwerbstätige,
sondern für alle *Unionsbürger*[2] und ihre Familienangehörigen weitgehend erreicht worden, wobei nach wie vor auch im Bereich des Unionsbürgerrechts
Probleme aufgrund mitgliedstaatlicher Beschränkungen entstehen. Durch die
*Unionsbürgerrichtlinie*[3] ist das bisher gewachsene und aufgrund einer Vielzahl
von Richtlinien und Verordnungen unübersichtlich gewordene Freizügigkeitsrecht weitgehend vereinheitlicht worden, mit der Folge, dass Unionsbürger in
immer stärkerem Maße in ihrer aufenthalts- und sozialrechtlichen Stellung Inländern angeglichen worden sind. Im Wesentlichen ergeben sich Unterschiede nur
noch aufgrund der spezifischen aufenthaltsrechtlichen Unterscheidung zwischen
Inländern und Ausländern, wobei für die Unionsbürger bereits aufgrund von
Art. 21 AEUV (ex-Art. 18 EG) mittlerweile ein allgemeines, zusätzlich durch die
EU-Grundrechtecharta (Art. 45) abgesichertes Aufenthaltsrecht in allen Mitgliedstaaten der Europäischen Union besteht, das allerdings von Bedingungen,
wie z. B. dem Nachweis ausreichender Mittel zum Lebensunterhalt oder dem
Bestehen eines ausreichenden Krankenversicherungsschutzes, abhängig gemacht
werden kann.

Eine Kompetenz der Europäischen Union zur Regelung des Aufenthaltsrechts **63**
von Drittstaatsangehörigen fehlte indes lange Zeit. Die weitgehenden Rechte für
Unionsbürger, der Abbau der Binnengrenzen und der Wegfall der Grenzkontrollen zwischen den Mitgliedstaaten aufgrund des *Schengener* Übereinkommens
von 1985[4], machten jedoch eine Zusammenarbeit der Mitgliedstaaten auch auf
diesem Gebiet erforderlich. Erstmals wurde daher durch den *Maastrichter Ver-*
*trag* von 1992 die Zusammenarbeit in den Bereichen Justiz und Inneres (Titel
VI EUV a. F.) vereinbart. Die Europäische Gemeinschaft erhielt dadurch zwar
keine Regelungskompetenz. Jedoch wurde im Bereich Asyl, Einwanderung und
Visa zumindest eine gemeinsame Koordination auf europäischer Ebene möglich.

---

1   EWG- und EURATOM-Vertrag.
2   S. hierzu auch *Jochum*, Europarecht, 2. Aufl., Rn. 904 ff.
3   RL 2004/38/EG v. 29.4.2004, ABl. EU Nr. L 158, S. 77, ber. ABl. EG Nr. L 229, S. 35; *Hailbronner*,
    Ausländerrecht, D 2.11.
4   Das Schengener Übereinkommen vom 14.6.1985 wird teilweise auch als Schengener Abkommen
    oder Schengen I bezeichnet, in dem die konkreten Verfahrensabläufe der Umsetzung des Überein-
    kommens in gesetzlicher und technischer Hinsicht festgelegt sind. Das Schengener Übereinkommen
    II, welches die Umsetzung des Schengener Übereinkomments I betrifft, wird überwiegend auch als
    Schengener Durchführungsübereinkommen – SDÜ – betitelt.

**64**  Erst mit dem *Amsterdamer Vertrag* von 1997 erhielt die Europäische Gemeinschaft weitreichende Regelungskompetenzen in der Visa-, Asyl- und Einwanderungspolitik. Die entsprechenden Kompetenznormen und ergänzende Vorschriften finden sich in Titel IV EG (Art. 61–69 EG). Gestützt auf Art. 62 und 63 EG wurden mit dem Ziel des Aufbaus eines gemeinsamen Raums der Freiheit, der Sicherheit und des Rechts eine Reihe von Maßnahmen in den Bereichen der Kontrolle der Außengrenzen sowie der Visa-, Einwanderungs- und Asylpolitik erlassen. Allein von November 2002 bis Dezember 2005 erließ die Europäische Gemeinschaft elf Richtlinien im Bereich des Ausländer- und Asylrechts[5]. Ziele der europäischen Regelungen sind einerseits die Verbesserung der Integration von aufenthaltsberechtigten Einwanderern und andererseits die konsequente Bekämpfung der illegalen Einwanderung.

**65**  Mit dem *Vertrag von Lissabon*[6], der 2007 als Ersatz für den gescheiterten *Vertrag über eine Verfassung für Europa* von 2004[7] abgeschlossen wurde, sind die Kompetenzen im Bereich des Ausländer- und Asylrechts größtenteils unverändert bestehen geblieben. Weggefallen sind Beschränkungen der Richtlinienkompetenz im Bereich des Einreise- und Asylrechts auf „Mindeststandards". Das zu schaffende „Gemeinsame Europäische Asylsystem" umgreift u. a. einen in der ganzen Union gültigen einheitlichen Asylstatus für Drittstaatsangehörige und einheitliche Normen für einen subsidiären Schutzstatus, ein einheitliches Asylverfahren, einheitliche Aufnahmebedingungen und die Partnerschaft und Zusammenarbeit mit Drittstaaten (vgl. Art. 78 Abs. 2 AEUV). Die gemeinsame europäische Einwanderungspolitik schließt u. a. Einreise- und Aufenthaltsvoraussetzungen, sowie Normen für die Erteilung von Visa und Aufenthaltstiteln für einen langfristigen Aufenthalt, die Festlegung der Rechte von sich rechtmäßig in einem Mitgliedstaat aufhaltenden Drittstaatsangehörigen, illegale Einwanderung und Bekämpfung des Menschenhandels (Art. 79 Abs. 2 AEUV) ein. Für alle diese Bereiche soll der Grundsatz der Solidarität und der gerechten Aufteilung der Verantwortlichkeiten unter den Mitgliedstaaten, einschließlich in finanzieller Hinsicht gelten (Art. 80 AEUV). Eine Begrenzung findet diese Kompetenz der Union zur Regelung des Einwanderungsrechts im Wesentlichen nur in dem Recht der Mitgliedstaaten festzulegen, wie viele Drittstaatsangehörige in ihr Hoheitsgebiet einreisen dürfen, um dort als Arbeitnehmer oder selbständig Erwerbstätige einer Beschäftigung nachzugehen (Art. 79 Abs. 5 AEUV) und im Übrigen in der grundsätzlichen Verantwortung der EU-Mitgliedstaaten für die Aufrechterhaltung der öffentlichen Ordnung und den Schutz der inneren Sicherheit auf ihren Territorien (Art. 72 AEUV).

**66**  Die Kompetenzen der Union auf dem Gebiet des Ausländer- und Asylrechts werden seit Inkrafttreten des Vertrags zum 1.12.2009 einheitlich von der Europäischen Union ausgeübt, die an die Stelle der Europäischen Gemeinschaft getreten ist (Art. 1 Nr. 1 lit. b des Vertrags von Lissabon). Anstelle des Rats als Gesetzgeber beschließen Rat und Parlament als gleichberechtigte Organe im ordentlichen

---

5  S. Überblick über die verschiedenen Rechtsakte im Bereich Einwanderung und Asyl, Anhang Teil C I, vgl. hierzu auch *Hailbronner*, in: Hailbronner/Wilms, Recht der Europäischen Union, Erläut. zu Art. 63 EGV.

6  Vertrag von Lissabon zur Änderung des Vertrags über die Europäische Union und des Vertrags zur Gründung der Europäischen Gemeinschaft, unterzeichnet in Lissabon am 13.12.2007, ABl. EU Nr. C 306, S. 1 ff.; vgl. hierzu *Pache/Rösch*, NVwZ 2008, 473 ff.

7  Der Vertrag scheiterte an den ablehnenden Referenden in Frankreich und den Niederlanden.

Gesetzgebungsverfahren über die Rechtsharmonisierung.[8] Die Kompetenznormen sind in den neuen Art. 77 bis 79 des *Vertrages über die Arbeitsweise der Europäischen Union* (AEUV) zu finden, der den EG-Vertrag abgelöst hat (Art. 2 Nr. 1 des Vertrags von Lissabon)[9].

## II. Visapolitik und Maßnahmen gegen illegale Einwanderung

Bestimmungen darüber, welche Drittstaatsangehörigen visumspflichtig sind und wer für Kurzaufenthalte bis zu drei Monaten visumsfrei einreisen kann, galten ursprünglich aufgrund des *Schengener Übereinkommens* von 1985[10] allein zwischen den Vertragsstaaten dieses völkerrechtlichen Vertrags. Gleiches galt für das *Schengener Durchführungsübereinkommen (Schengen II, SDÜ)*, das am 19.6.1990 geschlossen wurde, um das Schengener Übereinkommen umzusetzen. Durch das *Schengen-Protokoll*[11] zum Vertrag von Amsterdam von 1997 wurden beide Schengener Übereinkommen und die darauf gestützten Beschlüsse teilweise in den EU-Vertrag, v. a. aber in den EG-Vertrag einbezogen. Dieser sog. *Schengen-Besitzstand* gilt seitdem einheitlich in der Union. Lediglich für Dänemark, Großbritannien und Irland bestehen Sonderregelungen, wobei Dänemark seit 2001 zwar an den Schengen-Besitzstand gebunden ist, jedoch lediglich völkerrechtlich, nicht gemeinschaftsrechtlich[12]. Bestandteil des Schengen-Rechts ist die Errichtung eines Informationssystems (*Schengener Informationssystem – SIS I*), das mittlerweile durch ein neueres Informationssystem (*SIS II*) ersetzt worden ist, das u. a. die Nutzung biometrischer Daten und Lichtbilder ermöglicht. **67**

Das seit dem Amsterdamer Vertrag gemeinschaftsrechtlich geltende SDÜ regelte bis 5.4.2010 u. a. die formalen Voraussetzungen für die Erteilung eines „Schengen-Visums"[13]. Die Festlegung formaler Voraussetzungen wie z. B. des Besitzes gültiger Grenzübertrittspapiere, des Nachweises des Aufenthaltszwecks und der Mittel zur Bestreitung des Lebensunterhalts[14], bewirkten allerdings noch keine echte gemeinschaftliche Visapolitik. Der Rat der Justiz- und Innenminister einigte sich am 12.6.2007 politisch auf die *Verordnung über das Visa-Informationssystem* (*VIS*[15]) und über den Zugang der Sicherheitsbehörden und von Euro- **68**

---

8  Vgl. dazu *Herdegen*, Europarecht, 14. Aufl. 2012, S. 191 ff.
9  Vgl. Art. 2 Nr. 1 des Vertrags von Lissabon, ABl. EU Nr. C 306, S. 42.
10 Schengener Übereinkommen betreffend den schrittweisen Abbau der Kontrollen an den gemeinsamen Grenzen v. 14.6.1985. S. hierzu auch *Hailbronner*, in: Hailbronner/Wilms, Recht der Europäischen Union, Art. 62 EGV, Rn. 52 f.; *Rossi*, in: Calliess/Ruffert (Hrsg.), EUV/EGV, 3. Aufl. 2006, Art. 62 EG, Rn. 23 ff.
11 Protokoll zur Einbeziehung des Schengen-Besitzstands in den Rahmen der Europäischen Union, ABl. EG Nr. C 340, S. 140.
12 Vgl. Beschluss des Rates v. 20.5.1999, ABl. EG Nr. L 176, S. 17; Änderungsbeschluss v. 17.10.2000, ABl. EG Nr. L 272, S. 24.
13 Vgl. dazu § 5 II. 2. Die ursprünglich im Schengener Durchführungsübereinkommen niedergelegten Bestimmungen über die Kontrolle an den Außengrenzen der Gemeinschaft und die Erteilung eines Kurzzeitvisums sind aufgrund von Ratsbeschlüssen v. 20.5.1999 in Gemeinschaftsrecht überführt worden, vgl. dazu *Hailbronner*, Ausländerrecht, D 6 sowie *Hailbronner*, in: Hailbronner/Wilms, Recht der Europäischen Union, Art. 62 EGV, Rn. 52 f.; Die einschlägigen Regeln des SDÜ zur Visumerteilung sind mittlerweile durch den Visakodex VO Nr. 810/2009 vom 13.7.2009, gültig seit 5.4.2010 abgelöst worden.
14 Vgl. Art. 5 a. F. u. 96 des Schengener Durchführungsübereinkommens.
15 S. Entscheidung des Rates v. 8.6.2004 zur Einrichtung des Visa-Informationssystems, ABl. EG Nr. L 213, S. 5, 2004/512/EG sowie Vorschlag der Kommission v. 28.12.2004, KOM (2004) 835.

pol zum VIS[16]. In Umsetzung von Beschlüssen des Europäischen Rats von Sevilla 2002 zur Errichtung einer europäischen Visa-Datenbank und eines gemeinsamen Identifikationssystems wurde im Jahre 2008 die Verordnung (EG) Nr. 767/2008 über das Visa-Informationssystem (VIS) und den Datenaustausch zwischen den Mitgliedstaaten über Visa für einen kurzfristigen Aufenthalt (VIS VO)[17] erlassen. Die Verordnung ermöglicht die Speicherung und den Abruf von alphanumerischen und biometrischen Daten des Visumantragstellers sowie erteilter, abgelehnter und widerrufener Visa in einer europäischen zentralen Datenbank durch die zuständigen Behörden[18]. Durch die Speicherung der Visumdaten können zum Beispiel Visum-Mehrfachanträge bei verschiedenen Mitgliedstaaten („Visa-Shopping„) verhindert und Identitätstäuschungen aufgedeckt werden. Der VIS-Zugriffsbeschluss eröffnet zudem den Sicherheitsbehörden die Möglichkeit zur Abfrage des VIS zum Zwecke der Prävention, Aufdeckung und Untersuchung von terroristischen oder sonstigen schwerwiegenden Straftaten. Durch die Verordnung (EG) Nr. 390/2009[19] wurden Verfahren zur Erfassung biometrischer Merkmale bei der Visumantragstellung und in Abänderung der bis dahin geltenden „Gemeinsamen Konsularischen Instruktion" die Modalitäten der Zusammenarbeit der Mitgliedstaaten bei der Annahme und der Bearbeitung von Visaanträgen geregelt.

**69** Mit dem im Juni 2009 verabschiedeten und am 5.4.2010 in Kraft getretenen Visakodex VO (EG) Nr. 810/2009[20], der mit Gesetz vom 22.11.2011 in deutsches Recht umgesetzt bzw. vollzogen worden ist,[21] sind unionseinheitliche Vorschriften über die Verfahren und Voraussetzungen für die Erteilung von Visa für die Durchreise in das Hoheitsgebiet der Mitgliedstaaten oder für geplante Kurzaufenthalte von höchstens 90 Tagen je Zeitraum von 180 Tagen erlassen worden. Für alle Mitgliedstaaten gelten damit gemeinsame Regeln über die für die Erteilung eines Visums erforderlichen Voraussetzungen und Formalitäten, für die biometrischen Identifikationsmerkmale und die Prüfung der Einreisevoraussetzungen und eine Risikobewertung, sowie die Verweigerung und Annullierung eines Visums, den Rechtsschutz und die Zusammenarbeit zwischen den Mitgliedstaaten[22]. Für die Einzelheiten der bei der Visumbeantragung zu beachtenden Voraussetzungen, die unterschiedlichen Visumarten, die Geltungsdauer und die Gebühren sind die praktischen Anweisungen des Visa- Handbuchs von großer praktischer Bedeutung[23]. Soweit der Visakodex Auslegungsspielräume lässt, ergeben sich auch aus länderspezifischen Ergänzungen zum Visahandbuch wichtige Hinweis, z. B. zur Notwendigkeit des persönlichen Erscheinens usw.

---

16   S. Pressemitteilung des Rates der Justiz- und Innenminister der Europäischen Union zur Tagung, IP/07/802 v. 12.6.2007.

17   ABl. EU Nr. L 218/60 v. 13.8.2008.

18   Vgl. dazu *Keicher*, Das Europäische Visumrecht, 2012, S. 286 ff.

19   ABl. EU Nr. L 131 S. 1.

20   ABl. EU Nr. L 243 v. 15.9.2009; *Hailbronner*, Ausländerrecht, D 9.14.

21   BGBl. I, S. 2258.

22   Zum Visakodex vgl. *A. Meloni*, in: Hailbronner/Thym (Hrsg.), European Immigration and Asylum Law, A Commentary, 2. Aufl. 2016, BIII, S. 119 ff.; *Westphal/Brakemeier*, Der Visakodex, NVwZ 2010, 621; *S. Peers*, EU-Justice and Home Affaires Law, 3rd Ed., 2011, p. 261; *Boeles* u. a., European Migration Law, 2009, p. 401 ff.

23   Vgl. Visa-Handbuch I v. 1.3.2016, mit länderspezifischen Ergänzungen – online verfügbar.

Die umstrittene Frage, ob sich aus dem Visakodex ein Rechtsanspruch auf Visa-   **70**
erteilung ableiten lässt,[24] ist mittlerweile vom EuGH dahin beantwortet worden,
dass die Mitgliedstaaten ein Visum nur verweigern dürfen, wenn dem Antragsteller einer der im Kodex aufgezählten Verweigerungsgründe entgegengehalten
werden kann.[25] Der Kodex hat die Voraussetzungen und das Verfahren der Visumerteilung abschließend geregelt. Die Mitgliedstaaten verfügen allerdings über
einen gerichtlich nur beschränkt überprüfbaren Beurteilungsspielraum bei der
Risikobewertung. Ob „begründete Zweifel" im Sinne des Art. 32 Abs. 1 b) des
Visakodex vorliegen, kann daher nur in der Situation der über einen Visumantrag entscheidenden Behörde beurteilt werden.[26]

Mit der Verordnung (EG) Nr. 2016/399 (*Schengener Grenzkodex-SGK*[27]) sind   **71**
die ebenfalls ursprünglich im Schengener Durchführungsübereinkommen niedergelegten Regeln über die Kontrollen an den Außengrenzen der Gemeinschaft in
ein umfassendes Regelwerk überführt worden, das nunmehr für die Schengen-
Staaten einheitlich die Einreisevoraussetzungen für Drittstaatsangehörige an den
Außengrenzen der Europäischen Union, die Grenzkontrollen, die Grenzüberwa-
chung und die Einreiseverweigerung gegenüber Drittstaatsangehörigen regelt.
Gegen Entscheidungen, mit denen die Einreise in das Hoheitsgebiet eines Mitgliedstaats verweigert wird, können Rechtsbehelfe eingelegt werden (Art. 13
SGK). Ein darüber hinausgehendes Recht auf Einlegung von Rechtsbehelfen gegen sonstige Rechtsverletzungen, die im Verfahren über den Erlass der Einreise-
entscheidung begangen werden, um z. B. einen Schadensersatzanspruch wegen
des Verhaltens von Grenzbeamten durchzusetzen, lässt sich daraus nicht ableiten.[28]

Die Binnengrenzen innerhalb der EU dürfen grundsätzlich unabhängig von der   **72**
Staatsangehörigkeit ohne Personenkontrollen überschritten werden. In besonderen Fällen erlaubt jedoch der Schengener Grenzkodex die vorübergehende Wiedereinführung von Grenzkontrollen in Fällen einer schwerwiegenden Bedrohung
der öffentlichen Ordnung oder inneren Sicherheit. Der Rat hat im Juni 2012
beschlossen, den Mitgliedstaaten (und damit nicht, wie vom Parlament vorge-
schlagen, der Kommission) auch künftig die Befugnis einzuräumen, in Ausnahmefällen über die Wiedereinführung von Grenzkontrollen im Schengen-Raum
für einen Zeitraum von bis zu 30 Tagen mit Verlängerungsmöglichkeit im Falle
einer ernsthaften Bedrohung der öffentlichen Ordnung und Sicherheit selbst zu
entscheiden. Darüber hinaus wurde für „außergewöhnliche Umstände, die das
Funktionieren des Schengen-Gebietes gefährden", eine weitere Möglichkeit für
die Durchführung von Binnengrenzkontrollen geschaffen. In Einzelfällen sollen
die Grenzkontrollen auf einen Zeitraum von 6 Monaten mit dreimaliger Verlängerungsmöglichkeit ausgedehnt werden können[29]. Deutschland hat hiervon am

---

24  Vgl. dazu Vorabentscheidungsersuchen VG Berlin, EuGH, Rs. C-84/12; OVG Berlin-Brandenburg
    v. 24.6.2010 – 2B 16.09.
25  EuGH v. 19.12.2013, Rs. C-84/12 – *Koushkaki*; vgl. *Hailbronner*, Ausländerrecht, 93. Lfg., § 6
    Rn. 76.
26  EuGH a. a. O.; BVerwG v. 11.1.2011 – 1 C 1/10, NVwZ 2011, 1201, 1203.
27  ABl. EU Nr. L 77 S. 1 v. 9.3.2016, Verordnung über einen Gemeinschaftskodex für das Überschrei-
    ten der Grenzen durch Personen (Schengener Grenzkodex); bisher VO Nr. 562/2006; *Hailbronner*,
    Ausländerrecht, D 8.3.; vgl. dazu *Epiney/Egbuna-Joss*, in: Hailbronner/Thym (Hrsg.), European
    Immigration and Asylum Law, A Commentary, 2. Aufl. 2016, BII, S. 31 ff.
28  EuGH v. 17.1.2013, Rs. C-23/12 – *Mohamad Zakaria*.
29  Vgl. Council Doc. 6161 Rev. 4 v. 4.6.2012 BR-Drs. 554/11 v. 21.9.2012.

13.9.2015 in Bezug auf die Einführung von Grenzkontrollen an den Grenzen zu Österreich Gebrauch gemacht. Die Kommission hat dies in ihrer Entschließung v. 23.10.2015 gebilligt, mit der Begründung, dass die öffentliche Ordnung durch die außergewöhnliche hohe Zahl einreisender Flüchtlinge gefährdet war.[30]

**73** Auch im Kampf gegen die *illegale Einwanderung* sind eine Fülle von Aktivitäten der Kommission und des Rates zu verzeichnen, die sowohl eine Reihe von Rechtsakten aufgrund des AEUV, als auch Instrumente der zwischenstaatlichen Kooperation aufgrund des Unionsvertrags umfassen. Von der Öffentlichkeit wenig bemerkt, hat die Union inzwischen auch begonnen, den strafrechtlichen Rahmen für die Bekämpfung der illegalen Einwanderung und des Menschenhandels[31] unionsrechtlich mittels Richtlinien vorzugeben[32]. Eine umfassende strafrechtliche Kompetenz der Union im Bereich der Bestrafung illegaler Einwanderung lässt sich aber aus dem Unionsrecht nicht ableiten. Die Mitgliedstaaten sind lediglich verpflichtet, die erforderlichen Maßnahmen zu treffen, um sicherzustellen, dass Verstöße mit wirksamen, angemessenen und abschreckenden Sanktionen bedroht sind, und ihre Gerichtsbarkeit in Bezug auf Verstöße zu begründen, die ganz oder teilweise auf ihrem Hoheitsgebiet begangen worden sind. Diese Pflicht ist in einer Weise wahrzunehmen, die den Bestimmungen des Unionsrechts ihre volle praktische Wirksamkeit verschafft. Erforderlichenfalls müssen Lösungen „praktischer Konkordanz" in Bezug auf Normen gesucht werden, deren Anwendung die Wirksamkeit oder Kohärenz des Unionsrechts in Frage stellen könnten. Für das Visarecht hat der EuGH daher entschieden, dass ein Mitgliedstaat das Einschleusen von Ausländern auch dann strafrechtlich verfolgen kann, wenn die in das Hoheitsgebiet der Union geschleusten Drittstaatsangehörigen über ein durch arglistige Täuschung erlangtes Visum verfügen, das noch nicht annulliert wurde.[33]

**74** Ausländerrechtlich bedeutsam ist die mittlerweile verabschiedete und mit § 25 Abs. 4 a AufenthG in nationales Recht umgesetzte *Richtlinie über die Erteilung kurzfristiger Aufenthaltstitel für Opfer der Beihilfe zur illegalen Einwanderung und des Menschenhandels (sog. Opferschutzrichtlinie)* für diejenigen Opfer, die mit den zuständigen Behörden kooperieren[34]. Die Richtlinie und § 25 Abs. 4 a AufenthG sehen die Erteilung eines kurzfristigen Aufenthaltstitels für Opfer von Delikten im Zusammenhang mit der Beihilfe zur illegalen Einwanderung oder des Menschenhandels vor, sofern sie bei der Bekämpfung der Urheber dieser Straftaten kooperieren. Der befristete Aufenthaltstitel ist nach § 25 Abs. 4 Satz 2 AufenthG verlängerbar und kann auch eventuell nach dem allgemeinen Ausländerrecht in ein gewöhnliches Aufenthaltsrecht übergehen (z. B. nach § 25 Abs. 3 i. V. m. § 60 Abs. 7 AufenthG).[35] Mit dem Gesetz zur Neubestimmung des Blei-

---

30 Commission Opinion of 23.10.2015, C(2015) 7100 final.
31 Vgl. dazu *Kreuzer*, ZAR 2001, 224; *Hailbronner*, in: Kreuzer (Hrsg.), Frauenhandel – Menschenhandel – organisierte Kriminalität, 2003.
32 Vgl. RL 2002/90/EG v. 28.11.2002 zur Definition der Beihilfe zur unerlaubten Ein- und Durchreise und zum unerlaubten Aufenthalt, ABl. EG Nr. L 328, S. 17; vgl. dazu auch Rahmenbeschluss des Rates v. 28.11.2002 betreffend die Verstärkung des strafrechtlichen Rahmens für die Bekämpfung der Beihilfe zur unerlaubten Ein- und Durchreise und zum unerlaubten Aufenthalt, ABl. EG Nr. L 328, S. 1.
33 EuGH v. 10.4.2012, Rs. C-83/12 PPU – *Min Khoa Vo*.
34 RL 2004/81/EG des Rates v. 29.4.2004, ABl. EG Nr. L 261, S. 24; *Hailbronner*, Ausländerrecht, D 11.15.
35 Siehe hierzu *Hailbronner*, Ausländerrecht, § 25 AufenthG, Rn. 87 ff.

berechts und der Aufenhaltsbeendigung vom 27.7.2015[36] hat der Gesetzgeber über diese Vorgaben hinausgehend eine Verlängerung des Aufenthaltsrechts aus humanitären oder persönlichen Gründen und damit den Übergang zu einem Daueraufenthaltsrecht ermöglicht.

Im Kampf gegen die *illegale Einwanderung* hat die Union unverkennbar das **75** Gewicht von rein innergemeinschaftlichen Maßnahmen auf externe Aspekte, wie z. B. die Zusammenarbeit mit den Herkunftsländern, verlagert. Eine immer größere Rolle spielen in diesem Zusammenhang *Vereinbarungen mit Drittstaaten über die Rückübernahme* illegal in die Europäische Union eingereister Staatsangehöriger[37].

Auch im Bereich der Bekämpfung der *illegalen Beschäftigung* hat die EU Maß- **76** nahmen ergriffen. Mit der Sanktionsrichtlinie 2009/52/EG über Mindeststandards für Sanktionen und Maßnahmen gegen Arbeitgeber, die Drittstaatsangehörige ohne rechtmäßigen Aufenthalt beschäftigen[38], werden die Mitgliedstaaten verpflichtet, ein allgemeines Verbot der Beschäftigung von Drittstaatsangehörigen ohne rechtmäßigen Aufenthalt einzuführen und Sanktionen gegen Arbeitgeber, die ihnen zuwider handeln, zu ergreifen. Analog der Opferschutzrichtlinie ist ein befristetes Aufenthaltsrecht für Opfer illegaler Beschäftigung vorgesehen, damit diese ihre Ansprüche gegen Arbeitgeber effektiv durchsetzen können. Für die Arbeitgeber sind neben Beschäftigungsverboten und finanziellen Sanktionen Maßnahmen, wie der Ausschluss von öffentlichen Aufträgen, vorgesehen. Die Richtlinie ist mit dem Gesetz zur Umsetzung aufenthaltsrechtlicher Richtlinien vom 22.11.2011[39] u. a. durch Einfügung eines neuen Aufenthaltstitels (§ 25 Abs. 4 b AufenthG) umgesetzt worden.

Unverkennbar ist auch eine gewisse Gewichtsverlagerung zu einer *gemeinschaft-* **77** *lichen Politik der Rückführung* sich illegal in der Union aufhaltender Drittstaatsangehöriger. Die *Richtlinie* vom 28.5.2001 *über die gegenseitige Anerkennung von Rückführungsentscheidungen*[40] sieht die Anerkennung und Durchführung einer von einem anderen Mitgliedstaat erlassenen Entscheidung über die Rückführung vor, sofern diese Entscheidung mit einer schwerwiegenden und akuten Gefahr für die öffentliche Sicherheit und Ordnung oder die nationale Sicherheit begründet ist und auf einer Verurteilung zu einer Freiheitsstrafe von mindestens einem Jahr beruht oder auf dem begründeten Verdacht, dass der Betreffende schwere Straftaten begangen hat, oder konkreten Hinweisen, dass er solche Taten im Hoheitsgebiet eines Mitgliedstaates plant. Die Richtlinienbestimmung ist mittlerweile im AufenthG dadurch umgesetzt worden, dass eine vollziehbare Ausreisepflicht nach § 58 Abs. 2 Nr. 3 AufenthG auch dann vorliegt, wenn ein Ausländer aufgrund einer Rückführungsentscheidung eines anderen Mitgliedstaates der Europäischen Union gem. Art. 3 der Richtlinie 2001/40/EG ausreisepflichtig wird, sofern diese von der zuständigen Behörde anerkannt wird und

---

36 BGBl. I, S. 1386.
37 S. Übersicht der Abkommen zur Rückübernahme ausreisepflichtiger Ausländer unter http://www.bmi.bund.de; vgl. *M. Kohls*, Wirksamkeit von Wiedereinreisesperren und Rückübernahmeabkommen, BAMF, Working Paper 58, Mai 2014.
38 ABl. EU Nr. L 168, S. 24 v. 30.6.2009.
39 BGBl. I, S. 2258.
40 RL 2001/40/EG des Rates v. 28.5.2001 über die gegenseitige Anerkennung von Entscheidungen über die Rückführung von Drittstaatsangehörigen, ABl. EG Nr. L 49, S. 34; *Hailbronner*, Ausländerrecht, D 11.9.

eine Ausreisefrist nicht gewährt wurde oder diese abgelaufen ist. Fraglich ist, inwieweit sich ein Ausländer auf die Bestimmungen der Richtlinie über die Anerkennung von Rückführungsentscheidungen berufen kann. Nicht abgeschnitten ist jedenfalls die Berufung auf völkerrechtlich zwingende Abschiebungshindernisse, sofern ein Ausländer geltend macht, dass diese nach der Bestands- oder Rechtskraft der Rückführungsentscheidung entstanden sind. Im Übrigen hat ein Verwaltungsgericht keine Kompetenz, die Rechtmäßigkeit der Rückführungsentscheidung eines anderen EU-Mitgliedstaats nach der Richtlinie zu überprüfen, wenn die in der Richtlinie vorgesehenen Voraussetzungen erfüllt sind.

**78** Ein Grund dafür dürften einmal die Schwierigkeiten der Feststellung sein, ob die Voraussetzungen für die Anerkennung gegeben sind, sowie die finanziellen Implikationen. Hierzu hat allerdings der Rat der Europäischen Union am 23.2.2004 entschieden, dass der Entscheidungsmitgliedstaat den Vollstreckungsstaat für alle möglichen finanziellen Ungleichgewichte, die sich aus der Durchführung der Richtlinie ergeben können, entschädigt, wenn die Rückführung nicht auf Kosten des betroffenen Drittstaatsangehörigen erfolgen kann[41].

**79** Auch die sog. *Durchbeförderungsrichtlinie* des Rates vom 25.11.2003[42] hat den Zweck der Verbesserung der notwendigen Zusammenarbeit bei dem gemeinsamen Ziel der Beendigung des illegalen Aufenthalts ausreisepflichtiger Drittstaatsangehöriger. Sie enthält für alle Mitgliedstaaten verbindliche Regeln über ein vereinheitlichtes Verfahren zur gegenseitigen Unterstützung bei der Rückführung Drittstaatsangehöriger in ihr Heimatland. Zur Umsetzung in innerstaatliches Recht wurde das Aufenthaltsgesetz um einen eigenen Abschnitt „Durchbeförderung" ergänzt (vgl. Kapitel 7, Abschnitt 1 a, § 74 a AufenthG).

**80** Die Richtlinie 2008/115/EG zur *Rückführung illegal aufhältiger Drittstaatsangehöriger*[43], die durch das 2. EU-Richtlinienumsetzungsgesetz v. 22.11.2011[44] in deutsches Recht umgesetzt worden ist, hat die Vergemeinschaftung der Rückkehrpolitik zum Ziel. Die einheitlich in allen EU-Staaten geltenden Verfahrensregeln sollen ein effektives und zugleich faires Verfahren der Rückführung solcher Drittstaatsangehöriger gewährleisten, die sich illegal, d. h. ohne ein Aufenthaltsrecht entweder aufgrund illegaler Einreise oder aufgrund einer aufenthaltsbeendenden Maßnahme, in einem EU-Mitgliedstaat aufhalten.

**81** Die RL 2008/115/EG sieht in Art. 6 Abs. 1 den Erlass einer „Rückkehrentscheidung" vor. Darunter ist jede behördliche oder gerichtliche Entscheidung zu verstehen, mit der der illegale Aufenthalt von Drittstaatsangehörigen festgestellt und eine Rückkehrverpflichtung auferlegt wird (Art. 3 Nr. 2). Rückkehrentscheidungen unterliegen Form u. Verfahrensvorschriften. Der Ausländer soll dadurch rechtzeitig über seine Ausreisepflicht informiert werden und in die Lage versetzt werden, vor einer freiwilligen Ausreise seine Angelegenheiten zu regeln und ggfs.

---

41 Vgl. ABl. EU Nr. L 60, S. 55.
42 RL 2003/110/EG des Rates v. 25.11.2003 über die Unterstützung bei der Durchbeförderung im Rahmen von Rückführungsmaßnahmen auf dem Luftweg, ABl. EU Nr. L 321, S. 26; *Hailbronner*, Ausländerrecht, D 11.14.
43 ABl. EU Nr. L 348, S. 98 v. 24.12.2008; *Hailbronner*, Ausländerrecht, D 11.15; vgl. *F. Lutz*, in: Hailbronner/Thym (Hrsg.), European Immigration and Asylum Law, A Commentary, 2. Aufl. 2016, C VII, S. 675 ff.; *H. Winkelmann*, migrationsrecht.net v. 23.11.2011; *Hörich*, ZAR 2011, 281; *Franßen de la Cerda*, ZAR 2008, 377; ZAR 2009, 17; *Hailbronner*, ZAR 2005, 349.
44 BGBl. I, S. 2258.

Rechtsmittel einzulegen. Die Rückkehrentscheidung ist mit einer Ausreisefrist zwischen sieben und dreißig Tagen zu versehen. Unter besonderen in der Richtlinie geregelten Voraussetzungen sind Fristverlängerungen oder Fristverkürzungen vorgesehen. Rückkehrentscheidungen müssen schriftlich ergehen und begründet werden. Die wichtigsten Elemente einer Entscheidung sind auf Antrag in eine dem Ausländer verständliche Sprache zu übersetzen. Ausnahmen hiervon bestehen im Fall einer illegalen Einreise. Für die Rückführung unbegleiteter Minderjähriger gelten besondere Schutzpflichten, wie z. B. die Vergewisserung, dass bei einer Abschiebung der Minderjährige einem Familienmitglied oder einer geeigneten Aufnahmeeinrichtung übergeben wird. Einreiseverbote als Folge von Abschiebungen dürfen grundsätzlich fünf Jahre nicht überschreiten, wenn nicht ausnahmsweise eine schwerwiegende Gefahr für die öffentliche Ordnung längere Fristen rechtfertigt.

Auslegungsfragen der Richtlinie 2008/115/EG haben sich insbesondere bei den **82** Vorschriften über die Inhaftnahme (Art. 15) ergeben. Grundsätzlich dürfen die Mitgliedstaaten einen Ausländer mangels anderer weniger einschneidender Maßnahmen in Haft nehmen, um die Rückkehr vorzubereiten und/oder eine Abschiebung durchzuführen. Durch eine aufgrund polizei- oder strafrechtlicher nationaler Vorschriften erfolgte Inhaftnahme darf aber die Anwendung der in der Richtlinie festgelegten gemeinsamen Normen und Verfahren nicht vereitelt und die Rückführung nichtverzögert werden. Eine solche Vereitelung hat der EuGH im Urteil *El Dridi*[45] angenommen, wenn gegen einen illegal aufhältigen Drittstaatsangehörigen allein deshalb eine Haftstrafe verhängt wird, weil er entgegen einer Anordnung, das Hoheitsgebiet des Mitgliedstaats innerhalb einer bestimmten Frist zu verlassen, im Hoheitsgebiet geblieben ist. Die Rückführungsrichtlinie steht in gleicher Weise nationalen Rechtsvorschriften entgegen, nach denen gegen sich illegal aufhaltende Drittstaatsangehörige während des Rückkehrverfahrens eine Freiheitsstrafe wegen des illegalen Aufenthalts verhängt wird.[46] Dagegen verbietet es die Richtlinie nicht, dass ein Mitgliedstaat den illegalen Aufenthalt mit einer Geldstrafe (nicht aber mit Hausarrest) sanktioniert, die unter bestimmten Voraussetzungen durch eine Haftstrafe ersetzt werden kann.[47]

Zur Berechnung der in Art. 15 Abs. 5 und 6 vorgesehenen maximalen Haftdauer **83** von 18 Monaten und den Voraussetzungen einer Haftanordnung hat der EuGH im Urteil *Kadzoev*[48] festgestellt, dass die maximale Haftdauer auch die Haftzeit umfassen muss, die im Rahmen eines vor Geltung der RL 2008/115/EG eingeleiteten Abschiebungsverfahrens zurückgelegt wurde und dass Zeiten der Unterbringung in einer für die vorübergehende Unterbringung vorgesehenen Einrichtung nicht als Haftzeiten anzurechnen sind. Für die Haftanordnung ist im übrigen erforderlich, dass eine tatsächliche Aussicht auf Abschiebung im vorgesehenen Zeitraum besteht. Strenge Anforderungen an den Vollzug der Abschiebungshaft hat der EuGH auch im Urteil *Bouzalmate*[49] gestellt, wonach eine Ausnahme vom Gebot der Unterbringung in speziellen Haftanstalten auch dann nicht erlaubt ist, wenn in einem Bundesland solche speziellen Hafteinrichtungen nicht vorhanden sind.

---

45  EuGH v. 28.4.2011, Rs. C-61/11, PPU – *Hassen El Dridi*; vgl. *R. Raffaelli*, EJIL 13 (2011), 467.
46  EuGH v. 6.12.2011, Rs. C-329/11 – *Achughbabian*.
47  EuGH v. 6.12.2012, Rs.C-430/11 – *Md Sagor*.
48  EuGH v. 30.9.2009, Rs.C-357/09 PPU – *Said Shamilovic Kadzoev*.
49  EuGH v. 17.7.2014, Rs. C-473/13 und C-514.

## III. Einwanderungspolitik

**84** Eine Mitteilung der Kommission im Juli 2001 enthielt den Vorschlag, einen offenen Koordinierungsmechanismus für die Einwanderungspolitik in der EU einzurichten, um hierdurch den Informationsaustausch unter den Mitgliedstaaten bezüglich der Umsetzung einer gemeinsamen Politik zu fördern[50]. Das Verfahren sieht vor, dass sich die Mitgliedstaaten über bestimmte europäische Zielstellungen oder Leitlinien einigen, die sie anschließend in die innerstaatlichen Pläne einbeziehen, welche regelmäßig überprüft werden. Aufgrund einer politischen Vorgabe des Europäischen Rats, die er auf seiner Tagung in Sevilla am 21./22. Juni 2002 beschlossen hatte, wurden in der Folgezeit im Bereich Migration mehrere Richtlinien auf europäischer Ebene vereinbart, die sodann in nationales Recht umzusetzen waren[51].

**85** Dass die Einwanderungspolitik nicht unerhebliche Schwierigkeiten der Konsensfindung aufwerfen würde, hat sich bereits an der *Familiennachzugsrichtlinie*[52] gezeigt, die mit zahlreichen Kompromissen und Optionen gegen den Widerstand von Menschenrechtsorganisationen verabschiedet wurde[53]. Der Text, auf den man sich letztendlich geeinigt hat, sieht eine Befugnis der Mitgliedstaaten vor, bei dem Nachzug von über 12-jährigen Kindern, die unabhängig vom Rest ihrer Familien nachziehen, zu prüfen, ob sie nach nationalem Recht vorgesehene Integrationskriterien erfüllen und hiervon den Nachzug abhängig zu machen[54]. Außerdem können die Mitgliedstaaten im Rahmen einer Ausnahmeregelung den Familiennachzug von über 15-jährigen Kindern einschränken. Wegen dieser Bestimmungen hatte das Europäische Parlament – erfolglos – eine Klage gegen den Rat eingereicht mit der Argumentation, die Richtlinie verstoße gegen das in Art. 8 EMRK geschützte Recht auf Schutz der Privatsphäre und der Familie[55]. Im Übrigen verpflichtet die Richtlinie die Mitgliedstaaten, Ehegatten und minderjährigen Kindern von Drittstaatsangehörigen den Familiennachzug zu gestatten, sofern sie bestimmte Voraussetzungen erfüllen. Abweichend von den großzügigeren unionsrechtlichen Vorschriften für Unionsbürger ist der Familiennachzug von Verwandten in aufsteigender Linie, denen Unterhalt gewährt wird, und den volljährigen unverheirateten Kindern, die aufgrund ihres Gesundheitszustandes nicht selbst für ihren Lebensunterhalt aufkommen können, in das Ermessen der Mitgliedstaaten gestellt[56].

---

50 Mitteilung der Kommission an den Rat und das Europäische Parlament, Offener Koordinierungsmechanismus für die Migrationspolitik der Gemeinschaft, 9.7.2001, KOM (2001) 387 endg.

51 S. hierzu auch *Hailbronner*, FamRZ 2005, 1 ff.

52 Richtlinie 2003/86 betreffend das Recht auf Familienzusammenführung, ABl. L 215/12 v. 3.10.2003; vgl. *Hailbronner/Arevalo/Klarman*, in: Hailbronner/Thym (Hrsg.), European Immigration and Asylum Law, A Commentary, 2. Aufl. 2016, C II, S. 308 ff.

53 Vgl. den letzten Entwurf der Kommission v. 2.5.2002, KOM (2002) 255 endg., abgeänderter Vorschlag für eine RL des Rates betreffend das Recht auf Familienzusammenführung; vgl. auch geänderter Vorschlag für eine RL des Rates betreffend das Recht auf Familienzusammenführung v. 10.10.2000, KOM (2000) 624 endg.; Vorschlag für eine RL des Rates betreffend das Recht auf Familienzusammenführung v. 1.12.1999, KOM (1999) 638 endg.

54 Vgl. dazu *Hailbronner*, FamRZ 2005, 1 ff.; vgl. hierzu auch *Hauschild*, ZAR 2003, 266; *Weichselbaum*, ZAR 2003, 359; *Langenfeld/Mohsen*, ZAR 2003, 398.

55 EuGH v. 27.6.2006, Rs. C-540/03 – *Parlament/Rat*, Slg. 2006, I-5769; s. auch Anmerkung von *Fremuth*, EuZW 2006, 571–573; *Epiney*, ZAR 2007, 61–64; *Thym*, NJW 2006, 3249–3252 und *Bouchouaf*, JZ 2007, 43–45.

56 Vgl. Art. 4 Abs. 2 RL 2003/86/EG.

Die Familiennachzugsrichtlinie hat bei den Vorschriften über die Gestattung des **86** Familiennachzugs für Ehegatten und Kinder im Aufenthaltsgesetz keine wesentlichen Änderungen erforderlich gemacht. Das AufenthG schöpft ungeachtet einiger Änderungen durch das Richtlinienumsetzungsgesetz von 2007 die in der Richtlinie vorgesehenen Beschränkungsmöglichkeiten nicht aus[57]. Die Umsetzung der unionsrechtlichen Regeln wird im Hinblick auf die Nachzugserfordernisse für Ehegatten z. T. kritisch beurteilt.

Der EuGH hat in Übereinstimmung mit dem Bundesverwaltungsgericht die Ver- **87** einbarkeit von Sprachanforderungen beim Ehegattennachzug (§§ 28 Abs. 1 Satz 5, 30 Abs. 1 AufenthG) mit Art. 7 Abs. 2 der RL 2003/86/EG bestätigt.[58] Eine Unionsrechtswidrigkeit ergibt sich auch nicht aus dem Erfordernis ausreichender Mittel zum Lebensunterhalt. Zwar hat der EuGH unter Hinweis auf das grundlegende Ziel der Richtlinie, die Familienzusammenführung zu erleichtern, festgestellt, dass die Wendung „Inanspruchnahme der Sozialhilfeleistungen" dahin auszulegen ist, dass sie einem Mitgliedstaat nicht erlaubt, die Familienzusammenführung einem Ausländer zu verweigern, der zwar über ausreichende Einkünfte verfügt, um für sich und seine Familienangehörigen den allgemeinen Lebensunterhalt zu bestreiten, jedoch wegen der geringen Höhe seiner Einkünfte ergänzende Sozialhilfe zur Bestreitung besonderer individuell bestimmter Kosten des Lebensunterhalts, Abgabenbefreiungen oder einkommensunterstützende Maßnahmen für Bezieher niedriger Einkommen in Anspruch nimmt[59]. Eine Unionsrechtswidrigkeit der Nachzugsregeln des AufenthG lässt sich daraus aber nicht herleiten. Die Zielsetzungen der RL, auf die der EuGH abgestellt hat, werden durch die einschlägigen Regeln des AufenthG über den Familiennachzug nicht beeinträchtigt[60].

Im November 2003 beschloss der Rat die sog. *Daueraufenthaltsrichtlinie*[61]. Mit **88** dieser Richtlinie soll die lang diskutierte Zielsetzung einer Angleichung der Rechtsstellung solcher Drittstaatsangehöriger, die sich bereits längere Zeit rechtmäßig in einem Mitgliedstaat der Europäischen Union aufhalten, erreicht werden. Auch Personen mit internationalem Schutzstatus, die ursprünglich nicht in den Anwendungsbereich der Richtlinie fielen, können sich mittlerweile aufgrund der RL 2011/51/EU[62] auf die Rechte der RL 2003/109/EG berufen. Der Europäische Rat hatte bereits auf seiner Sitzung in Tampere im Oktober 1999 zum Ziel der Europäischen Union erklärt, dass die Rechtsstellung langfristig aufenthaltsberechtigter Drittstaatsangehöriger an diejenige von Inländern „angenähert" werden sollte und einer Person, die sich während eines noch zu bestimmenden Zeitraums in einem Mitgliedstaat rechtmäßig aufgehalten hat und einen langfris-

---

57 S. dazu § 7 V. 6 f.; zur Neuregelung des Ehegattennachzugs vgl. auch *Hailbronner*, FamRZ 2008, 1583.
58 EuGH v. 9.7.2015, Rs. C-153/14 – *K und A*; die Entscheidung, die zu niederländischen Sprachtests erging, ist auf die deutsche Regelung übertragbar; im gleichen Sinne bereits BVerwG v. 30.3.2010 – 1 C 8.09.
59 EuGH v. 4.3.2010, Rs. C-578/08 – *Chakroun*, NVwZ 2010, 697.
60 Vgl. hierzu auch Antwort der Bundesreg. auf eine Kleine Anfrage, BT-Drs. 17/10 422, S. 4.
61 RL 2003/109/EG betreffend die Rechtsstellung der langfristig aufenthaltsberechtigten Drittstaatsangehörigen, ABl. EU Nr. L 16, S. 44; vgl. dazu *D. Thym*, in: Hailbronner/Thym (Hrsg.), European Immigration and Asylum Law, A Commentary, 2. Aufl. 2016, C III, S. 438 ff.; *Hailbronner*, Ausländerrecht, D 9.16.; zur Anwendung der RL vgl. den Bericht der Kommisson v. 28.9.2011, KOM (2011), 585 endg.
62 Abl. EU Nr. L 132, S. 1; vgl. zum RL-Vorschlag KOM (2007), 298 endg.

tigen Aufenthaltstitel besitzt, in diesem Mitgliedstaat eine Reihe einheitlicher Rechte gewährt werden sollte, die „denjenigen der Unionsbürger so nahe wie möglich sind"[63]. Bei der Beratung des Vorschlags der Kommission zeigte sich allerdings, dass einige Mitgliedstaaten gegenüber der Konzeption eines EU-weiten Freizügigkeitsrechts für langfristig aufhältige Drittstaatsangehörige, insbesondere im Hinblick auf eine drohende Belastung sozialer Sicherungssysteme, Vorbehalte hatten. Darüber hinaus stellte sich spätestens ab 2001 das Problem einer steigenden Arbeitslosigkeit in zahlreichen EU-Mitgliedstaaten, das dazu führte, dass den Mitgliedstaaten die Befugnis eingeräumt wurde, den Zugang Drittstaatsangehöriger zum Arbeitsmarkt zumindest für eine Übergangszeit zu beschränken.

**89**  Die Richtlinie 2003/109/EG nimmt daher in einigen Punkten deutlich Abschied von der Vorstellung einer „soweit-als-möglich-Annäherung" an die Rechtsstellung von Unionsbürgern. Sie sieht als Hauptkriterium für die Erlangung der Rechtsstellung eines langfristig Aufenthaltsberechtigten den fünfjährigen ununterbrochenen und rechtmäßigen Aufenthalt im Hoheitsgebiet eines Mitgliedstaates vor. Für die Erteilung des Aufenthaltstitels dürfen keine überhöhten und unverhältnismäßigen Gebühren verlangt werden.[64] Weitere Voraussetzungen für die Zuerkennung des Rechtsstatus sind feste und regelmäßige Einkünfte, die ohne Inanspruchnahme von Sozialhilfe den Lebensunterhalt für den Drittstaatsangehörigen und seine Familienangehörigen ermöglichen sowie eine Krankenversicherung. Das Daueraufenthaltsrecht, das aufgrund des fünfjährigen rechtmäßigen Aufenthalts erworben wird, begründet grundsätzlich einen Gleichbehandlungsanspruch. Die Richtlinie sieht allerdings nur eine eingeschränkte Gleichbehandlung bei allgemeinen Sozialhilfeleistungen vor. Insbesondere können die Mitgliedstaaten nach Art. 11 Abs. 4 RL 2003/109/EG die Gleichbehandlung bei Sozialhilfe und anderen Sozialleistungen auf „Kernleistungen" beschränken. Darunter verstehen die Erwägungsgründe zumindest ein Mindesteinkommen sowie Unterstützung bei Krankheit, Schwangerschaft, Elternschaft und Langzeitpflege. Die RL 2003/109/EG enthält jedoch keine erschöpfende Aufzählung der Kernleistungen. Nach der Rspr. des EuGH fallen Leistungen, die dazu beitragen, dass der Einzelne seine Grundbedürfnisse wie Nahrung, Wohnung und Gesundheit zu befriedigen vermag, unter das Gleichbehandlungsgebot. Ausnahmen sind eng auszulegen. Wohngeld fällt daher in den Kernbereich[65]. Die Richtlinie erlaubt eine Einschränkung der Gleichbehandlung auf die Fälle, in denen der Wohnsitz oder der gewöhnliche Aufenthalt des langfristig Aufenthaltsberechtigten oder seiner Familienangehörigen, für die er Leistungen beansprucht, im Hoheitsgebiet des betreffenden Mitgliedstaates liegen. Die Verpflichtung zur exterritorialen Gewährung sozialer Leistungen ist damit grundsätzlich ausgeschlossen.

**90**  Werden die Voraussetzungen der Richtlinie 2003/109/EG erfüllt, sind die Mitgliedstaaten verpflichtet, einen speziellen Aufenthaltstitel „langfristig Aufenthaltsberechtigter" in Form eines Aufklebers oder eines besonderen Dokuments auszustellen. Von erheblicher praktischer Bedeutung ist insbesondere, dass mit der Erlangung dieser Rechtsstellung auch ein Weiterwanderungsrecht in andere Mitgliedstaaten der EU erlangt wird, vorausgesetzt, dass feste und regelmäßige

---

63  Vgl. Erwägungsgrund Nr. 2 der RL 2003/109/EG.
64  EuGH v. 26.4.2012, Rs. C-508/10 – *Kommission/Niederlande.*
65  EuGH v. 24.4.2012, Rs. C-571/10 – *Servet Kamberaj.*

Einkünfte ohne Inanspruchnahme von Sozialhilfeleistungen nachgewiesen werden[66]. Heftig umstritten war die Frage, inwieweit die Zuwanderung zum Zweck der Erwerbstätigkeit weiterhin beschränkt sein sollte. Grundsätzlich können die Mitgliedstaaten ungeachtet des Rechts auf Aufnahme einer Erwerbstätigkeit zunächst eine Arbeitsmarktprüfung durchführen und hinsichtlich der Anforderungen für die Besetzung einer freien Stelle ihre nationalen Verfahren anwenden. Unter Umständen können auch bereits bestehende Quotenregelungen für die Zulassung von Drittstaatsangehörigen zum Arbeitsmarkt beibehalten werden[67].

Das AufenthG hat in Umsetzung der Richtlinie einen Aufenthaltstitel für lang-  **91** fristig aufenthaltsberechtigte Drittstaatsangehörige – die Erlaubnis zum Daueraufenthalt-EU[68] – eingeführt und Vorschriften für eine Weiterwanderung von Drittstaatsangehörigen aus anderen EU-Mitgliedstaaten in die Bundesrepublik erlassen (vgl. §§ 9 a, 9 b, 9 c und 38 a AufenthG). Die *Erlaubnis zum Daueraufenthalt-EU* ist ein unbefristeter Aufenthaltstitel und weitestgehend an die Niederlassungserlaubnis im Sinne des § 9 AufenthG angelehnt. Neben den bereits in der Richtlinie vorgesehenen Hauptkriterien für die Erlangung dieses Aufenthaltstitels fordert das AufenthG das Vorhandensein ausreichender Kenntnisse der deutschen Sprache sowie das Vorhandensein von Grundkenntnissen der Rechts- und Gesellschaftsordnung und der Lebensverhältnisse im Bundesgebiet (vgl. § 9 a Abs. 2 Satz 1 Nr. 3 und 4 AufenthG). Langfristig Aufenthaltsberechtigte genießen nach § 53 Abs. 3 einen besonderen Ausweisungsschutz. Damit wird Art. 12 Abs. 1 der Richtlinie entsprochen, wonach eine Ausweisung nur möglich ist, wenn der langfristig Aufenthaltsberechtigte eine gegenwärtige, hinreichend schwere Gefahr für die öffentliche Ordnung oder die öffentliche Sicherheit darstellt. Hierfür reicht die einmalige Begehung einer schwerwiegenden Straftat mangels einer fortwirkenden Gefährdung nicht aus, auch wenn dem Erwägungsgrund Nr. 8 der Richtlinie zufolge der Begriff der öffentlichen Sicherheit und Ordnung die Verurteilung wegen der Begehung bereits einer schwerwiegenden Straftat umfassen kann[69].

Verabschiedet worden ist auch die *Richtlinie über das Aufenthaltsrecht von Stu-*  **92** *denten*, die auf der Grundlage eines Kommissionsvorschlags aus dem Jahre 2002 angenommen wurde[70]. Sie harmonisiert die Voraussetzungen für die Einreise und den Aufenthalt von Studenten sowie für die Aufnahme einer Erwerbstätigkeit. Das Ziel der Richtlinie, den Aufenthalt von Drittstaatsangehörigen zu Stu-

---

66  Die Statistik der Binnenmobilität weist allerdings nur einen geringen Wirkungsgrad der Richtlinie auf, vgl. *Müller*, EU-Binnenmobilität von EU-Drittstaatsangehörigen, BAMF, Working Paper 51, 2013, S. 22, 28.
67  Vgl. zum Ganzen *Hailbronner*, ZAR 2004, 163 f.; *Hauschild*, ZAR 2003, 350; vgl. ferner die Studie von *Groenendijk, Guild and Barzilay*, The legal status of third-country nationals who are long-term residents in a Member State of the European Union, University of Nijmegen, April 2000.
68  Vgl. § 9 a AufenthG.
69  A. A. angedeutet im Gesetzentwurf der Bundesregierung, BT-Drs. 16/5065, Begründung, S. 184.
70  RL 2004/114/EG des Rates v. 13.12.2004 über die Bedingungen für die Zulassung von Drittstaatsangehörigen zur Absolvierung eines Studiums oder zur Teilnahme an einem Schüleraustausch, einer unbezahlten Ausbildungsmaßnahme oder einem Freiwilligendienst, ABl. EU Nr. L 375 v. 23.12.2004, S. 12; *Hailbronner*, Ausländerrecht, D 9.17; vgl. *Hailbronner/Gies*, in: Hailbronner/Thym (Hrsg.), European Immigration and Asylum Law, A Commentary, 2. Aufl. 2016, C V, S. 581 ff.; zur Anwendung der RL siehe Bericht der Kommission v. 28.9.2011, KOM(2011), 587 endg.; zur faktischen Situation vgl. auch *Mayer/Yamamura/Schneider/Müller*, Zuwanderung von internationalen Studierenden aus Drittstaaten, BAMF, Working Paper 47, August 2012.

dienzwecken in der EU zu erleichtern, stieß auf grundsätzliche Zustimmung aller Mitgliedstaaten. Die Studentenrichtlinie ist mittlerweile ohne wesentliche inhaltliche Veränderungen mit Wirkung zum 24.5.2018 durch die Richtlinie 2016/801[71] abgelöst worden.

**93** Umgesetzt wurde die Richtlinie 2004/114/EG, indem in § 16 Abs. 1 und Abs. 1 a AufenthG ein Aufenthaltstitel zum Zweck des Studiums bzw. der Studienbewerbung geschaffen wurde. Hierbei wurde von der in Art. 7 Abs. 1 lit. c der Richtlinie vorgesehenen Möglichkeit, einen Sprachnachweis zu verlangen, nur eingeschränkt Gebrauch gemacht. Gemäß § 16 Abs. 1 Satz 4 AufenthG wird vom Nachweis von Sprachkenntnissen zur Vermeidung unnötiger Doppelprüfungen abgesehen, wenn die Bildungseinrichtung einen solchen Nachweis bereits zur Bedingung für die Zulassung macht oder diese Sprachkenntnisse im Rahmen einer studienvorbereitenden Maßnahme zunächst erworben werden sollen. Das Erfordernis der ausreichenden Sprachkenntnisse soll auch der Missbrauchsbekämpfung im Bereich der Zulassung ungeeigneter Personen zu angeblichen Studien- und Bildungsgängen dienen, die in Wirklichkeit einen Arbeitsmarktzugang anstreben. Die Mindestgeltungsdauer der Aufenthaltserlaubnis zum Zweck des Studiums beträgt gemäß § 16 Abs. 1 Satz 5 AufenthG ein Jahr, die maximale Dauer (mit Verlängerungsmöglichkeit) zwei Jahre.

**94** Am 12.10.2005 verabschiedete der Rat die sog. *Forscherrichtlinie*[72], die mittlerweile ebenfalls zum 24.5.2018 durch die Richtlinie 2016/801 abgelöst wird. Danach können Forscher aus Drittstaaten in einem dreistufigen Verfahren für zeitlich begrenzte Forschungsprojekte in der EU einen Aufenthaltstitel erhalten und ihr Forschungsprojekt innerhalb der gesamten EU verfolgen. Mit der Einführung eines besonderen Aufenthaltstitels für Forscher (vgl. § 20 AufenthG) und der Umsetzung der Mobilitätsregelungen im AufenthG sowie der Regelung des Zulassungsverfahrens in der Aufenthaltsverordnung wurde den Vorgaben der Richtlinie in der Bundesrepublik Rechnung getragen. § 20 AufenthG ist inzwischen mehrfach geändert worden, u. a. durch eine flexiblere Umschreibung des Zwecks des Aufenthaltstitels (Forschungsvorhaben anstatt Forschungsprojekt), um den Aufenthaltstitel auch für Forschertätigkeiten an privaten Forschungseinrichtungen attraktiver zu gestalten und den Geheimhaltungsinteressen der Wirtschaft Rechnung zu tragen[73].

**95** Nach dem Scheitern erster Vorschläge über eine Richtlinie über die *Zulassung von Drittstaatsangehörigen zum Zweck der selbständigen oder unselbständigen Erwerbstätigkeit*[74] hat die Kommission, aufbauend auf den Strategischen Plan

---

71 Richtlinie (EU) 2016/801 über die Bedingungen für die Einreise und den Aufenthalt von Drittstaatsangehörigen zu Forschungs- und Studienzwecken, zur Absolvierung eines Praktikums, zur Teilnahme an einem Freiwilligendienst, Schüleraustauschprogrammen oder Bildungsvorhaben und zur Ausübung einer Au-pair Tätigkeit, ABl. EU L 132/21 v. 21.5.2016.

72 RL 2005/71/EG des Rates v. 12.10.2005 über ein besonderes Zulassungsverfahren für Drittstaatsangehörige zum Zwecke der wissenschaftlichen Forschung, ABl. EU Nr. L 289 v. 3.11.2005, S. 15; *Hailbronner,* D 9.19; vgl. *Hailbronner/Gies,* in: Hailbronner/Thym (Hrsg.), European Immigration and Asylum Law, A Commentary, 2. Aufl. 2016, C VI, S. 632ff; *Kluth,* ZAR 2008, 234; *Hailbronner,* WissR 2011, 2.

73 Für eine ausführliche Analyse der Wirkungen der Richtlinie *Klingert/Block,* Ausländische Wissenschaftler in Deutschland, BAMF, Working Paper 50, Januar 2013.

74 Vorschlag für eine RL des Rates über die Bedingungen für die Einreise und den Aufenthalt von Drittstaatsangehörigen zur Ausübung einer unselbständigen oder selbständigen Erwerbstätigkeit v. 11.7.2001, KOM (2001), 386 endg.

zur legalen Zuwanderung von 2005, neue Richtlinien in diesem Bereich vorge-schlagen[75]. Der Vorschlag beinhaltet u. a. einen erleichterten Zugang sowie ein verbessertes Aufenthaltsrecht, die sog. *Blue Card*, für Fachkräfte aus Drittstaa-ten, sowie Regelungen über die Rechtstellung von Saisonarbeitskräften, die Ein-reise und den Aufenthalt von Drittstaatsangehörigen im Rahmen einer konzern-internen Entsendung und weitere Maßnahmen zur Erleichterung des Zugangs von Drittstaatsangehörigen zum Arbeitsmarkt der EU-Mitgliedstaaten. Mit der Verabschiedung der Blue Card Richtlinie 2009/50/EG über die Bedingungen für die *Einreise und den Aufenthalt von Drittstaatsangehörigen zur Ausübung einer hochqualifizierten Beschäftigung*[76] ist ein wesentlicher Teil des Gesamtpro-gramms verwirklicht worden. Die Richtlinie 2011/98/EU vom 13.12.2011[77] schreibt ein *einheitliches Verfahren zu einer kombinierten Erlaubnis für den Ar-beitsmarktzugang und das Aufenthaltsrecht* sowie über ein gemeinsames Bündel von Rechten von Drittstaatsangehörigen vor, die sich rechtmäßig in einem Mitgliedstaat aufhalten. Teilweise sind die Anforderungen dieser Richtlinie be-reits mit dem Zuwanderungsgesetz im deutschen Aufenthaltsrecht verwirklicht worden. Mit den Richtlinien über die Einreise und den Aufenthalt von *Saisonar-beitnehmern v. 26.2.2014*[78] *und die Richtlinie über konzernintern entsandte Ar-beitskräfte*[79] ist das Regelungsprogramm zum europäischen Einwanderungsrecht vorläufig abgeschlossen worden.

*Ein Problem der Rechtsharmonisierung* bei der Einwanderungspolitik dürfte da-		**96**
rin liegen, dass die unterschiedlichen Einwanderungskonzepte und Politiken, die sich in den Mitgliedstaaten entwickelt haben, eng verflochten sind mit unter-schiedlichen historischen, geografischen und sozialen Gegebenheiten. Auch die Arbeitsmärkte der Mitgliedstaaten sind trotz des europäischen Binnenmarktes noch überwiegend nationalstaatlich geprägt. Die Regelung der Arbeitskräfte-wanderung kann daher nicht einheitlich erfolgen, sondern muss sich an den un-terschiedlichen Arbeitsmarktstrukturen der jeweiligen Mitgliedstaaten orientie-ren. Dies spricht für große Spielräume der Mitgliedstaaten, ein hohes Maß an Flexibilität und Zurückhaltung gegenüber einer allzu weitreichenden Rechtshar-monisierung. Dem entspricht, dass in den Vertrag von Lissabon ausdrücklich ein Passus aufgenommen worden ist, wonach die Kompetenz der Union, eine gemeinsame Einwanderungspolitik zu entwickeln, nicht das Recht der Mitglied-staaten berührt, festzulegen, wie viele Drittstaatsangehörige in ihr Hoheitsgebiet

---

75 KOM (2007) 637 endg.; (2007), 638 endg.; s. auch Pressemitteilung der Kommission v. 23.10.2007, Memo 07/423; vgl. auch Mitt. d. Kom. v. 17.6.2008, IP/08/948.
76 ABl. EU Nr. L 155, S. 17; *Hailbronner*, Ausländerrecht, D. 20; vgl. *Hailbronner/Schieber*, in: Hail-bronner/Thym (Hrsg.), European Immigration and Asylum Law, A Commentary, 2. Aufl. 2016, C VIII, S. 783 ff.; zur Umsetzung der RL vgl. *B. Steller*, ZAR 2013, 1; *Strunden/Schubert*, ZAR 2012, 270 ff.
77 ABl. EU Nr. L 343, S. 1; vgl. *Sarah Iglesia Sanchez*, in: Hailbronner/Thym (Hrsg.), European Im-migration and Asylum Law, A Commentary, 2. Aufl. 2016, C.X, S. 901 ff.;Vorschlag der Kommis-sion über die *Rechte von Saisonarbeitnehmern* vgl. KOM (2010) 379 endg., Ratsdok. 12 208/10.
78 Richtlinie 2014/36, ABl. EU L 94, S. 375 v. 28.3.2014; vgl.*Wiesbrock/Jöst/Desmond*, in: Hailbron-ner/Thym (Hrsg.), European Immigration and Asylum Law, A Commentary, 2. Aufl. 2016, C XI, S. 950 ff.; Vorschlag der Kommission über die *Rechte von Saisonarbeitnehmern* vgl. KOM (2010) 379 endg., Ratsdok. 12 208/10.
79 Richtlinie 2014/66, zu den Bedingungen für die *Einreise und Aufenthalt von Drittstaatsangehöri-gen im Rahmen einer konzerninternen Entsendung* ABl. EU v. 15.5.2014, L 157, S. 1 v. 27.5.2014, vgl. *Lörges*, in: Hailbronner/Thym (Hrsg.), European Immigration and Asylum Law, A Commen-tary, 2. Aufl. 2016, C XII, S. 997 ff.; zum Vorschlag der Kommission vgl. KOM (2010), 378 endg.

einreisen dürfen, um dort als Arbeitnehmer oder Selbständige Arbeit zu suchen (Art. 79 Abs. 5 AEUV)[80].

## IV.  Asyl- und Flüchtlingspolitik

**97** Mit dem Amsterdamer Vertrag von 1997 erfolgte die Überführung der Asyl- und Flüchtlingspolitik aus dem einzelstaatlichen Kompetenzbereich in die Zuständigkeit der Europäischen Union. Damit verfügt die Europäische Union über ein weitgespanntes Spektrum von Rechtsetzungsbefugnissen, die seit Inkrafttreten des Vertrags von Lissabon nicht mehr auf Mindeststandards beschränkt sind.[81] Der *Prozess der europäischen Asylrechtsharmonisierung* mit dem Ziel des Aufbaus eines Gemeinsamen Europäischen Asylsystems, welches im Tampere-Programm von 1999 und im Haager Programm von 2005[82] beschrieben ist, gliedert sich in zwei Phasen. Ziel der ersten Phase war die Angleichung der rechtlichen Rahmenbedingungen der Mitgliedstaaten anhand gemeinsamer Mindeststandards. Die zweite Phase, die mit einer Reihe von Richtlinien im Bereich des Asylrechts im Jahre 2014 abgeschlossen wurde, war darauf ausgerichtet, unionsweit höhere einheitliche Schutzstandards und ein gleiches Schutzniveau zu erreichen sowie ein hohes Maß an Solidarität zwischen den EU-Mitgliedstaaten sicherzustellen. Mit der Verabschiedung von Regelungen der 2. Generation sollte nach den Vorstellungen der Kommission und des Rates das Ziel eines einheitlichen unionsweit gültigen Asylstatus und die Schaffung eines *Gemeinsamen Europäischen Asylsystems*[83] verwirklicht werden. Mit dem partiellen Zusammenbruch des Dubliner Zuständigkeitssystems und der Unfähigkeit der EU-Mitgliedstaaten, sich über eine gemeinsame Konzeption zur Aufnahme von Flüchtlingen aus den Bürgerkriegsgebieten Syrien, Irak und Afghanistan zu verständigen, ist die Idee eines Gemeinsamen Europäischen Asylsystems zunächst gescheitert und durch unterschiedliche nationale Politiken der EU-Mitgliedstaaten faktisch weitgehend ersetzt worden.

**98** Den Beginn der gesetzgeberischen Aktivitäten im Asyl- und Flüchtlingsrecht markiert die bereits im Jahre 2001 verabschiedete sog. *Massenzustromrichtlinie*[84]. Diese Richtlinie sieht ein gemeinschaftliches Verfahren für mitgliedstaatliche Maßnahmen zur Gewährung temporären Schutzes im Falle von Massenfluchtbewegungen vor. Voraussetzung für die Aufnahme nach dieser Richtlinie ist ein entsprechender Beschluss des Rates, der allerdings keine Aufnahmepflicht der Mitgliedstaaten beinhaltet, sondern lediglich die Befugnis der Mitgliedstaaten auslöst, Flüchtlingen aufgrund der Richtlinie temporären Schutz mit dem in

---

80  Vgl. bereits Art. III-267 des Vertrages über eine Verfassung für Europa, ABl. EU Nr. C 310 v. 16.12.2004; ebenso nunmehr Art. 79 Abs. 5 AEUV (Vertrag über die Arbeitsweise der Europäischen Union); zur Vorgängervorschrift s. *Hailbronner,* in: Hailbronner/Wilms, Recht der Europäischen Union, Art. 63 EGV, Rn. 18.

81  Vgl. Art. 79 AEUV mit Art. 63 EG.

82  ABl. EU Nr. C 53, S. 1.

83  Zum Inhalt s. Art. 78 Abs. 2 AEUV.

84  Richtlinie 2001/55/EG des Rates v. 20.7.2001 über Mindestnormen für die Gewährung vorübergehenden Schutzes im Falle eines Massenzustroms von Vertriebenen und Maßnahmen zur Förderung einer ausgewogenen Verteilung der Belastungen, die mit der Aufnahme dieser Personen und den Folgen dieser Aufnahme verbunden sind, auf die Mitgliedstaaten, ABl. EG Nr. L 212, S. 12; *Hailbronner,* D 12.2.; vgl. *A. Skordas,* in: Hailbronner/Thym (Hrsg.), European Immigration and Asylum Law, A Commentary, 2. Aufl. 2016, D II, S. 1077 ff.; zur Anwendung der RL vgl. Bericht der Kommission v. 26.11.2007, KOM (2007), 745 endg.

der Richtlinie niedergelegten Inhalt zu gewähren. Die Richtlinie hat keinerlei praktische Bedeutung entfaltet. Soweit globale Aufnahmen von Kriegsflüchtlingen erfolgten, geschah dies aufgrund von nationalen Aufnahmeprogrammen.

Das AufenthG hat die Richtlinie insoweit umgesetzt, als § 24 AufenthG vorsieht, **99** dass einem Ausländer, dem aufgrund eines Ratsbeschlusses der Europäischen Union gemäß der Richtlinie 2001/55/EG vorübergehender Schutz gewährt wird und der seine Bereitschaft erklärt hat, im Bundesgebiet aufgenommen zu werden, für die nach den Art. 4 und 6 der Richtlinie bemessene Dauer des vorübergehenden Schutzes eine Aufenthaltserlaubnis erteilt wird.

Mit der Verabschiedung der Neufassung der *Richtlinie über die Aufnahme von* **100** *Asylbewerbern*[85] ist zwar grundsätzlich ein Fortschritt dadurch erzielt worden, dass in allen Mitgliedstaaten jedenfalls im Grundsatz einheitliche Standards für die sozialen Rechte von Asylbewerbern gelten. Die Richtlinie enthält Regelungen zur Vereinheitlichung der allgemeinen Lebensbedingungen für Asylbewerber, wie Unterkunft, Verpflegung, Zugang zum Arbeitsmarkt, medizinische Versorgung und schulische Betreuung Minderjähriger. Ungeachtet der in der Richtlinie aufgestellten Standards gelten in den EU-Mitgliedstaaten erheblich unterschiedliche Aufnahmebedingungen, die sich teilweise aus einer unzureichenden Gewährleistung der Richtlinienstandards, teilweise aus über dem Richtlinienniveau liegenden verfassungsrechtlichen Anforderungen, wie sie z. B. das Bundesverfassungsgericht in seinem Urteil vom 18.7.2012[86] zum Asylbewerberleistungsgesetz bezüglich der an Asylbewerber zu zahlenden Geldleistungen aufgestellt hat, ergeben.

Ein Kernpunkt der neugefassten Richtlinie betrifft die Voraussetzungen einer **101** Inhaftierung von Schutzsuchenden. Die Richtlinie schließt eine flächendeckende Inhaftierung von Asylsuchenden aus. Eine Inhaftnahme ist jedoch möglich, wenn einer der in der RL genannten Haftgründe vorliegt:
– Überprüfung von Identität oder Staatsangehörigkeit
– Überprüfung der Einreiseberechtigung im Rahmen eines spez. Verfahrens zur Prüfung der Einreisegestattung
– Sicherung von Beweismitteln, auf die ein Antrag auf Schutzgewährung gestützt wird
– Fluchtgefahr
– Gründe der nationalen Sicherheit oder öffentlichen Ordnung
– Vorbereitung einer zwangsweisen Rückführung oder Abschiebung bei Vorliegen berechtigter Gründe für die Absicht einer Verzögerung oder Vereitelung der Vollstreckung

Vorgesehen sind ferner Garantien für die Überprüfung der Haftanordnung und **102** Haftfortdauer, u. a. eine unentgeltliche Rechtsberatung (mit Beschränkungsmöglichkeiten) und die Unterbringung in speziellen Einrichtungen, die getrennt von Strafgefangenen erfolgen muss. Für verletzliche (vulnerable) Personen sind besondere Schutzvorkehrungen zu treffen. Dazu schreibt die RL ein besonderes

---

85 RL 2013/33 zur Festlegung von Normen für die Aufnahme von Personen, die internationalen Schutz beantragen, ABl. EU Nr. L 180, S. 96; *Hailbronner*, D 12.4; vgl. *Peek/Tsourdi*, in: Hailbronner/Thym (Hrsg.), European Immigration and Asylum Law, A Commentary, 2. Aufl. 2016, C, S. 1409.
86 BVerfG v. 18.7.2012, 1 BvL 2 /11.

Feststellungsverfahren vor, das allerdings nicht zu einem „Verfahren im Verfahren" verpflichten soll. Minderjährige unbegleitete Kinder können nur unter außergewöhnlichen Umständen in Gewahrsam genommen werden. Die Einschränkung des Zugangs zum Arbeitsmarkt ist künftig auf maximal 9 Monate befristet. Die Standards der materiellen Leistungen werden neu definiert. Die Mitgliedstaaten müssen an Hand relevanter Bezugsgrößen den Umfang sozialer Leistungen bestimmen, was nicht bedeutet, dass eine Inländergleichbehandlung vorgeschrieben ist. Die Leistungen müssen einen angemessenen Lebensstandard ermöglichen, der den Lebensunterhalt, sowie den Schutz der psychischen und physischen Gesundheit gewährleistet. Beschränkungen sind in besonderen Fällen möglich, so etwa bei Verletzung der Melde- und Auskunftspflichten, bei Verlassen des zugewiesenen Aufenthaltsortes oder bei verspäteter Antragstellung (vgl. Art. 20 der neugefassten Aufnahmerichtlinie)[87].

**103**    Ungeachtet aller – noch heute anhaltenden – Kritik[88] an dem Dubliner System, das eine ausschließliche Zuständigkeit nur eines Mitgliedstaates für die Durchführung eines Asylverfahrens festlegt, hat der Rat an dem durch das *Dubliner Übereinkommen* von 1990[89] begründeten Grundkonzept festgehalten[90]. Das Dubliner System beruht darauf, dass jeder in der Europäischen Union[91] und in assoziierten Staaten gestellte Asylantrag nur durch einen Mitgliedstaat nach bestimmten Zuständigkeitskriterien, wie z. B. der Erteilung eines Aufenthaltstitels, eines Visums oder in Ermangelung eines Aufenthaltstitels des Landes der illegalen Einreise, materiell geprüft werden soll. Reist ein Asylsuchender in einen anderen Mitgliedstaat weiter, so kann er aufgrund des Dubliner Systems in den zuständigen Mitgliedstaat unter der Voraussetzung zurückgeführt werden, dass der Voraufenthalt in diesem Mitgliedstaat, der dessen primäre Zuständigkeit begründet, nachgewiesen werden kann. Die *Dubliner Verordnung (EG) Nr. 343/ 2003 (Dublin-II-VO)* ersetzt die Bestimmungen des Dubliner Übereinkommens[92], welches seinerseits die asylrechtlichen Bestimmungen des Schengener Durchführungsübereinkommens vom 26.3.1995 ablöste. Sie sieht ein erheblich erleichtertes und beschleunigtes Verfahren vor, das eine größere Effektivität des Dubliner Systems ermöglichen soll. Aufgrund eines bilateralen Abkommens gelten die Dubliner Regeln auch für Norwegen und Island sowie für die Schweiz mit Inkrafttreten des Abkommens zwischen der EG und der Schweiz vom 26.10.2004[93].

---

87   Die Neufassung der RL wird von Flüchtlingshilfsorganisationen kritisiert; zur Haltung der BReg. vgl. BT-Drs. 17/12 039 v. 20.1.2013.
88   Z. B. *UNHCR* v. 20.4.2006, The Dublin II Regulation, A UNHCR Discussion Paper; *Europäischer Flüchtlingsrat ECRE*, The Dublin Regulation: Ten Recommendations for Reform, AD1/3/2007/ Ext/CN; s. aber auch Bericht der Kommission zur Bewertung des Dublin-Systems, KOM (2007) 299 endg.
89   ABl. EG Nr. C 254, S. 1.
90   Verordnung (EG) Nr. 343/2003 des Rates v. 18.2.2003, ABl. EU Nr. L 50, S. 1; *Hailbronner,* D 12.5.
91   Zur Sonderstellung Dänemarks s. Beschluss Nr. 2006/188/EG des Rates v. 21.2.2006, ABl. EU Nr. L 66, S. 37.
92   Vgl. Art. 24 Abs. 1 Dublin-II-Verordnung.
93   Botschaft des Bundesrates v. 1.10.2004, Nr. 04.063.

Am 26.6.2013 haben Rat und Parlament eine Neufassung der Dublin-Verord- **104**
nung verabschiedet[94]. Änderungen sieht die Neufassung insbes. bei der Berücksichtigung familiärer Bindungen, besonderer Interessen minderjähriger Kinder
und humanitärer Gründe durch modifizierte Zuständigkeitsregeln vor. Auch im
Bereich des gerichtlichen Rechtsschutzes werden Asylbewerbern, die in zuständige EU-Mitgliedstaaten überstellt werden sollen, erweiterte Rechtsschutzmöglichkeiten eröffnet. Gegen einen Überprüfungsbeschluss kann ein Rechtsbehelf
eingelegt werden, der zu einer automatischen Aussetzung der Überstellung führt,
bis ein Gericht innerhalb angemessener Frist darüber entschieden hat, ob aufschiebende Wirkung der auf Sach- und Rechtsfragen gerichteten Überprüfung
gewährt wird. Die Entscheidung, ob die Durchführung des Überstellungsbe-
schlusses ausgesetzt wird, wird innerhalb einer angemessenen Frist getroffen,
wobei jedoch eine eingehende und strenge Prüfung des Antrags ermöglicht werden muss. In Situationen, in denen Anzeichen dafür vorliegen, dass ein EU-Mitgliedstaat keine hinreichende Gewähr für ein ordnungsgemäßes Prüfungsverfahren und ausreichende Unterbringungsbedingungen für Asylbewerber bietet,
sollen – entsprechend der Rechtsprechung des EuGH und des Europäischen Gerichtshof für Menschenrechte in den Griechenland-Fällen[95] – ein Frühwarnsys-
tem und Mechanismen einer Krisenbewältigung die Einhaltung der Dublin-Regeln gewährleisten. Eine Überstellung in zuständige Mitgliedstaaten, bei denen
i. S. der EuGH-Rspr. „systemische Schwachstellen" des Asylverfahrens oder der
Aufnahmebedingungen bestehen (Art. 3 Abs. 2), ist ausgeschlossen.

Unterstützt wird die Anwendung der Dublin-III-Verordnung durch das zentrale, **105**
automatisierte *Fingerabdruckidentifizierungssystem EURODAC*[96]. Hierbei handelt es sich um eine zentrale Datenbank, mit der die Fingerabdrücke der Asylbewerber sowie die der illegal über eine Grenze eingereisten Drittausländer ab dem
14. Lebensjahr gespeichert und abgefragt werden können. Durch den Vergleich
der Fingerabdruckdaten kann schneller als bisher ermittelt werden, ob und wo
ein Asylsuchender bereits früher in einem anderen Mitgliedstaat einen Asylantrag gestellt hat. Die Bundesrepublik Deutschland stellte im Jahr 2014 insgesamt
35.115 Ersuche um Wiederaufnahme, die allermeisten davon aufgrund von Eurodac Treffern[97], denen 4.772 Überstellungen an andere zuständige Mitgliedstaaten folgten.[98] An erster Stelle standen Überstellungen an Polen (1.218), gefolgt von Belgien, Italien und die Schweiz[99]. Die Überstellungsquote ging im
Jahre 2015 noch einmal deutlich zurück. Von bewilligten 8.467 Überstellungen
des 2. Quartals 2015 wurden gerade einmal 931 Personen tatsächlich überstellt.[100] Im weiteren Verlauf des Jahres 2015 brach das Dublin-System partiell

---

94  Verordnung (EU) Nr. 604/2013, ABl. EU Nr. L 180, S. 31; *Hailbronner,* Ausländerrecht, D 12.5;
    vgl. *Hruschka/Maiani,* in: Hailbronner/Thym (Hrsg.), European Immigration and Asylum Law, A
    Commentary, 2. Aufl. 2016, D VI, S. 1508 ff.
95  EuGH v. 21.12.2011, Rs. C-411/10 u. C-493/10 – *N.S/Secretary of State v. Home Department,*
    NVwZ 2012, 417, vgl. *Hailbronner/Thym,* NVwZ 2012, 406 ff.; EGMR v. 21.1.2011 – *M. S. S./
    Großbritannien,* NVwZ 2011, 413 m. Anm. *Thym,* ZAR 2011, 368.
96  Verordnung (EG) Nr. 603/2013 über den Abgleich von Fingerabdruckdaten zum Zwecke der ef-
    fektiven Anwendung der EU VO Nr. 604/2013. ABl. EU L 180, S. 1 v. 29.6.2013.
97  BAMF, Das Bundesamt in Zahlen 2014, S. 37.
98  A.a.O., S. 40.
99  Vgl. Bundesamt für Migration und Flüchtlinge, Entscheiderbrief 10/12; für eine detaillierte Dar-
    stellung der Übernahmeersuchen vgl. auch BAMF, Das Bundesamt in Zahlen 2011, Mai 2012,
    S. 35–39.
100 Für Einzelheiten vgl. BT-Drs. 18/5785, S. 28.

zusammen, indem keine Überstellungen an die zuständigen Mitgliedstaaten mehr vorgenommen wurden, die insbes. über die Balkanroute nach Deutschland eingereist waren.

**106**   Gleichzeitig mit der Dublin III VO ist die EURODAC-VO am 26.6.2013 neu gefasst worden, wonach die Strafverfolgungsbehörden zum Zweck der Bekämpfung des Terrorismus und der organisierten Kriminalität unter bestimmten Auflagen zum Datenschutz Zugang zur zentralen EU-weiten Fingerabdruck-Datenbank erhalten[101]. Die Verordnung sieht eine Beschränkung des Zugangsrechts auf schwere Verbrechen wie z. B. Mord oder Terrorismus vor.

**107**   Die mittlerweile durch die Richtlinie 2011/95/EU v. 11.12.2011[102] leicht veränderte *Richtlinie über Mindestnormen für die Anerkennung und den Status von Drittstaatsangehörigen oder Staatenlosen als Flüchtlinge (Qualifikationsrichtlinie)*[103] hat im Hinblick auf die deutsche Rechtslage besondere Schwierigkeiten insofern aufgeworfen, als der Flüchtlingsbegriff in der deutschen obergerichtlichen Rechtsprechung zum Teil anders interpretiert worden ist, als dies in einer Reihe anderer Mitgliedstaaten der Fall ist. Als besonders schwierig erwies sich dabei die Diskussion um die Einbeziehung der sog. nichtstaatlichen Verfolgung und die Berücksichtigung geschlechtsbezogener Verfolgungsgründe. Die Qualifikationsrichtlinie sieht vor, dass eine Verfolgung im Sinne der Genfer Flüchtlingskonvention auch von nichtstaatlichen Akteuren ausgehen kann, sofern der Staat oder den Staat beherrschende Parteien oder Organisationen einschließlich internationaler Organisationen erwiesenermaßen nicht in der Lage oder nicht willens sind, Schutz vor Verfolgung zu bieten. Bei der Definition der Verfolgungshandlung können ferner auch Handlungen, die an die Geschlechtszugehörigkeit anknüpfen oder gegen Kinder gerichtet sind, „berücksichtigt" werden[104]. Das AufenthG entschärft sich hieraus potentiell ergebende Konflikte mit der deutschen Rechtslage dadurch, dass § 60 AufenthG nunmehr bestimmt, dass eine Verfolgung im Sinne des Genfer Abkommens auch von nichtstaatlichen Akteuren ausgehen kann, und knüpft damit an die Formulierung der Richtlinie an. Über die Richtlinie hinausgehend ist ferner vorgesehen, dass eine Verfolgung wegen der Zugehörigkeit zu einer bestimmten sozialen Gruppe auch dann vorliegen kann, wenn die Bedrohung des Lebens, der körperlichen Unversehrtheit oder der Freiheit allein an das Geschlecht anknüpft[105].

**108**   Zur vollständigen Umsetzung der Richtlinie bedurfte es noch einer Reihe punktueller Änderungen im Asylverfahrensgesetz und im Aufenthaltsgesetz. So wurden zum Beispiel das Konzept des internen Schutzes, Auslegungsregeln für die Verfolgungsgründe und die Voraussetzungen der Verfolgungshandlungen normativ geregelt. Da die Richtlinienbestimmungen weitgehend der durch Richterrecht geprägten deutschen Rechtslage entsprechen, hat ihre gesetzliche Umsetzung im AsylG laut dem deutschen Gesetzgeber eher deklaratorischen Charakter[106].

---

101  Verordnung (EU) Nr. 603/2013, ABl. EU Nr. L 180, S. 1.
102  ABl. EU Nr. L 337, S. 9 v. 20.12.2011; vgl. *Dörig/Kraft/Storey/Battjes*, in: Hailbronner/Thym (Hrsg.), European Immigration and Asylum Law, A Commentary, 2. Aufl. 2016, D III, S. 1132 ff.
103  RL 2004/83/EG v. 29.4.2004, ABl. EU Nr. L 304, S. 12; *Hailbronner*, Ausländerrecht, D 12.7.
104  Vgl. Art. 7 Abs. 2; Art. 9 Abs. 2 lit. f der Qualifikationsrichtlinie.
105  § 60 Abs. 1 AufenthG; vgl. hierzu *Duchrow*, ZAR 2004, 339 f.
106  Gesetzentwurf der Bundesregierung zur Umsetzung aufenthalts- und asylrechtlicher Richtlinien der EU, BT-Drs. 16/5065, S. 154.

Das mit Abstand größte Konfliktpotential ergab sich bei den Beratungen über **109** die *Richtlinie über Mindeststandards für Asylverfahren*[107]. Die sog. *Verfahrens-richtlinie* regelt die Grundprinzipien und Garantien des Asylverfahrens wie den Zugang zum Verfahren, das Bleiberecht des Asylbewerbers während der An-tragsprüfung, Anforderungen sowohl an die Prüfung eines Asylantrags als auch an die Entscheidung der Asylbehörde, die Modalitäten der persönlichen Anhö-rung sowie Rechtsberatung und -vertretung. Die Asylverfahrensrichtlinie ist am 26.6.2013 als wesentlicher Bestandteil eines Gemeinsamen Europäischen Asyl-systems präzisiert und unter Einschränkung der zahlreichen Optionsmöglichkei-ten, die die Richtlinie derzeit den EU-Mitgliedstaaten eröffnet, neu gefasst wor-den.[108]

Die Verfahrensrichtlinie regelt das Asylverfahren vor den Verwaltungsbehörden **110** und in Grundzügen auch vor den Gerichten. Umfassend werden die Rechte der Asylbewerber in zahlreichen unterschiedlichen Verfahrensarten geregelt, die der unterschiedlichen Praxis und Interessenlage bei der Behandlung von unzulässi-gen und offensichtlich unbegründeten Asylanträgen Rechnung tragen sollen. Für verschiedene Fallkategorien (sichere Herkunftsstaaten, sichere Drittstaaten, An-träge auf Flughäfen, Folgeanträge) sieht die Richtlinie z. T. nicht leicht durch-schaubare Regelungsmodelle mit Optionen für die Mitgliedstaaten vor, die es diesen erlauben sollen, ihre bisher praktizierten Verfahrensweisen und Regelun-gen weitgehend beizubehalten. Die verschiedenen Optionen für die Mitgliedstaa-ten und der häufig kompromissartige Charakter der Bestimmungen werfen eine Reihe von Auslegungsfragen bei der Umsetzung der Richtlinie auf. Darin liegt einer der zentralen Kritikpunkte von Seiten des UNHCR und der Flüchtlingsor-ganisationen.

## V.  Staatsangehörige assoziierter Staaten

Neben dem Assoziationsabkommen zwischen der damaligen EWG und der Tür- **111** kei, das türkischen Arbeitnehmern weitreichende Rechte im Hinblick auf den Zugang zum Arbeitsmarkt und, daraus abgeleitet, auf ihren Aufenthaltsstatus gewährt, hat die EU mit einer Reihe weiterer Staaten Assoziationsabkommen geschlossen. Dazu zählen die vor ihrem Beitritt zur Europäischen Union mit den mittelosteuropäischen (MOE) Staaten geschlossenen Abkommen sowie die Abkommen mit den Maghreb-Staaten Marokko, Tunesien und Algerien, sowie mit Kandidatenländern wie Mazedonien, Albanien und Montenegro. Diese Ver-träge sehen u. a. vor, dass den Staatsangehörigen des jeweiligen Vertragsstaates von verschiedenen Zeitpunkten an unter bestimmten Voraussetzungen zur Aus-übung einer selbständigen Erwerbstätigkeit auch in Deutschland Niederlassungs-freiheit gewährt wird. Zur Vermeidung einer ähnlichen Entwicklung, wie sie das EWG-Assoziationsabkommen mit der Türkei genommen hat, sind im Allgemei-nen bei diesen Abkommen Klauseln vermieden worden, die als Grundlage für

---

107  RL 2005/85/EG des Rates v. 1.12.2005 über Mindestnormen für Verfahren in den Mitgliedstaaten zur Zuerkennung und Aberkennung der Flüchtlingseigenschaft, ABl. EU Nr. L 326, S. 13; s. *Hail-bronner*, Ausländerrecht, D 12.8; zur Kritik s. z. B. Stellungnahme des Deutschen Instituts für Menschenrechte zum Entwurf eines Gesetzes zur Umsetzung aufenthalts- und asylrechtlicher Richtlinien der EU, Januar 2006, S. 9.
108  Richtlinie 2013/32/EU, ABl. EU Nr. L 180, S. 160; vgl. *Vedsted-Hansen*, in: Hailbronner/Thym (Hrsg.), European Immigration and Asylum Law, A Commentary, 2. Aufl. 2016, D. IV, S. 1310 ff.

die Entwicklung eines impliziten Aufenthaltsrechts dienen könnten. Regelungen zur Arbeitnehmerfreizügigkeit lassen sich lediglich in Bezug auf die Gleichbehandlung bezüglich der Arbeitsbedingungen sowie in Bezug auf die Niederlassungsfreiheit finden. Dabei ist sichergestellt worden, dass die Ausübung einer selbständigen Tätigkeit nicht die Suche oder Annahme einer Beschäftigung auf dem Arbeitsmarkt umfasst und nicht das Recht auf Zugang zum Arbeitsmarkt der anderen Vertragspartei verleiht. Darüber hinaus ist bestimmt, dass für die Zwecke des Abkommens die Vertragsparteien durch keine Bestimmung des Abkommens daran gehindert sein sollen, ihre Rechts- und Verwaltungsvorschriften über Einreise und Aufenthalt, Beschäftigung, Beschäftigungsbedingungen, Niederlassung von natürlichen Personen und Erbringung von Dienstleistungen anzuwenden, sofern sie dies nicht in einer Weise tun, durch die die Vorteile, die einer Vertragspartei aus einer Abkommensbestimmung erwachsen, zunichte gemacht oder verringert werden. Diese Klauseln haben den EuGH allerdings nicht gehindert, insbesondere aus dem Diskriminierungsverbot aufenthaltsrechtliche Folgerungen abzuleiten und die Mitgliedstaaten zur Gewährung von Aufenthaltsrechten zu verpflichten[109].

# § 4 Das Zuwanderungsgesetz – Zuwanderungssteuerung und Integration

## I.    Einwanderungsland Bundesrepublik Deutschland?

112   Ein beliebtes Thema zahlreicher migrationspolitischer Diskussionen der zweiten Hälfte der 1990er Jahre war die Frage, ob die politische Leitlinie „Die Bundesrepublik Deutschland ist kein Einwanderungsland" noch der Wirklichkeit entspricht. Regelmäßig endeten derartige Diskussionen mit dem Fazit, dass die Bundesrepublik Deutschland mittlerweile zum Einwanderungsland geworden ist. Dahinter verbirgt sich zum Teil ein Missverständnis der rechtlichen Bedeutung der Aussage „Die Bundesrepublik Deutschland ist kein Einwanderungsland". Auch wenn zahlreiche Bundesregierungen in ihren Regierungserklärungen diese Feststellung wiederholten, so bedeutete dies keineswegs, dass angesichts der großen Zahl der sich in der Bundesrepublik Deutschland seit langer Zeit aufhaltenden Ausländer und ihrer Familienangehörigen nicht anerkannt worden wäre, dass eine Einwanderung stattgefunden hat. Tatsächlich hat auch die Rechtslage dieser Einwanderung entsprochen, wenn auch nicht durch die Gewährung eines „Einwandererstatus", so doch durch die Zuerkennung dauernder Aufenthaltsrechte, die Regelung des Familiennachzugs und die Gewährung von Rechtsansprüchen auf Einbürgerung für integrierte Ausländer.

113   Wenn dennoch Rechtsprechung und politische Führung an der Maxime festhielten, dass die Bundesrepublik Deutschland kein Einwanderungsland sei, bedeutete dies, dass sich die Bundesrepublik Deutschland in ihrer Ausländerpolitik und Ausländergesetzgebung nicht an den Zielen einer Förderung von Migration als Selbstzweck der Einwanderungspolitik ausrichtet, sondern Einwanderung eher als Ausnahme versteht. Ihren rechtlichen Ausdruck fand diese Politik in

---

109 EuGH v. 14.12.2006, Rs. C-97/05 – *Gattoussi/Stadt Rüsselsheim*, NVwZ 2007, 430 mit krit. Anmerkung *Hailbronner*, NVwZ 2007, 415.

§ 10 AuslG 1990, der die Erteilung einer Aufenthaltserlaubnis zum Zweck der unselbständigen Erwerbstätigkeit nur dann zuließ, wenn „ausnahmsweise" die Voraussetzungen für die Erteilung einer Aufenthaltsgenehmigung nach der „Anwerbestoppausnahmeverordnung" gegeben waren.

Die etwa seit Ende der 1990er Jahre einsetzende Trendwende im gesellschaftli-  **114** chen Bewusstsein und im politischen Raum ging insbesondere auf wirtschaftliche und demografische Überlegungen zurück. Von Seiten der Wirtschaft wurde zum Teil vor einem drohenden Arbeitskräftemangel insbesondere bei Hochqualifizierten, aber auch bei Facharbeitern gewarnt und gefordert, die Anwerbung ausländischer Arbeitskräfte zu erleichtern. Bevölkerungswissenschaftler machten auf die Folgen der demografischen Entwicklung und des hieraus resultierenden drastischen Bevölkerungsrückgangs in der Bundesrepublik Deutschland aufmerksam. Ungeachtet unterschiedlicher Vorstellungen über Art und Umfang erwünschter Zuwanderung von Ausländern in die Bundesrepublik bestand weitgehende Einigkeit darüber, jedenfalls die Zuwanderung hochqualifizierter Ausländer aus arbeitsmarktpolitischen Gründen zu erleichtern, die Integrationsanstrengungen für dauerhaft hier lebende Zuwanderer zu verstärken und für die Steuerung von Wanderungsbewegungen ein umfassendes Instrumentarium zu entwickeln.

Die von der Bundesregierung im Jahr 2000 eingesetzte Kommission „Zuwande-  **115** rung" (Zuwanderungskommission) hat aus der veränderten wirtschaftlichen und demographischen Lage den Schluss gezogen, die politische normative Festlegung „Deutschland ist kein Einwanderungsland" sei aus heutiger Sicht als Maxime für eine deutsche Zuwanderungs- und Integrationspolitik unhaltbar geworden:

> „Die Kommission stellt fest, dass Deutschland – übrigens nicht zum ersten Mal in seiner Geschichte – ein Einwanderungsland geworden ist. Damit erkennt sie die historische Tatsache an, dass Wanderungsbewegungen die Entwicklung der deutschen Gesellschaft und ihrer heutigen Zusammensetzung tiefgehend und nachhaltig beeinflusst haben. Sie stellt sich der wirtschaftlichen, gesellschaftlichen und politischen Notwendigkeit, die künftige Zuwanderung zu akzeptieren und zum Wohle unseres Landes zu bejahen und aktiv zu gestalten[1]."

Ob das Zuwanderungsgesetz, welches u. a. aus dem AufenthG und FreizügG/EU  **116** besteht, diesen Anforderungen in vollem Umfang Rechnung trägt, wird unterschiedlich beurteilt. Eine wesentliche Veränderung sieht das AufenthG dadurch vor, dass anstelle der bisherigen Verweisung auf eine Rechtsverordnung des Bundesinnenministeriums mit Zustimmung des Bundesrats, die nur ausnahmsweise die Erteilung einer Aufenthaltserlaubnis zum Zweck der Erwerbstätigkeit vorsah, eine *allgemeine Klausel über die Aufenthaltsgewährung zum Zweck der Erwerbstätigkeit* getreten ist. Einem Ausländer kann daher nach § 18 Abs. 2 AufenthG ein Aufenthaltstitel zur Ausübung einer Beschäftigung erteilt werden, wenn die Bundesagentur für Arbeit zugestimmt hat oder durch Rechtsverordnung bestimmt ist, dass die Ausübung der Beschäftigung ohne Zustimmung der Bundesagentur für Arbeit zulässig ist. Ferner können ausländische Studenten im Gegensatz zur bis dato geltenden Rechtslage nach erfolgreichem Abschluss ihres Studiums zu Erwerbszwecken in Deutschland bleiben und ein Aufenthaltsrecht zum Zweck der Erwerbstätigkeit erhalten. Hochqualifizierten Arbeitskräften

---

1 Unabhängige Kommission „Zuwanderung", Bericht „Zuwanderung gestalten – Integration fördern", Juli 2001, S. 13.

kann in besonderen Fällen eine Niederlassungserlaubnis ohne Arbeitsmarktprüfung gewährt werden.

**117**  Vom Gesetzgeber *nicht übernommen* wurde dagegen die von der Zuwanderungskommission vorgeschlagene Möglichkeit zur Aufnahme einer begrenzten Zahl besonders geeigneter Zuwanderer aufgrund eines Auswahlverfahrens *(Punktesystem)*. Das Auswahlverfahren nach einem Punktesystem sollte qualifizierte Ausländer der unterschiedlichsten Berufe unabhängig von einem konkreten Arbeitsplatzangebot erfassen. Die Durchführung der Zuwanderung über ein Punktesystem sollte davon abhängig gemacht werden, dass das Bundesamt für Migration und Flüchtlinge und die Bundesanstalt, heute Bundesagentur für Arbeit, nach Beteiligung des Zuwanderungsrats gemeinsam eine Höchstzahl für die Zuwanderung festgelegt haben.

**118**  Grundgedanke des Punktesystems war, die hierüber ausgewählten Zuwanderer als Festbestandteil der dauerhaften Wohnbevölkerung heranzuziehen. Daher sollten diese Personen von vornherein einen Daueraufenthaltsstatus erhalten, der im Regelfall nur ein Übergangsstadium zur Einbürgerung sein sollte, um die volle gesellschaftliche und rechtliche Integration baldmöglichst zu gewährleisten. Die Auswahl der Zuwanderer sollte sich nicht am akuten berufsspezifisch angemeldeten Arbeitskräftebedarf orientieren, sondern an den langfristigen allgemeinen Anforderungen von Gesellschaft und Wirtschaft sowie an der Aufnahmefähigkeit des Arbeitsmarktes. Maßgeblich sollte daher vor allem die Eignung zur Integration sein[2]. Demgegenüber setzte sich im Vermittlungsverfahren die Auffassung durch, dass für eine arbeitsplatzunabhängige, durch allgemeine Integrationskriterien bestimmte Zuwanderung zum Zweck der Erhöhung des ausländischen Bevölkerungsanteils kein Raum sei.

**119**  Mit dem Gesetz zur Umsetzung der Hochqualifizierten-Richtlinie vom 1.6.2012[3] und der im Jahre 2013 beschlossenen Öffnung des deutschen Arbeitsmarktes für Drittstaatsangehörige mit einer abgeschlossenen Berufsausbildung hat sich der Politikwechsel fortgesetzt. Mit der Blauen Karte ist ein Aufenthaltstitel für Absolventen eines Hochschulstudiums oder einer vergleichbaren qualifizierten Berufsausbildung von Drittstaatsangehörigen geschaffen worden, der auch eine Weiterwanderung in andere EU-Mitgliedstaaten unter den in der Blue Card Richtlinie niedergelegten Voraussetzungen ermöglichen soll. Entsprechende Aufenthaltstitel stellt das Aufenthaltsgesetz für Forscher in Umsetzung der EU-Forscherrichtlinie 2005/71/EG[4] und für Studenten in Umsetzung der EU-Studentenrichtlinie 2004/114/EG[5] zur Verfügung. Der Gesetzgeber ist dabei zum Teil erheblich über die Mindeststandards der EU-Richtlinien hinausgegangen und hat insbesondere die Arbeitsmarktprüfung durch die Bundesagentur für Absolventen einer in Deutschland abgeschlossenen Berufsausbildung weitgehend aufgehoben. Für Studenten wurde mit den Nebenerwerbsmöglichkeiten und dem Zugang

---

2  A. a. O., Juli 2001, S. 87 f.

3  BGBl. I, S. 1224.

4  RL 2005/71/EG v. 12.10.2005 über ein besonderes Zulassungsverfahren für Drittstaatsangehörige zum Zwecke der wissenschaftlichen Forschung, ABlEU L 289/15 v. 3.11.2005; vgl. *Hailbronner*, Ausländerrecht, D 9.19.

5  RL 2004/114/EG v. 13.12.2004 über die Bedingungen für die Zulassung von Drittstaatsangehörigen zur Absolvierung eines Studiums oder zur Teilnahme an einem Schüleraustausch, einer unbezahlten Ausbildungsmaßnahme oder einem Freiwilligendienst, ABlEU L 375/12 v. 23.12.2004; vgl. *Hailbronner*, Ausländerrecht, D 9.17.

zum deutschen Arbeitsmarkt im Anschluss an einen erfolgreichen Studienabschluss der bestehende Rechtszustand weiter liberalisiert.

Während das AuslG 1990 Integration nur indirekt als Voraussetzung für die **120** Gewährung unbefristeter Aufenthaltsrechte und der Einbürgerung vorschrieb, ist im AufenthG selbst eine *Rechtsgrundlage für konkrete Maßnahmen zur Eingliederung von Ausländern* geschaffen worden. *Integration* wird als Teil eines gesellschaftlichen Prozesses verstanden, bei dem sowohl den in dem Land Lebenden wie auch den Zuwanderern Anstrengungen abverlangt werden. Auf der anderen Seite fördert der Staat die Integration der Ausländer gemäß dem Prinzip des „Förderns und Forderns" vor allem durch Sprachkurse. Insoweit kann man die Aufnahme von Integrationsnormen als Bestandteil einer Gesamtregelung verstehen, die die Einwanderung von Ausländern aktiv fördert. Die Förderung von Integration ist mittlerweile zu einer der wichtigsten politischen Querschnittsaufgaben von Bund und Ländern geworden[6].

Ob die Gesamtheit der Vorschriften des AufenthG den Schluss zulässt, die Bun- **121** desrepublik Deutschland habe den Schritt von der faktischen Zuwanderung zum Einwanderungsland vollzogen, ist eher eine theoretische Frage. Vergleicht man das Regelungssystem des AufenthG mit demjenigen klassischer Einwanderungsländer wie z. B. der USA, Australiens oder Kanadas[7], so ist offenkundig, dass das AufenthG keinen vergleichbaren Übergang zu einem System der generellen Öffnung für Einwanderer, vorsieht. Insbesondere die Arbeitskräftezuwanderung wird weiterhin im Wesentlichen durch Arbeitsmarkterfordernisse oder nach Maßgabe der in Rechtsverordnungen vorgesehenen spezifischen Voraussetzungen[8] gewährt. Andererseits sind aber auch erfolglose Zuwanderer grundsätzlich in die sozialen Leistungssysteme integriert, was bei den traditionellen Einwanderungsstaaten nicht der Fall ist.

§ 1 Abs. 1 Satz 2 AufenthG bringt diese Beschränkung dadurch zum Ausdruck, dass er als Zweck des Gesetzes die Ermöglichung und Gestaltung von Zuwanderung unter Berücksichtigung der Aufnahme- und Integrationsfähigkeit sowie der wirtschaftlichen und arbeitsmarktpolitischen Interessen der Bundesrepublik Deutschland definiert. Damit wird deutlich gemacht, dass von einer allgemeinen Öffnung Deutschlands für Zuwanderung ohne Rücksicht auf Arbeitsmarkterwägungen im Sinne eines traditionellen Einwanderungslandes keine Rede sein kann. Die Berücksichtigung der „Aufnahme- und Integrationsfähigkeit" der Bundesrepublik Deutschland macht dies deutlich, auch wenn dieser Begriff ein weites politisches Beurteilungsermessen eröffnet.

Inwieweit Einwanderung „stattfindet", bestimmt sich nur begrenzt nach den ge- **122** setzlichen Vorgaben für die Zulassung ausländischer Arbeitskräfte aus Drittstaaten. Eine weit größere quantitative Bedeutung für die Einwanderung haben längerfristig die Einreise und der Aufenthalt zum Zweck des Familiennachzugs sowie die Gewährung humanitärer Aufenthalts- und Bleiberechte für Asylbewerber, Kriegs- und Bürgerkriegsflüchtlinge. In Verbindung mit einer stärkeren innereuropäischen Einwanderungsbewegung als Folge einer wirtschaftlichen Auseinanderentwicklung in der Europäischen Union haben sie dazu geführt, dass

---

6  Vgl. *D. Thym*, Migrationsverwaltungsrecht, 2010, S. 257 ff.
7  Vgl. hierzu auch die Studie der R. Bosch Stiftung, Nach Punkten vorn, Was Deutschland von der Zuwanderungs- und Integrationspolitik Kanadas lernen kann, Nov. 2012.
8  Vgl. § 42 AufenthG.

die Bundesrepublik Deutschland zum größten europäischen Einwanderungsland geworden ist[9]. Ob eine Steigerung des Einwanderungsvolumens aus arbeitsmarktpolitischen, demographischen oder rentenpolitischen Erwägungen wünschenswert oder umgekehrt im Hinblick auf integrationspolitische Grenzen der Aufnahmefähigkeit der Bundesrepublik Deutschland problematisch ist, wird seit Jahrzehnten kontrovers diskutiert[10]. Die in ihrer zahlenmäßigen Dimension bislang einzigartige Zuwanderung von Flüchtlingen mit unterschiedlicher kultureller und religiöser Prägung wirft die Frage auf, inwiefern bisher verfolgte Integrationskonzepte ausreichen, um die Ziele des Aufenthaltsgesetzes zu verwirklichen.

## II.  Das Problem der Steuerung von Zuwanderung und rechtliche Instrumentarien der Zuwanderungskontrolle

**123**  Die Steuerung der *Zuwanderung h*at die Diskussion um das Zuwanderungsgesetz erheblich geprägt. Mit dem Erlass des Zuwanderungsgesetzes ist die *Zielsetzung einer Steuerung und Begrenzung der Zuwanderung* verbunden (§ 1 Abs. 1 Satz 1 AufenthG). Die Vorstellung, vor dem Erlass des Zuwanderungsgesetzes sei die Zuwanderung in die Bundesrepublik Deutschland weitgehend ungesteuert erfolgt, ist allerdings irrig. Bereits die Zuwanderung von „Gastarbeitern" und ihren Familienangehörigen erfolgte aufgrund rechtlicher Vorgaben und bewusster politischer Entscheidungen, nach dem Ende des Anwerbestopps den Aufenthalt dieser Personen nicht zu beenden, sondern in ein unbefristetes Aufenthaltsrecht bzw. eine Aufenthaltsberechtigung und damit faktisch in einen Einwandererstatus zu überführen.

**124**  Der Begriff der Zuwanderung ist von demjenigen der Einwanderung zu unterscheiden. Während Einwanderung im Aufenthaltsrecht durch das unbefristete Aufenthaltsrecht bzw. den Daueraufenthalt gekennzeichnet ist, erfasst der Begriff der Zuwanderung eine Fülle unterschiedlicher Sachverhalte und Interessenlagen. Sie reichen von der Visumerteilung zum Zweck kurzfristiger Besuchs- oder Tourismusaufenthalte über von vornherein zeitlich befristete Aufenthalte zum Zweck des Studiums, der Erbringung von Dienstleistungen oder der Ausübung saisonaler Beschäftigung bis zum Niederlassungsrecht für besonders qualifizierte Wissenschaftler (§ 19 AufenthG). Ob eine „Einwanderung" vorliegt, beurteilt sich allerdings häufig erst nach der Einreise. Dies macht einen, wenn auch nicht den einzigen grundlegenden Unterschied zur Migrationspolitik klassischer Einwanderungsstaaten, wie z. B. der USA oder Kanada aus. Dementsprechend ist Gegenstand einer rechtlichen Erfassung der Einwanderung in Deutschland in den seltensten Fälle eine einzige behördliche Entscheidung, sondern ein aufenthaltsrechtlicher Prozess der Verfestigung, der in erster Linie durch das Aufenthaltsgesetz geregelt wird, aber auch teilweise verfassungs- und völkerrechtlich durch ideologisch-politische Konzepte wie „Verwurzelung" oder „Kindeswohl" determiniert ist[11].

---

9  Vgl. dazu BAMF, Migrationsbericht 2014, S. 159 ff.

10  Vgl. dazu Sachverständigenrat, Migrationsland 2011, SVR Jahresgutachten 2011; Sachverständigenrat, Deutschlands Wandel zum modernen Einwanderungsland, Jahresgutachten 2014; für eine kritische Betrachtung: *T. H. Sarrazin*, Deutschland schafft sich ab, Wie wir unser Land auf's Spiel setzen, München 2010.

11  Vgl. dazu *Bast*, Aufenthaltsrecht und Migrationssteuerung, 2011, S. 126, 132 ff., 292.

Die Zuwanderung von Arbeitskräften nach Deutschland erfolgt nicht ungesteuert, sondern vielmehr aufgrund eines differenzierten Regelungswerks, das sowohl den Aufenthalt zum Zweck der Aus- und Weiterbildung als auch den länger dauernden Aufenthalt hochqualifizierter Ausländer oder den kurzfristigen Aufenthalt von Saisonarbeitskräften umfasst. Wenn demnach § 1 Abs. 1 Satz 1 AufenthG die Steuerung und Begrenzung von Ausländern als primäres Ziel des neuen AufenthG definiert, ist damit offensichtlich etwas anderes gemeint als die Schaffung eines Regelwerks über die Voraussetzungen, unter denen unterschiedliche Kategorien von Ausländern in die Bundesrepublik einreisen und dort Aufenthalt nehmen können. Zweck ist eine stärker „zielorientierte" Steuerung insbesondere durch die Verfahren, nach denen ein Aufenthaltstitel zum Zweck der Erwerbstätigkeit erlangt werden kann. **125**

Die Frage einer *sachgerechten Steuerung einer Zuwanderung von Arbeitskräften* hat auch die *Zuwanderungskommission* in erheblichem Maße beschäftigt. Die traditionelle individuelle Vorrangprüfung, wonach der Vorrang einheimischer Bewerber anhand einer konkreten Prüfung im Einzelfall festgestellt wird, ist von der Kommission als bürokratisch, zeitaufwendig und weitgehend ineffektiv kritisiert worden. Insbesondere aus Kreisen der Wirtschaft wurde darauf hingewiesen, dass die Arbeitsämter oft die Einstellung nicht bevorrechtigter Bewerber verböten, ohne dass faktisch geeignete deutsche oder bevorrechtigte Bewerber zur Verfügung stünden. Zudem sei dieses Verfahren durch den Arbeitgeber beeinflussbar, der die Qualifikationsanforderungen auf den gewünschten Zuwanderer zuschneiden könne, so dass keine bevorrechtigte Arbeitskraft in Betracht komme. **126**

Das *Zuwanderungsgesetz* versucht in § 39 AufenthG eine Art *Kompromiss zwischen der individuellen Vorrangprüfung und einer flexibleren Zulassung ausländischer Arbeitskräfte* dadurch zu erreichen, dass nicht in jedem Fall eine individuelle Vorrangprüfung erforderlich ist, sondern gegebenenfalls einzelne Berufsgruppen oder einzelne Wirtschaftszweige festgelegt werden können, sofern die Besetzung offener Stellen mit ausländischen Bewerbern arbeitsmarkt- und integrationspolitisch verantwortbar ist[12]. Unverändert vorrangig ist allerdings die Vermittlung inländischer oder gleichgestellter EU-Arbeitskräfte. Für die Zulassung ausländischer Arbeitskräfte zum Arbeitsmarkt gilt daher weiterhin ein Zustimmungsvorbehalt. Der Zugang ist grundsätzlich bei qualifizierter wie bei weniger qualifizierter Beschäftigung von einer entsprechenden Verordnungsregelung und der vorherigen Zustimmung durch die Arbeitsverwaltung abhängig. Lediglich das Verfahren wird dadurch erleichtert, dass neben der Entscheidung der Ausländerbehörden über den aufenthaltsrechtlichen Teil eines Aufenthaltstitels die Entscheidung der Arbeitsverwaltung über die Zustimmung zum Zugang zu Beschäftigung in einem einheitlichen Verwaltungsverfahren („One-Stop-Procedure") zu erfolgen hat. **127**

Im Übrigen setzt die Erteilung eines Aufenthaltstitels zum Zweck der Aufnahme einer Erwerbstätigkeit, soweit nicht in einer Rechtsverordnung etwas anderes bestimmt ist, im Grundsatz die Zustimmung der Bundesagentur für Arbeit voraus. Diese darf nur zustimmen, wenn **128**

---

12  Vgl. § 39 Abs. 2 Satz 1 Nr. 2 AufenthG.

a)   sich durch die Beschäftigung von Ausländern keine nachteiligen Auswirkungen auf den Arbeitsmarkt, insbesondere hinsichtlich der Beschäftigungsstruktur, der Region und der Wirtschaftszweige ergeben und

b)   für die Beschäftigung deutsche Arbeitnehmer sowie Ausländer, die diesen hinsichtlich der Arbeitsaufnahme rechtlich gleichgestellt sind, oder andere Ausländer, die nach dem Recht der Europäischen Union einen Anspruch auf vorrangigen Zugang zum Arbeitsmarkt haben, nicht verfügbar sind[13].

**129**   Eine wesentliche Einschränkung des „Inländervorbehalts" erfolgt allerdings dadurch, dass für einzelne Berufsgruppen oder vereinzelte Wirtschaftszweige eine Zustimmung auch dann erfolgen kann, wenn die Bundesagentur vorher allgemein festgestellt hat, dass die Besetzung der offenen Stellen mit ausländischen Bewerbern arbeitsmarkt- und integrationspolitisch verantwortbar ist und der Ausländer nicht zu ungünstigeren Arbeitsbedingungen als vergleichbare deutsche Arbeitnehmer beschäftigt wird. Eine Verfügbarkeit für den deutschen Arbeitsmarkt wird aber auch dann angenommen, wenn Inländer und gleichgestellte Ausländer nur mit Förderung der Agentur für Arbeit vermittelt werden können. Die Details dieses Systems sind in der Beschäftigungsverordnung des Bundesministeriums für Wirtschaft und Arbeit[14] geregelt. Während die Möglichkeit einer bereichsspezifischen Bedarfssteuerung in der Praxis keine allzu große Bedeutung erlangt hat, ist die Freistellung von der Zustimmungspflicht der Bundesagentur für Arbeit für zahlreiche Kategorien arbeitsuchender Drittstaatsangehöriger zum zentralen Instrument einer Öffnung des Arbeitsmarktzugangs geworden. Für Bewerber um eine Blaue Karte, Forscher, Absolventen deutscher Hochschulen und ausländische Fachkräfte mit akademischem Hochschulabschluss und zahlreiche andere Personengruppen verzichtet die Beschäftigungsverordnung auf eine Zustimmungspflicht der Bundesagentur für Arbeit und eröffnet damit einen freien Zugang zum deutschen Arbeitsmarkt. Mit der im Juni 2013 erlassenen Verordnung zur Änderung des Ausländerbeschäftigungsrechts wird de facto die Vorrangprüfung für Fachkräfte mit einer qualifizierten Berufsausbildung weitgehend aufgehoben und durch ein an der Feststellung von Engpässen orientiertes Rekrutierungssystem ersetzt.

**130**   Neben den Problemen bei der Steuerung der Arbeitskräftezuwanderung stellt sich noch ein weiteres, gravierenderes Problem der *Zuwanderungssteuerung derjenigen Ausländer,* die zwar über kein Aufenthaltsrecht verfügen, aber dennoch *aus vielfachen Gründen nicht in ihren Heimatstaat zurückkehren.* Zuwanderungskontrolle bedeutet daher auch eine Kontrolle über die Beendigung des Aufenthalts derjenigen Ausländer, die nicht oder nicht mehr über ein Aufenthaltsrecht verfügen. Unkontrollierte Zuwanderung im eigentlichen Sinne ergibt sich daraus, dass rechtliche Pflichten zur Ausreise nicht ausreichend durchgesetzt werden können und hieraus eine faktische Einwanderung resultiert, sei es, dass aufgrund rechtlicher, sei es, dass aufgrund faktischer Gründe aufenthaltsbeendende Maßnahmen nicht mehr durchgesetzt werden können. Das AuslG 1990 versuchte mit mäßigem Erfolg, dem durch das *Rechtsinstitut der Duldung* einen Riegel vorzuschieben. Die Duldung war als Instrument der vorübergehenden Aussetzung des Vollzugs aufenthaltsbeendender Maßnahmen konzipiert, ohne

---

13   Vgl. § 39 Abs. 2 Satz 1 Nr. 1 AufenthG.

14   BeschV v. 6.6.2013, BGBl. I, S. 1499; zuletzt geändert durch Art. 2 der Verordnung v. 31.7.2016 (BGBl. I, S. 1953), *Hailbronner,* Ausländerrecht, C 1.1.

dass daraus ein Aufenthaltsrecht abgeleitet werden konnte. In der Praxis wurde die Duldung freilich nicht selten als „Quasi-Aufenthaltsrecht" selbst für Ausländer, die sich schon lange im Bundesgebiet aufhielten, eingesetzt. Das AufenthG setzt dieser Praxis deutliche Schranken dadurch, dass der Anwendungsbereich der Duldung einerseits wesentlich beschränkt wird, andererseits Vorrichtungen geschaffen werden, um die Ausreisepflicht vollziehen zu können. So haben die Länder die Möglichkeit erhalten, Ausreiseeinrichtungen für vollziehbar ausreisepflichtige Ausländer zu schaffen. Der Aufenthalt eines vollziehbar ausreisepflichtigen Ausländers ist zudem räumlich auf das Gebiet des Landes beschränkt[15]. Darüber hinaus wurden die Möglichkeiten zur Anordnung von Abschiebungshaft erweitert[16].

Andererseits wurde mit der Reform des Zuwanderungsgesetzes im August 2007 **131** eine *Altfallregelung in Form einer einmaligen Stichtagsregelung* eingeführt. Danach erhielten Menschen, die eigentlich zur Ausreise verpflichtet und in Deutschland nur geduldet sind, sich jedoch bereits seit acht bzw. sechs Jahren im Bundesgebiet aufhalten, ein befristetes Aufenthaltsrecht und einen gleichrangigen Zugang zum Arbeitsmarkt bis Ende 2009, damit sie ohne Inanspruchnahme öffentlicher Sozialleistungen durch Erwerbstätigkeit ihren Lebensunterhalt bestreiten können. Voraussetzung ist, dass diese Menschen ein Mindestmaß an Integrationswilligkeit zeigen, über ausreichenden Wohnraum verfügen, hinreichende Deutschkenntnisse besitzen und die Ausländerbehörden nicht vorsätzlich getäuscht haben[17].

Das Gesetz zur Neubestimmung des Bleiberechts und der Aufenthaltsbeendigung **132** v. 27.7.2015 hat mit §§ 25a und 25b AufenthG ein stichtagsungebundenes Bleiberecht für jugendliche und heranwachsende geduldete Ausländer nach 4 Jahren Aufenthalt und erfolgreichem Schulabschluss und für nachhaltig integrierte geduldete Ausländer nach 8 bzw. 6 Jahren Aufenthalt eingeführt[18]. Die bisher geltenden Altfallregelungen mit den stichtagsgebundenen Bleiberechten werden dadurch weitgehend hinfällig.

## III.   Integration von Ausländern

Das Zuwanderungsgesetz setzt sich zum Ziel, für die Integration der Zuwanderer **133** günstige Bedingungen zu schaffen und ihre Eingliederung in die Gesellschaft zu fördern.

Eingliederungsbemühungen von Ausländern sollen nach § 43 AufenthG durch **134** ein Grundangebot zur Integration *(Integrationskurs)* unterstützt werden. Ein Integrationskurs umfasst Angebote, die Ausländer an die Sprache, die Rechtsordnung, die Kultur und die Geschichte in Deutschland heranführen.[19] Ausländer sollen dadurch mit den Lebensverhältnissen im Bundesgebiet soweit vertraut werden, dass sie ohne die Hilfe oder Vermittlung Dritter in allen Angelegenheiten des täglichen Lebens selbständig handeln können. Das Ziel der erfolgreichen

---

15   Vgl. § 61 AufenthG.
16   Vgl. § 62 AufenthG.
17   Vgl. § 104 a Abs. 1 AufenthG.
18   Vom 27.7.2015, BGBl. I, S. 1386.
19   Integrationskursverordnung v. 13.12.2004, BGBl. I, S. 3307, zuletzt geändert durch Art. 2 der Verordnung v. 24.10.2015, BGBl. I, S. 1789.

Teilnahme an dem Kurs ist nunmehr gesetzlich festgeschrieben. Damit sollen künftig mehr Teilnehmer nicht nur einen Kurs besuchen, sondern diesen durch das Ablegen einer Abschlussprüfung auch erfolgreich abschließen.

**135**  Der Integrationskurs wird unterschieden in einen *Basis-* und einen *Aufbausprachkurs,* sowie einen *Orientierungskurs* zur Vermittlung von Kenntnissen der Rechtsordnung, der Kultur und der Geschichte. Für die Teilnahme am Kurs sollen Kosten in angemessenem Umfang unter Berücksichtigung der Leistungsfähigkeit erhoben werden. *Berechtigt zur Teilnahme* an einem Integrationskurs ist gem. § 44 AufenthG ein Ausländer, der sich dauerhaft im Bundesgebiet aufhält, wenn ihm erstmals eine Aufenthaltserlaubnis zu Erwerbszwecken, zum Zweck des Familiennachzugs, aus humanitären Gründen nach § 25 Abs. 1 oder Abs. 2, Abs. 4 a Satz 3 oder § 25 b AufenthG, als langfristig Aufenthaltsberechtigter nach § 38 a AufenthG oder ein Aufenthaltstitel nach § 23 Abs. 2 oder Abs. 4 AufenthG erteilt wird. Definiert wird der dauerhafte Aufenthalt regelmäßig dadurch, dass der Ausländer eine Aufenthaltserlaubnis von mehr als einem Jahr erhält oder seit über 18 Monaten eine Aufenthaltserlaubnis besitzt, es sei denn, der Aufenthalt ist vorübergehender Natur. Auch Asylbewerber mit einer Bleibeperspektive, Duldungsinhaber, die eine qualifizierte Berufsausbildung aufnehmen (§ 60 a Abs. 2 Satz 3 und 4), sowie Inhaber einer humanitären Aufenthaltserlaubnis nach § 25 Abs. 5 können nach dem Asylverfahrensbeschleunigungsgesetz v. 20.10.2015 im Rahmen verfügbarer Kursplätze aufgenommen werden. Mit der berufsbezogenen Deutschsprachförderung wird gemäß § 45 a die Integration in den Arbeitsmarkt unterstützt.

**136**  Grundsätzlich besteht nach § 44 a AufenthG auch eine *Verpflichtung zur Teilnahme* an einem Integrationskurs, wenn ein Ausländer einen Teilnahmeanspruch hat und sich nicht auf einfache Art in deutscher Sprache mündlich verständigen kann oder die Ausländerbehörde den Ausländer zur Teilnahme auffordert und der Ausländer Leistungen nach dem SGB II bezieht und die die Leistungen bewilligende Stelle die Teilnahme angeregt hat oder der Ausländer in besonderer Weise integrationsbedürftig ist.

**137**  *Ausgenommen* von der Teilnahmeverpflichtung sind sämtliche Ausländer, die keinen Anspruch auf Teilnahme haben, d.h. die sich bereits im Bundesgebiet aufgrund eines Aufenthaltsrechts aufhalten[20]. Ausgenommen sind ferner gem. § 44 a Abs. 2 AufenthG Ausländer, die sich im Bundesgebiet in einer beruflichen oder sonstigen Ausbildung befinden, die die Teilnahme an vergleichbaren Bildungsangeboten im Bundesgebiet nachweisen oder deren Teilnahme auf Dauer unmöglich oder unzumutbar ist. Keine Verpflichtung besteht im Übrigen auch bei Kindern, Jugendlichen und jungen Erwachsenen, die eine schulische Ausbildung aufnehmen oder ihre bisherige Schullaufbahn in der Bundesrepublik Deutschland fortsetzen sowie bei erkennbar geringem Integrationsbedarf oder wenn der Ausländer bereits über ausreichende Kenntnisse der deutschen Sprache verfügt. In letzterem Fall bleibt die Teilnahme am Orientierungskurs hiervon unberührt. Von der Verpflichtung zur Teilnahme am Orientierungskurs sind diejenigen Ausländer ausgenommen, die in einem anderen EU-Mitgliedstaat langfristig aufenthaltsberechtigt sind, und die nachweisen, dass sie bereits dort zur Erlangung ihrer Rechtsstellung an Integrationsmaßnahmen teilgenommen haben

---

20  Vgl. § 44 Abs. 1 Nr. 1 AufenthG (wer „erstmals" eine Aufenthaltserlaubnis erhält).

(vgl. § 44 a Abs. 2 a AufenthG). Auf Unionsbürger und deren Familienangehörige finden die Vorschriften des AufenthG über die Verpflichtung, Integrationsleistungen zu erbringen, keine Anwendung. Entsprechend besteht daher auch kein Rechtsanspruch auf Zulassung. Fakultativ werden jedoch auch Unionsbürger im Rahmen der verfügbaren Plätze zu Deutschkursen zugelassen.

Umstritten war die Frage von *Sanktionen bei Nichtteilnahme* an Integrationskursen[21]. Die Ausländerbehörde kann den Ausländer mit Mitteln des Verwaltungszwangs zur Erfüllung seiner Teilnahmepflicht anhalten. Bei Verletzung der Teilnahmepflicht kann der voraussichtliche Kostenbeitrag auch vorab in einer Summe durch Gebührenbescheid erhoben werden. Darüber hinaus ist eine Sanktion in der Form möglich, dass Sozialleistungen nach SGB II, soweit der Ausländer Arbeitslosengeld bezieht und eine Eingliederungsvereinbarung abgeschlossen hat, um 30 % gekürzt werden können[22]. Weitere finanzielle Sanktionen sind im Integrationsgesetz 2016 auch für Asylbewerber und Duldungsinhaber in Bezug auf Leistungen nach dem Asylbewerberleistungsgesetz vorgesehen, wenn sich Leistungsberechtigte weigern, einen für sie zumutbaren Integrationskurs aus von ihnen zu vertretenden Gründen aufzunehmen oder ordnungsgemäß an einem solchen Kurs teilzunehmen[23]. Integrationsverweigerer müssen zudem mit Bußgeldern bis zu 1000 Euro rechnen[24]. Ferner können sich im Staatsangehörigkeitsgesetz nachteilige Wirkungen insoweit ergeben, als eine Verkürzung der Aufenthaltsdauer bei der erleichterten Einbürgerung ausscheidet[25]. Aufenthaltsrechtlich kann die Nichtbefolgung bei einer Entscheidung über eine Verlängerung der Aufenthaltserlaubnis berücksichtigt werden[26]. **138**

Die massive Zunahme der Zuwanderung ausländischer Staatsangehöriger nach Deutschland hat im Jahre 2016 zu einer politischen Diskussion über die Notwendigkeit eines umfassenden rechtlichen Rahmens der Integration insbesondere der nach Deutschland irregulär zum Zweck der Asylsuche eingereisten Drittstaatsangehörigen geführt. Das Integrationsgesetz v. 31.7.2016[27] sieht wesentliche Änderungen im Bereich des Integrationskonzepts gegenüber den in Bezug auf die Integration im Zuwanderungsgesetz 2005 enthaltenen Rechten und Pflichten von Ausländern vor. Die Rechte von Asylsuchenden und Geduldeten auf Zugang zu Maßnahmen der Ausbildungsförderung (SGB III, Asylbewerberleistungsgesetz) werden wesentlich erweitert. Zugleich werden die Verpflichtungen zur Erbringung von Integrationsleistungen konkretisiert und durch die Statuierung von Pflichten zur Teilnahme an Integrationskursen und anderen Integrationsmaßnahmen konkretisiert. Die Nichteinhaltung derartiger Pflichten wird durch Erlöschen des Teilnahmeanspruchs an Integrationskursen, finanzielle Sanktionen nach dem Asylbewerberleistungsgesetz und aufenthaltsrechtlichen Konsequenzen (Erlöschen von Duldung) stärker sanktioniert werden. Mittels einer Pflicht zur Wohnsitznahme im zugewiesenen Bundesland und einer **139**

---

21  Vgl. eingehend *Kau*, Sanktionsmöglichkeiten zur Durchsetzung von Integrationsanforderungen, ZAR 2007, 185 ff.
22  Vgl. § 44 a Abs. 1 Satz 1 Nr. 2 AufenthG i. V. m. § 31a SGB II; Vgl. *Kau*, Sanktionsmöglichkeiten zur Durchsetzung von Integrationsanforderungen, ZAR 2007, 185, 188 f.
23  Vgl. § 5b Abs. 2 AsylbLG (Entwurf).
24  S. § 98 Abs. 5 letzte Alternative AufenthG.
25  § 10 Abs. 3 StAG.
26  § 8 Abs. 3 AufenthG.
27  BGBl. I, S. 1939.

Wohnsitzzuweisung innerhalb des Bundeslandes für Inhaber eines Aufenthaltstitels aus humanitären oder politischen Gründen wird die integrationspolitisch notwendige Verteilung zur Gewährleistung einer ausreichenden Wohnraumversorgung und Durchführung von Integrationsmaßnahmen in Bezug auf sprachliche Schulung und Eingliederung in den Arbeitsmarkt ermöglicht.

## IV.   Einbürgerung von Ausländern

**140**  Im *Staatsangehörigkeitsgesetz* von 1999 (StAG)[28] ist erstmals ein Erwerbstatbestand ausländischer, in Deutschland geborener Kinder kraft Geburt im Inland geschaffen worden. Danach erwirbt ein *Kind ausländischer Eltern* die deutsche Staatsangehörigkeit, wenn ein Elternteil
- seit acht Jahren rechtmäßig seinen gewöhnlichen Aufenthalt im Inland hat und
- freizügigkeitsberechtigter Unionsbürger oder gleichgestellter Staatsangehöriger eines EWR-Staates ist oder ein unbefristetes Aufenthaltsrecht besitzt[29].

**141**  Doppelstaater, die die deutsche Staatsangehörigkeit durch Geburt in Deutschland nach § 4 Abs. 3 StAG oder eine Einbürgerungserklärung nach § 40 b StAG erworben haben, unterliegen grundsätzlich einer „Optionspflicht[30] Nach Erreichen der Volljährigkeit müssen sie sich erklären, ob sie die deutsche oder die ausländische Staatsangehörigkeit behalten wollen. Geben sie bis zur Vollendung des 23. Lebensjahres keine Erklärung ab oder erbringen sie bis zu diesem Zeitpunkt keinen Nachweis über die Aufgabe oder den Verlust der ausländischen Staatsangehörigkeit, geht die deutsche Staatsangehörigkeit kraft Gesetzes verloren. Faktisch ist die Optionspflicht weitgehend dadurch aufgehoben wurden, dass im Inland aufgewachsene oder aufgrund eines Schulabschlusses integrierte Ausländer von der Obliegenheit, die Aufgabe einer ausländischen Staatsangehörigkeit nachweisen zu müssen, befreit sind. Für Unionsbürger und EWR-Angehörige wird eine Mehrstaatigkeit ohne Einschränkungen akzeptiert.

**142**  Bereits mit dem AuslG 1990 wurden Einbürgerungsansprüche *für Ausländer mit längerem Aufenthalt* sowie für die *Miteinbürgerung ausländischer Ehegatten und minderjähriger Kinder* geschaffen. Das Zuwanderungsgesetz lässt den Gehalt dieser Vorschriften im Wesentlichen unverändert, regelt sie aber systematisch richtig nunmehr im StAG. Darüber hinaus wurde die Einbürgerung in einigen Fällen erleichtert. § 8 StAG sieht vor, dass ein Ausländer, der rechtmäßig seinen gewöhnlichen Aufenthalt im Inland hat, *eingebürgert werden kann* (Ermessen), wenn er
- handlungsfähig ist,
- weder wegen einer rechtswidrigen Tat zu einer Strafe verurteilt noch gegen ihn aufgrund seiner Schuldunfähigkeit eine Maßregel der Besserung und Sicherung angeordnet worden ist,

---

28  BGBl. 1999 I, S. 1618; BGBl. III/FNA 102 – 1; *Hailbronner/Renner/Maaßen*, Staatsangehörigkeitsrecht, 5. Aufl., 2010.

29  § 4 Abs. 3 StAG; vgl. *Maaßen*, in: Hailbronner/Renner/Maaßen, Staatsangehörigkeitsrecht, § 4 StAG, Rn. 1 f.

30  Vgl. BGBl. I, S. 1714; insgesamt haben mindestens 521.000 Kinder bis Ende 2014 die deutsche Staatangehörigkeit kraft ius soli zusätzlich zur ausländischen Staatsangehörigkeit ihrer Eltern erworben, BAMF, Migrationsbericht 2014, S. 164.

– eine eigene Wohnung oder ein Unterkommen gefunden hat und
– sich und seine Angehörigen zu ernähren imstande ist.

Von der letzteren Voraussetzung kann aus Gründen des öffentlichen Interesses **143**
oder zur Vermeidung einer besonderen Härte abgesehen werden (§ 8 Abs. 2
StAG).

Ein Einbürgerungsanspruch besteht nach § 10 StAG aufgrund eines rechtmäßi- **144**
gen achtjährigen Aufenthalts, wenn der Einbürgerungsbewerber ein unbefristetes
Aufenthaltsrecht, ein Aufenthaltsrecht aufgrund des Freizügigkeitsabkommens
mit der Schweiz oder eine Aufenthaltserlaubnis für nicht nur vorübergehende
humanitäre oder Ausbildungszwecke (vgl. § 10 Abs. 1 Nr. 2 StAG) besitzt und
eine Reihe allgemeiner Voraussetzungen (Lebensunterhaltssicherung, Aufgabe
der bisherigen Staatsangehörigkeit, keine gravierende Strafbarkeit, ausreichende
Deutschkenntnisse, Bestehen des Einbürgerungstests) erfüllt. Vom Erfordernis
der Aufgabe einer ausländischen Staatsangehörigkeit werden bei Unmöglichkeit
oder Unzumutbarkeit des Verzichts zahlreiche Ausnahmen gemacht.[31]
Das EU-Richtlinienumsetzungsgesetz v. 19.8.2007 hat die Anforderungen an die
Integration in einigen Punkten deutlich verschärft[32]. Nicht ausreichend ist ein
bloßes Bekenntnis zur freiheitlich demokratischen Grundordnung. Der Bewerber
muss vielmehr erklären, dass er keine Bestrebungen verfolgt oder unterstützt
oder verfolgt oder unterstützt hat, die gegen die freiheitlich demokratische
Grundordnung, den Bestand oder die Sicherheit des Bundes oder eines Landes
gerichtet sind oder eine ungesetzliche Beeinträchtigung der Amtstätigkeit der
Verfassungsorgane des Bundes oder eines Landes oder ihrer Mitglieder zum Ziel
haben oder die durch Anwendung von Gewalt oder darauf gerichtete Vorbereitungshandlungen auswärtige Belange der Bundesrepublik Deutschland gefährden[33]. Ausgeschlossen ist die Einbürgerung nach § 11 StAG, wenn tatsächliche
Anhaltspunkte für eine verfassungsfeindliche oder extremistische Betätigung im
Sinne der Erklärung nach § 10 StAG eines Einbürgerungsbewerbers vorliegen,
sofern der Ausländer nicht glaubhaft macht, dass er sich von der früheren Verfolgung oder Unterstützung derartiger Bestrebungen abgewandt hat.

Weiterer Ausschlussgrund ist das Vorliegen eines besonders schwerwiegenden **145**
Ausweisungsinteresses nach § 54 Abs. 1 Nr. 2 oder 4 AufenthG, d. h. wenn Tatsachen die Schlussfolgerung rechtfertigen, dass der Ausländer einer Vereinigung
angehört oder angehört hat, die den Terrorismus unterstützt oder er eine derartige Vereinigung unterstützt oder unterstützt hat. Das Ausweisungsinteresse nach
§ 54 Abs. 1 Nr. 4 erfordert, dass sich ein Ausländer bei der Verfolgung politischer Ziele an Gewalttätigkeiten beteiligt oder öffentlich zur Gewaltanwendung
aufruft oder mit Gewaltanwendung droht[34].

---

31  Vgl. dazu *Hailbronner*, in: *Hailbronner/Renner/Maaßen*, a. a. O., § 12 StAG, Rn. 12 ff.; im Jahre
    2014 wurden bei 108.422 Einbürgerungen mehr als die Hälfte (53,6 %) unter Hinnahme von
    Mehrstaatigkeit vorgenommen. Insgesamt wird geschätzt, dass sich mindestens 1,5 Mio. Personen
    in Deutschland mit doppelter Staatsangehörigkeit aufhalten, vgl. Migrationsbericht 2014, S. 210 f.
32  Vgl. hierzu *Berlit,* InfAuslR 2007, 457; *Sturm,* StAZ 2008, 129, 133 ff.
33  Vgl. dazu *Hailbronner*, in: *Hailbronner/Renner/Maaßen*, a. a. O., § 10 StAG, Rn. 14.
34  Vgl. dazu BayVGH v. 19.2.2009, 19 CS 08.1175, zum Begriff des Unterstützens i. S. d. § 54 Nr. 5
    AufenthG a. F. ; v. 22.2.2010, 19 B 09.929 – insbesondere zur Befürwortung der Begehung terroris-
    tischer Taten; VGH BW v. 8.12.2010, 11 S 2366/10, NVwZ-RR 2011, 298 – zur Unterstützung
    einer terroristischen Vereinigung; BVerwG v. 25.10.2011, 1 C 13/10 – zur Unterstützung terroristi-
    scher Vereinigung durch Sympathiewerbung.

# B.  Ausländer- und Asylrecht der Bundesrepublik Deutschland

## § 5  Einreise von Ausländern – Grundlagen

### I.  Völker- und verfassungsrechtliche Einflüsse auf das Ausländerrecht

#### 1.  Einfluss völkerrechtlicher Verträge

**146**  Nach allgemeinem Völkerrecht liegt die Entscheidung über Einreise und Aufenthalt von Ausländern in der freien, völkerrechtlich ungebundenen Entscheidungsbefugnis der Staaten. Die *Gewährung von Einreise- und Aufenthaltsrechten* ist daher grundsätzlich Ausfluss der *Territorialhoheit eines Staates*. Ungeachtet dessen ergeben sich aus gewohnheitsrechtlichen und völkervertraglichen Bestimmungen eine *Reihe von Beschränkungen* der freien Entscheidungsbefugnis von Staaten. Insbesondere im Bereich des Asyl- und Flüchtlingsrechts bestehen aufgrund völkerrechtlicher Verträge und gewohnheitsrechtlicher Prinzipien Ausnahmen von dem Grundsatz, dass ein Staat frei über die Einreise und den Aufenthalt von Ausländern entscheiden kann. Das *Genfer Übereinkommen über die Rechtsstellung von Flüchtlingen*[1] verpflichtet die Vertragsstaaten dazu, Personen, die die Voraussetzungen des in der Konvention niedergelegten Flüchtlingsbegriffs (Verfolgung aus den in der Konvention genannten Verfolgungsgründen) erfüllen, nicht in die Verfolgerstaaten auszuweisen oder zurückzuweisen, in denen das Leben des Flüchtlings oder seine Freiheit wegen seiner Rasse, Religion, Staatsangehörigkeit, seiner Zugehörigkeit zu einer bestimmten sozialen Gruppe oder wegen seiner politischen Überzeugung bedroht sein würde[2]. Eine entsprechende Verpflichtung besteht aufgrund von Art. 3 der Europäischen Menschenrechtskonvention (EMRK) bei Flüchtlingen, die im Falle einer Zurückweisung, Ausweisung oder Abschiebung, Folter oder unmenschlicher oder erniedrigender Behandlung oder Strafe ausgesetzt sein würden. Diesen Gedanken bringt auch auf universaler Ebene Art. 3 Abs. 2 des *UNO-Übereinkommens gegen Folter* zum Ausdruck[3]:

> „Ein Vertragsstaat darf eine Person nicht in einen anderen Staat ausweisen, abschieben oder an diesen ausliefern, wenn stichhaltige Gründe für die Annahme bestehen, dass sie dort Gefahr liefe, gefoltert zu werden."

**147**  Die Europäische Grundrechtecharta[4] nimmt diese Grundsätze in Art. 19 auf, indem die Abschiebung, Ausweisung und Auslieferung an einen Staat verboten wird, in dem für sie oder ihn das ernsthafte Risiko der Todesstrafe, der Folter

---

1  Genfer Konvention v. 28.7.1951, BGBl. 1953 II, S. 559; *Hailbronner*, Ausländerrecht, B 5.
2  Art. 33 des Genfer Übereinkommens über die Rechtsstellung von Flüchtlingen.
3  BGBl. 1990 II, S. 247, *Hailbronner*, Ausländerrecht, E 5.
4  Gültig für die Organe der EU und die EU-Mitgliedstaaten bei der Durchführung des Unionsrechts, vgl. Art. 51 GRCh.

oder einer anderen unmenschlichen oder erniedrigenden Behandlung oder Strafe besteht.

Im Einzelnen bestehen allerdings eine Reihe von Unklarheiten über die Reich- **148** weite dieses *„Refoulement-Verbots"*. Umstritten ist, ob das Refoulement-Verbot auch auf staatliche Maßnahmen außerhalb des eigenen Hoheitsgebiets anwendbar ist.

So hat der amerikanische *Supreme Court* entschieden, dass das Refoulement- **149** Verbot der Genfer Konvention die Vereinigten Staaten nicht daran hindert, Flüchtlingen aus Haiti die Einfahrt in die amerikanischen Hoheitsgewässer zu verbieten[5]. Anders hat der EGMR im Fall *Hirsi/Italien*[6] unter Berufung auf seine frühere Rechtsprechung zur extraterritorialen Verantwortlichkeit der Vertragsstaaten zur Schutzgewährung gegen unmenschliche oder erniedrigende Behandlung im Falle einer Zurückweisung oder Rückführung in potentielle Verfolgerstaaten entschieden[7]. Der EGMR bejaht eine Pflicht, auch außerhalb der Küstengewässer aufgebrachten „Bootsflüchtlingen" gegebenenfalls Schutz gegen eine Zurückweisung oder Rückführung in Länder zu gewähren, in denen eine Gefahr besteht, unmenschlicher Behandlung ausgesetzt zu sein. Die Reichweite der Schutzpflicht außerhalb des eigenen Hoheitsgebiets ist umstritten; insbesondere ist zweifelhaft, ob sich aus Art. 3 EMRK auch eine Verpflichtung ableiten lässt, gegebenenfalls Unterstützung in Form einer Ermöglichung eines Zugangs zum Asylverfahren zu gewähren[8]. Aus der *Hirsi*-Entscheidung des EGMR wird weithin der Schluss gezogen, dass zur Überwachung der Außengrenzen eingesetzte Küstenwachtboote verpflichtet sind, Bootsflüchtlingen, die auf der Hohen See aufgebracht werden, jedenfalls dann die Einreise in einen EU-Mitgliedstaat zu ermöglichen, wenn das Risiko einer unmenschlichen Behandlung oder unmenschlicher Lebensbedingungen im Falle einer Rückführung nicht ausgeschlossen werden kann. Zu beachten ist jedoch, dass Gegenstand der Entscheidung ausschließlich die Rückverbringung von Bootsflüchtlingen nach Libyen war, wo sie nach Auffassung des EGMR unmenschlichen Lebensbedingungen und Gefahren für Leib und Leben ausgesetzt waren. Ein Anspruch auf Aufnahme in die EU-Mitgliedstaaten zum Zweck der Überprüfung eines Antrags auf internationalen Schutz kann aus der EGMR Rechtsprechung nicht abgeleitet werden. Erforderlich ist aber eine Prüfung, die auch an Bord eines Schiffes oder in einem Drittstaat stattfinden könnte, ob im Fall der Rückverbringung unmenschliche Behandlung oder Folter droht. Regelmäßig wird aber mangels anderer aufnahmewilliger Staaten keine Möglichkeit bestehen, einen Schutzanspruch extraterritorial zu überprüfen mit der Folge, dass im Allgemeinen Flüchtlingen Gelegenheit zu geben ist, Ansprüche auf internationalen Schutz in einem der EU-

---

5    113 S.Ct. 2549 (1993); kritisch *Goodwin-Gill*, IJRL Bd. 6 (1994), 85.
6    EGMR v. 23.12.2012, Beschwerde Nr. 27 765/09; vgl. auch EGMR v. 1.9.2015, Beschwerde Nr. 16483/12, Khlaifia /Italie.
7    Zur extraterritorialen Verantwortlichkeit vgl. EGMR v. 29.3.2010, *Medvedjev/Frankreich*, Nr. 3394/03; v. 7.7.2011, *Al-Skeini/Großbritannien*, Nr. 55 721/07, Rn. 132 und 136.
8    Vgl. dazu *Fischer/Lescano/Loehr/Tohodipur*, Border controls at sea: Requirements under international human rights and refugee law, Oxford, 2010, S. 256 ff.; *A. Hurwitz*, The collective responsibility of states to protect refugees, Oxford 2009; *Weinzierl/Lisson*, Grenzschutz und Menschenrechte, Deutsches Institut für Menschenrechte, 2007, S. 14 ff.; *R. Weinzierl*, Menschenrechte, Frontex und der Schutz der gemeinsamen Außengrenze, Jahrbuch Öffentliche Sicherheit, Sonderband 5, 2011, S. 214 ff.

Mitgliedstaaten geltend zu machen[9]. Dass diese Prüfung individuell, dh. auf die einzelne Person bezogen sein muss, hat der Gerichtshof durch die ergänzende Heranziehung des Verbots der Kollektivausweisung[10] unterstrichen. Auf die beachtlichen rechtlichen Bedenken gegen die Anwendung dieser auf Ausweisungen, dh. aufenthaltsbeendende Maßnahmen gegenüber Personen, die bereits eine rechtlich geschützte Position aufgrund ihres Aufenthalts im Aufnahmestaat erlangt hatten, bezogenen Vorschrift auf die völlig anders gelagerte Interessenlage bei Maßnahmen der Grenzsicherung ist der Gerichtshof nicht eingegangen.

**150**    Strittig ist auch, was unter dem Begriff der „unmenschlichen oder erniedrigenden Behandlung" zu verstehen ist. Über die einem Staat oder einer staatsähnlichen Organisation zurechenbaren Zufügungen körperlicher oder physischer Schmerzen oder eine Freiheitsentziehung hinausgehend hat der EGMR auch miserable Lebensbedingungen in extremer Armut und unzureichende hygienische Verhältnissen als unmenschlich qualifiziert und damit „Armutsflüchtlinge" aus Kriegs- und Bürgerkriegsgebieten oder „failed states", wie z.B. Somalia, dem Anwendungsbereich des Art. 3 EMRK unterstellt[11]. Aber auch die Lebens- und Unterbringungsbedingungen, die asylsuchenden Flüchtlingen in Griechenland zur Verfügung stehen, hat der EGMR als unmenschlich qualifiziert, mit dem Ergebnis, dass die innereuropäischen Zuständigkeitsvorschriften aufgrund der Dublin-Verordnung außer Kraft gesetzt wurden[12]. Die schwierig zu entscheidende Frage, ob im Falle einer Zurückweisung oder Zurückschiebung die zu erwartenden Lebens- und Unterbringungsbedingungen in alternativen Regionen einer Herkunftsregion oder in Flüchtlingslagern benachbarter Staaten den vom EGMR oder den in der verfassungsgerichtlichen Rechtsprechung aufgestellten Standards gerecht werden[13], hat in der gerichtlichen Praxis häufig zu einer Verpflichtung geführt, Einreise und vorläufigen Aufenthalt für die Dauer des Verfahrens und damit in den meisten Fällen darüber hinaus zu gewähren.

**151**    Das BVerwG hat mit seinem Beschluss vom 25.10.2012[14] auf die Grenzen dieser Rechtsprechung hingewiesen. Ausländer können aus der Konvention kein Recht auf Verbleib in einem Konventionsstaat geltend machen, um dort medizinische Hilfe oder andere Hilfe oder Unterstützung zu erhalten[15]. Es ist daher auch nicht ausreichend, dass im Falle einer Aufenthaltsbeendigung die Lage des Betroffenen einschließlich seiner Lebenserwartung erheblich beeinträchtigt würde, sofern nicht ein besonderer Fall wie etwa bei fortgeschrittener AIDS-Erkrankung mit unmittelbar drohender Verschlechterung und Tod vorliegt. Auch die EGMR-Rspr. im Fall M. S. S.[16] kann daher nach Auffassung des BVerwG nicht dahin ausgelegt werden, dass Art. 3 EMRK generell soziale Leistungsrechte garantiert, wenn kein ausreichender sozialer Standard im Herkunftsland gesichert ist. Viel-

---

9   Der EGMR weist in diesem Zusammenhang darauf hin, dass an Bord des italienischen Küstenwachboots keine zur Überprüfung eines Schutzgesuchs geschulten Personen und Übersetzer an Bord waren.
10  Art. 4 des 4. Zusatzprotokolls zur EMRK.
11  Vgl. EGMR v. 28.6.2011 – *Sufi und Elmi/Vereinigtes Königreich*, Nr. 8319/07; 1 1449/07, InfAuslR 2012, 121.
12  Vgl. EGMR v. 21.1.2011 – *M. S. S. /Belgien und Griechenland*, Nr. 30 696/09; im gleichen Sinne EuGH v. 21.12.2011, Rs. C-411/10 – *N. S./Secretary of State for the Home Departement*.
13  Vgl. dazu Urteil *Sufi* und *Elmi*, a. a. O., Rn. 244 ff.
14  BVerwG v. 25.10.2012, 10 B 16.12, InfAuslR 2013, 45.
15  Vgl. auch EGMR v. 27.5.2008, Nr. 26 565/05, NVwZ 2008, 1334.
16  EGMR v. 21.1.2011, Nr. 30 696/09, NVwZ 2011, 413.

mehr beschränkt sich diese Entscheidung, die die Überstellung von Asylsuchenden an Griechenland im Rahmen des Dublin Systems betrifft, auf die besondere Situation von Asylsuchenden, die in einem ihnen vollständig fremden Umfeld vollständig von staatlicher Unterstützung abhängig sind und behördlicher Untätigkeit bzw. Unwilligkeit, eine wenn auch nur elementare Hilfe gegen drohende Verelendung zu gewähren, gegenüberstehen. Das BVerwG sieht sich in seiner Auffassung, dass damit keine generelle Erstreckung dieser Rechtsprechung auf zu gewährleistende Standards im Heimatstaat des Betroffenen einhergeht, durch weitere Urteile des EGMR in den Fällen *Sufi und Elmi*[17] und *Nacic*[18] bestätigt.

Umstritten ist ferner, ob aus dem Refoulement-Verbot eine Verpflichtung abgeleitet werden kann, einen Zugang zu einem Asylverfahren zu eröffnen. Grundsätzlich verbietet das Refoulement-Verbot des Genfer Übereinkommens lediglich die Abschiebung oder Zurückweisung in ein Verfolgerland; dies steht der Zurückweisung oder Rückführung in einen sicheren Drittstaat prinzipiell nicht entgegen, solange mit hinreichender Wahrscheinlichkeit feststeht, dass der als sicher qualifizierte Drittstaat nicht seinerseits eine Weiter- oder Zurückschiebung an Verfolgungsländer vornimmt oder selber zu Maßnahmen der Verfolgung oder unmenschlichen Behandlung greift. **152**

Beschränkungen der staatlichen Souveränität, über die Einreise und den Aufenthalt von fremden Staatsangehörigen frei zu entscheiden, ergeben sich ferner aus dem *Übereinkommen über die Rechtsstellung der Staatenlosen* vom 28.9.1954[19]. Danach haben Staatenlose einen Rechtsanspruch auf Ausstellung eines Reiseausweises, wenn sie im Bundesgebiet ihren rechtmäßigen Aufenthalt haben[20]. Die Rechtmäßigkeit des Aufenthalts verlangt allerdings grundsätzlich eine vorherige Zustimmung zur Verlegung des Aufenthalts in das Bundesgebiet durch Erteilung der Aufenthaltserlaubnis[21]. Das Abkommen ist lediglich auf Personen anwendbar, die kein Staat aufgrund seines Rechts als Staatsangehörige ansieht, die also *de iure* Staatenlose sind[22]. Unerheblich ist dagegen, ob ein einzelner Staatenloser seiner Staatenlosigkeit durch Wiedereinbürgerung abhelfen kann und rechtlich sowie tatsächlich die Möglichkeit des Erwerbs der früheren Staatsangehörigkeit besteht[23]. **153**

*Angehörige bestimmter Staaten* haben darüber hinaus eine bevorzugte Stellung im Aufenthalts- und Sozialrecht aufgrund multilateraler und bilateraler Abkommen. Besondere Vergünstigungen sind zum Teil in Freundschafts-, Handels- und Niederlassungsabkommen sowie Sozialversicherungsabkommen der Bundesrepublik Deutschland mit anderen Staaten enthalten[24]. **154**

Der rechtliche Status der *Wanderarbeitnehmer* ist ferner Gegenstand völkerrechtlicher Übereinkommen. Auf universaler Ebene sind die im Rahmen der In- **155**

---

17  EGMR v. 28.6.2011, Nr. 8319/07 – *Sufi und Elmi*, NVwZ 2012, 681.
18  EGMR v. 15.5.2012, Nr. 16 567/10 – *Nacic*.
19  BGBl. 1976 II, S. 473; vgl. *Hailbronner*, Ausländerrecht, B 4.
20  Art. 28 des Übereinkommens über die Rechtsstellung der Staatenlosen v. 28.9.1954.
21  BVerwG v. 16.10.1990, BVerwGE 87, 11, 16 f.
22  BVerwG v. 23.2.1993, BVerwGE 92, 116.
23  BVerwG v. 16.7.1996, BVerwGE 101, 295.
24  Z. B. Abkommen v. 19.12.1953 zwischen der Schweiz und der Bundesrepublik Deutschland über Niederlassungsfragen und Niederlassungsabkommen v. 12.1.1927 zwischen Deutschland und der Türkei.

*ternationalen Arbeitsorganisation* abgeschlossenen *Konventionen und Empfehlungen zu den wirtschaftlichen und sozialen Rechten der Wanderarbeitnehmer* von praktischer Bedeutung[25]. Die für die Bundesrepublik Deutschland verbindliche *ILO-Konvention Nr. 143* befasst sich mit dem Problem illegaler Wanderungsbewegungen und der illegalen Beschäftigung von Wanderarbeitnehmern.

**156** Die im Rahmen der UN-Generalversammlung erarbeitete *Internationale Konvention zum Schutz der Rechte der Wanderarbeitnehmer und ihrer Familienangehörigen*[26] hat dagegen keine große praktische Bedeutung entfaltet, da die wichtigsten Aufnahmeländer von Wanderarbeitnehmern die Konvention nicht ratifiziert haben. Die Konvention spiegelt einen Interessenkonflikt zwischen den Interessen der Arbeit exportierenden Länder nach einer umfassenden vertraglichen Verankerung wirtschaftlicher, sozialer und kultureller Rechte ihrer Staatsangehörigen und den Interessen der Aufnahmeländer wider, den Zugang und die Aufnahme von fremden Arbeitskräften kontrollieren zu können und keine Anreize für weitere Wanderungsbewegungen zu geben.

**157** Das von der Bundesrepublik Deutschland am 24.11.1977 unterzeichnete, aber noch nicht ratifizierte *Europäische Übereinkommen über die Rechtsstellung der Wanderarbeitnehmer*[27] enthält kein Einreise- und Aufenthaltsrecht zum Zweck der selbständigen oder unselbständigen Erwerbstätigkeit. Ein Recht auf Zulassung zum Staatsgebiet zur Aufnahme einer Erwerbstätigkeit besteht nach Art. 4 des Übereinkommens erst, nachdem eine Aufenthaltserlaubnis ausgestellt und die erforderlichen Papiere ausgehändigt worden sind. Die praktische Bedeutung des Abkommens liegt daher in der Gleichstellung bereits zugelassener Arbeitnehmer auf wirtschaftlichem und sozialem Gebiet sowie in den Familiennachzugsvorschriften.

**158** Die *Europäische Menschenrechtskonvention (EMRK)* enthält grundsätzlich keine Bestimmungen über Einreise und Aufenthalt von Ausländern[28]. Ungeachtet dessen ergeben sich *mittelbar* sowohl aus Art. 3 EMRK (Verbot von Folter und unmenschlicher oder erniedrigender Behandlung) als auch aus Art. 8 EMRK (Achtung des Privat- und Familienlebens) *erhebliche Einwirkungen* auf die innerstaatliche Gesetzgebung und Praxis, insbesondere im Hinblick auf aufenthaltsbeendende Maßnahmen, ausnahmsweise aber auch im Hinblick auf Einreise und Aufenthalt. Grundsätzlich geht zwar der Europäische Gerichtshof zum Schutz der Menschenrechte (EGMR) in ständiger Rechtsprechung davon aus, dass die Bestimmungen der EMRK die Befugnis der Vertragsstaaten, über die Einreise und den Aufenthalt von Ausländern auf ihrem Gebiet nach nationalem Recht zu entscheiden, nicht regeln. Ungeachtet dessen können sich aus einzelnen Bestimmungen der EMRK, insbes. aus Art. 3 und dem Gebot der Respektierung des Privatlebens und des Familienlebens (Art. 8 EMRK) Einschränkungen der mitgliedstaatlichen Befugnisse vor allem bei der Beendigung eines Aufenthalts durch

---

25 Vgl. dazu *Tardu*, Migrant Workers, in: Encyclopedia of Public International Law, Band III, 1997, S. 363 f.
26 Zum Text der Konvention VN 1991, 175 f.
27 ETS Nr. 93; vgl. *Oellers-Frahm*, in: Frowein/Stein (Hrsg.), Die Rechtsstellung von Ausländern nach staatlichem Recht und Völkerrecht, Band II, S. 1725.
28 Europäische Menschenrechtskonvention v. 4.11.1950, BGBl. 1952 II, S. 685, 953 u. 1954 II, S. 14; *Hailbronner*, Ausländerrecht, E 4.

Nichtverlängerung einer Aufenthaltserlaubnis, Ausweisung und Abschiebung ergeben.

Der Gerichtshof wendet hier in ständiger Rechtsprechung einen Test der fairen **159** Abwägung der privaten Interessen am Verbleib im Aufenthaltsstaat mit den öffentlichen Interessen an der Aufenthaltsbeendigung[29] an („fair balance of interests test"). Zu den relevanten Kriterien, die dabei in Betracht zu ziehen sind, rechnet der Gerichtshof die Dauer des Aufenthalts, das Maß an Integration im Aufenthaltsstaat, die Zumutbarkeit einer Rückkehr im Hinblick auf noch vorhandene oder fehlende Bindungen, Sprachkenntnisse, persönliche Beziehungen usw. sowie die Schutzwürdigkeit im Aufenthaltsstaat begründeter familiärer Beziehungen[30]. Grundsätzlich kann nach Auffassung des Gerichtshofs aus Art. 8 EMRK allerdings keine Pflicht abgeleitet werden, die Entscheidung eines Ausländers, eine Ehe oder ein Familienleben im Aufenthaltsstaat zu realisieren, aufenthaltsrechtlich durch Erteilung einer Aufenthaltserlaubnis zu ermöglichen. Ausländer können daher regelmäßig darauf verwiesen werden, eine geplante Familienbeziehung im Heimatstaat zu verwirklichen. Nur ausnahmsweise lässt sich – wie z. B. beim Nachzug eines unmündigen Kindes zu einer seit langem im Ausland lebenden Familie, wenn die bisherige Betreuung des Kindes wegfällt – aus Art. 8 EMRK ein Anspruch auf Erteilung eines Aufenthaltsrechts ableiten[31].

Umstritten ist, ob sich aus der neueren Rechtsprechung des EGMR zur Respek- **160** tierung des Rechts auf Privatleben ein Anspruch *„faktischer Inländer"*, die sich seit langer Zeit im Bundesgebiet ohne gültigen Aufenthaltstitel aufhalten, auf „Legalisierung des Aufenthalts" durch Gewährung einer humanitären Aufenthaltserlaubnis ergibt, sofern nicht bereits aufgrund einer Bleiberechtsregelung ein Anspruch auf Erteilung einer Aufenthaltserlaubnis (§ 104 a AufenthG) besteht. Der EGMR hat zwar unter besonderen Umständen ein Recht auf Erteilung eines Aufenthaltsrechts auch bei lediglich faktischem Aufenthalt anerkannt, ein Menschenrecht auf Legalisierung des Aufenthalts wird man aber daraus nicht ableiten können[32].

*Völkerrechtliche Verträge*, die gem. Art. 59 Abs. 2 Satz 1 GG im Wege eines **161** Vertragsgesetzes ratifiziert worden sind, können nach Inhalt und Zweck unmittelbare Geltung im innerstaatlichen Recht entfalten, sofern sie als Grundlage unmittelbarer Anwendbarkeit hinreichend genau und unbedingt sind. Völkerrechtliche Verträge, die nach Art. 59 GG durch ein Zustimmungsgesetz in das innerstaatliche Recht transformiert worden sind, gelten grundsätzlich im gleichen *Rang wie jedes andere Bundesgesetz*. Das Verhältnis zum AufenthG und anderen ausländerrechtlichen Normen und Verwaltungsvorschriften bestimmt sich daher nach allgemeinen Grundsätzen. Zu berücksichtigen ist jedoch, dass *ausländerrechtliche Vorschriften im Zweifel so auszulegen* sind, *dass sie mit völ-*

---

29  Z. B. bei strafbaren Handlungen; vgl. EGMR v. 18.10.2006, Nr. 46 410/99, *Üner/Niederlande*, NVwZ 2007, 1279, Rn. 57 f.
30  Z. B. EGMR v. 28.6.2007, *Kaya*, Nr. 31 753/02, InfAuslR 2007, 325; *F. Fritzsch*, Der Schutz sozialer Bindungen von Ausländern, 2007, S. 140 ff.
31  EGMR v. 21.12.2001, Nr. 31 465/96, *Sen/Niederlande*, InfAuslR 2002, 334–337; EGMR v. 14.6.2011, Nr. 38 058/09, *Osman/Dänemark* – Wiederherstellung des Aufenthaltsrechts einer in Dänemark aufgewachsenen somalischen Staatsangehörigen, die gegen ihren Willen im Alter von 15 Jahren für zwei Jahre nach Kenia zu ihren Großeltern verbracht worden war.
32  Vgl. hierzu *Thym*, Menschenrecht auf Legalisierung des Aufenthalts?, EuGRZ 2006, 541; *Fritzsch*, a. a. O., S. 149 ff.

*kerrechtlichen Verträgen,* die die Bundesrepublik Deutschland binden, *in Einklang stehen*[33].

**162** Um aus einem völkerrechtlichen Vertrag *individuelle Rechte* vor deutschen Gerichten ableiten zu können, ist erforderlich, dass die fragliche Bestimmung, auf die sich ein Ausländer beruft, nach Wortlaut, Zweck und Inhalt geeignet und hinreichend bestimmt ist, wie eine innerstaatliche Vorschrift rechtliche Wirkungen zu entfalten[34]. Dabei ist im Wesentlichen auf die Zielsetzung völkerrechtlicher Vorschriften und deren Eignung, unmittelbar durch Behörden und Gerichte angewendet werden zu können, abzustellen[35]. Dies kann im Grundsatz sowohl für die Genfer Flüchtlingskonvention als auch für das Übereinkommen über die Rechtsstellung der Staatenlosen angenommen werden. Entsprechendes gilt auch für Freundschafts- und Niederlassungsverträge, soweit sie Angehörigen der Vertragsstaaten genau bestimmte Rechte einräumen. Die Vertragsbestimmungen beeinflussen das Ausländerrecht jedoch dann nicht, wenn sie lediglich zwischenstaatliche Pflichten enthalten. Dies hat das BVerwG z. B. für die sozialen Rechte der Europäischen Sozialcharta angenommen[36].

## 2.      Einfluss völkerrechtlichen Gewohnheitsrechts

**163** Die im völkerrechtlichen Gewohnheitsrecht anerkannten *Grundsätze über die Behandlung von Fremden*[37] haben für die Rechtsstellung des Ausländers in Deutschland im Allgemeinen keine große praktische Bedeutung, da das AufenthG über die im Völkergewohnheitsrecht aufgestellten *Mindestanforderungen* im Hinblick auf das Aufenthaltsrecht, die Achtung der privaten Rechte, die Gewährung von Freiheitsrechten, den Rechtsweg und den Schutz gegenüber Angriffen auf Leben, Ehre, Freiheit und Eigentum hinausgeht. Umstritten ist, ob sich aus den zahlreichen Resolutionen und Verträgen zum Schutz der Wanderarbeitnehmer mittlerweile gewohnheitsrechtliche Prinzipien über die Rechtsstellung eingewanderter Arbeitnehmer und ihrer Abkömmlinge in zweiter oder dritter Generation entwickelt haben. In den ausländerrechtlichen Vorschriften über die Aufenthaltsbeendigung wird der besonderen Situation der eingewanderten Arbeitnehmer und ihrer Familienangehörigen und Abkömmlinge überwiegend insofern Rechnung getragen, als diesen Personen verfestigte Aufenthaltsrechte gewährt werden, die lediglich unter besonderen Voraussetzungen eingeschränkt werden können[38].

**164** Völkergewohnheitsrechtlich lassen sich allerdings mangels einer hinreichenden Rechtsüberzeugung und einheitlicher Staatenpraxis noch keine eindeutigen Rechtsgrundsätze ableiten. Insbesondere findet der gelegentlich vorgetragene Grundsatz, wonach eine Ausweisung von im Aufenthaltsstaat wohnenden und/oder aufgewachsenen Ausländern der zweiten oder dritten Ausländergeneration

---

33 Vgl. BVerfG v. 26.3.1987, BVerfGE 74, 358.
34 BVerwG v. 27.9.1988, BVerwGE 80, 233, 235.
35 BVerwG v. 16.10.1990, BVerwGE 87, 11, 13 f.
36 BVerwGE 91, 327. *Schneider,* Die Justiziabilität wirtschaftlicher, sozialer und kultureller Menschenrechte, Deutsches Institut für Menschenrechte, 2004.
37 Fremdenrechtlicher Mindeststandard, vgl. *Kau,* in: Graf Vitzthum/Proelß (Hrsg.), Völkerrecht, 6. Aufl. 2013, 3. Abschnitt, Rn. 280; *K. Doehring,* Völkerrecht, 2. Aufl. 2004, Rn. 59 f., 851 ff.; *ders.,* Die Allgemeinen Regeln des völkerrechtlichen Fremdenrechts und das deutsche Verfassungsrecht, 1962.
38 Vgl. § 55 Abs. 1 Nr. 1 bis 3 AufenthG.

wegen der im Aufenthaltsstaat erfolgten „Sozialisation" unzulässig sei, in der Staatenpraxis bislang keine ausreichende Basis.

Nur wenn der Aufenthalt eines Ausländers die öffentliche Sicherheit und Ord- **165** nung gefährdet und wenn bei einer umfassenden Abwägung aller Umstände des Einzelfalles das öffentliche Interesse an der Ausweisung das private Interesse des Ausländers an einem weiteren Verbleib im Bundesgebiet überwiegt, darf daher nach § 53 Abs. 1 AufenthG eine Ausweisung verfügt werden. Dies gilt auch dann, wenn von dem Ausländer selbst keine Wiederholungsgefahr mehr ausgeht (generalpräventive Ausweisung)[39].

Auch die unionsrechtlichen Vorschriften über die Rechtsstellung der sich lang- **166** fristig in einem Mitgliedstaat der Union aufhaltenden Drittstaatsangehörigen ge- hen nach wie vor von einer Befugnis der Mitgliedstaaten aus, Drittstaatsangehö- rige ungeachtet eines dauernden Aufenthaltsrechts aus gewichtigen Gründen der öffentlichen Sicherheit und Ordnung auszuweisen[40].

Einschränkungen bezüglich des Ausweisungsrechts enthält ferner Art. 4 des **167** 4. Zusatzprotokolls zur EMRK, wonach Kollektivausweisungen ausländischer Personen unzulässig sind. Im 7. Zusatzprotokoll zur Europäischen Menschen- rechtskonvention vom 22.11.1984[41] sind verfahrensrechtliche Schutzvorschrif- ten in Bezug auf die Ausweisung von Ausländern vorgesehen. Ein Ausländer darf danach nur aufgrund einer rechtmäßig ergangenen Entscheidung ausgewiesen werden. Er muss Gelegenheit haben, seine Gründe gegen die Ausweisung vorzu- bringen und die Ausweisungsentscheidung durch die zuständige Behörde über- prüfen zu lassen[42]. Der EGMR wendet diese Bestimmung auch auf extraterritori- ale Maßnahmen staatlicher Organe an, die außerhalb des eigenen Hoheitsgebiets einen illegalen Grenzübertritt verhindern wollen[43]. Dagegen bestehen erhebliche rechtliche Bedenken, im Hinblick auf Wortlaut, Zweck und Entstehungsge- schichte des Verbots von Kollektivabschiebungen. Vieles spricht dafür, Maßnah- men der Grenzkontrolle bzw. zur Verhinderung illegaler Einreise von den durch Art. 4 des 4. Zusatzprotokoll erfassten Maßnahmen einer ohne Rücksicht auf die Umstände des Einzelfalls erfolgenden *Aufenthaltsbeendigung* einer sich be- reits auf dem Staatsgebiet befindlichen Gruppe von Ausländern zu unterschei- den.

## 3. Einfluss des Verfassungsrechts

In der Rechtsprechung und Literatur ist anerkannt, dass Art. 6 GG oder andere **168** Grundrechte *keinen unmittelbaren Anspruch auf Einreise und Aufenthalt* ge- währen[44]. Das Grundgesetz überantwortet die Entscheidung, in welcher Zahl und unter welchen Voraussetzungen Fremden der Zugang zum Bundesgebiet er- möglicht werden soll, weitgehend der gesetzgebenden und der vollziehenden Ge-

---

39  BVerwG v. 14.2.2012, 1 C 7.11, Beck RS 2012, 50 796.
40  Vgl. dazu *Hailbronner*, ZAR 2004, 163 f; s. auch Art. 17 der RL 2003/109/EG über die Rechtsstel-
    lung langfristig aufenthaltsberechtigter Drittstaatsangehöriger, *Hailbronner*, Ausländerrecht, D
    9.16.
41  *Tomuschat*, Völkerrecht, Rn. 12 d.
42  Zum Verbot der Kollektivausweisung vgl. EGMR v. 5.2.2002, Nr. 51 564/99 – *Conka/Belgien*.
43  EGMR v. 23.2.2012, *Hirsi/Italien*, Nr. 27 765/05, Rn. 196 ff.
44  Vgl. BVerfG v. 11.5.2007, NVwZ 2007, 1302–1304; BVerfGE 51, 386 (396 f.); *von Coelln*, in:
    Sachs, GG, Art. 6, Rn. 22 ff. sowie BVerfG v. 24.10.2006, 2 BvR 1908/03, juris.

walt[45]. *Allerdings* ergeben sich aus der in Art. 6 Abs. 1 und 2 GG enthaltenen wertentscheidenden Grundsatznorm, nach welcher der Staat die Ehe und Familie zu schützen und zu fördern hat, Verpflichtungen für die zuständigen Behörden und Gerichte, bei ausländerrechtlichen Entscheidungen die familiären Bindungen an im Bundesgebiet berechtigterweise lebende Personen angemessen zu berücksichtigen[46]. Gleiches gilt z. B. für Art. 4 GG. Auch hier ist es geboten, bei der Auslegung und Handhabung der einfachrechtlichen Vorschriften über die Einreise und den Aufenthalt von Ausländern das Eigenverständnis einer Religionsgemeinschaft, soweit es in dem Bereich der durch Art. 4 Abs. 1 GG gewährleisteten Glaubens- und Bekenntnisfreiheit wurzelt und sich in der durch Art. 4 Abs. 2 GG geschützten Religionsausübung verwirklicht, so weit wie möglich zu berücksichtigen[47]. Mithin entfalten die Grundrechte (vor allem Art. 6 GG) *Ausstrahlungswirkungen auf die Anwendung und Auslegung ausländerrechtlicher Vorschriften*, insbesondere derjenigen über Familiennachzug, Ausweisung oder Abschiebung[48]. Somit kann die Pflicht zur Respektierung eines Grundrechtes bei der Rechtsanwendung ausnahmsweise doch *zu einem Einreise- und Aufenthaltsrecht führen*, wenn ausschließlich die Gewährung von Einreise und Aufenthalt als einzige Entscheidungsmöglichkeiten verbleiben, um dem verfassungs- bzw. völkerrechtlich verbrieften Ansprüchen eines Ausländers Schutz gegen Verletzung gewichtiger Grundrechte Rechnung zu tragen.

## II. Voraussetzungen für die Einreise von Ausländern in das Bundesgebiet

### 1. Die Passpflicht

**169** Gem. § 3 Abs. 1 AufenthG dürfen Ausländer nur in das Bundesgebiet einreisen oder sich darin aufhalten, wenn sie im Besitz eines anerkannten und gültigen Passes oder Passersatzes sind[49]. Für bestimmte Personen und Situationen sieht die Aufenthaltsverordnung Ausnahmen von dieser *Passpflicht* vor[50].

**170** Über die generelle Passpflicht hinaus besteht bei der Ein- und Ausreise gemäß § 13 Abs. 1 Satz 2 AufenthG eine *Passmitführungspflicht*, damit die Identität und der Aufenthaltsstatus des Ausländers beim Grenzübertritt geprüft werden kann. Ausländer, die von der Passpflicht befreit sind, unterfallen zwar nicht der Passmitführungspflicht, müssen sich aber anderweitig über ihre Person ausweisen können.

### 2. Das grundsätzliche Erfordernis eines Aufenthaltstitels für die Einreise

**Fall 1:** Der chilenische Staatsangehörige K möchte sich für die Dauer von zwei Monaten für
a) einen Urlaub,

---

45 Vgl. BVerfG v. 17.5.1987, BVerfGE 76, 1 (47 f., 51 f.); BVerfG v. 18.4.1989, BVerfGE 80, 81 (92).
46 Vgl. BVerfG v. 17.5.1987, BVerfGE 76, 1 (49 ff.); BVerfG v. 18.4.1989, BVerfGE 80, 81 (93).
47 BVerfG v. 24.10.2006 – 2 BvR 1908/03, juris.
48 BVerfG v. 18.4.1989, BVerfGE 80, 81 (93); BVerfG v. 8.12.2005, InfAuslR 2006, 122–126.
49 S. auch Art. 5 Abs. 1 lit. a der Verordnung (EG) Nr. 562/2006 des Europäischen Parlamentes und des Rates v. 15.3.2006 über einen Gemeinschaftskodex für das Überschreiten der Grenzen durch Personen (*Schengener Grenzkodex*). Dieser Kodex regelt nunmehr einheitlich die Bedingungen für die Überschreitung der Außengrenzen der EU-Mitgliedstaaten und die Grenzkontrolle; s. *Hailbronner*, Ausländerrecht, D 8.3.
50 Vgl. § 3 Abs. 2 AufenthG und § 14 AufenthVO.

b)  zwecks Aufnahme einer Erwerbstätigkeit in der Bundesrepublik Deutschland
aufhalten. Macht es einen Unterschied, ob er als Kellner arbeiten will oder bei
der Fa. Siemens eine zweimonatige Tätigkeit zur konzerninternen Weiterbildung
ausüben möchte?
Ist für seine Einreise ein Visum erforderlich?

**Fall 2:** Wie Fall 1 mit dem Unterschied, dass K die Staatsangehörigkeit von Kamerun
besitzt.

**Fall 3:** Die Japanerin J reist in die Bundesrepublik Deutschland ein, ohne zuvor ein
Visum eingeholt zu haben. Nach zwei Monaten möchte sie ein Universitätsstudium
aufnehmen und beantragt daher eine Aufenthaltserlaubnis zum Zweck der Ausbildung (§ 16 AufenthG). Die Ausländerbehörde lehnt den Antrag der J ab mit der
Begründung, J sei illegal nach Deutschland eingereist. Zu Recht?

**Fall 4:** Der russische Staatsangehörige R möchte einen Urlaub von vier Wochen in
Deutschland verbringen und anschließend für vier weitere Wochen nach Frankreich
reisen. Muss er zwei separate Visa für die Einreise nach Deutschland und nach Frankreich beantragen?

**Fall 5:** Eine marokkanische Staatsangehörige beantragt bei dem deutschen Konsulat
ein Visum zum Zweck des Besuchs ihrer im Jahre 2005 und 2007 geborenen Kinder,
die seit 2008 bei ihrem geschiedenen Ehemann in Deutschland leben. Im Verfahren
gab sie zunächst an, aus touristischen Gründen nach Deutschland einreisen zu wollen,
später erklärte sie, ihre Kinder besuchen zu wollen. Der Antrag auf Visumerteilung
wurde abgelehnt, da die Antragstellerin keine konkrete und glaubwürdige Rückkehrperspektive dargelegt habe.

§ 4 AufenthG statuiert den *Grundsatz*, dass Ausländer für die Einreise und den   **171**
Aufenthalt im Bundesgebiet eines *Aufenthaltstitels* bedürfen[51]. *Ausnahmen* können sich aufgrund des Rechts der Europäischen Union, aufgrund einer Rechtsverordnung[52] oder aufgrund des Assoziationsabkommens EWG/Türkei vom
12.9.1963 ergeben, wenn sich daraus ein Aufenthaltsrecht ableiten lässt[53].

Das Erfordernis des Aufenthaltstitels für Einreise und Aufenthalt wird als ein für   **172**
die Steuerung der Zuwanderung wesentliches Element angesehen. Das AufenthG
kennt nunmehr nur noch *fünf verschiedene Arten von Aufenthaltstiteln.* Dies
sind das Visum (§ 6 AufenthG), die Aufenthaltserlaubnis (§ 7 AufenthG), die
Blaue Karte (§ 19 a AufenthG), die Niederlassungserlaubnis (§ 9 AufenthG) und
die Erlaubnis zum Daueraufenthalt-EU (§ 9 a AufenthG)[54].

Das *Visum als eigenständiger Aufenthaltstitel* wird stets *vor der Einreise* von   **173**
den deutschen Vertretungen im Ausland[55] erteilt. Außerdem ist es gemäß § 5
Abs. 2 Satz 1 Nr. 1 AufenthG Voraussetzung für die Erteilung einer Aufenthalts-
oder Niederlassungserlaubnis bzw. für die Erlaubnis zum Daueraufenthalt-EU,
welche nach der Einreise erfolgt.

Der Kreis derjenigen *Drittstaatsangehörigen, die ein Visum zur Einreise* in einen   **174**
Mitgliedstaat der Europäischen Union *benötigen*, ist abschließend durch die *EU-*

---

51  S. auch Art. 5 Abs. 1 lit. b und Abs. 4 lit. b Schengener Grenzkodex.
52  S. §§ 18 ff. und § 41 AufenthVO sowie Verordnung Nr. 539/2001 des Rates der Europäischen
Union; *Hailbronner*, Ausländerrecht, D 9.1.
53  S. § 4 Abs. 1 Satz 1 AufenthG und *Hailbronner*, Ausländerrecht, § 4 AufenthG, Rn. 21 ff.
54  Vgl. § 4 Abs. 1 Satz 2 AufenthG.
55  Dies sind Botschaften oder Generalkonsulate.

*Visumsverordnung* festgelegt[56]. Diese Verordnung enthält zugleich die Liste der Drittstaaten, deren Staatsangehörige von der Visumpflicht bei Aufenthalten, die insgesamt 90 Tage je Zeitraum von 180 Tagen nicht überschreiten, befreit sind. Auch Angehörige der Staaten, die nach der EU-Visumsverordnung vom Erfordernis eines Visums für Kurzaufenthalte befreit sind, benötigen für die Einreise und den Kurzaufenthalt dann einen *Aufenthaltstitel, sofern sie im Bundesgebiet eine Erwerbstätigkeit ausüben* (vgl. § 17 Abs. 1 AufenthV). Diese Vorschrift findet allerdings keine Anwendung, soweit der Ausländer im Bundesgebiet bis zu drei Monate innerhalb eines Zeitraums von zwölf Monaten lediglich Tätigkeiten selbständig oder unselbständig ausübt, die nach § 30 Nr. 2 und 3 BeschV nicht als Beschäftigung gelten oder entsprechende selbständige Tätigkeiten ausübt. Privilegiert sind u. a. wissenschaftliche Tätigkeiten, Beschäftigungen aus karitativen Gründen, Ferienbeschäftigung von Studierenden, konzerninterne Weiterbildung, für Werkleistungen entsandte Angestellte. Besondere Privilegien gelten nach § 41 AufenthV auch für *Staatsangehörige bestimmter Staaten* wie Israel, Australien, Japan, Kanada, Korea, Neuseeland und der USA. Sie können auch für einen Aufenthalt, der kein Kurzaufenthalt ist, grundsätzlich visumfrei in das Bundesgebiet einreisen und einen erforderlichen Aufenthaltstitel erst im Bundesgebiet einholen.

**Lösung Fall 1 a):** K ist als Chilene Positivstaater i. S. d. Anhang II zur Verordnung (EG) Nr. 539/2001 v. 15.3.2001[57]. Gem. Art. 1 Abs. 2 der EU-Visumsverordnung sind die Staatsangehörigen der Drittländer, die in der Liste in Anhang II aufgeführt sind, für einen Kurzaufenthalt von bis zu 90 Tagen von der Visumpflicht befreit, sofern sie keine Erwerbstätigkeit aufnehmen (vgl. §§ 15, 17 Abs. 1 AufenthV). Für die Einreise des K zu touristischen Zwecken ist somit kein Visum erforderlich.

**Lösung Fall 1 b):** Die Befreiung vom Erfordernis eines Aufenthaltstitels gilt auch für Positivstaater i. S. d. Anhang II der EU-Visumsverordnung nicht, sofern sie im Bundesgebiet eine Erwerbstätigkeit ausüben (§ 17 Abs. 1 AufenthV). Dies gilt jedoch nicht, soweit der Ausländer im Bundesgebiet bis zu 90 Tagen innerhalb eines Zeitraums von 180 Tagen lediglich solche Tätigkeiten ausübt, die nach der BeschV nicht als Beschäftigung gelten (§ 30 Nr. 2 und 3 AufenthV). Es macht daher einen Unterschied, welche Art von Erwerbstätigkeit K anstrebt. Für die konzerninterne Weiterbildung benötigt er daher kein Visum, sondern kann mit einem gültigen Reisedokument einreisen.

**Lösung Fall 2:** Kamerun ist in der Gemeinsamen Liste in Anhang I zur EU-Visumsverordnung aufgeführt. Dies bedeutet, dass Staatsangehörige aus Kamerun beim Überschreiten der EU-Außengrenzen im Besitz eines Visums sein müssen (§ 15 AufenthG i. V. m. Art. 1 Abs. 1 der EU-Visumsverordnung). Auf den Aufenthaltszweck kommt es nicht an.

**Lösung Fall 3:** Gem. § 41 Abs. 1 AufenthV können Staatsangehörige bestimmter Staaten (z. B. USA, Kanada, Australien, Israel, Japan) auch für einen Aufenthalt, der kein Kurzaufenthalt ist, visumfrei in das Bundesgebiet einreisen und sich darin aufhalten. Folglich ist J als Japanerin nicht illegal nach Deutschland eingereist. Der für eine Ausbildung erforderliche Aufenthaltstitel kann auch erst im Bundesgebiet eingeholt werden. J hat diese Aufenthaltserlaubnis nach § 16 AufenthG rechtzeitig, nämlich innerhalb von 90 Tagen nach der Einreise beantragt (§ 41 Abs. 3 Satz 1 AufenthV).

---

56  Verordnung (EG) Nr. 539/2001 des Rates der Europäischen Union zur Aufstellung der Liste der Drittländer, deren Staatsangehörige beim Überschreiten der Außengrenzen im Besitz eines Visums sein müssen, sowie der Liste der Drittländer, deren Staatsangehörige von dieser Visumpflicht befreit sind; *Hailbronner*, Ausländerrecht, D 9.1.
57  ABl. EG Nr. L 81, S. 1.

Mithin kann die Ausländerbehörde den Antrag der J nicht allein mit der Begründung, sie sei ohne Visum und damit illegal nach Deutschland eingereist, ablehnen.

Zu unterscheiden sind *drei Arten von Visa.* Zum einen gibt es das *Schengen-* **175** *Visum* nach § 6 Abs. 1 Satz 1 Nr. 1 und Nr. 2 AufenthG für die Durchreise oder einen Aufenthalt von bis zu 90 Tagen sowie das Flughafentransitvisum für die Durchreise durch die internationalen Transitzonen der Flughäfen. Zum anderen gibt es das *nationale Visum* gemäß § 6 Abs. 3 AufenthG für Aufenthalte von mehr als 90 Tagen, das nach den für die Erteilung eines Aufenthaltstitels geltenden Vorschriften des Aufenthaltsgesetzes erteilt wird. Das nationale Visum wird grundsätzlich vor der Einreise erteilt. Die mit der polizeilichen Kontrolle des grenzüberschreitenden Verkehrs betrauten Behörden können in besonderen Fällen an der Grenze Ausnahmevisa und Passersatzpapiere zum Zweck der Einreise ausstellen.

a) **Das nationale Visum.** Das für *längerfristige Aufenthalte* erforderliche natio- **176** nale Visum berechtigt *nur zur Einreise* nach *und* zum *Aufenthalt in Deutschland.* Da das nationale Visum materiell-rechtlich der Aufenthalts- bzw. Niederlassungserlaubnis oder Blauen Karte oder Erlaubnis zum Daueraufenthalt-EU entspricht, richtet sich dessen Erteilung nach den für die Erteilung dieser Aufenthaltstitel geltenden Vorschriften (vgl. § 6 Abs. 3 Satz 2 AufenthG)[58]. Dieses Visum bedarf gem. § 31 Abs. 1 Satz 1 Nr. 1 AufenthV der *vorherigen Zustimmung der Ausländerbehörde.* Eine Vorabzustimmung ist in den Fällen eines Anspruchs auf Erteilung eines Aufenthaltstitels sowie in den Fällen der §§ 18, 19 oder 19 a (Beschäftigung, Niederlassung für Hochqualifizierte, Blaue Karte) AufenthG möglich. Das Zustimmungserfordernis besteht auch, wenn der Ausländer im Bundesgebiet eine selbständige Tätigkeit oder in der AufenthV näher bestimmte Beschäftigung ausüben will oder Daten des Ausländers nach § 73 Abs. 1 Satz 1 AufenthG an die Sicherheitsbehörden übermittelt werden (§ 31 Abs. 1 Satz 1 Nr. 2 und 3 AufenthV).

*Befreiungen vom Zustimmungserfordernis* der Ausländerbehörden sind unter **177** anderem vorgesehen, wenn die oberste Landesbehörde der Visumerteilung zugestimmt hat, bei Spätaussiedlern, die einen Aufnahmebescheid nach dem BVFG erhalten haben sowie bei Wissenschaftlern, die für eine wissenschaftliche Tätigkeit von deutschen Wissenschaftsorganisationen vermittelt werden[59].

Die Zustimmung gilt im Fall von § 31 Abs. 1 Satz 3 AufenthV als erteilt, wenn **178** nicht die Ausländerbehörde der Erteilung des Visums binnen 10 Tagen nach Übermittlung der Daten des Visumantrags an sie widerspricht oder die Ausländerbehörde mitgeteilt hat, dass die Prüfung nicht innerhalb dieser Frist abgeschlossen wird. Das Zustimmungserfordernis ändert nichts daran, dass die Auslandsvertretungen Visa in eigener Zuständigkeit erteilen.

Die Zustimmung der Ausländerbehörde ist lediglich eine verwaltungsinterne **179** Form der Beteiligung. Die Zustimmung einer Ausländerbehörde zur Visumerteilung entbindet die Auslandsvertretungen in keinem Fall von der Prüfung, ob Versagungsgründe vorliegen. Liegen zwingende oder Regelversagungsgründe vor, muss der Visumantrag in der Regel abgelehnt werden. Bei Anträgen auf Visa

---

58  Bzgl. der einzelnen Voraussetzungen s. unten § 7.
59  Für Einzelheiten vgl. §§ 32–37 AufenthV.

für längerfristige Aufenthalte, in denen die Auslandsvertretung die Visumerteilung nicht für gerechtfertigt hält, weil die Voraussetzungen für eine Visumerteilung nicht vorliegen, ist die Beteiligung der Ausländerbehörde nicht zwingend geboten, da § 31 AufenthV lediglich die Erteilung des Visums von der Zustimmung der Ausländerbehörde abhängig macht, nicht aber die Visumversagung. Ungeachtet dessen kann die Auslandsvertretung nach ihrem eigenen Ermessen die Ausländerbehörden beteiligen, sofern anzunehmen ist, dass die Ausländerbehörde wesentliche Gesichtspunkte aus ihrer spezifischen Kenntnis der Gegebenheiten im Inland beitragen kann.

**180** Für Visumanträge zum Zweck der Ausbildung und Weiterbildung ist bei Ermessensentscheidungen dem öffentlichen Interesse an der Förderung des Studien- und Wissenschaftsstandorts Deutschland gebührend Rechnung zu tragen. Dieses Interesse schlägt sich u. a. in Verfahrensvereinfachungen, Befreiung vom Erfordernis der Zustimmung der Ausländerbehörde für in § 34 AufenthV genannten Gastwissenschaftler und Stipendiaten und Schweigefristverfahren für Studenten nieder, ist jedoch auch bei der Ermessensausübung und bei der Gestaltung der organisatorischen Abläufe zu berücksichtigen.

**181** Das nationale Visum ist nur für das Hoheitsgebiet des ausstellenden Schengen-Staates gültig. Liegen die Voraussetzungen des Art. 5 Abs. 1 a, c, d und e Schengener Grenzkodex (SGK) vor, gilt das nationale Visum jedoch nach Art. 21 SDÜ als einheitliches Visum für einen kurzfristigen Aufenthalt.

**182** Für jeden Visumantragsteller werden bei der ersten Antragseinreichung biometrische Daten nach Art. 13 Visakodex (VK) erhoben. Die Daten umfassen ein Lichtbild und 10 Fingerabdrücke, die in nachfolgende Visa-Folgeanträge kopiert werden können (Art. 13 Abs. 2 VK), sofern keine begründeten Zweifel an der Identität des Antragstellers bestehen. Das Lichtbild wird ebenso in das VIS eingegeben (Art. 9 Abs. 5 VIS-Verordnung (EG) Nr. 767/2008). Angehörige bestimmter Personengruppen (z. B. Kinder, Personen bei denen eine Abnahme von Fingerabdrücken physisch unmöglich ist, Staats- und Regierungschefs usw.) sind von der Pflicht zur Abgabe von Fingerabdrücken befreit (Art. 13 Abs. 7 VK und Teil II, Nr. 5.3 VK-Handbuch).

**183** b) **Das Schengen-Visum.** Die Erteilung des Schengen-Visums richtet sich für Aufenthalte bis zu 90 Tagen je Zeitraum von 180 Tagen für alle Schengenstaaten einheitlich nach dem Visakodex vom 13.7.2009[60]. Nach Art. 4 Abs. 1 und Art. 5 Visakodex (VK) sind die diplomatischen oder konsularischen Vertretungen des Vertragsstaates, in dessen Hoheitsgebiet das Hauptreiseziel liegt, oder in Ermangelung eines solchen, die Vertretungen des Vertragsstaates der ersten Einreise für die Erteilung des Sichtvermerks *zuständig*. In Übereinstimmung mit innerstaatlichen Einreisevorschriften ist *Voraussetzung für die Erteilung* eines einheitlichen Sichtvermerks, dass ein für alle Vertragsparteien gültiges Reisedokument vorgelegt wird (Art. 12 VK). Nach Art. 21 Abs. 1 VK müssen darüber hinaus die Ein-

---

60  Verordnung über einen Visakodex der Gemeinschaft, ABl. EU Nr. L 243/1 v. 15.9.2009; geändert durch VO Nr. 610/2013, ABl. EU Nr. L 182, S. 1; *Hailbronner*, Ausländerrecht, D. 14; mit dem Gesetz zur Errichtung einer Visa-Warndatei vom 22.12.2011 (BGBl. I, S. 3037) sind zur Vermeidung des Missbrauchs von Visa Regeln über die Speicherung von Warndateien festgelegt worden; vgl. dazu auch Verordnung zur Durchführung des Visa-Warndateigesetzes VwDG-DV v. 1.6.2013, BGBl. I, S. 1414.

reisevoraussetzungen nach Art. 5 Abs. 1 lit. a, c, d und e Schengener Grenzkodex (SGK) erfüllt sein.

Insbesondere ist Voraussetzung, dass der Antragsteller keine Gefahr für die Si-   **184** cherheit der Mitgliedstaaten darstellt und dass er beabsichtigt, nach Ablauf der Gültigkeitsdauer des beantragten Visums das Hoheitsgebiet der Mitgliedstaaten zu verlassen. Zur Überprüfung dieser Voraussetzungen wird das VIS nach der VIS-Verordnung (VO (EG) Nr. 767/2008 vom 9.7.2008 über das Visa-Informationssystem [VIS] und den Datenaustausch zwischen den Mitgliedstaaten über Visa für einen kurzfristigen Aufenthalt [VIS-Verordnung], ABl. EU Nr. L 218, S. 60, vom 13.8.2008) abgefragt.

Art. 21 Abs. 3 VK listet eine Reihe von Punkten auf, die das Konsulat bei der   **185** Visumerteilung zwingend überprüfen muss, unter anderem
– Echtheit des Reisedokuments
– Begründetheit der Angaben zur finanziellen Leistungsfähigkeit
– Bestehen einer Ausschreibung im SIS zur Einreiseverweigerung
– Bestehen einer Gefahr für die öffentliche Ordnung, die innere Sicherheit oder die öffentliche Gesundheit oder für die internationalen Beziehungen eines Mitgliedstaats, bzw.
– Ausschreibung in nationalen Datenbanken zur Einreiseverweigerung aus diesen Gründen
– Bestehen einer angemessenen und gültigen Krankenversicherung

War der Antragsteller bereits früher im Schengengebiet, so ist zu prüfen, ob   **186** der Antragsteller die zulässige Gesamtaufenthaltsdauer nicht überschritten hat, ungeachtet etwaiger rechtmäßiger Aufenthalte aufgrund eines nationalen Visums für den längerfristigen Aufenthalt oder eines von einem anderen Mitgliedstaat erteilten Aufenthaltstitels (Art. 21 Abs. 4 VK).

Für die Überprüfung der ausreichenden Mittel zur Bestreitung des Lebensunter-   **187** halts enthält Art. 21 Abs. 5 VK eine Spezifizierung des Prüfungsmaßstabs (mittleres Preisniveau für preisgünstige Unterkünfte multipliziert mit der Zahl der Aufenthaltstage anhand der Richtsätze von Art. 34 c SGK).

Der Drittausländer ist verpflichtet, die Dokumente vorzulegen, die den Aufent-   **188** haltszweck und die Umstände des Aufenthalts belegen. Er hat das Vorliegen ausreichender Mittel zur Sicherung des Lebensunterhalts durch Belege, Dokumente usw. nachzuweisen (Art. 5 Abs. 1 c SGK). Welche Dokumente im Einzelnen vorzulegen sind und welche Angaben der Antragsteller machen muss, ist im Einzelnen in Art. 14 VK geregelt. Kommt die Auslandsvertretung nach Bewertung der vorgelegten Belege zum Schluss, dass die Erteilungsvoraussetzungen nicht vorliegen, können weitere Nachweise angefordert werden. Werden diese nicht beigebracht, ist der Antrag abzulehnen.

Erleichterungen gelten für der Auslandsvertretung bekannte „bona-fide-Rei-   **189** sende“, d.h. solche Reisende, die aufgrund bestimmter Kriterien von vornherein als zuverlässig anzusehen sind, bzgl. des Nachweises des Reisezwecks und der Mittel des Lebensunterhalts. Grundsätzlich wird die Auslandsvertretung dabei auch frühere Erfahrungen mit Antragstellern mit einbeziehen können. Liegen jedoch Tatsachen, wie z.B. die vorausgegangene erfolglose Betreibung eines Asylverfahrens vor, ist von einer fehlenden Rückkehrbereitschaft auszugehen.

**190** Weitere Voraussetzung ist der Nachweis einer angemessenen und gültigen Reise-krankenversicherung, die die Kosten für den Rücktransport im Krankheitsfall oder im Todesfall, die Kosten für ärztliche Nothilfe und/oder die Notaufnahme im Krankenhaus während des Aufenthalts abdeckt. Die Versicherung muss für das gesamte Gebiet der Mitgliedstaaten und für die gesamte geplante Aufent-halts- oder Durchreisedauer des Antragstellers gelten und eine Mindestdeckung von 30 000 Euro betragen (Art. 15 Abs. 3 VK). Art. 15 Abs. 6 VK enthält eine beträchtliche Erleichterung gegenüber der bisherigen Rechtslage durch eine Fik-tion eines Versicherungsschutzes, wenn in Anbetracht der beruflichen Situation des Antragstellers davon ausgegangen werden kann, dass ein angemessener Ver-sicherungsschutz besteht. Auch für bestimmte Berufssparten kann eine Befreiung vom Nachweis einer Reisekrankenversicherung gelten (Art. 15 Abs. 6 VK).

**191** Die Gründe für eine Visumverweigerung sind in Art. 32 VK abschließend und für die Mitgliedstaaten verbindlich geregelt. Liegen die Verweigerungsgründe vor, darf kein Visum im Sinne des Visakodex ausgestellt werden. Der Vorbehalt in Art. 32 Abs. 1 VK („unbeschadet des Art. 25 Abs. 1") bedeutet, dass die Be-fugnis nach Art. 25 VK, ein räumlich beschränktes Visum abweichend von den allgemeinen Erteilungsvoraussetzungen zu erteilen, unberührt bleibt. Die ab-schließende Aufzählung zwingender Gründe für die Verweigerung eines Visums bedeutet zugleich, dass die Mitgliedstaaten ein Visum nur erteilen dürfen, wenn die Erteilungsvoraussetzungen erfüllt sind und kein Verweigerungsgrund vor-liegt.
Die Aufzählung der Verweigerungsgründe in Art. 32 Abs. 1 VK orientiert sich im Wesentlichen am bisher geltenden Recht. Verweigerungsgründe sind
–  Vorlage eines falschen oder gefälschten Reisedokuments
–  fehlende Begründung des Zwecks und der Bedingungen des geplanten Auf-enthalts
–  fehlender Nachweis ausreichender Mittel zur Bestreitung des Lebensunter-halts
–  Vorangegangener Aufenthalt von 90 Tagen im Hoheitsgebiet der Mitglied-staaten im laufenden 180 Tage-Zeitraum auf der Grundlage eines einheitli-chen Visums oder eines Visums mit räumlich beschränkter Gültigkeit
–  Ausschreibung zur Einreiseverweigerung im SIS
–  Gefahr für die öffentliche Ordnung, die innere Sicherheit oder die öffentli-che Gesundheit oder für die internationalen Beziehungen eines Mitglied-staats
–  fehlender Nachweis für eine Krankenversicherung

**192** Als Verweigerungsgrund kommt der Überprüfung von Reisezweck und Rück-kehrabsicht in der Praxis der Visumerteilung eine besondere Bedeutung zu (vgl. insbes. Teil II, Nr. 7.12 VK-Handbuch). Die Verhinderung illegaler Einwande-rung in die Mitgliedstaaten der Europäischen Union stellt ein gewichtiges öffent-liches Interesse dar. Das Risiko, dass ein Drittstaatsangehöriger ein für einen kurzfristigen Aufenthalt erteiltes Visum zu einem länger dauernden Aufenthalt benutzt, begründet eine Gefahr für die öffentliche Ordnung[61]. Art. 32 Abs. 1 lit. b VK stellt neben den in Art. 32 Abs. 1 lit. a VK genannten objektiven Ver-weigerungsgründen alternativ maßgeblich darauf ab, ob begründete Zweifel an der Echtheit der von dem Antragsteller vorgelegten Belege oder am Wahrheitsge-

---

61  BVerwG v. 11.1.2011 – 1 C 1/10, juris, Rn. 29.

halt ihres Inhalts, an der Glaubwürdigkeit seiner Aussagen oder von ihm bekundeten Absicht bestehen, das Hoheitsgebiet der Mitgliedstaaten vor Ablauf der Gültigkeit des beantragten Visums zu verlassen. Der Maßstab der begründeten Zweifel beinhaltet zunächst, dass die Zweifel hinsichtlich des wahren Reisezwecks und der Rückkehrbereitschaft sich auf konkrete, objektiv überprüfbare Anhaltspunkte stützen müssen. Solche Anhaltspunkte können sich aus falschen Angaben über den Reisezweck, aus früheren Überschreitungen der Geltungsdauer eines Visums oder den persönlichen Verhältnissen und Umständen eines Antragstellers und seiner im Bundesgebiet lebenden Bezugspersonen ergeben. Begründete Zweifel i. S. des Art. 32 VK liegen jedenfalls dann vor, wenn ernsthafte Zweifel an der Rückkehrabsicht bestehen und das Risiko illegaler Einwanderung nicht nur als zu vernachlässigendes Restrisiko qualifiziert werden kann. Eine Wahrscheinlichkeitsprüfung derart, dass die Zweifel am angegebenen Einreisezweck und der Rückkehrbereitschaft so gewichtig sein müssen, dass die Wahrscheinlichkeit einer Umgehung von Einreisebestimmungen höher einzuschätzen ist als die Wahrscheinlichkeit der Einreise zum angegebenen Zweck bzw. der Rückkehr[62] ist nicht erforderlich. Ausreichend ist das Vorliegen konkreter Anhaltspunkte, die ernsthafte Zweifel an der Rückkehrbereitschaft rechtfertigen. Diesen Grundsätzen entspricht im Wesentlichen bereits die bisherige Praxis der Visumerteilung.

Der Drittstaatsangehörige darf auch keine Gefahr für die öffentliche Ordnung, die nationale Sicherheit oder die internationalen Beziehungen eines der Schengen-Staaten darstellen. Zwingend abzulehnen ist ein Visum bei Vorliegen eines Ausweisungsinteresses nach § 54 Abs. 1 Nr. 2 oder 4 AufenthG.    **193**

Liegen Anhaltspunkte für eine Unterstützung terroristischer Bestrebungen vor, so hat die deutsche Auslandsvertretung zunächst durch eine Registerabfrage im Ausländerzentralregister (AZR) und durch Abfrage des Schengener Informationssystems festzustellen, ob eine Einreisesperre vorliegt.    **194**

Die umstrittene Frage, ob die Mitgliedstaaten nur aus den im Visakodex niedergelegten Gründen ein Visum ablehnen dürfen oder ob insoweit ein Restermessen der Verwaltung besteht, z. B. aus Gründen politischer Opportunität eine ein Visum zu versagen[63], ist vom EuGH im Urteil *Koushkaki* dahingehend beantwortet worden, dass die Behörden eines Mitgliedstaats einem Antragsteller nur dann ein Visum verweigern dürfen, wenn ihm einer der im Visakodex aufgeführten Verweigerungsgründe entgegengehalten werden kann[64].    **195**

Zugleich betont der EuGH, dass die Entscheidung darüber, ob einem Ausländer, der keinen Rechtsanspruch auf Erteilung eines Aufenthaltstitels besitzt, ein Schengen-Visum zum Zweck eines kurzfristigen Aufenthalts erteilt werden kann, auf einer nur beschränkt gerichtlich nachprüfbaren Risikoeinschätzung und Güterabwägung der Behörden beruht, die durch die gerichtliche Beurteilung nicht ersetzt oder korrigiert werden kann, wenn sie nicht auf fehlerhaften faktischen oder rechtlichen Grundlagen (z. B. verbotene Diskriminierung nach Rasse, Religion usw.) beruht. Insbesondere die Beurteilung der Rückkehrabsicht beruht auf einer nur durch die Behörden möglichen situationsgebundenen Prognose über    **196**

---

62  OVG Berlin-Brandenburg v. 14.9.2007 – 2 N 38.07.
63  Vorabentscheidungsersuchen an den EUGH durch VG Berlin v. 10.2.2012 – 4 K 35.11.
64  EUGH v. 19.12.2013, Rs. C-84/12 – *Koushkaki*.

das voraussichtliche Verhalten eines Antragstellers, die Einschätzung seiner Gesamtsituation und der Absichten, die mit dem Visumantrag verfolgt werden.[65]

**197** Ein betrügerisch erlangtes Visum ist zu annullieren. Erforderlich ist, dass die Täuschung für die Ausstellung des Visums kausal war. Falsche Angaben bei der Visumerteilung sind daher allein noch nicht ausreichend zur Annullierung eines Visums.

**198** Eine Verlängerung der Gültigkeitsdauer eines Visums bis zu einer Gesamtaufenthaltsdauer von 90 Tagen je Zeitraum von 180 Tagen ist nach § 6 Abs. 2 AufenthG möglich. Für weitere 90 Tage kann aus den in Art. 33 VK genannten Gründen bei Vorliegen höherer Gewalt, aus humanitären Gründen, aus schwerwiegenden persönlichen Gründen oder zur Wahrung politischer Interessen oder aus völkerrechtlichen Gründen ein Schengen Visum als nationales Visum (nur gültig für Aufenthalt in Deutschland) verlängert werden.

**199** Nicht im Visakodex geregelt ist die Frage, ob statt einer Aufhebung im Falle eines nachträglichen Wegfalls der Voraussetzungen für eine Visumerteilung auch eine nachträgliche Verkürzung der Aufenthaltsdauer oder Geltungsdauer des Visums möglich ist. Eine entsprechende Regelung war im Entwurf zum Visakodex vorgesehen, ist aber in der Schlussfassung des Kodex gestrichen worden[66]. Wegen der abschließenden Regelung der Annullierung und Aufhebung ist auch ein Rückgriff auf die Vorschriften des Aufenthaltsgesetzes über die nachträgliche zeitliche Befristung nicht zulässig. Verhältnismäßigkeitserwägungen sprechen jedoch dafür, statt einer Aufhebung auch eine Verkürzung der Aufenthaltsdauer oder Geltungsdauer eines Visums zuzulassen. Davon gehen offensichtlich auch die Vertragsstaaten aus, wenn sie in die VIS-Verordnung (EG) Nr. 767/2008 (Visa-Informationssystem) Regeln über die Eingabe von Entscheidungen über die Aufhebung eines Visums oder Verkürzung der Geltungsdauer aufnehmen.

> **Lösung Fall 4:** R muss keine zwei separate Visa beantragen, wenn er die Voraussetzungen für ein sog. Schengen-Visum erfüllt. Dabei handelt es sich um einen einheitlichen Sichtvermerk, der für das Hoheitsgebiet aller Schengen-Vertragsparteien, also sowohl für die Einreise nach Deutschland als auch nach Frankreich gültig ist und für einen Aufenthalt von bis zu 90 Tagen erteilt werden kann (Art. 10 Abs. 1 SDÜ). Gem. Art. 5 Abs. 1 SKG muss R hierfür folgende Voraussetzungen erfüllen:
>
> a) Er muss im Besitz eines oder mehrerer gültiger Grenzübertrittspapiere sein.
> b) Er muss seinen Aufenthaltszweck und die Umstände seines Aufenthalts (Urlaub) belegen.
> c) Er muss nachweisen, dass er über ausreichende Mittel zur Bestreitung des Lebensunterhalts sowohl für die Dauer des Aufenthalts als auch für die Rückreise in den Herkunftsstaat oder für die Durchreise in einen Drittstaat, in dem seine Zulassung gewährleistet ist, verfügt oder dass er in der Lage ist, diese Mittel auf legale Weise zu erwerben.
> d) Er muss eine ausreichende (Auslands-) Krankenversicherung besitzen.
> e) Es dürfen keine Zweifel an seiner Rückkehrbereitschaft in sein Heimatland bestehen.
> f) Er darf nicht zur Einreiseverweigerung ausgeschrieben sein.
> g) Er darf keine Gefahr für die öffentliche Ordnung, die nationale Sicherheit oder die internationalen Beziehungen einer der Vertragsparteien darstellen.

---

65  Vgl. auch zum Beurteilungsspielraum auch OVG Berlin v. 19.3.2015 – 11 N 107.14; vgl. *Hailbronner*, Ausländerrecht, Nov. 2015, § 6, Rn. 78 ff.
66  *Winkelmann*, migrationsrecht.net, Beitrag zur Verordnung (EG) Nr. 810/2009, S. 12.

**Lösung Fall 5:** Die konsularische Vertretung hat nach Art. 21 Abs. 1 VK zu Recht den Antrag mit der Begründung abgelehnt, da angesichts der wechselnden Angaben im Visumverfahren Zweifel an der Rückkehrbereitschaft bestanden. Es besteht auch kein Anspruch auf Erteilung eines Visums aus humanitären Gründen nach Art. 25 Abs. 1 lit. a Nr. 1 VK. Auch für die Erteilung eines Visums aus humanitären Gründen müssen die Einreisevoraussetzungen des Art. 5 Abs. 1 lit. e SGK erfüllt sein, d. h. es darf von dem Drittstaatsangehörigen keine Gefahr für die öffentliche Ordnung ausgehen. Bestandteil der öffentlichen Ordnung ist das Interesse der Mitgliedstaaten an der Verhinderung illegaler Einreise. Daher ist zwingend das Visum zu versagen. Auch ein unmittelbar aus der Verfassung (Art. 6 GG, Art. 52 Abs. 3 EU-GRCh) abgeleiteter Anspruch auf Gewährung eines Visums zum Schutz der Ehe und Familie scheitert, da in Wirklichkeit hier ein Daueraufenthalt angestrebt wird. Hierüber ist nach den Regeln der Erteilung einer Aufenthaltserlaubnis zum Zweck des Familiennachzugs (Familiennachzugsrichtlinie 2003/86/EG und §§ 27 ff. AufenthG) zu entscheiden. Bei begründeten Zweifeln an der Rückkehrwilligkeit eines Ausländers kommt daher nur in besonderen Ausnahmefällen die Erteilung eines Besuchervisums mit beschränkter Gültigkeit in Betracht.[67] Um einen solchen Ausnahmefall darlegen zu können, müsste die Antragstellerin z. B. nachweisen, dass ihr die Durchführung des Visumerteilungsverfahrens unmöglich ist.

Gegen die Ablehnung eines Visumantrags i. S. des Visakodex (Art. 2 Nr. 2 VK) steht Antragstellern ein Rechtsmittel zu.[68] **200**

Die Rechtsmittel sind gegen den Mitgliedstaat, der endgültig über den Visumantrag entschieden hat, und in Übereinstimmung mit dem innerstaatlichen Recht dieses Mitgliedstaates zu führen. Bei der Mitteilung der ablehnenden Entscheidung ist der Antragsteller über das Verfahren zu informieren, das bei der Einlegung eines Rechtsmittels zu befolgen ist. Gegen die Versagung des Visums kann vor dem Verwaltungsgericht Berlin Klage erhoben werden. Maßgeblich für die gerichtliche Überprüfung ist die Sach- und Rechtslage zum Zeitpunkt der letzten mündlichen Verhandlung in der Tatsacheninstanz.[69] **201**

Für die formalen Anforderungen an die Erteilung eines Visums und die durch die Behörden angewandten Kriterien sind die Leitlinien des Visa- Handbuchs der Kommission[70] von großer praktischer Bedeutung. Besondere Bestimmungen gelten für die Begründung von Entscheidungen über die Visumverweigerung für Familienangehörige von EU-Bürgern oder schweizerischen Staatsangehörigen (vgl. Teil III VK-Handbuch). Die Unionsbürgerrichtlinie 2004/38/EG genießt als *lex specialis* Vorrang. Der Visakodex findet jedoch dann Anwendung, wenn die Unionsbürgerrichtlinie keine ausdrückliche Bestimmung enthält, sondern auf allgemeine Erleichterungen verweist. Das VK-Handbuch enthält insoweit eine Reihe von Weisungen zur Prüfung der Frage, ob die Richtlinie 2004/38/EG Anwendung auf Antragsteller findet. **202**

### 3.  Das Einhalten der Einreiseformalitäten gem. § 13 AufenthG

§ 13 Abs. 1 AufenthG stellt bestimmte *formale* Anforderungen an die Ordnungsgemäßheit des Grenzübertritts. Danach sind die Einreise in das Bundesgebiet **203**

---

67  Vgl. BVerwG v. 11.1.2011 – 1 C 1/10, DVBl. 2011, 511; im gleichen Sinne: BVerwG v. 15.11.2011 – 1 C 15.10.
68  Art. 32 Abs. 3 S. 1 VK.
69  BVerwG vom 11.1.2011 – 1 C 1/10, Rn. 10.
70  Visa-Handbuch, Konsolidierte Fassung v. 1.5.2011, modifiziert durch Durchführungsbeschluss der KOM v. 19.4.2014 zur Änderung des Beschlusses K (2010) 1620 v. 19.3.2010 über ein Handbuch zur Bearbeitung von Visumanträgen.

und die Ausreise aus dem Bundesgebiet grundsätzlich nur an den *zugelassenen Grenzübergangsstellen* zulässig. Des Weiteren sieht § 13 Abs. 1 AufenthG vor, dass der Grenzübertritt zeitlich *innerhalb der festgesetzten Verkehrsstunden* stattzufinden hat[71]. Sonderregelungen finden sich insbesondere in den von der Bundesrepublik abgeschlossenen Übereinkommen über Grenzarbeitnehmer, in den Abkommen über den kleinen Grenzverkehr, im Schengener Durchführungsübereinkommen sowie in Art. 4 Abs. 2 Schengener Grenzkodex[72].

### 4. Einreise- und Aufenthaltsverbot

**204** Ein Ausländer darf nur in das Bundesgebiet einreisen und sich darin aufhalten, wenn kein *Einreise- und Aufenthaltsverbot* bezüglich seiner Person besteht (§ 11 Abs. 1 Satz 1 AufenthG)[73]. Eine solche Einreisesperre ist in der Regel die Folge einer aufenthaltsbeendenden Maßnahme wie Ausweisung, Zurückschiebung oder Abschiebung. Gemäß § 11 Abs. 3 Satz 1 AufenthG ist die Festsetzung einer Einreisefrist obligatorisch. Die Frist beträgt im Allgemeinen maximal 5 Jahre, sofern der Ausländer nicht aufgrund einer strafgerichtlichen Verurteilung ausgewiesen worden ist oder von ihm eine schwerwiegende Gefahr für die öffentliche Sicherheit oder Ordnung ausgeht. Die Befristung kann auch mit einer Bedingung versehen werden, insbesondere einer nachweislichen Straf- oder Drogenfreiheit. Vor Ablauf der Frist kann dem Ausländer ausnahmsweise erlaubt werden, das Bundesgebiet zu betreten, wenn zwingende Gründe seine Anwesenheit erfordern oder die Versagung der Erlaubnis eine unbillige Härte bedeuten würde (vgl. § 11 Abs. 8 Satz 1 AufenthG). Beispielsweise kann eine solche *Betretenserlaubnis* erteilt werden, wenn ein aus dem Bundesgebiet abgeschobener Ausländer wieder einreisen möchte, um seine im Sterben liegende Mutter zu sehen.

**205** Zu beachten ist, dass § 11 AufenthG auf Unionsbürger und ihre Familienangehörigen nicht anwendbar ist. Denn für diese Personengruppe besteht mit § 7 Abs. 2 FreizügG/EU eine Spezialregelung, die der allgemeinen Bestimmung des § 11 Abs. 1 AufenthG vorgeht. Auch diese Bestimmungen sehen allerdings die Möglichkeit einer befristeten Einreisesperre für Unionsbürger vor.

**206** Einem Ausländer, der im SIS zur Einreiseverweigerung ausgeschrieben ist, kann ein Visum oder die Einreise verweigert werden.

**207** Für die unionsweite Ausschreibung zur Einreiseverweigerung im SIS müssen die besonderen Voraussetzungen des Art. 96 Abs. 2 SDÜ erfüllt sein. Mithin muss der Drittausländer eine Gefahr für die öffentliche Sicherheit oder Ordnung oder die nationale Sicherheit des ausschreibenden Staates darstellen. Nach der Rspr. des BVerfG[74] ist bei der vorzunehmenden Abwägung, ob eine Ausschreibung erfolgen soll, zu berücksichtigen, dass sich der Gesetzgeber im Rahmen des SDÜ insoweit gebunden hat, als die für alle Schengen-Staaten grundsätzlich verbindliche Ausschreibung zur Einreiseverweigerung nur unter den in Art. 96 SDÜ genannten Voraussetzungen zulässig ist. Danach folgt aus den in Art. 96 Abs. 2 Satz 2 SDÜ aufgeführten Beispielen für die Annahme derartiger Gefahren, die auf begangene oder zu befürchtende Straftaten des Ausländers Bezug nehmen,

---

71  S. auch Art. 4 Abs. 1 Satz 1 Schengener Grenzkodex.
72  Geändert durch VO Nr. 610/2013 Nr. 4.
73  S. auch Art. 5 Abs. 1 lit. e Schengener Grenzkodex.
74  BVerfG v. 24.10.2006, DVBl. 2007, 119 f.

zugleich, dass die mit der Anwesenheit des Ausländers verbundenen Gefahren eine gewisse Erheblichkeit haben müssen[75].

Es reicht nach der Rspr. nicht aus, dass nach rein innerstaatlichen Maßstäben der Schutz der Interessen der Bundesrepublik Deutschland eine ausländerrechtliche Zurückweisung erlauben würde. Vielmehr ist davon auszugehen, dass für die unionsweite Ausschreibung strengere Voraussetzungen gelten als für die Zurückweisung nach § 15 Abs. 3 i. V. m. § 5 Abs. 1 AufenthG. Das dem SDÜ zugrunde liegende gemeinsame Interesse an einem Schutz der Außengrenzen erfordert ein Mindestmaß an Schutz der öffentlichen Sicherheit und Ordnung bei allen Schengen-Staaten. Nicht jedes national-staatliche Interesse an der Abweisung von Personen ist damit zwangsläufig in ein unionseinheitliches ordre-public-Konzept einbezogen[76]. Dem entspricht die Rspr. des BVerfG, wonach erforderlich ist, dass die mit der Anwesenheit des Ausländers verbundene Gefahr eine gewisse Erheblichkeit haben muss[77]. Die Entscheidung über eine Ausschreibung ist in das Ermessen der Mitgliedstaaten gestellt. Eine routinemäßige Ausschreibung ist nicht schon deshalb zulässig, weil sie nach Art. 96 Abs. 2 oder Abs. 3 SDÜ zulässig wäre[78].    **208**

Die Verordnung (EG) Nr. 767/2008 über das Visa-Informationssystem (VIS) vom 9.7.2008[79] regelt, welche Daten bezüglich der Gründe für die Nichtfortführung eines Visumantrags oder die Ablehnung der Visumerteilung in das VIS eingegeben werden (vgl. Art. 11, 12 VIS-VO). Art. 13 enthält Bestimmungen über die Eingabe zusätzlicher Daten bei Annullierung oder Aufhebung eines Visums bzw. der Verkürzung der Gültigkeitsdauer. Zur Verhinderung einer missbräuchlichen Visaerlangung ist das Visawarndateiengesetz v. 22.11.2011[80] erlassen worden, das u. a. eine Speicherung von Personen, die Visaeinladungen erteilen, beim AZR vorsieht.    **209**

Die VIS-VO gibt jeder Person ein Recht auf Auskunft über sie betreffende im VIS gespeicherte Daten und den Mitgliedstaat, der sie an das VIS übermittelt hat. Jede Person kann beantragen, dass sie betreffende unrichtige Daten berichtigt und unrechtmäßig gespeicherte Daten gelöscht werden (Art. 38 Abs. 2 VIS-VO). Allerdings hat lediglich der verantwortliche Mitgliedstaat das Recht, Daten, die er an das VIS übermittelt hat, durch Korrektur zu ändern oder zu löschen. Andere Mitgliedstaaten, die Anhaltspunkte dafür haben, dass im VIS verarbeitete Daten unrichtig sind oder unter Verletzung der VIS-VO verarbeitet wurden, haben dies unverzüglich dem verantwortlichen Mitgliedstaat mitzuteilen, der die betreffenden Daten überprüft und berichtigt oder gegebenenfalls unverzüglich löscht.    **210**

Einen Antrag auf Auskunft, Berichtigung und Löschung ist grundsätzlich bei dem verantwortlichen Mitgliedstaat zu stellen. Wird er bei einem anderen Mitgliedstaat gestellt, haben die Behörden dieses Mitgliedstaates den verantwortli-    **211**

---

75  OVG RP v. 19.4.2007, DVBl. 2007, 1043, 1044.
76  Vgl. OVG RP v. 19.4.2007, DVBl. 2007, 1045.
77  BVerfG v. 24.10.2006, DVBl. 2007, 119 f.
78  VG Koblenz v. 24.7.2007 – 3 L 1035/07.KO.
79  ABl. EU Nr. L 218, S. 60 vom 13.8.2008; geändert durch VO 810/2009, ABl. EU Nr. L 243 v. 15.9.2009.
80  BGBl. I, S. 3037; vgl. dazu die Visa-Warndateienverordnung v. 1.6.2013, BGBl. I, S. 1414, geändert durch Art. 3 der VO v. 27.11.2014, BGBl. I, S. 1827.

chen Mitgliedstaat innerhalb von 14 Tagen zu kontaktieren (Art. 38 Abs. 3 VIS-VO). Der verantwortliche Mitgliedstaat hat die Richtigkeit der Daten und die Rechtmäßigkeit der Datenverarbeitung im VIS innerhalb eines Monats zur überprüfen. Das Ergebnis der Überprüfung wird der betroffenen Person mitgeteilt (Art. 38 Abs. 4 und Abs. 5 VIS-VO). Wird die Erklärung nicht akzeptiert, so kann der Antragsteller bei den zuständigen Behörden oder Gerichten dieses Mitgliedstaats Klage erheben oder Beschwerde einlegen. Alle Personen haben darüber hinaus das Recht, eine Klage oder Beschwerde bei den zuständigen Behörden oder Gerichten des betreffenden Mitgliedstaats zu erheben, der das in Art. 38 Abs. 1 und 2 VIS-VO festgelegte Auskunftsrecht oder Recht auf Berichtigung oder Löschung der sie betreffenden Daten verweigert. Sie können sich dabei durch „nationale Kontrollstellen" (Art. 39 Abs. 2 VIS-VO) unterstützen lassen. Die nationale Kontrollstelle jedes Mitgliedstaats hat auf Antrag die betroffene Person bei der Ausübung dieser Rechte zu unterstützen und zu beraten.

## 5.    Der Zeitpunkt der Einreise

**212** Die Frage des *genauen Zeitpunkts* der Beendigung der Einreise ist von ausländerrechtlicher Relevanz, hat aber auch für die strafgerichtliche Praxis Bedeutung, da die Vollendung der Einreise auch Tatbestandsvoraussetzung verschiedener Straf- und Bußgeldvorschriften ist. § 13 Abs. 2 AufenthG legt den insofern maßgeblichen Zeitpunkt einheitlich im Sinne der ausländerrechtlich gebotenen Betrachtungsweise fest. Erfolgt der Grenzübertritt, wie grundsätzlich vorgeschrieben, an einer zugelassenen Grenzübergangsstelle, gilt der Ausländer gem. § 13 Abs. 2 Satz 1 AufenthG erst dann als eingereist, wenn er sowohl die *Grenze überschritten als auch die Grenzübergangsstelle* passiert hat. Passiert ist die Übergangsstelle, wenn der Ausländer den eigentlichen Kontrollpunkt bereits hinter sich gelassen hat, so dass unter normalen Umständen mit weiteren Überprüfungen nicht mehr zu rechnen ist. Unerheblich ist dabei, in welcher Reihenfolge die beiden genannten Einreisevoraussetzungen erfüllt werden. Lassen die mit der polizeilichen Kontrolle des grenzüberschreitenden Verkehrs beauftragten Behörden einen Ausländer vor der Entscheidung über die Zurückweisung oder während der Vorbereitung, Sicherung oder Durchführung dieser Maßnahme die Grenzübergangsstelle zu einem bestimmten vorübergehenden Zweck passieren, liegt nach § 13 Abs. 2 Satz 2 AufenthG keine Einreise im Sinne des Satzes 1 vor, solange ihnen eine Kontrolle des Aufenthaltes des Ausländers möglich bleibt. Dadurch soll gesetzlich klargestellt werden, dass eine kontrollierte vorübergehende Verbringung des Ausländers in das Bundesgebiet keine Einreise darstellt[81].

## III.    Verhinderung der unerlaubten Einreise durch Zurückweisung an der Grenze

**Fall 5 a:** Der marokkanische Staatsangehörige M will im Jahr 2012 mit einem durch das französische Konsulat ausgestellten Schengen-Visum in die Bundesrepublik Deutschland einreisen. Er ist wegen Einschleusens von Ausländern gem. § 96 AufenthG rechtskräftig zu einer Freiheitsstrafe verurteilt worden, deren Vollstreckung nicht zur Bewährung ausgesetzt wurde. Nach Strafverbüßung ist er freiwillig nach Marokko ausgereist. Dürfen die Grenzbeamten dem M die Einreise verweigern?

**Fall 6:** M bringt gegen die beabsichtigte Zurückschiebung vor,

---

81  Vgl. BT-Drs. 13/5986, S. 10, zur inhaltsgleichen Regelung des § 59 Abs. 2 AuslG 1990.

a) dass er in seinem Heimatland strafrechtlich verfolgt werde, wobei ihm die Todesstrafe drohe,
b) dass er Gefahr laufe, in seinem Heimatland wegen Drogendelikten bestraft zu werden und seine Strafe in einem Gefängnis verbüßen zu müssen, in dem in einem Raum bekanntermaßen mehr als zehn Gefangene untergebracht seien, ohne dass ausreichende sanitäre Bedingungen vorhanden seien.
Sind diese Umstände bei der Entscheidung zu berücksichtigen?

**Fall 7:** Macht es einen Unterschied, wenn M nach Strafverbüßung nach Marokko abgeschoben worden ist?

Ein Ausländer, der unerlaubt einreisen will, wird an der Grenze zurückgewiesen **213** (§ 15 Abs. 1 AufenthG). Die Einreise ist nach § 14 Abs. 1 AufenthG unerlaubt, wenn der Ausländer
1. ein erforderliches Ausweisdokument nicht besitzt,
2. den erforderlichen Aufenthaltstitel (z. B. Visum oder Aufenthaltserlaubnis) nicht besitzt,
2a. zwar das erforderliche Visum besitzt, dieses aber durch falsche Angaben, Drohung oder Bestechung erlangt hat und deshalb das Visum zurückgenommen oder annulliert wird,
3. trotz Pass und Aufenthaltstitel gegen ihn ein Einreiseverbot besteht.

Nach § 15 Abs. 1 i. V. m. § 14 Abs. 1 AufenthG erfolgt in diesem Fall *zwingend* **214** die *Zurückweisung* des Ausländers an der Grenze, d. h. die Verweigerung der Einreise durch die Grenzbehörden[82]. Davon unberührt bleibt die Anwendung besonderer Bestimmungen zum Asylrecht und internationalen Schutz. Lediglich mittelbar ist den Grenzbehörden ein gewisser Ermessensspielraum insoweit eröffnet, als sie dem Ausländer nach § 14 Abs. 2 AufenthG an der Grenze ein Ausnahmevisum oder ein Passersatzpapier ausstellen können, wobei deren Ablehnung gem. § 77 Abs. 2 AufenthG weder einer Begründung noch der Schriftform bedarf. Außerdem sieht Art. 5 Abs. 4 lit. c Schengener Grenzkodex vor, dass Drittstaatsangehörigen die Einreise trotz Nichterfüllung der Voraussetzungen aus humanitären Gründen oder Gründen des nationalen Interesses oder aufgrund internationaler Verpflichtungen gestattet werden kann[83].

Hinsichtlich der *Erforderlichkeit eines* Aufenthaltstitels ist grundsätzlich von einer *objektiven Betrachtungsweise* auszugehen, es sei denn, ein geltend gemachter Befreiungstatbestand knüpft an den beabsichtigten Aufenthalt des Ausländers an. Im Grundsatz ist die formelle Berechtigung zum Grenzübertritt maßgeblich. Strittig ist, ob die vorgelegten Dokumente, etwa ein sog. Besucher- oder Touristenvisum mit dem wahren oder vermuteten Aufenthaltszweck korrespondieren müssen. Bei einem *begründeten Verdacht*, dass der Aufenthalt des Ausländers nicht dem angegebenen Zweck dient, kommt jedenfalls die fakultative Zurückweisung (Ermessen) gem. § 15 Abs. 2 Nr. 2 AufenthG in Betracht. Zu beachten ist hier jedoch Art. 5 Abs. 4 lit. a Schengener Grenzkodex, wonach einem Drittstaatsangehörigen, der Inhaber eines von einem EU-Mitgliedstaat ausgestellten Aufenthaltstitels ist, die Einreise zum Zweck der Durchreise gestattet werden muss, auch wenn er den Zweck und die Umstände des beabsichtigten Aufenthalts nicht belegen kann.

---

82 S. auch Art. 13 Abs. 1 Satz 1 Schengener Grenzkodex.
83 Vgl. auch Art. 13 Abs. 1 Satz 1 Schengener Grenzkodex.

**216** Danach *kann* ein Ausländer an der Grenze auch dann zurückgewiesen werden, wenn ein *Ausweisungsinteresse besteht* (§ 15 Abs. 2 Nr. 1 AufenthG). Maßgeblich ist, ob dem Ausländer ein in § 54 AufenthG aufgeführtes Ausweisungsinteresse entgegengehalten werden kann. Ausreichend ist das bloße Vorliegen eines Ausweisungsinteresses. Nicht erforderlich ist, dass der Ausländer ermessensfehlerfrei ausgewiesen werden könnte. Die Zurückweisungsmöglichkeit wegen Vorliegens eines Ausweisungsinteresses besteht zwar grundsätzlich unabhängig davon, ob der Ausländer die Einreisevoraussetzungen nach § 15 Abs. 1 AufenthG erfüllt. Verfügt der Ausländer jedoch über einen gültigen Aufenthaltstitel, so dürfen sich die Grenzbehörden nicht über die Entscheidung der für seine Erteilung zuständigen Behörden hinwegsetzen. Wurde etwa ein Aufenthaltstitel trotz einer Versagungsmöglichkeit durch deutsche Behörden erteilt, so dürfen die Grenzbehörden bei unveränderter Sachlage keine Zurückweisung aussprechen, indem sie sich ihrerseits auf das Vorliegen eines Ausweisungsinteresses berufen.

> **Lösung Fall 5 a:** Gem. § 15 Abs. 1 AufenthG wird ein Ausländer, der unerlaubt einreisen will (vgl. § 14 Abs. 1 AufenthG), an der Grenze zurückgewiesen (zwingende Zurückweisung). In allen anderen Fällen steht die Zurückweisung im Ermessen der Grenzbehörden. Ein Ausländer kann z. B. an der Grenze zurückgewiesen werden, wenn ein Ausweisungsinteresse besteht (§ 15 Abs. 2 Nr. 1 AufenthG). M ist wegen Einschleusens von Ausländern gem. § 96 AufenthG rechtskräftig zu einer Freiheitsstrafe ohne Bewährung verurteilt worden. Es besteht daher ein schwerwiegendes Ausweisungsinteresse nach § 54 Abs. 2 Nr. 1 AufenthG. Somit darf dem M die Einreise in das Bundesgebiet verweigert werden. Einer umfassenden Interessenabwägung, wie sie für eine Ausweisung erforderlich wäre, bedarf es in diesem Fall nicht.

**217** Die Möglichkeit, dem Ausländer wegen des begründeten Verdachts, dass sein Aufenthalt nicht dem angegebenen Zweck dient (§ 15 Abs. 2 Nr. 2 AufenthG), an der Grenze die Einreise zu verweigern, beruht auf den Erfahrungen der grenzpolizeilichen Praxis. Laut der Gesetzesbegründung liegen bei Einreisenden nicht selten *Anhaltspunkte* – z. B. das Fehlen ausreichender finanzieller Mittel für den angeblich beabsichtigten Urlaub – vor, die darauf schließen lassen, dass der beabsichtigte Aufenthalt jedenfalls nicht dem angegebenen Zweck dienen soll[84]. Regelmäßig werden von dieser Zurückweisungsmöglichkeit vor allem Negativstaater betroffen sein, die mit einem Touristenvisum in das Bundesgebiet einreisen, bei denen aber nach den äußeren Umständen des Einzelfalls (Reisegepäck, finanzielle Mittel, Gesundheitszustand) der begründete Verdacht besteht, dass sie eine Erwerbstätigkeit oder einen Daueraufenthalt anstreben.

**218** Gemäß § 15 Abs. 3 AufenthG kann unter bestimmten Voraussetzungen eine Zurückweisung auch gegenüber solchen Ausländern ausgesprochen werden, die für einen vorübergehenden Aufenthalt im Bundesgebiet vom Erfordernis eines Aufenthaltstitels befreit sind.

**219** Sowohl bei der zwingenden als auch bei der Ermessenszurückweisung sind jedoch bestimmte Zurückweisungshindernisse zu beachten (§ 15 Abs. 4 AufenthG).

**220** Ist der Einreisevorgang bereits abgeschlossen, so kommen bei einem illegalen Aufenthalt im Bundesgebiet nur noch aufenthaltsbeendende Maßnahmen wie

---

84   Vgl. BT-Drs. 11/6321, S. 77 zu § 60 AuslG 1990.

Zurückschiebung (§ 57 AufenthG) oder Abschiebung (§ 58 AufenthG) in Betracht[85].

**Lösung Fall 6:** Die Abschiebungsverbote und -hindernisse des § 60 Abs. 2, 3, 5 und 7 AufenthG sind auch bei der Zurückschiebung zu beachten (vgl. § 57 Abs. 3 AufenthG). Danach darf ein Ausländer nicht in einen Staat abgeschoben werden, wenn dieser Staat den Ausländer wegen einer Straftat sucht und die Gefahr der Todesstrafe besteht, wobei die Vorschriften über die Auslieferung entsprechende Anwendung finden (§ 60 Abs. 3 AufenthG). Des Weiteren darf ein Ausländer nicht in einen Staat abgeschoben werden, in dem für diesen Ausländer die konkrete Gefahr besteht, einem ernsthaften Schaden i. S. des § 4 Abs. 1 AsylG, insbes. der Folter oder unmenschlicher oder erniedrigender Behandlung oder Strafe oder willkürlicher Gewalt mit Gefahr für Leib oder Leben in bewaffneten Konflikten unterworfen zu werden (§ 60 Abs. 2 AufenthG). Auch die konkrete Gefahr der Strafverbüßung in unzureichend ausgestatteten Gefängnissen, die unwürdige oder unmenschliche Lebensbedingungen mit sich bringen, ist in der EGMR-Rechtsprechung als absolutes Abschiebungshindernis nach Art. 3 EMRK qualifiziert worden[86]. Mithin sind die von M vorgebrachten Umstände bei der Entscheidung zu berücksichtigen. Das Gericht wird allerdings zu prüfen haben, ob tatsächlich ein ernsthaftes Risiko für M besteht.

**Lösung Fall 7:** Im Falle einer Abschiebung nach Marokko besteht ein Einreiseverbot nach § 11 Abs. 1 Satz 1 AufenthG, das zwingend die Zurückweisung nach sich zieht. Allerdings sind die Wirkungen des Einreiseverbots zu befristen. Über die Dauer der Frist ist nach Ermessen zu entscheiden, wobei maßgeblich ist, ob noch eine Gefahr für die öffentliche Ordnung von M ausgeht. Ist die Frist abgelaufen oder die Befristung des Einreiseverbots nachträglich aufgehoben worden, entfällt die Unerlaubtheit der Einreise und damit der zwingende Versagungsgrund.

## IV. Wirkungen der illegalen Einreise

**Fall 7 a:** Die mit einem Touristenvisum nach Deutschland eingereiste indische Staatsangehörige I, die mit dem deutschen Staatsangehörigen D verheiratet ist, beantragt eine Aufenthaltserlaubnis für einen Aufenthalt aus familiären Gründen, da sie auf Dauer bei D in Deutschland wohnen möchte. Die Ausländerbehörde lehnt den Antrag der I ab mit der Begründung, I sei ohne das erforderliche Visum nach Deutschland eingereist. Zur Erteilung eines Aufenthaltstitels bedürfe es nämlich einer genauen Überprüfung, die grundsätzlich durch das deutsche Konsulat im Ausland unter Mitwirkung der Ausländerbehörden vorgenommen werden müsse. Zu Recht?

**Fall 7 b:** Die russische Staatsangehörige R reist Anfang August 2007 mit einem bis Ende September gültigen Schengen-Visum nach Deutschland ein. Im Visumverfahren hat R gegenüber dem Konsulat angegeben, sie wolle in Deutschland eine Freundin besuchen. Am 6. September 2007 heiratet sie während einer Kurzreise nach Dänemark einen deutschen Staatsangehörigen, kehrt anschließend nach Deutschland zurück und beantragt am 18.9.2007 die Erteilung einer Aufenthaltserlaubnis zum Zweck des Familiennachzugs. Der Antrag wird mit der Begründung abgelehnt, sie sei nicht mit dem erforderlichen Visum nach Deutschland eingereist.

Die Qualifizierung der Einreise als (materiell) illegal hat weitreichende Konse-  **221** quenzen im Hinblick auf die zahlreichen anderen an die Legaldefinition des § 14 Abs. 1 AufenthG anknüpfenden ausländerrechtlichen Vorschriften: So ist ein Ausländer, der unerlaubt einreisen will, von den zuständigen Behörden an der

---

85  Bzgl. der Einzelheiten hierzu unter § 10 I. und II.
86  Vgl. EGMR v. 11.6.2009 – *S. D./Griechenland*, Nr. 53 541/07, Rn. 49 bis 54; v. 26.11.2009 – *Tabesh/Griechenland*, Nr. 8256/07, Rn. 38 bis 44; v. 22.7.2010 – *A. A./Griechenland*, Nr. 12 186/ 08, Rn. 57 bis 65.

Grenze zurückzuweisen (vgl. § 15 Abs. 1 AufenthG). Wird ein Ausländer in Verbindung mit einer unerlaubten Einreise über eine Außengrenze aufgegriffen, soll er zurückgeschoben werden (§ 57 Abs. 1 AufenthG). Bei unerlaubter Einreise über einen EU-Mitgliedstaat oder die Schweiz kann er (Ermessen) bei Bestehen einer Übernahmepflicht an diesen Staat zurückgeschoben werden (§ 57 Abs. 2 Satz 1 AufenthG). Die unerlaubte Einreise ist außerdem nach Maßgabe des § 95 Abs. 1 Nr. 3 AufenthG strafbar.

**222**  Ferner setzt die Erteilung einer Aufenthalts- bzw. Niederlassungserlaubnis voraus, dass der Ausländer mit dem erforderlichen Visum eingereist ist und die für die Erteilung maßgeblichen Angaben bereits im Visumantrag gemacht hat (§ 5 Abs. 2 Satz 1 AufenthG). Hiervon *kann abgesehen werden*, wenn die Voraussetzungen eines Anspruchs auf Erteilung erfüllt sind oder es aufgrund besonderer Umstände des Einzelfalls nicht zumutbar ist, das Visumverfahren nachzuholen (§ 5 Abs. 2 Satz 1, 2 AufenthG).

**223**  Die Auslegung dieser Vorschrift ist umstritten. Zum Teil wird in der Rechtsprechung angenommen, dass § 39 Nr. 3 AufenthV gerade bei einer Eheschließung nach Einreise im Bundesgebiet Anwendung findet[87]. Demgegenüber hat das BVerwG entschieden, die Vorschrift des § 39 Nr. 3 AufenthV befreie nur von der Erteilungsvoraussetzung des § 5 Abs. 2 AufenthG. Ungeachtet dessen verwirkliche aber ein Ausländer, der falsche Angaben im Visumverfahren über den wahren Zweck seines Aufenthalts (z. B. Besuch statt Familienzusammenführung) gemacht habe, einen Ausweisungsgrund. Die Voraussetzungen des § 39 Nr. 3 AufenthV (strikter Rechtsanspruch) seien daher nicht erfüllt, wenn ein Schengen-Visum mit wahrheitswidrigen Angaben zum Zweck des Aufenthalts erlangt worden sei[88].

> **Lösung Fall 7 a:** Die Erteilung einer Aufenthaltserlaubnis setzt grundsätzlich voraus, dass der Ausländer mit dem erforderlichen Visum eingereist ist (§ 5 Abs. 2 Satz 1 Nr. 1 AufenthG). I war als Inderin von der Visumpflicht nicht befreit (vgl. § 15 AufenthV i. V. m. Art. 1 Abs. 1 Anhang I EU-Visumsverordnung). Die Ausländerbehörde kann von dieser Erteilungsvoraussetzung jedoch absehen, wenn I die Voraussetzungen eines Anspruchs auf Erteilung des beantragten Aufenthaltstitels erfüllt (vgl. § 5 Abs. 2 Satz 2 AufenthG). Nicht ausreichend ist daher ein Ermessensanspruch. I hat als Ehefrau eines Deutschen einen Rechtsanspruch auf Erteilung einer Aufenthaltserlaubnis aus familiären Gründen, wenn D seinen gewöhnlichen Aufenthalt im Bundesgebiet hat (§ 28 Abs. 1 Satz 1 Nr. 1 AufenthG) und alle übrigen Voraussetzungen für den Familiennachzug, wie z. B. grundlegende deutsche Sprachkenntnisse zweifelsfrei erfüllt sind. Es ist grundsätzlich nicht ermessensfehlerhaft, wenn die Ausländerbehörde auf das Visumverfahren verweist und nur beim Vorliegen besonderer Umstände eine Ausnahme zulässt[89]. Ist das Erfordernis der grundlegenden deutschen Sprachkenntnisse zweifelsfrei erfüllt, kann die Aufenthaltserlaubnis erteilt werden.
>
> **Lösung Fall 7 b:** Falls R falsche Angaben vor dem deutschen Konsulat zum Zwecke des Visums gemacht hat, scheidet ein Anspruch auf Erteilung einer Aufenthaltserlaubnis zum Zweck des Familiennachzugs aus, sofern sie nicht glaubhaft darlegen kann, dass zum Zeitpunkt der Einreise noch keine Absicht von Heirat und Daueraufenthalt in Deutschland bestand. Eine Besonderheit ergibt sich aus der Heirat mit einem deutschen Staatsangehörigen. Falls sie EU-Freizügigkeit genießen sollte, wäre die Nichteinhaltung des Visumerfordernisses kein ausreichender Grund, ihr den Aufenthalt im

---

87  So OVG NRW v. 16.9.2008 – 19 B 871/08; s. auch unten § 6 II. 6.
88  BVerwG v. 16.11.2010 – 1 C 17/09, NVwZ 2011, 495.
89  OVG NRW v. 5.10.2006, InfAuslR 2007, 56; OVG Berlin-Brandenburg v. 16.7.2009 – 2 B 19.08.

Bundesgebiet zu verweigern[90]. Das BVerwG geht allerdings davon aus, dass für die Anwendung des EU-Freizügigkeitsrechts erforderlich ist, dass ein deutscher Staatsangehöriger von seinem unionsrechtlichen Freizügigkeitsrecht „nachhaltig" Gebrauch gemacht hat. Dafür reicht ein Kurzaufenthalt mit dem Zweck der Eheschließung mit R in Dänemark nicht aus[91]. Die Aufenthaltserlaubnis ist daher zu Recht versagt worden.

# § 6   Aufenthalt – Die aufenthaltsrechtliche Stellung von Drittstaatsangehörigen

## I.   Aufenthaltstitel

### 1.   Typen von Aufenthaltstiteln

Gemäß § 4 Abs. 1 Satz 1 AufenthG benötigen Ausländer für den Aufenthalt im Bundesgebiet einen Aufenthaltstitel, sofern nicht durch das Recht der Europäischen Union, aufgrund des Assoziationsabkommens der Europäischen Wirtschaftsgemeinschaft mit der Türkei oder durch Rechtsverordnung ein Aufenthaltsrecht besteht.   **224**

Es gibt für Drittausländer lediglich fünf Aufenthaltstitel: das *Visum* (§ 6 AufenthG), die *befristete Aufenthaltserlaubnis* (§ 7 AufenthG), die *Blaue Karte* (§ 19 a AufenthG), die *unbefristete Niederlassungserlaubnis* (§ 9 AufenthG) und die *Erlaubnis zum Daueraufenthalt-EU* (§ 9 a AufenthG).   **225**

Das *Visum* und die *Aufenthaltserlaubnis* werden dabei als multifunktionale Aufenthaltstitel ausgestaltet, die zu mehreren unterschiedlichen vorübergehenden sowie dauernden Aufenthaltszwecken (z. B. Erwerbstätigkeit, Ausbildung, Familiennachzug, humanitäre Gründe) erteilt werden können. Der Unterschied zwischen diesen beiden Aufenthaltstiteln besteht lediglich darin, dass das Visum vor der Einreise durch die Auslandsvertretungen[1] erteilt wird und damit zur Einreise in das Bundesgebiet berechtigt. Die Aufenthaltserlaubnis hingegen wird erst nach der Einreise durch die Ausländerbehörde erteilt. Allerdings können beide Titel Bestimmungen über die Erlaubnis zur Ausübung einer Erwerbstätigkeit und gegebenenfalls weitere Nebenbestimmungen wie die zeitliche Befristung enthalten.   **226**

Ein Übergang von der befristeten Aufenthaltserlaubnis zur unbefristeten Niederlassungserlaubnis ist *möglich*, sofern die gesetzlichen Voraussetzungen für die Erteilung einer Niederlassungserlaubnis gegeben sind und die Ausländerbehörde nicht durch Ausschluss der Verlängerungsmöglichkeit die Aufenthaltserlaubnis als lediglich vorübergehendes Aufenthaltsrecht ausgestaltet hat.   **227**

Die *Niederlassungserlaubnis* und die *Erlaubnis zum Daueraufenthalt-EU* sind im Gegensatz zum Visum, zur Blauen Karte und zur Aufenthaltserlaubnis zeitlich und räumlich unbeschränkt und dürfen nur in den durch das AufenthG ausdrücklich zugelassenen Fällen mit einer Nebenbestimmung versehen werden (§ 9 Abs. 1 Satz 2 AufenthG). Ferner berechtigen sie zur unbeschränkten Ausübung   **228**

---

90   Vgl. EuGH v. 25.7.2002, Rs. C-459/99 – *Marx*, InfAuslR 2002, 417.
91   Vgl. dazu auch unten § 12 III.
1   Botschaften und Generalkonsulate.

einer selbständigen oder unselbständigen Erwerbstätigkeit. Die Erlaubnis zum Daueraufenthalt-EU ist im Bundesgebiet der Niederlassungserlaubnis gleichgestellt. Sie unterscheidet sich von ihr lediglich durch ihre *transnationale Wirkung*. Ein Ausländer, der in Deutschland eine Erlaubnis zum Daueraufenthalt-EU erworben hat, kann sich mit diesem Aufenthaltstitel in einem anderen EU-Staat unter vereinfachten Bedingungen zum Zwecke der Erwerbstätigkeit (selbständig oder unselbständig) und zum Zweck des Studiums oder der Ausbildung niederlassen. Gleichzeitig haben Drittstaatsangehörige, die in einem anderen Mitgliedstaat der Europäischen Union die Rechtsstellung eines langfristig Aufenthaltsberechtigten erworben haben, die Möglichkeit, sich nach Maßgabe des § 38 a AufenthG dauerhaft in Deutschland niederzulassen.

**229**  *Keine Aufenthaltstitel* sind die *Duldung* nach § 60 a AufenthG und die *Aufenthaltsgestattung* nach § 55 AsylG. Die Duldung verhindert zwar die Abschiebung eines ausreisepflichtigen Ausländers, legalisiert aber seinen Aufenthalt nicht. Die Aufenthaltsgestattung beinhaltet ein funktionell beschränktes Aufenthaltsrecht, indem sie die Durchführung des Asylverfahrens sicherstellen soll.

### 2.  Auflagen und Nebenbestimmungen (§ 12 und § 12a AufenthG)

**230**  Aufenthaltstitel werden nach § 12 Abs. 1 grundsätzlich für das gesamte Bundesgebiet erteilt. Das unterscheidet den Aufenthaltstitel grundsätzlich von anderen aufenthaltsrechtlichen Instrumenten, wie z. B. der Aufenthaltsgestattung, die nur einen funktionell und räumlich beschränkten Aufenthalt im Bundesgebiet nach § 55 AsylG erlaubt oder der Duldung nach § 60a AufenthG, die die Ausreisepflicht unberührt lässt, aber den Vollzug aufenthaltsbeendender Maßnahmen durch eine Abschiebung für den Zeitraum der Duldung ausschließt. Die allgemeine Geltung eines Aufenthaltstitels für das Bundesgebiet schließt Unterschiede bezüglich der Reichweite der mit einem Aufenthaltstitel verbundenen Rechte und räumlicher Beschränkungen nicht aus.

**231**  Das Visum und eine Aufenthaltserlaubnis, nicht aber in § 4 Abs. 1 Nr. 2a bis 4 genannten Aufenthaltstitel, insbes. die Niederlassungserlaubnis und die Daueraufenthaltserlaubnis-EU können mit Bedingungen erteilt und verlängert werden. Sie können, auch nachträglich, mit Auflagen, insbesondere einer räumlichen Beschränkung verbunden werden (§ 12 Abs. 2). Für die Zulässigkeit solcher Beschränkungen sind unions-, völker- und verfassungsrechtliche Grenzen zu beachten. Insbesondere sind die Grundsätze der Verhältnismäßigkeit und des Willkürverbots zu beachten. Das Erfordernis einer individuellen Entscheidung gebietet es, dass die Belange des Ausländers und der Schutz von Ehe und Familie berücksichtigt werden[2]. Unionsbürger unterliegen grundsätzlich keiner räumlichen Beschränkung, wenn nicht Im Einzelfall eine solche Beschränkung aus Gründen der öffentlichen Sicherheit und Ordnung geboten ist.[3]

**232**  Wird eine räumliche Beschränkung rechtmäßig angeordnet, so hat der Ausländer den Teil des Bundesgebiets, in dem er sich ohne Erlaubnis der Ausländerbehörde einer räumlichen Beschränkung zuwider aufhält, unverzüglich zu verlassen. Geschieht dies nicht, kann die Verlassenspflicht mit den Mitteln des Verwaltungszwangs ggfs. zwangsweise durchgesetzt werden. Die Zuwiderhandlung kann mit

---

2  BVerwG v. 15.1.2008, BVerwGE 130.148, 151.
3  EuGH v. 26.11.2002, Rs. C-100/01 – *Olazabal*.

einer Ordnungsstrafe nach § 98 Abs. 3 AufenthG geahndet werden. Ausnahmen von der räumlichen Beschränkung sind nach § 12 Abs. 5 möglich aufgrund einer Erlaubnis der Ausländerbehörde, die erteilt werden muss, wenn hieran ein dringendes öffentliches Interesse besteht, zwingende Gründe es erfordern oder die Versagung der Erlaubnis eine unbillige Härte bedeuten würde. Keine Erlaubnis der Ausländerbehörden ist zur Wahrnehmung behördlicher und gerichtlicher Termine, bei denen persönliches Erscheinen angeordnet wird, erforderlich.

Mit der Verabschiedung des Integrationsgesetzes wird durch Einfügung eines **233** neuen § 12 a AufenthG eine Rechtsgrundlage für räumliche Beschränkungen und die Wohnortzuweisung von Ausländern geschaffen werden, denen nach den §§ 22, 23 oder § 25 Abs. 1–3 (Flüchtlinge, subsidiär Schutzberechtigte, Personen, bei denen nationale Abschiebungsverbote festgestellt worden sind) seit dem 1. Januar 2016 eine Aufenthaltserlaubnis erteilt worden ist. Diese Personen werden verpflichtet für den Zeitraum von drei Jahren ab Erteilung der Aufenthaltserlaubnis in dem Land ihren Wohnsitz zu nehmen, in das sie zur Durchführung des Asylverfahrens zugewiesen worden sind. Eine Ausnahme gilt, wenn der Ausländer, sein Ehegatte, eingetragener Lebenspartner oder minderjähriges Kind eine sozialversicherungspflichtige Beschäftigung oder eine Berufsausbildung aufnimmt oder aufgenommen hat oder er in einem Studienverhältnis steht. Widerspruch und Klage gegen Maßnahmen nach § 12 a AufenthG haben keine aufschiebende Wirkung (§ 12 a Abs. 7 AufenthG).

Ein Ausländer, der einer räumlichen Beschränkung nach dieser Vorschrift unterliegt und der in einer Erstaufnahmeeinrichtung oder Gemeinschaftsunterkunft **234** wohnt, kann innerhalb eines Monats (nach der Entscheidung über seine Anerkennung oder Aufnahme) längstens bis zum Ablauf der Dreijahresfrist zu seiner Versorgung mit angemessenem Wohnraum ein anderer Wohnort zugewiesen werden, wenn dies der Förderung seiner nachhaltigen Integration in die Lebensverhältnisse der Bundesrepublik Deutschland nicht entgegensteht. Zur Förderung seiner nachhaltigen Integration kann er innerhalb von drei Monaten nach erstmaliger Erteilung der Aufenthaltserlaubnis auch verpflichtet werden, seinen Wohnsitz an einem bestimmten Ort zu nehmen, wenn dadurch
1.    seine Versorgung mit angemessenem Wohnraum,
2.    sein Erwerb hinreichender mündlicher Deutschkenntnisse,
3.    die Aufnahme einer Erwerbstätigkeit unter Berücksichtigung der örtlichen Lage am Ausbildungs- und Arbeitsmarkt
erleichtert werden kann.

Zur Vermeidung von sozialer und gesellschaftlicher Ausgrenzung soll ein Aus- **235** länder ferner verpflichtet werden können, seinen Wohnsitz nicht an einem bestimmten Ort zu nehmen, insbesondere, weil dort zu erwarten ist, das der Ausländer Deutsch nicht als wesentliche Verkehrssprache nutzen wird. Die Situation des örtlichen Ausbildungs- und Arbeitsmarktes ist bei der Entscheidung zu berücksichtigen (§ 12 a Abs. 4 AufenthG).

§ 12 a Abs. 5 AufenthG regelt die Gründe, aus denen ein Ausländer eine Aufhe- **236** bung der räumlichen Beschränkung oder Wohnortzuweisung und die Zuweisung eines seinen Interessen entsprechenden Wohnorts verlangen kann. Die Aufhebung ist zwingend, wenn der Ausländer nachweist, dass ihm eine sozialversicherungspflichtige Beschäftigung, ein sonstiges den Lebensunterhalt sicherndes Einkommen oder ein Ausbildungs- oder Studienplatz zur Verfügung stehen, oder der Ehegatte, eingetragene Lebenspartner oder minderjährige ledige Kinder in einem anderen Wohnort leben. Entsprechendes gilt, wenn die Aufhebung zur Vermeidung einer Härte geboten ist. Eine Härte liegt insbesondere vor, wenn Maßnahmen nach § 42 a SGB VIII beeinträchtigt würden, wenn aus anderen dringenden Gründen die Übernahme durch ein anderes Land zugesagt wurde, oder für den Betroffenen aus sonstigen Gründen vergleichbare zumutbare Einschränkungen entstehen.

## II.    Allgemeine Voraussetzungen für die Erteilung eines Aufenthaltstitels (§ 5 AufenthG)

**237**  § 5 AufenthG regelt die *allgemeinen Voraussetzungen*, die grundsätzlich *bei jeder Erteilung eines Aufenthaltstitels* erfüllt sein müssen. Zusätzlich zu den im Aufenthaltsgesetz geregelten besonderen Voraussetzungen eines Aufenthaltstitels (z. B. zum Zweck des Familiennachzugs) müssen daher die allgemeinen Voraussetzungen des § 5 AufenthG erfüllt sein, sofern nicht aus den speziellen Regeln des AufenthG folgt, dass die allgemeinen Voraussetzungen des § 5 AufenthG nicht oder nur eingeschränkt gelten sollen. In „besonders gelagerten Einzelfällen" kann ferner von den Anforderungen des § 5 AufenthG abgesehen werden[4]. Die Abweichung von einer „Regelvoraussetzung" des § 5 Abs. 1 AufenthG ist ansonsten nur zulässig, wenn eine vom Regelfall abweichende atypische Situation vorliegt[5]. Die Rechtsprechung zieht in diesem Zusammenhang häufig auch unions- und verfassungsrechtliche Vorgaben heran.[6] Berücksichtigt werden können sowohl faktische als auch rechtliche Aspekte. Bei der Erteilung von humanitären Aufenthaltstiteln (§§ 24–26 AufenthG) kann von einzelnen Voraussetzungen abgesehen werden (vgl. § 5 Abs. 3 AufenthG). Ausnahmen sind in zahlreichen Fällen spezialgesetzlich geregelt, insbes. werden von dem Erfordernis der Sicherung des Lebensunterhalts beim Familiennachzug vielfach Ausnahmen gemacht (vgl. z. B. § 28 Abs. 1 AufenthG).

**238**  § 5 AufenthG enthält sowohl positive als auch negative Voraussetzungen (Absätze 1 und 2) sowie die Voraussetzung des Fehlens von Versagungsgründen (Absatz 4).

### 1.    Erfüllung der Passpflicht

**239**  Die erste allgemeine Erteilungsvoraussetzung ist die *Erfüllung der Passpflicht* nach § 3 AufenthG[7]. Diese Voraussetzung beinhaltet, dass der Ausländer passpflichtig ist und die von § 3 AufenthG geforderten Dokumente besitzt. Die Passpflicht wird dann nicht erfüllt, wenn die Geltungsdauer des Passes oder Passersatzes nach der Einreise abläuft. Nur in begründeten Einzelfällen, die in der AufenthV geregelt sind, kann von der Passpflicht abgesehen werden[8].

---

4  BT-Drs. 15/420, S. 70.
5  BVerwG v. 30.4.2009 – 1 C 3/08, NVwZ 2009, 1239.
6  Vgl. z. B. zum Regelerfordernis der Unterhaltssicherung BVerwG v. 16.11.2010, BVerwGE 138, 135, 144.
7  Zu den Einzelheiten s. oben unter § 5 II. 1.
8  Vgl. *Hailbronner*, Ausländerrecht, Sept. 2015, § 3, Rn. 12 ff.

## 2.    Sicherung des Lebensunterhaltes

Ferner muss der Lebensunterhalt gesichert sein. Gemäß der Legaldefinition in    **240**
§ 2 Abs. 3 AufenthG ist dies der Fall, wenn der Ausländer seinen Lebensunterhalt einschließlich ausreichenden Krankenversicherungsschutzes ohne Inanspruchnahme öffentlicher Mittel bestreiten kann. Der Unterhaltsbedarf umfasst neben dem ausreichenden Krankenversicherungsschutz auch die Kosten für die Unterkunft. Bei der Definition der öffentlichen Mittel bleiben das Kindergeld, der Kinderzuschlag, das Erziehungsgeld, das Elterngeld und Leistungen nach dem BaföG, Aufstiegsfortbildungsförderungsgesetz, Unterhaltsvorschussgesetz sowie solche öffentliche Mittel außer Betracht, die auf Beitragsleistungen beruhen oder die gewährt werden, um den Aufenthalt im Bundesgebiet zu ermöglichen.

Die Regelung des § 5 Abs. 1 Nr. 1 i. V. m. § 2 Abs. 3 AufenthG dient dem Zweck,    **241**
die öffentlichen Haushalte davor zu bewahren, den Lebensunterhalt von Ausländern mit öffentlichen Mitteln sichern zu müssen[9]. Die Sicherung des Lebensunterhaltes gehört deshalb zu den wichtigsten Voraussetzungen für die Einreise und den Aufenthalt von Ausländern. Die Ausländerbehörden haben daher kein Ermessen bei der Überprüfung der Sicherung des Lebensunterhalts[10]. Allerdings ist im AufenthG nicht im Detail definiert, wann der Lebensunterhalt gesichert ist. Lediglich für die Aufenthaltserlaubnisse nach § 16 und § 20 AufenthG hat der Gesetzgeber Mindestbeträge bestimmt (vgl. § 2 Abs. 3 Satz 4 und 5 AufenthG). In der Rechtsprechung und Literatur ist aber allgemein anerkannt, dass ein wesentlicher Anhaltspunkt für die Ermittlung des notwendigen Lebensunterhaltes die Regelsätze der §§ 20 ff. SGB II und die aufgrund des § 28 SGB XII ermittelten Regelsätze sind[11].

Ausnahmen werden vom Regelerfordernis der Lebensunterhaltssicherung zugelassen, wenn die Verweigerung eines Aufenthaltstitels ungeachtet der damit verbundenen Belastung der sozialen Systeme schlechthin unvertretbar wäre. Dabei    **242**
sind der Grad der Integration der Familie in Deutschland, die Höhe des Anspruchs auf Sozialleistungen, der Beitrag des Nachziehenden zum Familienunterhalt zu berücksichtigen[12]. Beim Nachzug in eine Familie, der ein deutscher Staatsangehöriger angehört, kommt dem fiskalischen Interesse an der Vermeidung von Belastungen des Sozialsystems ein geringeres Gewicht zu als beim Nachzug in eine rein ausländische Familie.[13]

Die Bestreitung des Lebensunterhalts kann aus eigener Erwerbstätigkeit oder auf    **243**
andere Weise, z. B. durch eigenes Vermögen erfolgen. Die Fähigkeit hierzu darf nicht nur vorübergehend sein. Dies gilt insbesondere bei Ausländern, die sich dauerhaft im Bundesgebiet niederlassen möchten. Daher muss im Falle eines Beschäftigungsverhältnisses dieses in der Regel unbefristet oder zumindest verlängerbar und nicht gekündigt sein. Maßgeblich für die Prognose über die Sicherung auf gewisse Dauer ist aber auch der Verlauf der bisherigen Erwerbstätigkeit

---

9   S. u. a. OVG Berlin-Brandenburg v. 28.2.2006, InfAuslR 2006, 277 und Hess. VGH v. 14.3.2006, ZAR 2006, S. 145.
10  BVerwG v. 30.4.2005 – 1 C 3/08, NVwZ 2009, 1239.
11  Vgl. OVG Berlin v. 10.3.2005, AuAS 2005, 110; *Funke-Kaiser*, GK-AufenthG, Stand: Januar 2012, § 2, Rn. 57.
12  BVerwG v. 16.11.2010 – 1 C 20.09; 1 C 21.09.
13  BVerwG v. 13.6.2013 – 10 C 16.12.

des Ausländers[14]. Es muss grundsätzlich zu erwarten sein, dass ein Ausländer, dessen Aufenthalt auf Dauer angelegt ist, seinen Lebensunterhalt und denjenigen der mit ihm in einer „Bedarfsgemeinschaft" zusammenlebenden Mitglieder der Kernfamilie dauerhaft ohne Inanspruchnahme von Sozialleistungen bestreiten kann[15].

**244** Unter welchen Voraussetzungen von einer dauerhaften „Sicherung" des Lebensunterhalts im Falle freiwilliger Leistungen Dritter ausgegangen werden kann, ist umstritten[16]. Maßgeblich ist, ob im Einzelfall hinreichende Gewähr für eine dauerhafte Finanzierung des Lebensunterhalts ohne die Notwendigkeit der Inanspruchnahme von sozialer Hilfe, insbesondere nach SGB II oder SGB XII besteht. Ob ein Anspruch auf öffentliche Leistungen für den Lebensunterhalt besteht, bestimmt sich bei erwerbstätigen Ausländern nach den entsprechenden Bestimmungen über die „Bedarfsgemeinschaft" nach § 9 Abs. 1 und 2 i. V. m. § 7 Abs. 3 SGB II[17]. Beim Ehegattennachzug darf allerdings der Freibetrag für Erwerbstätigkeit nach den Regeln des § 11 b SGB II nicht zu Lasten des nachzugswilligen Ausländers angerechnet werden[18]. Generell ist bei Ehegatten- und Kindernachzug im Hinblick auf den verfassungsrechtlichen Familienschutz zu prüfen, ob nicht besondere Umstände eine Ausnahme vom Erfordernis der Lebensunterhaltssicherung bieten[19]. Ob zum Beispiel bei der Niederlassungserlaubnis Beiträge der Familienangehörigen in die Berechnung des Haushaltseinkommens einzubeziehen sind, ist streitig[20]. Eine Ausnahme ist beim Familiennachzug zu einem deutschen Staatsangehörigen geboten, wenn ein Ausländer mit einem (bedürftigen) Deutschen in einer Bedarfsgemeinschaft lebt, er aber mit seinem Erwerbseinkommen seinen eigenen Bedarf decken könnte[21]. Die Erteilung einer Niederlassungserlaubnis nach § 26 Abs. 3 für Inhaber einer humanitären Aufenthaltserlaubnis nach § 25 Abs. 1 und 2 Satz 1, 1. Alternative, erforderte bisher lediglich einen dreijährigen Aufenthalt, ohne dass eine Lebensunterhaltssicherung nachzuweisen war. Nach dem Integrationsgesetz ist eine 5-jährige Aufenthaltsdauer und eine überwiegende Sicherung des Lebensunterhalts erforderlich[22]. Im Übrigen gilt für Inhaber einer humanitären Niederlassungserlaubnis das Erfordernis der Lebensunterhaltssicherung[23].

**245** Entsprechendes gilt für Unterhaltsleistungen. Z. T. wird vertreten, dass auch freiwillige Leistungen Dritter zur Sicherung des Lebensunterhaltes im Sinne des § 2 Abs. 3 AufenthG beitragen können[24]. Diese Möglichkeit kommt aber nur ausnahmsweise in Betracht, weil die Sicherung des Lebensunterhaltes in erster Linie

---

14  So auch OVG Rh.-Pf. v. 7.8.2006 – 7 B 10 791/06, juris und OVG Berlin-Brandenburg v. 28.2.2006, InfAuslR 2006, 277.
15  BVerwGE 138, 148; v. 16.8.2011 – 1 C 4/10, NVwZ-RR 2012, 333.
16  Für Berücksichtigung: *Huber/Göbel-Zimmermann*, Ausländer- und Asylrecht, Rn. 20; *Dienelt/Röseler*, in: Renner/Bergmann/Dienelt, Ausländerrecht, § 2 AufenthG, Rn. 19 f,; für ausnahmsweise Berücksichtigung: Nr. 2.3.4.2 AVwV AufenthG.
17  BVerwG v. 16.8.2011 – 1 C 4/10, NVwZ-RR 2012, 333.
18  BVerwG v. 16.11.2010 – 1C 20/09, BVerwGE 135, 145.
19  A. a. O.; vgl. zur Einkommens- und Bedarfsberechnung auch BVerwG v. 29.11.2012 – 10 C 4/121, und *Berlit*, NVwZ 2013, 327, 329.
20  Vgl. Nds. OVG v. 29.11.2006 – 11 LB 127/06, juris; *Hailbronner*, Ausländerrecht, § 9 AufenthG, August 2008, Rn. 19.
21  BVerwG v. 16.8.2011 – 1 C 12/10, InfAuslR 2012, 53.
22  § 26 Abs. 3 AufenthG.
23  BVerwG v. 28.10.2008 – 1 C 34/07, NVwZ 2009, 246.
24  Z. B. BVerwG v. 16.8.2011 – 1 C 4/10, NVwz-RR 2012, 333.

aus eigener Kraft, d. h. durch eigenes Erwerbseinkommen des Ausländers erfolgen soll. Freiwillige Leistungen Dritter sind von vornherein mit Unsicherheit und Risiken behaftet[25]. Es werden deshalb strenge Anforderungen an den Nachweis der Leistungsfähigkeit und -willigkeit des Dritten gestellt, um zu gewährleisten, dass die freiwilligen Leistungen auch tatsächlich über den erforderlichen Zeitraum erbracht werden. In Betracht kommt ein selbständiges Schuldversprechen nach § 780 BGB oder eine Verpflichtungserklärung nach § 68 AufenthG. Für die Verpflichtungserklärung ist nach § 68 AufenthG eine eindeutige rechtsverbindliche schriftliche Erklärung gegenüber der Ausländerbehörde erforderlich, die Kosten für den Lebensunterhalt eines Ausländers zu tragen, einschließlich der Erstattung sämtlicher öffentlicher Mittel, die für den Lebensunterhalt des Ausländers, die Versorgung mit Wohnraum und die medizinische Versorgung und bei Pflegebedürftigkeit anfallen, auch soweit solche Aufwendungen auf einem gesetzlichen Anspruch des Ausländers mit Ausnahme der aufgrund eigener Beiträge erworbener Leistungen beruhen. Die Reichweite der Verpflichtungserklärung bei Statuswechsel vom Asylbewerber zum anerkannten Flüchtling oder subsidiär Schutzberechtigten war in der ausländerbehördlichen Praxis unklar. Mit dem Integrationsgesetz ist klargestellt worden, dass die Verpflichtung fort gilt, wenn der Ausländer als Asylberechtigter, Konventionsflüchtling oder subsidiär Schutzberechtigter anerkannt wird. Leistungen nach dem SGB II (Grundsicherung für Erwerbsfähige) und SGB XII (Sozialhilfe) sind nur für den Zeitraum von 5 Jahren ab Einreise zu erstatten.[26]

Für die Erteilung einer Aufenthaltserlaubnis zum Zwecke des Familiennachzuges **246** hat der Gesetzgeber in § 2 Abs. 3 Satz 3 AufenthG ausdrücklich festgelegt, dass Beiträge von Familienangehörigen zum Haushaltseinkommen Berücksichtigung finden.

### 3.  Ungeklärte Identität und Staatsangehörigkeit

Dritte Regelvoraussetzung nach § 5 Abs. 1 Nr. 1 a AufenthG ist, dass die Identi- **247** tät und falls der Ausländer nicht zur Rückkehr in einen anderen Staat berechtigt ist, seine Staatsangehörigkeit geklärt ist. Hiermit soll verhindert werden, dass Personen, die an der Klärung ihrer Identität nicht mitwirken, der Zugang zu einem Aufenthaltstitel geebnet wird[27]. Kann die Identität nicht geklärt werden, so kommt die Erteilung einer Duldung in Frage[28]. Auf Staatenlose ist § 5 Abs. 1 Nr. 1 a AufenthG hinsichtlich der Staatsangehörigkeit nicht anwendbar, wenn die Staatenlosigkeit geklärt ist. In der Regel muss daher ein Pass oder Passersatz vorgelegt werden.

### 4.  Nichtbestehen von Ausweisungsinteressen

Gemäß § 5 Abs. 1 Nr. 2 AufenthG setzt die Erteilung eines Aufenthaltstitels in **248** der Regel auch voraus, dass *kein Ausweisungsinteresse* besteht, insbesondere dass der Ausländer keine aktuell ihm entgegen zu haltenden nicht geringfügigen bzw. nicht vereinzelten Rechtsverstöße begangen hat. Bei dem Vorliegen eines Ausweisungsgrundes kommt es allein darauf an, ob ein Ausweisungsinteresse abstrakt, d. h. nach seinen tatbestandlichen Voraussetzungen besteht. Es bedarf

---

25  Nr. 2.3.4. AVwV zu § 2 AufenthG.
26  § 68 Abs. 1 AufenthG n. F.
27  Vgl. Beschlussempfehlung und Bericht des Innenausschusses, BT-Drs. 15/955, S. 7.
28  BVerwG v. 21.3.2000, NVwZ 2000, 938.

daher im konkreten Fall keiner hypothetischen Ermessensentscheidung, ob der Ausländer tatsächlich ausgewiesen werden könnte[29]. Irrelevant ist daher auch, ob bei einer Ausweisungsentscheidung ein Bleibeinteresse des Ausländers zu berücksichtigen wäre[30].

**249** Zudem ist in der Rechtsprechung anerkannt, dass Ausweisungsinteressen in Anwendung des Grundsatzes des Vertrauensschutzes einem Ausländer nur dann und solange entgegen gehalten werden dürfen, als sie noch aktuell und *nicht verbraucht* sind bzw. die Ausländerbehörde auf ihre Geltendmachung nicht ausdrücklich oder konkludent verzichtet hat[31]. Verbraucht ist ein Ausweisungsinteresse, auf das die Ausländerbehörde bei früheren ausländerbehördlichen Entscheidungen nicht zurückgegriffen hat.

**250** Das Vorliegen eines Ausweisungsinteresses steht dann der Erteilung eines Aufenthaltstitels nicht entgegen, wenn eine *Ausnahme vom Regelfall* gegeben ist. Maßgebend hierfür können die Dauer des Aufenthalts oder schutzwürdige Bindungen des Ausländers im Bundesgebiet sein. Bei der großen Bandbreite der Ausweisungsinteressen, die von nicht nur vereinzelten oder geringfügigen Verstößen gegen Rechtsvorschriften (§ 54 Abs. 2 Nr. 9) bis zur schweren Kriminalität reichen, ist eine differenzierende Beurteilung der „Beachtlichkeit" von Ausweisungsinteressen im Rahmen der Regel-Ausnahme-Prüfung erforderlich[32]. Ein wesentliches Kriterium für die Beachtlichkeit ist, ob aktuell eine Beeinträchtigung der öffentlichen Sicherheit und Ordnung zu befürchten ist. Je gewichtiger das Ausweisungsinteresse ist, umso weniger strenge Voraussetzungen sind an die Prüfung des Vorliegens einer Gefährdung zu stellen.

### 5. Keine Beeinträchtigung oder Gefährdung der Interessen der Bundesrepublik Deutschland

**251** Nach § 5 Abs. 1 Nr. 3 AufenthG darf der Aufenthalt des Ausländers nicht aus einem sonstigen Grund die Interessen der Bundesrepublik Deutschland beeinträchtigen oder gefährden, soweit kein Anspruch auf Erteilung eines Aufenthaltstitels besteht. Zu den nach dieser Vorschrift geschützten öffentlichen Interessen zählen alle finanziellen, wirtschaftlichen, sozialen und politischen Interessen von Bund und Ländern. Hierzu gehört auch das Interesse an der Einhaltung der aufenthaltsrechtlichen Bestimmungen einschließlich der Einreisevorschriften. Weitere Beispiele sind der Schutz der Volksgesundheit vor Infektionskrankheiten, die frühere Inanspruchnahme von Rückkehrhilfe und Zweifel an der Rückkehrbereitschaft des Ausländers. Der Begriff der Interessen der Bundesrepublik Deutschland muss in Einklang mit verfassungsrechtlichen Wertentscheidungen (z.B. Art. 6 GG) oder völker- und europarechtlichen Bestimmungen ausgelegt werden. Das Bundesverfassungsgericht hat daher die Ablehnung eines Visums der Eheleute Mun, Stifter der „Munsekte", zu Vortrags- und Besuchszwecken im Hinblick auf die Religions- und Weltanschauungsfreiheit für mit Art. 4 Abs. 1 und 2 GG unvereinbar erklärt[33]. Zu berücksichtigen sind ferner die unionsrechtlichen Vorgaben für die Erteilung von Aufenthaltstiteln für bestimmte Aufent-

---

29  Vgl. BVerwGE 116, 378; VGH BW v. 30.5.2007 – 13 S 1020/07, juris.
30  Vgl. VG München v. 15.3.2007 – M 10 K 06 4308, juris.
31  Vgl. hierzu BVerwG v. 15.3.2005, NJW 2005, 3590; BVerwG v. 24.6.1997, InfAuslR 1997, 119; Hess. VGH v. 4.3.2002, AuAS 2002, 172.
32  Vgl. Nr. 5.1.2.1 AVwV-AufenthG.
33  BVerfG v. 24.10.2006 – 2 BvR 1908/03, juris.

haltszwecke, wie z. B. Familiennachzug, Studium, Erwerbstätigkeit. Für die Erteilung von Aufenthaltstiteln an Studenten hat der EuGH im Urteil Ben Alaya[34] entschieden, dass nur aus den in der Richtlinie 2004/114 aufgeführten Gründen ein Aufenthaltstitel verweigert werden darf.

Besteht kein gesetzlicher Anspruch auf Erteilung eines Aufenthaltstitels, so kann    **252** bei konkreten Anhaltspunkten für eine Gefährdung der Interessen der Bundesrepublik Deutschland ein Aufenthaltstitel versagt werden. Im Falle besonders gefährlicher, verfassungsfeindlicher oder terroristischer Aktivitäten kann auch unterhalb der Schwelle der zwingenden Versagungsgründe nach § 5 Abs. 4 AufenthG eine Beeinträchtigung der Interessen der Bundesrepublik Deutschland vorliegen, wenn der Ausländer mit einer gewissen Wahrscheinlichkeit als Ansprechpartner oder Kontaktperson für terroristische Gruppen zur Verfügung steht[35]. Bei Erteilung eines Schengen-Visums sind die Voraussetzungen des Visakodex, insbesondere im Hinblick auf die Glaubhaftmachung der Rückkehrbereitschaft, zu beachten.

## 6. Erfüllung der Visumspflicht

Ferner verlangt § 5 Abs. 2 Satz 1 AufenthG für die Erteilung einer Aufenthalts-    **253** oder Niederlassungserlaubnis bzw. Erlaubnis zum Daueraufenthalt-EU, dass der Ausländer mit dem nach § 6 Abs. 3 AufenthG *erforderlichen Visum* in das Bundesgebiet eingereist ist und bei dessen Antragstellung alle für die Erteilung der genannten Aufenthaltstitel maßgeblichen Angaben bereits im Visumantrag gemacht hat[36]. Damit soll vermieden werden, dass ein Ausländer mit einem Touristenvisum oder illegal einreist und sodann einen längerfristigen Aufenthaltstitel begehrt, der an strengere Voraussetzungen geknüpft ist. Der Grundsatz der Antragstellung im Ausland dient mithin der effektiven Steuerung der Zuwanderung.

Von diesem Erfordernis kann jedoch gem. § 5 Abs. 2 AufenthG abgesehen wer-    **254** den, wenn Voraussetzungen eines Anspruchs auf Erteilung erfüllt sind oder es aufgrund besonderer Umstände des Einzelfalls nicht zumutbar ist, das Visumverfahren nachzuholen.

Ob ein Ausländer mit dem erforderlichen Visum eingereist ist, beurteilt sich nach    **255** dem Aufenthaltszweck, der mit einer im Bundesgebiet beantragten Aufenthaltserlaubnis verfolgt wird[37]. Für einen kurzfristigen Aufenthalt bis zu 90 Tagen ist grundsätzlich ein Schengen-Visum nach den Regeln der unmittelbar anwendbaren Visumverordnung 539/2001[38] erforderlich, aber auch ausreichend, sofern keine Erwerbstätigkeit im Bundesgebiet angestrebt wird. „Positivstaater„, d. h. Angehörige von Staaten, die von der Visumspflicht für kurzfristige Aufenthalte befreit sind, können bis zu 90 Tagen ohne Visum in das Gebiet der EU-Mitgliedstaaten einreisen und sich dort aufhalten. Ist eine Erwerbstätigkeit im Bundesgebiet beabsichtigt oder wird ein längerer, über 90 Tage hinausreichender Aufent-

---

34  EuGH v. 10.9.2014, Rs. C-491/13; vgl. dazu *Hailbronner/Gies*, in Hailbronner/Thym (Hrsg.), European Immigration and Asylum Law , A Commentary, 2. Aufl. 2016, C V, S. 602.
35  Einschränkender demgegenüber *Huber/Goebel/Zimmermann*, Ausländer- und Asylrecht, Rn. 80 (nur bei Nachweis einer tatsächlich vom Ausländer ausgehenden Gefahr; für Maßstab einer hinreichenden Wahrscheinlichkeit); vgl. auch Nr. 5.1.3.1 AVwV-AufenthG.
36  Siehe oben § 5 III.
37  BVerwG v. 16.11.2010 – 1 C 17/09, NVwZ 2011, 495; v. 11.1.2011 – 1 C 23/09.
38  ABl. EU Nr. L 81 v. 21.3.2001, zuletzt geändert durch VO Nr. 509/2014, ABl. EU L 149 v. 20.5.2014.

halt angestrebt, so ist ein nationales Visum erforderlich, das im Allgemeinen von den deutschen Auslandsvertretungen ausgestellt werden muss, gegebenenfalls mit Zustimmung der zuständigen Ausländerbehörde[39].

**256** Ausnahmen vom Erfordernis, dass länger dauernde Aufenthalte eines nationalen, durch eine deutsche Auslandsvertretung auszustellenden Visums bedürfen, sind in § 39 AufenthV geregelt. Ein Ausländer kann danach einen Aufenthaltstitel im Bundesgebiet auch beantragen, wenn er Positivstaater ist oder über ein gültiges Schengen-Visum verfügt, sofern die Voraussetzungen eines Anspruchs auf Erteilung eines Aufenthaltstitels erst nach der Einreise entstanden sind. Diese Voraussetzung ist zum Beispiel erfüllt, wenn ein Ausländer, der sich rechtmäßig zu einem kurzfristigen Aufenthalt ins Bundesgebiet begeben hat, erst nach der Einreise aufgrund einer unvorhergesehenen Veränderung seiner persönlichen Verhältnisse einen Rechtsanspruch auf Gewährung eines Aufenthaltstitels erlangt. Ausreichend ist lediglich ein strikter Rechtsanspruch. Wird nach Ermessen entschieden, sind die Voraussetzungen für eine Ausnahme nicht gegeben. Ausgeschlossen sind ferner Ausländer, bei denen ein Ausweisungsinteresse vorliegt. Dies ist der Fall, wenn schon bei der Erteilung eines Visums falsche Angaben gemacht werden, obwohl von vornherein die Absicht eines Daueraufenthalts bestand[40].

**257** Liegen die Voraussetzungen für eine ausnahmsweise Beantragung eines Aufenthaltstitels im Inland nicht vor, ist ein Ausländer zum Beispiel mit unzureichendem Visum ins Bundesgebiet eingereist, so kann er nur nach Ermessen vom Erfordernis des nationalen Einreisevisums dispensiert werden[41]. Nicht dispensiert werden kann vom Fehlen eines Ausweisungsinteresses. Ein Dispens kommt im Übrigen nur bei Vorliegen eines strikten gesetzlichen Anspruchs, der keine weiteren Ermessenserwägungen erfordert, in Betracht. So zum Beispiel, wenn ein Positivstaater mit der Absicht eines länger dauernden Aufenthalts nach Deutschland eingereist ist und in Deutschland die Ehe mit einem deutschen Staatsangehörigen schließt. Eine weitere Ausnahme ist möglich, wenn es aufgrund besonderer Umstände des Einzelfalles nicht zumutbar ist, das Visumverfahren nachzuholen. Besondere Umstände liegen unter anderem vor, wenn abweichend vom Regelfall auch das nur vorübergehende Verlassen des Bundesgebiets, zum Beispiel im Hinblick auf die Trennung von einem pflegebedürftigen Familienangehörigen oder minderjährigen Kind unzumutbar wäre. Nach Auffassung des VGH BW ist die Nachholung des Visumverfahrens unzumutbar, wenn Krankheit oder Pflegebedürftigkeit des Ehegatten zur Folge haben, dass dieser in höherem Maße als im Regelfall auf den persönlichen Beistand seines Ehegatten angewiesen ist[42]. Noch weiter geht das OVG Hamburg, indem es unter Hinweis auf die *Chakroun*-Entscheidung des EuGH[43] sogar Zweifel an der Vereinbarkeit der Verpflichtung, das Visumverfahren nachzuholen, mit der Familiennachzugsrichtlinie 2003/86/EG äußert.[44] Kosten für die Reise oder der erhebliche Zeitaufwand, der mit einer

---

39 Vgl. § 31 Abs. 1 Satz 1 Nr. 1 AufenthV.
40 BVerwG v. 16.11.2010, a. a. O., zum Zwecke des Ehegattennachzugs.
41 Vgl. § 5 Abs. 2 Satz 2 AufenthG.
42 VGH BW v. 20.9.2012 – 11 S 1608/12, InfAuslR 2013, 30.
43 EuGH v. 4.3.2010, Rs. C-578/08, InfAusl 2010, 221.
44 OVG Hamburg v. 5.11.2012, InfAuslR 2013, 71; diese Zweifel sind jedoch nicht begründet, da der Richtlinie keine Pflicht entnommen werden kann, die Voraussetzungen eines Nachzugs erst im Aufnahmestaat überprüfen zu können.

Rückkehr ins Heimatland verbunden ist, stellen keine besonderen Umstände dar. Im Falle der Eheschließung besteht ebenfalls ein erhebliches öffentliches Interesse an der Durchführung des Visumverfahrens durch die deutschen Auslandsvertretungen, um eine ausreichende Prüfung der Nachzugsvoraussetzungen vor Einreise ins Bundesgebiet sicherzustellen. Es ist grundsätzlich mit dem verfassungsrechtlichen Schutz von Ehe und Familie vereinbar, einen Ausländer auf die Durchführung des Visumverfahrens zur Beantragung eines Aufenthaltstitels zum Zwecke des förmlichen Zusammenlebens im Bundesgebiet zu verweisen[45].

Zu beachten ist, dass bestimmte Personengruppen von vornherein von der Visumpflicht befreit sind[46]. **258**

### 7.    Fehlen von Versagungsgründen

Schließlich dürfen der Erteilung eines Aufenthaltstitels keine Versagungsgründe **259** nach § 5 Abs. 4 AufenthG entgegenstehen. Dies sind das Angehören oder Unterstützen einer terroristischen Vereinigung (§ 54 Abs. 1 Nr. 2 oder 4 AufenthG), das Gefährden der freiheitlichen Grundordnung oder Sicherheit der Bundesrepublik Deutschland oder die Gewaltanwendung bzw. das Aufrufen hierzu (§ 54 Nr. 4 AufenthG), sowie die Vorbereitung einer schweren staatsgefährdenden Straftat gem. § 89 a Abs. 2 StGB.

## III.    Besondere Voraussetzungen der jeweiligen Aufenthaltstitel

### 1.    Voraussetzungen der Aufenthaltserlaubnis

§ 7 AufenthG regelt die Grundsätze über die Erteilung der Aufenthaltserlaubnis **260** als befristeten Aufenthaltstitel. Maßgeblich für die Erteilung der Aufenthaltserlaubnis sind die im AufenthG im Einzelnen niedergelegten unterschiedlichen Voraussetzungen je nach dem Zweck, zu dem eine Aufenthaltserlaubnis erteilt wird. Im Wesentlichen unterscheidet das Gesetz dabei zwischen dem Aufenthalt zum *Zweck der Ausbildung* (Abschnitt 3), dem Aufenthalt *zum Zweck der Erwerbstätigkeit* (Abschnitt 4), dem Aufenthalt *aus völkerrechtlichen, humanitären oder politischen Gründen* (Abschnitt 5) und dem Aufenthalt *aus familiären Gründen* (Abschnitt 6). Zusätzlich sind im Abschnitt 7 *besondere Aufenthaltsrechte*, wie z. B. das Recht auf Wiederkehr, ein Aufenthaltstitel für ehemalige Deutsche und die Aufenthaltserlaubnis für in anderen EU-Mitgliedstaaten langfristig Aufenthaltsberechtigte geregelt. Grundsätzlich gilt, dass zwischen den verschiedenen Aufenthaltstiteln, die das Aufenthaltsgesetz für unterschiedliche Aufenthaltszwecke bereithält, unterschieden werden muss („Trennungsprinzip"). Das schließt einen Wechsel von einem Aufenthaltstitel zu einem anderen Aufenthaltstitel, mit dem ein unterschiedlicher Zweck verfolgt wird, nicht aus, sofern die Voraussetzungen für die Erteilung dieses Aufenthaltstitels vorliegen und nach den Vorschriften des Aufenthaltsgesetzes und der AufenthV der begehrte Titel im Inland (dh. nicht im Visumverfahren vor einer deutschen Auslandsvertretung) erteilt werden kann. Zu beachten ist ferner, dass das Aufenthaltsgesetz in besonderen Fällen einen „Spurwechsel" ausschließt oder einschränkt, so insbes. der Wechsel vom Asylbewerberstatus zum Inhaber einer Aufenthaltserlaubnis während und nach erfolglosem Abschluss eines Asylverfahrens (§ 10 AufenthG). Grundsätz-

---

45  BVerfG v. 17.5.2011 – 2 BvR 1367/10, NVwZ-RR 2011, 585.
46  S. hierzu §§ 18 ff. AufenthV.

lich steht das Trennungsprinzip auch der Kumulierung verschiedener Aufenthaltstitel entgegen. Für die Niederlassungserlaubnis nach § 26 Abs. 4 AufenthG
hat jedoch das BVerwG entschieden, dass die Erteilung einer Niederlassungserlaubnis nach dieser Vorschrift die Erteilung einer Daueraufenthaltserlaubnis EU
nicht ausschließt[47]. In der Rechtsprechung wird daher die Auffassung vertreten,
dass das Trennungsprinzip nicht gebietet, dass ein Ausländer immer nur einen
Aufenthaltstitel beanspruchen kann[48]. Einer undifferenzierten Kumulierung von
Aufenthaltstiteln steht jedoch entgegen, dass die Realisierung des aufenthaltsrechtlich vorgesehenen Aufenthaltszwecks typischerweise, jedoch nicht notwendigerweise die gleichzeitige Verfolgung unterschiedlicher Aufenthaltszwecke ausschließt (z. B. Studium, unbeschränkte Erwerbstätigkeit). Im Übrigen ist zu
beachten, dass das Recht der Erwerbstätigkeit bei allen Aufenthaltstiteln spezialgesetzlich geregelt ist und danach die Erteilung weiterer Aufenthaltstitel entweder überflüssig macht (Familienangehörige) oder aber ausschließt (Studium).

**261** Die in den §§ 16 bis 38 a AufenthG festgelegten besonderen Voraussetzungen
modifizieren zum Teil die Regelvoraussetzungen des § 5 AufenthG. Für die
Frage, ob eine Aufenthaltserlaubnis erteilt werden kann, ist jedoch stets entscheidend, ob der Ausländer den in Aussicht genommenen Aufenthaltszweck erreichen kann[49]. Dies ist aufgrund einer Prognose zu bestimmen. Der Zweck des
Aufenthaltes muss dazu klar und eindeutig umrissen sein[50].

**262** Zudem ist eine *Befristung* der Aufenthaltserlaubnis unter Berücksichtigung des
beabsichtigten Aufenthaltszwecks *zwingend*. Die Aufenthaltserlaubnis kann unter den Voraussetzungen des § 7 Abs. 2 Satz 2 AufenthG nach pflichtgemäßem
Ermessen nachträglich verkürzt werden.

## 2. Voraussetzungen der Niederlassungserlaubnis

**Fall 8:** Der türkische Staatsangehörige T beantragt die Erteilung einer Niederlassungserlaubnis, um ein seit längerer Zeit geplantes und finanziertes Reiseunternehmen
selbständig betreiben zu können. Die Ausländerbehörde stellt fest, dass die Aufenthaltserlaubnis des T seit zwei Wochen abgelaufen ist, die Erteilungsvoraussetzungen
im Übrigen aber von T erfüllt werden. Kann dem T die beantragte Niederlassungserlaubnis rückwirkend erteilt werden?

**Fall 9:** Die Ausländerbehörde lehnt den Antrag der marokkanischen Staatsangehörigen M auf Erteilung einer Niederlassungserlaubnis mit der Begründung ab, dass M
nicht über ausreichende Kenntnisse der deutschen Sprache verfüge. M macht geltend,
wegen der Pflegebedürftigkeit ihrer Mutter sei ihr der Besuch eines Integrationskurses
auf Dauer nicht möglich gewesen. Wurde der Antrag der M zu Recht abgelehnt?

**263** Die Niederlassungserlaubnis ist vom AufenthG als *Daueraufenthaltstitel* ausgestaltet, der den Aufenthalt des Ausländers im Bundesgebiet verfestigt und sichert[51]. Im Gegensatz zur Aufenthaltserlaubnis ist die Niederlassungserlaubnis
prinzipiell *zeitlich unbegrenzt* und *inhaltlich unbeschränkt*. Nur in den durch
das AufenthG ausdrücklich zugelassenen Fällen kann sie mit einer Nebenbestimmung versehen werden. Ferner berechtigt sie zu einer Erwerbstätigkeit. Die be-

---

47 BVerwG v. 19.3.2013 – 1 C 12/12.
48 Vgl. VG Augsburg v. 10.7.2013 – 6K13/144 – unter Ausschluss inhaltlich identischer Aufenthaltstitel.
49 VGH BW v. 19.3.2003 – 13 S 2578/02, juris.
50 BVerwG v. 3.3.1994, NVwZ 1995, 1125.
51 BT-Drs. 15/420, S. 72.

reits mit dem Aufenthaltstitel verknüpfte gesetzliche Befugnis zur Ausübung einer Erwerbstätigkeit knüpft an die vor 2005 geltende Regelung an, wonach Inhaber einer Aufenthaltsberechtigung oder unbefristeten Aufenthaltserlaubnis genehmigungsfrei eine Beschäftigung ausüben durften[52]. Eine weitere Privilegierung begründet die Erteilung der Niederlassungserlaubnis bei aufenthaltsbeendenden Maßnahmen. Der Besitz einer Niederlassungserlaubnis in Verbindung mit einem fünfjährigen rechtmäßigen Aufenthalt ist als besonders schwerwiegendes Bleibeinteresse bei der Abwägungsentscheidung über eine Ausweisung zu berücksichtigen.

Gem. § 9 Abs. 2 AufenthG hat ein Ausländer einen Anspruch auf Erteilung einer **264** Niederlassungserlaubnis, wenn er folgende Voraussetzungen erfüllt:
- Besitz der Aufenthaltserlaubnis seit fünf Jahren (Nr. 1),
- Sicherung des Lebensunterhalts (Nr. 2),
- 60 Monate Pflichtbeiträge oder freiwillige Beiträge zur gesetzlichen Rentenversicherung oder Anspruch auf vergleichbare Leistungen (Nr. 3),
- Gründe der Öffentlichen Sicherheit oder Ordnung stehen nicht entgegen (Nr. 4),
- Erlaubnis zur Ausübung einer Beschäftigung als Arbeitnehmer (Nr. 5),
- Besitz sonstiger, für die Ausübung der Erwerbstätigkeit notwendiger Erlaubnisse (Nr. 6),
- ausreichende Kenntnisse der deutschen Sprache (Nr. 7),
- Grundkenntnisse der Rechts- und Gesellschaftsordnung und der Lebensverhältnisse im Bundesgebiet (Nr. 8),
- ausreichender Wohnraum für den Antragsteller und seine mit ihm in häuslicher Gemeinschaft lebenden Familienangehörigen (Nr. 9).

Nach der Vorstellung des Gesetzgebers sind damit die Voraussetzungen um- **265** schrieben, die für eine Integration in die Lebensverhältnisse der Bundesrepublik Deutschland vorliegen müssen.

Zu beachten ist, dass für bestimmte Personengruppen *Sondervorschriften* existie- **266** ren, die an den Erwerb der Niederlassungserlaubnis geringere Voraussetzungen als in § 9 AufenthG knüpfen (vgl. §§ 19, 21 Abs. 4 Satz 2, 23 Abs. 2 Satz 3, 26 Abs. 3, 28 Abs. 2, 35 Abs. 1, 38 Abs. 1 Nr. 1 AufenthG).

Der *Besitz der fünfjährigen Aufenthaltserlaubnis* (§ 9 Abs. 2 Satz 1 Nr. 1 Auf- **267** enthG) setzt voraus, dass der Ausländer im Zeitpunkt der Antragstellung *noch eine gültige Aufenthaltserlaubnis* hat. Der Antrag auf Erteilung einer Niederlassungserlaubnis kann daher grundsätzlich nicht nach Ablauf der gültigen Aufenthaltserlaubnis gestellt werden[53]. Eine bereits abgelaufene Aufenthaltserlaubnis kann nicht mit Rückwirkung vor den Zeitpunkt der Antragstellung verlängert werden[54]. Nach der Rechtsprechung des BVerwG kann zwar bei Vorliegen eines schutzwürdigen Interesses die Erteilung eines Aufenthaltstitels auch für einen in der Vergangenheit liegenden Zeitraum beansprucht werden. Dies bezieht sich aber nur auf Aufenthaltszeiten nach der Antragstellung bei der Ausländerbehörde[55]. Auch die Regelung des § 81 Abs. 4 AufenthG, wonach bei Beantragung

---

52  Vgl. § 284 Abs. 1 Satz 2 Nr. 2 SGB III i. d. F. v. 23.4.2004.
53  OVG NRW v. 1.10.1999, InfAuslR 2000, 115.
54  BVerwG v. 22.6.2011, BVerwGE 140, 64; vgl. *Dienelt,* in Renner/Bergmann/Dienelt, § 8, Rn. 3.
55  BVerwG, Buchholz 402.242, § 9 a AufenthG Nr. 1.

einer Verlängerung des Aufenthaltstitels der bisherige Aufenthalt als fortbestehend gilt, bewirkt keine rückwirkende „Heilung" einer verspäteten Antragstellung. Aus Entstehungsgeschichte und Gesichtspunkten der Rechtssicherheit folgt
nach Auffassung des BVerwG die Ablehnung einer in Rechtsprechung und Literatur vielfach vertretenen These, dass bei geringfügiger „Verspätung" oder bei
„innerem Zusammenhang zwischen dem Ablauf der Geltungsdauer des Titels
und dem Antrag"[56] die Fiktionswirkung des § 81 Abs. 4 AufenthG eingreift[57].
Mit dem Inkrafttreten des Gesetzes zur Umsetzung der Blue-Card-Richtlinie am
1.8.2012 ist die Streitfrage dadurch entschärft worden, dass nunmehr die Ausländerbehörde die Möglichkeit hat, bei verspäteter Antragstellung zur Vermeidung einer „unbilligen Härte" den Fortgeltungsanspruch anzuordnen. Die Fortgeltungsfiktion tritt in diesem Fall bereits zum Zeitpunkt des Ablaufs des
vorherigen Aufenthaltstitels mit rückwirkender Geltung ein. Damit steht zugleich fest, dass kraft § 81 Abs. 4 AufenthG entsprechend der Rechtsprechung
des BVerwG eine verspätete Antragstellung ohne eine entsprechende behördliche
Anordnung keine Fortgeltung der bisherigen Aufenthaltserlaubnis auslöst.

> **Lösung Fall 8:** Die rückwirkende Erteilung der Niederlassungserlaubnis ist nicht mög-
> lich, da T im Zeitpunkt der Entscheidung nicht mehr im Besitz eines Aufenthaltstitels
> ist. Sofern die Antragstellung durch T nur fahrlässig verspätet erfolgte, kann die Aus-
> länderbehörde, da die Erteilung der Niederlassungserlaubnis für T von großer Bedeu-
> tung für sein wirtschaftlichen Aktivitäten ist, die zweiwöchige Unterbrechung außer
> Acht lassen, eine Fortgeltungswirkung wegen Vorliegens einer unbilligen Härte nach
> § 81 Abs. 4 Satz 2 AufenthG anordnen und die beantragte Niederlassungserlaubnis
> erteilen. Die Anordnung der Fortgeltungswirkung steht in ihrem Ermessen. Dabei sind
> alle Gesichtspunkte des individuellen Falls zu berücksichtigen.

**268**  Auf die Zeit des Besitzes der Aufenthaltserlaubnis sind nach § 9 Abs. 4 AufenthG folgende Zeiten anrechenbar
– die Zeit des früheren Besitzes einer Aufenthaltserlaubnis oder Niederlassungserlaubnis, wenn der Ausländer zum Zeitpunkt seiner Ausreise im Besitz einer Niederlassungserlaubnis war. Nicht angerechnet wird die Zeit da-
  zwischenliegender Aufenthalte außerhalb des Bundesgebiets, die zum
  Erlöschen der Niederlassungserlaubnis führten. Angerechnet werden höchstens vier Jahre;
– höchstens sechs Monate für jeden Aufenthalt außerhalb des Bundesgebiets,
  der nicht zum Erlöschen der Aufenthaltserlaubnis führte;
– die Zeit eines rechtmäßigen Aufenthalts zum Zweck des Studiums oder der
  Berufsausbildung im Bundesgebiet zur Hälfte.

**269**  Für die humanitäre Niederlassungserlaubnis nach § 26 Abs. 3 und 4 AufenthG
gelten Sonderregeln. Für den Besitzer einer Aufenthaltserlaubnis nach § 25
Abs. 1 und Abs. 2 Satz 1 1. Alternative (anerkannte Flüchtlinge, nicht aber subsidiär Schutzberechtigte) ist bis zum Inkrafttreten des Integrationsgessetzes ohne
weitere Voraussetzungen nach einem dreijährigen Aufenthalt eine Niederlassungserlaubnis erteilt worden. Im Übrigen kann einem Ausländer, der eine humanitäre Aufenthaltserlaubnis nach Abschnitt 5 besitzt, unter den Voraussetzungen
des § 9 Abs. 2 Satz 1 eine Niederlassungserlaubnis erteilt werden. Auf die fünfjährige Frist des Besitzes einer Aufenthaltserlaubnis wird auch die Zeit des Asylverfahrens angerechnet, und zwar auch dann, wenn dem Ausländer nach Ab-

---

56  Vgl. insbesondere OVG NRW v. 23.3.2006 – 18 B 120/06; v. 6.7.2007 – 18 B 2184/06.
57  BVerwG v. 22.6.2011 – 1 C 5/60, NVwZ 2011, 1340.

schluss des Asylverfahrens zunächst eine Duldung erteilt worden ist. Nicht erforderlich ist daher ein zeitlicher Zusammenhang zwischen dem Abschluss des Asylverfahrens und der Erteilung einer humanitären Aufenthaltserlaubnis.[58] Die Vorschrift hat vor dem Hintergrund einer starken Erhöhung der Zahl der nach Deutschland eingereisten Flüchtlinge eine große praktische Bedeutung im Sinne einer Verfestigung des Aufenthalts einer großen Zahl von Personen erlangt, die in einem Schnellverfahren als Flüchtlinge anerkannt worden sind, jedoch nach neueren politischen Vorgaben lediglich einen prinzipiell zeitlich begrenzten Schutz vor Krieg und Gewaltanwendung in bewaffneten Konflikten erhalten sollten. Mit Inkrafttreten des Integrationsgesetzes 2016 wird nunmehr der Erwerb der Niederlassungserlaubnis für Inhaber einer Aufenthaltserlaubnis für anerkannte Flüchtlinge an den fünfjährigen Besitz der Aufenthaltserlaubnis, die überwiegende Sicherung des Lebensunterhalts und den Nachweis hinreichender Kenntnisse der deutschen Sprache oder an den dreijährigen Besitz der Aufenthaltserlaubnis bei Erfüllung höherer Integrationsanforderungen und die „weit überwiegende" Sicherung des Lebensunterhalts geknüpft[59].

Ein *Erlöschen des Aufenthaltstitels* tritt nach § 51 Abs. 1 Nr. 6 und Nr. 7 Auf- **270** enthG unter anderem ein, wenn der Ausländer aus einem seiner Natur nach nicht vorübergehenden Grund ausreist oder wenn der Ausländer ausgereist und nicht innerhalb von sechs Monaten oder einer von der Ausländerbehörde bestimmten längeren Frist wieder eingereist ist. Lebt der Ausländer aber schon seit 15 Jahren im Bundesgebiet, so erlischt die Niederlassungserlaubnis nicht, wenn der Lebensunterhalt gesichert ist und keine Ausweisungsinteressen (§ 54 Abs. 1 Nr. 2 bis 5 oder Abs. 2 Nr. 5 bis 7) bestehen. Entsprechendes gilt für einen Ausländer, der mit einem Deutschen in ehelicher Lebensgemeinschaft lebt (vgl. § 51 Abs. 2 Satz 1 und Satz 2 AufenthG).

Die Anrechnungsmöglichkeiten des § 9 Abs. 4 AufenthG sollen nach der Inten- **271** tion des Gesetzgebers die einmal erreichte Integration in die deutschen Lebensverhältnisse honorieren. Ein Ausländer, der bei seiner Ausreise bereits im Besitz einer Niederlassungserlaubnis war und dem nach einer zum Erlöschen des Titels führenden Ausreise aufgrund der allgemeinen Voraussetzungen nach diesem Gesetz wieder eine Aufenthaltserlaubnis erteilt wird, soll – abhängig von der Länge des Inlandsaufenthalts und des dazwischen liegenden Auslandsaufenthalts – schneller eine Niederlassungserlaubnis erhalten können als ein Ausländer, der vorher noch nicht im Bundesgebiet gelebt hat. Die zweite Alternative entspricht weitgehend den herkömmlichen Anrechnungsregeln. Kurzfristige Aufenthalte im Ausland, die nicht zum Erlöschen des Aufenthaltstitels führen, sind für die Berechnung der erforderlichen Aufenthaltszeit unschädlich.
Für die Zeit des Besitzes der Aufenthaltserlaubnis sind Zeiten anzurechnen, in denen der Ausländer aufenthaltsrechtlich entweder aufgrund einer fingierten Aufenthaltserlaubnis oder einer Freistellung vom Erfordernis der Aufenthaltserlaubnis befreit war. In der Praxis wurden insbesondere folgende Zeiten als Zeiten des Besitzes der Aufenthaltserlaubnis angesehen:
–   Geltungsdauer des mit Zustimmung der Ausländerbehörde erteilten Visums,

---

58  BVerwG v. 13.9.2011 – 1 C 17/10.
59  Art. 5 Nr. 5 Integrationsgesetz.

- Zeiten einer nach § 81 Abs. 3 oder Abs. 4 AufenthG fingierten Aufenthaltserlaubnis bis zur Entscheidung der Ausländerbehörde über eine Beantragung bzw. Verlängerung der Aufenthaltserlaubnis,
- Zeiten, in denen der Ausländer vom Erfordernis der Aufenthaltserlaubnis
  befreit war,
- Zeiten von einer Versagung der Aufenthaltserlaubnis bis zur Erteilung oder
  Verlängerung aufgrund eines erfolgreichen Rechtsbehelfs[60].

**272** Anrechenbar sind ferner Zeiten des früheren Besitzes einer Aufenthaltserlaubnis
oder Niederlassungserlaubnis, wenn der Ausländer zum Zeitpunkt seiner Ausreise im Besitz einer Niederlassungserlaubnis war, höchstens 6 Monate eines
Auslandsaufenthalts, der nicht zum Erlöschen der Aufenthaltserlaubnis geführt
hat und schließlich Zeiten eines Studiums oder einer Berufsausbildung in
Deutschland zur Hälfte (§ 9 Abs. 4 Nr. 1 bis 3).

**273** Bezüglich der Voraussetzung der *Sicherung des* Lebensunterhalts (§ 9 Abs. 2
Satz 1 Nr. 2 AufenthG) gelten die Ausführungen zu § 5 Abs. 1 Nr. 1 AufenthG[61].
Allerdings kann bei der Niederlassungserlaubnis von dieser Voraussetzung abge-
sehen werden, wenn der Ausländer sie wegen einer körperlichen, geistigen oder
seelischen Krankheit oder Behinderung nicht erfüllen kann (vgl. § 9 Abs. 2 Satz 6
AufenthG). Nach der Gesetzesbegründung[62] wollte der Gesetzgeber mit dieser
Ausnahmevorschrift dem durch Art. 3 Abs. 3 Satz 2 GG gebotenen besonderen
Schutz von kranken und behinderten Menschen Rechnung tragen und diese nicht
von einer ansonsten möglichen weiteren Aufenthaltsverfestigung durch Versagung einer Niederlassungserlaubnis wegen Fehlens der besonderen Integrationsvoraussetzungen ausschließen. Die Bestimmung soll sicherstellen, dass Behinderte nicht benachteiligt werden, wenn sie wegen ihrer Behinderung nicht
arbeiten können. Fraglich ist, ob dieser Ausnahmekonstellation vergleichbare
weitere Sachverhalte wie etwa der Fall, dass der Ausländer aufgrund von Betreu-
ungspflichten keiner Berufstätigkeit nachgehen kann, gleichgestellt werden können. Der VGH BW[63] hat eine analoge Anwendung des § 9 Abs. 2 Satz 6 AufenthG auf den Fall, dass der Ausländer eine körperlich oder geistig behinderte
bzw. erkrankte Person rund um die Uhr zu betreuen hat, abgelehnt.

**274** Erforderlich sind ferner *60 Monate Beiträge zur Rentenversicherung* (Nr. 3), berufliche Ausfallzeiten aufgrund von Kinderbetreuung oder häuslicher Pflege sind
jedoch unschädlich. Das Erfordernis wird von Arbeitnehmern erfüllt, die zur
Ausübung einer Beschäftigung berechtigt sind. Eine private Vorsorge ist ausreichend, wenn der Ausländer im Fall der Erwerbsunfähigkeit oder bei Erreichen
des Rentenalters in gleicher Weise gesichert ist, wie er es durch die gesetzliche
Rentenversicherung wäre[64].

**275** Erforderlich für die Erteilung einer Niederlassungserlaubnis ist nach § 9 Abs. 2
Satz 1 Nr. 4 AufenthG weiterhin, dass *keine Gründe der öffentlichen Sicherheit
oder Ordnung entgegenstehen.* Entsprechend Art. 6 Abs. 1, 2. Unterabsatz der

---

60  Vgl. dazu BVerwG v. 24.5.1995, NVwZ 1995, 1131.
61  BVerwG v. 16.8.2011 – 1 C 4/10, NVwZ-RR 2012, 333; vgl. Rn. 245 ff.
62  Vgl. BT-Drs. 15/420, S. 72.
63  VGH BW v. 26.7.2007 – 13 S 1078/07, juris.
64  Nr. 9.2.1.3.1 AVwV zu § 9 AufenthG.

Daueraufenthaltsrichtlinie 2003/109 ist eine Abwägung zwischen den Interessen des Ausländers und den Ordnungsbelangen der Bundesrepublik notwendig.

§ 9 Abs. 2 Satz 1 Nr. 4 AufenthG schließt die Anwendbarkeit der allgemeinen **276** Erteilungsvoraussetzungen von § 5 AufenthG nicht aus, sofern keine verdrängenden Spezialregelungen in § 9 bestehen. Denn Anforderungen, die für jede Aufenthaltserlaubnis gelten, müssten erst recht für die Niederlassungserlaubnis bestehen[65]. Erforderlich ist eine Güterabwägung. Für die Auslegung der Klausel können die unionsrechtlichen Standards für die Daueraufenthaltserlaubnis-Richtlinie[66] als Leitlinien herangezogen werden. Dafür spricht, dass der Gesetzgeber sich bei der Neuregelung an den Vorschriften der Daueraufenthaltsrichtlinie orientiert hat und eine Parallelregelung vornehmen wollte[67].

Erforderlich ist ferner, dass dem Ausländer, der Arbeitnehmer ist, die *Beschäfti-* **277** *gung erlaubt* ist, was entweder durch eine Zustimmung der Bundesagentur für Arbeit oder durch eine Ausnahme vom Zustimmungserfordernis nach der BeschV erreicht werden kann. Da jeder Aufenthaltstitel nach § 4 Abs. 2 Satz 2 AufenthG erkennen lassen muss, ob die Ausübung einer Erwerbstätigkeit erlaubt ist, genügt im Allgemeinen die Vorlage des Aufenthaltstitels zum Nachweis der Erlaubnis. Unerheblich ist, ob die Ausübung der Beschäftigung mit Einschränkungen versehen ist. Obwohl § 9 Abs. 2 Satz 1 Nr. 5 AufenthG allgemein davon spricht, dass dem Ausländer die Beschäftigung erlaubt ist, wird man allerdings verlangen müssen, dass die Ausübung der Beschäftigung nicht von vornherein nach dem Zweck der Erlaubnis auf eine vorübergehende, nicht verlängerbare Beschäftigung bezogen ist. Dafür spricht, dass nach § 9 Abs. 2 Satz 1 Nr. 6 AufenthG der Ausländer auch im *Besitz der sonstigen*, für eine dauernde Ausübung seiner Erwerbstätigkeit erforderlichen *Erlaubnisse* sein muss. Zwar bezieht sich diese Vorschrift insbesondere auf die Ausübung selbständiger Erwerbstätigkeiten aufgrund der einschlägigen gewerbe-, lebensmittel- und gesundheitsrechtlichen Regelungen[68], die die dauernde Ausübung derartiger Tätigkeiten von einer behördlichen Zulassung abhängig machen. Ungeachtet dessen wird man nach dem Zweck der Vorschriften verlangen müssen, dass die Beschäftigung nach der Art der Erlaubnis nicht auf eine lediglich vorübergehende Beschäftigung begrenzt ist.

Von § 9 Abs. 2 Satz 1 Nr. 6 AufenthG werden neben den allgemeinen gewerbe- **278** rechtlichen Erfordernissen (§§ 30 ff. GewO, § 2 GastG) auch handwerksrechtliche (§§ 1 ff. HwO) und besondere, für Ausländer geltende Zulassungserfordernisse erfasst. Die Erlaubnis muss sich auf die dauernde Berufsausübung beziehen. Eine befristete Erlaubnis ist im Allgemeinen nicht ausreichend, sofern nicht ein Anspruch auf Fortsetzung der Berufstätigkeit besteht und die Befristung nur den Zweck verfolgt, in regelmäßigen Abständen die für die Ausübung der Berufstätigkeit allgemein geltenden Voraussetzungen zu überprüfen.

§ 9 Abs. 2 Satz 1 Nr. 7 AufenthG sieht als weitere Voraussetzung für die Ertei- **279** lung der Niederlassungserlaubnis vor, dass der Ausländer über *ausreichende*

---

65  Vgl. Begründung der Bundesregierung zum Entwurf eines Gesetzes zur Umsetzung aufenthalts- und asylrechtlicher Richtlinien der Europäischen Union, BT-Drs. 16/5065, S. 23 f.
66  Richtlinie 2003/109, *Hailbronner*, D 9.16; vgl. dazu Thym, in: Hailbronner/Thym (Hrsg.), European Immigration and Asylum Law, A Commentary, 2. Aufl. 2016, C.3, S. 438 ff.
67  Vgl. dazu *Hailbronner*, Ausländerrecht, § 9 AufenthG, August 2008, Rn. 34 ff.
68  Z. B. §§ 1 ff. HebG; §§ 4 ff. BRAO.

*Kenntnisse der deutschen Sprache* verfügen muss[69]. Damit soll dem Erfordernis der Sprachkenntnisse als wesentlicher Integrationsvoraussetzung und als Voraussetzung für die Teilnahme am gesellschaftlichen Leben größere Bedeutung verschafft werden[70]. Ausreichende Kenntnisse der deutschen Spracheliegen vor, wenn sich der Ausländer im täglichen Leben einschließlich der Kontakte mit Behörden in seiner deutschen Umgebung sprachlich zurechtzufinden vermag und mit ihm ein seinem Alter und Bildungsstand entsprechendes Gespräch geführt werden kann. Dazu gehört auch, dass der Ausländer einen deutschsprachigen Text des alltäglichen Lebens lesen, verstehen und die wesentlichen Inhalte mündlich wiedergeben kann. Die Fähigkeit, sich auf einfache Art mündlich verständigen zu können, reicht nicht aus. Kann ein Ausländer diese Anforderungen wegen einer körperlichen oder geistigen Krankheit oder Behinderung nicht erfüllen[71], sind Ausnahmen vorgesehen. Zur Vermeidung einer Härte kann von den Voraussetzungen der Sprachkenntnisse und der Grundkenntnisse der Rechts- und Gesellschaftsordnung abgesehen werden[72]. Eine weitere Ausnahme gilt, wenn der Ausländer sich auf einfache Art in deutscher Sprache mündlich verständigen kann und er nach § 44 Abs. 3 Nr. 2 AufenthG keinen Anspruch auf Teilnahme am Integrationskurs hatte oder nach § 44 a Abs. 2 Nr. 3 AufenthG nicht zur Teilnahme am Integrationskurs verpflichtet war[73]. Ausgenommen sind damit zum einen Kinder, Jugendliche und junge Erwachsene, die in der Ausbildung sind, sowie Ausländer bei erkennbar geringem Integrationsbedarf und Ausländer, die bereits über ausreichende Kenntnisse der deutschen Sprache verfügen.

> **Lösung Fall 9:** Die Erteilung einer Niederlassungserlaubnis setzt grundsätzlich voraus, dass der Ausländer über ausreichende Kenntnisse der deutschen Sprache verfügt. Von dieser Voraussetzung kann jedoch zur Vermeidung einer Härte abgesehen werden (§ 9 Abs. 2 Satz 4 AufenthG). Eine solche Härte kann z.B. vorliegen, wenn eine körperliche, geistige oder seelische Erkrankung oder Behinderung den Erwerb ausreichender Sprachkenntnisse zwar nicht unmöglich macht, aber dauerhaft wesentlich erschwert, oder wenn der Ausländer bei der Einreise bereits über 50 Jahre alt war, oder wenn wegen der Pflegebedürftigkeit eines Angehörigen der Besuch eines Integrationskurses auf Dauer unmöglich oder unzumutbar war (Nr. 9.2.10.2 AVwV-AufenthG). Die Ausländerbehörde kann der M die beantragte Niederlassungserlaubnis daher trotz des Fehlens ausreichender Sprachkenntnisse erteilen.

**280**  Mit einer Übergangsregelung wird ferner in § 104 Abs. 2 Satz 1 AufenthG für Ausländer, die vor dem 1.1.2005 im Besitz einer Aufenthaltserlaubnis oder Aufenthaltsbefugnis waren, bei der Entscheidung über die Erteilung einer Niederlassungserlaubnis hinsichtlich der sprachlichen Kenntnisse nur gefordert, dass sie sich auf *einfache* Art in deutscher Sprache mündlich verständigen können. Für diese Ausländer wird im Übrigen auch von den Voraussetzungen der 60 Monate Pflichtbeiträge (§ 9 Abs. 2 Satz 1 Nr. 3 AufenthG) und dem Erfordernis des Nachweises der Grundkenntnisse der Rechts- und Gesellschaftsordnung (§ 9 Abs. 2 Satz 1 Nr. 8 AufenthG) eine Ausnahme gemacht (vgl. § 104 Abs. 2 Satz 2 AufenthG).

---

69  Für die unbefristete Aufenthaltserlaubnis und die Aufenthaltsberechtigung nach §§ 24, 27 AuslG 1990 genügte früher, dass sich der Ausländer auf einfache Art in deutscher Sprache mündlich verständigen konnte.
70  BT-Drs. 15/420, S. 72.
71  Vgl. § 9 Abs. 2 Satz 3 AufenthG.
72  § 9 Abs. 2 Satz 4 AufenthG.
73  § 9 Abs. 2 Satz 5 AufenthG.

*Grundkenntnisse der Rechts- und Gesellschaftsordnung* (§ 9 Abs. 2 Satz 1 Nr. 8 **281**
AufenthG) umfassen die grundlegenden Prinzipien des Rechtsstaats. Eine Orientierung über die Inhalte geben die Lehrpläne des Orientierungskurses, der Bestandteil des Integrationskurses ist. Die Grundkenntnisse können ebenso wie die erforderlichen Sprachkenntnisse durch die erfolgreiche Teilnahme an einem Integrationskurs, aber auch auf andere Weise – etwa über einen entsprechenden Schulabschluss – nachgewiesen werden[74].

Hinsichtlich des *ausreichenden Wohnraums* (§ 9 Abs. 2 Satz 1 Nr. 9 AufenthG) **282**
gilt § 2 Abs. 4 AufenthG. Danach wird als ausreichender Wohnraum nicht mehr gefordert, als für die Unterbringung eines Wohnungssuchenden in einer öffentlich geförderten Sozialmietwohnung genügt. Der Wohnraum ist nicht ausreichend, wenn er den auch für Deutsche geltenden Rechtsvorschriften hinsichtlich Beschaffenheit und Belegung nicht genügt. Kinder bis zur Vollendung des zweiten Lebensjahres werden bei der Berechnung des für die Familienunterbringung ausreichenden Wohnraums nicht mitgezählt. Das Vorhandensein ausreichenden Wohnraums bemisst sich somit als Obergrenze nach den Maßstäben, die für die Einweisung eines Wohnungssuchenden in eine öffentlich geförderte Sozialwohnung gelten, und als unterste Grenze an den für Deutsche geltenden Mindestnormen hinsichtlich Beschaffenheit und Belegung. Abzustellen ist auf die der familiären Hausgemeinschaft tatsächlich angehörenden Familienmitglieder. Nicht anrechenbar sind daher Ehegatten und Familienangehörige, die nicht nur vorübergehend die häusliche Gemeinschaft verlassen haben. Unerheblich ist, ob weitere Familienangehörige nachzugsberechtigt bzw. nachzugswillig sind. Entscheidend sind nach dem Wortlaut des § 9 Abs. 2 Satz 1 Nr. 9 AufenthG nur die tatsächlich zur Zeit der Entscheidung in einer häuslichen Gemeinschaft lebenden Familienangehörigen.

### 3. Voraussetzungen der Erlaubnis zum Daueraufenthalt-EU

Die Erlaubnis zum Daueraufenthalt-EU ist durch das Richtlinienumsetzungsge- **283**
setz vom 19.8.2007[75] als neuer Aufenthaltstitel in das AufenthG eingefügt worden, um die sog. Daueraufenthaltsrichtlinie[76] umzusetzen. Entsprechend der Zielsetzung der Richtlinie gewähren die §§ 9 a ff. AufenthG *langfristig aufhältigen Drittstaatsangehörigen* eine *privilegierte Rechtsstellung*, die derjenigen der Unionsbürger so nah wie möglich ist. Dies soll der Integration dienen und damit zugleich zur Förderung des wirtschaftlichen und sozialen Zusammenhalts der Union beitragen[77]. Dementsprechend *berechtigt* die Daueraufenthaltserlaubnis-EU *zur Ausübung einer Erwerbstätigkeit* und kann nur in den durch das AufenthG ausdrücklich zugelassenen Fällen mit einer Nebenbestimmung versehen werden. Inhaber einer Daueraufenthaltserlaubnis-EU bedürfen daher ebenso wenig wie Inhaber einer Niederlassungserlaubnis zur Ausübung einer Erwerbstätigkeit einer Genehmigung durch die Bundesagentur für Arbeit. Ihr Recht auf Zu-

---

74  BT-Drs. 15/420, S. 72; vgl. auch Integrationskursverordnung v. 13.12.2004 (BGBl. I, S. 3370).
75  Gesetz zur Umsetzung aufenthalts- und asylrechtlicher Richtlinien der Europäischen Union v. 19.8.2007, BGBl. I, S. 1970.
76  RL 2003/109/EG des Rates v. 25.11.2003 betreffend die Rechtsstellung der langfristig aufenthaltsberechtigten Drittstaatsangehörigen, ABl. EU Nr. L 16, S. 44; s. hierzu auch *Thym*, in: Hailbronner/ Thym (Hrsg.), European Immigration and Asylum Law, A Commentary, 2. Aufl. 2016, C 3, S. 438 ff.
77  Vgl. Erwägungsgrund Nr. 4 zur RL 2003/109/EG; zur Entstehungsgeschichte vgl. *Hailbronner*, ZAR 2004, 163; *Thym*, a.a.O, S. 438 ff.

gang zur Beschäftigung ist grundsätzlich nicht von den in § 39 Abs. 2 AufenthG vorgesehenen Voraussetzungen abhängig.

**284**  Zudem begründet der Besitz einer Daueraufenthaltserlaubnis-EU eine *Privilegierung bei aufenthaltsbeendenden Maßnahmen.* Gem. § 53 Abs. 3 AufenthG ist eine Ausweisung nur möglich, wenn das persönliche Verhalten des Betroffenen gegenwärtig eine schwerwiegende Gefahr für die öffentliche Sicherheit und Ordnung darstellt. Aufgrund der gesetzlichen Systematik der Vorschrift, die auch nach Assoziationsrecht privilegierte türkische Staatsangehörige einbezieht, ist damit klargestellt, dass eine Ausweisung nur unter den gleichen Voraussetzungen möglich ist, die auch für türkische Staatsangehörige, die sich als Erwerbstätige oder Familienangehörige eines Erwerbstätigen in Deutschland aufhalten, gilt[78]. Zum Begriff der öffentlichen Sicherheit gehören sowohl die innere als auch die äußere Sicherheit des Staates[79]. Hauptanwendungsfall der Vorbehaltsklausel sind Verstöße gegen innerstaatliche Rechtsvorschriften, insbesondere strafgesetzliche Normen. Erfasst sind auch Gefährdungen der staatlichen Sicherheit durch terroristische Aktivitäten. Von der Vorbehaltsklausel nicht erfasst sind jedoch wirtschaftliche Gründe (vgl. auch Art. 6 Abs. 2 der Daueraufenthaltsrichtlinie). Ausgeschlossen sind daher nationale Arbeitsmarktinteressen oder auch die Gefahr finanzieller Belastungen. Bei der Entscheidung darüber, ob der Erteilung des Aufenthaltstitels Gründe der öffentlichen Sicherheit oder Ordnung entgegenstehen, ist die Schwere oder die Art des Verstoßes gegen die öffentliche Sicherheit oder Ordnung oder die vom Ausländer ausgehende Gefahr unter Berücksichtigung der Dauer des bisherigen Aufenthalts und dem Bestehen von Bindungen im Bundesgebiet zu berücksichtigen. Die nicht sehr klare Formulierung der Richtlinie erfordert im Ergebnis eine *Interessenabwägung.* Voraussetzung für die Abwägungsentscheidung ist jedoch, dass alle sonstigen zwingenden Voraussetzungen des § 9 a Abs. 2 AufenthG erfüllt sind.

**285**  Nach allgemeinen Rechtsgrundsätzen kommt § 9 a AufenthG *nicht* zur *Anwendung, wenn speziellere unionsrechtliche Regelungen bestehen.* Als spezialgesetzliche Regelungen kommen die Vorschriften über die Rechtsstellung der Angehörigen assoziierter Staaten, insbesondere des Assoziationsabkommens EWG/Türkei in Betracht. Soweit in günstigeren Vorschriften aus bilateralen Übereinkommen zwischen der EU und ihren Mitgliedstaaten einerseits und Drittstaaten andererseits, bilateralen Abkommen zwischen einem Mitgliedstaat und einem Drittstaat oder dem Europäischen Niederlassungsabkommen vom 13.12.1955, der geänderten Europäischen Sozialcharta vom 3.3.1987 und dem Europäischen Übereinkommen über die Rechtstellung der Wanderarbeitnehmer vom 24.11.1977 Rechte zugunsten von Drittstaatsangehörigen ableitbar sind, gehen diese § 9 a AufenthG vor[80].

**286**  Die §§ 9 a–9 c AufenthG sind vom Gesetzgeber so ausgestaltet worden, dass – über die Mindestanforderungen hinaus – die Voraussetzungen der Erlaubnis zum Daueraufenthalt-EU denen der Niederlassungserlaubnis im Wesentlichen entsprechen[81].

---

78  Vgl. dazu unten § 13.
79  Vgl. EuGH v. 4.10.1991, Rs. C-367/89 – *Richardt*, Slg. 1991, I-4621; EuGH v. 17.6.1997, Rs. C-65/98 und 111/95 – *Shingara und Radiom*, Slg. 1997, I-3343.
80  Vgl. Art. 3 Abs. 3 RL 2003/109(EG).
81  BT-Drs. 16/5065, S. 277.

Gem. § 9 a Abs. 2 und 3 AufenthG besteht ein *Anspruch auf Erteilung* einer **287** Erlaubnis zum Daueraufenthalt-EU, wenn folgende *Voraussetzungen* erfüllt sind:
- fünfjähriger Aufenthalt im Bundesgebiet mit Aufenthaltstitel (Abs. 2 Satz 1 Nr. 1)
- gesicherter Lebensunterhalt durch feste und regelmäßige Einkünfte (Abs. 2 Satz 1 Nr. 2)
- ausreichende Kenntnisse der deutschen Sprache (Abs. 2 Satz 1 Nr. 3)
- Grundkenntnisse der Rechts- und Gesellschaftsordnung (Abs. 2 Satz 1 Nr. 4)
- keine entgegenstehenden Gründe der öffentlichen Sicherheit oder Ordnung (Abs. 2 Satz 1 Nr. 5)
- Ausreichender Wohnraum (Abs. 2 Satz 1 Nr. 6)
- keine Ausschlussgründe nach Absatz 3

Nach § 9 a Abs. 2 Satz 1 Nr. 1 AufenthG muss sich der Ausländer *seit fünf Jah-* **288** *ren mit einem Aufenthaltstitel im Bundesgebiet* aufhalten. Aus der Formulierung „seit fünf Jahren" folgt, dass der rechtmäßige ununterbrochene Aufenthalt unmittelbar vor der Stellung des Antrags auf die Erteilung der Daueraufenthaltserlaubnis-EU nachgewiesen werden muss. Die Voraussetzung des fünfjährigen rechtmäßigen Aufenthalts ist daher noch nicht dadurch erfüllt, dass zu irgendeinem früheren Zeitpunkt ein rechtmäßiger ununterbrochener Aufenthalt im Bundesgebiet vorgelegen hat. Der Ausländer muss noch im Zeitpunkt der Antragstellung im Besitz eines Aufenthaltstitels oder zumindest eines fiktiven Aufenthaltsrechts nach § 81 Abs. 4 AufenthG sein. Als Aufenthaltstitel gelten lediglich das Visum, die Aufenthaltserlaubnis, die Blaue Karte, die Niederlassungserlaubnis und die Erlaubnis zum Daueraufenthalt-EU (vgl. § 4 Abs. 1 AufenthG). Der Besitz einer Duldung genügt mithin nicht. Aufgrund der RL 2011/ 51 sind seit 20.5.2013 auch Flüchtlinge und subsidiär Schutzberechtigte in den Anwendungsbereich der Richtlinie einbezogen[82]. Sonstige lediglich vorübergehend anwesende Personen sind vom Erwerb einer Erlaubnis zum Daueraufenthalt-EU ausgeschlossen.

Die *Anrechnung von Aufenthaltszeiten* bemisst sich ausschließlich nach § 9 b **289** AufenthG. Ausreichend ist, dass der fünfjährige Aufenthalt ganz oder teilweise vor Inkrafttreten des Gesetzes bzw. der Daueraufenthaltsrichtlinie liegt[83]. Die Anrechnung der Voraufenthaltszeiten entspricht im Wesentlichen § 9 Abs. 4 AufenthG, ist aber teilweise detaillierter im Hinblick auf Zeiten eines früheren Aufenthalts im Bundesgebiet mit anschließendem Aufenthalt im Ausland und Wiedereinreise ins Bundesgebiet geregelt. Anrechenbar sind auch die Zeiten, in denen ein Ausländer die Blaue Karte besitzt, die von einem anderen EU-Mitgliedstaat ausgestellt wurde, wenn er sich aufgrund dieser Karte in diesem Mitgliedstaat mindestens 18 Monate aufgehalten hat und sich bei Antragstellung mindestens zwei Jahre im Bundesgebiet aufhält[84].

Für die weitere Voraussetzung der *Sicherung seines* Lebensunterhalts und desje **290** nigen von Angehörigen, denen der Drittstaatsangehörige Unterhalt zu leisten hat, *durch feste und regelmäßige Einkünfte* und das Erfordernis der *ausreichen-*

---

82  ABl. L 132 v. 19.5.2001; vgl. *Dienelt*, in: Renner/Bergmann/Dienelt, § 9a, Rn. 52.
83  Vgl. auch *Hauschild*, ZAR 2003, 350.
84  § 9b Abs. 2 Satz 1 AufenthG.

*den Kenntnisse der deutschen Sprache* und der *Grundkenntnisse der Rechts- und Gesellschaftsordnung und der Lebensverhältnisse im Bundesgebiet* gelten die gleichen Grundsätze wie für die Erteilung einer Niederlassungserlaubnis nach § 9. Schließlich muss der Ausländer über *ausreichenden Wohnraum* für sich und seine mit ihm in familiärer Gemeinschaft lebenden Familienangehörigen verfügen (§ 9 a Abs. 2 Satz 1 Nr. 6 AufenthG). Da die Daueraufenthaltsrichtlinie den Begriff des ausreichenden Wohnraumes nicht näher definiert, finden die allgemeinen Vorschriften des AufenthG, mithin § 2 Abs. 4 AufenthG Anwendung.

**291**  Nach § 9 a Abs. 3 AufenthG scheidet die Erteilung einer Erlaubnis zum Daueraufenthalt-EU aus, wenn einer der folgenden *Ausschlussgründe* vorliegt.

**292**  Der wichtigste Ausschlussgrund betrifft nach § 9 a Abs. 3 Nr. 1 AufenthG die *Ausländer, die einen Aufenthaltstitel nach Abschnitt 5* (§§ 22 ff.) des AufenthG mit Ausnahme eines Aufenthaltstitels nach § 23 Abs. 2 AufenthG *besitzen* oder einen solchen Aufenthaltstitel beantragt haben, sofern sie nicht in Deutschland oder einem anderen EU-Mitgliedstaat die Rechtsstellung eines international Schutzberechtigten (Flüchtlinge, subsidiär Schutzberechtigte) erlangt haben. Abschnitt 5 regelt den Aufenthalt von Ausländern aus völkerrechtlichen, humanitären oder politischen Gründen. Ausgeschlossen vom Erwerb einer Erlaubnis zum Daueraufenthalt-EU sind ferner nur für einen vorübergehenden Aufenthalt zugelassene Ausländer. Im Einzelnen betrifft dies im Wesentlichen folgende Kategorien von Ausländern:

–  Ausländer, die aufgrund einer politischen Entscheidung der obersten Landesbehörde aus völkerrechtlichen oder humanitären Gründen oder zur Wahrung politischer Interessen nach § 23 Abs. 1 AufenthG aufgenommen wurden

–  Ausländer, denen aufgrund der Entscheidung der obersten Landesbehörde nach § 23 a AufenthG eine Aufenthaltserlaubnis aufgrund eines Vorschlags einer Härtefallkommission erteilt worden ist

–  Ausländer, denen aufgrund der Richtlinie 2001/55/EG vorübergehender Schutz gewährt worden ist

–  Asylbewerber oder Antragsteller auf vorübergehenden Schutz nach § 25 Abs. 4, denen für einen vorübergehenden Aufenthalt aus dringenden humanitären Gründen (§ 25 Abs. 4 AufenthG) oder als Opfer von Menschenhandel (§ 25 Abs. 4 a AufenthG), zur Durchführung von Strafverfahren zur Bekämpfung von Schwarzarbeit (§ 25 Abs. 4b)oder wegen Unmöglichkeit der Abschiebung (§ 25 Abs. 5 AufenthG) eine Aufenthaltserlaubnis erteilt worden ist

–  Ausländer, die nach §§ 25 a und 25 b (gut integrierte jugendliche und erwachsene geduldete Ausländer) eine Aufenthaltserlaubnis erlangt haben (siehe aber § 26 Abs. 4 für die Niederlassungserlaubnis)

–  Studenten und Auszubildende, die im Besitz einer Aufenthaltserlaubnis nach § 16 sind (einschließlich studienvorbereitender Sprachkurse, Studienbewerbung und der Arbeitssuche nach erfolgreichem Studienabschluss)

–  Ausländer, die sich zu einem sonstigen, seiner Natur nach vorübergehenden Zweck im Bundesgebiet aufhalten (z. B. Au-Pair oder Saisonarbeitnehmer, ebenso wie befristet beschäftigte Ausländer, deren Aufenthaltserlaubnis nicht verlängert werden kann).

Nicht unmittelbar aufgeführt in der Liste der Ausschlussgründe sind *Familienan-* **293** *gehörige* von Ausländern, die im Hinblick auf ihren humanitären oder vorübergehenden Aufenthalt selbst keinen Anspruch auf Erwerb einer Daueraufenthalts-erlaubnis-EU haben. Streitig ist daher, ob denjenigen Familienangehörigen, die eine vom Stammberechtigten abhängige aufenthaltsrechtliche Stellung haben, ein Recht auf Daueraufenthalt-EU eingeräumt werden kann, obwohl der Stammberechtigte selbst vom Erwerb einer Erlaubnis zum Daueraufenthalt-EU ausgeschlossen ist. Soweit Familienangehörige den gleichen aufenthaltsrechtlichen Status als Flüchtlinge, subsidiär Schutzberechtigte usw. erhalten, wie Ausländer, von denen sie ihr Aufenthaltsrecht ableiten, ergibt sich bereits aus § 9 a Abs. 3 AufenthG, dass für sie der Ausschlusstatbestand in gleicher Weise wie für die Stammberechtigten, von denen sie ihr humanitäres oder temporäres Aufenthaltsrecht ableiten, anwendbar ist. Anderenfalls könnte ein Familienangehöriger des Flüchtlings, der selbst kein Daueraufenthaltsrecht nach § 9 a Abs. 2 AufenthG erwerben kann, dem Flüchtling zu einem Mobilitätsrecht kraft Familiennachzugs verhelfen, was offensichtlich dem Zweck der Ausschlussklausel zuwiderliefe. Der fünfjährige Aufenthalt, der einem Familienangehörigen zum Zweck des familiären Zusammenlebens mit einem vom Erwerb des Daueraufenthaltsrechts-EU ausgeschlossenen Ausländer gestattet wurde, kann daher nicht zum Erwerb einer Daueraufenthaltserlaubnis-EU qualifizieren[85].

Für *Familienangehörige von Studierenden und* Ausländern *in Ausbildung* ergibt **294** sich der Ausschluss daraus, dass der Aufenthalt nur zu einem vorübergehenden Zweck im Sinne des § 9 a Abs. 3 Nr. 5 AufenthG gestattet worden ist. Denn ihr Aufenthaltsrecht ist abhängig von dem vorübergehenden, zweckbezogenen Aufenthaltsrecht des Stammberechtigten. Entsprechendes gilt für nachgezogene Familienangehörige sonstiger Drittstaatsangehöriger, denen der Aufenthalt nur zu einem vorübergehenden anderen Zweck gestattet worden ist (vgl. § 9 a Abs. 3 Nr. 5 lit. c AufenthG). Eine Ausnahme ist jedoch nach Nr. 5 lit. c vorgesehen, wenn bei einer Aufhebung der Lebensgemeinschaft ein eigenständiges Aufenthaltsrecht entstehen würde. Denn dann bestünde mangels Akzessorietät kein sachlicher Grund, aus der temporären Natur des Aufenthaltsrechts des Stammberechtigten die vorübergehende Natur des Aufenthaltsrechts des Familienangehörigen abzuleiten.

## IV.    Formale Voraussetzungen für die Erlangung eines Aufenthaltstitels

Gemäß § 81 Abs. 1 AufenthG wird ein Aufenthaltstitel einem Ausländer *nur auf* **295** seinen *Antrag* erteilt, soweit nichts anderes bestimmt ist. Hat ein Ausländer keinen Antrag gestellt, besteht daher keine Verpflichtung der Behörde, dem Ausländer einen Aufenthaltstitel zu erteilen[86]. Diese Vorschrift dient aber lediglich der Klarstellung und hat damit rein deklaratorische Wirkung. In Ausnahmefällen („soweit nicht etwas anderes bestimmt ist") kann der Aufenthaltstitel auch von Amts wegen ausgestellt werden. Eine derartige Ausnahme ist in § 33 Satz 1 AufenthG (Geburt eines Kindes im Bundesgebiet) vorgesehen. Im Allgemeinen muss

---

85  A. A. *Peers*, Implementing Equality? The Directive on Long-Term Residents of Third-Country Nationals, 2004 (29) E. L. Rev., S. 443.
86  VGH BW v. 30.5.2007 – 13 S 1020/07; Nds. OVG v. 18.1.2007, NVwZ-RR 2007, 348; Hess. VGH v. 13.3.2006, NVwZ-RR 2006, 147.

ein Antrag auf Erteilung eines Aufenthaltstitels zum Zweck eines nicht nur kurz-fristigen Aufenthalts unter genauer Bezeichnung des Aufenthaltszwecks vor der Einreise bei den deutschen Auslandsvertretungen gestellt werden (nationales Vi-sum). Nur unter den Voraussetzungen des § 39 AufentV können Ausländer aus „Positivstaaten" oder Inhaber eines Schengen-Visums nach Einreise im Bundes-gebiet einen Aufenthaltstitel zu einem unterschiedlichen Zweck beantragen[87]. Die Beantragung muss unverzüglich nach Einreise oder innerhalb der in der Auf-enthV bestimmten Zeitdauer erfolgen.

**296** Dem Antrag auf Erteilung eines Aufenthaltstitels sind die für den jeweiligen Auf-enthaltstitel *erforderlichen Unterlagen* (z. B. Renten- oder Versicherungsnach-weis) beizufügen, stets aber ein gültiger Pass sowie ein Lichtbild. Für das Verfah-ren der Erteilung eines Aufenthaltstitels gelten die allgemeinen Regeln des AufenthG über Zuständigkeit und Verfahren (§§ 71 ff. AufenthG) und die für das jeweilige Bundesland maßgeblichen Vorschriften über die örtliche und sachli-che Zuständigkeit der Ausländerbehörden. Danach ist der Antrag auf Erteilung eines Aufenthaltstitels grundsätzlich bei der örtlich zuständigen Ausländerbe-hörde einzureichen (§ 71 Abs. 1 Satz 1 AufenthG). Nur im Falle des Begehrens eines Visums sind nach § 71 Abs. 2 AufenthG die vom Auswärtigen Amt er-mächtigten Auslandsvertretungen, also Botschaften und Generalkonsulate zu-ständig. Gemäß § 82 Abs. 1 AufenthG trifft den Antragsteller eine für die Bear-beitung seines Antrags auf Erteilung eines Aufenthaltstitels erforderliche *Mitwirkungspflicht*. Der Ausländer ist insbesondere verpflichtet, seine Belange und seine für ihn günstigen Umstände rechtzeitig unter Angabe nachprüfbarer Umstände unverzüglich geltend zu machen. Das gilt auch für alle die Rechtsstel-lung eines Ausländers im Bundesgebiet betreffenden Entscheidungen. Die Folgen einer Verletzung der Obliegenheit des § 82 sind nur rudimentär im AufenthG geregelt. In besonderen Fällen hat der Gesetzgeber als Reaktion auf eine Verlet-zung der Mitwirkungspflicht Sanktionen vorgesehen[88].

**297** Je nach der Situation des Ausländers bewirkt der Antrag auf Erteilung eines Aufenthaltstitels eine Erlaubnis-, Duldungs- oder Fortgeltungsfiktion (vgl. § 81 Abs. 3 und 4 AufenthG). Beantragt ein sich rechtmäßig im Bundesgebiet aufhal-tender Ausländer, der keinen Aufenthaltstitel besitzt (z. B. weil er visumfrei für einen kurzfristigen Aufenthalt ins Bundesgebiet eingereist ist) eine Aufenthaltser-laubnis zu einem länger dauernden Aufenthaltszweck, so gilt der Aufenthalt bis zur Entscheidung der Ausländerbehörde als erlaubt („Erlaubnisfiktion"). Das Gleiche gilt für Ausländer, die vor Ablauf ihres Aufenthaltstitels die Verlänge-rung oder die Erteilung eines anderen Aufenthaltstitels beantragen (z. B. Wechsel von der Aufenthaltserlaubnis zum Zweck des Familiennachzugs zur Blauen Karte). Die Fortgeltungsfiktion endet mit der Entscheidung der Ausländerbe-hörde über den Antrag. Ein erneuter Antrag löst keine Fiktionswirkung aus.[89] Über die Fiktionswirkung ist dem Ausländer eine Bescheinigung auszustellen (§ 81 Abs. 5).

**298** Für verspätete Antragstellungen und im Falle eines rechtswidrigen Aufenthalts im Bundesgebiet gilt diese Regelung nicht. Im Falle verspäteter Antragstellung

87 Vgl. § 6 Nr. 6.
88 Vgl. zur nicht rechtzeitigen Vorlage eines ärztlichen Attests zum Nachweis gesundheitlicher Gefähr-dung bei einer Abschiebung § 60a Abs. 2d Satz 2 AufenthG.
89 VGH BW v. 27.5.2013 – 11 S 783/13.

(z. B. bei nicht unverzüglich nach der Einreise erfolgender Antragstellung) gilt aber eine „Duldungsfiktion". Die Abschiebung gilt in diesem Fall als ausgesetzt, der Ausländer kann daher nicht abgeschoben werden, obwohl er ausreisepflichtig bleibt. Ausnahmsweise kann zur Vermeidung einer „unbilligen Härte" bei verspäteter Stellung eines Verlängerungsantrags die Fortgeltung der Fiktionswirkung angeordnet werden[90]. Für die Einbeziehung verspäteter Anträge auch solcher Ausländer, die sich bisher bereits aufgrund einer Aufenthaltserlaubnis im Bundesgebiet aufhielten, in den Anwendungsbereich des § 81 Abs. 3 Satz 2 AufenthG („Duldungsfiktion") spricht, dass nur hierdurch eine Regelungslücke als auch eine sachlich nicht zu rechtfertigende Ungleichbehandlung zwischen § 81 Abs. 3 Satz 2 und § 81 Abs. 4 AufenthG vermieden wird. Denn nach § 81 Abs. 3 AufenthG, der an sich nur die Fälle der erstmaligen Erteilung eines Aufenthaltstitels an sich rechtmäßig im Bundesgebiet aufhaltende Ausländer regelt, führen die Fälle der rechtzeitig und verspätet gestellten Anträge gleichermaßen zu einem vorläufigen Bleiberecht. Wollte man demgegenüber aus dem Anwendungsbereich des § 81 Abs. 3 Satz 2 AufenthG verspätete Verlängerungsanträge gänzlich ausnehmen, führte das zu dem sachlich nicht gerechtfertigten Ergebnis, dass säumigen Ausländern, die sich unter Umständen schon viele Jahre legal im Bundesgebiet aufgehalten haben, kein Abschiebungsschutz zuerkannt würde, während säumige Ausländer, die nur über den relativ schwachen Aufenthaltsstatus des visumfrei eingereisten Touristen verfügten, vor Abschiebung geschützt wären, bis über ihren Antrag auf Erteilung eines Aufenthaltstitels entschieden worden ist[91].

Eine *unbillige Härte* liegt z. B. vor im Fall eines kurzfristig verspätet gestellten **299** Antrags auf Verlängerung einer Aufenthaltserlaubnis zum Ehegattennachzug auf der Grundlage von § 31 AufenthG, der negativ zu bescheiden war, weil mit Erlöschen der bisherigen Aufenthaltserlaubnis ein Anknüpfungspunkt für eine Verlängerung als eigenständiges Aufenthaltsrecht fehlte. Vergleichbare Fallgestaltungen können sich zum Beispiel im Anwendungsbereich von §§ 30 Abs. 1, 34 Abs. 1, 37 Abs. 4 AufenthG ergeben, die gegenüber einer Ersterteilung erleichterte Voraussetzungen für die Verlängerung vorsehen. Eine unbillige Härte liegt insbesondere vor, wenn der Ausländer in solchen Fällen die Frist zur Antragstellung nur geringfügig überschritten hat und die Fristüberschreitung lediglich auf Fahrlässigkeit zurückzuführen ist und bei summarischer Prüfung davon ausgegangen werden kann, dass bei rechtzeitiger Antragstellung der Aufenthaltstitel verlängert oder ein anderer Aufenthaltstitel erteilt worden wäre. Der Ausländer muss glaubhaft machen, dass ihm entweder eine rechtzeitige Antragstellung nicht möglich war oder die Fristversäumnis nur auf Fahrlässigkeit beruhte. Die bloße Unterbrechung der Rechtmäßigkeit des Aufenthalts begründet jedoch noch keine unbillige Härte[92].

Ein Asylsuchender, der einen Antrag auf Erteilung einer Aufenthaltserlaubnis **300** gestellt hat, erlangt mangels eines vorläufigen Bleiberechts keinen rechtmäßigen Aufenthalt im Sinne des § 81 Abs. 3 AufenthG[93]. Auch für die aufgrund des

---

90  § 81 Abs. 4 Satz 2 AufenthG.
91  In diesem Sinne zu § 81 AufenthG a. F. *Dienelt*, InfAuslR 2005, 136 (139) und OVG NRW v. 23.3.2006, ZAR 2006, 253–255.
92  Vgl. BR-Drs. 848/11, S. 22.
93  OVG Bremen v. 29.10.2009 – 1 B 224/09.

§ 104 AufenthG erteilten und verlängerten Aufenthaltstitel findet die Fortgeltungsfiktion gem. 104 a Abs. 5 Satz 5 AufenthG keine Anwendung[94].

**301** Die Erlaubnisfiktion vermittelt anders als die „Duldungsfiktion" einen rechtmäßigen Aufenthalt, der auch für die erforderlichen Zeiträume zur Gewährung eines verfestigten Aufenthaltsrechts anrechenbar ist[95]. Strittig ist, ob die fiktive Aufenthaltserlaubnis auch zur Wiedereinreise berechtigt[96]. Gegen ein Wiedereinreiserecht lässt sich anführen, dass die Erlaubnisfunktion nur der Legalisierung des Aufenthalts bis zur Entscheidung der Ausländerbehörde dient; für eine weitergehende Fiktion spricht aber, dass eine Beeinträchtigung des mit der Aufenthaltserlaubnis verbundenen Reiserechts nicht dadurch eintreten darf, dass die Behörde bei einer rechtzeitigen Antragstellung nicht schnell genug über einen Verlängerungsantrag entscheidet.

## V.  Verlängerung eines Aufenthaltstitels

**Fall 10:** Der afghanische Staatsangehörige A beantragt die Verlängerung seiner Aufenthaltserlaubnis, die ihm für sein Medizinstudium erteilt worden war. Die Ausländerbehörde lehnt den Antrag ab, weil A das Studium abgebrochen hat und nunmehr von Sozialhilfe lebt. Zu Recht?

**Fall 11:** Die indische Staatsangehörige I beantragt die Verlängerung ihrer Aufenthaltserlaubnis, die ihr als Ehefrau des Deutschen D aus familiären Gründen erteilt worden war. Die Ausländerbehörde lehnt die Verlängerung ab mit der Begründung, dass M ihre Pflicht zur Teilnahme an einem Integrationskurs nach § 44 a Abs. 1 Satz 1 Nr. 1 AufenthG nicht erfüllt habe. Erfolgte die Ablehnung der Verlängerung zu Recht?

**302** Ein Ausländer kann seinen Aufenthaltstitel nach § 39 AufenthV im Bundesgebiet verlängern lassen. Für die Verlängerung einer Aufenthaltserlaubnis gelten gem. § 8 Abs. 1 AufenthG *dieselben Vorschriften wie für die erstmalige Erteilung.* Damit wird klargestellt, dass die Gewährung eines befristeten Aufenthaltsrechts Ausländern keinen Anspruch auf Verlängerung der Aufenthaltserlaubnis gibt. Zahlreiche Ausnahmen von diesem Grundsatz finden sich an einzelnen Stellen des Gesetzes, so z. B. beim Familiennachzug. Im Allgemeinen gilt, dass ein Anspruch auf Verlängerung jedoch nur dann besteht, wenn auch die Erteilung der Aufenthaltserlaubnis nicht im Ermessen der Ausländerbehörden steht.

**303** Aus dem Grundsatz des § 8 Abs. 1 AufenthG folgt auch, dass die Voraussetzungen, die nach § 5 AufenthG „in der Regel" für die Erteilung eines Aufenthaltstitels vorliegen müssen, auch für die Verlängerung der Aufenthaltserlaubnis gelten. Das Gleiche gilt für die Versagungsgründe des § 5 Abs. 4 AufenthG (Betätigung für eine terroristische Vereinigung). Ebenso gilt § 7 Abs. 2 AufenthG, wonach die Aufenthaltserlaubnis unter Berücksichtigung des beabsichtigten Aufenthaltszwecks zu befristen ist (Satz 1). Bei nachträglichem Wegfall der Voraussetzungen für die Verlängerung einer Aufenthaltserlaubnis kann die Frist auch nachträglich verkürzt werden (Satz 2).

**Lösung Fall 10:** Gem. § 8 Abs. 1 AufenthG finden auf die Verlängerung der Aufenthaltserlaubnis dieselben Vorschriften Anwendung wie auf die Erteilung. Damit setzt

---

94  Nds. OVG v. 30.6.2010 – 8 ME 133/10, Nord ÖR 2010, 372.
95  Ausgeschlossen ist jedoch die Zeit einer Aufenthaltsgestattung nach § 55 Abs. 3 AsylVfG, Nds. OVG v. 8.10.2009 – 11 LA 189/09.
96  Ablehnend: OVG NRW v. 11.5.2009 – 18 B 8/09, NWVBl. 2009, 478; a. M. u. a. *Funke/Kaiser,* in: GK-AufenthG, § 81, Rn. 31.

die Verlängerung einer Aufenthaltserlaubnis ebenso wie deren erstmalige Erteilung regelmäßig voraus, dass der Lebensunterhalt des Ausländers gesichert ist (§ 5 Abs. 1 Nr. 1 AufenthG). Da A öffentliche Mittel in Anspruch nimmt, ist diese Voraussetzung nicht erfüllt (§ 2 Abs. 3 AufenthG). Darüber hinaus ist für den Aufenthalt des A der Aufenthaltszweck „Ausbildung" mit Abbruch des Studiums weggefallen. Die Ausländerbehörde hat seinen Antrag auf Verlängerung der Aufenthaltserlaubnis daher zu Recht abgelehnt.

Die Unterscheidung zwischen Rechtsansprüchen, Regelerteilung und Ermessenstatbeständen gilt in gleicher Weise für die Verlängerung. **304**

*Rechtsansprüche auf die Verlängerung* einer Aufenthaltserlaubnis können sich **305** entweder aus den gesetzlichen Regeln ergeben, wobei wie bei der Erteilung zu differenzieren ist zwischen strikten Rechtsansprüchen und „Regelansprüchen" bzw. Sollansprüchen (vgl. z. B. § 25 Abs. 3 Satz 1 AufenthG – „einem Ausländer soll eine Aufenthaltserlaubnis erteilt werden"). Aus völkerrechtlichen Verträgen mit Ausnahme des Europäischen Unionsrechts ergeben sich im Allgemeinen keine Verpflichtungen, eine Aufenthaltserlaubnis zu erteilen oder zu verlängern. Insbesondere ist die Klausel, die in zahlreichen Freundschafts- und Niederlassungsverträgen niedergelegt ist, dass Anträge auf Erteilung und Verlängerung der Aufenthaltserlaubnis „wohlwollend zu prüfen sind", nicht im Sinne eines Rechtsanspruchs interpretiert worden[97]. Jedoch muss bei Ermessensentscheidungen der Vertragszweck und das Gebot wohlwollender Prüfung bei der Ermessensausübung berücksichtigt werden. Ausnahmsweise sind aber auch in Abkommen konkretere Bestimmungen, die unter bestimmten Voraussetzungen einen Rechtsanspruch vorsehen, enthalten.

*Besteht kein Rechtsanspruch*, so ist, wenn die Erteilungsvoraussetzungen vorlie- **306** gen und keine zwingenden Versagungsgründe gegeben sind, nach *Ermessen* über die Verlängerung der Aufenthaltserlaubnis zu entscheiden. Bei der Ermessensausübung im Falle der Verlängerung sind im Prinzip dieselben Regeln maßgeblich wie bei der Erteilung. Dennoch geht die Rechtsprechung ungeachtet des § 8 Abs. 1 AufenthG von dem Grundsatz aus, dass *nicht unberücksichtigt bleiben* kann, *dass* ein Ausländer, der eine Verlängerung eines bereits bewilligten Aufenthalts erstrebt, sich in einer anderen Situation befindet als der Ausländer, der erstmalig um einen Aufenthaltstitel nachsucht. Je nach der Dauer seines Aufenthalts und dem Maß seiner beruflichen, persönlichen und sozialen Bindungen ist er in erheblich stärkerem Maße auf den Aufenthalt in Deutschland angewiesen als ein Ausländer, der gerade sein Heimatland verlassen hat.

Bei einer Entscheidung über eine Verlängerung ist zu berücksichtigen, ob der **307** Ausländer seiner *Pflicht zur Teilnahme an einem Integrationskurs* nachgekommen ist. Besteht kein Anspruch auf Erteilung einer Aufenthaltserlaubnis (z. B. weil die Voraussetzungen für ein Familiennachzugsrecht nicht mehr vorliegen), so soll bei wiederholter und gröblicher Pflichtverletzung die Verlängerung abgelehnt werden. Wiederholt ist die Verletzung, wenn mehrfach trotz einschlägiger Hinweise der Ausländer seiner Teilnahmepflicht nicht nachkommt. Gröblich ist die Verletzung, wenn sie Ausdruck einer gegenüber der Integrationspflicht zumindest gleichgültigen oder ablehnenden Einstellung ist. Eine „Sollversagung"

---

97  Vgl. BVerwG v. 27.9.1978, BVerwGE 56, 254; zum Gebot der „Erleichterung" der Einreise und des Aufenthalts sonstiger Familienangehöriger von Unionsbürgern nach Art. 3 Abs. 2 RL 2004/38/EG vgl. EuGH v. 5.9.2012, Rs. C-83/11 – *Rahman.*

ist obligatorisch, wenn keine besonderen Umstände vorliegen, die eine Ablehnung als unangemessen oder unverhältnismäßig erscheinen lassen[98].

**308**   Ein Ermessen der Ausländerbehörde besteht, wenn ein Anspruch auf Aufenthaltserlaubnis nur nach diesem Gesetz besteht. Die Verlängerung kann abgelehnt werden, es sei denn, der Ausländer erbringt den Nachweis, dass seine Integration in das gesellschaftliche und soziale Leben anderweitig erfolgt ist. Bei der Ermessensentscheidung über die Verlängerung einer Aufenthaltserlaubnis sind die Dauer des rechtmäßigen Aufenthalts, schutzwürdige Bindungen des Ausländers an das Bundesgebiet und die Folgen für die rechtmäßig im Bundesgebiet lebenden Familienangehörigen des Ausländers zu berücksichtigen. Über den beschränkten Anwendungsbereich dieser Klausel hinaus lässt sich hieraus ein allgemeiner Grundsatz der Ermessensausübung ableiten. Bereits das BVerfG hat daher festgestellt, dass bei einer Entscheidung über die Verlängerung einer Aufenthaltserlaubnis die Tatsache eines mehrjährigen rechtmäßigen und beanstandungsfreien Aufenthalts bei der Ausübung des Ermessens zu berücksichtigen ist[99]. Aus Gründen des Vertrauensschutzes und des Sozialstaatsprinzips kann daher die Ermessensfreiheit bei der Entscheidung über die Verlängerung eingeschränkt sein[100]. Zu beachten ist ferner zu Gunsten des Ausländers, wenn während eines vorangegangenen rechtmäßigen Aufenthalts schutzwürdige persönliche, wirtschaftliche oder sonstige Bindungen zum Bundesgebiet entstanden sind. War oder ist ein Ausländer zur Teilnahme an Integrationskursen verpflichtet, so soll die Aufenthaltserlaubnis auf höchstens ein Jahr befristet werden, solange ein Integrationskurs noch nicht erfolgreich abgeschlossen wurde oder anderweitig der Nachweis der Integration in das gesellschaftliche und soziale Leben erbracht ist[101].

**309**   Wird eine Nichtverlängerung einer Aufenthaltserlaubnis auf die Begehung von *Straftaten* gestützt, können die für die Ausweisungsgründe maßgeblichen Grundsätze auch für die Nichtverlängerung der Aufenthaltserlaubnis entsprechend herangezogen werden. Könnte im konkreten Fall eine Ausweisung verfügt werden, so ist jedenfalls die Nichtverlängerung der Aufenthaltserlaubnis als milderes Mittel rechtmäßig. Auf der anderen Seite kann aus der Beschränkung der Ausweisung für bestimmte Kategorien schutzwürdiger Ausländer nicht abgeleitet werden, dass auch eine Nichtverlängerung der Aufenthaltserlaubnis unter entsprechenden Voraussetzungen unzulässig wäre. Während nämlich die Ausweisung ein bestehendes Aufenthaltsrecht beseitigt, bewirkt die Nichtverlängerung der Aufenthaltserlaubnis keinen entsprechenden Eingriff in eine bestehende Rechtsposition, sondern bedeutet die Vorenthaltung eines Rechts, auf das nach der gesetzlichen Lage kein Anspruch besteht.

**310**   Auch aus der *mehrfachen Verlängerung einer zeitlich befristeten Aufenthaltserlaubnis* folgt nicht zwingend ein Anspruch auf weitere Verlängerung nach dem Grundsatz des Vertrauensschutzes. Der Gesetzgeber hat mit der Niederlassungserlaubnis insofern die Voraussetzungen, unter denen ein Anspruch auf ein unbefristetes Aufenthaltsrecht erworben wird, abschließend umschrieben (u. a. fünfjähriger Besitz einer Aufenthaltserlaubnis). Vor Ablauf dieses Zeitraums kann

---

98  Vgl. OVG NRW v. 29.4.2011 – 18 B 377/11, NVwZ 2011, 955.
99  BVerfG v. 26.9.1978, BVerfGE 49, 168, 185.
100  BVerwG v. 13.11.1979, BVerwGE 59, 104–112.
101  Vgl. § 8 Abs. 3 Satz 6 AufenthG.

daher ein Ausländer nicht darauf vertrauen, dass eine ihm erteilte Aufenthaltserlaubnis jeweils verlängert wird. Ein *Vertrauenstatbestand* liegt nur bei besonderen Umständen vor, so wenn eine Aufenthaltserlaubnis zum Zweck der Beschäftigung wiederholt routinemäßig und ohne Einschränkungen verlängert worden ist. Die Ausländerbehörde hat es in der Hand, nach § 8 Abs. 2 AufenthG eine Verlängerung der Aufenthaltserlaubnis auszuschließen, wenn es sich um einen seiner Zweckbestimmung nach nur vorübergehenden Aufenthalt handelt. Allerdings ist die Qualifizierung eines Aufenthalts als vorübergehend nicht davon abhängig, dass die Ausländerbehörde ausdrücklich die Verlängerung nach § 8 Abs. 2 AufenthG ausgeschlossen hat[102].

§ 8 Abs. 2 AufenthG ermöglicht der Ausländerbehörde, die Verlängerung der **311** Aufenthaltserlaubnis *durch eine Nebenbestimmung auszuschließen*. Das betrifft beispielsweise kurzfristige Arbeitsaufenthalte, bei denen eine Aufenthaltsverfestigung nicht vorgesehen ist, oder Aufenthalte aufgrund spezifischer Ausbildungsprogramme, bei denen sich die Geförderten verpflichten, nach Abschluss der Ausbildung zurückzukehren.

Grundsätzlich ist in derartigen Fällen die Nichtverlängerung obligatorisch, wo- **312** bei allerdings die Behörde („in der Regel") bei atypischen Interessenlagen hiervon abweichen kann. Auf türkische Staatsangehörige ist die Vorschrift des § 8 Abs. 2 AufenthG wegen der aufgrund des Assoziationsabkommens erlangten privilegierten aufenthaltsrechtlichen Stellung nicht anwendbar, wenn die Voraussetzungen des ARB Nr. 1/80 erfüllt sind[103]. Mit § 8 Abs. 2 AufenthG soll ein variables Instrumentarium für solche Fälle geschaffen werden, in denen wegen des vorübergehenden Aufenthalts eine Entstehung von Daueraufenthaltsrechten von vornherein ausgeschlossen werden soll.

Grundsätzlich richtet sich die Entscheidung darüber, ob ein *berechtigtes Ver-* **313** *trauen* auf eine weitere Verlängerung einer Aufenthaltserlaubnis besteht, nach den Umständen des Einzelfalls. Danach gilt auch für das AufenthG, dass der Ausländer, der zu jeder Zeit um die Begrenzung des Zwecks und die Dauer seines Aufenthalts wusste und der sich zu Unrecht auf ein Daueraufenthaltsrecht eingerichtet hat, die Härten, die sich daraus im Falle einer Beendigung des Aufenthalts ergeben, selbst tragen muss[104].

> **Lösung Fall 11:** Gem. § 8 Abs. 3 Satz 1 AufenthG ist die Verletzung der Pflicht zur Teilnahme an einem Integrationskurs bei der Entscheidung über die Verlängerung einer Aufenthaltserlaubnis zu berücksichtigen. Unterschieden werden muss jedoch, ob die Antragstellerin (hier I) einen Rechtsanspruch auf Erteilung der Aufenthaltserlaubnis hat oder nicht. I hat als Ehegattin eines Deutschen einen Anspruch auf Erteilung einer Aufenthaltserlaubnis aus familiären Gründen, da D seinen gewöhnlichen Aufenthalt im Bundesgebiet hat (§ 28 Abs. 1 Satz 1 Nr. 1 AufenthG). Somit ist § 8 Abs. 3 Satz 4 AufenthG anwendbar. Danach kann die Verlängerung der Aufenthaltserlaubnis nur abgelehnt werden, wenn der Ausländer nicht nachweist, dass seine Integration in das gesellschaftliche und soziale Leben anderweitig erfolgt ist. Die Ausländerbehörde kann die Verlängerung der Aufenthaltserlaubnis daher nur ablehnen, wenn I diesen Nachweis nicht erbringt. Auch in diesem Falle muss eine Abwägung nach § 8 Abs. 3 Satz 5 AufenthG stattfinden, die bei fortbestehender Ehe mit einem deutschen Staatsangehörigen regelmäßig eine Verlängerung gebieten wird, die auf ein Jahr befristet

---

102  Zu § 9 a Abs. 3 Nr. 5 AufenthG vgl. HessVGH v. 31.5.2011 – 6 A 404/11.Z.
103  Vgl. unten § 13 II.
104  BVerfG v. 27.11.1984, NVwZ 1985, 259.

werden „soll" (§ 8 Abs. 3 Satz 6 AufenthG). Verlängert die Behörde die Aufenthaltserlaubnis, kann sie die Nichtteilnahme am Integrationskurs noch in anderer Weise
berücksichtigen, z. B. indem sie die Aufenthaltserlaubnis mit einer Auflage verbindet.

**314** Für die *Geltungsdauer einer Verlängerung eines Aufenthaltstitels* gelten die in
den Verwaltungsvorschriften bzw. in der ausländerbehördlichen Praxis der einzelnen Bundesländer erlassenen Regeln, sofern nicht das Gesetz eine bestimmte
Geltungsdauer vorschreibt. Die *Verlängerung* muss grundsätzlich *rechtzeitig vor
Ablauf der Geltungsdauer* des Aufenthaltstitels bei der für den Aufenthaltsort
zuständigen Ausländerbehörde *beantragt* werden. Ist diese Voraussetzung gege-
ben, so greift § 81 Abs. 4 AufenthG ein. Nach Auffassung des VGH Baden-
Württemberg tritt diese Wirkung auch dann ein, wenn der Antrag bei einer ört-
lich unzuständigen Ausländerbehörde gestellt wird[105]. Bis zur Entscheidung der
Ausländerbehörde gilt der bisherige Aufenthaltstitel nach § 81 Abs. 4 AufenthG
als fortbestehend. Ausgenommen von der Fiktionswirkung ist ein Schengen- oder
Flughafentransit-Visum[106].
Der Verlängerungsantrag muss rechtzeitig vor Ablauf der Geltungsdauer des
Aufenthaltstitels gestellt werden. Verspätete Verlängerungsanträge entfalten die
Fiktion einer Fortgeltung der bisher bestehenden Aufenthaltserlaubnis nur, wenn
die Ausländerbehörde zur Vermeidung einer „unbilligen Härte" die Fortgel-
tungswirkung anordnet[107]. Bis zur Entscheidung über den verspäteten Antrag
gilt jedoch die Abschiebung als ausgesetzt. Die Abschiebung kann daher nicht
vollzogen werden[108].

**315** *Auf abgeschlossene Sachverhalte* kann im Rahmen der Verlängerung eines Aufenthaltstitels *nicht zurückgegriffen* werden. Der Verweis auf die für die Entstehung der Aufenthaltserlaubnis geltenden Regeln schließt daher die Anwendung
der allgemeinen Grundsätze über Vertrauensschutz, Rechtssicherheit und Bestandskraft nicht aus. Ist eine frühere Entscheidung aufgrund eines unzutref-
fenden Sachverhalts oder wegen falscher Rechtsanwendung fehlerhaft, so ist
ausschließlich durch Anwendung der allgemeinen verfahrensrechtlichen Instru-
mentarien der Rücknahme oder des Widerrufs eine Korrektur möglich. Deshalb
kann auch in einem Verfahren über die Verlängerung des Aufenthaltstitels nicht
auf frühere Versagungsgründe zurückgegriffen werden, die bei der erstmaligen
Erteilung des Aufenthaltstitels nicht berücksichtigt worden waren.

## VI.  Rechtsschutz bei Ablehnung eines Antrages auf Erteilung oder Verlängerung eines Aufenthaltstitels

### 1.  Rechtsschutz bei Ablehnung eines Visums

**316** a) **An der Grenze.** Die Versagung und die Beschränkung eines Visums und eines
Passersatzpapiers (§ 4 AufenthV) *an der Grenze* bedarf weder einer Begründung
und Rechtsbehelfsbelehrung, noch der Schriftform (§ 77 Abs. 2 AufenthG).
Formerfordernisse für die Versagung von Schengen-Visa richten sich nach dem

---

105  VGH BW v. 17.6.2010 – 11 S 1050/10.
106  § 81 Abs. 4 Satz 2, eingefügt durch Gesetz zur Verbesserung von international Schutzberechtigten
     und ausländischen Arbeitnehmern, BT-Drs. 17/13536, Nr. 27 a.
107  Vgl. § 81 Abs. 4 Satz 2 AufenthG; siehe auch oben § 6 IV; zum Ausschluss der Fiktionswirkung
     eines verspäteten Antrags vgl. BVerwG v. 16.8.2011 – 1 C 4/10, NVwZ 2012, 333.
108  Entsprechend § 81 Abs. 3 Satz 1 AufenthG.

Visakodex VO (EG) Nr. 810/2009. Nach § 83 Abs. 1 Satz 1 AufenthG ist die Entscheidung, mit der ein nationales Visum und ein Passersatz an der Grenze versagt werden, *unanfechtbar*. Es besteht aber nach § 83 Abs. 1 Satz 2 AufenthG die Pflicht, den Ausländer auf die Möglichkeit einer Antragstellung bei der zuständigen Auslandsvertretung hinzuweisen.

**b) Bei der Auslandsvertretung.** Gegen die Ablehnung eines Visumantrags im **317** Sinne des Visakodex (Schengenvisum) steht Antragstellern ein Rechtsmittel zu. Maßgeblich für die gerichtliche Überprüfung ist die Sach- und Rechtslage zum Zeitpunkt der letzten mündlichen Verhandlung in der Tatsacheninstanz[109]. Für nationale Visa gilt hingegen § 77 Abs. 2 AufenthG, wonach die Versagung und die Beschränkung des Visums und eines Passersatzes vor der Einreise keiner Begründung und Rechtsbehelfsbelehrung bedürfen. Diese in der Literatur überwiegend als bedenklich bzw. im Hinblick auf Art. 19 Abs. 4 GG (Recht auf gerichtlichen Rechtschutz) verfassungswidrig angesehene Regelung[110] begegnet jedoch keinen grundlegenden rechtlichen Bedenken, weil auf die Erteilung eines Einreise- und Aufenthaltsrechts im Grundsatz kein Anspruch besteht. Anders verhält es sich, wenn ein Rechtsanspruch auf Erteilung eines Aufenthaltstitels begründet geltend gemacht wird.

Die Ablehnung muss in schriftlicher Form ergehen. Der betroffene Ausländer **318** kann jedoch gegen die Ablehnung eines nationalen Visums schriftlich Einwände erheben (*remonstrieren*). Daraufhin überprüft die Auslandsvertretung, ob die Ablehnung des Visums zu Recht erfolgt ist. Hält sie ihre Entscheidung aufrecht, ergeht ein mit Begründung und Rechtsbehelfsbelehrung versehener Ablehnungsbescheid (sog. *Remonstrationsbescheid*), der rechtlich als Zweitbescheid einzustufen ist. Hiergegen kann der Ausländer *innerhalb eines Monats* beim VG Berlin[111] *Verpflichtungsklage* nach § 42 Abs. 1 2. Alternative VwGO erheben. Ist der Remonstrationsbescheid jedoch ohne ordnungsgemäße Rechtsmittelbelehrung ergangen, gilt für die Klage die Jahresfrist des § 58 Abs. 2 Satz 1 VwGO. Richtiger *Klagegegner* ist die *Bundesrepublik Deutschland, vertreten durch das Auswärtige Amt*. Ist für die Erteilung eines Visums die Zustimmung der Ausländerbehörde nach § 31 AufenthV erforderlich, so ist die hierfür zuständige *Ausländerbehörde notwendig beizuladen* (§ 65 Abs. 2 VwGO). Nach § 84 Abs. 1 Nr. 1 AufenthG hat die Klage keine aufschiebende Wirkung.

Ein Sonderfall ist die Ablehnung eines nationalen Visums und eines Passersatzes **319** an der Grenze. Ein Rechtsschutz ist gegen die Versagung ausgeschlossen. Unberührt bleibt das Recht, bei der zuständigen Auslandsvertretung ein nationales Visum zu beantragen und im Falle der Ablehnung hiergegen klageweise vorzugehen.

## 2. Rechtsschutz bei Ablehnung einer Aufenthalts- oder Niederlassungserlaubnis bzw. Erlaubnis zum Daueraufenthalt-EU

Die Erteilung eines Aufenthaltstitels ist ein den Ausländer begünstigender Ver- **320** waltungsakt. Lehnt die Behörde dessen Erteilung ab, so kann der Ausländer Klage erheben mit dem Antrag, die Ausländerbehörde zu verpflichten, ihm den begehrten Aufenthaltstitel zu erteilen. Regelmäßig ist deshalb die *Verpflichtungs-*

109 BVerwG v. 11.1.2011 – 1 C 1/10, juris, Rn. 10.
110 Vgl. z. B. *Samel*, in: Bergmann/Dienelt, § 77 Rn. 17.
111 Vgl. § 52 Nr. 2 Satz 4 VwGO i. V. m. § 71 Abs. 2 AufenthG.

*klage* nach § 42 Abs. 1, 2. Alternative VwGO die richtige Klageart. Die Verpflichtungsklage auf Erteilung des Aufenthaltstitels kann mit einer Anfechtungsklage gegen eine Ausweisungsverfügung und Abschiebungsandrohung verbunden werden. Da für die Erteilung einer Aufenthalts- oder Niederlassungserlaubnis bzw. Erlaubnis zum Daueraufenthalt-EU die Ausländerbehörde und nicht die Auslandsvertretung zuständig ist (vgl. § 71 Abs. 1 Satz 1 AufenthG), hat der Verpflichtungsklage ein *Widerspruchverfahren* nach §§ 68 ff. VwGO voranzugehen. Gemäß § 84 Abs. 1 Nr. 1 AufenthG haben der Widerspruch und die Klage gegen die Ablehnung eines Aufenthaltstitels *keine aufschiebende Wirkung*.

**321** In bestimmten Fällen bewirkt die Antragstellung eine sog. *Fiktionswirkung*. Das gilt z. B. nach § 81 Abs. 4 Satz 1, 2. Alternative AufenthG, wenn der Ausländer noch während des Besitzes eines gültigen Aufenthaltstitels einen anderen Aufenthaltstitel beantragt. Dann gilt der bisherige Aufenthaltstitel über den Zeitpunkt seines Ablaufs hinaus bis zur Entscheidung der Ausländerbehörde als fortbestehend (sog. Fortgeltungsfiktion). Eine sog. Erlaubnisfiktion wird in den Fällen ausgelöst, in denen sich ein Ausländer ohne Aufenthaltstitel rechtmäßig im Bundesgebiet aufhält (vgl. §§ 40, 41 AufenthV) und sodann einen Aufenthaltstitel beantragt. Nach § 81 Abs. 3 Satz 1 AufenthG gilt sein Aufenthalt bis zur Entscheidung der Ausländerbehörde als erlaubt.

**322** Vorläufiger Rechtsschutz gegen die Ablehnung eines Antrags auf Erteilung oder Verlängerung eines Aufenthaltstitels kann durch das Verwaltungsgericht nach den §§ 80 oder 123 VwGO gewährt werden[112]. In Fällen, in denen der Antrag auf Erteilung bzw. Verlängerung eines Aufenthaltstitels eine *gesetzliche Fiktion* ausgelöst hat, bestimmt sich der *vorläufige Rechtsschutz* gegen die ablehnende Entscheidung nach § 80 Abs. 5 VwGO, da die Fiktionswirkungen Vergünstigungen sind, die durch die Ablehnung des beantragten Aufenthaltstitels entfallen[113]. Mit dem Wegfall der Fiktionswirkung entfällt nämlich das Aufenthaltsrecht des betroffenen Ausländers, so dass er nach § 50 Abs. 1 AufenthG ausreisepflichtig wird, sich seine Situation also verschlechtert. Das Erlöschen der Fiktion stellt eine über die bloße Ablehnung hinausgehende, eigenständige Belastung dar, die isoliert angefochten werden kann. Mangels aufschiebender Wirkung von Widerspruch und Klage (vgl. § 84 Abs. 1 Nr. 1 AufenthG) ist die Ausreisepflicht auch vollziehbar. Der Antrag nach § 80 Abs. 5 VwGO muss folglich auf die Anordnung der aufschiebenden Wirkung des Widerspruchs bzw. der Klage und auf die Aussetzung der Vollziehbarkeit der Ausreisepflicht gerichtet sein, wenn der Ausländer sein Verfahren im Bundesgebiet fortführen will[114].

**323** In den anderen Fällen, in denen es an der *Fiktionswirkung fehlt*, ist § 123 Abs. 1 Satz 1 VwGO anwendbar[115], da die Ablehnungsentscheidung der Ausländerbehörde mangels Wegfalls der Fiktionswirkung keine den Ausländer belastende Regelung enthält. Stattdessen wird ihm lediglich eine Vergünstigung verweigert. Der Antrag nach § 123 Abs. 1 VwGO richtet sich darauf, die Ausländerbehörde

---

112 Vgl. hierzu z. B. *Detterbeck*, Allgemeines Verwaltungsrecht mit Verwaltungsprozessrecht, 10. Aufl. 2012, Rn. 1475 ff.
113 Vgl. VGH BW v. 20.11.2007, InfAuslR 2008, 81–85; Hess. VGH v. 16.3.2005, NVwZ 2006, 111; VGH BW v. 15.10.2003, VBlBW 2004, 154.
114 Vgl. *Dienelt*, in: Bergmann/Dienelt, Ausländerrecht, § 81 AufenthG, Rn. 41; *Funke-Kaiser*, GK-AufenthG § 81, Rn. 60.
115 S. Thür. OVG v. 11.3.1996, DÖV 1996, 1059; *Dienelt*, a. a. O. § 81 AufenthG, Rn. 45.

zu verpflichten, im Hinblick auf einen möglichen Anspruch auf einen Aufenthaltstitel die Abschiebung zeitweise bis zur Entscheidung im Hauptsacheverfahren auszusetzen.

Wurde der Antrag auf Erteilung eines Aufenthaltstitels wegen der *Sperrwirkung*  **324** *einer Ausweisung* abgelehnt, erfordert die Rechtsschutzgarantie des Art. 19 Abs. 4 GG eine *summarische Prüfung der Rechtmäßigkeit der Ausweisung*[116].

Ebenfalls im Hinblick auf die Gewährleistung eines effektiven gerichtlichen  **325** Rechtsschutzes sind die Behörden regelmäßig verpflichtet, mit Zwangsmaßnahmen (Abschiebung) so lange zu warten, bis über den Eilantrag des Ausländers entschieden worden ist[117]. Drohen dennoch ausländerbehördliche Zwangsmaßnahmen, so kann der Vorsitzende des Gerichts in dringenden Fällen (vgl. § 80 Abs. 8 VwGO) die Abschiebung verhindern.

### 3. Rechtsschutz bei Nichtverlängerung der Aufenthaltserlaubnis

Gegen die Ablehnung eines Antrags auf Verlängerung des Aufenthaltstitels kann  **326** sich der Ausländer mittels *Widerspruch* (§§ 68 ff. VwGO) und *Verpflichtungsklage* (§ 42 Abs. 1, 2. Alternative VwGO) wehren. Nach § 84 Abs. 1 Nr. 1 AufenthG haben diese Rechtsbehelfe keine aufschiebende Wirkung. Da auch in den Fällen der Ablehnung des Verlängerungsantrags die nach § 81 Abs. 4 Satz 1 1. Alternative AufenthG eingetretene Fiktionswirkung entfällt, richtet sich hier der vorläufige Rechtsschutz ebenfalls nach § 80 Abs. 5 VwGO[118].

# § 7  Aufenthaltszwecke

## I.  Allgemeines

Von dem Aufenthaltszweck hängt es ab, welcher Aufenthaltstitel erteilt wird.  **327** Insbesondere die Aufenthaltserlaubnis ist stets mit einem konkreten Aufenthaltszweck verbunden und daher je nach dem Aufenthaltszweck von verschiedenen Voraussetzungen abhängig. Dementsprechend enthält jeder Aufenthaltstitel die Rechtsgrundlage, auf der er beruht und die dem Aufenthaltszweck entspricht.

## II.  Aufenthalt zum Zweck der Erwerbstätigkeit

→ Ü 1 Nr. 2 S. 546; Sch 1 S. 552

> **Fall 12:** Der Marokkaner M möchte nach erfolgreicher Bewerbung auf ein konkretes Stellenangebot als Arabischlehrer an einer Schule in Hamburg arbeiten. Welche Voraussetzungen muss er erfüllen, um einen Aufenthaltstitel zu erlangen?
>
> **Fall 13:** Die Chinesin A beantragt eine Aufenthaltserlaubnis zum Zweck der Erwerbstätigkeit. Sie möchte als
> a)   Journalistin,
> b)   Au pair,
> in Deutschland arbeiten. Muss die Bundesagentur für Arbeit der Erteilung einer beantragten Aufenthaltserlaubnis zustimmen?

---

116 VGH BW v. 12.12.1991, NVwZ-RR 1992, 509.
117 Vgl. BVerfG v. 4.6.1987, NJW 1987, 2219; OVG NRW v. 12.7.1994, ZAR 1995, 192.
118 VGH BW v. 20.11.2007, InfAuslR 2008, 81–85; OVG Hamburg v. 10.10.2000, InfAuslR 2001, 136–140.

**Fall 14:** Der Chilene K möchte als Maurer in Berlin arbeiten und beantragt die Erteilung einer Aufenthaltserlaubnis zum Zweck der Erwerbstätigkeit. Vorgesehen ist eine
Entlohnung von 7,00 Euro und ein Jahresurlaub von 20 Tagen. Die Bundesagentur
für Arbeit verweigert ihre Zustimmung mit der Begründung,
a)    dass für die Tätigkeit als Maurer genügend deutsche Arbeitnehmer zur Verfü-
      gung stehen,
b)    dass K zu ungünstigeren Arbeitsbedingungen als vergleichbare deutsche Arbeit-
      nehmer beschäftigt wird.
Zu Recht?

**Fall 15:** Der Nigerianer N ist mit der Deutschen D verheiratet. Beide wohnen in Berlin, wo N wie der Chilene K als Maurer arbeiten möchte. Muss N wie K eine Aufenthaltserlaubnis zum Zweck der Erwerbstätigkeit beantragen? Kann dem N die Erwerbstätigkeit mit der gleichen Begründung wie bei K durch die Bundesagentur für
Arbeit versagt werden?

**328**     Anders als das AuslG 1990 enthält das AufenthG einen eigenen Abschnitt über
den Aufenthalt zum Zweck der Erwerbstätigkeit (Abschnitt 4). Eine Bestimmung
regelt die Zulassung von Ausländern durch Erteilung einer befristeten Aufenthaltserlaubnis, wenn ein konkreter Bedarf besteht und bevorrechtigte inländische Arbeitnehmer nicht zur Verfügung stehen (§ 18 AufenthG). Eine weitere
Bestimmung ermöglicht es, hochqualifizierten Ausländern sofort eine Niederlassungserlaubnis zu erteilen (§ 19 AufenthG). Mit § 20 AufenthG wurde im Jahr
2007 ein besonderer Aufenthaltstitel für Forscher eingeführt. Erstmalig gesondert geregelt ist ferner die Erteilung einer Aufenthaltserlaubnis zur Ausübung
einer selbständigen Tätigkeit (§ 21 AufenthG). In den Jahren 2009 und 2012
sind weitere Aufenthaltstitel zum Zweck der Erwerbstätigkeit für qualifizierte
und hochqualifizierte Arbeitnehmer ins Aufenthaltsgesetz eingefügt worden.
§ 18 a AufenthG sieht die Erteilung einer Aufenthaltserlaubnis für qualifizierte
Geduldete vor und ermöglicht damit erstmals auch den Zugang von an sich
ausreisepflichtigen Drittstaatsangehörigen, die über eine langjährige Duldung
verfügen, zum Arbeitsmarkt und zu einer Aufenthaltserlaubnis. § 18 b AufenthG
sieht die Erteilung einer Niederlassungserlaubnis für Absolventen deutscher
Hochschulen bereits nach zweijährigem rechtmäßigem Aufenthalt vor und ergänzt damit die schon bisher geltende Möglichkeit, eine Niederlassungserlaubnis
für besonders qualifizierte Ausländer ohne die an sich üblichen Aufenthaltszeiten
zu erteilen. Mit der Umsetzung der Blue-Card-Richtlinie[1] wurde in § 18 c AufenthG erstmals auch ein Aufenthaltstitel zum Zweck der Arbeitssuche für qualifizierte Fachkräfte geschaffen. Ein weiterer Aufenthaltstitel, der 2015 in das AufenthG eingefügt wurde, ermöglicht die Erteilung eines auf 18 Monate befristeten
Aufenthaltsrechts zum Zweck der Anerkennung ausländischer Berufsqualifikationen (§ 17a). Ein Stück weit ist damit der Gesetzgeber den Forderungen, ohne
Rücksicht auf das Vorliegen eines konkreten Arbeitsplatzangebots die Einwanderung für qualifizierte Drittstaatsangehörige zu ermöglichen, entgegengekommen.
Mit der Einführung der Blauen Karte nach § 19 a AufenthG wird schließlich die
Blue-Card-Richtlinie 2009/50/EG als zentraler Aufenthaltstitel für qualifizierte
Ausländer umgesetzt.

---

[1]  Richtlinie zu Einreise und Aufenthalt von Drittstaatsangehörigen zum Zweck der Ausübung einer
     hoch qualifizierten Beschäftigung, 2009/50/EG, ABl. EU Nr. L 155, S. 17 v. 18.6.2009, *Hailbronner,*
     Ausländerrecht, D 20; vgl. *Hailbronner/Herzog-Schmidt,* in; Hailbronner/Thym (Hrsg.), European
     Immigration and Asylum Law, 2. Aufl. 2016, C.VIII, S. 783 ff.

Mit dem gesonderten Abschnitt über den Aufenthalt zum Zweck der Erwerbstä-  **329**
tigkeit will der Gesetzgeber einen „Paradigmenwechsel" zu einer vorausschauen-
den Bildungs- und Arbeitsmarktpolitik zum Ausdruck bringen. Da der steigende
Wettbewerbsdruck auf den Märkten und der Wandel in der Arbeitswelt den
Zuzug und den Austausch hochqualifizierter Arbeitskräfte erfordert, soll mit
diesen Normen ein flexibles Instrumentarium zur Beseitigung von Engpässen auf
dem Arbeitsmarkt sowie attraktive Bedingungen für innovative Fachkräfte und
Studenten aus dem Ausland zur Förderung des Wissenschafts- und Hochschul-
standorts Deutschland geschaffen werden[2]. Mit diesem Regelungskonzept wurde
der im AuslG 1990 verankerte Anwerbestopp jedenfalls für ausländische Arbeitnehmer, die eine abgeschlossene Berufsausbildung vorweisen können, zumindest
in den Mangelberufen weitgehend aufgehoben. Nur für Nicht- und Geringquali-
fizierte gelten aufgrund der Ausländerbeschäftigungsverordnung 2013 noch Beschränkungen.

Gemäß § 4 Abs. 3 Satz 1 AufenthG darf ein Ausländer in Deutschland eine Er-  **330**
werbstätigkeit nur ausüben, wenn sein Aufenthaltstitel ihm dies gestattet. Gleiches gilt für die Beschäftigung von Ausländern im Bundesgebiet bzw. für deren
Beauftragung mit anderen entgeltlichen Dienst- oder Werkleistungen (§ 4 Abs. 3
Satz 2 AufenthG). Es handelt es sich mithin aus rechtlicher Sicht um ein *Arbeits-
bzw. Beschäftigungsverbot mit Erlaubnisvorbehalt*. Ein Ausländer, der gegen dieses Arbeitsverbot verstößt, macht sich nach § 95 Abs. 1 a AufenthG strafbar[3].
Diese Regelung erfasst sowohl Ausländer, die ein Schengen-Visum besitzen, als
auch Ausländer, die von der Visumpflicht befreit sind[4]. Die Beauftragung zu
nachhaltigen entgeltlich ausgeübten Werk- oder Dienstleistungen entgegen dem
Beschäftigungsverbot stellt eine Ordnungswidrigkeit dar und kann mit einer
Geldbuße von bis zu 500.000 Euro geahndet werden (vgl. § 98 Abs. 5 AufenthG). Nach § 4 Abs. 3 Satz 4 AufenthG trifft den Arbeitgeber eine Prüfpflicht
(Aufbewahrung einer Kopie des Aufenthaltstitels oder der Bescheinigung über
die Aufenthaltsgestattung), ob der Ausländer zur Ausübung der Erwerbstätigkeit
berechtigt ist.

Ob und in welchem Umfang ein Ausländer in Deutschland zur Erwerbstätigkeit  **331**
berechtigt ist, lässt sich im Allgemeinen unmittelbar dem Aufenthaltstitel entnehmen (vgl. § 4 Abs. 2 Satz 2 AufenthG). Teilweise ergibt sich dieses Recht aber
auch schon direkt aus dem Gesetz (vgl. § 9 Abs. 1 Satz 2, § 27 Abs. 5 und
§ 104 a Abs. 4 Satz 2 AufenthG). Im Gegensatz zur früheren Rechtslage ist eine
separate Arbeitserlaubnis nicht mehr erforderlich.

Für die Erteilung des entsprechenden Aufenthaltstitels ist die *Ausländerbehörde*  **332**
*zuständig*. Sie muss allerdings zuvor *intern* die *Zustimmung der Bundesagentur
für Arbeit* einholen (vgl. § 39 und § 4 Abs. 2 Satz 3 AufenthG). Wann die Zustimmung entbehrlich ist, regelt die im Jahre 2013 neu erlassene Beschäftigungsverordnung[5] des Bundesministeriums für Arbeit und Soziales auf der Grundlage
von § 42 Abs. 1 AufenthG. Die Zustimmungspflicht der Bundesagentur ist dana-

---

2   BR-Drs. 22/03, S. 135.
3   Diese Vorschrift wurde aufgrund der Entscheidung des BGH v. 27.4.2005, BGHSt 50, 105–121,
    eingeführt.
4   BT-Drs. 16/5065, S. 164.
5   BeschV v. 6.6.2013, BGBl. I, S. 1499, zuletzt geändert durch Art. 1 der VO v. 24.10.2015, BGBl I,
    S. 1789; *Hailbronner*, Ausländerrecht, C 1.1.

chin zahlreichen Fällen, insbes. bei der Erteilung von Aufenthaltstiteln an qualifizierte Ausländer entfallen und stellt in der Praxis eher die Ausnahme als die Regel dar.

**333** Bezüglich der Erlaubnis zur Beschäftigung sind zu unterscheiden *Aufenthaltstitel zum Zweck der Beschäftigung* (§§ 17–20 AufenthG) und Fälle, in denen der eigentliche Aufenthaltszweck ein anderer (z. B. Familiennachzug) ist. Familienangehörige, die einen Aufenthaltstitel zum Zweck des Familiennachzugs besitzen, haben kraft Gesetzes einen Zugang zum Arbeitsmarkt[6]. Im Übrigen unterliegt die Ausstellung von Aufenthaltstiteln für Ausländer, *deren Aufenthaltszweck nicht die Erwerbstätigkeit ist,* nach § 4 Abs. 2 Satz 3 AufenthG der Zustimmungspflicht, *sofern eine Beschäftigung aufgenommen werden soll* und die Aufnahme einer Erwerbstätigkeit im AufenthG selbst nicht zugelassen ist. Besteht die Berechtigung zur Ausübung einer Erwerbstätigkeit kraft Gesetzes, wird die Bundesagentur für Arbeit nicht beteiligt (z. B. bei § 27 Abs. 5 AufenthG oder § 25 Abs. 1 Satz 4 AufenthG), sofern nicht bei Aufenthalten zu anderen Zwecken als zum Zweck der Erwerbstätigkeit eine Zustimmung der Bundesagentur zur Ausübung einer Beschäftigung erforderlich ist (§ 39 Abs. 3 AufenthG).
Die Zulassung ausländischer Arbeitskräfte, also von Ausländern, die einen Aufenthaltstitel zum Zweck der Beschäftigung begehren, richtet sich nach den Erfordernissen des Wirtschaftsstandortes Deutschland unter Berücksichtigung der Verhältnisse auf dem Arbeitsmarkt (vgl. § 18 Abs. 1 Satz 1 AufenthG). Sie hat mithin ausschließlich am Maßstab deutscher wirtschaftlicher und sozialpolitischer Interessen zu erfolgen. § 18 Abs. 1 AufenthG enthält für die Handhabung gesetzlicher Ermessensbefugnisse nach § 18 Abs. 2 und § 19 Abs. 1 AufenthG *bindende Leitlinien.* Die Orientierung an den „Erfordernissen des Wirtschaftsstandortes Deutschland unter Berücksichtigung der Verhältnisse auf dem Arbeitsmarkt und dem Erfordernis, die Arbeitslosigkeit wirksam zu bekämpfen" verweist in erster Linie auf die Befugnisse der Bundesregierung. Ausländerbehörden und Gerichte können daher nicht unter Berufung auf § 18 Abs. 1 AufenthG ihr eigenes Verständnis der Erfordernisse des Wirtschaftsstandorts Deutschland an die Stelle der in den Durchführungsvorschriften und Verwaltungsanordnungen niedergelegten Grundsätze über die Auslegung von § 18 AufenthG setzen.

**1.    Unselbständige Beschäftigung mit qualifizierter Berufsausbildung
        (§ 18 Abs. 4 i. V. m. Abs. 2 AufenthG)**

**334** Bei der *Aufenthaltserlaubnis zum Zwecke der unselbständigen Erwerbstätigkeit* ist zu unterscheiden, ob die Beschäftigung eine qualifizierte Berufsausbildung voraussetzt oder ob die Beschäftigung auch ohne eine solche Ausbildung ausgeübt werden kann. Je nachdem variieren die in den Absätzen 1 und 3 bis 5 des § 18 AufenthG aufgestellten Voraussetzungen.

**335** Danach *kann* eine Aufenthaltserlaubnis zur Ausübung einer unselbständigen Beschäftigung, die eine *qualifizierte Berufsausbildung* voraussetzt, erteilt werden, wenn folgende Voraussetzungen erfüllt sind:
1.    Vorliegen eines konkreten Arbeitsplatzangebotes (Abs. 5)
2.    unselbständige Beschäftigung
3.    für die Beschäftigung ist eine qualifizierte Berufsausbildung notwendig (Abs. 4)

---

6   § 27 Abs. 5 AufenthG.

4. Erteilung der Aufenthaltserlaubnis für diese Beschäftigung zulässig, soweit
   a) die Beschäftigung einer Berufsgruppe angehört, die durch die BeschV zugelassen ist (Abs. 4 Satz 1) oder
   b) an der Beschäftigung besteht im begründeten Einzelfall ein öffentliches, insbesondere ein regionales, wirtschaftliches oder arbeitsmarktpolitisches Interesse (Abs. 4 Satz 2)
5. Zustimmung der Bundesagentur für Arbeit (§ 39 AufenthG), es sei denn entbehrlich nach der BeschV oder zwischenstaatliche Vereinbarung (Abs. 2 Satz 1)

Das Vorliegen eines *konkreten Arbeitsplatzangebotes* ist zwingende Voraus- **336** setzung für die Erteilung einer Aufenthaltserlaubnis zur Ausübung einer Beschäftigung. Hierdurch ist die Erteilung eines Aufenthaltstitels nach § 18 AufenthG zum Zweck der Arbeitssuche grundsätzlich ausgeschlossen, wenn nicht die Voraussetzungen des § 18 c AufenthG erfüllt sind[7]. Das Arbeitsplatzangebot muss konkret sein, d. h. es muss sich auf eine bestimmte Person und einen bestimmten Arbeitsplatz beziehen und bereits so hinreichend präzisiert sein, dass der Inhalt des Arbeitsvertrages feststeht. Verlangt wird hierfür, wie auch § 39 Abs. 2 Satz 3 AufenthG zeigt, dass es nachprüfbare Angaben hinsichtlich der Arbeitskonditionen, wie etwa zur Art der Beschäftigung, zur Arbeitszeit und zum Arbeitsentgelt enthält[8].

Ferner muss es sich bei der angestrebten Beschäftigung um eine *unselbständige* **337** handeln, da das AufenthG für die Ausübung einer selbständigen Tätigkeit mit § 21 AufenthG eine gesonderte Regelung enthält.

Zudem muss die Ausübung dieser Beschäftigung eine qualifizierte Berufsausbil- **338** dung erfordern. Der Begriff der *„qualifizierten Berufsausbildung"* ist in § 18 Abs. 4 AufenthG nicht definiert. Wie sich aber aus § 6 Abs. 1 BeschV ergibt, fällt hierunter jede Tätigkeit, die eine mindestens zweijährige Berufsausbildung erfordert[9].

Eine Aufenthaltserlaubnis für eine Beschäftigung, die eine qualifizierte Berufs- **339** ausbildung erfordert, darf nach § 18 Abs. 4 Satz 1 AufenthG nur erteilt werden, wenn die angestrebte Beschäftigung zu einer *Berufsgruppe* zählt, *die durch Rechtsverordnung nach § 42 AufenthG zugelassen ist.* Beschäftigungen, für die danach ein Aufenthaltstitel erteilt werden kann, sind insbesondere in § 2 BeschV aufgeführt. Dabei wird u. a. nach dem Gehalt differenziert. Für Berufe, für die ein Gehalt in Höhe von mindestens 2/3 der jährlichen Beitragsbemessungsgrenze in der allgemeinen Rentenversicherung vorgesehen ist, ist bei Erfüllung der übrigen Voraussetzungen des § 2 BeschV (Blaue Karte) zustimmungsfrei ein Zugang zum Arbeitsmarkt eröffnet. Für darunterliegende Gehaltsangebote wird in sog. Mangelberufen die Zustimmung zu einer Blauen Karte erteilt, wenn die Gehaltshöhe mindestens 52 % der Beitragsbemessungsgrenze erreicht. Eine entsprechende Regelung gilt für Ausländer, die einen inländischen Hochschulabschluss besitzen[10]. Das Mindestgehalt wird jeweils im Bundesanzeiger bekannt gegeben.

---

7 Vgl. zu § 18 c *Hailbronner*, Ausländerrecht, Stand Feb. 2013, § 18 c AufenthG, Rn. 1 ff.
8 Vgl. z. B. VG Hamburg v. 12.10.2006 – 10 E 2519/06, juris.
9 Abgesenkt von früher drei- auf zweijährige Berufsausbildung.
10 § 2 Abs. 1 Nr. 3 BeschV.

Zustimmungsfrei sind im Übrigen die Erteilung der Niederlassungserlaubnis (unbeschränkter Zugang zur Erwerbstätigkeit) an Hochqualifizierte nach § 19 und die Erteilung einer Blauen Karte an Ausländer mit einem inländischen Hochschulabschluss zur Ausübung einer der beruflichen Qualifikation angemessenen Beschäftigung. Das Gehaltserfordernis gilt hier nicht. Im Unterschied zu der oben aufgeführten Gruppe der Ausländer mit inländischem Hochschulabschluss ist hier eine Verknüpfung von Hochschulabschluss und Beruf zwingend erforderlich. Besitzt der Ausländer einen anerkannten oder einem dem deutschen Abschluss vergleichbaren ausländischen Abschluss, so kann ebenfalls zustimmungsfrei die Aufenthaltserlaubnis zur Ausübung einer der beruflichen Qualifikation angemessenen Beschäftigung erteilt werden[11].

**340**  *In begründeten Einzelfällen* kann eine Aufenthaltserlaubnis auch für eine nicht in der BeschV vorgesehene Beschäftigung erteilt werden, wenn an der Beschäftigung ein öffentliches, insbesondere ein regionales, wirtschaftliches oder arbeitsmarktpolitisches Interesse besteht (§ 18 Abs. 4 Satz 2 AufenthG). Ausreichend ist lediglich ein *öffentliches Interesse*. Bei dem Begriff des öffentlichen Interesses handelt es sich um einen unbestimmten Rechtsbegriff, der der Auslegung und Ausfüllung bedarf und einer vollen gerichtlichen Nachprüfung unterliegt[12]. Grundsätzlich reicht ein ausschließlich privates Interesse des Arbeitnehmers oder des Arbeitgebers an der Beschäftigung nicht aus. Ein privates Interesse des Arbeitgebers kann allerdings dann zu einem öffentlichen, insbesondere einem wirtschaftlichen oder arbeitsmarktpolitischen Interesse werden, wenn der Arbeitgeber plausibel darlegen kann, dass die Beschäftigung des Arbeitnehmers zur wirtschaftlichen Entwicklung in der Region oder des spezifischen Betriebes, in dem der Arbeitnehmer beschäftigt ist und an dessen Bestand und Weiterentwicklung ein allgemeines Interesse besteht, substantiell beiträgt.

**341**  § 18 Abs. 2 AufenthG eröffnet der *Ausländerbehörde* ein *Ermessen*, einen Aufenthaltstitel zum Zweck der Ausübung einer Beschäftigung zu erteilen. Gesetzliche Voraussetzung ist jedoch grundsätzlich, dass die *Bundesagentur für Arbeit zugestimmt* hat, sofern die Tätigkeit nicht ausnahmsweise von der Zustimmungspflicht ausgenommen ist. § 18 Abs. 2 AufenthG gilt in der Regel für *jede Beschäftigung* im Bundesgebiet. Die Entscheidung über die arbeitsrechtliche Genehmigung, die nach dem AufenthG nicht mehr selbständig erteilt wird, sondern nur noch intern als Bestandteil des einheitlichen ausländerrechtlichen Verfahrens gegenüber der Ausländerbehörde erklärt wird, richtet sich nach § 39 AufenthG, der das Verfahren der Beteiligung der Bundesagentur für Arbeit am ausländerbehördlichen Verfahren regelt.

**342**  Die *Beurteilung*, ob die *Voraussetzungen des § 39 Abs. 2 bis 5 AufenthG* vorliegen, obliegt der *Arbeitsverwaltung*. Die Bundesagentur für Arbeit hat daher in alleiniger Verantwortung festzulegen, ob eine Beschäftigungsmöglichkeit und -notwendigkeit für einen Ausländer und mithin die Voraussetzungen für eine Zustimmung aufgrund der Feststellung der Bedarfslage gegeben sind. Die Ausländerbehörde hat demgegenüber die ausländerrechtlichen Voraussetzungen zu prüfen und gegebenenfalls allgemeine Migrationsgesichtspunkte im Rahmen ihres Ermessens zu bewerten[13]. Die Abgrenzung kann allerdings im Einzelfall

---

11   § 2 Abs. 3 BeschV.
12   So auch OVG NRW v. 17.11.2006, InfAuslR 2007, 71.
13   Vgl. BT-Drs. 15/420, S. 74 zu § 18 AufenthG.

Schwierigkeiten aufwerfen, da § 18 Abs. 2 AufenthG die Ermessensentscheidung über die Erteilung eines Aufenthaltstitels an die unbestimmten Rechtsbegriffe des § 18 Abs. 1 und Abs. 4 AufenthG koppelt.

Im Regelfall wird die Ausländerbehörde nach Prüfung der allgemeinen ausländerrechtlichen Voraussetzungen und der Beurteilung sonstiger ausländerpolitischer Gesichtspunkte, die im Rahmen der Ermessensentscheidung zu prüfen sind, im Falle einer positiven Beurteilung die Zustimmung der Bundesagentur für Arbeit einholen. Wird die Zustimmung der Bundesagentur für Arbeit erteilt, steht damit fest, dass spezifisch arbeitsmarktpolitische Gesichtspunkte, deren Prüfung der Bundesagentur für Arbeit obliegt, der positiven Bescheidung des Antrags nicht entgegenstehen. Eine Ablehnung des Antrags auf Erteilung einer Aufenthaltserlaubnis wird hier nur noch dann in Frage kommen, wenn zwischenzeitlich entweder aufgrund einer Änderung der Umstände oder aufgrund neuer Erkenntnisse eine Erteilungsvoraussetzung entfallen ist oder eine abweichende Ermessensentscheidung geboten ist. **343**

Die in § 18 Abs. 2 AufenthG grundsätzlich vorgesehene Zustimmung der Bundesagentur für Arbeit erfordert eine Arbeitsmarktprüfung, die in § 39 AufenthG näher geregelt ist. Die einzelnen Voraussetzungen, unter denen eine Zustimmung erteilt werden kann, müssen entweder in einem Gesetz, in einer Rechtsverordnung oder in zwischenstaatlichen Vereinbarungen niedergelegt sein (§ 39 Abs. 1 Satz 2 AufenthG). Daraus folgt, dass das AufenthG keine allgemeine generalklauselartige Ermächtigung der Bundesagentur für Arbeit kennt, die Zustimmung zur Ausübung einer Beschäftigung zu erteilen. Auch die in § 39 Abs. 2 AufenthG geregelten Tatbestände sind an die in § 18 AufenthG näher geregelten Voraussetzungen für die Zulassung zu einer Beschäftigung gebunden. **344**

Für die Zustimmung der Arbeitsverwaltung zur Erteilung eines Aufenthaltstitels zur Ausübung einer Beschäftigung oder einer Blauen Karte[14] bedarf es nach § 39 Abs. 2 AufenthG entweder einer *individuell gestalteten* oder einer *generellen Prüfung*, ob **345**
– sich durch die Beschäftigung von Ausländern nachteilige Auswirkungen auf den Arbeitsmarkt, insbesondere hinsichtlich der Beschäftigungsstruktur, der Regionen und der Wirtschaftszweige nicht ergeben, und ob
– für die Beschäftigung deutsche Arbeitnehmer sowie gleichgestellte Ausländer oder Unionsbürger mit Anspruch auf vorrangigen Zugang zum Arbeitsmarkt nicht zur Verfügung stehen (Vorrangprüfung).
An Stelle der individuellen Vorrangprüfung kann eine *globale Prüfung* dieser Kriterien für einzelne Berufsgruppen oder für einzelne Wirtschaftszweige erfolgen, mit dem Ziel, festzustellen, ob die Besetzung der offenen Stellen mit ausländischen Bewerbern arbeitsmarkt- und integrationspolitisch verantwortbar ist (§ 39 Abs. 2 Nr. 2 AufenthG). Im Anwendungsbereich des § 6 Abs. 2 BeschV kann die Bundesagentur für einen Beruf oder eine Berufsgruppe, die eine qualifizierte Berufsausbildung erfordert, feststellen, dass die Besetzung offener Stellen – gegebenenfalls differenziert nach regionalen Besonderheiten – mit ausländischen Bewerbern arbeitsmarkt- und integrationspolitisch verantworbar ist. Voraus-

---

14  In der Regel unterliegt die Ausstellung einer Blauen Karte nach § 2 BeschV allerdings keiner Zustimmungspflicht

setzung ist, dass nach den Regelungen des Bundes und der Länder[15] die zuständige Stelle die Gleichwertigkeit der Berufsqualifikation mit einer inländischen qualifizierten Berufsausbildung festgestellt hat und die betreffenden Personen von der Bundesagentur aufgrund einer Absprache mit der Arbeitsverwaltung des Herkunftslandes vermittelt worden sind oder die Bundesagentur für den entsprechenden Beruf oder die Berufsgruppe festgestellt hat, dass die Besetzung der offenen Stelle mit ausländischen Arbeitnehmern arbeitsmarkt- und integrationspolitisch verantwortbar ist.

**346**  Das Gesetz enthält keine näheren Festlegungen, in welchen Verfahrensweisen die Frage der nachteiligen Auswirkungen auf den Arbeitsmarkt ermittelt wird und wie die Verfügbarkeit festzustellen ist. Lediglich für den Fall, dass *deutsche Arbeitnehmer* und diesen *gleichgestellte Ausländer nur mit Förderung der Agentur für Arbeit* vermittelt werden können, bestimmt § 39 Abs. 2 Satz 2 AufenthG ausdrücklich, dass auch in diesem Fall von einer Verfügbarkeit deutscher oder gleichgestellter Arbeitnehmer auszugehen ist. Um eine Prüfung der Voraussetzungen des § 39 Abs. 2 AufenthG zu ermöglichen, hat der Arbeitgeber der Bundesagentur für Arbeit Auskunft über Arbeitsentgelt, Arbeitszeiten und sonstige Arbeitsbedingungen eines Ausländers, der beschäftigt werden soll, zu erteilen.

**347**  Zur Durchführung des § 39 AufenthG hat die Bundesagentur Durchführungsanweisungen erlassen[16], die für die Frage der nachteiligen Auswirkungen auf dem Arbeitsmarkt bestimmte Kriterien vorsehen, die von den jeweiligen regionalen Agenturen aufgrund der unterschiedlichen Arbeitsmarktsituationen in den jeweiligen Regionen zu ermitteln sind. Kriterien sind danach u. a.,
- ob die Zahl der Arbeitslosen in einer Wirtschaftsklasse in einem zu bestimmenden Zeitraum deutlich über der Zahl der gemeldeten offenen Stellen liegt,
- Rückgang der Beschäftigung und voraussichtliche Entwicklung in einer Branche,
- Gestaltung der Arbeitsbedingungen, die bevorrechtigte Arbeitnehmer faktisch ausschließen (Angebot von ausschließlich geringfügig Beschäftigen, unübliche Arbeitszeiten z. B. im Baugewerbe).

**348**  Für die Arbeitsmarktprüfung[17] ist vom Arbeitgeber nachzuweisen, dass Bemühungen, bevorrechtigte Arbeitnehmer zu gewinnen, über einen angemessenen Zeitraum erfolglos geblieben sind[18]. Dieser Nachweis kann insbesondere durch die Erteilung eines Vermittlungsauftrags an die Bundesagentur geführt werden. Liegen offensichtliche Anhaltspunkte vor, dass die mögliche Einstellung eines bevorrechtigten Arbeitnehmers durch sachlich und objektiv nicht gerechtfertigte Anforderungen an die Besetzung der Stelle verhindert werden soll, wird keine Zustimmung erteilt. Die Dauer der Arbeitsmarktprüfung orientiert sich im Wesentlichen am Anforderungsprofil des Stellenangebots und dem damit verbundenen Umfang der Vermittlungsbemühungen. Ausnahmsweise kann eine Zustim-

---

15  Gesetz über die Feststellung der Gleichwertigkeit von Berufsqualifikationen v. 6.12.2011, BGBl. I, S. 2515, zuletzt geändert durch Gesetz v. 22.12.2015, BGBl. I, S. 5257.
16  Durchführungsanweisungen zur Ausländerbeschäftigung v. 25.4.2014, Geschäftszeichen Mi 11-5758.1.
17  Vgl. DA-BA Nr. 1.39.2.04.
18  Vgl. DA- BA Nr. 1.39.2.04.

mung erteilt werden, wenn der Arbeitgeber aus besonderen, objektiven und sachlich gerechtfertigten Gründen, die in seinem individuellen Geschäftsinteresse liegen, die Beschäftigung eines bestimmten Ausländers anstrebt und wenn durch die Nichterteilung der Zustimmung für diesen Ausländer keine Entlastung des Arbeitsmarkts für bevorrechtigte Arbeitnehmer eintreten würde[19].

Die Beschäftigungsverordnung enthält in den §§ 34–37 Zuständigkeits- und Ver- **349** fahrensregelungen für das allgemeine Verfahren zur Erteilung von Zustimmungen durch die Bundesagentur für Arbeit. Einzelheiten der individuellen und der globalen Bedarfs- und Vorrangprüfung durch die Bundesagentur für Arbeit sind hingegen nicht geregelt[20]. Bezüglich des Inhalts der Zustimmung sieht § 39 Abs. 4 AufenthG lediglich vor, dass die Zustimmung die Dauer und die berufliche Tätigkeit festlegt sowie die Beschäftigung auf bestimmte Betriebe oder Bezirke beschränken kann (für eine detaillierte Regelung, vgl. § 34 BeschV). Soweit § 4 Abs. 2 Satz 4 AufenthG als auch § 39 Abs. 4 AufenthG Beschränkungen bei der Erteilung der Zustimmung durch die Bundesagentur vorsehen, kann die Ausländerbehörde – im Gegensatz zur bisherigen Rechtslage – entsprechende Beschränkungen nicht verfügen. Zwar kann ein Aufenthaltstitel mit Bedingungen erteilt und verlängert sowie nachträglich mit Auflagen verbunden werden. Aus der Systematik der Bestimmungen des AufenthG folgt jedoch, dass jedenfalls für die im Zusammenhang mit der Bedarfs- und Vorrangprüfung der Bundesagentur für Arbeit stehenden Beschränkungen nach § 39 Abs. 4 AufenthG eine ausschließliche Zuständigkeit der Bundesagentur für Arbeit gegeben ist. Eine eigene Zuständigkeit der Ausländerbehörde, die Beschäftigung auf bestimmte Betriebe oder Bezirke zu beschränken oder in Bezug auf die Dauer und die Art der beruflichen Tätigkeit festzulegen, ist aber insoweit nach § 39 Abs. 4 AufenthG nicht ausgeschlossen, als es sich nicht um arbeitsmarktpolitische Erwägungen oder die Sicherung des Vorrangs deutscher und gleichgestellter Arbeitnehmer handelt, sondern spezifisch ausländerpolitische Gesichtspunkte, z. B. Gewährleistung der Einhaltung des Aufenthaltszwecks, durchgesetzt werden sollen.

*Zweck* des *globalen* Prüfungsverfahrens einschließlich des durch § 6 Abs. 2 **350** BeschV neu eingeführten „Engpassverfahrens" ist eine Verfahrenserleichterung dadurch, dass eine Prüfung für einzelne Berufsgruppen und Wirtschaftszweige vorweggenommen werden kann mit der Feststellung, dass die Besetzung offener Stellen in diesen Berufsgruppen mit ausländischen Bewerbern arbeitsmarkt- und integrationspolitisch verantwortbar ist. Damit können generelle Regelungen für bestimmte Berufe, Berufsgruppen und Wirtschaftszweige getroffen werden, ohne dass eine Einzelfallzustimmung notwendig ist. In den Fällen des § 6 Abs. 2 Satz 1 Nr. 2 BeschV kann die Zustimmung auf bestimmte Herkunftsländer beschränkt und am Bedarf orientierte Zulassungszahlen eingeführt werden. Allerdings ist die Bundesagentur bei ihrer Entscheidung nicht frei. Sie hat nicht nur die in § 39 Abs. 2 Nr. 1 AufenthG erwähnten Gesichtspunkte (nachteilige Auswirkungen auf den Arbeitsmarkt, insbesondere hinsichtlich der Beschäftigungsstruktur der Region und der Wirtschaftszweige) zu beachten, sondern auch integrationspolitische Gesichtspunkte zu berücksichtigen. Für die arbeitsmarktpolitische Prüfung

---

19 DA-BA 1.39.2.05.
20 Vgl. dazu *Nienhaus/Depel/Raif/Renke*, Praxishandbuch Zuwanderung und Arbeitsmarkt, 2006, S. 143 ff.; vgl. auch DA-BA zu § 6 Abs. 2 BeschV zur vorweggenommenen Prüfung für einzelne Berufsgruppen und Wirtschaftszweige.

ist insbesondere eine Analyse bezüglich der Beschäftigungsstruktur der Region und der Wirtschaftszweige notwendig.

**351** Für die Vorrangprüfung ist bei der Globalprüfung zu untersuchen, ob generell deutsche oder gleichgestellte Arbeitnehmer für die Beschäftigung in dem betreffenden Wirtschaftszweig oder der Wirtschaftsgruppe zur Verfügung stehen. Nachteilige Auswirkungen auf den Arbeitsmarkt werden sich auch dann ergeben, wenn in einem bestimmten Bezirk einer Agentur für Arbeit ein Mangel an bestimmten Arbeitskräften herrscht, in Nachbarbezirken oder bundesweit aber entsprechende Arbeitsuchende zur Vermittlung zur Verfügung stehen.

**352** Weitere Voraussetzung in beiden Fällen ist, dass der Ausländer *nicht zu ungünstigeren Arbeitsbedingungen* als vergleichbare deutsche Arbeitnehmer beschäftigt wird. Damit soll zum einen der Ausländer vor Ausbeutung geschützt, zum anderen ein Verdrängungseffekt zu Ungunsten bevorrechtigter Arbeitnehmer verhindert werden. Zu den Arbeitsbedingungen gehören u. a. Beginn und gegebenenfalls Ende des Arbeitsverhältnisses, Arbeitszeit, Probezeit, Kündigungsfristen, Arbeitsort, Bezeichnung bzw. Beschreibung der zu erledigenden Tätigkeit, Höhe und Fälligkeit des Arbeitsentgelts, jährliche Urlaubsdauer, Überstundenregelung usw.[21]. Ungünstige Arbeitsbedingungen liegen insbesondere vor, wenn bei Vorhandensein eines Tarifvertrags der tarifliche Lohn unterschritten wird oder mangels eines Tarifvertrags der für die betreffende Tätigkeit übliche Lohn nicht gezahlt wird. Ist für die Erteilung oder Verlängerung eines Aufenthaltstitels nach § 18 Abs. 2, § 19 AufenthG (Niederlassungserlaubnis) oder § 19 a AufenthG (Blaue Karte) eine Zustimmung der Bundesagentur für Arbeit nicht erforderlich, so hat die Ausländerbehörde zu prüfen, ob die Beschäftigung bei einem wegen Schwarzarbeit bestraften Arbeitgeber erfolgen soll und kann gegebenenfalls die Arbeitserlaubnis versagen (vgl. § 18 Abs. 6 AufenthG).

**353** Zustimmungsfrei sind nach der BeschV u. a. (ob mit oder ohne qualifizierte Berufsausbildung) neben Beschäftigungen bei Vorbeschäftigungszeiten oder längerem Voraufenthalt (§ 9)
– Praktika für Aus- und Weiterbildung (§ 15)
– Hochqualifizierte (§ 2 Abs. 1 Nr. 1)
– Blaue Karte (§ 2 Abs. 1 Nr. 2)
– Fachkräfte mit ausländischem Hochschulabschluss (§ 2 Abs. 3)
– Führungskräfte (§ 3)
– Wissenschaft, Forschung und Entwicklung (§ 5)
– Geschäftsreisende (§ 16)
– Besondere Berufsgruppen, wie z. B. Künstler, Sportler, Fotomodelle, Reiseleiter (§§ 22, 23)
– Journalisten (§ 18)
– Freiwillige Dienste oder karitative Tätigkeiten (§ 14)
– Absolventen deutscher Hochschulen (§ 19)
– Werklieferungsverträge (§ 19)
– Internationale Sportveranstaltungen (§ 23)
– Internationaler Straßen- oder Schienenverkehr (§ 20)
– Schifffahrt und Luftfahrt (§ 24)

---

21  DA-BA Nr. 1.39.2.09.

- Dienstleistungserbringung (§ 21)
- Betriebliche Weiterbildung (§ 17)
- Beschäftigung von Personen mit mindestens dreimonatiger Duldung oder Aufenthaltsgestattung (§ 32)
- Personen mit humanitärer Aufenthaltserlaubnis nach Kap. 5 des Aufenthaltsgesetzes (§ 31).

Sonstige Tätigkeiten unterliegen der Zustimmungspflicht, die bezüglich des jeweiligen Tätigkeitsbereichs differenziert geregelt ist. Die BeschV unterscheidet insoweit nicht mehr danach, ob eine qualifizierte Berufsausbildung erforderlich ist oder nicht. Vielmehr wird zwischen der Zuwanderung von Fachkräften (Teil 2) und der vorübergehenden Beschäftigung (Teil 3), entsandten Arbeitnehmern (Teil 4) und besonderen Berufsgruppen (Teil 5) sowie aus völkerrechtlichen, humanitären oder politischen Gründen mit einem Aufenthaltstitel ausgestatteten Personen (Teil 7) unterschieden. **354**

Das individuelle oder globale *Prüfungsverfahren* von Bedarf und Vorrang *entfällt* dann, wenn die Zustimmung der Arbeitsverwaltung entbehrlich ist oder alternative Verfahren zur Vorrangprüfung vorgesehen sind. Zuständig hierfür ist das Bundesministerium für Arbeit und Soziales, das mit Zustimmung des Bundesrates Tätigkeiten und Beschäftigungen bestimmen kann, für die eine Zustimmung der Bundesagentur nicht erforderlich ist. **355**

Die *Zustimmung der Bundesagentur für Arbeit ist entbehrlich*, wenn entweder aufgrund der BeschV oder einer anderen Rechtsverordnung gem. § 42 AufenthG oder in zwischenstaatlichen Vereinbarungen vorgesehen ist, dass die Ausübung der Beschäftigung ohne Zustimmung der Bundesagentur für Arbeit zulässig ist (§ 18 Abs. 2 Satz 1 AufenthG). Ebenfalls entbehrlich ist die Zustimmung bei Ausländern, deren Aufenthaltstitel die Erwerbstätigkeit bereits kraft Gesetzes ausdrücklich erlaubt. **356**

> **Lösung Fall 12:** Der marokkanische Staatsangehörige M möchte nach erfolgreicher Bewerbung auf ein konkretes Stellenangebot hin als Arabischlehrer an einer Schule in Hamburg arbeiten. Da diese unselbständige Tätigkeit eine mindestens zweijährige Berufsausbildung voraussetzt, handelt es sich um eine Beschäftigung im Sinne des § 18 Abs. 4 Satz 1 AufenthG. Danach darf ein Aufenthaltstitel zur Ausübung einer Beschäftigung, die eine qualifizierte Berufsausbildung voraussetzt, nur für eine Beschäftigung in einer Berufsgruppe erteilt werden, die durch Rechtsverordnung nach § 42 AufenthG zugelassen worden ist (§ 18 Abs. 4 Satz 1 AufenthG). Gem. § 11 Abs. 1 BeschV kann Lehrkräften zur Erteilung muttersprachlichen Unterrichts die Zustimmung zu einem Aufenthaltstitel für die Beschäftigung in Schulen bis zu einer Geltungsdauer von fünf Jahren erteilt werden.
> M muss hierfür bei der örtlich zuständigen deutschen Auslandsvertretung einen Antrag auf Erteilung eines nationalen Visums zum Zweck der Beschäftigung nach § 18 Abs. 4 und 2 i. V. m. § 6 Abs. 4 AufenthG beantragen. Da die Ausländerbehörde des gewünschten Ortes über die Erteilung eines Aufenthaltstitels zum Zweck der Erwerbstätigkeit entscheidet, wird die Auslandsvertretung den Antrag des M an die Ausländerbehörde in Hamburg zur Zustimmung weiterleiten. Bei Vorliegen der ausländerrechtlichen Voraussetzungen wird die Ausländerbehörde intern die Zustimmung der Bundesagentur für Arbeit nach § 39 AufenthG einholen. Diese Zustimmung ist nicht entbehrlich, da es sich bei der Sprachlehrtätigkeit nicht um eine nach der BeschV oder aufgrund zwischenstaatlicher Vereinbarung zustimmungsfreie Beschäftigung handelt. Die Zustimmung kann nach § 11 Abs. 1 Satz 2 BeschV ohne Vorrangprüfung erteilt werden. Erteilen sowohl die Bundesagentur für Arbeit als auch die Ausländerbehörde

ihre Zustimmung, erhält M das entsprechende Visum und nach der Einreise eine befristete Aufenthaltserlaubnis, die auch die näheren Bestimmungen zur Ausübung der Erwerbstätigkeit enthält.

**Lösung Fall 13 a):** A möchte als Journalistin in Deutschland arbeiten. Gem. § 18 BeschV bedarf die Erteilung eines Aufenthaltstitels an Beschäftigte eines Arbeitgebers mit Sitz im Ausland, deren Tätigkeit vom Presse- und Informationsamt der Bundesregierung anerkannt ist, keiner Zustimmung der Bundesagentur für Arbeit. Sofern die genannten Voraussetzungen auf A zutreffen, ist eine Beteiligung der Bundesagentur nicht erforderlich.

**Lösung Fall 14 a):** Sofern für die von K angestrebte Tätigkeit als Maurer genügend deutsche Arbeitnehmer zur Verfügung stehen, darf die Bundesagentur für Arbeit der Erteilung der Aufenthaltserlaubnis nicht zustimmen (vgl. § 39 Abs. 2 Satz 1 Nr. 1 lit. b AufenthG). Grundsätzlich kommt daher die Erteilung einer Aufenthaltserlaubnis nur in Betracht, wenn durch eine entsprechende Stellenausschreibung hinreichend nachgewiesen ist, dass ausreichend qualifizierte bevorrechtigte Arbeitnehmer für die Stelle nicht zur Verfügung stehen. Günstiger wäre die Rechtslage für K, wenn K über eine qualifizierte Berufsausbildung als Maurer verfügt, die im Bundesgebiet als gleichwertig anerkannt ist (vgl. § 6 Abs. 2 BeschV) und die Bundesagentur für den Maurerberuf generell festgestellt hat, dass die Stellenbesetzung arbeitsmarkt- und integrationspolitisch verantwortbar ist.

**Lösung Fall 14 b):** Da K zu ungünstigeren Arbeitsbedingungen als vergleichbare deutsche Arbeitnehmer beschäftigt werden soll, darf die Bundesagentur für Arbeit der Erteilung der Aufenthaltserlaubnis nicht zustimmen (vgl. § 39 Abs. 2 Satz 1 AufenthG a. E.).

**Lösung Fall 15:** N hat aufgrund seiner Ehe mit der Deutschen D einen Anspruch auf Erteilung einer Aufenthaltserlaubnis gem. § 28 Abs. 1 Satz 1 Nr. 1 AufenthG. Er braucht daher nicht wie K eine Aufenthaltserlaubnis zum Zweck der Erwerbstätigkeit beantragen. Stattdessen berechtigt die Aufenthaltserlaubnis zum Zweck des Familiennachzuges von Gesetzes wegen zur Ausübung einer Erwerbstätigkeit (§ 27 Abs. 5 AufenthG). Daraus ergibt sich die Entbehrlichkeit der Zustimmung der Bundesagentur für Arbeit. Mithin kann dem N die Aufenthaltserlaubnis nicht mit der gleichen Begründung wie bei K versagt werden.

## 2. Unselbständige Beschäftigung ohne qualifizierte Berufsausbildung (§ 18 Abs. 3 i. V. m. Abs. 2 Satz 1 AufenthG)

**357**  Bei Tätigkeiten, die *keine qualifizierte Berufsausbildung* voraussetzen, ist die Befugnis der Ausländerbehörde zur Erteilung eines Aufenthaltstitels eingeschränkt. Eine Aufenthaltserlaubnis darf hier *nur erteilt* werden, *wenn* dies durch *zwischenstaatliche Vereinbarungen* bestimmt ist *oder* wenn aufgrund einer *Rechtsverordnung* nach § 42 AufenthG (BeschV) die Erteilung der Zustimmung zu einer Aufenthaltserlaubnis für diese Beschäftigung zulässig ist. Voraussetzung ist demnach, dass bereits in der BeschV generelle Regelungen getroffen sind, nach denen entweder für bestimmte Berufsgruppen eine Beschäftigung ausländischer Erwerbstätiger zugelassen werden kann, oder eine Ausnahme für Angehörige bestimmter Staaten vorgesehen ist. Solche Regelungen finden sich auch in der BeschV von 2013 nur ausnahmsweise, so z. B. bei vorübergehenden Beschäftigungen (Au-Pair, Hausangestellte von Entsandten, Schaustellergehilfen, Haushaltshilfen).

**358**  Mithin kann eine Aufenthaltserlaubnis zur Ausübung einer unselbständigen Beschäftigung, die *keine qualifizierte Berufsausbildung* voraussetzt, erteilt werden, wenn folgende Voraussetzungen des § 18 Abs. 3 AufenthG erfüllt sind:
1.   Vorliegen eines konkreten Arbeitsplatzangebotes (Absatz 5)

2. unselbständige Beschäftigung
3. für diese keine qualifizierte Berufsausbildung notwendig (Absatz 3)
4. Erteilung der Aufenthaltserlaubnis für diese Beschäftigung zulässig
   a) aufgrund zwischenstaatlicher Vereinbarung oder
   b) mit Zustimmung der BA aufgrund RVO nach § 42 AufenthG,
   c) zustimmungsfreie Beschäftigung nach Vorschriften der BeschV.

**Lösung Fall 13 b):** Bei einer Tätigkeit als Au pair handelt es sich um eine Beschäftigung, die keine qualifizierte Berufsausbildung voraussetzt. Eine Aufenthaltserlaubnis darf daher nur erteilt werden, wenn dies durch zwischenstaatliche Vereinbarung bestimmt ist oder wenn aufgrund einer Rechtsverordnung nach § 42 AufenthG die Erteilung der Zustimmung zu einer Aufenthaltserlaubnis für diese Beschäftigung zulässig ist (§ 18 Abs. 3 AufenthG). Gem. § 12 BeschV kann die Zustimmung zu einem Aufenthaltstitel für Personen mit Grundkenntnissen der deutschen Sprache erteilt werden, die unter 27 Jahre alt sind und in einer Familie, in der Deutsch als Muttersprache gesprochen wird, bis zu einem Jahr als Au pair beschäftigt werden. Wird in der Familie Deutsch als Familiensprache gesprochen, kann die Zustimmung nur erteilt werden, wenn der Beschäftigte nicht aus einem Gastland der Gasteltern stammt (z. B. türkische Au Pair bei in Deutschland wohnender türkischstämmiger Familie). Sofern diese Voraussetzungen auf A zutreffen, kann die Bundesagentur für Arbeit der Erteilung der Aufenthaltserlaubnis zustimmen.

### 3. Aufenthaltserlaubnis für qualifizierte Geduldete zum Zweck der Beschäftigung (§ 18 a AufenthG)

Mit dem Arbeitsmarktsteuerungsgesetz von 2008[22] ist erstmals Geduldeten, die entweder in Deutschland eine Berufsausbildung zum Facharbeiter oder ein Studium erfolgreich absolviert haben oder bereits mit einer entsprechenden Qualifikation als Fachkraft in Deutschland eine Beschäftigung ausgeübt haben oder aufgrund eines Hochschulabschlusses in Deutschland beschäftigt waren, die Möglichkeit gegeben, in einen rechtmäßigen Aufenthalt mit einer Aufenthaltserlaubnis zum Zweck der Erwerbstätigkeit zu wechseln. Voraussetzung ist, dass Ausländer zum Zeitpunkt der Entscheidung über den Antrag im Besitz einer Duldung sind[23]. Diese Voraussetzung ist noch nicht dadurch erfüllt, dass nach Ablehnung eines Antrags auf Verlängerung eines Aufenthaltstitels die Ausreisefrist noch nicht abgelaufen ist.[24] Ist die Duldung zum Zeitpunkt der Antragstellung abgelaufen, so ist die Ausländerbehörde zur Verlängerung der Duldung verpflichtet, wenn alle Voraussetzungen für die Erteilung einer Aufenthaltserlaubnis nach § 18a AufenthG vorliegen. Darüber hinaus müssen die allgemeinen Voraussetzungen für die Erteilung einer Aufenthaltserlaubnis nach § 5 AufenthG erfüllt sein. Von den Regel-Erteilungsvoraussetzungen des Abs. 1 (Sicherung des Lebensunterhalts, Klärung der Identität, kein Ausweisungsinteresse, keine sonstige Beeinträchtigung der Interessen der Bundesrepublik Deutschland, Erfüllung der Passpflicht) ist grundsätzlich keine Ausnahme möglich. Nur von den in § 5 Abs. 2 AufenthG niedergelegten Voraussetzungen „Einreise mit dem erforderlichen Visum" kann im Hinblick auf den prekären Rechtsstatus der Duldung dispensiert werden. Der Zweck von § 18 a AufenthG würde im Übrigen verfehlt,

**359**

---

22 Gesetz zur arbeitsmarktadäquaten Steuerung der Zuwanderung Hochqualifizierter und zur Änderung weiterer aufenthaltsrechtlicher Regelungen v. 20.12.2008, BGBl. I, S. 2846.
23 Zum Begriff der Duldung vgl. Definitionen im Anhang.
24 A. M. VG Frankfurt vom 6.1.2011 – 7 L 3783/10 F unter Hinweis auf *Bodenbender*, GK-AufenthG, § 18 a, Rn. 4.

würden diejenigen Personen ausgeschlossen, die unter Verletzung der Einreisevorschriften ins Bundesgebiet eingereist sind.

**360**  Erteilt werden kann die Aufenthaltserlaubnis nur zum Zweck der Aufnahme
einer der beruflichen Qualifikation entsprechenden Beschäftigung. Eine entsprechend qualifizierte Beschäftigung muss zugesagt worden sein. Die in § 18 a
Abs. 1 Nr. 1 a oder b oder c AufenthG genannten Qualifikationen müssen zur
Ausübung der Beschäftigung typischerweise benötigt werden. Zwar ist eine
rechtliche Verknüpfung von Qualifikation und Beschäftigung nicht erforderlich.
Erforderlich ist aber, dass das Qualifikationsprofil, mit dem das Ziel der Regelung, einen steigenden Bedarf an gut ausgebildeten Fachkräften zu befriedigen,
erreicht wird[25]. Als besondere Voraussetzung muss der Ausländer im Bundesgebiet

a.  eine qualifizierte Berufsausbildung in einem staatlich anerkannten oder vergleichbar geregelten Ausbildungsberuf oder ein Hochschulstudium abgeschlossen haben oder

b.  mit einem anerkannten oder einem deutschen Hochschulabschluss vergleichbaren ausländischen Hochschulabschluss seit zwei Jahren ununterbrochen eine dem Abschluss angemessene Beschäftigung ausgeübt haben oder

c.  als Fachkraft seit drei Jahren ununterbrochen eine Beschäftigung ausgeübt
haben, die eine qualifizierte Berufsausbildung voraussetzt und innerhalb des
letzten Jahres für seinen Lebensunterhalt nicht auf öffentliche Mittel angewiesen gewesen sein.

**361**  Als Fachkraft im Sinne von § 18 a Abs. 1 Nr. 1 c AufenthG ist eine Person anzusehen, wenn sie über eine abgeschlossene Lehre oder vergleichbare Berufsausbildung verfügt, einen Abschluss als Meister, Techniker oder Fachwirt vorweisen
kann oder über einen Hochschulabschluss verfügt. Der Zweck der Vorschrift
spricht für die Anwendung eines großzügigen Maßstabes. Neben den förmlichen
handwerklichen Abschlüssen können daher auch berufliche Qualifikationen einbezogen werden, die aufgrund einer in etwa vergleichbaren Ausbildung im Ausland erworben worden sind. Bei Hochschulstudiengängen, die den Anerkennungskriterien für Hochschulabschlüsse nicht entsprechen, sind diese
Anforderungen nicht erfüllt, wenn es sich um Berufe handelt, die in Deutschland
typischerweise aufgrund einer nicht akademischen Berufsausbildung ausgeübt
werden (Krankenschwestern, Hebammen, usw.). Die Beschäftigung muss nach
§ 18 a Abs. 1 Nr. 1 b AufenthG „seit" zwei Jahren bzw. nach § 18 a Abs. 1
Nr. 1 c AufenthG seit drei Jahren ununterbrochen ausgeübt worden sein. Daraus
ist abzuleiten, dass zum Zeitpunkt der Antragstellung das Beschäftigungsverhältnis fortbestehen und ein Arbeitsplatzangebot für eine weitere entsprechende Beschäftigung vorliegen muss. Trotz eines Arbeitgeberwechsels kann eine ununterbrochene Beschäftigung vorliegen, wenn die Beschäftigung als solche als
„durchgängig", d. h. ohne längere beschäftigungslose Zwischenzeit erfolgt ist.

**362**  Weitere zwingende Voraussetzungen sind Nachweis ausreichenden Wohnraums,
ausreichende Kenntnisse der deutschen Sprache, keine vorsätzliche Täuschung
über aufenthaltsrechtlich relevante Umstände, keine vorsätzliche Hinauszöge-
rung oder Behinderung behördlicher Maßnahmen zur Aufenthaltsbeendigung,
keine Bezüge zu extremistischen oder terroristischen Organisationen und keine

---

25  Vgl. BT-Drs. 16/10 288, S. 9.

Verurteilung wegen einer im Bundesgebiet begangenen vorsätzlichen Straftat, wobei Geldstrafen von insgesamt von bis zu 50 Tagessätzen oder bis zu 90 Tagessätzen bei aufenthaltsrechtlichen Delikten grundsätzlich außer Betracht bleiben.

Grundsätzlich richtet sich die Erteilung der Aufenthaltserlaubnis nach den Regeln des § 39 AufenthG, setzt also die Zustimmung der Bundesagentur für Arbeit voraus. § 18 a Abs. 2 AufenthG dispensiert jedoch von der Vorrangprüfung, da der fragliche Personenkreis sich schon über einen längeren Zeitraum in Deutschland aufgehalten hat und dadurch in der Regel über eine unbeschränkte Zustimmung der Bundesagentur für Arbeit verfügen wird (vgl. zur Erteilung einer Zustimmung zur Aufnahme einer Beschäftigung für Geduldete, § 32 BeschV). Zu prüfen ist dagegen das Vorhandensein gleicher Arbeitsbedingungen und das Vorliegen der fachlichen Voraussetzungen für die Anwendung des § 18 a AufenthG. Die Begründung des Gesetzentwurfs geht davon aus, dass insoweit die Ausländerbehörde nicht über die fachliche Kompetenz verfügt, zu beurteilen, ob die Ausbildung zu einer Qualifikation als Fachkraft geführt hat und ob eine der Qualifikation entsprechende Beschäftigung ausgeübt wurde und weiter ausgeübt werden soll[26]. **363**

§ 18 a Abs. 3 AufenthG sieht neben dem Dispens von § 5 Abs. 2 AufenthG eine Durchbrechung der in § 10 AufenthG geregelten Sperrwirkung für die Erteilung einer Aufenthaltserlaubnis für geduldete Ausländer vor, die im Anschluss an ein erfolgloses Asylverfahren eine Duldung erhalten haben. Damit wird u. a. sichergestellt, dass Minderjährige, die im Rahmen eines Asylverfahrens mit ihren Eltern nach Deutschland gekommen sind und im Anschluss an ein negatives Asylverfahren im Bundesgebiet aufgewachsen sind und eine qualifizierte Berufsausbildung abgeschlossen haben, in den Genuss der Regelung kommen. **364**

### 4. Aufenthaltstitel zur Arbeitsplatzsuche für qualifizierte Fachkräfte (§ 18 c AufenthG)

Mit § 18 c AufenthG wird erstmals im Zusammenhang mit der Umsetzung der Blue-Card-Richtlinie ein befristetes Aufenthaltsrecht für Arbeitssuchende aus Drittstaaten in das deutsche Aufenthaltsrecht eingeführt. Zweck der Regelung ist, die Rekrutierung ausländischer qualifizierter Migranten zu erleichtern. Dadurch sollen insbesondere die Schwierigkeiten der Rekrutierung von Fachkräften aus Drittstaaten für kleinere und mittlere Unternehmen beseitigt werden, indem für einen befristeten Zeitraum Einreise und Aufenthalt ausschließlich zum Zweck der Arbeitssuche und Bewerbung ermöglicht werden. Der Risikovermeidung des Missbrauchs eines befristeten Aufenthaltstitels, der nicht an einen Arbeitsvertrag gebunden ist, dienen die in § 18 c Abs. 1 AufenthG niedergelegten Voraussetzungen, insbesondere die Qualifikationsanforderungen und das Verbot der Erwerbstätigkeit während des Zeitraums der Arbeitssuche. **365**

Voraussetzung ist nach § 18 c Abs. 1 AufenthG der Besitz eines deutschen oder anerkannten oder einem deutschen Hochschulabschluss vergleichbaren ausländischen Hochschulabschlusses und die Sicherung des Lebensunterhalts für die Zeitdauer der Aufenthaltserlaubnis. Zweck des Aufenthaltstitels ist die Suche nach einem der Qualifikation angemessenen Arbeitsplatz für bis zu sechs Mo- **366**

---

26  BT-Drs. 16/10 288, S. 10.

nate. Eine Erwerbstätigkeit ist ausgeschlossen. Für die Prüfung der Vergleichbarkeit eines ausländischen Hochschulabschlusses kann das Berufsqualifikationsfeststellungsgesetz vom 6.12.2011[27] herangezogen werden. Soweit für einen im Ausland erworbenen Studienabschluss eine formale Anerkennung nicht vorgesehen oder erforderlich ist und eine Bewertung nach dem Berufsqualifikationsfeststellungsgesetz (BQFG) nicht erfolgt, ist für die Frage, ob es sich um einen anerkannten Studienabschluss handelt, auf die Bewertungsvorschläge der Zentralstelle für ausländisches Bildungswesen bei der Kultusministerkonferenz (KMK) abzustellen. Im Übrigen sind die Maßstäbe des § 4 BQFG heranzuziehen. Danach muss der im Ausland erworbene Ausbildungsnachweis die Befähigung zu vergleichbaren beruflichen Tätigkeiten wie der entsprechende inländische Ausbildungsnachweis belegen. Ferner dürfen zwischen der nachgewiesenen Berufsqualifikation und der entsprechenden inländischen Berufsbildung keine wesentlichen Unterschiede bestehen.

**367** Der Aufenthaltstitel ist maximal auf sechs Monate befristet und nicht verlängerbar. Eine kürzere Frist kann festgelegt werden, wenn aufgrund der individuellen Umstände eine Arbeitssuche und Bewerbung nur einen kürzeren Zeitraum erfordert. Die Sicherung des Lebensunterhalts muss für die Dauer der Erteilung des Titels durch finanzielle Mittel nachgewiesen werden. Für die Lebensunterhaltssicherung gilt die allgemeine Definition des § 2 Abs. 3 Satz 1 AufenthG. Darüber hinaus müssen die allgemeinen Voraussetzungen für die Erteilung eines Aufenthaltstitels nach § 5 AufenthG vorliegen. Die unerlaubte Aufnahme einer Erwerbstätigkeit stellt einen Ausweisungsgrund dar und führt zur Beendigung des Aufenthaltstitels.

**368** Liegen die allgemeinen und die besonderen Voraussetzungen für die Erteilung eines Aufenthaltstitels nach § 18 c AufenthG vor, so steht der Ausländerbehörde ein Ermessen zu. Für die Ermessensausübung ist einerseits das öffentliche Interesse an der Gewinnung qualifizierter Fachkräfte, andererseits ein mögliches Risiko der Umgehung der allgemeinen Einwanderungsvorschriften in die Erwägung einzubeziehen. Dabei ist davon auszugehen, dass bei Erfüllung der gesetzlichen Voraussetzungen im Allgemeinen kein Risiko einer Umgehung des Zwecks der Regelung bestehen wird. Bestehen jedoch Anhaltspunkte dafür, dass keine ernsthafte Arbeitssuche nach einem dem Abschluss angemessenen Arbeitsplatz angestrebt wird, so kann die Aufenthaltserlaubnis abgelehnt werden. Solche Anhaltspunkte können dann angenommen werden, wenn sich ein Ausländer schon während seines Studiums oder danach in einer Weise gewerblich betätigt hat, die dem Anforderungsprofil des § 18 c AufenthG nicht entspricht. Eine spezifische Ausrichtung an Mangelberufen lässt sich der Regelung nicht entnehmen. Ungeachtet dessen dürfen die Ausländerbehörden eine Prognose anstellen, welche Chancen im Falle der Erteilung eines Aufenthaltstitels nach § 18 c AufenthG für die erfolgreiche Suche eines angemessenen Arbeitsplatzes bestehen.

**369** Eine Verlängerung des Aufenthaltstitels über den Zeitraum von sechs Monaten hinaus ist ausgeschlossen. Ein erneuter Aufenthaltstitel zum Zweck der Arbeitsplatzsuche setzt voraus, dass der Ausländer für mindestens denjenigen Zeitraum ausgereist ist, der aufgrund des früheren Aufenthaltstitels nach § 18 c AufenthG im Bundesgebiet zurückgelegt wurde. Damit wird verhindert, dass fortlaufende

---

27  BGBl. I, S. 2515, zuletzt geändert durch Gesetz v. 22.12.2015, BGBl. I, S. 525.

Aufenthaltstitel, unterbrochen durch eine kurzfristige Ausreise nach § 18 c AufenthG zur Umgehung der strikten zeitlichen Befristung beantragt werden.

Ausgeschlossen sind von der Erteilung eines Titels nach § 18 c Abs. 3 AufenthG **370** Ausländer, die sich mit einem Aufenthaltstitel zu einem anderen Zweck im Bundesgebiet aufhalten. Dies betrifft insbesondere Inhaber zeitlich befristeter oder funktionell beschränkter Aufenthaltstitel, die eine Aufenthaltsverlängerung nach § 18 c AufenthG zum Zweck der Arbeitsplatzsuche beantragen. Auf Ausländer, die sich bereits im Bundesgebiet aufhalten, findet § 18 c AufenthG nur dann Anwendung, wenn sie unmittelbar vor der Erteilung der Aufenthaltserlaubnis nach § 18 c Abs. 1 AufenthG im Besitz eines Aufenthaltstitels zum Zweck der Erwerbstätigkeit waren. Damit wird die Inanspruchnahme des § 18 c AufenthG für eine „Flucht in die Arbeitssuche" verhindert.

## 5.  Niederlassungserlaubnis für Hochqualifizierte (§ 19 AufenthG)

**Fall 16:** Der Inder I möchte eine ihm angebotene Stelle als IT-Spezialist in einem international tätigen Konzern annehmen und beantragt die Erteilung einer Niederlassungserlaubnis. Die Ausländerbehörde lehnt den Antrag des I ab mit der Begründung, dass I zwar ausgezeichnete Englischkenntnisse besitze, sich aber nur auf einfache Art in deutscher Sprache verständigen könne und daher keine ausreichende Integration gegeben sei.

**Fall 17:** Der türkische Staatsangehörige T bewirbt sich im Anschluss an eine Stellung als Leiter eines universitären Forschungsinstituts für eine Stelle als Gentechnikspezialist bei einem kleinen deutschen Unternehmen, das sich auf die Entwicklung gentechnisch veränderter Rapspflanzen spezialisiert, die einen doppelt so großen Ölanteil enthalten wie herkömmlicher Raps. Ausgewiesen ist ein Anfangsgehalt von 65 000 Euro. Das Unternehmen möchte T die Stelle anbieten. Die Ausländerbehörde lehnt die Erteilung einer Niederlassungserlaubnis mit der Begründung ab, T erfülle schon im Hinblick auf die Höhe des angebotenen Gehalts die Voraussetzungen des § 19 AufenthG nicht. Zu Recht?

§ 19 AufenthG bietet die Möglichkeit, besonders qualifizierten Ausländern bereits bei der erstmaligen Erteilung eines Aufenthaltstitels ein Daueraufenthaltsrecht in Form der Niederlassungserlaubnis zu geben. Die Vorschrift zielt auf Spitzenkräfte der Wirtschaft und Wissenschaft. Durch sie soll dem Bedürfnis Deutschlands, hochqualifizierten Arbeitskräften, an deren Aufenthalt im Bundesgebiet ein besonderes wirtschaftliches und gesellschaftliches Interesse besteht, Rechnung getragen werden. Hochqualifizierten Fachkräften soll damit die für ihre Aufenthaltsentscheidung notwendige Planungssicherheit geboten werden. Außerdem ist mit der Niederlassungserlaubnis nach § 19 AufenthG ein besonderer Ausweisungsschutz verbunden, der jedoch wie bei § 9 AufenthG einen fünfjährigen Aufenthalt im Bundesgebiet voraussetzt (vgl. § 55 Abs. 1 Nr. 1 AufenthG), um zu vermeiden, dass der nach dieser Vorschrift Begünstigte zu Beginn seines Aufenthaltes ohne Folgen Ausweisungstatbestände verwirklichen kann[28]. Im Übrigen ist die nach § 19 AufenthG gewährte Niederlassungserlaubnis wie diejenige nach § 9 AufenthG ein unbefristeter Aufenthaltstitel, der zur Ausübung einer Erwerbstätigkeit (selbständig und unselbständig) berechtigt und nur in den im AufenthG zugelassenen Fällen mit einer Nebenbestimmung versehen werden darf.

**371**

---

28  Vgl. BT-Drs. 15/420, S. 75.

**372**  Ein *Rechtsanspruch* auf Erteilung der Niederlassungserlaubnis nach § 19 AufenthG besteht *nicht*. Die Erteilung erfolgt vielmehr *nach Ermessen* der Ausländerbehörde und kann daher flexibel gehandhabt werden, sofern die Voraussetzungen des § 19 Abs. 1 Satz 1 AufenthG vorliegen.

**373**  Zu den *Voraussetzungen* zählen danach:
  – hohe berufliche Qualifikation des Ausländers
  – Vorliegen eines konkreten Arbeitsplatzangebotes (§ 18 Abs. 5 AufenthG)
  – Zustimmung der Bundesagentur entfällt nach § 2 Abs. 1 Nr. 1 BeschV
  – Annahme gerechtfertigt, dass die Integration in die Lebensverhältnisse der Bundesrepublik Deutschland und
  – die Sicherung des Lebensunterhaltes ohne staatliche Hilfe gewährleistet sind.

**374**  Wer als *hochqualifiziert* anzusehen ist, wird beispielhaft („insbesondere") in § 19 Abs. 2 AufenthG aufgeführt:
  – Wissenschaftler mit besonderen fachlichen Kenntnissen,
  – Lehrpersonen in herausgehobener Funktion oder wissenschaftliche Mitarbeiter in herausgehobener Funktion.
Die Einbeziehung von Spezialisten und leitenden Angestellten mit einem Gehalt von mindestens des Doppelten der Bemessungsgrenze der gesetzlichen Krankenversicherung (bisher § 19 Abs. 2 Nr. 3 AufenthG) ist mit dem Gesetz zur Umsetzung der Blue-Card-Richtlinie vom 1.6.2012 aufgehoben worden. Damit soll ein Wirrwarr unterschiedlicher Regelungen über die Zuwanderung hochqualifizierter Drittstaatsangehöriger vermieden werden. Mit der Blauen Karte soll u. a. eine einheitliche Regelung über die Zuwanderung von Hochqualifizierten, orientiert am Maßstab eines Gehaltsniveaus und bestimmter Qualifikationsanforderungen geschaffen werden und der Anwendungsbereich von § 19 AufenthG insoweit eingeschränkt werden[29].

**375**  Als *Wissenschaftler mit besonderen fachlichen Kenntnissen* (§ 19 Abs. 2 Nr. 1 AufenthG) sind solche Personen anzusehen, die über besondere fachliche Kenntnisse in einem speziellen Fachgebiet von überdurchschnittlich hoher Bedeutung verfügen oder die eine besonders hohe Qualifikation, ausgewiesen durch Auszeichnungen, Preise, einen internationalen Bekanntheitsgrad oder herausragende Funktionen in wissenschaftlichen Institutionen aufweisen. Nicht ausreichend ist die bloße Tatsache der wissenschaftlichen Beschäftigung an einer Universität oder Wissenschaftsinstitution.

**376**  Als Lehrperson oder wissenschaftlicher Mitarbeiter in herausgehobener Position (§ 19 Abs. 2 Nr. 2 AufenthG) gelten Personen dann, wenn sie entweder eine leitende Funktion, z. B. als Lehrstuhlinhaber oder Institutsdirektor ausüben, oder im Falle wissenschaftlicher Mitarbeiter, wenn sie eigenständig und verantwortlich wissenschaftliche Projekt- oder Arbeitsgruppen leiten[30].

**377**  Die Regelbeispiele des § 19 Abs. 2 AufenthG sollen den weiten Begriff „hoch qualifizierte Personen" eingrenzen und aufzeigen, wen der Gesetzgeber typischerweise als „hoch qualifiziert" ansieht[31]. Weitere Berufsgruppen können

---

29  BT-Drs. 17/9436, S. 27.
30  Vgl. Ziff. 19.2.2 AVwV-AufenthG.
31  So auch VGH BW v. 27.6.2007 – 13 S 1663/06, juris.

dann als hoch qualifiziert berücksichtigt werden, wenn sie nach der im Allgemeinen für die fragliche Tätigkeit erforderlichen beruflichen Qualifikation, nach der leitenden Funktion und nach dem sozialen Ansehen mit den in § 19 Abs. 2 Nr. 1 und 2 AufenthG besonders aufgeführten Berufsgruppen vergleichbar sind. Nicht zwingend erforderlich ist ein akademischer oder sonstiger förmlicher Qualifikationsnachweis, wenn die betreffende Person mit einer der in Abs. 2 aufgeführten Berufsgruppen vergleichbar ist. Auf der anderen Seite reicht weder eine qualifizierte Berufsausbildung im Sinne des § 18 Abs. 4 AufenthG noch der für die Erteilung einer Blauen Karte notwendige Hochschulabschluss aus, um eine Niederlassungserlaubnis erteilen zu können. Das erforderliche Maß an Qualifikation kann z. B. durch eine besondere berufliche Erfahrung, eine leitende oder herausgehobene Tätigkeit oder eine Spezialisierung oder Auszeichnung bei der Erlangung eines beruflichen Qualifikationsnachweises nachgewiesen werden. Liegt keiner der in § 19 Abs. 2 Nr. 1 oder 2 AufenthG bezeichneten Fälle vor, so wird zur Abgrenzung des Anwendungsbereichs gegenüber § 19 a AufenthG ein besonders hohes Qualifikationsniveau oder eine herausgehobene berufliche Funktion in Verbindung mit einer immer erforderlichen hohen Qualifikation nachgewiesen werden müssen.

§ 19 Abs. 1 Satz 1 AufenthG sieht die Erteilung der Niederlassungserlaubnis für **378** Hochqualifizierte *„in besonderen Fällen"* vor. Das Gesetz enthält allerdings keine Angaben darüber, unter welchen Voraussetzungen ein „besonderer Fall" angenommen werden kann. Unklar ist, ob neben der Erfüllung der tatbestandlichen Voraussetzungen des § 19 Abs. 1 Satz 1 AufenthG auch noch das Vorliegen eines besonderen Falles dargelegt werden muss, um das Ermessen der Behörde hinsichtlich der Erteilung einer Niederlassungserlaubnis zu eröffnen[32]. Hiergegen sprechen sowohl die Entstehungsgeschichte als auch der Gesetzeszweck. Die Entstehungsgeschichte und der Zweck der Regelung, einen attraktiven Aufenthaltstitel für die in § 19 Abs. 2 AufenthG bezeichneten Personengruppen zur Verfügung zu stellen, sprechen für eine eher extensive Auslegung. Durch die Einführung einer Blauen Karte für Hochqualifizierte, die in der Systematik des Aufenthaltsrechts nunmehr den Regelaufenthaltstitel für hochqualifizierte Drittstaatsangehörige darstellt, gewinnt aber das Argument an Gewicht, dass die Erteilung einer Niederlassungserlaubnis die Darlegung eines „besonderen Falles" erfordert, der sich vom Regelfall des § 19 a AufenthG unterscheidet. Ein „besonderer Fall" liegt daher dann vor, wenn der „hochqualifizierte" Antragsteller sich entweder durch die wissenschaftliche Qualifikation (Preise, wissenschaftliche Auszeichnungen, besondere wissenschaftliche Forschungsergebnisse, Bekanntheitsgrad) oder durch die leitende bzw. berufliche Funktion (Leiter einer Forschungseinrichtung, eines Unternehmens usw.) vom Regelfall der Erteilung einer Blauen Karte abhebt. Das Gehaltsniveau allein stellt kein ausschlaggebendes Kriterium dar, es kann aber ein Indiz für eine herausgehobene Funktion oder Qualifikation sein.

Gem. § 18 Abs. 5 AufenthG ist auch für die Erteilung der Niederlassungserlaub- **379** nis nach § 19 Abs. 1 Satz 1 AufenthG Voraussetzung, dass ein konkretes Arbeitsplatzangebot vorliegt[33].

---

32 So aber z. B. VGH BW v. 27.6.2007 – 13 S 1663/06.
33 Vgl. *Röseler*, in: Renner/Bergmann/Dienelt, Ausländerrecht, § 19 AufenthG, Rn. 4.

**380**  Eine Zustimmungspflicht sieht § 2 Abs. 1 BeschV für die in § 19 AufenthG vorgesehenen Personengruppen nicht vor. Danach ist die Beschäftigung Hochqualifizierter im Sinne des § 19 AufenthG generell zustimmungsfrei. Die früher vorgesehene Zuordnung zu einer der besonders aufgeführten Kategorien des § 19 Abs. 2 Nr. 1 bis 2 entfällt.

**381**  *Voraussetzung* für die Gewährung der Niederlassungserlaubnis ist das Vorliegen von Tatsachen, die die Annahme rechtfertigen, dass die *Integration in die Lebensverhältnisse* der Bundesrepublik Deutschland *und die Sicherung des* Lebensunterhalts ohne staatliche Hilfe gewährleistet sind. Die Integration in die Lebensverhältnisse der Bundesrepublik Deutschland setzt eine Prognose voraus, dass der Ausländer und die mit ihm im Bundesgebiet lebenden Familienangehörigen sich in den rechtlichen und gesellschaftlichen Verhältnissen der Bundesrepublik Deutschland ohne Probleme zurechtfinden werden. Für die Prognose bietet sich grundsätzlich ein Rückgriff auf die in Kapitel 3 vorgesehenen Integrationsleistungen an. Zu berücksichtigen ist allerdings, dass bei den in § 19 AufenthG ins Auge gefassten Hochqualifizierten keine schematischen Anforderungen an Sprachkenntnisse gestellt werden können. Eine unterschiedliche Behandlung erscheint deshalb gerechtfertigt, weil die in Kapitel 3 geforderten Sprachkenntnisse nicht zuletzt im Hinblick auf die berufliche und soziale Eingliederung geboten sind. Auf hochqualifizierte Wissenschaftler, die sich auch beruflich in einem fremdsprachlichen Umfeld betätigen, können die sprachlichen Anforderungen an eine Integration in die „Lebensverhältnisse der Bundesrepublik Deutschland" nicht undifferenziert übertragen werden.

**382**  Die Voraussetzung der Sicherung des Lebensunterhaltes ist erfüllt, wenn der Ausländer über ausreichende finanzielle Mittel verfügt, um seinen Lebensunterhalt und denjenigen unterhaltsberechtigter Familienangehöriger ohne staatliche Hilfe und insbesondere ohne Inanspruchnahme von Sozialleistungen oder gleichartiger sozialer Leistungen, die nicht auf Versicherungsbeiträgen beruhen, bestreiten zu können.

> **Lösung Fall 16:** Da I die Voraussetzungen nach § 19 Abs. 2 Nr. 1 oder 2 AufenthG nicht erfüllt, kann er noch nicht aufgrund seiner Eigenschaft als IT-Spezialist oder wegen der Höhe des Gehalts eine Niederlassungserlaubnis erhalten. Erforderlich wäre eine mit den Fallgruppen des § 19 Abs. 2 AufenthG vergleichbare besondere berufliche Qualifikation oder eine herausgehobene Stellung. Das Arbeitsplatzangebot qualifiziert ihn zwar für die Erteilung einer Blauen Karte, nicht aber für die Erteilung einer Niederlassungserlaubnis. Anders wäre die Rechtslage zu beurteilen, wenn I aufgrund seiner herausragenden fachlichen Qualifikation eine leitende Stellung in dem internationalen Konzern übernehmen würde. In diesem Fall könnte eine Niederlassungserlaubnis erteilt werden, wenn die Annahme gerechtfertigt ist, dass die Integration in die Lebensverhältnisse der Bundesrepublik Deutschland und die Sicherung des Lebensunterhalts ohne staatliche Hilfe gewährleistet sind (§ 19 Abs. 1 Satz 1 AufenthG). Sofern die Sprachkenntnisse des Ausländers für die Verständigung im Rahmen seiner beruflichen Tätigkeit ausreichend sind (z. B. Englischkenntnisse bei internationalen Unternehmen), wird man es für die Integration in die Lebensverhältnisse der Bundesrepublik Deutschland genügen lassen, dass der Ausländer in der Lage ist, sich auch im Alltag sprachlich zurechtzufinden, ohne dass das Niveau des § 9 Abs. 2 Satz 1 Nr. 7 AufenthG erreicht werden muss.
>
> **Lösung Fall 17:** Die Ablehnung der Niederlassungserlaubnis ist fehlerhaft. Die Ausländerbehörde muss prüfen, ob im Einzelfall eine hohe Qualifikation, unabhängig davon, wie hoch die Höhe des Gehalts ist, gegeben ist. Dabei ist zu berücksichtigen,

ob es sich um eine hoch spezialisierte Tätigkeit handelt und welche Ausbildung diese Tätigkeit erfordert. Entscheidend ist danach, ob T als Wissenschaftler mit besonderen fachlichen Kenntnissen im Sinne des § 19 Abs. 2 Nr. 1 AufenthG qualifiziert werden kann. Ist diese Voraussetzung erfüllt, so ist nicht entscheidend, ob er ein Spitzengehalt erzielt, zumal es sich hier um eine Anfangsbeschäftigung bei einem kleineren Unternehmen handelt.

*Eingeschränkt* wird der Anwendungsbereich des § 19 AufenthG dadurch, dass **383** im Vermittlungsverfahren mit § 19 Abs. 1 Satz 2 AufenthG eine Klausel aufgenommen worden ist, wonach die Landesregierung bestimmen kann, dass die Erteilung der Niederlassungserlaubnis der Zustimmung der obersten Landesbehörde oder einer von ihr bestimmten Stelle bedarf.

## 6.  Niederlassungserlaubnis für Absolventen deutscher Hochschulen (§ 18 b AufenthG)

Mit § 18 b AufenthG wird im Zusammenhang mit der Umsetzung der Blue- **384** Card-Richtlinie die Möglichkeit geschaffen, Absolventen inländischer Hochschulen eine Niederlassungserlaubnis abweichend von § 9 Abs. 2 Nr. 1 AufenthG bereits nach zwei Jahren zu gewähren, sofern sie über einen Aufenthaltstitel nach den §§ 18, 18 a, 19 a oder 21 AufenthG verfügen. § 18 b AufenthG soll einen Anreiz für ausländische Absolventen deutscher Hochschulen geben, sich nach dem Studium in Deutschland niederzulassen.

Erforderlich ist der Abschluss eines Studiums an einer staatlichen oder staatlich **385** anerkannten Hochschule oder vergleichbaren Ausbildungseinrichtung im Bundesgebiet. Der Begriff des Studiums an einer Hochschule bestimmt sich nach den Hochschulgesetzen der Länder. Eine vergleichbare Ausbildungseinrichtung liegt nur vor, wenn die Anforderungen an Dauer und Qualität der Ausbildung mit staatlichen oder staatlich anerkannten Hochschulen vergleichbar sind. Vergleichbarkeit setzt voraus, dass die Ausbildung ein Qualifikationsniveau erreicht, das demjenigen staatlicher oder staatlich anerkannter Hochschulen gleichsteht. Als Studium im Sinne des § 18 b AufenthG gilt jeder Ausbildungsgang, der vergleichbar ist mit einem akademischen Studium an staatlichen oder staatlich anerkannten Hochschulen, das zugleich eine Berufsqualifikation begründet. Der berufsqualifizierende Charakter ergibt sich mittelbar daraus, dass ein der Ausbildung entsprechender Arbeitsplatz erforderlich ist. Ausreichend für ein Studium im Sinne des § 18 b AufenthG sind auch neue Ausbildungsgänge, die nicht den herkömmlichen akademischen Ausbildungen entsprechen, wenn die oben genannten Voraussetzungen erfüllt sind. Das Studium muss erfolgreich abgeschlossen worden sein, was in der Regel das Bestehen einer Abschlussprüfung oder den Erwerb eines akademischen Grades voraussetzt, bei dem überprüft wird, ob die für eine berufliche Betätigung, zu der der Studiengang vorbereiten soll, erforderlichen Kenntnisse und Qualifikationen erworben worden sind. Nicht ausreichend ist, wenn eine Ausbildung an einer „Hochschule" vorliegt, die im System der deutschen Berufsausbildung kein Hochschulstudium, sondern lediglich eine qualifizierte Berufsausbildung erfordert (z. B. Pflegeberufe). Der erfolgreiche Abschluss setzt ferner voraus, dass zumindest ein wesentlicher Teil des Hochschulstudiums in Deutschland absolviert worden ist. Ein Mindestmaß an Präsenz im Bundesgebiet ist erforderlich. Die Absolvierung eines reinen Fernstudiums reicht zur Erfüllung der Anforderungen des Abschlusses eines Studiums im Bundesgebiet im Allgemeinen nicht aus.

**386**  Weitere Voraussetzung ist der Besitz eines Aufenthaltstitels nach den §§ 18, 18 a, 19 a oder 21 AufenthG seit zwei Jahren. Aufenthaltszeiten, die aufgrund anderer Aufenthaltstitel zurückgelegt worden sind, sind nicht berücksichtigungsfähig. Privilegiert werden sollen nur Ausländer, die sich beruflich in Deutschland qualifiziert haben und anschließend in Deutschland eine entsprechende berufliche Position erlangt haben. Nicht ausreichend ist daher der Aufenthalt aufgrund eines Aufenthaltstitels, der zu humanitären Zwecken oder zum Zweck des Familiennachzugs erlangt worden ist, auch wenn er zur Aufnahme einer Erwerbstätigkeit kraft Gesetzes berechtigt. Die Aufenthaltsdauer muss ununterbrochen seit mindestens zwei Jahren angedauert haben.

**387**  Der Ausländer muss in einem ungekündigten qualifizierten Beschäftigungsverhältnis stehen. Der Arbeitsplatz muss dem Abschluss angemessen sein. Kriterien sind die Anforderungen an die berufliche Tätigkeit, die Höhe der Bezahlung, die für die Ausübung der betreffenden Beschäftigung allgemein geltenden Qualitätsanforderungen, d. h. die Absolvierung eines Studiums an einer staatlichen Hochschule oder vergleichbaren Ausbildungseinrichtung. Die Aufenthaltserlaubnis nach § 18 b AufenthG soll nach dem Zweck der Vorschrift die Dauerniederlassung erfolgreicher Absolventen begünstigen. Daher muss auch die Beschäftigung mit dem in Deutschland absolvierten Studium in einem sachlichen Zusammenhang stehen. Ob der Arbeitsplatz dem Abschluss angemessen ist, beurteilt sich danach, ob die mit dem Studium in Deutschland erworbenen Fähigkeiten und Kenntnisse für die berufliche Tätigkeit erforderlich sind und tatsächlich auch genutzt werden. Ein fachspezifischer Zusammenhang des absolvierten Studiums mit der Beschäftigung ist nicht unbedingt erforderlich, sofern die im Hochschulstudium erworbenen Fähigkeiten und Kenntnisse zur Wahrnehmung der beruflichen Aufgaben genutzt werden und dies auch in der Art der Beschäftigung und den Arbeitsbedingungen zum Ausdruck kommt. Eine Beschäftigung oder die Tätigkeit als Praktikant in einem Unternehmen entspricht nicht dem Typus des Arbeitsplatzes, der die Erteilung eines unbefristeten und unbeschränkten Aufenthaltstitels rechtfertigt. Vielmehr muss ein qualifiziertes Aufgabengebiet mit der Anstellung verbunden sein.

**388**  Für die Erteilung der Niederlassungserlaubnis hat das Gesetz die ansonsten erforderlichen Beiträge für eine Rentenversicherung oder Vorsorgeeinrichtung auf 24 Monate Pflichtbeiträge verkürzt. Nicht unbedingt erforderlich ist, dass die Beiträge oder Leistungen während der Zeit des nach § 18 b Nr. 1 AufenthG erforderlichen Aufenthalts erbracht worden sind. Entscheidend ist, ob ein erforderliches Mindestmaß an eigenen Beitragsleistungen nachgewiesen wird, um dem Risiko einer Einwanderung in die Sozialsysteme der Bundesrepublik Deutschland zu begegnen. Diese Beiträge müssen tatsächlich geleistet worden sein und entsprechend durch Bescheinigungen nachgewiesen werden. Nach § 18 b AufenthG müssen ferner die allgemeinen Voraussetzungen des § 9 Abs. 2 Satz 1 Nr. 2 und 4 bis 9 AufenthG (Voraussetzungen für die Erteilung einer Niederlassungserlaubnis) erfüllt werden, soweit nicht nach den speziellen Regelungen des § 18 b AufenthG eine Modifikation geboten ist. Die Vorschriften, auf die § 18 b AufenthG Bezug nimmt, machen die Erteilung der Niederlassungserlaubnis von der Sicherung des Lebensunterhalts, der Abwesenheit von einer Gefährdung der öffentlichen Sicherheit und Ordnung und der Erfüllung der beschäftigungsrechtlichen Anforderungen sowie dem Nachweis ausreichender Kenntnisse der deutschen Sprache, von Grundkenntnissen der Rechts- und Gesellschaftsordnung und ausreichenden Wohnraums für den Antragsteller und die Familie abhängig. Für die Erfüllung dieser Voraussetzungen gelten die gleichen Maßstäbe, wie auch für Antragsteller einer allgemeinen Niederlassungserlaubnis nach § 9 AufenthG.

Unter bestimmten Voraussetzungen, die in § 9 Abs. 2 Satz 2 bis 6 AufenthG **389** festgelegt sind, kann von den Integrationsvoraussetzungen dispensiert werden. Die entsprechende Anwendbarkeit ermöglicht eine Berücksichtigung der spezifischen Situation von ausländischen Hochschulabsolventen im Vergleich zu denjenigen Ausländern, die aufgrund langer Aufenthaltsdauer und des erreichten Integrationsstandes eine Niederlassungserlaubnis nach § 9 AufenthG beanspruchen. Vorgesehen ist insbesondere eine Dispensierung von den Sprachanforderungen und der Verpflichtung zur Teilnahme an einem Integrationskurs im Falle körperlicher, geistiger oder seelischer Krankheit oder Behinderung. Darüber hinaus kann vom Erfordernis der Sicherung des Lebensunterhalts und der Verpflichtung zur Leistung von Beiträgen zur Altersversicherung entsprechend § 9 Abs. 2 Satz 6 AufenthG dispensiert werden. Mit dem Zweck der Regelung erscheint dies allerdings nur schwer vereinbar, nachdem der Gesetzgeber bereits die allgemeinen Verpflichtungen zur Leistung von Rentenbeiträgen im Hinblick auf einen Vertrauensvorschuss für Absolventen deutscher Hochschulen drastisch auf zwei Beitragsjahre abgesenkt hat.

## 7.    Blaue Karte (§ 19 a AufenthG)

§ 19 a AufenthG setzt die Blue-Card-Richtlinie 2009/50/EG um. Abs. 1 sieht die **390** Erteilung einer Blauen Karte unter Verweis auf die Blue-Card-Richtlinie zum Zweck einer der Qualifikation angemessenen Beschäftigung vor, wenn die in Abs. 1 Satz 1 Nr. 1 bis 3 niedergelegten Voraussetzungen erfüllt sind. Dem Wortlaut nach eröffnet Abs. 1 keinen Ermessensspielraum, sondern sieht bei Erfüllung dieser Voraussetzungen die Erteilung einer Blauen Karte vor. Damit geht der Gesetzgeber über die Vorgaben der Blue-Card-Richtlinie hinaus, die den Mitgliedstaaten die Befugnis zur Festlegung von Quoten vorbehalten hat.

Voraussetzungen hinsichtlich der Qualifikation sind entweder                    **391**
a)   ein deutscher, ein anerkannter ausländischer oder einem deutschen Hochschulabschluss vergleichbarer Hochschulabschluss oder
b)   soweit dies eine Rechtsverordnung bestimmt, eine durch eine mindestens fünfjährige Berufserfahrung nachgewiesene vergleichbare Qualifikation.

Von der letzteren Möglichkeit hat der Verordnungsgeber bisher nicht Gebrauch **392** gemacht, so dass bislang ausschließlich ein Hochschulabschluss zum Erwerb einer Blauen Karte befähigt. Für die Anerkennung ausländischer Hochschulabschlüsse ist das Berufsqualifikationsfeststellungsgesetz (BQFG) vom 6.12.2011[34] heranzuziehen. Grundsätzliche Voraussetzung für nicht reglementierte Berufe ist gem. § 4 Abs. 1 BQFG, dass
1.   ein im Ausland erworbener Ausbildungsnachweis die Befähigung zu vergleichbaren beruflichen Tätigkeiten, wie der entsprechende inländische Ausbildungsnachweis belegt, und
2.   zwischen den nachgewiesenen Berufsqualifikationen und der entsprechenden inländischen Berufsbildung keine wesentlichen Unterschiede bestehen.

---

34  BGBl. I, S. 2515.

**393**  Ob wesentliche Unterschiede bestehen, wird in § 4 Abs. 2 BQFG näher geregelt. Entsprechende Anforderungen gelten bei reglementierten Berufen. Zu berücksichtigen ist, dass das BQFG nur für die Berufe zur Anwendung kommt, für die der Bund eine Gesetzgebungskompetenz besitzt. Die Länder haben entsprechende Gesetze erlassen. Anwendbar ist das Gesetz insbesondere für Ausbildungsberufe im dualen System. Damit wird ein gesetzlicher Anspruch auf eine individuelle Überprüfung der Gleichwertigkeit der von Ausländern erworbenen Qualifikation geschaffen.

**394**  Die angestrebte Beschäftigung muss der Qualifikation angemessen sein. Die Qualifikation als solche rechtfertigt daher die Erteilung der Blauen Karte noch nicht, wenn die ausgeübte Beschäftigung eine qualifizierte Berufsausbildung, d. h. ein Hochschulstudium nicht erfordert. Unschädlich ist, wenn ein Ausländer über den geforderten Hochschulabschluss hinaus weitere Abschlüsse und Berufserfahrungen aufweisen kann, die ihn als „überqualifiziert" für eine Tätigkeit erscheinen lassen.

**395**  Grundsätzlich bedarf es für die Erteilung einer Blauen Karte der Zustimmung der Bundesagentur nach § 19 a Abs. 1 Nr. 2 AufenthG. Eine Ausnahme vom Zustimmungserfordernis sieht allerdings § 2 Abs. 1 Nr. 2 BeschV dann vor, wenn der Ausländer ein Gehalt entsprechend § 19 a Abs. 1 Satz 1 Nr. 3 AufenthG erhält. Für die Beschäftigung, für die die niedrigere Entgeltgrenze des § 2 Abs. 2 BeschV anwendbar ist, besteht eine Zustimmungsfreiheit ebenfalls unter der Voraussetzung, dass Arbeitnehmer einen inländischen Hochschulabschluss besitzen. Daraus folgt, dass eine Arbeitsmarktprüfung für die Erteilung einer Blauen Karte nur noch dann vorgeschrieben ist, wenn es sich um Arbeitnehmer handelt, für die die geringere Gehaltsgrenze gilt, sofern sie nur über einen ausländischen Hochschulabschluss verfügen.

**396**  Die Vereinbarung eines der BeschV entsprechenden Mindestgehalts ist nach § 19 a Abs. 1 Nr. 3 AufenthG gesetzliche Voraussetzung für die Erteilung einer Blauen Karte. Die Festsetzung eines Mindestgehalts ist durch die Blue-Card-Richtlinie (Art. 8 Abs. 3) zwingend vorgeschrieben. Die Mitgliedstaaten sind aber frei, ein höheres Gehaltsniveau festzulegen.

**397**  § 19 a Abs. 2 Nr. 3 AufenthG ermächtigt das Bundesministerium für Arbeit und Soziales, durch Rechtsverordnung Berufe festzulegen, in denen für Angehörige bestimmter Staaten die Erteilung einer Blauen Karte zu versagen ist, weil im Herkunftsland ein Mangel an qualifizierten Arbeitnehmern in diesen Berufsgruppen besteht. Von dieser Ermächtigung ist bislang nicht Gebrauch gemacht worden. Grundgedanke dieser in der Blue-Card-Richtlinie niedergelegten Ermächtigung ist der Schutz des Arbeitsmarktes von Herkunftsländern, durch Entwicklung eines Konzepts einer „ethischen" Anwerbepolitik.

**398**  Die Blaue Karte wird nach § 19 a Abs. 3 AufenthG bei erstmaliger Erteilung auf höchstens vier Jahre befristet. Die Dauer der Aufenthaltserlaubnis kann jedoch kürzer sein, wenn die Dauer des Arbeitsvertrages weniger als vier Jahre beträgt. Die Standardbefristung beträgt vier Jahre, wenn der Arbeitsvertrag über eine Dauer von vier Jahren oder längere Zeit gilt.

**399**  Nach § 19 a Abs. 4 AufenthG ermöglicht die Blaue Karte in den ersten zwei Jahren keinen völlig ungehinderten Zugang zum Arbeitsmarkt. Vielmehr gelten in den ersten zwei Jahren der rechtmäßigen Beschäftigung die·allgemeinen Voraussetzungen, die im Falle eines Wechsels für die Erteilung einer Blauen Karte nach Art. 5 der Blue-Card-Richtlinie erfüllt werden müssen. Der Arbeitsmarktzugang bleibt daher auf diejenigen unselbständigen Tätigkeiten beschränkt, die für die Erteilung einer Blauen Karte vorgeschrieben sind (insbesondere hochqualifizierte Beschäftigung, Mindestgehalt usw.). Ein Wechsel des Arbeitsplatzes ist zwar grundsätzlich zugelassen, er bedarf aber einer Erlaubnis durch die Ausländerbehörden. Ein Wechsel des Arbeitsplatzes erfordert im Allgemeinen eine Änderung einer zur Blauen Karte verfügten Nebenbestimmung zur Beschäftigung, in der Art der Tätigkeit und Arbeitgeber bestimmt sind. Sind die allgemeinen Voraussetzungen, die nach § 19 a Abs. 1 AufenthG für die Erteilung einer Blauen Karte vorgeschrieben sind, erfüllt, so besteht ein Rechtsanspruch auf Erteilung der Erlaubnis. Auch insoweit bedarf es keiner Zustimmung durch die Bundesagentur für Arbeit.

Eine einmalige Zeit der Arbeitslosigkeit steht für einen Zeitraum bis zu drei Monaten einem Fortbestand der Geltung der Blauen Karte nicht entgegen. Wird ein Inhaber einer Blauen Karte in den ersten zwei Jahren arbeitslos, so ist er berechtigt, unter Einhaltung der Voraussetzungen des § 19 a AufenthG eine Beschäftigung zu suchen und aufzunehmen. Dem entspricht der Rechtsanspruch auf Genehmigung des Arbeitsplatzwechsels in § 19 a Abs. 4 2. Halbsatz AufenthG. **400**

Die Blue-Card-Richtlinie sieht die Möglichkeit vor, nach den ersten zwei Jahren die betroffenen Personen eigenen Staatsangehörigen in Bezug auf die Ausübung einer hochqualifizierten Beschäftigung gleichzustellen. § 19 a AufenthG sieht eine ausdrückliche Regelung in diesem Sinne nicht vor. Jedoch ist aus § 19 a Abs. 3 AufenthG abzuleiten, dass ein Arbeitsplatzwechsel nach zwei Jahren erlaubnisfrei möglich ist. **401**

Der freie Wechsel des Arbeitsplatzes beinhaltet jedoch keine völlige Gleichstellung mit eigenen Staatsangehörigen. Erhalten bleibt nicht nur die Beschränkung des Arbeitsmarktzugangs auf eine der Qualifikation „angemessene" Beschäftigung, sondern auch die Notwendigkeit der Erfüllung der allgemeinen Voraussetzungen für die Erteilung bzw. Verlängerung einer Blauen Karte nach § 19 a Abs. 1 AufenthG. Ein Inhaber einer Blauen Karte, der eine Verlängerung der Aufenthaltserlaubnis zur Aufnahme einer „gewöhnlichen" Erwerbstätigkeit anstrebt, bedarf daher einer Aufenthaltserlaubnis nach § 18 AufenthG. **402**

§ 19 a Abs. 5 AufenthG zählt eine Reihe von Personengruppen auf, die vom Anwendungsbereich des § 19 a AufenthG ausgeschlossen sind. Grundgedanke ist, dass diejenigen Drittstaatsangehörigen, die sich bereits zu einem anderen, temporären oder humanitären Aufenthaltszweck, wie z. B. eines Antrags auf internationalen Schutz oder eines Antrags auf Erteilung einer Aufenthaltserlaubnis zu temporären Zwecken erlaubt oder geduldet im Gebiet eines EU-Mitgliedstaats aufhalten, keinen Zugang zur Erteilung einer Blauen Karte erlangen sollen, um ihren Aufenthalt zu verlängern oder den Aufenthaltszweck zu wechseln. **403**

Abweichend von § 9 Abs. 2 Nr. 1 und Nr. 3 AufenthG (fünf Jahre Besitz der Aufenthaltserlaubnis, 60 Monate Rentenversicherungsbeiträge) haben Inhaber einer Blauen Karte bereits nach 33 Beschäftigungsmonaten und der Leistung von Pflichtbeiträgen oder freiwilligen Beiträgen zur Rentenversicherung oder Auf- **404**

wendungen für vergleichbare Leistungen einer Versicherungs- oder Versorgungs-
einrichtung einen Anspruch auf Erteilung einer Niederlassungserlaubnis. Insgesamt muss eine rechtmäßige Beschäftigung von einer Gesamtdauer von
33 Monaten ausgeübt worden sein. Zeiten einer vorübergehenden Arbeitslosigkeit sind nicht anrechenbar auf die Gesamtdauer der Beschäftigung. Dadurch
wird die Zusammenrechnung von Beschäftigungszeiten, die durch eine Arbeitslosigkeit unterbrochen worden sind, nicht ausgeschlossen.

**405**  Inhaber einer Blauen Karte können gleichzeitig die Berechtigung für eine langfristige EU-Aufenthaltsberechtigung aufgrund ihres Aufenthalts in Deutschland
erwerben. Gegenüber „gewöhnlichen" Drittstaatsangehörigen gibt es eine Reihe
von Privilegierungen, insbesondere bei der Kumulierung der Aufenthaltszeiten,
um die vorgeschriebene Gesamtaufenthaltsdauer von fünf Jahren nachweisen zu
können. Ausreichend ist danach ein mindestens 18-monatiger Voraufenthalt in
einem anderen EU-Mitgliedstaat in Verbindung mit einem unmittelbar vor Ein-
reichung des Antrags zurückgelegten zweijährigen Aufenthalt als Inhaber einer
Blauen Karte in Deutschland. Die restlichen 18 Monate können auf einen Auslandsaufenthalt außerhalb der EU angerechnet werden (vgl. § 9 b Abs. 2 Satz 3
AufenthG).

**406**  Inhaber einer Blauen Karte, die durch einen EU-Mitgliedstaat ausgestellt worden
ist, erwerben grundsätzlich nach der Blue-Card-Richtlinie ein Mobilitätsrecht.
Zwar enthält § 19 a AufenthG keine spezifischen Regelungen für Drittstaatsangehörige, die bereits in einem anderen EU-Mitgliedstaat diese Rechtsstellung erworben haben und nunmehr im Bundesgebiet eine Blaue Karte beantragen. § 39
Nr. 7 AufenthV gibt Drittstaatsangehörigen, die seit mindestens 18 Monaten im
Besitz einer Blauen Karte sind, die durch einen EU-Mitgliedstaat ausgestellt worden ist, das Recht, im Bundesgebiet eine Blaue Karte zu beantragen. Dies entspricht dem in Art. 18 Abs. 1 der Blue-Card-Richtlinie postulierten Recht, sich
in einem anderen Mitgliedstaat unter den in Art. 18 niedergelegten Bedingungen
niederzulassen. Dabei sind grundsätzlich die gleichen Voraussetzungen zu erfüllen, wie sie für die erstmalige Ausstellung einer Blauen Karte gelten.

**407**  Ausgeschlossen sind vom Erwerb einer Blauen Karte Ausländer, die entweder
bereits die Voraussetzungen für eine Erlaubnis zum Daueraufenthalt-EU erfüllen
oder die einen Antrag auf Zuerkennung der Flüchtlingseigenschaft oder des humanitären Schutzes gestellt haben. Nicht berechtigt zum Besitz einer Blauen
Karte sind ferner Drittstaatsangehörige, die nur zu vorübergehenden Zwecken
in einem EU-Mitgliedstaat einen Aufenthaltstitel, z. B. als Saisonarbeitnehmer
oder als entsandte Arbeitnehmer erhalten haben oder die lediglich im Besitz einer
Duldung nach § 60 a AufenthG sind[35].

## 8.   Aufenthaltserlaubnis zum Zweck der Forschung (§ 20 AufenthG)

**408**  Mit der Schaffung eines besonderen Aufenthaltstitels zum Zwecke der wissenschaftlichen Forschung in § 20 AufenthG durch das Gesetz zur Umsetzung auf-
enthalts- und asylrechtlicher Richtlinien der Europäischen Union vom

---

35  Vgl. § 19 a Abs. 5 AufenthG.

19.8.2007[36] wurde die sog. Forscherrichtlinie[37] umgesetzt. Ziel der Richtlinie ist die Förderung der Mobilität, so dass Drittstaatsangehörige ein Forschungsprojekt in mehreren Mitgliedstaaten durchführen können, ohne dort auf Zulassungsschwierigkeiten zu stoßen. § 20 AufenthG setzt im Wesentlichen die materiellen Regeln der Forscherrichtlinie über die Voraussetzungen der Erteilung der Aufenthaltserlaubnis für Forscher, die Anforderungen, die an die Forschungseinrichtungen gestellt werden und den Inhalt der Aufenthaltserlaubnis um. Die detaillierten Verfahrensvorschriften für die Zulassung von Forschungseinrichtungen, die Aufnahmevereinbarungen und das Verfahren der Erteilung eines Aufenthaltstitels sind mit, §§ 38 a bis 38 f AufenthV umgesetzt[38] worden.

Gemäß § 20 Abs. 1 AufenthG besteht ein Rechtsanspruch auf Erteilung einer **409** Aufenthaltserlaubnis zum Zweck der Forschung, wenn neben den allgemeinen *Erteilungsvoraussetzungen* des § 5 AufenthG (soweit sie nicht durch § 20 AufenthG modifiziert sind) die in Absatz 1 genannten besonderen Voraussetzungen erfüllt sind.

Danach wird einem ausländischen Forscher eine Aufenthaltserlaubnis erteilt, **410** wenn
– er eine wirksame Aufnahmevereinbarung zur Durchführung eines Forschungsvorhabens mit einer dafür anerkannten Forschungseinrichtung abgeschlossen hat (Nr. 1)
und
– die anerkannte Forschungseinrichtung sich schriftlich zur Übernahme der Kosten verpflichtet hat, die öffentlichen Stellen durch einen unerlaubten Aufenthalt in einem Mitgliedstaat der Europäischen Union oder durch eine Abschiebung entstehen können (Nr. 2),
– sowie keine Ausschlussgründe nach § 20 Abs. 7 AufenthG bestehen.

Gemäß § 20 Abs. 4 AufenthG wird die Aufenthaltserlaubnis für mindestens ein **411** Jahr oder, wenn das Forschungsvorhaben in einem kürzeren Zeitraum durchgeführt wird, für die Dauer des Forschungsvorhabens ausgestellt.

Forschern, die einen Aufenthaltstitel für Forschungszwecke eines anderen Mit- **412** gliedstaates der EU besitzen, wird zur Durchführung von Teilen des Forschungsvorhabens im Bundesgebiet eine Aufenthaltserlaubnis oder ein Visum erteilt (§ 20 Abs. 5 AufenthG).

Der Inhaber einer Aufenthaltserlaubnis zum Zweck der Forschung ist zur Auf- **413** nahme der Forschungstätigkeit bei der in der Aufnahmevereinbarung bezeichneten Forschungseinrichtung und zur Ausübung von Tätigkeiten in der Lehre berechtigt. Die Formulierung ist mehrfach im Hinblick auf die Festlegung des Inhabers einer Aufenthaltserlaubnis auf ein bestimmtes „Forschungsvorhaben" geändert worden. Insbesondere für die Erteilung eines Forscheraufenthaltstitels

---

36 BGBl. I, S. 1970.
37 RL 2005/71/EG des Rates v. 12.10.2005 über ein besonderes Zulassungsverfahren für Drittstaatsangehörige zum Zwecke der wissenschaftlichen Forschung, ABl. EU Nr. L 289, S. 15; abgelöst zum 24.5.2018 durch die Richtlinie 2016/801; s. *Hailbronner*, Ausländerrecht, D 9.19; zur Entstehungsgeschichte vgl. *Hailbronner/Gies*, in: Hailbronner/Thym (Hrsg.), EU-Immigration and Asylum Law, 2. Auflage 2016, C VI, S. 632 ff.
38 Vgl. dazu BT-Drs. 16/5065, S. 471–475; AufenthV v. 25.11.2004, zuletzt geändert durch Art. 2 der VO v. 2.2.2016, BGBl I, S. 130.

bei privaten Forschungseinrichtungen hat sich die Festlegung auf ein bestimmtes "Forschungsprojekt" als nachteilig erwiesen, weil grundsätzlich eine Änderung des Projekts zum Wegfall des Aufenthaltstitels hätten führen können. Andererseits haben sich private Forschungsunternehmen zurückhaltend gezeigt, da sie nicht zu einer Preisgabe von Einzelheiten eines Forschungsvorhabens aus wettbewerblichen Gründen bereit waren. Die seit 1.8.2012 geltende Fassung spricht daher in § 20 Abs. 6 AufenthG nur noch von der Befugnis zur Aufnahme einer Forschungstätigkeit, ohne eine Beschränkung auf ein spezifisch bezeichnetes Forschungsprojekt[39]. Damit soll eine Flexibilisierung der Umschreibung des Forschungsvorhabens ermöglicht werden, wenngleich die Richtlinie nach wie vor die Bezeichnung eines Forschungsvorhabens erfordert. Verfügt der ausländische Forscher über einen Aufenthaltstitel eines anderen EU-Mitgliedstaates zum Zweck der Forschung nach der Forscherrichtlinie, darf er die genannten Tätigkeiten bis zu drei Monate innerhalb von zwölf Monaten in Deutschland auch ohne Aufenthaltstitel ausüben (vgl. § 20 Abs. 6 AufenthG).

**414**    Die erste Voraussetzung für eine Aufenthaltserlaubnis zu Forschungszwecken ist nach § 20 Abs. 1 Nr. 1 AufenthG der Abschluss einer wirksamen Aufnahmevereinbarung zur Durchführung eines Forschungsvorhabens mit einer anerkannten Forschungseinrichtung. Die Aufnahmevereinbarung muss eine Verpflichtung des Forschers enthalten, das Forschungsprojekt durchzuführen und die Verpflichtung der Einrichtung, den Forscher zu diesem Zweck aufzunehmen. Entsprechend Art. 6 Abs. 2 der Richtlinie sieht § 38 f AufenthV für die Wirksamkeit des Abschlusses der Aufnahmevereinbarung eine Reihe von Bedingungen vor. Dazu gehören im Wesentlichen neben den erwähnten Verpflichtungen des Forschers und der Forschungseinrichtung Angaben zum wesentlichen Inhalt des Rechtsverhältnisses, das zwischen der Forschungseinrichtung und dem Ausländer begründet werden soll, insbesondere zum Umfang der Tätigkeit des Ausländers und zum Gehalt. Zwingend vorgesehen ist ferner eine Klausel, wonach die Aufnahmevereinbarung unwirksam wird, wenn dem Ausländer keine Aufenthaltserlaubnis nach § 20 AufenthG erteilt wird. Neben diesen, in die Aufnahmevereinbarung aufzunehmenden Angaben sieht § 38 f AufenthV zudem zwingend Prüfungskriterien vor, die von der Forschungseinrichtung zu beachten sind. So dürfen Fragen des Zwecks, der Dauer und Finanzierung des Forschungsvorhabens nicht offen sein, wenn die Aufnahmevereinbarung abgeschlossen wird (§ 38 f Abs. 2 Nr. 1 AufenthV). Ferner gehört hierzu die Prüfung der Qualifikation des Forschers im Hinblick auf den Forschungsgegenstand. Der Forscher muss in der Regel den hierfür notwendigen Hochschulabschluss haben, der Zugang zu Doktoratsprogrammen ermöglicht (§ 38 f Abs. 2 Nr. 2 AufenthV).

**415**    Weiteres Prüfkriterium ist die Sicherung des Lebensunterhaltes des Forschers (§ 38 f Abs. 2 Nr. 3 AufenthV). Die Forscherrichtlinie konkretisiert dies dahingehend, dass der Forscher während seines Aufenthalts über die monatlich erforderlichen Finanzmittel entsprechend den von den Mitgliedstaaten für diesen Zweck bekannt gegebenen Mindestbetrag verfügen muss, um die Kosten für seinen Unterhalt und die Rückreise zu tragen, ohne dass er das Sozialhilfesystem des betreffenden Mitgliedstaates in Anspruch nehmen muss. Hierzu gehört ferner, dass der Forscher während seines Aufenthalts über eine Krankenversicherung verfügt, die alle Risiken einschließt, die normalerweise für Staatsangehörige des betref-

---

39  Vgl. dazu *Hailbronner*, Ausländerrecht, § 20 AufenthG, Stand Januar 2013, Rn. 40 a.

fenden Mitgliedstaates abgedeckt sind. In § 2 Abs. 3 Satz 6 AufenthG hat der deutsche Gesetzgeber einen Mindestbetrag in Höhe von zwei Dritteln der Bezugsgröße im Sinne des § 18 SGB IV festgelegt.

Weitere Voraussetzung ist, dass sich die anerkannte *Forschungseinrichtung* **416** *schriftlich zur Übernahme der Kosten verpflichtet* hat, die öffentlichen Stellen bis zu sechs Monate nach der Beendigung der Aufnahmevereinbarung für den Lebensunterhalt des Ausländers während eines unerlaubten Aufenthalts in einem EU-Mitgliedstaat und eine Abschiebung des Ausländers entstehen können. Diese Verpflichtungserklärung mit ihren Konsequenzen versteht sich als Gegengewicht zu der weitgehenden Einbindung in und erheblichen Verantwortung der Forschungseinrichtungen für das Auswahl- und Zulassungsverfahren der Forscher und zugleich als Mittel der Missbrauchsvorbeugung[40]. Gemäß § 20 Abs. 3 AufenthG ist auch eine *globale Kostenübernahmeerklärung* für alle Ausländer, denen aufgrund einer Aufnahmevereinbarung ein Aufenthaltstitel nach § 20 AufenthG erteilt wird, zulässig. Erforderlich ist aber, dass Umfang und Reichweite der Erklärung hinreichend präzisiert sind und den Voraussetzungen der AufenthV entsprechen.

*Öffentliche Stellen* sind insbesondere die Ausländerbehörden und Sozialbehör- **417** den, nicht aber private Organisationen, die mit öffentlichen Mitteln zum Zweck der Erfüllung öffentlicher Aufgaben finanziert werden. Für den Begriff des Lebensunterhalts können die im SGB verwendeten Begriffe neben der unionsrechtlichen Definition des Begriffs herangezogen werden. Die Forscherrichtlinie selbst enthält keine Definition. Leistungen zur Sicherung des Lebensunterhaltes umfassen nach §§ 19 ff. SGB II die Regelleistungen sowie Leistungen für Mehrbedarfe, für Unterkunft und Heizung und darüber hinausgehende Leistungen zur Deckung eines besonderen Bedarfs.

Eine *Ausnahme von der Verpflichtung*, eine Kostenübernahmeerklärung abzuge- **418** ben, ist in § 20 Abs. 2 Satz 1 AufenthG vorgesehen, wenn die Tätigkeit der Forschungseinrichtung überwiegend aus öffentlichen Mitteln finanziert wird. Die „Tätigkeit" umfasst die gesamte Forschungstätigkeit der Einrichtung, nicht lediglich einzelne Forschungsvorhaben. Die Ausnahme ist gesetzlich zwingend vorgeschrieben („soll"). Eine Abweichung ist daher nur bei Vorliegen einer atypischen Ausnahmesituation möglich.

Nach § 38 a Abs. 3 Satz 2 AufenthV kann das Bundesamt für Migration und **419** Flüchtlinge auf Antrag feststellen, dass eine Forschungseinrichtung überwiegend aus öffentlichen Mitteln finanziert wird.

Gem. § 20 Abs. 2 Satz 2 AufenthG ist eine *weitere Ausnahme* von der Pflicht **420** der Abgabe einer Kostenübernahmeerklärung vorgesehen („soll"), wenn für ein Forschungsvorhaben ein besonderes öffentliches Interesse besteht. Auch hierfür ist eine Feststellung des BAMF auf Antrag möglich (§ 38 a Abs. 3 Satz 2 AufenthV). Ein öffentliches Interesse wird man dann annehmen können, wenn das Forschungsvorhaben ganz oder überwiegend aus öffentlichen Mitteln finanziert wird oder wenn ein Forschungsvorhaben im Auftrag öffentlicher Stellen durchgeführt wird. Liegt eine Feststellung des Bundesamts vor, so ist die Ausländerbehörde an diese Erklärung gebunden, soweit nicht ausnahmsweise besondere An-

---

40  BT-Drs. 16/5065, S. 166.

haltspunkte ˙dafür vorliegen, dass die Erklärung nicht mehr den Tatsachen entspricht.

**421**  Voraussetzung nach § 20 Abs. 1 Nr. 1 AufenthG ist ferner, dass die *Forschungseinrichtung* für die Durchführung des besonderen Zulassungsverfahrens für Forscher im Bundesgebiet nach der Forscherrichtlinie *anerkannt* worden ist. Die Anerkennungsvoraussetzungen, die Aufhebung der Anerkennung und die Mitteilungspflichten der Forschungseinrichtungen gegenüber den Ausländerbehörden sind in den §§ 38 a bis 38 c AufenthV und Art. 5 der Forscherrichtlinie geregelt. Danach unterliegen alle Zulassungsanträge, gleichgültig, ob sie von öffentlichen oder privaten Einrichtungen gestellt werden, dem gleichen Verfahren. Die Zulassung erfolgt für einen Mindestzeitraum von fünf Jahren, in Ausnahmefällen für einen kürzeren Zeitraum (§ 38 a Abs. 4 AufenthV).

**422**  § 38 a Abs. 1 Satz 1 AufenthV verpflichtet („soll") zur Anerkennung, wenn eine öffentliche oder private Einrichtung im Inland Forschung betreibt. Der Begriff Forschung ist in § 38 a Abs. 1 Satz 2 AufenthV definiert. Mit der Einbeziehung der Findung neuer Anwendungsmöglichkeiten ist die Legaldefinition absichtlich so weit gewählt, dass auch Entwicklungstätigkeiten von Industrieunternehmen als Forschung im Sinne von § 20 AufenthG qualifiziert werden können. Dies entspricht auch der Zwecksetzung der Forscherrichtlinie, die nicht nur den „Forscher" im Sinne der Grundlagenforschung im Blickfeld hat, sondern auch die praktische Nutzanwendung wissenschaftlicher Erkenntnisse. Voraussetzung dafür, dass von „Forschung" einer Einrichtung gesprochen werden kann, ist die Anwendung wissenschaftlicher Methoden durch Forscher, die den herkömmlichen Qualifikationsanforderungen im Hinblick auf die Anwendung wissenschaftlicher Methoden entsprechen. Insofern erscheint die Definition in § 38 a Abs. 1 AufenthV zu breit, als jede systematisch betriebene, schöpferische Tätigkeit bereits als Forschung definiert wird. Es obliegt dem in § 38 d AufenthV vorgesehenen Beirat für Forschungsmigration, hierzu und zur Anerkennung von Forschungseinrichtungen Richtlinien zu erarbeiten[41]. Zuständig für die Anerkennung ist nach § 38 a AufenthV das Bundesamt für Migration und Flüchtlinge. Die für die Antragstellung vorgeschriebenen Angaben sind detailliert in § 38 a Abs. 2 Satz 2 Nr. 1 bis 5 AufenthV aufgeführt.

**423**  Schließlich dürfen gegen die Erteilung einer Aufenthaltserlaubnis zu Forschungszwecken *keine Ausschlussgründe* bestehen. Neben den in § 5 AufenthG aufgeführten allgemeinen Versagungsgründen sieht auch Art. 7 Abs. 1 lit. d der Richtlinie als Zulassungsbedingung vor, dass ein Drittstaatsangehöriger nicht als Bedrohung für die öffentliche Ordnung, Sicherheit oder Gesundheit betrachtet wird. Dementsprechend kann die Erteilung eines Aufenthaltstitels aus Gründen der öffentlichen Ordnung, Sicherheit oder Gesundheit abgelehnt werden. Der Wortlaut der Bestimmung und ein Vergleich mit ordre-public-Bestimmungen in anderen Richtlinien der EU zeigt, dass der Begriff der öffentlichen Ordnung, Sicherheit oder Gesundheit zwar nach unionsrechtlichen Maßstäben auszulegen ist, den Mitgliedstaaten bei der Auslegung von Art. 7 Abs. 1 lit. d der RL aber ein weiter Beurteilungsspielraum zukommt.

---

41  Der Beirat für Forschungsmigration beim Bundesamt für Migration und Flüchtlinge hat sich am 23.10.2007 konstituiert.

Darüber hinaus enthält § 20 Abs. 7 AufenthG die Fälle, in denen eine Anwen-  **424**
dung des § 20 Abs. 1 bis 5 AufenthG und mithin die Erteilung der Aufenthaltserlaubnis zu Forschungszwecken von vornherein ausscheidet. Hierzu zählt zum
Beispiel der Fall, dass die Forschungstätigkeit Bestandteil eines Promotionsstudi-
ums ist oder der Fall, dass der Ausländer in einem EU-Mitgliedstaat einen Antrag
auf Gewährung von internationalem Schutz gestellt hat (Asylbewerber, vgl.
Nr. 1), sich im Rahmen einer Regelung zum vorübergehenden Schutz in einem
EU- Mitgliedstaat aufhält, oder dass die Abschiebung in einem EU-Mitgliedstaat
aus tatsächlichen oder rechtlichen Gründen ausgesetzt wurde (Nr. 3).

9.     **Aufenthaltserlaubnis zur Ausübung einer selbständigen Tätigkeit
        (§ 21 Abs. 1 AufenthG)**

> **Fall 18:** Der Chilene K möchte eine „freie", d. h. herstellerungebundene Kfz-Werkstatt
> eröffnen, wobei er zwei Mechaniker und einen Auszubildenden einstellen will. K be-
> antragt die Erteilung einer Aufenthaltserlaubnis zur Ausübung einer selbständigen
> Tätigkeit. Die Ausländerbehörde lehnt den Antrag des K ab. Sie ist der Auffassung,
> dass bereits hinreichend „freie" Werkstätten in der Region vorhanden sind und deren
> fachliche Leistungen vom TÜV vielfach als nicht ausreichend angesehen werden (§ 21
> Abs. 1 Satz 2 AufenthG). Zu Recht?

Erstmals gesetzlich geregelt ist in § 21 AufenthG auch die Erteilung einer Aufent-  **425**
haltserlaubnis zur Ausübung einer *selbständigen Tätigkeit*. *Voraussetzung* ist
nach § 21 Abs. 1 Satz 1 AufenthG
- ein wirtschaftliches Interesse oder ein regionales Bedürfnis,
- positive Auswirkungen der Tätigkeit auf die Wirtschaft,
- Sicherung der Finanzierung des Vorhabens durch Eigenkapital oder eine
  Kreditzusage.

Die genannten Voraussetzungen müssen kumulativ vorliegen, um ein ausländer-  **426**
behördliches *Ermessen* für die Erteilung eines Aufenthaltstitels an Selbständige
zu eröffnen. Die Beurteilung dieser Voraussetzungen erfordert eine *fachliche
Prognose*, zu der sich die Ausländerbehörde auch Stellungnahmen anderer fachkundiger Körperschaften und Behörden wie der Gewerbebehörde bedienen wird
(vgl. auch § 21 Abs. 1 Satz 4 AufenthG).

Seit Inkrafttreten des Gesetzes zur Umsetzung der Blue-Card-Richtlinie vom  **427**
1.6.2012 ist nicht mehr erforderlich, dass das wirtschaftliche Interesse „über-
geordnet" sein muss oder dass das regionale Bedürfnis ein „besonderes" ist[42].
Noch größere praktische Bedeutung kommt der ersatzlosen Streichung der bisherigen Regelannahme für das Vorliegen eines „besonderen wirtschaftlichen Interesses" des § 21 Abs. 1 Satz 2 AufenthG a. F. bezüglich einer Investitionssumme
von 500 000 Euro und der zusätzlichen Schaffung von fünf Arbeitsplätzen zu.
Damit will der Gesetzgeber mehr Flexibilität erreichen und ganz allgemein die
Zuwanderung von ausländischen Unternehmern mit zukunftsfähiger Konzeption
erleichtern. Kriterium soll nicht mehr das Umsatzvolumen sein, sondern Branche
und Konzept des Unternehmers sowie die regionalen Bedingungen. Der Behörde
soll damit ein größerer Ermessensspielraum eingeräumt werden[43].

Nach § 21 Abs. 1 Satz 2 AufenthG richtet sich die Beurteilung der Voraussetzun-  **428**
gen daher nunmehr insbesondere „nach der Tragfähigkeit der zugrunde liegen-

---

42  Vgl. dazu *Hailbronner*, Ausländerrecht, Stand Januar 2013, § 21 AufenthG, Rn. 6.
43  Vgl. BR-Drs. 848/11, S. 10.

den Geschäftsidee, den unternehmerischen Erfahrungen des Ausländers, der Höhe des Kapitaleinsatzes, den Auswirkungen auf die Beschäftigungs- und Ausbildungssituation und dem Beitrag für Innovation und Forschung". Hierfür sind die zuständigen Fachverbände und Behörde zu beteiligen. Die Formulierung macht deutlich, dass es sich um beispielhafte Kriterien („insbesondere") handelt. Bei der Ermessensentscheidung sind daher auch Kriterien, wie z. B. fachliche Qualifikation, wirtschaftliche Erfolgsaussichten und gewerberechtliche Überprüfbarkeit berücksichtigungsfähig. Ein wirtschaftliches Interesse i. S. des § 21 Abs. 1 Satz 2 AufenthG besteht aber nicht nur an innovativen Geschäftsideen, sondern auch an selbständigen Unternehmensgründungen, von denen zu erwarten ist, dass sie positive Effekte bei der Versorgung der Bevölkerung mit Gütern oder Dienstleistungen entfalten oder nachhaltig Arbeitsplätze schaffen. Kein wirtschaftliches Interesse besteht an Unternehmen ohne hinreichende dauerhafte wirtschaftliche Substanz, die im Wesentlichen mangels anderweitiger Beschäftigungsmöglichkeiten auf dem Arbeitsmarkt gegründet werden und in der Grauzone zwischen regulärer Wirtschaft und Schattenwirtschaft angesiedelt sind.

**429**  Bei Ausländern, die über 45 Jahre alt sind, ist außerdem § 21 Abs. 3 AufenthG zu beachten, wonach die Erteilung einer Aufenthaltserlaubnis von einer angemessenen Altersversorgung abhängig gemacht werden kann.

> **Lösung Fall 18:** K kann die beantragte Aufenthaltserlaubnis erteilt werden, wenn ein wirtschaftliches Interesse oder ein regionales Bedürfnis besteht, die Tätigkeit positive Auswirkungen auf die Wirtschaft erwarten lässt und die Finanzierung der Umsetzung durch Eigenkapital oder durch eine Kreditzusage gesichert ist (§ 21 Abs. 1 Satz 1 AufenthG). Die Beurteilung dieser Voraussetzungen richtet sich nach den in § 21 Abs. 1 Satz 2 AufenthG genannten Faktoren, wie z. B. der Tragfähigkeit der zugrunde liegenden Geschäftsidee, den unternehmerischen Erfahrungen des Ausländers, der Höhe des Kapitaleinsatzes und den Auswirkungen auf die Beschäftigungs- und Ausbildungssituation. Bei der Prüfung hat die Ausländerbehörde gemäß § 21 Abs. 1 Satz 3 AufenthG die örtlich zuständigen, fachkundigen Körperschaften und Behörden zu beteiligen. Ein wirtschaftliches Interesse liegt hier nicht vor. Von der freien Werkstätte sind keine besonderen positiven Auswirkungen auf die Wirtschaft erwartbar. Es handelt sich um ein kommerzielles Randsegment des Kfz-Handels, das regelmäßig von der technischen Fortentwicklung und Fortbildung durch die Autohersteller ausgeschlossen ist. Unzulässig ist allerdings die Unterstellung nicht ausreichender fachlicher Leistung. Ein regionales Bedürfnis wird nicht bestehen, sofern bereits hinreichend freie Werkstätten vorhanden sind. Die Ausländerbehörde kann daher im Ergebnis den Antrag ablehnen.

**430**  Nach § 21 Abs. 2 AufenthG kann eine Aufenthaltserlaubnis zur Ausübung einer selbständigen Tätigkeit auch erteilt werden, wenn dementsprechende *völkerrechtliche Verträge* bestehen. Mit Absatz 2 soll den völkerrechtlichen Vereinbarungen Rechnung getragen werden, wie sie früher insbesondere in den Europa-Abkommen der EU mit den mittel- und osteuropäischen Staaten ihren Niederschlag gefunden haben[44]. Heute betrifft die Norm wohl hauptsächlich die bestehenden Freundschafts-, Handels-, und Niederlassungsverträge mit Meistbegünstigungs- oder Wohlwollensklauseln mit der Dominikanischen Republik[45],

---

44  BT-Drs. 15/420, S. 77.
45  V. 23.12.1957, BGBl. 1959 II, S. 1468.

Indonesien[46], dem Iran[47], Japan[48], den Philippinen[49] und einigen anderen Staaten[50].

Die Aufenthaltserlaubnis für Selbständige wird gemäß § 21 Abs. 4 Satz 1 Auf-    **431**
enthG *auf drei Jahre* erteilt. Abweichend vom ansonsten geltenden Fünfjahreser-
fordernis kann eine Niederlassungserlaubnis bereits *nach drei Jahren* erteilt werden, wenn der Ausländer seine Geschäftsidee erfolgreich verwirklicht hat und
der Lebensunterhalt gesichert ist (§ 21 Abs. 4 Satz 2 AufenthG).

Neu in das Aufenthaltsgesetz eingefügt wurde die Möglichkeit, einem Ausländer,    **432**
der sein Studium an einer staatlichen oder staatlich anerkannten Hochschule
oder vergleichbaren Ausbildungseinrichtung im Bundesgebiet erfolgreich abgeschlossen hat oder als Forscher oder Wissenschaftler einen Aufenthaltstitel nach
§ 18 oder § 20 AufenthG besitzt, eine Aufenthaltserlaubnis zur Ausübung einer
selbständigen Tätigkeit abweichend von den Voraussetzungen nach § 21 Abs. 1
AufenthG zu erteilen. Voraussetzung ist, dass die selbständige Tätigkeit einen
Zusammenhang mit den in der Hochschulausbildung erworbenen Kenntnissen
oder der Tätigkeit als Forscher oder Wissenschaftler erkennen lässt. Damit soll
die Gründung von Unternehmen, die aus einer wissenschaftlichen Arbeit oder
Forschungstätigkeit resultiert, erleichtert werden. Der erforderliche Zusammenhang nach § 21 Abs. 2 a Satz 2 AufenthG erfordert eine Prüfung durch die Ausländerbehörde (gegebenenfalls mit Beteiligung fachlich kompetenter anderer Behörden), ob es sich um ein aus fachlicher und ökonomischer Sicht tragfähiges
Konzept handelt. Zwar wird die Aufenthaltserlaubnis nach § 21 Abs. 2 a AufenthG „abweichend von Abs. 1" erteilt und setzt daher eine Bejahung der spezifischen Voraussetzungen des § 21 Abs. 1 AufenthG nicht voraus. Ungeachtet
dessen steht die Erteilung der Aufenthaltserlaubnis nach § 21 Abs. 2 AufenthG
im Ermessen der Ausländerbehörden und beinhaltet daher eine grundsätzliche
Abwägung der öffentlichen und privaten Interessen, die mit der Erteilung einer
Aufenthaltserlaubnis zum Zweck der selbständigen Tätigkeit verbunden sind.
Dabei kann auch ein erhebliches Risiko einer Insolvenz und daraus folgender
finanzieller Folgelasten in die Abwägung einbezogen werden.

Zur Ausübung *freiberuflicher Tätigkeiten* kann eine Aufenthaltserlaubnis nach    **433**
§ 21 Abs. 5 AufenthG erteilt werden, sofern eine erforderliche Erlaubnis zur
Ausübung des freien Berufes erteilt oder ihre Erteilung zugesagt worden ist.

Der Personenkreis der Freiberufler orientiert sich dabei an den Katalogberufen    **434**
von § 18 Abs. 1 Nr. 1 Satz 2 Einkommensteuergesetz, zu denen z. B. Künstler,
Schriftsteller, Wirtschaftsprüfer, Steuerberater, Dolmetscher oder Architekten
zählen.

Für sie gelten die engen Voraussetzungen des § 21 Abs. 1 AufenthG nicht (vgl.    **435**
§ 21 Abs. 5 Satz 1 AufenthG). Nur die Beteiligung fachkundiger Stellen ist auch
hier gemäß § 21 Abs. 5 Satz 3 i. V. m. § 21 Abs. 1 Satz 4 AufenthG zwingend
vorgeschrieben.

---

46  V. 22.4.1953, Bundesanzeiger Nr. 163.
47  V. 17.2.1929, RGBl. 1930 II, S. 1002.
48  V. 20.7.1927, RGBl. II, S. 1087.
49  V. 3.3.1964, Bundesanzeiger Nr. 89.
50  S. hierzu *Hailbronner*, Ausländerrecht, § 21 AufenthG, Rn. 10.

## III.    Aufenthalt zum Zweck der Ausbildung

→ Ü 1 Nr. 1 S. 546

### 1.    Entstehungsgeschichte und Zweck dieses Regelungsabschnittes

**436**    **Fall 19:** Der Marokkaner M studiert im zweiten Fachsemester Zahnmedizin. Er möchte nun stattdessen
a)    Jura studieren,
b)    eine Ausbildung als Kfz-Mechaniker beginnen und beantragt zu diesem Zweck eine Verlängerung seiner Aufenthaltserlaubnis.
Wie wird die Ausländerbehörde entscheiden?

**Fall 20:** Die Ausländerbehörde erteilt dem türkischen Jurastudenten A eine Aufenthaltserlaubnis zu Studienzwecken für die Dauer von zwei Jahren, verbunden mit der Auflage, dass A keine Erwerbstätigkeit in dem von seinen Brüdern betriebenen Import-/Exportgeschäft neben seinem Studium ausüben darf. Ist diese Auflage zulässig?

**Fall 21:** Der Inder I hat sein Soziologiestudium erfolgreich abgeschlossen und nebenher für ein indisches Reisebüro, das Reisen nach Indien organisiert, gearbeitet. Er beantragt die Verlängerung seiner Aufenthaltserlaubnis, da er sich in Deutschland einen Arbeitsplatz als Spezialist für Asienreisen in einem Reiseunternehmen suchen möchte. Die Ausländerbehörde vertritt die Auffassung, dass sie die Aufenthaltserlaubnis nicht verlängern dürfe, da der angestrebte Beruf dem Hochschulabschluss nicht angemessen sei.

**437**    Das *AuslG 1990* hatte mit dem Instrumentarium der *Aufenthaltsbewilligung* (§ 28 AuslG 1990) die Erteilung einer Aufenthaltsgenehmigung zum Zweck des Studiums oder der Berufsausbildung vorgesehen. Das Charakteristikum der Aufenthaltsbewilligung war die strikte Bindung an einen vorübergehenden, zeitlich begrenzten Aufenthaltszweck[51]. Mit § 16 AufenthG soll ein *doppeltes Ziel* erreicht werden. Zum einen soll ausländischen Studenten und Studienbewerbern unter erleichterten Bedingungen und besseren Perspektiven ein Aufenthalt im Bundesgebiet ermöglicht werden. Zum anderen soll erfolgreichen Studierenden die Option eingeräumt werden, sich anschließend an den Studienaufenthalt für einen Aufenthaltstitel zum Zweck der Erwerbstätigkeit zu bewerben, ohne dass eine vorherige Ausreise erforderlich ist. Durch die Verlängerung der Aufenthaltserlaubnis wird insbesondere ausreichend Zeit für eine Arbeitsplatzsuche eingeräumt.

### 2.    Aufenthaltserlaubnis zum Zweck des Studiums

**438**    Nach § 16 Abs. 1 Satz 1 AufenthG kann einem Ausländer zum Zweck des Studiums an einer staatlichen oder staatlich anerkannten Hochschule oder vergleichbaren Ausbildungseinrichtung eine Aufenthaltserlaubnis erteilt werden.

**439**    Der *Begriff „Studium* an einer staatlichen oder staatlich anerkannten Hochschule oder vergleichbaren Ausbildungseinrichtung" bezieht sich zum einen auf die herkömmliche Absolvierung eines Studienganges (z. B. Bachelor- oder Masterstudiengang, Diplomstudiengang), zum anderen wird aber auch die Immatrikulation zum Zweck einer Dissertation (Promotionsstudium) einbezogen. Nach der Gesetzesbegründung ist der Promotionszweck deshalb nicht ausdrücklich genannt, weil anderenfalls andere Postgraduiertenstudien ohne gesonderten akademischen Abschluss von der Zweckbestimmung des Studiums in aufenthalts-

---

51  Vgl. § 28 AuslG 1990.

rechtlicher Sicht ausgeschlossen würden. Erfasst sind mithin auch das Zusatz-, Ergänzungs- und Aufbaustudium. Ebenso vom Begriff des Studiums umfasst sind Sommer- und Graduierungskurse auf Hochschulniveau.

Dem Studium an einer staatlichen oder staatlich anerkannten Hochschule ist **440** auch das Studium an einer „vergleichbaren Ausbildungseinrichtung" gleichgestellt. Der *Begriff der vergleichbaren Einrichtung*, für den es im Hochschulrecht keine Parallele gibt, ist im Gesetz nicht erläutert. Gedacht ist offenbar an private Hochschulen, die noch nicht staatlich anerkannt sind, oder Berufs-, Verwaltungs- und Wirtschaftsakademien. Zur Vermeidung von Missbrauch erscheint es jedenfalls geboten, die gleichen Kriterien zugrunde zu legen, wie sie nach den Hochschulgesetzen der Länder für eine staatliche Anerkennung vorausgesetzt werden. Nicht ausreichend ist daher ein Studium an privaten Ausbildungseinrichtungen, die die Standards für eine staatliche Anerkennung der Abschlüsse nicht erfüllen.

Einbezogen in die Aufenthaltserlaubnis zum Zweck des Studiums sind nach § 16 **441** Abs. 1 Satz 2 AufenthG auch ausdrücklich *„studienvorbereitende" Maßnahmen* wie Sprachkurse oder Studienkollegs. Mit dieser Klausel wird keine offene Tür im Hinblick auf frei gewählte studienvorbereitende Maßnahmen geöffnet. Erforderlich ist vielmehr eine nach hochschulrechtlichen Vorschriften mit der Aufnahme des Studiums verbundene Absolvierung von Sprachkursen oder besonderen studienvorbereitenden Kursen, die für die Zulassung zum Studium vorausgesetzt werden.

Weitere zwingende Voraussetzung für die Erteilung einer Aufenthaltserlaubnis **442** zum Zweck des Studiums ist nach § 16 Abs. 1 Satz 3 AufenthG die *Zulassung des Ausländers durch die Ausbildungseinrichtung*, wobei eine bedingte Zulassung genügt. Der Nachweis der Zulassung kann im Rahmen dieser Vorschrift auch durch eine Studienplatzvormerkung oder eine Bestätigung über das Vorliegen einer ordnungsgemäßen Bewerbung zur Zulassung zum Studium erbracht werden[52].

Ein *Nachweis von Kenntnissen der Ausbildungssprache* ist nicht erforderlich, **443** wenn die Bildungseinrichtung die Sprachkenntnisse bereits zur Bedingung für die Zulassung gemacht hat oder die Sprachkenntnisse durch eine studienvorbereitende Maßnahme erworben werden sollen (vgl. § 16 Abs. 1 Satz 4 AufenthG). Zweck eines Sprachnachweises ist die Missbrauchsbekämpfung. Es soll vermieden werden, dass ungeeignete Personen zu angeblichen Studien- und Bildungsgängen zugelassen werden, obwohl sie in Wirklichkeit einen Arbeitsmarktzugang anstreben.

Unter dem Begriff „Ausbildungssprache" ist die tatsächliche Unterrichtssprache **444** zu verstehen, die nicht zwingend Deutsch ist[53]. Fraglich ist, welches Niveau die verlangten Sprachkenntnisse haben müssen. In § 16 AufenthG findet sich hierzu keine Erläuterung. Die Studentenrichtlinie[54] verlangt in Art. 7 Abs. 1 lit. c „hinreichende" Sprachkenntnisse. Der Gesetzgeber wiederum geht in der Gesetzesbe-

---

52  BT-Drs. 16/5065, S. 165.
53  BT-Drs. 16/5065, S. 165.
54  RL 2004/114/EG des Rates v. 13.12.2004; *Hailbronner*, Ausländerrecht, D 9.17; vgl. *Hailbronner/ Gies,* in: Hailbronner/Thym (Hrsg.), EU-Immigration and Asylum Law, 2. Auflage 2016, C V, S. 581 ff.

gründung[55] von „ausreichenden" Sprachkenntnissen aus, so dass wohl ein Niveau verlangt werden kann, das auch nach § 9 Abs. 2 Satz 1 Nr. 7 AufenthG vorausgesetzt wird. Danach sind ausreichende Kenntnisse der deutschen Sprache nachgewiesen, wenn sich der Ausländer im täglichen Leben einschließlich der üblichen Kontakte mit Behörden in seiner deutschen Umgebung sprachlich zurechtzufinden vermag und mit ihm ein seinem Alter und Bildungsstand entsprechendes Gespräch geführt werden kann[56]. Schwierigkeiten kann in der Praxis die Überprüfung der Sprachkenntnisse bereiten, wenn die Unterrichtssprache nicht Deutsch ist. Dann wird man sich auf die Richtigkeit vorgelegter Zertifikate verlassen müssen.

**445** Die Erteilung der Aufenthaltserlaubnis setzt ferner die *Erfüllung der allgemeinen Regelvoraussetzungen* nach § 5 Abs. 1 und 2 AufenthG sowie die Abwesenheit zwingender Versagungsgründe nach § 5 Abs. 4 AufenthG voraus. Ausreichende *Mittel zur Sicherung des* Lebensunterhalts einschließlich ausreichenden *Krankenversicherungsschutzes* entsprechend § 2 Abs. 3 Satz 5 AufenthG stehen dann zur Verfügung, wenn sie dem BAföG-Förderungssatz (§§ 13 und 13 a BAföG) entsprechen. Nicht zu den monatlich erforderlichen Mitteln zählen jedoch die Kosten für die Rückreise als einmalige Kosten sowie die Kosten für das Studium, die semesterweise anfallen[57].

**446** Als Nachweis für die ausreichenden Mittel zur Sicherung des Lebensunterhalts kommt eine Darlegung der Einkommens- und Vermögensverhältnisse der Eltern, eine Verpflichtung gem. § 68 AufenthG, die Einzahlung einer Sicherheitsleistung auf ein Sperrkonto in Deutschland, von dem monatlich ein Zwölftel des eingezahlten Betrags ausgezahlt werden darf oder die Hinterlegung einer jährlich zu erneuernden Bankbürgschaft bei einem Geldinstitut im Bundesgebiet in Frage. Als gleichwertiger Nachweis ist anzusehen, wenn ein Bescheid über die Gewährung eines Stipendiums aus öffentlichen Mitteln oder aus Mitteln einer in Deutschland anerkannten Forschungsorganisation oder aus öffentlichen Mitteln des Herkunftslandes oder einer deutschen Wissenschaftsorganisation vorliegt oder das Auswärtige Amt die Vermittlung an eine deutsche Hochschule übernommen hat. Nicht erforderlich sind darüber hinausgehende Sicherheitsleistungen oder ein Nachweis über das Vorhandensein ausreichenden Wohnraums am Studienort.

**447** Die Aufenthaltserlaubnis zum Zweck des Studiums wird nach § 16 Abs. 1 Satz 5 AufenthG für mindestens ein Jahr erteilt. Die maximale *Geltungsdauer* beträgt zwei Jahre.

**448** Sofern der Aufenthaltszweck noch nicht erreicht ist und in einem angemessenen Zeitraum noch erreicht werden kann, ist die Aufenthaltserlaubnis über diese zwei Jahre hinaus verlängerbar.

**449** Im Gesetz ist nicht festgelegt, was unter einem angemessenen Zeitraum zu verstehen ist. Entscheidend ist, ob unter Berücksichtigung aller Umstände des Einzelfalls und der normalen Zeitdauer für die Absolvierung eines derartigen Studiums noch mit einem ordnungsgemäßen Abschluss gerechnet werden kann. Als An-

---

55  BT-Drs. 16/5065, S. 165.
56  S. auch unter Rn. 279.
57  BT-Drs. 16/5065, S. 158.

haltspunkt kann die durchschnittliche Studiendauer an der betreffenden Hochschule in dem jeweiligen Studiengang zugrunde gelegt werden. Soweit diese um mehr als 3 Semester überschritten ist, ist im Allgemeinen davon auszugehen, dass ein ordnungsgemäßer Abschluss nicht mehr erwartet werden kann[58]. Unberücksichtigt bleiben Zeiten der Studienvorbereitung. Wird die regelmäßige Studiendauer erheblich überschritten, wird der Ausländer im Allgemeinen von der Ausländerbehörde darauf hingewiesen, dass eine Verlängerung der Aufenthaltserlaubnis nur erfolgt, wenn die Hochschule einen ordnungsgemäßen Verlauf des Studiums bescheinigt, die voraussichtliche weitere Dauer des Studiums angibt und zu den Erfolgsaussichten Stellung nimmt. Ergibt sich daraus, dass das Studium nicht innerhalb einer Maximalfrist erfolgreich abgeschlossen werden kann, ist die Verlängerung abzulehnen. Erforderlich hierfür ist eine Prognoseentscheidung seitens der Ausländerbehörde, die sich vor allem an dem erkennbaren Bemühen des Ausländers auszurichten hat, das Ziel seines Aufenthalts in einem überschaubaren Zeitraum zu erreichen[59]. Ein Anhaltspunkt ist die durchschnittliche Studiendauer an der betreffenden Hochschule in dem jeweiligen Studiengang. Maßgeblich ist der bisherige Studienverlauf und die Prüfung, ob ein ordnungsgemäßes Studium vorliegt[60].

Eine Verlängerung der Aufenthaltserlaubnis zum Zweck der Fortsetzung studien- **450** vorbereitender Maßnahmen kommt im Allgemeinen über einen Zweijahreszeitraum hinaus nur dann in Betracht, wenn der Aufenthaltszweck noch nicht erreicht ist und in einem angemessenen Zeitraum noch erreicht werden kann[61]. Erforderlich ist, dass besondere vom Antragsteller nicht zu vertretende Gründe aufgezeigt werden, weshalb die studienvorbereitenden Maßnahmen noch nicht erfolgreich abgeschlossen werden konnten[62].

Während des Aufenthalts zum Zweck des Studiums *schließt* § 16 Abs. 2 Auf- **451** enthG grundsätzlich die *Erteilung* oder *Verlängerung* einer Aufenthaltserlaubnis *für einen anderen Aufenthaltszweck aus*, sofern kein gesetzlicher Anspruch besteht. Hierdurch soll sichergestellt werden, dass nur Studien- und keine anderen Aufenthaltszwecke verfolgt werden. Außerdem sollen unnötig lange Studienaufenthalte eines Ausländers im Bundesgebiet verhindert werden. Diese Gefahr besteht insbesondere dann, wenn nicht nur einmal, sondern mehrfach das Studium gewechselt wird[63].

Einem anderen Zweck dient der Aufenthalt dann, wenn der Ausländer von dem- **452** jenigen Aufenthaltszweck abweichen will, der der ursprünglichen Erteilung der Aufenthaltserlaubnis zugrunde lag. Dabei ist zu beachten, dass ausländische Studenten nicht in einen zu engen Rahmen vorgegebener Studienpläne eingezwängt werden sollten. Die Definition des Aufenthaltszwecks muss daher den üblichen Fortbildungsmöglichkeiten Rechnung tragen[64]. In der bisherigen ausländerrecht-

---

58  S. hierzu auch Nds. OVG v. 7.4.2006 – 9 ME 257/05 und VG Göttingen v. 21.8.2007 – 4 B 112/07, juris.
59  OVG Nds. v. 7.4.2006 – 9 ME 257/05, BayVGH v. 21.6.2007 – 24 CS 06.3454.
60  Nr. 16.1.1.6.2 AVwV-AufenthG; BayVGH v. 5.5.2010 – 19 BV 09 3103.
61  Vgl. BayVGH v. 11.1.2012 – 10 CS 11 2487; v. 1.12.2009 – 09.2185; vgl. OVG NRW v. 5.6.2012 – 18 B 1483/11, keine zeitliche Obergrenze für den Aufenthalt zum Zweck der Studienvorbereitung.
62  OVG Nds. v. 1.12.2010 – 8 ME 292/10.
63  BayVGH v. 1.8.2005 – 24 CE 05.1015, juris.
64  So bereits BT-Drs. 10/5171 zu § 28 Abs. 2 AuslG 1990.

lichen Praxis wird im Allgemeinen zwischen dem Wechsel der Fachrichtung und einer Schwerpunktverlagerung differenziert. Nur der Fachrichtungswechsel wird als Wechsel des Aufenthaltszwecks behandelt[65].

**453**  § 16 Abs. 2 Satz 1 AufenthG ermöglicht als Sollvorschrift eine *Abweichung vom grundsätzlichen Verbot des Wechsels des Aufenthaltszwecks*, wenn besondere Umstände vorliegen. Der Regelversagungsgrund des § 16 Abs. 2 Satz 1 AufenthG greift dann ausnahmsweise nicht ein, wenn ein vom Regelfall abweichender Sachverhalt vorliegt. Das ist der Fall, wenn der zu beurteilende Sachverhalt aufgrund der individuellen Umstände des Einzelfalls atypische Besonderheiten aufweist. Ein solcher *Ausnahmefall* ist etwa anzunehmen bei einem *Studienfachwechsel* innerhalb der ersten drei Semester oder wenn das Studium trotz des Fachwechsels innerhalb einer Gesamtaufenthaltsdauer von zehn Jahren abgeschlossen werden kann[66]. Einen späteren Studienfachwechsel wird man wie bisher ausländerrechtlich jedenfalls dann zulassen können, wenn ein Teil des bisherigen Studiums auf das neue Studium angerechnet werden kann, oder wenn das neue Studium den erfolgreichen Abschluss des vorhergehenden Studiums voraussetzt[67]. Vom Studienfachwechsel ist die unschädliche Schwerpunktverlagerung zu unterscheiden[68]. Eine *Schwerpunktverlagerung* wird in der Praxis angenommen, wenn sich aus den entsprechenden Bestimmungen ergibt, dass die betroffenen Studiengänge bis zum Wechsel identisch sind oder voll auf einen anderen Studiengang angerechnet werden, oder wenn aus organisatorischen Gründen nach Ablauf der Studienvorbereitungsphase die Aufnahme des angestrebten Studiums nicht sofort möglich ist und daher die Zeit durch ein Studium in einem anderen Studiengang im Umfang von einem Semester überbrückt wird. Sofern die bisherigen Studienleistungen auf den neuen Studiengang angerechnet werden, ist jedoch zu beachten, dass sich die Gesamtstudiendauer durch die Anrechnung um nicht mehr als 18 Monate verlängert. Denn andernfalls liegt nach der Rechtsprechung ein unzulässiger Wechsel des Aufenthaltszwecks vor[69].

**454**  Die *Aufnahme einer Zweit- oder Anschlussausbildung* begründet ebenfalls einen Wechsel des Aufenthaltszwecks, wobei schon bisher bei bestimmten Fällen Aufbau-, Zusatz- oder Ergänzungsstudien als weiterführende Studien ausländerrechtlich zugelassen worden sind[70]. Als unzulässigen Zweckwechsel hat die bisherige Rechtsprechung unter anderem den Wechsel von einem fehlgeschlagenen Studium zu einer andersartigen Berufsausbildung[71] oder den Wechsel von einem Universitäts- zu einem Fachhochschulstudium angesehen.

> **Lösung Fall 19 a):** Wird die Fachrichtung eines Studiums gewechselt, liegt grundsätzlich ein nach § 16 Abs. 2 Satz 1 AufenthG unzulässiger Wechsel des Aufenthaltszwecks vor. Dies hat zur Folge, dass der Ausländer in der Regel ausreisen muss, um eine Aufenthaltserlaubnis für den neuen Zweck zu erhalten, sofern nicht hierauf ein gesetzlicher Anspruch besteht. Ausnahmsweise kann für den anderen Aufenthaltszweck aber eine Aufenthaltserlaubnis ohne vorherige Ausreise erteilt werden, wenn ein vom Regelfall abweichender Sachverhalt vorliegt. Dies wird – wie in der bisheri-

---

65  S. BayVGH v. 21.6.2007 – 24 CS 06.3454 und OVG Hamburg v. 30.5.2007 – 3 Bs 390/05, juris.
66  So auch OVG Hamburg v. 30.5.2007 – 3 Bs 390/05, juris.
67  Vgl. Sächs. OVG v. 27.1.1997 – EZAR 014 Nr. 8.
68  Vgl. dazu Ziff. 16.2.6 AVwV-AufenthG zu § 16 AufenthG.
69  S. BayVGH v. 1.8.2005 – 24 CE 05.1015, juris.
70  Für Einzelheiten vgl. *Hailbronner*, Ausländerrecht, § 16 AufenthG, Rn. 40 f.
71  BVerwG v. 3.3.1994, InfAuslR 1994, 251.

gen ausländerrechtlichen Praxis – bei einem Studienfachwechsel innerhalb der ersten drei Semester angenommen. Daraus folgt, dass die Ausländerbehörde dem M trotz des Wechsels von Zahnmedizin zu Jura nach zwei Fachsemestern eine Aufenthaltserlaubnis zu diesem neuen Ausbildungszweck erteilen kann, ohne dass M zuvor ausreisen muss.

**Lösung Fall 19 b):** Im Unterschied zu Fall 19 a) handelt es sich hier um den Wechsel zu einer andersartigen Berufsausbildung (Mechanikerlehre statt Medizinstudium). Damit liegt ein unzulässiger Wechsel des Aufenthaltszwecks vor. Die Ausländerbehörde soll daher in der Regel keine Aufenthaltserlaubnis für diesen anderen Aufenthaltszweck erteilen bzw. verlängern. Sie muss allerdings prüfen, ob ausreichende sachliche Gründe für den Wechsel des Aufenthaltszwecks bzw. ein durch besondere, atypische Umstände gekennzeichneter Ausnahmefall vorliegen. Dafür sind keine Anhaltspunkte ersichtlich. Der Antrag ist daher abzulehnen.

### 3. Aufenthaltserlaubnis zum Zweck der Studienbewerbung und zur Durchführung von Sprachkursen

Mit der Gesetzesänderung im Jahr 2007 hat der Gesetzgeber durch das Einfügen des Absatzes 1 a in § 16 AufenthG klargestellt, dass auch für die *Studienbewerbung als eigenständiger Aufenthaltszweck* eine Aufenthaltserlaubnis erteilt werden kann[72]. Studienbewerber im Sinne dieser Vorschrift sind Ausländer, die ein Studium anstreben, aber noch keine Zulassung zum Studium besitzen. Erforderlich ist, dass sie sich bereits vom Heimatland aus bei einer staatlichen oder staatlich anerkannten Hochschule (Universität, Pädagogische Hochschule, Kunsthochschule oder Fachhochschule) oder an vergleichbaren Ausbildungsstätten, an Berufsakademien oder an staatlichen oder staatlich anerkannten Studienkollegs beworben haben bzw. zumindest die ersten Schritte für eine förmliche Bewerbung in die Wege geleitet haben. In Betracht kommt daher ein Aufenthaltstitel zwecks Studienbewerbung, wenn der Ausländer aufgrund einer Bewerbung zu einem Vorstellungsgespräch eingeladen wurde. Weiterhin kommt nach dem Zweck der Regelung, der bei der Ermessensausübung zu beachten ist, eine Erteilung einer Aufenthaltserlaubnis nur in Frage, wenn der Ausländer die Voraussetzungen für die Zulassung zu einem Hochschulstudium erfüllt. **455**

Für die *Aufenthaltsdauer als Studienbewerber* ist eine *Höchstdauer von neun Monaten* vorgeschrieben. Daraus folgt, dass die erstmalige Aufenthaltserlaubnis für einen Antragsteller, der noch nicht zu einem Studium zugelassen ist, auf neun Monate befristet werden muss. Nach Ablauf von neun Monaten wird im Falle einer Zulassung zum Studium und der Erfüllung der sonstigen gesetzlichen Voraussetzungen die *Aufenthaltserlaubnis für maximal zwei Jahre erteilt* und kann *verlängert* werden. **456**

### 4. Erwerbstätigkeit während und nach dem Studienaufenthalt

§ 16 Abs. 3 Satz 1 AufenthG sieht einen *beschränkten Arbeitsmarktzugang ausländischer Studierender* während des Studiums vor, der durch das Gesetz zur Umsetzung der Blue-Card-Richtlinie wesentlich erweitert worden ist. Erlaubt ist die Ausübung einer *Beschäftigung*, die *insgesamt 120 Tage* oder *240 halbe Tage im Jahr* nicht überschreiten darf sowie die Ausübung studentischer Nebentätigkeiten. Diese Regelung soll es ausländischen Studierenden ermöglichen, ganzjährig stundenweise oder in den Semesterferien mit voller Arbeitszeit und im Semes- **457**

---

72  Zur a. A. bzgl. der alten Fassung s. OVG Sachsen-Anhalt v. 7.9.2006 – 2 M 275/06, juris; *Hailbronner*, Ausländerrecht, § 16 AufenthG, Rn. 4.

ter entsprechend kürzer oder gar nicht, ihr Studium durch Arbeit zu finanzieren. Eine stundenweise Beschäftigung oder die Beschäftigung in mehreren Arbeitsverhältnissen sollen in Anlehnung an § 2 Abs. 1 ArbeitszeitG zusammengerechnet werden[73].

**458**  Eine flexible Berechnung der zulässigen Beschäftigungsdauer wird durch § 16 Abs. 3 AufenthG nicht ermöglicht. Es steht daher nicht im Belieben des Studierenden, die Arbeitszeit im Rahmen einer Höchststundenzahl festzulegen. Vielmehr hat der Gesetzgeber durch Verteilung der Arbeitszeit auf Tage und halbe Tage zu erkennen gegeben, dass nur bei dieser Art von Verteilung im Allgemeinen von der Möglichkeit eines ordnungsgemäßen Studiums ausgegangen werden kann[74]. Als halbe Tage sind Beschäftigungen von bis zu vier Stunden bei einer Regelarbeitszeit von acht Stunden anzusehen; über vier Stunden hinausgehende Beschäftigungen sind als volle Tage zu qualifizieren[75].

**459**  Neu ermöglicht wurde mit dem AufenthG die *Ausübung studentischer Nebentätigkeiten an der Hochschule* oder *an einer anderen wissenschaftlichen Einrichtung ohne zeitliche Einschränkung.* Da die Erlaubnis zu dieser Tätigkeit kraft Gesetzes von der Aufenthaltserlaubnis mit erfasst ist, bedarf es keiner separaten Genehmigung der Arbeitsagentur. Nach der Gesetzesbegründung soll allerdings die Tätigkeit den Zweck „Studium" nicht gefährden dürfen. Eine Einschränkung sieht die gesetzliche Regelung jedoch nicht vor. Gem. § 16 Abs. 3 Satz 2 AufenthG ist Studenten *während studienvorbereitender Maßnahmen im ersten Jahr* des Aufenthalts die Erwerbstätigkeit nur während der Ferien erlaubt. Dies dient laut Gesetzesbegründung insbesondere einer zügigen Absolvierung der studienvorbereitenden Maßnahmen, die innerhalb von zwei Jahren abgeschlossen sein sollen[76]. Außerdem verbietet diese Vorschrift Ausländern *während des Aufenthalts zur Studienbewerbung* einer Beschäftigung nachzugehen. Hierdurch soll die Umgehung des Anwerbestopps verhindert werden[77].

> **Lösung Fall 20:** Gem. § 16 Abs. 3 Satz 2 AufenthG berechtigt die Aufenthaltserlaubnis, die zum Zweck des Studiums erteilt wird, zur Ausübung einer Beschäftigung, die insgesamt 120 Tage oder 240 halbe Tage im Jahr nicht überschreiten darf, sowie zur Ausübung studentischer Nebentätigkeiten ohne zeitliche Einschränkung. Damit ist Studenten der Zugang zum Arbeitsmarkt in einem bestimmten Umfang kraft Gesetzes gestattet. Die Ausländerbehörde ist mithin nicht berechtigt, A die Ausübung einer Beschäftigung im Sinne des § 16 Abs. 3 Satz 2 AufenthG durch eine Auflage zu versagen. Dies gilt auch dann, wenn die Ausländerbehörde vermutet, dass die Aufnahme des Jurastudiums die Umgehung des Aufenthaltsrechts bezweckt. Die Ausländerbehörde hat hier nur die Möglichkeit, den Aufenthalt zum Zweck des Studiums nachträglich zu befristen oder die Verlängerung abzulehnen.

**460**  Mit dem AufenthG neu eingeführt wurde die Möglichkeit, erfolgreichen Absolventen eines Studiums die Aufenthaltserlaubnis bis zu 18 Monaten zur Suche eines dem Studienabschluss angemessenen Arbeitsplatzes zu verlängern (vgl. § 16 Abs. 4 AufenthG). Obwohl mit Erreichen des Ausbildungsziels der eigentliche Aufenthaltszweck an sich wegfällt und die Arbeitsplatzsuche einen anderen

---

73  BT-Drs. 15/420, S. 74 zu § 16 AufenthG.
74  OVG NRW v. 26.6.2009 – 18 B 979/08; v. 17.5.2011 – 17 B 5/11, Rn. 8, 10.
75  Vgl. *Walther*, in: GK-AufenthG, § 16, Rn. 25; *Fehrenbacher*, HTK-Ausländerrecht, § 16 AufenthG zu Abs. 3, Nr. 04/2009, Nr. 2.
76  BT-Drs. 16/5065, S. 165.
77  BT-Drs. 16/5065, S. 165.

Aufenthaltszweck darstellt, hat der Gesetzgeber die Variante der Verlängerung der ursprünglichen Aufenthaltserlaubnis gewählt. Damit stellt diese Regelung eine gesetzliche Ausnahme zu § 16 Abs. 2 Satz 1 AufenthG dar. Erforderlich für eine Verlängerung der ursprünglichen Aufenthaltserlaubnis zwecks Arbeitssuche im Anschluss an ein Studium ist nicht nur der erfolgreiche Studienabschluss, der zur Ausübung einer Erwerbstätigkeit qualifiziert, sondern auch die Suche nach einem „dem Abschluss angemessenen Arbeitsplatz". Die ausbildungsbezogene Qualifikation bezieht sich nach dem Wortlaut der Vorschrift nur auf die letztlich angestrebte Berufstätigkeit. Eine vorübergehende Tätigkeit, die während der Arbeitssuche ausgeübt wird, die regelmäßig oder üblicherweise ohne entsprechende Abschlüsse wahrgenommen wird, ist grundsätzlich von § 16 Abs. 4 AufenthG erfasst, sofern sich der Ausländer auf ernsthafte Arbeitssuche für eine qualifizierte Tätigkeit begibt. In der Regel setzt dies die Registrierung bei der Arbeitsagentur und entsprechend Anstrengungen für die Suche nach ausbildungsangemessenen Tätigkeiten voraus. Ist aufgrund der vorübergehend ausgeübten Tätigkeit ersichtlich, dass die Aufenthaltserlaubnis tatsächlich nicht zur Suche eines Arbeitsplatzes benutzt wird, entfällt der Aufenthaltszweck. Folglich kann zum Beispiel ein Ausländer, der in Deutschland Informatik studiert hat, eine Verlängerung der Aufenthaltserlaubnis begehren, um vorübergehend seinen Lebensunterhalt als Taxifahrer zu verdienen. Sofern der Ausländer eine seiner Ausbildung entsprechende Beschäftigung gefunden hat, kann er eine Aufenthaltserlaubnis zum Zweck der Beschäftigung nach § 18 AufenthG erhalten. Hierfür benötigt er nach § 2 Abs. 1 Nr. 3 BeschV aufgrund seines inländischen Hochschulabschlusses keine Zustimmung der Bundesagentur für Arbeit.

> **Lösung Fall 21:** Nach erfolgreichem Abschluss des Studiums kann die Aufenthaltserlaubnis bis zu 18 Monaten zur Suche eines diesem Abschluss angemessenen Arbeitsplatzes verlängert werden (§ 16 Abs. 4 Satz 1 AufenthG). Zweifelhaft ist, ob es sich bei der angestrebten Tätigkeit um einen dem Abschluss des Soziologiestudiums angemessenen Arbeitsplatz handelt. Man wird diese Klausel nicht zu eng interpretieren dürfen. Erforderlich ist aber mindestens, dass die im Studium erworbenen Kenntnisse für die Ausübung der Tätigkeit typischerweise förderlich sind. Das ist bei der angestrebten Beschäftigung nicht ersichtlich. Die Ausländerbehörde kann daher die Verlängerung der Aufenthaltserlaubnis versagen.

Der durch das Gesetz zur Umsetzung der Blue-Card-RL neu eingefügte Abs. 5 b des § 16 AufenthG eröffnet auch den Absolventen einer qualifizierten Berufsausbildung den Zugang zum Arbeitsmarkt durch Gewährung eines privilegierten Aufenthaltsrechts zum Zweck der Arbeitsplatzsuche. Im Gegensatz zu Hochschulabsolventen ist hier die Aufenthaltserlaubnis auf ein Jahr beschränkt. Damit soll Ausländern, die in Deutschland eine qualifizierte Berufsausbildung erfolgreich abgeschlossen haben, die Möglichkeit zur Weiterbeschäftigung in einer ihrer Ausbildung angemessenen Beschäftigung ermöglicht werden. Die Aufnahme einer Berufsausbildung in Deutschland soll damit attraktiver werden. § 16 Abs. 5 b AufenthG entspricht § 6 Abs. 1 Satz 1 BeschV, der Absolventen einer qualifizierten Berufsausbildung Zugang zum Arbeitsmarkt ohne Vorrangprüfung nach § 39 Abs. 2 S. 1 Nr. 1 AufenthG ermöglicht.

Eine qualifizierte Berufsausbildung liegt nach § 6 Abs. 1 Satz 2 BeschV vor, wenn **461** es sich um eine Berufsausbildung mit einer mindestens zweijährigen Ausbildungsdauer handelt. Dieses Erfordernis bezieht sich auf die allgemeine Ausbildungsdauer. Wird sie im Einzelfall unterschritten und wird ein Berufsabschluss nach kürzerer Zeit erworben, ist dies unschädlich.[78]

## 5.  Aufenthaltserlaubnis zur Teilnahme an einem Sprachkurs oder Schulbesuch

**462**  § 16 Abs. 5 Satz 1 AufenthG ermöglicht ferner die Erteilung einer *Aufenthaltserlaubnis zur Teilnahme an Sprachkursen*, die nicht der Studienvorbereitung dienen (1. Alternative). Dabei muss der Sprachkurs vom Antragsteller näher konkretisiert werden. Es muss mithin konkret feststehen, bei welcher Institution, für welchen Zeitraum und mit welchen genauen Inhalten ein Sprachkurs absolviert werden soll. Andernfalls scheidet ein Anspruch nach § 16 Abs. 5 Satz 1 1. Alternative AufenthG aus.

**463**  In Ausnahmefällen kann darüber hinaus nach § 16 Abs. 5 Satz 1 AufenthG auch eine Aufenthaltserlaubnis für den Schulbesuch erteilt werden (2. Alternative).

**464**  Gem. § 16 Abs. 5 Satz 2 AufenthG gilt § 16 Abs. 2 Satz 1 AufenthG in entsprechender Anwendung, so dass während eines Aufenthaltes nach Absatz 5 grundsätzlich eine Aufenthaltserlaubnis für einen anderen Aufenthaltszweck nicht erteilt oder verlängert werden darf, sofern nicht ein gesetzlicher Anspruch besteht oder ein Ausnahmefall vom Regelversagungsgrund des § 16 Abs. 2 Satz 1 AufenthG vorliegt. Nach § 16 Abs. 5 a AufenthG ist die Nebenbeschäftigung von bis zu 10 Stunden pro Woche möglich, wenn der Schulbesuch nach § 16 Abs. 5 AufenthG einer qualifizierten Berufsausbildung dient.

## 6.  Aufenthaltserlaubnis zwecks Mobilität der Studenten innerhalb der EU

**465**  Absatz 6 des § 16 AufenthG setzt die Mobilitätsvorschriften des Art. 8 der Studentenrichtlinie[79] um. Hierdurch soll Drittstaatsangehörigen, die bereits in einem anderen EU-Mitgliedstaat als Student zugelassen wurden, ermöglicht werden, ihre bereits begonnenen Studien ohne erhebliche bürokratische Hindernisse in Deutschland oder einem anderen EU-Mitgliedstaat fortführen zu können. In § 16 Abs. 6 Satz 1 Nr. 1 AufenthG sind die Fälle des Art. 8 Abs. 2 der Studentenrichtlinie erfasst. Satz 1 Nr. 2 deckt die in Art. 8 Abs. 1 der Studentenrichtlinie genannte Fallgruppe ab. Erforderlich ist nach § 16 Abs. 6 AufenthG, dass ein ausländischer Student, der von einem anderen EU-Mitgliedstaat einen Studentenaufenthaltstitel erhalten hat, entweder einen Teil seines Studiums an einer Ausbildungseinrichtung im Bundesgebiet durchführen möchte, weil er im Rahmen eines Studienprogrammes verpflichtet ist, einen Teil seines Studiums an einer Bildungseinrichtung eines anderen EU-Mitgliedstaats durchzuführen oder weil er einen Teil eines von ihm in einem anderen EU-Mitgliedstaat bereits begonnenen Studiums im Bundesgebiet fortführen oder durch ein Studium im Bundesgebiet ergänzen möchte und entweder an einem Austauschprogramm zwischen den EU-Mitgliedstaaten teilnimmt oder an einem anderen EU-Mitgliedstaat bereits für die Dauer von mindestens zwei Jahren zum Studium zugelassen worden ist. Voraussetzung ist, dass er alle Erfordernisse erfüllt, die nach § 16 Abs. 1 AufenthG für die erstmalige Erteilung eines studentischen Aufenthaltstitels vorgeschrieben sind.

---

78  Nr. 2.27.114 BA-DA BeschV.
79  S. *Hailbronner*, Ausländerrecht, D 9.17.; vgl. *Hailbronner/Gies*, in: Hailbronner/Thym, EU-Immigration and Asylum Law, 2. Aufl. 2016, C V, S. 610 ff.

### 7. Aufenthaltserlaubnis zum Zweck der betrieblichen Aus- und Weiterbildung

§ 17 AufenthG ermöglicht ferner die Erteilung einer Aufenthaltserlaubnis *zum* **466** *Zweck der betrieblichen Aus- und Weiterbildung.* Die Erteilung setzt in diesem Fall die Zustimmung der Bundesagentur für Arbeit voraus, sofern die BeschV oder eine zwischenstaatliche Vereinbarung nicht die zustimmungsfreie Aufnahme der Aus- oder Weiterbildung vorsieht. Freigestellt vom Zustimmungserfordernis sind nach § 7 BeschV[80] Absolventen deutscher Auslandsschulen, im Ausland beschäftigte Fachkräfte eines international tätigen Konzerns, wenn die Weiterbildung im inländischen Unternehmensteil für bis zu drei Monaten stattfinden soll (17 BeschV), oder Praktikanten unter den in § 15 Nr. 1 bis 5 BeschV geregelten Voraussetzungen. Erfasst sind dadurch insbesondere
– Praktika, die zwingend zur schulischen oder studentischen Ausbildung in Deutschland erforderlich sind oder in die Ausbildung integriert sind
– Praktika im Rahmen von der EU oder bilateraler Zusammenarbeit geförderter Programme
– Praktika im Rahmen internationaler Austauschprogramme
– Praktika für Fach- und Führungskräfte
– an einer ausländischen Hochschule nach dem 4. Semester durchgeführte studienfachbezogene Praktika für bis zu einem Jahr.

Der Begriff der *Ausbildung* umfasst: **467**
Ausbildungen nach dem Berufsbildungsgesetz bzw. der Handwerksordnung sowie Ausbildungen in berufsbildenden Schulen, die aufgrund der Zahlung einer Ausbildungsvergütung einem Beschäftigungsverhältnis gleichzusetzen sind.

Der Begriff *betriebliche Weiterbildung* setzt eine abgeschlossene Berufsausbil- **468** dung voraus. Darunter sind zu verstehen[81]:
– eine mindestens zweijährige, in der Regel dreijährige betriebliche oder schulische Berufsausbildung,
– eine gehobene schulische Berufsausbildung (z. B. nach dem Abitur) oder
– eine Fachhochschul- oder Hochschulausbildung.

Soweit nicht die Dispensierung von der Zustimmungspflicht nach § 17 BeschV **469** eingreift, können für sonstige Weiterbildungen nach § 17 Abs. 1 AufenthG mit Zustimmung der Bundesagentur Aufenthaltstitel erteilt werden. Der Begriff der Weiterbildung umfasst in einem weiten Sinne z. B. Trainee-Programme, betriebliche Schulungen, Einarbeitungen zur Vorbereitung einer Einstellung. Für zustimmungspflichtige Weiterbildungen ist ein Weiterbildungsplan zur Erreichung des Weiterbildungsziels erforderlich.

Duale Ausbildungen, die teils in Deutschland, teils im Ausland absolviert wer- **470** den, können zugelassen werden. Voraussetzung ist, dass ein deutscher und ein ausländischer Abschluss angestrebt werden[82].

Als Weiterbildung im Sinne des § 17 AufenthG wird ferner wie bisher eine *Fort-* **471** *bildung* und eine *Umschulung* anzusehen sein. Es würde dem Sinn des auf Libe-

---

80  Vgl. zu den Einzelheiten DA-BA zu § 2 BeschV a. F. vom Mai 2012, Rn. 2.2.110 ff.
81  DA-BA Nr. 1.17.1.04 zu § 17 AufenthG (Stand April 2014).
82  DA-BA Nr. 1.17.1.03.

ralisierung ausgelegten Zuwanderungsgesetzes widersprechen, den Begriff der
Aus- und Weiterbildung enger zu fassen, als dies nach bisherigem Recht der Fall
war (vgl. hierzu § 2 Abs. 6 AAV).

**472**   Auch bei einer Aufenthaltserlaubnis zum Zweck der beruflichen Aus- und Weiterbildung gilt gem. § 17 Satz 2 AufenthG die Sperrwirkung des § 16 Abs. 2
AufenthG.

**473**   Außerdem ist zu beachten, dass bei allen Aufenthaltserlaubnissen zum Zweck
der Ausbildung eine Verfestigung zur Niederlassungserlaubnis nach § 9 AufenthG ausgeschlossen ist (vgl. § 16 Abs. 2 Satz 2 oder § 16 Abs. 4 Satz 3 AufenthG).

**474**   Zudem ist gem. § 16 Abs. 7 AufenthG zwingend die Zustimmung der erzie-
hungsberechtigten Personen zum geplanten Aufenthalt eines Minderjährigen erforderlich. Eine Erlaubnis der zur Personensorge allein berechtigten Person kann
auch durch eine gerichtliche Entscheidung ersetzt werden[83].

### 8.   Aufenthaltserlaubnis für Geduldete zum Zweck der Beschäftigung nach erfolgter Ausbildung (§ 18 a Abs. 1 und b AufenthG)

**475**   Das Integrationsgesetz v. 31.7.2016[84] sieht einen erleichterten Zugang zu einer
betrieblichen Ausbildung und zur Ausbildungsförderung für Asylbewerber und
Geduldete mit einer Bleibeperspektive vor. Nach § 60 a Abs. 2 Satz 4–6 AufenthG ist künftig eine Duldung wegen dringender persönlicher Gründe zum
Zweck einer qualifizierten Berufsausbildung in einem staatlich anerkannten oder
vergleichbar geregelten Ausbildungsberuf oder einer vergleichbaren schulischen
Berufsausbildung zu erteilen, wobei die Aufnahme der Ausbildung nicht von
einer Altersgrenze abhängig ist. Geduldete erhalten zusätzlich zu den bereits jetzt
bestehenden Möglichkeiten des Zugangs zu bestimmten ausbildungsfördernden
Sozialleistungen in Zukunft auch Zugang zu Berufsausbildungsbeihilfen zur Sicherung des Lebensunterhalts während einer betrieblichen Berufsausbildung, zu
ausbildungsbegleitenden Hilfen und Assistierter Ausbildung in enger Verknüpfung mit der betrieblichen Berufsausbildung und zu berufsvorbereitenden Aus-
bildungsmaßnahmen, die der Vorbereitung auf die Aufnahme einer Ausbildung
dienen und betriebliche Praktika umfassen.

**476**   Eine nach § 60 a Abs. 2 Satz 4 AufenthG erteilte Duldung kann im Anschluss
an einen erfolgreichen Abschluss der Berufsausbildung und eine im Anschluss
daran evtl. erteilte weitere Duldung zum Zweck der Arbeitssuche in eine Aufenthaltserlaubnis zur Ausübung einer dem Abschluss entsprechenden Erwerbstätigkeit nach § 18 a Abs. 1 a AufenthG umgewandelt werden. Für die Entsprechung
von Berufsausbildung und Beschäftigung gilt das Erfordernis, dass die während
der Ausbildung erworbenen Kenntnisse und beruflichen Qualifikationen zur
Ausübung der Beschäftigung erforderlich sind. Die Aufenthaltserlaubnis muss
widerrufen werden, wenn das der Erteilung der Aufenthaltserlaubnis zugrundeliegende Arbeitsverhältnis aus Gründen, die in der Person des Ausländers liegen,
aufgelöst wird oder der Ausländer wegen einer im Bundesgebiet begangenen
vorsätzlichen Straftat verurteilt wurde, wobei für die Schwelle der Strafbarkeit

---

83  BT-Drs. 16/5065, S. 166.
84  BGBl. I, S. 1939.

die gleichen Regeln gelten wie für die Versagung bzw. das Erlöschen einer Duldung (50 Tagessätze bzw. 90 Tagessätze bei ausländerspezifischen Straftaten).

## IV. Aufenthalt aus völkerrechtlichen, humanitären oder politischen Gründen

→ Ü 1 Nr. 3 S. 546

### 1. Überblick

**Fall 22:** Der Iraner I ist vollziehbar ausreisepflichtig. Er hält sich seit 2006 im Bundesgebiet auf, nachdem sein Asylantrag rechtskräftig abgelehnt worden ist. Seiner Ausreise steht jedoch entgegen, dass I seine Reisedokumente auf Anraten seines Schleppers vernichtet hat und er sich weigert, einen neuen Pass zu beantragen und eine Erklärung abzugeben, dass er freiwillig ausreist. Hat der Antrag des I auf Erteilung einer Aufenthaltserlaubnis Aussicht auf Erfolg? Macht es einen Unterschied, ob er einen Arbeitsplatz hat? **477**

Abschnitt 5 regelt die aufenthaltsrechtliche Stellung der aus völkerrechtlichen, humanitären oder politischen Gründen aufgenommenen Flüchtlinge. Der aufenthaltsrechtliche Status von anerkannten Flüchtlingen nach der Genfer Flüchtlingskonvention (GK[85]) und derjenige von Asylberechtigten im Sinne des verfassungsrechtlichen Asylrechts ist aneinander angeglichen worden. Faktisch hat die Zuerkennung des Rechtsstatus eines anerkannten Asylberechtigten nach Art. 16 a GG keine eigenständige Bedeutung neben der mit der Flüchtlingseigenschaft verbundenen Rechte. Zudem erhielten mit dem Zuwanderungsgesetz ein Großteil des von einer Ablehnung eines Asylantrags betroffenen Personenkreises und insbesondere diejenigen Personen, deren Ausreise aus tatsächlichen oder rechtlichen Gründen nicht nur vorübergehend unmöglich ist, einen Anspruch auf Erteilung einer humanitären Aufenthaltserlaubnis. Zwar wurde das Instrument der Duldung beibehalten, der Anwendungsbereich jedoch erheblich eingeschränkt. Mit der im Jahre 2015 eingeführten stichtagsunabhängigen Bleiberechtsregelung wurde schließlich ein Anspruch auf Erteilung einer humanitären Aufenthaltserlaubnis für nachhaltig integrierte erwachsene Ausländer (§ 25 b) geschaffen, die im Besitz einer Duldung sind. Für jugendliche und heranwachsende Ausländer war ein entsprechender Anspruch schon im Jahr 2011 in das Aufenthaltsgesetz (§ 25 a) eingeführt worden. **478**

Um die kontinuierlich verlängerten Duldungen (Kettenduldungen) zu vermeiden, wurde eine Regelung geschaffen, nach der eine Aufenthaltserlaubnis erteilt werden soll, wenn die Ausreisepflicht aufgrund inlandsbezogener Ausreisehindernisse seit 18 Monaten nicht vollzogen werden kann und die Rückkehrhindernisse vom Ausreisepflichtigen nicht selbst verschuldet sind (vgl. § 25 Abs. 5 Satz 2 und 3 AufenthG). Zwar war bereits unter dem AuslG 1990 unter bestimmten Voraussetzungen die Überführung einer Duldung in eine Aufenthaltsbefugnis möglich. Von dem Instrument der Aufenthaltsbefugnis wurde aber aus fiskalischen und rechtspolitischen Erwägungen nur zurückhaltend Gebrauch gemacht, so dass zahlreiche Ausländer ungeachtet eines langjährigen Aufenthalts im Bundesgebiet und des Vorliegens zeitlich kaum absehbarer Abschiebungshindernisse häufig über viele Jahre hinweg lediglich eine Kettenduldung erhielten. **479**

---

85 S. *Hailbronner*, Ausländerrecht, B 5.

Der Gesetzgeber wollte dem durch Ersetzung der Duldung durch die Aufenthaltserlaubnis einen Riegel vorschieben und damit zugleich einen Beitrag zur
Integration dieses Personenkreises leisten[86].

**480**  Die im Kapitel 2 Abschnitt 5 des AufenthG aufgeführten Vorschriften unterscheiden zwischen der humanitären Aufnahme aufgrund *von Aufnahmeaktionen
aus dem Ausland* (§ 22 AufenthG), der Aufenthaltsgewährung aufgrund *einer
politischen Entscheidung* durch die obersten Landesbehörden (§ 23 AufenthG),
der *Härtefallregelung* (§ 23 a AufenthG), der *Gewährung vorübergehenden
Schutzes* in Ausführung der Richtlinie 2001/55/EG über die Gewährung vorübergehenden Schutzes (§ 24 AufenthG), der Aufenthaltsgewährung bei *gut integrierten Jugendlichen und Heranwachsenden* (§ 25 a AufenthG), der Aufenthaltsgewährung für nachhaltig integrierte Erwachsene und der *Generalklausel*
betreffend die Asylberechtigten, die Konventionsflüchtlinge, zielstaatsbezogene
Abschiebungsverbote und inlandsbezogene Ausreisehindernisse (§ 25 AufenthG). Allgemein gilt, dass mit dem Zuwanderungsgesetz die aufenthaltsrechtliche Stellung insbesondere der bislang lediglich durch eine Duldung geschützten
Personen, die wegen rechtlicher oder faktischer Abschiebungshindernisse nicht
zurückgeführt werden konnten, durch Gewährung der Aufenthaltserlaubnis
deutlich verbessert wurde. Aber auch die Grenzen der humanitären Aufenthaltsgewährung sind deutlich schärfer konturiert worden, unter anderem durch die
Schaffung von Ausschlussklauseln bei Verletzung der Mitwirkungspflichten, bei
schweren Verbrechen und Gefährdung der öffentlichen Ordnung und Sicherheit.

> **Lösung Fall 22:** Die Ausreise des vollziehbar ausreisepflichtigen I ist mangels Reisedo-
> kumenten aus tatsächlichen Gründen unmöglich. Ist mit einem Wegfall des Ausreise-
> hindernisses in absehbarer Zeit nicht zu rechnen, kommt zwar grundsätzlich die Ertei-
> lung einer Aufenthaltserlaubnis nach § 25 Abs. 5 Satz 1 AufenthG in Betracht. Diese
> darf jedoch nur erteilt werden, wenn der Ausländer unverschuldet an seiner Ausreise
> gehindert ist (Satz 3). Ein Verschulden des Ausländers liegt insbesondere vor, wenn er
> falsche Angaben macht oder über seine Identität oder Staatsangehörigkeit täuscht
> oder zumutbare Anforderungen zur Beseitigung der Ausreisehindernisse nicht erfüllt
> (Satz 4). I hat seine Reisedokumente absichtlich vernichtet und weigert sich, einen
> neuen Pass zu beantragen. Folglich liegt ein Verschulden vor, das die Erteilung einer
> Aufenthaltserlaubnis nach § 25 Abs. 5 Satz 1 AufenthG ausschließt. Auch die Forde-
> rung nach Abgabe einer Erklärung der freiwilligen Ausreise ist zumutbar[87]. Damit
> kommt lediglich eine vorübergehende Aussetzung der Abschiebung (Duldung) nach
> § 60 a Abs. 2 AufenthG in Betracht. Unerheblich ist, ob I einen Arbeitsplatz besitzt.
> Auch die Erteilung einer Aufenthaltserlaubnis für nachhaltig integrierte Ausländer
> scheidet trotz der Erfüllung der allgemeinen Erteilungsvoraussetzungen des § 25b
> Abs. 1 wegen Nichterfüllung zumutbarer Anforderungen an die Mitwirkung bei der
> Beseitigung von Abschiebungshindernissen aus.

## 2. Aufenthaltserlaubnis für Asylberechtigte (§ 25 Abs. 1 AufenthG)

**481**  In inhaltlicher Übereinstimmung mit dem bisherigen Recht[88] sieht § 25 Abs. 1
Satz 1 AufenthG einen Anspruch des anerkannten Asylberechtigten auf Erteilung
einer Aufenthaltserlaubnis vor. Als *Asylberechtigter* gilt der Ausländer, der vom
Bundesamt für Migration und Flüchtlinge (BAMF) unanfechtbar als politisch
Verfolgter im Sinne des Art. 16 a GG anerkannt worden ist[89]. Die Aufenthaltser-

---

86  Zur Wirkung der Vorschrift vgl. BT-Drs. 333/12 v. 30.5.2012.
87  Vgl. BVerwG v. 10.11.2009 – 1 C 19/08.
88  § 68 AsylVfG a. F.
89  Vgl. auch § 1 Abs. 1 1. Alternative und § 2 AsylG.

laubnis kann für längstens drei Jahre erteilt und verlängert werden (vgl. § 26 Abs. 1 AufenthG). Mit Ablauf von fünf bzw. drei Jahren erlangt der Asylberechtigte einen *Anspruch auf eine Niederlassungserlaubnis*, wenn zu diesem Zeitpunkt das Bundesamt für Migration und Flüchtlinge nach § 73 Abs. 2 a AsylG mitgeteilt hat, dass die Voraussetzungen für einen Widerruf oder eine Rücknahme (z. B. wegen Wegfalls der Verfolgungsgefahr) nicht vorliegen (vgl. § 26 Abs. 3 AufenthG). Hierdurch wird der Asylberechtigte aufenthaltsrechtlich vom Fortbestehen der Verfolgungsgefahr unabhängig. Die Regelung hat insofern verfassungsrechtliche Bedeutung, als sie Asylberechtigten ein sachlich gesichertes Aufenthaltsrecht gewährleistet. Wie das BVerfG nämlich im Jahr 1978 in einer Entscheidung[90] festgestellt hat, verbürgt das GG in Art. 16 Abs. 2 Satz 2 (nun Art. 16 a Abs. 1 GG) politisch verfolgten Ausländern einen Rechtsanspruch auf Aufenthaltsgewährung. Der aufenthaltsrechtliche Schutz, den Art. 16 a Abs. 1 GG bietet, verlangt, dass die Bundesrepublik Deutschland dem Asylberechtigten im Regelfall einen rechtlich gesicherten Aufenthalt sowie die Möglichkeit zu beruflicher und persönlicher Entfaltung verschafft und dass dieses Aufenthaltsrecht nur aus gewichtigen Gründen und unter Wahrung des Verfolgungsschutzes vorenthalten oder entzogen wird[91]. Daraus lässt sich allerdings nicht ableiten, dass der Niederlassungsanspruch nach § 26 Abs. 3 verfassungsrechtlich garantiert ist. Dem Gesetzgeber kommt ein Beurteilungsspielraum bezüglich der Art und Weise des rechtlich gesicherten Aufenthalts zu.

§ 25 Abs. 1 Satz 1 AufenthG gewährt einen *Rechtsanspruch* auf Erteilung einer **482** Aufenthaltserlaubnis. Die Ausländerbehörde hat weder einen Ermessens- noch einen Beurteilungsspielraum. Sie ist zudem nach § 6 Satz 1 AsylG an die Entscheidung des BAMF gebunden.

Neben dem Asylberechtigten haben weiterhin die Personen, die nach § 26 AsylG **483** im Wege des Familienasyls als Asylberechtigte anerkannt worden sind, einen Rechtsanspruch auf Erteilung einer Aufenthaltserlaubnis nach § 25 Abs. 1 AufenthG.

Für die Erteilung der Aufenthaltserlaubnis an anerkannte Asylberechtigte sieht **484** § 5 Abs. 3 Satz 1 AufenthG die *obligatorische* Dispensierung von den allgemeinen Erteilungsvoraussetzungen des *Absatzes 1* (u. a. Sicherung des Lebensunterhalts, Nichtbestehen eines Ausweisungsinteresses, Beeinträchtigung der Interessen der Bundesrepublik Deutschland) und des *Absatzes 2* (erforderliches Visum und korrekte Angaben im Visumantrag) vor. Eine *Aufenthaltserlaubnis* ist daher lediglich *ausgeschlossen*, wenn der Ausländer aus schwerwiegenden Gründen der öffentlichen Sicherheit und Ordnung ausgewiesen worden ist (vgl. § 25 Abs. 1 Satz 2 AufenthG). *Schwerwiegende Gründe* liegen nur dann vor, wenn das öffentliche Interesse an der Erhaltung von Sicherheit und Ordnung im Vergleich zu dem vom Gesetz bezweckten Schutz des Ausländers ein deutliches Übergewicht hat[92]. Die Vorschrift verdrängt im Übrigen nicht die allgemeinen, zwingenden Versagungsgründe des § 5 Abs. 4 Satz 1 AufenthG[93]. Die Gefährdung der freiheitlichen demokratischen Grundordnung oder der Sicherheit der Bundesre-

---

90  BVerfG v. 26.9.1978, BVerfGE 49, 168, 183 f.
91  BVerwG v. 19.5.1981, BVerwGE 62, 206, 211.
92  BVerwG v. 17.1.1989, BVerwGE 81, 155, 158; BVerwG v. 10.1.1995, Buchholz 402.240 zu § 48 AuslG Nr. 4.
93  BVerwG v. 22.5.2012, 1 C 8.11.

publik Deutschland oder die Beteiligung an Gewalttätigkeiten oder der öffentliche Aufruf zur Gewaltanwendung schließen zwingend die Erteilung einer Aufenthaltserlaubnis aus. Auf die Erteilung der Aufenthaltserlaubnis nach § 25 Abs. 1 ist diese Vorschrift mit der Maßgabe des Erfordernisses eines Ausweisungsverfahrens anwendbar. Nur in „begründeten Einzelfällen" können von § 5 Abs. 4 (Ermessen) Ausnahmen zugelassen werden, wenn sich der Ausländer gegenüber den zuständigen Behörden offenbart und glaubhaft von seinem sicherheitsgefährdenden Handeln Abstand nimmt. Ein „sich offenbaren" setzt voraus, dass der Ausländer nicht bereits eines sicherheitsgefährdenden Handelns überführt worden ist. Mithin sind die Ausnahmemöglichkeiten vor der Verfügung einer Ausweisung in die Überlegungen mit einzubeziehen. Die Anwendung des § 25 Abs. 1 Satz 2 AufenthG setzt nicht voraus, dass die Ausweisung bestandskräftig oder sofort vollziehbar ist[94]. Ausreichend ist, dass die Ausweisung[95] verfügt worden ist.

**485**    Bis zur Erteilung der Aufenthaltserlaubnis gilt der Aufenthalt des Asylberechtigten im Bundesgebiet als erlaubt (§ 25 Abs. 1 Satz 3 AufenthG). Die Überbrückung des Zeitraums von der Unanfechtbarkeit der Asylanerkennung bis zur Erteilung der Aufenthaltserlaubnis durch ein gesetzliches Aufenthaltsrecht ist sachlich begründet und geboten. Die Fiktion des § 25 Abs. 1 Satz 2 AufenthG geht der des § 81 Abs. 3 Satz 1 AufenthG vor. Die Vorschrift des § 25 Abs. 1 Satz 2 AufenthG hat im Hinblick auf das verfassungsrechtlich gebotene Aufenthaltsrecht des Asylberechtigten weitgehend deklaratorischen Charakter[96]. Vom Zeitpunkt der Asylantragstellung bis zum Ende des Asylverfahrens ist dem Ausländer der Aufenthalt im Bundesgebiet gestattet (vgl. § 55 Abs. 1 Satz 1 AsylG). Die Aufenthaltsgestattung ist jedoch kein Aufenthaltstitel, sondern hat verfahrensrechtlichen Charakter.

**486**    Für die *Beendigung der Aufenthaltserlaubnis* gelten im Grundsatz die allgemeinen ausländerrechtlichen Vorschriften. Gem. § 51 Abs. 1 AufenthG erlischt die Aufenthaltserlaubnis außer in den Fällen des Ablaufs ihrer Geltungsdauer, des Widerrufs und des Eintritts einer auflösenden Bedingung, wenn der Ausländer ausgewiesen wird (Nr. 5) oder wenn er längerfristig aus der Bundesrepublik ausreist bzw. nicht rechtzeitig zurückkehrt (Nr. 6 und Nr. 7). Zu beachten ist jedoch im Fall der Ausreise eines Ausländers, der im Besitz eines Reiseausweises für Flüchtlinge ist, dass der Aufenthaltstitel nicht erlischt, solange der Ausländer noch im Besitz eines in Deutschland ausgestellten Reiseausweises ist (§ 51 Abs. 7 AufenthG). Wurde die Aufenthaltserlaubnis zu Unrecht erteilt, etwa weil die Anerkennung als Asylberechtigter noch nicht unanfechtbar war, kann sie zumindest mit Wirkung für die Zukunft nach § 48 Abs. 1 VwVfG zurückgenommen werden[97].

**487**    § 25 Abs. 1 Satz 4 AufenthG erlaubt den anerkannten Asylberechtigten die *Ausübung einer Erwerbstätigkeit*. Unter Erwerbstätigkeit in diesem Sinne ist die selbständige Tätigkeit und die nicht selbständige Beschäftigung im Sinne von § 7

---

94  *Dienelt*, in: Bergmann/Dienelt, Ausländerrecht, § 25 AufenthG, Rn. 19; *Burr*, GK-AufenthG, § 25, Rn. 16.
95  Zur Ausweisung s. auch unten § 9 III.
96  Vgl. *Marx*, § 68 AsylVfG, Rn. 6; GK-AsylVfG, § 68, Rn. 86.
97  *Dienelt*, in: Bergmann/Dienelt, Ausländerrecht, § 25 AufenthG, Rn. 15; *Marx*, § 68 AsylVfG, Rn. 13.

SGB IV zu verstehen (vgl. Legaldefinition in § 2 Abs. 2 AufenthG). Erwerbstätig-keit umfasst daher auch die Gründung und den Betrieb eines gewerblichen Un-ternehmens. Der anerkannte Asylberechtigte ist mithin berechtigt, jegliche Er-werbstätigkeit ohne Einschränkungen aufzunehmen. Eine Zustimmung der Bundesagentur für Arbeit ist nicht erforderlich, da die Berechtigung zur Aus-übung einer Erwerbstätigkeit kraft Gesetzes besteht.

### 3. Aufenthaltserlaubnis für Konventionsflüchtlinge und subsidiär Schutzberechtige (§ 25 Abs. 2 AufenthG)

Nach § 25 Abs. 2 Satz 1 AufenthG haben Ausländer, denen die Flüchtlingseigen-    **488**
schaft oder subsidiärer Schutz zuerkannt worden ist, einen Anspruch auf Ertei-lung einer Aufenthaltserlaubnis. In den Anwendungsbereich des § 25 Abs. 2 Satz 1 AufenthG fallen Ausländer, bei denen das Bundesamt für Migration und Flüchtlinge nach § 3 Abs. 4 AsylG in einem Asylverfahren nach den Vorschriften des AsylG festgestellt hat, dass der Antragsteller der ernsthaften Gefahr einer Verfolgung aus Gründen der Rasse, Religion, Staatsangehörigkeit, Zugehörigkeit zu einer bestimmten sozialen Gruppe oder wegen der politischen Überzeugung im Falle seiner Rückkehr ausgesetzt wäre. Erfasst sind damit Personen, die die Voraussetzungen für die Zuerkennung der Flüchtlingseigenschaft nach der *Gen-fer Flüchtlingskonvention* (GK[98]) erfüllen, aber z. B. wegen einer Einreise aus einem „sicheren Drittstaat" im Sinne des Art. 16 a Abs. 2 GG oder wegen des Vorliegens „gewillkürter Nachfluchtgründe" nicht als Asylberechtigte im Sinne des Art. 16 a GG anerkannt werden können. Konkretisiert werden die in der Genfer Flüchtlingskonvention geregelten Voraussetzungen an den Begriff der Verfolgung und die Verfolgungsgründe (beides muss miteinander verknüpft sein) durch die EU-Richtlinie 2011/95 über die Anerkennung von Drittstaatsangehöri-gen oder Staatenlosen als Person mit Anspruch auf internationalen Schutz.[99] Über den Kreis der Genfer Konventionsflüchtlinge hinaus besteht nach der Richtlinie 2011/95 auch ein Anspruch auf „internationalen Schutz" für Auslän-der, denen ein ernsthafter Schaden im Sinne des Art. 15 der Richtlinie droht. Darunter fallen neben von der Todesstrafe bedrohten Personen auch solche, die einer ernsthaften individuellen Bedrohung des Lebens oder Unversehrtheit als Folge willkürlicher Gewalt im Rahmen eines bewaffneten Konflikts ausgesetzt wären, oder die – unabhängig vom Bestehen eines Kriegs oder Bürgerkriegs – Folter oder unmenschliche oder erniedrigende Behandlung im Falle einer Rück-kehr befürchten müssten. Wie im Fall des § 25 Abs. 1 AufenthG besteht ein *Rechtsanspruch*, der ausschließlich an die Zuerkennung der Flüchtlingseigen-schaft oder der subsidiären Schutzberechtigung anknüpft.

Aufenthaltsrechtlich bestehen zwischen den beiden Schutzformen Unterschiede    **489**
bei der Dauer der Aufenthaltserlaubnis, beim Recht auf Familiennachzug und bei dem Zugang zu Daueraufenthaltstiteln (Niederlassungserlaubnis)[100]. Asylbe-rechtigten und Flüchtlingen wird die Aufenthaltserlaubnis für drei Jahre, subsi-diär Schutzberechtigten nur für ein Jahr, bei Verlängerung für zwei weitere Jahre erteilt (§ 26 Abs. 1 Satz 2 und 3). Eine durch den Gesetzgeber vor kurzer Zeit

---

98  S. *Hailbronner*, Ausländerrecht, B 5.
99  RL 2011/95, ABl EU L 337/9 v. 20.12.2011, *Hailbronner*, Ausländerrecht, D 12.7; vgl. dazu *Dörig*, in: Hailbronner/Thym (Hrsg.), European Immigration and Asylum Law, 2. Auflage 2016, D III, S. 1132 ff.
100  Vgl. Unten § 11.

vorgenommene Gleichstellung von Flüchtlingen und subsidiär Schutzberechtigten beim Familiennachzug ist durch das Gesetz zur Einführung beschleunigter Asylverfahren v. 11.3.2016[101] für die Zeitdauer bis zum 16.3.2018 für diejenigen Ausländer eingeschränkt worden, denen nach dem 17.3.2016 eine Aufenthaltserlaubnis als subsidiär Schutzberechtigte erteilt worden ist (§ 104 Abs. 13 AufenthG). Der privilegierte Zugang zur Niederlassungserlaubnis bereits nach fünf bzw. drei Jahren steht nur Asylberechtigten und Flüchtlingen, nicht aber subsidiär Schutzberechtigten offen (§ 26 Abs. 3 Satz 1 AufentG).

**490** Für die Dispensierung von den allgemeinen Erteilungsvoraussetzungen gelten für Flüchtlinge und subsidiär Schutzberechtigte die gleichen Grundsätze nach § 5 Abs. 3 Satz 1 AufenthG wie bei anerkannten Asylberechtigten.

**491** Mit der entsprechenden Anwendung der in § 25 Abs. 1 Sätze 2 bis 4 AufenthG geregelten Tatbestände des Ausschlusses vom Aufenthaltsrecht wegen einer Ausweisung aus schwerwiegenden Gründen der öffentlichen Sicherheit und Ordnung, der Fiktion einer Aufenthaltserlaubnis und der Berechtigung zur Ausübung einer Erwerbstätigkeit auf Flüchtlinge und subsidiär Schutzberechtigte (international Schutzberechtigte) in § 25 Abs. 2 Satz 2 AufenthG wird die allgemeine Tendenz des Gesetzes, nach Unionsrecht international Schutzberechtigte den anerkannten Asylberechtigten gleichzustellen, konsequent weitergeführt.

**492** Eine Ausweisung eines Flüchtlings darf nur unter den Voraussetzungen des Art. 21 Abs. 3 i. V. mit Abs. 2 (stichhaltige Gründe für eine Gefährdung der Sicherheit oder Gefahr für die Allgemeinheit wegen Verurteilung zu einer besonders schweren Straftat) oder denjenigen des Art. 24 Abs. 1 der Richtlinie 2011/95, d. h. bei Vorliegen zwingender Gründe der öffentlichen Sicherheit oder Ordnung erfolgen[102]. Bei einer Unterstützung des internationalen Terrorismus erfordert dies keine herausragenden Handlungen von außergewöhnlicher Gefährlichkeit; ausreichend sind vielmehr auch einfache Unterstützungshandlungen wenn sie sich durch ein hohes Maß an Kontinuität auszeichnen und nachhaltig das Umfeld der terroristischen Organisation prägen und beeinflussen[103]. Nach der EuGH Rechtsprechung hat der Begriff der „zwingenden Gründe" eine weitere Bedeutung als der Begriff der stichhaltigen Gründe in Art. 21 Abs. 3[104]. Bestimmte Umstände, die nicht den Schweregrad aufweisen, der es einem Mitgliedstaat erlaubt, auf die Ausnahmeregelung von Art. 21 Abs. 2 der RL 2011/95 zurückzugreifen, können es dennoch nach Art. 24 Abs. 1 rechtfertigen, einem Flüchtling die Aufenthaltserlaubnis zu versagen oder ihm diese zu entziehen. Diese Rechtsprechung kann dazu führen, dass zwar eine Aufenthaltserlaubnis versagt wird, aber dennoch der bereits gewährte Flüchtlingsstatus erhalten bleibt. In diesem Fall müssen trotz einer Ausweisung oder Ablehnung der Aufenthaltserlaubnis dem Flüchtling alle in der Genfer Konvention vorgesehenen materiellen Rechte (Zugang zum Arbeitsmarkt, soziale Rechte usw.) gewährt werden.

**493** Im Übrigen gilt auch für die Aufenthaltserlaubnis nach § 25 Abs. 2 AufenthG, dass der Aufenthaltstitel im Fall der Ausreise solange nicht erlischt, solange der

---

101 BGBl. I, S. 390.
102 Vgl. VGH BW v. 16.5.2012 – 11 S 2328/11.
103 A. a. O. Rn. 102.
104 EuGH v. 24.6.2015, Rs. C-373/13 – *H.T./Land Baden- Württemberg.*

Ausländer im Besitz eines gültigen, von einer deutschen Behörde ausgestellten Reiseausweises für Flüchtlinge ist (§ 51 Abs. 7 AufenthG). Ein Widerruf des Aufenthaltstitels ist nach § 52 Abs. 1 Nr. 4 AufenthG wie bei Asylberechtigten an das Erlöschen der Rechtsstellung als Flüchtling oder subsidiär Schutzberechtigter gebunden. Für das Erlöschen der Rechtsstellung sind die §§ 72 ff. AsylG anwendbar. Danach ist die Anerkennung als Asylberechtigter oder international Schutzberechtigter zu widerrufen, wenn die Voraussetzungen für sie nicht mehr vorliegen (§§ 73 Abs. 1 Satz 1, 73b AsylG).

### 4. Aufenthaltserlaubnis bei Aussetzung der Abschiebung (§ 25 Abs. 3 AufenthG)

§ 25 Abs. 3 Satz 1 AufenthG sieht die Erteilung einer Aufenthaltserlaubnis an **494** diejenigen Ausländer vor, deren Abschiebung nach § 60 Abs. 5 (Europäische Menschenrechtskonvention) oder Abs. 7 (erhebliche konkrete Gefahr für Leib, Leben oder Freiheit) AufenthG unzulässig ist (sog. nationale Abschiebungsverbote im Gegensatz zu den unionsrechtlichen Ansprüchen auf Schutzgewährung). Berücksichtigungsfähig sind nur zielstaatsbezogene Abschiebungsverbote. Abschiebungshindernisse, die sich aus einer Beeinträchtigung des Familien- oder Privatlebens ergeben, können nur im Rahmen von § 25 Abs. 5 AufenthG geltend gemacht werden[105]. Nach § 24 Abs. 2 AsylG entscheidet über das Vorliegen eines Abschiebungsverbotes nach § 60 Abs. 5 oder Abs. 7 AufenthG das Bundesamt für Migration und Flüchtlinge, sofern ein Asylantrag (dh. der Sache nach ein Antrag auf internationale Schutzberechtigung) gestellt worden ist. Die Ausländerbehörde ist gemäß § 42 Satz 1 AsylG an die Entscheidung des Bundesamts gebunden. Zu einer eigenen inhaltlichen Prüfung der Voraussetzungen eines Abschiebungsverbotes nach § 60 Abs. 5 oder Abs. 7 AufenthG ist die Ausländerbehörde danach weder berechtigt noch verpflichtet[106]. Eine eigene Prüfungskompetenz der Ausländerbehörde kommt allenfalls in Betracht, wenn ein Asylantrag[107] nicht gestellt, aber eine Aufenthaltserlaubnis beantragt wurde. Aber auch in diesem Fall ist gegebenenfalls das Bundesamt für Migration und Flüchtlinge gemäß § 72 Abs. 2 AsylG vorher zu beteiligen.

Eine *Ausnahme von der Bindungswirkung der Ausländerbehörde* an die Ent- **495** scheidung des Bundesamts gilt in den Fällen, in denen das Bundesamt eine Entscheidung über das Vorliegen eines Abschiebungsverbots nach § 60 Abs. 7 AufenthG wegen Bestehens eines vergleichbaren Schutzes durch einen Abschiebestopp-Erlass (§ 23 AufenthG), eine sonstige Erlasslage oder einer aus individuellen Gründen erteilten Duldung nicht treffen darf[108].

Für die *allgemeinen Erteilungsvoraussetzungen* gelten die Besonderheiten des § 5 **496** Abs. 3 Satz 1 AufenthG, wonach von der Anwendung der in den Absätzen 1 und 2 niedergelegten Voraussetzungen (Lebensunterhalt, kein Ausweisungsgrund) abzusehen ist.

*Ausgeschlossen* ist die Erteilung der Aufenthaltserlaubnis, *wenn* die *Ausreise* in **497** einen anderen Staat möglich und zumutbar ist (§ 25 Abs. 3 Satz 2 AufenthG).

---

105  H. M., vgl. z. B. VGH BW v. 18.11.2009 – 13 S 1469/09, ZAR 2010, 72.
106  Hierzu s. auch BVerwG v. 22.11.2005, DVBl. 2006, 517; BVerwG v. 27.6.2006, DVBl. 2006, 1509 und VG München v. 8.2.2007 – M 12 K 06 4613, juris.
107  Vgl. zum Begriff des Asylantrags § 13 Abs. 1 AsylVfG.
108  Vgl. BVerwG v. 27.6.2006, NVwZ 2006, 1418.

Als *möglich* kann die Ausreise angesehen werden, wenn die betroffene Person in den Drittstaat einreisen und sich – zumindest vorübergehend – dort aufhalten darf. *Zumutbar* ist die Ausreise, wenn die mit dem Aufenthalt in dem Drittstaat verbundenen Folgen die betroffene Person nicht stärker treffen als die Bevölkerung des Drittstaates oder die Bevölkerungsgruppe, der der Betroffene angehört. Die Zumutbarkeit der Ausreise wird im Fall der Aufnahmebereitschaft eines sicheren Drittstaates vermutet, sofern der Ausländerbehörde keine besonderen Hinweise vorliegen. Als unzumutbar ist eine Ausreise in den Drittstaat dann anzusehen, wenn dem Ausländer dort die „Kettenabschiebung" in den Verfolgerstaat droht. Eine Ausreise ist ferner unzumutbar, wenn der Betreffende im Drittstaat schlechthin keine Lebensgrundlage nach Maßgabe der dort bestehenden Verhältnisse hat oder wenn aufgrund von kriegs- oder bürgerkriegsähnlichen Verhältnissen erhebliche Gefahren für Leib und Leben bestehen.

**498** Für die Möglichkeit der Ausreise in einen Staat trägt die Ausländerbehörde eine Darlegungslast. Sie hat sich dabei an konkreten Anhaltspunkten zu orientieren[109]. Maßgeblich für die Auswahl ist die Beziehung der betroffenen Person zum Drittstaat (z. B. Ehepartner oder nahe Verwandte sind Drittstaatsangehörige) und die Aufnahmebereitschaft dieses Staates. Der Ausländer kann hiergegen Einwendungen geltend machen.

**499** Des Weiteren ist die Erteilung der Aufenthaltserlaubnis ausgeschlossen, wenn der Ausländer wiederholt oder gröblich *gegen* entsprechende *Mitwirkungspflichten* verstößt (§ 25 Abs. 3 Satz 2 AufenthG). Ein wiederholter Verstoß liegt vor, wenn der Ausländer mehr als einmal in verschiedenen Situationen gegen entsprechende Mitwirkungspflichten verstoßen hat, wobei der Verstoß gegen unterschiedliche Mitwirkungspflichten genügt[110]. Einen groben Verstoß gegen Mitwirkungspflichten wird man dann annehmen können, wenn der Ausländer über die bloße Unterlassung, gebotene Mitwirkungshandlungen vorzunehmen (z. B. Vorlage von Ausweispapieren nach § 48 AufenthG), hinaus durch positive Handlungen (Vorlage gefälschter Papiere) seine Mitwirkungspflichten verletzt. Erforderlich ist außerdem, dass der Ausländer gegen „entsprechende" Mitwirkungspflichten verstößt. Der zweite Satzteil des § 25 Abs. 3 Satz 2 AufenthG bezieht sich lediglich auf den ersten Satzteil, da sich die Bezugnahme „entsprechende Mitwirkungspflichten" sprachlich nur auf die dort genannte Möglichkeit und Zumutbarkeit einer Ausreise „in einen anderen Staat" beziehen kann. Mithin ist erforderlich, dass die Verletzung der Mitwirkungspflicht dazu führt, dass eine Ausreise in einen anderen Staat gegenwärtig nicht möglich oder zumutbar ist[111]. Folglich zählen zu den „entsprechenden" Mitwirkungspflichten insbesondere die ausweisrechtlichen Mitwirkungspflichten sowie die Pflichten bei der Feststellung und Sicherung der Identität und der Beschaffung gültiger Reisepapiere (vgl. §§ 48, 49, 82 Abs. 4 AufenthG). Mithin sanktioniert die Vorschrift nicht die gröbliche oder wiederholte Verletzung jeglicher Mitwirkungspflichten. Zum Beispiel genügt der Verstoß gegen im Sozialrecht begründete Mitwirkungspflichten nicht.

---

109 Näher zum Begriff der Zumutbarkeit *Hailbronner,* Ausländerrecht, § 25 AufenthG, Rn. 49 f.
110 Nr. 25.3.3.2 AVwV-AufenthG.
111 Vgl. BVerwG v. 22.11.2005, InfAuslR 2006, 272; OVG NRW v. 22.1.2007 – 18 E 274/06; BayVGH v. 1.6.2006 – 19 ZB 06.659, juris.

Zu beachten ist, dass Mitwirkungspflichten, die für den Ausländer mit unzumut-    **500**
baren Schwierigkeiten verbunden oder rechtlich und tatsächlich unerfüllbar sind,
nicht verlangt werden können.

Ein *weiterer Ausschlussgrund* betrifft Fälle, bei denen der Ausländer einer Auf-    **501**
enthaltsgewährung für „unwürdig" angesehen wird, weil schwerwiegende
Gründe die Annahme rechtfertigen, dass er unter eine der in § 25 Abs. 3 Satz 2
3. Alternative AufenthG angeführten vier Personengruppen fällt[112]. Voraussetzung für die Anwendung dieses Ausschlussgrundes ist, dass schwerwiegende
Gründe die Annahme der Begehung eines der in Nr. 1 bis 4 genannten Ausschlussgründe (z. B. Kriegsverbrechen, Begehung einer Straftat von erheblicher
Bedeutung, Zuwiderhandlung gegen Ziele der Vereinten Nationen, Gefahr für
die Allgemeinheit) rechtfertigen. Als schwerwiegend können nur solche Indizien
angesehen werden, die nicht lediglich die bloße Möglichkeit oder den Verdacht
der Begehung einer der in Nr. 1 bis 4 genannten Handlungen begründen, sondern
von solchem erheblichen Gewicht sind, dass das Vorliegen eines Ausschließungs-
grundes wahrscheinlich ist. Erforderlich ist aber weder die Durchführung eines
gerichtlichen Verfahrens noch überhaupt die Durchführung von Ermittlungsver-
fahren oder strafgerichtlichen Verfahren. Ausreichend ist das Vorliegen von Indizien, die auch im Falle des Vorliegens eines strafgerichtlichen Tatbestandes einen
hinreichenden Tatverdacht begründen würden.

Der Begriff der „Straftat von erheblicher Bedeutung" in § 25 Abs. 3 Satz 2 Nr. 2    **502**
AufenthG ist ein unbestimmter Rechtsbegriff. Ob eine Straftat erheblich ist, ist
für jeden Einzelfall gesondert zu prüfen. Straftaten von erheblicher Bedeutung
sind solche, die nach Art und Schwere so gewichtig sind, dass die Erteilung
eines Aufenthaltsrechts für den Täter unbillig erschiene[113]. Eine zwangsweise
Unterbringung in einem psychiatrischen Krankenhaus wegen gravierender Straftaten, die im Zustand von Wahnvorstellungen begangen wurden, schließt regelmäßig die Erteilung einer Aufenthaltserlaubnis nach § 25 Abs. 3 Satz 2 AufenthG aus[114]. Das sind Straftaten, die den Rechtsfrieden empfindlich stören und
geeignet sind, das Gefühl der Rechtssicherheit der Bevölkerung erheblich zu beeinträchtigen[115]. Danach muss es sich bei der zu beurteilenden Tat um ein Delikt
handeln, das mindestens der mittleren Kriminalität zuzurechnen ist.

Ausgeschlossen sind nach § 25 Abs. 3 Satz 2 lit. c und d AufenthG auch Perso-    **503**
nen, die ein Sicherheitsrisiko darstellen (Gefahr für die Allgemeinheit oder für
die Sicherheit der Bundesrepublik Deutschland). Eine Gefährdung der Sicherheit
liegt vor, wenn Anhaltspunkte für terroristische Aktivitäten (Unterstützung oder
Mitgliedschaft in terroristischen Vereinigungen) vorliegen. Erforderlich ist eine
von dem Betreffenden ausgehende Gefahr[116]. Um einen schwerwiegenden Grund
annehmen zu können, reichen bloße Verdachtsmomente nicht aus. Erforderlich
sind konkrete Anhaltspunkte, die sich unter anderem aus Aussagen eines Antragstellers, Urkunden, Zeugenaussagen oder Auskünften ergeben können. Für die

---

112 Vgl. zum Begriff der „Unwürdigkeit" *Hailbronner*, Ausländerrecht, § 25 AufenthG, Nov. 2015,
    Rn. 74 ff.
113 Vgl. VGH BW v. 11.12.2013 – 11 S 1770/13; BVerwG v. 20.3.2013 – 19 BV 11.288; BVerwG v.
    4.9.2012, 10 C 13/11.
114 BayVGH v. 10.12.2007 – 24 C 07.1389, BayVBl 2008, 443.
115 Vgl. BVerfGE 103, 21.3 f.; v. 16.6.2009 – 2 BvR 902/00.
116 Vgl. hierzu Nr. 25.3.8.4 AVwV-AufenthG.

völkerrechtlichen Ausschlussgründe, die im Wesentlichen die Ausschlussklauseln nach Art. 12 und 17 der Richtlinie 2 011/95 in das deutsche Recht umsetzen, gilt, dass die Auslegung sich vorrangig an völkerrechtlichen und europarechtlichen Kriterien orientiert. Die in § 25 Abs. 3 Satz 2 Nr. 1–3 AufenthG verwendeten Begriffe, insbesondere des Verbrechens gegen den Frieden oder der „Handlungen, die den Zielen und Grundsätzen der Vereinten Nationen zuwiderlaufen" werfen zahlreiche Auslegungsfragen auf, die im Zusammenhang mit den Ausschlussgründen vom Asyl oder subsidiären Schutz Gegenstand der Rechtsprechung des Europäischen Gerichtshofs geworden sind[117]. Als Verbrechen gegen den Frieden wird im Allgemeinen eine Handlung angesehen, die die Anwendung von Waffengewalt gegen die territoriale Unversehrtheit oder politische Unabhängigkeit eines anderen Staates beinhaltet. Der Begriff der „Verbrechen gegen die Menschlichkeit" wird im Wesentlichen durch die Bestimmungen des Römischen Statuts des Internationalen Strafgerichtshofs vom 17.7.1998[118] definiert. Der Begriff der „Kriegsverbrechen" geht auf die Bestimmungen der Genfer Konvention vom 12. August 1949 über gravierende Verstöße gegen das humanitäre Kriegsvölkerrecht zurück. Handlungen, die gegen die Ziele und Grundsätze der Vereinten Nationen verstoßen, erfassen neben staatlichen Organen, die Mittel und Methoden einsetzen, die die friedliche Koexistenz der Staatengemeinschaft beeinträchtigen, auch Täter, die sich an Handlungen des internationalen Terrorismus beteiligen oder solche Handlungen unterstützen[119].

**504**  Ausgeschlossen ist die Erteilung einer Aufenthaltserlaubnis nach § 25 Abs. 3 Satz 1 AufenthG schließlich auch, wenn ein *atypischer Ausnahmefall* vorliegt. Die „Soll-Vorschrift" enthält eine implizite Ausnahmemöglichkeit. Sie gewährt der Ausländerbehörde jedoch keinen Ermessensspielraum. Der Unterschied zu „Ist-Bestimmungen" liegt lediglich darin, dass der Gesetzgeber die Ausländerbehörde dazu ermächtigt, bei Vorliegen einer besonderen, von der vom Gesetz vorausgesetzten typischen Interessenlage erheblich abweichenden Fallgestaltung von der gesetzlichen Anordnung abzuweichen. Ob ein atypischer Ausnahmefall vorliegt, ist nach dem Regelungszweck der Vorschrift zu beurteilen. § 25 Abs. 3 Satz 1 AufenthG will gewährleisten, dass Ausländern, die wegen eines vom BAMF förmlich festgestellten Abschiebungsverbots auf absehbare Zeit nicht abgeschoben werden können oder in einen anderen Staat ausreisen können, zur Vermeidung von Kettenduldungen regelmäßig eine Aufenthaltserlaubnis erteilt wird, wodurch ihr Aufenthalt legalisiert wird und ihnen die Möglichkeit eingeräumt wird, bei fortdauernder Schutzbedürftigkeit eine dauerhafte Aufenthaltsposition in Form einer Niederlassungserlaubnis zu erlangen. Treten dagegen Umstände ein, die Anlass für die Beendigung des Aufenthalts geben können, entspricht es nicht dem Zweck des Gesetzes, den Aufenthalt des Ausländers durch die Erteilung oder Verlängerung eines Aufenthaltstitels zu verfestigen[120]. Das BVerwG hat aufgrund dieser Erwägungen eine *atypische Fallgestaltung* angenommen, wenn das BAMF wegen einer *Änderung der Verhältnisse im Zielstaat* ein Verfahren auf Widerruf der Feststellung eines nationalen Abschiebungsverbots bzw. der Zuerkennung der Flüchtlingseigenschaft (vgl. § 73 Abs. 1

---

117 Vgl. dazu unten § 11 II. 6.
118 BGBl. 2000 II, S. 1393.
119 Zur Definition der Begriffe vgl. Nr. 25.3.8.1 ff. AVwV-AufenthG.
120 So BVerwG v. 22.11.2005, DVBl. 2006, 517; VGHBW v. 22.7.2009 – 11 S 1622/07, DÖV 2009, 919, 920.

AsylG) eingeleitet hat. Das bedeutet allerdings nicht, dass die Erteilung einer Aufenthaltserlaubnis zwingend ausscheidet. Vielmehr hat die Ausländerbehörde unter Berücksichtigung aller Umstände des Einzelfalls über die Erteilung nach pflichtgemäßem Ermessen zu entscheiden. Die Ausländerbehörde hat bei Einleitung eines Widerrufsverfahrens eine Prognose darüber zu treffen, ob und wann ein Widerruf des Abschiebungsverbots zu erwarten ist. Je länger das Widerrufsverfahren bereits andauert bzw. je weniger absehbar eine Beendigung des Aufenthalts erscheint, desto näher liegt es, das Ermessen dahingehend auszuüben, eine Aufenthaltserlaubnis zu erteilen[121].

Grundsätzlich obliegt der Ausländerbehörde die Beurteilung, ob ein atypischer Ausnahmefall vorliegt. Handelt es sich allerdings um Umstände, die ein zielstaatsbezogenes Abschiebungsverbot begründen könnten, so ist grundsätzlich die Beurteilung durch das BAMF maßgeblich (§ 42 AsylG). **505**

Die Aufenthaltserlaubnis nach Abs. 3 wird für mindestens ein Jahr erteilt. Aus dem Wortlaut der Vorschrift ergibt sich, dass auch abweichend von der Mindestgeltungsdauer die Aufenthaltserlaubnis für einen längeren Zeitraum erteilt werden kann. Ein Rechtsanspruch hierauf besteht aber nicht. Anders als die Absätze 1 und 2 für Flüchtlinge sieht § 25 Abs. 3 AufenthG *keine* gesetzliche Berechtigung zur Ausübung einer *Erwerbstätigkeit* vor. Ob hierin ein Verstoß gegen die Richtlinie 2011/95[122] gesehen werden kann, ist streitig[123]. Der Frage kommt im Hinblick darauf, dass Inhabern einer humanitären Aufenthaltserlaubnis nach Kap. 5 des Aufenthaltsgesetzes durch § 31 BeschV ein zustimmungsfreier Zugang zum Arbeitsmarkt gewährt worden ist, keine praktische Bedeutung zu. **506**

## 5.    Vorübergehende Aufenthaltserlaubnis aus humanitären Gründen (§ 25 Abs. 4 Satz 1 AufenthG)

**Fall 23:** Die bisherige Aufenthaltserlaubnis der Pakistanerin K ist erloschen. Die zuvor beantragte Verlängerung des Aufenthaltstitels wurde mit Bescheid vom 5.6.2007 abgelehnt. Am 11.6.2007 beantragt K eine vorübergehende Aufenthaltserlaubnis aus humanitären Gründen, da sie beabsichtigt, am 23.7.2007 den Deutschen D standesamtlich zu heiraten. Muss die Ausländerbehörde die Aufenthaltserlaubnis erteilen?

§ 25 Abs. 4 Satz 1 AufenthG enthält eine Spezialregelung für die Erteilung einer *Aufenthaltserlaubnis für einen vorübergehenden Aufenthalt* aus dringenden humanitären oder persönlichen Gründen oder bei Vorliegen erheblicher öffentlicher Interessen. Entsprechend der Grundtendenz der Vorschrift, den Anwendungsbereich der Duldung möglichst einzuschränken, sieht Absatz 4 die Möglichkeit vor, auch für einen vorübergehenden Aufenthalt eine befristete Aufenthaltserlaubnis zu erteilen in Fällen, in denen früher nach § 55 Abs. 3 AuslG 1990 lediglich die Abschiebung ausgesetzt werden konnte[124]. **507**

*Anwendbar* ist § 25 Abs. 4 Satz 1 AufenthG nach seinem insoweit eindeutigen Wortlaut („weitere Anwesenheit") nur auf Ausländer, die sich *bereits im Bundesgebiet* aufhalten und einen weiteren vorübergehenden Aufenthalt begehren. Ein Daueraufenthalt soll über diese Vorschrift nicht ermöglicht werden. Zudem darf **508**

---

121  BVerwG v. 22.11.2005, DVBl. 2006, 517.
122  S. *Hailbronner*, Ausländerrecht, D 12.7.
123  Zum Streitstand s. *Hailbronner*, Ausländerrecht, § 25 AufenthG, Rn. 53.
124  Vgl. Nr. 25.4.1.1 AVwV-AufenthG.

der Ausländer *nicht vollziehbar ausreisepflichtig* sein. Vollziehbar ausreisepflichtigen Ausländern kann eine humanitäre Aufenthaltserlaubnis nur nach § 25 Abs. 5 AufenthG, in Härtefällen nach § 23 a AufenthG oder bei Opfern von Menschenhandel nach § 25 Abs. 4 a AufenthG oder potentiellen Zeugen in Strafverfahren zur Bekämpfung der Schwarzarbeit erteilt werden[125]. Nach Auffassung des Gesetzgebers bekäme die Vorschrift bei einer Anwendung auch auf Ausländer, die sich nicht rechtmäßig in Deutschland aufhalten, den Charakter einer allgemeinen Härtefallregelung, was nicht beabsichtigt sei. Die Vollziehbarkeit bestimmt den Zeitpunkt, von dem an die wirksam begründete Ausreisepflicht erfüllt werden muss bzw. mit Zwang durchgesetzt werden darf. In § 58 Abs. 2 Satz 1 AufenthG sind die Fälle zusammengefasst, in denen die Ausreisepflicht kraft Gesetzes mit ihrer Entstehung vollziehbar ist[126].

**509**  *„Dringende humanitäre oder persönliche Gründe"*, die einen Anspruch begründen können, sind nur solche Erwägungen, die eine nur vorübergehende weitere Anwesenheit im Bundesgebiet erforderlich machen, nicht dagegen Gründe, die für einen dauerhaften oder zeitlich nicht begrenzten weiteren Aufenthalt im Bundesgebiet angeführt werden. Ob eine Aufenthaltserlaubnis nach § 25 Abs. 4 Satz 1 AufenthG auch dann erteilt werden kann, wenn der Ausländer zwar Gründe für einen vorübergehenden Aufenthaltszweck vorbringt, in erster Linie jedoch einen Daueraufenthalt anstrebt, ist streitig[127]. Nach dem klaren Wortlaut des § 25 Abs. 4 AufenthG kommt nur die Erteilung eines Aufenthaltstitels für einen vorübergehenden Aufenthalt in Betracht. Es ist daher nicht ausreichend, wenn ein Ausländer die Absicht verfolgt, eine Aufenthaltserlaubnis zu einem anderen Aufenthaltszweck zu beantragen, aber gegenwärtig die Voraussetzungen hierfür noch nicht erfüllt[128].

**510**  Bei der Prüfung, ob dringende humanitäre Gründe vorliegen, ist auf die individuellen konkreten Umstände des Einzelfalls abzustellen.

**511**  *Beispiele* für einen *dringenden persönlichen Grund* im Sinne des § 25 Abs. 4 Satz 1 AufenthG sind die Durchführung von Operationen, die vorübergehende Betreuung erkrankter Familienmitglieder oder der bevorstehende Abschluss einer Schul- oder Berufsausbildung[129]. Grundsätzlich besteht kein Anspruch auf Erteilung einer vorübergehenden Aufenthaltserlaubnis zur Verfolgung eines Antrags auf Erteilung einer weitergehenden Aufenthaltserlaubnis, der keine fiktive Aufenthaltserlaubnis ausgelöst hat[130]. Nicht ausreichend ist daher, wenn ein Ausländer geltend macht, dass er ohne weitere Aufenthaltserlaubnis seine Arbeitsstelle im Bundesgebiet verlieren und seine Wohnung aufgeben müsste[131].

**512**  Ein dringender Grund kann auch nicht daraus abgeleitet werden, dass ein Ausländer nicht in seine bisherige Heimatregion und die dortige Wohnung zurückkehren kann, weil diese im Zuge von Bürgerkriegsunruhen zerstört worden

---

125 Dies war vor der Gesetzesänderung in Literatur und Rspr. streitig, s. *Hailbronner*, Ausländerrecht, § 25 AufenthG, Rn. 72 und OVG Hamburg v. 3.1.2007 – 3 Bs 47/05, juris.
126 Bzgl. der Einzelheiten hierzu s. unter § 10 II. 2.
127 So VG Koblenz v. 24.1.2003 – 3 K 3819/03.KO, juris; ebenso Nds. OVG v. 27.6.2005, NVwZ-RR 2006, 572; a. A. *Hailbronner*, Ausländerrecht, § 25 AufenthG, Nov. 2015, Rn. 87.
128 Ziff. 25.4.1.6.2. AVwV-AufenthG.
129 Vgl. BT-Drs. 15/420, S. 80 und BayVGH v. 14.1.2007 – 19 C 06.3046, juris.
130 OVG NRW v. 26.3.1998 – 18 B 2195/96, juris.
131 VG Karlsruhe v. 5.1.1994, NVwZ-Beil. 3/1994, 23.

ist[132]. Auch der Umstand, dass Ausländer einer Minderheit angehören, begründet keine dringenden humanitären Gründe im Sinne des Absatzes[133].

Schließlich erfordern nach Ansicht des Hamburgischen OVG auch dringende **513** persönliche Gründe des Ausländers, die ihre Ursache in einer aus den besonderen Belastungen der Abschiebung resultierenden Suizidgefahr finden, nicht seine vorübergehende weitere Anwesenheit im Bundesgebiet. Die vorübergehende weitere Anwesenheit des Ausländers sei in solchen Fällen bloß die tatsächliche Folge aus der Unmöglichkeit der Abschiebung. Die Erteilung einer Aufenthaltserlaubnis sei aber rechtlich nicht geboten, um den gesundheitlichen Beeinträchtigungen, die mit dem Vollzug einer Abschiebung verbunden sind, angemessen zu begegnen. Bei bestehender Suizidgefahr sei es vielmehr ausreichend, wenn sichergestellt ist, dass die gesamte Abschiebung unter ärztlicher Kontrolle bzw. Begleitung erfolgt und der Ausländer in seinem Heimatland in fachärztliche Obhut gelangt[134].

> **Lösung Fall 23:** Im vorliegenden Fall scheidet eine Aufenthaltserlaubnis nach § 25 Abs. 4 Satz 1 AufenthG aus, weil die K vollziehbar ausreisepflichtig ist. Die beantragte Verlängerung ihrer bisherigen Aufenthaltserlaubnis wurde mit Bescheid vom 5.6.2007 abgelehnt. Dieser Bescheid ist nach § 84 Abs. 1 AufenthG sofort vollziehbar. Nach § 58 Abs. 2 Satz 2 AufenthG tritt die Vollziehbarkeit der Ausreisepflicht mit der Vollziehbarkeit dieses Verwaltungsaktes ein. Darüber hinaus kann für einen Daueraufenthalt eine Aufenthaltserlaubnis nach § 25 Abs. 4 AufenthG nicht erteilt werden. Bestehen Anhaltspunkte, dass K ihrer Pflicht, ein Visum bei einer deutschen Auslandsvertretung zum Zweck des Familiennachzugs zu beantragen, nicht nachkommen will, scheidet die Erteilung der Aufenthaltserlaubnis nach § 25 Abs. 4 AufenthG aus[135]. Die K hat jedoch die Möglichkeit, die Erteilung einer Duldung nach § 60 a Abs. 2 Satz 3 AufenthG zu beantragen[136]. Bei Erfüllung aller Voraussetzungen kann ggfs. auch unter Dispens vom Erfordernis eines Visumverfahrens eine Aufenthaltserlaubnis zum Zweck des Familiennachzugs beantragt werden (§ 5 Abs. 2 Satz 2).

Ein *erhebliches öffentliches Interesse* kann vorliegen, wenn der Ausländer als **514** Zeuge in einem Gerichts- oder Verwaltungsverfahren benötigt wird oder mit deutschen Behörden bei der Ermittlung von Straftaten vorübergehend zusammenarbeitet[137]. Kein ausreichendes öffentliches Interesse an der vorübergehenden weiteren Anwesenheit wird dadurch begründet, dass der Ausländer einen Petitionsantrag gestellt hat[138] oder seine Unterlagen einer Härtefallkommission nach § 23 a AufenthG unterbreitet hat[139].

Voraussetzung für eine Aufenthaltserlaubnis nach § 25 Abs. 4 Satz 1 AufenthG **515** ist ferner, dass die dringenden humanitären oder persönlichen Gründe bzw. die erheblichen öffentlichen Interessen einen weiteren Aufenthalt des Ausländers im

132 VG Karlsruhe v. 5.1.1994, NVwZ-Beil. 3/1994, 23.
133 Für die Abschiebung kroatischer Bürgerkriegsflüchtlinge, die aus einer serbisch besetzten Region Kroatiens stammen und einer slowakischen Minderheit angehören, VG Karlsruhe v. 5.1.1994, NVwZ-Beil. 3/1994, 23.
134 OVG Hamburg v. 3.1.2007 – 3 Bs 47/05, juris.
135 Vgl. VGH BW v. 10.3.2009, 11 S 2990/08.
136 Z. B. BayVGH v. 4.7.2006 – 24 CE 06 1415, juris.
137 Vgl. hierzu auch die RL 2004/81/EG des Rates v. 29.4.2004 über die Erteilung von Aufenthaltstiteln für Drittstaatsangehörige, die Opfer des Menschenhandels sind oder denen Beihilfe zur illegalen Einwanderung geleistet wurde und die mit den zuständigen Behörden kooperieren, ABl. EU Nr. L 261, S. 19; *Hailbronner*, Ausländerrecht, D 11.15 und § 25 Abs. 4 a AufenthG.
138 Hess. VGH v. 2.10.1995, EZAR 011, Nr. 6.
139 A. A. *Groß*, InfAuslR 2005, 299.

Bundesgebiet *erfordern*. Dies ist lediglich der Fall, wenn das mit dem weiteren Aufenthalt des Ausländers angestrebte Ziel nicht auch in zumutbarer Weise im Ausland erreicht werden kann[140].

**516**  Über die Erteilung der Aufenthaltserlaubnis nach § 25 Abs. 4 Satz 1 AufenthG ist nach *Ermessen* zu entscheiden. Berücksichtigungsfähig sind nur solche Umstände, die ihrer Natur nach einen vorübergehenden Aufenthalt notwendig machen. Umstände, die auf einen Daueraufenthalt abzielen, sind daher grundsätzlich nicht berücksichtigungsfähig. Maßgeblich ist, ob Umstände vorliegen, die für sich betrachtet, einen zeitlich befristeten Aufenthalt erfordern. Für die Ermessensausübung ist eine Abwägung der privaten Interessen des Ausländers und der öffentlichen Interessen geboten. Als Gesichtspunkte können die Dauer des Voraufenthalts, der Grund für die Ausreisepflicht und die Folgen einer alsbaldigen Ausreise für den Ausländer und die Öffentlichkeit herangezogen werden[141].

**517**  Bei der Ermessensausübung ist ferner zu beachten, dass im Fall des § 25 Abs. 4 Satz 1 AufenthG von der Erfüllung der *allgemeinen Erteilungsvoraussetzungen* des § 5 Abs. 1 und 2 AufenthG abgesehen werden kann (vgl. § 5 Abs. 3 Satz 2 AufenthG). Dabei ist dem Grund des beabsichtigten Aufenthalts ein wesentliches Gewicht beizumessen. Denn in den Fällen des § 25 Abs. 4 Satz 1 AufenthG kann typischerweise die Erteilung der Aufenthaltserlaubnis nicht von der Einhaltung aller Voraussetzungen des § 5 AufenthG abhängig gemacht werden[142].

**518**  Gem. § 26 Abs. 1 Satz 1 AufenthG kann die Aufenthaltserlaubnis nach § 25 Abs. 4 Satz 1 AufenthG für *maximal 6 Monate* erteilt werden, sofern sich der Ausländer noch nicht 18 Monate rechtmäßig im Bundesgebiet aufgehalten hat.

### 6.  Verlängerung der Aufenthaltserlaubnis bei außergewöhnlicher Härte (§ 25 Abs. 4 Satz 2 AufenthG)

**519**  Nach § 25 Abs. 4 Satz 2 AufenthG kann eine Aufenthaltserlaubnis – abweichend von § 8 Abs. 1 und 2 AufenthG, also aus anderen Gründen als denjenigen, die ursprünglich zu ihrer Erteilung geführt haben – verlängert werden, wenn aufgrund besonderer Umstände des Einzelfalls das Verlassen des Bundesgebiets für den Ausländer eine außergewöhnliche Härte bedeuten würde. Im Gegensatz zu § 25 Abs. 4 Satz 1 AufenthG ist § 25 Abs. 4 Satz 2 AufenthG nicht auf die Fälle des nur vorübergehenden Aufenthaltes beschränkt[143]. Denn es handelt sich hierbei um eine eigenständige Möglichkeit der Verlängerung, unabhängig von den Voraussetzungen des § 25 Abs. 4 Satz 1 AufenthG[144]. Mithin kann die Aufenthaltserlaubnis auch auf Dauer verlängert werden.

**520**  *Erforderlich* ist nach dem eindeutigen Wortlaut der Vorschrift ein *rechtmäßiger Aufenthalt* im Bundesgebiet, d. h. der Ausländer muss im Zeitpunkt der Antragstellung im Besitz einer Aufenthaltserlaubnis sein. Bis zur Entscheidung der Ausländerbehörde gilt die Aufenthaltserlaubnis als fortbestehend (§ 81 Abs. 4 AufenthG). Eine Duldung begründet keinen rechtmäßigen Aufenthalt. Die Erteilung

---

140  Vgl. Ziff. 25.4.1.5 AVwV-AufenthG.
141  Nds. OVG v. 27.6.2005, NVwZ-RR 2006, 572–574.
142  Vgl. BT-Drs. 15/420, S. 70.
143  So die h. M., s. z. B. VGH BW v. 9.2.2005, VBlBW 2006, 36; a. A. BayVGH v. 28.10.2005 – 24 C 05.2756, juris.
144  Vgl. Ziff. 25.4.2.1 AVwV-AufenthG.

einer Aufenthaltserlaubnis kommt hier nur nach § 25 Abs. 5 AufenthG in Betracht.

Weitere Voraussetzung für die Verlängerung der Aufenthaltserlaubnis ist das **521** Vorliegen einer *außergewöhnlichen Härte* aufgrund besonderer Umstände des Einzelfalls. Eine außergewöhnliche Härte im Sinne des § 25 Abs. 4 Satz 2 AufenthG setzt das Vorliegen einer individuellen Ausnahmesituation voraus, aufgrund derer die Aufenthaltsbeendigung diesen Ausländer nach Art und Schwere des Eingriffs wesentlich härter treffen würde als andere Ausländer seiner Staatsangehörigkeit, die nach denselben Vorschriften ausreisepflichtig sind und sich daher in einer vergleichbaren Situation befinden[145]. Eine außergewöhnliche Härte kann zum Beispiel daraus resultieren, dass der Ausländer in seinem Heimatstaat einem außergewöhnlich schweren Schicksal ausgesetzt wäre, das ihn von den gewöhnlichen Schwierigkeiten, denen andere Ausländer im Falle der Ausreise ausgesetzt wären, unterscheidet. Zudem kann sich eine außergewöhnliche Härte für einen Ausländer auch aus besonderen Verpflichtungen ergeben, die für ihn im Verhältnis zu anderen im Bundesgebiet lebenden Personen bestehen[146]. Eine außergewöhnliche Härte wurde beispielsweise bei einem psychisch kranken Türken angenommen, der seit längerer Zeit mit seinen Eltern und Geschwistern, von denen zumindest die Mutter die deutsche Staatsangehörigkeit besitzt, zusammen lebt. Denn wenn er allein in die Türkei abgeschoben werden würde, müsste er in eine geschlossene Einrichtung, da differenzierte ambulante und komplementäre Versorgungsangebote fehlen[147]. Eine außergewöhnliche Härte hat der VGH BW im Falle der gesellschaftlichen Ächtung nach einer Eheschließung mit einem Nicht-Muslim bei Rückkehr in die muslimische Heimat nach einer Ehescheidung angenommen[148].

Zu beachten ist, dass § 25 Abs. 4 Satz 2 AufenthG nicht dazu dient, eine außer- **522** gewöhnliche Härte anzunehmen und damit ein Auffangaufenthaltsrecht zu schaffen, wenn die vorgebrachten Gründe an sich von anderen aufenthaltsrechtlichen Vorschriften erfasst werden, den dortigen Anforderungen aber nicht genügen[149]. Ebenso scheidet die Anwendung von § 25 Abs. 4 Satz 2 AufenthG aus, wenn eine spezielle Härteklausel wie z. B. § 36 Abs. 2 oder § 32 Abs. 4 AufenthG für den zu entscheidenden Fall einschlägig ist. Andernfalls würden speziell geregelte gesetzgeberische Entscheidungen, durch die eine Interessenlage umfassend geregelt worden ist, korrigiert[150]. Dennoch ist § 25 Abs. 4 Satz 2 AufenthG unabhängig von der Nichtbeachtung der Voraussetzungen einer landesrechtlichen Bleiberechtsregelung anwendbar[151]. Eine Verlängerung nach § 25 Abs. 4 Satz 2 AufenthG scheidet daher nicht schon deshalb aus, weil der Ausländer die Voraussetzungen einer landesrechtlichen Bleiberegelung nicht mehr erfüllt[152].

---

145 BVerwG v. 8.2.2007 – 1 B 69/06; VGH BW v. 9.2.2005 – 11 S 1099/04; VGH BW v. 3.11.1993 – 11 S 881/93, juris; Hess. VGH v. 26.1.1994, InfAuslR 1994, 225. Ausführlich zum Begriff der außergewöhnlichen Härte *Hailbronner*, Ausländerrecht, § 25 AufenthG, Rn. 98 ff.
146 So Ziff. 25.4.2.4.1 AVwV-AufenthG.
147 VG Ansbach v. 15.12.2005 – AN 5 K 05.01937, juris; in einem ähnlichen Fall auch VGH BW v. 27.1.1992, EZAR 015 Nr. 2.
148 VGH BW, InfAuslR 1993, 62.
149 OVG Hamburg v. 3.1.2007 – 3 BS 47/05, juris und Ziff. 25.4.2.3 AVwV-AufenthG.
150 Ebenso *Burr*, GK-AufenthG, § 25, Rn. 101; a. M. *Göbel-Zimmermann*, ZAR 2005, 275, 277.
151 BVerwG v. 8.2.2007 – 1 B 69/06, juris.
152 BVerwG v. 8.2.2007, 1 B 69/06, BayVBl. 2008, 215.

**523**  Streitig ist, ob eine besondere Situation besteht, wenn der Ausländer in die Lebensverhältnisse in der Bundesrepublik Deutschland in besonderem Maße verwurzelt und integriert ist, weil er hier seine wesentliche Sozialisation erfahren hat[153]. Das BVerwG stellt für das Vorliegen einer „außergewöhnlichen Härte" auf das Ausmaß einer „Verwurzelung" bzw. die für den Ausländer mit einer Entwurzelung verbundenen Folgen ab, die unter Berücksichtigung der verfassungsrechtlichen Vorgaben des Art. 2 Abs. 1 und Art. 6 Abs. 1 GG sowie der Regelung des Art. 8 EMRK zu ermitteln sowie unter Berücksichtigung des Grundsatzes der Verhältnismäßigkeit zu gewichten und mit den Gründen, die für eine Aufenthaltsbeendigung sprechen, abzuwägen sind[154]. Allein aus dem Umstand, dass ein im Bundesgebiet geborener und aufgewachsener Ausländer weder über einen Schulabschluss noch über eine Berufsausbildung verfügt und seinen Lebensunterhalt nahezu ausschließlich aus öffentlichen Mittel bestreitet, kann eine außergewöhnliche Härte nicht abgeleitet werden[155]. Grundsätzlich sind jedenfalls allein ein mehrjähriger Aufenthalt oder die Dauer eines zeitlich von vornherein begrenzten Aufenthalts kein dringender humanitärer, eine weitere Aufenthaltsgewährung rechtfertigender Grund[156].

**524**  Nicht ausreichend sind ferner Umstände, die den Ausländer als Mitglied einer ganzen Bevölkerungsgruppe tangieren oder ihn zwar individuell betreffen, ihn aber aus der Situation der Vergleichsgruppe nicht herausheben[157]. Die Berufung auf allgemeine Verhältnisse im Heimatstaat (z. B. instabile politische Lage, Katastrophen- oder Bürgerkriegssituation) reicht als solche auch nicht aus, um eine außergewöhnliche Härte zu begründen, wenn die im Heimatstaat herrschenden allgemeinen Verhältnisse generell nicht ausreichen, um ein Abschiebungshindernis zu begründen[158]. Eine Annahme einer außergewöhnlichen Härte kann schließlich im Allgemeinen nicht darauf gestützt werden, dass der Ausländer in seinem Heimatstaat keine Erwerbsmöglichkeiten hat, während er im Inland eine Arbeitsstelle in Aussicht hat[159].

**525**  Die *Verlängerung* der Aufenthaltserlaubnis kann abweichend von § 8 Abs. 1 und 2 AufenthG erfolgen. Verlängerungen sind in den Fällen des § 25 Abs. 4 Satz 2 AufenthG somit auch dann möglich, wenn die zuständige Behörde die Verlängerung ursprünglich durch eine Nebenbestimmung ausdrücklich ausgeschlossen hat[160]. Zudem bedeutet die Dispensierung von § 8 Abs. 1 AufenthG, dass die für die Erteilung der ursprünglichen Aufenthaltserlaubnis maßgeblichen Voraussetzungen (z. B. besondere Voraussetzungen für den Familiennachzug) für die Verlängerung der Aufenthaltserlaubnis nach § 25 Abs. 4 Satz 2 AufenthG nicht erfüllt sein müssen.

---

153  So Sächs. OVG v. 23.2.2006 – 2 M 114/06, juris; OVG NRW v. 20.5.2005, InfAuslR 2005, 380; a. A. *Hailbronner*, Ausländerrecht, § 25 AufenthG, Rn. 88.
154  BVerwG v. 27.1.2009, BVerwGE 133, 73, Rn. 20; v. 19.1.2010, 1 B 25/09.
155  BVerwG v. 19.1.2010 – 1 B 25/09, Rn. 4.
156  So auch OVG Sachsen-Anhalt v. 23.2.2006 – 2 M 114/06; OVG Hamburg v. 3.1.2007 – 3 Bs 47/05, juris; zum Streitstand *Hailbronner*, Ausländerrecht, § 25 AufenthG, Rn. 90 m. w. N.
157  VGH BW v. 9.2.2005, VBlBW 2006, 36.
158  BayVGH v. 4.4.2007 – 19 CS 07.147; BayVGH v. 29.1.2007 – 19 ZB 06.2737: zur Lage im Irak; Nds. OVG v. 21.2.2006 – 1 LB 181/05: zur Lage im Kongo.
159  Vgl. Ziff. 25.4.2.4.4 AVwV-AufenthG.
160  Vgl. Ziff. 25.4.2.1. AVwV-AufenthG.

Aus § 5 Abs. 3 Satz 2 AufenthG folgt, dass von den *allgemeinen Erteilungsvo-*    **526**
*raussetzungen* des § 5 Abs. 1 und 2 AufenthG abgesehen werden kann. Die
zwingenden Versagungsgründe oder Erteilungsverbote wie z. B. in § 5 Abs. 4
AufenthG sind aber weiterhin anzuwenden.

Bei abgelehnten Asylbewerbern ist § 10 Abs. 3 AufenthG zu beachten.    **527**

### 7. Aufenthaltserlaubnis für Opfer von Menschenhandel oder Opfer einer Straftat nach dem Schwarzarbeitsbekämpfungsgesetz (§ 25 Abs. 4 a und 4 b AufenthG)

Der im Jahr 2007 neu ins AufenthG eingeführte § 25 Abs. 4a AufenthG dient    **528**
der Umsetzung der „Opferschutzrichtlinie"[161]. Die Richtlinie hat zum Ziel, eine
effektive Bekämpfung des organisierten Menschenhandels durch die Einführung
eines Aufenthaltstitels für Opfer des Menschenhandels zu ermöglichen[162]. Der
Aufenthaltstitel soll Anreize für eine Kooperation mit den zuständigen Ausländerbehörden liefern und gleichzeitig an gewisse Voraussetzungen geknüpft sein,
um Missbrauch zu verhindern (Erwägungsgrund Nr. 9). Die RL-Vorschriften
sind unabhängig von sonstigen Bestimmungen zum Schutz der Opfer, Zeugen
oder besonders schutzwürdiger Personen anzuwenden und verdrängen daher
auch nicht die innerstaatlichen Regelungen über ein aus humanitären oder sonstigen Gründen zugestandenes Aufenthaltsrecht (Erwägungsgrund Nr. 5). Die
Aufenthaltserlaubnis nach § 25 Abs. 4 a AufenthG gewährt ein *vorübergehendes
Aufenthaltsrecht*, welches zunächst an die Dauer des maßgeblichen innerstaatlichen Strafverfahrens gekoppelt ist. Über die Richtlinie hinausgehend ermöglicht
§ 25 Abs. 4 a eine Verfestigung des vorübergehenden Aufenthaltsrechts zu einem
Daueraufenthaltsrecht, wenn humanitäre oder persönliche Gründe oder öffentliche Interessen für einen weiteren Verbleib im Bundesgebiet sprechen.

Die *Voraussetzungen*, unter denen der befristete Aufenthaltstitel erteilt werden    **529**
kann, sind in § 25 Abs. 4 a Satz 2 AufenthG geregelt. Ist gegen den Ausländer
ein Einreise- und Aufenthaltsverbot verhängt worden, dessen Geltungsdauer
noch nicht abgelaufen ist, muss zunächst durch einen Antrag auf nachträgliche
Verkürzung oder Aufhebung des Einreise- und Aufenthaltsverbots das der Erteilung der Aufenthaltserlaubnis entgegenstehende Hindernis des § 11 Abs. 1 AufenthG beseitigt werden. Mit dem Gesetz zur Neubestimmung des Bleiberechts
und der Aufenthaltsbeendigung v. 27.7.2015 ist die bisher im Gesetz vorgesehene Ausnahme vom Verbot der Erteilung einer Aufenthaltserlaubnis aufgehoben worden, wobei in der Gesetzesbegründung allerdings darauf verwiesen wird,
dass in den Fällen des Abs. 4 a eine Aufhebung oder Verkürzung der Sperrwirkung regelmäßig vorzunehmen ist.[163]

Zunächst muss der Ausländer *Opfer einer Straftat* nach den §§ 232, 233 oder    **530**
§ 233 a StGB geworden sein. Erforderlich ist, dass objektiv eine Straftat der in
§ 25 Abs. 4 a Satz 1 AufenthG genannten Art begangen worden ist und dass
der Ausländer zumindest auch als Geschädigter einer der genannten Straftaten
angesehen werden kann. Da § 25 Abs. 4 a AufenthG keine Altersgrenze vorsieht,
kann *auch minderjährigen* Opfern von Menschenhandel ein Aufenthaltsrecht

---

161  RL 2004/81/EG; s. *Hailbronner*, Ausländerrecht, D 11.15.
162  Vgl. *Piotrovicz*, European Initiatives in the Protection of Victims of Trafficking, Who Give Evi-
     dence Against their Traffickers, International Journal of Refugee Law, Bd. 14 (2002), S. 263 f.
163  BT-Drs. 18/4097, S. 41.

eingeräumt werden. Der deutsche Gesetzgeber hat von dieser in Art. 3 Abs. 3 Satz 2 der Opferschutzrichtlinie vorgesehenen Möglichkeit Gebrauch gemacht, da insbesondere in den Fällen des Frauenhandels die Zahl der minderjährigen Opfer beachtlich ist[164].

**531**   Die Aufenthaltserlaubnis kann *auch* Ausländern erteilt werden, die vollziehbar ausreisepflichtig sind. Damit ist § 25 Abs. 4 a AufenthG im Gegensatz zu § 25 Abs. 4 Satz 1 und 2 AufenthG auch auf *illegal* ins Bundesgebiet *eingereiste Ausländer* anwendbar.

**532**   Zwingende Voraussetzung für die Erteilung einer Aufenthaltserlaubnis nach § 25 Abs. 4 a AufenthG ist ferner, dass die *Anwesenheit des Ausländers* im Bundesgebiet *für ein Strafverfahren* wegen dieser Straftat von der zuständigen Strafverfolgungsbehörde oder dem Strafgericht zur Sicherung des Strafverfahrens für *erforderlich* erachtet wird, weil ohne die Angaben des Ausländers die Erforschung des Sachverhalts erschwert wäre (§ 25 Abs. 4 a Satz 2 Nr. 1 AufenthG). Ein Strafverfahren muss dabei noch nicht im förmlichen Sinne eröffnet worden sein. Ausreichend ist, dass zur Durchführung eines beabsichtigten Strafverfahrens die Anwesenheit des Ausländers als sachgerecht angesehen wird, um den Sachverhalt aufzuklären. Das ist der Fall, wenn der Ausländer als Opfer einer Straftat Angaben machen kann, die zur Erforschung des Sachverhalts beitragen. Die Ausländerbehörden, die über die Erteilung einer Aufenthaltserlaubnis zu entscheiden haben, sind dabei an die Einschätzung und Erklärung der Staatsanwaltschaft oder des Strafgerichts über die Erforderlichkeit der Anwesenheit des Ausländers gebunden.

**533**   Nach § 25 Abs. 4 a Satz 2 Nr. 2 AufenthG ist weiterhin erforderlich, dass der Ausländer *jede Verbindung* mit den Personen *abgebrochen* hat, die beschuldigt werden, eine der genannten Straftaten begangen zu haben. Dieses Erfordernis ist einer wertenden Beurteilung zugänglich. Entscheidend ist auf den Zweck der Vorschrift abzustellen, dass nicht gleichzeitig die Vorteile der Opferschutzrichtlinie in Anspruch nehmen kann, wer sich weiterhin im Einflussbereich derjenigen Personen befindet, die des Menschenhandels beschuldigt werden.

**534**   Ferner muss der Ausländer nach § 25 Abs. 4 a Satz 2 Nr. 3 AufenthG seine Bereitschaft erklärt haben, in dem Strafverfahren als Zeuge auszusagen. Nach Art. 6 der Opferschutzrichtlinie wird dem Ausländer eine Bedenkzeit zugestanden, während der er in Ruhe überlegen kann, ob er mit den Strafverfolgungsbehörden zusammenarbeiten möchte. Ein Aufenthaltsrecht ergibt sich aufgrund der Bedenkzeit jedoch nicht. Für die Dauer der Bedenkzeit dürfen lediglich keine Rückführungsentscheidungen vollstreckt werden. Aus Gründen der öffentlichen Ordnung und zum Schutz der inneren Sicherheit kann die Bedenkzeit jederzeit beendet werden. Dies gilt auch für den Fall, dass die zuständigen Behörden festgestellt haben, dass die betroffene Person den Kontakt zu den Tätern aktiv, freiwillig und aus eigener Initiative wiederaufgenommen hat.

**535**   Nach § 5 Abs. 3 Satz 1 Halbsatz 2 AufenthG ist im Fall des § 25 Abs. 4 a AufenthG von der Anwendung des § 5 Abs. 1 Nr. 1 bis 2 und 4 sowie des § 5 Abs. 2 AufenthG abzusehen. Mithin brauchen die *allgemeinen Erteilungsvoraussetzungen* wie z. B. Sicherung des Lebensunterhaltes und Einreise mit einem erforderlichen Visum nicht erfüllt werden.

---

164 BT-Drs. 16/5065, S. 299.

Die Erteilung der Aufenthaltserlaubnis liegt nicht mehr im *Ermessen* der Auslän- **536**
derbehörde, sondern ist bei Vorliegen der gesetzlichen Voraussetzungen obligatorisch („soll"). Eine Ausnahme gilt lediglich bei Vorliegen eines atypischen Sachverhalts, so etwa, wenn es aufgrund des Verhaltens des betreffenden Ausländers
unbillig wäre, ihm ein Aufenthaltsrecht zu gewähren, ungeachtet der Tatsache,
dass er als „Opfer" einer Straftat qualifiziert werden kann. Unbillig erscheint ein
Aufenthaltsrecht insbes. dann, wenn ein Ausländer die durch Menschenhandel
geschaffene Situation der Abhängigkeit anderer Opfer zur Erlangung von Vortei-
len nutzt. Grundsätzlich besteht ein Rechtsanspruch auf Erteilung der Aufenthaltserlaubnis, wenn die in § 25 Abs. 4 a AufenthG aufgeführten Voraussetzungen erfüllt sind

Eine Aufenthaltserlaubnis nach § 25 Abs. 4 a AufenthG ist mit gewissen Privile- **537**
gien im Vergleich mit dem Aufenthaltsstatus anderer Ausländer verbunden. So
haben gemäß Art. 10 der Opferschutzrichtlinie Minderjährige einen Anspruch
auf Zugang zum Bildungssystem unter den gleichen Bedingungen wie die eigenen
Staatsangehörigen. Erwachsene haben Zugang zum Arbeitsmarkt. Die hierfür
erforderliche Zustimmung der Bundesagentur für Arbeit kann nach § 31 BeschV
ohne Vorrangprüfung erteilt werden.

Trotz des vorübergehenden Charakters des *Aufenthaltstitels* für Opfer von Men- **538**
schenhandel ist die Aufenthaltserlaubnis nach Beendigung des Strafverfahrens
obligatorisch zu verlängern (Sollanspruch), wenn humanitäre oder persönliche
Gründe oder öffentliche Interessen die weitere Anwesenheit des Ausländers im
Bundesgebiet erfordern. Dieser neu durch das Gesetz zur Neubestimmung des
Bleiberechts und der Aufenthaltsbeendigung v. 27.7.2015 eingefügte Anspruch
soll eine Legalisierung des Aufenthalts für die als Opfer von Menschenhandel
illegal eingereisten Ausländern ermöglichen. Humanitäre Gesichtspunkte können sich aus der Situation der Opfer von Menschenhandel im Falle ihrer Rückführung in den Heimatstaat oder der durch ihre Ausnutzung durch den organisierten kriminellen Menschenhandel in den Zielstaaten erzeugten Notlage
ergeben[165]. Schon bisher wurde ein besonderer Härtefall bei Personen angenommen, bei denen eine psychosoziale Bedürftigkeit an besonderer Betreuung besteht[166]. Persönliche Gründe sind insbes. das Fehlen von Bindungen an den Herkunftsstaat und die Entwicklung schutzwürdiger familiärer oder wirtschaftlicher
Beziehungen im Bundesgebiet. Nur ausnahmsweise bei Vorliegen eines atypischen Sachverhalts kann die Verlängerung versagt werden.

Gemäß § 26 Abs. 1 Satz 5 AufenthG wird die Aufenthaltserlaubnis nach § 25 **539**
Abs. 4 a Satz 1 und Abs. 4 b jeweils für ein Jahr erteilt. Nach Beendigung des
Strafverfahrens wird die Aufenthaltserlaubnis für jeweils zwei Jahre erteilt und
verlängert; in begründeten Einzelfällen ist eine längere *Geltungsdauer* zulässig.
Die Formulierung macht deutlich, dass eine längere Geltungsdauer nur in besonderen Einzelfällen erfolgt, die gesondert zu begründen sind. Abs. 2, wonach die
Aufenthaltserlaubnis nicht verlängert werden darf, wenn das Ausreisehindernis
oder die sonstigen einer Aufenthaltsbeendigung entgegenstehenden Gründe entfallen sind, steht der Verlängerung nach § 25 Abs. 4 a Satz 3 nicht entgegen. Die

---

165 Vgl. BT-Drs. 18/4097.
166 BT-Drs. 16/5065, S. 299.

Regelung des Abs. 2 ist nur auf diejenigen humanitären Aufenthaltstitel anwendbar, die auf einem Ausreisehindernis beruhen.

**540** Unabhängig hiervon schließt der Ablauf einer Aufenthaltserlaubnis nach § 25 Abs. 4 a AufenthG die Erteilung einer Aufenthaltserlaubnis zu anderen Zwecken nach den allgemeinen Vorschriften des AufenthG nicht aus. In Frage kommt zum Beispiel die Erteilung einer Aufenthaltserlaubnis nach § 25 Abs. 3 AufenthG bei Vorliegen der Voraussetzungen des § 60 Abs. 7 AufenthG oder eine andere humanitäre Aufenthaltserlaubnis. Mit der Schaffung des Regelanspruchs auf Verlängerung kommt allerdings anderweitigen Möglichkeiten auf Erteilung eines Aufenthaltstitels keine praktische Bedeutung mehr zu.

**541** Ähnliche Voraussetzungen gelten auch für den im Jahr 2009 neu eingefügten Aufenthaltstitel des § 25 Abs. 4 b AufenthG für Opfer von Straftaten nach § 10 Abs. 1 oder 11 Abs. 1 Nr. 3 des Schwarzarbeitsbekämpfungsgesetzes (SchwarzArbG) oder nach § 15 a des Arbeitnehmerüberlassungsgesetzes (AÜG). Voraussetzung ist, dass die vorübergehende Anwesenheit des Ausländers für ein Strafverfahren als sachgerecht erachtet wird, weil ohne seine Angaben die Erforschung des Sachverhalts erschwert wäre und der Ausländer seine Bereitschaft erklärt hat, als Zeuge auszusagen. Für die Dispensierung von den allgemeinen Erteilungsvoraussetzungen gelten die gleichen Regeln wie bei § 25 a Abs. 4 a AufenthG. Der Zugang zum Arbeitsmarkt ist nunmehr auch Opfern von Straftaten gegen die Schwarzarbeitsbestimmungen eröffnet[167]. Im Gegensatz zum Aufenthaltstitel nach § 25 Abs. 4 a ermöglicht der Aufenthaltstitel nach § 25 Abs. 4 b allerdings keinen Übergang in ein Daueraufenthaltsrecht nach Beendigung des Strafverfahrens. Eine Verlängerung ist zwar möglich, aber an das Vorliegen einer besonderen Härte gebunden. Diese muss sich daraus ergeben, dass der Ausländer ohne weiteren Verbleib im Bundesgebiet seinen Lohnanspruch nicht effektiv durchsetzen kann (§ 25 Abs. 4 b Satz 2).

### 8. Aufenthaltserlaubnis bei Unmöglichkeit der Ausreise (§ 25 Abs. 5 AufenthG)

**Fall 24:** Der Marokkaner M ist vollziehbar ausreisepflichtig. Er trägt vor, seiner Ausreise stehe entgegen, dass er seine marokkanische Staatsangehörigkeit aufgegeben habe und nunmehr staatenlos sei. Hat der Antrag des M auf Erteilung einer Aufenthaltserlaubnis aus humanitären Gründen Aussicht auf Erfolg?

**542** § 25 Abs. 5 Satz 1 AufenthG ermöglicht die Erteilung einer Aufenthaltserlaubnis nach Ermessen der Ausländerbehörde bei Vorliegen *rechtlicher oder tatsächlicher Ausreisehindernisse.* Erfasst sind insbesondere diejenigen Ausländer, denen zwar keine Verfolgungsgefahren drohen (anderenfalls greifen in der Regel zuerst die Absätze 1 bis 3 ein), die aber dennoch aus rechtlichen oder tatsächlichen Gründen nicht in ihre Heimatstaaten ausreisen können und mit dem Wegfall der Ausreisehindernisse in absehbarer Zeit nicht zu rechnen ist. Grundsätzlich wird bei Vorliegen vorübergehender Ausreisehindernisse nur eine Duldung gewährt, wenn die Voraussetzungen für eine Aufenthaltserlaubnis aus humanitären Gründen nach Abs. 1–3 nicht vorliegen. Zur Verhinderung jahrelanger wiederholter Kettenduldungen bei länger andauernden Abschiebungshindernissen ist aber ungeachtet der Ausreisepflicht eine Legalisierung durch Erteilung einer Aufent-

---

167 Vgl. § 31 BeschV.

haltserlaubnis vorgesehen, wenn den Ausländer an der Verhinderung der Ausreise kein Verschulden trifft.

Erste *Voraussetzung* für die Anwendung der Vorschrift ist eine *vollziehbare Ausreisepflicht* (vgl. § 58 Abs. 2 AufenthG) des Ausländers. Nicht erforderlich ist dagegen, dass der Ausländer unanfechtbar, d. h. aufgrund einer rechtskräftigen gerichtlichen Entscheidung ausreisepflichtig ist[168]. Vollziehbar ist die Ausreisepflicht insbesondere, wenn der Ausländer unerlaubt eingereist ist oder wenn die Versagung des Aufenthaltstitels oder ein sonstiger Verwaltungsakt, durch den ein Ausländer nach § 50 Abs. 1 AufenthG ausreisepflichtig wird (z. B. Ausweisung, nachträgliche Befristung einer Aufenthaltserlaubnis) vollziehbar ist.   **543**

Weitere Voraussetzung ist, dass die *Ausreise* des Ausländers *aus rechtlichen oder tatsächlichen Gründen unmöglich* und mit dem Wegfall des Ausreisehindernisses in absehbarer Zeit nicht zu rechnen ist. Unter „Ausreise" im Sinne des § 25 Abs. 5 Satz 1 AufenthG ist sowohl die zwangsweise Abschiebung als auch eine freiwillige Ausreise zu verstehen[169].   **544**

Die Erteilung einer Aufenthaltserlaubnis nach § 25 Abs. 5 Satz 1 AufenthG kommt daher nur dann in Frage, wenn sowohl die Abschiebung als auch die freiwillige Ausreise unmöglich sind[170]. Eine freiwillige Ausreise ist im Sinne von § 25 Abs. 5 Satz 1 AufenthG *aus rechtlichen Gründen* unmöglich, wenn ihr rechtliche Hindernisse entgegenstehen, welche die Ausreise ausschließen (wie etwa das Fehlen erforderlicher Einreisepapiere oder sonstige Einreiseverbote in den Herkunftsstaat) oder als unzumutbar erscheinen lassen. Derartige Hindernisse können sich sowohl aus inlandsbezogenen Abschiebungsverboten als auch aus zielstaatsbezogenen Abschiebungshindernissen ergeben. Zu den inlandsbezogenen Abschiebungsverboten zählen u. a. auch diejenigen Verbote, die aus Verfassungsrecht (etwa aus Art. 6 Abs. 1 GG) oder aus Völkervertragsrecht (etwa aus Art. 8 EMRK) in Bezug auf das Inland herzuleiten sind[171]. Als Beispiele werden in der Regierungsbegründung unter Hinweis auf die Art. 1 und 2 GG schwere Krankheit oder Schwangerschaft genannt[172].   **545**

Umstritten ist, unter welchen Voraussetzungen aus dem in Art. 8 EMRK geschützten Recht auf Privatsphäre ein Aufenthaltsrecht von sich langjährig faktisch in Deutschland aufhaltenden Ausländern abgeleitet werden kann. Der Hessische VGH[173] hat im Hinblick auf das gemäß Art. 8 Abs. 1 EMRK geschützte Recht auf Privatleben ein Ausreisehindernis dann angenommen, wenn der Ausländer in die Lebensverhältnisse in der Bundesrepublik Deutschland integriert und seinem Heimatland in einer Weise entfremdet ist, dass eine Reintegration nicht möglich ist, wenn er also faktisch ein Privatleben allein in Deutschland führen kann. Bei Bestehen solcher Abschiebungsverbote habe nach dem Gesetzeskonzept die zwangsweise Rückführung des betroffenen Ausländers zu unter-   **546**

---

168  Vgl. BVerwG v. 3.6.1997, InfAuslR 1997, 391.
169  BVerwG v. 27.6.2006, BVerwGE 126, 192, 196 unter Hinweis auf BT-Drs. 15/420, S. 80.
170  BVerwG v. 27.6.2006, BVerwGE 126, 192, 196.
171  Ausführungen zu Art. 6 GG und Art. 8 EMRK sind zu finden im Urteil des VGH BW v. 18.4.2007, AuAS 2007, 219–221; OVG NRW v. 8.12.2006, AuAS 2007, 87–89; zu familiären Bindungen s. auch BVerfG v. 1.8.1996, NVwZ 1997, 479 und *Hailbronner*, Ausländerrecht, § 25 AufenthG, Rn. 121.
172  BT-Drs. 15/420, S. 80.
173  Hess. VGH v. 7.7.2006, ZAR 2006, 413–414.

bleiben. Dann aber sei ihm in aller Regel auch eine freiwillige Rückkehr in sein Heimatland aus denselben rechtlichen Gründen nicht zuzumuten und damit unmöglich im Sinne des § 25 Abs. 5 Satz 1 AufenthG[174]. Gegen diese Auffassung bestehen systematische Bedenken.

**547**   § 25 Abs. 5 AufenthG ist kein allgemeiner Auffangtatbestand für Fälle, in denen die Voraussetzungen für ein Aufenthaltsrecht zu familiären Zwecken nicht erfüllt werden. Grundsätzlich regelt das Aufenthaltsgesetz abschließend die Voraussetzungen, unter denen eine Aufenthaltserlaubnis zum Zweck des familiären Zusammenlebens zu erteilen ist. Rechtliche Hindernisse sind daher grundsätzlich auf diejenigen Fälle zu beschränken, die nicht bereits vollumfänglich von den Sonderregeln des Aufenthaltsgesetzes erfasst sind. Die Annahme einer rechtlichen Unmöglichkeit der Ausreise setzt mehr voraus, als die üblichen Schwierigkeiten, die mit Ausreise und Rückkehr verbunden sind[175]. Unter welchen Voraussetzungen beim Einzelnen eine besondere Situation vorliegt, die ein Überwiegen der privaten Interessen eines Ausländers an einem Bleiberecht in Deutschland zum Schutz seiner familiären oder privaten Bindungen gebieten, ist allerdings im Einzelnen umstritten. Ausgangspunkt ist, dass weder Art. 6 GG noch Art. 8 EMRK grundsätzlich einer Ausreisepflicht entgegenstehen, wenn die Voraussetzungen für ein Aufenthaltsrecht aus familiären Gründen nach §§ 27 ff. AufenthG nicht erfüllt sind. Hält sich ein Ausländer ohne Aufenthaltstitel im Bundesgebiet auf, so scheidet in derartigen Fällen grundsätzlich die Legalisierung des Aufenthalts aus familiären Gründen unter Rückgriff auf die Vorschriften über die Erteilung eines humanitären Aufenthaltstitels bereits aus systematischen Gründen aus[176]. Anderes gilt nur, wenn dem Ausländer und seinen Angehörigen nicht zugemutet werden kann, ihren Aufenthalt auch nur vorübergehend zu unterbrechen. Zum Teil wird in der Rechtsprechung ein Bleiberecht aus humanitären Gründen bei einer abgeschlossenen und „gelungenen" Integration des Ausländers in die Lebensverhältnisse in Deutschland angenommen[177]. Voraussetzung hierfür ist allerdings, dass der Ausländer aufgrund seines längeren Aufenthalts über so starke persönliche, soziale und wirtschaftliche Kontakte zu Deutschland verfügt, dass er aufgrund der Gesamtentwicklung „faktisch" zu einem Inländer geworden ist, dem wegen der Besonderheiten seines Falles ein Leben in dem Staat seiner Staatsangehörigkeit schlechterdings nicht mehr zugemutet werden kann[178].

**548**   Entsprechendes gilt auch für die Berufung auf den Schutz des Privatlebens, der nach der neueren Rechtsprechung des EGMR auch ein Recht auf Identität und Entwicklung der Person und ein Recht auf Aufrechterhaltung persönlicher, sozialer und wirtschaftlicher Beziehungen zum Aufnahmestaat umfasst[179]. Eine Begrenzung ergibt sich aber daraus, dass ein Anspruch auf einen Aufenthaltstitel nicht schon daraus hergeleitet werden kann, dass sich ein Ausländer für erhebliche Zeit nach Durchführung eines Asylverfahrens ohne erforderlichen Aufent-

---

174  Vgl. BVerwG v. 27.6.2006, BVerwGE 126, 192, 196.
175  OVG Saarland v. 18.12.2008 – 2 A 317/08, NVwZ-RR 2009, 307.
176  Vgl. BVerwG v. 4.9.2007 – 1 C 43.06, NVwZ 2008, 333; ebenso VGH BW v. 10.3.2009 – 11 S 2990/08.
177  Vgl. z.B. OVG Saarland v. 8.7.2008 – 2 D 245/08; v. 15.10.2009 – 2 A 329/09.
178  So OVG Saarland v. 15.10.2009 – 2 A 329/09, Sächs. OVG v. 17.6.2013 – 3 B 316/12.
179  Vgl. EGMR v. 16.6.2005, Nr. 60 654/00, EuGRZ 2006, 554, 557 – *Sisojeva I/Lettland*; zur EGMR Rechtsprechung vgl. *Hailbronner*, Ausländerrecht ‚§ 25 AufenthG, Nov. 2015, Rn. 178 ff.

haltstitel im Bundesgebiet aufhält und seiner Ausreisepflicht nicht nach-kommt[180]. Erforderlich ist eine Situation, die ein berechtigtes Vertrauen des Ausländers in den Fortbestand seines Aufenthalts im Aufnahmestaat begründet. Ein unrechtmäßiger Aufenthalt ist hierzu grundsätzlich nicht ausreichend.

Umstritten ist allerdings, inwieweit die vom EGMR entwickelten Grundsätze **549** über den aufenthaltsrechtlichen Schutz der Privatsphäre auch auf Ausländer an-wendbar sind, die sich ohne Aufenthaltsrecht in einem Staat aufhalten. Zutref-fend verweist insoweit das OVG Nds. darauf, dass ein Ausländer, der sich rechts-widrig in einem Aufnahmestaat aufhält, im Allgemeinen nicht erwarten kann, dass ihm daraus ein aufenthaltsrechtlicher Schutzanspruch erwächst. In derarti-gen Fällen kann daher aus einer behaupteten Verwurzelung bzw. Bindungen an das Bundesgebiet während der Zeit eines unrechtmäßigen Aufenthalts kein An-spruch auf ein humanitäres Aufenthaltsrecht abgeleitet werden[181].

§ 25 Abs. 5 AufenthG erfasst sowohl „zielstaatsbezogene" als auch „inlandsbe- **550** zogene" Abschiebungshindernisse[182]. Zielstaatsbezogene Abschiebungshinder-nisse sind solche, die ihre Ursache in den politischen, wirtschaftlichen oder sozia-len Verhältnissen des in Aussicht genommenen Zielstaats, d. h. regelmäßig des Heimatstaats eines Ausländers haben. Inlandsbezogene Abschiebungshindernisse liegen vor, wenn der Hinderungsgrund für eine Abschiebung im Inland seine Ursache hat, wie z. B. Reiseunfähigkeit, fehlende Dokumente usw. Krankheit kann sowohl ein zielstaatsbezogenes Abschiebungshindernis sein, wenn z. B. bei schwerer Krankheit keine ausreichenden Behandlungsmöglichkeiten im Zielstaat bestehen, als auch ein inländisches Abschiebungshindernis, wenn ein Ausländer wegen Krankheit im Inland nicht transportfähig ist. Für zielstaatsbezogene Ab-schiebungshindernisse ist grundsätzlich das Bundesamt für Migration und Flüchtlinge zuständig. Über inlandsbezogene Abschiebungshindernisse entschei-den die Ausländerbehörden der Länder. *Tatsächliche Ausreisehindernisse* liegen dann vor, wenn zwar Rechtsnormen der Ausreise nicht entgegenstehen, aber aus rein faktischen Gründen, wie z. B. wegen mangelnder Verkehrsverbindungen oder mangels ausreichender Transportmöglichkeiten, Flugverboten, Passlosig-keit, Reiseunfähigkeit, wegen schwerer Krankheit usw., eine Rückführung bzw. Ausreise ausgeschlossen ist[183]. Für die Frage, inwieweit die Berufung auf Krank-heit als Abschiebungshindernis im Sinne des Abs. 5 anzusehen ist, sind analog die durch das Gesetz zur Einführung beschleunigter Asylverfahren v. 11.3.2016 eingeführten Änderungen des § 60a Abs. 2c und 2d AufenthG heranzuziehen. Soweit die Berufung auf Krankheit keinen Aufschub einer Vollziehung der Aus-reisepflicht rechtfertigt, gilt dies erst recht für eine Verfestigung des Aufenthalts durch die Erteilung einer Aufenthaltserlaubnis nach § 25 Abs. 5 Satz 1 Auf-enthG.

Bei Vorliegen eines *zielstaatsbezogenen Abschiebungsverbots* nach § 60 Abs. 5 **551** oder 7 AufenthG ist in der Regel bereits eine Aufenthaltserlaubnis nach § 25 Abs. 3 AufenthG zu erteilen. Nach dem Wegfall der bisher geltenden Ausnahme durch das Gesetz zur Neubestimmung des Bleiberechts und der Aufenthaltsbeen-

---

180 Vgl. OVG Nds. v. 12.8.2010 – 8 PA 182/10, InfAuslR 2010, 429.
181 Vgl. aber OVG Bremen v. 23.3.2012 – 1 B 17/12.
182 BVerwG v. 27.6.2006 – 1 C 14/05.
183 Zur Selbstmordgefährdung infolge ärztlich diagnostizierter Depression vgl. Sächs. OVG v. 21.1.2014 – 3 B 476/13.

digung v. 27.7.2015 steht – wie in den Fällen des Abs. 4a und 4b – ein Einreise-
und Aufenthaltsverbot nach § 11 Abs. 1 AufenthG grundsätzlich einer Erteilung
einer Aufenthaltserlaubnis nach Abs. 5 entgegen. Kompensiert wird der Wegfall
des Dispenses von einem Einreise und Aufenthaltsverbot dadurch, dass nach
§ 11 Abs. 4 eine nachträgliche Verkürzung oder Aufhebung des Einreise- und
Aufenthaltsverbots erlangt werden kann. Liegen die Voraussetzungen des Abs. 5
vor und erfordert eine sachgerechte Ermessensentscheidung die Erteilung der
Aufenthaltserlaubnis, so besteht auch ein Anspruch auf nachträgliche Verkürzung oder Aufhebung des Einreiseverbots.

**552**   Ausländern ist es verwehrt, zielstaatsbezogene Abschiebungsverbote im Rahmen
des § 25 Abs. 5 Satz 1 AufenthG geltend zu machen, deren Vorliegen bereits
durch das Bundesamt für Migration und Flüchtlinge (BAMF) abgelehnt worden
ist[184]. Die Entscheidung des Bundesamts entfaltet gemäß § 42 Satz 1 und § 24
Abs. 2 AsylG Bindungswirkung für die Ausländerbehörde[185]. Gleiches gilt bei
einer positiven Feststellung des Bundesamtes und wenn die Ausländerbehörde
mangels Vorliegens eines Asylantrags zur Entscheidung über zielstaatsbezogene
Abschiebungshindernisse nach § 60 Abs. 5 oder 7 AufenthG an sich befugt ist.
In diesem Fall ist sie aber verpflichtet, nach § 72 Abs. 2 AufenthG das Bundesamt für Migration und Flüchtlinge zu beteiligen. Ob die Ausländerbehörde aber
im Rahmen des § 25 Abs. 5 Satz 1 AufenthG ausnahmsweise zu einer eigenen
inhaltlichen Prüfung von Abschiebungsverboten nach § 60 Abs. 5 oder 7 AufenthG berechtigt ist, ist noch nicht abschließend geklärt. Das OVG Sachsen-
Anhalt hat diese Frage bejaht, wenn der Ausländer im Fall seiner Ausreise gleichsam sehenden Auges dem sicheren Tod oder schwersten Verletzungen bzw. Beeinträchtigungen seiner körperlichen Unversehrtheit ausgesetzt würde[186].

**553**   Das BVerwG hat die Frage für den Fall einer extremen allgemeinen Gefahrenlage
bei Bestehen eines Abschiebestopp-Erlasses oder eines vergleichbaren Schutzes
offen gelassen[187]. Im Hinblick auf die unionsrechtlichen Vorgaben der RL 2011/
95 ist bei Bestehen einer extremen allgemeinen Gefahrenlage eine eigene Prü-
fungszuständigkeit der Ausländerbehörde anzunehmen. Anderenfalls könnte
eine Schutzlücke entstehen, die mit den unionsrechtlichen Verpflichtungen aus
Art. 15 der Richtlinie nicht vereinbar wäre.

**554**   Erforderlich ist ferner, dass *mit dem Wegfall der* Ausreisehindernisse *in absehbarer Zeit nicht zu rechnen* ist. Die Ausländerbehörde hat danach eine Prognoseentscheidung anzustellen, ob in absehbarer Zeit entweder eine Abschiebung oder
freiwillige Ausreise möglich ist. Ein bloß vorübergehendes Abschiebungshindernis liegt z. B. vor, wenn aufgrund der aktuellen politischen Entwicklung im Herkunftsland vom baldigen Wegfall des Abschiebungshindernisses auszugehen ist
oder wenn in Fällen von Passlosigkeit Rückübernahmeverhandlungen mit dem
Herkunftsland aufgenommen worden sind[188]. Aus § 26 Abs. 1 AufenthG wird
in der Rechtsprechung und Verwaltungspraxis zum Teil abgeleitet, dass der Weg-

---

184  OVG NRW v. 7.6.2006, NVwZ-RR 2006, 576; OVG Sachsen-Anhalt v. 8.1.2007, 2 O 312/06,
     juris.
185  Vgl. dazu BVerwG v. 7.9.1999, NVwZ 2000, 204; VGH BW v. 15.7.2005, NVwZ-RR 2006,
     145; BayVGH v. 14.1.2007 –19 C 06.3046; Hess. VGH v. 7.7.2006 – 7 UE 509/06, juris.
186  OVG Sachsen-Anhalt v. 8.1.2007 – 2 O 312/06, juris.
187  BVerwG v. 27.6.2006, BVerwGE 126, 192, 198.
188  Vgl. Ziff. 25.5.1.4 AVwV-AufenthG.

fall des Ausreisehindernisses nach dem Willen des Gesetzgebers dann nicht in absehbarer Zeit zu erwarten ist, wenn die Ausreise des Ausländers voraussichtlich länger als 6 Monate unmöglich ist[189].

Nach § 25 Abs. 5 Satz 3 AufenthG darf die Aufenthaltserlaubnis nur erteilt werden, wenn der Ausländer *unverschuldet* an der Ausreise gehindert ist. § 25 Abs. 5 Satz 4 AufenthG nennt beispielhaft Fälle, in denen ein Verschulden des Ausländers immer vorliegt, nämlich wenn der Ausländer falsche Angaben macht oder über seine Identität oder Staatsangehörigkeit täuscht oder zumutbare Anforderungen zur Beseitigung der Ausreisehindernisse nicht erfüllt. Die Voraussetzung geklärter Identität und Staatsangehörigkeit ist Ausdruck des gewichtigen öffentlichen Interesses an der Individualisierung der Person, die einen Aufenthaltstitel begehrt und steht daher unabhängig von der Möglichkeit der Aufenthaltsbeendigung der Erteilung der Aufenthaltserlaubnis nach Abs. 5 Satz 1 jedenfalls dann entgegen, wenn der Ausländer an der Klärung seiner Identität nicht mitwirkt[190]. Das Verschulden besteht mithin entweder in der Unterlassung gesetzlich gebotener Mitwirkungshandlungen oder in der Vornahme positiver Handlungen, die der Ausländer zur Verhinderung der Ausreise vorgenommen hat. Der Begriff des Verschuldens setzt somit ein dem Ausländer zurechenbares, d. h. vorwerfbares Verhalten voraus. Etwaige Unzulänglichkeiten seines gesetzlichen Vertreters muss sich der minderjährige Ausländer zurechnen lassen, sofern nicht schutzwürdige Belange des Minderjährigen – insbesondere im Hinblick auf Art. 8 Abs. 2 EMRK – dem entgegenstehen[191]. Anwendbar ist der Ausschlussgrund, wenn der Ausländer durch sein Verhalten entweder die freiwillige Ausreise oder die Abschiebung verhindert oder wesentlich verzögert bzw. erschwert[192]. Der Ausländer muss alle ihm möglichen und zumutbaren Handlungen, die entweder zur freiwilligen Ausreise oder zur Abschiebung erforderlich sind, vornehmen und insoweit auch eine Initiative ergreifen, um bestehende Ausreisehindernisse zu beseitigen[193].

Für das mangelnde Verschulden ist der Ausländer im Hinblick auf § 86 Abs. 1 **556** Satz 1 VwGO nicht beweisführungspflichtig. Vielmehr trägt prinzipiell die Ausländerbehörde die Feststellungslast für das in § 25 Abs. 5 Sätze 3 und 4 AufenthG normierte Vertretenmüssen. Insbesondere wenn ein Ausländer die aufgezeigten üblichen Mitwirkungshandlungen erfüllt hat, trägt die Ausländerbehörde die Darlegungs- und Beweislast dafür, welche konkreten weiteren und nicht von vornherein aussichtslosen Mitwirkungshandlungen der Betroffene zur Beseitigung des Ausreisehindernisses noch unternehmen kann[194]. Nach Ansicht des BayVGH trägt der Ausländer aber die materielle Beweislast im Falle der Unaufklärbarkeit[195].

---

189 Vgl. z. B. VG Koblenz v. 3.10.2005 – 3 K 147/05.KO, juris – unter Hinweis auf ein Rundschreiben des rheinland-pfälzischen Ministeriums des Inneren und für Sport v. 17.12.2004 19 300 – 7, 316; ebenso Ziff. 25.5.1.4. AVwV-AufenthG.
190 BVerwG v. 7.5.2013 – 1 B 2/13; BayVGH v. 4.10.2012 – 10 B 12/235.
191 OVG NRW v. 8.12.2006, AuAS 2007, 87–89 und BayVGH v. 5.7.2007 – 19 C 07.1081, juris.
192 Vgl. BayVGH v. 25.5.2007 – 19 ZB 07.362, juris; zum Begriff des Verschuldens s. auch *Hailbronner*, Ausländerrecht, § 25 AufenthG, Rn. 132 ff.
193 Sächs. OVG v. 7.3.1013 – 3 A 495/11.
194 So OVG NRW v. 14.3.2006 – 18 E 924/04, juris.
195 Vgl. BayVGH v. 5.7.2007 – 19 C 07.1081, juris.

**557**  Der Begriff des Verschuldens soll in einem umfassenden Sinne Personen von der Gewährung des Aufenthaltsrechts ausschließen, wenn diese die Gründe für den fortdauernden Aufenthalt selbst zu vertreten haben[196]. In diesem Zusammenhang kann auch die Unwilligkeit oder Untätigkeit von Behörden Berücksichtigung finden[197]. Eine Handlung, die von vornherein aussichtslos ist, kann nicht verlangt werden[198].

**558**  Zu den zumutbaren Anstrengungen eines Ausländers gehört es dagegen, die Identität aufzuklären und zur Beschaffung von Reisedokumenten beizutragen sowie gegebenenfalls einen Anwalt zu beauftragen und hierzu die erforderlichen Mittel zu beschaffen[199]. Kein Anspruch auf Erteilung einer humanitären Aufenthaltserlaubnis besteht, wenn ausreisepflichtige Ausländer nicht freiwillig ausreisen und sich weigern, die Freiwilligkeit ihrer Ausreise gegenüber der konsularischen Vertretung ihres Heimatstaates zu bekunden[200]. Ein Ausländer ist daher verpflichtet, sich auf seine Ausreise einzustellen und alle hierfür erforderlichen Erklärungen abzugeben und Handlungen vorzunehmen.

**559**  Gem. § 5 Abs. 3 Satz 2 AufenthG kann (Ermessen) von den allgemeinen Erteilungsvoraussetzungen des § 5 Abs. 1 und 2 AufenthG in den Fällen des § 25 Abs. 5 AufenthG abgesehen werden. Dabei ist zu berücksichtigen, dass es bei Situationen, wie sie typischerweise in den Fällen des § 25 Abs. 5 AufenthG vorliegen, nicht möglich ist, alle Voraussetzungen des § 5 Abs. 1 und 2 AufenthG zu erfüllen. Erforderlich ist daher eine umfassende Interessenabwägung, bei der die besondere Situation des Betroffenen, das Gewicht der im Einzelfall nicht erfüllten allgemeinen Erteilungsvoraussetzungen und die gesetzgeberische Intention, Kettenduldungen möglichst zu vermeiden, in Rechnung gestellt werden[201]. Im Rahmen der Ermessensentscheidung kann auch die Unmöglichkeit der Ausreise im Hinblick auf Art. 6 Abs. 1 und 2 GG berücksichtigt werden[202]. In Rechtsprechung und Literatur ist streitig, ob und in welchem Umfang im Rahmen des § 25 Abs. 5 Satz 1 AufenthG die allgemeine Erteilungsvoraussetzung des § 5 Abs. 1 Nr. 2 AufenthG (Nichtvorliegen eines Ausweisungsinteresses) zu berücksichtigen ist. Nach einer Ansicht soll nach Sinn und Zweck sowie dem Zusammenhang der insoweit in Betracht kommenden Regelungen im Rahmen des § 25 Abs. 5 AufenthG bei verfügter Ausweisung von der Anforderung des Nichtvorliegens eines Ausweisungsinteresses abgesehen werden[203]. Im Gegensatz hierzu vertritt das OVG Hamburg[204] zutreffend die Auffassung, der von einem Ausländer mit einer Straftat verwirklichte Ausweisungsgrund sei bei der Prüfung der allgemeinen Erteilungsvoraussetzungen nach § 5 Abs. 1 AufenthG auch im Rahmen des § 25 Abs. 5 AufenthG zu berücksichtigen. Er sei durch die erfolgte

---

196  BayVGH v. 13.11.2009 – 19 ZB 09.2530; *Maaßen*, in: Kluth/Hund/Maaßen, Zuwanderungsrecht 2008, § 4 Rn. 667.
197  VG Saarland v. 18.7.2008 – 6 K 0106/06.
198  BVerwG v. 15.6.2006 – 1 B 54.06, Buchholz 402.242, § 25 AufentG, Nr. 4.
199  Vgl. OVG NRW v. 5.6.2008 – 18 E 471/08, NWVBl 2008, 464.
200  BVerwG v. 10.11.2009 – 1 C 19.08.
201  VG Oldenburg v. 17.1.2007 – 11 A 2381/05, juris; VGH BW v. 26.7.2006, VBlBW 2007, 30; *Burr*, GK-AufenthG, § 25, Rn. 188.
202  BVerwG v. 1.4.2014 – 1 B 1/14, zur Dispensierung des Erfordernisses der Sicherung des Lebensunterhalts.
203  So VG Hamburg v. 24.12.2006 – 10 K 3207/05, juris; *Jakober* und *Welte*, in: AktAR, Teil A, § 5 AufenthG, Rn. 75, 141; § 25 AufenthG, Rn. 26–26 d.
204  OVG Hamburg v. 31.5.2006 – 1 Bs 5/06, juris.

Ausweisung nicht verbraucht. Es stehe nach § 5 Abs. 3 Satz 2 AufenthG im Ermessen der Ausländerbehörde, ob sie bei der Erteilung einer Aufenthaltserlaubnis nach § 25 Abs. 5 Satz 1 AufenthG von dem Regelerfordernis nach § 5 Abs. 1 Nr. 2 AufenthG absehe.

Ein „Absehen" von dem Regelversagungsgrund des Vorliegens eines Ausweisungsinteresses kommt regelmäßig nur dann in Frage, wenn keine Gründe der öffentlichen Sicherheit und Ordnung der Erteilung eines humanitären Aufenthaltsrechts entgegenstehen. Dabei sind Art und Schwere der vom Ausländer begangenen Rechtsverstöße als Kriterien heranzuziehen. Das Risiko neuer erheblicher Verstöße gegen die Rechtsordnung im Allgemeinen hat ein erhebliches Gewicht gegenüber dem Interesse eines Ausländers, ein humanitäres Aufenthaltsrecht im Bundesgebiet zu erhalten. **560**

Bei Erfüllung der Voraussetzungen des § 25 Abs. 5 Satz 1 AufenthG liegt es im *Ermessen* der Ausländerbehörden, eine Aufenthaltserlaubnis zu erteilen. Ist die *Abschiebung seit 18 Monaten ausgesetzt*, wandelt sich nach § 25 Abs. 5 Satz 2 AufenthG der Ermessensanspruch in eine grundsätzliche Verpflichtung der Ausländerbehörde, die Aufenthaltserlaubnis zu erteilen. § 25 Abs. 5 Satz 2 AufenthG stellt keine eigenständige Anspruchsgrundlage dar. Vielmehr sorgt er allein dafür, dass sich das Ermessen nach Satz 1 zu einem Regelanspruch wandelt, sofern die Abschiebung seit 18 Monaten ausgesetzt, die Erteilungsvoraussetzungen des Satzes 1 erfüllt sind und kein atypischer Ausnahmefall vorliegt[205]. **561**

Bei Asylbewerbern, deren Asylantrag als offensichtlich unbegründet abgelehnt worden ist, ist § 10 Abs. 3 Satz 2 AufenthG zu beachten. **562**

> **Lösung Fall 24:** Die Erteilung einer Aufenthaltserlaubnis gem. § 25 Abs. 5 Satz 1 AufenthG kommt in Betracht, wenn die Ausreise des M aus tatsächlichen oder rechtlichen Gründen unmöglich ist und mit dem Wegfall des Ausreisehindernisses in absehbarer Zeit nicht zu rechnen ist. Zunächst ist schon fraglich, ob die Aufgabe der Staatsangehörigkeit und die daraus resultierende Staatenlosigkeit des M zu einer tatsächlichen Unmöglichkeit der Ausreise führt. Da die Ausbürgerung während eines Auslandsaufenthalts die Aufnahmepflicht des bisherigen Heimatstaats nach h. M. unberührt lässt, kann nicht schon aus völkerrechtlichen Gründen auf die Unmöglichkeit einer Ausreise gefolgert werden[206]. Auch nach der Rechtsprechung führt die Staatenlosigkeit nur dann zu einer tatsächlichen Unmöglichkeit, wenn aufgrund objektiv feststehender Fakten (z. B. gescheiterter Abschiebungsversuch) die Nichtdurchführbarkeit einer Abschiebung feststeht[207]. Dies ist vorliegend nicht der Fall. Die Erteilung einer Aufenthaltserlaubnis nach § 25 Abs. 5 Satz 1 AufenthG scheidet aber auch wegen Verschuldens des M im Sinne des § 25 Abs. 5 Satz 3 AufenthG aus, weil M das Ausreisehindernis zu vertreten hätte, da er aus freien Stücken die Entlassung aus der marokkanischen Staatsangehörigkeit ohne gleichzeitigen Erwerb einer neuen Staatsangehörigkeit beantragt hatte. Die Aufgabe der Staatsangehörigkeit begründet nur dann kein Verschulden, wenn dem Ausländer die weitere Aufrechterhaltung der Staatsangehörigkeit aus besonderen Gründen nicht zumutbar ist, z. B. weil der Ausländer von seinem Heimatstaat verfolgt worden ist und deswegen seine Bindung zu

---

205 BVerwGE 126, 192 ff.; Hess. VGH v. 7.7.2006, ZAR 2006, 413–414 und VGH BW v. 18.4.2007, AuAS 2007, 219–221.
206 S. *Hailbronner*, Rückübernahme eigener und fremder Staatsangehöriger, 1996, S. 38 ff.
207 Vgl. zum AuslG 1990 VGH BW v. 20.8.1992, NVwZ-RR 1993, 52; VGH BW v. 3.12.1992, EZAR 046 Nr. 2; OVG Lüneburg v. 27.12.1994 – 13 M 6040/94, juris.

dem Staat unheilbar zerstört worden ist[208]. Dementsprechende Anhaltspunkte liegen im Fall des M nicht vor.

### 9.  Humanitäre Aufnahme aus dem Ausland (§ 22 AufenthG)

**563**  Nach § 22 Satz 1 AufenthG kann eine Aufenthaltserlaubnis erteilt werden, um Personen aus dem Ausland aus völkerrechtlichen oder dringenden humanitären Gründen aufzunehmen. § 22 AufenthG ist nicht als generalklauselartige Befugnis zur Aufnahme von Ausländern anzusehen, sondern kommt lediglich in Ausnahmefällen zur Anwendung. Hierfür spricht bei § 22 Satz 1 AufenthG das Erfordernis der „dringenden" humanitären Gründe. Auch § 22 Satz 2 AufenthG gibt dem Bund lediglich in *Einzelfällen* durch Erteilung von Aufenthaltsrechten eine Befugnis, politische Interessen wahrzunehmen. Die Aufnahme bestimmter Ausländergruppen (z. B. jüdische Emigranten aus der ehemaligen Sowjetunion) ist in § 23 AufenthG durch eine politische Entscheidung einer obersten Landesbehörde vorgesehen.

**564**  **a) Die Erteilung einer Aufenthaltserlaubnis nach § 22 Satz 1 AufenthG.** Die Erteilung einer Aufenthaltserlaubnis nach § 22 Satz 1 AufenthG setzt zunächst voraus, dass ein Aufenthaltszweck für die Erteilung einer anderen Aufenthaltserlaubnis nicht vorliegt.

**565**  Außerdem betrifft § 22 Satz 1 AufenthG ausschließlich *Ausländer, die sich* im Zeitpunkt der Entscheidung über die Erteilung einer Aufenthaltserlaubnis *noch nicht im Bundesgebiet aufhalten* und denen ein anderweitiges Einreiserecht nicht eingeräumt ist. § 22 AufenthG findet daher auf Ausländer, die von der Visumpflicht befreit sind, nur dann Anwendung, wenn diese bei der deutschen Auslandsvertretung ein Visum beantragen[209].

**566**  Voraussetzung für eine Übernahmeentscheidung nach § 22 Satz 1 AufenthG ist ferner das Vorliegen *völkerrechtlicher oder dringender humanitärer Gründe.*

**567**  *Völkerrechtliche Gründe* können etwa in völkerrechtlichen Vereinbarungen über die Aufnahme von Personen aus Kriegs- oder Bürgerkriegsgebieten gesehen werden. Das allgemeine Völkerrecht kennt dagegen keine Aufnahmepflicht von Personen aus dem Ausland. Das Refoulement-Verbot der Genfer Konvention und der Europäischen Menschenrechtskonvention beinhaltet keine Pflicht zur Aufnahme von sich im Ausland aufhaltenden Personen, sondern verbietet lediglich die Zurückweisung oder Zurückschiebung von an der Grenze um Schutz nachsuchenden Personen in ein Verfolgerland.

**568**  Der Begriff der *„dringenden humanitären Gründe"* betrifft Fälle, in denen an sich keine völkerrechtlichen Verpflichtungen zur Aufnahme bestehen, in denen aber wegen der besonderen Gegebenheiten eine moralische Pflicht zur Aufnahme besteht. In Frage kommen etwa die Aufnahme einzelner Ausländer in einer lebensgefährlichen Situation oder die Aufnahme von Personen, die sich in einer schicksalhaften Notlage befinden und spezifisch auf die Hilfe Deutschlands angewiesen sind oder mit Deutschland in einer besonderen Verbindung stehen.

---

208  Vgl. BVerwGE 108, 21, zur Aufgabe der rumänischen Staatsangehörigkeit; vgl. auch *Heinhold,* ZAR 2003, 218.
209  Ziff. 22.1.1. AVwV-AufenthG zu § 22 AufenthG.

*Keine dringenden humanitären Gründe* sind der Umstand, dass ein Ausländer   **569**
im Bundesgebiet arbeiten will und die Gründe, auf denen dieses Begehren beruht
(z. B. die Unmöglichkeit, im Ausland eine zur Bestreitung des Lebensunterhalts
erforderliche Arbeit zu finden). Nicht ausreichend ist auch der Hinweis auf die
allgemeinen Lebensverhältnisse oder die politischen Verhältnisse im Heimatstaat, die der Ausländer mit einer unbestimmten Vielzahl von Personen teilt.

Der Begriff der dringenden humanitären Gründe umschließt einen weiten, nur   **570**
sehr begrenzt überprüfbaren Beurteilungsspielraum.

Liegen die genannten Voraussetzungen vor, liegt die Erteilung einer Aufenthalts-   **571**
erlaubnis im *Ermessen* der Ausländerbehörde. § 22 Satz 1 AufenthG gewährt
Ausländern keinen Rechtsanspruch[210]. In die Ermessenserwägungen sind auch
die Erteilungsvoraussetzungen des § 5 Abs. 1 und 2 i. V. m. Abs. 3 AufenthG
einzubeziehen. Grundsätzlich müssen die allgemeinen Erteilungsvoraussetzungen
des § 5 Abs. 1 und 2 AufenthG erfüllt sein. Nach § 5 Abs. 3 Satz 2 AufenthG
kann hiervon jedoch auch abgesehen werden. Dabei wird sinnvollerweise zwischen den Voraussetzungen des § 5 Abs. 1 und Abs. 2 AufenthG unterschieden
werden müssen. Während das Visumerfordernis ohne weiteres entbehrlich ist,
kann nicht ohne zwingenden Grund auf die Einhaltung der Voraussetzungen des
Abs. 1 Nrn. 1 a, 2 und 3 (Klärung der Identität, Nichtvorliegen eines Ausweisungsinteresses, Beeinträchtigung sonstiger Interessen der Bundesrepublik
Deutschland) verzichtet werden.

*Ausgeschlossen* ist die Erteilung einer Aufenthaltserlaubnis nach § 22 Satz 1 Auf-   **572**
enthG jedenfalls in den Fällen des § 5 Abs. 4 AufenthG.

Zudem sind bei einer Entscheidung die §§ 10 und 11 AufenthG zu beachten.   **573**

Die Aufnahme von Ausländern nach § 22 Satz 1 AufenthG setzt grundsätzlich   **574**
die Erteilung eines *Visums* durch eine deutsche Auslandsvertretung voraus. An
der Entscheidung der deutschen Auslandsvertretung über den Antrag auf Erteilung eines Visums bzw. einer Aufenthaltserlaubnis nach § 22 Satz 1 AufenthG
wirkt die Ausländerbehörde im Visumverfahren gem. § 31 Abs. 1 AufenthV mit.
Für die Verlängerung der nach § 22 Satz 1 AufenthG erteilten Aufenthaltserlaubnis ist die Ausländerbehörde zuständig. Weder die Auslandsvertretung noch eine
im Visumverfahren konsultierte Ausländerbehörde müssen von Amts wegen prüfen, ob die Erteilung einer Aufenthaltserlaubnis nach § 22 Satz 1 AufenthG
durch eine deutsche Auslandsvertretung möglich ist, wenn der Ausländer eine
andere Aufenthaltserlaubnis beantragt hat.

**b) Die Erteilung einer Aufenthaltserlaubnis nach § 22 Satz 2 AufenthG.** Auch   **575**
§ 22 Satz 2 AufenthG findet nur auf Ausländer Anwendung, die sich noch nicht
im Bundesgebiet aufhalten und die eine Aufenthaltserlaubnis aus einem anderen
Grund nicht erhalten können.

Der alleinige *Grund* für die Erteilung einer Aufenthaltserlaubnis nach § 22 Satz 2   **576**
AufenthG ist die *Wahrung politischer Interessen der Bundesrepublik Deutschland* (innen- und außenpolitische Interessen), über deren Vorliegen das Bundesministerium des Innern oder die von ihm bestimmte Stelle entscheidet[211]. Die

---

210  Vgl. BT-Drs. 15/420, S. 77 zu § 22 AufenthG.
211  BT-Drs. 15/420, S. 77 zu § 22 AufenthG.

Vorschrift soll insbesondere der Wahrung des außenpolitischen Handlungsspielraumes dienen. Folglich sind die Länder gegenüber dem Bund zur Erteilung einer Aufenthaltserlaubnis verpflichtet, wenn der Bund die Aufnahme zur Wahrung politischer Interessen der Bundesrepublik Deutschland erklärt hat. Dann haben die vom Bundesministerium des Innern in das Bundesgebiet aufgenommenen Ausländer einen Rechtsanspruch auf Erteilung einer Aufenthaltserlaubnis nach § 22 Satz 2 AufenthG[212]. Ein Rechtsanspruch des Einzelnen auf Abgabe einer Übernahmeerklärung des Bundes besteht jedoch nicht[213].

**577** Mithin prüft die Ausländerbehörde bei der Anwendung des § 22 Satz 2 AufenthG nur,
- ob der Ausländer aufgrund einer Übernahmeerklärung des Bundesministeriums des Innern eingereist ist,
- ob die Passpflicht nach § 5 Abs. 1 Nr. 4 i. V. m. § 3 AufenthG erfüllt ist,
- ob die Erteilungsvoraussetzungen des § 5 Abs. 1 Nr. 1 a AufenthG vorliegen und
- ob ein Einreiseverbot nach § 11 Abs. 1 AufenthG besteht.

**578** Von den Voraussetzungen des § 5 Abs. 1 und 2 AufenthG kann (Ermessen) gemäß § 5 Abs. 3 Satz 2 AufenthG abgesehen werden.

**579** Im Gegensatz zu § 22 Satz 1 AufenthG berechtigt eine nach § 22 Satz 2 AufenthG erteilte Aufenthaltserlaubnis kraft Gesetzes zur Ausübung einer *Erwerbstätigkeit* (vgl. § 22 Satz 3 AufenthG). Ausländer mit einer Aufenthaltserlaubnis nach § 22 Satz 1 AufenthG dürfen eine Beschäftigung § 31 BeschV ausüben.

### 10. Humanitäre Aufenthaltsgewährung durch die obersten Landesbehörden oder das Bundesinnenministerium (§ 23 AufenthG)

**580** § 23 AufenthG ermächtigt die obersten Landesbehörden, aus völkerrechtlichen oder humanitären Gründen oder zur Wahrung politischer Interessen der Bundesrepublik Deutschland anzuordnen, dass Ausländern aus bestimmten Staaten oder in sonstiger Weise bestimmten Ausländergruppen eine Aufenthaltserlaubnis erteilt wird. Dies kann sich auf die Aufnahme von Personen aus Kriegs- oder Bürgerkriegsgebieten durch eine rein nationale Entscheidung beziehen und ist unabhängig davon, ob sich die betroffenen Personen bereits im Bundesgebiet aufhalten. Die Gewährung von vorübergehendem Schutz durch eine vorhergehende Entscheidung auf EU-Ebene richtet sich dagegen nach § 24 AufenthG[214].

**581** Abs. 2 des § 23 AufenthG überträgt darüber hinaus eine Zuständigkeit für das Aufnahmeverfahren von Ausländern aus bestimmten Staaten zur Wahrung besonders gelagerter politischer Interessen der Bundesrepublik Deutschland an den Bund bzw. das Bundesamt für Migration und Flüchtlinge. Die Neuregelung bezieht sich auf die Aufnahme jüdischer Zuwanderer aus der ehemaligen Sowjetunion[215].

**582** Der wesentliche *Zweck der Vorschrift* besteht darin, dass ein gesetzlicher Rahmen und ein bestimmtes Verfahren zur Verfügung gestellt werden, mittels dessen die zuständige oberste Landesbehörde bzw. der Bund bestimmten Gruppen von

---

212 Ziff. 22.2.0.1 AVwV-AufenthG.
213 Vgl. BT-Drs. 15/420, S. 77 zu § 22 AufenthG.
214 BT-Drs. 15/420, S. 77.
215 Vgl. Gesetzentwurf der Bundesregierung BT-Drs. 16/4017.

Ausländern einen rechtmäßigen Aufenthalt im Bundesgebiet ermöglichen kann, der auf andere Weise nach den allgemeinen Regeln des Ausländerrechts nicht gestattet werden könnte.

**a) Aufenthaltserlaubnis aufgrund einer oberstbehördlichen Anordnung (§ 23 Abs. 1 Satz 1 AufenthG).** *Voraussetzung* für eine Aufenthaltserlaubnis nach § 23 Abs. 1 AufenthG ist zunächst das Vorliegen einer *Anordnung einer obersten Landesbehörde.* Die Anordnung muss auf völkerrechtlichen oder humanitären Gründen beruhen oder zur Wahrung politischer Interessen der Bundesrepublik Deutschland erlassen worden sein. Diese Begriffe und mithin die Anordnungen nach § 23 Abs. 1 AufenthG sind als politische Leitentscheidungen einer gerichtlichen Kontrolle weitgehend entzogen[216]. *Völkerrechtliche Gründe* sind insbesondere Verpflichtungen aus bilateralen oder multilateralen Verträgen, die die Übernahme von Flüchtlingen zum Gegenstand haben. *Humanitäre Gründe* liegen vor, wenn nicht bereits aus Rechtsgründen ein Aufnahmeanspruch im Bundesgebiet besteht.

**583**

Im Hinblick auf die grundsätzliche und weittragende Bedeutung einer Gruppenaufnahme, auch für die anderen Länder, bedarf eine Anordnung nach § 23 Abs. 1 Satz 3 AufenthG zur Wahrung der Bundeseinheitlichkeit des *Einvernehmens des Bundesministeriums des Innern*[217]. Nicht vom Einvernehmen gedeckte Anordnungen sind daher unwirksam[218]. Andererseits begründet weder ein Beschluss der Innenminister noch die Einvernehmenserklärung des BMI die Verpflichtung eines Bundeslandes, die im Beschluss vorgesehene Aufnahme einer Ausländergruppe in unbeschränkter Form durch eine landesrechtliche Anordnung nach § 23 Abs. 1 AufenthG umzusetzen[219]. § 23 AufenthG räumt der obersten Landesbehörde lediglich eine Befugnis zu den dort vorgesehenen Anordnungen ein und enthält keinen Hinweis auf eine entsprechende Verpflichtung[220]. Ebenso wenig führt ein Beschluss der Innenminister zur Verpflichtung der Übernahme etwaiger günstigerer Verwaltungsregelungen anderer Bundesländer. Ob die oberste Landesbehörde überhaupt eine Anordnung nach § 23 Abs. 1 AufenthG trifft, steht allein in ihrem politischen Entschließungsermessen, das lediglich insofern begrenzt ist, als dass eine Anordnung aus anderen als im Gesetz genannten Gründen nicht erlassen werden darf. Ein subjektiver Rechtsanspruch eines einzelnen Ausländers auf Erlass einer behördlichen Anordnung nach § 23 AufenthG besteht somit nicht[221].

**584**

Bei einer *Anordnung* nach § 23 Abs. 1 AufenthG handelt es sich *nicht* um eine *Rechtsvorschrift.* Es handelt sich vielmehr um eine Verwaltungsvorschrift, durch die das den Ausländerbehörden nach § 23 Abs. 1 Satz 1 AufenthG zustehende Ermessen bei der Erteilung einer Aufenthaltsbefugnis verwaltungsintern gebunden wird. Eine Anordnung nach § 23 Abs. 1 AufenthG ist daher nicht wie eine Rechtsvorschrift aus sich heraus, sondern als Willenserklärung der obersten Landesbehörde unter Berücksichtigung des wirklichen Willens des Erklärenden und

**585**

---

216  Vgl. zu § 32 AuslG 1990 auch OVG Thüringen v. 16.5.1995, ThürVBl. 1995, 257.
217  Für § 32 AuslG 1990 vgl. BT-Drs. 11/6321, S. 67; zu § 23 AufenthG BT-Drs. 15/420, S. 77.
218  VGH BW v. 10.7.1996 – 11 S 876/96, juris.
219  So auch HessVGH v. 5.9.2003, AuAS 2004, 23–24.
220  BVerwG v. 14.3.1997, NVwZ-RR 1997, 568.
221  S. u. a. OVG Saarland v. 5.7.2006 – 2 Q 5/06 und OVG Brandenburg v. 15.8.2003 – 4 B 225/03, juris.

ihrer tatsächlichen Handhabung, d. h. der vom Urheber gebilligten oder geduldeten tatsächlichen Verwaltungspraxis auszulegen und anzuwenden[222].

**586**  Ferner begründet eine Anordnung einer obersten Landesbehörde nach § 23 Abs. 1 AufenthG für die von ihr begünstigten Ausländer *keinen unmittelbaren Rechtsanspruch* auf Erteilung der Aufenthaltserlaubnis, auch wenn der Ausländer die Erteilungsvoraussetzungen der Anordnung erfüllt[223]. Es besteht dann lediglich ein Anspruch auf Gleichbehandlung nach Maßgabe der von der obersten Landesbehörde gebilligten praktischen Anwendung der Anordnung innerhalb des Bundeslandes.

**587**  Erforderlich ist, dass in der Anordnung eindeutig festgelegt ist, ob den Staatsangehörigen eines bestimmten Staates ohne weitere Einschränkungen oder ob nur *nach* bestimmten Merkmalen abgegrenzten Ausländergruppen ein rechtmäßiger Aufenthalt im Bundesgebiet ermöglicht werden soll[224]. Zulässig ist dabei eine Abgrenzung des Kreises der begünstigten Ausländer nach bestimmten objektiven oder subjektiven Merkmalen und die Festlegung von Ausnahmen von der Erteilung der Aufenthaltserlaubnis, wenn Gründe vorliegen, die auch nach den allgemeinen Versagungsgründen einer Erteilung der Aufenthaltserlaubnis entgegenstehen würden *(Ausweisungsinteressen)*. Bleibt ein Bundesland in einer nach § 23 Abs. 1 AufenthG erlassenen Anordnung hinsichtlich des begünstigten Personenkreises hinter dem der Anordnung zugrunde liegenden Beschluss der Innenministerkonferenz zurück, so kann ein Ausländer nicht verlangen, in Übereinstimmung mit der ihm günstigeren Regelung im Beschluss der Innenministerkonferenz oder anderer Bundesländer behandelt zu werden[225]. Der einzelne Ausländer hat aber aus allgemeinen rechtsstaatlichen Gründen heraus nach Maßgabe des Willkürverbots (Art. 3 Abs. 1 GG) einen Anspruch auf Gleichbehandlung. Für diesen ist allerdings nicht die ministerielle Anordnung als solche maßgebend, sondern allein deren von der obersten Landesbehörde gebilligte praktische Anwendung bezogen auf das jeweilige Bundesland. Der gerichtliche Prüfungsrahmen beschränkt sich dann darauf, ob diesem Anspruch des Ausländers auf ermessensfehlerfreie Entscheidung unter Wahrung des Gleichbehandlungsgrundsatzes und Beachtung der durch die Anwendung der Anordnung erzeugten internen Bindungen unter Berücksichtigung der bisherigen behördlichen Praxis in dem Bundesland Rechnung getragen wurde[226]. Ein Anspruch eines Ausländers, von einer bestehenden Anordnung erfasst zu werden, besteht mithin nicht[227].

**588**  Ausländer, die die Voraussetzungen der Anordnung nicht erfüllen, können auch keinen Anspruch auf „gleichartige Schutzgewährung" geltend machen. Bei Vorliegen einer Anordnung nach § 23 AufenthG ist es daher ausgeschlossen, bei der Entscheidung über die Erteilung einer Aufenthaltserlaubnis die Vergleichbarkeit der individuellen Lage des ausgegrenzten Ausländers mit der Lage privilegierter Gruppen zu prüfen und zu bewerten. Ein Ausschluss bestimmter Ausländer kann

---

222  Vgl. BVerwG v. 19.9.2000, BVerwGE 112, 63 und OVG Sachsen-Anhalt v. 17.7.2006 – 2 M 182/06, juris.
223  Vgl. BVerwG v. 19.9.2000, BVerwGE 112, 63; a. A. VG Stuttgart v. 15.5.1995, AuAS 1995, 170.
224  VGH BW v. 17.2.1993, NVwZ 1994, 400.
225  Hess. VGH v. 5.9.2003, AuAS 2004, 23–24.
226  OVG Saarland v. 5.7.2006, 2 Q 5/06, juris.
227  BVerwG v. 19.9.2000, BVerwGE 112, 63.

daher allenfalls in besonders gelagerten Ausnahmefällen rechtswidrig sein, wenn die fehlende Berücksichtigung dieser Personen nicht mehr verständlich und deshalb als willkürlich erscheint[228].

Durch die in § 23 Abs. 1 Satz 2 AufenthG bestehende Möglichkeit, die Anordnung von der *Übernahme der mit der Aufnahme verbundenen Kosten* nach § 68 AufenthG *abhängig zu machen*, soll insbesondere den humanitären Interessen international tätiger Körperschaften, beispielsweise der Kirchen, Rechnung getragen werden (sog. Kirchenkontingent). Somit sollen Private, wie auch Kirchen, gerade in Fällen, in denen sie ausländerrechtliche Maßnahmen des Staates im Einzelfall für fehlerhaft halten, durch Abgabe einer Verpflichtungserklärung Verantwortung übernehmen können für die von ihnen geforderte Aufnahme von bestimmten Ausländern nach § 23 Abs. 1 Satz 1 AufenthG[229]. Voraussetzung ist daher, dass für die im Einzelnen unter die Anordnung fallenden Personen eine den Anforderungen des § 68 AufenthG entsprechende Verpflichtungserklärung, die Kosten für den Lebensunterhalt eines Ausländers zu tragen, abgegeben wird. **589**

Die *allgemeinen Erteilungsvoraussetzungen* einer Aufenthaltserlaubnis nach § 5 Abs. 1 und 2 AufenthG, die auch im Rahmen des § 23 Abs. 1 AufenthG beachtet werden müssen, werden in der Regel durch die speziellen Voraussetzungen der Anordnung der obersten Landesbehörde verdrängt. Im Übrigen kann von ihnen im Ermessenswege nach § 5 Abs. 3 Satz 2 AufenthG abgesehen werden. **590**

Eine nach § 23 Abs. 1 AufenthG erteilte Aufenthaltserlaubnis kann mit Bedingungen und Auflagen verbunden werden. Die Ermächtigung hierzu ergibt sich aus § 12 Abs. 2 AufenthG, der auch räumliche Beschränkungen erfasst. Ob auch eine räumliche Beschränkung der Aufenthaltserlaubnis auf das Gebiet des Bundeslandes im Falle des Bezugs von Sozialhilfe von § 23 Abs. 1 i. V. m. § 12 Abs. 2 AufenthG gedeckt ist, ist jedoch streitig. Nach Ansicht des OVG Rheinland-Pfalz verstößt eine solche Auflage gegen Art. 1 des Europäischen Fürsorgeabkommens und gegen Art. 23 der Genfer Flüchtlingskonvention[230]. **591**

**b) Aufenthaltserlaubnis aufgrund einer Anordnung des Bundes (§ 23 Abs. 2 AufenthG).** § 23 Abs. 2 AufenthG[231] gibt dem Bund eine Rechtsgrundlage für die Aufenthaltsgewährung bestimmter Ausländergruppen bei Bestehen besonders gelagerter politischer Interessen. § 23 Abs. 2 AufenthG hat das schon bisher weitgehend obsolet gewordene Gesetz über Maßnahmen für im Rahmen humanitärer Hilfsaktionen aufgenommene Flüchtlinge (Kontingentflüchtlingsgesetz) ersetzt. Der bislang einzige Anwendungsfall dieser Norm ist die jüdische Zuwanderung aus der ehemaligen Sowjetunion mit Ausnahme der baltischen Staaten[232]. **592**

Erforderlich für eine Aufenthaltserlaubnis nach § 23 Abs. 2 AufenthG ist – wie bei § 23 Abs. 1 AufenthG – das Bestehen einer Anordnung des Bundes. Die An- **593**

---

228 Vgl. Hess. VGH v. 20.9.1994, EZAR 015 Nr. 4; OVG Thüringen v. 16.5.1995, ThürVBl. 1995, 257; BayVGH v. 13.1.1999, AuAS 1999, 74.
229 Ziff. 23.1.2 AVwV-AufenthG zu § 23 AufenthG.
230 OVG Rheinland-Pfalz v. 24.8.2006, InfAuslR 2006, 492–495; a. A. VGH BW v. 20.7.1993, VBlBW 1994, 449.
231 Die Änderung erfolgte durch das 7. Gesetz zur Änderung des Bundesvertriebenengesetzes v. 16.5.2007, BGBl. I, S. 748.
232 S. Anordnung des BMI v. 24.5.2007, MI 1 – 125 225 – 3/6.

ordnung des BMI ist an das BAMF adressiert und erfolgt im Einvernehmen mit den obersten Landesbehörden. Das BAMF vollzieht die Anordnung, indem es Aufnahmezusagen an Ausländer aus bestimmten Staaten erteilt. Die Länder wiederum vollziehen die Aufnahmeentscheidung des BAMF, indem sie den betroffenen Ausländern entweder eine Aufenthaltserlaubnis oder eine Niederlassungserlaubnis entsprechend der Aufnahmezusage erteilen. Gem. § 23 Abs. 2 Satz 3 AufenthG besteht ein Rechtsanspruch auf den Aufenthaltstitel. Es besteht eine Verpflichtung der Länder, den in der Anordnung aufgeführten Aufenthaltstitel zu erteilen. Die Aufenthaltserlaubnis berechtigt kraft Gesetzes zur Ausübung einer Erwerbstätigkeit (vgl. § 23 Abs. 2 Satz 4 AufenthG).

**594** Die in § 23 Abs. 3 AufenthG vorgesehene entsprechende Anwendung des § 24 AufenthG trägt lediglich der Richtlinie 2001/55/EG des Rates vom 20.7.2001 über Mindestnormen für die Gewährung von vorübergehendem Schutz[233] Rechnung, wonach es den Mitgliedstaaten unbenommen bleibt, vorübergehenden Schutz gemäß der Richtlinie weiteren Gruppen von Vertriebenen zu gewähren. § 23 Abs. 3 AufenthG stellt also lediglich klar, dass für die in § 23 AufenthG vorgesehene Gruppenanordnung die Aufnahmebedingungen nach § 24 AufenthG entsprechend angewendet werden können, sofern auf nationaler Ebene ohne eine Aufnahmeaktion aufgrund eines EU-Ratsbeschlusses Ausländer aufgenommen werden[234].

**595** Resettlement-Flüchtlinge (§ 23 Abs. 4 AufenthG): Mit dem Gesetz zur Neubestimmung des Bleiberechts und der Aufenthaltsbeendigung v. 27.7.2015 ist der Rechtsrahmen zur kollektiven humanitären Aufnahme von Flüchtlingen um die in Abs. 4 vorgesehene Befugnis zur Neuansiedlung von Schutzsuchenden (Resettlement) erweitert worden. Die Vorschrift basiert auf einem Pilotprojekt zur Aufnahme besonders schutzbedürftiger Flüchtlinge aus Kriegsgebieten, die aus ihrem Heimatstaat (Syrien) in einen Drittstaat geflohen waren, dort aber keine dauerhafte Lebensperspektive haben (Lagerunterbringung usw.), eine neue Perspektive in Deutschland zu eröffnen. Gestützt auf Abs. 4 werden insbesondere syrische Bürgerkriegsflüchtlinge in Deutschland aufgenommen.

**596** Abs. 4 sieht eine Anordnung des Bundesministeriums des Inneren vor, die von keinen besonderen inhaltlichen Voraussetzungen abhängig und zahlenmäßig nicht begrenzt ist. Die Anordnung bedarf des Benehmens mit den obersten Landesbehörden. Das Benehmen setzt keine Zuständigkeit des Landes oder der Länder voraus, sondern verlangt lediglich eine Koordinierung der Anordnung des Bundesinnenministeriums mit den von einer Aufnahmezusage betroffenen Ländern. Der Personenkreis wird von Abs. 4 dahin umschrieben, dass es sich um bestimmte Schutzsuchende handeln muss, die für eine Neuansiedlung in Deutschland ausgesucht werden. Zu berücksichtigen sind in diesem Zusammenhang neben den humanitären Aspekten der Schutzbedürftigkeit auch Integrationsinteressen der Bundesrepublik Deutschland, aber auch sonstige sachgerechte politische oder soziale Erwägungen. Die Auswahl ist im Wesentlichen dem politischen Beurteilungsspielraum des Bundesinnenministeriums überlassen. Für die Umsetzung der Anordnung durch die Länder gelten die für Abs. 2 geltenden Grundsätze entsprechend. Die Rechtsstellung der mit einer Aufnahmezusage ver-

---

233 ABl. EG Nr. L 212, S. 12; vgl. *Hailbronner*, Ausländerrecht, D 12.2.
234 BT-Drs. 15/420, S. 78 zu § 23 AufenthG.

sehenen Ausländer bestimmt sich nach den entsprechend für anwendbar erklärten Bestimmungen des Abs. 2 Satz 2–5 und § 24 Abs. 3–5.

## 11. Aufenthaltsgewährung in Härtefällen (§ 23 a AufenthG)

**Fall 25:** Der Asylantrag des Inders I ist letztinstanzlich abgelehnt worden. Er möchte sich nun an die vom Bundesland X eingerichtete Härtefallkommission wenden, um einen Aufenthaltstitel zu erhalten, und beruft sich hierbei auf einen ähnlichen Fall eines Inders, in dem die Härtefallkommission eine humanitäre Aufenthaltserlaubnis befürwortet hat. Wird I Erfolg haben?

Der – im Gesetzgebungsverfahren heftig umstrittene – § 23 a AufenthG bietet **597** die Grundlage für die Erteilung einer Aufenthaltserlaubnis an vollziehbar ausreisepflichtige Ausländer in besonders gelagerten Härtefällen, in denen nach den allgemeinen, im AufenthG festgelegten Erteilungs- und Verlängerungsvoraussetzungen für einen Aufenthaltstitel keine Aufenthaltserlaubnis erteilt werden kann.

*Voraussetzung* ist, dass die jeweilige Landesregierung durch Rechtsverordnung **598** die in § 23 a Abs. 1 AufenthG genannte Stelle (*Härtefallkommission*) bestimmt hat. Hierzu sind die Landesregierungen durch § 23 a Abs. 2 AufenthG ermächtigt. § 23 a Abs. 2 Satz 1 AufenthG enthält eine Ermächtigung, durch Rechtsverordnung eine entsprechende Härtefallkommission nach Absatz 1 einzurichten, das Verfahren, Ausschlussgründe und qualifizierte Anforderungen an eine Verpflichtungserklärung einschließlich vom Verpflichtungsgeber zu erfüllende Voraussetzungen zu bestimmen sowie gegebenenfalls die Anordnungsbefugnis von der obersten Landesbehörde auf andere Stellen zu übertragen. Die Einrichtung der Härtefallkommission selbst steht damit im *politischen Ermessen* des betreffenden Landes. Eine Verpflichtung zur Einrichtung einer Härtefallkommission besteht nicht. Dennoch haben seit dem Jahr 2005 alle Bundesländer von dieser Befugnis Gebrauch gemacht[235].

Ferner fallen nur Ausländer, die sich *bereits im Bundesgebiet* aufhalten und *voll-* **599** *ziehbar ausreisepflichtig* sind, in den Anwendungsbereich dieser Vorschrift. Ihre weitere Anwesenheit im Bundesgebiet muss durch dringende humanitäre oder persönliche Gründe gerechtfertigt sein. Ausländern, die nicht vollziehbar ausreisepflichtig sind, kann bei Vorliegen der Voraussetzungen des § 25 Abs. 4 AufenthG eine Aufenthaltserlaubnis für einen vorübergehenden Aufenthalt erteilt werden[236].

Die Härtefallkommission wird *ausschließlich im Wege der Selbstbefassung* tätig. **600** Dritte können daher nicht verlangen, dass eine Härtefallkommission sich mit einem bestimmen Einzelfall befasst oder eine bestimmte Entscheidung trifft (§ 23 a Abs. 2 Satz 2 und 3 AufenthG). Ob sich die Härtefallkommission mit einem Fall befasst, liegt im Bereich einer gerichtlichen Nachprüfung grundsätzlich nicht zugänglichen Einschätzungsprärogative der Kommission. Allerdings kann der betroffene Ausländer oder Dritte den Fall an die Härtefallkommission herantragen, damit die Kommission Kenntnis von dem Fall erlangt und das Verfahren in Gang gesetzt wird. Die Kommission kann sich allerdings nur mit Fällen innerhalb ihres räumlichen Zuständigkeitsbereichs befassen.

---

235 Vgl. BAMF, Auswertung der von den Härtefallkommissionen der Länder vorgelegten Tätigkeitsberichte 2006, Stand 23. Mai 2007.
236 S. unter Rn. 507 ff.

**601** Voraussetzung für die Erteilung einer Aufenthaltserlaubnis nach § 23 a AufenthG ist ferner, dass die von der Landesregierung eingerichtete *Härtefallkommission die oberste Landesbehörde ersucht*, dem betroffenen Ausländer einen Aufenthaltstitel zu erteilen. Die oberste Landesbehörde entscheidet sodann, sofern die tatbestandlichen Voraussetzungen vorliegen, über den von der Härtefallkommission vorgelegten Fall nach Ermessen. § 23 Abs. 1 AufenthG vermittelt weder einen Anspruch auf das Stellen eines Ersuchens durch die Härtefallkommission noch auf die Erteilung einer Aufenthaltserlaubnis durch die zuständige Landesbehörde.

**602** Bei dem Härtefallersuchen handelt es sich um eine *Empfehlung* wertender Art durch ein weisungsfreies Gremium. Da es sich bei den betreffenden Personen um vollziehbar Ausreisepflichtige handelt, deren Anträge in aller Regel bereits in Gerichtsverfahren eingehend geprüft worden sind, ist ein strenger Maßstab anzulegen. Ist die Härtefallkommission der Auffassung, dass bei Anlegung eines strengen Maßstabes dringende humanitäre oder persönliche Gründe die weitere Anwesenheit eines Ausländers in Deutschland rechtfertigen, kann sie ein Härtefallersuchen stellen. In der Regel *ausgeschlossen* ist dagegen ein Härtefallersuchen, wenn der Ausländer Straftaten von erheblichem Gewicht begangen hat (vgl. § 23 a Abs. 1 Satz 3 AufenthG).

**603** Die oberste Landesbehörde entscheidet sodann nach *Ermessen*, ob sie aufgrund des Härtefallersuchens die Erteilung einer Aufenthaltserlaubnis anordnet. Sie wird insbesondere dann nicht dem Ersuchen folgen, wenn das Ersuchen auf eine fehlerhafte Tatsachengrundlage gestützt, der strenge Maßstab für ein Härtefallersuchen nicht eingehalten wird, der Ausländer Straftaten von erheblichem Gewicht begangen hat oder ein in der Rechtsverordnung der Landesregierung vorgesehener Ausschlussgrund vorliegt[237]. Für die Erteilung einer Aufenthaltserlaubnis kann von den im Aufenthaltsgesetz festgelegten allgemeinen Erteilungs- und Verlängerungsvoraussetzungen für einen Aufenthaltstitel abgewichen werden.

**604** § 23 a Abs. 1 AufenthG enthält keine detaillierte Regelung der Voraussetzungen, unter denen vom Gesetz abgewichen werden kann, sondern sieht lediglich vor, dass die Anordnung im Einzelfall unter Berücksichtigung des Umstandes erfolgen kann, ob der Lebensunterhalt des Ausländers gesichert ist oder eine Verpflichtungserklärung nach § 68 AufenthG abgegeben wurde (vgl. § 23 a Abs. 1 Satz 2 AufenthG). Ein Abweichen von Versagungsgründen (§ 5 Abs. 4 AufenthG) oder Erteilungsverboten (§ 10 Abs. 3 Satz 2, § 11 Abs. 1, § 29 Abs. 3 AufenthG) ist hingegen nicht zulässig.

**605** Ordnet die oberste Landesbehörde die Erteilung einer Aufenthaltserlaubnis an, ist diese von der zuständigen Ausländerbehörde zu erteilen[238].

**606** Durch § 23 a Abs. 1 Satz 4 AufenthG wird klargestellt, dass die Härtefallregelung *keine subjektiven Rechte des Ausländers* begründet.

**607** Vielmehr handelt es sich bei der Entscheidung der obersten Landesbehörde um eine *außerordentliche politisch-humanitäre Ermessensentscheidung*, die aus-

---

237 Ziff. 23 a.1.3 AVwV-AufenthG.
238 Ziff. 23 a.1..2 AVwV-AufenthG.

schließlich im öffentlichen Interesse getroffen wird und jeder gerichtlichen Kontrolle entzogen ist. Dies gilt auch, wenn sich die oberste Landesbehörde trotz einer Empfehlung der Härtefallkommission gegen die Anordnung der Erteilung einer Aufenthaltserlaubnis ausspricht[239].

Zu beachten ist schließlich, dass ein Verfahren nach § 23 a AufenthG nicht dazu **608** führt, dass die Vollziehbarkeit der Ausreisepflicht entfällt. Die Befassung der Härtefallkommission oder das Vorliegen eines Härtefallersuchens begründet mithin *kein Abschiebungshindernis.*

> **Lösung Fall 25:** Die Härtefallkommission wird ausschließlich im Wege der Selbstbefassung tätig (§ 23 a Abs. 2 Satz 2 AufenthG). Ein Antragsverfahren besteht also nicht. Dennoch kann sich der I an die Kommission wenden und auf seinen Fall aufmerksam machen. Ob sie sich jedoch mit seinem Fall beschäftigt, liegt allein in ihrem Ermessen, welches gerichtlich nicht überprüfbar ist. Dementsprechend hat I auch keinen Rechtsanspruch auf eine positive Entscheidung, auch wenn die Kommission in einem ähnlichen Fall eine humanitäre Aufenthaltserlaubnis befürwortet hat (vgl. auch § 23 a Abs. 2 Satz 3 AufenthG). Denn gem. § 23 a Abs. 1 Satz 4 AufenthG besteht die Befugnis zur Aufenthaltsgewährung ausschließlich im öffentlichen Interesse und begründet keine eigenen Rechte des Ausländers. Abgesehen davon kann nicht die Härtefallkommission selbst, sondern nur die oberste Landesbehörde auf ein Härtefallersuchen hin die Erteilung einer Aufenthaltserlaubnis anordnen. Schließlich kann sich I auch nicht auf Art. 3 Abs. 1 GG berufen, da nur solche Handlungen der Träger öffentlicher Gewalt grundrechtsrelevant sind, die Außenwirkung entfalten. Sieht man das Verfahren zur Aufenthaltsgewährung in Härtefällen gem. § 23 a AufenthG jedoch als ein bloßes Verwaltungsinternum an[240], mangelt es bereits an einer rechtsbeeinträchtigenden Wirkung.

Die Vorschrift wirft *rechtspolitische und verfassungsrechtliche Fragen* auf[241]. Im **609** Kern ergibt sich die verfassungsrechtliche Problematik daraus, dass unter Abweichungen von den gesetzlichen Grundlagen für die obersten Landesbehörden eine Entscheidungsbefugnis unter Beteiligung einer demokratisch nicht legitimierten außerstaatlichen Stelle zum Zweck der Berücksichtigung dringender humanitärer oder persönlicher Gründe eingeräumt wird, ohne dass hierfür hinreichende gesetzliche Voraussetzungen niedergelegt sind. Als ein spezialgesetzliches Gnadenrecht lässt sich die Aufenthaltsgewährung in Härtefällen wohl nicht einordnen[242]. Auch die Vereinbarkeit mit dem Grundsatz der Gesetzmäßigkeit ist zweifelhaft, da eine einfachrechtlich eröffnete Ausnahme von gesetzlichen Voraussetzungen grundsätzlich ohne ausreichende gesetzliche Vorgaben mit dem Grundsatz der Gesetzmäßigkeit der Verwaltung für unvereinbar gehalten wird.

## 12.  Aufenthaltsgewährung zum vorübergehenden Schutz (§ 24 AufenthG)

§ 24 AufenthG setzt die wesentlichen Bestimmungen der Richtlinie 2001/55/EG **610** des Rates vom 20.7.2001 über Mindestnormen für die Gewährung vorübergehenden Schutzes im Falle eines Massenzustroms von Vertriebenen und über Maßnahmen zur Förderung einer ausgewogenen Verteilung der mit der Aufnahme dieser Personen und den Folgen dieser Aufnahme verbundenen Belastun-

---

239  S. z. B. VG Münster v. 18.8.2005 – 8 L 683/05, juris.
240  So VG Schleswig-Holstein v. 21.6.2005, NVwZ-RR 2007, 202.
241  Vgl. dazu eingehend *Schönenbroicher*, ZAR 2004, 351; *Hailbronner*, Ausländerrecht, § 23 a AufenthG, Rn. 17 ff.
242  *Schönenbroicher*, ZAR 2004, 354.

gen auf die Mitgliedstaaten[243] in deutsches Recht um. Die Regelung dient der europäischen Harmonisierung bei der Aufnahme und der Schutzgewährung für Flüchtlinge aus Kriegs- oder Bürgerkriegsgebieten[244].

**611**  Seiner Intention nach ersetzt § 24 AufenthG den bisherigen, in der Praxis allerdings weitgehend bedeutungslosen § 32 a AuslG 1990. Ein Ratsbeschluss zur temporären Aufnahme nach der RL 2001/55 ist mangels einer Einigung der EU-Mitgliedstaaten über eine Aufnahme von Flüchtlingen nie zustande gekommen. Dementsprechend hat § 24 AufenthG keine praktische Bedeutung erlangt.

**612**  *Voraussetzung* für eine Aufnahme nach § 24 AufenthG ist ein *Beschluss des Rates der EU*. Dieser enthält neben der Beschreibung der aufzunehmenden Personengruppen und der Bestimmung des Beginns des vorübergehenden Schutzes auch Informationen über die Aufnahmekapazitäten der Mitgliedstaaten (vgl. Art. 5 der RL 2001/55/EG)[245].

**613**  Die Richtlinie 2001/55/EG postuliert eine doppelte Freiwilligkeit. Der jeweilige Mitgliedstaat und die betroffenen Personen müssen im Anschluss an den Ratsbeschluss ihre Bereitschaft zur Aufnahme erklärt haben. Die Richtlinie begründet dagegen keine Verpflichtung zur Aufnahme von Flüchtlingen im Falle eines Massenzustroms. Dementsprechend macht § 24 Abs. 1 AufenthG klar, dass für die Anwendbarkeit von § 24 AufenthG *zunächst eine nationale Entscheidung* über eine Schutzgewährung aufgrund des Beschlusses des Rates vorliegen muss, welcher die Bereitschaft korrespondiert, im Bundesgebiet aufgenommen zu werden. Erst wenn eine derartige Aufnahmeentscheidung vorliegt, wird dem Ausländer für die nach den Art. 4 und 6 der Richtlinie bemessene Dauer des vorübergehenden Schutzes eine Aufenthaltserlaubnis erteilt.

**614**  *Voraussetzung* für die Aufnahmeentscheidung ist die nach Konsultation mit den Bundesländern durch die Bundesregierung festgelegte *Aufnahmekapazität*, die nach der Richtlinie dem Rat und der Kommission mitzuteilen ist. Nach Art. 4 RL 2001/55/EG beträgt die *Dauer* des vorübergehenden Schutzes *ein Jahr*. Der vorübergehende Schutz verlängert sich zweimal automatisch um jeweils sechs Monate, sofern der Rat keinen Beschluss zu seiner Beendigung fasst. Der Rat kann im Anschluss mit qualifizierter Mehrheit den vorübergehenden Schutz nochmals bis zu einem Jahr verlängern. Die Aufenthaltserlaubnis wird entsprechend diesen Fristen erteilt. Die Richtlinie schreibt ferner vor, dass ein *Register* über die aufgenommenen Personen zu führen ist. Das Register enthält zum Teil Angaben, die über die im Ausländerzentralregister zu speichernden Sachverhalte hinausgehen. Die Führung des Registers obliegt dem Bundesamt für Migration und Flüchtlinge. Das Bundesamt ist nach § 75 Abs. 1 Nr. 5 AufenthG auch Kontaktstelle für die Zusammenarbeit zwischen den Verwaltungsbehörden der Mitgliedstaaten[246].

---

243  ABl. EG Nr. L 212, S. 12; *Hailbronner*, Ausländerrecht, D 12.2; *A. Skordas*, in: Hailbronner/Thym (Hrsg.), European Immigration and Asylum Law, 2. Aufl. 2016, D II, S. 1045 ff.
244  Ziff. 24.0.1 AVwV-AufenthG.
245  S. *Hailbronner*, Ausländerrecht, D 12.2.; zur Entstehungsgeschichte und Auslegung der Richtlinie vgl. *A. Skordas*, in: Hailbronner/Thym (Hrsg.), EU Immigration and Asylum Law, 2. Aufl. 2016, S. 1045.
246  S. BT-Drs. 15/420, S. 78 zu § 24 AufenthG.

Gem. § 24 Abs. 2 AufenthG ist die Erteilung einer Aufenthaltserlaubnis zwecks **615** Gewährung vorübergehenden Schutzes *zwingend ausgeschlossen*, wenn die Voraussetzungen des § 3 Abs. 2 AsylG oder des § 60 Abs. 8 AufenthG vorliegen. § 60 Abs. 8 AufenthG schließt ein Aufenthaltsrecht aus, wenn der Ausländer aus schwerwiegenden Gründen als eine Gefahr für die Sicherheit der Bundesrepublik Deutschland anzusehen ist oder eine Gefahr für die Allgemeinheit darstellt. Wird der Betroffene einer schweren politischen Straftat außerhalb des Aufnahmelandes verdächtigt, ist gem. Art. 28 RL 2001/55/EG bei der Entscheidung über die Aussetzung oder die Durchführung der Abschiebung die Schwere der zu erwartenden Verfolgung gegen die Art der Straftat, derer der Betroffene verdächtigt wird, abzuwägen. Ferner müssen die Gründe für den Ausschluss vom vorübergehenden Schutz nach Art. 28 RL 2001/55/EG auf dem persönlichen Verhalten des Betroffenen beruhen.

§ 24 Abs. 3 AufenthG sieht vor, dass die aufgrund eines Beschlusses nach Absatz 1 *aufgenommenen Personen auf die Länder verteilt* werden. Da anders als **616** beim bisherigen Verfahren nach § 32 a AuslG 1990 die Entscheidung über das „ob" einer Aufnahme von Flüchtlingen nicht mehr in der Hand der obersten Landesbehörde liegt, sondern vom Rat der Europäischen Union getroffen wird, wobei der Rat keine Befugnis hat, den einzelnen Mitgliedstaaten vorzuschreiben, wie viele Flüchtlinge sie aufzunehmen zu haben, wird zur Klarstellung geregelt, dass in diesen Fällen eine Verteilung unter den Ländern stattfindet. Die Verteilung erfolgt durch das Bundesamt für Migration und Flüchtlinge. Solange die Länder für die Verteilung keinen abweichenden Schlüssel vereinbart haben, gilt der für die Verteilung von Asylbewerbern festgelegte Schlüssel.

§ 24 Abs. 4 AufenthG ermächtigt wie bisher die oberste Landesbehörde oder die **617** von ihr bestimmte Stelle dazu, eine *Zuweisungsentscheidung* zu erlassen. Die Landesregierungen können die Verteilung innerhalb der Länder durch Rechtsverordnung regeln oder auf andere Stellen übertragen. Ein Widerspruch gegen die Zuweisungsentscheidung ist ausgeschlossen, ebenso wie die aufschiebende Wirkung der Klage.

§ 24 Abs. 5 AufenthG *schließt* einen *Anspruch des Ausländers* darauf, sich in **618** einem bestimmen Land oder an einem bestimmten Ort aufzuhalten, *aus*. Der Ausländer hat seine Wohnung und seinen gewöhnlichen Aufenthalt an dem Ort zu nehmen, dem er nach den Absätzen 3 und 4 zugewiesen wurde. Unberührt hiervon bleibt die Möglichkeit, eine Aufenthaltserlaubnis durch Auflage räumlich gem. § 12 Abs. 3 AufenthG zu beschränken. Diese Bestimmung soll verzögernde Rechtsstreitigkeiten mit aufschiebender Wirkung von Widerspruch und Klage im Hinblick auf die gesetzliche Wohnortfestlegung ausschließen. Die Vorschrift erklärt sich daraus, dass auch für Asylbewerber entsprechende Einschränkungen gelten. Kriegs- und Bürgerkriegsflüchtlinge sollen daher nicht gegenüber Asylsuchenden privilegiert werden. Darüber hinaus muss sich die Aufnahme von Kriegs- und Bürgerkriegsflüchtlingen an den tatsächlichen Aufnahmemöglichkeiten orientieren. Verfassungsrechtliche Bedenken hiergegen bestehen nicht, da Ausländern verfassungsrechtlich kein Freizügigkeitsrecht zusteht.

Gegen die Zuweisungsentscheidung können dessen ungeachtet *Rechtsmittel* ein- **619** gelegt werden, wie sich mittelbar aus § 24 Abs. 4 Satz 4 AufenthG ergibt. Völlig selbstverständlich ist der Verwaltungsaktscharakter allerdings nicht, da Inhalt und Umfang der mit der Aufenthaltsgewährung verbundenen Rechtsstellung von der Anordnung der obersten Landesbehörde und den gesetzlichen Vorgaben abhängt. Eine Zuweisungsentscheidung tangiert daher nur ausnahmsweise Rechte des Ausländers.

**620** § 24 Abs. 6 AufenthG entspricht der in Art. 12 RL 2001/55/EG geregelten Möglichkeit der Ausübung einer abhängigen oder selbständigen Tätigkeit. Die Ausübung einer *selbständigen Tätigkeit* darf nicht ausgeschlossen werden. Eine *abhängige Beschäftigung* ist ohne Zustimmung durch die Bundesagentur für Arbeit nach § 32 BeschV möglich.

### 13. Aufenthaltsgewährung bei gut integrierten Jugendlichen und Heranwachsenden (§ 25 a AufenthG)

**621** Die mit dem Gesetz zur Bekämpfung der Zwangsheirat v. 23.6.2011[247] neu in das Aufenthaltsgesetz eingefügte und durch das Gesetz zur Neubestimmung des Bleiberechts v. 27.7.2015 abgeänderte Vorschrift ersetzt im Wesentlichen die Altfallregelung des Art. 104 b durch eine stichtagsunabhängige Bleiberechtsregelung, mit der geduldeten Jugendlichen und Heranwachsenden, die zumindest teilweise in Deutschland aufgewachsen sind, eine eigene Aufenthaltsperspektive eröffnet werden soll, wenn sie sich in Deutschland gut integriert haben (BT-Drs. 18/4097, S. 42). Mit der Neufassung von 2015 soll auch Jugendlichen eine Legalisierung des Aufenthalts ermöglicht werden, wenn sie zwar noch keinen Schulabschluss erlangt haben, aber gleichwohl anerkennenswerte Integrationsleistungen erbracht haben.

**622** § 25 a AufenthG schließt den Zugang zu anderen humanitären Aufenthaltstiteln, die nicht wie § 25 a AufenthG allein auf die Integrationsperspektive abstellen, sondern auf die humanitäre Situation im Falle einer Rückkehr nicht aus[248]. Dies gilt auch für Familienangehörige, die zwar die spezifischen Integrationsanforderungen des Abs. 2 und 3 nicht erfüllen, aber einen Anspruch auf einen humanitären Aufenthaltstitel nach § 25 Abs. 5 AufenthG im Hinblick auf eine „Verwurzelung" geltend machen[249]. Die beiden Ansprüche unterscheiden sich in den Rechtsfolgen. Allerdings wird bei Nichterfüllung der Integrationsanforderungen des § 25 a AufenthG im Allgemeinen auch eine Verwurzelung ausscheiden[250].

**623** Voraussetzungen des § 25 a AufenthG sind ein ununterbrochener erlaubter, geduldeter oder aufgrund einer Aufenthaltsgestattung (Asylbewerber) zugelassener Aufenthalt seit 4 Jahren im Bundesgebiet. Aufenthaltszeiten auf unterschiedlicher Rechtsgrundlage sind kumulierbar. Geduldet ist der Aufenthalt auch dann, wenn materiell ein Anspruch auf Duldung bestand[251]. Nicht ausreichend ist die Aussetzung der Vollziehung einer Abschiebung durch gerichtlichen Eilrechtsschutz. Der Aufenthalt ist nicht schon durch kurzfristige Auslandsaufenthalte für vorübergehende Zwecke unterbrochen[252]. Die Vierjahresfrist beginnt bei Asylbewerbern mit dem Nachsuchen um Asyl zu laufen, ansonsten mit der Erteilung einer Duldung. Nicht anrechnungsfähig sind aber Zeiten eines illegalen Auf-

---

247 BGBl. v. 23.6.2011.
248 Vgl. VG Hamburg v. 19.6.2014 – 15 K 596/10 zu § 25 Abs. 5 AufenthG.
249 Vgl. BVerwG v. 14.5.2013 – 1 C 17/12.
250 OVG Lüneburg v. 31.10.2012 – 11 ME 275/12.
251 OVG Lüneburg v. 19.3.2012 – 6 K 1808/11.
252 OVG Lüneburg v. 29.3.2012 – 8 LA 26/12.

enthalts. Der Antragsteller muss zum Zeitpunkt der Antragstellung noch im Besitz eines Aufenthaltstitels oder einer Duldung sein. Befindet sich der Antragsteller dagegen noch im Asylverfahren, steht § 10 Abs. 1 AufenthG der Erteilung der Aufenthaltserlaubnis entgegen.

Erforderlich sind ferner ein erfolgreicher Schulbesuch oder der Erwerb eines anerkannten Schul- oder Ausbildungsabschlusses. Erforderlich ist eine inhaltliche Prüfung, dass der Antragsteller die vorgeschriebenen Lernziele erreicht hat und dies ggfs. durch eine Abschlussprüfung nachgewiesen hat. Der alternativ mögliche Schulabschluss bezieht sich auf einen nach den Länderschulgesetzen geregelten förmlichen Abschluss (Hauptschulabschluss, Mittlere Reife usw.), im beruflichen Bereich auf die Gesellen- oder Meisterprüfung oder den Erwerb eines anderen anerkannten Berufsausbildungsabschlusses. **624**

Der Antrag muss vor Vollendung des 21. Lebensjahres gestellt werden. Die Förderung soll lediglich solchen Ausländern zugutekommen, die sich als Jugendliche oder Heranwachsende um die Integration bemüht haben, nicht dagegen allen Personen, die sich seit längerer Zeit im Bundesgebiet aufhalten und gewisse Integrationsanforderungen erfüllen (vgl. aber § 25 b AufenthG). **625**

Es muss gewährleistet erscheinen, dass sich der Ausländer aufgrund seiner bisherigen Ausbildung und Lebensverhältnisse in die Lebensverhältnisse der Bundesrepublik Deutschland einfügen kann. Erforderlich ist daher eine positive Integrationsperspektive. Bei der gebotenen Gesamtbetrachtung sind Sprachkenntnisse, das Vorhandensein eines festen Wohnsitzes, persönliche Beziehungen zu dritten Personen, regelmäßiger Schulbesuch, soziales Engagement, sowie die Akzeptanz der hiesigen Rechts- und Gesellschaftsordnung zu berücksichtigen[253]. Bei Straffälligkeit wird im Allgemeinen keine positive Integrationsprognose möglich sein, sofern es sich nicht nur um eine typische Jugendverfehlung handelt und das Verhalten des Ausländers nach der Tat erkennen lässt, dass er das Unrecht der Tat einsieht. Einzubeziehen in die Prognose ist auch der Verlauf der Ausbildung, insbes. ein Abbruch der Ausbildung. Die Nichterreichung der Schwelle des Abs. 3, wonach die Erteilung einer Aufenthaltserlaubnis nach Abs. 2 für Eltern oder einen Elternteil ausgeschlossen ist, ist für die Integrationsperspektive nach Abs. 1 nicht verbindlich. **626**

Grundsätzlich gelten auch für die Erteilung der Aufenthaltserlaubnis nach § 25 a AufenthG die allgemeinen Erteilungsvoraussetzungen des § 5 AufenthG[254]. Ohne eine Klärung der Identität und Staatsangehörigkeit kann daher ein Titel nach § 25 a AufenthG nicht erteilt werden, auch wenn den Ausländer kein Täuschungsverhalten zur Last gelegt werden kann. Von den Regelerteilungsvoraussetzungen des § 5 AufenthG kann jedoch bei Vorliegen atypischer Umstände eine Ausnahme gemacht werden. Atypische Umstände liegen vor, wenn die Umstände des Einzelfalles so bedeutsam sind, dass sie das sonst ausschlaggebende Gewicht der gesetzlichen Regelung verdrängen[255]. Atypische Umstände können in besonderen Fällen auch aus völker-, unions- oder verfassungsrechtlichen Erwägungen abgeleitet werden, wenn sich daraus die Notwendigkeit der Legalisierung eines **627**

---

253 Vgl. *Wunderle,* in: Renner/Bergmann/Dienelt, § 25 AufenthG, Rn. 15.
254 BVerwG v. 14.5.2013 – 1 C 17/12, BVerwGE 146, 281.
255 A.a.O., Rn. 26; BVerwG v. 22.5.2012 – 1 C 6/11.

faktischen Aufenthalts entgegen den Regelerteilungsvoraussetzungen ableiten lässt.

**628**  Liegen solche besonderen Umstände nicht vor, so ermöglicht § 5 Abs. 3 Satz 2 AufenthG eine Abweichung von den Regelerteilungsvoraussetzungen nach Ermessen der Ausländerbehörde. Abweichend von § 5 Abs. 1 AufenthG steht jedoch die Inanspruchnahme öffentlicher Leistungen, z. B. nach dem BAföG, die der Sicherstellung des Lebensunterhalts eines in Ausbildung befindlichen Jugendlichen oder Heranwachsenden dienen, der Erteilung der Aufenthaltserlaubnis nicht entgegen. In einer schulischen oder beruflichen Ausbildung oder im Hochschulstudium befindet sich ein Ausländer aber nur, solange er regelmäßig und mit einer gewissen Erfolgsaussicht an der Ausbildung teilnimmt.

**629**  Ausgeschlossen ist die Erteilung der Aufenthaltserlaubnis, wenn konkrete Anhaltspunkte dafür bestehen, dass der Ausländer sich nicht zur freiheitlich demokratischen Grundordnung der Bundesrepublik Deutschland bekennt. Es brauchen keine besonderen Anhaltspunkte für ein Tätigwerden gegen die freiheitlich demokratische Ordnung nachgewiesen werden. Ausreichend ist, wenn anhand von Äußerungen, Verhaltensweisen usw. der Schluss gerechtfertigt erscheint, dass der Ausländer die freiheitlich demokratische Ordnung ablehnt. Solche Anhaltspunkte können z. B. aus der Mitgliedschaft in einer extremistischen religiösen Gruppierung gezogen werden, wenn diese Auffassungen vertritt, die mit den Grundsätzen der freiheitlich demokratischen Ordnung unvereinbar sind.

**630**  Ausgeschlossen ist die Erteilung einer Aufenthaltserlaubnis, wenn der Ausländer die Abschiebung durch falsche Angaben oder Täuschung über seine Identität oder Staatsangehörigkeit verhindert hat (z. B. Angabe eines Herkunftslandes, in das generell nicht abgeschoben wird). Schädlich sind nur die falschen „eigenen" Angaben, für die der Ausländer verantwortlich gemacht werden kann, nicht diejenigen von Eltern oder Dritten, es sei denn, dass der Ausländer sich diese zu eigen macht und sie ihm daher zugerechnet werden können. Das bloße passive Fortwirkenlassen einer früheren Falschangabe der Eltern reicht nicht aus[256].

**631**  Von dem Verbot der Erteilung einer Aufenthaltserlaubnis nach Abweisung des Asylantrags als offensichtlich unbegründet kann nach Ermessen abgewichen werden (Abs. 4). In der Regel wird das Ermessen im Sinne einer Erteilung der Aufenthaltserlaubnis auszuüben sein. Liegt ein Einreiseverbot vor, so kann zwar grundsätzlich die Aufenthaltserlaubnis nicht erteilt werden. Regelmäßig besteht aber bei Vorliegen der Voraussetzungen ein Anspruch auf Aufhebung oder Verkürzung der Sperrfrist[257].

**632**  Einen eingeschränkten Anspruch (Ermessen) auf Erteilung einer Aufenthaltserlaubnis haben auch Eltern oder ein personensorgeberechtigter (nicht mehr erforderlich ist die alleinige Personenberechtigung) Elternteil eines Ausländers, der im Besitz einer Erlaubnis nach § 25 a Abs. 1 AufenthG ist, sofern sie mit ihm in familiärer Lebensgemeinschaft leben. Dasselbe gilt für minderjährige Kinder und für Ehegatten oder Lebenspartner mit der Maßgabe, dass für Letztere ein „Sollanspruch" besteht, dh. nur bei atypischen Umständen davon abgewichen werden kann. Ist das minderjährige Kind ledig, erstarkt auch hier der Ermessensan-

---

256  BVerwG v. 14.5.2013 – 1 C 17/12, Rn. 16.
257  BT-Drs. 18/4097, S. 36, 42.

spruch in einen „Sollanspruch". Nicht erforderlich ist, dass der Ausländer, von dem das Recht des minderjährigen Kindes abgeleitet wird, zum Zeitpunkt der Antragstellung noch Jugendlicher oder Heranwachsender ist. Für die Ermessensausübung ist grundsätzlich maßgeblich, inwieweit die Aufenthaltserlaubnis zur Förderung des Kindeswohls bzw. der Familie beiträgt. Es geht dabei um den Schutz des Minderjährigen und seinem Interesse an der Familieneinheit, nicht dagegen um das Interesse von Eltern am Zusammenleben mit einem Kind nach dessen Volljährigkeit[258]. In besonderen Fällen kann auch dem nicht sorgeberechtigten Elternteil unter unmittelbarer Heranziehung verfassungsrechtlicher Aspekte des Familienschutzes eine Aufenthaltserlaubnis erteilt werden.

Der Anspruch der Eltern, Ehegatten und Lebenspartner ist grundsätzlich davon **633** abhängig, dass die Abschiebung nicht durch falsche Angaben oder Täuschung über Identität oder Staatsangehörigkeit oder mangels Erfüllung zumutbarer Anforderungen an die Beseitigung von Ausreisehindernissen verhindert oder verzögert wird. Was zumutbar ist, richtet sich nach den Mitwirkungspflichten des § 82 AufenthG (z. B. Auflagen zur Beschaffung von Reisedokumenten). Als unzumutbar kann eine Mitwirkung an der Ausreise angesehen werden, wenn das minderjährige Kind auf die Sorge eines Elternteils angewiesen ist. Ferner muss die Sicherung des Lebensunterhalts durch eigene Erwerbstätigkeit nachgewiesen werden. Für das minderjährige Kind, das mit dem Inhaber einer Aufenthaltserlaubnis nach § 25 a Abs. 1 AufenthG in familiärer Lebensgemeinschaft lebt, gelten diese Einschränkungen nicht. Ausgeschlossen ist der Anspruch nach Abs. 2 (dh. von den Eltern, Ehegatten und minderjährigen Kindern) bei der Begehung vorsätzlicher Straftaten, die mit mehr als 50 Tagessätzen oder bei ausländerspezifischen Straftaten mehr als 90 Tagessätzen geahndet worden sind. Eine Durchbrechung dieses kategorischen Ausschlusstatbestandes kommt nur in Frage, wenn aus verfassungs- oder völkerrechtlichen Gründen die Erteilung der Aufenthaltserlaubnis geboten ist.

Der Wortlaut der Vorschrift lässt nicht eindeutig erkennen, ob nach Abs. 2 Satz 1 **634** und 2 nur Eltern und minderjährige Kinder erfasst werden, die sich bereits aufgrund einer Duldung oder Aufenthaltserlaubnis im Bundesgebiet aufhalten. Zweck und Systematik der Vorschrift sprechen jedoch dafür, dass nur Eltern und minderjährige Kinder erfasst werden sollen, die sich zusammen mit dem Inhaber einer Aufenthaltserlaubnis nach § 25 a Abs. 1 AufenthG bereits im Bundesgebiet aufhalten. Die Vorschrift zielt auf die Aufenthaltsgewährung für gut integrierte Jugendliche und Heranwachsende, nicht auf die Erweiterung des Familiennachzugs, der in §§ 27 ff. AufenthG geregelt ist.

## 14. Aufenthaltsgewährung bei nachhaltiger Integration (§ 25 b)

§ 25 b AufenthG führt erstmals ein stichtagsungebundenes Aufenthaltsrecht für **635** nachhaltig integrierte geduldete Ausländer ein und privilegiert damit diejenigen Ausländer, die auch ohne rechtmäßigen Aufenthalt anerkennenswerte Integrationsleistungen erbracht haben. Entsprechend § 25 a AufenthG ist auch § 25 b AufenthG eine eigenständige Rechtsgrundlage, die anderweitige Aufenthaltsrechte, einschließlich solcher humanitärer Art nicht ausschließt. § 25 b AufenthG sieht keine Altersgrenze vor. Für Jugendliche und Heranwachsende enthält § 25 a AufenthG einen vergleichbaren Aufenthaltstitel bei geringeren

---

258 BVerwG v. 18.4.2013 – 10 C 9/12; OVG Berlin-Brandenburg v. 7.5.2014 – 3 N 8.14.

Zugangsvoraussetzungen. Berechtigt sind nur Ausländer, die zum Zeitpunkt der Antragsstellung im Besitz einer Duldung sind. Ausreichend ist das Bestehen materieller Duldungsgründe. Ein auf einen vorübergehenden Aufenthalt beschränkter Aufenthaltstitel reicht dagegen ebenso wenig aus wie der Besitz einer Aufenthaltsgestattung oder ein illegaler Aufenthalt nach Ablehnung eines Anspruchs auf internationalen Schutz oder eine Aufenthaltserlaubnis.

**635a** Voraussetzung ist eine „nachhaltige" Integration. Was darunter zu verstehen ist, wird regelmäßig durch die Kriterien des Abs. 1 Satz 2 definiert. „Regelmäßig" bedeutet, dass ausnahmsweise auch von den Voraussetzungen abgewichen werden kann, um eine nachhaltige Integration darzulegen (z. B. besonderes politisches oder soziales Engagement oder herausragende schulische oder berufliche Leistungen). Im Allgemeinen handelt die Behörde aber rechtmäßig, wenn sie die Erfüllung der in Satz 2 Nr. 1–5 niedergelegten Voraussetzungen verlangt. Dazu gehören eine bestimmte Aufenthaltsdauer, das Bekenntnis zur freiheitlich demokratischen Grundordnung, Sicherung des Lebensunterhalts, Deutschkenntnisse nach A2 und tatsächlicher Schulbesuch bei Kindern des Antragstellers im schulpflichtigen Alter. Erforderlich ist für eine Ausnahme, dass außergewöhnliche Integrationsleistungen in einem Bereich vorliegen, die ein Defizit in einem anderen Bereich auszugleichen geeignet sind. Nachhaltig ist die Integration nur, wenn sie über die aktuellen Integrationsleistungen hinaus eine erfolgreiche berufliche Tätigkeit und eine Akzeptanz der gesellschaftlichen Ordnung aufzeigen. Die formale Erfüllung aller Erfordernisse reicht daher jedenfalls dann nicht aus, wenn der Ausländer ein integrationsfeindliches Verhalten zum Ausdruck bringt, z. B. durch das Verhalten gegenüber Familienmitgliedern.

**636** Bestimmte Voraussetzungen wie z. B. hinreichende mündliche Deutschkenntnisse oder das Bekenntnis zur freiheitlichen demokratischen Grundordnung wird man im Allgemeinen als unverzichtbar ansehen können, um eine Integration als „nachhaltig" qualifizieren zu können (Ausnahme: Krankheit, Behinderung, Alter nach Abs. 3). Am ehesten kommt ein Dispens vom Erfordernis des mindestens achtjährigen Aufenthalts bzw. des sechsjährigen Aufenthalts im Falle des Zusammenlebens mit einem minderjährigen ledigen Kind (Nr. 1) oder vom Erfordernis der Sicherung des Lebensunterhalts überwiegend durch eigene Erwerbstätigkeit (Nr. 3) in Frage, wobei der Bezug von Wohngeld als unschädlich angesehen wird. Eine überwiegende Sicherung des Lebensunterhalts setzt eine Erwerbstätigkeit voraus, die zumindest zu mehr als der Hälfte des erforderlichen Einkommens den gesamten Lebensunterhalt deckt. Bereits das Gesetz erklärt es auch als ausreichend, wenn aufgrund der Gesamtsituation die Sicherung des vollen Lebensunterhalts zukünftig zu erwarten ist. Maßgebend ist insoweit auch die bisherige Schul-, Ausbildungs-, Einkommens- und familiäre Lebenssituation. Weitere Konzessionen werden bezüglich des vorübergehenden Bezugs von Sozialleistungen bei Studierenden und Auszubildenden, Familien mit minderjährigen Kindern, Alleinerziehenden mit minderjährigen Kindern, denen eine Arbeitsaufnahme nach § 10 Abs. 1 Nr. 3 SGB II nicht zumutbar ist, sowie Ausländern, die pflegebedürftige nahe Angehörige pflegen, zugelassen. Vorübergehend ist der Bezug nur, wenn konkrete Anhaltspunkt dafür bestehen, dass der Ausländer nach Beendigung der spezifischen Lebenssituation, die die Abhängigkeit von Sozialleistungen mit sich bringt, in der Lage sein wird, in vollem Umfang den Lebensunterhalt zu decken. Krankheit, Behinderung oder Alter erlauben nach Abs. 3 weitere Ausnahmen vom Erfordernis der Sicherung des Lebensunterhalts.

Für die Erteilung der Aufenthaltserlaubnis gelten die allgemeinen Regelvoraus- **637** setzungen des § 5 AufenthG, mit Ausnahme der spezialgesetzlich geregelten Voraussetzung der Sicherung des Lebensunterhalts. Erforderlich sind daher eine Identitätsfeststellung und ein gültiger Pass. Nach Ermessen können aufgrund von § 5 Abs. 3 Satz 2 AufenthG Ausnahmen von den Regelerteilungsvoraussetzungen zugelassen werden.

In die Berechnung des mindestens achtjährigen Aufenthalts wird neben dem er- **638** laubten Aufenthalt jeder gestattete oder geduldete Aufenthalt einbezogen. Auf die Nichtbefolgung einer Ausreisepflicht kommt es insoweit nicht an. Für die verkürzte Frist auf sechs Jahre ist ein Zusammenleben mit dem minderjährigen Kind in häuslicher Gemeinschaft erforderlich. Der Aufenthalt muss ununterbrochen angedauert haben. Kurzfristige Unterbrechungen, die keine Verlegung des Lebensmittelpunkts beinhalten, sind unschädlich. Im Zweifelsfall ist mit den Ausländerbehörden vor einem Auslandsaufenthalt Kontakt aufzunehmen.

Das Bekenntnis zur freiheitlich demokratischen Grundordnung ist nicht schon **639** durch die Abwesenheit von verfassungsfeindlichem Tätigwerden nachgewiesen. Ob ein förmliches Bekenntnis verlangt werden kann, bleibt dem politischen Ermessen der zuständigen Behörden überlassen. Das Vorliegen von Erkenntnissen der Verfassungsschutzbehörden oder der Ausländerbehörden über eine Mitwirkung bei Organisationen, die die Regeln der freiheitlich demokratischen Grundordnung ablehnen, ist ein Ablehnungsgrund. Der Nachweis von Grundkenntnissen der Rechts- und Gesellschaftsordnung wird im Allgemeinen durch den erfolgreichen Abschluss eines Integrationskurses nachgewiesen. Soweit ein Anspruch auf Teilnahme nicht besteht, müssen die erforderlichen Kenntnisse anderweitig erworben werden und ggfs. durch Absolvierung des Orientierungstests nachgewiesen werden.

Falsche Angaben, eine Täuschung über die Identität oder Staatangehörigkeit **640** oder Nichterfüllung zumutbarer Anforderungen an die Mitwirkung bei der Beseitigung von Ausreisehindernissen schließen die Erteilung einer Aufenthaltserlaubnis nach § 25b AufenthG aus. Täuschungshandlungen müssen kausal für die Verhinderung der Ausreise und die Verlängerung der Aufenthaltsdauer sein. Zu Beginn des (Asyl-)Verfahrens begangene Täuschungshandlungen schließen daher noch nicht automatisch die Anwendung des § 25b AufenthG aus. Absolute Ausschlussgründe sind dagegen das Bestehen eines Ausweisungsinteresses im Sinne von § 54 Abs. 1 AufenthG (besonders schwerwiegendes Ausweisungsinteresse) oder Abs. 2 Nr. 1 und 2 (schwerwiegendes Ausweisungsinteresse wegen Verurteilung zu einer Freiheitstrafe oder Jugendstrafe zu einem Jahr). Die Aufnahme dieser Tatbestände schließt kategorisch die Erteilung einer Aufenthaltserlaubnis aus. Sie schließt aber nicht aus, dass nach § 5 Abs. 1 Nr. 2 AufenthG die Erteilung einer Aufenthaltserlaubnis wegen Bestehen eines Ausweisungsinteresses abgelehnt wird. Die Vorschrift enthält nach der gesetzlichen Systematik und ihrem Zweck keine abschließende Regelung dahin, dass Ausländer, die unterhalb der Schwelle des Abs. 2 Nr. 2 straffällig werden, als „nachhaltig" integriert zu gelten haben[259]. Strafbares Verhalten anderer Familienmitglieder oder Ehegatten ist nach Abs. 2 dem Ausländer nicht zurechenbar, sofern

---

259  Vgl. zu § 104a Abs. 2 BVerwG v. 27.1.2009 – 1 C 40/07; *Deibel*, ZAR 2011, 241.

daraus nicht ein integrationsfeindliches Verhalten z. B. durch negative Einfluss-
nahme auf Familienmitglieder abgeleitet werden kann.

**641** Ehegatten, Lebenspartner und minderjährige ledige Kinder, die mit einem Begünstigten nach Abs. 1 in familiärer Lebensgemeinschaft leben, haben nach
Abs. 4 einen „Sollanspruch" auf Erteilung einer Aufenthaltserlaubnis nach § 25b
AufenthG. Erforderlich ist, dass die Integrationsvoraussetzungen nach Abs. 1
Satz 2 Nr. 2 bis 5 vorliegen. Eine im Sinne des Abs. 1 „nachhaltige" Integration
muss nicht nachgewiesen werden. Der Aufenthaltstitel ist vom Fortbestand der
ehelichen und familiären Beziehungen abhängig und setzt den Bestand einer Aufenthaltserlaubnis nach Abs. 1 voraus.

**642** Die Aufenthaltserlaubnis nach § 25b AufenthG wird für längstens zwei Jahre
erteilt und verlängert. Sie kann abweichend von der Sperrwirkung des § 10
Abs. 3 Satz 2 AufenthG (Ablehnung eines Asylantrags als offensichtlich unbegründet) erteilt werden und berechtigt zur Ausübung einer Erwerbstätigkeit.

### 15. Geltungsdauer der Aufenthaltserlaubnis (§ 26 AufenthG)

**643** § 26 Abs. 1 AufenthG sieht im Übrigen, soweit nicht spezialgesetzlich geregelt,
eine maximale Geltungsdauer für Inhaber einer Aufenthaltserlaubnis nach Abschnitt 5 des Aufenthaltsgesetzes (völkerrechtliche oder humanitäre Gründe) von
drei Jahren mit Verlängerungsmöglichkeit vor. Verkürzte Fristen gelten für den
vorübergehenden Aufenthalt nach § 25 Abs. 4 (sechs Monate), sofern sich der
Ausländer noch nicht mindestens 18 Monate rechtmäßig im Bundesgebiet aufgehalten hat.
Von der maximalen Dauer einer Erteilung und Verlängerung einer humanitären
Aufenthaltserlaubnis ist die regelmäßige Befristung zu unterscheiden. Für international Schutzberechtigte gelten unterschiedliche Geltungsdauern. Für Flüchtlinge und Asylberechtigte wird die Aufenthaltserlaubnis auf drei Jahre ausgestellt, was grundsätzlich auf einen Daueraufenthalt abzielt. Für subsidiär
Schutzberechtigte wird die Aufenthaltserlaubnis auf ein Jahr, im Falle der Verlängerung auf zwei Jahre befristet, um den grundsätzlich temporären Charakter des
Aufenthaltsrechts zu verdeutlichen. Für Ausländer, deren Aufenthaltsbeendigung
nationale Abschiebungsverbote nach § 60 Abs. 5 oder 7 AufenthG entgegenstehen, beträgt die Geltungsdauer der Aufenthaltserlaubnis mindestens ein Jahr.
Die speziell funktionsgebundenen Aufenthaltstitel nach § 25 Abs. 4a AufenthG
(Opfer von Menschenhandel) und § 25 Abs. 4b AufenthG (Zeugen in Strafverfahren wegen Schwarzarbeit) werden jeweils für ein Jahr erteilt. Im Hinblick auf
die neu geschaffene Möglichkeit der Erlangung eines Daueraufenthaltsrechts für
Opfer von Menschenhandel wird die Aufenthaltserlaubnis nach Abschluss des
Strafverfahrens nach § 25 Abs. 4a Satz 3 AufenthG für zwei Jahre mit Verlänge-
rungsoption erteilt. In begründeten Einzelfallen ist im letzteren Falle auch eine
längere Geltungsdauer zulässig (§ 26 Abs. 1 Satz 5 2. Alternative AufenthG).
Mehrmalige Verlängerungen sind in allen Fällen, in denen das Gesetz eine Verlängerungsmöglichkeit vorsieht, möglich. Erforderlich ist das Fortbestehen des
Zwecks, zu dem die Aufenthaltserlaubnis erteilt wurde, wobei in den Fällen, in
denen das Gesetz von einer Verfestigungsmöglichkeit ausgeht, wie z. B. bei § 25
Abs. 4a Satz 3 AufenthG, auch die Gründe, aus denen die Verlängerung erlaubt
worden ist, fortbestehen müssen.

**644** Die Verlängerung einer Aufenthaltserlaubnis nach Abschnitt 5 des Aufenthaltsgesetzes ist nach § 26 Abs. 2 AufenthG grundsätzlich davon abhängig, dass das

Ausreisehindernis oder die sonstigen einer Aufenthaltsbeendigung entgegenstehenden Gründe entfallen sind. Der bloße Zeitablauf bei Erteilung einer Aufenthaltserlaubnis an einen vollziehbar ausreisepflichtigen Ausländer, dessen Abschiebung nach Abs. 5 schon seit mehr als 18 Monaten ausgesetzt wird, reicht daher grundsätzlich nicht aus, um ein Daueraufenthaltsrecht zu erlangen. Ist demnach z. B. eine Kriegs- oder Bürgerkriegssituation entfallen oder hat sich eine schwere Erkrankung gebessert, so ist eine Verlängerung zwingend ausgeschlossen („darf nicht verlängert werden"), wenn der Ausländer nicht bereits einen auf Verlängerung angelegten Aufenthaltstitel erlangt hat.

### 16. Niederlassungserlaubnis für Inhaber einer Aufenthaltserlaubnis nach Abschnitt 5 (§ 26 Abs. 3 und 4 AufenthG)

Ein privilegierter Zugang zu einer Niederlassungserlaubnis, die einen unbefristeten Aufenthalt beinhaltet, wird nach § 26 Abs. 3 AufenthG nach Ermessen anerkannten Asylberechtigten und Flüchtlingen, nicht aber subsidiär Schutzberechtigten gewährt, sofern nicht das Bundesamt nach § 73 Abs. 2a AsylG mitgeteilt hat, dass die Voraussetzungen für einen Widerruf oder Rücknahme z. B. wegen Veränderung der eine Verfolgungsgefahr begründenden Umstände vorliegen. Ein Anspruch besteht für Resettlement-Flüchtlinge im Sinne von § 23 Abs. 4. Die Besonderheit des Anspruchs nach § 26 Abs. 3 Satz 1 und 2 besteht darin, dass bisher ohne weitere Integrationsvoraussetzungen, die ansonsten nach § 9 AufenthG vorliegen müssen, ein Daueraufenthaltsrecht bereits nach drei Jahren gewährt wurde. Das Integrationsgesetz hat diese Privilegierung erheblich dadurch eingeschränkt, dass auch für anerkannte Asylberechtigte und Flüchtlinge nunmehr ein fünfjähriger Aufenthalt und eine überwiegende Sicherung des Lebensunterhalts neben hinreichenden Deutschkenntnissen verlangt wird. Lediglich bei höheren Integrationsleistungen (weit überwiegende Sicherung des Lebensunterhalts, Beherrschung der deutschen Sprache) reicht ein dreijähriger Besitz der Aufenthaltserlaubnis aus. Das Niederlassungsrecht besteht nicht für Inhaber einer anderweitigen humanitären Aufenthaltserlaubnis nach dem 5. Abschnitt. Für sie gelten nach Abs. 4 grundsätzlich die in § 9 Abs. 2 Satz 1 AufenthG bezeichneten Voraussetzungen (Sicherung des Lebensunterhalts, fünf Jahre Aufenthalt, ausreichende Kenntnisse der deutschen Sprache usw.). Insoweit kommen auch die in § 9 Abs. 2 Satz 2 bis 6 AufenthG vorgesehenen Regeln und Ausnahmen z. B. bei Krankheit oder Behinderung zur Anwendung[260]. Liegen die Voraussetzungen des Abs. 4 vor, so ist bei der Ermessensausübung eine Prognose zu stellen, ob sich der Ausländer dauerhaft in die deutschen Lebensverhältnisse einfügt und keine Beeinträchtigung öffentlicher Interessen zu erwarten ist. Liegt eine Erwerbsbehinderung vor, so kann im Rahmen der Ermessensausübung auch berücksichtigt werden, in welchem Umfang öffentliche Leistungen in Anspruch genommen werden[261]. **645**

Eine Sonderregelung gilt nach § 26 Abs. 4 Satz 4 AufenthG für Kinder, die vor Vollendung des 18. Lebensjahres eingereist sind. Ihnen wird die Verfestigung ihres Aufenthaltsrechts unter den gleichen Bedingungen ermöglicht, wie sie für Kinder gelten, die im Rahmen des Familiennachzugs eingereist sind[262]. Damit wird auch die Anrechenbarkeit von Zeiten eines Asylverfahrens ermöglicht, die **646**

---

260 Vgl. § 6 III. 2.
261 BayVGH v. 21.3.2013 – 24 K 7045/11.
262 BVerwG v. 13.9.2011 – 1 C 17/10.

vor der Erteilung einer humanitären Aufenthaltserlaubnis zurückgelegt wurden[263]. Die privilegierte Erteilung einer Niederlassungserlaubnis ist nach dem entsprechend geltenden § 35 AufenthG auch für volljährig gewordene Kinder vorgesehen, erfasst aber nur die Fälle, in denen eine schon während der Minderjährigkeit erteilte Aufenthaltserlaubnis wegen Ablaufs der 5-Jahresfrist erst nach Eintritt der Volljährigkeit zu einem Anspruch auf Erteilung einer Niederlassungserlaubnis führt[264]. Die Erteilung einer Niederlassungserlaubnis nach Abs. 4 schließt die Erteilung einer Erlaubnis zum Daueraufenthalt EU nicht aus[265].

## V.  Aufenthalt aus familiären Gründen

→ Ü 1 Nr. 4 S. 547

**1.  Verfassungsrechtliche, völkerrechtliche und europarechtliche Einflüsse auf das Aufenthaltsrecht aus familiären Gründen**

**647**  a) **Verfassungsrecht.** § 27 Abs. 1 AufenthG verweist ausdrücklich auf den Schutz von Ehe und Familie „gem. Art. 6 GG". Art. 6 Abs. 1 GG stellt Ehe und Familie unter den besonderen Schutz der staatlichen Ordnung. Der Schutz des Art. 6 Abs. 1 GG umfasst vor allem die Freiheit, eine Ehe zu schließen und eine Familie zu gründen sowie das Recht auf ein eheliches und familiäres Zusammenleben[266]. Grundsätzlich umfasst der Schutzbereich des Art. 6 Abs. 1 GG auch die Entscheidung des Grundrechtsträgers darüber, wo sich der Lebensmittelpunkt der Familiengemeinschaft befinden soll[267]. Er erstreckt sich auch auf Angehörige fremder Staaten; Art. 6 GG ist kein den deutschen Staatsbürgern vorbehaltenes, sondern ein für jedermann geltendes sog. Menschenrecht[268].

**648**  Inwiefern sich aus Art. 6 Abs. 1 GG ausländerrechtliche Folgerungen ableiten lassen, ist im Einzelnen umstritten. Rechtsprechung und Literatur gehen davon aus, dass Art. 6 Abs. 1 GG aufenthaltsrechtliche Konsequenzen hat, dass aber Ausländern von Verfassungs wegen kein Recht auf freie Entscheidung darüber zusteht, in der Bundesrepublik Deutschland eine Einheit von Familie oder Ehe herzustellen[269]. Geklärt ist seit dem „Zuheiratungsbeschluss" des BVerfG, dass das Schutzgebot des Art. 6 Abs. 1 GG Ausländern *keinen unmittelbaren grundrechtlichen Anspruch auf Einreise und Aufenthalt* zwecks Nachzugs zu ihren im Bundesgebiet lebenden ausländischen Angehörigen gewährt und daher der Ablehnung eines entsprechenden Antrages auf Familiennachzug nicht entgegensteht[270]. Wohl folgt aus Art. 6 GG als einer wertentscheidenden Grundsatznorm aber die staatliche Verpflichtung und entsprechend ein Anspruch, eheliche und familiäre Bindungen an im Bundesgebiet lebende Angehörige in einer Weise zu berücksichtigen, die der Bedeutung des Grundrechts gerecht wird. Es ist daher im Rahmen einer am Grundsatz der Verhältnismäßigkeit orientierten Abwägung

---

263  Strittig, vgl. BayVGH v. 17.12.2008 – 19 CS 08.2655; a. M. VG Gießen v. 10.6.2013 – 7 K 3180/12.61.
264  BVerwG v. 13.9.2011 – 1 C 17.10.
265  BVerwG v. 19.3.2013 – 1 C 12/12.
266  Vgl. BVerfG v. 12.5.1987, BVerfGE 76, 1, 42.
267  BVerwG v. 3.5.1973, BVerwGE 42, 133, 136.
268  Vgl. *Jakober/Lehle/Schwab*, Aktuelles Ausländerrecht, § 27 AufenthG, Rn. 2 sowie § 29 AufenthG, Rn. 15.
269  Vgl. *von Coelln*, in: Sachs, GG, Art. 6 GG, Rn. 22 ff.
270  Näher BVerfG v. 12.5.1987, BVerfGE 76, 1, 47.

ein Ausgleich zu schaffen zwischen den Belangen der Allgemeinheit, die einem Aufenthalt des Ausländers entgegenstehen können, und dem verfassungsrechtlich geschützten Interesse des Ausländers, sich bei seinen im Bundesgebiet lebenden Angehörigen aufhalten zu können[271]. Das Grundgesetz überantwortet es der gesetzgebenden und der vollziehenden Gewalt, festzulegen, in welcher Zahl und unter welchen Voraussetzungen Fremden der Zugang zum Bundesgebiet ermöglicht wird. In diesem Rahmen ist die aufenthaltsrechtliche Schutzpflicht für die Familie und Ehe im Sinne des Art. 6 Abs. 1 GG zu berücksichtigen. Dem entspricht auch der ausdrückliche Verweis auf Art. 6 GG in § 27 Abs. 1 AufenthG. Damit bringt der Gesetzgeber zum Ausdruck, dass die nachfolgenden Vorschriften über den Familiennachzug den verfassungsrechtlichen Schutz der Ehe und Familie konkretisieren. Mithin sind bei der Auslegung der Vorschriften des AufenthG und bei der Ausfüllung von Ermessensspielräumen die Grundsätze des verfassungsrechtlichen Schutzes der Ehe und Familie zu berücksichtigen. Art. 6 Abs. 1 GG entfaltet folglich lediglich eine *Ausstrahlungswirkung*[272].

Der ausdrückliche Hinweis in § 27 Abs. 1 AufenthG auf Art. 6 GG („zum Schutz **649** von Ehe und Familie gem. Art. 6 GG") hat nicht nur eine deklaratorische, sondern auch eine *begrenzende* Funktion, da der Kreis der nachzugsberechtigten Personen auf Ausländer beschränkt wird, die mit dem im Bundesgebiet lebenden Angehörigen durch eine Ehe oder Familie verbunden sind, wie sie dem Leitbild des Art. 6 Abs. 1 GG entspricht[273]. Dies schließt allerdings eine (einfachgesetzliche) Ausweitung auf sonstige Lebenspartnerschaften nicht aus[274].

**b) Völkerrecht.** Aus völkerrechtlichen Verträgen ergeben sich keine über den **650** Art. 6 Abs. 1 GG hinausgehenden Pflichten bei der Erteilung von Aufenthaltstiteln zum Schutz der Ehe und Familie[275]. Die *Schlussakte der OSZE-Konferenz* vom 1.8.1975 sieht zwar vor, Gesuche um Familienzusammenführung im positiven und humanitären Geist zu behandeln, entfaltet innerstaatlich aber keine direkten Rechtswirkungen[276].

Weniger eindeutig ist die Auslegung der in Art. 8 Abs. 1 EMRK niedergelegten **651** Pflicht, das Privat- und Familienleben zu achten. Entsprechendes gilt für Art. 17 Abs. 1 und Art. 23 Abs. 1 des *Internationalen Paktes über bürgerliche und politische Rechte* vom 19.12.1968, wonach niemand willkürlichen Eingriffen in sein Familienleben ausgesetzt sein darf und die Familie Anspruch auf Schutz durch Gesellschaft und Staat hat.

In Bezug auf Art. 8 EMRK liegt eine umfangreiche Rechtsprechung des EGMR **652** vor, die sich allerdings bislang vorwiegend mit der Frage beschäftigt hat, inwieweit der in Art. 8 EMRK niedergelegte Schutz der Ehe und Familie aufenthalts-

---

271 Vgl. dazu BVerfG v. 12.5.1987, BVerfGE 76, 1, 50; BVerfGE 136, 231, 244.
272 Vgl. BVerfG v. 12.5.1987, BVerfGE 76, 1.
273 Vgl. insoweit zu der gleichlautenden Formulierung in § 17 Abs. 1 AuslG 1990 BT-Drs. 11/6321, S. 60.
274 S. hierzu unten V. 4.
275 Vgl. BVerfG v. 12.5.1987, BVerfGE 76, 1, 78; *Hailbronner*, Ausländerrecht, § 27 AufenthG, Rn. 25 ff.
276 *Oeter*, in: Hailbronner/Klein (Hrsg.), Einwanderungskontrolle und Menschenrechte, 1999, S. 138 f.; zur Staatenpraxis und Entwicklung des Völkerrechts im Nachzugsrecht der USA und Europas vgl. *S. Legomsky*, Rationing family values in Europe and in America: an immigration tug of war between states and their supra national associations, Georgetown Immigration Law Journal, Band 26 (2012), Nr. 2.

beendenden Maßnahmen, wie z. B. einer Ausweisung oder Abschiebung, entgegen steht. Über die Auswirkungen von Art. 8 EMRK auf den Nachzug von Ehegatten und Familienangehörigen zur Herstellung der Ehe oder Familieneinheit im Land des Zusammenführenden gibt es bislang nur wenige Entscheidungen, die kaum eindeutige Schlussfolgerungen ermöglichen. Im Jahr 1998 nahm der EGMR erstmals im Urteil *Abdulaziz*[277] die Möglichkeit eines Nachzugsrechts für Familienangehörige von Ausländern nach Art. 8 EMRK an. Grund hierfür war die Annahme, dass Art. 8 EMRK nicht nur vor staatlichen Eingriffen in das Privat- und Familienleben schütze, sondern zugleich ein positives Schutzelement umfasse, welches die Vertragsstaaten gegebenenfalls verpflichte, Familienangehörigen von Ausländern, welche diese in der früheren Heimat zurückgelassen hatten, den Nachzug ins Staatsgebiet zu gestatten[278]. Dem entsprechend hatte der EGMR in den Nachzugsfällen *Sen*[279] und *Tuquabo-Tekle*[280] auf eine Verletzung des Art. 8 EMRK durch die Verweigerung des Familiennachzugs und mithin auf ein positives Nachzugsrecht der Tochter erkannt. In anderen Fällen wie *Gül*[281] und *Ahmut*[282] hingegen hat der EGMR eine Verletzung von Art. 8 EMRK durch die Vorenthaltung eines Nachzugsrechts abgelehnt.

**653**  Insgesamt lässt sich aus der Rechtsprechung zur *EMRK kein Nachzugsrecht für Familienangehörige* ableiten. Vielmehr betont der Gerichtshof in ständiger Rechtsprechung das Recht jedes Staates, die Einreise von Nichtstaatsangehörigen in sein Gebiet einem Kontrollregime zu unterwerfen[283].

**654**  Mithin hat jeder Vertragsstaat das Recht, den Nachzug von gewissen Voraussetzungen, wie z. B. der Einführung von zusätzlichen Integrationsvoraussetzungen bei Erreichung einer Altersgrenze oder die Erreichung eines Alters, in dem die schulische Bildung noch nicht völlig abgeschlossen ist, oder der Aufenthaltsdauer eines Ausländers, dessen Familienangehörige sich auf ein Nachzugsrecht berufen, abhängig zu machen[284]. Allerdings verlangt der EGMR bei der Entscheidung über den Familiennachzug in jedem Fall eine Abwägung der Umstände des Einzelfalls im Hinblick auf die Notwendigkeit und Verhältnismäßigkeit einer Maßnahme. Hierbei muss ein gerechter *Ausgleich zwischen den Interessen* der Antragsteller einerseits und dem Interesse des Staates an der Kontrolle der Einwanderung andererseits gefunden werden. Zu berücksichtigen ist dabei im Falle des Nachzugs minderjähriger Kinder das Alter der betroffenen Kinder, ihre Situation in ihrem Heimatland, das Ausmaß ihrer Abhängigkeit von ihren Eltern sowie die Verwurzelung weiterer, schon im Zielland lebender Geschwister[285]. Ent-

---

277  EGMR v. 28.5.1985, Nr. 15/1983/71/107 – 109 – *Abdulaziz/Vereinigtes Königreich*, EuGRZ 1985, 567.
278  Vgl. *D. Thym*, NJW 2006, 3233, *ders.*, EuGRZ 2006, 541, 545.
279  EGMR v. 21.12.2001, Nr. 31 465/96, InfAuslR 2002, 334; vgl. dazu *Hailbronner*, Ausländerrecht, § 27 AufenthG, Rn. 34.
280  EGMR v. 1.12.2005, Nr. 60 665/00 – *Tuquabo-Tekle et al/Niederlande*.
281  EGMR v. 19.2.1996, Nr. 53/1995/559/645 – *Gül/Schweiz*, InfAuslR 1996, 245.
282  EGMR v. 28.11.1996, Nr. 73/1995/579/665 – *Ahmut/Niederlande*, InfAuslR 1997, 141.
283  EGMR v. 28.5.1985, Nr. 15/1983/71/107 – 109 – *Abdulaziz/Vereinigtes Königreich*, EuGRZ 1985, 567, Rn. 67; vgl. auch *Langenfeld/Mohsen*, ZAR 2003, 398; *Weichselbaum*, ZAR 2003, 359, 360 f.; *Oeter*, in: Hailbronner (Hrsg.), Einwanderungskontrolle und Menschenrechte, 1999, S. 138 f.
284  Vgl. EuGH v. 27.6.2006, Rs. C-543/03 – *Parlament/Rat*, Slg. 2006, I-5769, Rn. 66.
285  Vgl. EGMR v. 1.12.2005, Nr. 60 665/00 – *Tuquabo-Tekle/Niederlande*, InfAuslR 2006, 105.

sprechendes gilt im Falle eines Ehegattennachzugs zu einem im Aufenthaltsstaat rechtmäßig lebenden Ausländer.

Von wesentlicher Bedeutung ist, ob eine *Rückkehr in die Heimat* zur Herstellung **655** der Familieneinheit *zumutbar* ist. Ist dies der Fall, so ist die Verweigerung der Einreise zulässig[286]. Allerdings ist zutreffend darauf aufmerksam gemacht worden, dass der „elsewhere approach", d. h. der Test, ob Fremde zumutbar ihr gemeinsames Familienleben auch anderswo führen könnten,[287] vom Gericht nicht immer konsequent angewendet worden ist. Vielmehr erscheint die Rechtsprechung des EGMR stark von kasuistischen Überlegungen geprägt[288]. Denn im Gegensatz zur Entscheidung *Sen*, in der der EGMR die Vorenthaltung eines Familiennachzugsrechts für ein in der Türkei aufgewachsenes neunjähriges Kind zu seinen in den Niederlanden lebenden türkischen Eltern als Verstoß gegen Art. 8 EMRK angesehen hatte, sah er im Fall *Gül*, wo es um den Nachzug eines minderjährigen Kindes zu einem in der Schweiz lebenden türkischen Staatsangehörigen, der eine dort lebende Tochter hatte, die Rückkehr in die Türkei als zumutbare Alternative an[289]. Auch im Fall *Ahmut* sah er die Ablehnung des Familiennachzugs zu einem niederländisch-marokkanischen Doppelstaater, der kraft Gesetzes aus den Niederlanden nicht ausgewiesen werden konnte, als rechtmäßig an. Zur Begründung dieser Entscheidung wurde angeführt, dass hier noch genügend starke Bindungen an den Herkunftsstaat bestünden und daher die Rückkehr nach Marokko zur Herstellung der Familieneinheit möglich sei[290].

> **Fall Sen:** Der Beschwerdeführer *Sen* war im Alter von zwölf Jahren zu seinem Vater in die Niederlande eingewandert. Er heiratete später in der Türkei. Seine Ehefrau blieb zunächst in der Türkei und kam erst 1986 in die Niederlande, nachdem sie ein 1983 geborenes Kind in die Obhut von Verwandten in der Türkei gegeben hatte. Anschließend wurden in den Niederlanden zwei weitere Kinder im Jahre 1990 und 1994 geboren, die in den Niederlanden aufwuchsen. Die Familie und die in den Niederlanden geborenen Kinder hatten nach Auffassung des Gerichtshofs keine Bindungen mehr an die Türkei. 1992 wurde der Nachzug des zurückgelassenen Kindes beantragt, der den Gegenstand der Menschenrechtsbeschwerde bildet. Als Grund für den erst jetzt beantragten Nachzug gab das Paar eine unterschiedliche Auffassung zwischen den Eheleuten über die Nützlichkeit eines Familiennachzugs in die Niederlande an. Außerdem wurde die Krankheit bzw. Unfähigkeit der bisher für das Kind sorgenden Familienangehörigen geltend gemacht.
>
> In dieser Situation sah der Gerichtshof den Nachzug des neunjährigen Kindes als das (einzige) adäquate Mittel an, ein Familienleben mit dem zurückgekommenen Kind herzustellen, um seine Integration in den Familienverband zu erreichen. Für den Gerichtshof standen die Eltern vor der Wahl, ihre Existenz in Holland aufzugeben oder auf die Herstellung der Familieneinheit mit der erstgeborenen Tochter zu verzichten. Es stellte unter diesen Umständen nach Auffassung des Gerichts keine angemessene Abwägung dar, wenn unter Berufung auf die Notwendigkeit einer Einwanderungsbeschränkung der Nachzug versagt würde. Zum Familiennachzug bestanden daher im konkreten Fall nach Auffassung des Gerichts keine zumutbaren Alternativen.

---

286  Vgl. EKMR v. 14.7.1982, Nr. 9492/81 – *X und Y/Großbritannien*, DR 30, 232; EKMR v. 13.7.1979, Nr. 8615/79.
287  Vgl. *Weichselbaum*, ZAR 2003, 360; *Storey*, International and Comparative Law Quarterly, Bd. 39, 1990, 328.
288  Vgl. hierzu auch BVerfG v. 1.3.2004, NVwZ 2004, 852.
289  Vgl. EGMR v. 21.12.2001, Nr. 31465/96 – *Sen*, EZAR 935, Nr. 13; v. 19.2.1996, Nr. 53/1995/559/645 – *Gül*, EZAR 935, Nr. 6.
290  Vgl. EGMR v. 28.11.1996, Nr. 73/1995/579/665 – *Ahmut/Niederlande*, EZAR 935, Nr. 7.

**656**  Aus der Rechtsprechung des EGMR bezüglich des Ehegattennachzugs kann gefolgert werden, dass Art. 8 EMRK keine generelle Verpflichtung umfasst, die Wahl des Familienwohnsitzes durch ein verheiratetes Paar anzuerkennen und die Zusammenführung von Ehegatten oder Familienangehörigen auf seinem Gebiet zu erlauben. Nach Ansicht des EGMR verleiht Art. 8 Abs. 1 EMRK jedenfalls dann keinen generellen Anspruch auf Erteilung einer Aufenthaltserlaubnis, wenn die Ehe erst nach der rechtmäßigen Aufenthaltsnahme des ersten Ehegatten geschlossen worden ist, da die Ehegatten regelmäßig bereits bei Eingehung der Ehe damit rechnen mussten, dass die räumliche Einheit von Ehe und Familie möglicherweise nur im Heimatland realisiert werden kann[291].

**657**  Daraus wird man wohl nur den Schluss ziehen können, dass, wenn aufgrund einer Gesamtwürdigung aller Umstände ausschließlich die Genehmigung des Familiennachzugs notwendig erscheint, um die Ehe oder Familieneinheit herzustellen, Art. 8 EMRK der einwanderungspolitischen Regelungsbefugnis der Mitgliedstaaten Grenzen setzt. Denn die Behörden und Gerichte sind verpflichtet, bei ihren Entscheidungen die EMRK wie anderes Gesetzesrecht des Bundes und mithin Urteile des EGMR zu berücksichtigen[292]. Dies folgt nicht nur aus der Völkerrechtsfreundlichkeit des Grundgesetzes, sondern auch bereits aus dem Zustimmungsgesetz zur EMRK, das als Bundesrecht an der rechtsstaatlichen Gesetzesbindung der deutschen Fachgerichte nach Art. 20 Abs. 3 GG teilhat[293]. Insoweit kann man von einer „normativen Leitfunktion" der EMRK auch im Ausländerrecht sprechen[294].

**658**  c) **Unionsrecht.** Mit der *Familiennachzugsrichtlinie* vom 22.9.2003[295] liegt erstmals eine unionsrechtliche Regelung im Bereich der Familienzusammenführung vor. Deutschland hat die Richtlinie, deren Umsetzungsfrist am 3.10.2005 abgelaufen ist, durch das Zuwanderungsgesetz 2004 und durch das Richtlinienumsetzungsgesetz 2007 in nationales Recht umgesetzt[296]. Eine Nichtigkeitsklage des Europäischen Parlaments gegen einzelne Bestimmungen der Richtlinie war ohne Erfolg. In seinem Urteil vom 27.6.2006[297] erklärte der EuGH die angegriffenen Bestimmungen der Familiennachzugsrichtlinie für mit dem europäischen Primärrecht vereinbar. Im Einzelfall müssten sie aber gegebenenfalls europarechtskonform ausgelegt werden, um den Anforderungen der EU-Grundrechte gerecht zu werden.

**659**  aa) **Anwendungsbereich.** *Anwendbar* ist die RL 2003/86/EG auf den Familiennachzug von Drittstaatsangehörigen, wenn derjenige, zu dem der Nachzug stattfinden soll (sog. Zusammenführender) selbst Drittstaatsangehöriger und im Be-

---

291  Vgl. EGMR v. 28.5.1985, Nr. 15/1983/71/107 – 109 – *Abdulaziz/Vereinigtes Königreich*, EuGRZ 1985, 567.
292  Vgl. BVerfG v. 14.10.2004, EuGRZ 2004, 741, 742.
293  *Papier*, Umsetzung und Wirkung der Entscheidungen des Europäischen Gerichtshofs für Menschenrechte aus der Perspektive der nationalen deutschen Gerichte, EuGRZ 2006, 1–3.
294  Vgl. *Thym*, Menschenrecht auf Legalisierung des Aufenthalts?, EuGRZ 2006, 541, 551.
295  RL 2003/86/EG v. 22.9.2003, ABl. EU Nr. L 251 v. 3.10.2003, S. 12; *Hailbronner*, Ausländerrecht, D 9.15; vgl. *Hailbronner/Arevalo/Klarmann*, European Immigration and Asylum Law, 2. Aufl. 2016, C II, S. 308 ff.
296  Zur Umsetzung der Richtlinie in den EU-Mitgliedstaaten vgl. KOM (2008) 610 endg. v. 8.10.2008.
297  EuGH v. 27.6.2006, Rs. C-540/03 – *Parlament/Rat*; EuGRZ 2006, 417; Anmerkung von *Thym*, Europäischer Grundrechtsschutz und Familienzusammenführung, NJW 2006, 3249 ff.

sitz eines von einem Mitgliedstaat ausgestellten Aufenthaltstitels mit mindestens einjähriger Gültigkeit ist sowie begründete Aussicht darauf hat, ein dauerhaftes Aufenthaltsrecht zu erlangen. Erfasst von der Richtlinie ist auch der Familiennachzug zu *anerkannten* Flüchtlingen, für die im Hinblick auf ihre spezifische Lage eine Reihe von Vergünstigungen bestehen[298].

*Nicht anwendbar* ist die Richtlinie jedoch auf den Familiennachzug zu Unionsbürgern[299] sowie auf den Familiennachzug zu Asylantragstellern oder Personen, die um temporären Schutz oder subsidiären Schutz nachgesucht haben oder denen ein solcher Aufenthalt genehmigt wurde[300]. Für die Rechtsstellung von Asylbewerbern gilt nach der Aufnahmerichtlinie[301], dass die Mitgliedstaaten geeignete Maßnahmen treffen, um die Einheit der Familie, die sich in ihrem Hoheitsgebiet aufhält, soweit wie möglich zu wahren. Ein Familiennachzug ist jedoch nicht vorgesehen. **660**

**bb) Nachzugsberechtigte und Nachzugsvoraussetzungen.** Die RL 2003/86/EG sieht für die *Kernfamilie*, d. h. den Ehegatten und die minderjährigen Kinder des Zusammenführenden sowie dessen Ehegatten einen Rechtsanspruch auf Familiennachzug vor. Im Falle einer Mehrehe darf jedoch nur ein Ehegatte des Drittstaatsangehörigen nachziehen. Besondere Regeln gelten außerdem für *unbegleitete Minderjährige*, die als Flüchtlinge anerkannt sind. Ihren in gerade aufsteigender Linie Verwandten ersten Grades ist der Nachzug ebenfalls zu gestatten. Sind solche Verwandte nicht vorhanden oder unauffindbar, kann optional auch der Nachzug sonstiger Familienangehöriger gestattet werden (vgl. Art. 10 Abs. 3 der RL 2003/86/EG und § 36 Abs. 1 AufenthG). Es steht den Mitgliedstaaten jedoch frei, weiteren in der Richtlinie genannten Familienangehörigen den Nachzug zu gestatten. **661**

Das Nachzugsrecht knüpft die RL 2003/86/EG an die Erfüllung bestimmter Nachzugsvoraussetzungen. Die ursprünglich von der Europäischen Kommission vorgeschlagene *Angleichung* des Familiennachzugsrechts für *Drittstaatsangehörige* an die für Unionsbürger geltenden Regeln ist nunmehr nur noch in der Form von *Optionen* für die Mitgliedstaaten enthalten. Bezüglich des Großteils dieser Voraussetzungen bleibt es den Mitgliedstaaten jedoch unbenommen, günstigere Normen vorzusehen. Im Hinblick auf die unterschiedliche Ausgangslage in den einzelnen Mitgliedstaaten lässt die Richtlinie durch zahlreiche Regelungsoptionen weitere Einschränkungen durch die Mitgliedstaaten zu. Obwohl diese Optionen teilweise auf Betreiben der deutschen Verhandlungsführer Eingang in die Richtlinie gefunden haben, hat der deutsche Gesetzgeber im AufenthG davon nur begrenzt Gebrauch gemacht[302]. So wurde beispielsweise die von der Richtlinie zugelassene Möglichkeit, das Nachzugsalter von Kindern auf zwölf Jahre **662**

---

298  Vgl. Nr. 8 der Erwägungsgründe; zu Entstehungsgeschichte und Auslegung der Richtlinie vgl. *Hailbronner/Carlitz*, in: Hailbronner (Hrsg.), EU Immigration and Asylum Law, 2010, S. 149–287; *Groenendijk/Fernhout* u. a., The Family Reunification Directive, 2007.

299  Vgl. Art. 3 Abs. 3 der RL 2003/86/EG.

300  Vgl. Art. 3 Abs. 2 der RL 2003/86/EG. UNHCR und andere Flüchtlingsorganisationen haben die Nichtanwendbarkeit der Richtlinie auf Personen, die lediglich subsidiären Schutz genießen, kritisiert, vgl. UNHCR Aktuell v. 23.9.2003.

301  RL 2003/9/EG v. 27.1.2003 zur Festlegung von Mindestnormen für die Aufnahme von Asylbewerbern in den Mitgliedstaaten, ABl. EU Nr. L 31 v. 6.2.2003, S. 18; *Hailbronner*, Ausländerrecht, D 12.4.

302  S. hierzu auch oben unter Rn. 87.

zu beschränken und Ausnahmen nur bei Vorliegen eines Integrationskriteriums zuzulassen, im AufenthG nicht ausgeschöpft. Das AufenthG hat vielmehr an der bisherigen Altersbegrenzung auf 16 Jahre festgehalten[303]. Auch die für den Ehegatten vorgesehene Nachzugsbegrenzung durch eine generelle Voraufenthaltszeit von zwei Jahren[304] ist in das AufenthG nicht übernommen worden.

**663**   Die Mitgliedstaaten können außerdem bei der Ehegattenzusammenführung zur Förderung der Integration und zur Vermeidung von Zwangsehen vorsehen, dass beide, Zusammenführender und Ehegatte, ein Mindestalter von 21 Jahren erreicht haben, bevor der Ehegatte dem Zusammenführenden nachreisen darf[305]. Der deutsche Gesetzgeber hat von dieser Möglichkeit nur insofern Gebrauch gemacht, als er im AufenthG das Mindestalter beider Ehegatten auf 18 Jahre[306] festgelegt hat. Bei minderjährigen Kindern setzt die Zusammenführung grundsätzlich ein Sorgerecht und eine Unterhaltspflicht voraus. Bei gemeinsamem Sorgerecht können die Mitgliedstaaten die Zusammenführung gestatten, sofern der andere Elternteil seine Zustimmung erteilt (Art. 4 Abs. 1 Satz 1 lit. c der RL 2003/86/EG). Deutschland hat von dieser Möglichkeit nunmehr Gebrauch gemacht (vgl. § 32 AufenthG n. F.)[307].

**664**   Heftig umstritten war die in Art. 7 Abs. 2 RL 2003/86/EG aufgenommene Option der Mitgliedstaaten, gemäß dem nationalen Recht verlangen zu können, dass nachziehende Familienangehörige *Integrationsmaßnahmen* nachkommen müssen[308]. Aus dem Wortlaut ergibt sich nicht eindeutig, was unter dem Begriff der Integrationsmaßnahmen zu verstehen ist und ob der Nachzug beispielsweise vom Bestehen von Sprachtests oder dem Nachweis bestimmter Sprachkenntnisse abhängig gemacht werden kann. Die Richtlinie differenziert zwischen Flüchtlingen und sonstigen Ausländern. Art. 7 Abs. 2 Satz 2 der RL nimmt für die in Art. 12 RL 2003/86/EG genannten anerkannten Flüchtlinge ausdrücklich eine Abkoppelung der Integrationsmaßnahmen vom Familiennachzug vor, indem Integrationsmaßnahmen erst dann Anwendung finden dürfen, wenn den betroffenen Personen die Familienzusammenführung gewährt worden ist. Dies deutet darauf hin, dass nach Art. 7 Abs. 2 der RL 2003/86/EG eine Verknüpfung des Familiennachzugs mit Integrationsmaßnahmen in der Weise erfolgen darf, dass gemäß dem nationalen Recht ein Aufenthaltsrecht zum Zweck des Familiennachzugs von der Absolvierung bestimmter Integrationsmaßnahmen abhängig gemacht wird, während bei anerkannten Flüchtlingen eine derartige Verknüpfung unzulässig ist. Der deutsche Gesetzgeber hat von der Option in Art. 7 Abs. 2 der RL 2003/86/EG insofern Gebrauch gemacht, als für den Ehegatten-

---

303  Vgl. § 32 AufenthG.
304  Vgl. Art. 8 der RL 2003/86/EG; § 30 AufenthG.
305  Vgl. Art. 4 Abs. 5 der RL 2003/86/EG.
306  S. § 30 Abs. 1 Satz 1 Nr. 1 AufenthG.
307  Vgl. das vom Bundestag verabschiedete Gesetz zur Verbesserung der Rechte von international Schutzberechtigten und ausländischen Arbeitnehmern (BR-Drs. 97/13 v. 8.2.2013) wonach zukünftig bei gemeinsamem Sorgerecht eine Aufenthaltserlaubnis auch zum Nachzug zu nur einem sorgeberechtigten Elternteil erteilt werden soll, wenn der andere Elternteil sein Einverständnis erklärt.
308  „Member States may require third-country nationals to comply with integration measures, in accordance with national law".

nachzug einfache Deutschkenntnisse nach § 30 Abs. 1 Satz 1 Nr. 2 AufenthG gefordert werden[309].

Nach Art. 6 RL 2003/86/EG steht der Familiennachzug unter dem *Vorbehalt der* **665** *Gründe der öffentlichen Ordnung, der öffentlichen Sicherheit* oder *der öffentlichen Gesundheit.* Eine entsprechende Klausel gilt nach Art. 6 Abs. 2 der RL auch für die Entziehung des Aufenthaltstitels eines Familienangehörigen oder die Ablehnung der Verlängerung. Der Begriff der öffentlichen Ordnung kann die Verurteilung wegen der Begehung einer schwerwiegenden Straftat umfassen. Abgedeckt sind damit nach den Erwägungsgründen auch Fälle, in denen ein Drittstaatsangehöriger einer Vereinigung angehört, die den internationalen Terrorismus unterstützt, eine solche Vereinigung unterstützt oder extremistische Bestrebungen verfolgt[310].

Ob mit dieser Formulierung analog den unionsrechtlichen Vorschriften eine Fa- **666** milienzusammenführung nur bei individueller Gefahr für die öffentliche Sicherheit und Ordnung abgelehnt werden kann, erscheint zweifelhaft. Nach deutschem Ausländerrecht kann eine Ablehnung einer Aufenthaltserlaubnis ebenso wie eine aufenthaltsbeendende Maßnahme gegenüber Drittstaatsangehörigen auch auf *generalpräventive Erwägungen* gestützt werden[311]. Die Freizügigkeit von Unionsbürgern ist dagegen aus generalpräventiven Gründen nicht einschränkbar[312]. Gegen eine Anwendung unionsrechtlicher Grundsätze spricht, dass die ursprüngliche Formulierung des Richtlinienvorschlags noch in der letzten Fassung der Europäischen Kommission vom 2.5.2002 in deutlicher Anlehnung an die unionsrechtlichen Formulierungen erfolgt war[313], während die RL 2003/86/EG in der verabschiedeten Fassung die von der Person ausgehende Gefahr nur als eine von mehreren Ermessenserwägungen nennt[314].

Nach Art. 7 der RL 2003/86/EG muss der Zusammenführende über *angemesse-* **667** *nen Wohnraum, ausreichende Krankenversicherung* und *feste und regelmäßige Einkünfte,* die ohne Inanspruchnahme der Sozialhilfeleistungen für den eigenen Lebensunterhalt und den der Familienangehörigen ausreichen, verfügen. Diese weiteren Nachzugsvoraussetzungen waren im Wesentlichen unbestritten. Umstritten war allerdings, was unter „Inanspruchnahme von Sozialhilfeleistungen, die einer Nachzugserlaubnis grundsätzlich entgegensteht" zu verstehen ist.

> Im **Fall Chakroun**[315] hatte der EuGH darüber zu befinden, ob nach der Familiennachzugsrichtlinie 2003/86/EG ein Nachzug der Ehefrau zu einem in den Niederlanden lebenden marokkanischen Staatsangehörigen verweigert werden kann, mit der Begründung, dass Chakroun zwar aus einer Arbeitslosenversicherung einschließlich Urlaubsgeldes über die notwendigen Einkünfte verfügte, um den Lebensunterhalt für sich und seine Familienangehörigen zu decken, zugleich aber wegen der geringen

---

309  Dies gilt nach § 28 Abs. 1 Satz 5 AufenthG im Grundsatz auch für den Nachzug zu deutschen Ehegatten; zur Vereinbarkeit mit Art. 8 EMRK und Art. 7 Abs. 2 RL 2003/86/EG BVerwGE 136, 231, 239 ff.; einschränkend für Nachzug zu Deutschen BVerwG v. 4.9.2012 – 10 C 12.12.
310  Vgl. Nr. 14 der Erwägungsgründe der RL 2003/86/EG.
311  Vgl. *Hailbronner,* Ausländerrecht, § 53 AufenthG, Jan. 2016, Rn. 107 ff.
312  Vgl. *Hailbronner,* Ausländerrecht, § 6 FreizügG/EU, April 2013, Rn. 38.
313  Vgl. Art. 6 Abs. 3 des Kommissionsvorschlags: „Die Gründe der öffentlichen Ordnung und der inneren Sicherheit müssen ausschließlich auf der persönlichen Verhaltensweise des Familienangehörigen beruhen."
314  Vgl. Art. 6 Abs. 2 der RL 2003/86/EG.
315  EuGH v. 4.3.2010, Rs. C-578/08, NVwZ 2010, 697.

Höhe seiner Einkünfte einen Anspruch auf zusätzliche finanzielle Leistungen zur Bestreitung individuell bestimmter notwendiger Kosten besaß. Nach niederländischen
Regeln wurde als erforderliches Einkommen ein Regelsatz von 120 Prozent des Min-
destlohns zugrunde gelegt. Der EuGH entschied, Art. 7 Abs. 1 lit. c der Nachzugs-
richtlinie gestatte zwar den Mitgliedsstaaten die Berücksichtigung nationaler Mindest-
löhne und Renten. Jedoch sei diese Bestimmung nicht dahin zu verstehen, dass die
Mitgliedstaaten ein Mindesteinkommen vorgeben könnten, unterhalb dessen ohne
konkrete Prüfung der Situation des einzelnen Antragstellers eine Zusammenführung
abgelehnt werden könne. Die Beschränkungsbefugnis der Richtlinie sei daher eng auszulegen und nicht in einer Weise zu verstehen, die die praktische Wirksamkeit der
Richtlinie und den Schutz der Familie beeinträchtige.
Aus der *Chakroun*-Entscheidung des EuGH folgt, dass die Inanspruchnahme zusätzlicher Sozialleistungen zur Deckung individuell bestimmter notwendiger Kosten des
Lebensunterhalts dem Familiennachzug nicht entgegengesetzt werden kann, wenn das
generell erforderliche Mindesteinkommen zur Deckung des Lebensunterhalts nachgewiesen wird. Umstritten ist, welche Anforderungen sich aus der Pflicht zur Prüfung
der individuellen Situation des einzelnen Antragstellers ergeben.

**668**  Für anerkannte Flüchtlinge bestehen Vergünstigungen. So gelten für sie die *allgemeinen Nachzugsvoraussetzungen* Wohnraum, Krankenversicherung und ausreichende Mittel zum Lebensunterhalt *nicht*. Nur wenn eine Familienzusammenführung in einen Drittstaat möglich ist, zu dem eine besondere Bindung des
Zusammenführenden besteht, oder wenn der Antrag nicht innerhalb einer Drei-
Monatsfrist nach Anerkennung gestellt wird, können diese Nachweise verlangt
werden[316].

**669**  Nach Art. 8 der RL 2003/86/EG dürfen die Mitgliedstaaten verlangen, dass sich
der Zusammenführende seit mindestens *zwei Jahren rechtmäßig* auf seinem Hoheitsgebiet aufgehalten hat, bevor seine Familienangehörigen ihm nachreisen.
Die deutsche Regelung, die ursprünglich eine fünfjährige Frist vorsah, wurde
durch das Richtlinienumsetzungsgesetz an diese Vorgabe angepasst (vgl. § 30
Abs. 1 Satz 1 Nr. 3 lit. d AufenthG). Darüber hinausgehend kann ein Mitgliedstaat aufgrund des bei der *Annahme der Richtlinie* geltenden nationalen Rechts,
soweit dieses im Bereich der Familienzusammenführung die Aufnahmefähigkeit
berücksichtigt, eine *Wartefrist* von höchstens drei Jahren zwischen der Stellung
eines Antrags auf Familienzusammenführung und der Ausstellung eines Aufenthaltstitels an Familienangehörige vorsehen (Art. 8 RL 2003/86/EG). Dreijährige
Wartefristen sind daher aus Gründen beschränkter Aufnahmefähigkeit weiterhin
zulässig, dürfen aber nicht mehr neu eingeführt werden, da die Richtlinie jede
Verschlechterung nach Annahme der Richtlinie ausschließt (sog. „stand-still"-
Klausel).

**670**  cc) **Rechte nachziehender Ehegatten und Familienangehöriger.** Nachziehende Familienangehörige haben einen Anspruch auf einen ersten Aufenthaltstitel mit
mindestens *einjähriger* Gültigkeitsdauer. Im Übrigen bemisst sich die Gültigkeitsdauer nach der des Aufenthaltstitels des Zusammenführenden[317].

**671**  An materiellen Rechten ist für die Familienangehörigen vorgesehen:
–  Zugang zu allgemeiner Bildung,
–  Zugang zu Erwerbstätigkeit,

---

316  Vgl. Art. 12 Abs. 1 der RL 2003/86/EG.
317  Vgl. Art. 13 Abs. 3 der RL 2003/86/EG.

– Zugang zu beruflicher Beratung, Ausbildung, Fortbildung und Umschulung.

Einige Mitgliedstaaten haben die Kompetenz der Gemeinschaft, den *Zugang* von **672** Drittstaatsangehörigen *zum Arbeitsmarkt* zu regeln, bestritten. Art. 14 Abs. 2 der RL 2003/86/EG sieht daher vor, dass die Mitgliedstaaten nach ihrem nationalen Recht beschließen können, unter welchen Bedingungen die Familienangehörigen Zugang zum Arbeitsmarkt haben. Den Mitgliedstaaten bleibt es vorbehalten, für einen spezifischen Arbeitsplatz eine Bedarfsprüfung unter Beachtung des Vorrangs der Unionsbürger und assoziationsrechtlich privilegierter Drittstaatsangehöriger mit einer Wartefrist bis zu 12 Monaten vorzunehmen. Nach § 27 Abs. 5 AufenthG steht allen Familienangehörigen von im Bundesgebiet wohnhaften Ausländern, die eine Aufenthaltserlaubnis besitzen, ein unbeschränkter Arbeitsmarktzugang zu.[318]

Die Bestimmungen des Art. 14 Abs. 2 der RL 2003/86/EG, wonach es den Mit- **673** gliedstaaten obliegt, den Zugang von Familienangehörigen zum Arbeitsmarkt zu regeln, wird im Übrigen als Konzession an die deutsche Rechtsauffassung über die beschränkte Kompetenz der Gemeinschaft gesehen[319]. Andererseits ist bei Annahme einer fehlenden Kompetenz der Union bezüglich der Regelung des Arbeitsmarktszugangs auch nicht recht erklärbar, weshalb die Richtlinie dann eine Einjahresfrist nach Art. 14 Abs. 2 Satz 2 der RL vorsieht. Im Endergebnis ist damit letztlich doch akzeptiert worden, dass der Union eine – wenngleich beschränkte – Regelungskompetenz beim Zugang von Drittstaatsangehörigen zum Arbeitsmarkt zukommt.

**d) Vereinbarkeit der Familiennachzugsrichtlinie mit der EMRK.** Für die Famili- **674** ennachzugsrichtlinie 2003/86/EG[320] stellt sich die Frage, ob ein Verstoß gegen Art. 8 EMRK daraus abgeleitet werden kann, dass die Richtlinie Nachzugsbeschränkungen vorsieht, die die Mitgliedstaaten als Option einführen können. Für die Beantwortung dieser Frage ist das Verhältnis der Union und der Mitgliedstaaten von Bedeutung. Zwar ist auch die Union über Art. 6 EUV und das Konzept der ungeschriebenen Grundsätze des Unionsrechts an den in Art. 8 EMRK gewährleisteten Schutz des Privat- und Familienlebens gebunden. Ungeachtet dessen bleiben die Mitgliedstaaten als Vertragsstaaten der EMRK auch bei der Umsetzung und Anwendung des Unionsrechts an die Menschenrechte der EMRK gebunden. Die Union ist bei der Rechtssetzung nicht verpflichtet, sämtlichen Eventualitäten und Ausnahmesituationen in der Weise Rechnung zu tragen, dass sie in Ausübung ihrer Regelungskompetenz eine umfassende Regelung erlässt, die eine EMRK-konforme Rechtsanwendung in den Mitgliedstaaten sicherstellt.

§ 32 AufenthG hat von den Richtlinienoptionen, das Nachzugsalter von Kindern **675** zu beschränken, lediglich bezüglich des Nachzugsalters von 16 Jahren Gebrauch gemacht (vgl. § 32 Abs. 2 AufenthG).

Für die EMRK-Kompatibilität von Altersgrenzen ist zunächst zu berücksichti- **676** gen, dass im Grundsatz von einem Eingriff in eine bestehende Familieneinheit

---

318  Gesetz zur Verbesserung der Rechte von international Schutzberechtigten und ausländischen Arbeitnehmern, BR-Drs. 97/13, S. 33 zu § 27.
319  *Hauschild*, ZAR 2003, 272.
320  S. auch Rn. 87.

jedenfalls dann nicht ausgegangen werden kann, wenn ein ausländischer Arbeitnehmer sich dafür entschieden hat, seine Kinder im Heimatstaat aufwachsen zu lassen und eine Familieneinheit bislang allenfalls in der Form von Besuchsaufenthalten praktiziert hat[321]. Es handelt sich hier nicht um eine Art Verwirkung des Rechts auf Familiennachzug, sondern vielmehr um die schlichte Feststellung, dass die Berufung auf Art. 8 EMRK einen Eingriff in eine bestehende Familieneinheit voraussetzt. Dies bedeutet nicht, dass Art. 8 EMRK nicht auch auf das Verhältnis der Eltern zu ihrem minderjährigen Kind anwendbar wäre, wenn das Kind sich im Herkunftsstaat aufhält. Ein Eingriff in eine bestehende und praktizierte Familieneinheit liegt aber nicht vor, wenn lediglich der bisherige bewusst geschaffene und bereits verfestigte Zustand weiter aufrechterhalten wird. Grundsätzlich erscheint unter diesem Blickwinkel eine Altersgrenze von 16 Jahren unbedenklich, da in derartigen Fällen generell und typischerweise davon ausgegangen werden kann, dass eine Notwendigkeit des Familiennachzugs sich nicht bereits aus der elterlichen Fürsorge ergibt. Jedenfalls wird man hier bei Zugrundelegung des Tests der zumutbaren Alternative davon ausgehen können, dass der Nachzug von über 16 Jahre alten Kindern sich nicht als unabdingbare Folge einer Pflicht zum Schutz der Familieneinheit ergibt, zumal der Begrenzung des Nachzugs auch legitime integrationspolitische Interessen des Aufenthaltsstaates entgegen stehen. Etwas anderes würde dann allenfalls für diejenigen Fälle gelten, in denen abweichend vom Regelfall die Lebensumstände sich nachweislich in der Weise verändert haben, dass ein bisher im Herkunftsstaat aufgewachsenes Kind nunmehr auf den Nachzug angewiesen ist, ohne dass die Alternative der Herstellung der Familieneinheit im Herkunftsstaat unter Abwägung aller Umstände des Einzelfalls verfügbar ist.

**677**   Aus menschenrechtlichen Gesichtspunkten problematisch werden z. T. auch die *Beschränkung des Familiennachzugs auf die Kernfamilie* und die *Beschränkung des Familiennachzugs bei Flüchtlingen*, die nicht fristgerecht Anträge stellen oder bei denen eine Familienzusammenführung in einem Drittstaat möglich ist, angesehen[322]. Grundsätzlich ist der Begriff des Familienlebens im Sinne des Art. 8 EMRK durch den EGMR auch auf sonstige Verwandte ausgedehnt worden, wenn es sich um ein echtes Zusammenleben handelt[323]. In der Regel wird es aber beim Familiennachzug von Familienangehörigen im weiteren Sinne bereits an der Voraussetzung einer bestehenden Familieneinheit fehlen, in die durch die Vorenthaltung eines Nachzugsrechts eingegriffen würde. Die Beschränkung auf die Kernfamilie erscheint daher grundsätzlich mit Art. 8 EMRK vereinbar. Allenfalls unter besonderen Umständen könnte die Vorenthaltung eines Nachzugsrechts gegen Art. 8 EMRK verstoßen.

**678**   Entsprechendes gilt auch für die *nichteheliche Lebensgemeinschaft*, wobei der Gerichtshof auch die nichteheliche Lebensgemeinschaft des gleichen oder verschiedenen Geschlechts unter bestimmten Voraussetzungen in den Schutzbereich

---

321 Kritisch hierzu *Langenfeld/Mohsen*, ZAR 2003, 398.
322 Vgl. dazu insbesondere ECRE, Information Note zur Familiennachzugsrichtlinie 2003/86/EG, Rn. 42; *Weichselbaum*, ZAR 2003, 362.
323 Vgl. hierzu *Meyer-Ladewig*, EMRK, 3. Aufl. 2011, Art. 8, Rn. 48 ff.; *Grabenwarter*, Europäische Menschenrechtskonvention, 4. Aufl. 2009, S. 204 ff.; *H. P. Welte*, Der Familienschutz im Spektrum des Ausländerrechts, 2012, S. 190 ff.; vgl. dazu auch *Hobe*, in: Hailbronner/Klein, Einwanderungskontrolle und Menschenrechte, S. 198.

von Art. 8 EMRK als natürliche Familien einbezogen hat[324]. Auszugehen ist aber auch hier vom Grundsatz, dass Art. 8 EMRK als solcher kein Nachzugsrecht gewährleistet, so dass sich aus Art. 8 EMRK keine Verpflichtung des Aufenthaltsstaates ergibt, den Nachzug von Lebenspartnern zu ermöglichen. Nach § 27 Abs. 2 AufenthG finden für die Herstellung und Wahrung einer lebenspartnerschaftlichen Gemeinschaft die Vorschriften des AufenthG über den Familiennachzug von Ehegatten entsprechende Anwendung.

## 2. Systematik des AufenthG bezüglich des Familiennachzugs

Zur Herstellung und Wahrung der familiären Lebensgemeinschaft kann Auslän-  **679**
dern der Aufenthalt in Deutschland bei ihren hier aufenthaltsberechtigten Angehörigen erlaubt werden. Systematisch unterscheiden die Vorschriften über den Aufenthalt aus familiären Gründen (§§ 27–36 AufenthG) zwischen dem *Familiennachzug zu Deutschen* und dem *Familiennachzug zu Ausländern*. Beim Familiennachzug zu Ausländern im Sinne von § 29 AufenthG unterscheidet das Gesetz weiterhin zwischen „gewöhnlichen Ausländern", Asylberechtigten und Konventionsflüchtlingen bzw. gleichgestellten Personen (§ 29 Abs. 2 AufenthG) und Ausländern, die eine humanitäre Aufenthaltserlaubnis entweder aufgrund einer Aufnahme aus dem Ausland, einer Aufenthaltsgewährung nach §§ 22 Abs. 1, 23 Abs. 1 oder Abs. 2 AufenthG oder wegen Vorliegens eines Abschiebungshindernisses (§ 25 Abs. 3 AufenthG) oder als Opfer von Menschenhandel (§ 25 Abs. 4a Satz 1) oder aufgrund langjährigen Aufenthalts und guter bzw. nachhaltiger Integration (§§ 25a Abs. 1 , 25b Abs. 1) besitzen. Ferner unterscheidet das Gesetz bei den dargelegten Personenkategorien folgende Untergruppen von nachziehenden Angehörigen:
- Ehegatten,
- Kinder,
- Lebenspartner (gleichgeschlechtliche Lebenspartnerschaft),
- Eltern minderjähriger Kinder,
- sonstige Familienangehörige.

*Anwendbar* sind die Vorschriften der §§ 27 ff. AufenthG nur auf *Angehörige*  **680**
*von Drittstaaten*, soweit nicht für sie als Familienangehörige von Unionsbürgern[325] die Freizügigkeitsvorschriften des FreizügG/EU und des Unionsrechts gelten. Die §§ 27 ff. AufenthG gelten auch für *türkische Staatsangehörige*. Der Assoziationsratsbeschluss Nr. 1/80 gewährt kein Zuzugsrecht für Familienangehörige türkischer Arbeitnehmer[326]. Ungeachtet dessen können sich aus den Vorschriften des ARB Nr. 1/80, die den Zugang türkischer Arbeitnehmer und deren Familienangehöriger zum Arbeitsmarkt regeln, nach den vom EuGH aufgestellten Grundsätzen über das „implizite Aufenthaltsrecht" Ansprüche auf Verlängerung der Aufenthaltserlaubnis ergeben[327].

*Allgemeine Voraussetzungen*, die für alle Fälle des Familiennachzugs von Aus-  **681**
ländern zu Deutschen oder Ausländern gelten, sind in § 27 AufenthG niedergelegt. Diese Voraussetzungen treten zu den *allgemeinen Erteilungsvoraussetzun-*

---

324  Vgl. EGMR v. 26.5.1994, Nr. 16/1993/411/490 – *Keegan/Irland*, NJW 1995, 2153; EGMR v. 11.10.2001, Nr. 31 465/96 – *Sommerfeld/Deutschland*, FamRZ 2002, 381, Rn. 32.
325  S. § 3 FreizügG/EU.
326  OVG NRW v. 10.11.1995 – 18 B 1246/94, juris.
327  Vgl. dazu im Einzelnen *Hailbronner*, Ausländerrecht, D 5.4., März 2004, ARB Nr. 1/80, Rn. 5 ff.

*gen* nach § 5 AufenthG hinzu, soweit die speziellen Vorschriften über den Familiennachzug nicht davon dispensieren.

**682**  Darüber hinaus regelt das Gesetz die besondere Fallkonstellation des eigenständigen Aufenthaltsrechts eines Ehegatten, nachdem der Grund, aus dem die Aufenthaltserlaubnis erteilt worden ist, in Folge von Tod oder wegen Trennung weggefallen ist (§ 31 AufenthG). Bei nachgezogenen Kindern regelt das Gesetz, unter welchen Voraussetzungen einem minderjährigen Ausländer eine Niederlassungserlaubnis erteilt werden kann und er damit ein Aufenthaltsrecht erwirbt, das vom Familiennachzug unabhängig wird (§ 35 AufenthG). Als neue Kategorie ist ferner die aufenthaltsrechtliche Stellung von im Bundesgebiet geborenen Kindern hinzugekommen (§ 33 AufenthG).

### 3. Allgemeine Erteilungsvoraussetzungen (§ 5 AufenthG) – Besonderheiten beim Familiennachzug

**683**  Wie bei allen anderen Aufenthaltstiteln müssen auch bei einem Aufenthaltstitel zum Familiennachzug zunächst die in § 5 AufenthG normierten allgemeinen Erteilungsvoraussetzungen erfüllt sein (Sicherung des Lebensunterhalts, geklärte Identität, Nichtvorliegen eines Ausweisungsinteresses nach §§ 53 bis 54 AufenthG, keine Beeinträchtigung oder Gefährdung der Interessen der BRD, Erfüllung der Passpflicht, Einreise mit dem erforderlichen Visum und Angaben zum Nachzugszweck im Visumverfahren sowie Nichtvorliegen eines Ausweisungsinteresses nach § 54 Abs. 1 Nr. 2 oder 4 AufenthG). Beim Familiennachzug bestehen diesbezüglich jedoch einige Besonderheiten. In der Praxis bedeutsam ist insbesondere die *eigenständige Sicherung des Lebensunterhalts des nachziehenden Familienangehörigen* (§ 5 Abs. 1 Nr. 1 i. V. m. § 2 Abs. 3 AufenthG). Diese Vorschrift soll verhindern, dass der Aufenthalt nachzugswilliger ausländischer Familienangehöriger aus öffentlichen Mitteln finanziert wird. Grundsätzlich geht das Aufenthaltsgesetz von einem für alle Aufenthaltstitel einheitlichen Erfordernis der Lebensunterhaltssicherung aus, dessen Zweck darin besteht, neue Belastungen für die Sozialhilfesysteme durch Zuwanderung zu vermeiden[328]. Im Anwendungsbereich der Familienzusammenführungsrichtlinie 2003/86 verwendet das BVerwG jedoch einen leicht modifizierten Begriff der Lebensunterhaltssicherung, da nach der Systematik dieser Richtlinie ein Anspruch auf Zusammenführung die Grundregel darstelle, so dass die den Mitgliedstaaten verliehene Befugnis, die Nachzugsvoraussetzungen zu regeln, eng auszulegen sei[329].

**684**  Der Lebensunterhalt kann alternativ oder kumulativ aus vier Quellen gesichert sein. Die erste setzt voraus, dass der im Bundesgebiet lebende Ausländer aus eigener Erwerbstätigkeit ein ausreichendes Einkommen bezieht. Arbeitslosengeld I und II sind kein Einkommen aus eigener Erwerbstätigkeit. Ebenso wenig genügt im Allgemeinen ein bereits gekündigtes oder befristetes Arbeitsverhältnis. Der Familiennachzug zu arbeitslosen Ausländern ist daher ausgeschlossen, es sei denn, der Unterhalt der gesamten Familie kann aus eigenen Mitteln eines dann im Bundesgebiet lebenden Familienangehörigen bestritten werden. Als weitere Quellen für den gesicherten Lebensunterhalt kommen eigenes Vermögen oder sonstige eigene Mittel des bereits im Bundesgebiet lebenden Ausländers oder des nachziehenden Familienangehörigen in Betracht. Eigene Mittel in diesem Sinne

---

328 BVerwG v. 18.4.2013, 10 C 10/12.
329 A.a.O. Rn. 31 unter Verweis auf EuGH v. 4.3.2010, Rs. C-578/08 – *Chakroun*.

sind z. B. Sozialleistungen, die auf Beitragsleistungen (z. B. zur Arbeitslosenversicherung oder Rentenversicherung) beruhen. Der Lebensunterhalt eines Ausländers ist gesichert, wenn er ihn einschließlich ausreichenden Krankenversicherungsschutzes ohne Inanspruchnahme öffentlicher Mittel bestreiten kann. Nicht als Inanspruchnahme öffentlicher Mittel gelten Kindergeld, Kinderzuschlag, Erziehungsgeld, Elterngeld oder Leistungen der Ausbildungsförderung und Leistungen nach dem Unterhaltsvorschussgesetz (vgl. § 2 Abs. 3 Satz 1 AufenthG)[330]. Unterhaltsleistungen eines Dritten finden bei § 5 AufenthG keine Berücksichtigung. Schließlich kann der Lebensunterhalt gesichert sein, wenn der Nachzugswillige eine feste Anstellung mit ausreichendem Einkommen im Bundesgebiet in Aussicht hat.

**Fall:**[331]
Ein türkischer Staatsangehöriger beantragte eine Aufenthaltserlaubnis als Ehegatte einer im Bundesgebiet niedergelassenen türkischen Staatsangehörigen, mit der er drei gemeinsame Kinder hat. Die beantragte Aufenthaltserlaubnis wurde ihm mit der Nebenbestimmung bewilligt, dass die Erwerbstätigkeit gesichert ist und mit dem Bezug von Leistungen nach dem SGB II oder SGB XII erlischt. Er ging daraufhin einer Beschäftigung nach, deren Einkommen seinen eigenen Lebensunterhalt im Wesentlichen deckte. Der Antrag auf Verlängerung der Aufenthaltserlaubnis für den Ehegatten wurde im Jahr 2008 abgelehnt, nachdem die Ehefrau des Klägers Leistungen nach SGB II für sich und ihre Familienangehörigen seit 2006 erhalten hatte. Das BVerwG wies die Revision gegen das die Klage abweisende Urteil zurück mit der Begründung, dass die Regelerteilungsvoraussetzung der Sicherung des Lebensunterhalts nicht schon dann erfüllt sei, wenn der nachziehende Ehegatte mit dem Erwerbseinkommen seinen eigenen Bedarf decken könne, er für seinen Ehegatten und seine Kinder jedoch auf Leistungen nach SGB II angewiesen sei. In derartigen Fällen müsse jedoch geprüft werden, ob nicht besondere Umstände die Annahme eines Ausnahmefalls rechtfertigten[332].

Die Feststellung der Voraussetzung, dass der Lebensunterhalt gesichert ist, erfor- **685** dert einen Vergleich des voraussichtlichen Unterhaltsbedarfs mit dem tatsächlich zur Verfügung stehenden Einkommen[333]. Für die Ermittlung der Höhe des Unterhaltsbedarfes wird bei mehreren in einem Haushalt lebenden Personen eine sog. Bedarfsgemeinschaft (§ 7 Abs. 2 und 3 SBG II) gebildet[334]. Gehören der Bedarfsgemeinschaft deutsche Staatsangehörige an, so bleibt die Sozialhilfeabhängigkeit deutscher Familienmitglieder unberücksichtigt, wenn der einen Aufenthaltstitel begehrende Ausländer mit seinem Erwerbseinkommen seinen eigenen Bedarf decken kann[335]. Der Unterhaltsbedarf setzt sich aus der Summe der auf die Familie entfallenden Regelsätze nach §§ 20, 28 SGB II – Grundsicherung für Arbeitssuchende –, den Kosten für die Unterkunft (§ 22 SGB II) und den

---

330  Dazu gehören auch Leistungen für Bildung und Teilhabe nach § 6 b Bundeskindergeldgesetz, was nunmehr gesetzlich ausdrücklich klargestellt worden ist, vgl. BR-Drs. 97/13, S. 7, 29.
331  BVerwGE 138, 148, 153 ff.
332  Vgl. hierzu auch BVerwG v. 30.4.2009 – 1 C 3.08; OVG Berlin-Brandenburg v. 25.1.2012 – 2 B 10.11; vgl. im Hinblick auf die Vereinbarkeit mit der *Chakroun*-Rechtsprechung des EuGH kritisch: B. *Huber*, NVwZ 2010, 701; zur *Chakroun*-Entscheidung vgl. auch: Stellungnahme BMI v. 23.4.2010; zu den Auswirkungen der Familienzusammenführungsrichtlinie auf die Lebensunterhaltsdeckung.
333  Vgl. Nds. OVG v. 29.11.2006 – 11 LB 127/06; OVG Berlin-Brandenburg v. 18.8.2005 – 7 B 24.05, juris.
334  Zur Berechnung des Lebensunterhalts in der Bedarfsgemeinschaft vgl. *Hailbronner*, Ausländerrecht, § 2, Dez. 2013, Rn. 31–40.
335  BVerwG v. 16.8.2011 – 1 C 21/09.

Beiträgen zur Kranken- und Pflegeversicherung (§ 26 SGB II) zusammen[336]. Ob bei der Ermittlung der notwendigen Unterkunftskosten nur die angemessenen oder die tatsächlichen Unterkunftskosten anzusetzen sind, ist streitig. Für die Berechnung des zur Verfügung stehenden Einkommens ist ebenfalls das SGB II maßgebend, das in § 11 Abs. 1 SGB II bestimmt, welches Einkommen bei der Prüfung der Hilfebedürftigkeit im Sinne von § 9 Abs. 1 Nr. 2 SGB II zu berücksichtigen ist. Von den danach ermittelten Einnahmen sind sämtliche in § 11 a SGB II genannten Posten abzusetzen[337]. Für den Anwendungsbereich der Familienzusammenführungs-RL hat das BVerwG entschieden, dass bei der Bemessung des Unterhaltsbedarfs auch der Erwerbstätigenfreibetrag nach § 11 b SGB II nicht zu Lasten des nachzugswilligen Ausländers angerechnet werden darf.[338] Weitere Modifikationen des sozialrechtlich determinierten Lebensunterhaltsbegriffs können bei Vorliegen atypischer Umstände geboten sein. Das folgt nach Auffassung des BVerwG auch aus dem unionsrechtlichen Gebot der Einzelfallprüfung nach Art. 17 RL 2003/86, Art und Stärke der familiären Bindungen der betreffenden Person und die Dauer ihres Aufenthalts in dem Mitgliedstaat und das Vorliegen familiärer, kultureller oder sozialer Bindungen zum Herkunftsstaat zu berücksichtigen[339].

**686**   Die §§ 27 ff. AufenthG sehen obligatorische und fakultative Ausnahmen von den Voraussetzungen des § 5 Abs. 1 AufenthG vor. So besteht beim Familiennachzug zu bestimmten Personen die Anforderung der Sicherung des Lebensunterhalts nicht. Dies gilt z. B. beim Familiennachzug von Ehegatten und minderjährigen ledigen Kindern zu Ausländern für Angehörige von Asylberechtigten, Konventionsflüchtlingen, Resettlementflüchtlingen (§ 23 Abs. 4), subsidiär Schutzberechtigten sowie Inhabern einer Niederlassungserlaubnis nach § 26 Abs. 3 oder § 26 Abs. 4. Nach § 28 Abs. 1 Satz 2 AufenthG ist die Sicherung des Lebensunterhaltes auch bei dem Zuzug von Kindern zu Deutschen und Eltern eines minderjährigen ledigen Deutschen nicht erforderlich. *Abgesehen werden soll bzw. kann* von dieser Voraussetzung beim Ehegattennachzug zu Deutschen (§ 28 Abs. 1 Satz 3 AufenthG), beim Nachzug eines nichtsorgeberechtigten Elternteils zu einem minderjährigen ledigen Deutschen (§ 28 Abs. 1 Satz 4 AufenthG) und schließlich bei der Verlängerung einer Aufenthaltserlaubnis zwecks Ehegattennachzugs (§ 30 Abs. 3 AufenthG). Eine Aufenthaltserlaubnis zum Zweck des Familiennachzugs kann ferner abgelehnt werden, wenn der Zusammenführende auf Sozialleistungen nach dem SGB II oder SGB XII für den Unterhalt von anderen Familienangehörigen oder anderen Haushaltsangehörigen angewiesen ist (§ 27 Abs. 3).

**687**   Liegt ein *Ausweisungsinteresse nach §§ 53 bis 54 AufenthG* vor, ist beim Familiennachzug stets die Möglichkeit einer Ausnahme vom Versagungsgrund des § 5 Abs. 1 Nr. 2 in Betracht zu ziehen (*§ 27 Abs. 3 Satz 2 AufenthG*). Ausnahmen können sich aus speziellen Regeln der §§ 27 ff., ansonsten aus der Abweichungsmöglichkeit bei atypischen Gegebenheiten ergeben. § 27 Abs. 3 Satz 2 erlaubt es, im Ermessenswege eine Aufenthaltserlaubnis zum Familiennachzug trotz Vor-

---

336  Vgl. OVG Berlin-Brandenburg v. 25.4.2007 – 12 B 19.06, juris.
337  Vgl. OVG Berlin-Brandenburg v. 25.4.2007 – 12 B 19.06, juris.
338  BVerwG v. 16.11.2010 – 1 C 20.09, BVerwGE 138, 135, 147; außerhalb des Anwendungsbereichs der Familienzusammenführungs-RL gelten dagegen weiterhin die Bestimmungen des SGB II hinsichtlich des Freibetrags für Erwerbstätigkeit und der Werbungskostenpauschale, vgl. BVerwGE 138, 148, 157.
339  BVerwG v. 29.11.2012 – 10 C 4/12.

liegens von Ausweisungsinteressen nach §§ 53–54 AufenthG zu erteilen. Die Bindungen eines nachzugswilligen Ausländers im Bundesgebiet und die Wertentscheidung des Art. 6 GG brauchen insoweit nicht erst auf der Ebene des § 5 Abs. 1 Nr. 2 AufenthG durch Einordnung als Regel- oder Ausnahmefall, sondern können bereits im Rahmen einer Ermessensausübung nach § 27 Abs. 3 Satz 2 AufenthG berücksichtigt werden[340]. Abzuwägen sind die öffentlichen und *privaten, grundrechtlich geschützten Interessen*[341]. Dabei ist zu prüfen, ob die bei der Erteilung einer Aufenthaltserlaubnis eintretende Beeinträchtigung von *Belangen der Bundesrepublik Deutschland* so gewichtig ist, dass sie die Gefahren für den Bestand der Ehe und Familie, wenn die Aufenthaltserlaubnis abgelehnt würde, eindeutig überwiegt[342]. Ein öffentliches Interesse an der Fernhaltung eines Ausländers vom Bundesgebiet hat zurückzutreten, wenn es nicht schwer wiegt[343]. Beim Bestehen eines Ausweisungsinteresses aufgrund der Begehung einer Straftat muss zudem geprüft werden, ob nach Art, Aktualität und Gewicht des Delikts die Versagung des Aufenthaltstitels gerechtfertigt werden kann[344]. Minder bedeutsame Verstöße gegen Strafgesetze können die Ablehnung der Aufenthaltserlaubnis grundsätzlich nicht rechtfertigen[345].

Nicht anwendbar ist § 27 Abs. 3 Satz 2 AufenthG jedoch, wenn bezüglich des **688** nachzugswilligen Familienangehörigen ein *Ausweisungsinteresse nach § 54 Abs. 1 Nr. 2 oder 4 AufenthG* vorliegt (vgl. § 5 Abs. 4 Satz 1 AufenthG)[346]. Dann ist der Familiennachzug zwingend zu versagen, es sei denn es liegt ein begründeter Ausnahmefall im Sinne des § 5 Abs. 4 Satz 2 AufenthG vor.

Von den sonstigen allgemeinen Erteilungsvoraussetzungen des § 5 Abs. 1 Auf- **689** enthG kann auch beim Familiennachzug wie bei Aufenthaltstiteln zu anderen Zwecken abgewichen werden. Denn hierbei handelt es sich um Regelvoraussetzungen. „In der Regel" bedeutet jedoch, dass eine erhebliche Abweichung des zugrunde liegenden Sachverhalts von der vom Gesetzgeber vorausgesetzten „Normallage" vorliegen muss, die es geboten erscheinen lässt, im Rahmen einer Ermessensentscheidung von der Voraussetzung abzusehen. Die besonderen Umstände können in besonderen persönlichen Verhältnissen des Ausländers liegen oder in der besonderen Situation des Ausländers, die von der typischen Situation, die den Gesetzgeber veranlasst hat, nur bei Vorliegen der Voraussetzungen des § 5 Abs. 1 AufenthG eine Aufenthaltserlaubnis zuzulassen, abweicht.

Bezüglich der in § 5 Abs. 2 Satz 1 AufenthG angeführten Erteilungsvorausset- **690** zungen ist zudem an den Ausnahmetatbestand in § 5 Abs. 2 Satz 2 AufenthG (Unzumutbarkeit der Nachholung eines Visumverfahrens) zu denken.

---

340 Nach Auffassung des Nds. OVG v. 27.4.2006, NVwZ-RR 2007, 62 verdrängt § 27 Abs. 3 Satz 2 die Anwendung des § 5 Abs. 1 Nr. 2.
341 BayVGH v. 15.9.2006 – 24 ZB 06 1756, juris und Nds. OVG v. 27.4.2006, NVwZ-RR 2007, 62.
342 BVerwG v. 27.9.1978, BVerwGE 56, 246.
343 BVerwG v. 3.5.1973, BVerwGE 42, 133, 137.
344 Vgl. BayVGH v. 15.9.2006 – 24 ZB 06.1756, juris; OVG Berlin-Brandenburg v. 22.8.2005, InfAuslR 2005, 448.
345 BVerwG v. 20.5.1980, BVerwGE 60, 126, 131.
346 Vgl. OVG Berlin-Brandenburg v. 11.7.2007 – 3 S 33.06, juris.

### 4.    Allgemeine Voraussetzungen für den Familiennachzug (§ 27 AufenthG)

→ Sch 4 S. 556

> **Fall 26:** Die Afghanin E beantragt die Verlängerung der ihr als Ehegattin des afghanischen Staatsangehörigen A erteilten Aufenthaltserlaubnis um zwei Jahre. Die Ausländerbehörde möchte die Aufenthaltserlaubnis der E lediglich um neun Monate verlängern, da zu diesem Zeitpunkt die dem A zum Zweck der Erwerbstätigkeit erteilte Aufenthaltserlaubnis abläuft. Zu Recht?
>
> **Fall 27:** Die Ehefrau E des Marokkaners M beantragt eine Aufenthaltserlaubnis zum Zweck des Familiennachzugs. Die Ausländerbehörde lehnt den Antrag der E ab mit der Begründung,
>   a)   eine eheliche Lebensgemeinschaft könne nicht hergestellt werden, weil M noch vier Monate einer neunmonatigen Freiheitsstrafe zu verbüßen habe,
>   b)   die Vermutung bestehe, dass es sich um eine Scheinehe handle.

**691**   § 27 AufenthG regelt die für alle Fälle der Erteilung eines Aufenthaltstitels aus familiären Gründen geltenden *allgemeinen Voraussetzungen*. Sie treten zu den *allgemeinen Erteilungsvoraussetzungen* in § 5 AufenthG hinzu. Die Vorschrift selbst vermittelt keinen Anspruch und beinhaltet keine Ermächtigung zur Erteilung von Aufenthaltstiteln[347].

**692**   **a) Zweckgebundenheit und Akzessorietät.** Nach § 27 AufenthG wird eine Aufenthaltserlaubnis zum *Zweck der Herstellung und Wahrung der familiären Lebensgemeinschaft* im Bundesgebiet für ausländische Familienangehörige zum Schutz von Ehe und Familie gem. Art. 6 GG erteilt und verlängert. Aus dieser Formulierung ergibt sich zunächst die zwingende Bindung an den in § 27 Abs. 1 AufenthG umschriebenen Aufenthaltszweck. Die *Zweckgebundenheit* der Aufenthaltserlaubnis zur Herstellung und Wahrung der familiären Lebensgemeinschaft hat zur Folge, dass das Aufenthaltsrecht nachziehender Familienangehöriger ebenso wie das Aufenthaltsrecht im Bundesgebiet geborener Kinder in seinem Bestand vom Aufenthaltsrecht des bereits im Bundesgebiet lebenden Ausländers abhängig, also *akzessorisch* ist. Eine Ausnahme gilt nach Sinn und Zweck der Regelung nur für die Fälle, in denen sich das Aufenthaltsrecht verselbständigt hat und als eigenständiges, vom Zweck des Familiennachzugs unabhängiges Aufenthaltsrecht des Ehegatten oder eines Kindes gewährt worden ist. Zweckgebundenheit und Akzessorietät verdeutlichen, dass die Vorschriften über den Aufenthalt aus familiären Gründen in erster Linie dem *Interesse des bereits im Bundesgebiet lebenden Familienangehörigen* an der Verwirklichung der familiären Lebensgemeinschaft im Bundesgebiet zu dienen bestimmt sind[348]. Grundsätzlich wird einem nachziehenden Familienangehörigen nach derzeit geltendem Recht *der gleiche Aufenthaltstitel wie dem im Bundesgebiet Lebenden* erteilt. Für die Erwerbstätigkeit von Familienangehörigen, denen eine Aufenthaltserlaubnis zum Zweck des Familiennachzugs erteilt worden ist, gilt aufgrund von § 27 Abs. 5 AufenthG jedoch der Grundsatz des freien Zugangs zum Arbeitsmarkt[349].

> **Lösung Fall 26:** Aufgrund der akzessorischen Verknüpfung zum Aufenthaltsrecht des aufnehmenden Ausländers darf die Geltungsdauer der einem Ehegatten erteilten Auf-

---

347  Vgl. Ziff. 27.0.1. AVwV-AufenthG.
348  Näher hierzu: *Hailbronner*, Ausländerrecht, § 27 AufenthG, Rn. 41 ff.
349  zur völligen Liberalisierung des Arbeitsmarktzugangs von Familienangehörigen vgl. BR-Drs. 97/13, S. 7, 29.

enthaltserlaubnis die Geltungsdauer der Aufenthaltserlaubnis des im Bundesgebiet lebenden Ausländers nicht überschreiten (vgl. § 27 Abs. 4 Satz 1 AufenthG). Soweit es nach den Vorschriften über Geltungsdauer und Verlängerung der Aufenthaltserlaubnis möglich ist, wird die Aufenthaltserlaubnis in der Regel für ein Jahr erteilt und dann in der Regel um jeweils zwei Jahre verlängert, bis die Voraussetzungen für die Erteilung einer Niederlassungserlaubnis gem. § 9 AufenthG vorliegen[350]. Da die dem A erteilte Aufenthaltserlaubnis nur noch neun Monate lang gültig ist, darf die Ausländerbehörde die Aufenthaltserlaubnis der E vorerst auch nur um weitere neun Monate verlängern (Akzessorietät der Aufenthaltserlaubnis).

**b) Eine dem Schutz des Art. 6 GG unterfallende familiäre Lebensgemeinschaft.**  **693**
Der Aufenthalt des nachziehenden Familienangehörigen muss nach § 27 Abs. 1 AufenthG dem Zweck der Herstellung und Wahrung der *familiären Lebensgemeinschaft* im Bundesgebiet dienen. Erforderlich ist mithin eine familiäre Lebensgemeinschaft in Form einer Beistands- oder Betreuungsgemeinschaft, die in den Schutzbereich des Art. 6 GG fällt. Der Begriff der „familiären Lebensgemeinschaft" ist grundsätzlich nach Maßgabe der in der verfassungsgerichtlichen Rechtsprechung entwickelten Grundsätze zu bestimmen. Das *BVerfG* unterscheidet zwischen der *Familie* als „Lebens- und Erziehungsgemeinschaft", der Familie als „Hausgemeinschaft" und der Familie als bloße „Begegnungsgemeinschaft"[351]. Daraus lässt sich allerdings keine schematische Qualifizierung familiärer Beziehungen entweder als Lebensgemeinschaft mit weitgehenden aufenthaltsrechtlichen Schutzwirkungen oder als bloße weniger schutzwürdige Begegnungsgemeinschaft ableiten. Maßgeblich ist, dass die familiären Bindungen eines Ausländers an Personen, die sich berechtigterweise im Bundesgebiet aufhalten, bei der Entscheidung entsprechend dem Gewicht dieser Bindungen zur Geltung gebracht werden[352]. Besonders geschützt und damit grundsätzlich einem Familiennachzug zugänglich ist die *Gemeinschaft von Ehegatten* sowie von *Eltern mit ihren minderjährigen Kindern* (auch Adoptiv- oder Stiefkinder). Denn in diesen Fällen besteht regelmäßig eine Beistands- und Betreuungsgemeinschaft. Dem Schutzbereich des Art. 6 GG unterfallen also die in einer Lebensgemeinschaft lebenden *engeren Familienangehörigen* und nicht die Generationengroßfamilie[353]. Allerdings entfaltet Art. 6 GG eine ausländerrechtliche Schutzwirkung *nicht schon allein auf Grund formal-rechtlicher familiärer Bindungen*. Entscheidend ist vielmehr die *tatsächliche Verbundenheit* zwischen den Familienmitgliedern, wobei grundsätzlich eine Betrachtung des Einzelfalls geboten ist[354].

Mithin kann sich auch ein *nichtehelicher Vater* auf den Schutz des Art. 6 GG  **694**
berufen, sofern das Vater-Kind-Verhältnis nicht auf einer missbräuchlichen Vaterschaftsanerkennung beruht[355]. Dies gilt insbesondere, wenn der Vater mit der Mutter zusammenlebt und der gemeinsame Wille besteht, das Sorgerecht für das Kind gemeinsam auszuüben[356]. Eine familiäre Lebensgemeinschaft im Sinne des Art. 6 GG ist in der Rechtsprechung auch dann angenommen worden, wenn ein *zur Ausübung der Personensorge berechtigter* Ausländer nach der Ehescheidung

---

350  Vgl. § 27 Abs. 4 Satz 4 AufenthG und Ziff. 27.4 AVwV-AufenthG.
351  BVerfG v. 18.4.1989, BVerfGE 80, 81, 90 f.
352  BVerfG v. 31.8.1999, InfAuslR 2000, 67, 68.
353  Vgl. BVerfG v. 31.5.1978, BVerfGE 48, 327, 339.
354  BVerfG v. 30.1.2002, NVwZ 2002, 849–851.
355  Dann ist der Familiennachzug nach § 27 Abs. 1 a Nr. 1 AufenthG ausgeschlossen; s. auch BVerfG
     v. 19.12.1991, InfAuslR 1993, 10.
356  BVerfG v. 7.5.1991, BVerfGE 84, 168, 181 f.

in verantwortungsbewusster Wahrnehmung seines Elternrechts regelmäßige Kontakte zu seinem mit ihm in nicht häuslicher Gemeinschaft lebenden minderjährigen Kind unterhält[357]. Denn auch hier ist eine aufenthaltsrechtliche Schutzwirkung geboten, da auch in diesem Fall der Vater Träger des Elternrechts aus Art. 6 Abs. 2 Satz 1 GG ist[358]. Maßgeblich sind die Umstände des Einzelfalls. Für die Annahme einer familiären Lebensgemeinschaft ist ein der Intensität der häuslichen Gemeinschaft vergleichbares intensives Verhältnis erforderlich, das durch besonders häufige und intensive Kontakte gekennzeichnet ist[359]. Mithin kommt es nicht auf die formale Abgabe der Vaterschaftsanerkennung und der Sorgerechtserklärung an, sondern auf den tatsächlichen Willen, die Vaterrolle auszufüllen und diese nicht etwa lediglich zu aufenthaltsrechtlichen Zwecken vorzuschieben[360]. Folglich kann auch dem *nicht sorgeberechtigten Elternteil* eines minderjährigen ledigen Deutschen, der aber ein *Umgangsrecht* hat, eine Aufenthaltserlaubnis erteilt werden, wenn die familiäre Gemeinschaft schon im Bundesgebiet gelebt wird. Denn auch der persönliche Kontakt mit dem Kind in Ausübung eines Umgangsrechts unabhängig vom Sorgerecht ist Ausdruck und Folge des natürlichen Elternrechts und der damit verbundenen Elternverantwortung und steht daher unter dem Schutz des Art. 6 Abs. 2 Satz 1 GG[361]. Eine Unterscheidung zwischen ehelichen und nichtehelichen Kindern und zwischen sorge- und nichtsorgeberechtigten Elternteilen ist damit an sich nicht mehr erforderlich[362].

**695**  Maßgebend für den verfassungsrechtlichen Schutz des Umgangsrechts eines Vaters mit seinem nichtehelichen Kind ist die tatsächliche Verbundenheit. Sie ist unabhängig vom Vorliegen einer Hausgemeinschaft und davon, ob die einem Familienmitglied tatsächlich geleistete Lebenshilfe auch von anderen Personen erbracht werden könnte. Für das BVerfG ist entscheidend, dass die Entwicklung eines Kindes nicht nur durch quantifizierbare Betreuungsbeiträge der Eltern, sondern auch durch die geistige und emotionale Auseinandersetzung geprägt ist[363]. Im Fall einer nur vorübergehenden Trennung (z. B. wegen Verweis auf die Pflicht, ein Visum im Ausland einzuholen) stellt das BVerfG auf die Folgen einer vorübergehenden Trennung ab, denen dann ein hohes Gewicht beigemessen wird, wenn ein sehr kleines Kind betroffen ist, das eine vorübergehende Trennung möglicherweise als endgültigen Verlust erfahre[364].

**696**  Der verfassungsrechtliche und mithin aufenthaltsrechtliche Schutz besteht in der Regel auch dann, wenn der Ausländer vor Entstehung der zu schützenden Lebensgemeinschaft straffällig geworden ist oder gegen aufenthaltsrechtliche Bestimmungen verstoßen hat[365]. Entscheidend ist hier allerdings eine Interessenabwägung zwischen den familiären Belangen und dem gegen den (weiteren) Aufenthalt sprechenden öffentlichen Interesse[366].

---

357  Vgl. OVG Hamburg v. 14.2.1992, EZAR 020, Nr. 2.
358  BVerfG v. 7.3.1995, BVerfGE 92, 158; vgl. auch BVerfG v. 31.8.1999, InfAuslR 2000, 67, 68; BVerfG v. 30.1.2002, NVwZ 2002, 849.
359  BVerwG v. 9.12.1997, InfAuslR 1998, 272.
360  Sächs. OVG v. 15.9.2006, InfAuslR 2006, 446–448; vgl. auch § 27 Abs. 1 a Nr. 1 AufenthG.
361  Vgl. BVerfG v. 8.12.2005, InfAuslR 2006, S. 122.
362  BT-Drs. 13/4899, S. 105; *Lipp*, FamRZ 1998, 74.
363  BVerfGK 7, 49, 56; vgl. auch BVerfG v. 1.12.2008 – 2 BvR 1830/08.
364  BVerfG v. 9.1.2009 – 2 BvR 1064/08.
365  BVerfG v. 31.8.1999, InfAuslR 2000, 67, 68.
366  S. hierzu BVerfG v. 23.1.2006, NVwZ 2006, 682–683.

Keine einen besonderen aufenthaltsrechtlichen Schutz erfordernde Lebensge- **697**
meinschaft besteht im Allgemeinen zwischen Eltern und *volljährigen Kindern.*
Dies gilt, obwohl der grundrechtliche Schutz des Art. 6 Abs. 1 GG auch die
familiären Bindungen des volljährigen Kindes zu seinen Eltern erfasst[367]. Anders
als bei Minderjährigen besteht zwischen volljährigen Kindern und ihren Eltern
regelmäßig keine Beistands-, sondern eine bloße Begegnungsgemeinschaft[368]. Ein
Nachzug volljähriger Kinder kommt daher nur ausnahmsweise in Betracht (z. B.
nach § 36 AufenthG), wenn entweder die Kinder aufgrund besonderer Lebensumstände auf die Betreuung durch die Eltern oder pflegebedürftige Eltern auf
die Betreuung durch die Kinder angewiesen sind.

Eine verfassungsrechtlich und mithin ausländerrechtlich schützenswerte *eheliche* **698**
*Lebensgemeinschaft* ist anzunehmen, wenn die Ehepartner erkennbar in einer
dauerhaften, durch enge Verbundenheit und gegenseitigen Beistand geprägten
Beziehung zusammenleben oder zusammenleben wollen. Erforderlich ist, dass
die Eheleute einen intensiven persönlichen Kontakt pflegen und ihre tatsächliche
geistige und emotionale Verbundenheit in konkreter Weise nach außen in Er-
scheinung tritt[369]. In Abgrenzung zu einer bloßen Begegnungsgemeinschaft, die
nicht vom Schutzbereich des Art. 6 GG erfasst ist, ist eine Verbindung zwischen
den Eheleuten, deren Intensität über die einer Beziehung zwischen Freunden in
einer reinen Begegnungsgemeinschaft hinausgeht, erforderlich.

Grundsätzlich ist hierfür das Bestehen eines *gemeinsamen Lebensmittelpunktes* **699**
erforderlich. Der Begriff der „familiären Lebensgemeinschaft" setzt aber *nicht*
*zwingend eine häusliche Gemeinschaft* voraus. Dies ergibt sich aus der Entstehungsgeschichte der Vorgängervorschrift im AuslG (§ 17 AuslG 1990). Im Gesetzgebungsverfahren wurden entsprechend der Stellungnahme des Bundesrates
die Wörter „häusliche familiäre Gemeinschaft" ersetzt durch die jetzige Formulierung „familiäre Lebensgemeinschaft", um so auch Fälle unter den Familiennachzug fassen zu können, bei denen das Zusammenwohnen aus besonderen
Gründen nicht möglich ist. Zwar wird in der Regel eine familiäre Lebensgemeinschaft nur vorliegen, wenn die Angehörigen regelmäßigen Kontakt zueinander
pflegen, der über ein bloßes Besuchen hinausgeht, sie also eine häusliche Gemeinschaft führen. Dem Bestehen einer gemeinsamen Wohnung kann jedoch nur
Indizwirkung zukommen. Getrennte Wohnungen sind daher nicht ausgeschlossen, wenn dies aus Gründen, die die familiäre Bindung als solche nicht berühren,
notwendig ist, etwa bei einer vorübergehenden berufs- oder ausbildungsbeding-
ten Trennung[370]. Es muss dann allerdings substantiiert dargelegt werden, in welcher Weise die familiäre Lebensgemeinschaft trotz der räumlichen Trennung verwirklicht wird[371].

> **Lösung Fall 27 a):** Die Erteilung einer Aufenthaltserlaubnis zum Zweck des Familien-
> nachzugs muss auf die Herstellung einer familiären Lebensgemeinschaft im Bundesge-
> biet bezogen sein. Das Vorhandensein einer häuslichen Gemeinschaft ist nicht Voraus-

---

367  Vgl. Nds. OVG v. 29.6.2007, AuAS 2007, 197–199.
368  Vgl. VGH BW v. 18.4.2007 – 11 S 1035/06, juris.
369  BMI-Hinweise zum Richtlinienumsetzungsgesetz, Rn. 176 und OVG NRW v. 1.8.2001, NWVBl
      2003, 33–34.
370  So auch im Ergebnis OVG NRW v. 24.5.2006 – 18 B 2187/05, juris, das einen „unabweislichen
      Grund" für die Aufgabe der gemeinsamen Wohnung verlangt, und BVerwG v. 3.3.1989, InfAuslR
      1989, 155.
371  Sächs. OVG v. 24.1.2002, InfAuslR 2002, 297–298.

setzung des Familiennachzugs. Getrennte Wohnungen sind nicht ausgeschlossen, wenn dies aus vorübergehenden Gründen, die nicht die familiären Bindungen als solche berühren, notwendig ist. Insofern wird die eheliche Lebensgemeinschaft auch nicht durch eine ihrer Natur nach nur vorübergehende unfreiwillige Trennung, wie eine Strafhaft, beendet, es sei denn, der Kontakt zwischen den Ehegatten bricht zwischenzeitlich derart ab, dass mit einer Wiederaufnahme der Lebensgemeinschaft nach der erzwungenen Trennung nicht mehr gerechnet werden kann[372]. Sofern E und M die Herstellung einer familiären Lebensgemeinschaft nach Ablauf der Strafhaft beabsichtigen, steht dieser Umstand der Erteilung der Aufenthaltserlaubnis nicht entgegen.

**700** Im Falle einer nicht nur räumlichen, sondern auch *persönlichen Trennung* ist zu differenzieren: Eine Lebensgemeinschaft im Sinne des § 27 Abs. 1 AufenthG liegt dann nicht mehr vor, wenn sich die Trennung – etwa wegen bestehender Scheidungsabsichten bei Ehegatten oder dem endgültigen Auszug des Kindes – *zu einem Dauerzustand verfestigt* hat und dies nach außen erkennbar ist (z. B. durch Einleitung des Scheidungsverfahrens oder Verlassen der gemeinsamen Ehewohnung durch einen Ehegatten)[373]. Kurzfristige Trennungszeiten (z. B. Trennung „auf Probe") sind dagegen unbeachtlich. Nicht jeder Familienkrach mit anschließendem „Auszug" eines Partners beseitigt die familiäre Lebensgemeinschaft in tatsächlicher wie rechtlicher Hinsicht. Auch aus einem Scheidungsbegehren dürfen – z. B. bei der Frage der Verlängerung einer Aufenthaltserlaubnis aus familiären Gründen – keine voreiligen Konsequenzen gezogen werden. Solange noch die realistische Möglichkeit besteht, dass die Ehe wiederhergestellt wird, verbietet es Art. 6 Abs. 1 GG, durch aufenthaltsrechtliche Maßnahmen vollendete Tatsachen zu schaffen. Bei einer Trennung im Sinne des § 1566 Abs. 1 BGB wird jedoch unwiderleglich das Scheitern der Ehe vermutet[374]. Danach müssen die Eheleute seit einem Jahr getrennt leben und beide Ehegatten die Scheidung beantragen bzw. der Antragsgegner der Scheidung zustimmen.

**701** Abzugrenzen ist eine geschützte eheliche Lebensgemeinschaft, ein Verwandtschaftsverhältnis oder eine Lebenspartnerschaft ferner von einer sog. *Scheinehe, Scheinverwandtschaftsverhältnis (Adoption) oder Scheinpartnerschaft.* Diese stellt in der Praxis ein großes Problem dar. Denn aus einer nur vorgetäuschten ehelichen Verbindung kann der Ehegatte des Ausländers oder eines Deutschen keine aufenthaltsrechtlichen Vorteile herleiten[375]. Die Ausländerbehörde oder die Visavergabestelle war schon nach früherem Recht in einem solchen Fall nicht verpflichtet, eine Aufenthaltserlaubnis bzw. ein Visum zu erteilen oder zu verlängern[376]. Durch die Einführung des § 27 Abs. 1 a Nr. 1 AufenthG wurde im Jahr 2007 ausdrücklich ein *Ausschlussgrund* für den Ehegattennachzug im Falle einer Scheinehe normiert, um den Anreiz, Scheinehen zu schließen, zu mindern[377]. Entsprechende Regeln gelten für die Lebenspartnerschaft nach § 27 Abs. 2.

**702** Erforderlich ist die Feststellung, dass die Erreichung eines Aufenthaltsrechts ausschließlicher Zweck der Ehe oder des Verwandtschaftsverhältnisses oder einer Lebenspartnerschaft ist. Dass „auch" aufenthaltsrechtliche Zwecke mit einer Eheschließung verfolgt werden, schließt daher die Annahme einer schutzwürdi-

---

372 Hess. VGH v. 21.7.1997, InfAuslR 1998, 51 und VG Berlin v. 13.5.2005 – 28 V 63.04, juris.
373 BVerwG v. 3.3.1989, NVwZ 1989, 759.
374 OVG NRW v. 24.5.2006 – 18 B 2187/05, juris.
375 Vgl. BVerwG v. 17.6.1998, BVerwGE 107, 58, 64.
376 BVerfG v. 5.5.2003, DVBl. 2003, 1260.
377 BMI-Hinweise zum Richtlinienumsetzungsgesetz, Rn. 176.

gen familiären Beziehung noch nicht aus. An der bisher geltenden Beweislastverteilung hat sich allerdings durch das Erfordernis des „Feststehens" nichts geändert[378]. Erst der Wille zur Herstellung bzw. Fortführung der ehelichen Gemeinschaft im Bundesgebiet löst den Schutz des Art. 6 Abs. 1 GG aus und begründet daher einen Anspruch auf Erteilung einer Aufenthaltserlaubnis[379]. Diese Voraussetzung hat der Ausländer nachzuweisen. Auch bei mangelnder Erweislichkeit einer Schein- oder Zweckehe kann daher die Aufenthaltserlaubnis abgelehnt werden, wenn keine tatsächlichen ehelichen Bindungen bestehen oder ein entsprechender Wille nicht bei beiden Ehegatten feststellbar ist[380].

Eine Scheinehe liegt nach der Rechtsprechung vor, wenn die *Ehegatten die Ehe* **703** *mit ihren sittlichen und gesetzlichen Pflichten*, also eine wie auch immer geartete, auf gegenseitige Verbundenheit und Achtung beruhende Partnerschaft, mithin *das Führen einer ehelichen Lebensgemeinschaft, nicht wollen*[381]. Vielmehr soll dem Ehegatten ein Aufenthaltsrecht in Deutschland verschafft werden. Ob bei Eheleuten eine Scheinehe anzunehmen ist, ist von der Ausländerbehörde bzw. der Visavergabestelle durch das Ermitteln von Anhaltspunkten zu prüfen, die von dem Ausländer widerlegt bzw. entkräftet werden müssen. Liegen also Umstände vor, die berechtigten Anlass zu einer Prüfung geben, ist der Ausländer verpflichtet, seinen Willen, eine eheliche Lebensgemeinschaft zu führen, substantiiert darzulegen. Etwaige Unklarheiten gehen zu Lasten des *Ausländers*, da er insoweit für die innere Tatsache, eine Ehe im Bundesgebiet führen zu wollen, *materiell beweisbelastet ist*[382]. Nur in den Fällen, in denen sich der Ausländer gegen die behördliche Aufhebung eines ihm im Hinblick auf das Bestehen einer ehelichen Lebensgemeinschaft erteilten Aufenthaltstitels wendet, trifft die Feststellungslast für das Nichtbestehen einer ehelichen Lebensgemeinschaft als tatsächliche Voraussetzung der Rechtswidrigkeit des erteilten Aufenthaltstitels die Behörde bzw. den Behördenträger[383].

Die besondere Prüfungspflicht hinsichtlich des Bestehens einer familiären Le- **704** bensgemeinschaft trifft nach einer Entscheidung des Hess. VGH die Ausländerbehörden und Visavergabestellen deshalb, weil an der Verhinderung von Scheinehen oder Scheinlebenspartnerschaften zur Erlangung aufenthaltsrechtlicher Vorteile ein besonderes gewichtiges öffentliches Interesse bestehe[384]. Für die Behörden ist es jedoch eine schwierige Aufgabe, über das Vorliegen oder Nichtvorliegen einer Scheinehe zu entscheiden. Denn der grundgesetzliche Schutz der Privatsphäre nach Art. 1 und Art. 2 GG steht einer Ausforschung der inneren Eheverhältnisse entgegen. Die Beamten sind daher in der Regel auf Indizien angewiesen. Umstände, die Zweifel am tatsächlich bestehenden Willen zur Begründung einer ehelichen Lebensgemeinschaft begründen, können sich aus dem bisherigen Aufenthalt eines Ausländers ergeben, wenn dieser vor seiner Eheschließung über einen längeren Zeitraum vergeblich versucht hat, ein dauerndes Bleiberecht im Bundesgebiet zu erhalten und sich seiner drohenden Abschie-

378  Vgl. BT-Drs. 16/5498, S. 4.
379  BVerwGE 136, 222.
380  BVerwGE 136, 222.
381  Vgl. OVG Hamburg v. 23.11.1990, FamRZ 1991, 1433.
382  Vgl. BVerfG v. 5.5.2003, DVBl. 2003, 1260; ebenso BVerwG für § 27 Abs. 1 a Nr. 1 v. 22.6.2011, NVwZ 2012, 52.
383  Hess. VGH v. 16.1.2007 – 7 TG 2879/06, juris.
384  Vgl. Hess. VGH v. 14.6.1996, DVBl. 1996, 1277.

bung durch Untertauchen entzogen hat. Zwar lässt sich aus diesen Umständen des bisherigen Aufenthalts allein bei einer später geschlossenen Ehe nicht auf den fehlenden Willen zur Führung einer ehelichen Lebensgemeinschaft schließen. Indizielle Bedeutung kann ihnen jedoch zukommen[385]. Eine gewisse Indizwirkung kommt auch voneinander abweichenden Angaben zu, die die Eheleute in den getrennt durchgeführten so genannten Ehegattenanhörungen (z. B. über die Umstände und den Zeitpunkt ihres Kennenlernens, zur künftigen Lebensplanung oder zum Aussehen des Partners) gemacht haben, wenn diese Widersprüche nicht überzeugend aufgelöst werden konnten. Weitere Indizien können das Fehlen einer gemeinsamen ehelichen Wohnung, die Vermittlung des Ehegatten durch auf solche Fälle spezialisierte Agenturen oder auch ein gravierender Altersunterschied sein. Die zuständige Behörde hat dann eine Gesamtwürdigung der Umstände des Einzelfalles sowie der Indizien für die Beurteilung, ob die Eheleute eine Scheinehe führen oder nicht, vorzunehmen[386].

> **Lösung Fall 27 b):** Eine zwar formal wirksam geschlossene Ehe, die zwischen einem Ausländer und einem Deutschen oder einem Ausländer mit gesichertem Aufenthaltsstatus im Bundesgebiet eingegangen wurde, um dem Ehepartner zu einem aus anderen Gründen angestrebten Aufenthaltsrecht zu verhelfen, das andernfalls nicht erreichbar wäre (Scheinehe), fällt nicht unter den Schutz des Art. 6 GG und ist daher im Rahmen des Familiennachzugs unbeachtlich. Denn geschützt sind lediglich eheliche Lebensgemeinschaften (vgl. § 27 Abs. 1 a Nr. 1 AufenthG). Für die Ablehnung einer Aufenthaltserlaubnis bzw. eines Visums reicht ein reiner Verdacht der Ausländerbehörde bzw. Visavergabestelle jedoch nicht aus. Bei begründeten Zweifeln dürfen die Ausländerbehörde und ggf. die zuständige Visavergabestelle unter Achtung der Intimsphäre der Ehegatten eine Überprüfung einleiten. Für das zulässige Ausmaß der Ermittlung der ehelichen Verhältnisse ist zu beachten, dass der Schutz der Privatsphäre der Ehe einer Ausforschung der inneren Eheverhältnisse entgegensteht[387]. Besteht die tatsächliche familiäre Lebensgemeinschaft nicht und liegen ausreichend Anhaltspunkte vor, dass die Herstellung einer solchen Gemeinschaft nicht beabsichtigt ist, so ist die Aufenthaltserlaubnis bzw. das Visum zu versagen.

**705**  Nicht verfassungsrechtlich geschützt und daher ausdrücklich nach § 27 Abs. 1 a Nr. 2 AufenthG vom Familiennachzug ausgeschlossen ist die *Zwangsehe*. Eine Zwangsehe liegt vor, wenn mindestens einer der Ehepartner mit Gewalt oder durch Drohung zur Eingehung der Ehe genötigt wurde (vgl. Zwangsheirat in § 237 Abs. 1 StGB). Keine Zwangsehe im Sinne von § 27 AufenthG liegt im Fall sog. *arrangierter Ehen* vor, die von anderen Personen als den Eheschließenden geplant und organisiert werden. Für sie ist kennzeichnend, dass aufgrund einer familiären Absprache und meist nur kurzer vorheriger Begegnung der Verlobten die Betroffenen den empfohlenen Ehegatten letztlich auch „ablehnen" können[388]. Maßgeblich ist also, ob die Eheschließung auf einem wie auch immer gearteten Einverständnis der Eheschließenden beruht[389].

---

385  BVerfG v. 5.5.2003, DVBl. 2003, 1260.
386  Vgl. Ziff. 27.1 a.1.1.6 – 7 AVwV-AufenthG.
387  Vgl. BVerfG v. 12.5.1987, BVerfGE 76, 1; Hess. VGH v. 14.6.1996, NVwZ-RR 1997, 192; BVerwGE 136, 222; zur Vereinbarkeit mit der EMRK vgl. EGMR v. 14.12.2010, Nr. 34 848/07 – *O'Donoghue u. a./Vereinigtes Königreich.*
388  Vgl. BMI, Hinweise zum Richtlinienumsetzungsgesetz, Rn. 180.
389  Vgl. OVG Berlin v. 27.5.2002, AuAS 2003, 4; für Abgrenzungskriterien vgl. auch *Göbel-Zimmermann/Born*, ZAR 2007, 54 f.; kritisch zur Abgrenzung *Kelik*, ZAR 2006, 232 f.

Dem Schutz des Art. 6 GG unterfällt grundsätzlich nur die *Einehe*[390]. Das **706** schließt aber nicht aus, dass eine nach ausländischem Recht zulässige *Mehrehe*[391] einen gewissen rechtlichen Schutz genießt[392]. Denn die Führung einer im Ausland rechtmäßig geschlossenen Zweitehe im Bundesgebiet ist als solche noch nicht sittenwidrig und führt zu familienrechtlichen Bindungen, die auch vom Schutzgebot des Art. 6 Abs. 1 GG, soweit dieser die Familie betrifft, umfasst werden[393]. Der Familienschutz des Art. 6 Abs. 1 GG und der Gleichheitssatz gebieten aber nicht, der Zweitehefrau eines Ausländers den Nachzug in gleicher Weise zu ermöglichen, wie dies nach den Verwaltungsrichtlinien und der Verwaltungspraxis für die ihrem Ehemann in Einehe verbundene Ehefrau vorgesehen ist[394].

Der Familiennachzug zum Zwecke einer *nicht-ehelichen, eheähnlichen Lebens-* **707** *gemeinschaft* wird bislang von der Rechtsprechung nicht in den Schutz des Art. 6 Abs. 1 GG einbezogen[395]. Ob sich diese Auffassung für die eheähnliche Partnerschaft angesichts der zunehmenden gesellschaftlichen und rechtlichen Akzeptanz eheähnlicher Lebensgemeinschaften im Kindschafts-, Unterhalts- und Erbrecht noch aufrechterhalten lässt, ist fraglich[396]. Daher wird im politischen Raum die Forderung erhoben, auch bei eheähnlichen verschiedengeschlechtlichen Lebensgemeinschaften eine Aufenthaltserlaubnis gem. § 7 Abs. 1 Satz 3 AufenthG zu erteilen. Zu beachten ist indes, dass hierdurch die spezialgesetzlichen Vorschriften über die Erteilung von Aufenthaltstiteln zum Zweck der Herstellung der familiären Lebensgemeinschaft nicht umgangen werden dürfen. Ob die Erteilung eines Aufenthaltstitels bei verschiedengeschlechtlichen nichtehelichen Lebensgemeinschaften schon aufgrund der gesetzlich geregelten Gleichstellung gleichgeschlechtlicher Lebenspartner durch das Lebenspartnerschaftsgesetz ausgeschlossen ist, erscheint fraglich. Eine entsprechende Anwendung der Vorschriften über die Lebenspartnerschaften scheidet aus; jedoch wird man die Nichtgleichstellung der nichtehelichen Lebensgemeinschaft nicht dahin verstehen können, dass der Gesetzgeber mit den Vorschriften über den Aufenthalt aus familiären Gründen abschließend jede Erteilung von Aufenthaltsrechten zum Zweck der Herstellung einer Lebensgemeinschaft regeln wollte. In besonderen Fällen, die eine vergleichbar enge Verbindung und formalisierte gegenseitige Rechtspflichten beinhalten, könnte daran gedacht werden, einen Nachzug von nichtehelichen Lebensgefährten gem. § 36 AufenthG (sonstige Familienangehörige) zu ermöglichen[397].

Auch die Absicht, eine Ehe einzugehen und das *Verlöbnis* als Versprechen, die **708** Ehe miteinander einzugehen, genießen keinen unmittelbaren aufenthaltsrechtlichen Schutz aus Art. 6 Abs. 1 GG.

---

390  Vgl. BVerfG v. 29.7.1979, BVerfGE 10, 59, 66; BVerfG v. 28.2.1980, BVerfGE 53, 224, 245; OVG Saarland v. 11.3.2010 – 2 A 491/09, zur Rücknahme von wegen Verstoßes gegen das Verbot von Doppelehen rechtswidrig erteilten Aufenthaltstiteln.
391  S. auch § 30 Abs. 4 AufenthG.
392  Vgl. BVerwG v. 30.4.1985, BVerwGE 71, 228; OVG RP v. 12.3.2004, AuAS 2004, 146.
393  Vgl. BVerwG v. 30.4.1985, BVerwGE 71, 228 und Nds. OVG v. 29.11.2005, AuAS 2006, 74–77.
394  Vgl. BVerwG v. 30.4.1985, BVerwGE 71, 228; VGH BW v. 21.8.2007, NJW 2007, 3453.
395  Vgl. BVerfG v. 14.11.1973, BVerfGE 36, 146, 165; BVerfG v. 17.11.1992, BVerfGE 87, 234; *von Coelln*, in: Sachs, Grundgesetz, Art. 6, Rn. 47; BVerwG v. 23.3.1982, BVerwGE 65, 174, 179 ff; für § 18 AuslG Hess. VGH v. 4.3.1993, NVwZ-RR 1994, 55.
396  Zum Streitstand s. *Hailbronner*, Ausländerrecht, § 27 AufenthG, Febr. 2008, Rn. 27.
397  Vgl. dazu unten § 7 V. 6. o.

**709**  Allerdings kann zum *Zweck der Eheschließung in Deutschland* ein *nationales Visum* nach § 6 Abs. 3 Sätze 1 und 2 i. V. m. § 7 Abs. 1 Satz 3 AufenthG erteilt werden, wenn nach der Eheschließung die *Führung der ehelichen Lebensgemeinschaft im Bundesgebiet* erfolgen soll. Voraussetzung ist, dass die Eheschließung des Ausländers mit einem deutschen Staatsangehörigen unmittelbar bevorsteht, sämtliche für die Eheschließung erforderlichen Urkunden vorgelegt sind, das Aufgebot bestellt und ein Termin zur Eheschließung bestimmt worden ist. Denn in diesem Fall hängt es nur noch von der Eheschließung ab, ob der Nachzugszweck im Sinne § 27 Abs. 1 AufenthG erfüllt wird und der Schutz des Art. 6 GG greift. Außerdem verbietet Art. 6 Abs. 1 GG nachteilige Einwirkungen staatlicher Stellen auf die Bereitschaft zur Eheschließung und garantiert damit den ungehinderten Zugang zur Ehe[398]. Um eine ungerechtfertigte Privilegierung gegenüber bereits Verheirateten zu vermeiden, müssen die Heiratswilligen auch die Voraussetzungen des § 28 bzw. §§ 29, 30 AufenthG erfüllen.

**710**  Möchte ein Ausländer *in Deutschland lediglich heiraten*, aber sodann die eheliche Lebensgemeinschaft in einem Drittstaat führen, genügt es, wenn er bei der Auslandsvertretung ein *Schengen-Visum* beantragt. Die Familiennachzugsvoraussetzungen müssen in diesem Fall nicht erfüllt sein. Entscheidend ist indes, dass keine Absicht zum Daueraufenthalt im Bundesgebiet besteht und die sonstigen Erteilungsvoraussetzungen des Visakodex (VO (EG) Nr. 810/2009) erfüllt sind (vgl. § 6 Abs. 1 Nr. 1 AufenthG).

**711**  Reist aber ein Ausländer mit einem Schengen-Visum in das Bundesgebiet ein, obwohl er *von vornherein die Eheschließung und einen anschließenden längerfristigen Aufenthalt in Deutschland beabsichtigt* hat, so steht der Erteilung einer Aufenthaltserlaubnis im Bundesgebiet zwecks Familienzusammenführung regelmäßig § 5 Abs. 2 Satz 1 Nr. 1 AufenthG entgegen. Es hätte nämlich eines *nationalen Visums* bedurft. Das entsprechende Visumverfahren ist daher grundsätzlich nachzuholen, vgl. § 5 Abs. 2 Satz 2 AufenthG. § 39 Nr. 3 2. Variante AufenthV ist in diesem Fall nicht anwendbar, obwohl erst nach der Eheschließung bzw. nach der Einreise die Voraussetzungen eines Anspruchs auf Erteilung eines Aufenthaltstitels erfüllt sind, da durch falsche Angaben im Visumverfahren ein Ausweisungsinteresse verwirklicht worden ist[399]. Andernfalls könnten über ein Schengen-Visum ein Daueraufenthaltsrecht trotz unrichtiger Angaben hinsichtlich des Aufenthaltszwecks im Visumsverfahren erlangt und durch die Einreise vollendete Tatsachen geschaffen werden. Ausnahmsweise kann in diesen Fällen vom Erfordernis der Einreise mit dem erforderlichen Visum im Wege des Ermessens nach § 5 Abs. 2 Satz 2 AufenthG abgesehen werden. Diese Regelung ist als Ausnahmebestimmung jedoch eng auszulegen[400]. Zum einen müssen besondere Umstände des Einzelfalles vorliegen. Zum anderen müssen diese Umstände es als nicht zumutbar erscheinen lassen, das Visumverfahren nachzuholen. Bei der Güterabwägung ist überdies zu berücksichtigen, dass die Einhaltung des Visumverfahrens die Regel bleiben soll und dass aus generalpräventiven Gründen die Nachholung des Visumverfahrens grundsätzlich erforderlich ist[401].

---

398  BVerfG v. 27.5.1970, BVerfGE 28, 324, 347; BVerfG v. 7.10.1970, BVerfGE 29, 166; BVerfG v. 4.5.1971, BVerfGE 31, 58, 67, 78.
399  BVerfG v. 16.11.2010 – 1 C 17/09, NVwZ 2011, 495; vgl. auch für die beabsichtigte Eingehung einer lebenspartnerschaftlichen Gemeinschaft: OVG Sachsen-Anhalt v. 13.8.2009 – 2 M 88/09.
400  Vgl. OVG NRW v. 5.10.2006, InfAuslR 2007, 56; *Funke-Kaiser*, in: GK-AufenthG, § 5, Rn. 121.
401  So auch OVG NRW, v. 10.4.2007 – 18 B 303/07, juris.

Zudem verletzt die Verpflichtung, vor der Einreise ein Visum einzuholen, auch im Falle der Herstellung der familiären Lebensgemeinschaft Art. 6 GG grundsätzlich nicht[402].

Die Vergünstigung des § 39 Nr. 3 2. Variante AufenthV gilt allerdings in den **712** Fällen, in denen der *Heiratswunsch erst nach der Einreise* ins Bundesgebiet mit einem Schengen-Visum, also spontan *entstanden* ist. Dann kann auch im Bundesgebiet eine Aufenthaltserlaubnis zwecks Familiennachzugs erteilt werden, wenn durch die Eheschließung nach der Einreise ein Anspruch hierauf entstanden ist.

Bei der *Adoption*, die grundsätzlich in den Schutzbereich des Art. 6 GG fällt, **713** stellt sich wie bei der Scheinehe nicht selten das Problem, dass die Ausländerbehörden die Adoptionsgründe bewerten und die Aufenthaltserlaubnis mit der Erwägung ablehnen dürfen, die Adoption diene lediglich der Erlangung eines sonst nicht erreichbaren Aufenthaltsrechts. Der mit dem RL-Umsetzungsgesetz neu eingefügte § 27 Abs. 1 a Nr. 1 2. Alternative AufenthG stellt nunmehr ausdrücklich klar, dass ein Recht auf Kindernachzug von vornherein nicht besteht, wenn das zugrunde liegende Verwandtschafts- bzw. Kindschaftsverhältnis keinem anderen Zweck dient, als dem Kind zu einem Aufenthaltsrecht in Deutschland zu verhelfen. Daher ist in Fällen von Visumanträgen zum Nachzug von im Ausland adoptierten (ausländischen) Kindern zunächst die zivilrechtliche Vorfrage zu prüfen, inwieweit die wirksame Auslandsadoption anerkennungsfähig ist. Ist eine wirksame und anerkennungsfähige Auslandsadoption gegeben, so ist aufenthaltsrechtlich zu prüfen, ob eine den Nachzug ausschließende sog. *Scheinadoption* im Sinne § 27 Abs. 1 a AufenthG gegeben ist[403]. Eine Scheinadoption ist nicht bereits dann anzunehmen, wenn Ziel der Adoption die Verbesserung der Lebensverhältnisse eines Kindes durch Erlangung eines Aufenthaltsrechts ist, aber die Adoption nicht ausschließlich zur Ermöglichung der Einreise und des Aufenthalts im Bundesgebiet vorgenommen wurde[404].

Auch die Begründung eines Verwandtschaftsverhältnisses zum alleinigen Zweck **714** der Erlangung eines Aufenthaltstitels führt zum Ausschluss der Erteilung der Aufenthaltserlaubnis. Durch das Gesetz zur Ergänzung des Rechts zur Anfechtung der Vaterschaft vom 13.3.2008[405] hat der Gesetzgeber die Möglichkeit geschaffen, auch bewusst wahrheitswidrigen Vaterschaften zu begegnen. Seither wird (in der Rechtsprechung die Auffassung vertreten, dass die Anfechtung der Vaterschaft der einzige Weg ist, um gegen missbräuchliche Vaterschaftsanerkennungen zum Zweck der Erlangung von Aufenthaltstiteln einschreiten zu können[406].

**c) Gleichgeschlechtliche Lebenspartnerschaften.** Anders als eheähnliche, ver- **715** schiedengeschlechtliche sind *gleichgeschlechtliche Partnerschaften* durch das Le-

---

402  Nds. OVG v. 11.7.2007 – 10 ME 130/07, juris unter Hinweis auf BVerwG v. 9.12.1997, BVerwGE 106, 13; OVG NRW v. 10.4.2007 – 18 B 303/07; BayVGH v. 19.10.2006 – 24 CE 06 2757, juris.
403  BMI, Hinweise zum Richtlinienumsetzungsgesetz, Rn. 182.
404  BT-Drs. 16/5065, S. 301.
405  BGBl. I, S. 313.
406  OVG Hamburg v. 24.10.2008 – 5 Bs 196/08, NVwZ-RR 2009, 352; zur früheren Rechtslage vgl. OVG RP v. 6.3.2008 – 7 A 11 276/07.

benspartnerschaftsgesetz (LPartG vom 16.2.2001[407]) aufenthaltsrechtlich der Ehe weitgehend gleichgestellt. Die Familiennachzugsvorschriften – mit Ausnahme der Vorschriften zum Kindernachzug (§ 32) und den Nachzug sonstiger Familienangehöriger (§ 36) – finden daher gem. § 27 Abs. 2 AufenthG auf gleichgeschlechtliche Lebenspartnerschaften im Sinne des LPartG entsprechende Anwendung. Voraussetzung für die Anwendung des § 27 Abs. 2 AufenthG ist das Vorliegen einer *lebenspartnerschaftlichen Gemeinschaft* im Sinne des LPartG. Nicht ausreichend ist die formale Registrierung einer Lebenspartnerschaft. Schutzgut ist wie bei der Ehe die *tatsächliche Lebensgemeinschaft*, wobei die Grundsätze über die eheliche Gemeinschaft entsprechend heranzuziehen sind. § 27 Abs. 1 a AufenthG findet entsprechende Anwendung auf die zum bloßen Zweck der Verschaffung eines Aufenthaltsrechts begründete Lebenspartnerschaft. Wie für Ehepartner gilt auch für die Lebenspartner, dass bei Vorliegen eines begründeten Verdachts auf Scheinpartnerschaft punktuelle Kontrollen durchgeführt werden können. Mithin ist auch bei den Lebenspartnern erforderlich, dass die für die Dauerhaftigkeit der ehelichen oder familiären Beziehungen geltenden Voraussetzungen, insbesondere das Bestehen einer familiären Lebensgemeinschaft, nachgewiesen werden.

**716**   **d) Keine Versagung nach § 27 Abs. 3 Satz 1 AufenthG.** Der Familiennachzug darf nach § 27 Abs. 3 Satz 1 AufenthG versagt werden, wenn die Person, zu der der Nachzug stattfinden soll, für den Unterhalt von anderen Familienangehörigen (z. B. Kinder aus einer früheren Ehe) oder Haushaltsangehörigen auf Sozialleistungen angewiesen ist. Damit soll vermieden werden, dass der Nachzug zu einer Gefährdung der Unterhaltssicherung für diejenigen Familienangehörigen führt, denen bisher Unterhalt geleistet worden ist[408]. Andernfalls wären z. B. Ehegatten aus geschiedener erster Ehe infolge Kürzung der Unterhaltsleistungen gegebenenfalls gezwungen, Sozialleistungen in Anspruch zu nehmen[409]. Die Versagung steht im Ermessen der Ausländerbehörde. *Sozialleistungen* im Sinne des § 27 Abs. 3 Satz 1 AufenthG sind Leistungen nach dem SGB II oder XII. Unerheblich ist, ob die Sozialleistungen tatsächlich in Anspruch genommen werden. Entscheidend ist allein das Bestehen eines Anspruchs[410]. Bei der *Ermessensentscheidung* ist eine Abwägung sämtlicher privater Interessen an der Gestattung des Familiennachzugs unter Berücksichtigung verfassungsrechtlicher Grundsätze mit dem öffentlichen Interesse an der Vermeidung einer Belastung des Sozialhilfesystems erforderlich. Dabei kommt der Prognose, ob der Nachzug voraussichtlich zu einer Mehrbelastung des Sozialhilfesystems führen wird sowie dem aufenthaltsrechtlichen Status und der Dauer des bisherigen Aufenthaltes der Person, zu der der Nachzug stattfindet, wesentliche Bedeutung zu.

**717**   Eine *Ausnahme* von dieser Voraussetzung besteht bezüglich des Ehegatten und minderjähriger lediger Kinder nach § 29 Abs. 4 Satz 1 AufenthG, wenn der Stammberechtigte vorübergehenden Schutz nach § 24 Abs. 1 AufenthG genießt. Mangels ausdrücklicher Regelung muss diese Ausnahme in europarechtskonformer Auslegung auch für Asylberechtigte und Konventionsflüchtlinge gelten (vgl. auch Art. 12 Abs. 1 RL 2003/86/EG).

---

407 Gesetz zur Beendigung der Diskriminierung gleichgeschlechtlicher Gemeinschaften, BGBl. I, S. 266.
408 BT-Drs. 15/420, S. 81; OVG Berlin-Brandenburg v. 27.8.2009, InfAuslR 2009, 448.
409 *Dienelt*, in: Renner/Bergmann/Dienelt, Ausländerrecht, § 27 AufenthG, Rn. 70.
410 Vgl. BT-Drs. 15/420, S. 81; OVG Saarland v. 13.8.2009 – 2 M 88/09.

### 5.  Dauer der Aufenthaltserlaubnis zum Familiennachzug (§ 27 Abs. 4 AufenthG)

Die *Geltungsdauer einer Aufenthaltserlaubnis zum Familiennachzug* lässt sich   **718**
dem § 27 Abs. 4 AufenthG entnehmen. Aufgrund der oben erläuterten Zweckgebundenheit und Akzessorietät darf die Aufenthaltserlaubnis des nachziehenden Familienangehörigen nur für den Zeitraum erteilt und verlängert werden, für den auch der Stammberechtigte über einen gültigen Aufenthaltstitel verfügt. Unabhängig vom Aufenthaltstitel wird dem Familienangehörigen zunächst nach § 27 Abs. 4 Satz 4 AufenthG eine Aufenthaltserlaubnis als befristeter Aufenthaltstitel für *mindestens ein Jahr* erteilt. Für einen längeren Zeitraum muss die Aufenthaltserlaubnis nach § 27 Abs. 4 Satz 2 AufenthG erteilt werden, wenn der Stammberechtigte eine Aufenthaltserlaubnis nach § 20, § 38 a AufenthG oder eine Blaue Karte nach § 19 a AufenthG besitzt. Die Aufenthaltserlaubnis darf jedoch nicht für eine längere Geltung als die Geltungsdauer des Passes ausgestellt werden.

### 6.  Familiennachzug zu Ausländern

### a) Allgemeine Voraussetzungen (§ 29 Abs. 1 AufenthG)                        **719**

> **Fall 28:** Die Ehefrau E des Inders I beantragt eine Aufenthaltserlaubnis zum Zweck des Familiennachzugs. Die Ausländerbehörde lehnt ihren Antrag ab mit der Begründung,
> a)  I besitze lediglich eine Duldung,
> b)  I lebe in einem Obdachlosenwohnheim,
> c)  I sei arbeitslos und beziehe Leistungen nach dem SGB II.
> Zu Recht?

§ 29 AufenthG definiert die allgemeinen Voraussetzungen für den Familiennach   **720**
zug zu einem Ausländer. Sie gelten zusätzlich zu denen der §§ 5 und 27 AufenthG, soweit sie nicht aufgrund spezieller Regelungen modifiziert oder ausgeschlossen sind. Sie müssen *zwingend* vorliegen, damit die Ausländerbehörde überhaupt befugt ist, über die Zulässigkeit eines Familiennachzugs zu entscheiden.

**aa) Stammberechtigter im Besitz eines Aufenthaltstitels.** Erforderlich ist zu   **721**
nächst, dass der in Deutschland lebende Ausländer, zu dem der Nachzug angestrebt wird (*Stammberechtigter*) im Zeitpunkt der Erteilung der beantragten Aufenthaltserlaubnis an den Familienangehörigen *im Besitz einer Niederlassungserlaubnis* (§ 9 AufenthG) *oder der Erlaubnis zum Daueraufenthalt/EU* (§ 9 a AufenthG), *einer Aufenthaltserlaubnis* (§ 7 AufenthG) oder einer Blauen Karte (§ 19 a AufenthG) ist. Ist das Aufenthaltsrecht abgelaufen oder erloschen, so scheidet die Erteilung einer Aufenthaltserlaubnis zwecks Familiennachzugs aus. Der Aufenthaltstitel muss im Zeitpunkt der Erteilung der Aufenthaltserlaubnis an den Familienangehörigen *gültig sein. Nicht ausreichend* ist also das bloße Bestehen eines Anspruchs wie auch eine *Duldung* oder der durch das Beantragen einer Aufenthaltserlaubnis gem. § 81 AufenthG als erlaubt geltende Aufenthalt. § 81 AufenthG legalisiert lediglich den Aufenthalt, verschafft aber noch keinen Aufenthaltstitel. Die Aufenthaltserlaubnis des hier lebenden Ausländers darf nicht gem. § 51 AufenthG erloschen sein. Beruht das Erlöschen auf einem Verwaltungsakt, wie einem Widerruf oder einer Ausweisung, kommt ein Nachzug unabhängig von der Bestandskraft des Verwaltungsaktes nicht in Betracht. Denn nach § 84 Abs. 2 Satz 1 AufenthG haben Widerspruch und Klage gegen einen

Verwaltungsakt, der die Rechtmäßigkeit des Aufenthalts beendet (d. h. der Aufenthaltstitel erlischt) zwar aufschiebende Wirkung. Die Wirksamkeit des Widerrufs oder der Ausweisung bleibt von Widerspruch oder Klage aber unberührt.

**722** Einer *gleichzeitigen* Einreise des Ausländers und seiner Familienangehörigen (z. B. Wiedereinreise eines rückkehrberechtigten jungen Ausländers nach § 37 AufenthG mit seinem Ehegatten) steht die Regelung des § 29 Abs. 1 AufenthG ihrem Wortlaut nach nicht entgegen, obwohl ein „Nachzug" im eigentlichen Sinne dann nicht vorliegt. Die Ausländerbehörde kann daher der Erteilung eines Visums an den Familienangehörigen unter der Bedingung zustimmen, dass dem Ausländer selbst ein Visum erteilt wird.

> **Lösung Fall 28 a):** Für den Familiennachzug zu einem Ausländer muss der aufnehmende Ausländer eine Niederlassungserlaubnis, eine Erlaubnis zum Daueraufenthalt/ EU, eine Aufenthaltserlaubnis oder eine Blaue Karte besitzen (§ 29 Abs. 1 Nr. 1 AufenthG). Da es sich bei einer Duldung lediglich um eine vorübergehende Aussetzung der Abschiebung handelt (§ 60 a AufenthG), verfügt I nicht über den erforderlichen Aufenthaltstitel. Die Aufenthaltserlaubnis zum Zweck des Familiennachzugs ist zu versagen.

**723** **bb) Ausreichender Wohnraum.** Die Erteilung einer Aufenthaltserlaubnis zum Familiennachzug setzt gem. § 29 Abs. 1 Nr. 2 AufenthG ferner voraus, dass ausreichender Wohnraum zur Verfügung steht. Dieser Voraussetzung liegt die Überlegung zugrunde, dass sich die Aufnahme von Ausländern im Bundesgebiet nur verantworten lässt, soweit gewährleistet ist, dass Ausländer hier in gleichen sozialen Verhältnissen leben wie Deutsche. Das Wohnraumerfordernis stellt daher eine Grundbedingung für eine erfolgversprechende Integration ausländischer Familien in die Gesellschaft dar. „Ausreichender Wohnraum" ist ein unbestimmter Rechtsbegriff, der nunmehr in § 2 Abs. 4 AufenthG definiert wird. Danach wird als ausreichender Wohnraum nicht mehr gefordert, als für die Unterbringung eines Wohnungssuchenden in einer öffentlich geförderten Sozialmietwohnung genügt. Der Wohnraum ist nicht ausreichend, wenn er den auch für Deutsche geltenden Rechtsvorschriften hinsichtlich Beschaffenheit und Belegung nicht genügt. Zu den für die Berechnung maßgeblichen Personen zählen nach § 2 Abs. 4 Satz 3 AufenthG Kinder unter zwei Jahren ebenso wenig wie potentiell nachzugsberechtigte und nachzugswillige Familienangehörige, die sich noch im Ausland oder an einem anderen inländischen Wohnsitz befinden. Wohnraum muss *nicht* schon für alle nachzugsberechtigten oder -willigen Familienmitglieder *im Voraus* bereitgehalten werden. Jedoch muss Wohnraum für alle Personen vorgehalten werden, die zur familiären Lebensgemeinschaft gehören, also auch für zeitweise auswärts studierende oder arbeitende oder zeitweise in Haft sitzende Angehörige. Ausreichender Wohnraum ist bei einer abgeschlossenen Wohnung stets vorhanden, wenn für jedes Familienmitglied über sechs Jahren zwölf Quadratmeter und für jedes Familienmitglied unter sechs Jahren zehn Quadratmeter einschließlich der Nebenräume (Küche, Bad, WC) zur Verfügung stehen. Eine Unterschreitung dieser Wohnungsgröße um etwa 10 % ist unschädlich[411]. Bei nicht abgeschlossenen Wohnungen müssen sich die geforderten Quadratmeter allein aus der Wohnfläche ergeben und eine angemessene Mitbenutzung der Nebenräume garantiert sein. Zu beachten ist, dass landesrechtliche Regelungen

---

411  Vgl. Ziff. 2.4.2 AVwV-AufenthG.

günstigere Anforderungen bzgl. des ausreichenden Wohnraums enthalten können.

**Lösung Fall 28 b):** Unabhängig von der Größe der Wohnung kann die Unterbringung in einem Obdachlosenwohnheim die Voraussetzung des ausreichenden Wohnraums nicht erfüllen. Eine solche Unterkunft dient lediglich dazu, der Person ein vorübergehendes Obdach zu gewähren und stellt somit nur eine befristete Übergangshilfe – aber keinen Wohnraum – dar[412].

**Lösung Fall 28 c):** Da auch beim Familiennachzug die – für alle Aufenthaltstitel geltenden – allgemeinen Regelvoraussetzungen des § 5 Abs. 1 und 2 AufenthG vorliegen müssen, kann der E nur dann eine Aufenthaltserlaubnis erteilt werden, wenn ihr Lebensunterhalt gesichert ist (vgl. § 5 Abs. 1 Nr. 1 AufenthG). Ihr Ehemann I bezieht jedoch Leistungen nach dem SGB II (Grundsicherung für Arbeitsuchende) und eigenes Vermögen oder sonstige Mittel sind nicht vorhanden. Mithin ist der Unterhalt der Ehefrau E nicht eigenständig gesichert. Die Erteilung der Aufenthaltserlaubnis ist zu versagen.

**b) Nachzug zu Asylberechtigten, Konventionsflüchtlingen und subsidiär Schutz-** **724**
**berechtigte (§ 29 Abs. 2 AufenthG).** Asylberechtigte (§ 25 Abs. 1 AufenthG) Konventionsflüchtlinge (§ 25 Abs. 2 1. Alt. AufenthG) sind beim Familiennachzug deutschen Staatsangehörigen weitgehend gleichgestellt, da sie wie diese darauf angewiesen sind, ihr Grundrecht auf Ehe und Familie im Bundesgebiet zu verwirklichen[413]. Subsidiär Schutzberechtigte sind durch die Aufnahme in § 25 Abs. 2 auch bezüglich des Familiennachzugs Flüchtlingen gleichgestellt worden. Als Bestandteil des Asylpakets 2 sind jedoch seit März 2016 subsidiär Schutzberechtigte vom Familiennachzug, soweit ihnen *nach dem 17.3.2016 eine Aufenthaltserlaubnis gewährt worden ist,* bis zum 16.3.2018 ausgeschlossen. Dieser Ausschluss gilt nicht für subsidiär Schutzberechtigte, die vor diesem Stichtag eine Aufenthaltserlaubnis erlangt haben. Nach Ermessen der Ausländerbehörde kann nach § 29 Abs. 2 Satz 1 AufenthG beim Familiennachzug zu Asylberechtigten Konventionsflüchtlingen und subsidiär Schutzberechtigten, die eine Aufenthaltserlaubnis oder eine Niederlassungserlaubnis nach § 26 Abs. 3 besitzen, bzw. im Falle von subsidiär Schutzberechtigten eine Niederlassungserlaubnis nach § 26 Abs. 4 besitzen, von den Voraussetzungen der Sicherung des Lebensunterhaltes (§ 5 Abs. 1 Nr. 1 AufenthG) und dem Nachweis ausreichenden Wohnraums (§ 29 Abs. 1 Nr. 2 AufenthG) abgesehen werden. Die Ausländerbehörden haben ein *Ermessen* auszuüben, wobei die persönliche Situation von Asylberechtigten, Konventionsflüchtlingen oder subsidiär Schutzberechtigten in Betracht zu ziehen ist. Die Regelerteilungsvoraussetzung des § 5 Abs. 1 Nr. 1 AufenthG ist auf den Normalfall des Ausländers bezogen. Ausnahmen sind daher im Hinblick auf die besondere Situation des Asylberechtigten und eines Konventionsflüchtlings oder subsidiär Schutzberechtigten sachlich gerechtfertigt. Besitzt ein Asylberechtigter, Konventionsflüchtling oder subsidiär Schutzberechtigter keine Aufenthalts- oder Niederlassungserlaubnis nach § 25 Abs. 1 oder 2 bzw. § 26 Abs. 3 AufenthG, so kann nach dem Wortlaut des § 29 Abs. 2 Satz 1 AufenthG von den genannten Voraussetzungen nicht abgesehen werden.

Ein *Rechtsanspruch* auf Erteilung einer Aufenthaltserlaubnis abweichend von **725**
den genannten Voraussetzungen besteht, wenn die zusätzlichen Voraussetzungen des § 29 Abs. 2 Satz 2 Nrn. 1 und 2 AufenthG vorliegen. Nach Nr. 1 muss der

---

412 Vgl. auch *Jakober/Welte/Schwab*, Aktuelles Ausländerrecht, § 29 AufenthG, Rn. 19.
413 BT-Drs. 11/6321 zu § 17 AuslG.

Antrag auf Familienzusammenführung innerhalb von drei Monaten nach unanfechtbarer Anerkennung als Asylberechtigter oder Zuerkennung der Flüchtlingseigenschaft oder subsidiären Schutzes gestellt worden sein. Sowohl der Antrag des Familienangehörigen als auch der des zusammenführenden Ausländers sind fristwahrend (§ 29 Abs. 2 Satz 3 AufenthG).

**726**  § 29 Abs. 2 Satz 2 Nr. 2 AufenthG erfordert ferner, dass die *familiäre Lebensgemeinschaft nicht in einem Drittstaat*, zu dem besonders enge Bindungen bestehen, hergestellt werden kann. In diesem Fall stellt sich das Gewicht des privaten Interesses an der Herstellung der Familieneinheit gerade im Aufenthaltsstaat des Stammberechtigten als weniger gewichtig dar als im Normalfall. Eine besondere Bindung kann bei einem früheren Aufenthalt, dem Aufenthalt von engen Familienangehörigen in Verbindung mit einem Aufenthaltsrecht des Familienangehörigen oder einer früheren Staatsangehörigkeit angenommen werden.

**727**  Zu beachten ist, dass § 29 Abs. 2 AufenthG nur Anwendung findet, solange die Nachzugswilligen nicht selbst einen Asylantrag gestellt oder sie selbst die Rechtsstellung von Asylberechtigten, Konventionsflüchtlingen oder subsidiär Schutzberechtigten erlangt haben (für Ehegatten und minderjährige ledige Kinder vgl. § 26 AsylVfG).

**728**  **c) Nachzug zu Inhabern einer humanitären Aufenthaltserlaubnis (§ 29 Abs. 3 und 4 AufenthG).** § 29 Abs. 3 Satz 1 AufenthG erlaubt den Nachzug von Ehegatten oder minderjährigen Kindern von aus humanitären Gründen aufgenommenen Ausländern. Einbezogen sind die Aufnahme aus dem Ausland nach § 22 AufenthG, Aufenthaltsgewährung aufgrund politischer Entscheidung der obersten Landesbehörde nach § 23 Abs. 1 oder Aufnahmezusage des Bundesinnenministeriums nach § 23 Abs. 2, Opfer von Menschenhandel (§ 25 Abs. 4 a Satz 1), Aufenthaltsgewährung für gut integrierte Jugendliche oder Erwachsene (§§ 25 a Abs. 1, 25 b Abs. 1) oder Aufenthaltserlaubnis wegen Vorliegens von Abschiebungshindernissen nach § 25 Abs. 3 AufenthG). Der Familiennachzug ist hier nur zulässig aus *völkerrechtlichen oder humanitären Gründen oder zur Wahrung politischer Interessen der Bundesrepublik Deutschland"*. Die Gesetzesbegründung führt hierzu aus, dass ein genereller Anspruch auf Familiennachzug zu aus humanitären Gründen aufgenommenen Ausländern die Möglichkeiten der Bundesrepublik Deutschland zur humanitären Aufnahme unvertretbar festlegen und einschränken würde. Nicht familiäre Bindungen allein, sondern alle Umstände, die eine humanitäre Dringlichkeit begründen, sollen dagegen für die Entscheidung maßgeblich sein, ob und wann welche Ausländer aus humanitären Gründen aufgenommen und ihnen der Aufenthalt im Bundesgebiet erlaubt werden soll. Ein dringender humanitärer Grund soll insbesondere dann vorliegen, wenn die Familieneinheit auf absehbare Zeit nur im Bundesgebiet hergestellt werden kann[414].

**729**  Bei der Frage, unter welchen Voraussetzungen eine *humanitäre Dringlichkeit* in diesem Sinne vorliegt, wird man zwischen dem Nachzug von Familienangehörigen aus einer bereits bestehenden Ehe bzw. Familie und der Herstellung einer familiären bzw. ehelichen Gemeinschaft unterscheiden können. Im zweiten Fall wird im Hinblick auf die Möglichkeit der Herstellung einer familiären Einheit

---

414  BT-Drs. 15/420, S. 81.

regelmäßig eine Alternative im Herkunftsstaat des Ehegatten möglich sein. Anders verhält es sich bei der Wiederherstellung einer bereits bestehenden familiären Gemeinschaft, bei der keine Alternative zum Aufenthalt im Bundesgebiet besteht. Dies wird insbesondere in den Fällen des § 25 Abs. 3 AufenthG angenommen werden können, da bei Vorliegen eines Abschiebungshindernisses im Allgemeinen keine alternative Aufenthaltsmöglichkeit verfügbar ist. Zweifelhaft ist dagegen, ob – wie dies die Gesetzesbegründung nahe legt – tatsächlich verlangt werden kann, dass für den Familiennachzug nur diejenigen Personen in Betracht kommen, die selbst die Voraussetzungen für die Aufnahme aus dem Ausland aus völkerrechtlichen oder humanitären Gründen erfüllen. Die Formulierung der Gesetzesbegründung lässt sich daher wohl nur dahin verstehen, dass im Hinblick auf die Angewiesenheit der Herstellung familiärer Gemeinschaft in der Bundesrepublik Deutschland (Art. 8 EMRK) ein humanitärer Aufnahmegrund gegeben sein muss, der unter Beachtung aller Gesichtspunkte des Einzelfalles gegenüber dem öffentlichen Interesse an der Begrenzung der Zuwanderung vorrangig ist. Als dringliche humanitäre Gründe kommen schwere Erkrankungen oder medizinische Behandlungen von Familienangehörigen in Betracht.

Der mit dem Richtlinienumsetzungsgesetz neu eingefügte Verweis auf § 26 **730** Abs. 4 (§ 29 Abs. 3 Satz 2 AufenthG) betrifft die Fälle, in denen für die nachgezogenen Familienangehörigen eine Niederlassungserlaubnis begehrt wird. Da der nachgezogene Ehegatte oder das minderjährige Kind nicht besser gestellt sein dürfen als der Stammberechtigte, stellt § 29 Abs. 3 Satz 2 AufenthG nunmehr klar, dass sich die Voraussetzungen für die Niederlassungserlaubnis der Familienangehörigen entsprechend dem Stammberechtigten nach § 26 Abs. 4 AufenthG richten. Mithin gilt sowohl für den Stammberechtigten als auch die nachgezogenen Familienangehörigen die 5-Jahresfrist.

Kategorisch *ausgeschlossen* ist der Familiennachzug gem. § 29 Abs. 3 Satz 3 Auf- **731** enthG für Ausländer, die ein *vorübergehendes humanitäres* Aufenthaltsrecht erlangt haben. Dies betrifft insbes. Inhaber einer temporären Aufenthaltserlaubnis aus dringenden humanitären oder persönlichen Gründen. (§ 25 Abs. 4 AufenthG) Ein Familiennachzug scheidet hier im Hinblick auf die lediglich vorübergehende Anwesenheit im Bundesgebiet aber auch wegen der akzessorischen Natur des Aufenthaltsrechts aus. Ausgeschlossen wird aber auch der Familiennachzug zu Ausländern, die vollziehbar ausreisepflichtig sind und denen nach § 25 Abs. 5 AufenthG eine Aufenthaltserlaubnis erteilt wurde, weil die Ausreise aus rechtlichen oder tatsächlichen Gründen unmöglich ist und mit dem Wegfall der Ausreisehindernisse in absehbarer Zeit nicht zu rechnen ist. Das Gleiche gilt aber auch für das temporäre Aufenthaltsrecht für Opfer von ausbeuterischer Schwarzarbeit (§ 25 Abs. 4 b AufenthG) sowie für Inhaber von Bleiberechten nach §§ 104 a und 104 b AufenthG. Ausgeschlossen vom Familiennachzug sind ferner die mit dem humanitären Aufenthaltsrecht von gut integrierten Jugendlichen eng verknüpften Aufenthaltsrechte von Eltern, sowie die besonderen Aufenthaltsrechte von Ehegatten, Lebenspartner und minderjährigen Kinder von nachhaltig integrierten Geduldeten (§ 25 b Abs. 4). Der mit diesen Aufenthaltsrechten verfolgte Zweck beschränkt sich nach der Intention des Gesetzgebers auf die aufenthaltsrechtliche Legalisierung bislang nur geduldeter Ausländer und soll keine darüber hinausgehenden Familiennachzugsrechte einschließen. Nicht ausgeschlossen ist damit der Wechsel von einem Aufenthaltstitel nach § 25 a Abs. 2 oder § 25 b Abs. 4 AufenthG zu einer Aufenthaltserlaubnis zum Zweck der Erwerbstätigkeit (§ 18 Abs. 2 AufenthG), die einen Familiennachzug ermöglicht. Entfernt von der Liste der zum Familiennachzug nicht berechtigenden Aufenthaltstitel wurde die Aufenthaltserlaubnis für Opfer von Menschenhandel, die nach der Neuregelung des humanitären Bleiberechts v. 27.7.2015 zu einem Daueraufenthaltsrechts verfestigt werden kann.

**732**  Der kategorische Ausschluss des Familiennachzugs in den Fällen der Gewährung humanitärer Aufenthaltsrechte nach § 25 Abs. 4 AufenthG (vorübergehender Aufenthalt) und § 25 Abs. 5 AufenthG (vollziehbar ausreisepflichtige Ausländer, wenn die Ausreise aus rechtlichen oder tatsächlichen Gründen unmöglich ist) sowie in den Fällen des § 25 a Abs. 1 AufenthG, ist in der Literatur als mit Art. 6 Abs. 1 GG bzw. Art. 8 EMRK unvereinbar kritisiert worden[415]. Da Art. 8 EMRK nach der Rechtsprechung des EGMR kein Recht auf Wahl des Aufenthaltslandes für die Verwirklichung der familiären Lebensgemeinschaft beinhaltet, scheidet eine Verletzung von Art. 8 EMRK dort aus, wo zumutbare Alternativen bestehen. Im Fall des § 25 Abs. 4 AufenthG ist grundsätzlich wegen des lediglich vorübergehenden Charakters des Aufenthaltsrechts eine Verfestigung durch Familiennachzug nicht geboten, sofern nicht ausnahmsweise eine auch nur vorübergehende kurzfristige Trennung unzumutbar erscheint. Anders verhält es sich bei einem humanitären Aufenthaltsrecht nach § 25 Abs. 5 AufenthG. § 25 Abs. 5 AufenthG setzt nämlich für die Erteilung der Aufenthaltserlaubnis voraus, dass mit dem Wegfall der Ausreisehindernisse in absehbarer Zeit nicht zu rechnen ist, wobei nach § 25 Abs. 5 Satz 2 AufenthG die Aufenthaltserlaubnis erteilt werden soll, wenn die Abschiebung seit 18 Monaten ausgesetzt ist.

**733**  Der Gesetzgeber befindet sich hier in einem Dilemma. Einerseits handelt es sich ungeachtet der Nichtvollziehbarkeit von aufenthaltsbeendenden Maßnahmen um ausreisepflichtige Ausländer, deren Aufenthalt im Grundsatz beendet werden soll, wenn Ausreisehindernisse entfallen, was grundsätzlich auch noch nach der Erteilung der temporären humanitären Aufenthaltserlaubnis möglich ist. Die Verfestigung des Aufenthalts durch Familiennachzug würde faktisch zum Daueraufenthaltsrecht führen. Andererseits hat der Gesetzgeber durch die Einführung eines Anspruchs auf Erteilung einer Aufenthaltserlaubnis bereits eine gewisse Verfestigung der aufenthaltsrechtlichen Situation derjenigen Ausländer vorgenommen, bei denen nicht damit zu rechnen ist, dass die Ausreisehindernisse in absehbarer Zeit entfallen.

**734**  Es gilt daher zu differenzieren. Aus Art. 6 Abs. 1 GG bzw. Art. 8 EMRK lässt sich ein Anspruch auf Erteilung des Aufenthaltsrechts dann nicht ableiten, wenn z. B. im Falle einer nachträglich geschlossenen Ehe alternative Schutzmöglichkeiten verfügbar sind. Bestand die Ehe bereits bei Begründung des Aufenthalts im Bundesgebiet, so wird eine Berufung auf Art. 6 Abs. 1 GG oder Art. 8 EMRK dann nicht in Betracht kommen, wenn die Unterbrechung der ehelichen bzw. familiären Gemeinschaft auf einem freiwilligen Entschluss des Ausländers beruht. Die nachträglich eintretende Situation der Unmöglichkeit der Ausreise aus rechtlichen oder tatsächlichen Gründen begründet noch keinen Anspruch auf Erteilung eines Aufenthaltsrechts, wenn die Trennung der familiären Gemeinschaft im Verantwortungsbereich des Ausländers liegt. Nur wenn keine alternati-

---

415 Vgl. z. B. *Pfaff*, ZAR 2009, 81; *Huber/Göbel-Zimmermann*, Ausländer- und Asylrecht, 2008, S. 293 f.

ven Möglichkeiten zur Herstellung der Familiengemeinschaft bestehen und wenn die Situation, die zur Trennung bzw. Unterbrechung der familiären Lebensgemeinschaft geführt hat, nicht selbst durch den Ausländer ohne Vorliegen zwingender Gründe herbeigeführt worden ist, kann ein Anspruch auf Erteilung eines Aufenthaltstitels in verfassungskonformer Auslegung des AufenthG aus Art. 6 Abs. 1 GG bzw. Art. 8 EMRK abgeleitet werden.

Die Rechtsprechung behilft sich zum Teil damit, dass ein eigenständiges Aufent- **735** haltsrecht des nachziehenden Ehegatten aus § 25 Abs. 5 AufenthG abgeleitet wird, wenn eine Ehe nur im Bundesgebiet gelebt werden kann (vgl. § 25 Abs. 5 AufenthG)[416].

**d) Nachzug zu Ausländern, denen vorübergehender Schutz nach § 24 Abs. 1** **736** **AufenthG gewährt wurde (§ 29 Abs. 4 AufenthG).** Ausländer, denen vorübergehender Schutz nach § 24 Abs. 1 AufenthG gewährt worden ist, haben entsprechend der Richtlinie 2001/55/EG vom 20.7.2001 über die Mindestnormen für die Gewährung vorübergehenden Schutzes im Falle eines Massenzustroms von Vertriebenen[417] einen Anspruch auf Familiennachzug. Die Richtlinie bestimmt, dass *Ehegatten, minderjährige Kinder* sowie *andere enge Angehörige* der auf der Basis eines Ratsbeschlusses aufgenommenen Personen Anspruch auf Erteilung einer Aufenthaltserlaubnis zum Zweck des Familiennachzugs unter den in der Richtlinie festgesetzten Voraussetzungen haben.

Voraussetzung für den Familiennachzug ist nach § 29 Abs. 4 Satz 1 Nr. 1 Auf- **737** enthG zunächst, dass eine familiäre Lebensgemeinschaft bereits im Herkunftsland bestand und dass die *Trennung* der Familienangehörigen *durch die Fluchtsituation selbst* und nicht aus anderen Gründen *verursacht* wurde. Das wird man nur dann annehmen können, wenn ausschließlich aus Fluchtgründen die Trennung von Familienangehörigen hervorgerufen wurde, während wirtschaftliche oder sonstige Gründe nicht ausreichen, um einen Nachzug zu begründen. Ein Ausländer, der ein Familiennachzugsrecht geltend macht, muss daher darlegen, dass er nach der Entstehung der die vorübergehende Aufnahme begründenden Fluchtsituation unverzüglich alle Anstrengungen unternommen hat, um die familiäre Lebensgemeinschaft mit dem Ausländer wiederherzustellen. Die Trennung muss nicht im Herkunftsland stattgefunden haben. Es genügt, wenn die Trennung auf dem Fluchtweg erfolgte[418].

Weitere Voraussetzung ist nach § 29 Abs. 4 Satz 1 Nr. 2 AufenthG, dass der **738** Nachzug entweder der Zusammenführung von in verschiedenen EU-Mitgliedstaaten aufgenommenen Personen oder bei Aufnahme von außerhalb der Europäischen Union der Schutzgewährung des Nachziehenden dient. Im letzteren Fall muss auch in der Person des Nachziehenden das erforderliche Schutzbedürfnis gegeben sein[419].

Gem. § 29 Abs. 4 Satz 1 AufenthG besteht ein Anspruch auf Familiennachzug **739** auch dann, wenn die Voraussetzungen des § 5 Abs. 1 oder § 27 Abs. 3 AufenthG nicht erfüllt sind. Da nach § 29 Abs. 4 Satz 3 AufenthG die Vorschrift des § 24

---

416 HessVGH v. 5.6.2012 – 3 B 823/12, InfAuslR 2012, 318; a. M. OVG Hamburg v. 10.11.2010 – 15 K 2825/09.
417 ABl. EG Nr. L 212, S. 12; *Hailbronner*, Ausländerrecht, D 12.2.
418 Vgl. Ziff. 29.4.4 AVwV-AufenthG.
419 Vgl. Ziff. 29.4.5 AVwV-AufenthG.

AufenthG entsprechende Anwendung findet, gilt zudem § 5 Abs. 3 AufenthG, weshalb auch die Voraussetzungen des § 5 Abs. 2 Satz 1 AufenthG (Visumverfahren) keine Anwendung finden, soweit diese ausnahmsweise nicht aufgrund des Sachzusammenhangs ohnehin ausgeschlossen sind[420].

**740** Die Richtlinie 2001/55/EG sieht in Art. 15 Abs. 2 und 3 ferner vor, dass die Mitgliedstaaten auch *sonstige Familienangehörige aufnehmen „können"*, wobei im Einzelfall die außergewöhnliche Härte zu berücksichtigen ist, die eine unterbleibende Familienzusammenführung für die Betreffenden bedeuten würde. § 29 Abs. 4 Satz 2 AufenthG setzt diese Vorschrift dadurch um, dass sich die Erteilung einer Aufenthaltserlaubnis an sonstige Familienangehörige nach § 36 AufenthG richtet. Erforderlich ist danach das Vorliegen einer *„außergewöhnlichen"* Härte im Sinne des § 36 AufenthG. Liegt eine außergewöhnliche Härte vor, werden den nachgezogenen Familienangehörigen im Rahmen des vorübergehenden Schutzes gleichartige Aufenthaltstitel erteilt.

**741** **e) Erwerbstätigkeit nachgezogener Familienangehöriger (§ 27Abs. 5 AufenthG).** Eine Aufenthaltserlaubnis, die einem Ausländer zur Herstellung und Wahrung der familiären Lebensgemeinschaft nach Abschnitt 6 (§§ 27–36 AufenthG) erteilt wird, berechtigt nach § 27 Abs. 5 Nr. 1 AufenthG zur Ausübung einer Erwerbstätigkeit. Die früher geltende Beschränkung auf den Umfang, in dem der Stammberechtigte zur Ausübung einer Erwerbstätigkeit berechtigt war, ist entfallen.

**742** Der Begriff der Erwerbstätigkeit umfasst die selbständige Tätigkeit und die Beschäftigung im Sinne des § 7 GGB IV. Eine Zustimmung nach der Beschäftigungsverordnung[421] entfällt auch dann, wenn der Stammberechtigte eine Erwerbstätigkeit nur mit Zustimmung der Bundesagentur aufnehmen dürfte.

**743** **f) Ehegattennachzug zu Ausländern (§ 30 AufenthG)**

> **Fall 29:** Die zwanzigjährige türkische Staatsangehörige A, die seit vier Jahren mit einer gültigen Aufenthaltserlaubnis in Deutschland lebt, heiratete im August 2007 in der Türkei den einundzwanzigjährigen T. T ist ebenfalls türkischer Staatsangehöriger und verfügt über keinerlei eigenes Vermögen. Da er sich mit A bisher nur auf Türkisch verständigt hat, kennt er nur sehr wenige deutsche Wörter wie „ja" und „nein". Eine auch nur einfache Konversation auf Deutsch ist mit ihm nicht möglich. Die A ist in Deutschland zwar fest angestellt, verdient aber als Friseurin monatlich nur 800 Euro netto. Über eigenes Vermögen verfügt auch sie nicht. Die Warmmiete für ihre 40 m² große Wohnung beträgt 400 Euro. T beantragt beim Deutschen Generalkonsulat in Istanbul ein Visum zum Familiennachzug. Wird sein Antrag Erfolg haben?

**744** § 30 AufenthG regelt die *besonderen* Voraussetzungen, die vorliegen müssen, damit einem Ehegatten eine Aufenthaltserlaubnis zum Zweck der Herstellung der ehelichen Gemeinschaft mit einem Ausländer erteilt werden kann. Sie müssen zusätzlich zu den allgemeinen Regelvoraussetzungen nach § 5 AufenthG und den allgemeinen Erteilungsvoraussetzungen nach § 29 AufenthG, die für den Familiennachzug zu Ausländern gelten, erfüllt sein.

**745** Die erste besondere Voraussetzung ist nach § 30 Abs. 1 Satz 1 Nr. 1 AufenthG die *Erfüllung des Mindestalters von 18 Jahren durch beide Ehepartner im Zeit-*

---

420 Vgl. Ziff. 29.4.2. AVwV-AufenthG.
421 BeschV v. 6.6.2013, BGBl. I, S. 1789.

*punkt der Erteilung der Aufenthaltserlaubnis.* Zweck dieser Regelung ist laut der Begründung des Regierungsentwurfs die Verringerung des Anreizes zu Zwangsheiraten. Darüber hinaus werde durch die Einführung eines Mindestalters die Integration der hier lebenden Ausländer günstig beeinflusst[422]. Der deutsche Gesetzgeber ist mit dieser Altersgrenze erheblich unterhalb der in Art. 4 Abs. 5 der RL 2003/86/EG vorgesehenen Befugnis der Mitgliedstaaten, ein Mindestalter von höchstens 21 Jahren zu verlangen, geblieben. Entgegen der Kritik an dieser Regelung ist die Einführung einer Altersgrenze von 18 Jahren mit dem Schutz der Ehe und Familie nach Art. 6 Abs. 1 GG und Art. 8 EMRK vereinbar[423]. In besonderen Fällen und bei Vorliegen einer besonderen Härte sind Ausnahmen vom Erfordernis der Vollendung des 18. Lebensjahres vorgesehen (vgl. § 30 Abs. 1 Satz 2 und § 30 Abs. 2 AufenthG).

Generell ausgenommen vom Mindestaltererfordernis beim Ehegattennachzug zu     **746**
Ausländern und vom Erfordernis der einfachen deutschen Sprachkenntnisse des nachziehenden Ehegatten sind die in § 30 Abs. 1 Satz 2 AufenthG genannten Ausländer (Besitz einer qualifizierten Aufenthaltserlaubnis nach §§ 19–21 und Bestehen der Ehe bei Verlegung des Lebensmittelpunkts nach Deutschland, Besitz einer Niederlassungserlaubnis oder Daueraufenthaltserlaubnis EU, Besitz der Aufenthaltserlaubnis EU für in anderen Mitgliedstaaten Daueraufenthaltsberechtigte).

Darüber hinaus kann nach § 30 Abs. 2 Satz 1 AufenthG im Ermessenswege zur     **747**
Vermeidung einer besonderen Härte vom Mindestaltererfordernis und vom Erfordernis, dass die Ehe schon bei Verlegung des Lebensmittelpunkts bestanden haben muss, abgesehen werden. Die eheliche Lebensgemeinschaft in Deutschland muss dabei das geeignete und notwendige Mittel sein, um die besondere Härte zu vermeiden. Nach Art und Schwere müssen die vorgetragenen „besonderen" Umstände so deutlich von den sonstigen Fällen des Ehegattennachzugs abweichen, dass das Festhalten am Mindestaltererfordernis im Hinblick auf das geltend gemachte Interesse an der Führung der Lebensgemeinschaft in Deutschland unverhältnismäßig wäre[424].

Weitere, mit dem Richtlinienumsetzungsgesetz 1997 neu eingefügte, Voraus-     **748**
setzung ist, dass der *zuziehende Ehegatte* sich *mindestens auf einfache Art in deutscher Sprache verständigen kann* (§ 30 Abs. 1 Satz 1 Nr. 2 AufenthG)[425]. Diese Bestimmung, die für alle Fälle des Ehegattennachzugs, einschließlich des Nachzugs zu Deutschen gilt, soll der Integration der nachziehenden Ehegatten in Deutschland dienen. Zudem soll mit ihr bereits vor der Einreise Zwangsehen entgegengewirkt werden[426]. Die Voraussetzung, sich auf einfache Art in deutscher Sprache verständigen zu können, entspricht der Definition des Sprachniveaus der Stufe „A 1" des Gemeinsamen Europäischen Referenzrahmens des Europarats (GER). Die erforderlichen sprachlichen Fähigkeiten sind nachgewiesen, wenn sich der Ausländer mit einfachen, überwiegend isolierten Wendungen über Menschen und Orte äußern und sich auf einfache Art verständigen kann.

---

422  BT-Drs. 16/5065, S. 172 f.
423  Zur ausführlichen Begründung s. *Hailbronner,* Ausländerrecht, § 30 AufenthG, Jan. 2016, Rn. 21; *ders.,* FamRZ 2008, 1583.
424  Vgl. Ziff. 30.2.1 AVwV-AufenthG.
425  Zu den Auswirkungen dieser Voraussetzung in der Praxis s. BT-Drs. 16/7288.
426  BT-Drs. 16/5065, S. 173 f.

Ausreichend ist, dass die Kommunikation von einer langsamen Wiederholung von Fragen, Umformulierung oder Korrektur von Fragen abhängig ist. Der Ausländer muss einfache Fragen stellen und beantworten können, einfache Feststellungen treffen oder auf solche reagieren, sofern es sich um unmittelbare Bedürfnisse oder um sehr vertraute Themen handelt[427]. Die Kosten der Sprachprüfung und Sprachstandsnachweise hat nach allgemeinen aufenthaltsrechtlichen Grundsätzen der Antragsteller zu tragen.

**749**  Gegen das Erfordernis einfacher deutscher Sprachkenntnisse vor der Erteilung einer Aufenthaltserlaubnis zum Zweck des Familiennachzugs werden verfassungsrechtliche, völkerrechtliche und unionsrechtliche Einwendungen aus Art. 6 Abs. 1 GG, Art. 8 EMRK und Art. 7 Abs. 2, Art. 5 Abs. 5 und Art. 17 der Familiennachzugsrichtlinie erhoben[428]. Der EuGH hat ebenso wie das Bundesverwaltungsgericht[429] mit Urteil v. 9.7.2015 die hiergegen erhobenen unionsrechtlichen Einwendungen zurückgewiesen und die Befugnis der Mitgliedstaaten, bereits vor der Einreise in das Hoheitsgebiet eines Aufnahmestaats Integrationsanforderungen im Hinblick auf Sprachkenntnisse und Grundkenntnisse der Gesellschaftsordnung des Aufnahmestaates zu verlangen, bestätigt[430]. Allerdings dürfen die Anwendungsvoraussetzungen für ein solches Erfordernis die Ausübung des Rechts auf Familiennachzug nicht unmöglich machen oder übermäßig erschweren. Für das zur Überprüfung anstehende niederländische Verfahren der Erlangung eines Aufenthaltstitels bei der niederländischen Botschaft in Ankara hat der EuGH im Ergebnis einen Verstoß gegen Unionsrechts insoweit angenommen, als die einschlägigen Regeln keine Berücksichtigung besonderer Umstände, wie z. B. Krankheit ermöglichten, die die Betroffenen effektiv an einer erfolgreichen Ablegung der vorgeschriebenen Prüfung hinderten und für die Kosten im Zusammenhang mit der Prüfung ein zu hoher Betrag festgesetzt worden war. Bei Zugrundelegung der vom EuGH aufgestellten Anforderungen an die Verhältnismäßigkeit bestehen gegen § 30 Abs. 1 Satz 1 Nr. 2 keine unionsrechtlichen Bedenken.

**750**  Ähnliche Anforderungen hat das Bundesverwaltungsgericht im Hinblick auf den Ehegattennachzug zu deutschen Staatsangehörigen aufgestellt. Nach Auffassung des Bundesverwaltungsgerichts kann es nur bei „gewichtigen öffentlichen Belangen" einem deutschen Staatsangehörigen zugemutet werden, die Ehe für einige Zeit gar nicht oder nur im Ausland führen zu müssen[431]. In Bezug auf das Erfordernis einfacher deutscher Sprachkenntnisse stellt das Gericht fest, die Ehe dauerhaft im Ausland führen zu müssen, sei in jedem Fall unangemessen und unzumutbar. Daraus resultiert das Gebot, von dem Erfordernis des Nachweises einfacher deutscher Sprachkenntnisse abzusehen, wenn Bemühungen um den Erwerb der Sprachkenntnisse im Einzelfall nicht möglich, nicht zumutbar oder innerhalb eines Jahres nicht erfolgreich sind[432].

---

427  Vgl. Ziff. 30.1.2.1. AVwV-AufenthG.
428  Vgl. hierzu BT-Innenausschuss Protokoll Nr. 16/40 v. 21.5.2007, S. 97–326; *Kingreen,* ZAR 2007, 13 f.; *Markard/Trucheß,* NVwZ 2007, 1025; a. M. *Hillgruber,* ZAR 2006, 304; *Hailbronner,* FamRZ 2008, 1583.
429  Vgl. BVerwG v. 30.3.2010 – 1 C 8.09, BVerwGE 136, 231.
430  EuGH v. 9.7.2015, Rs.C-153/14 – *K. A.,* ZAR 2015, 350.
431  BVerwG v. 4.9.2012 – 10 C 12/12, Rn. 26.
432  Zum Zumutbarkeitsmaßstab vgl. im Einzelnen *Hailbronner,* Ausländerrecht, April 2014, § 28, Rn. 29 f.

Generell *ausgenommen vom Spracherfordernis* beim Ehegattennachzug zu Aus-    **751**
ländern sind die in § 30 Abs. 1 Satz 2 Nrn. 1 bis 3 und § 30 Abs. 1 Satz 3 Nrn. 1
bis 6 AufenthG genannten Personen. Unter die Ausnahmetatbestände fallen insbesondere Ehegatten von Asylberechtigten, Konventionsflüchtlingen, subsidiär
Schutzberechtigten, Resettlementflüchtlingen, sowie Inhaber einer Niederlassungserlaubnis nach § 26 Abs. 3 und 4. Ausgenommen sind ferner Ehegatten
von Hochqualifizierten (Blaue Karte) Selbständigen, Forschern und Daueraufenthaltsberechtigten. Befreit sind aber generell auch Ausländer aus Staaten, deren Angehörige für einen Kurzaufenthalt vom Visumerfordernis befreit sind
(§ 30 Abs. 1, Satz 3 Nr. 4). Eine Ausnahme vom Spracherfordernis besteht ferner
bei erkennbar geringem Integrationsbedarf des nachziehenden Ehegatten bzw.
fehlender Berechtigung zur Integrationskursteilnahme aus anderen Gründen (vgl.
§ 30 Abs. 1 Satz 3 Nr. 3 AufenthG). Ein erkennbar geringer Integrationsbedarf
ist in der Regel anzunehmen bei Ehegatten, die einen Hoch- oder Fachhochschul-
abschluss oder eine dementsprechende Qualifikation besitzen. Gleiches gilt für
die Ehegatten, die eine Erwerbstätigkeit ausüben, die regelmäßig eine solche
Qualifikation voraussetzt. Zudem muss im Einzelfall die Annahme gerechtfertigt
sein, dass der Ehegatte sich ohne staatliche Hilfe in das wirtschaftliche, gesellschaftliche und kulturelle Leben in Deutschland integrieren wird[433]. Schließlich
sind nach § 30 Abs. 1 Satz 3 Nr. 2 AufenthG diejenigen Ehegatten vom Spracherfordernis ausgenommen, die wegen einer körperlichen, geistigen oder seelischen
Krankheit oder Behinderung nicht in der Lage sind, einfache Deutschkenntnisse
nachzuweisen.

In Reaktion auf die Rechtsprechung des Bundesverwaltungsgerichts hat der Ge-    **752**
setzgeber ferner eine allgemeine geltende (dh. nicht auf den Nachzug zu Deutschen beschränkte) Klausel in Abs. 1 Satz 3 Nr. 6 eingefügt, wonach vom
Spracherfordernis eine Aufnahme gilt, wenn es dem Ehegatten aufgrund besonderer Umstände des Einzelfalles nicht möglich oder nicht zumutbar ist, vor der
Einreise Bemühungen zum Erwerb einfacher Kenntnisse der deutschen Sprache
zu erwerben. Gründe für eine Unzumutbarkeit können in der Person des Ehegatten oder in den äußeren Umständen liegen, wie z. B. der tatsächlichen Verfügbarkeit von Sprachlernangeboten. Nicht ausreichend ist der bloße Verweis auf mangelnde finanzielle Mittel[434]. Auch die gewöhnlich mit dem Spracherwerb im
Ausland verbundenen organisatorischen und persönlichen Schwierigkeiten sind
allein nicht ausreichend, eine Unzumutbarkeit zu begründen. Auch der vom Bundesverwaltungsgericht entwickelte Unzumutbarkeitsmaßstab, wenn innerhalb eines Jahres die erforderlichen Sprachkenntnisse nicht nachgewiesen werden, ist
nicht undifferenziert auf den Ehegattennachzug zu Ausländern übertragbar. Er
beruht wesentlich auf der Annahme, dass ein Verweis auf die Möglichkeit der
Herstellung der Familieneinheit im Ausland für einen deutschen Staatsangehörigen ausscheidet. Danach ist vom Spracherfordernis abzusehen, wenn Bemühungen um den Spracherwerb im Einzelfall innerhalb eines Jahres nicht erfolgreich
sind[435].

Neben der in § 29 Abs. 1 Nr. 1 AufenthG normierten Voraussetzung, dass der    **753**
Stammberechtigte überhaupt einen der aufgezählten Aufenthaltstitel besitzt, ent-

---

433 Vgl. Ziff. 30.1.4.2.3.1 AVwV-AufenthG.
434 BayVGH v. 12.8.2015 – 10 ZB 15.903.
435 BVerwG v. 4.9.2012 – 10 C 12.12.

hält § 30 Abs. 1 Satz 1 Nr. 3 AufenthG für bestimmte Fälle zusätzliche Anforderungen.

**754** Insoweit spezifiziert § 30 Abs. 1 Satz 1 Nr. 3 AufenthG die in § 29 Abs. 1 Nr. 1 AufenthG normierte Voraussetzung. Unterschieden werden muss einerseits zwischen den Personen, zu denen ein Ehegattennachzug ohne weitere Anforderungen, d. h. ohne Rücksicht auf die Dauer ihres Aufenthalts im Bundesgebiet und unabhängig davon, wann die Ehe geschlossen worden ist, möglich ist und allen anderen Ausländern. Zu der ersten Personengruppe zählen die Ausländer, die ein Daueraufenthaltsrecht (Niederlassungserlaubnis oder Erlaubnis zum Daueraufenthalt-EU) oder eine Aufenthaltserlaubnis zum Zweck der Forschung (§ 20 AufenthG) besitzen sowie Asylberechtigte, Flüchtlinge und subsidiär Schutzberechtigte[436] (vgl. § 30 Abs. 1 Satz 1 Nr. 3 lit. a bis c AufenthG). Für die übrigen Ausländer wird unterschieden zwischen solchen, bei denen die Ehe schon bei Erteilung der Aufenthaltserlaubnis an den Stammberechtigten bestand und solchen Ausländern, die erst nachträglich die Ehe eingegangen sind sowie Ausländern, die eine Aufenthaltserlaubnis nach § 38 a AufenthG oder eine Blaue Karte besitzen. *Bestand die Ehe schon* bei Erteilung der Aufenthaltserlaubnis an den Stammberechtigten, so ist nach § 30 Abs. 1 Satz 1 Nr. 3 lit. e AufenthG erforderlich, dass die Dauer des Aufenthalts des Stammberechtigten voraussichtlich über ein Jahr betragen wird. Die Jahresfrist bezieht sich auf die noch verbleibende Aufenthaltsdauer im Zeitpunkt der Entscheidung der Ehegatten, den Nachzug durchzuführen. Die Frist beginnt daher mit der Visumantragstellung und nicht erst mit der Visumerteilung[437]. Für die Beurteilung der Dauer des voraussichtlichen Aufenthalts ist nicht die jeweilige Befristung des Aufenthaltstitels entscheidend, sondern der Aufenthaltszweck. Ist dieser nicht seiner Natur nach zeitlich begrenzt, so kann von einem Aufenthalt ausgegangen werden, dessen Dauer ein Jahr überschreitet. Anderes gilt nur, wenn mit überwiegender Wahrscheinlichkeit zu erwarten ist, dass der Aufenthaltstitel des Stammberechtigten nicht über die Jahresfrist hinaus verlängert wird oder der Ausländer vor Ablauf der Jahresfrist seinen Aufenthalt im Bundesgebiet dauerhaft beenden wird[438].

**755** *Bestand die Ehe noch nicht* bei der Erteilung der Aufenthaltserlaubnis, muss der Stammberechtigte bereits seit zwei Jahren rechtmäßig mit einer Aufenthaltserlaubnis und mit einer begründeten Aussicht auf ein dauerhaftes Aufenthaltsrecht in Deutschland leben. Die Aussicht auf ein dauerhaftes Aufenthaltsrecht ist begründet, wenn weder die Verlängerung der Aufenthaltserlaubnis noch die Erteilung einer Niederlassungserlaubnis ausgeschlossen sind (vgl. § 30 Abs. 1 Satz 1 Nr. 3 lit. d AufenthG). Vom Erfordernis des zweijährigen Besitzes der Aufenthaltserlaubnis und der Aussicht auf ein dauerhaftes Aufenthaltsrecht kann nach *§ 30 Abs. 2 Satz 2 AufenthG* jedoch im Ermessenswege abgesehen werden. Voraussetzung für diese Ermessensbefugnis ist allein, dass der Stammberechtigte im Besitz einer Aufenthaltserlaubnis ist. Für Inhaber der Blauen Karte, eines Forscheraufenthaltstitels oder einen international Schutzberechtigten ist der Besitz des Aufenthaltstitels ausreichend, ohne dass weitere Qualifizierungen erforderlich sind.

---

436 Denn Asylberechtigte und Flüchtlinge sind auf die Realisierung der ehelichen Lebensgemeinschaft im Bundesgebiet angewiesen.
437 Vgl. Ziff. 30.1.3.2. AVwV-AufenthG.
438 Vgl. Ziff. 30.1.3.2. AVwV-AufenthG.

Das *Erfordernis des zweijährigen rechtmäßigen Aufenthalts* widerspricht nicht **756** dem Schutzgebot des Art. 6 Abs. 1 GG[439]. Es rechtfertigt sich daraus, dass sichergestellt werden soll, dass der Ehegatte im Bundesgebiet eine sichere Grundlage für seinen und den Lebensunterhalt seiner Angehörigen gefunden hat und auch in sozialer Hinsicht in die deutschen Lebensverhältnisse eingegliedert ist. Die zweijährige Aufenthaltszeit, während der der Ausländer im Besitz der Aufenthaltserlaubnis gewesen sein muss, berechnet sich nach § 51 AufenthG. Eine Ausreise für einen längeren Zeitraum als sechs Monate oder eine von der Ausländerbehörde bestimmte Frist führt daher zum Erlöschen des Aufenthaltstitels[440]. Der Ausländer muss grundsätzlich ununterbrochen im Besitz der Aufenthaltserlaubnis gewesen sein. Nach § 85 AufenthG können jedoch Unterbrechungen der Rechtmäßigkeit des Aufenthalts bis zu einem Jahr außer Betracht bleiben. Bei der Ermessensausübung sollte aber eine längere Unterbrechung des Aufenthalts nur dann als unschädlich berücksichtigt werden, wenn die insgesamt verbrachte Aufenthaltszeit in ihrer Gesamtbewertung eine Dauerhaftigkeit des rechtmäßigen Aufenthalts im Bundesgebiet erkennen lässt.

Bei *Inhabern einer Aufenthaltserlaubnis nach § 38 a AufenthG* erfordert der Fa- **757** miliennachzug, dass die eheliche Lebensgemeinschaft bereits im Herkunftsmitgliedstaat bestanden hat, in dem der Ausländer die Rechtsstellung eines langfristig aufenthaltsberechtigten Drittstaatsangehörigen erlangt hat.

Das Gesetz unterscheidet damit nicht mehr wie bisher zwischen Ausländern der **758** ersten Generation und den im Bundesgebiet geborenen oder aufgewachsenen Ausländern der zweiten oder dritten Generation[441]. Unterschieden wird auch nicht zwischen türkischen Staatsangehörigen und anderen Drittstaatsangehörigen, die einen Aufenthaltstitel zum Zweck des Familiennachzugs beantragen. Der Assoziationsratsbeschluss Nr. 1/80 gewährt türkischen Staatsangehörigen keine Sonderrechte bei der Einräumung von Familiennachzugsrechten. Allerdings hat der EuGH im Urteil Dogan entschieden, dass die „Stillhalteklausel" des Zusatzprotokolls v. 23.11.1970 zum Assoziationsabkommen zwischen der EGW und der Türkei v. 12.9.1963 auch auf den Familiennachzug beschränkende erst nach Inkrafttreten des Protokolls erlassene Vorschriften über den Familiennachzug zu in Deutschland lebenden türkischen Erwerbstätigen anwendbar ist.[442] Daraus folgt, dass neu eingeführte Beschränkungen der Arbeitnehmer- und Dienstleistungsfreiheit in Deutschland lebender türkischer Erwerbstätiger unanwendbar sind. Allerdings gewährt die Stillhalteklausel kein eigenständiges Familiennachzugsrecht türkischer Staatsangehöriger. Unberührt bleibt jedoch nach der Entscheidung des EuGH die Befugnis der Mitgliedstaaten, Beschränkungen des Familiennachzugs einzuführen, soweit sie durch einen zwingenden Grund des Allgemeininteresses gerechtfertigt sind und nicht über das zur Erreichung dieses Ziels Erforderliche hinausgehen[443]. Diesen Anforderungen entspricht die Neuregelung des § 30 Abs. 1 Satz 1 Nr. 2 mit den dort vorgesehenen Ausnahmen. Mit Inkrafttreten einer vorgesehenen Visabefreiung für türkische

---

439 Vgl. BVerfG v. 12.5.1987, BVerfGE 76, 1 bzgl. der früher geforderten fünf Jahre.
440 Vgl. § 51 Abs. 1 Nr. 7 AufenthG.
441 Vgl. § 18 Abs. 1 AuslG 1990.
442 EuGH v. 10.7.2014, Rs. C-138/13.
443 Vgl. *Thym*, in: *Thym/Zoeteweij-Turhan*, Rights of Third Country Nationals, 2015, S. 13 ff.; a. M. *Groenendijk*, in: Festschrift für K. Hailbronner, 2013, S. 413.

Staatsangehörige entfällt das Erfordernis der einfachen deutschen Sprachkenntnisse für türkische Staatsangehörige.

**Lösung Fall 29:** Da T einen längerfristigen Aufenthalt in Deutschland anstrebt, benötigt er ein nationales Visum (vgl. § 6 Abs. 4 Satz 1 AufenthG). Dessen Erteilung richtet sich gemäß § 6 Abs. 4 Satz 2 AufenthG nach den Vorschriften, die auch für die Erteilung der Aufenthaltserlaubnis gelten. Folglich hat T nach §§ 30 Abs. 1, 6 Abs. 4 Satz 1 i. V. m. §§ 5, 27, 29 AufenthG einen Rechtsanspruch auf Erteilung eines Visums zum Ehegattennachzug, wenn er alle Voraussetzungen erfüllt.

Zunächst müssten die in **§ 5 Abs. 1 und 2 AufenthG** normierten **allgemeinen Erteilungsvoraussetzungen** erfüllt sein. Problematisch ist hier allein die Sicherung des Lebensunterhaltes nach § 5 Abs. 1 Nr. 1 AufenthG. Weder T noch A verfügen über eigenes Vermögen, auch verfügt T nicht über eigenes Einkommen. Daher ist entscheidend, ob die A genügend verdient. Das richtet sich nach den Regelsätzen des § 20 SGB II in der jeweils angepassten Höhe (vgl. § 20 Abs. 5 SGB II) und den aufgrund § 28 SGB XII ermittelten Regelsätzen. Bei mehreren in einem Haushalt lebenden Personen wird eine sog. Bedarfsgemeinschaft (§ 7 Abs. 2 und 3 SBG II) gebildet. Bei einer Bedarfsgemeinschaft von zwei erwachsenen Personen reicht der nachgewiesene Nettoverdienst von 800 Euro nicht aus (vgl. § 20 Abs. 4 und 5 SGB II), um den Lebensunterhalt und die Unterkunftskosten und Krankenversicherungsschutz zu decken. Ein in § 29 Abs. 2 und 4 AufenthG aufgeführter Ausnahmefall, in dem von dem Erfordernis der Sicherung des Lebensunterhaltes abgesehen werden kann bzw. abzusehen ist, liegt nicht vor. Da es sich aber bei der Sicherung des Lebensunterhaltes um eine Regelvoraussetzung handelt, kann ansonsten nur davon abgesehen werden, wenn eine erhebliche Abweichung des zugrunde liegenden Sachverhalts von der vom Gesetzgeber vorausgesetzten „Normallage" vorliegt, die es geboten erscheinen lässt, von der Voraussetzung abzusehen. Ein Grund für eine derartige Abweichung ist hier nicht ersichtlich.

Ferner müssen die in § 27 AufenthG normierten allgemeinen Voraussetzungen für den Familiennachzug erfüllt sein. Anhaltspunkte für das Vorliegen einer Zwangs- oder Scheinehe sind nicht gegeben. Ein Versagungsgrund nach § 27 Abs. 3 Satz 1 AufenthG liegt nicht vor.

Außerdem müssen die allgemeinen Voraussetzungen für den Familiennachzug zu Ausländern vorliegen (vgl. § 29 Abs. 1 AufenthG). Die A besitzt eine gültige Aufenthaltserlaubnis (Nr. 1). Für beide ausreichender Wohnraum (Nr. 2) steht ebenfalls zur Verfügung, da die Wohnfläche pro Person die geforderten 12 qm übersteigt.

Schließlich müssen die besonderen Voraussetzungen für den Ehegattennachzug zu Ausländern gem. § 30 Abs. 1 AufenthG erfüllt sein. Sowohl die A als auch der T sind über 18 Jahre alt (Nr. 1). Da die Ehe zwischen A und T bei der Erteilung der Aufenthaltserlaubnis an A noch nicht bestand, gilt für den vorliegenden Fall § 30 Abs. 1 Satz 1 Nr. 3 lit. d AufenthG. Dessen Voraussetzungen sind erfüllt, denn die A lebt seit mehr als zwei Jahren rechtmäßig mit einer Aufenthaltserlaubnis und mit einer begründeten Aussicht auf ein dauerhaftes Aufenthaltsrecht in Deutschland.

Einem Anspruch auf Erteilung einer Aufenthaltserlaubnis aus familiären Gründen steht aber § 30 Abs. 1 Satz 1 Nr. 2 AufenthG entgegen. Danach setzt der Ehegattennachzug voraus, dass sich der Ehepartner zumindest auf einfache Art in deutscher Sprache verständigen kann. Das Erfordernis dient dem Integrationsinteressen, die der EuGH grundsätzlich als zwingendes Allgemeininteresse anerkannt hat. Erforderlich sind grundsätzlich mit relativ geringem Aufwand zu erwerbende einfache deutsche Sprachkenntnisse, die der Stufe A1 des Europäischen Sprachenreferenzrahmens entsprechen. T kennt aber nur sehr wenige Wörter. Eine einfache Konversation auf Deutsch ist mit ihm nicht möglich. Das Vorliegen einer der in § 30 Abs. 1 Sätze 2 und 3 AufenthG aufgeführten Ausnahmefälle, in denen von dem Spracherfordernis abzusehen ist, wird nicht geltend gemacht und ist auch nicht erkennbar. T muss somit die deutschen Sprachkenntnisse noch erwerben. Mithin hat ein Antrag auf ein Visum zum Ehegattennachzug gegenwärtig keinen Erfolg.

### g) Eigenständiges Aufenthaltsrecht des nachgezogenen Ehegatten (§ 31 Auf- **759** enthG)

**Fall 30:** Die Marokkanerin E hat sich von ihrem ebenfalls aus Marokko stammenden Ehemann M getrennt, da er sie mehrfach schwer misshandelt hat. Die Ausländerbehörde verweigert die Verlängerung der ihr zum Zweck des Ehegattennachzugs erteilten Aufenthaltserlaubnis, da die eheliche Lebensgemeinschaft, die seit elf Monaten rechtmäßig im Bundesgebiet bestanden hat, weggefallen ist. Die Ausländerbehörde geht dabei davon aus, dass ein Fall besonderer Härte nicht vorliegt.

**aa) Entstehung und Zweck der Regelung.** § 31 Abs. 1 AufenthG gewährt einen **760** eigenständigen Rechtsanspruch auf Verlängerung der Aufenthaltserlaubnis nach Aufhebung der ehelichen Lebensgemeinschaft, die von dem ursprünglichen Aufenthaltszweck „Familiennachzug" unabhängig ist (so ausdrücklich § 31 Abs. 1 Satz 1 AufenthG). Grund für die Verselbständigung des Aufenthaltsrechts nach Ablauf einer gewissen Ehebestandszeit ist, dass die Verknüpfung des Aufenthaltsrechts des Ehegatten mit dem Fortbestehen der ehelichen Gemeinschaft im Falle von Ehestörungen zu einer unerwünschten Abhängigkeit eines Ehegatten führen kann. Darüber hinaus kann eine Abhängigkeit des Aufenthaltsrechts von der Ehe zu einer unzumutbaren Belastung eines nachgezogenen Ehegatten führen, wenn eine Ehe mehrere Jahre im Bundesgebiet geführt worden ist und der nachgezogene Ehegatte seine Verbindungen zur früheren Heimat weitgehend gelöst hat. Die Verselbständigung des Aufenthaltsrechts nach Ablauf einer gewissen Ehebestandszeit wurde daher schon in § 19 AuslG 1990 aufgenommen und fortlaufend erweitert. Erfüllt der nachgezogene Ehegatte die Voraussetzungen für die Verlängerung der Aufenthaltserlaubnis gemäß § 31 AufenthG, so erhält er ein eigenständiges Aufenthaltsrecht für ein Jahr. Die Aufenthaltserlaubnis berechtigt nach § 27 Abs. 5 AufenthG auch zur Ausübung einer Erwerbstätigkeit.

Bei türkischen Ehegatten ist zu berücksichtigen, ob diese ein eigenständiges Auf- **761** enthaltsrecht nach Art. 6 oder 7 ARB 1/80 erlangt haben.

**bb) Voraussetzungen für eine Aufenthaltserlaubnis.** Der Rechtsanspruch nachge- **762** zogener Ehegatten ist nach § 31 Abs. 1 Satz 1 AufenthG an die *Aufhebung der ehelichen Lebensgemeinschaft* geknüpft. Sie kann in Folge des Scheiterns der Ehe (Nr. 1) oder aber durch Tod des Ehegatten (Nr. 2) eintreten. Die Aufhebung der ehelichen Lebensgemeinschaft setzt keinen förmlichen Akt wie die Scheidung voraus. Ebenso wenig ist ein Verschulden des Ehegatten, zu dem der Ausländer nachgezogen ist, erforderlich. Maßgeblich ist ausschließlich die Aufhebung der ehelichen Lebensgemeinschaft, z. B. durch dauerhaftes Getrenntleben[444].

Im Falle des Scheiterns der Ehe verlangt § 31 Abs. 1 Satz 1 Nr. 1 AufenthG eine **763** Ehebestandszeit von mindestens drei Jahren im Bundesgebiet. Diese Frist gilt nicht, wenn die Aufhebung der ehelichen Lebensgemeinschaft durch den Tod des Ausländers während der Ehe eingetreten ist. Der dreijährige Bestand der Lebensgemeinschaft setzt einen *rechtmäßigen Aufenthalt beider Ehegatten* im Bundesgebiet voraus[445]. Auf den jeweiligen Aufenthaltstitel kommt es insoweit für die Berechnung der Ehebestandszeit nicht an. Die eheliche Lebensgemeinschaft muss bei Aufhebung drei Jahre lang ununterbrochen bestanden haben. Längere Unterbrechungszeiten des gemeinsamen Aufenthalts der Eheleute führen

---

444 S. z. B. Nds. OVG v. 23.5.2007 – 10 ME 115/07; BayVGH v. 5.6.2007 – 19 CS 07.862, juris.
445 *Dienelt*, in: Renner, Ausländerrecht, § 31 AufenthG, Rn. 7.

dazu, dass für die Berechnung der Dauer lediglich der unmittelbar vorangegangene Zeitraum herangezogen werden kann[446].

**764** Eine *Ausnahme* vom dreijährigen Bestand der Ehe ist in § 31 Abs. 2 Satz 1 AufenthG normiert. Danach muss abweichend vom Erfordernis der dreijährigen Ehebestandszeit ein eigenständiges Aufenthaltsrecht dann gewährt werden, soweit es zur Vermeidung einer besonderen Härte erforderlich ist, dem Ehegatten den weiteren Aufenthalt zu ermöglichen. Der Begriff der *„besonderen Härte"* wurde durch das Änderungsgesetz zum AuslG im Jahr 2000 eingeführt und trat an die Stelle des Begriffs der „außergewöhnlichen" Härte[447].

**765** In Anlehnung an die Vorgängervorschriften definiert § 31 Abs. 2 Satz 2 AufenthG die besondere Härte insbesondere dadurch, dass dem Ehegatten *wegen der aus der Auflösung der ehelichen Lebensgemeinschaft erwachsenden Rückkehrverpflichtung eine erhebliche Beeinträchtigung* seiner schutzwürdigen Belange droht. Nach der Gesetzesbegründung zu der gleichlautenden Vorschrift des § 19 AuslG 1990 war dies insbesondere der Fall, wenn
– dem Ehegatten im Herkunftsland aufgrund gesellschaftlicher Diskriminierung die Führung eines eigenständigen Lebens nicht möglich wäre,
– dem Ehegatten dort eine Zwangsabtreibung droht,
– das Wohl eines in der Ehe lebenden Kindes, etwa wegen einer Behinderung oder der Umstände im Herkunftsland, einen weiteren Aufenthalt in Deutschland erfordert, oder
– die Gefahr besteht, dass dem Ehegatten im Ausland der Kontakt zu dem Kind oder den Kindern willkürlich untersagt wird.

**766** Eine besondere Härte liegt nach Abs. 2 Satz 2 insbesondere (dh. nicht abschließend) vor, wenn dem Ehegatten wegen der aus der Auflösung der ehelichen Lebensgemeinschaft drohenden Rückkehrverpflichtung eine erhebliche *Beeinträchtigung seiner schutzwürdigen Belange droht,* oder *wenn dem Ehegatten wegen der Beeinträchtigung seiner schutzwürdigen Belange das weitere Festhalten an der ehelichen Lebensgemeinschaft unzumutbar* ist. Dies ist nach der gesetzlichen Formulierung insbesondere anzunehmen, wenn der Ehegatte Opfer häuslicher Gewalt ist. Zu den schutzwürdigen Belangen gehört auch das Wohl eines mit dem Ehegatten in familiärer Lebensgemeinschaft lebenden Kindes. Solche Fälle können z. B. vorliegen, wenn
– der nachgezogene Ehegatte wegen physischer oder psychischer Misshandlungen durch den anderen Ehegatten die Lebensgemeinschaft aufgehoben hat[448], oder
– der andere Ehegatte das in der Ehe lebende Kind sexuell missbraucht oder misshandelt hat[449].

**767** Weiter setzt eine erhebliche Beeinträchtigung schutzwürdiger Belange des Ehegatten aufgrund der mit der Auflösung der ehelichen Lebensgemeinschaft verbundenen Rückkehrverpflichtung voraus, dass der Ehegatte durch die Rückkehr ins Herkunftsland ungleich härter getroffen wird als andere Ausländer, die nach

---

446 OVG Hamburg v. 16.2.1995, InfAuslR 1995, 293.
447 Vgl. *Hailbronner*, Ausländerrecht, § 19 AuslG, Rn. 9.
448 Vgl. OVG Hamburg v. 6.1.2005 – 1 Bs 513/04, juris.
449 BT-Drs. 14/2368.

kurzen Aufenthaltszeiten Deutschland verlassen müssen[450]. Die im Regelfall mit jeder Aufenthaltsbeendigung verbundenen wirtschaftlichen und sozialen Folgen stellen daher keine besondere Härte dar[451].

Trotz des Vorliegens einer besonderen Härte kann von dem Erfordernis der drei-  **768** jährigen Ehebestandszeit dann nicht abgesehen werden, wenn für den „Ausländer" die Verlängerung der Aufenthaltserlaubnis ausgeschlossen ist (§ 31 Abs. 2 Satz 1 AufenthG). Die schon bisher strittige Frage, ob hierbei auf den Ehegatten oder den Ausländer, von dem der nachziehende Ehegatte sein Aufenthaltsrecht ableitet, abzustellen ist, ist nach der Systematik der Vorschrift dahin zu beantworten, dass auf die Aufenthaltserlaubnis des Ausländers, zu dem der Ehegatte zugezogen ist, abzustellen ist. § 31 AufenthG unterscheidet durchgehend zwischen der Aufenthaltserlaubnis des Ehegatten und dem Ausländer, wobei „Ausländer" im Zusammenhang der Vorschrift auf den Ausländer verweist, zu dem der Ehegatte zugezogen ist. Hätte der Gesetzgeber auf den Ehegatten abstellen wollen, hätte formuliert werden müssen, „es sei denn, für *ihn* (statt *den Ausländer*) ist die Verlängerung der Aufenthaltserlaubnis ausgeschlossen". Sinn der Regelung ist offensichtlich wie bei § 31 Abs. 1 Satz 2 AufenthG, dass eine Verselbständigung des Aufenthaltsrechts dann nicht in Betracht kommt, wenn bereits nach dem ursprünglichen Zweck des Aufenthaltsrechts von vornherein nur eine befristete Aufenthaltserlaubnis vorgesehen war[452]. Insoweit soll der Ehegatte nicht besser gestellt werden als der Stammberechtigte.

Die Umwandlung des ursprünglich akzessorischen Aufenthaltsrechts in ein ei-  **769** genständiges Aufenthaltsrecht nach Auflösung der ehelichen Lebensgemeinschaft setzt ferner voraus, dass der Stammberechtigte bis zur Auflösung der Ehe im Besitz einer Aufenthaltserlaubnis (einschließlich der Blauen Karte)[453], Niederlassungserlaubnis oder Erlaubnis zum Daueraufenthalt-EG war, es sei denn, er konnte die Verlängerung aus von ihm nicht zu vertretenden Gründen nicht rechtzeitig beantragen (vgl. § 31 Abs. 1 Satz 1 AufenthG a. E.).

Der sich auf ein eigenständiges Aufenthaltsrecht nach § 31 AufenthG berufende  **770** Ausländer hingegen muss zum Zeitpunkt der Beantragung eines eigenständigen Aufenthaltsrechts noch im *Besitz einer Aufenthaltserlaubnis* sein. Es wird also ein der Verlängerung zugängliches Bestehen des Aufenthaltsrechts des nachgezogenen Ehegatten vorausgesetzt[454]. Für eine zeitliche Anknüpfung des eigenständigen Aufenthaltsrechts an ein bestehendes Aufenthaltsrecht spricht auch der Wortlaut („Verlängerung"). Nicht anwendbar ist daher § 31 AufenthG auf den Fall der faktischen Aufhebung der ehelichen Lebensgemeinschaft, wenn der Ausländer z. B. aufgrund einer Ausweisung oder Ausreise das Bundesgebiet verlässt[455].

---

450  Ebenso die Begründung zum Regierungsentwurf, BT-Drs. 15/420, S. 82.
451  Nds. OVG v. 23.5.2007 – 10 ME 115/07, juris.
452  Abweichend für § 19 AuslG 1990 bezüglich des Erfordernisses der unbefristeten Aufenthaltserlaubnis Hess. VGH v. 5.4.2000, AuAS 2000, 86; *Renner*, Ausländerrecht, 7. Aufl., 1999, § 19 AuslG Rn. 9 f.; a. M. GK-AuslR, § 19 AuslG Rn. 87 f.; *Jakober/Lehle/Schwab*, Aktuelles Ausländerrecht, § 19 AuslG, Rn. 8.
453  Vgl. § 4 Abs. 1 Satz 3 AufenthG.
454  Hess. VGH v. 15.3.1995, NVwZ-RR 1995, 474.
455  BVerwG v. 11.6.1996, DVBl. 1997, 168.

**771**    cc) **Versagungsgründe für eine Aufenthaltserlaubnis.** *Ausgeschlossen* ist der Rechtsanspruch auf Erteilung eines eigenständigen Aufenthaltsrechts, wenn der Stammberechtigte selbst keine Perspektive der Aufenthaltsverfestigung hat, weil seine Aufenthaltserlaubnis nicht verlängert oder ihm kein unbefristetes Aufenthaltsrecht eingeräumt werden kann (vgl. § 31 Abs. 1 Satz 2 AufenthG). In diesen Fällen kann der Ehegatte auch im Falle des Scheiterns der Ehe nicht darauf vertrauen, dass ihm ein längerfristiges Aufenthaltsrecht im Bundesgebiet gewährt wird. Ob dies auch für die Ehegatten von Ausländern, die eine ungewisse Aufenthaltsperspektive haben, z. B. weil sie eine Aufenthaltserlaubnis nach den § 22, § 23 Abs. 1, § 25 Abs. 3 AufenthG besitzen[456], ist fraglich. § 31 stellt nach seinem Wortlaut auf den Ausschluss einer Verlängerung durch eine Rechtsnorm, Nebenbestimmung nach § 8 Abs. 2 oder den Aufenthaltszweck ab. Dies muss zum Zeitpunkt der Beantragung eines Aufenthaltstitels nach § 31 feststehen. Besteht zu diesem Zeitpunkt lediglich ein vorübergehendes Aufenthaltsrecht, wie z. B. im Falle des § 25 Abs. 3, so entfällt die Grundlage für die Entstehung eines eigenständigen Aufenthaltsrechts des Ehegatten.

**772**    Abweichend von den allgemeinen Erteilungsvoraussetzungen (§ 5 Abs. 1 Nr. 1 AufenthG) steht nach § 31 Abs. 4 Satz 1 AufenthG die *Inanspruchnahme von Leistungen nach SGB II oder XII* der Verselbständigung des Aufenthaltsrechts nicht entgegen. Allerdings *kann* zur Vermeidung von Missbrauch die Verlängerung der Aufenthaltserlaubnis nach § 31 Abs. 2 Satz 4 AufenthG *versagt werden*, wenn der zugezogene Ehegatte aus einem von ihm zu vertretenden Grund auf Leistungen nach SGB II angewiesen ist. Aus dieser Regelung ergibt sich, dass die Abhängigkeit von Leistungen nach SGB II, wenn im Übrigen die Voraussetzungen für ein eigenständiges Aufenthaltsrecht gegeben sind, die Verlängerung der Aufenthaltserlaubnis nicht ausschließt, es sei denn, eine Ablehnung der Aufenthaltsverlängerung ist zur „Vermeidung von Missbrauch" geboten. Der Gesetzgeber geht von einem Missbrauchsfall dann aus, wenn der Ehegatte aus einem von ihm zu vertretenden Grund sozialleistungsabhängig geworden ist. Ob zusätzlich aus dem Tatbestandsmerkmal „Vermeidung von Missbrauch" besondere Voraussetzungen bezüglich der rechtsmissbräuchlichen Absicht des Ehegatten abgeleitet werden können, ergibt sich nicht eindeutig aus dem Wortlaut. Der Zweck der Vorschrift spricht aber dafür, dass aus Ermessensgründen bereits dann die Verlängerung der Aufenthaltserlaubnis versagt werden kann, wenn die Abhängigkeit von Sozialleistungen vom Ehegatten zu vertreten ist, wobei es auf die subjektive Absicht, rechtsmissbräuchlich Leistungen zu erschleichen, nicht ankommt. Zu vertreten ist die Abhängigkeit von Sozialleistungen immer dann, wenn entweder eine Erwerbstätigkeit ohne hinreichenden Grund aufgegeben worden ist oder der Ehegatte eine ihm zumutbare Tätigkeit nicht annimmt, obwohl er hierzu in der Lage wäre. Nach dem Sinn der gesetzlichen Regelung, die Belastung der Sozialhilfesysteme zu vermeiden, reicht auch die selbstverschuldete Teilabhängigkeit von Sozialleistungen aus, um ein Aufenthaltsrecht zu versagen. Andererseits geht das Gesetz davon aus, dass die Notwendigkeit einer eigenständigen Sicherung des Lebensunterhalts regelmäßig erst nach dem Scheitern einer Ehe entsteht. Daher sollen die Ehegatten zunächst die Gelegenheit haben, sich die Voraussetzungen für die Schaffung einer eigenständigen Lebensgrundlage nach Aufhebung der ehelichen Lebensgemeinschaft zu schaffen.

---

456 Vgl. BMI, Hinweise zum Richtlinienumsetzungsgesetz, Rn. 239.

**Lösung Fall 30:** Da die eheliche Lebensgemeinschaft erst seit elf Monaten rechtmäßig im Bundesgebiet bestanden hat, kommt die Verlängerung der Aufenthaltserlaubnis als eigenständiges, vom Zweck des Familiennachzugs unabhängiges Aufenthaltsrecht nur in Betracht, soweit es zur Vermeidung einer besonderen Härte erforderlich ist, dem Ehegatten den weiteren Aufenthalt zu ermöglichen (§ 31 Abs. 2 Satz 1 AufenthG). Allein die Zerrüttung der ehelichen Lebensgemeinschaft im Sinne eines Zerfalls der Beziehung zwischen den Ehegatten begründet keine Unzumutbarkeit des Festhaltens an der ehelichen Lebensgemeinschaft wegen Beeinträchtigung der schutzwürdigen Belange des Ehegatten. Unzumutbar i. S. der § 31 Abs. 2 Satz 2 AufenthG ist das Festhalten an der ehelichen Lebensgemeinschaft allerdings unter anderem dann, wenn der betroffene Ehegatte oder ein in der Ehe lebendes Kind durch den anderen Ehegatten physisch oder psychisch misshandelt oder das Kind in seiner geistigen oder körperlichen Entwicklung erheblich gefährdet wurde, insbesondere wenn bereits Maßnahmen im Rahmen des Gewaltschutzes getroffen worden waren[457]. Da E demnach das weitere Festhalten an der ehelichen Lebensgemeinschaft unzumutbar ist, liegt eine besondere Härte im Sinne des § 31 Abs. 2 AufenthG vor. E hat daher Anspruch auf Verlängerung ihrer Aufenthaltserlaubnis als eigenständiges, vom Zweck des Familiennachzugs unabhängiges Aufenthaltsrecht für ein Jahr (§ 31 Abs. 1 AufenthG).

Nach § 31 Abs. 4 Satz 2 AufenthG kann die eigenständige eheunabhängige Auf- **773** enthaltserlaubnis über die Dauer eines Jahres hinaus verlängert werden, solange die Voraussetzungen für die Erteilung der Niederlassungserlaubnis oder Erlaubnis zum Daueraufenthalt-EU nicht vorliegen. Diese spezielle Regelung für ein weiteres eigenständiges Aufenthaltsrecht setzt gem. § 8 Abs. 1 i. V. m. § 5 AufenthG für den Regelfall die Erfüllung der allgemeinen Erteilungsvoraussetzungen voraus, wozu anders als bei erstmaliger Verlängerung der Aufenthaltserlaubnis nach § 31 Abs. 4 Satz 1 AufenthG gem. § 5 Abs. 1 Nr. 1 AufenthG auch die Sicherung des Lebensunterhalts zählt[458]. § 27 Abs. 3 AufenthG ist hier wohl nicht anwendbar, da sich § 27 AufenthG seinem Wortlaut nach ausdrücklich auf den Familiennachzug erstreckt, § 31 AufenthG aber ein davon unabhängiges eigenständiges Aufenthaltsrecht zum Gegenstand hat[459].

**dd) Erleichterte Erteilung der Niederlassungserlaubnis.** Sofern der *Lebensunter-* **774** *halt des Ehegatten* nach Aufhebung der ehelichen Lebensgemeinschaft durch Unterhaltsleistungen aus den eigenen Mitteln des Ausländers *gesichert* ist und dieser eine *Niederlassungserlaubnis oder eine Erlaubnis zum Daueraufenthalt-EU besitzt*, wird dem Ehegatten nach § 31 Abs. 3 AufenthG abweichend von den für die Niederlassungserlaubnis an sich erforderlichen Voraussetzungen der Leistung von Pflichtbeiträgen zur Rentenversicherung, der Erlaubnis einer Beschäftigung und des Besitzes der sonstigen, für eine dauernde Ausübung der Erwerbstätigkeit erforderlichen Erlaubnisse (§ 9 Abs. 2 Satz 1 Nr. 3, 5 und 6 AufenthG) ebenfalls eine Niederlassungserlaubnis erteilt. Ist der Ehegatte materiell durch Unterhaltsleistungen gesichert, besteht kein öffentliches Interesse daran, dem Ehegatten nach Aufhebung der ehelichen Lebensgemeinschaft den weiteren Aufenthalt im Bundesgebiet zu versagen.

---

457 Vgl. Ziff. 31.2.5.1 AVwV-AufenthG.
458 Vgl. OVG Berlin-Brandenburg v. 28.2.2006 – 11 S 13.06, juris; Nds. OVG v. 8.2.2007, AuAS 2007, 62.
459 So OVG NRW v. 14.9.2007 – 18 E 881/07, juris.

**775** h) **Kindernachzug zu Ausländern (§ 32 AufenthG)**

> **Fall 31:** Die aus Indien stammenden Eheleute A und B leben seit zwei Jahren in Deutschland. Beide besitzen eine Aufenthaltserlaubnis zum Zweck der Erwerbstätigkeit. Sie möchten ihre 15 und 17 Jahre alten Söhne, für die sie beide das Sorgerecht besitzen, die aber bislang bei Verwandten in Indien untergebracht waren und der deutschen Sprache nicht mächtig sind, nach Deutschland nachholen. Wie wird die deutsche Auslandsvertretung bzw. Ausländerbehörde entscheiden?

> **Fall 32:** Wie wäre Fall 31 zu entscheiden, wenn die Eheleute A und B gemeinsam mit ihren beiden 15 und 17 Jahre alten Söhnen ihren Lebensmittelpunkt von Indien nach Deutschland verlegt hätten?

**776** aa) **Berechtigter Personenkreis.** *Zum Familiennachzug berechtigt* sind lediglich *minderjährige* und *ledige Kinder.* Verheiratete, verwitwete oder geschiedene Kinder fallen nicht unter § 32 AufenthG. Ist die familiäre Lebensgemeinschaft bereits als Folge einer Heirat aufgelöst, besteht keine Notwendigkeit, einen Nachzug zu im Bundesgebiet lebenden Eltern zu gestatten. Die Minderjährigkeit richtet sich nach deutschem Recht. Sie endet mit Vollendung des 18. Lebensjahres. Einbezogen in den Kindernachzug sind auch *Adoptivkinder,* da die mit der Adoption entstandene familienrechtliche Beziehung aufenthaltsrechtlich nicht diskriminiert werden darf.

**777** Aufgrund der unterschiedlichen Voraussetzungen muss beim Nachzug von Kindern zunächst unterschieden werden, ob es sich um Kinder von Asylberechtigten. Konventionsflüchtlingen oder subsidiär Schutzberechtigten (§ 32 Abs. 2 Nr. 1 AufenthG), Niederlassungsberechtigten nach § 26 Abs. 3 und 4 AufenthG, Inhabern einer Blauen Karte EU (§ 19 a AufenthG), einer Niederlassungserlaubnis nach § 19 AufenthG (Hochqualifizierte) oder schließlich um Kinder von „gewöhnlichen" Ausländern (Abs. 1) handelt. Im letzteren Fall (Inhaber einer „schlichten" Aufenthalts- oder Niederlassungserlaubnis) und bei Inhabern einer Daueraufenthaltserlaubnis-EU (§ 9 a) muss zusätzlich danach unterschieden werden, ob die Kinder zusammen mit (§ 32 Abs. 1 AufenthG) oder getrennt von ihren Eltern (§ 32 Abs. 2 und 3 AufenthG) in die Bundesrepublik ziehen.

**778** bb) **Kindernachzug bis zum 18. Lebensjahr (§ 32 Abs. 1 AufenthG).** Ein minderjähriges lediges Kind von „gewöhnlichen" Ausländern hat nach § 32 Abs. 1 AufenthG grundsätzlich einen *Rechtsanspruch* auf Erteilung einer Aufenthaltserlaubnis zwecks Kindernachzug, wenn entweder beide Eltern oder der allein personensorgeberechtigte Elternteil eine Aufenthaltserlaubnis, Blaue Karte EU, Niederlassungserlaubnis oder Erlaubnis zum Daueraufenthalt-EU besitzt. Dabei ist zunächst unerheblich, ob das Kind zusammen mit den Eltern in das Bundesgebiet eingereist ist oder später nachzieht. Eine Einschränkung besteht nach Abs. 2 nur für den Nachzug von Kindern, die das 16. Lebensjahr vollendet haben und nicht zusammen mit ihren Eltern ins Bundesgebiet eingereist sind. Insofern ist für den Anwendungsbereich des Abs. 1 beim Nachzug von Kindern, die das 16. Lebensjahr vollendet haben, die Frage der gemeinsamen Verlegung des Lebensmittelpunkts ins Bundesgebiet bedeutsam.

**779** Maßgeblicher Zeitpunkt für den *Besitz eines der genannten Aufenthaltstitels* ist die Erteilung der Aufenthaltserlaubnis an das minderjährige Kind. Nicht erforderlich ist, dass vor der Erteilung der Aufenthaltserlaubnis an das Kind den *Eltern oder dem allein sorgeberechtigten Elternteil* ein Aufenthaltstitel erteilt werden muss. Zulässig ist eine gleichzeitige Erteilung des Aufenthaltsrechts.

Eine *gemeinsame Verlegung des Lebensmittelpunktes* im Sinne des § 32 Abs. 2 **780**
Nr. 1 AufenthG liegt vor, wenn die Familienangehörigen innerhalb eines überschaubaren Zeitraumes, der in der Regel drei Monate nicht übersteigen darf,
jeweils ihren Lebensmittelpunkt in das Bundesgebiet verlegen. Als Verlegung des
Lebensmittelpunktes ist die Verlagerung des Schwerpunktes der Lebens- und Ar-
beitsbeziehungen und des damit verbundenen Aufenthaltes anzusehen[460]. Die
Verlegung des Lebensmittelpunkts zusammen mit den Eltern setzt allerdings
nicht notwendig voraus, dass alle Familienmitglieder gleichzeitig ins Bundesgebiet einreisen. Für den Umzug der gesamten Familie bedarf es oft weit reichender
Vorbereitungen (Wohnungssuche, Suche eines Kindergarten- oder Schulplatzes,
Auswahl von Betreuungspersonen etc.). Es kann daher zum Beispiel sachgerecht
sein, dem Kind vor dem Umzug die Beendigung des laufenden Schuljahres zu
ermöglichen. Die gemeinsame Verlegung des Lebensmittelpunktes ist folglich
nicht mit einer zeitlich völlig gleichzeitigen Einreise aller Familienangehörigen
gleichzusetzen, sondern bezeichnet einen Vorgang, dessen Dauer sich nach den
Umständen des Einzelfalles bestimmt[461]. Nicht erforderlich ist für die Verlegung
des Lebensmittelpunktes die Absicht, auf unabsehbare Zeit in Deutschland bleiben zu wollen. Der Natur nach zeitlich befristete Aufenthalte, wie z. B. zur Erfüllung eines mehrjährig befristeten Arbeitsverhältnisses oder zur Absolvierung einer mehrjährigen Ausbildung, führen jedenfalls regelmäßig zur Verlagerung des
Lebensmittelpunktes nach Deutschland[462].

Das Nachzugsrecht minderjähriger Kinder setzt ferner voraus, dass entweder **781**
beide *Eltern* oder der *zusammenführende Elternteil* das *alleinige Personensorgerecht* besitzen. Erforderlich ist, dass die sorgeberechtigten Eltern in der Bundesrepublik zusammenleben, da das Gesetz von einer Verlegung des Lebensmittelpunkts des Kindes zusammen mit seinen Eltern ausgeht. Im Gegensatz zum bis
2005 geltenden Recht[463] wird nunmehr auch der Nachzug zu einem im Bundesgebiet lebenden Elternteil, sofern er allein personensorgeberechtigt ist, zugelassen. Lebt dagegen nur einer von beiden sorgeberechtigten Elternteilen in
Deutschland, gewährt § 32 Abs. 1 Nr. 2 AufenthG einen Anspruch auf Nachzug
des Kindes zu diesem[464], wenn der andere Elternteil sein Einverständnis mit
dem Aufenthalt des Kindes im Bundesgebiet erklärt hat oder eine entsprechende
rechtsverbindliche Entscheidung einer zuständigen (ausländischen) Behörde vorliegt[465]. Ein Anspruch besteht daher derzeit nur, wenn der Ausländer die Personensorge allein ausübt[466]. Regelmäßig zu versagen ist der Nachzug zu einem
nicht sorgeberechtigten Elternteil, der sich allein in Deutschland aufhält. Auch
auf den Nachzug von Enkeln zu sorgeberechtigten Großeltern ist § 32 Abs. 2
AufenthG nicht entsprechend anwendbar[467]. Der Nachzug von Enkelkindern zu

---

460 Vgl. Ziff. 32.1.3.2 AVwV-AufenthG.
461 So ausdrücklich BT-Drs. 15/420, S. 83.
462 So auch Ziff. 32.1.3.2 AVwV-AufenthG.
463 Vgl. GK-AuslR zu § 21 AuslG, Rn. 44, 50.
464 So auch VG Berlin v. 28.2.2007 – 7 V 86.05, juris.
465 § 32 Abs. 3 n. F.
466 BT-Drs. 15/420, S. 83; vgl. aber § 32 Abs. 3 in der Neufassung durch das am 16.4.2013 vom
    Bundestag verabschiedete Gesetz zur Verbesserung der Rechte von international Schutzberechtig-
    ten und ausländischen Arbeitnehmern, wonach zukünftig bei gemeinsamem Sorgerecht der Nach-
    zug erlaubt wird, wenn der andere Ehegatte sein Einverständnis mit dem Aufenthalt des Kindes
    im Bundesgebiet erteilt.
467 BVerwG v. 23.4.1997, NVwZ-RR 1997, 739.

Großeltern fällt ausschließlich in den Anwendungsbereich von § 36 AufenthG und ist an das Vorliegen einer außergewöhnlichen Härte geknüpft.

**782**   **cc) Kindernachzug vor dem 16. Lebensjahr (§ 32 Abs. 3 AufenthG).** Erfolgt der Nachzug minderjähriger lediger Kinder *getrennt* von ihren Eltern oder einem personensorgeberechtigten Elternteil, so gilt als regelmäßige Nachzugsgrenze die Vollendung des 16. Lebensjahres. Ein *Rechtsanspruch* auf Nachzug ohne Erfüllung bestimmter Integrationsvoraussetzungen besteht daher grundsätzlich nur, wenn das minderjährige ledige Kind *im Zeitpunkt der (ersten) Antragstellung* das *16. Lebensjahr noch nicht vollendet* hat. Voraussetzung ist dann lediglich, dass beide Eltern oder der zusammenführende allein personensorgeberechtigte Elternteil eine Aufenthaltserlaubnis, Niederlassungserlaubnis oder Erlaubnis zum Daueraufenthalt-EU besitzen (vgl. § 32 Abs. 3 AufenthG).

**783**   **dd) Kindernachzug nach dem 16. Lebensjahr (§ 32 Abs. 2 AufenthG).** Soll der Nachzug eines minderjährigen ledigen Kindes *getrennt* von seinen Eltern oder dem personensorgeberechtigten Elternteil indes erst *nach Vollendung des 16. Lebensjahres* erfolgen, so ist dies gem. § 32 Abs. 2 AufenthG nur möglich, wenn das Kind bestimmte Integrationsvoraussetzungen erfüllt. Erforderlich ist dann, dass das minderjährige ledige Kind die deutsche Sprache beherrscht oder gewährleistet erscheint, dass es sich aufgrund seiner bisherigen Ausbildung und Lebensverhältnisse in die Lebensverhältnisse in der Bundesrepublik Deutschland einfügen kann. Zweck dieser Regelung ist, die Zuwanderung der gesamten Familie und damit die Verlegung des gemeinsamen Lebensmittelpunkts zusammen mit den Eltern ins Bundesgebiet zu fördern. Die *Beherrschung der deutschen Sprache* setzt voraus, dass das Kind hinreichende Kenntnisse sowohl mündlich wie schriftlich besitzt, um an schulischen oder beruflichen Ausbildungen in vergleichbarer Weise wie im Inland aufgewachsene Kinder teilzunehmen oder Tätigkeiten einfacher Art aufzunehmen, die deutsche Sprachkenntnisse erfordern. Sprachliche Schwierigkeiten, die sich aus der Doppelsprachigkeit ergeben, stehen dem Erfordernis der Beherrschung der deutschen Sprache so lange nicht entgegen, als das nachziehende Kind in der Lage ist, die allgemeinen sprachlichen Anforderungen in Beruf und Ausbildung zu erfüllen.

**784**   Alternativ reicht aus, dass sich das nachziehende Kind aufgrund seiner bisherigen Ausbildung und Lebensverhältnisse *in die Lebensverhältnisse der Bundesrepublik Deutschland einfügen kann*. Gedacht ist hier an Fälle, bei denen aufgrund der Ausbildung des Kindes oder der allgemeinen Lebensumstände, die insbesondere durch die berufliche Stellung der Eltern geprägt werden, erwartet werden kann, dass sich das Kind ohne Probleme in die deutschen Lebensverhältnisse integriert.

**785**   Die Integrationsvoraussetzungen müssen nur bei der erstmaligen Erteilung eines Aufenthaltstitels erfüllt sein. Ist ein minderjähriger lediger Ausländer mit einem nationalen Visum zum Zwecke des Kindernachzugs gem. § 6 Abs. 3 Sätze 1 und 2 i. V. m. § 32 Abs. 3 AufenthG in die Bundesrepublik eingereist, stellt der nach Einreise gestellte Antrag nicht einen (Erst-)Antrag auf Erteilung einer Aufenthaltserlaubnis dar, sondern einen Verlängerungsantrag. Daher können von dem Kind, wenn es zwischenzeitlich das 16. Lebensjahr vollendet hat, die genannten Integrationsvoraussetzungen nicht gefordert werden[468].

---

468  Nds. OVG v. 13.3.2006, InfAuslR 2006, 328–329.

Voraussetzung für einen Nachzug ist auch hier, dass beide Elternteile oder der **786** allein personenberechtigte Elternteil eine Aufenthaltserlaubnis, Niederlassungs- erlaubnis oder Erlaubnis zum Daueraufenthalt-EU besitzen.

**ee) Dispens bei privilegierten Gruppen von Ausländern (§ 32 Abs. 1 Nr. 1 Auf-** **787** **enthG) und Inhabern einer Blauen Karte oder Niederlassungserlaubnis (§ 32** **Abs. 1 Nr. 2 AufenthG).** Von den in § 32 Abs. 2 Satz 1 aufgestellten zusätzlichen Integrationsanforderungen beim Nachzug von über 16-jährigen Kindern wird eine Ausnahme gemacht, wenn der Ausländer, zu dem der Nachzug erfolgt, im Zeitpunkt der Antragstellung entweder eine Aufenthaltserlaubnis
– als Asylberechtigter (§ 25 Abs. 1 AufenthG) oder
– anerkannter Flüchtling (§ 25 Abs. 2 AufenthG) oder
   – subsidiär Schutzberechtigter oder
   – Resettlementflüchtling oder
– eine Niederlassungserlaubnis nach § 26 Abs. 3 AufenthG (Inhaber einer hu- manitären Aufenthaltserlaubnis nach dreijährigem Aufenthalt) oder nach § 26 Abs. 4 AufenthG (subsidiär Schutzberechtigter nach fünfjährigem Auf- enthalt und Besitz einer Aufenthaltserlaubnis) besitzt.

Die Kinder können mit oder getrennt von ihren Eltern oder einem Elternteil und **788** unabhängig vom Sorgerecht in die Bundesrepublik bis zur Vollendung des 18. Lebensjahres einreisen. Für sie gelten die Altersbeschränkung des § 32 Abs. 2 AufenthG und die damit verbunden Integrationserfordernisse im Falle einer Überschreitung nicht. Zudem ist der Kindernachzug insofern privilegiert, als gem. § 29 Abs. 2 Satz 1 AufenthG von der Voraussetzung des gesicherten Le- bensunterhaltes (§ 5 Abs. 1 Nr. 1 AufenthG) und von dem Vorhandensein eines angemessenen Wohnraums (§ 29 Abs. 1 Nr. 2 AufenthG) abgesehen werden kann. Unter den Voraussetzungen des § 29 Abs. 2 Satz 2 AufenthG ist ein Abse- hen sogar zwingend[469]. Das Gesetz trägt damit der faktischen Lage von Auslän- dern, die zur Herstellung einer familiären Gemeinschaft auf Deutschland ange- wiesen sind, Rechnung[470]. Ebenso wie Deutschen steht ihnen die Herstellung und Wahrung der Familieneinheit im Herkunftsstaat nicht frei.

Privilegiert sind auch Inhaber einer Blauen Karte EU gem. § 19 a AufenthG oder **789** einer Niederlassungserlaubnis nach § 19 AufenthG (Hochqualifizierte) insofern, als der Nachzug minderjähriger Kinder keiner Altersbegrenzung unterliegt. Er- forderlich ist jedoch, dass entweder der Elternteil, zu dem der Nachzug stattfin- det, personensorgeberechtigt ist oder dass beide Eltern ihren gewöhnlichen Auf- enthalt im Bundesgebiet haben und mindestens ein Elternteil eine Blaue Karte EU oder eine Niederlassungserlaubnis nach § 19 AufenthG besitzt. Der gewöhnliche Aufenthalt im Bundesgebiet besteht, wenn der Lebensmittelpunkt beider Eltern im Bundesgebiet liegt, was in der Regel einen ständigen Wohnsitz erfordert.

    **Lösung Fall 31:** Die Kinder der Eheleute A und B benötigen für die Einreise nach **790**     Deutschland ein nationales Visum, da ein längerfristiger Aufenthalt beabsichtigt ist     (§ 6 Abs. 3 Satz 1 AufenthG). Nach § 6 Abs. 3 Satz 2 AufenthG richtet sich dessen     Erteilung nach den für die Aufenthaltserlaubnis geltenden Vorschriften. Gem. § 32     Abs. 3 AufenthG ist einem minderjährigen ledigen Kind eines Ausländers, welches     das 16. Lebensjahr noch nicht vollendet hat, eine Aufenthaltserlaubnis zu erteilen,

---

469  S. hierzu oben unter Rn. 679.
470  Vgl. zur bisherigen Rechtslage *Hailbronner*, Ausländerrecht, § 20 AuslG, Rn. 6.

wenn beide Eltern oder der allein personensorgeberechtigte Elternteil eine Aufenthaltserlaubnis, Niederlassungserlaubnis oder Erlaubnis zum Daueraufenthalt-EU besitzen. Weil A und B das gemeinsame Sorgerecht sowie jeweils eine Aufenthaltserlaubnis besitzen, hat der 15-jährige Sohn einen Anspruch auf Erteilung eines Visums zwecks Familienzusammenführung. Dagegen setzt der Nachzug des 17-jährigen Sohnes die Erfüllung bestimmter Integrationskriterien voraus (vgl. § 32 Abs. 2 AufenthG). Da er die deutsche Sprache nicht beherrscht und auch keine Anhaltspunkte dafür bestehen, dass er sich aufgrund seiner bisherigen Ausbildung und Lebensverhältnisse in die Lebensverhältnisse der Bundesrepublik Deutschland einfügen kann, hat der 17-jährige Sohn keinen Anspruch auf Erteilung eines Visums nach § 32 Abs. 2 AufenthG. Zu prüfen bleibt, ob die Erteilung eines Visums aufgrund der Umstände des Einzelfalls zur Vermeidung einer besonderen Härte nach § 32 Abs. 4 AufenthG erforderlich ist (dazu sogleich).

**Lösung Fall 32:** Für den Fall, dass die Eltern gemeinsam mit ihren beiden Söhnen ihren Lebensmittelpunkt nach Deutschland verlegen, muss beiden Kindern ein Visum nach § 32 Abs. 1 Nr. 2 AufenthG erteilt werden. Die Altersgrenze von 16 Jahren und die damit verbundenen Integrationskriterien gelten hier nicht.

**791**   **ff) Kindernachzug in Härtefällen (§ 32 Abs. 4 AufenthG).** Eine generalklauselartige Ausnahme von den Nachzugsvoraussetzungen des § 32 Abs. 1 bis 3 AufenthG ist in Absatz 4 vorgesehen („im Übrigen kann eine Aufenthaltserlaubnis erteilt werden"). Voraussetzung ist, dass aufgrund der Umstände des Einzelfalls der Nachzug zur *Vermeidung einer besonderen Härte* erforderlich ist. Hierbei müssen das Kindeswohl und die familiäre Situation berücksichtigt werden. Diese weit reichende „Härteklausel" soll es ermöglichen, über den Nachzug eines minderjährigen Kindes unter Berücksichtigung der sich aus Art. 6 GG ergebenden Schutzwirkungen zu entscheiden. Für die Auslegung der Härteklausel gilt, dass nur im Falle besonderer Umstände ein Abweichen von den allgemeinen Nachzugsvoraussetzungen gerechtfertigt ist[471]. Die besonderen Umstände des Einzelfalls müssen berücksichtigt und die widerstreitenden öffentlichen und privaten Belange unter Beachtung des Grundsatzes der Verhältnismäßigkeit gegeneinander abgewogen werden[472]. Ein Anhaltspunkt ist, ob die Verweigerung der Aufenthaltserlaubnis den minderjährigen Ausländer in den Folgen deutlich ungleich schwerer trifft als vergleichbare Ausländer[473]. Nicht jede Verschlechterung der Betreuungssituation im Ausland oder bessere wirtschaftliche Aussichten im Bundesgebiet begründen eine besondere Härte. Voraussetzung ist, dass das Interesse des minderjährigen Kindes und der im Bundesgebiet lebenden Eltern unter Berücksichtigung des Kindeswohls an einem Zusammenleben im Hinblick darauf vorrangig ist, dass sich die Lebensumstände wesentlich geändert haben, die das Verbleiben des Kindes in der Heimat bisher ermöglichten und weil den Eltern oder einem Elternteil eine Rückkehr in das Heimatland gegenwärtig nicht zumutbar ist[474]. Zu berücksichtigen ist das Kindeswohl, wie es im Rahmen eines familiären Betreuungsverhältnisses zum Ausdruck kommt. Von Bedeutung ist daher, ob nur der im Bundesgebiet wohnende Elternteil zur Betreuung des Kindes in der Lage ist[475]. Sind daher im Heimatstaat andere Familienangehörige als Betreuungspersonen verfügbar, kommt in der Regel die Erteilung einer Aufent-

---

471  BVerwG v. 29.3.1996, NVwZ-RR 1997, 126.
472  Vgl. VGH BW v. 26.2.1992, InfAuslR 1992, 349.
473  Vgl. *Jakober/Lehle/Schwab*, Aktuelles Ausländerrecht, § 32 AufenthG, Rn. 64.
474  BVerwG v. 24.1.1994, InfAuslR 1994, 183; vgl. auch *Dienelt*, in: Renner, Ausländerrecht, § 32 AufenthG, Rn. 47.
475  BVerwG v. 24.1.1994, InfAuslR 1994, 183.

haltserlaubnis nicht in Betracht. Generell ist im Übrigen anzunehmen, dass der Sorgerechtsregelung umso geringere Bedeutung zukommt, je älter der minderjährige Ausländer ist und je weniger er auf die persönliche Betreuung angewiesen ist[476]. Ist das Kind jedoch aufgrund einer plötzlich auftretenden Krankheit oder eines Unfalls pflegebedürftig, kann eine besondere Härte vorliegen. Zu berücksichtigen ist ferner die berufliche und allgemeine Situation nachzugswilliger älterer Jugendlicher. Nach einer längeren freiwilligen Trennung von einem Elternteil kommt dem Nachzugswunsch jedenfalls dann keine wesentliche Bedeutung zu, wenn im Hinblick auf den Ausbildungsstand des Jugendlichen nur geringe Integrationschancen bestehen. Im Beispielfall Nr. 31 wird man eine besondere Härte annehmen können, wenn eine bisher bestehende enge familiäre Gemeinschaft zwischen den beiden Söhnen dadurch auseinandergerissen würde, dass nur dem 15-jährigem Sohn der Nachzug gestattet wird.

**i) Verlängerung der zum Kindernachzug erteilten Aufenthaltserlaubnis (§ 34**   **792**
**Abs. 1 u. 3 AufenthG).** Ist einem Kind eine Aufenthaltserlaubnis zum Zweck des Familiennachzugs erteilt worden und lebt es mit einem personensorgeberechtigten Elternteil, der eine Aufenthaltserlaubnis, Niederlassungserlaubnis oder eine Erlaubnis zum Daueraufenthalt-EU besitzt, in familiärer Lebensgemeinschaft im Bundesgebiet (§ 34 Abs. 1 1. Alt. AufenthG), so hat es einen *Rechtsanspruch* auf Verlängerung der Aufenthaltserlaubnis, ohne dass es auf den Nachweis ausreichenden Wohnraums oder die Unterhaltssicherung ankäme[477]. Auch die spezifischen Voraussetzungen des § 32 Abs. 2 AufenthG für die erstmalige Erteilung der Aufenthaltserlaubnis für nachziehende Kinder (Altersgrenze, Sprachkenntnisse) sind auf die Verlängerung der Aufenthaltserlaubnis nicht anwendbar[478]. Zwar gelten grundsätzlich für die Verlängerung der Aufenthaltserlaubnis die gleichen Voraussetzungen wie für die erstmalige Erteilung. Dies gilt jedoch nicht für solche Voraussetzungen, die nach Sinn und Zweck spezifisch auf die erstmalige Erteilung der Aufenthaltserlaubnis bezogen sind.

Hierdurch wird aber nicht ausgeschlossen, dass eine Versagung der Aufenthalts-   **793** erlaubnis gem. § 27 Abs. 3 Satz 1 AufenthG erfolgen kann. Vorgesehen ist nur eine Dispensierung von den Voraussetzungen des § 5 Abs. 1 Nr. 1 und § 29 Abs. 1 Nr. 2 AufenthG, nicht aber von den anderen Voraussetzungen des § 5 und § 27 Abs. 3 Satz 1 AufenthG. Grund hierfür ist die Anwendung von § 8 Abs. 1 AufenthG. Eine Versagung wegen § 27 Abs. 3 AufenthG scheidet jedoch in den Fällen des § 29 Abs. 4 AufenthG sowie in richtlinienkonformer Anwendung bei Asylberechtigten und internationalen Schutzberechtigten aus.

Die zweite in § 34 Abs. 1 AufenthG genannte Alternative betrifft Kinder, die ein   **794** hypothetisches Recht auf Wiederkehr nach § 37 AufenthG haben. Dieses Recht ist insofern hypothetisch, als die Kinder das Bundesgebiet nicht verlassen haben. Analog § 37 AufenthG müssen die Voraussetzungen für ein Wiederkehrrecht bei hypothetischer Annahme der Ausreise aus dem Bundesgebiet vorliegen. § 37 Abs. 2 und Abs. 3 Nr. 2 und 3 AufenthG finden dabei entsprechende Anwendung, nicht aber § 37 Abs. 3 Nr. 1 AufenthG[479]. Das Recht auf Verlängerung der Aufenthaltserlaubnis im Falle eines Wiederkehrrechts ist nicht von der Vor-

---

476 BVerwG v. 29.3.1996, NVwZ-RR 1997, 126.
477 § 34 Abs. 1 AufenthG.
478 Nds. OVG v. 13.3.2006, InfAuslR 2006, 328–329.
479 Ziff. 34.1.4 AVwV-AufenthG.

aussetzung eines Aufenthaltstitels eines personensorgeberechtigten Elternteils und des Zusammenlebens in familiärer Lebensgemeinschaft abhängig. Zweck der Vorschrift ist nämlich, dass ein Ausländer, der im Falle seiner Ausreise ein Wiederkehrrecht hätte, nicht deshalb benachteiligt sein soll, weil er nicht ausgereist ist.

**795** Bei beiden Varianten ist Voraussetzung, dass die ursprünglich erteilte Aufenthaltserlaubnis, deren Verlängerung nunmehr begehrt wird, dem Ausländer als Kind, d. h. zum Zweck des Familiennachzugs, erteilt worden ist. Ist der Ausländer volljährig, gelangt § 34 Abs. 1 AufenthG nur dann zur Anwendung, wenn die Volljährigkeit nach Ablauf der zu verlängernden Aufenthaltserlaubnis eingetreten ist. Sonst ist § 34 Abs. 2 AufenthG einschlägig[480].

**796** **j) Eigenständiges, befristetes Aufenthaltsrecht des nachgezogenen Kindes (§ 34 Abs. 2 AufenthG).** Mit *Eintritt der Volljährigkeit* wird die dem Kind zwecks Kindernachzugs erteilte Aufenthaltserlaubnis zu einem *eigenständigen*, vom Familiennachzug unabhängigen *Aufenthaltsrecht*. Die §§ 27, 28 und 32 AufenthG finden keine Anwendung mehr. § 34 Abs. 2 AufenthG gewährt jedoch selbst keinen unmittelbaren Rechtsanspruch auf Verlängerung der Aufenthaltserlaubnis, sondern sieht lediglich eine automatische, von Gesetzes wegen eintretende Veränderung des Rechtscharakters des Aufenthaltstitels zwecks Kindernachzugs mit Erreichen der Volljährigkeit vor[481]. *Voraussetzung* ist, dass das Kind während der Geltungsdauer der ihm als Kind erteilten Aufenthaltserlaubnis volljährig geworden ist[482]. Ist der Ausländer zu diesem Zeitpunkt nicht mehr im Besitz einer Aufenthaltserlaubnis zum Zweck des Familiennachzugs, z. B. weil er die Voraussetzungen nicht mehr erfüllt, so besteht kein Grund für ein eigenständiges Aufenthaltsrecht.

**797** Nach § 34 Abs. 2 Satz 2 AufenthG werden mit Eintritt der Volljährigkeit ebenfalls die dem Kind erteilte Niederlassungserlaubnis oder Erlaubnis zum Daueraufenthalt-EU sowie die Aufenthaltserlaubnis, die analog § 37 AufenthG verlängert worden ist, vom Zweck des Familiennachzugs unabhängig. Mit der Erteilung der genannten unbefristeten Aufenthaltstitel, die einen „Einwandererstatus" beinhalten, wäre eine fortbestehende Abhängigkeit vom Aufenthaltsrecht eines Elternteils unvereinbar.

**798** Die nach § 34 Abs. 2 AufenthG erlangte *eigenständige Aufenthaltserlaubnis kann* nach § 34 Abs. 3 AufenthG *verlängert werden*, solange die Voraussetzungen für die Erteilung der Niederlassungserlaubnis oder eine Erlaubnis zum Daueraufenthalt-EU noch nicht vorliegen. Die Verlängerung der Aufenthaltserlaubnis ist danach nach Ermessen und unter Berücksichtigung der allgemeinen Vorschriften des AufenthG möglich. Anwendbar sind die allgemeinen Regeln der §§ 8, 5 AufenthG nicht, dagegen die §§ 27 bis 33 AufenthG, da es sich um ein eigenständiges und vom Zweck des Familiennachzugs unabhängiges Aufenthaltsrecht handelt.

**799** Für *Kinder türkischer Staatsangehöriger* gelten nach Assoziationsrecht für die Verlängerung der Aufenthaltserlaubnis besondere Regeln. Zwar lässt sich dem

---

480 OVG RP v. 19.11.2003, InfAuslR 2004, 106.
481 OVG NRW v. 21.6.2006 – 18 B 1580/05, juris.
482 Hess. VGH 27.5.1993, EZAR 024 Nr. 2.

Assoziationsrecht kein Recht auf Zuzug ins Bundesgebiet entnehmen. Familienangehörige erwerben aber nach Art. 7 Abs. 3 ARB Nr. 1/80 nach erfolgreichem Abschluss der Berufsausbildung ein Aufenthaltsrecht im Bundesgebiet, um sich auf jedes Stellenangebot bewerben zu können. Voraussetzung ist eine mindestens dreijährige ordnungsgemäße Beschäftigung im Bundesgebiet. Soweit die Voraussetzungen für die besonderen Privilegierungstatbestände des Assoziationsrechts nicht vorliegen, erwerben auch Kinder türkischer Arbeitnehmer einen Anspruch auf Verlängerung der Aufenthaltserlaubnis nach § 34 AufenthG.

## k) Eigenständiges, unbefristetes Aufenthaltsrecht des nachgezogenen Kindes (§ 35 AufenthG)    **800**

> **Fall 33:** Der 19-jährige Algerier A ist mit 14 Jahren gemeinsam mit seinen Eltern nach Deutschland gekommen und besitzt seither eine Aufenthaltserlaubnis. Er verfügt über ausreichende Kenntnisse der deutschen Sprache. A beantragt die Erteilung einer Niederlassungserlaubnis gem. § 35 AufenthG. Die Ausländerbehörde lehnt den Antrag ab mit der Begründung, dass A eine Handelsschule besuche und sich daher nicht in einer Ausbildung befinde, die zu einem anerkannten schulischen oder beruflichen Bildungsabschluss führt. Zu Recht?

§ 35 AufenthG schafft für ausländische Kinder, denen eine Aufenthaltserlaubnis **801** zum Zweck der Familienzusammenführung erteilt worden war, eine Rechtsgrundlage für den erleichterten Erwerb eines eigenständigen, unbefristeten Aufenthaltsrechts. Danach wird eine Niederlassungserlaubnis unabhängig von den Voraussetzungen, die sonst gem. § 9 Abs. 2 AufenthG erfüllt sein müssen (Sicherung des Lebensunterhalts etc.), gewährt. *Auf Kinder von Unionsbürgern* ist § 35 AufenthG jedoch grundsätzlich *nicht anwendbar* (vgl. auch § 11 FreizügG/ EU). Das gilt auch nach der Meistbegünstigungsklausel (§ 11 Abs. 1 Satz 3 FreizügG/EU), da das unionsrechtliche Freizügigkeitsrecht im Allgemeinen eine weitergehendere Rechtsposition als die Niederlassungserlaubnis gem. § 35 AufenthG vermittelt.

§ 35 Abs. 1 AufenthG enthält zwei alternative Erwerbstatbestände. Bei der *ers-* **802** *ten Alternative* ist *Voraussetzung für* einen *Rechtsanspruch* auf Erteilung einer Niederlassungserlaubnis, dass das ausländische Kind *im Zeitpunkt der Vollendung* seines 16. Lebensjahres *seit mindestens fünf Jahren im Besitz einer Aufenthaltserlaubnis* ist, die ihm zum Zweck des Familiennachzugs nach § 27 AufenthG erteilt worden ist (§ 35 Abs. 1 Satz 1 AufenthG). Diese Regelung beruht auf der Erwägung, dass sich Kinder, die sich bereits seit fünf Jahren im Bundesgebiet aufhalten, weitgehend in die rechtliche, wirtschaftliche und soziale Ordnung der Bundesrepublik Deutschland eingefügt haben. Die Fünf-Jahres-Frist entspricht der Frist, die auch sonst für die Erteilung einer Niederlassungserlaubnis vorausgesetzt wird. Die Voraussetzung ist dann nicht erfüllt, wenn die zuletzt erteilte Aufenthaltserlaubnis vor Vollendung des 16. Lebensjahres ungültig geworden ist und der Verlängerungsantrag nicht vor Ablauf der Geltungsdauer gestellt wurde. Für die *Anrechnung der Zeiten des Besitzes* der Aufenthaltserlaubnis gelten die gleichen Grundsätze wie bei § 9 Abs. 4 AufenthG[483] (frühere Zeiten einer Aufenthalts- oder Niederlassungserlaubnis; hälftige Anrechnung von Schule und Ausbildung; höchstens 6 Monate Auslandsaufenthalt). Nach

---

483 Vgl. zu den entsprechenden Grundsätzen für § 24 AuslG 1990 *Hailbronner*, Ausländerrecht, § 24 AuslG, Rn. 10.

§ 35 Abs. 2 AufenthG sind Zeiten, in denen der Ausländer außerhalb des Bundesgebiets die Schule besucht hat, in der Regel nicht anrechenbar.

**803** Zu beachten ist außerdem, dass nach § 85 AufenthG Unterbrechungen des Besitzes der Aufenthaltserlaubnis bzw. der Rechtmäßigkeit des Aufenthaltes bis zu einem Jahr außer Betracht bleiben können.

**804** Weitere *Voraussetzung* ist, dass die *Aufenthaltserlaubnis zum Zweck des Familiennachzugs* erteilt worden ist. Nicht notwendig ist, dass die letzte Verlängerung zu dem Zweck des Familiennachzugs erfolgt ist. Vorausgesetzt wird lediglich, dass der Ausländer eine Aufenthaltserlaubnis „nach diesem Abschnitt" besitzt; ihm muss daher als Kind der Aufenthalt zum Zweck des Familiennachzugs erlaubt worden sein. Auch eine verlängerte Aufenthaltserlaubnis, die zu einem eigenständigen Aufenthaltsrecht geführt hat, ist eine Aufenthaltserlaubnis im Sinne von § 35 Abs. 1 Satz 1 AufenthG.

**805** Erforderlich ist nach dem klaren Wortlaut des § 35 Abs. 1 AufenthG, dass der Ausländer *im Zeitpunkt der Antragstellung* noch *minderjährig* ist. Dies ergibt sich auch aus der Systematik des Gesetzes, das in Satz 1 und Satz 2 klar zwischen minderjährigen und volljährigen Ausländern unterscheidet.

**806** Alternativ räumt § 35 Abs. 1 Satz 2 AufenthG *volljährigen* Ausländern, die *seit fünf Jahren* im Besitz der Aufenthaltserlaubnis sind, unabhängig vom Einreisealter einen *Rechtsanspruch* auf die Niederlassungserlaubnis ein, soweit sie *zusätzlich* über ausreichende Deutschkenntnisse verfügen und der Lebensunterhalt gesichert ist oder sie sich in der Ausbildung befinden. Voraussetzung ist jedoch, dass sie als Kinder, d. h. vor Vollendung des 18. Lebensjahres, nachgezogen sind[484]. Satz 2 ist anwendbar auf Ausländer, die die Voraussetzungen des Satzes 1 nicht erfüllen, weil sie z. B. erst nach Vollendung des elften Lebensjahres ins Bundesgebiet eingereist sind oder erst nach Vollendung des 16. Lebensjahres das Erfordernis des fünfjährigen Besitzes der Aufenthaltserlaubnis erfüllen. Die Fünfjahresfrist braucht nicht schon bei Eintritt der Volljährigkeit erreicht zu sein[485]. Erforderlich ist jedoch, dass der Antragsteller *spätestens zum Zeitpunkt der Antragstellung seit fünf Jahren im Besitz der Aufenthaltserlaubnis* ist. Wird der Antrag erst nach Ablauf der Geltungsdauer der Aufenthaltserlaubnis gestellt, scheidet ein Anspruch aus[486].

**807** *Weitere Voraussetzungen* sind ausreichende Kenntnisse der deutschen Sprache sowie die Sicherung des Lebensunterhalts oder die Absolvierung einer Ausbildung, die zu einem anerkannten schulischen oder beruflichen Bildungsabschluss führt. *Ausreichende Deutschkenntnisse* sind nachgewiesen, wenn der Ausländer sich hinreichend in Deutsch verständigen kann und in der Lage ist, Deutsch zu lesen[487]. Ob die Voraussetzung der *Sicherung des Lebensunterhalts* erfüllt ist, bestimmt sich nach der Begriffsbestimmung des § 2 Abs. 3. AufenthG. Danach ist der Lebensunterhalt gesichert, wenn der Ausländer ihn einschließlich ausreichenden Krankenversicherungsschutzes ohne Inanspruchnahme öffentlicher

---

484 Vgl. BT-Drs. 15/420, S. 84; zur Vorgängervorschrift des § 26 AuslG 1990 vgl. BT-Drs. 11/6321, S. 64.
485 Vgl. VGH BW v. 24.2.1992, EZAR 017 Nr. 3 zu § 26 AuslG 1990.
486 Vgl. VGH BW v. 7.12.1995, VBlBW 1996, 224, zur insoweit gleichlautenden Vorschrift des § 26 Abs. 1 Satz 2 AuslG 1990.
487 Vgl. auch § 3 Abs. 2 IntV.

Mittel bestreiten kann. Eine Sicherung des Lebensunterhalts kann, muss aber nicht durch eigene Erwerbstätigkeit erreicht werden. Die wirtschaftlichen Verhältnisse müssen die Erwartung rechtfertigen, dass der Ausländer für eine voraussehbare Zukunft seinen Lebensunterhalt sichern kann. Nicht ausreichend sind bloße Gelegenheitsarbeiten oder Ersparnisse, die nur für kurze Zeit einen Verzicht auf Erwerbstätigkeit ermöglichen, oder freiwillige sonstige Leistungen Dritter.

Als gleichwertig wird angesehen, wenn sich der Ausländer *in einer Ausbildung* **808** *befindet*, die zu einem anerkannten schulischen oder beruflichen Bildungsabschluss führt.

> **Lösung Fall 33:** Da A im Zeitpunkt der Vollendung seines 16. Lebensjahres noch nicht seit fünf Jahren im Besitz der Aufenthaltserlaubnis war, kommt nur die Erteilung einer Niederlassungserlaubnis nach § 35 Abs. 1 Satz 2 AufenthG in Betracht. A ist volljährig und im Zeitpunkt der Antragstellung seit fünf Jahren im Besitz einer Aufenthaltserlaubnis, die ihm zum Zweck des Familiennachzugs erteilt worden war. Außerdem verfügt er über ausreichende Kenntnisse der deutschen Sprache. Des Weiteren müsste der Lebensunterhalt des A gesichert sein oder er müsste sich in einer Ausbildung im Sinne des § 35 Abs. 1 Satz 2 Nr. 3 AufenthG befinden. Zu einem anerkannten schulischen oder beruflichen Bildungsabschluss führt nicht nur der Besuch einer allgemeinbildenden Schule, sondern auch der Besuch von Berufsfachschulen (z. B. Handelsschule) oder sonstigen öffentlichen oder staatlich anerkannten berufsbildenden Schulen[488]. Da A alle Voraussetzungen des § 35 Abs. 1 Satz 2 AufenthG erfüllt, hat er einen Anspruch auf Erteilung einer Niederlassungserlaubnis abweichend von § 9 Abs. 2 AufenthG.

Eine *Ausnahme von den Voraussetzungen* des § 35 Abs. 1 Nr. 2 und 3 AufenthG **809** (ausreichende Sprachkenntnisse und Sicherung des Lebensunterhalts) macht § 35 Abs. 4 AufenthG, wenn diese Voraussetzungen von einem Ausländer *wegen einer körperlichen, geistigen oder seelischen Krankheit oder Behinderung nicht erfüllt* werden können. Es muss demnach ein kausaler Zusammenhang zwischen der Nichterfüllung der genannten Voraussetzungen und der Krankheit oder Behinderung vorliegen. Eine Einzelfallprüfung, ob dieser Zusammenhang nachgewiesen werden kann, findet jedoch nicht statt. Trotz des Wegfalls der in § 26 Abs. 4 Satz 2 AuslG 1990 niedergelegten Vermutung geht die Gesetzesbegründung davon aus, dass die Voraussetzungen erfüllt sind, wenn für die gewöhnlichen und regelmäßig wiederkehrenden Verrichtungen im Ablauf des täglichen Lebens voraussichtlich auf Dauer in erheblichem Maße eine Hilfsbedürftigkeit besteht. Die Änderung ist daher lediglich redaktioneller Art[489].

§ 35 Abs. 3 AufenthG postuliert eine Reihe *spezieller Ermessensversagungs-* **810** *gründe.* Sie gehen § 5 AufenthG vor. Die Ablehnung der Niederlassungserlaubnis kann mithin bei Erfüllung der Voraussetzungen des § 35 Abs. 1 AufenthG nur noch auf die Gründe des § 35 Abs. 3 Satz 1 AufenthG gestützt werden. Nicht ausgeschlossen ist jedoch die Anwendbarkeit des § 5 Abs. 1 Nr. 1 a AufenthG (unklare Identität), § 3 Abs. 1 AufenthG (Besitz eines Passes oder Passersatzes) sowie § 5 Abs. 4 AufenthG (Vorliegen eines Ausweisungsinteresses nach § 54 Abs. 1 Nr. 2 oder 4 AufenthG, Unterstützung des Terrorismus oder Gefährdung der freiheitlich demokratischen Grundordnung). Der Zweck der Vorschrift, den

---

488 Ziff. 35.1.2.5 AVwV-AufenthG.
489 So BT-Drs. 15/420, S. 84.

Anspruch im Falle des Vorliegens der in Nrn. 1 bis 3 genannten Gründe versagen zu können, rechtfertigt keine Dispensierung von sonstigen Voraussetzungen, deren Nichtvorliegen auch anderweitig der Entstehung eines Anspruchs auf Erteilung einer Niederlassungserlaubnis entgegenstehen würde.

**811** Ein Ausweisungsinteresse nach Abs. 3 ist nur ausreichend, wenn es auf dem *persönlichen Verhalten* des Ausländers beruht. Die Bedeutung dieser Formulierung ist nicht eindeutig. Aus der Ähnlichkeit der Formulierung mit entsprechenden Prinzipien, wie sie für die aufenthaltsbeendenden Maßnahmen gegenüber Unionsbürgern gelten[490], könnte abgeleitet werden, dass nach § 35 Abs. 3 Satz 1 Nr. 1 AufenthG ähnliche Grundsätze gelten, wie sie nach Unionsrecht auf die Ausweisung von Unionsbürgern angewendet werden. Würden die Grundsätze des Unionsrechts entsprechend angewendet, so wäre eine Verurteilung wegen Straftaten allein nicht ausreichend, sofern nicht zugleich im Einzelfall eine konkrete Wiederholungsgefahr festgestellt würde. Eine rein generalpräventiv begründete Ausweisung wäre demnach nicht ausreichend[491].

**812** Gegen eine undifferenzierte Anwendung unionsrechtlicher Regeln über die Ausweisung bei Straftaten sprechen jedoch der abweichende Wortlaut und die Sondersituation des unionsrechtlichen Freizügigkeitsrechts.

**813** Vielmehr ist § 35 Abs. 3 Satz 1 Nr. 1 AufenthG im Zusammenhang mit Nr. 2 auszulegen. Überschreiten die von dem Ausländer begangenen Straftaten die Schwelle der Nr. 2, so ist die Feststellung einer Wiederholungsgefahr nicht zwingend erforderlich. Unionsrechtliche Grundsätze kommen nicht zur Anwendung. Unterhalb dieser Schwelle stehen Ausweisungsinteressen von geringer Bedeutung (wie z. B. § 54 Nr. 8 AufenthG) dann der Erteilung der Niederlassungserlaubnis entgegen, wenn sie auf dem persönlichen Verhalten des Ausländers beruhen. Da aber alle Ausweisungsinteressen letztlich auf ein dem Ausländer persönlich zurechenbares Verhalten zurückzuführen sind, ist die persönliche Zurechenbarkeit kein ausreichendes Differenzierungsmerkmal. Die Bezugnahme auf das persönliche Verhalten des Ausländers kann daher sinnvollerweise nur dahin ausgelegt werden, dass ein zusätzliches *Erfordernis der konkreten Gefährdung* bzw. eines aktuellen Ausweisungsgrundes erforderlich ist[492].

**814** Daraus wird man ableiten können, dass eine rein generalpräventiv begründete Versagung der Niederlassungserlaubnis ohne Rücksicht auf die Bewertung künftiger Risiken und Gefahren nach § 35 Abs. 3 Satz 1 Nr. 1 AufenthG bei Ausweisungsinteressen unterhalb der Schwelle des Abs. Nr. 2 nicht zulässig ist. Der Ausweisungsgrund beruht daher nur auf dem persönlichen Verhalten des Ausländers, wenn sich daraus eine Wiederholungsgefahr ableiten lässt. Nicht erforderlich ist jedoch, dass im konkreten Fall tatsächlich die Ausweisung verfügt werden könnte.

**815** Nach § 35 Abs. 3 Satz 1 *Nr. 2* AufenthG ist der Anspruch ausgeschlossen, wenn der Ausländer zu einer Jugendstrafe von mindestens sechs oder einer Freiheits-

---

490  Vgl. 6 Abs. 2 Satz 1 FreizügG/EU.
491  Vgl. hierzu *Dienelt*, in: Bergmann/Dienelt, Ausländerrecht, § 35 AufenthG, Rn. 18; AVwV-AufenthG Ziff. 35.3.4, wonach Straftaten stets auf dem jeweiligen Verhalten des Ausländers beruhen und daher stets die Ausweisungsgründe nach § 55 Abs. 2 Nr. 2 oder §§ 53, 54 AufenthG a. F. erfüllen.
492  BayVGH v. 1.6.2006 – 24 BV 04.2561, juris – fortbestehende Gefahrenlage erforderlich.

strafe von mindestens drei Monaten oder einer Geldstrafe von mindestens 90 Tagessätzen verurteilt worden oder wenn die Verhängung einer Jugendstrafe ausgesetzt worden ist. Die Begehung vorsätzlicher Straftaten im Sinne der Nr. 2 stellt daher auch bei im Bundesgebiet aufgewachsenen ausländischen Jugendlichen einen hinreichenden Anlass zur Prüfung dar, ob eine Aufenthaltsverfestigung gerechtfertigt erscheint. Eine zusätzliche Prüfung, ob es sich um einen „aktuellen Ausweisungsgrund" handelt, ist bei Nr. 2 nicht erforderlich. Individuelle Umstände können nach § 35 Abs. 3 Satz 2 AufenthG im Rahmen einer Ermessensentscheidung über die Erteilung der Niederlassungserlaubnis berücksichtigt werden. Für die Anwendung der Bestimmung ist bei mehreren Straftaten allein entscheidend, ob einmal die Strafhöhe der Nr. 2 erreicht worden ist. Eine Zusammenrechnung der gerichtlichen Verurteilungen ist daher nicht möglich.

Bleibt die gerichtliche Verurteilung wegen einer Straftat unter dem in § 35 Abs. 3 **816** Satz 1 Nr. 2 AufenthG genannten Ausmaß, so soll nach der bisherigen ausländerbehördlichen Praxis auch auf Nr. 1 zurückgegriffen werden können. Doch schließt nach Sinn und Zweck der Regelung im Falle einer strafgerichtlichen Verurteilung die Nr. 2 einen Rückgriff auf Nr. 1 aus, sofern nur eine strafgerichtliche Verurteilung vorliegt. Ein Rückgriff kommt dagegen in Betracht, wenn der Ausländer wegen wiederholter Straftaten zu Strafen verurteilt worden ist, die jeweils für sich die in Nr. 2 bezeichnete Höhe nicht überschreiten und hieraus eine Wiederholungsgefahr abgeleitet werden kann und daher im Sinne der Nr. 1 ein auf dem persönlichen Verhalten des Ausländers beruhender Ausweisungsinteresse zum Zeitpunkt der Entscheidung über die Ausweisung besteht[493].

Ist die Verhängung einer Jugendstrafe zur Bewährung ausgesetzt, besteht grund- **817** sätzlich ein Versagungsgrund für die Erteilung der Niederlassungserlaubnis. Die Ausländerbehörde ist im Rahmen einer Ermessensentscheidung nicht an die einer Strafaussetzung zur Bewährung zugrunde liegende Prognose über das künftige Verhalten eines Ausländers gebunden, muss sich allerdings hiermit auseinandersetzen.

Ein weiterer Versagungsgrund ist die Inanspruchnahme von Sozialleistungen **818** nach SGB II oder SGB XII oder Jugendhilfe, die in § 35 Abs. 3 Satz 1 Nr. 3 AufenthG abschließend geregelt ist. Ein Rückgriff auf § 55 Abs. 2 Nr. 7 AufenthG scheidet daher aus. Nr. 3 beruht auf dem Gedanken, dass die Sozialleistungsbedürftigkeit eines ausländischen Jugendlichen, der sich weder in einer schulischen noch in einer beruflichen Ausbildung befindet, geeignet ist, Zweifel an dem Vorliegen der erforderlichen Integrationsvoraussetzungen für eine Niederlassungserlaubnis zu begründen. Nicht ausreichend ist, dass Zweifel an dem ordnungsgemäßen Abschluss einer schulischen oder beruflichen Ausbildung bestehen. Ist jedoch offenkundig, dass der Ausländer keine ernsthafte Absicht hat, eine begonnene Ausbildung zu vollenden, reicht das formale Bestehen eines Ausbildungsverhältnisses nicht aus, um eine Ausnahme vom Erfordernis der Sicherung des Lebensunterhalts zu begründen.

Zu beachten ist, dass dieser Versagungsgrund gemäß § 35 Abs. 4 AufenthG **819** keine Anwendung findet, wenn die Voraussetzung der Lebensunterhaltssicherung und der ausreichenden deutschen Sprachkenntnisse von dem Ausländer we-

---

493  VGH BW v. 14.11.1991, VBlBW 1992, 155.

gen einer körperlichen, geistigen oder seelischen Krankheit oder Behinderung nicht erfüllt werden kann.

**820** Liegt einer der Versagungsgründe des § 35 Abs. 3 Satz 1 Nrn. 1 bis 3 AufenthG vor, kommt der Ausländerbehörde bei der Entscheidung über die Erteilung einer Niederlassungserlaubnis ein *Ermessen* zu (vgl. § 35 Abs. 3 Satz 2 AufenthG). Die gesetzliche Regelung schließt lediglich das Bestehen eines Rechtsanspruchs aus. Für die ordnungsgemäße Ermessensausübung ist zu prüfen, ob die mit dem Versagungsgrund verbundenen Zweifel so gewichtig sind, dass sie das Interesse an der Verfestigung des Aufenthalts junger, im Bundesgebiet aufgewachsener Ausländer überwiegen. Dem Gewicht des Versagungsgrundes kommt bei der Abwägung erhebliche Bedeutung zu. Könnte auch eine aufenthaltsbeendende Maßnahme unter Abwägung der Umstände des Einzelfalls erfolgen, so rechtfertigt dies erst recht die Ablehnung einer Niederlassungserlaubnis. Umgekehrt lässt sich aber daraus, dass im konkreten Fall eine Ausweisung nicht rechtmäßig erfolgen könnte, noch nicht schließen, dass die Versagung der Niederlassungserlaubnis ermessensfehlerhaft wäre. Zu berücksichtigen ist, dass die Niederlassungserlaubnis eine Verfestigung des Aufenthaltsrechts und damit auch besonderen Schutz vor aufenthaltsbeendenden Maßnahmen beinhaltet. Es kann daher sinnvoll sein, diese Verfestigung zu versagen, wenn zukünftige Optionen im Hinblick auf das Verhalten eines Ausländers offen bleiben sollen. Es ist daher nicht erforderlich, dass im konkreten Fall ein Ausländer auch rechtmäßig ausgewiesen werden könnte.

**821** **l) Verlängerung der zum Kindernachzug erteilten Aufenthaltserlaubnis nach § 35 Abs. 3 Satz 2 AufenthG.** Liegen die Voraussetzungen des § 35 Abs. 3 Satz 1 AufenthG vor, kann eine zum Familiennachzug erteilte Aufenthaltserlaubnis nach § 35 Abs. 3 Satz 2 AufenthG verlängert werden, wenn die Behörde zum Ergebnis kommt, dass eine Niederlassungserlaubnis nicht in Betracht kommt. Das gilt selbst dann, wenn ein Ausländer zu einer Jugend- oder Freiheitsstrafe verurteilt worden ist. Ist die Jugend- oder Freiheitsstrafe zur Bewährung ausgesetzt worden, schreibt § 35 Abs. 3 Satz 3 AufenthG die befristete Verlängerung „in der Regel" vor. Eine Abweichung von der Regelsituation ist dann zulässig, wenn ungeachtet der Strafaussetzung zur Bewährung ein gewichtiges öffentliches Interesse an der Aufenthaltsbeendigung besteht, z. B. wenn eine konkrete Wiederholungsgefahr für gravierende Straftaten besteht. Erforderlich ist eine konkrete, an den Verhältnissen des Einzelfalls orientierte Prüfung, ob der Sachverhalt von der vom Gesetzgeber vorausgesetzten Normallage abweicht[494].

**822** **m) Aufenthaltsrecht eines im Bundesgebiet geborenen Kindes (§ 33 AufenthG)**

> **Fall 34:** Die Afghanin A, die nach Ablehnung ihres Asylantrags eine Aufenthaltserlaubnis nach § 25 Abs. 5 AufenthG besitzt, bringt in Deutschland ein Kind zur Welt. Das Sorgerecht besitzt sie gemeinsam mit ihrem Mann B, der ebenfalls im Besitz einer Aufenthaltserlaubnis ist. Für das Kind beantragen sie keine Aufenthaltserlaubnis. Hält sich das Kind rechtmäßig in Deutschland auf? Macht es einen Unterschied, wenn A nur im Besitz einer wiederholt verlängerten Duldung ist?

> **Fall 35:** Wie wäre Fall 34 zu entscheiden, wenn die A kurz nach der Geburt des Kindes verstorben ist und der B das alleinige Sorgerecht ausübt?

---

494 Zu § 26 Abs. 3 AuslG vgl. OVG Hamburg v. 15.11.1989, EZAR 132 Nr. 2.

§ 33 AufenthG regelt die Erteilung einer Aufenthaltserlaubnis *von Amts wegen*    **823**
an im Bundesgebiet geborene Kinder von Ausländern. Ein Grund für die Neufassung des § 33 AufenthG war der Beschluss des BVerfG vom 25.10.2005[495], in
dem es die ursprüngliche Regelung als mit Art. 3 Abs. 3 Satz 1 GG unvereinbar
ansah, soweit danach ein Anspruch auf Erteilung einer Aufenthaltserlaubnis allein abhängig vom aufenthaltsrechtlichen Status der Mutter war. Nunmehr kann
einem in Deutschland geborenen Kind abweichend von den allgemeinen Erteilungsvoraussetzungen des § 5 AufenthG und den besonderen Voraussetzungen
des § 29 Abs. 1 Nr. 2 AufenthG (ausreichender Wohnraum) *von Amts wegen*
eine Aufenthaltserlaubnis erteilt werden, wenn beide Eltern oder der allein personensorgeberechtigte Elternteil (auch der Vater) eine Aufenthaltserlaubnis, eine
Niederlassungserlaubnis oder eine Erlaubnis zum Daueraufenthalt-EU besitzen
(vgl. § 33 Satz 2 AufenthG). Kinder eines Inhabers einer Blauen Karte sind gegenüber Kindern von Inhabern einer Aufenthaltserlaubnis gleich gestellt (§ 4
Abs. 1 Satz 3 AufenthG).

§ 33 AufenthG trägt dem Problem Rechnung, dass auch im Bundesgebiet gebo-    **824**
rene Kinder, soweit sie nicht gem. § 4 Abs. 3 StAG die deutsche Staatsangehörigkeit erwerben, grundsätzlich einer Aufenthaltserlaubnis bedürfen. § 33 AufenthG sieht daher ausnahmsweise die Erteilung einer Aufenthaltserlaubnis von
Amts wegen vor. Wenn die Mutter oder der Vater zum Zeitpunkt der Geburt
des Kindes im Besitz eines Visums ist oder sich visumfrei im Bundesgebiet aufhalten darf, gilt der Aufenthalt des Kindes bis zum Ablauf des Visums oder des
visumfreien Aufenthalts als erlaubt (§ 33 Satz 3 AufenthG). Entsprechendes ist
auch für das Aufenthaltsrecht bis zur förmlichen Erteilung der Aufenthaltserlaubnis von Amts wegen anzunehmen[496]. Eine Befreiung vom Visumerfordernis
besteht nach § 41 AufenthV für Staatsangehörige von Australien, Israel, Japan,
Kanada, der Republik Korea, Neuseeland und der Vereinigten Staaten von Ame-
rika auch bezüglich eines Aufenthalts, der kein Kurzaufenthalt ist.

§ 33 AufenthG ist *anwendbar*, wenn durch die Geburt ein erlaubnispflichtiger    **825**
Aufenthalt im Bundesgebiet begründet wird. Bezweckt ist die Privilegierung der
im Inland geborenen Kinder, deren Integration durch die Gewährung eines
Rechtsanspruchs auf Erteilung einer Aufenthaltserlaubnis gefördert werden soll.
Nicht erfasst ist daher der Fall, dass ein ausländisches Kind nach längerer Abwesenheit in das Bundesgebiet zurückkehren will[497]. Nach § 33 AufenthG ist davon
auszugehen, dass die Geburt im Inland mit der Erteilung einer Aufenthaltserlaubnis von Amts wegen verknüpft ist.

*Voraussetzungen* für die Entstehung des *Rechtsanspruchs* auf Erteilung einer    **826**
Aufenthaltserlaubnis gemäß § 33 Satz 2 AufenthG sind einmal die *Geburt im
Inland*, zum anderen der *Besitz der Aufenthaltserlaubnis, einer Blauen Karte EU*
(nicht ausdrücklich erwähnt), *Niederlassungserlaubnis oder einer Erlaubnis zum
Daueraufenthalt-EU von Seiten beider Elternteile oder des alleinsorgeberechtig-
ten Elternteils.* Auf welchen *Zeitpunkt* abzustellen ist, ergibt sich nicht eindeutig
aus dem Gesetzeswortlaut. Der Wortlaut der Vorschrift spricht für das Erfordernis des Bestehens des Aufenthaltstitels zum *Zeitpunkt der Geburt des Kindes im*

---

495 BVerfG v. 25.10.2005, BVerfGE 114, 357–371.
496 Vgl. *Dienelt*, in: Renner, Ausländerrecht, § 33 AufenthG, Rn. 4.
497 BVerwG v. 18.11.1997, InfAuslR 1998, 161.

*Bundesgebiet.* Es reicht daher nicht aus, wenn erst aufgrund der Geburt des Kindes ein Aufenthaltstitel der Eltern bzw. eines Elternteils im Inland erworben wird. Der Anspruch besteht jedoch nur, wenn zumindest zum Zeitpunkt der behördlichen Entscheidung der Aufenthaltstitel der Eltern, von dem die Aufenthaltserlaubnis abgeleitet wird, noch gültig ist[498].

**827** Liegen die Voraussetzungen vor, wird die Aufenthaltserlaubnis von Amts wegen ausgestellt. Eines Antrags gem. § 81 Abs. 1 AufenthG bedarf es daher nicht.

> **Lösung Fall 34:** Dem Kind der Afghanen A und B ist von Amts wegen eine Aufenthaltserlaubnis zu erteilen, da die Voraussetzungen des § 33 Satz 2 AufenthG erfüllt sind. Sowohl A als auch B sind im Besitz einer Aufenthaltserlaubnis im Zeitpunkt der Geburt des Kindes. Unerheblich ist, dass die Aufenthaltserlaubnis nur für humanitäre Zwecke im Hinblick auf das Vorliegen von Abschiebungshindernissen erteilt wurde. Nicht ausreichend ist jedoch der Besitz einer Duldung und zwar auch dann, wenn an sich die Voraussetzungen für die Erteilung einer humanitären Aufenthaltserlaubnis vorliegen. Für den Erhalt einer Aufenthaltserlaubnis für das Kind ist ein Antrag bei der Ausländerbehörde nicht erforderlich. Mithin gilt der Aufenthalt des Kindes als rechtmäßig.

> **Lösung Fall 35:** Auch in diesem Fall ist dem Kind von Amts wegen eine Aufenthaltserlaubnis nach § 33 Satz 2 AufenthG zu erteilen. Denn die Voraussetzung, dass der alleinsorgeberechtigte Elternteil im Besitz einer Aufenthaltserlaubnis, Blauen Karte EU, Niederlassungserlaubnis oder einer Erlaubnis zum Daueraufenthalt-EU ist, ist erfüllt. Nach der Neufassung des § 33 AufenthG kann ein in Deutschland geborenes Kind sein Aufenthaltsrecht auch vom Vater ableiten. Die frühere alleinige Anknüpfung an den Aufenthaltsstatus der Mutter war mit Art. 3 Abs. 3 Satz 1 GG nicht vereinbar.

**828** Besitzen *nicht beide* sorgeberechtigten Elternteile eine Aufenthaltserlaubnis, Niederlassungserlaubnis oder eine Erlaubnis zum Daueraufenthalt-EU, *sondern nur ein Elternteil*, findet § 33 Satz 1 AufenthG Anwendung. Danach besteht kein Rechtsanspruch auf Erteilung einer Aufenthaltserlaubnis für das in Deutschland geborene Kind. Vielmehr ist die Erteilung der Aufenthaltserlaubnis *von Amts wegen* in das *Ermessen der Behörde* gestellt worden. Bei der Ausübung des Ermessens soll der besonderen Beziehung zwischen den Eltern und dem Kleinkind unmittelbar nach der Geburt im Interesse der Gewährung der Familieneinheit und zur Aufrechterhaltung der nach Art. 6 Abs. 1 GG besonders geschützten familiären Betreuungsgemeinschaft Rechnung getragen werden[499]. Bezüglich des Vaters eines nichtehelichen Kindes ist dabei insbesondere zu berücksichtigen, ob ihm ein Sorgerecht zusteht oder er in familiärer Lebensgemeinschaft mit seinem Kind lebt[500].

**829** Stellt die Ausländerbehörde keine Aufenthaltserlaubnis von Amts wegen aus, muss für das Kind innerhalb von *sechs Monaten* nach der Geburt ein Aufenthaltstitel beantragt werden (vgl. § 81 Abs. 2 Satz 2 AufenthG).

**830** **n) Nachzug der Eltern eines minderjährigen Ausländers mit Asyl- oder Flüchtlingsstatus oder Niederlassungsrecht (§ 36 Abs. 1 AufenthG).** § 36 sieht ein Aufenthaltsrecht für die Eltern eines minderjährigen Ausländers, der als Asylberechtigter, Flüchtling, subsidiär Schutzberechtigter oder Resettlementflüchtling nach

---

498 Vgl. BayVGH v. 1.12.2003, BayVBl. 2004, 374.
499 BT-Drs. 16/5065, S. 314.
500 BT-Drs. 16/5065, S. 314.

§ 23 Abs. 4 einen Aufenthaltstitel oder nach §§ 26 Abs. 3 oder 4 eine Niederlassungserlaubnis erhalten hat, vor. § 36 Abs. 1 AufenthG setzt insoweit partiell Art. 10 Abs. 3a der Familiennachzugsrichtlinie um. Liegen alle Voraussetzungen vor, so ist die Aufenthaltserlaubnis abweichend von § 5 Abs. 1 Nr. 1 AufenthG (Lebensunterhaltssicherung) und § 29 Abs. 1 Nr. 2 AufenthG (Wohnraum) zu erteilen. Art. 10 Abs. 3a der RL 2003/86 enthält ein Nachzugsrecht von Eltern zu einem Ausländer, der als unbegleiteter minderjähriger Flüchtling ins Bundesgebiet eingereist ist. Ein darüber hinausgehendes allgemeines Nachzugsrecht von Eltern zu Flüchtlingen oder zu subsidiär Schutzberechtigten lässt sich aus der Familiennachzugsrichtlinie nicht ableiten.

Voraussetzung für einen *Rechtsanspruch* nach § 36 Abs. 1 AufenthG ist zunächst, dass es sich um die Eltern oder Adoptiveltern eines minderjährigen Ausländers handelt, der eine Aufenthaltserlaubnis nach §§ 23 Abs. 4, 25 Abs. 1 oder 2, eine Niederlassungserlaubnis nach § 26 Abs. 3 oder nach Erlangung einer Aufenthaltserlaubnis nach § 26 Abs. 4 AufenthG besitzt. Die Aufzählung ist abschließend, andere humanitäre Aufenthaltsrechte wie z. B. nach § 25 Abs. 3 oder 5 AufenthG sind nicht ausreichend. **831**

Zusätzlich erforderlich ist, dass sich *kein sorgeberechtigter Elternteil im Bundesgebiet* aufhält. Insofern geht der Wortlaut des § 36 Abs. 1 AufenthG über den Anwendungsbereich von Art. 10 Abs. 3 der Familiennachzugsrichtlinie hinaus. Denn die Richtlinie verlangt, dass der Minderjährige unbegleitet in das Bundesgebiet eingereist ist[501]. Implizit wird damit die Nichtanwesenheit eines sorgeberechtigten Elternteils vorausgesetzt. Darüber hinaus müssen aber die Voraussetzungen des Art. 2f der Richtlinie (Definition des unbegleiteten Minderjährigen) erfüllt sein. **832**

Aus der Systematik und dem Zweck der Regelung ergibt sich die weitere Voraussetzung, dass der *Nachzug der Eltern* nur *zum Zweck der Familienzusammenführung* erfolgen kann. Es muss also ein familiäres Zusammenleben angestrebt sein. Haben die Eltern schon bisher von einem minderjährigen Flüchtling getrennt gelebt, so bedarf es zusätzlicher Anhaltspunkte, aus denen sich ergibt, dass nunmehr ein familiäres Zusammenleben beabsichtigt ist. Die Absicht, minderjährige Kinder als unbegleitete minderjährige Flüchtlinge mit der Perspektive der Erlangung eines Nachzugsrechts für die Eltern zur Schleusung nach Deutschland zu veranlassen, wird jedenfalls dann noch nicht als missbräuchliche Rechtsausübung qualifiziert werden können, wenn damit die Lebensverhältnisse des Kindes verbessert werden sollen. In der Rechtsprechung wird die Frage, ob die Organisation einer Schleusung durch die Eltern einem Anspruch aus § 36 Abs. 1 AufenthG entgegengehalten werden können, von den Umständen des Einzelfalles abhängig gemacht[502]. Missbräuchlich ist die Berufung auf § 36 Abs. 1 AufenthG, wenn die Schleusung dem Kindeswohl widerspricht[503]. **833**

---

501 Zur Definition eines unbegleiteten minderjährigen Flüchtlings s. Art. 2 lit. f der Familiennachzugsrichtlinie.
502 Vgl. OVG Berlin- Brandenburg v. 15.1.2013 – 3 N 170/11.
503 A.M. OVG Berlin- Brandenburg a. a. O.

**834**  o) **Nachzug sonstiger Familienangehöriger (§ 36 Abs. 2 AufenthG)**

**Fall 36:** Die Mutter M der in Deutschland lebenden Marokkanerin T, die mit dem ebenfalls aus Marokko stammenden berufstätigen S verheiratet ist, beantragt die Erteilung einer Aufenthaltserlaubnis zum Zweck des Familiennachzugs, weil

a)   M ihren Lebensabend bei ihrer Tochter in Deutschland verbringen will,

b)   M die Betreuung des minderjährigen Kindes der T übernehmen will, damit T ihrer Berufstätigkeit nachgehen kann.

**835**  Das AufenthG beschränkt den Familiennachzug generell auf die Kernfamilie, also Ehegatten, minderjährige Kinder und ihre Eltern. Das AufenthG hält im Hinblick auf die hohe Zahl der in Deutschland lebenden Ausländer an dieser Zuwanderungsbegrenzung fest. Anderen Familienangehörigen als Ehegatten, minderjährigen Kindern und ihren Eltern wird daher nur in *Härtefällen* nach § 36 Abs. 2 Satz 1 AufenthG eine Aufenthaltserlaubnis erteilt. § 36 Abs. 2 AufenthG verzichtet „aus Gründen der Zweckmäßigkeit" für sonstige Familienangehörige auf detaillierte aufenthaltsrechtliche Regelungen. Aufenthaltsrechtlich wird deshalb für die Verlängerung des Aufenthaltsrechts volljähriger Familienangehöriger auf § 30 Abs. 3 AufenthG und § 31 AufenthG, für diejenige minderjähriger Familienangehöriger auf die entsprechende Anwendung von § 34 AufenthG (Aufenthaltsrecht nachgezogener Kinder) verwiesen (vgl. § 36 Abs. 2 Satz 2 AufenthG). Im Übrigen ist eine Ausnahme nur in Fällen einer „außergewöhnlichen Härte „zulässig.

**836**  Zur Auslegung des § 36 Abs. 2 AufenthG ist auf die verfassungsrechtliche Entscheidung zum Schutz der Ehe und Familie zurückzugreifen[504]. § 36 AufenthG umfasst nicht nur das erstmalige Nachzugsrecht, sondern auch das weitere Bleiberecht des Ausländers. Grundsätzlich sind zwar auch im Rahmen des § 36 Abs. 2 AufenthG Erwägungen der Begrenzung und Steuerung der Einwanderung zu beachten. Diese sind aber dann unbeachtlich, wenn Lebensverhältnisse bestehen, die einen über die Aufrechterhaltung der Begegnungsgemeinschaft hinausgehenden familienrechtlichen Schutz geboten erscheinen lassen[505].

**837**  *Familienangehörige* im Sinne des § 36 Abs. 2 AufenthG sind Personen, deren persönliche Bindungen zu dem sich rechtmäßig im Bundesgebiet aufhaltenden Ausländer in den Schutzbereich des Art. 6 GG fallen, also alle Mitglieder einer Großfamilie bis zu Neffen und Nichten, Schwager und Adoptivkindern[506]. Ungeachtet dessen können die Ausländerbehörden prüfen, ob z. B. die mit einer Adoption begründete Familienbeziehung aufenthaltsrechtlich schutzwürdig ist. So kann z. B. eine schutzwürdige familiäre Gemeinschaft auch darin bestehen, dass ein berufstätiges Adoptivkind seine pflegebedürftige Adoptivmutter betreut[507]. In den Anwendungsbereich der Vorschrift fallen grundsätzlich nur Familienangehörige von Drittstaatsangehörigen. Für den Nachzug von Familienangehörigen in Deutschland lebender Unionsbürger aus anderen Mitgliedstaaten gelten die Vorschriften der Unionsbürgerrichtlinie 2004/38[508]. Für „sonstige Familienangehörige" sieht die Richtlinie eine Pflicht zur Erleichterung des Familiennachzugs vor.

---

504  Vgl. BVerwG v. 18.11.1997, Buchholz 402.240 zu § 22 AuslG Nr. 1.
505  Vgl. BVerfG v. 10.8.1989, NJW 1990, 3073.
506  Vgl. OVG Hamburg v. 23.8.1994 – BS IV 150/94, juris; Dienelt, in: Renner, Ausländerrecht, § 36 AufenthG, Rn. 5.
507  Vgl. BVerfG v. 14.12.1989, EZAR 105 Nr. 27.
508  Vgl. *Hailbronner*, Ausländerrecht, D 2.2 und § 12 III. 7.

*Voraussetzung* für die Anwendung des § 36 Abs. 2 Satz 1 AufenthG ist, dass die **838**
Aufenthaltserlaubnis *zum Familiennachzug* erteilt wird. Der Nachzug muss auf
die *Herstellung und Wahrung einer auf Dauer angelegten familiären Lebensge-*
*meinschaft ausgerichtet* sein und darf sich nicht in einer bloß finanziellen Förderung oder der Mithilfe zur Kindererziehung erschöpfen.

Weitere Voraussetzung für die Erteilung einer Aufenthaltserlaubnis nach § 36 **839**
Abs. 2 Satz 1 AufenthG ist das Vorliegen einer *außergewöhnlichen Härte.* Eine
solche außergewöhnliche Härte ist nur dann anzunehmen, wenn im konkreten
Einzelfall gewichtige Umstände vorliegen, die unter Berücksichtigung des Schutz-
gebotes des Art. 6 Abs. 1 und 2 GG und im Vergleich zu den übrigen geregelten
Fällen des Familiennachzugs ausnahmsweise die Erteilung einer Aufenthaltserlaubnis gebieten. Die mit der Versagung der Aufenthaltserlaubnis eintretenden
Schwierigkeiten für den Erhalt der Familieneigenschaft müssen nach ihrer Art
und Schwere so ungewöhnlich und groß sein, dass die Versagung der Aufenthaltserlaubnis als schlechthin unvertretbar anzusehen ist, weil sie mit grundlegenden Gerechtigkeitsvorstellungen unvereinbar wäre[509].

Die familiäre Verbundenheit zwischen *Eltern und erwachsenen Kindern* ist regel- **840**
mäßig nicht derart, dass von Verfassungs wegen die Ermöglichung des Familiennachzugs geboten ist. Etwas anderes gilt, wenn die Familie im Kern die Funktion
einer Beistandsgemeinschaft erfüllt, weil ein Familienmitglied auf die Lebenshilfe
eines anderen Familienmitglieds angewiesen ist und sich diese Hilfe ausschließlich in Deutschland erbringen lässt[510].

> **Lösung Fall 36 a):** Der Nachzug sonstiger Familienangehöriger zu einem im Bundes-
> gebiet lebenden Ausländer setzt das Vorliegen einer außergewöhnlichen Härte voraus.
> Es sind keine Anhaltspunkte dafür ersichtlich, dass M auf die Lebenshilfe der T ange-
> wiesen ist und sich diese Hilfe ausschließlich in Deutschland erbringen lässt. Gründe
> dafür, dass die Versagung der Aufenthaltserlaubnis als schlechthin unvertretbar anzu-
> sehen ist, sind nicht ersichtlich. Insbesondere reicht es nicht aus, dass die Eltern aus-
> ländischer Familienangehöriger ihren Lebensabend bei ihren im Bundesgebiet leben-
> den erwachsenen Kindern verbringen wollen[511].

Ein Nachzug *minderjähriger Familienangehöriger* zu entfernteren Verwandten **841**
in Deutschland ist nur ausnahmsweise geboten, wenn sie in besonderer Weise
auf die familiäre Hilfe im Bundesgebiet angewiesen sind und die Ablehnung der
Aufenthaltserlaubnis sie ganz ungewöhnlich hart träfe. „Gewöhnliche" Schwierigkeiten, wie sie z. B. in der beruflichen oder der Ausbildungssituation begründet sind, reichen nicht aus. Doch kann bei Vollwaisen und anderen Kindern
unter Umständen eine außergewöhnliche Härte dann angenommen werden,
wenn die Betreuung ausnahmsweise durch personensorgeberechtigte Eltern nicht
gewährleistet ist. Maßgeblich ist, ob der Familienangehörige auf die spezifische
familiäre Gemeinschaft mit den in Deutschland lebenden Familienangehörigen
angewiesen ist. Der Nachzug minderjähriger Kinder zu entfernteren Verwandten
in Deutschland kommt danach regelmäßig nur in Betracht, wenn die Eltern
nachweislich auf Dauer nicht mehr in der Lage sind, die Personensorge auszu-

---

509 Vgl. BVerwG v. 30.7.2013 – 1 C 15/12; Nds. OVG v. 23.5.2006 – 5 ME 35/06; Nds. OVG v.
    2.11.2006 – 11 ME 197/06, juris; BVerwG v. 25.6.1997, Buchholz 402.240 zu § 22 AuslG 1990
    Nr. 4.
510 Vgl. BVerwG v. 25.6.1997, Buchholz 402.240 zu § 22 AuslG 1990 Nr. 4.
511 Vgl. zur alten Rechtslage BVerwG v. 12.2.1990, InfAuslR 1990, 141.

üben, oder wenn ein Kind seine Betreuungsperson im Ausland durch Krankheit oder Unfall verloren hat oder selbst durch ein solches Ereignis pflegebedürftig geworden ist. Die bloße Weigerung der Eltern, die ihnen obliegende Sorge auszuüben, reicht jedoch nicht aus.

842 Ein Nachzug *der Eltern* oder *anderer erwachsener Familienangehöriger zu minderjährigen Kindern* nach § 36 Abs. 2 Satz 1 AufenthG wird regelmäßig nicht in Betracht kommen, da die familiäre Gemeinschaft durch die Rückkehr des Kindes zu seinen Eltern oder sonstigen Familienangehörigen herzustellen ist[512]. Entsprechendes gilt, wenn die Eltern eines im Bundesgebiet lebenden Kindes geschieden sind und dem nachzugswilligen geschiedenen ausländischen Elternteil kein Personensorgerecht zusteht.

843 Obwohl ein *nicht sorgeberechtigter Elternteil* nach der Reform des Kindschaftsrechts von 1997 ein Recht und eine Pflicht zum Umgang mit dem Kind hat, folgt daraus allerdings noch kein Anspruch auf Erteilung einer Aufenthaltserlaubnis. Das *Umgangsrecht* begründet nur dann einen Anspruch, wenn nur auf diese Weise das gesetzliche Umgangsrecht des nicht sorgeberechtigten Elternteils wahrgenommen werden kann, sofern nicht gravierende öffentliche Interessen entgegenstehen[513]. Soweit dem Umgangsrecht auch durch die Ermöglichung der Aufrechterhaltung anderweitiger Kontakte (z. B. Besuchsaufenthalte) Rechnung getragen werden kann, besteht kein Anspruch auf Erteilung einer Aufenthaltserlaubnis. Jedoch wird der Elternteil nicht in jedem Fall auf Besuchskontakte verwiesen werden können.

844 Der Nachzug *sonstiger volljähriger Familienangehöriger zu entfernten Verwandten* wird in der Regel ausscheiden, da § 36 Abs. 2 Satz 1 AufenthG die Herstellung einer engen familiären Lebensgemeinschaft voraussetzt. Eine außergewöhnliche Härte liegt allenfalls dann vor, wenn der im Bundesgebiet oder im Ausland lebende Familienangehörige allein ein selbständiges Leben nicht führen kann, sondern auf die Gewährung angewiesen ist und diese Hilfe zumutbar nur im *Bundesgebiet* erbracht werden kann[514]. Bei Pflegebedürftigkeit anderer Familienangehöriger ist daher Voraussetzung, dass die persönliche Betreuung nicht durch andere zu Unterhalt und Beistand verpflichtete Angehörige gesichert werden kann. Ferner wird zu prüfen sein, ob dem zur Aufnahme bereiten Ausländer zugemutet werden kann, in die Heimat zurückzukehren und dort die Pflege der pflegebedürftigen Personen zu übernehmen. Die Versorgung und Betreuung muss aufgrund einer persönlichen Verbundenheit bestehen, die das Verhältnis der Familienangehörigen zueinander nicht als ein Dienstleistungsverhältnis, sondern als eine familiäre Lebensgemeinschaft erscheinen lässt[515].

845 Beim *Nachzug zu einem pflegebedürftigen Ausländer ins Bundesgebiet* ist ein genereller Verweis auf den Arbeitsmarkt zur Deckung des Betreuungs- und Pflegebedarfs nicht ausreichend, um eine Aufenthaltserlaubnis ablehnen zu können. Nach der Rechtsprechung des Bundesverfassungsgerichts kommt es mithin nicht darauf an, ob die von dem betreffenden Familienmitglied tatsächlich erbrachte

---

512 BVerwG v. 30.7.2013, 1 C 15/12.
513 Vgl. hierzu auch *Dienelt*, in: Bergmann/Dienelt, Ausländerrecht, § 36 AufenthG, Rn. 42.
514 Vgl. BVerwG v. 17.6.1992, InfAuslR 1992, 308.
515 Vgl. auch *Dienelt*, a. a. O., § 36 AufenthG, Rn. 13.

Lebenshilfe auch von anderen Personen geleistet werden könnte[516]. Denn das Wesen der Familie als Beistandsgemeinschaft wird durch die persönliche und direkte Lebenshilfe der Angehörigen geprägt[517]. Die Rechtsprechung ist allerdings nicht völlig einheitlich.

So hat der VGH BW eine außergewöhnliche Härte dann angenommen, wenn **846** ein erwachsenes Adoptivkind bei der Pflege einer schwerkranken Großmutter zusammen mit anderen Familienmitgliedern mithilft und damit Teil einer häuslichen Gemeinschaft wird[518]. Das OVG Bremen hat eine außergewöhnliche Härte wesentlich mit der Fortsetzung der Berufsausbildung einer 21-jährigen Ausländerin begründet[519]. Erforderlich ist bei Nachzug zu Pflegeabhängigen, dass der Nachzugswillige die entsprechenden Pflegeleistungen auch tatsächlich vollständig erbringt, da der Familienangehörige nur dann auf die Lebenshilfe des anderen angewiesen sei[520].

> **Lösung Fall 36 b):** Ein Nachzug sonstiger Familienangehöriger zur Kinderbetreuung kommt im Allgemeinen nicht in Betracht, wenn die Eltern die Kinderbetreuung wegen doppelter Erwerbstätigkeit nicht selbst übernehmen können[521]. Eine außergewöhnliche Härte kann in derartigen Fällen nur dann angenommen werden, wenn ein Elternteil nicht mehr zur Kinderbetreuung in der Lage ist. Wirtschaftliche Einbußen als Folge eines Verzichts auf eine doppelte Erwerbstätigkeit begründen hingegen noch keine außergewöhnliche Härte im Sinne des § 36 Abs. 2 Satz 1 AufenthG.

Neben der Feststellung einer außergewöhnlichen Härte müssen außerdem die **847** allgemeinen Erteilungsvoraussetzungen der §§ 5, 27 und 29 AufenthG erfüllt sein. Erst dann ist die *Ermessensausübung* eröffnet. Im Falle einer Einreise ohne erforderliches Visum scheidet daher die Erteilung einer Aufenthaltserlaubnis aus, wenn nicht dem Ausländer die Nachholung des Visumerfordernisses unzumutbar ist (vgl. § 5 Abs. 2 Satz 2 AufenthG).

*Geltungsdauer, Verlängerung* und *Selbständigkeit des Aufenthaltsrechts* richten **848** sich bei nachgezogenen sonstigen Familienangehörigen nach den für Ehegatten und minderjährige Kinder geltenden Vorschriften der §§ 30 Abs. 3 und 31 AufenthG (vgl. § 36 Abs. 2 Satz 2 AufenthG).

Danach kann die unter den Voraussetzungen des § 36 Abs. 2 Satz 1 AufenthG **849** erteilte Aufenthaltserlaubnis abweichend vom Erfordernis der Lebensunterhaltssicherung (§ 5 Abs. 1 Satz 1 Nr. 1 AufenthG) und des Wohnraumnachweises (§ 29 Abs. 1 Nr. 2 AufenthG) *verlängert* werden, solange die familiäre Lebensgemeinschaft, zu deren Herstellung die Aufenthaltserlaubnis erteilt worden war, sowie die außergewöhnliche Härtesituation fortbestehen. Die Möglichkeit der Befreiung von dem Unterhalts- und Wohnraumnachweis besteht für volljährige sonstige Familienangehörige nach § 30 Abs. 3 AufenthG, für Minderjährige ist die Befreiung zwingend gemäß § 34 Abs. 1 AufenthG.

Ein *eigenständiges Aufenthaltsrecht* erwerben Volljährige analog § 31 AufenthG **850** und Minderjährige analog § 34 Abs. 2 AufenthG. Ein eigenständiges Aufent-

---

516  BVerfG v. 1.8.1996, InfAuslR 1996, 341.
517  Vgl. BVerfG v. 14.12.1989, NJW 1990, 895; BVerfG v. 18.4.1989, BVerfGE 80, 81.
518  VGH BW v. 15.2.1995, NVwZ-RR 1996, 115.
519  OVG Bremen v. 28.2.1995, InfAuslR 1995, 317.
520  Nds. OVG v. 2.11.2006 – 11 ME 197/06, juris.
521  So auch BayVGH v. 22.11.2006 – 24 C 06 2269, juris.

haltsrecht des volljährigen Familienangehörigen nach § 31 AufenthG setzt jedoch voraus, dass die die Härtesituation begründenden Umstände vor dem Wegfall der familiären Lebensgemeinschaft nicht entfallen sind. Eine Aufenthaltserlaubnis, die nicht mehr verlängert werden könnte, weil die Voraussetzungen nach § 36 Abs. 2 Satz 1 AufenthG entfallen sind, kann bei Wegfall der familiären Lebensgemeinschaft daher nicht nach § 31 AufenthG zum eigenständigen Aufenthaltsrecht erstarken, weil mit § 31 AufenthG gerade die durch den Wegfall der ehelichen Gemeinschaft entstehende Situation privilegiert wird[522].

**851** Eine *Klagebefugnis* steht dem *im Bundesgebiet lebenden Ausländer* gegen eine aufenthaltsbeendende Maßnahme, die gegenüber einem sonstigen Familienangehörigen im Sinne des § 36 Abs. 2 Satz 1 AufenthG ergangen ist, *nicht* zu. Das BVerwG geht davon aus, dass zwar eine Ehefrau gegen die Ablehnung der Verlängerung der Aufenthaltserlaubnis ihres Ehemannes eine Klagebefugnis besitzt[523]. Begründet wird die Klagebefugnis im Wesentlichen damit, dass die Ehefrau durch die angefochtene Maßnahme in ihrem Anspruch auf eheliches und familiäres Zusammenleben unmittelbar betroffen ist. Art. 6 GG begründet jedoch keine aufenthaltsrechtliche Schutzwirkung zu Gunsten jedes Mitglieds einer sonstigen familiären Gemeinschaft in Bezug auf solche Umstände, die spezifisch in der Person eines sonstigen Familienangehörigen begründet sind[524]. Soweit allerdings bei der Beantragung eines Aufenthaltsrechts für einen sonstigen Familienangehörigen im Sinne des § 36 Abs. 2 Satz 1 AufenthG oder bei aufenthaltsbeendenden Maßnahmen eine Beeinträchtigung eigener Rechte auf eine Herstellung oder Fortführung eines grundrechtlich geschützten familiären Lebensverhältnisses besteht, ist die Klagebefugnis gegeben.

### 7.    Familiennachzug zu Deutschen (§ 28 AufenthG)

**Fall 37:** Der dreijährige M ist der Sohn des Inders I und der Deutschen D. Die Eltern leben getrennt. D hat das alleinige Sorgerecht für M. I nimmt sein Umgangsrecht durch regelmäßige Besuche wahr. Er beantragt eine Aufenthaltserlaubnis zum Zweck des Familiennachzugs, um seinen Sohn weiterhin regelmäßig sehen zu können. Die Ausländerbehörde lehnt den Antrag mit der Begründung ab, I sei nicht sorgeberechtigt und lebe mit dem Kind auch nicht in häuslicher Gemeinschaft zusammen.

**852** **a) Entstehung und Zweck der Regelung.** § 28 AufenthG regelt in Anlehnung an § 23 AuslG 1990 den *Nachzug ausländischer Ehegatten und minderjähriger Kinder zu deutschen Staatsangehörigen* sowie der Eltern zu minderjährigen Deutschen. Die Privilegierung deutsch-ausländischer Familien gegenüber ausländischen Familien beruht darauf, dass Deutschen das Grundrecht auf Freizügigkeit im Bundesgebiet zusteht und sie zur Realisierung ihrer Ehe und Familie auf den Aufenthalt im Inland angewiesen sind. Das Interesse an der Herstellung der familiären Lebensgemeinschaft im Bundesgebiet wird daher in erhöhter Weise geschützt[525]. Das ausländische Familienmitglied wird somit mittelbar vom grundrechtlich geschützten Recht des Deutschen auf Einreise und Aufenthalt im

---

522  Vgl. *Hailbronner*, Ausländerrecht, § 36 AufenthG, Rn. 36; *Dienelt*, in: Renner, Ausländerrecht, § 36 AufenthG, Rn. 20.

523  BVerwG v. 27.8.1996, NVwZ 1997, 1116.

524  Vgl. BVerwGE 100, 287, 300.

525  Vgl. BT-Drs. 15/420, S. 81; *Dienelt*, in: Renner, Ausländerrecht, § 28 AufenthG, Rn. 2; *Mach-Hour*, FamRZ 1998, 139.

Bundesgebiet, welches weder unwirksam werden noch erlöschen kann[526], begünstigt[527].

Das EU-Richtlinienumsetzungsgesetz vom 19.8.2007 hat bei den Voraussetzun-   **853**
gen des Ehegattennachzugs zu Deutschen einige Neuerungen eingeführt. Bei Vorliegen besonderer Umstände („soll") kann durch den neu eingefügten Satz 2 der Ehegattennachzug von der Sicherung des Lebensunterhalts abhängig gemacht werden. Die Neuregelung soll u. a. dazu dienen, Missbrauchsmöglichkeiten einzuschränken. Außerdem wurden durch den Verweis in Satz 5 die beim Ehegattennachzug zu Ausländern erforderlichen Integrationsvoraussetzungen auf den Nachzug zu Deutschen übernommen. Auch beim Familiennachzug von Ehegatten zu Deutschen sollen junge Ausländer durch die Festlegung eines Mindestalters vor Zwangsverheiratungen geschützt und die Integration der Nachziehenden durch den Nachweis von Deutschkenntnissen erleichtert werden[528]. Das Bundesverwaltungsgericht hat die Anwendung dieser Voraussetzungen allerdings dadurch eingeschränkt, dass bei der für die Entscheidung über ein Nachzug von Familienangehörigen erforderlichen Interessenabwägung zu berücksichtigen ist, dass deutschen Staatsangehörigen die Herstellung einer Familieneinheit im Ausland im Allgemeinen nicht möglich oder zumutbar ist.[529]

**b) Voraussetzungen für eine Aufenthaltserlaubnis.** § 28 Abs. 1 Satz 1 AufenthG   **854**
sieht einen *Rechtsanspruch* für den *Ehegatten* (Nr. 1), das *minderjährige ledige Kind* (Nr. 2) und den *Elternteil eines minderjährigen ledigen Deutschen* (Nr. 3) zur Personensorge auf Erteilung einer Aufenthaltserlaubnis vor.

Da auch beim Familiennachzug zu Deutschen die allgemeinen Voraussetzungen   **855**
nach § 27 AufenthG erfüllt sein müssen, ist hierfür zunächst erforderlich, dass es sich bei der Beziehung zwischen dem Nachzugswilligen und dem Stammberechtigten um *eine dem Schutz des Art. 6 GG unterfallende familiäre Lebensgemeinschaft* handelt[530].

Bei einem Ehegattennachzug muss mithin eine verfassungsrechtlich geschützte   **856**
*eheliche Lebensgemeinschaft* vorliegen. Zu denken ist dabei auch an die Ausschlussgründe des § 27 Abs. 1 a AufenthG.

Auf lebenspartnerschaftliche Gemeinschaften findet § 28 AufenthG analoge An-   **857**
wendung (vgl. § 27 Abs. 2 AufenthG).

Außerdem sind gemäß § 28 Abs. 1 Satz 5 AufenthG für den Ehegattennachzug   **858**
zu Deutschen grundsätzlich das Mindestalter von 18 Jahren und der Nachweis von zumindest einfachen Deutschkenntnissen[531] des zuziehenden Ehegatten Voraussetzungen[532].

---

526 Vgl. BT-Drs. 11/6321 zu § 23 AuslG; *Kabis*, Zur aufenthaltsrechtlichen Stellung deutsch-verheirateter Ausländer, InfAuslR 1991, 11.
527 Zur Bedeutung deutsch-ausländischer Familien im Ausländerrecht s. *Mach-Hour*, FamRZ 1998, 139.
528 Vgl. BT-Drs. 16/5065, S. 171.
529 Vgl. BVerwG v. 4.9.2012 – 1 C 12/12, zum Erfordernis einfacher deutscher Sprachkenntnisse; BVerwG v. 16.8.2011 – 1 C 12/10, zum Erfordernis der Sicherung des Lebensunterhalts in der Bedarfsgemeinschaft.
530 S. hierzu die Ausführungen unter Rn. 686 ff.
531 S. VG Berlin v. 19.12.2007 – VG 5 V 22.07, juris; bzgl. der Vereinbarkeit der Sprachregelung mit höherrangigem Recht vgl. BVerwGE 136, 231.
532 Nähere Ausführungen zu diesen Voraussetzungen unter § 7 V. 6. f.

**859** Für die Anwendung des § 28 Abs. 1 Satz 1 Nr. 2 AufenthG ist erforderlich, dass das Kind nicht schon durch Geburt oder auf andere Weise die deutsche Staatsangehörigkeit erworben hat. Das Kind muss ferner im Zeitpunkt der Antragstellung noch minderjährig und ledig sein[533]. Für den Nachzug eines ausländischen Kindes ist ein Sorgerecht des Deutschen nicht erforderlich. Es muss aber die Herstellung einer familiären Lebensgemeinschaft zwischen dem Deutschen und dem Kind beabsichtigt und rechtlich sowie tatsächlich möglich und zu erwarten sein.

**860** Für den *Elternteil eines minderjährigen ledigen Deutschen* besteht ein Nachzugsrecht *zum Zweck der Ausübung der Personensorge (§ 28 Abs. 1 Satz 1 Nr. 3 AufenthG)*. Das Aufenthaltsrecht dient in erster Linie dem Schutz des deutschen Staatsangehörigen. Bei Vorenthaltung des Aufenthaltsrechts würde er gezwungen, entweder seine Heimat aufzugeben oder die Trennung der familiären Lebensgemeinschaft hinzunehmen. Die Schutzpflicht gebietet daher die Erteilung des Aufenthaltsrechts und gegebenenfalls den Erlass einer einstweiligen Anordnung zur vorläufigen Erteilung einer Duldung[534]. Berechtigt ist nur der Ausländer, der ein Personensorgerecht besitzt, sofern nicht die Ausnahme des § 28 Abs. 1 Satz 4 AufenthG eingreift. Für das Sorgerecht ist auf den familienrechtlichen Sorgerechtsbegriff des § 1626 Abs. 1 BGB abzustellen[535]. Unter den Begriff des Personensorgerechts fällt somit auch die gemeinsame Sorgeberechtigung[536]. Allein vom formellen Bestehen des Sorgerechts gehen jedoch noch keine aufenthaltsrechtlichen Schutzwirkungen aus. Vielmehr kommt es auf die *tatsächliche Ausübung des Sorgerechts* und den Willen, eine *familiäre Lebensgemeinschaft* zu führen an[537]. Erforderlich ist daher, dass der Sorgeberechtigte nach außen erkennbar in ausreichendem Maße Verantwortung für die Betreuung und Erziehung seines minderjährigen Kindes übernimmt[538]. Entscheidend ist, ob tatsächlich eine persönliche Verbundenheit besteht, auf deren Aufrechterhaltung das Kind zu seinem Wohl angewiesen ist[539]. Mithin kann eine *familiäre Lebensgemeinschaft* auch darin bestehen, dass ein ausländischer Vater nach der Scheidung das gemeinsame Sorgerecht durch regelmäßige intensive Kontakte zu seinem nicht mit ihm in häuslicher Gemeinschaft lebenden minderjährigen deutschen Kind wahrnimmt[540].

**861** § 28 Abs. 1 Satz 4 AufenthG gibt die Möglichkeit, im *Ermessenswege* auch dem *nicht sorgeberechtigten Elternteil* eines minderjährigen ledigen Deutschen eine Aufenthaltserlaubnis zu erteilen. Voraussetzung ist, dass die *familiäre Lebensgemeinschaft* schon im Zeitpunkt der Antragstellung im Bundesgebiet bestanden hat. Der Nachzug aus dem Heimatstaat zum Zweck der Herstellung der familiären Lebensgemeinschaft wird daher von Satz 4 nicht erfasst. Der Begriff der familiären Gemeinschaft ist identisch mit dem Begriff der familiären Lebensgemeinschaft im Sinne von § 27 Abs. 1. AufenthG. Es gelten daher auch hier die obigen Ausführungen. Allerdings kann nicht verlangt werden, dass der Kontakt

---

533 BVerwG v. 30.4.1998, NVwZ-RR 1998, 677.
534 Vgl. BayVGH v. 2.7.1999, NVwZ 2000, Beil. Nr. 1, 5 f.
535 Vgl. BVerwG v. 22.4.1997, DVBl. 1997, 911.
536 Vgl. auch OVG NRW v. 23.5.1996, NWVBl. 1997, 108.
537 So auch VGH BW v. 15.9.2007 – 11 S 837/06, juris.
538 OVG Lüneburg v. 19.12.2005, NVwZ-RR 2006, 356.
539 BVerfG v. 8.12.2005, ZAR 2006, 28–29.
540 Vgl. VG Göttingen v. 3.9.1999, NVwZ 2000, 348; VGH BW v. 15.9.2007 – 11 S 837/06, juris.

in Bezug auf Umfang und Intensität der Wahrnehmung des Sorgerechts nahe kommt. Insbesondere kann eine häusliche Gemeinschaft nicht in jedem Fall verlangt werden. Erforderlich ist ein flexibler und den Umständen des Einzelfalls gerecht werdender Maßstab, der die Zumutbarkeit einer Trennung sowie die Möglichkeit, über Briefe, Telefonate und Besuche auch aus dem Ausland Kontakt zu halten, neben dem Alter des Kindes mit einbezieht[541]. Mithin können auch ein alle 14 Tage stattfindender Umgang und etwaige Telefonate zwischen Vater und Kind ausreichend sein, sofern zwischen ihnen eine persönliche Verbundenheit besteht, auf die das Kind zu seinem Wohl angewiesen ist[542].

Aufgrund der Entscheidung des EuGH zum Fall *Zambrano*[543] hat das Aufenthaltsrecht eines drittstaatsangehörigen Elternteils eines minderjährigen Unionsbürgers als „Kernbestandteil" des aus der Unionsbürgerschaft folgenden Rechts, sich in den Mitgliedstaaten der Union aufhalten zu dürfen, eine unionsrechtliche Absicherung erhalten. Als Bestandteil der Unionsbürgerschaft ist das Aufenthaltsrecht von einem grenzüberschreitenden Sachverhalt unabhängig und richtet sich daher auch an den Heimatstaat. Die Vorenthaltung eines Aufenthaltsrechts für einen Vater eines minderjährigen Kindes kann daher das Unionsbürgerrecht beeinträchtigen, wenn der Unionsbürger dadurch gezwungen wäre, zur Wahrnehmung seines Rechts auf familiäres Zusammenleben mit den Eltern oder einem Elternteil ins Ausland zu verziehen. Die praktische Bedeutung der Entscheidung besteht darin, dass Entscheidungen über die Gewährung oder Versagung eines Aufenthaltsrechts für drittstaatsangehörige Eltern oder einen Elternteil eines Unionsbürgers auch dann an unionsrechtlichen Vorgaben (z. B. Verhältnismäßigkeit) überprüft werden können, wenn keine Wanderungsbewegung innerhalb der Europäischen Union vorliegt. Die Rechtsprechung des EuGH ist nur anwendbar, wenn das Unionsbürgerrecht in seinen „Kernbestandteilen" tangiert ist. Ein Nachzugsrecht der Ehegatten von Unionsbürgern lässt sich daraus nicht herleiten[544]. **862**

Für die Ermessensausübung sind das Interesse an der Wahrung einer bestehenden Familiengemeinschaft und das grundsätzliche öffentliche Interesse an der Begrenzung und Steuerung der Zuwanderung zu erwägen. Zu berücksichtigen ist ferner, ob das deutsche Kind in seiner Entwicklung auf den ausländischen Elternteil angewiesen ist (z. B. Vorlage einer Stellungnahme des Jugendamtes), ob der nicht sorgeberechtigte Elternteil seit der Geburt des Kindes seinen Unterhaltsverpflichtungen regelmäßig nachgekommen ist und ob das Kindeswohl einen auf Dauer angelegten Aufenthalt des nicht sorgeberechtigten Elternteils im Bundesgebiet erfordert[545]. **863**

> **Lösung Fall 37:** Da I für den M nicht das Sorgerecht besitzt, kommt als Anspruchsgrundlage für eine Aufenthaltserlaubnis allein § 28 Abs. 1 Satz 4 AufenthG in Betracht. Entscheidend ist mithin, ob eine familiäre Lebensgemeinschaft schon im Zeitpunkt der Antragstellung im Bundesgebiet bestanden hat. Anhaltspunkte für eine familiäre Lebensgemeinschaft können etwa in intensiven Kontakten, gemeinsam verbrachten Urlauben, Übernahme eines nicht unerheblichen Anteils an der Betreuung und Versorgung des Kindes oder in sonstigen Beistandsleistungen bestehen, wenn sie

---

541 Vgl. BVerfG v. 8.12.2005 – 2 BvR 1001/04, juris, Rn. 37.
542 So BVerfG v. 8.12.2005, ZAR 2006, 28–29.
543 EuGH v. 8.3.2011, Rs. C-34/09 – *Ruiz Zambrano*.
544 Vgl. dazu EuGH v. 5.5.2011, Rs. C-434/09 – *McCarthy*.
545 Vgl. Ziff. 28.1.6 AVwV-AufenthG.

geeignet sind, das Fehlen des gemeinsamen Lebensmittelpunktes weitgehend auszugleichen[546]. Im Hinblick auf Art. 6 Abs. 1 GG kann es geboten sein, eine Aufenthaltserlaubnis zu erteilen, wenn ein Kind auf die dauernde Anwesenheit des nicht sorgeberechtigten Elternteils in seiner unmittelbaren Nähe angewiesen ist[547]. Diese Voraussetzung wird in der Rechtsprechung teilweise auch dann als gegeben angesehen, wenn die bestehende Begegnungsgemeinschaft bei einer Ausreise nicht aufrecht erhalten werden kann, insbesondere wenn Brief- und Telefonkontakt wegen des Alters des Kindes noch nicht möglich ist und wenn die bisherige Wahrnehmung des Umgangsrechts zu einem hohen Maß an tatsächlicher Verbundenheit zwischen Eltern und Kind geführt hat[548]. Die Ausländerbehörde durfte daher den Antrag des I nicht allein mit der Begründung, I sei nicht sorgeberechtigt und lebe mit dem M nicht in häuslicher Gemeinschaft zusammen ablehnen. Vielmehr muss sie entsprechend der aufgeführten Rechtsprechung prüfen, ob die bisherige Wahrnehmung des Umgangsrechts durch I ausreichend für die Annahme einer familiären Lebensgemeinschaft ist. Ferner muss sie prüfen, ob zwischen I und M eine persönliche Verbundenheit besteht, auf die das Kind zu seinem Wohl angewiesen ist. Verneint die Ausländerbehörde diese Voraussetzungen, so kann dem I möglicherweise eine Aufenthaltserlaubnis zur Vermeidung einer außergewöhnlichen Härte nach § 28 Abs. 4 i. V. m. § 36 Abs. 2 Satz 1 AufenthG erteilt werden.

**864**   In allen Fällen des § 28 Abs. 1 AufenthG ist ferner Voraussetzung, dass der Deutsche, zu dem der Nachzug stattfinden soll, seinen gewöhnlichen Aufenthalt im Bundesgebiet hat.

**865**   Beim *gewöhnlichen Aufenthalt* ist auf die gesetzliche Definition abzustellen, ob eine Person an dem Ort nicht nur vorübergehend verweilt. Anhaltspunkte sind das Innehaben einer Wohnung und das Bestehen eines Arbeitsverhältnisses[549].

**866**   Gem. § 28 Abs. 1 Satz 2 AufenthG *ist* die Aufenthaltserlaubnis in den Fällen des Satzes 1 Nr. 2 und 3 abweichend von § 5 Abs. 1 Nr. 1 AufenthG (*Sicherung des Lebensunterhalts*) zu erteilen. Bei einem Ehegattennachzug zu Deutschen (Nr. 1) *soll* in der Regel von dieser Voraussetzung abgesehen werden (vgl. § 28 Abs. 1 Satz 3 AufenthG). Mithin kann der Ehegattennachzug nur bei Vorliegen besonderer Umstände von dieser Voraussetzung abhängig gemacht werden. Besondere Umstände können bei Personen vorliegen, denen die Herstellung der ehelichen Lebensgemeinschaft im Ausland zumutbar ist. Dies kommt insbesondere bei Doppelstaatern in Bezug auf den Staat in Betracht, dessen Staatsangehörigkeit sie neben der deutschen besitzen, oder bei Deutschen, die geraume Zeit im Herkunftsland des Ehegatten gelebt und gearbeitet haben und die Sprache dieses Staates sprechen[550].

**867**   Die sonstigen allgemeinen Erteilungsvoraussetzungen des § 5 Abs. 1 Nrn. 1 a bis 4 und Abs. 2 AufenthG sowie die allgemeinen Voraussetzungen für den Familiennachzug gem. § 27 AufenthG müssen jedoch in jedem Fall vorliegen. Im Rahmen der nach § 27 Abs. 3 Satz 1 AufenthG (Angewiesenheit desjenigen zu dem der Familiennachzug stattfindet, auf Sozialleistungen für den Unterhalt anderer Familienangehöriger) erforderlichen Ermessensabwägung ist zu beachten, dass

---

546 BVerwG v. 9.12.1997, NVwZ 1998, 742.
547 Vgl. BVerfG v. 10.8.1989, InfAuslR 1990, 3; BVerwG, InfAuslR 1992, 308; BVerwG v. 20.11.1989, InfAuslR 1990, 56.
548 OVG Hamburg v. 14.2.1992, EZAR 020 Nr. 2; OVG Saarland v. 8.8.1997 – 1 W 22/97, juris.
549 Vgl. Legaldefinition in § 30 Abs. 3 SGB I; § 9 AO.
550 Vgl. BT-Drs. 16/5065, S. 171.

Deutschen regelmäßig nicht zugemutet werden kann, die familiäre Lebensgemeinschaft im Ausland zu leben, und dass der besondere grundrechtliche Schutz aus Art. 6 GG eingreift[551].

**c) Geltungsdauer und Verlängerung der Aufenthaltserlaubnis.** Die für den Familiennachzug zu Deutschen erteilte Aufenthaltserlaubnis wird bei der Ersterteilung *in der Regel* auf *drei Jahre* befristet[552]. Von dieser Regelbefristung kann abgewichen werden, wenn begründete Anhaltspunkte dafür bestehen, dass die familiäre Lebensgemeinschaft nur geringere Zeit andauern wird oder wenn die Eheschließung in erster Linie der Aufenthaltssicherung des Ausländers dient.   **868**

Auf die *Verlängerung der Aufenthaltserlaubnis* besteht nach § 28 Abs. 2 Satz 2 AufenthG grundsätzlich ein Anspruch, sofern die familiäre Lebensgemeinschaft fortbesteht. Sie kann aber im Ermessenswege versagt werden, wenn die allgemeinen Erteilungsvoraussetzungen nach § 5 und § 27 AufenthG nicht erfüllt sind. Fehlt es allein an der Voraussetzung der familiären Lebensgemeinschaft, kommt eine Verlängerung der Aufenthaltserlaubnis nur aufgrund der allgemeinen Vorschriften über die Erteilung eines Aufenthaltstitels zu anderen Aufenthaltszwecken in Betracht, sofern nicht eine Verselbständigung des Aufenthaltsrechts nach § 31 AufenthG geboten ist.   **869**

**d) Erteilung einer Niederlassungserlaubnis nach § 28 Abs. 2 Satz 1 AufenthG.** Nach § 28 Abs. 2 Satz 1 AufenthG besteht ein Rechtsanspruch auf Erteilung einer Niederlassungserlaubnis, wenn folgende Voraussetzungen erfüllt sind:   **870**
– 3-jähriger Besitz der Aufenthaltserlaubnis zwecks Familienzusammenführung
– Fortbestand der familiären Lebensgemeinschaft mit dem Deutschen im Bundesgebiet
– Nichtvorliegen eines Ausweisungsinteresses
– Ausreichende Kenntnisse der deutschen Sprache[553].

Neben § 28 Abs. 2 Satz 1 AufenthG sind die allgemeinen Voraussetzungen nach § 5 und § 27 AufenthG anwendbar, insbesondere § 27 Abs. 3 AufenthG. Nicht anwendbar sind indes die allgemeinen Voraussetzungen für die Erteilung einer Niederlassungserlaubnis nach § 9 Abs. 2 AufenthG. Insoweit ist § 28 Abs. 2 Satz 1 AufenthG eine Spezialregelung, die berücksichtigt, dass bei Fortbestehen der familiären Lebensgemeinschaft mit dem Deutschen grundsätzlich bereits aus verfassungsrechtlichen Gründen von einem Daueraufenthaltsrecht auszugehen ist.   **871**

**e) Eigenständiges Aufenthaltsrecht für Familienangehörige eines Deutschen.** Die Vorschriften über das eigenständige Aufenthaltsrecht der Ehegatten (§ 31 AufenthG) und der Kinder (§ 35 AufenthG) finden nach § 28 Abs. 3 AufenthG mit der Maßgabe Anwendung, dass an die Stelle des Aufenthaltstitels des Ausländers der gewöhnliche Aufenthalt des Deutschen im Bundesgebiet tritt. Im Übrigen gelten die gleichen Voraussetzungen. Anwendbar ist daher auch der Versagungsgrund des § 27 Abs. 3 AufenthG, wonach die Aufenthaltserlaubnis versagt werden kann, wenn für andere Familienangehörige Sozialleistungen in Anspruch   **872**

---

551 Vgl. Ziff. 28.1.1.0 AVwV-AufenthG.
552 Ziff. 28.1.6 AVwV-AufenthG
553 Vgl. BT-Drs. 17/13022, S. 31.

genommen werden müssen. Zum anderen setzt die Erteilung des eigenständigen Aufenthaltsrechts die allgemeinen Voraussetzungen des § 5 AufenthG mit Ausnahme der Sicherung des Lebensunterhalts voraus. Im Übrigen gilt für § 28 Abs. 3 AufenthG, dass der besondere Schutz der deutsch-ausländischen Ehe und Familie bei der Erteilung eines selbständigen Aufenthaltsrechts nicht mehr berücksichtigt zu werden braucht. Die Privilegierung entfällt, da der Zweck des Familiennachzugs, die Herstellung einer ehelichen Lebensgemeinschaft mit einem deutschen Staatsangehörigen, nicht mehr erfüllt werden kann. Somit ist auf die verfestigte Lebenssituation des Ausländers und seine Bindungen zum Bundesgebiet unter Verlust der Bindungen an die alte Heimat abzustellen[554].

**873**  Nachgezogene Elternteile minderjähriger lediger Deutscher erhalten hingegen bei Auflösung der familiären Lebensgemeinschaft – unbeschadet der gegebenenfalls nach den allgemeinen Regeln gegebenen Möglichkeit der Erteilung einer Niederlassungserlaubnis – kein eigenständiges Aufenthaltsrecht[555].

**874**  f) **Nachzug sonstiger Familienangehöriger zu Deutschen (§ 28 Abs. 4 AufenthG).** Anderen als den in § 28 Abs. 1 AufenthG genannten Familienangehörigen kann nach § 28 Abs. 4 i. V. m. § 36 AufenthG nur im Falle einer außergewöhnlichen Härte eine Aufenthaltserlaubnis zwecks Familienzusammenführung mit einem Deutschen erteilt werden. Dies folgt aus der Verweisung des § 28 Abs. 4 AufenthG auf § 36 AufenthG. Zur Auslegung des Begriffs der außergewöhnlichen Härte wird auf die obigen Ausführungen verwiesen[556].

## VI.   Besondere Aufenthaltsrechte

→ Ü 1 Nr. 5 S. 547

**875**  1.   **Recht auf Wiederkehr (§ 37 AufenthG)**

> **Fall 38:** Der 18-jährige Chilene K, der im Alter von acht Jahren mit seinen Eltern nach Deutschland gekommen war, ist nach dem Erwerb seines Hauptschulabschlusses im Alter von 14 Jahren mit seinen Eltern nach Chile zurückgekehrt. Nun möchte er – nach fast 5 Jahren – wieder in Deutschland leben und beruft sich auf sein „Recht auf Wiederkehr". Die Ausländerbehörde lehnt seinen Antrag auf Erteilung einer Aufenthaltserlaubnis ab, da K sich entgegen § 37 Abs. 1 Satz 1 Nr. 1 AufenthG vor seiner Ausreise nur sieben Jahre rechtmäßig im Bundesgebiet aufgehalten habe.

**876**  § 37 AufenthG gibt jungen Ausländern und ausländischen Rentnern, die Deutschland nach einem längeren Aufenthalt verlassen haben, ein *eigenständiges*, von anderen Aufenthaltszwecken unabhängiges *Wiederkehr- und Aufenthaltsrecht.* Zweck der Regelung ist zum Einen, Jugendlichen, die bereits einen erheblichen Teil ihrer Ausbildung im Bundesgebiet absolviert hatten und die nicht selten gegen ihren Willen mit ihren Familien in die Heimat zurückgekehrt waren, ein Aufenthaltsrecht zu geben. Zum anderen begünstigt das Wiederkehrrecht für Rentner nach § 37 Abs. 5 AufenthG Ausländer, die im Bundesgebiet einen Rentenanspruch erworben haben. Sie sollen sich frei entscheiden können, ob sie im Bundesgebiet ihren Ruhestand verbringen wollen und eine einmal getroffene Entscheidung auch wieder revidieren können[557].

---

554  Vgl. BT-Drs. 11/6321, S. 63.
555  Vgl. Ziff. 28.3.3 AVwV-AufenthG.
556  S. Rn. 834.
557  BT-Drs. 11/6321, S. 59 zu § 16 AuslG.

**a) Wiederkehrrecht für junge Ausländer.** *Voraussetzungen* des Rechtsanspruchs **877**
auf Erteilung einer Aufenthaltserlaubnis nach § 37 Abs. 1 Satz 1 AufenthG sind:
- vor der Ausreise achtjähriger rechtmäßiger Aufenthalt im Bundesgebiet als
  Minderjähriger (Nr. 1),
- sechsjähriger Schulbesuch im Bundesgebiet (Nr. 1),
- Sicherung des Lebensunterhalts durch eigene Erwerbstätigkeit oder Unterhaltsverpflichtung (Nr. 2),
- der Antrag muss nach Vollendung des 15. Lebensjahres und vor Vollendung
  des 21. Lebensjahres sowie vor Ablauf von fünf Jahren seit der Ausreise
  gestellt werden (Nr. 3).

*Nicht erforderlich* ist, dass der Ausländer im Zeitpunkt der Ausreise minderjäh- **878**
rig war, familiäre Beziehungen im Bundesgebiet aufrechterhalten oder sich vor
der Einreise im Heimatstaat aufgehalten hat. Das Wiederkehrrecht für junge
Ausländer ist also unabhängig von den näheren Umständen bzw. Gründen der
Ausreise. Der Anspruch nach § 37 Abs. 1 AufenthG besteht auch, wenn der Aus-
länder aufgrund einer ausländerrechtlichen Maßnahme (Ablauf der Aufenthalts-
erlaubnis) zur Ausreise verpflichtet war. In diesem Fall ist jedoch § 37 Abs. 3
Nr. 1 und Nr. 2 AufenthG (Ausweisung oder Zulässigkeit einer Ausweisung;
Ausweisungsinteresse) zu beachten. Unbedeutend sind ebenso die Motive für die
Wiederkehr.

Der Ausländer muss *mindestens acht Jahre rechtmäßig* seinen *gewöhnlichen* **879**
*Aufenthalt* im Bundesgebiet gehabt haben. Ob der Ausländer im Besitz eines auf
Dauer angelegten Aufenthaltstitels war, also einen gewissen Status innegehabt
haben muss, ist streitig[558]. Je nachdem kann der Besitz einer nicht verlängerbaren Aufenthaltserlaubnis)[559] für die Annahme eines gewöhnlichen Aufenthalts
als nicht ausreichend angesehen werden[560]. Um aber einen *gewöhnlichen* Aufenthalt annehmen zu können, muss zumindest im Einzelfall dargelegt werden,
dass der Ausländer ungeachtet seines Aufenthaltstitels mit einem nicht nur vorübergehenden Verbleib in Deutschland rechnen konnte[561]. Ausgeschlossen ist damit ein nur zu einem vorübergehenden Aufenthaltszweck erteilter Aufenthaltstitel.

*Rechtmäßig* ist der Aufenthalt, wenn der Ausländer einen Aufenthaltstitel im **880**
Sinne des § 4 Abs. 1 AufenthG besaß. Nicht genügend ist ein fiktives Aufent-
haltsrecht nach § 81 Abs. 3 Satz 1 und Abs. 4 AufenthG bzw. ein geduldeter
Aufenthalt nach § 60 a AufenthG.

Der Aufenthalt von acht Jahren im Bundesgebiet darf nicht unterbrochen gewe- **881**
sen sein.

*Anrechenbar* auf die Dauer des erforderlichen achtjährigen Aufenthalts in **882**
Deutschland sind die *Zeiten*
- des Besitzes einer Aufenthaltserlaubnis oder Niederlassungserlaubnis,
- einer Befreiung vom Erfordernis eines Aufenthaltstitels, sofern während dieses Zeitraums die Voraussetzungen für die Erteilung einer Aufenthaltserlaubnis oder einer Niederlassungserlaubnis vorlagen,

---

558 Dafür AVwV zu § 37 AufenthG, Ziff. 37.1.0.2.
559 Vgl. § 8 Abs. 2 AufenthG.
560 So Nr. 37.1.0.2 AVwV-AufenthG.
561 *Dienelt*, in: Bergmann/Dienelt, Ausländerrecht, § 37 AufenthG, Rn. 8.

–   des Besitzes einer an sich nach § 8 Abs. 2 AufenthG nicht verlängerbaren Aufenthaltserlaubnis, Aufenthaltsbewilligung oder Aufenthaltsbefugnis nach altem Recht, sofern der Ausländer vor seiner Ausreise zuletzt im Besitz einer „gewöhnlichen" (d. h. nicht nach § 8 Abs. 2 AufenthG beschränkten) Aufenthalts- oder Niederlassungserlaubnis war[562].

883   *Nicht anrechenbar* sind die Zeiten einer Aufenthaltsgestattung im Falle einer unanfechtbaren Ablehnung des Asylantrags (vgl. § 55 Abs. 3 AsylG).

884   Für die Voraussetzung des *sechsjährigen Schulbesuchs* kommt es auf Schultypus und Organisationsformen nicht an. Da der Gesetzgeber aber aus dem Schulbesuch typischerweise Integrationsvoraussetzungen ableitet, stellt der Erwerb spezieller Fähigkeiten und Kenntnisse an Ausbildungseinrichtungen keinen Schulbesuch im Sinne des § 37 Abs. 1 Satz 1 Nr. 2 AufenthG dar (z. B. Besuch von Volkshochschulkursen oder Sprachkursen an privaten Sprachschulen). In Betracht kommt daher nur der Besuch allgemeinbildender Schulen oder Berufs- und Berufsfachschulen. Erforderlich ist im Übrigen, dass der Ausländer *tatsächlich* die Schule besucht hat. Wird die gesetzliche Schulpflicht nicht eingehalten, scheidet ein Recht auf Wiederkehr aus.

885   Die *Sicherung des Lebensunterhalts aus eigener Erwerbtätigkeit* setzt eine legale Beschäftigung voraus. Das Beschäftigungsverhältnis muss nicht notwendig unbefristet sein. Eine begründete Aussicht auf eine dauerhafte berufliche Eingliederung muss aber vorliegen.

886   Die alternative *Sicherung des Lebensunterhalts aufgrund einer Unterhaltsverpflichtung* setzt eine Abgabe einer Verpflichtungserklärung nach § 68 AufenthG für fünf Jahre voraus. Erforderlich ist die Leistungsfähigkeit des Unterhaltsverpflichteten. Die Gefahr einer auch nur teilweisen Abhängigkeit von Sozialhilfe steht dem Wiederkehrrecht entgegen. Die zur Unterhaltssicherung aufgewendeten Mittel dürfen auch nicht aus der Inanspruchnahme von Sozialleistungen stammen.

887   Die *zeitlichen Grenzen* des § 37 Abs. 1 Satz 1 Nr. 3 AufenthG müssen im Zeitpunkt der Beantragung der Aufenthaltserlaubnis eingehalten sein. Der Tag der Einreise ist hierfür nicht maßgeblich. Die Frist beginnt mit dem Tag der Ausreise.

888   Das Wiederkehrrecht *setzt* begrifflich die *Ausreise des Antragstellers aus Deutschland voraus*. Streitig ist, ob § 37 AufenthG auch ohne vorherige Ausreise analog anwendbar ist[563]. Gegen eine analoge Anwendung auf Ausländer, die nicht ausgereist sind, spricht jedoch, dass in derartigen Fällen die spezielle Vorschrift über die Verlängerung der einem Kind erteilten Aufenthaltserlaubnis (§ 34 AufenthG) anzuwenden ist[564].

889   Sind die genannten Voraussetzungen erfüllt, besteht ein *Rechtsanspruch* auf Erteilung einer Aufenthaltserlaubnis nach § 37 Abs. 1 Satz 1 AufenthG. Dieser Aufenthaltstitel berechtigt kraft Gesetzes zur Ausübung einer *Erwerbstätigkeit*, so dass ein Zustimmungserfordernis der Bundesagentur für Arbeit nicht besteht

562  Ziff. 37.1.1 AVwV-AufenthG.
563  Ablehnend OVG Saarland v. 17.10.2006 – 2 Q 25/06, juris.
564  Zum Streitstand s. *Hailbronner*, Ausländerrecht, § 37 AufenthG, Rn. 21.

und eine Bedarfs- und Vorrangprüfung nach § 39 Abs. 2 AufenthG nicht stattfindet (vgl. § 37 Abs. 1 Satz 2 AufenthG).

**b) Härteklausel.** § 37 Abs. 2 Satz 1 AufenthG erlaubt zur Vermeidung einer *be-*    **890**
*sonderen Härte* eine Abweichung vom Erfordernis des achtjährigen Voraufenthalts und des sechsjährigen Schulbesuchs sowie von der Einhaltung der Fristen für die Antragstellung. Diese *Ausnahmeregelung* soll es ermöglichen, auch in den vom Gesetz wegen seiner generell-abstrakten Regelung nicht erfassten, aber der gesetzlichen Wertung entsprechenden Fällen eine Wiederkehrmöglichkeit zu eröffnen[565]. Die Feststellung einer besonderen Härte im Sinne dieser Regelung erfordert daher den Vergleich des konkreten Einzelfalls mit dem gesetzlichen Typus des Wiederkehrers, wie er in § 37 Abs. 1 Satz 1 Nrn. 1 und 3 AufenthG gekennzeichnet ist[566]. Maßgeblich für die Annahme eines Härtefalls ist, *ob der Ausländer von den Lebensverhältnissen im Bundesgebiet so entscheidend geprägt ist, dass es eine besondere Härte und* unter Beachtung des Gesetzeszwecks *in besonderer Weise unbillig wäre, ihm das Wiederkehrrecht nach Deutschland vorzuenthalten.* Entscheidend hierfür sind drei Kriterien:
- während des Voraufenthalts in Deutschland erreichte Aufenthaltsverfestigung,
- Integration und
- Integrationsfähigkeit.

In einer *Gesamtbetrachtung* ist festzustellen, ob der Ausländer diesen drei Krite-    **891**
rien hinreichend genügt, um einen Härtefall annehmen zu können.

Eine besondere Härte kann z. B. vorliegen, wenn an Stelle eines Schulbesuchs    **892**
in Deutschland im Ausland ein Schulbesuch an einer deutschen Auslandsschule stattfand, an der völlig oder nahezu ausschließlich in deutscher Sprache unterrichtet wird. Auch die Teilnahme an einem Austausch oder vergleichbaren Programm kann berücksichtigt werden, in dessen Rahmen der Ausländer in einem Staat, dessen Staatsangehörigkeit er nicht besitzt, für einen Zeitraum von bis zu einem Jahr in einer Gastfamilie gelebt und dabei eine Schule im Aufenthaltsstaat besucht hat, die hinsichtlich der Inhalte als mit einer deutschen Schule gleichwertig anzusehen ist.

Eine besondere Härte kann vorliegen, wenn die Nichterfüllung einzelner Voraus-    **893**
setzungen durch eine *Übererfüllung anderer mehr als ausgeglichen* wird (z. B. wesentlich längere Aufenthaltsdauer im Bundesgebiet, wesentlich längerer Schulbesuch).

Eine besondere Härte kann man regelmäßig dann annehmen, wenn der Auslän-    **894**
der wegen der Leistung des Wehrdienstes die rechtzeitige Antragstellung versäumt hat. Allerdings muss der Antrag innerhalb von drei Monaten nach Entlassung aus dem Wehrdienst bei der zuständigen Behörde gestellt werden.

Ist die Voraufenthaltszeit in Deutschland kürzer als die nachfolgende Aufent-    **895**
haltszeit im Ausland, ist die Anwendung der Härteklausel grundsätzlich ausgeschlossen. Ein Ausländer, der z. B. aus dem Bundesgebiet ausgereist ist, nach Ablauf des Wehrdienstes im Heimatstaat ein mehrjähriges Studium betrieben hat

---

565 BVerwG v. 29.3.1996, InfAuslR 1997, 24.
566 BVerwG v. 19.3.2002, BVerwGE 116, 128, 134 ff. zu § 16 AuslG und OVG Sachsen-Anhalt v. 16.11.2006 – 2 M 296/06, juris.

und erst im Alter von 25 Jahren wieder in das Bundesgebiet einreisen will, weicht regelmäßig erheblich von den Voraussetzungen des § 37 AufenthG ab, mit der Folge, dass der Ausschluss von der Wiederkehr keine besondere Härte darstellt.

**896**  Auch ohne Vorliegen besonderer Umstände, die einen Härtefall begründen, erlaubt § 37 Abs. 2 Satz 2 AufenthG eine Abweichung von den Voraussetzungen des § 37 Abs. 1 Nr. 1 AufenthG, wenn der Ausländer im Bundesgebiet einen *anerkannten Schulabschluss* erworben hat. Die Ausnahme nach § 37 Abs. 2 Satz 2 AufenthG setzt voraus, dass der Ausländer während eines früheren Aufenthalts im Bundesgebiet den Abschluss einer allgemeinbildenden Schule, also mindestens den Hauptschulabschluss, erreicht hat.

**897**  Eine weitere Ausnahme von den In Abs. 1 Satz 1 Nr. 1 geregelten Voraussetzungen ist durch das Gesetz zur Bekämpfung der Zwangsarbeit und zum besseren Schutz für Opfer von Zwangsheirat eingeführt worden. Ist der Ausländer rechtswidrig mit Gewalt oder Drohung mit einem empfindlichen Übel zur Eingehung der Ehe genötigt und von der Rückkehr nach Deutschland abgehalten worden, so kann unabhängig von den Voraussetzungen des Abs. 1 Satz 1 Nummer 1 bis 3 eine Aufenthaltserlaubnis erteilt werden (Ermessen). Voraussetzung ist, dass der Antrag innerhalb von drei Monaten nach Wegfall der Zwangslage, spätestens jedoch vor Ablauf von fünf Jahren seit der Ausreise gestellt wird. Außerdem muss gewährleistet sein, dass sich der Ausländer aufgrund seiner bisherigen Ausbildung und Lebensverhältnisse in die Lebensverhältnisse der Bundesrepublik Deutschland einfügen kann. Der Ermessensanspruch verfestigt sich zu einem „Sollanspruch", wenn der Ausländer die Voraussetzungen des Abs. 1 Satz 1 Nr. 1 (achtjähriger Voraufenthalt im Bundesgebiet und sechsjähriger Schulbesuch) erfüllt. Im Übrigen gelten im Wesentlichen die gleichen Voraussetzungen bezüglich der Geltendmachung des Anspruchs wie bei Abs. 2a (Geltendmachung innerhalb von drei Monaten nach Wegfall der Zwangslage, längere Frist von 10 Jahren seit Ausreise). Die Härtefallregelungen des § 37 Abs. 2 Satz 1 und Satz 2 und die Regelung nach Abs. 2a AufenthG stehen selbständig nebeneinander und schließen einander nicht aus[567].

**898**  Auch das Wiederkehrrecht für Opfer von Zwangsheirat setzt voraus, dass der Antragsteller als Minderjähriger seinen gewöhnlichen Aufenthalt in Deutschland hatte und aus dem Bundesgebiet ausgereist ist. Ein Aufenthaltsrecht wird daher nicht jedem Opfer einer Zwangsheirat gewährt. Erforderlich ist eine Verknüpfung der Zwangsheirat mit der besonderen Situation von Minderjährigen, die mit ihren Eltern ins Bundesgebiet eingereist waren und dort ihren gewöhnlichen Aufenthalt hatten. Die Beeinträchtigung der freien Willensentscheidung muss für die Eingehung der Ehe und eine Rückkehr nach Deutschland (fort-)bestehen. Die Dreimonatsfrist seit Wegfall der Zwangslage gilt ab dem Zeitpunkt, ab dem das Opfer in seiner freien Willensentscheidung bezüglich der Rückkehr nach Deutschland nicht mehr eingeschränkt ist. Die Voraussetzung einer Einfügung in die Lebensverhältnisse der Bundesrepublik Deutschland soll gewährleisten, dass nicht diejenigen Personen ein privilegiertes Rückkehrrecht erhalten, die nicht zur Integration in Deutschland bereit und in der Lage sind und bei denen deshalb auch ein erhöhtes Risiko besteht, dass sie in Deutschland dauerhaft sozi-

---

567 OVG SH v. 8.9.1995 – 4 M 86/95, juris.

alhilfeabhängig sind[568]. Erforderlich ist eine Integrationsprognose, die sich auf vorhandene Integrationsanstrengungen stützen kann. Ausdrücklich einbezogen sind Ausbildung und Lebensverhältnisse. Relevant ist für Letzteres insbesondere das soziale Verhalten im Hinblick auf strafrechtlich relevante Verstöße oder Auffälligkeiten im sozialen Bereich, die auf Konfliktpotentiale mit den in Deutschland bestehenden gesellschaftlichen Normen schließen lassen.

Liegen die Voraussetzungen des Abs. 1 Satz 1 Nr. 1–3 nicht vor und ist keine Ausnahme von diesen Voraussetzungen nach Abs. 2a möglich, so hat die Ausländerbehörde zu prüfen, ob ein besonderer Härtefall oder ein Ausnahmefall nach § 37 Abs. 2 Satz 2 AufenthG gegeben ist. Die Entscheidung liegt zwar in ihrem Ermessen. Dennoch ist die Annahme einer besonderen Härte oder eines anerkannten Schulabschlusses gerichtlich voll überprüfbar, auch wenn insoweit unbestimmte Rechtsbegriffe auszulegen und anzuwenden sind[569]. **899**

> **Lösung Fall 38:** K hat den Antrag auf Erteilung der Aufenthaltserlaubnis nach Vollendung des 15. und vor Vollendung des 21. Lebensjahres sowie vor Ablauf von fünf Jahren seit seiner Ausreise gestellt. Er hat sechs Jahre im Bundesgebiet eine Schule besucht. Geht man davon aus, dass sein Lebensunterhalt gesichert ist, erfüllt K alle Voraussetzungen des § 37 Abs. 1 Satz 1 AufenthG mit Ausnahme des achtjährigen rechtmäßigen Aufenthalts im Bundesgebiet. Von dieser Voraussetzung kann jedoch abgesehen werden, wenn der Ausländer im Bundesgebiet einen anerkannten Schulabschluss erworben hat (§ 37 Abs. 2 Satz 2 AufenthG). In Anbetracht dessen, dass K die Hauptschule in Deutschland erfolgreich abgeschlossen hat, kann die Ausländerbehörde dem K die beantragte Aufenthaltserlaubnis nach § 37 AufenthG erteilen.

**c) Versagungsgründe.** § 37 Abs. 3 AufenthG führt Versagungsgründe an, unter denen im Ermessensweg ein Wiederkehranspruch abgelehnt werden kann. Versagungsgründe sind: **900**
– Ausweisung oder Möglichkeit einer Ausweisung zum Zeitpunkt des Verlassens des Bundesgebiets (Nr. 1),
– Bestehen eines Ausweisungsinteresses zum Zeitpunkt der Antragstellung (Nr. 2),
– Nichtgewährleistung der Betreuung im Bundesgebiet bei einem minderjährigen Ausländer (Nr. 3).

Der Versagungsgrund der Nr. 1 (*Ausweisung*) kommt zur Anwendung, wenn nicht schon als Folge der Sperrwirkung einer Ausweisung die Erteilung der Aufenthaltserlaubnis zwingend nach § 11 Abs. 2 AufenthG ausgeschlossen ist. Nach Ablauf der Sperrfrist einer Ausweisung ist im Rahmen der Ermessensentscheidung nach § 37 Abs. 3 AufenthG zu prüfen, ob dem Ausländer eine Aufenthaltserlaubnis zur Wiederkehr erteilt werden kann. Der Ablauf der Befristung der Ausweisung reicht noch nicht aus, um eine für den Ausländer günstige Entscheidung zu rechtfertigen. Vielmehr ist zu prüfen, ob aufgrund des bisherigen Verhaltens des Ausländers, das zu einer Ausweisung geführt hat, begründete Zweifel an einer Eingliederung in die sozialen und wirtschaftlichen Lebensverhältnisse der Bundesrepublik Deutschland bestehen[570]. **901**

Bei der zweiten Alternative (*Möglichkeit einer Ausweisung bei Verlassen der BRD*) reicht das alleinige Vorliegen eines Ausweisungsinteresses (z. B. Begehung **902**

568 Vgl. BT-Drs. 17/440, S. 9.
569 *Dienelt*, in: Bergmann/Dienelt, Ausländerrecht, § 37 AufenthG, Rn. 24.
570 Vgl. Ziff. 37.3.1.1 AVwV-AufenthG.

einer *vorsätzlichen Straftat*) nicht aus. Zusätzlich muss ermittelt werden, ob der Ausländer unter Beachtung der Ausweisungsvoraussetzungen (§ 53 AufenthG) und völkervertraglicher und unionsrechtlicher Bestimmungen *hätte ausgewiesen werden können.*

**903** Liegt dagegen zum Zeitpunkt der Antragstellung ein Ausweisungsinteresse vor (Nr. 3), rechtfertigt dies die Versagung des Wiederkehrrechts ohne Rücksicht darauf, ob im Einzelfall eine Ausweisung erfolgen könnte. Ausweisungsbeschränkungen wegen des Bestehens von Bleibeinteressen nach § 55 AufenthG oder nach völkerrechtlichen Vorschriften sind hier unerheblich[571].

**904** Der Versagungsgrund der *mangelnden Betreuung* (Nr. 3) soll verhindern, dass minderjährige Ausländer nach Deutschland ohne erforderliche Bezugsperson mit den daraus resultierenden finanziellen und sozialen Folgeproblemen einreisen.

**905** **d) Verlängerung der Aufenthaltserlaubnis für Wiederkehrer.** Nach § 37 Abs. 4 AufenthG gilt für Wiederkehrer eine Ausnahme vom Grundsatz der Sicherung des Lebensunterhalts als Voraussetzung einer Verlängerung des Aufenthaltstitels. Daraus folgt, dass der Gesetzgeber das Wiederkehrrecht grundsätzlich als Entscheidung auf Dauer ansieht, durch die ein Ausländer quasi wieder in die Rechtsstellung einrückt, die er vor seiner Ausreise besessen hatte. Die Aufenthaltserlaubnis wird daher auch dann verlängert, wenn der Lebensunterhalt nicht mehr aus eigener Erwerbstätigkeit gesichert oder die Unterhaltsverpflichtung wegen Ablaufs der fünf Jahre erloschen ist.

**906** **e) Wiederkehrrecht für Rentner.** Ausländischen Rentnern ist nach § 37 Abs. 5 AufenthG in der Regel die Aufenthaltserlaubnis zu erteilen. Ein ununterbrochener gewöhnlicher Voraufenthalt ist hier nicht erforderlich. Der *Regelanspruch* ist lediglich daran geknüpft, dass der Ausländer eine Rente von einem Träger im Bundesgebiet bezieht und sich vor der Ausreise mindestens acht Jahre rechtmäßig im Bundesgebiet aufgehalten hat. Spätere Folgeaufenthalte, die keinen Bezug zu dem Erwerb der Rentenberechtigung aufweisen (z. B. vorübergehender Aufenthalt aus humanitären Gründen), sind nicht auf den Acht-Jahres-Zeitraum anrechenbar[572]. Der Versagungsgrund des § 37 Abs. 3 AufenthG ist auf Rentner nicht anwendbar. Anwendbar sind jedoch die allgemeinen Erteilungsvoraussetzungen des § 5 AufenthG.

**907** Nicht ausreichend ist ferner, dass der Rentenanspruch erst nach der Wiedereinreise ins Bundesgebiet entsteht. Unerheblich ist die Art der Rente (Alter, Unfall, Erwerbsunfähigkeit, Witwen- und Waisenrente). Es kann sich auch um eine private Rente oder eine betriebliche Versorgungsrente handeln. Entscheidend ist, dass die bezogene Rente allein genügt, um den notwendigen Lebensunterhalt des Ausländers zu decken[573]. Ob § 37 Abs. 5 AufenthG nur Bezieher originärer Renten oder auch Bezieher abgeleiteter Renten (z. B. Witwenrente) erfasst, ist streitig[574].

**908** Anders als jungen Wiederkehrern ist zurückgekehrten Rentnern das Ausüben einer Erwerbstätigkeit nicht kraft Gesetzes erlaubt.

---

571  Ziff. 37.3.2 AVwV-AufenthG.
572  Vgl. OVG NRW v. 22.3.2006 – 17 A 716/02, juris.
573  BVerwG v. 3.6.1997, BVerwGE 105, 28.
574  S. hierzu OVG NRW v. 22.3.2006 – 17 A 716/02, juris mit weiteren Nachweisen.

## 2.  Aufenthaltstitel für ehemalige Deutsche (§ 38 AufenthG)

**Fall 39:** Der in Berlin wohnhafte Türke T lebt seit 1980 in Deutschland. 1998 hat er die deutsche Staatsangehörigkeit durch Einbürgerung erworben, nachdem er zuvor seine bisherige türkische Staatsangehörigkeit aufgegeben hatte. 1999 beantragt er die Wiedereinbürgerung in der Türkei, die im Jahre 2005 erfolgt. Hat T einen Anspruch auf Erteilung einer Aufenthaltserlaubnis?

**a) Entstehungsgeschichte und Bedeutung der Vorschrift.** Die Vorschrift des § 38   **909** AufenthG, die durch das Zuwanderungsgesetz zum 1.1.2005 neu einführt wurde, sieht erstmals einen Aufenthaltstitel für ehemalige Deutsche vor. Ihr Absatz 1 erfasst nur Personen, die die deutsche Staatsangehörigkeit während ihres gewöhnlichen Aufenthalts im Bundesgebiet kraft Gesetzes verloren oder aufgegeben haben und ihren gewöhnlichen Aufenthalt im Inland beibehalten[575]. Absatz 2 hingegen erfasst ehemalige Deutsche, die ihren gewöhnlichen Aufenthalt im Ausland haben.

Eine solche Regelung war nach der Staatsangehörigkeitsreform von 1999 vor   **910** allem im Hinblick auf die *Erklärungspflicht des § 29 StAG* notwendig geworden, wonach deutsch-ausländische Mehrstaater, die die deutsche Staatsangehörigkeit als Kind ausländischer Eltern durch Geburt im Inland erworben haben, sich im Grundsatz nach Erreichen der Volljährigkeit für eine ihrer beiden Staatsangehörigkeiten entscheiden müssen. Für den Fall, dass die deutsche Staatsangehörigkeit verloren geht, waren die ausländerrechtlichen Folgen im AuslG 1990 nicht geregelt, da dort beim Erwerb eines (Dauer-)Aufenthaltsrechts jeweils vom Voraufenthalt eines Ausländers ausgegangen wurde.

Die Einführung eines Aufenthaltstitels für ehemalige Deutsche war ferner infolge   **911** des *Wegfalls der sog. Inlandsklausel in § 25 StAG* erforderlich. Seit 1.1.2000 führt der Antragserwerb einer ausländischen Staatsangehörigkeit auch dann zum Verlust der deutschen Staatsangehörigkeit, wenn der gewöhnliche Aufenthalt im Bundesgebiet beibehalten wird. Damit sollte der lange Zeit gängigen Praxis insbesondere türkischer Staatsangehöriger begegnet werden, die bisherige Staatsangehörigkeit formal aufzugeben und sie unmittelbar nach der Einbürgerung in Deutschland wiederzuerwerben.

Eine praktische Bedeutung hat die Vorschrift des § 38 AufenthG zeitweilig dadurch erlangt, dass noch vor Inkrafttreten der Staatsangehörigkeitsreform eine nicht unerhebliche Anzahl türkischer Staatsangehöriger nach Aufgabe der türkischen Staatsangehörigkeit und nach ihrer Einbürgerung in Deutschland erneut einen türkischen Pass beantragt hat, der in zahlreichen Fällen erst nach Inkrafttreten der Neuregelung ausgestellt wurde[576]. Der Rückerwerb der früheren Staatsangehörigkeit führte infolge der Neufassung des § 25 StAG[577] auch dann zum automatischen Verlust der durch Einbürgerung erworbenen deutschen Staatsangehörigkeit, wenn der gewöhnliche Aufenthalt in Deutschland fortbesteht. Für die Zeit bis zur Vornahme einer Wiedereinbürgerung – sofern eine solche beantragt wird – kommt in diesen Fällen die Erteilung eines Aufenthaltstitels für ehemalige Deutsche gem. § 38 AufenthG in Betracht.

---

575  Vgl. Ziff. 38.1.3 AVwV-AufenthG.
576  Das Bundesministerium des Innern geht von „deutlich über 10 000 Betroffenen" aus; nach Schätzungen der Türkischen Gemeinde in Deutschland waren rund 50 000 Personen betroffen (http://www.tagesschau.de, Meldung v. 8.2.2005).
577  Zur Verfassungsgemäßheit der Norm s. BVerfG v. 8.12.2006, NVwZ 2007, 441–445.

**912**  **b) Aufenthaltstitel bei Voraufenthalt in Deutschland.** § 38 Abs. 1 Satz 1 AufenthG ermöglicht einem ehemaligen Deutschen den Erwerb einer *Niederlassungserlaubnis* abweichend von den allgemeinen Voraussetzungen des § 9 Abs. 2 AufenthG, wenn er bei Verlust der deutschen Staatsangehörigkeit *seit fünf Jahren* als Deutscher seinen gewöhnlichen Aufenthalt im Bundesgebiet hatte, bzw. die Erteilung einer *Aufenthaltserlaubnis*, wenn sich im Zeitpunkt des Staatsangehörigkeitsverlusts *seit mindestens einem Jahr* sein gewöhnlicher Aufenthalt in Deutschland befand. Dadurch werden Zeiten des gewöhnlichen Aufenthalts als Deutscher im Bundesgebiet solchen eines rechtmäßigen gewöhnlichen Aufenthalts als Ausländer im Bundesgebiet gleichgestellt. Bei der Berechnung der Voraufenthaltszeiten kommen nur zusammenhängende Zeiten in Anrechnung, in denen der Antragsteller als Deutscher seinen gewöhnlichen Aufenthalt in Deutschland hatte. Die Beibehaltung des gewöhnlichen Aufenthalts ist bei *Unterbrechungen des Aufenthalts* für einen Zeitraum von bis zu sechs Monaten zu unterstellen; das Gleiche gilt bei einem längeren Zeitraum, wenn der ehemalige Deutsche zur Ableistung der gesetzlichen Wehrpflicht eines anderen Staates das Bundesgebiet verlassen hatte und innerhalb von drei Monaten nach Entlassung aus dem Wehr- oder Ersatzdienst wieder eingereist ist[578].

**913**  Der *Antrag* auf Erteilung eines Aufenthaltstitels nach § 38 Abs. 1 AufenthG kann *nur innerhalb von sechs Monaten nach Kenntnis vom Verlust* der deutschen Staatsangehörigkeit gestellt werden, wobei § 81 Abs. 3 AufenthG entsprechend gilt[579]. Erst die hinreichend sichere Kenntnis vom Verlust der Staatsangehörigkeit setzt die Frist in Gang. Erforderlich ist in der Regel die Kenntnisnahme einer verbindlichen Äußerung einer zuständigen Behörde, etwa einer Staatsangehörigkeitsbehörde. Nicht ausreichend ist die Kenntnis einer Äußerung der Behörde über eine Vermutung oder einen Verdacht, sofern sich nicht dem Ausländer daraufhin aufdrängen musste, dass er die deutsche Staatsangehörigkeit verloren hat[580].

**914**  Neben der Niederlassungserlaubnis nach § 38 Abs. 1 Satz 1 Nr. 1 AufenthG berechtigt auch die Aufenthaltserlaubnis nach § 38 Abs. 1 Satz 1 Nr. 2 AufenthG *kraft Gesetzes* zur Ausübung einer *Erwerbstätigkeit* (vgl. § 38 Abs. 4 Satz 1 AufenthG). Sie ist bereits innerhalb der Antragsfrist von sechs Monaten nach Kenntnis vom Staatsangehörigkeitsverlust und im Falle der Antragstellung bis zur Entscheidung der Ausländerbehörde über den Antrag erlaubt (§ 38 Abs. 4 Satz 2 AufenthG).

> **Lösung Fall 39:** Nach § 25 Abs. 1 StAG verliert ein Deutscher seine Staatsangehörigkeit mit dem Erwerb einer ausländischen Staatsangehörigkeit, wenn dieser Erwerb auf seinen Antrag hin erfolgt. T ist mit seiner Einbürgerung 1998 deutscher Staatsangehöriger geworden. Da der Rückerwerb der türkischen Staatsangehörigkeit auf seinen Antrag hin erfolgt ist, hat er mit der Einbürgerung in der Türkei automatisch die deutsche Staatsangehörigkeit wieder verloren. Weil T dadurch zum Ausländer geworden ist, muss er einen Aufenthaltstitel beantragen. Gem. § 38 Abs. 1 Satz 1 Nr. 1 AufenthG hat T einen Anspruch auf Erteilung einer Niederlassungserlaubnis, wenn er diese innerhalb von sechs Monaten nach Kenntnis vom Verlust der deutschen Staatsangehörigkeit beantragt. Darüber hinaus bleibt es dem T unbenommen, sich erneut in Deutschland einbürgern zu lassen, sofern er seine rückerworbene türkische

---

578  Vgl. Ziff. 38.1.7 AVwV-AufenthG.
579  Vgl. § 38 Abs. 1 Satz 2 u. 3 AufenthG.
580  Ziff. 38.1.10 AVwV.AufenthG.

Staatsangehörigkeit aufgibt oder die Voraussetzungen für die Erteilung einer Beibehaltung seiner türkischen Staatsangehörigkeit erfüllt sind und die weiteren Einbürgerungsvoraussetzungen erfüllt sind[581].

**c) Aufenthaltstitel bei gewöhnlichem Aufenthalt im Ausland.** Gem. § 38 Abs. 2 **915** AufenthG kann einem ehemaligen Deutschen, der seinen gewöhnlichen Aufenthalt im Ausland hat, eine Aufenthaltserlaubnis erteilt werden, wenn er über *ausreichende Kenntnisse der deutschen Sprache* verfügt[582]. Die Vorschrift soll insbesondere einem ehemaligen Deutschen, der aus beruflichen oder familiären Gründen ins Ausland gegangen ist und wieder in Deutschland leben möchte, die Rückkehr ins Bundesgebiet und eine spätere Wiedereinbürgerung erleichtern[583]. Bei der *Ermessensausübung* sind u. a. die Umstände, die zum Verlust der deutschen Staatsangehörigkeit geführt haben, das Lebensalter, der Gesundheitszustand, die Lebensumstände des Antragstellers im Ausland sowie die Sicherung seines Lebensunterhaltes und gegebenenfalls die Erwerbsaussichten in Deutschland angemessen zu berücksichtigen[584]. Im Wege des Ermessens ist auch zu berücksichtigen, ob der Antragsteller fortbestehende Bindungen an Deutschland glaubhaft machen kann[585].

**d) Ausnahmen von den Regelerteilungsvoraussetzungen.** Sowohl in den Fällen **916** des Absatzes 1 als auch bei Absatz 2 finden die *Regelerteilungsvoraussetzungen* des § 5 Abs. 1 Nr. 1 und Nr. 2, Abs. 2 AufenthG sowie der Versagungsgrund des § 5 Abs. 4 AufenthG Anwendung. Die Erteilung des Aufenthaltstitels nach § 38 AufenthG setzt somit in der Regel voraus, dass der *Lebensunterhalt* des Antragstellers *gesichert* ist, *kein Ausweisungsinteresse* vorliegt und das *Visumverfahren eingehalten* wurde; der Aufenthaltstitel ist – außer in begründeten Einzelfällen – zu versagen, wenn ein Ausweisungsinteresse nach § 54 Abs. 1 Nr. 2 oder 4 AufenthG vorliegt. § 38 Abs. 3 AufenthG sieht vor, dass bei der Erteilung eines Aufenthaltstitels nach Absatz 1 oder 2 in besonderen Fällen ganz oder teilweise von den allgemeinen Voraussetzungen des § 5 AufenthG abgesehen werden kann. Der Nachweis einer besonderen Härte ist nicht erforderlich[586]. Von der Anwendung des § 5 Abs. 4 Satz 1 AufenthG ist jedoch nur unter den Voraussetzungen des § 5 Abs. 4 Satz 2 AufenthG abzusehen, d. h. wenn sich der Ausländer gegenüber den zuständigen Behörden offenbart und glaubhaft von seinem sicherheitsgefährdenden Handeln Abstand nimmt[587].

**e) Irrtümliche Behandlung als Deutscher.** § 38 Abs. 1 bis 4 AufenthG findet ent- **917** sprechende Anwendung auf einen Ausländer, der aus einem von ihm nicht zu vertretenden Grund bisher von deutschen Stellen als Deutscher behandelt wurde (§ 38 Abs. 5 AufenthG). Die Vorschrift erfasst Fälle, in denen durch deutsche Stellen dadurch ein Vertrauenstatbestand geschaffen wurde, dass diese irrtümlich angenommen hatten, der Ausländer sei Deutscher[588]. Die irrtümliche Behandlung als Deutscher kommt etwa in Betracht bei einem Findelkind oder in der

---

581 Vgl. §§ 8–12 b StAG.
582 S. zum Begriff der ausreichenden Sprachkenntnisse oben Rn. 285 zu § 9 Abs. 2 Satz 1 Nr. 1 AufenthG.
583 Vgl. BT-Drs. 15/420, S. 84 f.
584 Ziff. 38.2.6 AVwV-AufenthG.
585 Ziff. 38.2.7 AVwV-AufenthG.
586 Ziff. 38.3.1 AVwV-AufenthG.
587 Ziff. 38.3.7 AVwV-AufenthG.
588 Ziff. 38.5.1.0. AVwV-AufenthG.

unrichtigen Annahme eines gesetzlichen Erwerbs der deutschen Staatsangehörigkeit[589]. Nicht erforderlich ist, dass ein Verwaltungsversagen oder sogar ein Verschulden der maßgeblichen Behörde festgestellt werden kann[590].

**918** Der *Vertrauensschutz entfällt*, wenn es der Ausländer *zu vertreten* hat, dass er irrtümlich als Deutscher behandelt wurde. Die bloße Veranlassung genügt nicht für den Ausschluss. Hinsichtlich des Sorgfaltsmaßstabes ist auf das Urteilsvermögen einer durchschnittlichen Person in der Situation des Betroffenen abzustellen. Kenntnisse des deutschen Staatsangehörigkeitsrechts sind in der Regel nicht zu erwarten, zumal ein Betroffener grundsätzlich auf die Richtigkeit von Verwaltungshandeln vertrauen darf[591].

### 3.   Aufenthaltserlaubnis in begründeten Ausnahmefällen
(§ 7 Abs. 1 Satz 3 AufenthG)

**Fall 40:** Die Chilenin K beantragt eine Aufenthaltserlaubnis aus familiären Gründen. Sie möchte mit ihrem ebenfalls aus Chile stammenden Freund F, der eine Aufenthaltserlaubnis zu Erwerbszwecken besitzt, in Deutschland als ständige Lebensgefährtin zusammenleben. Eine Eheschließung ist nicht beabsichtigt. Die Ausländerbehörde lehnt ihren Antrag ab mit der Begründung, die beantragte Aufenthaltserlaubnis sei im AufenthG nicht vorgesehen. Außerdem nehme K Sozialhilfe in Anspruch. Zu Recht?

**919** § 7 Abs. 1 Satz 3 AufenthG enthält eine *Ermessensbestimmung*, nach der in begründeten Ausnahmefällen eine Aufenthaltserlaubnis erteilt werden kann, wenn der Aufenthaltszweck nicht in den §§ 16 bis 38 a AufenthG ausdrücklich geregelt ist.

**920** *Voraussetzung* für eine Anwendung von § 7 Abs. 1 Satz 3 AufenthG ist zunächst, dass der Ausländer eine Aufenthaltserlaubnis für einen *im AufenthG nicht vorgesehenen Aufenthaltszweck* begehrt. Diese Voraussetzung wird angesichts der vom AufenthG bezweckten generellen Regelung der Zuwanderung nur schwer erfüllt werden können. Ein Rückgriff auf die Ausnahmenorm ist nämlich in den Fällen nicht zulässig, in denen der Gesetzgeber erkennbar eine umfassende, abschließende Regelung der Voraussetzungen für die Einreise und den Aufenthalt von Ausländern im Bundesgebiet entsprechend den jeweiligen Aufenthaltszwecken nach den Abschnitten 3 bis 7 des Aufenthaltsgesetzes vorgenommen hat, ohne der Ausländerbehörde erneut die Möglichkeit zu eröffnen, abweichend hiervon Aufenthaltstitel zu erteilen[592]. Ob diese Voraussetzung erfüllt ist, kann freilich im Einzelnen strittig sein. So hat der Gesetzgeber z.B. beim Familiennachzug zwar die lebenspartnerschaftliche Gemeinschaft geregelt, nicht aber die *nichteheliche (verschiedengeschlechtliche) Lebensgemeinschaft.* Daraus könnte man folgern, dass der Gesetzgeber die Erteilung eines Aufenthaltstitels zum Zweck einer familiären Lebensgemeinschaft abschließend in den §§ 27 f. AufenthG geregelt hat. Hiergegen lässt sich einwenden, dass mit der Einbeziehung der (gleichgeschlechtlichen) Lebenspartnerschaft in § 27 Abs. 2 AufenthG der Gesetzgeber nicht abschließend sämtliche Fälle einer familiären Lebensgemeinschaft erfassen wollte. Ausnahmsweise kommt daher bei vergleichbaren Bedingungen ein Rückgriff auf § 7 Abs. 1 Satz 3 AufenthG in derartigen Fällen in Betracht.

---

589  BT-Drs. 15/420, S. 85.
590  Ziff. 38.5.1 AVwV-AufenthG.
591  Ziff. 38.5.8.6 AVwV-AufenthG.
592  Vgl. BVerwG v. 4.9.2007, DVBl. 2008, 108.

Eine Anwendung des § 7 Abs. 1 Satz 3 AufenthG ist in der Rechtsprechung unter **921** anderem bejaht worden, wenn ein Visum zum Zweck der Adoption eines Kindes aus einem Staat, der dem Haager Adoptionsübereinkommen nicht beigetreten ist, begehrt wird. Voraussetzung ist, dass das internationale Adoptionsvermittlungsverfahren vollständig und erfolgreich durchgeführt worden ist.[593] Schließlich kann die Erteilung einer Aufenthaltserlaubnis nach § 7 Abs. 1 Satz 3 AufenthG im Falle eines Verlöbnisses in Betracht kommen, sofern die Eheschließung unmittelbar bevorsteht, also der Termin der Eheschließung bereits feststeht und die formellen Voraussetzungen der Eheschließung vorliegen und die Erteilung eines Schengen-Visums für einen kurzfristigen Aufenthaltszweck nicht möglich ist.

Voraussetzung ist ferner, dass es sich um einen *begründeten Fall* handelt. § 7 **922** Abs. 1 Satz 3 AufenthG enthält allerdings keine Kriterien dafür, unter welchen Voraussetzungen von einem begründeten Fall auszugehen ist. Erforderlich ist eine Analyse, ob angesichts der gesetzlich gebotenen spezifischen Erteilungsvoraussetzungen und der in § 1 AufenthG niedergelegten Zwecke des Gesetzes die Erteilung eines Aufenthaltsrechts sachlich gerechtfertigt ist. Es sind die für und gegen den Aufenthalt des Ausländers sprechenden schutzwürdigen Individualinteressen des Ausländers und die öffentlichen Interessen miteinander abzuwägen. Zu berücksichtigen sind sowohl die arbeitsmarktpolitischen Interessen wie die Integrationsfähigkeit. Zu beachten sind ferner die *allgemeinen Regelerteilungsvoraussetzungen und Versagungsgründe* des § 5 AufenthG.

> **Lösung Fall 40:** Eine Aufenthaltserlaubnis zur Herstellung einer nichtehelichen Lebensgemeinschaft ist im AufenthG nicht vorgesehen. Ihre Erteilung kommt daher allenfalls unter den Voraussetzungen des § 7 Abs. 1 Satz 3 AufenthG in Betracht. Dazu müsste es sich um einen begründeten Fall handeln. Der Fall der Herstellung einer nichtehelichen Lebensgemeinschaft ist mit der Herstellung einer ehelichen Lebensgemeinschaft oder einer Lebenspartnerschaft nicht vergleichbar. Vergleichbarkeit käme allenfalls in Betracht, wenn bereits eine der Eheschließung vergleichbare formale Partnerschaftsbeziehung mit gegenseitigen Rechten und Pflichten besteht, die dem Schutz des Art. 8 EMRK untersteht. Zusätzlich müssten darüber hinaus die allgemeinen Erteilungsvoraussetzungen des § 5 AufenthG erfüllt sein. Da K Sozialhilfe in Anspruch nimmt, ist ihr Lebensunterhalt nicht gesichert (§ 5 Abs. 1 Nr. 1 i. V. m. § 2 Abs. 3 AufenthG). Ausnahmen sieht das AufenthG insoweit für den vergleichbaren Fall des Ehegattennachzugs nicht vor, sofern die Aufenthaltserlaubnis erstmalig erteilt werden soll (vgl. den Wortlaut des § 30 Abs. 3 AufenthG: „verlängert"). Ausnahmen nach § 29 Abs. 2 AufenthG sind ebenfalls nicht ersichtlich, da F keinen Aufenthaltstitel aus humanitären Gründen besitzt. Die Ausländerbehörde hat den Antrag der K daher zu Recht abgelehnt.

## 4.  Altfallregelung für geduldete Ausländer (§ 104 a AufenthG)

Der am 28.8.2007 in Kraft getretene § 104 a AufenthG ist vor dem Hintergrund **923** der langjährigen Diskussion um eine *Bleiberechtsregelung für ausreisepflichtige Ausländer, die seit vielen Jahren im Bundesgebiet geduldet und in Deutschland wirtschaftlich und sozial integriert sind,* zu sehen. Das Bleiberecht wird nur Ausländern gewährt, die sich zum Stichtag 1.7.2007 seit mindestens acht Jahren bzw. sechs Jahre in Deutschland aufgrund einer langjährigen Duldung aufgehalten. haben. Die Regelung ist dadurch obsolet geworden, dass mit § 25b Auf-

---

593 BVerwG v. 10.3.2011 – 1 C 7.10; v. 26.10.2010 – 1 C 16.09; für weitere Fallgestaltungen vgl. Ziff. 7.1.3 AVwV-AufenthG.

enthG durch das Gesetz zur Neubestimmung des humanitären Bleiberechts und der Aufenthaltsbeendigung v. 27.7.2015 ein stichtagsungebundenes Bleiberecht für nachhaltig integrierte geduldete Ausländer eingeführt worden ist, das das bereits eingeführte ebenfalls stichtagsungebundene humanitäre Bleiberecht für gut integrierte Jugendliche und Heranwachsende Ausländer von § 25a AufenthG ergänzt[594].

# § 8  Soziale und wirtschaftliche Rechte von Ausländern

## I.   Allgemeine Grundsätze

**924**  Soziale Rechte der Ausländer sind in den Gesetzen, die Bund, Länder und Kommunen zu Sozialleistungen ermächtigen oder verpflichten, niedergelegt. Dabei wird regelmäßig zwischen verschiedenen Kategorien von Ausländern je nach Aufenthaltsrecht und/oder Zugehörigkeit zu einem nach europäischem Unionsrecht oder völkerrechtlichen Verträgen privilegierten Personenkreis unterschieden. Das *allgemeine Völkerrecht* (Völkergewohnheitsrecht) sieht zwar gewisse Mindeststandards für Ausländer vor, kennt aber keinen Grundsatz, wonach Ausländer Inländern beim Zugang zu Sozialleistungssystemen gleichgestellt werden müssen (Inländergleichbehandlung). Verpflichtungen zur Gleichbehandlung finden sich in Bezug auf bestimmte Leistungen in völkerrechtlichen Verträgen; im Unionsrecht sind zahlreiche Grundsätze der Nichtdiskriminierung aus Gründen der Staatsangehörigkeit in den im Anwendungsbereich des Unionsrechts liegenden Materien niedergelegt (vgl. Art. 18 AEUV).

**925**  Auch aus *verfassungsrechtlichen Gründen* ergibt sich keine allgemeine Verpflichtung zur Gleichbehandlung von Ausländern mit Inländern. Die Staatsangehörigkeit als solche zählt nicht zu den nach Art. 3 Abs. 3 GG verbotenen Unterscheidungsmerkmalen. Verboten ist nach Art. 3 Abs. 3 GG eine Anknüpfung an „Heimat und Herkunft", wobei dieses Merkmal weder mit der Staatsangehörigkeit noch mit dem jeweils aktuellen Wohnsitz oder Aufenthalt identisch ist[1]. Es ist daher dem Gesetzgeber nicht generell untersagt, nach der Staatsangehörigkeit zu differenzieren. Nach dem allgemeinen Gleichheitsgrundsatz bedarf es für die Anknüpfung an die Staatsangehörigkeit als Unterscheidungsmerkmal jedoch eines hinreichenden Sachgrundes.[2] Das Bundesverfassungsgericht hat aus diesem Grunde z.B. den Ausschluss von Ausländern vom bayerischen Landeserziehungsgeld aus Gründen der Staatsangehörigkeit zur Vermeidung einer übermäßigen Belastung des Staatshaushalts als verfassungswidrig beanstandet[3]. Rein fiskalischen Belangen darf daher nur durch eine Beschränkung der Leistungsdauer oder der Leistungshöhe für alle Berechtigten Rechnung getragen werden. Die Affinität der Staatsangehörigkeit zu den in Art. 3 Abs. 3 GG genannten unzulässigen Unterscheidungsmerkmalen gebietet ferner eine strenge Prüfung der Verhältnismäßigkeit im Hinblick darauf, ob die Staatsangehörigkeit ein angemesse-

---

594  Siehe oben § 7 IV. 13. und 14.

1  Vgl. dazu *Osterloh*, in: Sachs (Hrsg.), Grundgesetz, Kommentar, Art. 3 GG, Rn. 296; vgl. ferner *Sachs*, in: Handbuch des Staatsrechts, Bd. 5, 1992, § 126, Rn. 51 f.

2  BVerfG v. 7.2.2012 – 1 BvL 14 /07.

3  A.a.O.

nes Differenzierungsmerkmal darstellt[4]. Das deutsche Sozialrecht differenziert im Allgemeinen nicht nach Staatsangehörigkeit, sondern nach der Art des Aufenthaltsrechts, aufgrund dessen sich Ausländer im Bundesgebiet aufhalten. Im Grundsatz ist zwar anerkannt, dass die Unterscheidung zwischen Deutschen und Ausländern insofern eine sachliche Rechtfertigung findet, als Deutsche regelmäßig auf Aufnahme im Bundesgebiet angewiesen sind, während Ausländer, wenn auch möglicherweise unter schlechteren Bedingungen, auf die Verantwortung ihres Heimatstaates gegenüber seinen Staatsangehörigen verwiesen werden können. Eine Grenze stellt aber das *Prinzip der Menschenwürde* dar, das den Staat für alle sich auf seinem Gebiet aufhaltenden Personen in die Pflicht nimmt. Demgemäß haben Ausländer im Allgemeinen einen Anspruch auf ein Minimum an Fürsorge, wenn sie sich tatsächlich im Bundesgebiet aufhalten, ohne Rücksicht darauf, ob sie zum Aufenthalt berechtigt sind[5]. Für Asylbewerber und sonstige ausreisepflichtige Ausländer und deren Familienangehörige ist allerdings der Anspruch auf Sozialhilfeleistungen eingeschränkt auf diejenigen Leistungen, die zur Aufrechterhaltung des Existenzminimums unabdingbar erforderlich sind. Wann die Schwelle zu einer Verletzung der Menschenwürde überschritten ist, ist in Literatur und Rechtsprechung heftig umstritten. Ort, Zeit und individuelle Verhältnisse wie auch der Zustand der öffentlichen Kassen können insoweit auch im Rahmen der verfassungsrechtlichen Beurteilung nicht unberücksichtigt bleiben[6].

Das Bundesverfassungsgericht[7] hat allerdings aus der Menschenwürde bis in die Einzelheiten der Bedarfsberechnung gehende Anforderungen an die Höhe der finanziellen Grundleistungen für Asylsuchende abgeleitet und damit den dem Parlament zustehenden Gestaltungsspielraum zur Konkretisierung des Sozialstaatsprinzips in problematischer Weise eingeschränkt. Nach der Auffassung des Gerichts sind weder finanzpolitische Erwägungen noch migrationspolitische Gründe geeignet, den vom Gericht zur Förderung eines menschenwürdigen Lebens als notwendig angesehenen Bedarf an staatlichen Leistungen zu konkretisieren[8]. Die Argumentation des Bundesverfassungsgerichts wirft vor dem Hintergrund einer zumindest teilweise durch hohe Sozialleistungen induzierten irregulären Zuwanderung und unionsrechtlicher Bestrebungen, Sozialleistungen als substantiellen pull factor für eine illegale Weiterwanderung von Flüchtlingen innerhalb der Europäischen Union einzuschränken, bisher kaum hinreichend überzeugend beantwortete Fragen nach der Kompetenz des Bundesverfassungsgerichts auf, die Substanz der Menschenwürdegarantie durch eine numerische Festlegung von sozialen Leistungsansprüchen in Korrektur gesetzgeberischer Entscheidungen festzulegen. **926**

Aus *völkerrechtlichen Gründen* folgt kein generelles Verbot, für den Zugang von Ausländern zu Sozialleistungssystemen nach der Staatsangehörigkeit und/oder dem Aufenthaltstitel zu unterscheiden. Gleichbehandlungsklauseln finden sich jedoch in einer Reihe von bi- oder multilateralen Verträgen, die die Bundesrepublik Deutschland mit Drittstaaten abgeschlossen hat. Insbesondere im Bereich des **927**

---

4  *Kokott*, in: Hailbronner, Die allgemeinen Regeln des völkerrechtlichen Fremdenrechts, Bilanz und Ausblicke an der Jahrtausendwende, Heidelberg 2000, S. 25 ff.
5  § 23 Satz 1 SGB XII.
6  *Kokott*, in: Hailbronner, Die allgemeinen Regeln des völkerrechtlichen Fremdenrechts, Bilanz und Ausblicke an der Jahrtausendwende, Heidelberg 2000, S. 25 ff.
7  BVerfG v. 18.7.2012 – 1 BvL 10/10 und 2/11, ZAR 2012, 339.
8  Vgl. hierzu *Rothkegel*, ZAR 2012, 357.

völkervertraglichen Sozialversicherungsrechts gelten zahlreiche Bestimmungen, die die Bundesrepublik Deutschland verpflichten, die Angehörigen der jeweils anderen Vertragsstaaten bezüglich bestimmter sozialer Versicherungsleistungen (z. B. Rente, Kindergeld usw.) eigenen Staatsangehörigen gleichzustellen. Für die EMRK (1. Zusatzprotokoll) hat der EGMR im Fall *Gaygusuz* in einem Grundsatzurteil festgestellt, dass soziale Leistungen, die auch nur teilweise auf Eigenleistungen beruhen, dem Eigentumsschutz unterliegen und daher Ausländern wie Inländern in gleicher Weise zugutekommen müssen[9]. Grundsätzlich ist anerkannt, dass Sozialleistungen, die auf Beiträgen der Versichertengemeinschaft beruhen, dem Eigentumsschutz unterliegen[10]. Im Fall *Gaygusuz* hatte ein Ausländer in Österreich eine nach dem österreichischen Recht vorgesehene Notstandshilfe als Vorschuss auf die Rente beansprucht, die sowohl aus allgemeinen Steuerleistungen als auch aus allgemeinen Beiträgen zur Arbeitslosenversicherung finanziert wurde. Der EGMR hat für einen zumindest teilweise verdienten sozialen Anspruch eine sachliche Differenzierung nach Staatsangehörigkeit für unzulässig gehalten und die Argumentation der österreichischen Regierung zurückgewiesen, ein Staat habe gegenüber seinen eigenen Angehörigen eine besondere Verantwortung zur Befriedigung essentieller sozialer Bedürfnisse[11]. Unabhängig hiervon verbietet nach der Rechtsprechung des EGMR das Diskriminierungsverbot des Art. 14 EMRK eine Ungleichbehandlung in Bezug auf die Rechte und Freiheiten der EMRK, zu denen das weit verstandene Recht auf Eigentum (possessions) gehört. Der EGMR hat daher die Streichung einer französischen ergänzenden Zulage zu einer Invaliditätsrente für Ausländer für EMRK-widrig erklärt[12].

**928** Das *deutsche Recht* trägt diesen Grundsätzen im Allgemeinen dadurch Rechnung, dass das Sozialversicherungsrecht aufgrund des Territorialitätsprinzips für alle Beschäftigten im Inland gilt, ohne Rücksicht darauf, welche Staatsangehörigkeit sie besitzen und ob die Beschäftigung erlaubt ist[13]. Alle Arbeitnehmer in der Bundesrepublik Deutschland unterliegen demnach der gesetzlichen Sozialversicherung im Bereich der Krankenversicherung, Unfallversicherung, Rentenversicherung und Arbeitslosenversicherung[14]. Für die Koordinierung von Leistungen beim Zusammentreffen unterschiedlicher Sozialversicherungssysteme, so z. B. bei in- und ausländischen Ansprüchen im Bundesgebiet lebender Ausländer oder bei Gewährung von Leistungsansprüchen im Ausland, sind zahlreiche Abkommen über soziale Sicherheit und Sozialversicherungsfragen abgeschlossen worden[15].

---

9  EGMR v. 16.9.1996, Nr. 39/1995/545/631 – *Gaygusuz/Österreich*, InfAuslR 1997, 1; vgl. *Hailbronner*, Die sozialrechtliche Gleichbehandlung von Drittstaatsangehörigen – ein menschenrechtliches Postulat?, JZ 1997, 397, 398 f.

10  Vgl. auch BVerfG v. 16.7.1985, BVerfGE 69, 272, 300; BVerfG v. 12.2.1986, BVerfGE 72, 9, 18; BVerfG v. 14.7.1987, BVerfGE 76, 200, 235.

11  Vgl. EGMR v. 16.9.1996, Nr. 39/1995/545/631 – *Gaygusuz/Österreich*, InfAuslR 1997, 1; *Kokott*, in: Hailbronner, Die allgemeinen Regeln des völkerrechtlichen Fremdenrechts, S. 25.

12  EGMR v. 30.9.2013, Nr. 40829/98 – *Koua Poirrez*.

13  Vgl. *Eichenhofer*, ZAR 1996, 62; vgl. auch § 7 SGB IV.

14  Für einen Überblick vgl *K. Sieveking*, Meine Rechte als Ausländer, 2007; *Julia Niesten-Dietrich*, Migranten und soziale Rechte, Univ. Bielefeld, http://www.akademie-rs.de; *G. Classen*, Sozialleistungen für Migranten und Flüchtlinge, 2008.

15  Vgl. *Eichenhofer*, Internationales Sozialrecht, 1994; *Becker/Braasch*, § 112 f.; *Marhold* (Hrsg.), Das neue Sozialrecht der EU, Graz 2005.

Für *Staatsangehörige der EU-Mitgliedstaaten* gelten die Bestimmungen der mitt-  **929**
lerweile durch die VO Nr. 883/2004[16] abgelösten Koordinierungsverordnung
EWG 1408/71[17]. Grundsätzlich werden danach Zeiten für die Berechnung von
Rentenansprüchen (Anwartschaftszeiten) angerechnet. Arbeitnehmer und ihre
Familienangehörigen, die innerhalb der Europäischen Union grenzüberschreitend tätig sind, erhalten Leistungen aus den Systemen der sozialen Sicherheit bei
Krankheit, Mutterschaft, Invalidität, Alter, Tod, Arbeitsunfall, Berufskrankheit
und Arbeitslosigkeit nach dem Prinzip der Inländergleichbehandlung[18]. Ausländer, die weder dem EU-Recht unterliegen noch von bilateralen Abkommen erfasst sind, bilden eine relativ kleine Gruppe[19]. Durch den im deutschen Sozialversicherungsrecht geltenden *Grundsatz der Gleichbehandlung* ist die Frage
noch nicht geregelt, inwieweit im Ausland eintretende Versicherungsfälle von der
Leistungspflicht erfasst werden. Das EU-Sozialversicherungsrecht und bilaterale
Sozialversicherungsabkommen regeln insoweit unterschiedlich für einzelne Leistungsarten, inwieweit Leistungsansprüche ins Ausland exportiert werden können
und inwieweit die Entstehung von Leistungsansprüchen von im Inland eintretenden Ereignissen abhängt. Teilweise ist die Gewährung von Leistungen an unter-
haltsberechtigte Ehegatten und Kinder von deren gewöhnlichen Aufenthalt im
Bundesgebiet abhängig[20].

Für *Unionsbürger* gelten aufgrund der Koordinierungsverordnung besondere  **930**
Regeln über den Export von Leistungen ins Ausland, die Berechtigung von im
Ausland lebenden Familienangehörigen zum Leistungsbezug und die Entstehung
von Leistungsansprüchen bei Eintritt von Versicherungsfällen im Ausland. In
einigen Versicherungszweigen werden bei Eintritt des Versicherungsfalls im Ausland Versicherungsleistungen an Versicherungsträger des Heimatstaates auf
Rechnung der deutschen Versicherung erbracht (Unfallversicherung, Krankenversicherung); Alters-, Invaliditätsversicherung und Renten werden auch bei
Aufenthalt in einem anderen Mitgliedstaat gezahlt. Ein Anspruch auf Arbeitslosengeld besteht auch nach Verzug in einen anderen EU-Mitgliedstaat für eine
bestimmte Zeitdauer weiter, wenn sich der Betreffende der dortigen Arbeitsverwaltung zur Verfügung stellt. Für Einzelfragen ist auf das Spezialschrifttum zum
europäischen Sozialversicherungsrecht zu verweisen[21].

Während im EU-Recht das Argument fehlender Gegenseitigkeit (der Heimatstaat  **931**
des Ausländers erbringt keine entsprechenden Leitungen gegenüber Deutschen)
von vornherein als Argument für eine Vorenthaltung sozialer Versicherungsleistungen ausscheidet, stellt sich gegenüber Drittstaatsangehörigen die Frage, inwieweit *fehlende Gegenseitigkeit als sachlicher Grund für eine schlechtere sozialrechtliche Behandlung* von Ausländern herangezogen werden kann. An sich hält

---

16  Abl. L 200 v. 7.6.2004, S. 1.
17  Verordnung (EWG) Nr. 1408/71 des Rates v. 14.6.1971 zur Anwendung der Systeme der sozialen
    Sicherheit auf Arbeitnehmer und Selbständige sowie deren Familienangehörige, die innerhalb der
    Gemeinschaft zu- und abwandern, i. d. F. der Verordnung (EG) Nr. 118/97 des Rates v. 2.12.1996,
    ABlEG 1997 Nr. L 28, S. 1.; geändert durch die VO Nr. 410/2002 der Kommission v. 2.7.2002.
18  Für einen Überblick vgl. *Hailbronner*, ZAR 1984, 176; *Julia Niesten-Dietrich*, a. a. O.
19  *Eichenhofer*, ZAR 1996, 62; zur Beschränkung von Sozialleistungen auf inländische Sachverhalte
    vgl. auch § 12, I.
20  Vgl. § 10 Abs. 1 Nr. 1, §§ 11 f. SGB V.
21  Vgl. *Eichenhofer*, Sozialrecht der Europäischen Union, 3. Aufl. 2006; *Marhold* (Hrsg.), Das neue
    Sozialrecht der EU, Wien 2005; *Fuchs* (Hrsg.), Kommentar zum europäischen Sozialrecht,
    6. Aufl. 2013.

das BVerfG eine mangelnde Reziprozität als sachlichen Grund für eine Schlechterstellung von Ausländern für gerechtfertigt mit dem Argument, nur durch Abschluss von Staatsverträgen könnten Regelungen erreicht werden, die auch Deutschen entsprechende Rechte verschaffen[22]. Für Rentenansprüche, die auf Beitragszahlungen beruhen, hält das BVerfG eine Schlechterstellung in der Form von reduzierten Rentenansprüchen an Ausländer, die im Heimatstaat ihren Wohnsitz genommen haben, für nicht sachgerecht. Nach Auffassung des BVerfG dürfen daher im Bereich von Versicherungsleistungen, d. h. durch Beiträge erworbene Ansprüche, die einem Versicherten persönlich zustehen, nicht zurückgehalten werden, um Deutschen die Realisierung anderer (gleichwertiger) Ansprüche zu ermöglichen[23]. Diese Rechtsprechung entspricht neueren Entwicklungen im Völkerrecht, wonach Sanktionen für unzulässig gehalten werden im Bereich von grundlegenden Menschenrechten und im Rahmen multilateraler Vertragswerke, die nach ihrer Zweckbestimmung einen Rückgriff auf einseitige Sanktionen ausschließen[24]. In diesem Sinne lässt sich das Rechtsschutzsystem der EMRK, das einen Individualrechtsschutz bereitstellt, als ein Sanktionen zu Lasten des Einzelnen ausschließendes „self-contained regime" verstehen[25].

**932** Die *Leistungsgesetze von Bund und Ländern unterscheiden* im Allgemeinen zwischen folgenden Gruppen von Ausländern. Je nach ihrer aufenthaltsrechtlichen Stellung sind am stärksten deutschen Staatsangehörigen gleichgestellt
– Unionsbürger und ihre freizügigkeitsberechtigten Familienangehörigen,
– auf Grund europäischen Unionsrechts (Assoziationsabkommen) im Bereich des Sozialversicherungsrechts Unionsbürgern gleichgestellte Drittstaatsangehörige (insbesondere türkische Staatsangehörige),
– auf Grund völkerrechtlicher Verträge, wie z. B. der Genfer Flüchtlingskonvention oder bi- und multilateraler Abkommen begünstigte Drittstaatsangehörige,
– „gewöhnliche" Drittstaatsangehörige,
– Asylbewerber ohne Aufenthaltstitel,
– ausreisepflichtige Ausländer.

**933** Am weitesten Inländern gleichgestellt sind Unionsbürger und ihre freizügigkeitsberechtigten Familienangehörigen nach Maßgabe der Gleichbehandlungsklauseln des AEUV und zahlreicher Bestimmungen des sekundären Unionsrechts, wie z. B. der Arbeitnehmerverordnung 492/2011 und der Unionsbürgerrichtlinie 2004/38/EG. Eine unbeschränkte Gleichstellung kennt aber auch das Unionsrecht insoweit nicht, als ungeachtet der Verpflichtung zur Gleichbehandlung das Aufenthaltsrecht nicht erwerbstätiger Unionsbürger weiterhin vom Nachweis ausreichender Mittel zum Lebensunterhalt und einem ausreichenden Krankenversicherungsschutz abhängig gemacht werden darf. Unionsbürgern, die ihr Aufenthaltsrecht allein vom Recht auf Arbeitssuche in einem anderen EU Mitgliedstaat nach Art. 14 Abs. 4 lit. b RL 2004/38 ableiten, dürfen daher von

---

22  Vgl. BVerfG v. 23.3.1971, BVerfGE 30, 406, 414; BVerfG v. 20.3.1979, BVerfGE 51, 1, 25.
23  BVerfG v. 20.3.1979, BVerfGE 51, 1, 25.
24  Vgl. *Kokott,* in: Hailbronner, Die allgemeinen Regeln des völkerrechtlichen Fremdenrechts, S. 43 ff.; *Schröder,* in: Graf Vitzthum (Hrsg.), Völkerrecht, S. 525, 576.
25  So *Kokott,* in: Hailbronner, Die allgemeinen Regeln des völkerrechtlichen Fremdenrechts, S. 44 f.

beitragsunabhängigen Sozialleistungen, wie z. B. Leistungen der Grundsicherung für arbeitslose Erwerbsfähige nach SGB II ausgeschlossen werden.[26]

Weitgehend angenähert an die Rechtstellung von Unionsbürgern im Bereich be- **934** stimmter Sozialleistungen, die in den Anwendungsbereich der Koordinierungsverordnung 883/2004 fallen, sind *türkische Staatsangehörige* aufgrund des Assoziationsabkommens EWG/Türkei und des darauf gestützten Assoziationsratsbeschlusses Nr. 3/80. Danach haben türkische Staatsangehörige, die im Bundesgebiet wohnen, Ansprüche auf Leistungen der sozialen Sicherheit, die die folgenden Leistungsarten betreffen:
– Leistungen bei Krankheit und Mutterschaft,
– Leistungen bei Invalidität,
– Leistungen bei Alter,
– Leistungen an Hinterbliebene,
– Leistungen bei Arbeitsunfällen und Berufskrankheiten,
– Sterbegeld,
– Leistungen bei Arbeitslosigkeit,
– Familienleistungen.

Nicht anwendbar ist der Gleichbehandlungsgrundsatz auf Sozialhilfe oder auf **935** Leistungssysteme für Opfer des Krieges und seiner Folgen. Deswegen gilt der Gleichbehandlungsgrundsatz nur für die allgemeinen und besonderen, die auf Beiträgen beruhenden und beitragsfreien Systeme der sozialen Sicherheit sowie für Systeme, nach denen Arbeitgeber zu Leistungen verpflichtet sind[27].

In einem Urteil vom 4.5.1999 in der Rechtssache *Sürül*[28] hat der EuGH festge- **936** stellt, dass Art. 3 Abs. 1 des Assoziationsratsbeschlusses Nr. 3/80, der die Gleichbehandlung im Bereich der Sozialversicherungsleistungen postuliert, einen eindeutigen, unbedingten Grundsatz aufstellt, der vor nationalen Gerichten unmittelbar anwendbar ist. Türkische Staatsangehörige, die sich auf ein assoziationsrechtliches Aufenthaltsrecht berufen können, haben daher bei Familienleistungen, wozu der EuGH das Erziehungsgeld gerechnet hat, Anspruch auf gleiche Leistungen wie Inländer. Diesen Grundsatz hat der EuGH auch auf andere Leistungsarten angewandt, wie z. B. eine nach österreichischem Recht gewährte vorzeitige Alterspension, die bei Arbeitslosigkeit gewährt wurde[29]. Ähnliche Grundsätze hat der EuGH auch für die Auswirkungen der Kooperationsabkommen der EG mit Marokko und Tunesien entwickelt. Nach Art. 41 der Kooperationsabkommen wird Arbeitnehmern und den mit ihnen zusammenlebenden Familienangehörigen auf dem Gebiet der sozialen Sicherheit eine Behandlung gewährt, die keine auf der Staatsangehörigkeit beruhende Benachteiligung gegenüber den Staatsangehörigen der Mitgliedstaaten, in denen sie beschäftigt sind, bewirkt. Die Arbeitnehmer erhalten daher die Familienzulagen für ihre innerhalb der Gemeinschaft wohnenden Familienangehörigen. Sie haben die Möglichkeit, Alters-

---

26  EuGH v. 15.9.2015, Rs. C-67/14 – *Alimanovic* – zur unionsrechtlichen Zulässigkeit von § 7 Abs. 1 SGB II.
27  Vgl. Art. 3 und 4 ARB Nr. 3/80; vgl. *Hailbronner*, Ausländerrecht, D 5.3.
28  EuGH v. 4.5.1999, Rs. C-262/96 – *Sürül*, Slg. 1999, I-2685.
29  Vgl. EuGH v. 28.4.2004, Rs. C-373/02 – *Öztürk/Pensionsversicherungsanstalt der Arbeiter*, Slg. 2004, I-3605.

und Hinterbliebenenrenten und Renten bei Arbeitsunfall, Berufskrankheit oder Erwerbsunfähigkeit zu den nach den Rechtsvorschriften des Schuldnerstaates geltenden Sätzen frei in ihre Heimatstaaten zu transferieren. Nach der Rechtsprechung des EuGH soll diese Klausel die soziale Lage marokkanischer Arbeitnehmer und ihrer mit ihnen im Aufnahmemitgliedstaat zusammenlebenden Familienangehörigen sichern[30]. Das Benachteiligungsverbot in Art. 49 Abs. 1 des Abkommens ist, soweit es speziell um Familienleistungen, wie z. B. Erziehungsgeld geht, nur in den Grenzen der in dieser Bestimmung festgelegten Voraussetzungen (Wohnsitz) gewährleistet[31]. Familienangehörige eines Arbeitnehmers aus Marokko oder Tunesien können sich daher nicht auf das Benachteiligungsverbot berufen, wenn sie nicht in der Union wohnen.

## II.  Sozialhilfe und gleichartige Leistungen (insbesondere Grundsicherung für Arbeitsuchende)

**937**  Der grundsätzliche Anspruch aller Ausländer auf *Sozialhilfe*, sofern sie sich tatsächlich im Bundesgebiet aufhalten, ist in bestimmten Fällen eingeschränkt bzw. ausgeschlossen. Medizinische Behandlung wird u. U. nur zur Behandlung eines akut lebensbedrohlichen Zustandes oder für eine unaufschiebbare Behandlung einer schweren Krankheit gewährt. Grundsätzlich gelten zwar die Vorschriften des SGB für alle Personen, die ihren Wohnsitz oder gewöhnlichen Aufenthalt im Bundesgebiet haben. Der gewöhnliche Aufenthalt wird in § 30 Abs. 3 SGB I als der Ort definiert, wo sich eine Person unter Umständen aufhält, die darauf schließen lassen, dass sie an diesem Ort oder in diesem Gebiet nicht nur vorübergehend verweilt. Keinen Anspruch auf Sozialhilfe haben jedoch insbesondere ausreisepflichtige Ausländer, auch wenn sie über eine Duldung verfügen; ihnen stehen lediglich ermäßigte Sozialleistungsansprüche nach dem AsylbLG zu. Grundsätzlich schließt die Rechtswidrigkeit des Aufenthalts die Annahme eines Wohnsitzes bzw. gewöhnlichen Aufenthalts aus, da in diesem Fall von einem lediglich vorübergehenden faktischen Aufenthalt im Bundesgebiet auszugehen ist[32]. Unbeschränkt anspruchsberechtigt sind jedoch Ausländer, die nach der Altfallregelung des § 104 a AufenthG oder dem „Bleiberechtsbeschluss" vom November 2006 im Anschluss an einen langjährigen in Deutschland geduldeten Aufenthalt einen Aufenthaltstitel erhalten haben.

**938**  Ausgeschlossen ist der Anspruch auf Hilfeleistungen nach dem SGB XII (Sozialhilfe), wenn der Ausländer eingereist ist, um Sozialhilfe zu erlangen oder dessen Aufenthaltsrecht sich allein aus dem Zweck der Arbeitssuche ergibt[33]. Sind Ausländer zum Zweck einer medizinischen Behandlung eingereist, soll Hilfe nur zur Behebung eines lebensbedrohlichen Zustands oder für eine unaufschiebbare oder unabweisbare Behandlung einer schweren oder infektiösen Erkrankung geleistet werden. Erforderlich ist nach der Rechtsprechung ein bedingter Vorsatz, der den Entschluss zur Ausreise geprägt hat[34]. Maßgeblich ist eine Prüfung anhand aller Umstände des Einzelfalles, wobei die Kenntnis des Bezugs von Sozialhilfe weder

---

30  EuGH v. 11.11.1999, Rs. C-179/98 – *Mesbah*, Slg. 1999, I-7955.
31  EuGH v. 31.1.1991, Rs. C-18/90 – *Kziber*, Slg. 1991, I-199.
32  BSGE 82, 23, 26; *Will*, Ausländer ohne Aufenthaltsrecht, 2008, S. 188; *Eichenhofer*, InfAuslR 2007, 229, 332.
33  § 23 Abs. 3 Satz 1 SGB XII.
34  BVerwG v. 30.10.1979, BVerwGE 59, 73; BVerwG v. 4.6.1992, EZAR 460 Nr. 11.

ausreichend noch erforderlich ist. Die bloße Möglichkeit der Sozialhilfe wird noch nicht als ausreichend angesehen, um einen bedingten Vorsatz annehmen zu können. Verlangt wird, dass die Absicht des Sozialhilfebezugs das eindeutig überwiegende Motiv für die Einreise ins Bundesgebiet darstellt. Ein bedingter Vorsatz ist z. B. bei Unterlassung eines Asylantrags und nur pauschalen Verfolgungsbehauptungen oder ungewissen Weiterwanderungsmöglichkeiten angenommen worden[35].

Mit der Änderung des Sozialrechts durch das 4. Gesetz über moderne Dienstleis- **939** tungen am Arbeitsmarkt (Hartz IV)[36] ist die Bedeutung der allgemeinen Sozialhilfeleistungen nach SGB XII auch für Ausländer stark eingeschränkt worden. Seit 1.1.2005 werden Arbeitslosenhilfe und Sozialhilfe zu einer einheitlichen Leistung als Grundsicherung für Arbeitsuchende *(Arbeitslosengeld II)* zusammengefasst[37]. Nach § 7 Abs. 1 SGB II sind Personen leistungsberechtigt, wenn sie das 15. Lebensjahr vollendet und das 65. Lebensjahr noch nicht vollendet haben, erwerbsfähig und hilfsbedürftig sind und ihren gewöhnlichen Aufenthalt in der Bundesrepublik Deutschland haben (erwerbsfähige Hilfsbedürftige). Ein Anspruch auf Leistungen nach dem SGB II für Arbeitsuchende schließt *nicht* aus, dass mangels ausreichender Mittel zum Lebensunterhalt die Aufenthaltserlaubnis nicht mehr verlängert oder eine Aufenthaltserlaubnis nicht erteilt wird.

Im Sinne dieser Bestimmung können Ausländer nur erwerbstätig sein, wenn ih- **940** nen die Aufnahme einer Beschäftigung erlaubt ist oder erlaubt werden könnte. Ausreichend ist demnach, dass ein Ausländer aufgrund seines Aufenthaltstitels eine Aufnahme einer Beschäftigung beanspruchen könnte, unabhängig davon, ob die Aufnahme der Beschäftigung der Vorrangprüfung unterliegt und er deshalb für einen konkreten Arbeitsplatz nicht die Zustimmung der Bundesagentur für Arbeit erlangt. Ausgeschlossen sind daher – abgesehen von den Leistungsberechtigten nach dem AsylbLG – solche Ausländer, denen von vornherein aufgrund ihres Aufenthaltstitels die Aufnahme einer Erwerbstätigkeit untersagt ist.

Ausgenommen von den Leistungen nach SGB II sind Ausländer, die weder in der **941** Bundesrepublik Deutschland Arbeitnehmer noch Selbständige noch aufgrund des § 2 Abs. 2 FreizügG/EU freizügigkeitsberechtigt sind. Das gilt auch für grundsätzlich freizügigkeitsberechtigte Unionsbürger und ihre Familienangehörigen. Das Freizügigkeitsrecht für EU-Arbeitnehmer und selbständig Erwerbstätige bleibt unberührt bei vorübergehender Erwerbsminderung, unfreiwilliger Arbeitslosigkeit oder Aufnahme einer Berufsausbildung, wenn zwischen der Ausbildung und der früheren Erwerbstätigkeit ein Zusammenhang besteht. Ausgenommen sind ferner Ausländer, deren Aufenthaltsrecht sich allein aus dem Zweck der Arbeitsuche ergibt und ihre Familienangehörigen sowie Leistungsberechtigte nach § 1 AsylbL, sowie Ausländer, die weder in der Bundesrepublik Deutschland Arbeitnehmer oder Selbständige noch aufgrund des § 2 Abs. 3 FreizügG/EU freizügigkeitsberechtigt sind für die ersten drei Monate des Aufenthalts. Ausgenommen von diesen Einschränkungen sind Inhaber einer humanitären Aufenthaltserlaubnis nach Abschnitt 5 AufenthG.

---

35  Vgl. OVG Berlin v. 3.1.1983, EZAR 460 Nr. 2; OVG NRW v. 10.8.1990, EZAR 461 Nr. 15.
36  SGB II, BGBl. 2003 I, S. 2954, zuletzt geändert durch Gesetz v. 24.6.2015, BGBl. I, S. 974.
37  Vgl. dazu *Sieveking*, Zur Bedeutung des Arbeitslosengeldes II für Ausländer, ZAR 2004, 288 f.

**942** Ein Aufenthaltsrecht ausschließlich zum Zweck der Arbeitsuche betrifft im Wesentlichen nur Unionsbürger[38]. Die heftig umstrittene Frage, unter welchen Voraussetzungen die Ausschlussklausel auf Unionsbürger im Hinblick auf die EuGH Rechtsprechung zur sozialen Gleichbehandlung von Unionsbürgern und Art. 24 Abs. 2 der Unionsbürgerrichtlinie 2004/38 Anwendung findet, ist durch die EuGH Rechtsprechung im Wesentlichen geklärt worden.[39] Im Urteil *Dano* hat der EuGH die in der Unionsbürgerrichtlinie festgelegte Verknüpfung von sozialrechtlicher Gleichbehandlung mit dem Recht auf Freizügigkeit bestätigt.[40] Unionsbürger, die ihr Freizügigkeitsrecht in Anspruch nehmen, um sich ohne ernsthafte Absicht der Erwerbstätigkeit in einem anderen Mitgliedstaat niederzulassen, haben daher keinen Anspruch auf Sozialleistungen. Entsprechendes gilt aber nach der Entscheidung *Alimanovic*[41] auch für Unionsbürger, die ihr Recht auf Freizügigkeit allein von der Arbeitsuche ableiten, nachdem sie seit mehr als sechs Monaten arbeitslos sind und damit ihren unionsrechtlichen status als Arbeitnehmer verloren haben. Einer individuellen Prüfung der Interessenlage bedarf es insoweit nicht, da das Unionsrecht insoweit mit Art. 7 Abs. 3 c RL 2004/38 eine eindeutige Abgrenzung vorgenommen hat[42]. Drittstaatsangehörige erhalten mit Ausnahme des § 18 c kein Aufenthaltsrecht zum ausschließlichen Zweck der Arbeitsuche. Besteht für Unionsbürger ein Freizügigkeitsrecht aus anderen Gründen, z. B. zum Zweck der Herstellung der Familieneinheit, ist § 7 Abs. 1 Satz 2 SGB II nicht anwendbar.

**943** Der Ausschlussgrund nach § 7 Abs. 1 Satz 2 Nr. 3 SGB II umfasst in erster Linie Leistungsberechtigte nach § 1 AsylbLG. Die Regelung beruht auf dem Grundsatz, wonach Asylsuchende und ausreisepflichtige Ausländer, die nach § 1 AsylbLG einen Anspruch auf eingeschränkte Sozialleistungen besitzen, keine zusätzlichen Leistungen nach sozialgesetzlichen Sondergesetzen geltend machen können. Für Inhaber einer humanitären Aufenthaltserlaubnis nach Kapitel II Abschnitt V AufenthG sieht § 7 Abs. 1 Satz 3 SGB II eine Sonderregelung vor. Der dreimonatige Ausschluss vom Zugang zur Grundsicherung für Arbeitsuchende, der prinzipiell für Ausländer besteht, die keine Arbeitnehmer oder Selbständige sind, gilt nicht, wenn sie in der Bundesrepublik Deutschland einen humanitären Aufenthaltstitel erhalten haben.

**944** Eingeschränkt ist die Sozialhilfe seit Inkrafttreten des Integrationsgesetzes für Ausländer, die entgegen einer räumlichen Beschränkung in einem anderen als dem zugewiesenen Bundesland oder innerhalb eines Bundeslandes an einem anderen als dem zugewiesenen Wohnort ihren Wohnsitz nehmen. Der für den zugewiesenen Aufenthaltsort unzuständige Träger der Sozialhilfe darf in diesem Fall nur die nach den Umständen des Einzelfalles gebotene Leistung erbringen. In der Regel ist dies eine Reisebeihilfe zur Deckung des Bedarfs für die Reise zum zuständigen Wohnort[43].

---

38 *Geiger*, InfAuslR 2008, 46, 47; zur Vereinbarkeit dieser Bestimmung mit Unionsrecht vgl. 1451 ff.
39 EuGH v. 4.6.2009, Rs. C-22/08 u 23/08 – *Vatsouras und Koupatantze*; vgl. auch unten § 12, Rn. 1442 ff.
40 EuGH v. 11.11.2014, Rs. C-333/13 – *Dano*.
41 EuGH v. 15.9.2015, Rs. C-67/14 – *Alimanovic*, Rn. 61.
42 Kritisch *Farahat*, NZS 2014, 290.
43 BGBl. 2016, I, S. 1939.

Diese Einschränkungen gelten auch für Ausländer, die eine räumlich nicht beschränkte Aufenthaltserlaubnis nach den §§ 23 a, 24 Abs. 1 oder 25 Abs. 4 oder 5 besitzen, wenn sie sich außerhalb des Landes aufhalten, in dem der Aufenthaltstitel erstmals erteilt worden ist.    **945**

## III.  Leistungen für Asylbewerber und ausreisepflichtige Ausländer

Das *Asylbewerberleistungsgesetz* (AsylbLG)[44] regelt die Erbringung von Sozialleistungen für solche Ausländer, denen grundsätzlich nur ein *vorübergehender* Aufenthalt zum Zweck der Durchführung eines Asylverfahrens in Deutschland erlaubt ist oder die über keinen regulären Aufenthaltstitel verfügen, deren Aufenthalt aber aus rechtlichen oder faktischen Gründen nicht beendet werden kann. Erfasst sind Asylbewerber und Folgeantragsteller, Inhaber einer humanitären Aufenthaltserlaubnis nach §§ 23 Abs. 1, 24, 25 Abs. 4, 25 Abs. 5 AufenthG, Inhaber einer Duldung nach § 60 a AufenthG, vollziehbar ausreisepflichtige Ausländer, Ehegatten oder minderjährige Kinder dieser Ausländer, sofern sie nicht im Besitz einer anderweitigen Aufenthaltserlaubnis für eine Gesamtgeltungsdauer von mehr als 6 Monaten sind.    **946**

Anerkannte Flüchtlinge, subsidiär Schutzberechtigte, Resettlementflüchtlinge und Ausländer, die aufgrund eines Härtefallersuchens eine Aufenthaltserlaubnis nach § 23 a AufenthG erhalten ebenso wie Ausländer, die eine Aufenthaltserlaubnis nach § 25 Abs. 3 AufenthG besitzen, erhalten Leistungen der Grundsicherung nach SGB II, soweit sie erwerbsfähig sind oder Sozialhilfe nach § 23 SGB XII (bisher § 120 BSHG).    **947**

Die Leistungen des Asylbewerberleistungsgesetzes umfassen während einer Unterbringung in Aufnahmeeinrichtungen *Grundleistungen"*, zu denen u. a. der notwendige Bedarf an Ernährung, Unterkunft, Heizung, Kleidung, Gesundheitspflege und Gebrauchs- und Verbrauchsgütern des Haushalts usw. in Form von Sachleistungen gehört. Zusätzlich werden Leistungen zur Deckung persönlicher Bedürfnisse des täglichen Lebens gewährt (sog. notwendiger persönlicher Bedarf). Soweit mit vertretbarem Verwaltungsaufwand möglich, sollen auch diese Bedarfe durch Sachleistungen gedeckt werden, andernfalls mit Wertgutscheinen oder durch Geldleistungen (mit jährlicher Fortschreibung entsprechend § 28 a SGB XII)[45]. Werden die notwendigen persönlichen Bedarfe durch Geldleistungen gedeckt, so beträgt der Geldbetrag pro Alleinstehendem monatlich 135 Euro, bei gemeinsamem Haushalt je 122 Euro, für weitere Leistungsberechtigte im Haushalt je 108 Euro pro Erwachsenen und 76–83 Euro für jedes Kind. Der Betrag erhöht sich auf 216 Euro bzw. 194 Euro zur Deckung des notwendigen Bedarfs bei Unterbringung außerhalb von Aufnahmeeinrichtungen und 194 Euro auf sonstige Erwachsene im Haushalt und 133–198 Euro je minderjähriges Kind entsprechend dem Alter. Im letzteren Fall werden primär Geldleistungen gewährt, nur ausnahmsweise Sachleistungen oder Wertgutscheine. Der Bedarf für Unterkunft, Heizung und Hausrat wird gesondert als Geld- oder Sachleistung erbracht (z. B. Zurverfügungstellung einer Wohnung). Der notwendige persönliche Bedarf ist in diesem Fall immer in der Form von Geldleistungen zu decken, soweit keine    **948**

---

44  Neugefasst durch Bek. v. 5.8.1997 BGBl. I, S. 2022; zuletzt geändert durch Art. 4 Gesetz v. 31.7.2016, BGBl. I, S. 1939.
45  § 3 Abs. 4 AsylbLG.

Unterbringung in Gemeinschaftsunterkünften nach § 53 AsylG erfolgt. *Sonstige Leistungen* werden, wenn sie im Einzelfall zur Sicherung des Lebensunterhalts oder der Gesundheit unerlässlich sind, zur Deckung besonderer Bedürfnisse von Kindern geboten sind, nach § 6 AsylbLG gewährt. Besondere Regeln gelten für medizinische oder sonstige Hilfe für Personen, die besondere Bedürfnisse haben.

**949**  Nach § 3 Abs. 3 AsylbLG werden auch Asylsuchenden und geduldeten Kindern, Jugendlichen und jungen Erwachsenen der Bedarf für Bildung und die Teilhabe am sozialen und kulturellen Leben in der Gemeinschaft entsprechend den allgemeinen Vorschriften der §§ 34 a und b SGB XII erstattet. Diese Vorschriften erfassen insbesondere Kosten für Schulausflüge und Klassenfahrten, Ausstattung mit persönlichem Schulbedarf (pauschal im ersten Jahr 70 Euro pro Monat, Beförderungskosten für Schülerinnen und Schüler, gemeinschaftliche Mittagsverpflegung, Lernförderung, Mitgliedsbeiträge in den Bereichen Sport, Spiel, Kultur und Geselligkeit, Unterricht in künstlerischen Fächern, Teilnahme an Freizeiten).

**950**  Der Anwendungsbereich des AsylblG endet nach 15 Monaten ununterbrochenen Aufenthalts im Bundesgebiet und wird dann durch die höheren Leistungen des SGB XII[46] oder des SGB II (für Erwerbsfähige) ersetzt, sofern die Ausländer die Dauer des Aufenthalts nicht rechtsmissbräuchlich selbst beeinflusst haben. Als rechtsmissbräuchlich wird man Handlungen ansehen können, die spezifisch unter Verletzung von Mitwirkungspflichten auf die Verlängerung des Aufenthalts im Bundesgebiet ausgerichtet sind.

**951**  Das Asylverfahrensbeschleunigungsgesetz v. 20.10.2015, das Gesetz zur Einführung beschleunigter Asylverfahren v. 11.3.2016 und das Integrationsgesetz v. 31.7.2016 haben bei der Gewährung von Leistungen an ausreisepflichtige Ausländer ohne Bleibeperspektive eine Reihe von Einschränkungen vorgenommen, die die Anreize des Asylverfahrens und nachfolgender Verfahren zur Erlangung sozialer Leistungen vermindern sollen. Wie bisher sind Ausländer und Familienangehörige, die sich in das Bundesgebiet begeben haben, um Leistungen nach dem AsylbLG zu erlangen, ausgeschlossen, sofern die Leistungsgewährung nicht im Einzelfall nach den Umständen unabweisbar geboten ist[47]. Vollziehbar ausreisepflichtige Ausländer, für die ein Ausreisetermin und eine Ausreisemöglichkeit feststehen, haben ab dem auf den Ausreisetermin folgenden Tag keinen Anspruch auf Leistungen, es sei denn, die Ausreise konnte aus von ihnen nicht zu vertretenden Gründen nicht durchgeführt werden. Sie erhalten bis zur Ausreise oder der Durchführung einer Abschiebung nur noch Leistungen zur Deckung ihres Bedarfs an Ernährung und Unterkunft, einschließlich Heizung und Körper- und Gesundheitspflege. Nur bei Vorliegen besonderer Umstände können weitere Leistungen als Sachleistungen gewährt werden. Entsprechendes gilt für Asylbewerber, solange sie ihre Mitwirkungspflichten nach § 15 AsylG (u. a. Weigerung zur Vorlage von Unterlagen, Nichtwahrnehmung eines Termins zur Antragstellung beim Bundesamt, Verweigerung von Angaben zur Identitätsklärung) nicht erfüllen.

**952**  Diese Einschränkungen gelten entsprechend für Duldungsinhaber nach § 60 a AufentG und vollziehbar Ausreisepflichtige, bei denen aus von ihnen selbst zu

---

46  Für die Höhe der Leistungn vgl. Bekanntmachung über die Höhe des Regelbedarfs nach § 20 Abs. 5 SGB II v. 22.10.2015, BGBl. I, S. 1792.
47  § 1a Abs. 1 Satz 1 AsyblG.

vertretenden Gründen aufenthaltsbeendende Maßnahmen nicht vollzogen werden können[48]. Für sie endet der Leistungsanspruch mit dem auf die Vollziehbarkeit einer Abschiebungsanordnung oder Abschiebungsandrohung folgenden Tag. Entsprechendes gilt für die Ehegatten, Lebenspartner und minderjährigen Kinder.

Asylbewerber, für die abweichend von der Zuständigkeitsbestimmung der Dublin III VO 604/2013 aufgrund eines Verteilungsbeschlusses durch die Europäische Union ein anderer EU-Mitgliedstaat oder ein an einem Verteilmechanismus teilnehmender Drittstaat zur Durchführung des Asylverfahrens zuständig ist, erhalten ebenfalls nur die reduzierten Leistungen, die vollziehbar Ausreisepflichtigen nach § 1 a Abs. 2 AsylblG zustehen. Das gilt auch für Leistungsberechtigte, die bereits in einem anderen Dublin-Staat internationalen Schutz oder eine Aufenthaltserlaubnis erhalten haben. Nicht anwendbar ist § 1 a Abs. 4 AsylblG auf Ausländer, die unter Missachtung ihrer Obliegenheit, ein Asylverfahren bei dem nach den Dublin-Regeln zuständigen EU-Mitgliedstaat irregulär nach Deutschland weiterreisen, mit der Absicht, dort einen Asylantrag zu stellen. Erst mit der vollziehbaren Ausreisepflicht können die Leistungen nach § 1 Abs. 2 AsylblG reduziert werden. **953**

Für Asylbewerber gilt der Grundsatz, dass die im AsylblG vorgesehenen Leistungen nur am vorgeschriebenen Aufenthaltsort in Anspruch genommen werden können. Asylbewerber, die sich einer räumlichen Beschränkung zuwider an einen anderen Ort begeben, können nur eine Reisebeihilfe zur Deckung des unabweisbaren Bedarfs für die Reise zu ihrem zuständigen Aufenthaltsort erhalten[49]. Im Übrigen erhalten Asylsuchende bis zur Ausstellung eines Ankunftsnachweises nach § 63 a AsylG anstelle der im AsylblG vorgesehenen Grundleistungen nach § 3 und den sonstigen Leistungen nach § 6 Leistungen entsprechend § 1 a Abs. 2 Satz 2 bis 4. Die Regelleistungen werden aber trotz fehlender Ausstellung eines Ankunftsnachweises erbracht, wenn die erkennungsdienstliche Behandlung erfolgt ist, der Asylbewerber in einer Aufnahmeeinrichtung aufgenommen wurde und der Leistungsberechtigte die fehlende Ausstellung des Ankunftsnachweises nicht zu vertreten hat. Das gilt insbesondere dann, wenn die Nichtausstellung des Ankunftsnachweises auf technische Defizite zurückzuführen ist. Hat aber der Asylbewerber seine Mitwirkungspflichten nach § 15 Abs. 2 Nr. 1, 3, 4, 5 oder 7 AsylG verletzt, so gilt dies als Fall des Vertretenmüssens mit der Folge reduzierter Leistungen. **954**

Die gleichen Grundsätze gelten, wenn ein vollziehbar ausreisepflichtiger Leistungsberechtigte aus einem sicheren Drittstaat nach § 26 a AsylG unerlaubt eingereist ist und als Asylsuchender erkennungsdienstlich zu behandeln ist, sowie für Folgeantragsteller, die einer Wohnverpflichtung nach § 71 Abs. 2 Satz 2 oder § 71 a Abs. 2 Satz 1 AsylG in Verbindung mit den §§ 47 bis 50 AsylG unterliegen. **955**

Zur Behandlung *akuter Erkrankungen* und *Schmerzzustände* sind die erforderlichen ärztlichen und zahnärztlichen Behandlungen einschließlich der Versorgung mit Arznei- und Verbandsmitteln sowie sonstige zur Genesung, zur Besserung oder zur Linderung von Krankheiten oder Krankheitsfolgen erforderlichen Leis- **956**

---

48  § 1a Abs. 3 AsylblG.
49  Vgl. § 11 Abs. 2 AsylbLG.

tungen zu gewähren[50]. Eine Versorgung mit Zahnersatz erfolgt nur, soweit dies im Einzelfall aus medizinischen Gründen unaufschiebbar ist[51]. Schutzimpfungen und Vorsorgeuntersuchungen sind eingeschlossen[52]. Besondere Regeln gelten für Schwangerschaft und Geburt[53].

**957** Als Folge der Zuwanderung einer großen Zahl irregulär einreisender Flüchtlinge sind eine Reihe von Vorschriften über den Zugang von Ausländern zu Integrationsmaßnahmen im Zuge der Neuregelung des Asylverfahrens geändert worden[54]. Dabei ist der Gesetzgeber von der Zielsetzung ausgegangen, einerseits eine möglichst frühzeitige Integration der sich im Bundesgebiet zum Zweck der Durchführung eines Asylverfahrens aufhaltenden Ausländer zu ermöglichen, andererseits keine zusätzlichen Anreize für eine illegale Einreise von Ausländern, die keinen Anspruch auf Zuerkennung einer internationalen Schutzberechtigung haben, zu schaffen. Daraus hat sich eine Unterscheidung zwischen irregulär einreisenden Ausländern mit „Bleibeperspektive" und solchen „ohne Bleibeperspektive" entwickelt. Dabei wird nicht auf das Ergebnis des Asylverfahrens, sondern auf eine frühzeitige Prognose nach der Einreise ins Bundesgebiet abgestellt.

**958** Grundsätzlich haben Asylsuchende und Geduldete sowie Inhaber einer temporären Aufenthaltserlaubnis zu humanitären Zwecken keinen Anspruch auf Zugang zu Integrationskursen (vgl. § 44 f. AufenthG). Das Asylverfahrensbeschleunigungsgesetz v. 20.10.2015 sieht nunmehr einen optionalen Zugang zu Integrationskursen im Rahmen der verfügbaren Plätze für Ausländer vor, die
1.  eine Aufenthaltsgestattung besitzen und bei denen ein rechtmäßiger und dauerhafter Aufenthalt zu erwarten ist,
2.  eine Duldung nach § 60a Absatz 2 Satz 3 (dringende humanitäre oder persönliche Gründe oder erhebliche öffentliche Interessen erfordern die vorübergehende weitere Anwesenheit im Bundesgebiet) besitzen,
3.  eine Aufenthaltserlaubnis nach § 25 Abs. 5 Aufenthaltsgesetz (Ausreise ist aus rechtlichen oder tatsächlichen Gründen unmöglich, mit dem Wegfall der Ausreisehindernisse ist in absehbarer Zeit nicht zu rechnen) besitzen.
Bei einem Asylbewerber aus einem sicheren Herkunftsstaat wird vermutet, dass ein rechtmäßiger und dauerhafter Aufenthalt nicht zu erwarten ist.

**959** Darüber hinaus kann die Integration in den Arbeitsmarkt durch Maßnahmen der berufsbezogenen Deutschsprachförderung unterstützt werden (§ 45a AufenthaltsG). Diese Maßnahmen bauen in der Regel auf der allgemeinen Sprachförderung der Integrationskurse auf. Ein Ausländer ist zur Teilnahme an einer Maßnahme der berufsbezogenen Deutschsprachförderung verpflichtet (und berechtigt), wenn er Leistungen nach dem Zweiten Buch Sozialgesetz bezieht und die Teilnahme an der Maßnahme in einer Eingliederungsvereinbarung nach dem SGB II vorgesehen ist. Leistungen zur Eingliederung in Arbeit nach dem SGB II und Leistungen der aktiven Arbeitsförderung nach SGB III bleiben unberührt. Ausgeschlossen ist die berufsbezogene Deutschsprachförderung jedoch für einen

---

50 § 4 Abs. 1 Satz 1 AsylbLG.
51 § 4 Abs. 1 Satz 3 AsylbLG.
52 § 4 Abs. 1 Satz 2 AsylbLG.
53 Vgl. § 4 Abs. 2 AsylbLG.
54 für einen Überblick vgl. Verband der bayerischen Wirtschaft, Gutachten zur Integration von Flüchtlingen, 2016, S.

Ausländer, der eine Aufenthaltsgestattung nach dem Asylgesetz besitzt und bei dem „ein dauerhafter und rechtmäßiger Aufenthalt nicht zu erwarten ist". Für Asylsuchende aus sicheren Herkunftsstaaten gilt die Vermutung, dass ein rechtmäßiger und dauerhafter Aufenthalt nicht zu erwarten ist (vgl. § 45 a Abs. 2 Satz 3 AufenthG). Asylsuchende aus den Westbalkanstaaten haben daher keinen Zugang zur berufsbezogenen Deutschsprachförderung.

Eine weitere Neuregelung hat das Asylverfahrensbeschleunigungsgesetz vom 20.10.2015 im Bereich der Eingliederung von Ausländern mit Aufenthaltsgestattung (Asylbewerber) vorgenommen. Wer eine Aufenthaltsgestattung besitzt und aufgrund des § 61 AsylG (Aufenthalt in Erstaufnahmeeinrichtung) keine Erwerbstätigkeit ausüben darf, kann bis 31.12.2018 Leistungen nach dem SGB III für die frühzeitige Eingliederung in den Arbeitsmarkt erhalten (Beratungsdienstleistungen der Bundesagentur, Kompetenzfeststellungen, Maßnahmen zur beruflichen Aktivierung und beruflichen Eingliederung, vgl. § 131 SGB III). Systemkonform macht das Gesetz auch in diesem Falle von der Prognose eines rechtmäßigen und dauerhaften Aufenthalts abhängig. Ausgeschlossen sind im Regelfall Asylbewerber aus sicheren Herkunftsstaaten. **960**

Für die Förderung der Teilnahme von Asylbewerbern an Sprachkursen zur beruflichen Eingliederung sieht § 421 SGB III in der Neufassung durch das Asylverfahrensbeschleunigungsgesetz vom 20.10.2015 vor, dass die Agentur für Arbeit die Teilnahme von Ausländern, die eine Aufenthaltsgestattung besitzen (Asylbewerber) und bei denen ein rechtmäßiger und dauerhafter Aufenthalt zu erwarten ist, an Maßnahmen zur Erlangung erster Kenntnisse der deutschen Sprache fördern kann. **961**

Das Integrationsgesetz v. 31.7.2016[55] enthält zahlreiche weitere Sonderregelungen für die Ausbildungsförderung von Ausländern, bei denen ein rechtmäßiger und dauerhafter Aufenthalt zu erwarten ist. Unter anderem sieht § 132 eine Einbeziehung von Asylbewerbern und Flüchtlingen in Leistungen nach den §§ 51, 75 und 130 SGB III (Berufsvorbereitende Bildungsmaßnahmen, Ausbildungsbegleitende Hilfen, Assistierte Ausbildung) vor, wenn der Aufenthalt seit mindestens drei Monaten gestattet ist. Leistungen nach den §§ 56 und 122 SGB III (Berufsausbildungsbeihilfen, Ausbildungsgeld) werden gewährt, wenn der Aufenthalt seit mindestens 15 Monaten gestattet ist. Auszubildende werden bei einer Berufsausbildung ergänzend zu § 60 Abs. 1 Nr. 1 mit einer Berufsausbildungshilfe gefördert, wenn sie nicht in einer Aufnahmeeinrichtung wohnen. Die Förderung mit einer berufsvorbereitenden Bildungsmaßnahme setzt ergänzend zu § 52 SGB III voraus, dass die Kenntnisse der deutschen Sprache einen erfolgreichen Übergang in eine Berufsausbildung erwarten lassen. **962**

Geduldete Ausländer gehören zum förderungsfähigen Personenkreis nach § 59 SGB III, wenn sie sich mindestens 12 Monate, für Leistungen nach §§ 51, 66, 122 seit 6 Jahren, ununterbrochen rechtmäßig gestattet oder geduldet im Bundesgebiet aufhalten[56]. Zusätzlich sind für Asylbewerber und Flüchtlinge Arbeitsmöglichkeiten im Rahmen des Arbeitsmarktprogramms „Flüchtlingsintegrati- **963**

---

55  BGBl. I, S. 1939.
56  § 132 SGB III n. F.

onsmaßnahmen" (§ 421 a SGB III) geschaffen worden, die kein Beschäftigungsverhältnis begründen, sondern gegen Aufwandsentschädigung erbracht werden. Asylbewerber können zu diesen Arbeiten verpflichtet werden (§ 5 a AsylbLG).

## IV.  Weitere soziale Rechte von Ausländern

### 1.  Kinder- und Erziehungsgeld

**964**  Das Kindergeldrecht, geregelt im *Bundeskindergeldgesetz* (BKGG)[57], verfolgt die Absicht, die durch Kinder bedingten erhöhten Familienlasten auszugleichen und damit die Familie zu fördern und zu schützen. Das Kindergeldrecht folgt dem Territorialitätsprinzip, indem es den Wohnsitz oder gewöhnlichen Aufenthalt des Anspruchsberechtigten und des Kindes, für das Kindergeld begehrt wird, zur Anspruchsvoraussetzung macht[58]. Bei Ausländern ist zusätzlich *erforderlich*, dass sie über einen Aufenthaltstitel im Sinne des *§ 1 Abs. 3 BKGG* verfügen. Danach erhält ein nicht freizügigkeitsberechtigter Ausländer Kindergeld nur, wenn er im Besitz einer Niederlassungserlaubnis (Abs. 3 Nr. 1) oder einer Aufenthaltserlaubnis ist, die zur Ausübung einer Erwerbstätigkeit berechtigt oder berechtigt hat. Ausgenommen sind Aufenthaltserlaubnisse, die zu Studienzwecken (§§ 16 oder 17 AufenthG), zu befristeten Erwerbstätigkeiten (§ 18 Abs. 2 AufenthG) oder zu humanitären Zwecken wegen eines Krieges im Heimatland oder nach den §§ 23 a, 24, 25 Abs. 3 bis 5 AufenthG erteilt wurden. Im letzteren Fall (humanitäre Aufenthaltserlaubnis) wird ein Kindergeldanspruch nach dreijährigem rechtmäßigem, gestattetem oder geduldetem Aufenthalt im Bundesgebiet erworben, sofern der Ausländer im Bundesgebiet berechtigt erwerbstätig ist, laufende Leistungen nach SGB III bezieht oder Elternzeit in Anspruch nimmt[59].

**965**  Eine entsprechende Regelung gilt für die Berechtigung zum Bezug des Kindergelds für steuerpflichtige Erwerbstätige (vgl. § 62 Abs. 2 EStG). Danach ist eine Kindergeldberechtigung von Ausländern vom Besitz bestimmter Aufenthaltsrechte nach dem Aufenthaltsgesetz abhängig. Bei einzelnen Aufenthaltstiteln, die einen schwachen aufenthaltsrechtlichen Status vermitteln, ist darüber hinaus die Kindergeldberechtigung von einem mindestens dreijährigen rechtmäßigen, gestatteten oder geduldeten Aufenthalt im Bundesgebiet sowie von einer berechtigten Erwerbstätigkeit, vom Bezug laufender Geldleistungen nach dem SGB III oder von der Inanspruchnahme von Elternzeit (§ 62 Abs. 2 Nr. 2 lit. c Nr. 3 EStG) abhängig. Berechtigt erwerbstätig ist ein Ausländer im Sinne von § 62 Abs. 2 Nr. 3 b EStG, wenn er eine selbständige oder unselbständige Erwerbstätigkeit im Sinne von § 2 Abs. 2 AufenthG i. V. m. § 7 SGB IV ausübt, die durch Rechtsvorschriften allgemein zugelassen oder ihm im Einzelfall erlaubt wurde. Eine Mindestdauer oder ein Mindestumfang der Beschäftigung ist nicht vorgesehen[60].

---

57  BKGG v. 11.10.1995 (BGBl. I, S. 1250, 1378), i. d. F. der Bekanntmachung v. 28.1.2009 (BGBl. I, S. 142,3177), zuletzt geändert durch Gesetz v. 16.7.2015, BGBl. I, S. 1202.
58  § 1 Abs. 2 Nr. 1, Abs. 2 Nr. 1, § 2 Abs. 5 BKGG.
59  Bundeskindergeldgesetz in der Fassung der Bekanntmachung v. 28.1.2009, BGBl. I, S. 142, geändert durch Gesetz v. 24.3.2011, BGBl. I, S. 453.
60  FG BW v. 10.10.2012 –14 K 4711/10.

Berechtigt sind nach Abs. 3 Nr. 2 auch Ausländer, deren Aufenthaltserlaubnis **966** auf der „Altfallregelung" nach § 104 a AufenthG, den humanitären Aufenthaltsrechten für gut integrierte Ausländer nach §§ 25a und 25b AufenthG beruht. Die Regelung trägt der Entscheidung des BVerfG v. 6.7.2004 Rechnung, wonach der Gesetzgeber bei der Gewährung von Kindergeld nicht allein aufgrund der formalen Art des Aufenthaltstitels unterscheiden dürfe[61]. Diese eigne sich nämlich nicht als Grundlage einer Prognose über die Dauer des Aufenthalts und damit auch nicht als Abgrenzungskriterium bei der Gewährung von Kindergeld. Nichts anderes könne auch für das Erziehungsgeld gelten.

Unter Berufung auf diese Rechtsprechung werden z. T. verfassungsrechtliche Einwendungen gegen den Ausschluss von Leistungsempfängern, die ihr Aufenthaltsrecht aus § 25 Abs. 5 AufenthG herleiten und sich noch nicht drei Jahre im Land befinden, geltend gemacht[62]. Auch Ausländer, die sich weniger als drei Jahre mit humanitärer Aufenthaltserlaubnis im Bundesgebiet aufhielten, hätten Aussicht auf Aufenthaltsverfestigung und dürften daher nicht vom Leistungsbezug ausgeschlossen werden. Nach Auffassung des Bundesfinanzhofs ist diese Regelung verfassungsrechtlich unbedenklich, da es sachlich gerechtfertigt sei, den Kindergeldanspruch nicht freizügigkeitsberechtigter Ausländer, die im Besitz bestimmter Aufenthaltstitel seien, von der Integration in den deutschen Arbeitsmarkt abhängig zu machen[63]. Die Vereinbarkeit dieser Auffassung mit dem Grundgesetz ist im Hinblick auf die neuere Rechtsprechung des BVerfG zum Eltern und Erziehungsgeld fraglich[64].

*Sonderregeln* gelten für Unionsbürger und solche Ausländer, mit denen besondere bilaterale Abkommen über die Koordinierung sozialer Sicherungssysteme geschlossen worden sind. Unionsbürger sind unter Aufhebung des Territorialitätsprinzips für ihre in einem anderen EU-Mitgliedstaat lebenden Kinder in gleicher Weise zum Bezug von Kindergeld berechtigt wie deutsche Staatsangehörige[65]. Für Drittstaatsangehörige gelten aufgrund besonderer Vereinbarungen zum Teil entsprechend den unterschiedlichen Lebenshaltungskosten reduzierte Sätze[66].

Das Gesetz zum Elterngeld und zur Elternzeit[67], das an die Stelle des bisherigen **969** Bundeserziehungsgeldgesetzes v. 6.12.1985 getreten ist, bezweckt die Milderung von Familienkosten für die Betreuung und Erziehung von Kleinkindern. Dem Territorialitätsprinzip entsprechend setzt der Anspruch auf Elterngeld und Elternzeit den Wohnsitz oder gewöhnlichen Aufenthalt in Deutschland voraus. Erforderlich ist ferner, dass der Antragsteller mit seinem Kind in einem Haushalt lebt und das Kind selbst betreut und erzieht und keine oder keine volle Erwerbstätigkeit ausübt. Für Ausländer mit der Staatsangehörigkeit eines EU-Mitgliedstaates oder eines der Vertragsstaaten des EWR gelten für den Anspruch auf

---

61  BVerfG v. 6.7.2004, BVerfGE 111, 160.
62  Vgl. FG Köln v. 10.5.2007, InfAuslR 2007, 392; v. 9.5.2007 – 10 K 1689/07, juris; a. M. BFH v. 15.3.2007 – III R 93/03, juris.
63  BFH v. 28.4.2010 – III R 1/08, NVwZ 2010, 1255; ebenso BFH v. 22.11.2007 – BFHE 220, 45.
64  BVerfG v. 10.7.2012 – 1 BvL 2/10; 3/10; 4/10.
65  Vgl. Art. 73 der Verordnung 1408/71; vgl. auch *Hailbronner*, EuZW 1991, 171.
66  U. A. Vereinbarungen mit der Türkei, dem ehemaligen Jugoslawien, der Schweiz, Marokko und Tunesien. Vgl. für einen Überblick *von Maydell/Schulte*, Treatment of Third-Country Nationals in the EU and EEA Member States in Terms of Social Security Law, 1996, S. 104, 135.
67  BEEG i. d. F. v. 5.12.2006, BGBl. I S. 2748, neugefasst durch Bek. v. 27.1.2015, BGBl. I, S. 33.

Erziehungsgeld die gleichen Voraussetzungen wie für Deutsche. Eine Ausnahme von den allgemeinen Anspruchsvoraussetzungen gilt nach Absatz 2, wenn der Antragsteller nach § 4 SGB IV dem deutschen Sozialversicherungsrecht unterliegt oder im Rahmen seines in Deutschland bestehenden öffentlich-rechtlichen Dienst- oder Amtsverhältnisses vorübergehend ins Ausland abgeordnet, versetzt oder kommandiert ist. Daraus ergibt sich, dass auch im Ausland wohnhafte Ausländer, die als Grenzgänger in der Bundesrepublik Deutschland erwerbstätig sind und dort sozialversicherungspflichtig sind, Anspruch auf Elterngeld besitzen.

**970** Sonderregelungen gelten für nicht freizügigkeitsberechtigte Ausländer nach § 1 Abs. 7 BEEG. Eine Anspruchsberechtigung besteht danach nur dann, wenn ein Drittstaatsangehöriger
– eine Niederlassungserlaubnis besitzt
– eine Aufenthaltserlaubnis besitzt, die zur Ausübung einer Erwerbstätigkeit berechtigt oder berechtigt hat.

**971** Ausgenommen sind analog den Regeln über das Kindergeld Inhaber einer Aufenthaltserlaubnis, die für Studien- oder Ausbildungszwecke erteilt wurde oder die lediglich für vorübergehende Erwerbstätigkeiten nach § 18 Abs. 2 AufenthG erteilt worden ist. Inhaber einer humanitären Aufenthaltserlaubnis nach § 23 Abs. 1 AufenthG oder nach den §§ 23 a, 24, 25 Abs. 3 bis 5 AufenthG sind nur anspruchsberechtigt, wenn sie sich seit mindestens drei Jahren rechtmäßig gestattet oder geduldet im Bundesgebiet aufhalten. Die zusätzlich in § 1 Abs. 7 Nr. 3 b vorgesehene Voraussetzung der berechtigten Erwerbstätigkeit im Bundesgebiet oder der Inanspruchnahme laufender Geldleistungen nach dem SGB III oder Inanspruchnahme von Elternzeit hat das BVerfG für mit Art. 3 Abs. 1 GG (Gleichheitsgrundsatz) unvereinbar und nichtig erklärt[68]. Das BVerfG stützt sich darauf, dass die vom Gesetzgeber gewählten Kriterien (tatsächliche Erwerbstätigkeit; Bezug von ALG I; Inanspruchnahme von Elternzeit) keine hinreichende Grundlage für eine Prognose über den Aufenthalt darstellen. Allein die formale Art des Aufenthaltstitels eigne sich nicht als Grundlage für eine Prognose über die Aufenthaltsdauer[69]. Erziehungs- bzw. Elterngeld würden gerade auch zu dem Zweck gewährt, die durch die Geburt erschwerte finanzielle Situation junger Familien zu verbessern. Es widerspreche dem vom Gesetzgeber verfolgten Ziel, die Betreuung ihrer Kinder in den ersten Lebensmonaten zu ermöglichen, wenn der Bezug von Erziehungs- bzw. Elterngeld an eine Erwerbstätigkeit (1. Alternative) bzw. eine Arbeitsmarktverfügbarkeit (2. Alternative) gebunden werde.

**972** Aus der Nichtigerklärung der Vorschrift des § 1 Abs. 7 Nr. 3 lit. b folgt, dass Inhaber einer humanitären Aufenthaltserlaubnis nach § 1 Abs. 7 Nr. 2 lit. c anspruchsberechtigt sind, wenn sie sich seit mindestens drei Jahren rechtmäßig, gestattet oder geduldet im Bundesgebiet aufhalten, ohne Rücksicht darauf, ob die weiteren Voraussetzungen der Nr. 3 lit. b erfüllt sind. Nicht erfasst von der Entscheidung des BVerfG ist der Ausschluss der Inhaber einer Aufenthaltserlaubnis nach § 104 a AufenthG.

**973** Soweit Bundesländer Landeserziehungsgeld zusätzlich zum Bundeserziehungsgeld bzw. Elterngeld gewähren, gelten die jeweiligen landesrechtlichen Voraussetzungen nach Maßgabe verfassungsrechtlicher Grundsätze über Gleichbehand-

---

68 BVerfG v. 10.7.2012 – 1 BvL 2/10 bis 4/10; 1 BvL 3/11.
69 Vgl. auch BVerfG v. 6.7.2004 – 1 BvR 2515/95, BVerfGE 111, 176, 185.

lung. Für verfassungswidrig hat das BVerfG auch die bayerische Regelung erklärt, bei der Gewährung von Erziehungsgeld nach Staatsangehörigkeit zu unterscheiden und Drittstaatsangehörige vom Landeserziehungsgeld auszuschließen[70]. Da die Gewährung von Erziehungsgeld darauf abziele, Eltern die eigene Betreuung ihrer Kinder durch Verzicht auf eine Erwerbstätigkeit zu ermöglichen, hält das BVerfG die Anknüpfung an die ausländische Staatsangehörigkeit für sachlich ungerechtfertigt. Der verfassungsrechtliche Schutz der Familie könne nicht auf deutsche oder gleichgestellte Unionsbürger beschränkt werden. Die Ungleichbehandlung könne auch nicht mit dem Ziel gerechtfertigt werden, eine Förderung auf Personen zu begrenzen, die dauerhaft in Bayern lebten. Zwar könne in bestimmten Konstellationen die voraussehbare Dauer des Aufenthalts eines ausländischen Staatsangehörigen in Deutschland eine ungleiche Behandlung rechtfertigen[71]. Das Kriterium der Staatsangehörigkeit sei aber nicht darauf ausgerichtet oder geeignet, den Personenkreis zu erfassen, der voraussichtlich dauerhaft in Bayern ansässig sein werde. Die Staatsangehörigkeit gebe noch weniger als die vom BVerfG bereits für unzureichend erklärte Art des Aufenthaltstitels verlässlich Aufschluss über die voraussichtliche Dauerhaftigkeit des Aufenthalts. Fiskalische Interessen könnten einen Ausschluss von Drittstaatsangehörigen ebenfalls nicht rechtfertigen, da die Vermeidung von staatlichen Ausgaben zwar als solche ein legitimer staatlicher Zweck sei, aber keine Ungleichbehandlung von Personen zu rechtfertigen geeignet sei.

## 2. Wohngeld und Wohnberechtigung

Wohngeld wird nach Maßgabe des *Wohngeldgesetzes (WoGG)*[72] Mietern als **974** Mietzuschuss und Eigentümern als Lastenzuschuss gewährt[73]. Es dient der Sicherung angemessenen und familiengerechten Wohnens durch Ausgleich unzumutbarer Aufwendungen für die Nutzung von Wohnraum im Inland. Dementsprechend setzt der Anspruch auf Wohngeld den Wohnsitz oder gewöhnlichen Aufenthalt im Bundesgebiet voraus.

Ausländer haben einen Anspruch auf Wohngeld, wenn sie sich im Bundesgebiet **975** tatsächlich aufhalten und entweder ein EU-Freizügigkeitsrecht oder einen Aufenthaltstitel oder eine Duldung oder ein Aufenthaltsrecht nach völkerrechtlichen Abkommen, oder eine Aufenthaltsgestattung nach dem AsylG oder die Rechtsstellung eines heimatlosen Ausländers besitzen[74]. Ausgeschlossen vom Wohngeld sind u. a. Empfänger von Arbeitslosengeld II oder Hilfe zum Lebensunterhalt nach SGB XII, oder dem AsylbLG, wenn bei der Leistungsberechtigung Kosten der Unterkunft bereits berücksichtigt sind[75].

Für die *Höhe* des Wohngeldes werden nach § 4 WoGG auch weiter entfernte **976** Verwandte, die mit dem Anspruchsinhaber eine Wohn- und Wirtschaftsgemeinschaft führen, berücksichtigt. Vorübergehend abwesende Familienmitglieder werden noch zum Haushalt gerechnet und haben keinen eigenen Wohngeldanspruch. Einem Ausländer, dessen Familie im Heimatstaat lebt, ist deshalb nur

---

70  BVerfG v. 7.2.2012 – 1 BvL 14/07, NJW 2012, 1711.
71  vgl. BVerfG v. 6.7.2004, BVerfGE 111, 176, 184.
72  WoGG v. 24.9.2008, BGBl. I, S 1856, zuletzt geändert durch Art. 14 Nr. 12 Gesetz v. 20.10.2015, BGBl. I, S. 1722.
73  § 3 WoGG.
74  § 3 Abs. 5 Wohngeldgesetz.
75  Vgl. § 7 WohngeldG.

dann Wohngeld zu gewähren, wenn sein Aufenthalt im Bundesgebiet als nicht nur vorübergehende Abwesenheit vom Familienhaushalt anzusehen ist. Dies ist nur dann der Fall, wenn nach Lage der Dinge die Familie seine Rückkehr in den Familienhaushalt vernünftigerweise nicht mehr erwarten kann[76].

**977** Entsprechende Grundsätze gelten für die Erteilung eines Wohnberechtigungsscheins, der zur Miete einer Sozialwohnung berechtigt[77].

**978** Berechtigt sind Wohnungssuchende, die sich nicht nur vorübergehend im Bundesgebiet aufhalten und die rechtlich und tatsächlich in der Lage sind, für sich und ihre Angehörigen auf längere Zeit im Bundesgebiet einen Wohnsitz als Lebensmittelpunkt zu begründen und dabei einen selbständigen Haushalt zu führen[78]. Für ausreisepflichtige, geduldete Ausländer kann daher kein Wohnberechtigungsschein erteilt werden. Ein nicht nur vorübergehender Aufenthalt liegt nicht schon immer dann vor, wenn ausländerrechtlich die Möglichkeit besteht, dass sich die Absicht auf einen längeren Aufenthalt realisieren lässt. Entscheidend ist vielmehr, ob nach Zeitdauer und Umfang des gewährten Aufenthaltsrechts sich der Ausländer und seine Familie in der Bundesrepublik Deutschland nur für vorübergehende Zeit niederlassen und dort ihren Lebensmittelpunkt begründen können. Asylbewerbern und Ausländern, die sich nur zu kurzfristigen Ausbildungszwecken im Bundesgebiet aufhalten dürfen, kann daher ein Wohnberechtigungsschein nicht erteilt werden. Ausnahmsweise kann ein Wohnberechtigungsschein auch einer geduldeten abgelehnten Asylbewerberin erteilt werden, wenn diese zum Schutz ihres Familienlebens dauerhaft nicht abgeschoben werden kann.[79]

### 3.   Kinder- und Jugendhilfe, Unterhaltsvorschuss

**979** Während für die Leistungen der *Kinder- und Jugendhilfe* bei deutschen Staatsangehörigen lediglich auf den tatsächlichen Aufenthalt im Inland abgestellt wird[80], der in manchen Fällen sogar entbehrlich ist[81], können Ausländer Leistungen nach dem SGB VIII nur beanspruchen, wenn sie rechtmäßig oder aufgrund einer ausländerrechtlichen Duldung ihren gewöhnlichen Aufenthalt im Inland haben[82]. Deutschen Staatsangehörigen kraft Völker- oder Unionsrecht gleichgestellt sind Asylberechtigte und Konventionsflüchtlinge (§§ 2, 3 AsylG) aufgrund von Art. 23 GK, heimatlose Ausländer (§ 19 HAG), Unionsbürger (Art. 7 Abs. 2

---

76  BVerwG v. 4.5.1984, DÖV 1985, 194.
77  § 5 WoBindG v. 24.8.1965 (BGBl. I, S. 954), neugefasst durch Bekanntmachung v. 13.9.2001 (BGBl. I, S. 2404), zuletzt geändert durch Art. 126 V. v. 31.8.2015 (BGBl. I, S. 1474).
78  § 27 Abs. 2 Wohnraumförderungsgesetz v. 13.9.2001, BGBl I, S. 2376, zuletzt geändert duch Art. 3 Gesetz v. 2.10.2015 (BGBl. I, S. 1610).
79  VGH BW v. 17.7.2013 – 3 S 1514/12.
80  § 6 Abs. 1 SGB VIII, neugefasst durch Bekanntmachung v. 11.9.2012 (BGBl. I, S. 2022), zuletzt geändert durch Art. 1 Gesetz v. 28.10.2015 (BGBl. I, S. 1802). Ausführlich zur Inanspruchnahme von Jugendhilfeleistungen für Kinder ausländischer Eltern *Renner*, in: Diefenbach/Renner/Schulte (Hrsg.), Migration und die europäische Integration, Herausforderungen für die Kinder- und Jugendhilfe, 2002, S. 73, 109 ff.
81  Vgl. § 6 Abs. 3 SGB VIII.
82  § 6 Abs. 2 SGB VIII; der Begriff des gewöhnlichen Aufenthalts bestimmt sich hierbei nicht nach § 30 Abs. 1 SGB I, sondern nach dem tatsächlichen Lebensmittelpunkt, für den eine gewisse Dauer des Aufenthalts in Verbindung mit der Perspektive eines längerdauernden Aufenthaltsrechts maßgeblich ist, BVerfG v. 24.6.1999, NVwZ 2000, 325, 327 und *Will*, Ausländer ohne Aufenthaltsrecht, 2008, Rn. 855 ff.

der VO/EU Nr. 492/2011) sowie Staatsangehörige der Mitgliedstaaten des Europäischen Fürsorgeabkommens bei erlaubtem Aufenthalt im Bundesgebiet.

Anspruch auf Leistungen nach dem Unterhaltsvorschussgesetz[83] haben nicht freizügigkeitsberechtigte Ausländer unter den gleichen Bedingungen, unter denen auch ein Anspruch auf Erziehungsgeld nach § 1 Abs. 2 BErzGG, Elterngeld nach § 1 Abs. 7 BEEG oder Kindergeld nach § 62 Abs. 2 EStG besteht. Erforderlich ist daher der Besitz einer Niederlassungserlaubnis oder einer Aufenthaltserlaubnis, die zur Ausübung einer Erwerbstätigkeit berechtigt, sofern es sich nicht um eine Aufenthaltserlaubnis handelt, die nur zum Zweck einer vorübergehenden Erwerbstätigkeit oder zu Ausbildungs- oder Studienzwecken erteilt worden ist. Für Inhaber einer aus humanitären Gründen nach § 23, 23 a, 24, 25 Abs. 3 bis 5 AufenthG erteilten Aufenthaltserlaubnis entsteht ein Anspruch nach mindestens dreijährigem rechtmäßigem, gestattetem oder geduldetem Aufenthalt.  **980**

### 4. Ausbildungsförderung

Die staatliche Ausbildungsförderung, geregelt im Bundesgesetz über die individuelle Förderung der Ausbildung (BAföG)[84], bezweckt die Förderung der Ausbildungsbeteiligung benachteiligter gesellschaftlicher Gruppen, die Gewährleistung individueller Chancengleichheit und einen Familienlastenausgleich. Auch im Recht der Ausbildungsförderung unterscheidet das Gesetz zwischen den privilegierten (§ 8 Abs. 1 BAföG) und den nichtprivilegierten Ausländern (§ 8 Abs. 2 BAföG) zwei Kategorien von Bezugsberechtigten. Während die privilegierten Ausländer, insbesondere Unionsbürger und andere Ausländer, die eine Niederlassungserlaubnis oder Erlaubnis zum Daueraufenthalt-EU besitzen, deutschen Staatsangehörigen gleichgestellt sind, ist der Leistungsbezug der nichtprivilegierten Ausländer grundsätzlich von weiteren Voraussetzungen, wie z. B. dem Besitz einer qualifizierten Aufenthaltserlaubnis oder der vorherigen Erwerbstätigkeit im Bundesgebiet abhängig. Die Ausbildungsförderung nach dem BAföG umfasst nicht nur die Absolvierung eines Studiums, sondern auch den Besuch von weiterführenden allgemeinbildenden Schulen und Berufsfachschulen[85], Berufsfachschulklassen, Abendhauptschulen, Berufsaufbauschulen, Abendrealschulen usw., sowie Höheren Fachschulen und Akademien. Damit wird auch für diejenigen Ausländer, die die Voraussetzungen für ein Hochschulstudium nicht erfüllen, eine breite Palette von Ausbildungsfördermöglichkeiten eröffnet, die nach dem weitgehenden Abbau von rechtlichen Hindernissen durch die Gesetzgebung von 2015 auch für die schulische und berufliche Integration geduldeter oder mit einer humanitären Aufenthaltserlaubnis versehener Ausländer verfügbar sind.  **981**

*Deutschen Staatsangehörigen gleichgestellt* (privilegierte Ausländer) sind u. a. heimatlose Ausländer, Asylberechtigte und anerkannte Flüchtlinge[86] sowie Auszubildende, die als Ehegatten oder Kinder nach § 3 FreizügG/EU Freizügigkeit genießen oder verbleibeberechtigt sind[87]. Sonstige Auszubildende aus EU-Mit-  **982**

---

83  UhVorschG v. 23.7.1979 (BGBl. I, S. 1184), neugefasst durch Bekanntmachung v. 17.7.2007 (BGBl. I, S. 1446), zuletzt geändert duch Art. 9 Gesetz v. 16.7.2015, BGBl. I, S. 1202.

84  BAföG v. 26.8.1971 (BGBl. I, S. 1409), neugefasst durch Bekanntmachung v. 7.12.2010 (BGBl. I, S. 1952); zuletzt geändert durch Art. 6 des Gesetzes v. 27.7.2015 (BGBl. I, S. 1386).

85  Grundsätzlich gelten für die Förderung von Ausländern für den Besuch von Schulen und Berufs die gleichen Bedingungen wie für die Förderung des Hochschulstudiums, vgl. aber die allgemein geltenden Besonderheiten des § 2 Abs. 1a BAföG.

86  § 8 Abs. 1 Nr. 6 und 7 BAföG.

87  § 8 Abs. 1 Nr. 3 BAföG.

gliedstaaten sowie Staatsangehörige der Vertragsstaaten des EWR-Abkommens erhalten Ausbildungsförderung nur dann, wenn sie vor Beginn der Ausbildung im Bundesgebiet in einem Beschäftigungsverhältnis gestanden haben, wobei zwischen der Beschäftigung und der angestrebten Ausbildung grundsätzlich ein inhaltlicher Zusammenhang bestehen muss[88].

**983** Nicht privilegierten Ausländern wird nach § 8 Abs. 2 BAföG Ausbildungsförderung geleistet, wenn sie ihren ständigen Wohnsitz im Inland haben und

- entweder eine Aufenthaltserlaubnis nach den §§ 22, 23 Abs. 1, 2 oder 4, den §§ 23 a, 25 Abs. 1 oder 2, den §§ 25 a, 25b, 28, 37, 38 Abs. 1 Nr. 2, § 104 a AufenthG oder als Ehegatte, Lebenspartner oder Kind eines Ausländers mit Niederlassungserlaubnis eine Aufenthaltserlaubnis nach § 30 oder den §§ 32 bis 34 AufenthG besitzen oder
- eine Aufenthaltserlaubnis nach § 25 Abs. 3, Abs. 4 Satz 2 oder Abs. 5, § 31 AufenthG oder als Ehegatte, Lebenspartner oder Kind eines Ausländers mit Aufenthaltserlaubnis eine Aufenthaltserlaubnis nach § 30 oder den §§ 32 bis 34 AufenthG besitzen und sich seit mind. 15 Monaten in Deutschland ununterbrochen rechtmäßig, gestattet oder geduldet aufhalten.
- Geduldeten Ausländern (§ 60 a AufenthG), die ihren ständigen Aufenthalt im Inland haben, wird Ausbildungsförderung geleistet, wenn sie sich seit mindestens 15 Monaten ununterbrochen rechtmäßig, gestattet oder geduldet aufhalten.

**984** Berechtigt sind danach Ausländer, die eine Aufenthaltserlaubnis aus völkerrechtlichen, humanitären oder politischen Gründen im Wege der Aufnahme aus dem Ausland (§ 22 AufenthG) oder aufgrund einer allgemeinen Aufenthaltsgewährung für bestimmte Gruppen von Ausländern (§ 23 AufenthG) oder im Wege der Härtefallregelung (§ 23 a AufenthG) ein Aufenthaltsrecht erhalten haben. Die zweite Gruppe von privilegierten Ausländern betrifft diejenigen Ausländer, bei denen der Gesetzgeber von einem Daueraufenthaltsrecht ausgeht. Das betrifft Ausländer, die zum Zweck des Familiennachzugs zu Deutschen (§ 28 AufenthG), aufgrund des Wiederkehrrechts (§ 37 AufenthG) oder als ehemalige Deutsche (§ 38 Abs. 1 Nr. 2 AufenthG) oder als gut integrierte Jugendliche oder Heranwachsende im Anschluss an eine langjährige Duldung (§ 25 a AufenthG) oder aufgrund der neuen Bleiberechtsregelung für nachhaltig integrierte geduldete Ausländer (§ 25 b) einen Aufenthaltstitel erhalten haben. Einbezogen in die Anspruchsberechtigung sind aber auch Ausländer, die aufgrund der Altfallregelung nach mindestens sechs Jahren geduldetem oder gestattetem Aufenthalt eine Aufenthaltserlaubnis nach § 104 a erhalten haben.

**985** Eine weitere Gruppe von Ausländern betrifft Familienangehörige von Ausländern, die sich mit einer Niederlassungserlaubnis im Bundesgebiet aufhalten. Die in Abs. 2 Nr. 2 erwähnten humanitäre Aufenthaltserlaubnisse nach § 25 Abs. 3, Abs. 4 Satz 2 oder Abs. 5 AufenthG betreffen Ausländer, bei denen aufgrund einer mind. 15 monatigen rechtmäßigen, gestatteten oder geduldeten Aufenthaltsdauer in Deutschland ebenfalls von einem Daueraufenthalt ausgegangen wird. Dies gilt auch für Ausländer, die als Ehegatten oder Lebenspartner oder Kinder nach § 30 oder §§ 32 bis 34 AufenthG eine Aufenthaltserlaubnis zum

---

88  § 8 Abs. 1 Nr. 4 BAföG.

Zweck des Familiennachzugs erhalten haben und sich ebenfalls seit mindestens 15 Monaten in Deutschland aufhalten.

Geduldete Ausländer (§ 60 a AufenthG) die ihren ständigen Wohnsitz im Inland **986** haben, haben nunmehr nach Abs. 2 a einen Anspruch auf Ausbildungsförderung bereits dann, wenn sie sich seit mindestens 15 Monaten (bisher 4 Jahre) in Deutschland ununterbrochen rechtmäßig, gestattet oder geduldet aufhalten. Die Regelung unterscheidet sich von Abs. 2 dadurch, dass der Besitz einer Aufenthaltserlaubnis nicht vorausgesetzt wird, sondern auch eine Duldung, d. h. der Aufschub des Vollzugs einer Ausreisepflicht, ausreicht. Die Regelung ist nicht widerspruchsfrei, da zugleich der ständige Wohnsitz im Inland verlangt wird, der mit dem Rechtsstatus der Duldung im Grundsatz nicht vereinbar ist, da die Duldung die Ausreisepflicht nicht beseitigt, während der ständige Wohnsitz die Erteilung eines Aufenthaltsrechts impliziert. Bei Annahme eines lediglich vorübergehenden Abschiebungshindernisses kann ungeachtet eines Aufenthalts von 15 Monaten von der Begründung eines ständigen Wohnsitzes im Inland nicht ausgegangen werden.

Im Übrigen wird *Ausländern* Ausbildungsförderung nur dann geleistet, wenn sie **987** sich vor Beginn der Ausbildung insgesamt fünf Jahre im Inland aufgehalten haben und hier rechtmäßig erwerbstätig gewesen sind[89]. Liegen diese Voraussetzungen nicht vor, so wird Ausbildungsförderung gleichwohl gewährt, wenn zumindest ein Elternteil während der letzten sechs Jahre vor Ausbildungsbeginn sich insgesamt drei Jahre im Inland aufgehalten hat und rechtmäßig erwerbstätig gewesen ist[90]. Das Erwerbstätigkeitserfordernis verkürzt sich auf sechs Monate, wenn die Erwerbstätigkeit aus einem von dem Elternteil nicht zu vertretenden Grund, wie z. B. Krankheit, Schwangerschaft, Kindererziehung oder Erwerbsunfähigkeit, nicht ausgeübt worden ist[91].

Anspruch auf Berufsausbildungsbeihilfe haben nach § 59 SGB III grundsätzlich **988** Ausländerinnen und Ausländer, die ihren gewöhnlichen Aufenthalt im Inland haben und entweder im Ausland als Flüchtlinge anerkannt wurden oder im Bundesgebiet nicht nur vorübergehend zum Aufenthalt berechtigt sind. Im Übrigen gelten die Zugangsvoraussetzungen des § 8 Abs. 2, 4 und 5 BAföG entsprechend. Geduldete Ausländerinnen und Ausländer, die ihren ständigen Wohnsitz in Deutschland haben und sich seit 15 Monaten rechtmäßig oder geduldet im Bundesgebiet aufhalten, werden während einer betrieblich durchgeführten Berufsausbildung gefördert. Im Anschluss an eine erfolgreiche Berufsausbildung kann ein befristeter Aufenthaltstitel erteilt werden, sofern eine dem Abschluss entsprechende Beschäftigung aufgenommen wird.

Für den Zugang von Ausländerinnen und Ausländern zur Förderung von Berufs- **989** fortbildungsmaßnahmen, die einen Abschluss einer anerkannten Handwerksausbildung (Meister BAföG) oder einen Abschluss nach § 5 ff. des Berufsbildungsgesetzen voraussetzen, gelten nach § 8 des Bundesausbildungsförderungsgesetzes i. d. F. vom 27.7.2015 im Wesentlichen die gleichen Voraussetzungen wie nach dem BAföG.

---

89  § 8 Abs. 3 Nr. 1 BAföG.
90  § 8 Abs. 3 Nr. 2 Satz 1 BAföG.
91  § 8 Abs. 3 Nr. 2 Satz 3 BAföG.

# § 9   Ende des Aufenthalts – aufenthaltsbeendende Maßnahmen

## I.   Die Ausreisepflicht (§ 50 AufenthG)

→ Ü 2 S. 548, Sch 5 S. 558

**990**   Nach § 50 Abs. 1 AufenthG ist ein Ausländer verpflichtet, das Staatsgebiet der Bundesrepublik Deutschland zu verlassen, wenn er einen *erforderlichen Aufenthaltstitel* nicht bzw. nicht mehr besitzt, weil dieser zwischenzeitlich *erloschen* ist. Ein Aufenthaltstitel kann kraft Gesetzes oder durch Verwaltungsakt erlöschen (vgl. § 51 AufenthG).

**991**   *Kraft Gesetzes* erlischt ein Aufenthaltstitel durch seine Nichtverlängerung. Dies gilt auch für den bloßen Ablauf der Geltungsdauer eines befristeten Aufenthaltstitels (§ 51 Abs. 1 Nr. 1 AufenthG), da die Verlängerung nur auf Antrag erteilt wird. Im Übrigen erlischt der Aufenthaltstitel, wenn der Ausländer aus einem seiner Natur nach nicht vorübergehenden Grunde aus dem Bundesgebiet ausreist (§ 51 Abs. 1 Nr. 6 AufenthG), oder wenn er ausgereist und nicht innerhalb von sechs Monaten oder einer von der Ausländerbehörde bestimmten längeren Frist wieder eingereist ist (§ 51 Abs. 1 Nr. 7 AufenthG). Außerdem erlischt ein Aufenthaltstitel bei Eintritt einer auflösenden Bedingung (§ 51 Abs. 1 Nr. 2 AufenthG).

**992**   Als *aufenthaltsbeendende Verwaltungsakte* kommen die Ausweisung des Ausländers (§§ 53 ff. AufenthG), der Widerruf des Aufenthaltstitels (§ 52 AufenthG) sowie die Rücknahme des Aufenthaltstitels nach § 48 VwVfG in Betracht, des Weiteren die Bekanntgabe einer Abschiebungsanordnung gem. § 58 a AufenthG (vgl. § 51 Abs. 1 Nr. 3 bis 5 a AufenthG).

**993**   Schließlich bewirkt nach Erhalt eines Aufenthaltstitels aus humanitären Gründen (§§ 22, 23 oder § 25 Abs. 3 bis 5 AufenthG) das Stellen eines Asylantrags das Erlöschen dieses Aufenthaltstitels (§ 51 Abs. 1 Nr. 8 AufenthG).

**994**   Die Erlöschenstatbestände gelten auch für die Fiktion des rechtmäßigen Aufenthalts gem. § 81 AufenthG. Denn die nur für einen begrenzten Aufenthaltszweck bestimmten Fiktionswirkungen können einen Ausländer nicht besser stellen als einen Inhaber eines Aufenthaltstitels[1].

**995**   Mit dem Erlöschen des Aufenthaltstitels entsteht die *Ausreiseverpflichtung kraft Gesetzes*. Es bedarf mithin keines (zusätzlichen) Verwaltungsaktes durch die Ausländerbehörde. In der Regel gibt die Behörde dem Ausländer jedoch einen Hinweis auf seine Ausreisepflicht und fordert ihn auf, das Bundesgebiet entweder unverzüglich oder innerhalb einer ihm gesetzten Frist (vgl. § 50 Abs. 2 Satz 1 AufenthG) zu verlassen. Diese sog. *Ausreiseaufforderung* soll dem Ausländer die Möglichkeit geben, seiner Ausreiseverpflichtung freiwillig nachzukommen. Tut er dies nicht, kann die Ausreiseverpflichtung in Form der Zurückschiebung oder Abschiebung *vollstreckt* werden. Die Vollstreckung ist allerdings nur bei sog. Vollziehbarkeit der Ausreiseverpflichtung möglich. Die Voraussetzungen dafür sind in § 58 Abs. 2 AufenthG geregelt. Zu unterscheiden ist danach, ob die Ausreisepflicht bereits kraft Gesetzes (unerlaubte Einreise oder Aufenthalt) besteht,

---

1   *Benassi*, InfAuslR 2006, 178.

oder ob der Ausländer erst aufgrund eines behördlichen Aktes ausreisepflichtig geworden ist. Im ersteren Falle begründet bereits die unerlaubte Einreise die Vollziehbarkeit, oder ein faktischer Aufenthalt ohne Aufenthaltstitel, solange der Ausländer noch keine Aufenthaltserlaubnis beantragt hat oder trotz Antrags keine fiktive Aufenthaltserlaubnis erlangt hat (§ 50 Abs. 2 Nr. 2). Im letzteren Fall ist die Ausreisepflicht erst vollziehbar, wenn der aufenthaltsbeendende Verwaltungsakt vollziehbar ist. In den Fällen der Nichtverlängerung eines Aufenthaltstitels ist die Ausreisepflicht folglich erst dann vollstreckbar, wenn der ablehnende Bescheid selbst vollziehbar ist.

Die *Vollziehbarkeit des aufenthaltsbeendenden Verwaltungsakts* richtet sich **996** nach den allgemeinen Regeln über die Vollziehung ausländerrechtlicher Verfügungen. Gem. § 84 Abs. 1 Nr. 1 AufenthG *entfalten Widerspruch und Klage* gegen die Ablehnung eines Antrages auf Erteilung oder Verlängerung des Aufenthaltstitels *keine aufschiebende Wirkung*. Solche Verwaltungsakte sind folglich grundsätzlich trotz Einlegung eines Rechtsbehelfs vollziehbar. Diese Vollziehbarkeit kraft Gesetzes kann nur durch eine gerichtliche Anordnung nach § 80 Abs. 5 VwGO ausgesetzt werden. Wird eine solche nicht erlassen, endet die Vollziehbarkeit erst mit Aufhebung des Verwaltungsakts im Hauptsacheverfahren. Die Ausreisepflicht aufgrund der Nichtverlängerung des Aufenthaltstitels ist somit nach § 58 Abs. 2 Satz 2 AufenthG i. V. m. § 84 Abs. 1 Nr. 1 AufenthG *sofort* vollziehbar, wenn ein Antrag nach § 80 Abs. 5 VwGO keinen Erfolg hat.

## II.   Rücknahme und Widerruf eines Aufenthaltstitels

### 1.   Die Rücknahme

Die *Rücknahme* eines Aufenthaltstitels bestimmt sich nach dem allgemeinen Ver- **997** waltungsverfahrensrecht, da das AufenthG eine spezielle Regelung hierfür nicht enthält. Maßgeblich ist mithin § 48 VwVfG bzw. die entsprechende landesrechtliche Norm (i. V. m. § 51 Abs. 1 Nr. 3 VwVfG). Die Rücknahme eines Aufenthaltstitels kommt zum Beispiel in Betracht, wenn ein Ausländer den Aufenthaltstitel mittels falscher Angaben oder Urkunden erschlichen hat[2].

### 2.   Der Widerruf

Der Widerruf eines Aufenthaltstitels ist hingegen abschließend in § 52 AufenthG **998** geregelt, so dass ein Rückgriff auf das allgemeine Verwaltungsverfahrensrecht ausscheidet. Die Absätze 2 bis 6 betreffen jeweils einen Aufenthaltstitel zu einem bestimmten Zweck (z. B. § 52 Abs. 3 AufenthG betrifft die Aufenthaltserlaubnis zum Zweck des Studiums). Zum Teil ist hier der Widerruf bei Vorliegen eines bestimmten Sachverhaltes zwingend vorgeschrieben (vgl. § 52 Abs. 2 AufenthG bzgl. eines nationalen Visums, einer Aufenthaltserlaubnis und einer Blauen Karte EU).

Die im Absatz 1 aufgeführten Widerrufsgründe beziehen sich mit Ausnahme des **999** Schengen-Visums, auf das die Regeln des Visa-Kodex anwendbar sind, auf *alle Arten von Aufenthaltstiteln. Keine Anwendung* findet § 52 Abs. 1 AufenthG *auf die Aufenthaltsgestattung für Asylbewerber* gemäß § 55 AsylG, weder direkt noch analog. Eine direkte Anwendung scheidet schon deshalb aus, weil es sich

---

2  Vgl. Ziff. 52.0.2. AVwV-AufenthG; *Ziekow,* Verwaltungsverfahrensrecht, 3. Aufl. 2013, § 48, Rn. 31 ff.

bei der Aufenthaltsgestattung um keinen Aufenthaltstitel im Sinne des AufenthG handelt. Gegen eine analoge Anwendung spricht der aus dem Asylrecht resultierende vorläufige Schutzanspruch. Mithin regelt § 67 AsylG abschließend die Voraussetzungen, unter denen die Aufenthaltsgestattung erlischt.

**1000**    Liegt einer der Widerrufsgründe des § 52 Abs. 1 AufenthG vor, liegt die Entscheidung über den Widerruf im *pflichtgemäßen Ermessen* der Ausländerbehörde bzw. der Auslandsvertretung im Fall des § 52 Abs. 1 Satz 1 Nr. 3 AufenthG. Bei der Ermessensausübung hat die Behörde das öffentliche Interesse an der Aufenthaltsbeendigung des Ausländers mit dessen persönlichen Belangen abzuwägen. Hierbei zu berücksichtigende Gesichtspunkte können die Dauer des vorangegangenen Aufenthalts, Erwerbstätigkeit bzw. Bezug von Sozialleistungen sowie Integration und Vorstrafen sein.

**1001**    § 52 Abs. 1 Satz 2 AufenthG betrifft den *Widerruf der Aufenthaltstitel von Familienangehörigen* ehemaliger anerkannter Asylberechtigter oder Flüchtlinge. Diese Regelung beruht auf der Überlegung, dass die Rechtsstellung der Familienangehörigen eines Flüchtlings, dessen Aufenthaltstitel durch Widerruf erloschen ist, nicht besser sein kann als die des Flüchtlings selbst. Ein Entzug des Aufenthaltstitels eines Familienangehörigen ist aber nur dann gerechtfertigt, wenn jener *akzessorisch* zum Aufenthaltsrecht des Flüchtlings ist. Ein Widerruf scheidet somit dann aus, wenn der Familienangehörige selbst einen eigenen Anspruch auf Erteilung eines Aufenthaltstitels hat (z. B. nach § 31 Abs. 1 oder § 34 Abs. 2 AufenthG). Außerdem ist Voraussetzung für einen Widerruf, dass der Familienangehörige, dessen Aufenthaltstitel widerrufen werden soll, mit dem vormaligen Flüchtling in *häuslicher Gemeinschaft* lebt.

**1002**    Auch bei einem Widerruf nach § 52 Abs. 1 Satz 2 AufenthG hat die Ausländerbehörde nach pflichtgemäßen *Ermessen* zu entscheiden. Dabei hat die Ausländerbehörde insbesondere die vom Aufenthalt des ehemaligen Flüchtlings unabhängigen eigenen Bindungen des Familienangehörigen im Bundesgebiet zu berücksichtigen[3].

**1003**    Vor Anordnung des Widerrufs ist der Ausländer gem. § 28 VwVfG anzuhören. Der Widerruf eines Aufenthaltstitels kann nur mit *Wirkung für die Zukunft*, also ex nunc, erfolgen. Er bedarf gemäß § 77 Abs. 1 Satz 1 Nr. 8 AufenthG der *Schriftform*. Mit seiner Bekanntgabe an den betroffenen Ausländer wird er wirksam (§ 43 Abs. 1 VwVfG). Der Ausländer ist ab diesem Zeitpunkt zur Ausreise verpflichtet. Bei überwiegendem öffentlichen Interesse am sofortigen Vollzug der nach § 50 Abs. 1 AufenthG eintretenden Ausreisepflicht kann gemäß § 80 Abs. 2 Satz 1 Nr. 4 VwGO die sofortige Vollziehbarkeit des Widerrufs angeordnet werden. Dabei muss das öffentliche Interesse an der Anordnung der sofortigen Vollziehung des Widerrufs das allgemeine öffentliche Interesse an der Aufenthaltsbeendigung übersteigen und einen dringenden, unverzüglichen Handlungsbedarf erkennen lassen[4].

**1004**    Der Widerruf entfaltet *keine Sperrwirkung* bezüglich eines späteren rechtmäßigen Aufenthalts. Sind die Widerrufsgründe weggefallen, steht er somit der erneuten Erteilung eines Aufenthaltstitels nicht entgegen.

---

3   Vgl. Ziff. 52.1.6.2. AVwV-AufenthG.
4   VGH BW v. 11.2.2005, EZAR-NF 094 Nr. 2.

### 3.  Rechtsschutz gegen den Widerruf oder Rücknahme eines Aufenthaltstitels

Gegen den Widerruf und die Rücknahme eines Aufenthaltstitels sind der *Wider-* **1005**
*spruch* gem. §§ 68 ff. VwGO und die anschließende *Anfechtungsklage* gemäß
§ 42 Abs. 1 VwGO statthaft. Widerspruch und Klage haben – außer in den in
§ 84 Abs. 1 Nr. 3 bis 5 AufenthG genannten Fällen – gem. § 80 Abs. 1 VwGO
*aufschiebende Wirkung.* Wurde der Sofortvollzug nach § 80 Abs. 2 Satz 1 Nr. 4
VWGO angeordnet, kann ein Antrag auf Wiederherstellung der aufschiebenden
Wirkung gem. § 80 Abs. 5 VwGO gestellt werden. Die aufschiebende Wirkung
des Widerspruchs und der Anfechtungsklage *beseitigt* allerdings gem. § 84
Abs. 2 Satz 1 AufenthG *nicht die Ausreisepflicht* des Ausländers nach § 50
Abs. 1 AufenthG, da die Wirkung des Widerrufs bzw. der Rücknahme – Erlöschen des Aufenthaltstitels gem. § 51 Abs. 1 Nr. 4 bzw. 3 AufenthG – hiervon
unberührt bleibt.

Neben dem betroffenen Ausländer selbst sind auch dessen Ehefrau sowie seine **1006**
mit ihm familiär verbundenen Kinder *klagebefugt*, da ihr Recht auf Schutz der
Ehe und Familie aus Art. 6 GG durch die aufenthaltsbeendende Maßnahme verletzt sein könnte[5].


## III.  Die Ausweisung (§§ 53 ff. AufenthG)

### 1.  Grundsätze

**a) Begriff der Ausweisung und Systematik des neuen Ausweisungsrechts.** Bei **1007**
einer Ausweisung handelt es sich um eine *aufenthaltsbeendende Maßnahme*, die
von der zuständigen Ausländerbehörde als *Ordnungsverfügung in Form eines
Ausreisegebotes* gegenüber einem Ausländer in einem Einzelfall ausgesprochen
wird. Der Zweck der Ausweisung liegt darin, einen Ausländer, der durch sein
Verhalten die öffentliche Sicherheit und Ordnung oder sonstige erhebliche Interessen der Bundesrepublik Deutschland beeinträchtigt, zur Ausreise zu verpflichten und ihn zugleich durch das mit der Ausweisung verbundene Einreise- und
Aufenthaltsverbot an der Wiedereinreise zu hindern. Die Ausweisung setzt keinen erlaubten Aufenthalt voraus und kann auch gegen einen bereits ausgereisten
Ausländer verfügt werden[6]. Neben der Ausreisepflicht führt daher die Ausweisung zu einem Verbot der Wiedereinreise und des erneuten Aufenthalts im Bundesgebiet (vgl. § 11 Abs. 1 AufenthG)[7]. Nach Auffassung des Gesetzgebers ist
das Recht der Ausweisung nicht nur ein unverzichtbares Mittel zum Schutz der
Interessen der Bundesrepublik Deutschland, sondern dient zugleich der rechtlichen Absicherung des gewährten Aufenthalts, indem es dem Ausländer Klarheit
über die möglichen Gründe der Aufenthaltsbeendigung gibt[8]. Eine Ausweisung
bedarf als belastender Verwaltungsakt aufgrund des Gesetzesvorbehalts einer *gesetzlichen Ermächtigungsgrundlage*, in der auf der Tatbestandsseite hinreichend
bestimmt die Voraussetzungen beschrieben werden, bei deren Vorliegen eine
Ausweisung als Rechtsfolge ausgesprochen werden kann bzw. muss. Diese ge-

---

5   S. hierzu auch § 9 V.
6   BVerwG v. 31.3.1998, DÖV 1998, 736.
7   Näheres zu den Rechtsfolgen der Ausweisung unten Rn. 1077 ff.
8   BR-Drs. 11/90, S. 49 f.

setzlichen Grundlagen finden sich in den §§ 53 ff. AufenthG[9]. Erfüllt ein Ausländer im Einzelfall die Voraussetzungen dieser Vorschriften, bei denen es in allen Fällen grundsätzlich um die Wahrung der öffentlichen Sicherheit und Ordnung geht, wird er nach § 53 AufenthG ausgewiesen.

**1008**  Im Unterschied zu dem bis zum Inkrafttreten des Gesetzes v. 27.7.2015 zur Neubestimmung des Bleiberechts und der Aufenthaltsbeendigung geltenden Rechtszustand wird in dem neuen Ausweisungsrechts nicht mehr zwischen einer „Ist-Ausweisung" (§ 53 AufenthG a. F.), der „Regel-Ausweisung" (§ 54 AufenthG a. F.) und der „Kann-Ausweisung" (§ 55 AufenthG a. F.) unterschieden. Die Rigidität dieser Unterscheidung, die ursprünglich vom Gesetzgeber aus Gründen höherer Berechenbarkeit und Transparenz bewusst eingeführt worden war, um klarzustellen, bei welcher Art von Verstößen zwingend bzw. regelmäßig mit aufenthaltsbeendenden Sanktionen zu rechnen ist, ist bereits vor der Gesetzesänderung durch die höchstrichterliche Rechtsprechung dadurch relativiert worden, dass bei jeder Ausweisung nach verfassungs- und völkerrechtlichen Grundsätzen (Schutz der Privatsphäre und Familie) anhand aller Umstände des Einzelfalles die Verhältnismäßigkeit überprüft werden muss[10]. Der Gesetzgeber hat diese Rechtsprechung dadurch nachvollzogen, dass jede Ausweisungsentscheidung eine umfassende Abwägung der Interessen des Ausländers an einem weiteren Verbleib im Bundesgebiet mit dem öffentlichen Interesse an der Ausreise im Einzelfall abzuwägen ist. Nur bei einem überwiegenden Interesse an der Ausreise darf eine Ausweisung verfügt werden. Das bedeutet allerdings nicht, dass die Gewichtung der Interessen bei einer Ausweisungsentscheidung den Ausländerbehörden und Gerichten überlassen bleibt. Vielmehr ist durch Kataloge von „besonders schwerwiegenden" und „schwerwiegenden Ausweisungsinteressen" (§ 54 AufenthG) und „besonders schwerwiegenden" und „schwerwiegenden Bleibeinteressen" (§ 55 AufenthG) die Gewichtung der in die Abwägung einzubringenden Interessen „idealtypisch" vorgegeben.

**1009**  Unabhängig von der Abstufung der Ausweisungs- und Bleibeinteressen der §§ 53, 54 AufenthG als besonders schwerwiegend oder schwerwiegend erfordert jede Ausweisung als Maßnahme der Gefahrenabwehr eine Gefahr für die öffentliche Sicherheit und Ordnung, die freiheitliche demokratische Ordnung oder sonstiger erheblicher Interessen der Bundesrepublik Deutschland. Ob eine Gefahr für die öffentliche Sicherheit und Ordnung vorliegt, beurteilt sich grundsätzlich nach den im allgemeinen Polizei- und Ordnungsrecht entwickelten Grundsätzen[11]. Beeinträchtigt ist die öffentliche Sicherheit dann, wenn *als Folge der weiteren Anwesenheit des Ausländers eine Gefahr für ein Schutzgut der öffentlichen Sicherheit* besteht. Wird die Ausweisung allein auf eine Gefährdung der öffentlichen Sicherheit gestützt, so bedarf es einer auf die Zukunft bezogenen individuellen Gefahrenprognose. Für die hinreichende Wahrscheinlichkeit eines Schadenseintritts ist dabei nach Gewichtigkeit des bedrohten Rechtsguts zu differenzieren[12]. Als „*erhebliche Interessen*" sind insbesondere die *äußere Sicherheit*,

---

9  Vgl. *Jakober*, InfAuslR 2005, 97.
10  Für eine ausführliche Darstellung des „Systemwechsels" im Ausweisungsrecht anhand der höchstrichterlichen Rechtsprechung und der EGMR s. *Karl-Georg Mayer*, Verwaltungsarchiv 2010,482 ff; Vgl. auch *Eckertz-Höfer*, ZAR 2008,41 ff. u. 93 ff.; Hoppe, ZAR 2008, 251 ff.; *Thym*, DVBl. 2008, 1346 ff.
11  BVerwG v. 31.5.1994, NVwZ 1995, 1127, 1129; VGH BW v. 12.4.1996, VBlBW 1996, 386, 388.
12  VGH BW v. 12.4.1996, EZAR 033 Nr. 8.

die *Sicherung wichtiger gesamtwirtschaftlicher Interessen* und die *Beziehungen zum Ausland* anzusehen.

Die Ausweisungsinteressen des § 54 AufenthG konkretisieren das in § 53 Abs. 1 AufenthG niedergelegte Tatbestandsmerkmal „öffentliche Sicherheit und Ordnung" und „sonstige erhebliche Interessen der Bundesrepublik Deutschland". § 53 Abs. 1 AufenthG schließt eine allein auf § 53 Abs. 1 AufenthG gestützte Ausweisung nach dem Wortlaut des § 54 Abs. 1 („insbesondere") nicht aus[13]. Sind jedoch die Beispielsfälle des § 54 AufenthG einschlägig, aber nicht erfüllt, kann nicht ohne weiteres der Grundtatbestand des § 53 Abs. 1 AufenthG herangezogen werden, da ein solcher Rückgriff die in § 54 Abs. 1 und 2 AufenthG zum Ausdruck gebrachten Wertungen unterlaufen würde[14].

§ 53 Abs. 1 AufenthG ist damit die Rechtsgrundlage jeder Ausweisungsentscheidung. Die Qualifizierung der Ausweisungs- und Bleibeinteressen gibt das Gewicht vor, mit dem diese Interessen in eine behördliche Entscheidung über eine Ausweisung einzubringen sind, ersetzt aber nicht die Prüfung der tatbestandlichen Voraussetzungen des § 53 Abs. 1. Wird allerdings das Bestehen eines Ausweisungsinteresses im Sinne des § 54 AufenthG festgestellt, so indiziert dies eine Gefährdung der öffentlichen Sicherheit und Ordnung.

Daraus ergibt sich folgende Prüfungsreihenfolge:　　　　　　　　　**1010**

1. In einem ersten Schritt ist festzustellen, ob ein Ausländer die öffentliche Sicherheit und Ordnung, die freiheitliche demokratische Grundordnung oder sonstige erhebliche Belange in der Form eines Ausweisungsinteresses nach § 54 AufenthG verwirklicht hat.
   Ist dies nicht der Fall, ist zu prüfen, ob aus anderen Gründen der Tatbestand des § 53 Abs. 1 AufenthG erfüllt ist

2. Ist dies zu bejahen, so ist festzustellen, ob der Ausländer einem besonderen Personenkreis angehört, der besonderen Ausweisungsschutz nach Abs. 3 genießt und daher nur unten den dort aufgeführten erschwerten Voraussetzungen ausgewiesen werden darf.
   Ist dies der Fall, so ist weiter zu prüfen, ob der besondere Ausweisungsschutz aufgrund einer schwerwiegenden Gefahr für die öffentliche Sicherheit und Ordnung durchbrochen wird. Es ist weiter entsprechend Ziff. 3 und 4 zu verfahren.

3. Gehört der Ausländer keinem besonders geschützten Personenkreis an, sind die einem gewöhnlichen oder qualifizierten Ausweisungsinteresse entgegenstehenden gesetzlich als schwerwiegend oder besonders schwerwiegend gewichteten Bleibeinteressen (§ 55 AufenthG) zu ermitteln.

4. Die Ausweisungsinteressen sind mit den Bleibeinteressen unter Berücksichtigung aller Umstände des Einzelfalles – insbes. der in § 53 Abs. 2 AufenthG niedergelegten – daraufhin abzuwägen, ob das Ausweisungsinteresse überwiegt. In dieser Stufe sind nicht nur die gesetzlich fixierten Ausweisungs- und Bleibeinteressen abzuwägen, sondern zu überprüfen, ob eine Ausweisung mit dem Grundsatz der Verhältnismäßigkeit und verfassungs- und völkerrechtlichen Vorgaben zum Schutz des Privat- und Familienlebens in Einklang steht.

---

13　VGH BW v. 12.4.1996, VBlBW 1996, 386.
14　Bayr. VGH v. 4.9.1998, EZAR 035 Nr. 24; VG Lüneburg v. 27.6.2001, InfAuslR 2001, 438.

**1011**  **b) Verhältnismäßigkeit der Mittel.** Die Abwehr einer Gefahr für die öffentliche Sicherheit und Ordnung kann aus spezial- oder generalpräventiven Gründen gerechtfertigt sein, wenn nicht – wie z. B. in § 53 Abs. 3 AufenthG – die gesetzliche Regelung ausdrücklich auf das persönliche Verhalten des Betroffenen abstellt. Erfolgt die Ausweisung aus spezialpräventiven Gründen, so ist sie nur dann gerechtfertigt, wenn für die ernsthafte Gefahr neuerlicher Verfehlungen konkrete Anhaltspunkte bestehen und damit vom Ausländer eine bedeutsame Gefahr für ein wichtiges Schutzgut ausgeht. Erforderlich ist in diesem Fall, dass aufgrund des persönlichen Verhaltens des Ausländers eine Wiederholungsgefahr besteht. Diese Gefahr muss mit hinreichender Wahrscheinlichkeit bestehen; eine bloße Vermutung genügt nicht. Eine generalpräventive Ausweisung mit dem Zweck, andere Ausländer von Straftaten und sonstigen gewichtigen ordnungsrechtlichen Verstößen abzuhalten, ist möglich bei besonders schwerwiegenden Straftaten wie Rauschgift-, Sexual- oder Körperverletzungsdelikten. Generalpräventive Gründe rechtfertigen eine Ausweisung nur, wenn eine Straftat besonders schwer wiegt und nach der Lebenserfahrung deshalb ein dringendes Bedürfnis dafür besteht, über eine etwaige strafrechtliche Sanktion hinaus im Rahmen einer kontinuierlichen Ausweisungspraxis durch Ausweisung andere Ausländer von Straftaten ähnlicher Art und Schwere abzuhalten. Allerdings muss in diesen Fällen nach der Lebenserfahrung damit gerechnet werden können, dass sich andere Ausländer von einer kontinuierlichen Ausweisungspraxis in ihrem Verhalten beeinflussen lassen. Erforderlich ist, dass es Ausländer gibt, die sich in einer mit dem Betroffenen vergleichbaren Situation befinden und sich durch dessen Ausweisung von gleichen oder ähnlichen Handlungen abhalten lassen[15].

**1012**  Bei allen Ausweisungen muss der *Grundsatz der Verhältnismäßigkeit* beachtet werden. Die Ausweisung kann demnach nur dann verfügt werden, wenn sie das geeignete, erforderliche und angemessene Mittel zur Gefahrenabwehr ist. Erforderlich ist die Ausweisung, wenn keine andere, weniger belastende Maßnahme in Betracht kommt, um den gewünschten Zweck zu erreichen. Als mildere Mittel kommen vor allem behördliche Verwarnungen bei geringfügigen Verstößen gegen die Rechtsordnung sowie Sanktionen des Straßenverkehrsrechts infrage. Als mildere Maßnahmen kommen ferner die Verkürzung der Befristung einer noch gültigen Aufenthaltserlaubnis und die Versagung der Verlängerung infrage. Zu der Frage, ob eine Fristverkürzung oder Nichtverlängerung als ein milderes Mittel die Ausweisung ausschließt, hat das *BVerwG* den Standpunkt vertreten, die mit der Sperrwirkung verbundene Ausweisung sei „das gesetzlich vorgesehene Mittel zur Gefahrenbeseitigung", sofern eine Ausweisung auf die konkrete Gefahr einer erneuten schweren Störung der öffentlichen Sicherheit und Ordnung der Bundesrepublik Deutschland gestützt werde. In derartigen Fällen gebe es kein milderes und dennoch gleich wirksames Mittel[16].

**1013**  Für die Beurteilung, ob die Ausweisung notwendig ist, muss auch auf das mit der Ausweisung verbundene befristete Einreise und Aufenthaltsverbot (§ 11 Abs. 1) abgestellt werden. Die Ausweisung ist notwendig, wenn aus spezialpräventiven Gründen oder zur Verhaltenssteuerung eine grundsätzlich länger dauernde Fernhaltung des Ausländers vom Bundesgebiet geboten ist. Die Befristung oder

---

15  S. zu den einzelnen Anforderungen in diesen Fällen OVG NRW v. 3.12.2007 – 18 B 1603/07, juris.
16  Vgl. BVerwG v. 11.11.1980, NJW 1981, 1915; *BVerwG* v. 10.8.1982, InfAuslR 1982, 274; vgl. auch OVG Hamburg v. 4.12.1989, EZAR 122 Nr. 11.

Nichtverlängerung der Aufenthaltserlaubnis kann aber ausreichend sein, wenn ein mit der Ausweisung bezweckter Erfolg in vollem Umfang bereits durch die Aufenthaltsbeendigung oder strafrechtliche Sanktionen[17] erreicht werden kann. Die mit der Ausweisung für den Ausländer verbundenen Nachteile dürfen nicht außer Verhältnis zum bezweckten Erfolg stehen. Das konkrete Geschehen, das eine Ausweisung begründet, darf daher nicht mit den Ausweisungsfolgen in einem Missverhältnis stehen[18]. Auch wenn die Ausweisung bezweckt, das Verhalten anderer im Bundesgebiet lebender Ausländer zu steuern, darf dieser Zweck nicht so verselbstständigt werden, dass andere Umstände des Falles von vornherein als bedeutungslos zurücktreten[19].

Aus Abs. 2 und dem Verhältnismäßigkeitsgrundsatz folgt die Pflicht der Ausländerbehörden, die Umstände der Straftat und die persönlichen Verhältnisse des Betroffenen von Amts wegen sorgfältig zu ermitteln und eingehend zu würdigen[20]. Ohne die Kenntnis von Einzelheiten der Tatbegehung und der familiären und beruflichen Situation könnten i. d. R. die Auswirkungen der Ausweisung auf die verfassungsrechtlich geschützten Individualinteressen des Ausländers nicht hinreichend sicher festgestellt und in einer einzelfallbezogenen Abwägung den die Ausweisung gebietenden Interessen der Allgemeinheit gegenübergestellt werden. Im Regelfall ist deshalb vor der Entscheidung über die Ausweisung die Einsicht in die Strafakten ebenso unerlässlich wie die Feststellung der Familien-, Arbeits- und Wohnverhältnisse. **1014**

Auch bei generalpräventiv motivierten Ausweisungen reicht es im Hinblick auf den Grundsatz der Verhältnismäßigkeit nicht aus, das Gewicht der für eine Ausweisung sprechenden öffentlichen Interessen allein anhand der Typisierung als besonders schwerwiegend oder schwerwiegend in den Ausweisungsvorschriften des Aufenthaltsgesetzes zu bestimmen[21]. Die im Einzelfall für den Ausländer sprechenden Umstände, wie z. B. längerer Aufenthalt im Bundesgebiet, Entfremdung vom Heimatland, Integration in die deutsche Gesellschaft, familiäre Bindungen oder sonstige persönliche Bindungen, dürfen nicht durch eine selektive Anwendung des Gesetzessystems ausgeblendet werden. Deshalb müssen in jedem Fall die Umstände einer Straftat und die persönlichen Verhältnisse des Betroffenen von Amts wegen sorgfältig ermittelt und eingehend gewürdigt werden. § 53 Abs. 2 AufenthG bringt die bereits in der Rechtsprechung entwickelten Grundsätze der Einzelfallabwägung durch das Gebot zum Ausdruck, insbesondere die Dauer des Aufenthalts, die persönlichen, wirtschaftlichen und sonstigen Bindungen im Bundesgebiet und im Herkunftsstaat oder in einem anderen zur Aufnahme bereiten Staat, die Folgen der Ausweisung für Familienangehörige und Lebenspartner sowie die Tatsache, ob sich der Ausländer rechtstreu verhalten hat, zu berücksichtigen. „Insbesondere" bedeutet, dass die Aufzählung nicht abschließend ist. Der Aspekt der „Rechtstreue" ist vom Gesetzgeber erst nachträglich durch das Gesetz zur erleichterten Ausweisung von straffälligen Ausländern und zum erweiterten Ausschluss der Flüchtlingsanerkennung bei straffälligen Asylbewerbern[22] vor dem Hintergrund der Ereignisse der Silvesternacht 2015/ **1015**

---

17  BVerwG v. 16.9.1980, InfAuslR 1981, 5.
18  BVerwG v. 26.2.1980, BVerwGE 60, 75.
19  BVerwG v. 2.2.1979, DÖV 1979, 375.
20  Vgl. BVerwG v. 16.6.1970, BVerwGE 35, 291.
21  Vgl. BVerfG v. 10.8.2007, InfAuslR 2007, 443.
22  Gesetz v. 11.3.2016, BGBl. I, S. 394.

2016 eingeführt worden. Damit soll sichergestellt werden, dass in der Abwägung berücksichtigt wird, ob sich der Ausländer bisher rechtstreu verhalten hat[23]. Das Gebot der umfassenden Berücksichtigung verlangt, dass auch sonstige in der Aufzählung nicht berücksichtigte atypische Umstände, wenn sie für die Interessenabwägung relevant sind, Berücksichtigung finden können.

**1016**   c) **Aspekte der Interessenabwägung (§ 53 Abs. 2 AufenthG).** Dem langjährigen Aufenthalt eines Ausländers und seiner wirtschaftlichen und sozialen Integration ist schon in der bisherigen Ausweisungspraxis erhebliches Gewicht beigemessen worden. Hat ein Ausländer rechtmäßig lange Zeit im Bundesgebiet verbracht, so müssen gewichtige Gründe vorliegen, wenn einem Ausländer seine in vielen Jahren aufgebaute wirtschaftliche und soziale Existenz genommen werden soll.[24] Bei eng mit Deutschland „verwurzelten" faktischen Inländern bedarf es einer besonders sorgfältigen Prüfung und Erfassung der individuellen Lebensumstände eines Ausländers und seiner Bindungen an Deutschland einerseits und seinem Herkunftsstaat andererseits. Zur Rechtfertigung einer Ausweisung werden im Allgemeinen „sehr gewichtige Gründe" verlangt[25]. Dabei ist auch zu berücksichtigen, ob es sich um Straftaten handelt, die ein Ausländer als Jugendlicher oder Heranwachsender begangen hat. Die Ausweisung muss klar erkennen lassen, ob sie auf general- oder spezialpräventive Erwägungen gestützt ist[26]. Zu berücksichtigen sind neben der Dauer des Aufenthalts auch persönliche, wirtschaftliche und sonstige Bindungen im Bundesgebiet und im Herkunftsstaat[27].

**1017**   Für die Berücksichtigung des Privat- und Familienlebens bei Ausweisungen sind ferner die Vorgaben der Rechtsprechung des Europäischen Gerichtshofs für Menschenrechte (EGMR) zu Art. 8 EMRK und des Bundesverfassungsgerichts zu Art. 6 GG von erheblicher Bedeutung[28]. Zu berücksichtigen sind danach insbesondere die „Boultif-Kriterien"[29], die vom EGMR in ständiger Rechtsprechung bei der Beurteilung von Ausweisungsverfügungen gegenüber straffälligen Ausländern zugrunde gelegt werden. Zu berücksichtigen sind insbes. die Art und Schwere der Straftat, die Dauer des Aufenthalts, die nach Begehung der Straftat verstrichene Zeit, die Staatsangehörigkeit des Betreffenden, seine familiäre Situation, die Schwierigkeiten, denen Familienangehörige im Falle einer Ausweisung ausgesetzt wären und das Vorhandensein von Kindern[30]. Der Gerichtshof hat insbes. für die zweite und dritte Ausländergeneration erhöhte Anforderungen an die Verhältnismäßigkeit gestellt und in den Fällen, in denen „verwurzelte Ausländer" ihre Erziehung und sozialen Bindungen im Aufnahmestaat bei gleichzeitiger völliger Entfremdung vom Herkunftsstaat erlangt haben, eine Ausweisung im Allgemeinen für unverhältnismäßig auch dann erklärt, wenn sie auf eine Serie erheblicher Straftaten gestützt war[31]. Zu beachten ist aber auch, dass die Rechtsprechung des EGMR gegenüber besonderen und u. U. auch unter-

---

23  BT-Drs. 18/7537, S. 7.
24  BVerwG v. 13.11.1979, BVerwGE 59, 112, 114.
25  Vgl. z. B. OVG Lüneburg v. 20.10.2009 – 11 LB 56/09; v. 11.8.2010 – 11 LB 425/09.
26  Soweit sie mit dem Verhältnismäßigkeitsprinzip in Einklang steht, was im Falle der Verwurzelung häufig zu verneinen sein wird; weitergehend für eine Unzulässigkeit generalpräventiver Ausweisung *Discher,* in: GK AufenthG, Vorbem. § 53, Rn. 534.
27  Für Einzelheiten s. *Hailbronner,* Ausländerrecht, § 53 AufenthG, Jan. 2016, Rn. 50 f.
28  A.a.O. Rn. 54–60; vgl. auch *Grabenwarter,* ECHR Commentary, 2014, Art. 8 ECHR, Rn. 92–98.
29  EGMR v. 2.8.2001, Nr. 54273/00, § 48.
30  Vgl. die Zusammenfassung der EGMR Rechtsprechung bei *Grabenwarter,* a. a. O., Rn. 94.
31  Vgl. z. B. EGMR v. 18.10.2006, Nr. 46410/99 – *Üner*; v. 18.2.1991, Nr. 12313/86 – *Moustaquim.*

schiedlich in den Vertragsstaaten beurteilten Sicherheitsinteressen der Staaten flexibel reagiert und die Kriterien einer kasuistisch geprägten Rechtsprechung nicht statisch anwendet. Die Ausweisung im Falle von als besonders gefährlich angesehenen Straftätern ist daher z. B. im Falle von schwerer Rauschgiftkriminalität im Hinblick auf das überragende Interesse von Staaten an der Bekämpfung der Drogensucht ungeachtet einer Verwurzelung im Aufnahmestaat als zulässig angesehen worden[32]. Entsprechende Erwägungen können auf andere Situationen, in denen eine konsistente Ausweisungspraxis z. B. in Bezug auf Strafbestimmungen, die gegen die sexuelle Selbstbestimmung gerichtet sind, Berücksichtigung finden.

Die in § 53 Abs. 2 AufenthG postulierte Pflicht zur Berücksichtigung der persönlichen Bindungen eines Ausländers im Bundesgebiet und der Folgen einer Ausweisung für Familienangehörige und Lebenspartner ist Ausdruck der verfassungs- und völkerrechtlichen Verpflichtung, den Schutz der Ehe und Familie bei der Entscheidung über aufenthaltsbeendende Maßnahmen entsprechend dem Gewicht dieser Bindungen zur Geltung zu bringen[33]. Ein individuelles Recht auf Gewährung oder Fortbestand eines Aufenthaltstitels des Ausländers, der im Bundesgebiet lebende Familienangehörige hat oder schützenswerte soziale, wirtschaftliche oder persönliche Bindungen entwickelt hat, lässt sich daraus nicht herleiten. Sind derartige Bindungen erst begründet worden, nachdem eine mit einer Freiheitsentziehung verbundene Strafvollstreckungsmaßnahme und eine darauf gestützte Ausweisung verfügt worden sind, ist die Schutzwürdigkeit nach Art. 8 Abs. 1 EMRK eingeschränkt[34]. **1018**

In den Schutzbereich von Art. 6 Abs. 1 GG und Art. 8 EMRK fällt insbesondere, aber nicht ausschließlich die in der Bundesrepublik Deutschland tatsächlich gelebte familiäre Lebensgemeinschaft. Dem Schutz von Art. 6 Abs. 1 GG und Art. 8 EMRK unterliegen aber auch andere emotionale familiäre Bindungen, die in Beistands- und Erziehungsleistungen, engen nicht nur gelegentlichen Kontakten und der Wahrnehmung von Sorge- und Umgangsrechten z. B. eines Vaters mit seinen nichtehelichen Kindern zum Ausdruck kommen. Besonderes Gewicht kommt der Lebensgemeinschaft mit einem deutschen Ehegatten oder Lebenspartner oder der Ausübung der Personensorge oder Umgangsrecht mit einem deutschen minderjährigen Kind zu (vgl. auch § 55 Abs. 1 Nr. 3 und 4 AufenthG)[35]. Die Rechtsprechung geht davon aus, dass die Verlegung des Lebensmittelpunkts ins Ausland als Folge einer aufenthaltsbeendenden Maßnahme für deutsche Familienangehörige grundsätzlich unzumutbar ist, während für ausländische Familien u. U. die Verlegung eines gemeinsamen Lebensmittelpunkts ins Ausland zumutbar sein kann[36]. **1019**

Das Bestehen einer eingetragenen Lebenspartnerschaft nach dem Lebenspartnerschaftsgesetz ist gleichermaßen bei der Interessenabwägung zu berücksichtigen. Eheähnliche Gemeinschaften oder Verlöbnisse genießen dagegen im Allgemeinen **1020**

32  EGMR v. 10.7.2003, Nr. 53441/99 – *Benhebba*; v. 17.1.2006, Nr. 50278/99 – *Aoulmi*; v. 23.6.2008, Nr. 1638/03 – *Maslov*.
33  BVerwG v. 10.8.1994, DVBl. 1994, 1406 unter Hinweis auf BVerfGE 80, 81, 91; 76, 1, 79 f.
34  Vgl. HessVGH v. 29.5.1995, FamRZ 1996, 286.
35  Vgl. z. B. VGH BW v. 14.2.2012 – 11 S 1470/11; OVG Lüneburg v. 14.7.2014 – 8 ME 72/14.
36  BVerwGE 48, 299, 301 ff.; 61, 32.

keinen Schutz nach Art. 6 Abs. 1 GG[37]. Auch ein Verlöbnis steht der Ausweisung grundsätzlich nicht entgegen[38].

**1021** Aus dem gemeinsamen Sorgerecht kann allein noch kein Rückschluss auf das Bestehen einer besonders schutzwürdigen tatsächlichen Lebensgemeinschaft gezogen werden[39]. Dem Sorgerecht kommt daher lediglich Indizwirkung zu. Wird das Sorgerecht tatsächlich ausgeübt und beteiligt sich der betroffene ausländische Elternteil aktiv an der Erziehung des Kindes, genießen seine Bindungen zum Kind verfassungsrechtlichen Schutz. Für die verfassungsrechtliche Gewichtung kann auch ausschlaggebend sein, ob anhand der sonstigen Umstände des Falles ein gemeinsames Sorge- oder Umgangsrecht auch vom Ausland aus wahrgenommen werden kann. Ist es Familienangehörigen praktisch möglich und damit zumutbar, ein Einvernehmen in Angelegenheiten von erheblicher Bedeutung für das Kind (§ 1687 Abs. 1 BGB) über Telefon oder Brief ohne die Möglichkeit persönlicher Begegnung herzustellen, kann auch die Ausübung eines Personensorgerechts für einen im Bundesgebiet sich rechtmäßig aufhaltenden Minderjährigen, das durch § 55 Abs. 2 Nr. 3 AufenthG als schwerwiegendes Bleibeinteresse eingestuft worden ist, gegenüber einem schwerwiegenden Ausweisungsinteresse nachrangig sein[40].

**1022** Geht es um die Ausweisung der Mutter eines nichtehelichen Kindes mit ausländischer Staatsangehörigkeit, so wird die regelmäßig besonders schwierige Lage des nichtehelichen Kindes und seiner Mutter zugunsten der Mutter ins Gewicht fallen.

**1023** Bei volljährigen Kindern ist in Anlehnung an die bisherige Rspr. weiterhin von einer keinen aufenthaltsrechtlichen Schutz erfordernden Familienbeziehung auszugehen, da sie regelmäßig auf eine Lebenshilfe durch die Familie nicht mehr angewiesen sind und ihnen deshalb der Aufenthalt im Bundesgebiet nicht mehr ermöglicht werden muss[41]. Das gilt unabhängig davon, ob es im Einzelfall den Eltern zuzumuten wäre, in ihr Herkunftsland zurückzukehren, wenn sie weiter mit ihrem erwachsenen Kind zusammenleben wollen[42]. Ausnahmen kommen nur in Betracht, wenn der volljährige Ausländer aus besonderen Gründen auf ein Zusammenleben mit seinen Eltern angewiesen und diesen eine Rückkehr ins Heimatland unzumutbar ist. Ein solches Angewiesensein hat das *BVerwG* aber noch nicht darin gesehen, dass der mit seinen Eltern zusammenlebende Ausländer eine schwere Straftat begangen hat und dass die Vollstreckung der Strafe zur Bewährung ausgesetzt ist (BVerwGE 68, 101).

**1024** d) **Die Ausweisung wegen strafgerichtlicher Verurteilung.** Ausweisungen sind überwiegend auf strafgerichtliche Verurteilungen gestützt. Grundsätzlich hat das Verwaltungsgericht die strafgerichtliche Verurteilung zugrunde zulegen. Das Verwaltungsgericht ist nicht gehindert, die der strafgerichtlichen Verurteilung zu-

---

37 *Schmitt-Kammler*, in: *Sachs* (Hrsg.), Grundgesetz, 3. Aufl., Art. 6 GG Rn. 43; BVerfGE 36, 146, 165; *Wegner*, FamRZ 1996, 587 m. zahlr. Nachw., Fn. 6.
38 BVerwG v. 17.11.1994, InfAuslR 1995, 150; vgl. auch *Geißler*, ZAR 1996, 27, 30.
39 OVG Nds. v. 18.9.2000, InfAuslR 2001, 78; v. 18.9.2000, InfAuslR 2001, 75; ebenso OVG RP v. 10.4.2000, InfAuslR 2000, 388.
40 Vgl. OVG RP v. 10.4.2000, InfAuslR 2000, 388; vgl. zum Ganzen auch *Dietz*, InfAuslR 1999, 177; *Laskowski/Albrecht*, ZAR 1999, 100.
41 BVerfG v. 1.3.2004, DVBl. 2004, 1097; BVerwGE 68, 101 ff.
42 Vgl. BVerwGE 65, 188, 193 ff.

grundeliegenden Tatsachen im Hinblick auf die Interessenabwägung nach § 53 Abs. 2 AufenthG eigenständig zu würdigen. Liegt ein besonders schwerwiegendes Ausweisungsinteresse i. S. d. § 54 Abs. 1 Nr. 1 AufenthG oder ein schwerwiegendes Ausweisungsinteresse i. S. d. § 54 Abs. 2 Nr. 1 oder 2 AufenthG vor, so ist ein öffentliches Interesse an der Ausweisung kraft Gesetzes vorgegeben und bei der Abwägung zu berücksichtigen. Allgemeine Grundsätze darüber, welche Art von Verstößen bzw. strafgerichtliche Verurteilungen ein Überwiegen des öffentlichen Interesses gegenüber Bleibeinteressen nach § 55 AufenthG begründen, lassen sich im Hinblick auf das Gebot der umfassenden Berücksichtigung aller Umstände des Einzelfalls nur schwer festlegen. Der Gesetzgeber ist bei der Neuregelung der Aufenthaltsbeendigung und der Qualifizierung bestimmter Gruppen von Straftaten in § 54 Abs. 1 a AufenthG als besonders schwerwiegender Ausweisungsinteressen ersichtlich davon ausgegangen, mit den Änderungen des Ausweisungsrechts die Ausweisung von Ausländern an die Entwicklungen der Rechtsprechung anzupassen und Rechtsunsicherheiten zu beseitigen[43], aber zugleich auch neuen Anforderungen an die Bekämpfung bestimmter Kriminalitätsformen Rechnung zu tragen. Zu beachten ist ferner, dass der Gesetzgeber ungeachtet der Zielsetzung, die Entwicklung der Rechtsprechung nachzeichnen zu wollen, mit der Streichung bzw. Modifizierung früherer Ausweisungsgründe auch Gewichtungsentscheidungen getroffen hat, die bei der Auslegung des § 53 AufenthG zu berücksichtigen sind[44].

**1025** Eine Ausweisung aufgrund eines Verstoßes gegen Strafnormen kann darauf gestützt sein, dass die Gefahr besteht, der Ausländer werde erneut Straftaten im Bundesgebiet begehen (Spezialprävention). Die Ausländerbehörde übt ihr Ermessen aber auch sachgerecht aus, wenn sie durch die Ausweisung des strafbar gewordenen Ausländers generalpräventiv darauf hinwirken will, dass andere im Bundesgebiet lebende Ausländer keine Straftaten begehen, auch wenn von dem auszuweisenden Ausländer selbst keine erneuten Straftaten mehr zu erwarten sind[45]. Ausgeschlossen ist eine generalpräventive Ausweisung für anerkannte Asylberechtigte, assoziationsrechtlich privilegierte türkische Staatsangehörige und Inhaber einer Daueraufenthaltserlaubnis-EU (s. § 53 Abs. 3 AufenthG).

**1026** Voraussetzung einer generalpräventiven Ausweisung ist, dass von der Ausweisung eine mögliche und angemessene generalpräventive Wirkung tatsächlich zu erwarten ist. Eine generalpräventive Ausweisung kann auch bei in Deutschland geborenen oder aufgewachsenen Ausländern verhältnismäßig sein[46]. Auch der EGMR hat in mehreren Fällen bei entsprechend gravierenden Straftaten eine generalpräventive Ausweisung für zulässig gehalten[47]. Bei Vorliegen eines schwerwiegenden Bleibeinteresses muss aber ein gewichtiger Ausweisungsanlass vorliegen, der nach der vom Gesetzgeber vorgenommenen Einstufung im Allgemeinen nur angenommen werden kann, wenn ein besonders schwerwiegendes Ausweisungsinteresse in der Form einer individuellen Wiederholungsgefahr gra-

---

43  BT-Drs. 18/4097, S. 49.
44  Vgl. Erläut. zu § 54.
45  St. Rspr. *BVerwG* v. 2.2.1979, DÖV 1979, 375, BVerwGE 35, 291, 294; *BVerwG* v. 27.3.1979, Buchholz 402.24, Nr. 61 zu § 10 AuslG 1965; *BVerwG* v. 27.7.1990 – 1 B 119/90; *BayVGH* v. 15.12.2003, BayVBl. 2004, 403.
46  Vgl. VGH BW v. 15.4.2011 – 11 S 189/11.
47  Vgl. die Nachweise in BVerwG v. 14.2.2012 – 1 C 7/11, Rn. 22.

vierender Straftaten besteht[48]. Die Rechtsprechung hat daher bei Ausländern, die in familiärer Lebensgemeinschaf mit deutschen Familienangehörigen leben, eine generalpräventive Ausweisung als unverhältnismäßig angesehen[49]. Liegt allerdings eine Wiederholungsgefahr vor, so kann auch bei Bestehen besonders schwerwiegender Bleibeinteressen eine Ausweisung verhältnismäßig sein (vgl. zur Ausweisung eines in Deutschland geborenen und aufgewachsenen türkischen Staatsangehörigen mit minderjähriger deutscher Tochter, der wegen versuchten Mordes zu einer Freiheitsstrafe von 12 Jahren verurteilt worden ist[50]).

**1027**   Als Grundlage generalpräventiv begründeter Ausweisungen sind in Rechtsprechung neben Rauschgiftdelikten[51] gravierende Vermögensdelikte, und insbes. Gewalttaten, wie z.B. schwerer Raub[52], fortgesetzter sexueller Missbrauch von Kindern[53] angesehen worden. Die Anforderungen, die an das Vorliegen einer Wiederholungsgefahr im Falle einer spezialpräventiv begründeten Ausweisung zu stellen sind, können nicht einheitlich festgelegt werden. Der erforderliche Grad der Wahrscheinlichkeit erneuter Verstöße gegen die Rechtsordnung differiert nach der Schwere des Verstoßes nach Maßgabe des Verhältnismäßigkeitsprinzips[54]. Regelmäßig besteht hier ein ausreichend spezialpräventiver Anlass für eine Ausweisung, wenn lediglich eine ernsthafte Möglichkeit weiterer Straftaten besteht[55]. Die mehrfache Begehung von Straftaten über mehrere Jahre hinweg begründet in der Regel eine Wiederholungsgefahr, auch wenn die letzte Straftat mehrere Jahre zurückliegt (zur Bewertung des ordnungsgemäßen Verhaltens während des Strafverfahrens für das Vorliegen einer Wiederholungsgefahr[56]). Bei gravierenden BTM Delikten wird in der Rspr. insbes. bei Drogenabhängigkeit typischerweise eine Wiederholungsgefahr angenommen, die sich aus der ausländerbehördlichen Erfahrung ableitet.

**1028**   Die Ausländerbehörden haben die strafgerichtlichen Feststellungen zu berücksichtigen, sind aber an sie rechtlich nicht gebunden[57]. Zwar kommt der strafrichterlichen Prognose, insbesondere, wenn sie nicht rein schematisch vorgenommen wird, bei der Beurteilung der Wiederholungsgefahr in aller Regel wesentliche Bedeutung zu[58]. Die Ausländerbehörden sollen daher von ihr grundsätzlich nur

---

48  In diesem Sinne BVerwG v. 14.2.2012, Rn. 17; st. Rspr., vgl. BVerwG v. 16.8.1995, InfAuslR 1995, 404; v. 10.1.1995, Buchholz 402.240 zu § 48 AuslG 1990 Nr. 4 im Anschluss an BVerwGE 81, 157, 160.
49  Vgl. VGH BW v. 23.10.2012 – 11 S 1470/11, VBLBW 2013, 149, Rn. 45; v. 15.4.2011 – 11 S 189/11, DÖV 2011, 702, Rn. 56 ff.; BVerwG v. 14.2.2012 – 1 C 7/11.
50  BayVGH v. 19.1.2013 – 10 ZB 11.1227.
51  Vgl. z.B. BayVGH v. 8.7.2015 – 107 B 13.1726; OVG NRW v. 17.3.2005 – 18 B 455/05; BVerwG v. 12.12.1992, Buchholz 402.24, Nr. 10 zu § 11 AuslG 1965; BVerwG v. 2.3.1987, Buchholz 402.24, Nr. 113 zu § 10 AuslG 1965; HessVGH v. 6.7.1992, EZAR 122 Nr. 12.
52  BVerwG v. 22.11.1993, InfAuslR 1993, 100.
53  OVG NRW v. 31.3.1992, NWVBl. 1992, 371; s. auch VGH BW v. 9.7.2003, EZAR 033 Nr. 18.
54  BVerwG v. 1.12.1987 – 1 C 42/86; BVerwGE 57, 61, 65; vgl. auch BVerwGE 47, 31, 40; VGH BW v. 9.7.2003, EZAR 033 Nr. 18.
55  BayVGH v. 3.2.2015 – 10 BV 13.421; v. 6.3.2014 – 10 ZB 11.2854; VG Gelsenkirchen v. 27.4.2015 – 11 K 5702/12; VGH BW v. 23.10.2012 – 11 S 1470/11; BVerwG v. 17.10.1984, InfAuslR 1985, 33 f.; VGH BW v. 9.7.2003, EZAR 033 Nr. 18.
56  Vgl. VGH BW v. 13.10.1980 – XI 1312/79; BVerwG v. 29.7.1980 – 1 B 789/80; BVerwG v. 4.7.1977 – 1 B 107/77; BVerwG v. 15.5.1979 – 1 B 206/78.
57  BVerwG v. 13.12.2012 – 1 C 20/11, NVwZ 2013, 733, Rn. 23.
58  OVG NRW v. 6.6.1990, InfAuslR 1990, 304; vgl. BVerwG v. 23.9.1987, InfAuslR 1988, 1.

bei Vorliegen „überzeugender Gründe" abweichen[59]. Geht es nicht um die Strafaussetzung zur Bewährung nach § 56 Abs. 1 StGB, sondern um die Aussetzung der Vollstreckung eines Strafrests zur Bewährung (vgl. § 57 Abs. 1 StGB), so ergibt sich bereits aus den gesetzlichen Tatbestandsvoraussetzungen, dass mit der strafrichterlichen Entscheidung die Gefahr der erneuten Verwirklichung von Ausweisungstatbeständen nicht präjudiziert ist.

**e) Aufklärungspflichten.** Aus Abs. 2 und dem Verhältnismäßigkeitsgrundsatz **1029** folgt die Pflicht der Ausländerbehörden, die Umstände der Straftat und die persönlichen Verhältnisse des Betroffenen von Amts wegen sorgfältig zu ermitteln und eingehend zu würdigen[60]. Ohne die Kenntnis von Einzelheiten der Tatbegehung und der familiären und beruflichen Situation könnten i. d. R. die Auswirkungen der Ausweisung auf die verfassungsrechtlich geschützten Individualinteressen des Ausländers nicht hinreichend sicher festgestellt und in einer einzelfallbezogenen Abwägung den die Ausweisung gebietenden Interessen der Allgemeinheit gegenübergestellt werden. Im Regelfall ist deshalb vor der Entscheidung über die Ausweisung die Einsicht in die Strafakten ebenso unerlässlich wie die Feststellung der Familien-, Arbeits- und Wohnverhältnisse. Die Begründung der Ausweisungsentscheidung muss die Überlegungen erkennen lassen, von denen die Behörde bei ihrer Entscheidung ausgegangen ist[61]. Alle für und gegen die Ausweisung sprechenden Umstände sind daher im Bescheid darzulegen. Formularmäßige Begründungen, die wesentliche Umstände des Einzelfalls vernachlässigen, begründen die Fehlerhaftigkeit der Ausweisungsentscheidung. Für die Beurteilung der Rechtmäßigkeit einer Ausweisung ist in allen Ausweisungsverfahren auf die Sach- und Rechtslage im Zeitpunkt der letzten mündlichen Verhandlung oder Entscheidung des Tatsachengerichts abzustellen[62].

**2.    Anwendungsbereich und besonderer Ausweisungsschutz für privilegierte Ausländer (§ 53 Abs. 3 AufenthG)**

Die Vorschriften über die Ausweisung gelten grundsätzlich für *alle Ausländer* im **1030** Sinne des § 2 Abs. 1 AufenthG, d. h. für alle Personen, die nicht Deutsche im Sinne des Art. 116 Abs. 1 GG sind. *Nicht anzuwenden* sind die §§ 53 ff. AufenthG auf *Ausländer, die nach Unionsrecht Freizügigkeit genießen*. Für sie bestehen Sonderregelungen über den Verlust des Aufenthaltsrechts und für die Ausreisepflicht in §§ 6, 7 FreizügG/EU[63]. In einer Entscheidung des EuGH vom 29.4.2004[64] hatte dieser eine nach damaligem Recht zwingende Ausweisung von Unionsbürgern nach nationalem Recht für unvereinbar mit der Freizügigkeit (Art. 39 EG (nunmehr Art. 45 AEUV) und Art. 3 RL 64/221/EWG) erklärt.

Gleiches gilt für *türkische Arbeitnehmer* und ihre Familienangehörigen, deren **1031** Aufenthaltsrecht auf dem Assoziationsabkommen der Europäischen Gemeinschaft mit der Türkei vom 12.9.1963 bzw. dem ARB Nr. 1/80 beruht. Für sie

---

59  BVerwG v. 29.7.1977, NJW 1977, 2037; BayVGH v. 14.5.1991, InfAuslR 1991, 276 für die Abweichung von der strafrichterlichen Prognose bei einer Jugendstrafe.
60  Vgl. BVerwG v. 16.6.1970, BVerwGE 35, 291.
61  Vgl. § 39 Abs. 1 Satz 3 VwVfG i. V. m. § 77 Abs. 1; vgl. *Ziekow,* Verwaltungsverfahrensgesetz, 3. Aufl. 2013, § 39, Rn. 4 ff.
62  BVerwG v. 15.11.2007 – 1 C 45.06, juris.
63  S. hierzu Rn. 1414 ff.
64  EuGH v. 29.4.2004, Rs. C-482/01 und C-493/01 – *Orfanopoulos und Oliveri/Land Baden-Württemberg,* DVBl 2004, 876.

gilt allein Art. 14 Abs. 1 ARB Nr. 1/80, wonach eine Ausweisung nur aus Gründen der öffentlichen Ordnung, Sicherheit und Gesundheit erfolgen kann[65]. Erforderlich ist eine umfassende Güterabwägung[66] unter Berücksichtigung der europarechtlich determinierten Maßstäbe des § 6 FreizügG/EU[67]. Dementsprechend sieht § 53 Abs. 3 AufenthG vor, dass Ausländer, denen nach dem Assoziationsabkommen EWG/Türkei ein Aufenthaltsrecht zusteht, nur ausgewiesen werden darf, wenn das persönliche Verhalten des Betroffenen gegenwärtig eine schwerwiegende Gefahr für die öffentliche Sicherheit und Ordnung darstellt, die ein Grundinteresse der Gesellschaft berührt und die Ausweisung für die Wahrung dieses Interesses unerlässlich ist[68]. Aus generalpräventiven Gründen können daher türkische Staatsangehörige, soweit sie assoziationsrechtlich begünstigt sind, nicht ausgewiesen werden.

**1032**  Die gleichen Voraussetzungen gelten für *Staatsbürger der Schweiz*, die den Unionsbürgern nach dem Freizügigkeitsabkommen mit der Schweiz vom 21.6.1999 seit dessen Inkrafttreten am 1.6.2002 gleichgestellt sind. Das FreizügG/EU ist auf sie dennoch nicht direkt anwendbar, da die Schweiz kein EWR-Staat ist und folglich im FreizügG/EU keine Erwähnung findet[69].

**1033**  Entsprechende Anforderungen gelten nach § 53 Abs. 3 auch für Inhaber einer Erlaubnis zum Daueraufenthalt-EU. Die Richtlinie 2003/109/EG vom 25.11.2003 betreffend die Rechtsstellung der *langfristig aufenthaltsberechtigten Drittstaatsangehörigen*[70] sieht eine Reihe von Einschränkungen der Mitgliedstaaten bei der Ausweisung dieser Personen vor. Nach Art. 12 der Richtlinie können die Mitgliedstaaten nur dann gegen einen langfristig Aufenthaltsberechtigten (nach fünfjährigem rechtmäßigem Aufenthalt) eine Ausweisung verfügen, wenn er eine *gegenwärtige, hinreichend schwere Gefahr* für die öffentliche Ordnung oder die öffentliche Sicherheit darstellt. Eine Ausweisung oder anderweitig aufenthaltsbeendende Maßnahme darf nicht auf wirtschaftlichen Überlegungen beruhen. Bevor die Mitgliedstaaten gegen einen langfristig Aufenthaltsberechtigten eine Ausweisung verfügen, müssen sie die Dauer des Aufenthalts im Hoheitsgebiet, das Alter der betreffenden Person, die Folgen für die betreffende Person und ihre Familienangehörigen sowie die Bindungen zum Aufenthaltsstaat oder fehlende Bindungen zum Herkunftsstaat berücksichtigen. § 53 Abs. 3 AufenthG hat diese Anforderungen in der Weise umgesetzt, dass für Inhaber einer Erlaubnis zum Daueraufenthalt-EU die gleichen Anforderungen gelten, wie sie in der Rechtsprechung des EuGH in Anwendung der Unionsbürgerrichtlinie 2004/38 für Unionsbürger entwickelt worden sind. Nicht entsprechend anwendbar sind jedoch die besonderen Anforderungen an die Ausweisung von Unionsbürgern, die sich bereits seit 10 Jahren in einem anderen Mitgliedstaat aufhalten[71].

**1034**  Der gleiche Maßstab der schwerwiegenden Gefahr für die öffentliche Sicherheit und Ordnung ist nach § 53 Abs. 3 AufenthG anzuwenden auf einen Ausländer,

65  S. hierzu Rn. 1552 ff.
66  BVerwG v. 3.8.2004, NVwZ 2005, 224.
67  BVerwG v. 9.8.2007, ZAR 2007, 406–408; *Jakober*, InfAuslR 2005, 97, 102.
68  Zur Auslegung dieser Voraussetzungen siehe im einzelnen § 13 V.
69  Vgl. §§ 1, 12 FreizügG/EU; *Gutmann*, ZAR 2003, 60, 63; ausführlich zum Freizügigkeitsabkommen *Fehrenbacher*, ZAR 2002, 278.
70  ABlEG Nr. L 16, S. 44; *Hailbronner*, Ausländerrecht, D 9.16.
71  Vgl. zur entsprechenden Rechtslage bei türkischen Staatsangehörigen § 13 V.

der als Asylberechtigter anerkannt ist, der im Bundesgebiet die Rechtstellung eines ausländischen Flüchtlings genießt oder der einen in Deutschland ausgestellten Reiseausweis für Flüchtlinge besitzt. Zusätzlich sind die unionsrechtlichen Anforderungen der Anerkennungsrichtlinie 2011/95 in der Auslegung durch den EuGH[72] zu beachten.

Gegenüber Abs. 1 und Abs. 2 enthält Abs. 3 zusätzliche Anforderungen. Im Unterschied zu einer nach Abs. 1 und 2 vorgenommenen grundsätzlich ergebnisoffenen Abwägung der Interessen ist bei Abs. 3 die vorrangige Gewichtung der Bleibeinteressen gesetzlich zwingend als vorrangig anzusehen, wenn das persönliche Verhalten des Betroffenen keine schwerwiegende Gefahr für die öffentliche Sicherheit und Ordnung darstellt. Der Schutz der in Abs. 3 aufgeführten Gruppen von Ausländern ist insoweit gegenüber der bisherigen Rechtslage erweitert, als der besonderer Ausweisungsschutz nicht mehr von einer abgestuften Gewichtung der Ausweisungsgründe der öffentlichen Sicherheit und Ordnung abhängig gemacht wird, sondern eine Ausweisung zwingend ausgeschlossen ist, wenn nicht gegenwärtig eine schwerwiegende Gefahr i.S. von Abs. 3 festgestellt werden kann. Umgekehrt kann dem Wortlaut und der gesetzlichen Systematik aber nicht entnommen werden, dass bei Vorliegen der Voraussetzungen des Abs. 3 eine Abwägung nach Abs. 1 und 2 entbehrlich ist (vgl. auch BT-Drs.18/4097, S. 50). **1035**

Erforderlich für die Anwendung von Abs. 3 ist ferner, dass die schwerwiegende Gefahr ein „Grundinteresse der Gesellschaft" berührt und die Ausweisung für die Wahrung dieses Interesses unerlässlich ist. Die Übernahme dieser Formulierung aus dem EU-Freizügigkeitsrecht erlaubt es, die für die Ausweisung von Unionsbürgern entwickelten Grundsätze zur Schwere von Straftaten auch auf die nach Abs. 3 besonderen Ausweisungsschutz genießenden Gruppen von Drittstaatsangehörigen entsprechend anzuwenden (vgl. dazu Erläut. zu § 6 FreizügG/EU, Rn. 21 f.). Die Rechtsprechung hat diese Grundsätze bereits bisher gegenüber türkischen Staatsangehörigen angewandt. In Anlehnung an die durch die EuGH Rechtsprechung entwickelten Kriterien für eine tatsächliche, gegenwärtige und erhebliche Gefahr, die ein Grundinteresse der Gesellschaft berührt[73], ist Voraussetzung, dass die drohende Beeinträchtigung der öffentlichen Ordnung Rechtsgüter von hohem Gewicht berührt. Als Leitlinie für die Auslegung von § 53 Abs. 3 AufenthG kann hierzu die bisherige Rechtsprechung zum Vorliegen eines „schwerwiegenden" Ausweisungsgrundes i.S. von § 56 Abs. 1 Satz 2 AufenthG herangezogen werden. **1036**

In der Rechtsprechung des BVerwG wurde ein Ausweisungsgrund als schwerwiegend qualifiziert, wenn dem Ausweisungsanlass ein besonderes Gewicht zukommt[74]. Mit dem Wegfall der bisherigen Systematik der Ausweisungsgründe kommt lediglich ein Rückgriff auf die Qualifizierung der Ausweisungsinteressen als besonders schwerwiegend oder schwerwiegend in Betracht. Bei besonders schwerwiegenden Ausweisungsinteressen wird man eine hohe Gewichtigkeit der **1037**

72  Näher hierzu unter § 11 II. 8.
73  Vgl. Art. 27 Abs. 2 Satz 2 UBRL; EuGH v. 18.5.1989, Rs. 249/86, Kommission/Deutschland, Slg. 1989, 1291.
74  V. 17.1.1989, InfAuslR 1989, 152; vgl. auch BVerwG v. 28.1.1997, InfAuslR 1997, 296; v. 11.6.1996, DVBl. 1997, 170; BayVGH v. 30.1.2006 – 24 CS 06.16; v. 26.7.1994, InfAuslR 1994, 396.

Gefahrenlage annehmen können, bei schwerwiegenden Ausweisungsinteressen sind weitere Gesichtspunkte, bei Straftaten insbesondere deren Art, Schwere und Häufigkeit heranzuziehen. Danach können Fälle mittlerer und schwerer Kriminalität, insbesondere schwere Gewalttaten, einen schwerwiegenden Ausweisungsgrund darstellen, nicht jedoch die eher lästigen als gefährlichen oder schädlichen Unkorrektheiten des Alltags, Ordnungswidrigkeiten, Bagatellkriminalität und ganz allgemein die minder bedeutsamen Verstöße gegen Strafgesetze[75].

**1038**    Die Annahme einer schwerwiegenden Gefahr erfordert eine zweifache Prognose. Zum einen muss die Art der Gefährdung für die öffentliche Sicherheit und Ordnung schwerwiegend sein, was in der Regel anzunehmen ist, wenn gravierende Beeinträchtigungen der öffentlichen Ordnung zu erwarten sind. In der Rechtsprechung zu § 56 AufenthG a. F. wurde für die Annahme „schwerwiegender Gründe der öffentlichen Sicherheit und Ordnung" verlangt, dass das öffentliche Interesse an der Erhaltung von Sicherheit und Ordnung im Vergleich zu dem vom Gesetz bezweckten Schutz des Ausländers ein deutliches Übergewicht hat[76]. Der Begriff der schwerwiegenden Gefahr unterscheidet sich hiervon nicht wesentlich.

Zum anderen muss die Realisierung der Gefahr mit einer gewissen Wahrscheinlichkeit zu befürchten sein, wobei je nach der Art der Gefahrenlage unterschiedliche Maßstäbe angewendet werden können. Das ebenfalls aus dem EU Freizügigkeitsrecht entlehnte Erfordernis der Gegenwärtigkeit bedeutet, dass eine früher bestehende Gefahrenlage nicht ausreicht, wenn sie nicht zum Entscheidungszeitpunkt weiterbesteht. Aus der aktuellen Gefährdungslage muss eine Prognose für eine künftig eintretende Realisierung der Gefahr abzuleiten sein.

**1039**    An den Nachweis der konkreten Wiederholungsgefahr werden in der EuGH Rechtsprechung zum EU-Freizügigkeitsrecht hohe Anforderungen gestellt. Nicht zulässig ist es insbesondere, aus der Begehung bestimmter schwerer Straftaten eine Vermutung für eine Wiederholungsgefahr[77] abzuleiten Die Gefahr muss noch im Zeitpunkt einer Ausweisung oder ihrer gerichtlichen Überprüfung in der letzten mündlichen Tatsachenverhandlung vorliegen[78]. Für die Gefahr erneuter Verfehlungen müssen konkrete Anhaltspunkte bestehen und damit vom Ausländer eine bedeutsame Gefahr für ein wichtiges Schutzgut ausgehen. Die Feststellung einer tatsächlichen und gegenwärtigen Gefahr bedeutet daher im Allgemeinen, dass „eine Neigung des Betroffenen bestehen muss, das Verhalten in Zukunft beizubehalten"[79] .

**1040**    In verfahrensrechtlicher Hinsicht gilt, dass die Umstände der Straftat und die persönlichen Verhältnisse des Ausländers sorgfältig ermittelt werden müssen[80]. Erforderlich ist eine Prognose, inwieweit in Zukunft die schwerwiegenden Verfehlungen des strafgerichtlich verurteilten Ausländers erneut drohen[81].

---

75   Vgl. VGH BW v. 4.5.2011 – 11 S 2071/11; BVerwGE 42, 133, 138; 62, 215, 221.
76   BVerwG v. 11.6.1996, InfAuslR 1997, 8; BVerwGE 81,155, 158; BVerwG v. 10.1.1995, Buchholz 402.240 zu § 48 AuslG 1990 Nr. 4.
77   EuGH v. 11.11.2004, Rs. C-467/02.
78   *Cetinkaya*, Rn. 47, EuGH v. 29.4.2004, Rs. C-482/01 und C-493/01 – *Orfanopoulos*.
79   EuGH v. 22.5.2012, Rs. C-348/09 – *P.I.*, Rn. 30.
80   Vgl. OVG RP v. 16.1.1991, InfAuslR 1991, 158, 160; v. 17.5.1990 – 13 E 10705/90.
81   HessVGH v. 7.7.1992, NVwZ 1993, 204; vgl. auch BVerwGE 81, 155.

## 3.     Ausweisungsinteressen (§ 54 AufenthG) – Systematik

**Fall 41:** Der Afghane A, der sich seit 5 Jahren im Anschluß an ein erfolgloses Asylver-     **1041**
fahren zunächst aufgrund einer Duldung und seit 1.1.2015 aufgrund einer Aufenthaltserlaubnis nach 25 Abs. 5 AufenthG im Bundesgebiet aufhält,
wurde rechtskräftig verurteilt:
a)   Im Jahre 2013 wegen Betrugs zu einer Geldstrafe von 1.000 Euro und im Jahre
     2014 wegen wiederholten Trickdiebstahls zu einer Freiheitsstrafe von 12 Mona-
     ten, wobei die Vollstreckung der Strafe zur Bewährung ausgesetzt wurde,
b)   alternativ im März 2015 zu einer Freiheitsstrafe von 12 Monaten wegen eines
     vorsätzlichen Betäubungsmitteldelikts, deren Vollstreckung nicht zur Bewäh-
     rung ausgesetzt wurde.
Kann A ausgewiesen werden?

§ 54 AufenthG enthält einen Katalog von Tatbeständen, deren Verwirklichung je     **1042**
nach Schwere ein besonders gewichtiges oder gewichtiges Ausweisungsinteresse
begründet. Die besonders schwerwiegenden Ausweisungsinteressen des Abs. 1
entsprechen teilweise den früheren zwingenden Ausweisungsgründen, die
schwerwiegenden Ausweisungsinteressen denen der bisherigen Regel- oder Er-
messensausweisungsgründe. Der Gesetzgeber hat allerdings bei der Aufzählung
und Gewichtung von Ausweisungstatbeständen eine Reihe von Veränderungen
vorgenommen, die eine veränderte Einschätzung der Gewichtigkeit von Tatbeständen im Hinblick auf eine Ausweisung reflektieren. So weist z. B. § 54 Abs. 2–
5 AufenthG dem öffentlichen Interesse an der Bekämpfung extremistischer Verhaltensweisen und integrationsfeindlichen Tätigkeiten einen besonders hohen
Stellenwert zu, während andere Tatbestände wie die Inanspruchnahme von Sozialhilfe oder Gewerbsunzucht aus dem Katalog gestrichen worden sind. Nicht
immer lässt sich aus der veränderten Zuweisung zum Bereich der besonders
schwerwiegenden oder (nur) schwerwiegenden Ausweisungsinteressen eine
grundsätzlich veränderte Gewichtung eines Tatbestandes ableiten. Teilweise sind
auch Verschiebungen oder Streichungen rein redaktionelle Erwägungen der Vereinfachung zuzuschreiben (z. B. Streichung der Schleusung als Ausweisungsinteresse, früher zwingender Ausweisungsgrund).

Am deutlichsten zeigt sich die Absicht, mittels einer gesetzgeberischen Entschei-     **1043**
dung die nach § 53 Abs. 2 AufenthG vorgesehene Interessenabwägung zur
Durchsetzung integrationspolitischer Ziele zu beeinflussen, bei der erst durch
Gesetz v. 11.3.2016 eingefügten Nr. 1a, die bestimmte Kategorien von Straftaten
gegen das Leben und die körperliche Unversehrtheit, die sexuelle Selbstbestimmung, das Eigentum oder Widerstand gegen Vollstreckungsbeamte den besonders schwerwiegenden Ausweisungsinteressen zuordnet. Grundsätzlich liegt eine
derartige gesetzliche Gewichtung im Ermessen des Gesetzgebers. Zwar wird dadurch die Rechtsgrundlage einer Ausweisungsentscheidung in § 53 Abs. 1 nicht
geändert. Welche Verhaltensweisen eine schwerwiegende Gefährdung der öffentlichen Sicherheit und Ordnung darstellen, kann aber nicht statisch beurteilt werden, sondern obliegt innerhalb verfassungs- und völkerrechtlicher Grenzen im
Beurteilungsspielraum von Parlament und Regierung. Auch nach der Rechtsprechung des EuGH ermöglicht daher der Begriff der öffentlichen Sicherheit und
Ordnung einen Beurteilungsspielraum für eine eigenständige Beurteilung nationaler Interessen bei aufenthaltsbeendenden Maßnahmen[82].

---

82  Vgl. EuGH v. 4.10.2012, Rs. C- 249/11 – *Byankov*; v. 23.11.2010, Rs. C-145/09 – *Tsakouridis*; v.
    24.6.2015 – *H.T.*, Rs. C- 373/13; v. 22.5.2012, Rs. C-348/09 – *P. I.*

**1044** Im Unterschied zur bisherigen Regelung ist allerdings die Zuweisung eines Tatbestandes zu § 54 Abs. 1 oder 2 AufenthG lediglich für die grundsätzliche Gewichtung eines Ausweisungsinteresses maßgeblich. Der Gesetzgeber gibt damit typi-
sierend eine Gewichtung von Sachverhalten bei der unverändert erforderlichen
Gesamtabwägung aller Umstände des Einzelfalles vor[83]. Bei der Abwägung ist
zu berücksichtigen, dass der Gesetzgeber in den Fällen des Vorliegens eines besonders schwerwiegenden Ausweisungsinteresses dem öffentlichen Interesse an
der Beendigung eines Aufenthaltsrechts grundsätzlich ein hohes Gewicht einräumt. Bei Annahme eines besonders schwerwiegenden Ausweisungsinteresses
nach § 54 Abs. 1 AufenthG besteht ein nachdrückliches öffentliches Interesse
an der Aufenthaltsbeendigung zur Wahrung der öffentlichen Ordnung und der
Verhinderung weiterer schwerer Straftaten. Gegenüber der durch das Vorliegen
eines besonders schwerwiegenden Ausweisungsinteresses indizierten Annahme
eines überwiegenden öffentlichen Interesses an der Beendigung des Aufenthalts
ist jedoch nicht nur – wie bisher im Fall zwingender Ausweisungsgründe – eine
korrigierende Prüfung geboten, ob die Ausweisung im Hinblick auf die besonderen Umstände des Einzelfalles nicht als unverhältnismäßig erscheint[84]. Erforderlich ist vielmehr auch bei Vorliegen eines besonders schwerwiegenden Ausweisungsinteresses eine umfassende Interessenabwägung.

**4.     Besonders schwerwiegende Ausweisungsinteressen
(§ 54 Abs. 1 AufenthG)**

**1045** Voraussetzung für die Annahme eines besonders schwerwiegenden Ausweisungsinteresses nach Abs. 1 Nr. 1 ist eine rechtskräftige strafgerichtliche Verurteilung
zu einer Freiheits- oder Jugendstrafe von mindestens zwei Jahren oder die Anordnung der Sicherungsverwahrung bei der letzten strafgerichtlichen Verurteilung. Mit der Änderung der Formulierung von bisher „mehr als zwei Jahren" in
„mindestens zwei Jahren" wird ermöglicht, dass auch Freiheits- oder Jugendstrafen, die ausnahmsweise zur Bewährung ausgesetzt werden (§ 56 Abs. 2 StGB) ein
besonders schwerwiegendes Ausweisungsinteresse begründen. Ungeachtet dieser
gesetzlichen Zielsetzung ist bei der Gesamtabwägung zu berücksichtigen, inwieweit sich aus der Aussetzung einer zweijährigen Freiheits- oder Jugendstrafe eine
Prognose über eine künftige Gefährdung der öffentlichen Sicherheit und Ordnung ableiten lässt, die bei der Gesamtabwägung zu berücksichtigen ist. Bei Verurteilung wegen in Tateinheit oder in Tatmehrheit begangener vorsätzlicher und
fahrlässiger Straftaten liegt nach dem Sinn der Vorschrift ein besonders schwerwiegendes Ausweisungsinteresse nur vor, wenn der auf die Vorsatztaten entfal-
lende Teil der Strafe isoliert mindestens zwei Jahre beträgt. Um dies zu ermitteln,
ist eine Würdigung des Urteils erforderlich. Mehrere strafgerichtliche Verurteilungen wegen vorsätzlicher Straftaten zu mehreren Freiheits- oder Jugendstrafen,
die zusammen mindestens zwei Jahre betragen, sind auch dann nicht für die
Annahme eines besonders schwerwiegenden Ausweisungsinteresses ausreichend,
wenn sie in einem zeitlichen Zusammenhang erfolgen

---

83  Vgl. VGH BW v. 13.1.2016 – 11 S 889/15, Rn. 103 ff.; *Thym*, Stellungnahme BT-Drs. 18(4) 512
B, S. 3.
84  Vgl. zu § 53 Abs. 1a. F. OVG NRW v. 14.8.2007, NVwZ 2008, 450; in diesem Sinne auch OVG
Nds. v. 27.3.2008, AuAS 2008, 166.

Die Begehung vorsätzlicher Straftaten gegen das Leben, die körperliche Unver-          **1046**
sehrtheit, die sexuelle Selbstbestimmung, das Eigentum unter erschwerenden
Umständen oder der Widerstand gegen Vollstreckungsbeamte durch Ausländer
(Abs. 1 Nr. 1a) wird vom Gesetzgeber wegen des Gefährdungspotentials für den
sozialen Frieden[85] als besonders schwerwiegendes Ausweisungsinteresse bewertet. Ausreichend ist hier bereits, dass eine rechtskräftige Verurteilung zu einer
Freiheits- oder Jugendstrafe von mindestens einem Jahr vorliegt, sofern die Tat
unter den in Nr. 1a aufgeführten qualifizierenden Umständen begangen worden
ist. Die qualifizierenden Umstände „Gewalt", „Drohung mit Gefahr für Leib
oder Leben", „List" beziehen sich auf die Umstände der Tatbegehung, die im
Allgemeinen durch das Strafgericht als für die Bemessung der Strafhöhe relevante
Umstände im Strafurteil festgestellt werden müssen. Gewalt kann in Form wil-
lensausschließender (absoluter) Gewalt oder in der Form einer willensbeugenden
Gewalt, bei der ein Opfer gezwungen wird, sich dem Täter zu beugen, ausgeübt
werden. Eine Drohung mit Gefahr für Leib oder Leben liegt vor, wenn beim
Opfer der Eindruck einer Ernstlichkeit der Gefährdung erzeugt wird. Der Begriff
der List i. S. der Nr. 1a dient zur Charakterisierung eines Verhaltens, bei dem
unter Verbergen der wahren Absichten oder Umstände mittels Täuschung oder
Ausnutzung einer Unkenntnis die Begehung einer strafbaren Tat erleichtert oder
ermöglicht wird[86].

Die Umschreibung der in Abs. 1 Nr. 1a aufgeführten Tatbestände umfasst einen          **1047**
weiten Bereich nach Art und Schwere unterschiedlicher Straftaten. Das Strafge-
setzbuch enthält an mehreren Stellen eigentumsschützende Vorschriften, so beim
Abschnitt Diebstahl und Unterschlagung (§§ 242–248c), bei dem sich aber auch
Tatbestände wie z. B. die Entziehung elektrischer Energie finden. Nach dem Sinn
der Vorschrift wird man nur Tatbestände einbeziehen können, die unmittelbar
die Wegnahme bzw. Entziehung des Eigentums beinhalten. Eine schematische
Zuordnung zu dem entsprechenden Abschnitt des Strafgesetzbuchs entspricht
nicht der gesetzgeberischen Zielsetzung und der Entstehungsgeschichte. Die Begründung des Gesetzentwurfs weist *als ratio* von Nr. 1a aus, im Rahmen der
Prüfung des Ausweisungsinteresses eine Ausweisung zu erleichtern, wenn Straftaten gegen höchstpersönliche Rechtsgüter vorliegen oder wenn Vollstreckungsbeamte betroffen sind[87]. Der Hinweis auf die „höchstpersönlichen Rechtsgüter"
deutet entsprechend den zu den Straftaten gegen das Eigentum erforderlichen
Präzisierungen darauf hin, dass nur diejenigen Straftatbestände erfasst werden,
die die sexuelle Selbstbestimmung einer einzelnen Person unmittelbar verletzen,
dh. Straftaten, bei denen sexuelle Handlungen gegen deren Willen an einer Person vorgenommen werden. Eine Ausnahme von dem Erfordernis besonders er-
schwerender Umstände der Begehung der Straftat sieht Nr. 1a bei serienmäßiger
Begehung von Straftaten gegen das Eigentum vor. Die Vorschrift zielt offensichtlich auf die serienmäßige Begehung von Raub- und Diebstahldelikten in einer
Menschenmenge unter Ausnutzung von Überraschungsmomenten. Dazu gehören auch typische Formen organisierten Trickdiebstahls oder Taschendiebstahls,
sofern die Strafschwelle von einem Jahr Freiheitsstrafe erreicht wird. Das wird

---

85  BT- Drs. 18/7537, S. 1.
86  Vgl. BGHSt 1, 299; 10, 376; 32, 267; BGH MDR 1962, 750; *Schönberg*, Anhörung BT-Drs.
     18(4)512 E.
87  BT-Drs. 18/7537, S. 5.

im Allgemeinen allenfalls für Hintermänner bzw. Organisatoren bandenmäßigen Diebstahls der Fall sein.

**1048** Die Vorschrift der Nr. 1a fügt sich nur bedingt in das System der Gewichtung von Ausweisungsinteressen des § 54 AufenthG ein. Für eine relativ große Anzahl von strafrechtlichen Verurteilungen im Bereich der in Nr. 1a bezeichneten Deliktsgruppen wird eine strafgerichtliche Verurteilung von bereits einem Jahr als besonders schwerwiegendes Ausweisungsinteresse qualifiziert, wenn zusätzliche erschwerende Umstände der Tatbegehung, die dem Bereich der strafrichterlichen Feststellungen zuzurechnen sind, durch die Ausländerbehörde festgestellt werden. Während bei den im weitesten Sinne der Terrorismusbekämpfung und der Einschränkung politischer Gewalt zuzurechnenden Tatbeständen des Abs. 1 Nr. 2 bis 5 ein einheitliches Rechtsgut des Schutzes der inneren Sicherheit erkennbar ist, ist bei den auf dem Hintergrund der Silvesternacht 2015/2016 entstandenen Katalog der Straftaten der Nr. 1a ein konsistentes ausländerrechtliches Gesamtkonzept nur schwer erkennbar, zumal die Begehung anderer gravierender Straftaten gegen höchstpersönliche Rechtsgüter von der Neuregelung nicht erfasst wird.

**1049** Ein besonders schwerwiegendes Ausweisungsinteresse begründen Verhaltensweisen, die die freiheitliche demokratische Grundordnung oder die Sicherheit der Bundesrepublik Deutschland gefährden. Die in Abs. 1 Nr. 2 geregelten Gefährdungstatbestände gehen im Wesentlichen auf die bisher in § 54 Nr. 5, 5a und 5b AufenthG a. F. geregelten Regelausweisungsgründe zurück. Durch die Einbeziehung in den Kreis der besonders schwerwiegenden Ausweisungsinteressen hat das öffentliche Interesse an der Ausweisung von Ausländern, die die freiheitliche demokratische Grundordnung durch Unterstützung oder Teilnahme an der Vornahme terroristischer Akte gefährden, noch einmal ein deutlich höheres Gewicht erhalten. Eine Strafbarkeit dieser Verhaltensweisen ist nicht erforderlich, es genügt, wenn von ihnen eine Gefährdung für die genannten Schutzgüter ausgeht. Ebenso wenig relevant ist der Ort des Eintritts des unmittelbar drohenden Schadens; er kann sich außerhalb der Bundesrepublik Deutschland befinden. Auch Verhaltensweisen außerhalb der Bundesrepublik können daher die Ausweisung begründen.

**1050** Die freiheitliche demokratische Grundordnung wird durch insbesondere politisch motivierte Verhaltensweisen des Ausländers gefährdet, die auf eine grundlegende Umformung der verfassungsmäßigen Ordnung gerichtet sind und die Grundprinzipien des Grundgesetzes missachten. Zu diesen Grundprinzipien zählen die Achtung vor den gesetzlich konkretisierten Menschenrechten, die Volkssouveränität, Gewaltenteilung, die Verantwortlichkeit der Regierung, Gesetzmäßigkeit der Verwaltung, Unabhängigkeit der Gerichte, das Mehrparteienprinzip und die Chancengleichheit für alle politischen Parteien sowie das Recht auf die Bildung und Ausübung einer Opposition[88].

**1051** Unter der Sicherheit der Bundesrepublik Deutschland ist die innere und äußere Sicherheit des Staates zu verstehen. Der Begriff ist damit nicht identisch mit der öffentlichen Sicherheit, sondern wesentlich enger[89]. Dies ist regelmäßig der Fall, wenn die Funktionsfähigkeit der staatlichen Organe, der Bestand von staatlichen

---

88  Vgl. BVerwG v. 13.4.1999, NVwZ-RR 2000, 70; VGH BW v. 7.5.2003, VBlBW 2003, 477.
89  BVerwG v. 15.3.2005, NvwZ 2005, 1091; v. 11.11.1980, InfAuslR 1981, 173.

Einrichtungen oder der innere und äußere Frieden gefährdet sind. Auch die Gefährdung lebenswichtiger Infrastruktureinrichtungen kann eine Gefährdung der inneren Sicherheit bedeuten. Eingeschlossen ist der Schutz vor Einwirkungen auf die Wahrung der staatlichen Funktionen durch Gewalt und Drohungen mit Gewalt. Bereits die Anwesenheit möglicher ausländischer Helfer terroristischer Gewalttäter beeinträchtigt danach die Fähigkeit des Staates, sich nach innen und außen zur Wehr zu setzen und gefährdet damit seine Sicherheit[90]. Nicht ausreichend ist z. B. der bloße Bezug von Zeitschriften einer verbotenen Organisation[91].

Wann von einer Gefährdung der freiheitlichen demokratischen Grundordnung **1052** oder der Sicherheit der Bundesrepublik auszugehen ist, wird in Nr. 2 mittels zwei Alternativen dargelegt. Die erste Alternative bezieht sich auf die bislang in § 54 Nr. 5 AufenthG a. F. separat geregelte Mitgliedschaft oder Unterstützung in einer terroristischen Vereinigung. Der Wortlaut der Nr. 2 ist weitgehend an diese Bestimmung angelehnt. Erforderlich ist die gegenwärtige oder frühere Zugehörigkeit zu einer Vereinigung, die den Terrorismus unterstützt. Alternativ reicht auch die gegenwärtige oder frühere Unterstützung einer derartigen Vereinigung aus. Ob eine Vereinigung den Terrorismus unterstützt, ist daher unabhängig von der strafrechtlichen Auslegung des § 129 a StGB zu bestimmen. Verfolgt die Organisation selbst ihre Ziele mit terroristischen Mitteln, d. h. mittels des Einsatzes gemeingefährlicher Waffen und Angriffen auf das Leben Unbeteiligter zur Durchsetzung politischer Ziele, liegt immer eine Unterstützung des Terrorismus vor[92]. Der Begriff der Unterstützung umfasst aber auch die Sympathiewerbung[93]. Voraussetzung ist, dass die Zwecke oder die Tätigkeit der Vereinigung (auch) auf die Unterstützung des Terrorismus gerichtet sind. Ein bloßes Ausnutzen der Strukturen einer Vereinigung durch Dritte in Einzelfällen reicht hierfür nicht aus.

Die zweite Alternative ist die Begehung einer schweren staatsgefährdenden Ge- **1053** walttat entsprechend § 89 a StGB. Die Anwendung von Nr. 2 2. Alt. setzt weder die Einleitung strafgerichtlicher Verfolgungsmaßnahmen, noch eine Verurteilung oder strafprozessuale Maßnahmen voraus. Erforderlich ist aber, dass eine auf das Vorliegen von Tatsachen gestützte Schlussfolgerung, dass der Ausländer eine in § 89 a Abs. 2 StGB bezeichnete schwere staatsgefährdende Gewalttat vorbereitet oder vorbereitet hat, vorliegen. Tatsachen, die eine Schlussfolgerung nach Nr. 2 rechtfertigen, liegen dann vor, wenn konkrete Verdachtsmomente gegeben sind, dass der Ausländer eine in § 89 a Abs. 2 StGB bezeichnete Handlung vorbereitet oder vorbereitet hat. Erfasst werden durch die 2. Alternative die Vorbereitung oder frühere Vorbereitung von schweren staatsgefährdenden Gewalttaten. Aus dem Wegfall der Voraussetzung der besonderen und gegenwärtigen Gefährlichkeit folgt, dass für die Gefährdung die gleichen Kriterien wie bei der Angehörigkeit oder Unterstützung einer terroristischen Vereinigung gelten. Hat der Ausländer eine schwere staatsgefährdende Gewalttat nach § 89 a Abs. 2 StGB in der Vergangenheit vorbereitet, so begründet dies grundsätzlich ein besonders

---

90　So BVerwG v. 15.3.2005, a. a. O. zu § 8 Abs. 1 Nr. 5 AuslG 1990.
91　HessVGH v. 10.1.2006, NVwZ-RR 2007, 131.
92　BVerwG v. 23.9.2011 – 1 B 19/11, Rn. 7.
93　BVerwG v. 25.10.2011 – 1 C 13/10, Rn. 20 ff.

schwerwiegendes Ausweisungsinteresse, wenn der Ausländer nicht glaubhaft von seinem sicherheitsgefährdenden Handeln Abstand nimmt.

**1054** Angesichts des hohen Stellenwerts der geschützten Rechtsgüter dürfen an die Eingriffsintensität keine überzogenen Anforderungen bezüglich der Wahrscheinlichkeit des Schadenseintritts gestellt werden. Es genügt die „Anscheinsgefahr". Wie sich aus einem Vergleich mit der zweiten Alternative (Gewalteinsatz zu politischen Zielen) ergibt, muss die Gefahr allerdings ein gewisses Gewicht aufweisen. So muss z. B. im Zusammenhang mit verbotenen Vereinen zwischen einfachen Mitgliedern ohne herausgehobene Funktion und Funktionären des Vereins unterschieden werden. Die bloße Mitgliedschaft in einer verbotenen oder zu verbietenden Vereinigung allein reicht nicht aus, um ein besonders schwerwiegendes Ausweisungsinteresse anzunehmen. Der vereinsrechtliche Verbotsgrund muss sich in der Person des Ausländers konkretisiert haben[94]. Bei Unterstützungshandlungen muss der Ausländer persönlich eine Gefahr für die Sicherheit der Bundesrepublik Deutschland darstellen[95].

**1055** Die Gefahr muss zum Zeitpunkt der Ausweisungsentscheidung noch fortbestehen. Eine in der Vergangenheit liegende sicherheitsgefährdende Aktivität des Ausländers kann eine Ausweisung nur begründen, wenn davon ausgegangen werden muss, dass dieser weiterhin Ziele verfolgt, die der verfassungsmäßigen Ordnung bzw. der Sicherheit des Staates entgegenstehen. Im Unterschied zur bisherigen Rechtslage hat allerdings der Gesetzgeber deutlich gemacht, dass auch frühere Aktivitäten grundsätzlich geeignet sind, i. S. d. Abs. 1 Nr. 1 eine Gefährdung der inneren Sicherheit zu begründen, sofern der Ausländer nicht erkennbar und glaubhaft von seinem früheren sicherheitsgefährdenden Handeln Abstand nimmt oder Abstand genommen hat.

**1056** Abs. 1 Nr. 3 gewichtet die Zugehörigkeit zum Leitungsgremium eines verbotenen Vereins (Nr. 3) als besonders schwerwiegendes Ausweisungsinteresse. Leiter eines Vereins sind die Mitglieder des Vorstands oder eines sonstigen nach den Vereinssatzungen vorgesehenen Leitungsgremiums. Dass der Ausländer irgendwann eine Leitungsfunktion innerhalb eines später verbotenen Vereins innehatte, genügt nicht. Der Verein muss bereits zu der Zeit, während der Ausländer zu dem Leitungsgremium gehörte, einen den Strafgesetzen zuwider laufenden Zweck oder eine entsprechende Tätigkeit verfolgt haben bzw. sich gegen die verfassungsmäßige Ordnung oder den Gedanken der Völkerverständigung gerichtet haben.

**1057** Mit der gesonderten Erwähnung des Tatbestandes der Beteiligung an Gewalttätigkeiten zur Verfolgung politischer oder religiöser Ziele, der bisher (beschränkt auf politische Ziele) zusammen mit dem Tatbestand des gefährlichen Landfriedensbruchs (§ 125 Abs. 1 Satz 1 StGB) in § 54 Nr. 5 AufenthG a. F. als Regelausweisungsgrund erfasst war, soll klargestellt werden, dass die Beteiligung an Gewalttätigkeiten, der öffentliche Aufruf dazu oder die Drohung damit wie bisher als besonders gefährlich eingestuft werden, wenn die Verhaltensweisen politi-

---

94 Vgl. BVerwG v. 31.5.1994 – 1 C 5.93; zu § 53 a. F. HessVGH v. 10.1.2006, NVwZ-RR 2007, 131; VGH BW v. 18.11.2004, InfAuslR 2005, 31; v. 7.5.2003, VBlBW 2003, 477; BVerwG v. 11.11.1980, InfAuslR 1981, 173.
95 BVerwG v. 15.3.2005, NVwZ 2005, 1091.

schen oder religiösen Zielen dienen. Religiöse Ziele sind ebenso erfasst, da extremistische Netzwerke nicht nur im politischen Spektrum existieren, sondern auch im religiös-politischen Spektrum[96].

Voraussetzung ist eine Verfolgung politischer Ziele. Das Wort „öffentlich" bezieht sich hingegen nur auf den Aufruf zur Gewalt, die Drohung damit führt auch dann regelmäßig zur Ausweisung, wenn sie nicht-öffentlich geschieht. Im Falle eines öffentlichen Aufrufs ist erforderlich, dass der Betreffende selbst konkret zu Gewalttaten bereit ist oder dazu aufruft. Die bloße Sympathiebekundung für extremistische Positionen ist nicht als ausreichend anzusehen[97]. Ein öffentlicher Aufrufist daher mehr als ein bloßes Befürworten oder Billigen, sondern setzt das ausdrückliche Einwirken auf andere mit dem Ziel voraus, in ihnen den Entschluss zu bestimmten (gewalttätigen) Handlungen hervorzurufen[98].          **1058**

Unter Gewalttätigkeiten ist ein aggressives Verhalten zu verstehen[99]. Nicht genügend hierfür ist die bloße passive Resistenz, die eine unfriedliche Menschenmenge kennzeichnet oder eine rein psychische Zwangswirkung. Danach verübt Gewalttätigkeiten, wer gegen Menschen oder Sachen einen körperlich äußeren Zwang, eine natürliche Kraft in Bewegung setzt, die sich mechanisch auf die Person oder Sache übertragen soll[100]. Ausreichend ist für die Beteiligung, wenn in einer derart entstandenen Gruppe nur ein einzelnes Mitglied Gewalttätigkeiten begeht, diese aber von anderen Gruppenmitgliedern mitgetragen werden. Umgekehrt sind nicht von einer entsprechenden gewalttätigen Grundstimmung getragene Gewalttätigkeiten des Einzelnen nicht ausreichend.          **1059**

Grundtatbestand der Nr. 5 ist der Aufruf zu Hass gegen Teile der Bevölkerung. Die erste Tatbestandsalternative setzt eine gezielte und andauernde Einwirkung auf eine andere Person voraus, um Hass auf Angehörige bestimmter ethnischer Gruppen oder Religionen zu erzeugen oder zu verstärken Erforderlich ist ein gezieltes und dauerndes Einwirken. Durch die Verwendung des Begriffs des Einwirkens soll eine Grenze gezogen und damit sichergestellt werden, dass nicht jede beliebige Handlung dem Ausweisungstatbestand unterfällt. Vielmehr sollen nur solche Handlungen als relevant angesehen werden, die objektiv geeignet sind, Hass zu erzeugen oder zu verstärken und hierzu zielgerichtet und über einen längeren Zeitraum eingesetzt werden. Die 2. Alternative erfasst den öffentlichen Aufruf zur Hasserzeugung oder das Verbreiten von Schriften in einer Weise, die geeignet ist, die öffentliche Sicherheit und Ordnung zu stören.          **1060**

Der Begriff des Aufrufes zu Hass wird durch drei Tatbestandsalternativen konkretisiert, die unter Ziff. a bis c beschrieben werden. Ziff. a spricht von der „Aufstachelung der Bevölkerung zu Willkürmaßnahmen". Dies kann entweder in einer Versammlung erfolgen oder durch Verbreiten von Schriften. Der Begriff der Versammlung ist weit zu verstehen. Es genügt jede auf die Erreichung eines gemeinsamen Zwecks ausgerichtete öffentlich zugängliche Zusammenkunft von Personen. Alternativ reicht auch die Verbreitung von Schriften aus. Unter Aufstachelung zum Hass ist ein an die Gefühle gerichtetes Verhalten zu verstehen, das          **1061**

---

96  BT-Drs. 18/4097, S. 51 unter Hinweis auf die Salafistenszene.
97  BayVGH v. 25.10.2005, NVwZ 2006, 227, 228.
98  OVG Bremen v. 15.1.2013 – 1 A 202/06, Rn. 43.
99  BGHSt 23, 46, 52.
100  BGHSt 20, 305, 308.

beim Adressaten eine emotional gesteigerte Feindseligkeit erzeugen soll, die über bloße Ablehnung oder Verachtung hinausgeht. Die unter Ziff. b aufgeführte böswillige Verächtlichmachung und einen dadurch bewirkten Angriff auf die Menschenwürde erfasst neben der Verächtlichmachung die Verleumdung. Verächtlichmachung ist die Herabwürdigung, die böswillig mit der Absicht der Hasserzeugung erfolgt. Sie ist gegen die Menschenwürde anderer gerichtet, wenn sie deren Persönlichkeitskern angreift, ihnen das Menschsein oder das Lebensrecht als gleichwertige Persönlichkeiten in der staatlichen Gemeinschaft abspricht und sie als minderwertige Wesen einstuft[101]. Die dritte Alternative umfasst die Billigung von Verbrechen und die Werbung dafür. Das Billigen und Werben kann mündlich oder schriftlich erfolgen, wobei es in der schriftlichen Form nicht auf das gewählte Medium zur Verbreitung ankommt. Das Werben ist hingegen auf die Unterstützung einer in der Zukunft liegenden, nicht notwendigerweise konkretisierten Tat gerichtet. Unklar ist bislang, welche terroristischen Taten ein Gewicht aufweisen, das dem der anderen in § 54 Nr. 5 AufenthG genannten Verbrechen entspricht. Erfasst sind jedenfalls Taten, die das Töten von Menschen zu politisch begründeten Zwecken beinhalten.

**1062**  Außerdem dürfen Ausweisungsgründe in Anwendung des Grundsatzes des Vertrauensschutzes einem Ausländer nur dann und so lange entgegengehalten werden, als sie noch aktuell und nicht verbraucht sind bzw. die Ausländerbehörde auf ihre Geltendmachung nicht ausdrücklich oder konkludent verzichtet hat. Das kann etwa der Fall sein, wenn die Ausländerbehörde in voller Kenntnis vom Vorliegen der Voraussetzungen für eine Ausweisung den weiteren Aufenthalt im Wege der vorbehaltlosen Erteilung bzw. Verlängerung eines Aufenthaltstitels ermöglicht[102].

**1063**  **Lösung Fall 41 a)**: Die Verurteilung von A im Jahre 2013 begründet noch kein Ausweisungsinteresse nach § 54 Abs. 1 oder Abs. 2 AufenthG, da die Höhe der strafgerichtlichen Verurteilung auf eine geringfügige Straftat hindeutet. Anders verhält es sich mit der Verurteilung wegen Trickdiebstahl im Jahre 2014 zu einer Freiheitsstrafe von einem Jahr, die unabhängig von der Strafaussetzung zur Bewährung vom Gesetzgeber der Gruppe der besonders schwerwiegenden Ausweisungsinteressen zugeordnet wurde, sofern die qualifizierenden Merkmale List oder Täuschung verwirklicht wurden.
Bei der Interessenabwägung wird die Behörde zu beachten haben, dass die Freiheitsstrafe zur Bewährung ausgesetzt wurde und dass die Erteilung der Aufenthaltserlaubnis an A in Kenntnis der strafgerichtlichen Verurteilung des A erfolgte.
**Lösung Fall 41 b)**: Die strafgerichtliche Verurteilung begründet nach § 54 Nr. 1 und ggfs. nach § 54 Nr. 3 AufenthG bei Verwirklichung des Tatbestandes des § 29 Abs. 1 Nr. 1 BTMG ein schwerwiegendes Ausweisungsinteresse. Da die Vollstreckung der Strafe nicht zur Bewährung ausgesetzt wurde, ist grundsätzlich von einer Wiederholungsgefahr auszugehen. Die Behörde wird zu berücksichtigen, dass der Gesetzgeber der Bekämpfung der Drogenkriminalität einen hohen Stellenwert einräumt. Demgegenüber ist die lange Dauer des Aufenthalts des A, seine berufliche und familiäre Situation mit dem öffentlichen Interesse an der Ausweisung des A abzuwägen.

---

101 *Tröndle/Fischer*, § 130 StGB Rn. 7 m. w. N.
102 BVerwG v. 15.3.2005, BVerwGE 123, 114; OVG NRW v. 13.11.2007 – 17 E 1415/06, juris.

## 5. Schwerwiegende Ausweisungsinteressen (§ 54 Abs. 2 AufenthG)

**Fall 42:** Die Ausländerbehörde will den Inder I ausweisen, weil    **1064**
a) ihm erstmalig wegen fahrlässiger Trunkenheit im Straßenverkehr die Fahrerlaubnis für die Dauer von sieben Monaten entzogen wurde und sie andere Ausländer von der Begehung einer solchen Straftat abhalten möchte,
b) er AIDS-krank ist,
c) er Sozialhilfe in Anspruch nimmt.
Ist eine Ausweisung aus diesen Gründen möglich?

**Fall 43:** Der Marokkaner M wurde ausgewiesen,
a) weil er wegen Hehlerei zu einer Freiheitsstrafe von 13 Monaten verurteilt wurde, wobei die Vollstreckung der Strafe zur Bewährung ausgesetzt wurde und er anschließend mehrfach wegen Verstößen gegen gewerberechtliche Bestimmungen und Vorschriften des Gaststättengesetzes mit Bußgeldern zwischen 100 und 1000 Euro belegt wurde.
b) weil die Ausländerbehörde den Verdacht hat, dass M als Terrorist aktiv ist,
c) weil er Mitglied eines unanfechtbar verbotenen Vereins i. S. d. § 54 Nr. 7 AufenthG war.
Kann gegen M eine Ausweisung verfügt werden?

Abs. 2 Nr. 1 setzt die Schwelle der Annahme eines schwerwiegenden Ausweisungsinteresses bei einem Jahr Freiheitsstrafe an. Erforderlich sind – wie bisher – eine oder mehrere vorsätzliche Straftaten. Im Hinblick auf die Regelaussetzung zur Bewährung bei Freiheitsstrafen unter zwei Jahren ist damit im Ergebnis die Schwelle für die Annahme eines schwerwiegenden Ausweisungsinteresses nach § 54 Abs. 2 Nr. 1 AufenthG niedriger als diejenige für die Annahme eines Regelausweisungsgrundes nach § 54 Abs. 1 Nr. 1 AufenthG a. F. Der Schwerpunkt der Strafbarkeit bei einer Gesamtstrafenbildung muss auf den vorsätzlichen Straftaten liegen und bezüglich der vorsätzlichen Straftaten die Schwelle der einjährigen Freiheitsstrafe erreichen.    **1065**

Von Abs. 1 Nr. 1a unterscheidet sich der neu in den Katalog der schwerwiegenden Ausweisungsinteressen eingefügte Tatbestand des Abs. 2 Nr. 1a nur durch die Strafhöhe. Erforderlich ist eine rechtskräftige Verurteilung zu einer Freiheits- oder Jugendstrafe, ohne Rücksicht auf die Höhe der Strafe oder die Aussetzung einer zeitigen Freiheitsstrafe zur Bewährung. Aus der Einbeziehung von regelmäßig zur Bewährung ausgesetzten Freiheitsstrafen ergibt sich, dass der Gesetzgeber eine gewisse Abkoppelung der strafrechtlichen Beurteilung der Resozialisierungsmöglichkeiten von Ausländern von der ausländerrechtlichen Beurteilung eines Ausweisungsinteresses vornehmen wollte. In der Gesetzesbegründung findet sich der ausdrückliche Hinweis, dass die Bejahung eines schwerwiegenden Ausweisungsinteresses unabhängig von der Aussetzung einer Strafe zur Bewährung ist[103]. An der Erforderlichkeit einer umfassenden Güterabwägung unter Berücksichtigung aller Umstände des Einzelfalles für die Ausweisungsentscheidung soll sich dadurch allerdings nichts ändern. Hierbei ist aber auch die Prognose eines künftigen Fehlverhaltens als wesentlicher Faktor des Grades der Gefährdung der öffentlichen Sicherheit und Ordnung mit einzubeziehen.    **1066**

§ 54 Abs. 2 Nr. 2 AufenthG setzt eine rechtskräftige Verurteilung zu einer Jugendstrafe von mindestens einem Jahr wegen einer oder mehrerer vorsätzlicher Straftaten voraus, die nicht zur Bewährung ausgesetzt worden ist. Die Voraus-    **1067**

---

103 BT-Drs. 18/7537, S. 1.

setzung einer bestimmten Strafhöhe bei der Jugendstrafe als Voraussetzung einer Ausweisung hat der Gesetzgeber beim Erlass des Verbrechensbekämpfungsgesetz vom 28.10.1994 im Hinblick auf Verhältnismäßigkeitserwägungen für geboten erachtet, da im Jugendstrafrecht für die Bestimmung der Strafhöhe andere Vorschriften und Grundsätze gälten als im Erwachsenenstrafrecht[104]. Erforderlich ist wenigstens eine rechtskräftige Verurteilung zu mindestens einem Jahr Jugendstrafe. Auf die Einzelverurteilungen kann dabei im Hinblick auf die Bildung einer einheitlichen Jugendstrafe nicht abgestellt werden. Eine Aussetzung des Rests einer zeitigen Freiheitsstrafe zur Bewährung nach § 57 StGB bzw. die Aussetzung einer Jugendstrafe nach § 88 JGG ändert nach dem klaren Wortlaut und Sinn des Gesetzes nichts am Bestehen eines schwerwiegenden Ausweisungsinteresses. Der unbedingten Verurteilung zu einer Jugend- oder Freiheitsstrafe ist der Fall nicht gleichzustellen, dass der betreffende Ausländer rechtskräftig zu einer Freiheitsstrafe verurteilt und die Aussetzung zur Bewährung zum Zeitpunkt der Ausweisung nach § 56f StGB widerrufen worden ist[105].

**1068**  Der Tatbestand des § 54 Abs. 2 Nr. 3 AufenthG wird erfüllt, wenn die Tathandlungen des § 54 Nr. 3 AufenthG a. F. als Täter oder Teilnehmer unter Verletzung des § 29 Abs. 1 Satz 1 Nr. 1 BtMG ausgeführt werden. Dies ist der Fall, wenn der Täter Betäubungsmittel unerlaubt anbaut, herstellt, damit Handel treibt, einführt, ausführt, veräußert, in den Verkehr bringt oder sich in sonstiger Weise verschafft. Eine Verurteilung nach § 29 Abs. 1 Satz 1 Nr. 1 BtMG wird nicht vorausgesetzt. Allein die Begehung des BtM-Delikts reicht aus. Liegt keine strafrechtliche Verurteilung vor, kommt die Feststellung eines schwerwiegenden Ausweisungsinteresses nur in Betracht, wenn an der Begehung eines Betäubungsmitteldelikts im strafrechtlichen Sinne kein Zweifel bestehen kann. Nach § 29 Abs. 5 BtMG kann das Gericht von einer Bestrafung absehen, wenn der Täter die Betäubungsmittel lediglich zum Eigenverbrauch in geringer Menge anbaut, herstellt, einführt, ausführt, durchführt, erwirbt, sich in sonstiger Weise verschafft oder besitzt. Da sich jedoch die Annahme eines schwerwiegenden Ausweisungsinteresses nur als typisierende gesetzliche Gewichtung im Abwägungsprozess auswirkt, steht nichts entgegen, diese Gewichtung entsprechend zu verringern, wenn die Voraussetzungen für einen Strafbarkeitsausschluss nach § 29 Abs. 5 BtMG vorliegen oder ein anderes strafbarkeitsbegründendes Merkmal fehlt.

**1069**  Abs. 4 Nr. 4 erfasst den Verbrauch von gefährlichen Drogen und die fehlende Bereitschaft zur Therapie (Nr. 4). Welche Arten von Betäubungsmitteln unter § 54 Abs. 2 Nr. 4 AufenthG fallen, bestimmt sich nach § 1 Abs. 1 BtMG i. V. m. Anlage I bis Anlage III. Bei Verbrauch in kleinen Mengen und von kurzer Dauer wird besonders bei in Deutschland länger aufhältigen Ausländern zu prüfen sein, ob die Ausweisung nicht als unverhältnismäßig anzusehen ist[106].

**1070**  Das Abhalten anderer Personen von der Teilhabe am wirtschaftlichen, kulturellen oder gesellschaftlichen Leben in der Bundesrepublik Deutschland ist nach Abs. 2 Nr. 5 als schwerwiegendes Ausweisungsinteresse gewichtet. Entscheidendes Abgrenzungskriterium ist wegen der Weite des Schutzguts die verwerfliche

---

104  Vgl. BT-Drs. 12/6853, S. 30.
105  Vgl. BVerwG v. 16.11.1999, NVwZ-RR 2000, 320; VG Saarland v. 15.7.2008 – 2 L 563/08; VGH BW v. 26.1.2000, InfAuslR 2000, 277; BayVGH v. 17.9.1996, InfAuslR 1997, 29; OVG Berlin v. 19.12.1998, InfAuslR 1999, 118; a. M. OVG Berlin v. 15.10.1999, InfAuslR 2000, 24.
106  *Bauer*, in: RennerBergmann/Dienelt, Ausländerrecht, § 55 AufenthG, Rn. 43.

Art und Weise, mit der das Ergebnis erzielt wird. Damit wird auch die Möglichkeit eröffnet, familiäre Verhaltensweisen, die auf die Verhinderung der Integration von Ehegatten und Kindern gerichtet sind, mit einer Ausweisung" herrschender" Familienmitglieder zu sanktionieren, wenn andere mildere Mittel nicht verfügbar oder fehlgeschlagen sind. Erforderlich ist eine gewisse Intensität des Verhaltens, die durch die Zielsetzung „Verhinderung von Integration" und die Wirkung charakterisiert wird. Die Verwerflichkeit bezieht sich – anders als bei § 240 Abs. 2 StGB – nicht allein auf die Anwendung der Androhung eines empfindlichen Übels, sondern auf jedes Verhalten, das im Sinne der Nr. 5 als „Abhalten" qualifiziert werden kann.

Abs. 2 Nr. 6 (Nötigung zur Eingehung einer Ehe) setzt im Unterschied zu Nr. 5  **1071**
eine nötigende Handlung oder den Versuch einer Nötigung voraus. Zur Abgrenzung der „Zwangsehe" von einer „arrangierten Ehe" sind tatsächliche Anhaltspunkte maßgeblich derart, dass ein Ehepartner keine Möglichkeit hat, sich der Eheschließung aufgrund psychischen oder physischen Zwangs zu widersetzen[107].

Falsche Angaben oder Verheimlichung früherer Aufenthalte oder Verbindungen  **1072**
zu terroristischen Organisationen begründen ein schwerwiegendes Ausweisungsinteresse. Vom Tatbestand der Nr. 7 sind nur Angaben erfasst, die in einer Befragung, die der Klärung von Bedenken gegen die Einreise oder den weiteren Aufenthalts dient, gemacht werden, nicht dagegen Aussagen, die ein Ausländer bei einer polizeilichen oder ausländerbehördlichen Überprüfung oder Anhörung macht. Die Aussage muss in wesentlichen Punkten falsch oder unvollständig sein, sofern der Ausländer nicht die Antwort insgesamt oder auf einzelne Fragen verweigert. Die falschen oder unvollständigen Angaben über Verbindungen zu Personen oder Organisationen, die der Unterstützung des Terrorismus verdächtigt sind, sind nur ausweisungsrelevant, wenn sie vorsätzlich gemacht werden. Der Vorsatz muss sich auf die Kenntnis der Falschheit der Angaben bezüglich der Verbindungen zu Personen oder Organisationen, die des Terrorismus oder der Gefährdung der freiheitlichen demokratischen Grundordnung oder der Sicherheit der Bundesrepublik Deutschland verdächtig sind, beziehen. Der Zweck der Befragung muss dem Ausländer ersichtlich sein. Dies ergibt sich bereits daraus, dass die Behörde den Ausländer vor der Befragung ausdrücklich auf den sicherheitsrechtlichen Zweck der Befragung und die Rechtsfolgen verweigerter, falscher oder unvollständiger Angaben hinweisen muss. Nicht erforderlich ist ein Hinweis auf eine etwa gegebene Freiwilligkeit der Teilnahme an einem Sicherheitsgespräch[108].

Abs. 2 Nr. 8 bezieht sich auf unwahre oder unvollständige Angaben zur Erlan-  **1073**
gung von Aufenthaltstiteln oder Verletzung von Mitwirkungspflichten an behördlichen Maßnahmen. Falsche Angaben i. S. d. § 54 Abs. 2 Nr. 8a AufenthG können sich auf alle Angaben beziehen, die für die Entscheidung der Behörden über die Erteilung eines Aufenthaltstitels erforderlich sind. Auch unvollständige Angaben begründen ein Ausweisungsinteresse. Nr. 8a unterscheidet nicht zwischen ausländerrechtlichen Verfahren vor deutschen Behörden und Schengen-Staaten. Falsche Angaben in ausländerbehördlichen Verfahren anderer Schengen-Staaten sind aber nur dann relevant, wenn es sich um Entscheidungen in

---

107 Vgl. *Hailbronner*, FamRZ 2008, 1583, 1586; *Göbel/Zimmermann/Born*, ZAR 2007, 54 f.
108  OVG NRW v. 27.7.2015 – 18 B 312/14.

Anwendung der in § 2 Abs. 5 Nr. 1–3 AufenthG aufgeführten Rechtsakte mit Rückwirkung für die ausländerrechtliche Stellung eines Drittstaatsangehörigen im Bundesgebiet handelt.

**1074** Falsche Angaben macht auch, wer zur Begründung eines Antrags auf einen Aufenthaltstitel angibt, mit einem deutschen Partner die Ehe geschlossen zu haben, wenn die Partner keine eheliche Lebensgemeinschaft bezwecken, sondern lediglich formell die Ehe eingegangen sind, um dem Ausländer zu einem aus anderen Gründen angestrebten, ihm aber verwehrten Aufenthalt zu verhelfen[109]. Unvollständige Angaben macht auch, wer bei der Beantragung eines Schengen-Visums gegenüber der deutschen Auslandsvertretung die beabsichtigte Eheschließung bzw. die beabsichtigte Eingehung einer lebenspartnerschaftlichen Gemeinschaft verschweigt[110].

**1075** Abs. 2 Nr. 8b erfasst die Verletzung einer Mitwirkungspflicht an Maßnahmen der für die Durchführung des Aufenthaltsgesetzes oder des Schengener Durchführungsübereinkommens zuständigen Behörden. Die Mitwirkungspflicht besteht nicht nur gegenüber deutschen Auslandsbehörden bei der Durchführung des Aufenthaltsgesetzes, sondern auch gegenüber den für die Durchführung des Schengener Durchführungsübereinkommens zuständigen ausländischen Behörden. Die Mitwirkungspflicht umfasst alle Handlungen, die zur Beschaffung eines fehlenden Identitätspapiers oder der Verlängerung der Gültigkeit eines Reisedokuments erforderlich sind.

**1076** § 54 Abs. 2 Nr. 9 AufenthG (nicht nur vereinzelte oder geringfügige Rechtsverstöße gegen Rechtsvorschriften oder gerichtliche oder behördliche Entscheidungen) begründet ein schwerwiegendes Ausweisungsinteresse. Eine vorsätzlich begangene Straftat ist grundsätzlich nicht geringfügig in diesem Sinne. Ausnahmen kommen in Betracht, wenn ein strafgerichtliches Verfahren wegen Geringfügigkeit eingestellt worden ist. Aber auch im Falle einer Verurteilung kann es sich in Ausnahmefällen um einen geringfügigen Verstoß handeln[111]. Die Frage der Geringfügigkeit ist vor allem für Fälle von Bedeutung, in denen das Nichtvorliegen eines Ausweisungsinteresses Erteilungsvoraussetzung eines Aufenthaltsrechts ist[112]. In der Rspr. gilt im Hinblick auf die Verhältnismäßigkeit der Grundsatz, bei erstmaligen Verfehlungen nicht allzu schwerer Art nicht sogleich zum scharfen Schwert der Ausweisung zu greifen. Für die Beurteilung, ob ein geringfügiger Verstoß vorliegt, orientierte sich die ausländerrechtliche Praxis bislang unter anderem an folgenden Grundsätzen: Eine fahrlässige Straftat wird im Allgemeinen bei einer Verurteilung bis zu 30 Tagessätzen als geringfügig eingestuft[113]. Entsprechendes gilt wegen einer mit Strafe bedrohten Tat, wenn ein Strafverfahren gemäß § 153a StPO eingestellt worden ist, sofern der im Rahmen einer Auflage festgesetzte Geldbetrag nicht mehr als 500,- Euro beträgt. Im Fall von Verstößen gegen behördliche Entscheidungen ist bei einer Gesamtwürdigung des Verhaltens

---

109 Vgl. insoweit die Rspr. zu § 92 Abs. 2 Nr. 2 AuslG 1990: OLG Frankfurt v. 31.3.1993, NStZ 1993, 394; VGH BW v. 31.1.1994, InfAuslR 1994, 171; OLG Karlsruhe v. 27.1.1998, NStZ-RR 1998, 378.

110 Vgl. BayVGH v. 30.10.2007 – 19 ZB 06 2785, juris. VGH BW v. 16.4.2009 – 13 S 656/09, AuAS 2009, 136; OVG Sachsen-Anhalt v. 13. 8.2009 – 2 M 88/09.

111 BVerwG v. 18.11.2004, InfAuslR 2005, 213; v. 3.6.2004, Buchholz 402.240 § 46 AuslG 1990 Nr. 7.

112 BR-Drs. 11/90 zu § 46 AuslG.

113 Vgl. OVG Lüneburg v. 20.10.2009 – 11 LB 56/09, Rn. 54.

des Ausländers zu beachten, dass der Verstoß in seinem Gefährdungsgehalt anderen Ausweisungstatbeständen, insbesondere der Begehung von strafbaren Handlungen gleichkommt.

**Lösung Fall 42 a):** Die Ausweisung muss zumindest generell zur Steuerung des Verhaltens anderer Ausländer geeignet sein. Im Allgemeinen reichen daher lediglich fahrlässig begangene Verkehrsverfehlungen zur Begründung einer angemessenen generalpräventiven Wirkung nicht aus[114].

**Lösung Fall 42 b):** Die Gefährdung der öffentlichen Gesundheit begründet anders als nach § 55 Abs. 2 AufenthG a. F. kein gesetzlich determiniertes Ausweisungsinteresse. Eine Ausweisung könnte daher nur allenfalls direkt auf der Grundlage von § 53 Abs. 1 AufenthG erfolgen, wenn angenommen werden kann, dass eine Gefährdung der öffentlichen Ordnung zu befürchten ist. Da auch der Schutz der Bevölkerung vor Gesundheitsgefährdungen unter den Begriff der öffentlichen Ordnung subsumiert werden kann, ist nicht völlig ausgeschlossen, dass der ungeachtet der gesetzgeberischen Entscheidung, die Gesundheitsgefährdung nicht als besonderes Ausweisungsinteresse zu qualifizieren, eine Ausweisung erfolgen kann. Im vorliegenden Fall sind hierfür keine Anhaltspunkte vorhanden. Bestehen allerdings Anhaltspunkte dafür, dass ein AIDS-kranker Ausländer aufgrund seines Verhaltens andere Personen mit AIDS infizieren könnte, so könnte die Ausländerbehörde ggfs. eine Ausweisung nach § 54 Abs. 2 Nr. 1a AufenthG verfügen. Nicht ausreichend ist allerdings die bloße Möglichkeit eines gefährdenden Verhaltens des Ausländers[115].

**Lösung Fall 42 c):** Auch der frühere Ausweisungsgrund der Inanspruchnahme von Sozialhilfe ist bei der Neuregelung des Ausweisungsrechts entfallen. Grundsätzlich kann die erhebliche Belastung der Sozialsysteme als Gefährdung sonstiger erheblicher Interessen der Bundesrepublik Deutschland qualifiziert werden. Allerdings stellt sich bei der Entscheidung über eine Ausweisung wegen Bezugs von Sozialhilfe die Frage nach der Erforderlichkeit der Ausweisung in besonderer Weise. So ist im Rahmen der Interessenabwägung auch zu berücksichtigen, ob ein Ausländer lange Zeit mit seiner Arbeitskraft und seinen Steuerleistungen zu den öffentlichen Mitteln beigetragen hat und unverschuldet in eine Abhängigkeit von der Sozialhilfe geraten sein kann, wenngleich ein Verschulden für die Verwirklichung des Ausweisungstatbestandes nicht erforderlich ist[116]. Darüber hinaus ist zu beachten, dass eine Ausweisung wegen Bezugs von Sozialhilfe nicht mit dem staatlichen Programm zur sozialen Integration von in der Bundesrepublik lebenden Ausländern in Widerspruch geraten darf[117].

**Lösung Fall 43 a):** M ist wegen einer vorsätzlichen Straftat rechtskräftig zu einer Freiheitsstrafe verurteilt worden, deren Vollstreckung zur Bewährung ausgesetzt wurde (§ 54 Abs. 2 Nr. 1 AufenthG). Dies begründet ein scherwiegendes Ausweisungsinteressen, das unter Beachtung der Gesichtspunkte des § 53 Abs. 2 AufenthG mit dem Bleibeinteresse des M abzuwägen ist. Die wiederholten Verstöße gegen gewerberechtliche Vorschriften begründen darüber hinaus ein Ausweisungsinteresse nach § 54 Abs. 2 Nr. 9 AufenthG. Zu prüfen ist ob die Ausweisung nicht im Hinblick auf den Schutz der Privatsphäre oder den Familienschutz unverhältnismäßig ist. Bei der Abwägung wird im Hinblick auf die Aussetzung der Strafe zur Bewährung zu prüfen sein, ob ungeachtet der gerichtlichen Entscheidung ein Risiko erneuter gravierender Verstöße besteht. Bei der Gesamtabwägung ist ferner zu beachten, dass M ungeachtet der ersten Verurteilung eine mangelnde Bereitschaft zur Rechtstreue erkennen lässt, die vom Gesetzgeber als Abwägungsgesichtspunkt zwingend zu berücksichtigen ist.

---

114 BVerwG v. 13.11.1979, BVerwGE 59, 104.
115 Näher dazu *Hailbronner*, Ausländerrecht, § 55 AufenthG, Rn. 74.
116 Vgl. VGH BW v. 21.2.1994, EZAR 017 Nr. 7; VGH BW v. 12.2.1992, NVwZ 1992, 706.
117 Z. B. Jugendliche der zweiten Ausländergeneration; Sozialhilfebezug im Rahmen besonderer Programme.

**Lösung Fall 43 b):** Das besonders schwerwiegende Ausweisungsinteresse des § 54 Abs. 1 Nr. 2 AufenthG setzt voraus, dass Tatsachen die Schlussfolgerung rechtfertigen, dass der Ausländer einer Vereinigung angehört oder angehört hat, die den Terrorismus unterstützt, oder er eine derartige Vereinigung unterstützt oder unterstützt hat. Der bloße Verdacht terroristischer Betätigung reicht hierfür nicht aus[118]. Die Ausweisung des M kann daher nicht auf § 54 Abs. 1 Nr. 2 AufenthG gestützt werden.

**Lösung Fall 43 c):** Ein besonders schwerwiegendes Ausweisungsinteresse nach § 54 Abs. 1 Nr. 3 AufenthG setzt voraus, dass der Ausländer zu den Leitern eines Vereins gehörte, der unanfechtbar verboten wurde, weil seine Zwecke oder seine Tätigkeit den Strafgesetzen zuwiderlaufen oder er sich gegen die verfassungsmäßige Ordnung oder den Gedanken der Völkerverständigung richtet. Leiter des Vereins sind die Mitglieder des Vorstands. Da M nicht Mitglied des Vorstands, sondern lediglich Mitglied des verbotenen Vereins war, kommt eine Ausweisung nach § 54 Abs. 1 Nr. 3 AufenthG nicht in Betracht. Wenn er nicht persönlich eine Gefährdung im Sinne von § 54 Abs. 1 Nr. 2 darstellt oder ein sonstiger Ausweisungsgrund nach § 54 AufenthG vorliegt, kann M nicht ausgewiesen werden[119].

### 6.  Besonders Schwerwiegende Bleibeinteressen (§ 55 Abs. 1 AufenthG)

**1077**     **Fall 44:** Wie Fall 41 a). A besitzt eine Aufenthaltserlaubnis zum Zweck der Erwerbstätigkeit. Er ist im Alter von 11 Jahren in das Bundesgebiet eingereist, hat Deutschland mit 17½ Jahren gemeinsam mit seinen Eltern verlassen und ist im Alter von 21 Jahren wieder zurückgekehrt. A beruft sich auf Ausweisungsschutz nach § 55 AufenthG.

**1078**     Die Ersetzung des Systems der zwingenden Regel- und Kann-Ausweisungen durch eine „ergebnisoffene Interessenabwägung" hat zu einem teilweisen Wegfall der Regelung über besonderen Ausweisungsschutz genießende Ausländer geführt, die je nach ihrer besonderen Schutzwürdigkeit einer der drei Kategorien der Ausweisung zugeordnet wurden. Die nunmehr in § 55 AufenthG geregelten Bleibeinteressen erfüllen eine vergleichbare Funktion insofern, als der Gesetzgeber die Gewichtung der privaten Bleibeinteressen analog der Gewichtung der Ausweisungsinteressen als schwerwiegend oder besonders schwerwiegend vorgibt. Auch insoweit gilt jedoch, dass die idealtypische Gewichtung von Bleibeinteressen eine individuelle Abwägung der Interessen unter Berücksichtigung alle Umstände des Einzelfalls (§ 53 Abs. 2) nicht ersetzen kann. Daraus folgt, dass weder das Vorliegen eines besonders schwerwiegenden noch das eines schwerwiegenden Bleibeinteresses die Unzulässigkeit einer Ausweisung zwingend vorgibt. Dies gilt auch in Fällen, in denen ein besonders schwerwiegendes Bleibeinteresse einem lediglich schwerwiegenden Ausweisungsinteresse gegenübersteht. Allerdings wird hier besonders zu begründen sein, weshalb ein Ausweisungsinteresse als überwiegend qualifiziert wird.

**1079**     § 55 Abs. 1 Nr. 1 AufenthG schützt Ausländer vor Ausweisung, die im Besitz einer Niederlassungserlaubnis sind und sich seit mindestens 5 Jahren rechtmäßig im Bundesgebiet aufhalten. Voraussetzung für die Anwendbarkeit des Abs. 1 Nr. 1 ist der Besitz der Niederlassungserlaubnis im Zeitpunkt des Wirksamwerdens der Ausweisungsverfügung. Die Tatsache, dass eine Niederlassungserlaub-

---

118  Vgl. zur Ausweisung nach § 54 Nrn. 5 u. 5 a AufenthG a. F. Hess. VGH v. 10.1.2006 – 12 TG 1911/05; Bayr. VGH v. 7.12.2005 – 24 CS 05 2719, juris sowie VGH BW v. 18.11.2004, InfAuslR 2005, 31 u. VGH BW v. 7.5.2003, VBlBW 2003, 477.

119  Z. B. Jugendliche der zweiten Ausländergeneration; Sozialhilfebezug im Rahmen besonderer Programme.

nis beantragt wurde (§ 79 Abs. 2; § 81 Abs. 3) genügt nicht, ebenso wenig das Erfüllen der Anspruchsvoraussetzungen nach § 9 bzw. §§ 19 Abs. 1, 21 Abs. 4 oder 23 Abs. 2 AufenthG.

Der Schutz nach § 55 Abs. 1 Nr. 2 AufenthG für die als Minderjährige ins Bundesgebiet eingereisten Ausländer setzt eine Kontinuität des Aufenthalts mit dieser Einreise voraus[120]. Erforderlich ist eine tatsächliche Integration in die deutschen Lebensverhältnisse und eine damit verbundene Entfremdung vom Heimatland, die typischerweise in den Fällen der Nr. 2 zugrunde gelegt wird. Diese Annahme ist jedoch dann nicht begründet, wenn ein im Inland geborener oder aufgewachsener Ausländer seinen Aufenthalt im Inland nicht nur vorübergehend unterbricht und erst später wieder als Volljähriger ins Bundesgebiet einreist[121]. Nicht ausreichend ist daher, dass ein Ausländer zwar im Bundesgebiet geboren, aber als Minderjähriger ausgereist ist und nach Vollendung des 18. Lebensjahres wieder ins Bundesgebiet einreist. Im Bundesgebiet aufgewachsen ist auch ein Ausländer, der erst als Kind ins Bundesgebiet eingereist ist, jedoch vor Vollendung seines 18. Lebensjahres über einen längeren Zeitraum, in den der überwiegende Teil der Schulzeit fällt, ununterbrochen in Deutschland gelebt hat. In den Anwendungsbereich von Abs. 1 Nr. 2 können auch Wiederkehrer nach § 37 AufenthG einbezogen werden. Dafür spricht der privilegierte aufenthaltsrechtliche Status, der typischerweise darauf beruht, dass Ausländer, die als Kinder ins Bundesgebiet eingereist sind und dort einen erheblichen Teil ihrer Erziehung erhalten haben, im Zuge der Rückkehr der ersten Generation mit ihren Eltern in den jeweiligen Heimatstaat zurückgekehrt waren, ohne dass dies notwendigerweise ihrem eigenen Willen entsprach.    **1080**

Ein besonders schwerwiegendes Bleibeinteresse begründet nach Abs. 1 Nr. 3 auch der fünfjährige Aufenthalt und das Zusammenleben in ehelicher oder lebenspartnerschaftlicher Lebensgemeinschaft mit einem Ausländer, der nach Nr. 1 oder Nr. 2 besonderen Schutz genießt. Der Ausweisungsschutz der Nr. 3 setzt eine tatsächlich bestehende eheliche bzw. lebenspartnerschaftliche Gemeinschaft voraus („[…] in ehelicher oder lebenspartnerschaftlicher Lebensgemeinschaft lebt […]"). Die Trennung der Ehegatten bzw. Lebenspartner steht daher grundsätzlich einem Ausweisungsschutz nach Nr. 3 entgegen. Daraus kann allerdings nicht abgeleitet werden, dass in jedem Fall ein häusliches Zusammenleben erforderlich ist. Ein vorübergehendes zeitweiliges Getrenntleben beendet die Lebensgemeinschaft noch nicht[122]. Befindet sich ein Ausländer in Haft, so stellt die ausländerbehördliche Praxis darauf ab, ob die Lebensgemeinschaft unmittelbar vor Beginn der Haft bestand und konkrete Anhaltspunkte dafür vorliegen, dass diese Lebensgemeinschaft unmittelbar nach der Haftentlassung fortgesetzt werden soll. Eine eheliche Lebensgemeinschaft besteht nicht, wenn es am rechtlichen Bestand der Ehe fehlt.    **1081**

Abs. 1 Nr. 4 privilegiert die mit einem deutschen Familienangehörigen oder Lebenspartner in familiärer oder lebenspartnerschaftlicher Lebensgemeinschaft lebenden Ausländer. Auf den Aufenthaltsstatus des Ausländers kommt es nicht an;    **1082**

---

120  VGH BW v. 11.5.2000, NVwZ-RR 2001, 62.
121  VGH BW v. 23.6.2004 – Az. 11 S 1370/04; VGH BW v. 4.5.1994, VBlBW RsprDienst 1994, Beil. 8, B 6.
122  OVG Berlin v. 29.3.2004, AuAS 2004, 134; HessVGH v. 27.8.1996, EZAR 035 Nr. 15.

ebenso wenig auf die Art und Weise, wie die Lebensgemeinschaft hergestellt wurde, soweit es sich um ein familiäres Zusammenleben handelt. Eine familiäre Lebensgemeinschaft liegt auch vor, wenn der nichteheliche ausländische Vater mit Mutter und Kind in häuslicher Gemeinschaft zusammenlebt[123]. Auch mit einem Stiefkind kann eine familiäre Lebensgemeinschaft i. S. d. Abs. 1 Nr. 4 begründet werden. Maßgeblich ist, ob die konkrete Gemeinschaft auch unter verfassungsrechtlichen Gesichtspunkten als „Familie" qualifiziert werden kann[124].

**1083**  Offengelassen hat das *BVerwG*, ob auch die familiäre Lebensgemeinschaft mit einem Bruder des Ausländers, der die deutsche Staatsangehörigkeit besitzt, den besonderen Ausweisungsschutz gem. Abs. 1 Nr. 4 begründet (*BVerwG* v. 16.8.1995, InfAuslR 1995, 405). Vom Sinn der Vorschrift her erscheint es zweifelhaft, ob auch Verwandte eines Deutschen oder dessen ausländischen Ehegatten bzw. Lebenspartners, die in seinen Haushalt aufgenommen worden sind, i. S. d. Nr. 4 mit dem deutschen Familienangehörigen „in familiärer Lebensgemeinschaft" leben. Sinn der Privilegierung ist ein Schutz solcher Ausländer, die in einem engen Ehe- bzw. Verwandtschaftsverhältnis mit einem deutschen Staatsangehörigen leben. Es muss sich daher um eine in gleicher Weise wie die Ehe mit einem deutschen Staatsangehörigen dem Schutz des Art. 6 Abs. 1 GG unterfallende Lebensgemeinschaft handeln[125].

**1084**  Subsidiär Schutzberechtigte haben nach § 4 AsylG i. V. m. Art. 18 ff. EU RL 2011/95 einen Anspruch auf besonderen Schutz vor aufenthaltsbeendenden Maßnahmen, der sich daraus ergibt, dass ihnen die Rückkehr in ein Land, in denen ihnen ernsthafter Schaden i. S. d. Art. 15 der Richtlinie 2011/95 droht, grundsätzlich nicht zugemutet werden kann. Als international Schutzberechtigte genießen sie aufgrund der ständigen Rechtsprechung des EGMR zu Art. 3 EMRK[126] und nach Art. 21 der Richtlinie Schutz vor Zurückweisung oder Widerruf, Beendigung oder Ablehnung des Aufenthalts (vgl. Art. 21 Abs. 2 RL 2011/95). Die Pflicht, Personen nicht in ein Land zurückzuweisen, abzuschieben oder auszuweisen, in denen ihnen die Gefahr von Folter, unmenschlicher oder erniedrigender Behandlung oder Strafe droht, gilt absolut. Ansonsten erlaubt Art. 21 eine Einschränkung des Schutzes vor Zurückweisung nur bei Vorliegen stichhaltiger Gründe für die Annahme, dass der Ausländer eine Gefahr für die Sicherheit des Staates darstellt, in dem er sich aufhält oder wenn er eine Gefahr für die Allgemeinheit dieses Mitgliedstaats darstellt, weil er wegen einer besonders schweren Straftat rechtskräftig verurteilt wurde.

**1085**  Die Abwägung des besonderen Bleibeinteresses subsidiär Schutzberechtigter mit einem Ausweisungsinteresse ist dadurch unionsrechtlich vorgeprägt, als eine Ausweisung bei Vorliegen „zwingender Gründe der nationalen Sicherheit oder der öffentlichen Ordnung" nach Art. 24 Abs. 2 der EU Richtlinie 2011/95 oder bei Vorliegen der Voraussetzungen für eine Ausnahme vom Prinzip der Nichtzurückweisung zulässig ist[127]. Nach der Rechtsprechung des EuGH ist allerdings zwischen der Aufhebung des Aufenthaltsrechts als Folge der Ausweisung und der

---

123  VGH BW v. 22.3.2000, InfAuslR 2000, 277.
124  Vgl. OVG Saarland v. 13.1.2006 – 2 Q 71/05.
125  So auch OVG NRW v. 31.1.2005, InfAuslR 2005, 182.
126  EGMR v. 15.11.1996, Nr. 22414/05 – *Chahal v. United Kingdom*, § 81; v. 28.2.2008, No. 37201/ 06 – *Saadi v. ITA*, § 138 f.
127  Vgl. EuGH v. 24.6.2015, Rs. C-373/13 – *H. T./Land Baden-Württemberg*, Rn. 75.

Abschiebung zu unterscheiden. Die einem subsidiär Schutzberechtigten aufgrund seines Status nach der Richtlinie 2011/95 zustehenden Rechte nach der Richtlinie bleiben erhalten, wenn ein Mitgliedstaat die Ausweisung nicht vollzieht. Wird nur die Schwelle des Art. 24 Abs. 2 überschritten, ist die Wirkung der Ausweisung auf den Verlust des Aufenthaltsrechts beschränkt. Der betroffene Ausländer behält damit seinen Status als subsidiär Schutzberechtigter, sofern ihm dieser nicht (nach Art. 21 Abs. 3) entzogen wird (so für Flüchtlinge EuGH a. a. O. Rn. 95).

Abs. 1 Nr. 6 gewährt Ausländern, die aus humanitären Gründen ein Aufenthalts-  **1086** recht erhalten haben. Neu in den besonderen Ausweisungsschutz sind Resettlement-Flüchtlinge, Opfer von Menschenhandel und Inhaber einer Niederlassungserlaubnis nach § 29 Abs. 2 AufenthG einbezogen worden. Besonders geschützt wurden bereits nach bisher geltendem Recht Ausländer, die unter vorläufigem Schutz nach § 24 oder § 29 Abs. 4 AufenthG stehen.

### 7. Schwerwiegende Bleibeinteressen (§ 55 Abs. 2 AufenthG)

Die Minderjährigkeit eines Ausländers begründet nach Abs. 2 in zwei Varianten  **1087** ein schwerwiegendes Bleibeinteresse. Abs. 2 Nr. 1 bewertet das Interesse des Minderjährigen, der im Besitz einer Aufenthaltserlaubnis ist, generell als schwerwiegend. Abs. 2 Nr. 4 stellt dagegen auf die Minderjährigkeit eines Ausländers in Verbindung mit dem Aufenthalt der Eltern oder eines personensorgeberechtigten Elternteils ab. Typischerweise liegen beide Voraussetzungen vor. Das gesetzlich vorgegebene Gewicht des Bleibeinteresses wird dadurch nicht gesteigert. Mit Abs. 2 Nr. 2 und 4 werden familiäre Beziehungen erfasst, die für einen Minderjährigen zur persönlichen Entwicklung erforderlich sind. Eine Ausweisung eines Minderjährigen kann nur mit einem hinreichend gewichtigen Ausweisungsinteresse begründet werden, das in der Regel nur dann nachweisbar sein wird, wenn die gesetzlichen Annahmen, von denen der Gesetzgeber bei der gesetzlichen Gewichtung des Bleibeinteresses als schwerwiegend ausgeht, aufgrund der Umstände des Einzelfalles nicht zutreffen oder wenn die Gefährdung, die von dem Minderjährigen für die öffentliche Sicherheit und Ordnung ausgeht, so erheblich ist, dass mildere Maßnahmen unzureichend sind, um einer gravierenden Gefährdung effektiv begegnen zu können.

Die besondere Schutzwürdigkeit eines mindestens fünfjährigen Aufenthalts eines  **1088** Ausländers nach § 55 Abs. 2 Nr. 2 AufenthG ist mit der Annahme des Gesetzgebers verbunden, dass nach einem langdauernden Aufenthalt im Bundesgebiet schutzwürdige familiäre und soziale Bindungen und wirtschaftliche Beziehungen entstanden sind, die auf einer auch verfassungs- und völkerrechtlich anerkannten „Verwurzelung" beruhen. Die Rechtsprechung zum „faktischen Inländer" und zum Schutz des Privatlebens hat diesen Bindungen durch die Postulierung einer Pflicht zur Berücksichtigung der gewachsenen privaten Interessen des Ausländers am Verbleib im Bundesgebiet beim Erlass einer Ausweisungsentscheidung Rechnung getragen. Abs. 2 Nr. 2 erfordert einen zum Zeitpunkt der Ausweisungsentscheidung unmittelbar vorangegangenen ununterbrochenen Inlandsaufenthalt seit mindestens fünf Jahren. Nicht erforderlich ist, dass der Ausländer seit mindestens 5 Jahren im Besitz einer Aufenthaltserlaubnis gewesen sein muss. § 55 Abs. 2 Nr. 2 AufenthG unterscheidet sich dadurch von dem für die Erlangung einer Niederlassungserlaubnis erforderlichen „Besitz einer Aufenthaltserlaubnis „seit mindestens fünf Jahren".

**1089**  Anrechenbar ist jeder tatsächliche Aufenthalt im Bundesgebiet, auch der Aufenthalt eines ausreisepflichtigen Ausländers im Anschluss an die Ablehnung eines Asylantrags oder eines Aufenthaltstitels, sofern der Ausländer im Zeitpunkt der Ausweisungsentscheidung im Besitz einer Aufenthaltserlaubnis ist. Für die Berechnung des ununterbrochenen Aufenthalts im Bundesgebiet können kurzfristige Unterbrechungszeiten, die nach dem Zweck der Vorschrift die typisierende Annahme der Entwicklung von integrationsfördernden Bindungen nicht in Frage stellen, außer Betracht bleiben.

**1090**  Abs. 2 Nr. 3 stuft das Interesse eines Ausländers, der ein Personensorgerecht für einen im Bundesgebiet sich rechtmäßig aufhaltenden ledigen Minderjährigen ausübt oder mit diesem sein Umgangsrecht ausübt, als schwerwiegend ein. Das besondere Gewicht des Bleiberechts ergibt sich aus eigenem Interesse des Ausländers an der wirksamen Wahrnehmung der mit dem Sorge- oder Umgangsrecht verbundenen elterlichen Verantwortung, wird aber zugleich entscheidend durch die Interessen des Kindes an der Aufrechterhaltung von Bindungen mit einem Elternteil geprägt. Das Bestehen einer aufenthaltsrechtlich schutzwürdigen Beistandsgemeinschaft kann nicht allein mit einem Verweis auf die Möglichkeit der Betreuung durch die Mutter verneint werden. Unerheblich ist daher, ob die von einem Familienmitglied tatsächlich erbrachte Lebenshilfe auch von anderen Personen erbracht werden könnte[128].

**1091**  Das schwerwiegende Bleibeinteresse nach Abs. 2 Nr. 4 dient ebenfalls dem besonderen Schutz minderjähriger Ausländer, unterscheidet sich aber von Abs. 2 Nr. 1 dadurch, dass an die Stelle des Erfordernisses einer Aufenthaltserlaubnis der rechtmäßige Aufenthalt der Eltern oder eines personensorgeberechtigten Elternteils im Bundesgebiet tritt. Der Minderjährige braucht in diesem Fall nicht im Besitz einer Aufenthaltserlaubnis zu sein. Der rechtmäßige Aufenthalt der Eltern oder eines Elternteils im Bundesgebiet begründet wegen der damit verbundenen elterlichen Verantwortung ein dem Schutz von Art. 6 Abs. 1 und Art. 8 EMRK unterliegendes Interesse an der Aufrechterhaltung der familiären Bindung durch einen Verbleib des Minderjährigen im Bundesgebiet.

**1092**  Aus dem für die Bundesrepublik Deutschland am 5.4.1992 in Kraft getretenen UNO-Übereinkommen über die Rechte des Kindes (BGBl. 1992 II, S. 122) ergeben sich keine über Art. 6 Abs. 1 GG und Art. 8 EMRK hinausgehenden Einschränkungen bei der Ergreifung aufenthaltsbeendender Maßnahmen. Art. 16 Abs. 1 der Konvention verbietet willkürliche oder rechtswidrige Eingriffe in das Privatleben oder die Familie. Aufenthaltsrechtlich lässt sich hieraus entsprechend Art. 6 Abs. 1 GG und Art. 8 EMRK der Grundsatz ableiten, dass ein auf die familiäre Zusammengehörigkeit angewiesenes Kind vor einer Trennung von seiner Familie oder einem Elternteil oder Sorgeberechtigten zu schützen ist.

**1093**  Abs. 2 Nr. 6 zieht Konsequenzen aus der Einführung eines Anspruchs auf Gewährung bzw. Verlängerung eines Aufenthaltsrechts für Opfer von Menschenhandel, denen bisher nur ein vorübergehendes, funktionell beschränktes Aufenthaltsrecht zum Zweck der Durchführung eines Strafverfahrens gegen Schleuser im Einklang mit dem Unionsrecht zugestanden worden war. Mit der Eröffnung einer dauerhaften aufenthaltsrechtlichen Perspektive für Opfer von Menschen-

---

128  BVerfG v. 30.1.2002, InfAuslR 2002, 171; BVerfG v. 31.8.1999, InfAuslR 2000, 67 m. w. N.

handel wird auch das Gewicht des Bleibeinteresses erhöht, Abs. 2 Nr. 6 stuft das Bleibeinteresse der Opfer von Menschenhandel daher als schwerwiegend ein.

**Lösung Fall 44:** Gem. § 55 Abs. 1 Nr. 2 AufenthG genießt ein Ausländer, der eine **1094** Aufenthaltserlaubnis besitzt, als Minderjähriger in das Bundesgebiet eingereist ist und sich seit mindestens fünf Jahren rechtmäßig im Bundesgebiet aufgehalten hat, besonderen Ausweisungsschutz: Sein Bleibeinteresse gilt als besonders schwerwiegend und muss dementsprechend bei einer Entscheidung über eine Ausweisung als besonders gewichtig berücksichtigt werden.

Der Schutz nach Nr. 2 für die als Minderjährige ins Bundesgebiet eingereisten Ausländer setzt allerdings eine Kontinuität des Aufenthalts mit dieser Einreise voraus. Aus der Gleichstellung der beiden in Nr. 2 erwähnten Personengruppen folgt, dass eine tatsächliche Integration in die deutschen Lebensverhältnisse und eine damit verbundene Entfremdung vom Heimatland typischerweise zugrunde gelegt wird. Diese Voraussetzung ist jedoch dann nicht gegeben, wenn ein im Inland geborener oder aufgewachsener Ausländer seinen Aufenthalt im Inland nicht nur vorübergehend unterbricht und erst später als Volljähriger wieder ins Bundesgebiet einreist[129]. Im Ergebnis kann sich A daher nicht auf den besonderen Ausweisungsschutz nach § 55 Abs. 1 Nr. 2 AufenthG berufen.

## 8. Die Rechtsfolgen der Ausweisung – Einreise- und Aufenthaltsverbot

Die Ausweisung stellt die einschneidendste Maßnahme hinsichtlich des Aufent- **1095** haltsrechts eines Ausländers dar. Bevor eine Ausweisungsverfügung ergeht, muss dem Betroffenen *rechtliches Gehör* nach § 28 VwVfG gewährt werden. Außerdem bedarf die Ausweisungsverfügung gemäß § 77 Abs. 1 Satz 1 AufenthG der *Schriftform.* Ein bestehender *Aufenthaltstitel erlischt* mit der Ausweisung (§ 51 Abs. 1 Nr. 5 AufenthG), und der Ausländer wird gem. § 50 Abs. 1 AufenthG ausreisepflichtig, d. h. er hat das Bundesgebiet nach Ablauf einer bestimmten Frist zu verlassen. Eine Befreiung vom Erfordernis des Aufenthaltstitels entfällt (§ 51 Abs. 5 AufenthG). Neben der *Pflicht des Ausländers zum Verlassen des Bundesgebiets hält die Ausweisung* zum anderen *den Ausländer für die Dauer der Ausweisung vom Bundesgebiet fern.* Auch bereits vollziehbar ausreisepflichtige Ausländer können ausgewiesen werden, wenn es notwendig ist, sie nach der Ausreise vom Bundesgebiet fernzuhalten. Dem ausgewiesenen Ausländer darf selbst im Falle des Bestehens eines Anspruchs kein Aufenthaltstitel erteilt werden (§ 11 Abs. 1 Satz 2 AufenthG). Das bedeutet, dass ein Anspruch auf Erteilung eines Aufenthaltstitels z. B. zum Zweck des familiären Zusammenlebens nur dadurch realisiert werden kann, dass zuvor die Sperrwirkung beseitigt wird, z. B. durch Verkürzung der Frist für die Geltung der Sperrfrist. In einigen Fällen ist allerdings das strikte Titelerteilungsverbot aufgrund einer spezialgesetzlichen Regelung durchbrochen[130].

Dem Ausländer, der einem Einreise- und Aufenthaltsverbot unterliegt, ist die **1096** Wiedereinreise und der erneute Aufenthalt im Bundesgebiet verboten (§ 11 Abs. 1 Satz 1 AufenthG). Bei der Einreise ist er daher zurückzuweisen (§ 14 Abs. 1 Nr. 3 i. V. m. § 15 Abs. 1 AufenthG). Wird die Ausweisung im Schengener Informationssystem registriert, so wird ihm auch in allen anderen EU-Mitgliedstaaten eine Einreise verweigert. Die Ausweisung oder die vollzogene Zurückschiebung oder die Abschiebung sind in der Regel durch Ausschreibung zur Ein-

---

129 VGH BW v. 23.6.2004 – 11 S 1370/04, juris; VGH BW v. 4.5.1994, VBlBW RspDienst 1994, Beil. 8, B 6.
130 Vgl. §§ 25 Abs. 1 und 2, 23a Abs. 1 , 37 Abs. 3 Nr. 1.

reiseverweigerung im Schengener Informationssystem[131] schengenweit und auf der Grundlage von § 50 Abs. 6 AufenthG im INPOL zu registrieren[132] und bewirken in diesem Falle eine Einreisesperre für das gesamte Gebiet der Schengen-Staaten.

**1097** Die Sperrwirkung entfällt im Grundsatz auch dann nicht, wenn der Ausländer eine gegen ihn erlassene Ausweisungsverfügung mit aufschiebender Wirkung angefochten hat. Dies folgt aus § 84 Abs. 2 AufenthG, wonach die Wirksamkeit der Ausweisung und eines sonstigen Verwaltungsaktes, der die Rechtmäßigkeit des Aufenthalts beendet, von Widerspruch und Klage unberührt bleiben. Damit ist klargestellt, dass lediglich die Vollziehbarkeit der Ausweisung gehemmt wird, nicht aber die sonstigen in § 11 Abs. 1 AufenthG geregelten Wirkungen der Ausweisung und Abschiebung. Eine Durchbrechung der Sperrwirkung wird in der Rspr. jedoch dann zugelassen, wenn sich ein Ausländer gegen die Ablehnung einer Verlängerung der Aufenthaltserlaubnis wegen eingetretener Sperrwirkung einer gleichzeitigen Ausweisung wendet und deren Rechtswidrigkeit im einstweiligen Rechtsschutzverfahren geltend macht[133].

**1098** Das mit der Ausweisung verbundene Aufenthaltsverbot entsteht ohne Rücksicht darauf, ob sich der Ausländer bislang rechtmäßig oder rechtswidrig im Bundesgebiet aufgehalten hat und ob er einen Aufenthaltstitel benötigt, erhalten oder beantragt hat[134]. Sollte der Ausländer die verfügte Ausweisung ignorieren und sich weiterhin im Bundesgebiet aufhalten, so macht er sich nicht nur gem. § 95 Abs. 1 Nr. 2 AufenthG strafbar, sondern es wird zugleich die Rechtsgrundlage dafür geschaffen, ihn durch Abschiebung gem. §§ 58 ff. AufenthG aus dem Bundesgebiet zu verbringen[135].

**1099** Nach § 11 Abs. 2 AufenthG[136] ist ein Einreise- und Aufenthaltsverbot von Amts wegen zu befristen. Eines Antrags bedarf es nicht. In Übergangsfällen muss bei Bestehen eines unbefristeten Einreise- und Aufenthaltsverbots nachträglich von Amts wegen einzelfallbezogen über eine Befristung entschieden werden, wenn an ein Einreiseverbot anknüpfende Maßnahmen (z. B. Ausweisung) getroffen werden sollen; in Ermangelung einer solchen Entscheidung darf eine unerlaubte Einreise nicht auf das Einreise- und Aufenthaltsverbot einer Ausweisung oder Abschiebung gestützt werden[137]. Die zeitliche Befristung soll zugleich einen angemessenen Ausgleich mit den Interessen des Drittstaatsangehörigen an einer „angemessenen Rückkehrperspektive" bei aufenthaltsbeendenden Maßnahmen gewährleisten[138]. Eine Ausnahme gilt nur für den Fall, dass der Ausländer wegen Verbrechens gegen den Frieden, Kriegsverbrechen oder Verbrechen gegen die Menschlichkeit ausgewiesen oder aufgrund einer Abschiebungsanordnung we-

---

131  Art. 96 Abs. 3 SDÜ; Art. 24 SIS II Verordnung Nr. 1987/2006).
132  Für eine grundsätzliche Verpflichtung im Hinblick auf den Grundsatz des effet utile BT-Drs.18/4097, S 38
133  BVerfG, 2. Kammer des 2. Senats v. 29.3.2007, NVwZ 2007, 948.
134  BVerwG v. 31.3.1998, DÖV 1998, 736.
135  S. hierzu unter Rn. 1141 ff.
136  Die Neuregelung dient der Umsetzung der Rückführungsrichtlinie 2008/115, Hailbronner D 11.15, § 11 ist durch das Gesetz zur Neubestimmung des Bleiberechts und der Aufenthaltsbeendigung v. 27.7.2015 (BGBl. I S. 1386) neu gefasst worden.
137  Vgl. BGH v. 8.1.2014 – V ZB 137/12, Rn. 8.
138  Vgl. EGMR v. 17.4.2003, Nr. 52853/99 – *Yilmaz*; v. 27.10.2005, Nr. 32231/02 – *Keles*; v. 25.3.2010, Nr. 40601/05 – *Mutlag*; vgl. auch BayVGH v. 21.11.2013 – 19 C 13.1206, Rn. 21.

gen Gefährdung der inneren Sicherheit nach § 58a AufenthG aus dem Bundesgebiet abgeschoben wurde. Die Ausländerbehörde hat zugleich mit Erlass der Ausweisung über deren Wirkungen (Befristung des Einreise- und Aufenthaltsverbots) zu entscheiden[139].

Die Dauer der Befristung ist unter Berücksichtigung der Umstände des Einzelfalles festzusetzen und darf grundsätzlich fünf Jahre nicht überschreiten. Eine Ausnahme gilt, wenn der Ausländer aufgrund einer strafrechtlichen Verurteilung ausgewiesen worden ist oder von ihm eine schwerwiegende Gefahr für die öffentliche Sicherheit oder Ordnung ausgeht. In diesem Fall kann die Frist bis auf 10 Jahre verlängert werden. Dies ist in der Rechtsprechung z.B. im Fall eines drogenabhängigen Straftäters und Strafbarkeit wegen gravierender BTM Kriminalität[140], im Falle schwerster Gewaltdelikte[141] oder bei Gefahr der Vorfeldunterstützung des Terrorismus[142] bejaht worden. Eine strafrechtliche Verurteilung ist nicht ausreichend, aber auch nicht erforderlich, um eine schwerwiegende Gefahr für die öffentliche Sicherheit und Ordnung annehmen zu können[143]. Über die Länge der Frist wird nach Ermessen entschieden. Eine Pflicht, die Letztentscheidungskompetenz bezüglich der Festlegung der Dauer einer Befristung mangels normativ bestimmter inhaltlicher Kriterien den Gerichten zu übertragen, lässt sich dem Unionsrecht nicht entnehmen. Im Rahmen der Ermessensentscheidung kann die Befristung auch zur Abwehr einer Gefahr für die öffentliche Sicherheit und Ordnung mit einer Bedingung verbunden werden, insbes. einer nachweislichen Straf- und Drogenfreiheit. Tritt diese Bedingung bis Fristablauf nicht ein, gilt eine von vornherein anzuordnende längere Frist. Diese Regelung ist auch mit der Rückführungsrichtlinie vereinbar, obwohl diese keine ausdrückliche Befugnis zur bedingten Fristsetzung vorsieht. Lediglich für den Fall einer längerdauernden Befristung sind ausschließlich Gesichtspunkte der öffentlichen Ordnung und Sicherheit und nationalen Sicherheit zugelassen (Art. 11 Abs. 2 Satz 2 RL). Im Übrigen erklärt Erwägungsgrund Nr. 14 den Umstand einer vorangegangenen Missachtung des Einreiseverbots für beachtlich und gestattet damit auch die Nutzung des Einreiseverbots zur Durchsetzung der Beachtung des Einreiseverbots, ebenso wie zur Vermeidung sonstiger Gefährdungen für die öffentliche Ordnung und Sicherheit.

**1100**

Die Rückführungsrichtlinie steht diesem Regelungskonzept nicht entgegen. Aus der Gesamtheit der Richtlinienbestimmungen lässt sich nicht ableiten, dass nur eine an keine weiteren Bedingungen geknüpfte Fristsetzung mit der Zielsetzung der Richtlinie kompatibel wäre[144]. Erforderlich ist aber, dass im Zeitpunkt des Einreiseverbots Anhaltspunkte für eine über den Zeitpunkt des Fristablaufs hinausreichende potentielle Gefahrenlage vorliegen. Diese Voraussetzung ist jedenfalls dann gegeben, wenn eine Ausweisung wegen gravierender Straftaten erfolgt und unsicher ist, ob infolge des Zeitablaufs oder anderer Faktoren angenommen

**1101**

---

139  Vgl. § 11 Abs. 2; vgl. BVerwG v. 10.7.2012 – 1 C 19,11, InfAuslR 2012, 397.
140  BayVGH v. 3.9.2012 – 10 BV 10.1237; OVG Berlin- Brandenburg v. 13.3.2015 – 11 N 3014.
141  BVerwG v. 13.12.2012 – 1 C 14/12.
142  BVerwG v. 30.7.2013 – 1 C 9/12, Rn. 42.
143  Auch der blosse Verdacht, dass ein Drittstaatsangehöriger eine nach nationalem Recht strafbare Handlung begangen hat, kann zusammen mit anderen Umständen nach der EuGH Rechtsprechung die Feststellung einer Gefahr für die öffentliche Ordnung i.S.d. Art. 7 Abs. 4 der Rückführungsrichtlinie stützen, EuGH vom 11.6.2015, Rs. C-554/13 – Z.ZH, Rn. 52.
144  BayVGH v. 21.11.2013 – 19 C 13.1206.

werden kann, dass von dem Ausländer nach Ablauf der Frist keine weitere Gefahr für die öffentliche Ordnung und Sicherheit ausgeht. Wird der Fristablauf an eine Bedingung geknüpft, so muss diese hinreichend bestimmt und geeignet und verhältnismäßig sein. Dem Ausländer darf kein Verhalten abverlangt werden, das seine Grundrechte verletzt oder ihn in Konflikt mit den gesetzlichen oder sozialen Anforderungen seines Heimatstaates bringt. Die Begleichung von Kosten einer Abschiebung ist zwar grundsätzlich eine zulässige Ermessenserwägung bei der Entscheidung über die Dauer einer Befristung. Der Gesetzgeber hat aber die Bedingung ausdrücklich auf Erwägungen der Abwehr einer Gefahr für die öffentliche Ordnung und Sicherheit beschränkt. Für die Abschiebungskosten fehlt es an einer ausreichenden Verknüpfung mit einer Gefährdung der öffentlichen Ordnung[145].

**1102** Das *Bundesverwaltungsgericht* hat für die Bemessung der Frist einer Ausweisung Verfahrensregeln aufgestellt[146]. In einem zweistufigen Verfahren sind in einem ersten Schritt das Gewicht des Ausweisungsgrundes und der mit der Ausweisung verfolgte Zweck zu berücksichtigen. Es bedarf hierzu der prognostischen Einschätzung im Einzelfall, wie lange das Verhalten des Betroffenen, das einer Ausweisung zugrunde liegt, das öffentliche Interesse an der Gefahrenabwehr zu tragen vermag. Im zweiten Schritt muss die auf diese Weise ermittelte Frist sich an höherrangigem Recht, d. h. verfassungsrechtlichen Wertentscheidungen (Art. 2 Abs. 1, Art. 6 GG) sowie den Vorgaben aus Art. 7 EuGr Charta, Art. 8 EMRK messen lassen und ist daher in einem zweiten Schritt zu relativieren. Diese Prüfung dient dem Zweck, mögliche einschneidende Folgen des Einreise- und Aufenthaltsverbots für die persönliche Lebensführung des Betroffenen sowie ggfs. seiner engeren Familienangehörigen zu begrenzen[147]. Die im AufenthG selbst genannten schutzwürdigen Belange sind in den Blick zu nehmen und eine Abwägung nach Maßgabe des Grundsatzes der Verhältnismäßigkeit vorzunehmen[148].

**1103** Die Berücksichtigung der Umstände des Einzelfalles kann es in Ausnahmefällen gebieten, die Länge der Frist so zu bemessen, dass die Abschiebung, Zurückschiebung oder in besonderen Fällen auch die Ausweisung faktisch keine die Wiedereinreise ausschließende Wirkung mehr entfaltet. Dies setzt voraus, dass nach der gesetzlichen Regelung der mit der Abschiebung, Zurückschiebung oder Ausweisung verbundenen Einreisesperre im konkreten Fall keine sinnvolle Funktion mehr zukommt, weil aus übergeordneten verfassungs- oder völkerrechtlichen Gründen der Ausländer ein Recht auf Einreise und Aufenthalt im Bundesgebiet besitzt.

**1104** Für die Fristbemessung kann berücksichtigt werden, ob der betreffende Drittstaatsangehörige bereits Gegenstand von mehr als einer Rückkehrentscheidung oder Abschiebungsanordnung gewesen ist oder während eines Einreiseverbots in das Hoheitsgebiet eines Mitgliedstaats eingereist ist. Frühere illegale Einreisen

---

145 So bereits BayVGH v. 25.3.2013 – 10 ZB 11.1394; VG Würzburg v. 1.9.2014 – 7 K 14.507 zu § 11 a. F.

146 BVerwG v. 13.12.2012 – 1 C 14/12, Rn. 14; v. 10.7.2012 – 1 C 19/11 , BVerwGE 143, 277, Rn. 42, vgl. auch OVG Berlin- Brandenburg v. 13.3.2015 – 11 N 30.14, Rn. 3.

147 BVerwG v. 13.12.2012, Rn. 15.

148 So zur Bemessung der Frist für die freiwillige Ausreise EuGH vom 11.6.2015, Rs. C-554/13, Z.ZH, Rn. 49; im gleichen Sinne EuGH v. 28.4.2011, Rs. C-61/11 – *El Dridi*, EU:C: 2011:68, Rn. 41.

oder Aufenthalte sind im Rahmen der Prüfung aller Umstände des Einzelfalles zu berücksichtigen. In Situationen, in denen sich ein Ausländer der Ausreisepflicht in besonders hartnäckiger Weise entzieht und mehr als einmal abgeschoben werden musste, war unter der Geltung des § 11 AufenthG a. F. sogar ein unbefristetes Einreiseverbot für zulässig angesehen worden[149]. Zugunsten des Ausländers sind insbes. folgende Gesichtspunkte in die Entscheidung einzubeziehen: Eheschließung mit deutschen Staatsangehörigen[150] oder einem im Bundesgebiet lebenden Ehegatten mit Aufenthaltsrecht[151]. Auch der familiären Gemeinschaft eines ausländischen Vaters und seinem im Bundesgebiet lebenden Kleinkind kann, insbes. wenn auch nur eine kurze Trennung als endgültiger Verlust erlebt wird, ein hohes Gewicht zukommen[152]. Aus dem verfassungsrechtlichen Schutz der Eltern-Kind-Beziehung folgt aber auch im Rahmen eines Verfahrens nach § 11 Abs. 1 AufenthG kein Anspruch eines ausgewiesenen oder abgeschobenen Ausländers auf Rückkehr nach Deutschland, um im Bundesgebiet eine familiäre Lebensgemeinschaft mit ausländischen Familienangehörigen wiederherstellen zu können[153]. Im Falle einer Heirat eines Ausländers mit einer deutschen Staatsangehörigen ist in der Regel eine Aufrechterhaltung der Wirkungen der Ausweisung und Abschiebung nicht mehr zulässig, wenn von dem Ausländer keine konkrete und entsprechend schwere Gefahr für ein wichtiges Schutzgut mehr ausgeht und demgemäß die mit seiner Anwesenheit verbundene Beeinträchtigung von Belangen der Bundesrepublik Deutschland nicht so gewichtig ist, dass sie die Gefahr für den Bestand der Ehe und Familie eindeutig überwiegt.

Grundsätzlich beginnt die Befristung mit der Ausreise. Mit dem Anknüpfen des **1105** Fristbeginns an die Ausreise soll vermieden werden, dass ein Ausländer den Ablauf der Frist im Inland abwartet[154]. Als Ausreise im Sinne des Abs. 2 Satz 2 kann nur das tatsächliche Verlassen des Bundesgebiets angesehen werden. Unbeachtlich für den Beginn des Ablaufs der Frist ist, ob der Ausländer freiwillig ausgereist ist oder zwangsweise abgeschoben wird. Die Sperrfrist bezüglich der Erteilung einer neuen Aufenthaltserlaubnis beginnt auch dann erst mit der Ausreise zu laufen, wenn sich ein Ausländer längere Zeit nach der Ausweisung im Bundesgebiet aufhält. Das BVerwG hat jedoch in Ausnahmefällen eine Befristung ohne vorherige Ausreise für zulässig angesehen, so u. a. wenn aus vorrangigen verfassungs- oder unionsrechtlichen Gründen das Erfordernis einer vorherigen Ausreise als unverhältnismäßig anzusehen ist. Danach kann u. U. auch eine Befristung der Sperrwirkung „auf null" geboten sein. Einen derartigen Ausnahmefall nimmt der VGH BW auch bei Asylberechtigten und Flüchtlingen an, wenn keine zwingenden präventiven Gründe einer Ausweisung vorliegen.[155]

§ 11 Abs. 4 AufenthG ermöglicht eine Aufhebung oder Fristverkürzung des Ein- **1106** reise- und Aufenthaltsverbots zur Wahrung schutzwürdiger Belange des Ausländers oder soweit es der Zweck des Einreise- und Aufenthaltsverbots nicht mehr

---

149  OVG Hamburg v. 26.3.1992, NVwZ 1992, 1115; vgl. auch OVG Hamburg v. 13.2.1996 – EZAR 039, Nr. 2.
150  OVG Berlin v. 30.9.2003 – 8 B 5.02.
151  Vgl. hierzu VGH BW v. 26.3.2003 – 11 S 59/03; v. 29.1.1997, VBlBW 1997, 231.
152  BVerfG, 1. Kammer des 2. Senats v. 9.1.2009, NVwZ 2009, 387.
153  Vgl. OVG Nds. v. 22.12.2006 – 11 ME 393/06.
154  BT-Drs.18/4097, S. 35
155  VGH BW v. 5.12.2012 – 11 S 739/12, InfAuslR 2013, 95.

erfordert. Schutzwürdige Belange des Ausländers sind zum einen alle grundrechtlichen Erwägungen zum Schutz der Familie und des Privatlebens eines Ausländers, zum anderen aus dem Verhältnismäßigkeitsgebot abgeleiteten Schranken
der Sanktionierung einer illegalen Einreise und des Aufenthalts eines Ausländers.
Der Verwaltungsbehörde kommt insoweit ein weiter Beurteilungsspielraum zu,
der auch rechtspolitische Opportunitätsgesichtspunkte umfasst. Ein von einem
Einreise- und Aufenthaltsverbot betroffener Ausländer kann daher jederzeit einen Antrag auf Aufhebung oder Verkürzung der festgesetzten Frist nach Abs. 4
Satz 1 stellen, wenn sich die für die Festsetzung maßgeblichen Umstände nachträglich geändert haben[156]. Maßgebliches Kriterium für eine Fristverkürzung des
Einreise- und Aufenthaltsverbots einer Ausweisung ist ihr Zweck. Treten nachträglich Umstände ein, die das Gewicht des öffentlichen Interesses, den Ausländer aus dem Bundesgebiet fernzuhalten oder ihm die Erteilung eines Aufenthaltstitels im Bundesgebiet vorzuenthalten, verringern, wird regelmäßig eine
Verkürzung in Frage kommen. Eine nachträgliche Befristung der Ausweisungswirkungen im Falle eines ausnahmsweise langdauernden Einreiseverbots darf
nicht versagt werden, wenn von dem aus Anlass strafgerichtlicher Verurteilung
ausgewiesenen Ausländer keine konkrete und entsprechend schwere Gefährdung
für ein wichtiges Schutzgut mehr ausgeht. Eine nachträgliche Verkürzung der
Befristung der Ausweisungswirkungen besagt jedoch nicht, dass die gesetzlichen
Voraussetzungen für die Erteilung eines Aufenthaltstitels erfüllt sind oder das
Ermessen bei der Entscheidung über die Erteilung eines Aufenthaltstitels zugunsten des Ausländers auszuüben ist.

**1107**   Abs. 4 sieht neben der Möglichkeit einer nachträglichen Aufhebung oder Verkürzung auch diejenige der Fristverlängerung vor, wobei die Grundsätze des Abs. 3
auf die Gesamtfrist entsprechende Anwendung finden. Gedacht ist an Fälle einer
Verwirklichung weiterer Ausweisungstatbestände. In Frage kommen aber prinzipiell alle Umstände, die nachträglich eine Gefahr für die öffentliche Sicherheit
und Ordnung begründen, wie z. B. Begehung von Straftaten im In- und Ausland
oder terroristische Betätigung.

### 9.   Der Rechtsschutz gegen eine Ausweisung

**1108**   Gegen eine Ausweisungsverfügung kann der Ausländer *Widerspruch* gem.
§§ 68 ff. VwGO und Anfechtungsklage nach § 42 Abs. 1 VwGO einlegen. Diese
Rechtsbehelfe haben nach § 80 Abs. 1 VwGO *aufschiebende Wirkung*. Hält die
Behörde eine möglichst schnelle Vollziehung der Ausweisung für geboten, muss
sie daher deren *sofortige Vollziehung* gem. § 80 Abs. 2 Satz 1 Nr. 4 VwGO anordnen, wogegen sich der Ausländer mit einem *Antrag auf Wiederherstellung
der aufschiebenden Wirkung* gem. § 80 Abs. 5 VwGO an das Verwaltungsgericht wenden kann. Die aufschiebende Wirkung des Widerspruchs und der Klage
gegen eine Ausweisungsverfügung hat gem. § 84 Abs. 2 Satz 1 AufenthG keine
Auswirkung auf die weiterhin nach § 51 Abs. 1 Nr. 5 i. V. m. § 50 Abs. 1 AufenthG bestehende Ausreisepflicht des Ausländers. Sie hemmt aber den Vollzug
der Ausweisung.

---

156 Vgl. OVG Berlin- Brandenburg v. 29.4.2014 – 3 N138.13, Rn. 2; BVerwG v. 11.11.2013 – 1 B
11/13; v. 30.7.2013 – 1 C 9/12, BVerwGE 147, 261, Rn. 43.

*Klagebefugt* bei der Anfechtung des Ausweisungsbescheides ist neben dem be- **1109**
troffenen Ausländer selbst auch dessen Ehefrau[157], sowie seine mit ihm familiär
verbundenen Kinder[158]. Entsprechend steht der Ehefrau auch aus eigenem Recht
eine Antragsbefugnis im Verfahren des vorläufigen Rechtsschutzes gegen die sofortige Vollziehbarkeit der Ausweisungsverfügung und Abschiebungsandrohung
zu[159]. Die Ehefrau kann nach § 42 Abs. 2 VwGO geltend machen, durch den
Ausweisungsbescheid in ihrem Recht auf Schutz der Ehe und Familie aus Art. 6
Abs. 1 GG verletzt zu sein. Das Klagerecht besteht unabhängig von der Rechtskraft eines gegen den Ehemann ergangenen Urteils und der Bestandskraft des
zugrunde liegenden Ausweisungsbescheids[160]. Der Ehegatte eines ausgewiesenen
Ausländers ist nach ständiger Rechtsprechung des BVerwG im Anfechtungspro-
zess gegen die Ausweisungsverfügung nicht notwendig beizuladen, da er an dem
streitigen Rechtsverhältnis nicht derart beteiligt ist, dass die gerichtliche Entscheidung auch ihm gegenüber nur einheitlich ergehen könnte[161].

Seit dem Inkrafttreten des Richtlinienumsetzungsgesetzes am 28.8.2007 ist für **1110**
die Beurteilung der Rechtmäßigkeit einer Ausweisung bei allen Ausländern einheitlich die Sach- und Rechtslage im *Zeitpunkt der letzten mündlichen Verhandlung oder Entscheidung des Tatsachengerichts* maßgeblich[162]. Das hat zur Folge,
dass bei der Anfechtung einer Ausweisung nunmehr auch entscheidungserhebli-
che neue Tatsachen bis zu diesem Zeitpunkt umfassend zu berücksichtigen sind.
Die Tatsachengerichte müssen mithin im Rahmen der ihnen nach § 86 Abs. 1
VwGO obliegenden Aufklärungspflicht prüfen, ob die Ausweisung bezogen auf
die Sach- und Rechtslage im Zeitpunkt der letzten mündlichen Verhandlung oder
Entscheidung rechtmäßig ist[163].

Ausweisung und Befristung des mit der Ausweisung kraft Gesetz verbundenen **1111**
Einreise- und Aufenthaltsverbots und die Titelerteilungssperre sind ungeachtet
der Verknüpfung in der Ausweisungsentscheidung unterschiedliche Regelungen
und betreffen daher unterschiedliche Streitgegenstände. Eine Befristung kann daher unabhängig von der Ausweisung mit Widerspruch und Klage angefochten
werden. Da die Anfechtung keinen Suspensiveffekt auslöst, kann das Begehren
um eine kürzere Frist lediglich mittels eines Antrags auf vorläufigen gerichtlichen
Rechtsschutzes nach § 123 VwGO in Verbindung mit einer Anfechtungsklage[164]
durchgesetzt werden. Gegen die Ablehnung einer nachträglichen Befristung oder
einer Betretenserlaubnis kann der Ausländer mit Widerspruch und Verpflichtungsklage vorgehen und im vorläufigen Rechtsschutz nach § 123 VwGO die
Festsetzung einer vorläufigen Befristung beantragen.

---

157 Vgl. für die Nichtverlängerung einer Aufenthaltserlaubnis BVerwG v. 27.8.1996, BayVBl. 1997,
    282.
158 BVerfG v. 30.1.2002, DVBl. 2002, 693; BVerwG v. 3.5.1973, NJW 1973, 2077.
159 VGH BW v. 15.2.1999, InfAuslR 1999, 419 unter Aufgabe der Rspr. v. 17.9.1992, VBlBW 1992,
    184.
160 Vgl. BVerwG v. 25.10.1977, BVerwGE 55, 8, 11; vgl. auch BVerfG v. 18.7.1979, BVerfGE 51,
    386, 396.
161 § 65 Abs. 2 VwGO.
162 BVerwG v. 15.11.2007, NVwZ 2008, 434.
163 BVerwG v. 15.11.2007, NVwZ 2008, 434.
164 Zur Bestimmtheit des Antrags vgl. OVG Hamburg v. 15.6.2015 – 1 C 5/11; *Bauer,* in: Bergmann/
    Dienelt, § 11, Rn. 103.

## IV.  Überwachung ausgewiesener Ausländer aus Gründen der inneren Sicherheit (§ 56 AufenthG)

**1112**  Die Vorschrift des § 56 (ex § 54 a) AufenthG wurde durch das Zuwanderungsgesetz mit Wirkung zum 1.1.2005 neu eingefügt. Sie dient der stärkeren Kontrolle gefährlicher, vollziehbar ausreisepflichtiger Ausländer, die sich weiterhin im Bundesgebiet aufhalten. Grund für den weiteren Aufenthalt in Deutschland können insbesondere rechtliche oder tatsächliche Abschiebungshindernisse sein.

**1113**  *Meldeauflagen, Einschränkungen der Freizügigkeit* und *strafbewehrte Kommunikationsverbote* sollen erhöhte Sicherheit bringen, falls der Vollzug der Abschiebung an Abschiebungshindernissen scheitert. So ist ein Ausländer, gegen den eine Ausweisungsverfügung nach § 54 Abs. 1 Nrn. 2–5 AufenthG oder eine vollziehbare Abschiebungsanordnung nach § 58 a AufenthG besteht, verpflichtet, sich mindestens einmal wöchentlich bei der für seinen Aufenthaltsort zuständigen polizeilichen Dienststelle zu melden (Abs. 1 Satz 1). Die Ausländerbehörde kann abweichende Regelungen treffen, insbesondere bestimmen, dass sich der Ausländer mehr als einmal bei der örtlich zuständigen Polizeidienststelle zu melden hat. Ein Absehen von der Meldepflicht ist nur aufgrund besonderer Umstände, etwa schwerer Krankheit, in Betracht zu ziehen[165].

**1114**  Der Aufenthalt des Ausländers ist kraft Gesetzes *auf den Bezirk der Ausländerbehörde beschränkt,* soweit die Ausländerbehörde keine abweichenden Festlegungen trifft (Absatz 2). Darüber hinaus kann der Ausländer verpflichtet werden, in einem anderen Wohnort oder in bestimmten Unterkünften auch außerhalb des Bezirks der Ausländerbehörde zu wohnen, wenn dies geboten erscheint, um die Fortführung von Bestrebungen, die zur Ausweisung geführt haben, zu erschweren oder zu unterbinden und die Einhaltung vereinsrechtlicher oder sonstiger gesetzlicher Auflagen und Verpflichtungen besser überwachen zu können. Außerdem kann der Ausländer zur Unterbindung der Fortführung solcher Bestrebungen auch verpflichtet werden, zu bestimmten Personen oder Personen einer bestimmten Personengruppe keinen Kontakt aufzunehmen, mit ihnen nicht zu verkehren, sie nicht zu beschäftigen, auszubilden oder zu beherbergen und *bestimmte Kommunikationsmittel oder dienste nicht zu nutzen*, soweit ihm Kommunikationsmittel verbleiben und die Beschränkung notwendig ist, um eine erhebliche Gefahr für die innere Sicherheit oder für Leib oder Leben Dritter abzuwehren. Absatz 4 erfasst technische Kommunikationsmittel wie Telefon, Telegraphie, Satellitenfunk, Druckerzeugnisse in verschiedener Form (Buch, Zeitung, Flugblatt, Plakat, Fotokopie), Rundfunk, Fernsehen und das Internet sowie die Anbieter entsprechender Dienstleistungen[166].

---

165  Nr. 54 a.1.1 AVwV-AufenthG.
166  *Saurer*, NVwZ 2005, 275, 280; Nr. 54 a.4 AVwV-AufenthG.

# § 10   Die zwangsweise Vollstreckung der Ausreisepflicht

## I.   Die Zurückschiebung (§ 57 AufenthG)

### 1.   Rechtsnatur

Die in § 57 AufenthG in Anpassung an den EU-Visa-Kodex VO Nr. 810/2009[1] **1115**
neu geregelte Zurückschiebung ermöglicht die unverzügliche und erleichterte
Entfernung eines Ausländers aus dem Bundesgebiet nach einer illegalen Einreise.
Sie ergänzt das Instrument der Zurückweisung vor allem für den Fall, dass ein
Ausländer die Grenze überquert, ohne im Besitz für die Einreise erforderlichen
Reisepapiere zu sein. Nach erfolgter Einreise besteht die Möglichkeit der Zurückweisung nach § 15 AufenthG nicht mehr, selbst wenn der Ausländer auf
frischer Tat betroffen wird[2]. Anders als die Zurückweisung ist die Zurückschiebung kein Instrument, mit dem eine illegale Aufenthaltsnahme verhindert werden soll, sondern in gleicher Weise wie die Abschiebung eine *aufenthaltsbeendende Maßnahme*. Der *Einreisevorgang muss* daher bereits *abgeschlossen sein*
(vgl. § 13 Abs. 2 AufenthG). Gleichwohl unterliegt die Zurückschiebung nicht
den Regeln der Abschiebung. Vollzogen wird sie vielmehr nach den *Regeln für
die Zurückweisung*, also *ohne vorherige Androhung und Fristsetzung*[3]. *Gegenüber der Abschiebung stellt die Zurückschiebung die speziellere und verfahrens-
technisch einfachere Maßnahme dar.*

Die Zurückschiebung ist eine Maßnahme der Verwaltungsvollstreckung, die kei- **1116**
ner schriftlichen Anordnung bedarf, sondern als Realakt unmittelbar vollzogen
werden kann[4]. Die Vorschriften der Rückführungsrichtlinie 2008/115[5], nach der
alle Mitgliedstaaten grundsätzlich verpflichtet sind, gegen alle illegal auf ihrem
Hoheitsgebiet aufhältigen Drittstaatsangehörigen eine Rückkehrentscheidung
mit Fristsetzung zu erlassen, ist auf die Zurückschiebung nicht anwendbar. Ungeachtet dessen sind bei der Anwendung von Zwangsmaßnahmen zur Durchführung einer Zurückschiebung die Vorschriften der Richtlinie über die Verhältnismäßigkeit der Mittel anzuwenden[6]. Die Zurückschiebung löst wie die
Abschiebung ein gesetzliches Einreise- und Aufenthaltsverbot aus (§ 11 Abs. 1
AufenthG).

Umstritten ist, ob die Erhebung der öffentlichen Klage oder Einleitung eines **1117**
strafrechtlichen Ermittlungsverfahrens gegen einen Ausländer die Zurückschiebung ohne Zustimmung der zuständigen Staatsanwaltschaft ausschließt[7]. Dagegen sprechen der Zweck der Regelung, den Versuch einer illegalen Einreise unmittelbar verhindern zu können sowie die Systematik der gesetzlichen Regelung.

### 2.   Voraussetzungen

Nach § 57 Abs. 1 Satz 1 AufenthG soll ein Ausländer, der beim Versuch einer **1118**
unerlaubten Einreise über eine EU-Außengrenzen aufgegriffen wird, zurückgeschoben werden. Außengrenzen sind in Art. 2 SGK als Landgrenzen der Mit-

---

1  Abl. EU L 243/1 v. 15.9.2009; *Hailbronner*, Ausländerrecht, D 9.14.
2  Vgl. BT-Drs. 11/6321, S. 77 zu § 61 AuslG 1990.
3  Vgl. BT-Drs. 11/6321, S. 77 zu § 61 AuslG 1990.
4  *Funke/Kaiser*, GK-AufenthG, § 57 Rn. 14 ff.
5  *Hailbronner*, Ausländerrecht D 11.15.
6  Vgl. *Hailbronner*, Ausländerrecht, § 57 Rn. 5.
7  Für eine analoge Anwendung: BGH v. 18.8.2010, InfAuslR 2010, 440.

gliedstaaten, einschließlich der Seegrenzen und der Flughäfen definiert. *Grundsätzlich* ist danach die *Zurückschiebung obligatorisch*, es sei denn, im konkreten Einzelfall liegt ein besonderer, eine Ausnahme rechtfertigender Umstand vor. Ein *Ausnahmefall,* der einerseits einen Ermessensspielraum eröffnet, andererseits eine entsprechende Ermessensbetätigung zu einem Erfordernis für die Rechtmäßigkeit der Zurückschiebung macht, liegt zum Beispiel dann vor, wenn der Ausländer gegenüber einer Abschiebung einen Duldungsanspruch (§ 60 a AufenthG) hätte geltend machen können[8]. Lediglich wenn aus tatsächlichen Gründen nicht abgeschoben werden könnte, kann gleichwohl eine Zurückschiebungsverfügung ergehen, wenn auch vorläufig nicht vollzogen werden[9]. Könnte der Ausländer wegen Bestehens von Abschiebungsverboten nicht abgeschoben werden, so ist auch die Zurückschiebung nach § 57 Abs. 3 AufenthG ausgeschlossen.

**1119**  *Voraussetzung* für die Zurückschiebung nach § 57 Abs. 1 Satz 1 AufenthG ist die *materiell unerlaubte Einreise* nach § 14 Abs. 1 AufenthG. Die bloß formell unerlaubte Einreise nach § 13 Abs. 1 AufenthG genügt hingegen nicht. Nach der *Legaldefinition* des § 14 Abs. 1 AufenthG ist die Einreise des Ausländers unerlaubt, wenn dieser bei der Einreise einen erforderlichen Aufenthaltstitel oder einen erforderlichen Pass oder Passersatz nicht besitzt (und ihm von den Grenzbehörden auch kein Ausnahmevisum oder Passersatzpapier ausgestellt worden ist, vgl. § 14 Abs. 2 AufenthG), oder wenn dieser aufgrund einer früheren Ausweisung, Abschiebung oder Zurückschiebung einem Einreiseverbot nach § 11 Abs. 1 AufenthG unterliegt.

**1120**  Außerdem setzt die Zurückschiebung das *Vorliegen einer vollziehbaren Ausreisepflicht* als ungeschriebenes Tatbestandsmerkmal voraus. Bei einer unerlaubten Einreise ist die Ausreisepflicht stets vollziehbar[10].

**1121**  Schließlich dürfen *keine Zurückschiebungsverbote und -hindernisse* nach § 57 Abs. 3 i. V. m. § 60 Abs. 1 bis 5 und 7 bis 9 AufenthG bestehen.

**1122**  Für die Durchführung der Zurückschiebung gibt es – abweichend von der früher geltenden Rechtslage – keine gesetzlich festgelegte Frist. Eine Zurückschiebung ist unter anderem dann nicht erforderlich, wenn es sich um einen versehentlichen Grenzübertritt handelt und der Ausländer zweifelsfrei freiwillig ausreisen wird oder wenn die Illegalität des Grenzübertritts durch die Ausstellung von Ausnahmevisa oder Passersatz-Papieren als milderes Mittel geheilt werden kann[11]. Zur Durchsetzung einer Zurückschiebung kann Zurückschiebungshaft entsprechend §§ 62 und 62a AufenthG angeordnet werden.

**1123**  Die Neufassung von § 57 Abs. 1 verknüpft die Zurückschiebung mit dem „Aufgreifen" in Verbindung mit der unerlaubten Einreise über eine EU-Außengrenze. Erforderlich ist ein direkter Bezug zum illegalen Überschreiten der Außengrenzen im Sinne eines engeren geografischen oder zeitlichen Zusammenhangs[12]. Anwendbar sind die Vorschriften bei der Verhinderung eines noch nicht abgeschlossenen Vorgangs der illegalen Einreise aus einem Drittstaat mittels Auto, Zug

---

8  Vgl. OVG Saarland v. 25.9.2002 – 9 W 40/02, juris.
9  Vgl. *Funke-Kaiser,* GK-AufenthG, § 57, Rn. 40.
10  Vgl. *Winkelmann,* in: Bergmann/Dienelt, Ausländerrecht, § 57 AufenthG, Rn. 11.
11  Vgl. VG München v. 22.11.2010, InfAuslR 2011, 67; *Funke/Kaiser,* GK-AufenthG, § 57, Rn. 38.
12  Vgl. hierzu *Lutz,* in: Hailbronner/Thym (Hrsg.), EU Immigration and Asylum Law, 2. Aufl. 2016, C VII, Art. 2, RL 2008/115, Rn. 12, S. 673.

oder Flugzeugs. Nicht unter § 57 fallen Drittstaatsangehörige, deren Aufenthalt in Folge eines Ablaufs des Aufenthaltsrechts unerlaubt geworden ist oder die sich bereits längere Zeit in einem EU-Mitgliedstaat unerlaubt aufhalten. Eine vorübergehende Gestattung, die Grenzübergangsstellen vor der Entscheidung über eine Zurückweisung zu passieren, unterbricht den Zusammenhang mit der unerlaubten Einreise nicht.

Grundsätzlich wird ein Ausländer entsprechend den völkerrechtlichen Regeln **1124** über Aufnahmepflichten von Staaten in denjenigen Staat zurückgeschoben, von dem aus er nach Deutschland einzureisen versucht hat. Dabei kommt eine Zurückschiebung auch in einen Staat in Betracht, in der er seinen gewöhnlichen Aufenthalt hatte, dessen Staatsangehörigkeit er besitzt oder in einen sonstigen Staat, in den der Ausländer vorbehaltlich von Abschiebungshindernissen einreisen darf.

Abs. 2 Satz 1 sieht entsprechend Art. 6 Abs. 3 der Rückführungsrichtlinie die **1125** Zurückschiebung in einen anderen EU-Mitgliedstaat, Norwegen oder die Schweiz vor, wenn der Ausländer aufgrund einer am 13.1.2009 bestehenden Übernahmevereinbarung dort wieder aufgenommen wird. Die Zurückschiebung ist unabhängig vom Willen des Ausländers.

Voraussetzung für eine erfolgreiche Durchführung der Zurückschiebung ist die **1126** *Aufnahmebereitschaft des Zielstaates.* Eine *völkerrechtliche Rückübernahmeverpflichtung* besteht kraft Gewohnheitsrecht nur für eigene Staatsangehörige und für ehemalige eigene Staatsangehörige, die nach der Ausreise ihre Staatsangehörigkeit freiwillig oder unfreiwillig verloren haben, ohne eine andere Staatsangehörigkeit oder ein Daueraufenthaltsrecht erworben zu haben. Weitergehende Übernahmeverpflichtungen können aus einer entsprechenden völkervertragsrechtlichen Vereinbarung resultieren[13].

### 3. Sonderregelungen für Asylbewerber

Eine Abs. 2 Satz 1 entsprechende Regelung gilt nach Abs. 2 Satz 2 auch für asyl **1127** suchende Ausländer, die von den Grenzbehörden im grenznahen Raum in unmittelbarem zeitlichen Zusammenhang mit einer unerlaubten Einreise angetroffen werden. Bestehen Anhaltspunkte dafür, dass ein anderer EU-Mitgliedstaat oder ein assoziierter Staat aufgrund der Dubliner Zuständigkeitsregeln oder aufgrund eines völkerrechtlichen Vertrages für die Durchführung des Asylverfahrens zuständig ist, erfolgt die Zurückschiebung in diese Staaten, wenn ein Aufnahme oder Wiederaufnahmeverfahren eingeleitet wird. Soweit diese Voraussetzungen nicht vorliegen, findet § 57 keine Anwendung auf Asylsuchende, da diese aufgrund ihrer Aufenthaltsgestattung nach § 55 AsylG nicht ausreisepflichtig sind und deshalb auch nicht zurückgeschoben werden können[14]. Asylsuchende, die aus einem sicheren Drittstaat einreisen, erwerben eine Aufenthaltsgestattung noch nicht mit der Nachsuche um Asyl, sondern erst mit der förmlichen Asylbeantragung.

In Anlehnung an die Einschränkungen der grundgesetzlichen Asylrechtsgarantie **1128** ist der Ausländer gem. § 18 Abs. 3 AsylG *zwingend zurückzuschieben,* wenn er

---

13 Vgl. hierzu im Einzelnen *Hailbronner,* Rückübernahme eigener und fremder Staatsangehöriger – Völkerrechtliche Verpflichtungen der Staaten, Heidelberg 1996.
14 Vgl. BT-Drs. 12/2062, S. 46.

von der *Grenzbehörde* im grenznahen Raum in unmittelbarem zeitlichen Zusammenhang mit einer unerlaubten Einreise angetroffen wird und die *Voraussetzungen für die Verweigerung der Einreise* nach § 18 Abs. 2 AsylG vorliegen. Eine Zurückschiebung kommt danach in Betracht, wenn der Ausländer aus einem sog. sicheren Drittstaat im Sinne des § 26 a AsylG eingereist ist, in einem sonstigen Drittstaat offensichtlich bereits vor politischer Verfolgung sicher war (Evidenzfälle!) oder er eine Gefahr für die Allgemeinheit bedeutet, weil er in der Bundesrepublik Deutschland wegen einer besonders schweren Straftat zu einer Freiheitsstrafe von mindestens drei Jahren rechtskräftig verurteilt worden ist und seine Ausreise nicht länger als drei Jahre zurückliegt. Unabhängig von der Frage des Erwerbs der Aufenthaltsgestattung ordnet das AsylVfG damit die Zurückschiebung des Ausländers für den Fall an, dass ihm bei ordnungsgemäßem Nachsuchen um Asyl an der Grenze (vgl. §§ 13 Abs. 3, 18, 18 a AsylG) die *Einreise verweigert* worden wäre.

**1129**   Soweit Asylsuchende unerlaubt aus einem für die Durchführung des Asylverfahrens zuständigen EU-Mitgliedstaats oder assoziierten Dublin-Staats nach Deutschland weiterreisen, werden die Vorschriften des § 18 AsylG durch die spezialgesetzlichen Bestimmungen der Dublin III VO Nr. 604/2013 eingeschränkt. Grundsätzlich wird nach Art. 20 VO Nr. 604/2013 das Verfahren zur Bestimmung des zuständigen Dublin-Staats eingeleitet, sobald in einem Mitgliedstaat erstmals ein Antrag auf internationalen Schutz gestellt wird. Diese Vorschrift findet auch Anwendung auf irregulär in der EU weiterreisende Drittstaatsangehörige, die unter Missachtung der Zuständigkeitsvorschriften der Dublin III VO sich in ihren „Wunschstaat" begeben, um dort ein Asylverfahren durchführen zu können. In diesem Fall kann der unzuständige Staat entweder die Zuständigkeit übernehmen oder ein Verfahren der Überstellung an den zuständigen Mitgliedstaat einleiten. Die Dublin III VO geht demnach im Regelfall von einer prozessualen Auffangzuständigkeit aus[15]. Nicht geregelt ist in der Dublin III VO allerdings der Fall eines systemischen Zusammenbruchs dieser komplexen Zuständigkeitsordnung, wenn angrenzende Nachbarstaaten ihrerseits ihre Pflichten aus der Dublin III VO nicht nur im Einzelfall, sondern prinzipiell missachten, indem in großer Zahl irregulär weiterreisende Asylsuchende an einen an sich unzuständigen EU-Mitgliedstaat weitergeleitet werden bzw. keinerlei Maßnahmen ergriffen werden, um die dem Dublin-System zuwiderlaufende irreguläre Weiterwanderung zu unterbinden. Der Dublin III VO kann keine Bestimmung entnommen werden, die systematische Pflichtverletzung anderer Mitgliedstaaten durch eine Übernahme der Zuständigkeit zur Durchführung von Asylverfahren zu honorieren. Dem steht auch nicht entgegen, dass die Beachtung des EU-Rechts grundsätzlich nicht von der Gegenseitigkeit abhängt. Auch im EU-Recht gelten die allgemeinen Regeln über die faktische Außerkraftsetzung EU-rechtlicher Normen (desuetudo). Soweit EU-Recht nicht zur Anwendung kommt, gelten die nationalen Regeln. Zur Verhinderung massenhafter irregulärer Wanderungsbewegungen sind daher bei Funktionsunfähigkeit des Dublinsystems die in § 18 AsylG vorgesehenen Befugnisse zur Zurückweisung von Drittstaatsangehörigen, die aus sicheren Drittstaaten nach Deutschland einreisen, und zur Zurückschiebung im Falle der illegalen Einreise anwendbar.

---

15  Vgl. Art. 29 Abs. 2 VO Nr. 604/2013.

Wird der *Ausländer nicht in unmittelbarem Zusammenhang mit dem Grenz-*   **1130**
*übertritt aufgegriffen*, richtet sich die Möglichkeit der Zurückschiebung nach
den (engeren) Voraussetzungen des § 19 AsylG. Sucht der Ausländer bei einer
*Ausländerbehörde* oder bei der *Polizei eines Landes* um Asyl nach (§ 19 Abs. 1
AsylG), kann er lediglich im Falle der *unerlaubten Einreise aus einem sicheren
Drittstaat* nach Maßgabe des § 57 AufenthG in diesen Drittstaat zurückgeschoben werden, anstatt an eine Aufnahmeeinrichtung weitergeleitet zu werden. In
diesen Fällen ordnet die Ausländerbehörde die Zurückschiebung an, sobald feststeht, dass sie durchgeführt werden kann (vgl. § 19 Abs. 3 AsylG). Entsprechend
sieht § 71 Abs. 6 Satz 2 AsylG für *Folgeantragsteller* generell vor, dass der Ausländer im Falle einer unerlaubten Einreise aus einem Drittstaat nach § 57 Abs. 1
AufenthG dorthin zurückgeschoben werden kann, ohne dass es der vorherigen
Mitteilung des Bundesamtes über das Nichtvorliegen von Wiederaufnahmegrün-
den nach § 51 Abs. 1 bis 3 VwVfG bedürfte[16].

## 4.  Zurückschiebungshaft

Zur Vorbereitung und Sicherung der Zurückschiebung kann der Ausländer auf   **1131**
*richterliche Anordnung* in *Zurückschiebungshaft* genommen werden (§ 57
Abs. 3 i. V. m. § 62 AufenthG)[17]. Ein Fall der *Vorbereitungshaft* im Sinne des
§ 62 Abs. 1 AufenthG liegt vor, so lange die Zurückschiebung noch nicht angeordnet wurde, etwa weil die Behörde noch das Vorliegen einer unerlaubten Einreise prüft oder die Frage nach einem aufnahmebereiten Zielstaat zu klären ist.
Ist hingegen die Zurückschiebung bereits angeordnet, kann aber noch nicht vollzogen werden, z. B. weil noch Reisemodalitäten zu klären sind, ist die Anordnung von *Sicherungshaft* nach § 62 Abs. 2 AufenthG zu prüfen.

Die Sicherungshaft gem. §§ 57 Abs. 3, 62 Abs. 2 Nr. 1 AufenthG scheidet jedoch   **1132**
mangels Erforderlichkeit in den Fällen aus, in denen der Ausländer nach unerlaubter Einreise freiwillig und auf direktem Weg aus der Bundesrepublik
Deutschland in das Land ausreisen will, in das er zurückgeschoben werden
soll[18]. Zwar setzt eine Zurückschiebung nicht voraus, dass dem Ausländer Gelegenheit gegeben werden muss, freiwillig auszureisen.[19] Führt jedoch die Zurückschiebung und die Inhaftnahme zu einer unverhältnismäßigen Belastung des Ausländers, so hat eine Zurückschiebung und/oder Inhaftnahme zu unterbleiben.

Ob ein in Zurückschiebungshaft einsitzender Ausländer, der einen *Asylantrag*   **1133**
gestellt hat, unverzüglich entlassen werden muss, ist streitig[20]. § 14 Abs. 3 AsylG
sieht für den Fall der Haft zur Vorbereitung der Abschiebung (Abs. 3 Nr. 3)
und zur Sicherung der Abschiebung nach unerlaubter Einreise, wenn sich der
Ausländer länger als einen Monat im Bundesgebiet aufgehalten hat (Abs. 3
Nr. 4) eine Haftfortdauer auch bei Asylantragstellung vor. Nichts anderes kann
nach Sinn und Zweck für die Haft zur Sicherung der Zurückschiebung gelten.
Mit der entsprechenden Anwendung des § 62 AufenthG (§ 57 Abs. 3 AufenthG)
wird insoweit auch § 14 Abs. 3 AsylG anwendbar. Der Aufrechterhaltung der
Sicherungshaft steht daher die Asylantragstellung aus der Haft heraus nicht ent-

---

16  Vgl. BT-Drs. 12/4450 S. 27, zur Neufassung des § 71 AsylVfG v. 30.6.1993.
17  S. hierzu auch *Winkelmann*, ZAR 2007, 268–275.
18  Vgl. OVG SH v. 10.11.2005 – 2 W 187/05, juris.
19  *Winkelmann*, in: Bergmann/Dienelt, § 57, Rn. 16.
20  S. hierzu OLG München v. 30.1.2008 – 34 Wx 136/07, juris.

gegen (vgl. § 14 Abs. 3 Satz 1 AsylG)[21]. Allerdings haben dann sowohl die zuständige Ausländerbehörde als auch die Justizvollzugsanstalt die *Vier-Wochenfrist* des § 14 Abs. 3 Satz 3 AsylG zu beachten[22].

**1134** Der betroffene Ausländer kann gegen die Haftanordnung Beschwerde nach § 58 FamFG und ggfs. Rechtsbeschwerde ohne Zulassungsbeschränkungen nach § 70 Abs. 3 Nr. 3 FamFG einlegen. Bei Wegfall der Gründe für die Fortdauer der Haft kann nach § 426 FamFG[23] ein Haftaufhebungsantrag gestellt werden[24]. Eine vorläufige Freiheitsentziehung kann durch das Gericht nach § 427 FamFG angeordnet werden.

## 5.      Rechtsfolgen der Zurückschiebung

**1135** Die Zurückschiebung zieht gemäß § 11 Abs. 1 Satz 1 AufenthG ein *Einreiseverbot* und eine Sperrwirkung für die Erteilung einer Aufenthaltserlaubnis nach sich. Die Zurückschiebung wurde damit auch in ihren Rechtsfolgen der Abschiebung weiter angenähert[25].

**1136** Die *Kosten*, die durch die Zurückschiebung entstehen, hat der Ausländer zu tragen (§ 66 Abs. 1 AufenthG; zum Umfang der Kostenhaftung vgl. § 67 Abs. 1 AufenthG). Die Erhebung erfolgt jeweils unmittelbar durch die mit der Zurückschiebung befasste Behörde (vgl. § 67 Abs. 3 AufenthG). In den Fällen des § 64 Abs. 2 AufenthG haftet neben dem Ausländer auch der *Beförderungsunternehmer* für die in § 67 Abs. 2 AufenthG näher bezeichneten Kosten der Zurückschiebung. Eine vorrangige Kostenhaftung besteht nach § 66 Abs. 4 AufenthG für *Arbeitgeber* und *Personen,* die sich nach § 96 AufenthG (*Einschleusen* von Ausländern) strafbar gemacht haben.

## 6.      Rechtsschutz gegen die Zurückschiebung

**1137** Gegen die Zurückschiebungsanordnung sind der *Widerspruch* nach §§ 68 ff. VwGO (entfällt, wenn die Zurückschiebung auf Vorschriften des Asylverfahrensgesetzes gestützt wurde, vgl. § 11 AsylG) und nachfolgend die *Anfechtungsklage* vor dem Verwaltungsgericht nach § 42 Abs. 1 VwGO statthaft.

**1138** Die Rechtsbehelfe gegen die Zurückschiebung entfalten im Regelfall keine aufschiebende Wirkung, da es sich hierbei um eine unaufschiebbare Maßnahme von Polizeivollzugsbeamten gemäß § 80 Abs. 2 Satz 1 Nr. 2 VwGO handelt[26]. Lediglich wenn die Zurückschiebung von einer Ausländerbehörde vorgenommen wird, ist eine besondere Anordnung der sofortigen Vollziehung gem. § 80 Abs. 2 Satz 1 Nr. 4 VwGO erforderlich und geboten, sofern der Landesgesetzgeber nicht ohnedies die sofortige Vollziehbarkeit gem. § 80 Abs. 2 Satz 2 VwGO vorgesehen hat[27]. In den Fällen des § 80 Abs. 2 Satz 1 Nr. 4 VwGO kann der Aus-

---

21   So OLG München v. 30.1.2008 – 34 Wx 136/07, juris.
22   S. hierzu OLG Köln v. 11.6.2007 – 16 Wx 130/07, juris.
23   FamFG – Gesetz über das Verfahren in Familiensachen und in den Angelegenheiten der freiwilligen Gerichtsbarkeit (FamFG) v. 1.7.12.2008, zuletzt geändert durch Gesetz v. 20.11.2015, BGBl. I, S. 2018.
24   OLG Köln v. 11.6.2007 – 16 Wx 130/07, juris.
25   Vgl. dazu auch BT-Drs. 15/420, S. 73.
26   Vgl. *Winkelmann,* in: Bergmann/Dienelt, Ausländerrecht, § 57 AufenthG, Rn. 20; vgl. auch § 75 AsylVfG.
27   *Funke-Kaiser,* GK-AufenthG § 57, Rn. 18; a. M. *Winkelmann,* a. a. O. Rn. 20.

länder nach § 80 Abs. 5 VwGO einen Antrag auf Wiederherstellung der aufschiebenden Wirkung stellen.

Bei der Zurückschiebung kommt eine *Erledigung durch Vollzug* nur ausnahmsweise in Frage, wenn nämlich ersichtlich keine Vollzugsfolgen rückgängig zu machen sind und auch eine Kostentragungspflicht ausscheidet[28]. Der Ausländer muss dann die Rechtswidrigkeit der erfolgten Zurückschiebung vom Ausland aus im Wege der *Fortsetzungsfeststellungsklage* klären lassen (§ 113 Abs. 1 Satz 4 VwGO). Eines Vorverfahrens bedarf es nicht, wenn die Erledigung noch vor Ablauf der Widerspruchsfrist eingetreten ist[29].    **1139**

Wird ein Ausländer durch Beamte der *Bundespolizei* zurückgeschoben, obwohl die rechtlichen Voraussetzungen hierfür nicht vorliegen, so steht dem Ausländer ein *Anspruch auf Schadensausgleich* gemäß § 51 Abs. 2 Nr. 1 BPolG zu, ohne dass es auf ein Verschulden des Beamten der Bundespolizei ankäme[30]. Für derartige Ansprüche auf Schadensausgleich ist der ordentliche Rechtsweg gegeben (§ 56 BPolG), wobei *weitergehende Ersatzansprüche*, insbesondere aus Amtspflichtverletzung, unberührt bleiben (§ 51 Abs. 4 BPolG). Für den Vollzug der Zurückschiebung und die Zuständigkeit gelten im Übrigen die gleichen Grundsätze, wie für den Vollzug der Abschiebung[31].    **1140**

## II.    Die Abschiebung (§§ 58 ff. AufenthG)

### 1.    Rechtsnatur

Die Abschiebung ist die *zwangsweise Durchsetzung der Ausreisepflicht* eines Ausländers durch dessen *Entfernung aus dem Bundesgebiet*. Sie muss nach § 58 Abs. 1 AufenthG erfolgen, wenn der betroffene Ausländer vollziehbar ausreisepflichtig ist (Absatz 2), die Ausreisefrist abgelaufen ist oder eine Ausreisefrist nicht gewährt worden ist und die freiwillige Erfüllung der Ausreisepflicht nicht gesichert ist oder aus Gründen der öffentlichen Sicherheit und Ordnung eine Überwachung der Ausreise erforderlich erscheint (Absatz 3). Die Abschiebungsandrohung ist eine Rückkehrentscheidung i. S. von Art. 3 Nr. 4 und unterfällt damit der Rückführungsrichtlinie 2008/115.[32] Ihrer Rechtsnatur nach ist die Abschiebung eine *Maßnahme der Verwaltungsvollstreckung in der Form der Ausübung unmittelbaren Zwangs*. Vollstreckt wird eine gesetzliche Handlungspflicht, nämlich das Verlassen des Bundesgebiets. Regelmäßig wird die Ausreisepflicht auf einem Verwaltungsakt beruhen, wie z. B. einer Ausweisung oder der Ablehnung eines Aufenthaltstitels. Die Abschiebung selbst ist jedoch mangels Regelungscharakters kein Verwaltungsakt, sondern als *Realakt* zu qualifizieren. Ihr geht in der Regel ein weiterer Verwaltungsakt, nämlich die Androhung der Abschiebung nach § 59 AufenthG voraus. Der Erlass einer besonderen Abschie-    **1141**

---

28  Vgl. im Einzelnen *Hailbronner*, Ausländerrecht, § 15, Rn. 94 f.
29  Vgl. BVerwG v. 9.2.1967, BVerwGE 26, 161, 165 f.; a. A. *Kopp/Schenke*, VwGO, 14. Aufl. 2005, § 113, Rn. 127.
30  Vgl. LG Frankfurt/Main v. 20.3.1985, InfAuslR 1986, 3 f., für den Fall der Zurückweisung zur insoweit inhaltsgleichen Vorgängervorschrift des § 34 Abs. 2 Nr. 1 BGSG 1972; vgl. auch *Westphal/Stoppa*, Ausländerrecht für die Polizei, 3. Aufl. 2007, S. 571 ff.
31  Vgl. hierzu § 10 II. 2.
32  VGH BW v. 19.12.2012 – 11 S 2302/12, InfAuslR 2013, 98 – Nach Auffassung des VGH gilt dies auch dann, wenn eine Abschiebungsandrohung nach § 34 AsylG vor Ablauf der Umsetzungsfrist der Rückführungsrichtlinie ergangen oder sogar bestandskräftig geworden ist.

bungsanordnung gegenüber dem Ausländer ist hingegen außer in den Fällen des
§ 58 a AufenthG gesetzlich nicht vorgesehen[33].

## 2.    Abschiebungsvoraussetzungen
→ Ü 2 Nr. 2 S. 548; Sch 5 S. 558

**Fall 45:** Die Aufenthaltserlaubnis des Marokkaners M ist seit mehreren Monaten abgelaufen. Eine Verlängerung hat M nicht beantragt. Die Ausländerbehörde will den
M nun abschieben. Dieser wendet ein, er sei zwar zur freiwilligen Rückkehr nach
Marokko bereit, eine Ausreise sei ihm jedoch nicht möglich, weil ihm sein Pass ge-
stohlen worden sei. Die Abschiebung sei unzulässig, weil ihn am Verlust seines Passes
kein Verschulden treffe.
Ist eine Abschiebung des M möglich?

**Fall 46:** Die Ausländerbehörde will den Inder I, der unerlaubt mit seinem 5-jährigen
Sohn nach Deutschland eingereist ist und sich dort nach einem erfolglosen Asylverfahren und aufgrund wiederholter Duldungen u. a. wegen Krankheit seines Sohnes
23 Monate aufgehalten hat, nach Ablauf der Duldungsfrist abschieben und erlässt
folgenden Bescheid:
„Sie werden aufgefordert, die Bundesrepublik Deutschland innerhalb von 7 Tagen
nach Übersendung eines amtsärztlichen Attestes über den Gesundheitszustand ihres
Sohnes zu verlassen. Für den Fall, dass Sie nicht innerhalb dieser Frist ausreisen, wird
Ihnen bereits jetzt die Abschiebung nach Indien angedroht. Sie können auch in jeden
anderen Staat abgeschoben werden, in den Sie einreisen dürfen oder der zu Ihrer
Rückübernahme verpflichtet ist."
Ist der Bescheid rechtmäßig?

**1142**  a) **Überblick.** Die Abschiebung setzt voraus, dass
– der Ausländer vollziehbar ausreisepflichtig ist,
– ein Abschiebungsgrund vorliegt: entweder die nicht gesicherte, freiwillige
  Erfüllung der Ausreisepflicht oder Überwachungsbedürftigkeit der Ausreise
  aus Gründen der öffentlichen Sicherheit und Ordnung (vgl. § 58 Abs. 3
  AufenthG),
– eine vollziehbare Abschiebungsandrohung nach § 59 Abs. 1 AufenthG erfolgt ist oder eine Abschiebungsandrohung ausnahmsweise verzichtbar ist,
– keine Abschiebungsverbote oder Abschiebungshindernisse nach § 60 AufenthG vorliegen,
– eine nach § 50 Abs. 2 oder § 59 Abs. 1 AufenthG gesetzte oder verlängerte
  Ausreisefrist abgelaufen ist und eine Ausreise des Ausländers innerhalb der
  ihm gesetzten Ausreisefrist nicht erfolgt ist oder ausnahmsweise eine Ausreisefrist nicht gewährt zu werden brauchte.

**1143**  b) **Vollziehbare Ausreisepflicht.** Die Vollziehbarkeit der Ausreisepflicht bestimmt
den Zeitpunkt, von dem an die wirksam begründete Ausreisepflicht erfüllt werden muss bzw. zwangsweise durchgesetzt werden darf. Die Ausreisepflicht eines
Ausländers beurteilt sich nach § 50 Abs. 1 AufenthG. Danach ist ein Ausländer
zur Ausreise verpflichtet, wenn er einen erforderlichen Aufenthaltstitel nicht
oder nicht mehr besitzt oder ein Aufenthaltsrecht nach dem Assoziationsabkommen EWG/Türkei nicht oder nicht mehr besteht. Ein Ausländer, dessen Aufenthalt nach § 81 Abs. 3 AufenthG vorläufig als erlaubt bzw. dessen Aufenthaltstitel nach § 81 Abs. 4 AufenthG als fortbestehend gilt, kann nicht abgeschoben
werden. Die Aufenthaltsfiktion endet jedoch, wenn ein Erlöschensgrund nach

---

33  Vgl. Hess. VGH v. 12.2.1986, EZAR 224 Nr. 11.

§ 51 Abs. 1 AufenthG vorliegt (z. B. Ablauf der Gültigkeitsdauer des Passes; Auslandsaufenthalt). Ein Ausländer, der einen Asylantrag gestellt hat, kann nicht abgeschoben werden, solange ihm gem. § 55 Abs. 1 Satz 1 AsylG der Aufenthalt gestattet ist.

Die Ausreisepflicht des Ausländers muss vollziehbar sein. Vollziehbarkeit bedeu-	**1144**
tet Vollstreckbarkeit mit den Mitteln des Verwaltungszwangs. In § 58 Abs. 2 Satz 1 AufenthG sind die Fälle aufgeführt, in denen die Ausreisepflicht kraft Gesetzes mit ihrer Entstehung vollziehbar ist. Es sind dies die unerlaubte Einreise (Nr. 1), die unterlassene Beantragung eines Aufenthaltstitels bei fehlender Erlaubnisfiktion nach § 81 Abs. 3 und 4 AufenthG (Nr. 2) sowie die Ausreisepflicht aufgrund einer Rückführungsentscheidung eines anderen Mitgliedstaates der Europäischen Union gem. Art. 3 der Richtlinie 2001/40/EG des Rates vom 28.5.2001 über die gegenseitige Anerkennung von Entscheidungen über die Rückführung von Drittstaatsangehörigen[34] (Nr. 3).

In allen anderen Fällen tritt die Vollziehbarkeit der Ausreisepflicht erst dann ein,	**1145**
wenn die Versagung des Aufenthaltstitels oder der sonstige Verwaltungsakt (z. B. Ausweisung oder Widerruf), durch den der Ausländer ausreisepflichtig wird, vollziehbar ist (Satz 2). Die zur Ausreisepflicht führende Maßnahme muss somit unanfechtbar oder sofort vollziehbar sein. Der Ausschluss der aufschiebenden Wirkung von Widerspruch und Klage gegen die Versagung eines Aufenthaltstitels (vgl. § 84 Abs. 1 Nr. 1 AufenthG) führt zur Vollziehbarkeit der Ausreisepflicht als Folge des Wegfalls des gesetzlichen Aufenthaltsrechts ohne Rücksicht auf die Einlegung eines Rechtsmittels gegen die Ablehnung des Antrags auf Erteilung oder Verlängerung eines Aufenthaltstitels.

Im Gegensatz zur Versagung des Aufenthaltstitels entfalten Rechtsbehelfe gegen	**1146**
sonstige, eine Ausreisepflicht begründende Verwaltungsakte (z. B. Widerspruch gegen eine Ausweisungsverfügung) aufschiebende Wirkung nach § 80 Abs. 1 VwGO. Zwar bleibt die Ausreisepflicht als solche bestehen, vgl. § 84 Abs. 2 AufenthG, allerdings wird ihre Vollziehbarkeit gehemmt. Daher ist eine Abschiebung in diesen Fällen nur möglich, wenn der sonstige Verwaltungsakt (z. B. die Ausweisung) gem. § 80 Abs. 2 Satz 1 Nr. 4 VwGO für sofort vollziehbar erklärt worden ist.

**c) Abschiebungsgrund.** Eine Abschiebung kommt grundsätzlich nur in Betracht,	**1147**
wenn die konkrete Gefahr besteht, dass der Ausländer nicht freiwillig ausreisen wird, oder trotz Bereitschaft zur Ausreise Gründe der öffentlichen Sicherheit oder Ordnung die Überwachung der Ausreise notwendig machen. Die Ausländerbehörde muss prüfen, ob Zweifel an der Möglichkeit oder der Bereitschaft zur freiwilligen Ausreise angezeigt sind, indem sie den Ausländer z. B. über seinen Reiseweg befragt oder sich seine Flugtickets vorlegen lässt[35]. Sie muss eine auf konkrete Tatsachen gestützte Prognoseentscheidung über die Erfüllung der Ausreisepflicht treffen. Die freiwillige Ausreise ist vor allem dann nicht als gesichert anzusehen, wenn der Ausländer zu erkennen gibt, dass er die Ausreiseverpflichtung nicht erfüllen und sich einer Festnahme oder sonstigen Sicherungsmaßnahme zum Zwecke der Abschiebung entziehen wird.

---

34  ABlEG Nr. L 149 S. 34; *Hailbronner*, Ausländerrecht, D 11.9.
35  Vgl. Ziff. 58.3.1. AVwV-AufenthG.

**1148**   § 58 Abs. 3 AufenthG normiert nicht abschließend typische Fallgruppen, in denen die Überwachung der Ausreise erforderlich erscheint. Dies ist insbesondere dann anzunehmen, wenn der Ausländer sich auf richterliche Anordnung in Haft oder in sonstigem öffentlichen Gewahrsam befindet, er innerhalb der ihm gesetzten Ausreisefrist nicht ausgereist ist, nach §§ 54, 53 Abs. 1 AufenthG aufgrund eines besonders schwerwiegenden Ausweisungsinteresses ausgewiesen worden ist, mittellos ist, keinen Pass oder Passersatz besitzt, gegenüber der Ausländerbehörde zum Zweck der Täuschung unrichtige Angaben gemacht oder die Angaben verweigert hat oder zu erkennen gegeben hat, dass er seiner Ausreisepflicht nicht nachkommen wird.

> **Lösung Fall 45:** Eine Abschiebung des M nach §§ 58 ff. AufenthG ist möglich, wenn alle Voraussetzungen hierfür vorliegen. M ist vollziehbar ausreisepflichtig (§§ 50 Abs. 1, 58 Abs. 2 Satz 1 Nr. 2 AufenthG). Für die Abschiebung muss ferner ein Abschiebungsgrund bestehen, z. B. weil die freiwillige Erfüllung der Ausreisepflicht nicht gesichert ist oder aus Gründen der öffentlichen Sicherheit und Ordnung eine Überwachung der Ausreise erforderlich erscheint. Letzterer Abschiebungsgrund ist insbesondere bei Vorliegen eines der in § 58 Abs. 3 AufenthG genannten Tatbestände gegeben. Dann kann die Ausländerbehörde die Abschiebung ohne weitere Prüfung vornehmen; ein Verschulden des Ausländers ist nicht erforderlich. Die Passlosigkeit des Ausländers (vgl. § 58 Abs. 3 Nr. 5 AufenthG) begründet die Annahme, dass der Ausländer seiner Ausreisepflicht nicht nachkommen wird, ohne dass es auf seine Bereitschaft zur Ausreise oder die Gründe für die Passlosigkeit ankommt. Die Abschiebung ist in derartigen Fällen die einzige Möglichkeit, die gesetzliche Ausreisepflicht wirksam durchzusetzen. Im Falle der Passlosigkeit reicht auch der Passverlust infolge Diebstahls aus[36]. Die Behörde wird in derartigen Fällen jedoch regelmäßig selbst für die Beschaffung eines Passes zu sorgen haben, um im zwischenstaatlichen Verkehr die Identität eines Ausländers bzw. seine Rückkehrberechtigung nachzuweisen. Erweist sich die Beschaffung eines Passes als unmöglich, namentlich weil der Ausländer seinen Pflichten aus § 48 Abs. 3 AufenthG nicht nachkommt, so kann dem Ausländer ausnahmsweise ein Reiseausweis für Ausländer ausgestellt werden, vgl. § 6 Satz 1 Nr. 3 AufenthV. Die Abschiebung setzt nicht notwendig den Besitz eines Ausweispapiers voraus[37]. Die Passlosigkeit begründet also noch kein Abschiebungshindernis[38]. Weitere Voraussetzung einer Abschiebung ist allerdings, dass dem Ausländer eine Frist für die freiwillige Ausreise gesetzt worden ist und diese Frist erfolglos verstrichen ist. Die bloße Erklärung, eine Ausreise sei nicht möglich, begründet noch nicht den Verdacht im Sinne des § 59 Abs. 1 Satz 2 Nr. 1, dass sich der Ausländer der Abschiebung entziehen wolle. Ein Verzicht auf eine Fristsetzung ist daher nicht möglich. Die Abschiebung ist unzulässig.

**1149**   Weitere Gründe der öffentlichen Sicherheit und Ordnung, die nicht ausdrücklich von § 58 Abs. 3 AufenthG erfasst sind, liegen etwa vor, wenn Anhaltspunkte gegeben sind, dass der Ausländer während der Reise mit Strafe bedrohte Handlungen begehen wird. Die Überwachung der Ausreise kann auch zum Schutz des Ausländers notwendig werden[39]. Erforderlich ist die Überwachung außerdem dann, wenn Grund zu der Annahme besteht, dass der Ausländer sich der Abschiebung entziehen wird, indem er z. B. untertaucht. Letzteres ist bei illegal

---

36  Vgl. zu § 9 Abs. 1 AuslG 1965 BVerwG v. 27.6.1989, BVerwGE 82, 117.
37  A. A. Nds. OVG v. 8.2.2001, NVwZ 2001, Beilage Nr I 7, 89; VGH BW v. 19.5.1992, VBlBW 1993, 29.
38  A. A. Saarl. OVG v. 25.5.2007 – 2 B 192/07, juris: Danach begründet die Passlosigkeit eines Ausländers ein rechtliches Abschiebehindernis, es sei denn die Botschaft des Heimatlandes hat die zeitnahe Ausstellung von Passersatzpapieren zugesichert.
39  Ziff. 58.3.2 AVwV-AufenthG.

eingereisten Ausländern anzunehmen, wenn weitere Anhaltspunkte, wie z. B. eine frühere Abschiebung, vorliegen. Der VGH BW hält die illegale Einreise jedenfalls in Verbindung mit weiteren Indizien, wie z. B. der Missachtung aufenthaltsrechtlicher Bestimmungen, für ausreichend, die Befürchtung zu begründen, der Ausländer werde sich der Abschiebung entziehen[40]. Bejaht die Behörde aufgrund konkreter Anhaltspunkte eine Gefährdung öffentlicher Interessen, etwa weil der Ausländer straffällig werden könnte oder untertauchen will, so sind an die Wahrscheinlichkeit der Gefährdung umso geringere Anforderungen zu stellen, je schwerer die zu erwartenden Schäden sind[41].

**d) Abschiebungsandrohung.** Die Abschiebung ist nach der Neufassung des § 59 **1150** Abs. 1 AufenthG schriftlich unter Bestimmung einer Ausreisefrist zwischen sieben und 30 Tagen anzudrohen. Die Abschiebungsandrohung ist eine Regelvoraussetzung für die Durchführung der in § 58 AufenthG geregelten Abschiebung. Der Zweck der Abschiebungsandrohung besteht darin, dem Ausländer Gelegenheit zu geben, seine persönlichen Angelegenheiten zu ordnen und freiwillig seiner Pflicht zum Verlassen des Bundesgebietes nachzukommen, sowie Gründe gegen die Abschiebung vorzubringen und Rechtsbehelfe einzulegen, bevor die Abschiebung mit Zwangsmaßnahmen durchgeführt wird[42]. Schon aus diesem Grund sowie mangels einer gesetzlichen Grundlage ist die vorsorgliche Androhung der Abschiebung „für den Fall der erneuten unerlaubten Wiedereinreise" – außer in den Sonderfällen im so genannten Flughafenverfahren nach § 18 a Abs. 2 AsylG – unzulässig[43].

Die Abschiebungsandrohung selbst muss ordnungsgemäß ergehen. Voraus- **1151** setzung hierfür ist zunächst das Bestehen einer Ausreisepflicht[44]. Die Vollziehbarkeit der Ausreisepflicht im Sinne des § 58 Abs. 2 AufenthG ist hingegen nicht erforderlich[45]. Sie ist lediglich eine Voraussetzung für die zwangsweise Durchsetzung der Ausreisepflicht in Form der Abschiebung. Folglich ist in den Fällen, in denen die Ausreisepflicht auf einer aufenthaltsbeendenden Maßnahme (z. B. Ausweisung) beruht, allein entscheidend, dass der Verwaltungsakt, der die Ausreisepflicht begründet, wirksam ist. Nach § 43 VwVfG tritt die Wirksamkeit im Zeitpunkt der Bekanntgabe des Verwaltungsaktes ein. Der aufenthaltsbeendende Verwaltungsakt bleibt wirksam, solange und soweit er nicht zurückgenommen, widerrufen, anderweitig aufgehoben oder durch Zeitablauf oder auf andere Weise erledigt ist (§ 43 Abs. 2 VwVfG). Das gilt unbeschadet einer möglicherweise eintretenden aufschiebenden Wirkung eines gegen eine Ausweisung eingelegten Widerspruchs oder einer Anfechtungsklage (vgl. § 84 Abs. 2 Satz 1 AufenthG).

Wird der aufenthaltsbeendende Verwaltungsakt aufgehoben, so gilt das Gleiche **1152** für die Abschiebungsandrohung[46]. Denn im Gegensatz zur bloßen Ankündigung einer Abschiebung wird die Abschiebungsandrohung, da sie behördliche

---

40  VGH BW v. 14.11.1985, VBlBW 1986, 429, 430.
41  BVerwG v. 22.8.1986, NVwZ 1987, 57.
42  BVerwG v. 12.6.1979, NJW 1979, 2486, 2487.
43  BVerwG v. 30.8.2005, BVerwGE 124, 166–171.
44  Entweder aufgrund Gesetzes oder aufgrund eines die Ausreisepflicht begründenden Verwaltungsaktes.
45  A. A. wohl *Bauer,* in, Bergmann/Dienelt, Ausländerrecht, § 59 AufenthG, Rn. 8.
46  BVerwG v. 19.5.1981, BVerwGE 62, 215, 224.

Zwangsmaßnahmen nach erfolglosem Fristablauf in Aussicht stellt, in der Rechtsprechung allgemein als selbständig anfechtbarer Vollstreckungsakt angesehen[47]. Wegen ihres Charakters als Vollstreckungsmaßnahme[48] ist die Abschiebungsandrohung in ihrer Rechtmäßigkeit vom rechtlichen Schicksal der Grundverfügung abhängig, sofern die Ausreisepflicht auf einer Grundverfügung (z. B. Ausweisung, Nichtverlängerung des Aufenthaltstitels) beruht[49]. Besteht dagegen eine gesetzliche Ausreisepflicht, z. B. weil ein Aufenthaltstitel kraft Gesetzes erloschen ist oder weil sich der Ausländer illegal im Bundesgebiet aufhält, so bedarf es zur Rechtmäßigkeit der Abschiebungsandrohung keines Grundverwaltungsaktes. Eine behördliche Feststellung der gesetzlichen Ausreisepflicht hat in diesen Fällen keine eigenständige Bedeutung[50]. Ist die gesetzliche Ausreisepflicht zusätzlich auf einen Grundverwaltungsakt, wie z. B. eine Ausweisung, gestützt, so ist die Abschiebungsandrohung in ihrer Rechtmäßigkeit vom rechtlichen Bestand der Grundverfügung ebenfalls unabhängig.

**1153** Ferner muss die Androhung nach § 59 Abs. 2 AufenthG zwar nicht unbedingt, aber doch in der Regel („soll") die Angabe des Ziellandes enthalten. Das Zielland, in das abgeschoben werden soll, muss hinreichend bestimmt sein[51]. Unerheblich ist, ob der Ausländer die Staatsangehörigkeit des in der Androhung bezeichneten Zielstaates der vorgesehenen Abschiebung besitzt[52]. Dies folgt bereits daraus, dass die Abschiebungsandrohung sich auf jeden Staat bezieht, in den aus der Sicht der Ausländerbehörden eine Abschiebung durchgeführt werden kann.

**1154** Das Fehlen des Hinweises, dass der Ausländer auch in einen anderen Staat abgeschoben werden kann, macht die Abschiebungsandrohung nicht rechtswidrig[53]. Wird der Hinweis nicht in die Abschiebungsandrohung aufgenommen, kann der Ausländer nur in einen ausdrücklich genannten Zielstaat abgeschoben werden[54]. Will die Abschiebebehörde von dem in der Androhung bezeichneten Staat abweichen, so bedarf es allerdings grundsätzlich einer Bestimmung des endgültigen Zielstaates in der Form einer Änderung der Abschiebungsandrohung. Aus Gründen des effektiven Rechtsschutzes ist daher eine Bezeichnung des Zielstaats unverzichtbar[55]. Eine Ausnahme vom Regelerfordernis des § 59 Abs. 2 AufenthG wird in der Rechtsprechung nur dann zugelassen, wenn die Staatsangehörigkeit des Ausländers ungeklärt ist und auch ein sonstiger aufnahmebereiter Drittstaat nicht erkennbar ist[56].

**1155** Die Bemessung der Ausreisefrist steht im Ermessen der Ausländerbehörde. Eine angemessene Verlängerung der Ausreisefrist oder Festsetzung eines längeren Zeitraums ist unter Berücksichtigung der besonderen Umstände des Einzelfalles

---

47  BVerwG v. 27.10.1987, Buchholz 402.24 zu § 7 AuslG 1965 Nr. 27; BVerwG v. 4.10.1988, EZAR 104 Nr. 11.
48  VGH BW v. 15.4.1991, InfAuslR 1991, 189–191.
49  BVerwG v. 19.5.1981, BVerwGE 62, 215, 224.
50  Vgl. VGH BW v. 5.5.1992 – 13 S 1948/91, juris.
51  Zur Unbestimmtheit der Bezeichnung „Jugoslawien" vgl. VGH BW v. 19.10.1993 – 11 S 1183/93, juris.
52  VGH BW v. 24.9.2007, NVwZ-RR 2008, 143; Hess. VGH v. 31.10.1994, AuAS 1995, 31.
53  Hess. VGH v. 29.8.1994, DVBl. 1994, 1419; VGH BW v. 11.1.1995, NVwZ 1995, 720–724.
54  VGH BW v. 21.9.1994 – 11 S 1019/94, juris; VGH BW v. 17.6.1993, FamRZ 1994, 40.
55  Hess. VGH v. 29.8.1994, DVBl. 1994, 1419.
56  BVerwG v. 25.7.2000, DVBl. 2001, 209; OVG Sachsen-Anhalt v. 9.9.1999, AuAS 2000, 15; OVG SH v. 2.3.1995, AuAS 1995, 105.

möglich (§ 59 Abs. 1 Satz 4 AufenthG). Erforderlich ist daher eine Einzelfallprüfung, bei der die privaten Belange des Ausländers daraufhin zu überprüfen sind, ob sie das öffentliche Interesse an der alsbaldigen Beendigung eines ausreisepflichtigen Ausländers überwiegen. Als besondere Umstände, die eine Verlängerung nahelegen können, sieht Art. 7 Abs. 2 der Rückführungsrichtlinie die Aufenthaltsdauer, das Vorhandensein schulpflichtiger Kinder oder sozialer Bindungen vor. Die Einräumung einer längeren Ausreisefrist wird insbesondere dann zu erwägen sein, wenn sich ein Ausländer schon längere Zeit im Bundesgebiet aufhält und entsprechende Zeit zur Vorbereitung eines Wohnsitzwechsels benötigt. Die Ausreisefrist ist so zu bemessen, dass der Ausländer noch diejenigen wichtigen Angelegenheiten regeln kann, die seine Anwesenheit unbedingt erfordern[57]. Ist die Frist zur freiwilligen Ausreise abgelaufen, so darf der Abschiebungstermin nicht vorher angekündigt werden (§ 59 Abs. 1 Satz 7 AufenthG). Der Gesetzgeber will damit einer weitverbreiteten Übung einiger Bundesländer, den Abschiebungstermin vorher anzukündigen, mit der vorhersehbaren Folge eines Untertauchens, einen Riegel vorschieben. Die Geltendmachung von Duldungsgründen mit einem Antrag auf Erteilung einer Duldung wird dem Ausländer dadurch nicht abgeschnitten[58].

Die Fristsetzung muss *hinreichend klar* sein und dem Ausländer erkennbar machen, ab wann er mit einer Abschiebung zu rechnen hat. In Frage kommt sowohl die Nennung eines bestimmten Zeitpunkts als auch die Bezeichnung eines Zeitraums ab Zustellung, wobei im letzteren Falle für den Ausländer Unklarheiten auftreten können. Das Fristende darf nicht derart bestimmt werden, dass die Frist bereits abgelaufen ist, sobald der Betroffene den konkreten Zeitpunkt (Eintritt der Unanfechtbarkeit der Verfügung) erfährt. Der Fristablauf darf auch nicht in einen Zeitraum fallen, in dem der Ausländer noch nicht zur Ausreise verpflichtet ist[59]. Die Ausreisefrist wird unterbrochen, wenn die Vollziehbarkeit der Ausreisepflicht oder der Abschiebungsandrohung entfällt (§ 59 Abs. 1 Satz 5 AufenthG). Wird die Ausreisefrist wegen Wegfalls der Vollziehbarkeit der Ausreisepflicht oder Abschiebungsandrohung unterbrochen, so bedarf es nach Wiedereintritt der Vollziehbarkeit keiner erneuten Fristsetzung. Die Frist beginnt erneut zu laufen. Die Erteilung einer Duldung steht der Rechtmäßigkeit einer Ausreisefrist und der Abschiebungsandrohung als solcher nicht entgegen, da sie die Ausreisepflicht unberührt lässt; sie hemmt aber den Vollzug der Abschiebung und damit den Ablauf der Ausreisefrist. Das Bestehen von Duldungsgründen nach § 60 a oder Abschiebungsverboten (§ 59 Abs. 3 Satz 1) steht der Abschiebungsandrohung und der Fristsetzung nicht entgegen. Gegebenenfalls schließt sie aber den Vollzug der Abschiebungsandrohung nach Fristablauf aus. **1156**

Eine Möglichkeit, statt der in Abs. 1 bestimmten Ausreisefrist eine kürzere Frist vorzusehen oder von einer Fristsetzung gänzlich abzusehen, ist nach § 59 Abs. 1 Satz 2 AufenthG vorgesehen, wenn dies im Einzelfall zur Wahrung überwiegender öffentlicher Belange zwingend erforderlich ist. Als Beispielsfälle („insbesondere") sieht Abs. 1 Satz 1 Nr. 1 den begründeten Verdacht vor, dass der Ausländer sich der Abschiebung entziehen will oder zweitens von dem Ausländer eine **1157**

---

57  Vgl. für § 50 Abs. 2 a.F. OVG NRW v. 28.7.1967, DÖV 1967, 827; Hess. VGH v. 12.10.1990, NVwZ-RR 1991, 329.
58  Kritisch im Hinblick auf das Gebot des effektiven Rechtsschutzes *Bauer,* in: Bergmann/Dienelt, Ausländerrecht, § 59, Rn. 7.
59  Bayr. VGH v. 11.11.1983, EZAR 132 Nr. 1.

erhebliche Gefahr für die öffentliche Sicherheit oder Ordnung ausgeht. Liegen diese Voraussetzungen vor, so kann darüber hinaus auch von der Abschiebungsandrohung ganz abgesehen werden, wenn der Aufenthaltstitel nach § 51 Abs. 1 Nr. 3–5 AufenthG (Rücknahme, Widerruf des Aufenthaltstitels, Ausweisung) erloschen ist oder der Ausländer bereits entspr. § 77 AufenthG schriftlich auf das Bestehen seiner Ausreisepflicht hingewiesen worden ist. Der Ausländerbehörde kommt insoweit ein Beurteilungsspielraum bei der Einschätzung der Verfügbarkeit und Effektivität der in einem konkreten Fall denkbaren Möglichkeiten zur Wahrung des öffentlichen Interesses an der Rückführung ausreisepflichtiger Ausländer zu. Eine, wenn auch kurz bemessene Frist, wird in den Fällen des Abs. 1 Satz 2 dann in Betracht kommen, wenn die ansonsten anzunehmende spezifische Gefahr des Untertauchens oder der Begehung strafbarer Handlungen bei einer kurz bemessenen Frist als gering eingeschätzt werden kann.

**1158**  Für den gänzlichen Verzicht auf eine Fristsetzung bedarf es einer Prognose, dass ohne die sofortige Entfernung des Ausländers erhebliche Störungen der öffentlichen Ordnung und Sicherheit drohen, z. B. weil der begründete Verdacht besteht, dass ein Ausländer während einer ihm gewährten Frist mit Strafe bedrohte Handlungen begehen wird oder sich der Abschiebung entziehen wird, indem er untertaucht. Im Einzelnen ist umstritten, unter welchen Voraussetzungen von einem begründeten Verdacht des Untertauchens ausgegangen werden kann. Zu bejahen ist dies jedenfalls dann, wenn zusätzlich zur illegalen Einreise Verhaltensweisen hinzutreten, die eine Missachtung der Ausreisepflicht wahrscheinlich machen. Eine frühere Abschiebung kann diesen Verdacht begründen[60]. Der drohende Gültigkeitsablauf eines Passes, Passersatzes oder Sichtvermerks begründet nur dann den Verzicht auf eine Fristsetzung, wenn daraus zugleich konkrete Anhaltspunkte für eine Fluchtgefahr oder eine Absicht des Untertauchens abgeleitet werden kann. Dies setzt zusätzliche Anhaltspunkte, wie z. B. die Verletzung der Mitwirkungspflichten oder aktives Verhalten zur Vereitelung von Rückkehrmöglichkeiten voraus. Die Gefahr der fortdauernden illegalen Anwesenheit reicht dagegen nicht aus, um eine Ausnahme vom Grundsatz der Fristsetzung zu rechtfertigen. Die in der Richtlinie vorgesehene Ausnahmemöglichkeit bei Ablehnung eines Antrags auf einen Aufenthaltstitel als offensichtlich unbegründet oder missbräuchlich, kann eine Gefahr des Untertauchens oder der Vereitelung der Abschiebung begründen. Erforderlich sind aber auch hier Anhaltspunkte, die einen Verzicht auf den Grundsatz der freiwilligen Ausreise rechtfertigen. Für die Anordnung von Sicherungshaft aufgrund eines begründeten Verdachts, dass sich der Ausländer der Anordnung der Sicherungshaft entziehen wird (§ 62 Abs. 5 Nr. 3 AufenthG) hat der Gesetzgeber nunmehr in § 2 Nr. 14 AufenthG Kriterien für die Annahme konkreter Anhaltspunkte für eine Fluchtgefahr festgelegt. Diese Kriterien können im Hinblick auf die vergleichbare Interessenlage auch für die Auslegung von § 59 Abs. 1 Nr. 1 AufenthG herangezogen werden.

**1159**  Zu beachten ist darüber hinaus, dass nach Art. 7 Abs. 3 der Rückführungsrichtlinie die Mitgliedstaaten die Befugnis besitzen, für die Dauer der Frist für die freiwillige Ausreise einem Betroffenen bestimmte Verpflichtungen zur Vermeidung einer Fluchtgefahr aufzuerlegen, wie z. B. eine regelmäßige Meldepflicht bei den Behörden, die Hinterlegung einer angemessenen finanziellen Sicherheit, das Einreichen von Papieren oder die Verpflichtung, sich an einem bestimmten

---

60  Vgl. VGH BW, VBlBW 1986, 429, 430.

Ort aufzuhalten. Diese Bestimmungen sind ungeachtet einer nicht ausdrücklichen Übernahme in § 59 AufenthG Bestandteil des von den deutschen Ausländerbehörden zu prüfenden Maßnahmenkatalogs.

Sonderregeln für die Fristsetzung enthält entsprechend den Richtlinienbestimmungen § 59 Abs. 5 und Abs. 7. Für die Abschiebung aus der Haft oder dem öffentlichen Gewahrsam bedarf es in den Fällen des § 58 Abs. 3 Nr. 1 (richterliche Haftanordnung zur Überwachung der Ausreise) keiner Fristsetzung. In diesem Fall wird die Abschiebung ohne Fristsetzung eine Woche vorher angekündigt. Ist ein Ausländer Opfer einer in § 25 Abs. 4 a Satz 1 oder in § 25 Abs. 4 b Satz 1 genannten Straftat, wird eine Ausreisefrist nach Maßgabe der Funktion des Aufenthaltsrechts, die Aussagebereitschaft zu ermöglichen, festgesetzt. Die Ausreisefrist beträgt in diesem Fall mindestens drei Monate. Unter den in Abs. 7 Satz 3 genannten Voraussetzungen kann von der Festsetzung einer Ausreisefrist abgesehen, diese aufgehoben oder verkürzt werden, wenn der Ausländer entweder die öffentliche Sicherheit und Ordnung oder sonstige erhebliche Interessen der Bundesrepublik Deutschland beeinträchtigt oder wieder Verbindungen zu der ihn ins Bundesgebiet schleusenden Organisation aufgenommen hat. **1160**

Entsprechend den Grundprinzipien der Rückführungsrichtlinie 2008/115 muss zwischen Abschiebungsandrohung und Fristsetzung unterschieden werden. Um gänzlich von einer Abschiebungsandrohung absehen zu können, müssen (auch wenn keine Frist gesetzt wird) zusätzlich die in § 59 Abs. 1 Satz 3 AufenthG genannten Voraussetzungen vorliegen. Die Vorschrift ist auf dem Hintergrund der Rückführungsrichtlinie auszulegen. Danach ist ein Absehen vom Erfordernis einer Rückkehrentscheidung gegen illegal aufhältige Drittstaatsangehörige grundsätzlich nur in den Fällen zulässig, in denen entweder die Richtlinie fakultativ keine Anwendung findet, wie im Falle der Zurückschiebung oder Abschiebung aus der Haft, oder ausdrücklich eine Ausnahme in der Richtlinie vorgesehen ist, wie z. B. bei Wiederaufnahme durch einen anderen Mitgliedstaat oder Erteilung eines humanitären Aufenthaltstitels. Für Ausnahmen von der Fristsetzung sieht Art. 7 Abs. 4 der Rückführungsrichtlinie eine Reihe abschließend umschriebener Ausnahmen vor, die für die Auslegung der entsprechenden Bestimmungen von Abs. 1 Satz 2 bei Zweifelsfragen heranzuziehen sind. **1161**

Eine mangelnde oder zu kurz angesetzte Fristsetzung ist fehlerhaft und gegebenenfalls auf eine Anfechtungsklage hin aufzuheben[61]. Ausreisefrist und Abschiebungsandrohung sind rechtlich getrennt und können daher jeweils Gegenstand gerichtlicher Nachprüfung sein. Eine fehlerhafte Fristsetzung wirkt sich aber insoweit auf die Abschiebungsandrohung aus, als diese mangels zwingend vorgeschriebener Fristsetzung unvollständig und damit nicht vollziehbar ist[62]. Wird die Abschiebungsandrohung ohne Fristsetzung bestandskräftig, so steht die Rechtmäßigkeit und Entbehrlichkeit einer Fristsetzung zwischen den Beteiligten fest[63]. **1162**

> **Lösung Fall 46:** Die Abschiebungsandrohung müsste den Voraussetzungen des § 59 AufenthG entsprechen. Nach Absatz 1 ist die Abschiebung schriftlich unter Bestimmung einer Ausreisefrist anzudrohen. Die Fristsetzung muss hinreichend klar sein und dem Ausländer erkennbar machen, ab wann er mit einer Abschiebung zu rechnen

---

61　Vgl. BVerwG v. 26.2.1980, EZAR 122 Nr. 7; VGH BW v. 7.2.1991, VBlBW 1991, 299.
62　*Bauer,* in: Bergmann/Dienelt, § 59, Rn. 24–25.
63　BVerwG v. 29.4.1983, EZAR 130 Nr. 2.

hat. Die Ausländerbehörde muss also einen bestimmten Zeitpunkt angeben oder aber einen bestimmten Zeitraum bezeichnen, wobei der Fristbeginn deutlich erkennbar sein muss. Letzteres ist hier nicht der Fall, denn für I ist nicht ersichtlich, wann die Monatsfrist zu laufen beginnt Mangels wirksamer Fristsetzung ist die Abschiebungsandrohung rechtswidrig.

**1163**    **e) Keine Abschiebungsverbote**

> **Fall 46 a:** Der vollziehbar ausreisepflichtige Afghane A wendet gegen seine bevorstehende Abschiebung ein, er gehöre einem Clan an, der wesentlich seine Lebensgrundlage durch Anbau von Opium sichere. Dies werde zwar in Afghanistan faktisch von den Behörden weitgehend toleriert; da aber ein konkurrierender Clan die Kontrolle über die Polizei erlangt habe, sei es bereits zu gewaltsamen Auseinandersetzungen und Verhaftungen gekommen, die regelmäßig tödlich geendet hätten. Als lokaler Clanchef sei er besonders im Fokus der Polizei.
> Außerdem drohe in der Region, in der er wohne, die ständige Gefahr von Terroranschlägen.
> Kann A nach Afghanistan abgeschoben werden?

**1164**    **aa) Systematik.** § 60 AufenthG regelt, unter welchen Voraussetzungen ein Ausländer nicht in einen Staat abgeschoben werden darf. Grundsätzlich steht das Vorliegen von Abschiebungsverboten dem Erlass einer Abschiebungsandrohung nicht entgegen (§ 59 Abs. 3 AufenthG). Das ergibt sich daraus, dass die Abschiebungsandrohung die allgemeine Ausreisepflicht konkretisiert, ohne sich notwendigerweise auf einen bestimmten Zielstaat der Abschiebung festzulegen. Abschiebungsverbote sind dagegen auf einen bestimmten Zielstaat bezogen. Das Vorliegen oder Nichtvorliegen eines Abschiebungsverbots in Bezug auf einen bestimmten Staat schließt daher die Zwangsweise Rückführung in einen anderen Staat als denjenigen, in dem einem Ausländer die in § 60 AufenthG geregelten Gefahrensituationen bestehen, nicht aus. Darin unterscheidet sich auch die Gewährung einer internationalen Schutzberechtigung wegen Verfolgung oder Schadenszufügung im Herkunftsstaat eines Asylbewerbers, die einen Rechtstatus mit Bleiberecht beinhaltet von einem „bloßen" Abschiebungsverbot, das keine aufenthaltsrechtliche Stellung beinhaltet, sondern lediglich unter den Voraussetzungen einer allgemeinen Unmöglichkeit der Abschiebung eine Duldung begründet (§ 60a).

**1165**    Die Abschiebung eines Ausländers kommt nach § 60 AufenthG nicht in Betracht, wenn Abschiebungsverbote oder Abschiebungshindernisse bestehen. Ein Abschiebungsverbot besteht nach § 60 Abs. 1 AufenthG, wenn die Abschiebung in einen Staat erfolgen soll, in dem sein Leben oder seine Freiheit wegen seiner Rasse, Religion, Staatsangehörigkeit, seiner Zugehörigkeit zu einer bestimmten sozialen Gruppe oder wegen seiner politischen Überzeugung bedroht ist. Ein weiteres wichtiges Abschiebungsverbot ergibt sich aus der Erfüllung der Voraussetzungen für die Gewährung subsidiären Schutzes nach § 60 Abs. 2 AufenthG (Gefahr eines ernsthaften Schadens). Danach ist subsidiär schutzberechtigt, wem in seinem Heimatland die Gefahr der a) Verhängung oder Vollstreckung der Todesstrafe, b) Folter oder unmenschliche oder erniedrigende Behandlung oder Bestrafung oder c) eine ernsthafte individuelle Bedrohung des Lebens oder der Unversehrtheit als Zivilperson infolge willkürlicher Gewalt im Rahmen eines internationalen oder innerstaatlichen bewaffneten Konflikts droht[64]. Auf die Vo-

---

64  Ausführlich zu den Abschiebungsverboten des § 60 Abs. 2 bis 7 AufenthG s. Rn. 1295 ff.

raussetzungen für eine internationale Schutzberechtigung kann insoweit für die Reichweite eines Abschiebungsverbots verwiesen werden. Weitere Abschiebungshindernisse enthalten Absatz 3 (konkrete Gefahr der Todesstrafe), Absatz 4 (Auslieferungsersuchen), Absatz 5 (Schutz durch die EMRK) und Absatz 7 (erhebliche, individuell konkrete Gefahr für Leib oder Leben). Die allgemeine Gefahr einer nach der Rechtsordnung eines anderen Staates gesetzmäßigen Bestrafung ist in der Regel nicht ausreichend (Absatz 6). Absatz 8 und Absatz 9 regeln Ausschlussgründe und deren Folgewirkungen. Absatz 10 regelt die Konsequenzen des Vorliegens eines Abschiebungsverbots für den Erlass einer Abschiebungsandrohung.

Nach § 60 Abs. 8 Satz 1 AufenthG findet Absatz 1 (Abschiebungsverbot von Flüchtlingen) keine Anwendung, wenn der Ausländer aus schwerwiegenden Gründen als eine Gefahr für die Sicherheit der Bundesrepublik Deutschland anzusehen ist oder eine Gefahr für die Allgemeinheit bedeutet, weil er wegen eines Verbrechens oder besonders schweren Vergehens rechtskräftig zu einer Freiheitsstrafe von mindestens drei Jahren verurteilt worden ist[65]. Unterhalb dieser Schwelle ist mit Inkrafttreten des Gesetzes zur erleichterten Ausweisung und zum erweiterten Ausschluss der Flüchtlingsanerkennung bei straffälligen Asylbewerbern v. 11.3.2016 nach § 60 Abs. 8 Satz 3 AufenthG eine Ausnahme vom Abschiebungsschutz nach Abs. 1 nach Ermessen der Ausländerbehörde möglich bei einer oder mehrerer vorsätzlicher Straftaten gegen das Leben, die körperliche Unversehrtheit, die sexuelle Selbstbestimmung, das Eigentum oder wegen Widerstands gegen Vollstreckungsbeamte, sofern eine Freiheitsstrafe von mindestens einem Jahr verhängt wurde und die Straftat mit Gewalt, unter Anwendung von Drohung mit Gefahr für Leib oder Leben oder mit List begangen wurde. Sind diese Voraussetzungen gegeben, können dem Ausländer jedoch die Abschiebungshindernisse der Absätze 2 bis 7 zugutekommen. **1166**

Mit der Umsetzung des unionsrechtlichen Konzepts des „internationalen Schutzes", das sowohl die Zuerkennung des Flüchtlingsstatus als auch die subsidiäre Schutzberechtigung umfasst[66], im Asylgesetz (§§ 3–4) hat das System der Abschiebungsverbote in § 60 AufenthG insoweit an Bedeutung für die aufenthaltsrechtliche Stellung eines Flüchtlings verloren, als über den Flüchtlingsstatus im Sinne der Genfer Konvention und die subsidiäre Schutzberechtigung (§ 60 Abs. 1 und 2) ausschließlich im Asylverfahren entschieden wird. Bei Zuerkennung des Status entsteht ein Anspruch auf Erteilung einer Aufenthaltserlaubnis nach § 25 Abs. 1 oder 2. Als „nationale Abschiebungsverbote" haben die in § 60 Abs. 5 und 7 AufenthG geregelten Bedrohungssituationen, die über das Unionsrecht hinausgehenden humanitären Schutz gewähren, eigenständige aufenthaltsrechtliche Bedeutung. Aufenthaltsrechtlich werden sie mit § 25 Abs. 3 AufenthG erfasst. In der Regel stellt sich daher die Frage eines Abschiebungsschutzes nur in den Fällen, in denen ausnahmsweise ein Anspruch auf Erteilung einer Aufenthaltserlaubnis nicht besteht oder die Aufenthaltserlaubnis z. B. infolge einer Ausweisung erloschen ist. **1167**

**bb) Verhängung oder Vollstreckung der Todesstrafe (§ 60 Abs. 3 AufenthG).** Die Gefahr der Verhängung oder Vollstreckung der Todesstrafe im Herkunftsland **1168**

---

65  Satz 2 eingefügt durch das Terrorismusbekämpfungsgesetz v. 9.1.2002.
66  S. unten § 11 II.

eines Asylbewerbers begründet nach § 4 Abs. 1 Nr. 1 eine subsidiäre Schutzberechtigung. Für die Voraussetzungen des § 60 Abs. 3 AufenthG kann auf die Ausführungen zu § 4 Abs. 1 Nr. 1 AsylG verwiesen werden.

**1169**    cc) **Auslieferung (§ 60 Abs. 4 AufenthG).** *§ 60 Abs. 4* AufenthG sichert den Vorrang des Auslieferungsverfahrens vor der Abschiebung[67]. Der Auslieferungsschutz, den Ausländer aufgrund von § 6 IRG oder entsprechender Regelungen in Auslieferungsverträgen genießen, darf nicht durch aufenthaltsbeendende Maßnahmen umgangen werden. Solange ein Auslieferungsantrag nicht vom zuständigen OLG entschieden ist, kommt eine Abschiebung nicht in Betracht[68]. Das Abschiebungshindernis ist formaler Art; eine Prüfung der Gründe, aus denen die Auslieferung erfolgen soll, ist daher nicht erforderlich. Nach Abschluss des Auslieferungsverfahrens entfaltet das Abschiebungshindernis keine Wirkung mehr. Die Ausländerbehörde hat in eigener Zuständigkeit das Vorliegen sonstiger Abschiebungshindernisse zu prüfen, wobei im Falle einer Ablehnung des Auslieferungsersuchens die Erkenntnisse des Auslieferungsverfahrens Berücksichtigung finden können.

**1170**    dd) **Abschiebungsverbote der EMRK (§ 60 Abs. 5 AufenthG).** § 60 Abs. 5 AufenthG verbietet die Abschiebung, soweit sich aus der Anwendung der EMRK ergibt, dass die Abschiebung unzulässig ist. Soweit eine Gefahr unmenschlicher Behandlung im Herkunftsstaat eines Asylbewerbers besteht, sind die Voraussetzungen für die Gewährung subsidiären Schutzes erfüllt und es besteht normalerweise ein Anspruch auf Erteilung einer Aufenthaltserlaubnis nach § 25 Abs. 2 AufenthG. Ein Abschiebungsschutz nach § 60 Abs. 5 greift jedoch ein, wenn eine Abschiebung in einen Drittstaat droht oder die Voraussetzungen für eine subsidiäre Schutzberechtigung nicht erfüllt sind, z. B. weil es an einer einem Staat zurechenbaren Verantwortlichkeit für unmenschliche Existenzbedingungen fehlt oder eine Abschiebung in einen Drittstaat vorgenommen werden soll[69]. Abs. 6 stellt klar, dass die allgemeine Gefahr, dass einem Ausländer in einem anderen Staat Strafverfolgung und Bestrafung drohen können und die konkrete Gefahr einer nach der Rechtsordnung eines anderen Staates gesetzmäßigen Bestrafung der Abschiebung nicht entgegenstehen.

**1171**    § 60 Abs. 5 AufenthG hat deklaratorischen Charakter, soweit er die bereits nach Völkerrecht bestehende Verpflichtung der Bundesrepublik Deutschland wiederholt, die sich aus der EMRK ergebenden Abschiebungshindernisse zu beachten[70]. Anders als die Gefahr von Folter oder unmenschlicher oder erniedrigender Behandlung oder Strafe fällt ein anderweitiges, sich aus der EMRK ergebendes Abschiebungsverbot nicht in den Anwendungsbereich der RL 2011/95 und des § 4 Abs. 1 AsylG und begründet damit keinen internationalen Schutz. § 60 Abs. 5 AufenthG verbleibt insoweit im Wesentlichen ein Anwendungsbereich als „nationales Abschiebungsverbot", soweit die Bundesrepublik Deutschland kraft ihrer völkerrechtlichen Pflichten als Vertragsstaat der EMRK zur Schutzgewährung verpflichtet ist.

---

67   BT-Drs. 11/6321 zu § 53 AuslG 1990.
68   Vgl. § 12 f. IRG; zu den verfassungsrechtlichen Grenzen der Auslieferung vgl. *Graßhof/Backhaus*, EuGRZ 1996, 445 f.
69   Zum subsidiären Schutz siehe unten § 11 III.
70   BT-Drs. 11/6321 zu § 53 AuslG 1990.

Nach der Rechtsprechung des BVerwG ist die Abschiebung eines Ausländers in **1172** einen Staat, der nicht Mitglied des Europarates und Unterzeichner der EMRK ist, sowohl dann unzulässig, wenn ihm dort eine unmenschliche oder erniedrigende Strafe oder Behandlung im Sinne des Art. 3 EMRK droht[71], als auch dann, wenn andere als in Art. 3 EMRK verbürgte, von allen Vertragsstaaten als grundlegend anerkannte Menschenrechtsgarantien in ihrem Kern bedroht sind[72]. Dies ist allerdings nur in krassen Fällen anzunehmen, wenn nämlich die drohenden Beeinträchtigungen von ihrer Schwere her dem vergleichbar sind, was wegen menschenunwürdiger Behandlung zu einem Abschiebungsverbot nach Art. 3 EMRK führt[73]. Bei § 60 Abs. 5 AufenthG handelt es sich daher seit Inkrafttreten des EU-Richtlinienumsetzungsgesetzes letztlich nur noch um einen Auffangtatbestand, der in der Praxis kaum Anwendung finden wird. Das Recht auf Achtung des Privat- und Familienlebens nach Art. 8 EMRK wird im Allgemeinen von § 60 Abs. 5 AufenthG nicht umfasst, da nach dem BVerwG nur zielstaatsbezogene Abschiebungshindernisse erfasst werden. Die Trennung der Familie stellt jedoch einen inlandsbezogenen Sachverhalt dar, der von den Ausländerbehörden vor der Abschiebung zu prüfen ist (§ 60 a Abs. 2 AufenthG).

**ee) Erhebliche konkrete Gefahr für Leib, Leben oder Freiheit (§ 60 Abs. 7 Auf- 1173 enthG).** Von der Abschiebung soll ferner abgesehen werden, wenn dort für diesen Ausländer eine erhebliche konkrete Gefahr für Leib, Leben oder Freiheit besteht. Gefahren, denen die Bevölkerung oder die Bevölkerungsgruppe, der der Ausländer angehört, allgemein ausgesetzt sind, schließen im Allgemeinen die Berufung auf Abs. 7 Satz 1 aus (Abs. 7 Satz 2). Sie sind (nur) über Anordnungen nach § 60 a Abs. 1 Satz 1 berücksichtigungsfähig. Aus der „Sperrklausel" des Satz 2 folgt der Ausschluss der Berufung auf das Abschiebungsverbot nach Abs. 7 Satz 1, ohne Rücksicht darauf, ob die zuständigen Landesbehörden einen allgemeinen Abschiebestopp für die betreffende Bevölkerungsgruppe erlassen haben oder nicht[74]. Allgemein schwierige Lebensbedingungen aufgrund einer katastrophalen wirtschaftlichen und sozialen Situation, die mit Mangelerscheinungen wie etwa Obdachlosigkeit, Unterernährung oder unzureichender medizinischer Versorgung verbunden sind, begründen daher regelmäßig nur eine allgemeine Gefahr i. S. d. Abs. 7 Satz 2, die nur aufgrund einer politischen Leitentscheidung nach § 60 a Abs. 1 Satz 1 zu einem Abschiebungsschutz führt.

Durchbrochen wird die Sperrwirkung des Satz 2, wenn dies zur Vermeidung ei- **1174** ner verfassungswidrigen Schutzlücke erforderlich ist[75]. Die drohenden Gefahren müssen nach Art, Ausmaß und Intensität von einem solchen Gewicht sein, dass sich daraus bei objektiver Betrachtung für den Ausländer die begründete Befürchtung ableiten lässt, selbst in erheblicher Weise ein Opfer der extremen allgemeinen Gefahrenlage zu werden[76]. Nur bei „hoher Wahrscheinlichkeit" des Gefahreneintritts, d. h. „wenn der Ausländer gleichsam sehenden Auges dem Tode

---

71  Im Anschluss an die st. Rspr. des EGMR seit der Entscheidung v. 7.7.1989 im Fall *Soering/Vereinigtes Königreich*, 1/1989/161/217, EuGRZ 1989, 314; s. hierzu oben unter Rn. 1301.
72  BVerwG v. 7.12.2004, NVwZ 2005, 704 – *Kaplan.*
73  Vgl. BVerwG v. 24.5.2000, BVerwGE 111, 223; BVerwG v. 20.1.2004, BVerwGE 120, 16 ff.; BVerwG v. 8.4.2004, Buchholz 402 240 zu § 53 AuslG Nr. 77.
74  BVerwG v. 13.6.2013 – 10 C 13/12, NVwZ 2013, 388, Rn. 13.
75  BVerwG v. 24.6.2008 – 10 C 43/07, BVerwGE 131, 198, Rn. 32; v. 8.9.2011 – 10 C 14/10, BVerwGE 140, 319, Rn. 11 u. 20.
76  BVerwG v. 8.9.2011 – 10 C 14.10, BVerwGE 140, 319, Rn. 23.

oder schwersten Verletzungen ausgeliefert würde" ist die Grenze erreicht, ab der die Abschiebung in den Heimatstaat verfassungsrechtlich unzumutbar erscheint. Außerdem müssen sich diese Gefahren alsbald nach der Rückkehr realisieren.

**1175** Eine erhebliche konkrete Gefahr für Leib oder Leben i. S. d. Abs. 7 Satz 1 kann sich auch daraus ergeben, dass ein schwer erkrankter Ausländer als Folge einer Abschiebung eine gravierende Verschlechterung seines Gesundheitszustand zu befürchten hat[77]. Eine unzureichende medizinische Versorgungslage ist aber nur relevant bei akut behandlungsbedürftigen Vorerkrankungen oder in Fällen, in denen aufgrund der allgemeinen Lebensverhältnisse mit einer entsprechend hohen Wahrscheinlichkeit eine lebensbedrohliche Erkrankung zu erwarten ist, für die dann faktisch kein Zugang zu medizinischer Versorgung besteht[78].

**1176** Die durch das Gesetz zur Einführung beschleunigter Asylverfahren v. 11.3.2016 in Abs. 7 eingefügten Sätze 3–5 stellen klar, dass nur eine lebensbedrohliche oder schwerwiegende Erkrankung ein Abschiebungshindernis begründen kann, wenn als Folge der Abschiebung eine erhebliche Verschlimmerung der Krankheit droht. Dies entspricht im Wesentlichen der bisherigen deutschen und EuGH-Rechtsprechung[79]. Auch das Erfordernis der schwerwiegenden bzw. äußerst gravierenden Natur einer Erkrankung[80] lässt sich damit begründen, dass Erkrankungen nur dann einer Abschiebung entgegengesetzt werden können, wenn sie eine erhebliche konkrete Gefahr für Leib oder Leben begründen. Auch unionsrechtlich kann ein Ausländer, der von einer Abschiebung betroffen ist, aus einer Krankheit grundsätzlich kein Recht auf Verbleib ableiten, um weitere medizinische, soziale oder andere Hilfe oder Unterstützung durch diesen Staat zu erhalten. Jedoch kann „in absoluten Ausnahmefällen" die Abschiebung in ein Land, in dem keine angemessenen Behandlungsmöglichkeiten bestehen, ein Abschiebungshindernis nach Art. 5 RL 2008/115 begründen, wenn sie zu einer schweren und irreversiblen Verschlechterung des Gesundheitszustandes eines Ausländers führt.

**1177** Abs. 7 Satz 4, wonach eine ausreichende medizinische Versorgung „in der Regel" vorliegt, wenn diese nur in einem Teil des Zielstaates gewährleistet ist, entspricht daher dem schon bisher geltenden Grundsatz, dass ein Abschiebungshindernis aus unzureichender medizinischer Behandlung nur dann angenommen werden kann, wenn diese im Zielstaat nicht verfügbar ist, oder weil diese Behandlung zwar allgemein zur Verfügung steht, dem betroffenen Ausländer jedoch individuell nicht zugänglich ist[81]. Die Aussage des Satz 4, dass die medizinische Versorgung im Zielstaat nicht mit derjenigen im Bundesgebiet gleichwertig sein muss, entspricht ebenfalls etablierter Rechtsprechung. Der Abschiebungs-

---

77 BVerwG v. 2.9.1997, DVBl 1998, 271; v. 11.11.1997, BVerwGE 105, 322; v. 25.11.1997, BVerwGE 105, 383; OVG NS v. 28.1.1999, AuAS 1999, 100; OVG NW v. 24.1.2005, NVwZ-RR 2005, 507, zum Umfang der gerichtlichen Sachaufklärung; v. 24.5.2005 – 14 A 1814/05.A, zu Behandlungsmöglichkeiten im Kosovo bei krankheitsbedingter Suizidgefahr; VG Freiburg v. 15.6.2005 – 1 K 11832/03.
78 BVerwG v. 31.12.2013 – 10 C 15.12, Rn. 39; v. 25.10.2012 – 10 B 20.12, Rn. 14.
79 BVerwG v. 17.10.2006 – 1 C 18.05, BVerwGE 127, 33); EuGH v. 18.12.2014, Rs. C-562/13, *Abida*; vgl. auch *Thym*, NVwZ 2016, 409.
80 BT-Drs. 18/7538, S. 18.
81 BVerwG v. 29.4.2002 – 1 B 59.02; v. 29.10.2002, DVBl 2003, 462; vgl. auch OVG NRW v. 8.2.2005 – 8 A 59/04.A, Behandlung von Epilepsie in der Türkei.

schutz dient daher nicht dazu, eine bestehende Erkrankung optimal zu behandeln oder die Heilungschancen zu verbessern[82].

Posttraumatische Belastungsstörungen oder andere schwerwiegende psychische    **1178**
Erkrankungen können nur in Ausnahmefällen bei unzureichenden Behandlungsmöglichkeiten im Heimatland dann zu einem Abschiebungsverbot führen, wenn die konkrete erhebliche Gefahr besteht, dass sich die Krankheit des ausreisepflichtigen Ausländers alsbald nach seiner Rückkehr in seinen Heimatstaat wesentlich oder gar lebensbedrohlich verschlechtern wird[83]. Schlaf- und Konzentrationsstörungen oder Beeinträchtigungen der allgemeinen Befindlichkeit als Folge depressiver Schübe reichen daher im Allgemeinen nicht mehr aus, um ein Abschiebungshindernis zu begründen. Die Gesetzesbegründung geht davon aus, dass eine hinreichend schwerwiegende Erkrankung in Fällen von PTBS regelmäßig nicht angenommen werden kann[84]. In Fällen einer PTBS ist daher die Abschiebung regelmäßig möglich, es sei denn, sie führt zu einer wesentlichen Gesundheitsgefährdung bis hin zu einer Selbstgefährdung. Das fachärztliche Attest muss detailliert Aufschluss über die Schwere der gesundheitlichen Beeinträchtigung, deren Behandlungsbedürftigkeit sowie den bisherigen Behandlungsverlauf geben[85].

Wird eine extreme Gefahrenlage im Hinblick auf die wirtschaftlichen und sozia-    **1179**
len Lebensbedingungen geltend gemacht, so ist ein strenger Maßstab im Hinblick auf die tatsächlichen Grundlagen anzuwenden. Weitergehende Schutzpflichten aus den Grundrechten ergeben sich nur dort, wo der Abschiebungsvorgang selbst Grundrechte des GG tangiert. Diese Schranken sind im Rahmen von Entscheidungen über eine Duldung nach § 60 a AufenthG zu berücksichtigen. Ausländer dürfen durch den Abschiebungsvorgang keinen grundrechtsrelevanten Beeinträchtigungen ausgesetzt werden, ohne Rücksicht darauf, ob die Beeinträchtigung die Schwelle der unmenschlichen Behandlung erreicht. Beispielhaft können erwähnt werden eine bevorstehende Entbindung und Gefahr der Fehlgeburt, gesundheitliche Risiken eines Transports, die Notwendigkeit einer akut ärztlichen Behandlung, u. U. akute Suizidgefahr[86].

Unter welchen Voraussetzungen allgemeine Gefahren von Verfassungs wegen zu    **1180**
einem Abschiebungsverbot führen, entzieht sich nach der höchstrichterlichen Rechtsprechung einer rein quantitativen oder statistischen Betrachtung und hängt von den Umständen des Einzelfalles ab[87]. Die drohenden Gefahren müssen jedoch nach Art, Ausmaß und Intensität von einem solchen Gewicht sein, dass sich daraus bei objektiver Betrachtung für den Ausländer die begründete Furcht ableiten lässt, selbst in erheblicher Weise ein Opfer der extremen allgemeinen Gefahrenlage zu werden. Das BVerwG geht dabei bezüglich der Wahrscheinlichkeit des Eintritts der drohenden Gefahren von einem im Vergleich zum Prognose-

---

82  Vgl. z. B. VG Arnsberg v. 23.3.2016 – 5L 242/16; OVG NRW v. 27.6.2006 – 18 B 586/06.
83  Vgl. hierzu OVG NRW v. 6.9.2004, NVwZ-RR 2005, 359; v. 23.1.2001 – 13 A 5340/00.
84  BT-Drs. 18/7538, S. 18.
85  BayVGH v. 22.8.2014 – 5 C 14.1644, Rn. 5 unter Verweis auf BVerwG v. 26.7.2012 – 10 B21.12; VGH BW v. 11.11.2014 – 11 S 1778/14, DVBl. 2015, 118; vgl. VG Augsburg v. 1.2.2016 – 5 K 15.30408; VG Düsseldorf v. 23.11.2015 – 17 L 3729/15 A, Rn. 44.
86  Zur Suizidgefahr als Grund für eine einstweilige Anordnung im Verfassungsbeschwerdeverfahren vgl. auch BVerfG v. 26.2.1998, InfAuslR 1998, 241; v. 9.2.1995, EuGRZ 1995, 99; v. 23.3.1995, InfAuslR 1995, 246.
87  BVerwG v. 29.6.2010 – 10 C 10/09, NVwZ 2011, 48 Rn. 15 ff.

maßstab der beachtlichen Wahrscheinlichkeit erhöhten Maßstab aus. Die Gefahren müssen daher dem Ausländer mit hoher Wahrscheinlichkeit drohen[88]. Dieser Wahrscheinlichkeitsgrad markiert die Grenze, ab der die Abschiebung verfassungsrechtlich unzumutbar ist. Dies ist schon in der früheren Rechtsprechung mit der Formulierung umschrieben worden, dass die Abschiebung dann ausgesetzt werden muss, wenn der Ausländer ansonsten „gleichsam sehenden Auges dem sicheren Tod oder schwersten Verletzungen ausgeliefert würde"[89]. Ferner müssen sich die Gefahren alsbald nach der Rückkehr realisieren. Das bedeutet nicht, dass im Falle der Abschiebung der Tod oder schwerste Verletzungen sofort, gewissermaßen noch am Tag der Abschiebung eintreten müssen. Es reicht beispielsweise aus, wenn der Ausländer mangels jeglicher Lebensgrundlage dem baldigen sicheren Hungertod ausgeliefert wäre[90].

**1181** Erforderlich ist eine Gesamtprognose, mit der die Lebensbedingungen und die sich daraus ergebenden Risiken anhand des hohen Wahrscheinlichkeitsmaßstabs insgesamt gewürdigt werden. Es reicht nicht aus, wenn für einzelne Gefahren für den jeweiligen Teilbereich eine hohe Eintrittswahrscheinlichkeit festgestellt wird. Eine hohe Wahrscheinlichkeit hinsichtlich der Verwirklichung jedes Einzelglieds einer Kausalkette rechtfertigt ohne wertende Gesamtbetrachtung nicht zwingend den Schluss, dass das am Ende stehende Ergebnis ebenfalls mit dem gleichen hohen Wahrscheinlichkeitsgrad eine extreme Gefahrenlage begründet.

**1182** § 60 a Abs. 1 AufenthG ermöglicht einen Abschiebungsschutz für bestimmte Ausländergruppen ohne Rücksicht auf das Vorliegen einer individuellen Gefährdung aufgrund einer politischen Entscheidung der obersten Landesbehörde[91]. Mit § 60 a Abs. 1 AufenthG soll eine größere Rechtssicherheit und eine Koordinierung zur Erreichung eines Mindestmaßes an bundeseinheitlicher Abschiebepraxis erreicht werden. Generelle Aussetzungsregelungen werden grundsätzlich auf die Dauer von sechs Monaten beschränkt. Für eine längere Zeitdauer ist das Einvernehmen des Bundesministeriums des Innern erforderlich (§ 23 Abs. 1 AufenthG), da Aussetzungsanordnungen eine über das jeweilige Bundesland hinausreichende Bedeutung für Bund und Länder haben. Anordnungen nach § 60 a Abs. 1 AufenthG erlangen als Verwaltungsvorschrift Verbindlichkeit nicht erst nach einer gleichmäßigen Anwendung in der Verwaltungspraxis wie ermessenssteuernde Richtlinien, sondern sie begründen mit ihrem Erlass einen Anspruch auf vorübergehende Aussetzung der Abschiebung.

> **Lösung Fall 46 a:** Gem. § 60 Abs. 7 Satz 1 AufenthG soll von der Abschiebung eines Ausländers in einen anderen Staat abgesehen werden, wenn dort für diesen Ausländer eine erhebliche konkrete Gefahr für Leib, Leben oder Freiheit besteht. Gefahren in diesem Staat, denen die Bevölkerung oder die Bevölkerungsgruppe, der der Ausländer angehört, allgemein ausgesetzt ist, werden dagegen bei der Entscheidung der obersten Landesbehörde über einen Abschiebestopp nach § 60 a Abs. 1 AufenthG berücksichtigt. Nach der Rechtsprechung des BVerwG ist ein Abschiebungsschutz unabhängig von der Anordnung eines generellen Abschiebestopps nur dann zu gewähren, wenn die oberste Landesbehörde trotz einer extremen allgemeinen Gefahrenlage, die jeden einzelnen Ausländer im Fall einer Abschiebung gleichsam sehenden Auges dem sicheren Tode oder schweren Verletzungen preisgeben würde, von der Ermächtigung, einen

---

88  BVerwG v. 29.6.2010 – 10 C 10/09, Rn. 15.
89  Vgl. BVerwG v. 12.7.2001 – 1 C 5.01, BVerwGE 117, 1, 9.
90  BVerwG v. 29.6.2010, a. a. O., Rn. 15.
91  S. zur Duldung gem. § 60 a AufenthG unter Rn. 624 ff.

Abschiebestopp zu verfügen, keinen Gebrauch gemacht hat. Das BVerwG stellt jedoch strenge Anforderungen an den Nachweis einer solchen Gefährdungslage. Ein Hinweis auf typische Bürgerkriegsgefahren reicht regelmäßig nicht aus, um eine derartige extreme allgemeine Gefahrenlage zu begründen[92]. Auch die infolge von Terroranschlägen bestehende allgemeine Lebensgefahr reicht nicht aus, um ein Abschiebungsverbot nach Abs. 7 Satz 1 zu begründen, sofern der Ausländer keiner spezifischen Zielgruppe angehört[93]. A kann daher nach Afghanistan abgeschoben werden.

**f) Gesetzte Ausreisefrist abgelaufen.** Schließlich ist Voraussetzung für die Ab-    **1183** schiebung, dass die dem Ausländer gesetzte Frist abgelaufen ist, ohne dass dieser das Bundesgebiet verlassen hat. Läuft die Ausreisefrist ab, ohne dass der Ausländer freiwillig ausgereist ist, berührt dies die Rechtmäßigkeit der Abschiebungsandrohung nicht. Dabei kommt es nicht darauf an, ob dem Ausländer die Ausreise aus tatsächlichen Gründen unmöglich war. Vielmehr ist gerade der Fristablauf Voraussetzung für die Abschiebung. Gegenstandslos werden Abschiebungsandrohung und Ausreisefrist nur, wenn die Ausreisepflicht entfällt. Entfällt die Vollziehbarkeit der Ausreisepflicht oder der Abschiebungsandrohung, so wird lediglich die Ausreisefrist unterbrochen. Gegenstandslos wird die Abschiebungsandrohung, wenn die Ausreisepflicht entfällt, weil dem Betroffenen vor Ablauf der Frist ein Aufenthaltsrecht gewährt wird[94]. Mit der förmlichen Stellung eines Asylantrags, der zu einer Aufenthaltsgestattung führt, entfällt die Ausreisepflicht. Das Bundesamt wird zum Erlass einer Abschiebungsandrohung bei negativer Bescheidung des Asylantrags ausschließlich zuständig[95]. Ein formloses Asylgesuch löst diese Wirkung jedoch nicht aus, wenn ein Ausländer innerhalb von zwei Wochen, nachdem er um Asyl nachgesucht hat, keinen förmlichen Asylantrag gestellt hat, sofern ihm dies möglich war (vgl. § 67 Abs. 1 Nr. 2 AsylG). Auch die Stellung eines Folgeantrags, der nicht zur Durchführung eines weiteren Verfahrens führt, beseitigt die Wirkungen der Abschiebungsandrohung und Fristsetzung nicht[96].

Kommt der Ausländer seiner Ausreisepflicht nach, indem er das Bundesgebiet    **1184** endgültig verlässt (vgl. § 50 Abs. 2 AufenthG) und reist er später illegal wieder ein, so hat sich die Fristsetzung, die mit der ursprünglichen Androhung erfolgte, verbraucht. Erforderlich ist das tatsächliche Verlassen im Sinne einer Beendigung des Aufenthalts im Bundesgebiet und die Begründung eines neuen Aufenthalts in einem Drittstaat. Vom Verbrauch der Abschiebungsandrohung ist die Frage der Erledigung eines Rechtsstreits über die Rechtmäßigkeit einer Abschiebungsandrohung zu unterscheiden. Eine Erledigung in diesem Sinne tritt nur ein, wenn von der Abschiebung keine Wirkungen mehr ausgehen[97]. Wegen der fortdauernden Rechtswirkungen, insbesondere im Hinblick auf die Sperrwirkung, besteht

---

92  BVerwG v. 17.10.1995, BVerwGE 99, 324.
93  Vgl. für die Abschiebung algerischer Staatsangehöriger VGH BW v. 19.3.1996 – 13 S 2248/93; ebenso für die Abschiebung nach Togo VGH BW v. 5.12.1996 – 13 S 2453/96; OVG Hamburg v. 19.12.1995 – Bf VII 15/95; VGH BW v. 3.7.1996 – 13 S 578/96; a. A. OVG Saarland v. 10.11.1994 – 9 R 24/92; OVG Sachsen-Anhalt v. 15.3.1995 – 2 L 1/95, juris.
94  OVG NRW v. 1.7.2009 – 18 B 882/09; OVG Nds. v. 7.3.2008 – 2 ME 133/08.
95  Vgl. *Otte*, ZAR 1994, 108, 117.
96  Zum Vollzug der Abschiebung vgl. § 71 Abs. 5 AsylVfG.
97  Vgl. *Funke/Kaiser*, GK-AufenthG, § 59, Rn. 151.

ein Rechtsschutzinteresse an einer Klage gegen die Abschiebungsandrohung auch noch nach deren Vollzug[98].

**1185** Liegen alle Voraussetzungen für eine Abschiebung vor, hat diese nach dem gesetzlichen Wortlaut („ist") *zwingend* zu erfolgen. Insofern ist die Behörde auch nicht berechtigt, im Wege einer Ermessensentscheidung von der Abschiebung Abstand zu nehmen. Ein Ermessensspielraum verbleibt der Behörde lediglich im Hinblick auf den genauen Zeitpunkt und die Modalitäten der Abschiebung.

**1186** Von der Abschiebung kann mithin nur durch eine vorübergehende Aussetzung nach § 60 a AufenthG (*Duldung*) abgesehen werden.

### 3. Der Vollzug der Abschiebung

**1187** a) **Durchführung.** Die Abschiebung wird durchgeführt, indem der Ausländer durch Polizeibeamte an die Grenze gebracht und dort den zur Überstellung zuständigen Grenzkontrollbehörden übergeben wird. Die mit der polizeilichen Kontrolle des grenzüberschreitenden Verkehrs beauftragten Behörden (Bundespolizei) sind grundsätzlich für Abschiebungen an der Grenze nach § 71 Abs. 3 Nr. 1 a und 1 b zuständig. Zugleich weist § 71 Abs. 5 den Polizeien der Länder auch eine Zuständigkeit für die Durchführung der Abschiebung und für die Festnahme und Beantragung der Haft zur Vorbereitung und Sicherung der Abschiebung zu. Die Entscheidung über die Durchführung der Abschiebung selbst und die Berücksichtigung faktischer Abschiebungshindernisse verbleibt bei den Ausländerbehörden (§ 71 Abs. 1 AufenthG). Die Ausländerbehörde ist aber auch verpflichtet, rechtliche Hindernisse bis zur eigentlichen Abschiebung zu berücksichtigen, so lange diese nicht nach § 59 Abs. 4 AufenthG unberücksichtigt bleiben, weil sie vor dem Eintritt der Unanfechtbarkeit der Abschiebung eingetreten sind. Unzulässig wird die Abschiebung, wenn die Abschiebungsandrohung gegenstandslos wird, etwa weil der Ausländer nicht mehr zur Ausreise verpflichtet ist. Ansonsten lässt die Feststellung von Abschiebungshindernissen die Androhung selbst unberührt (vgl. § 59 Abs. 3 AufenthG).

**1188** Die mit der Überstellung *beauftragten Grenzbehörden* haben die inhaltliche Berechtigung der Abschiebung, einschließlich etwaiger Asylgründe nicht zu überprüfen, sondern lediglich im Rahmen ihrer Zuständigkeiten über die Art und Weise der erforderlichen Durchführungshandlungen zu entscheiden. Die Anwendung unmittelbaren Zwangs richtet sich im Übrigen nach den landesrechtlichen Vorschriften.

**1189** Die *für die Durchführung der Abschiebung zuständige Behörde* kündigt der nach § 71 Abs. 3 AufenthG zuständigen Grenzbehörde die vorgesehene Abschiebung rechtzeitig an und klärt im Benehmen mit dieser Behörde die im Einzelfall erforderlichen organisatorischen Maßnahmen, wie z. B. die Bereitstellung von Begleitpersonal. Die Beförderung des Ausländers zum Überstellungsort richtet sich nach den jeweiligen landesrechtlichen Bestimmungen. Die Grenzbehörde bestätigt die Übernahme des Ausländers und seiner Papiere und teilt der Ausländerbehörde den Zeitpunkt der Überstellung mit[99].

---

98 Zu den prozessualen Folgen vgl. *Hailbronner*, § 59 Rn. 95; HessVGH v. 17.2.1997, EZAR 044 Nr. 11.
99 S. zum Verfahren Ziff. 58.0.3 AVwV-AufenthG.

Die Durchführung der Abschiebung allein durch Anwendung einfachen unmit-        **1190**
telbaren Zwangs stellt noch *keine Freiheitsentziehung* dar, *die einer richterlichen
Anordnung bedürfte.* Die Abgrenzung zwischen *bloßen Freiheitsbeschränkungen*
und *Freiheitsentziehungen* nach Art. 104 GG nimmt die Rechtsprechung nach
der Intensität des Eingriffs vor. Maßnahmen des unmittelbaren Zwangs gegen
Personen zur Durchsetzung eines gesetzlich gebotenen Verhaltens sind demnach
nicht allein schon wegen des damit verbundenen Eingriffs in die körperliche
Bewegungsfreiheit Freiheitsentziehungen[100]. Die Abschiebung ist bei einer wer-
tenden, auf die Intensität des Eingriffs abstellenden Beurteilung nicht auf das
Festhalten des Ausländers in einem umgrenzten Raum gerichtet, sondern auf
seine zwangsweise Entfernung aus dem Bundesgebiet. Die Einwirkung auf die
Bewegungsfreiheit ist nur die sekundäre, kurzfristige Folge der Vollstreckung der
Ausreisepflicht. Aus der gesetzlichen Regelung ergibt sich, dass die zwangsweise
Entfernung aus dem Bundesgebiet einschließlich des dazu erforderlichen unmittelbaren Zwangs vom Gesetz nicht als Freiheitsentziehung angesehen wird. Anders kann die Rechtslage dann zu beurteilen sein, wenn die Anwendung unmittelbaren Zwangs für einen längeren Zeitraum erforderlich ist, oder wenn das
Umsteigen von einem Verkehrsmittel auf ein anderes eine erhebliche Unterbrechung der Reise und ein Ingewahrsamhalten des Ausländers erfordert[101].

**b) Abschiebungshaft.** Nach § 62 AufenthG können Ausländer zur Vorbereitung        **1191**
oder Sicherstellung ihrer Abschiebung inhaftiert werden. Für die Vollziehung
der Abschiebungshaft gelten aufgrund der Vorgaben der Rückführungsrichtlinie
2008/115 besondere Anforderungen, die in § 62 a AufenthG niedergelegt sind.
Danach muss die Abschiebungshaft in speziellen Hafteinrichtungen vollzogen
werden. Sind solche nicht vorhanden, so ist auch eine Vollziehung in sonstigen
Haftanstalten zulässig, wobei jedoch die Abschiebungsgefangenen getrennt von
Strafgefangenen unterzubringen sind. Nach der Rechtsprechung des EuGH darf
eine Ausnahme vom Gebot der Unterbringung in speziellen Hafteinrichtungen –
wie in § 62 a Abs. 1 Satz 2 AufenthG a. F. vorgesehen – auch dann nicht gemacht
werden, wenn in einem Bundesland spezielle Hafteinrichtungen nicht vorhanden
sind[102]. Die Befugnis zur getrennten Unterbringung von Abschiebungsgefangenen in regulären Haftanstalten besteht daher nur, wenn im gesamten Bundesgebiet keine besonderen Hafteinrichtungen bestehen. Sind mehrere Angehörige
einer Familie inhaftiert, so sind diese getrennt von den übrigen Abschiebungsgefangenen unterzubringen. Ihnen ist ein angemessenes Maß an Privatsphäre zu
gewährleisten. Für minderjährige Ausländer gelten die Bestimmungen von
Art. 17 der Rückführungsrichtlinie 2008/115 und der Grundsatz der besonderen
Berücksichtigung alterstypischer Belange (§ 62 a Abs. 3 AufenthG). Der Situation schutzbedürftiger Personen ist besondere Aufmerksamkeit zu widmen.

Verfassungsrechtlich ist darüber hinaus zu berücksichtigen, dass eine Abschie-        **1192**
bungshaft nur angeordnet werden darf, wenn sie zur Vorbereitung oder Durchsetzung von Abschiebungsmaßnahmen erforderlich und verhältnismäßig ist. Die
Abschiebungshaft ist daher unzulässig, wenn der Zweck der Haft durch ein milderes, ebenfalls ausreichendes anderes Mittel erreicht werden kann. Die Inhaft-

---

100  BGH v. 17.12.1981, BGHZ 82, 261; BVerwG v. 17.8.1982, InfAuslR 1982, 276; vgl. BVerfGE
     94, 166, 198.
101  BVerwG v. 23.6.1981, BVerwGE 62, 325; BVerwG v. 17.8.1982, InfAuslR 1982, 276.
102  EuGH v. 17.7.2014, Rs. C-473/13 und C- 514/13.

nahme ist auf die kürzest mögliche Dauer zu beschränken. Minderjährige und Familien mit Minderjährigen dürfen nur in besonderen Ausnahmefällen und nur so lange in Haft genommen werden, wie es unter Berücksichtigung des Kindeswohls angemessen ist (§ 62 Abs. 1 AufenthG).[103]

**1193**  Das BVerfG hat für die Beurteilung der Dauer der Auslieferungshaft und ihrer Vollstreckung das Gebot größtmöglicher Verfahrensbeschleunigung postuliert[104]. Entsprechendes gilt für die Abschiebungshaft. Der rechtsstaatliche Grundsatz der Verhältnismäßigkeit gebietet es danach, von der Sicherungshaft abzusehen, wenn eine Abschiebung nicht durchführbar und die Freiheitsentziehung deshalb nicht erforderlich ist[105].

**1194**  § 62 AufenthG regelt die Voraussetzungen für die Inhaftierung von Ausländern zur Vorbereitung oder Sicherstellung ihrer Abschiebung. Die Vorschrift ist im Zuge der Anpassung des AufenthG an den EU-Visa-Kodex in wesentlichen Teilen unter Übernahme der in der höchstrichterlichen Rechtsprechung entwickelten Grundsätze neu formuliert worden[106] und mit dem Gesetz zur Neubestimmung des Bleiberechts und des Rechts der Aufenthaltsbeendigung an die EuGH Rechtsprechung angepasst worden. Vorgesehen sind zwei Tatbestände, bei deren Vorliegen ein Ausländer auf *richterliche Anordnung* in Haft zu nehmen ist, und zwar zum einen *zur Vorbereitung einer Ausweisung* gem. §§ 53 ff. AufenthG bis zu sechs Wochen (Absatz 2) und zum anderen *zur Sicherung der Abschiebung* gem. §§ 58 ff. AufenthG bis zu 18 Monaten (Absatz 3). Nach Auffassung des BGH handelt es sich bei beiden Arten der Abschiebungshaft um Erscheinungsformen derselben einheitlichen Freiheitsentziehungsmaßnahme, mit der das gleiche Ziel verfolgt werde, den Zugriff auf einen Ausländer sicherzustellen, dessen Abschiebung ohne seine Inhaftnahme erschwert oder gar vereitelt würde[107]. Erforderlich ist somit eine Prognose, dass der Ausländer der Ausreisepflicht nicht freiwillig nachkommen wird. Dabei ersetzt das Vorliegen eines zwingenden Haftgrundes gem. § 62 Abs. 3 AufenthG die Gefahrenprognose durch die gesetzliche Vermutung, dass die Abschiebung ohne Inhaftnahme erschwert oder vereitelt wird[108]. Gegenüber der Sicherungshaft stellt die Vorbereitungshaft stärkere Anforderungen an die Erforderlichkeit. Das Gelingen der späteren Abschiebung muss stark gefährdet sein[109].

**1195**  Für die *Anordnung der Vorbereitungshaft* nach § 62 Abs. 1 AufenthG ist *Voraussetzung*, dass eine Ausweisungsverfügung zu erwarten ist, über die aber nicht sofort entschieden werden kann, z. B. weil die erforderlichen Nachweise zur Stützung eines begründeten Verdachts auf Ausweisungsgründe noch erbracht werden müssen[110]. Die von der Behörde beabsichtigte Ausweisung muss hinreichend sicher sein[111]. Dies setzt voraus, dass konkrete Umstände den Erlass einer Ausweisungsverfügung mit Wahrscheinlichkeit erwarten lassen und dass die Durch-

---

103  Für einen umfassenden Überblick über die BGH-Rechtsprechung s. *Drews*, NVwZ 2013, 256.
104  BVerfG v. 6.7.1982, BVerfGE 61, 28, 34.
105  BVerfG v. 12.11.1999, DVBl. 2000, 69.
106  Vgl. dazu *Loehr*, ZAR 2010, 378; *Franßen de la Cerda*, ZAR 2009, 17, 19.
107  BGH v. 6.12.1979, BGHZ 75, 375; ebenso Bayr. ObLG v. 9.12.1986, BayVBl. 1987, 249; a. A. OLG Düsseldorf v. 23.1.1985, InfAuslR 1986, 65; KG Berlin v. 21.3.1986, InfAuslR 1986, 213.
108  Vgl. BT-Drs. 12/2062, S. 45.
109  BGHZ 75, 375; Bayr. ObLG v. 9.12.1986, BayVBl. 1987, 249.
110  Bayr. ObLGZ 1973, 133, 135.
111  Bayr. ObLG v. 16.7.1998, InfAuslR 1999, 82.

setzung der Ausreisepflicht des Ausländers mittels Abschiebung ohne dessen Inhaftnahme wesentlich erschwert oder vereitelt würde. Ferner ist bei der Anordnung der Vorbereitungshaft zu prüfen, ob diese im Hinblick auf den mit der Haft verfolgten Zweck als verhältnismäßig angesehen werden kann. Steht zum Zeitpunkt der Haftanordnung zu vermuten, dass eine Ausweisung und/oder Abschiebung in der regelmäßig zu wahrenden Höchstdauer der Haft von sechs Wochen (Ausnahme nur bei Vorliegen eines atypischen Sachverhalts) nicht verfügt und durchgeführt wird, so ist die Haftanordnung i. d. R. unverhältnismäßig[112].

Die *Sicherungshaft* nach § 62 Abs. 3 AufenthG *setzt voraus*, dass der Ausländer **1196** zur Ausreise verpflichtet ist, erfordert also, dass der Ausländer einen Aufenthaltstitel nicht oder nicht mehr besitzt. Des Weiteren muss die Haft zur Sicherung der Abschiebung erforderlich sein. Dies ist nur dann der Fall, wenn ein Haftgrund gem. § 62 Abs. 3 Nr. 1 bis 5 AufenthG vorliegt. Der Grundsatz der Verhältnismäßigkeit gebietet jedoch, als gemeinsam den Haftgründen des Absatzes 3 vorangestelltes Tatbestandsmerkmal, in Ausnahmefällen von der Anordnung der Abschiebungshaft abzusehen[113]. Es ist von Amts wegen zu überprüfen, ob sich der Ausländer offensichtlich nicht der Abschiebung entziehen will[114]. Aufgrund des verfassungsrechtlichen Beschleunigungsgebots muss die Ausländerbehörde spätestens, wenn vorhersehbar ist, dass die Abschiebung notwendig ist und zu ihrer Durchsetzung die Inhaftnahme des Ausländers erforderlich sein könnte, ohne Aufschub und beschleunigt alle notwendigen Anstrengungen unternehmen, um Passersatzpapiere zu beschaffen, damit die Abschiebungshaft entbehrlich oder ihr Vollzug auf eine möglichst kurze Zeit beschränkt werden kann[115].

Haftgründe für die Anordnung von Sicherungshaft sind nach Abs. 3 Satz 1    **1197**
1.   vollziehbare Ausreisepflicht aufgrund unerlaubter Einreise
1 a.   Abschiebungsanordnung nach § 58 a
2.   Ablauf der Ausreisefrist und Wechsel des Aufenthaltsorts ohne Benachrichtigung der Ausländerbehörde
3.   verschuldete Nichtbeachtung eines Abschiebungstermins
4.   Entziehung der Abschiebung in sonstiger Weise
5.   begründeter Verdacht, dass sich der Ausländer der Abschiebung durch Flucht entziehen will.

Die unerlaubte Einreise allein reicht für die Anwendung von Nr. 1 nicht aus. Sie    **1198** muss ursächlich für die vollziehbare Ausreisepflicht sein[116]. Ist zwischenzeitlich der Aufenthalt rechtmäßig geworden, z. B. aufgrund einer Aufenthaltsgestattung und erst aufgrund einer erneuten Abschiebungsandrohung eine Vollziehbarkeit der Ausreisepflicht eingetreten, so ist die unerlaubte Einreise nicht im Sinne von Nr. 1 ursächlich[117]. Widerlegt werden kann die Vermutung des Gesetzes, ein

---

112  Bayr. ObLG v. 25.11.1993, InfAuslR 1994, 144, 145 m. w. N.
113  BVerfG v. 13.7.1994, EZAR 048, Nr. 13.
114  Vgl. Bayr. OLG v. 16.1.2001, InfAuslR 2001, 177.
115  OLG Frankfurt v. 7.5.1998, AuAS 1998, 198; OLG Düsseldorf v. 20.1.1995, NVwZ 1995, 1143; OLG Karlsruhe v. 11.5.1998, InfAuslR 1998, 463; OLG Düsseldorf v. 19.9.1996, AuAS 1996, 258; OLG Celle v. 18.12.2001, InfAuslR 2002, 305.
116  BGH v. 28.10.2010, InfAuslR 2011, 41.
117  OLG Celle v. 6.12.2006, 22 W 70/06.

unerlaubt eingereister Ausländer werde nicht freiwillig ausreisen, durch die Glaubhaftmachung, dass sich ein Ausländer der Abschiebung nicht entziehen wolle. Es obliegt dem Ausländer, hierfür konkrete Umstände darzulegen. Bei Absicht freiwilliger Rückkehr ist eine Haft nicht erforderlich.

**1199**   Der Haftgrund der Abschiebungsanordnung nach § 58 a soll ein Untertauchen in Ansehung einer bevorstehenden Abschiebung verhindern. Zusätzlich zum Bestehen einer Anordnung nach § 58 a ist die Prüfung der Notwendigkeit und Geeignetheit der Haft zur Durchsetzung einer Abschiebung erforderlich.

**1200**   Die Haftgründe der Nr. 2 bis 5 beruhen auf einer Vermutung, der Ausländer werde sich ohne Haftanordnung der Abschiebung entziehen. Im Falle der Nr. 2 reicht die Unerreichbarkeit des Ausländers infolge eines Wechsels des Aufenthaltsorts als Haftgrund aus[118]. Erforderlich ist, dass die Ausreisefrist abgelaufen und der Betroffene auch ab diesem Zeitpunkt seine geänderte Anschrift nicht mitgeteilt hat. Die Ausländerbehörde muss den Ausländer auf die Ausreisepflicht und die mit einem Unterlassen der Anzeige des Aufenthaltswechsels verbundenen Folgen hingewiesen haben[119]. Die Grundlage einer Vermutung, sich der Abschiebung entziehen zu wollen, entfällt, wenn nach den Umständen nicht mit einer Abschiebung gerechnet werden muss und deshalb angenommen werden kann, dass sich der Betroffene trotz der Versäumung seiner Meldepflicht offensichtlich nicht entziehen will. Die Inhaftnahme muss in unmittelbarem Zusammenhang mit der Abschiebung erforderlich sein. Dies setzt die Absicht der Ausländerbehörde zum Ergreifen konkreter Maßnahmen voraus. Der bloße Hinweis auf den Aufenthalt im „Kirchenasyl" reicht nicht aus, um den Verdacht des Untertauchens zu entkräften[120].

**1201**   Für die Abschiebungsvereitelung ist bei Nr. 3 kennzeichnend, dass sich ein Ausländer aus von ihm zu vertretenden Gründen bereits einem Abschiebungsversuch entzogen hat und aus diesem Grunde nicht abgeschoben werden konnte. Falsche Angaben gegenüber den Heimatbehörden und Erzwingung eines Rückflugs stellen einen Abschiebungsgrund nach Abs. 3 Satz 1 Nr. 4 dar[121].

**1202**   Die Generalklausel des Vorliegens von Gründen, die den begründeten Verdacht begründen, der Ausländer wolle sich der Abschiebung durch Flucht entziehen (Abs. 3 Satz 1 Nr. 5) ist aufgrund der BGH Rechtsprechung, der die mangelnde gesetzliche Bestimmtheit der Klausel gerügt hatte[122], in § 2 Abs. 14 durch eine Definition der Fluchtgründe konkretisiert worden. Die dort niedergelegten „konkreten Anhaltspunkte" sind verbindlicher Maßstab für die Fluchtgefahr im Rahmen einer Abschiebung an einen zur Durchführung des Asylverfahrens zuständigen Dublinstaat gelten sie entsprechend mit einigen Modifikationen, die sich aus der Eigenart von Überstellungen im Rahmen der Dublin III VO Nr. 604/2013 ergeben[123]. Konkrete Anhaltspunkte sind nach § 2 Abs. 14:
1.   Der Ausländer hat sich bereits in der Vergangenheit einem behördlichen Zugriff entzogen, z. B. durch ungemeldete Wohnsitzwechsel;

---

118   BGH v. 9.2.2011 – V ZB 16/16.
119   BGH v. 19.5.2011, a. a. O.
120   A. M.: *Müller*, ZAR 1996, 170, 174.
121   BayObLG v. 13.3.1998, InfAuslR 1998, 455.
122   BGH v. 26.2.2014 – V ZB 31/14.
123   Vgl. § 2 Abs. 15 AufenthG.

2. Täuschung über Identität;
3. Verweigerung gesetzlicher Mitwirkungshandlungen zur Feststellung der Identität, die darauf schließen lässt, der Ausländer werde der Abschiebung aktiv entgegenwirken;
4. Aufwendung erheblicher Geldbeträge für Schleuser; ·
5. Ausdrückliche Erklärung, sich der Abschiebung entziehen zu wollen;
6. Sonstige vergleichbar gewichtige konkrete Vorbereitungshandlungen, um sich der bevorstehenden Abschiebung zu entziehen.

Im Wesentlichen sind die nunmehr gesetzlich normierten Anhaltspunkte identisch mit den Verhaltensweisen, die schon bisher zur Annahme einer Fluchtgefahr zugrunde gelegt wurden, wie z. B. die Verletzung der Mitwirkungspflichten bei der Beschaffung von Dokumenten oder der Aufklärung der Identität, die Weigerung bei der Ausstellung von Passersatzpapieren mitzuwirken oder falschen Angaben über den Aufenthaltsort. Nach der Rechtsprechung des BGH müssen konkrete Umstände, insbesondere Äußerungen oder Verhaltensweisen des Ausländers, dargelegt werden, „die mit einer gewissen Wahrscheinlichkeit darauf hindeuten oder es nahelegen, dass der Ausländer beabsichtigt, unterzutauchen oder die Abschiebung in einer Weise zu behindern, die nicht durch einfachen, keine Freiheitsentziehung bildenden Zwang überwunden werden kann"[124]. Solche Umstände liegen u. a. vor, wenn der Betroffene durch unwahre Angaben zu seiner Identität und Herkunft über Jahre seinen Aufenthalt gesichert und alles daran gesetzt hat, seine Ausreise zu verhindern[125].

**1203** Die bloße Weigerung, bei der Ausstellung von Reisedokumenten mitzuwirken, wird zum Teil nicht als ausreichend angesehen, sofern nicht zumindest eine „beharrliche Weigerung" eines Betroffenen zur Mitwirkung vorliegt. Zur Abgrenzung wird herangezogen, ob ein Ausländer über die bloße Nichtmitwirkung an der Vorbereitung der Abschiebung hinaus aktiv zur Verhinderung der Abschiebung tätig wird (z. B. Täuschung über die Identität)[126]. Eine bloße Weigerung, freiwillig auszureisen oder auch die Ausschöpfung sämtlicher Rechtsmittel reicht dagegen für den Nachweis einer Gefährdung der Abschiebung im Allgemeinen nicht aus. Auch die Angabe, Reisedokumente seien verloren gegangen oder eine fehlende Anzeige des Aufenthaltswechsels werden überwiegend nicht als ausreichend angesehen, um den Verdacht zu begründen, dass sich der Ausländer der Abschiebung entziehen wolle[127]. Auch das Fehlen eines festen Wohnsitzes oder sozialer Bindungen werden nicht generell als ausreichend angesehen, um die Gefahr des Untertauchens zu begründen[128]. Umstritten ist, ob der nunmehr in § 2 Abs. 14 Nr. 4 AufenthG aufgeführte Anhaltspunkt der Aufwendung erheblicher Geldbeträge für Schleuser den strengen Anforderungen der BGH Rechtsprechung an die Begründung einer Fluchtgefahr genügt[129].

**1204** Die Begehung strafbarer Handlungen ist allein kein Abschiebungsgrund. Anderes gilt, wenn nach der Art der Straftaten zu vermuten ist, dass der Ausländer seiner Ausreisepflicht nicht freiwillig nachkommen wird. Solche Anhaltspunkte sind insbesondere dann gegeben, wenn zur Begehung von Straftaten, die der

---

124 BGH v. 29.4.2010 – V ZB 202/09.
125 BGH v. 22.7.2010 – V ZB 29/10, InfAuslR 2011, 27.
126 Zur Kasuistik der Rechtsprechung vgl. *Hailbronner*, § 62, Rn. 73 ff.
127 Vgl. z. B. OLG München v. 26.8.2005, BayVBl. 2006, 54.
128 BayObLG v. 24.7.1998, NVwZ-Beil. 11/1998, 124.
129 Vgl. *Hailbronner*, Ausländerrecht, Erg.-Lfg. Okt. 2015, § 59 Rn. 152 und BT-Drs. 18/5420, S. 25.

allgemeinen Kriminalität zuzurechnen sind, eine Bereitschaft tritt, aufenthalts-rechtliche Regeln nicht einzuhalten (z. B. Benutzung gefälschter Papiere usw.).

**1205**    Die neue Vorschrift über den Ausreisegewahrsam (§ 62 b AufenthG) sieht eine Inhaftnahme für die Dauer von längstens 4 Tagen vor. Entsprechend des früheren § 62 Abs. 3 Satz 2 a. F. AufenthG sollen damit in erster Linie Sammelabschiebun-gen ermöglicht werden. Die Sicherungshaft soll hier verhängt werden können, auch ohne dass die Haftgründe nach Abs. 2 Satz 1 vorliegen, wenn die Abschie-bung einen großen organisatorischen Aufwand erfordert oder nur in einem be-grenzten Zeitraum durchgeführt werden kann. Erforderlich ist, dass die Ausrei-sefrist abgelaufen ist, die Abschiebung innerhalb der 4 Tage-Frist durchführbar ist und der Ausländer ein Verhalten gezeigt hat, das erwarten lässt, dass er die Abschiebung erschweren oder vereiteln wird, indem er seine gesetzlichen Mitwir-kungspflichten verletzt hat oder über seine Identität oder Staatsangehörigkeit getäuscht hat. Der Unterschied zu den Fluchtgründen besteht darin, dass die Ausländerbehörde keine Fluchtgefahr nachweisen muss. Die Beweislast wird umgedreht. Nur wenn der Ausländer glaubhaft macht oder wenn offensichtlich ist, dass er sich der Abschiebung nicht entziehen will, ist die Haftanordnung unzulässig (§ 62 b Abs. 1 Satz 2 AufenthG).

**1206**    Aus § 62 AufenthG kann keine Befugnis der Ausländerbehörden abgeleitet wer-den, einen Ausländer zur Sicherung der Abschiebung selbst vorläufig in Gewahr-sam zu nehmen[130]. Zur Entscheidung über die Anordnung der Abschiebungshaft ist nach §§ 58 ff FamFG ausschließlich das Amtsgericht als ordentliches Gericht im Rahmen der freiwilligen Gerichtsbarkeit zuständig. Die Ausländerbehörde muss mit dem Haftantrag die Voraussetzungen der Vorbereitungs- oder Siche-rungshaft und deren für notwendig erachtete Dauer darlegen[131]. Der betroffene Ausländer ist anzuhören (vgl. § 420 FamFG).

**1207**    Gegen den Beschluss des Amtsgerichts können der Ausländer und/oder die Aus-länderbehörde das Rechtsmittel der *Beschwerde* zum Landgericht (§ 58 FamFG) und gegen die Entscheidung des Landgerichts die zulassungsunabhängige Rechtsbeschwerde zum BGH einlegen (§ 70 FamFG). Der BGH stellt an die Ein-haltung der Formerfordernisse für die Einleitung des Verfahrens (Haftantrag), die Darlegung der Haftgründe und das Gebot der Erforderlichkeit und Verhält-nismäßigkeit der Haftanordnung strenge Anforderungen. Insbesondere muss die Ausländerbehörde alle in ihrer Macht stehenden Maßnahmen ergreifen, um das Verfahren so schnell wie möglich durchzuführen[132] (Gebot der Verfahrensbe-schleunigung). Zulässig sind nur Haftanordnungen, die geeignet sind, die Ab-schiebung tatsächlich durchzuführen[133] (Gebot der Zweckerreichung). Die Ab-schiebung muss auf die kürzest mögliche Zeitdauer begrenzt werden, die nach dem Erkenntnisstand zum Entscheidungszeitpunkt notwendig ist, um die Ab-schiebung durchführen zu können. Deshalb darf z. B. auch nicht abgewartet wer-

---

130  Vgl. OLG Hamburg v. 2.4.2003, InfAuslR 2003, 288; OLG Frankfurt v. 22.5.1997, InfAuslR 1997, 313; InfAuslR 1996, 144; Bayr. ObLG v. 14.8.1996, BayObLGZ 1996, 180; KG Berlin v. 12.9.1996, InfAuslR 1997, 34.

131  vgl. *Schmidt- Räntsch,* NVwZ 2014, 110 ff.; *Hailbronner,* Ausländerrecht, § 62 AufenthG, Rn. 254–263.

132  Vgl. z. B. BGH v. 26.9.2013 – V ZB 2/13, v. 19.5.2011 – V ZB 247/10; v. 7.10.2013 – VZ 24/13.

133  BVerfG v. 27.2.2009 – 2 BvR 538/07, NJW 2009, 2659; vgl. auch EuGH v. 30.11.2009, Rs. C-357/09 – *Radzoev.*

den, um vor der Abschiebung ein Ermittlungs- oder Strafverfahren durchführen zu können[134].

Nach der Haftentlassung oder Fristablauf kann die Beschwerde mit dem Ziel der     **1208**
Feststellung der Rechtswidrigkeit der Haftanordnung eingelegt oder fortgeführt werden[135]. Dies gebietet bei tief greifenden Eingriffen in ein Grundrecht der aus Art. 19 Abs. 4 GG abgeleitete effektive Rechtsschutz[136].

In besonderen Fällen kann die Ausländerbehörde einen Ausländer ohne vorherige richterliche Anordnung in vorläufigen Gewahrsam nehmen, wenn der dringende Verdacht für das Vorliegen der Voraussetzungen des Abs. 3 Satz 1 (Abschiebungsvereitelung) besteht und die richterliche Anordnung über die Anordnung der Sicherungshaft nicht rechtzeitig eingeholt werden kann und der begründete Verdacht besteht, dass sich der Ausländer der Anordnung der Sicherungshaft entziehen will[137]. Auch das Amtsgericht kann durch einstweilige Anordnung eine Freiheitsentziehung für bis zu 6 Wochen anordnen, wenn dringende Gründe für die Annahme bestehen, dass die die Anordnung einer Freiheitsentziehung zulässig ist und ein dringendes Bedürfnis für ein sofortiges Tätigwerden besteht. In Eilfällen ist dies auch ohne Anhörung des Betroffenen möglich[138].    **1209**

Die *Kosten*, die durch die Abschiebung entstanden sind, hat der Ausländer zu     **1210**
tragen (§ 66 Abs. 1 AufenthG)[139]. Neben dem Ausländer haftet für die Kosten nach § 66 Abs. 2 AufenthG ferner die Person, die im Rahmen des Visumerteilungsverfahrens eine sog. Verpflichtungserklärung abgegeben hat. Das ist in der Regel die den Ausländer einladende Person. Außerdem haften für die entstandenen Kosten der Beförderungsunternehmer und Arbeitgeber (vgl. § 66 Abs. 3 und 4 AufenthG). Ein Ausländer und der ihn unerlaubt beschäftigende Arbeitgeber haften für die Kosten einer Abschiebung nur, wenn die Kosten auslösenden Amtshandlungen den Ausländer nicht in seinen Rechten verletzen.[140] Die Nichteinhaltung der Konsultationsrechte nach dem Wiener Konsularrechtsübereinkommen v. 24.4.1963 führt zur Rechtswidrigkeit einer Haftanordnung. Die Kostenschuldner des § 66 AufenthG sind zur Erstattung der Abschiebekosten in der tatsächlich entstandenen Höhe verpflichtet. Die Möglichkeit einer Kostenreduzierung bleibt dem Vollstreckungsverfahren vorbehalten.[141]

### 4.    Rechtsfolgen der Abschiebung

Neben der Entfernung des Ausländers aus dem Bundesgebiet ergeben sich     **1211**
Rechtswirkungen der Abschiebung aus § 11 Abs. 1 AufenthG. Danach darf ein Ausländer, der ausgewiesen, zurückgeschoben oder abgeschoben worden ist, *nicht erneut in das Bundesgebiet einreisen* und *sich darin aufhalten*. Ihm wird auch bei Vorliegen der Voraussetzungen eines Anspruchs nach dem AufenthG

---

134  EuGH v. 6.12.2012, C-329/11 – *Achughbabian*.
135  BVerfG v. 24.7.2002, AuAS 2002, 200–201; OVG Brandenburg v. 7.12.2006 – 11 Wx 54/06, juris; *Renner*, Ausländerrecht, § 62 AufenthG, Rn. 27.
136  BVerfG v. 24.7.2002, AuAS 2002, 200–201; OLG Rostock v. 21.8.2007 – 3 W 102/07, juris.
137  § 62 Abs. 5 AufenthG; vgl. *Hailbronner*, Ausländerrecht, § 62 AufenthG, Rn. 211–227.
138  § 427 FamFG, vgl. zur Frage, ob mit dem Antrag der Behörde auf einstweilige Anordnung zugleich die Grundlage für einen Haftantrag vorliegt BGH v. 18.12.2014 – VZB 114/13.
139  Vgl. hierzu VGH BW v. 19.10.2005 – 11 S 646/04, juris.
140  BVerwG v. 16.10.2012 – 10 C 6.12, InfAuslR 2013, 67.
141  A. a. O.

kein Aufenthaltstitel erteilt. Damit soll der Zweck der Abschiebung und Ausweisung, den Ausländer vom Bundesgebiet weiterhin fernzuhalten, verwirklicht werden[142]. Die Ausweisung oder die Abschiebung führen ferner zu einer Ausschreibung zur Einreiseverweigerung im Schengener Informationssystem (Art. 96 Abs. 3 SDÜ) und bewirken daher eine *Einreisesperre für das gesamte Gebiet der Schengen-Staaten.*

**1212** Die vollzogene Abschiebung entfaltet ebenso wie die Ausweisung eine Verbotswirkung für die Einreise, eine Sperrwirkung für die Erteilung eines neuen Aufenthaltstitels[143] und eine Aufhebungswirkung bezüglich etwaiger Befreiungen vom Erfordernis des Aufenthaltstitels bei der Einreise. Anders als bei der Ausweisung treten die Rechtsfolgen des § 11 Abs. 1 AufenthG bei der Abschiebung nur *nach tatsächlichem Vollzug* ein. Die Abschiebungsandrohung ist dagegen unschädlich.

### 5.   Befristung der Abschiebung

**1213** Die Abschiebung ist ebenso wie die Ausweisung von Amts wegen zu befristen. Für den Lauf der Frist, die maximale Dauer und die Möglichkeiten einer Aufhebung oder nachträglichen Verkürzung gelten die für die Ausweisung dargelegten Grundsätze.

**1214** Eine über den Zeitraum von 5 Jahren hinausgehende Frist rechtfertigt sich nur aus einer Gefahrenprognose für die öffentliche Sicherheit und Ordnung. Für die Dauer der Sperre der Erteilung eines neuen Aufenthaltstitels sind Erwägungen des spezial- oder generalpräventiven Schutzes der öffentlichen Sicherheit oder Ordnung entscheidend.[144].

### 6.   Rechtsschutz

**1215** Die Beseitigung der Sperrwirkung ist im Verfahren auf Erlass einer einstweiligen Anordnung nach § 123 VwGO grundsätzlich nicht erreichbar[145]. Das Verbot der Vorwegnahme der Hauptsache im einstweiligen Rechtsschutzverfahren nach § 123 VwGO kann nur dann ausnahmsweise durchbrochen werden, wenn dies zur Gewährung effektiven Rechtsschutzes (Art. 19 Abs. 4 GG) unbedingt erforderlich ist. Dies ist dann der Fall, wenn die sonst zu erwartenden Nachteile für den Antragsteller unzumutbar, insbesondere in dem Hauptsacheverfahren nicht mehr zu beseitigen wären und ein sehr hoher Grad an Wahrscheinlichkeit für einen Erfolg in der Hauptsache spricht[146].

**1216** Möchte sich der betroffene Ausländer gegen eine bevorstehende Abschiebung zur Wehr setzen, kann er zunächst *gegen* die *Abschiebungsandrohung* als selbständig anfechtbaren Verwaltungsakt mit *Widerspruch* (§§ 68 ff. VwGO) und *Anfechtungsklage* (§ 42 Abs. 1 VwGO) vorgehen. Da nach Landesrecht die aufschiebende Wirkung eines Rechtsbehelfs gegen Vollstreckungsmaßnahmen zumeist ausgeschlossen ist (vgl. § 80 Abs. 2 Satz 2 VwGO i. V. m. § 12 LVwVollstrG BW), ist zusätzlich nach § 80 Abs. 5 Satz 1, 1. Alternative VwGO ein *Antrag an das Verwaltungsgericht auf Anordnung der aufschiebenden Wirkung* erforderlich. Wird dem Antrag auf Anordnung der aufschiebenden Wir-

---

142  Vgl. BT-Drs. 11/6321, S. 57.
143  VGH BW v. 31.5.2001, VBlBW 2002, 32.
144  OVG NRW v. 18.4.2011 – 18 E 1238/10, AuAS 2011, 173.
145  Vgl. OVG NRW v. 18.7.2006 – 18 B 1324/06; Nds. OVG v. 2.2.2007 – 13 ME 362/06, juris.
146  Vgl. Nds. OVG v. 2.2.2007 – 13 ME 362/06; Bayr. VGH v. 16.8.2005 – 24 CE 05 1731, juris.

kung von Widerspruch oder Klage nach § 80 Abs. 5 Satz 1 VwGO stattgegeben, wirkt diese Entscheidung auf den Zeitpunkt des Erlasses der Abschiebungsandrohung zurück mit der Folge, dass diese (vorläufig) nicht vollziehbar ist[147]. Denn bei Aussetzung der kraft Gesetzes bestehenden sofortigen Vollziehbarkeit der Abschiebungsandrohung als Vollstreckungsmaßnahme (§ 80 Abs. 2 Satz 2 VwGO i. V. m. § 12 LVwVG) wird die Ausreisefrist unterbrochen.

Beruht die Ausreisepflicht auf einem Verwaltungsakt (Widerruf der Aufenthalts-  **1217**
erlaubnis gem. § 52 oder Ausweisung gem. §§ 53 ff. AufenthG), kann und sollte der Ausländer auch den *Grundverwaltungsakt mittels Widerspruch und Anfechtungsklage angreifen* um die Ausreisepflicht zu beseitigen. Da die mit der Grundverfügung verbundene Abschiebungsandrohung als Vollstreckungsmaßnahme grundsätzlich auch das rechtliche Schicksal des Grundverwaltungsaktes selbst teilt, wird die Abschiebungsandrohung ebenfalls aufgehoben, wenn der Grundverwaltungsakt aufgehoben wird[148]. Wird somit im vorläufigen Rechtsschutzverfahren der Vollzug des Grundverwaltungsaktes ausgesetzt, so wird damit zugleich der Abschiebungsandrohung die Grundlage entzogen. Zu beachten ist aber, dass Widerspruch und Klage gegen die die Ausreisepflicht begründende Ablehnung eines Antrags auf Erteilung oder Verlängerung einer Aufenthaltserlaubnis keine aufschiebende Wirkung haben (§ 84 Abs. 1 AufenthG), so dass die Wirksamkeit der Ausreisepflicht als Voraussetzung der Abschiebungsandrohung nicht berührt ist. Daher ist in diesem Fall ein Antrag nach § 80 Abs. 5 VwGO zu stellen. Wird danach die aufschiebende Wirkung angeordnet, entfällt die Vollziehbarkeit der Ausreisepflicht des Ausländers. Das führt zwar nicht zur Rechtswidrigkeit der Abschiebungsandrohung als solcher, wohl aber zur Unterbrechung der zusammen mit dieser – als selbstständige Teilregelung – festgesetzten Ausreisefrist und darüber hinaus zur Rechtswidrigkeit des Vollzugs der Abschiebung schlechthin[149].

Folglich braucht die Ausreiseaufforderung sowohl in den Fällen, in denen ein  **1218**
Rechtsbehelf gegen den Grundverwaltungsakt aufschiebende Wirkung entfaltet[150], als auch in den Fällen, in denen die aufschiebende Wirkung bei einer sofort vollziehbaren Verfügung wiederhergestellt worden ist, nicht befolgt zu werden.

Unmittelbar *gegen die Abschiebung* als Realakt kann der betroffene Ausländer  **1219**
mittels einer *allgemeinen Unterlassungsklage* vorgehen und die Rechtswidrigkeit der Abschiebung geltend machen. Eines vorherigen Widerspruchsverfahrens bedarf es in diesem Falle nicht. Fristen sind in der VwGO für diese Klageart nicht vorgesehen. Einstweiligen gerichtlichen Rechtsschutz gegen eine bevorstehende Abschiebung kann der Ausländer entsprechend durch einen Antrag nach § 123 Abs. 1 Satz 1 VwGO erlangen.

Neben den bereits genannten Rechtsschutzmöglichkeiten kann der Ausländer  **1220**
zudem eine *Duldung*[151] nach § 60 a Abs. 2 AufenthG, also die vorübergehende Aussetzung der Abschiebung, beantragen. Ein Anspruch hierauf besteht, wenn

---

147  *Bauer,* in: Bergmann/Dienelt, Ausländerrecht, § 59 AufenthG, Rn. 60.
148  BVerwG v. 19.5.1981, BVerwGE 62, 215, 223.
149  Vgl. VGH BW v. 1.9.2005, VBlBW 2006, 111–113.
150  Z. B. der Widerspruch gegen eine Ausweisungsverfügung, vgl. § 84 Abs. 2 Satz 1 AufenthG.
151  Ausführlich zur Duldung s. unter Rn. 1180 ff.

die Abschiebung aus rechtlichen (§ 60 Abs. 2 bis 7 AufenthG) oder tatsächlichen Gründen nicht möglich ist und keine Aufenthaltserlaubnis erteilt wird. Im Wege des Ermessens kann eine Duldung zudem nach § 60 a Abs. 2 Satz 3 AufenthG erteilt werden, wenn dringende humanitäre oder persönliche Gründe oder erhebliche öffentliche Interessen die vorübergehende weitere Anwesenheit des Ausländers im Bundesgebiet erfordern.

## III.  Abschiebungsanordnung (§ 58 a AufenthG)

**1221**  Um Verzögerungen im Falle besonderer Gefahrenlagen zu vermeiden[152], ist das Instrument der Abschiebungsanordnung in § 58 a AufenthG aufgenommen worden[153]. Die Abschiebungsanordnung stellt ein *besonderes Verfahren der Aufenthaltsbeendigung* dar, das durch eine *besondere Beschleunigung* und einen *eingeschränkten Rechtsschutz* gekennzeichnet ist.

**1222**  Sie kann von den *obersten Landesbehörden* und bei besonderem Bundesinteresse durch das *Bundesministerium des Innern* aufgrund einer *„tatsachengestützten Gefahrenprognose"* zur Abwehr einer besonderen *Gefahr für die Sicherheit der Bundesrepublik Deutschland*[154] *oder* einer *terroristischen Gefahr*[155] erlassen werden, und zwar unabhängig von einer vorausgehenden aufenthaltsbeendenden Maßnahme (vgl. § 58 a Abs. 1AufenthG). Die Abschiebungsanordnung nach § 58 a AufenthG ist ein Verwaltungsakt mit Doppelfunktion, da sie Ausweisung und Abschiebung in einem Schritt zusammenfasst. Sie dient also gleichzeitig der Aufenthaltsbeendigung und als Rechtsgrundlage für den Vollzug der Abschiebung. Die Regelung hat *Ausnahmecharakter*. Die Abschiebungsanordnung soll in Einzelfällen von herausragender Bedeutung zur Anwendung kommen, in denen vor allem auch die aktuelle nationale und internationale Sicherheitslage eine rasche Aufenthaltsbeendigung erfordert[156].

**1223**  Die Abschiebungsanordnung ist *sofort vollziehbar*; einer Abschiebungsandrohung bedarf es nicht. Abschiebungsverbote und hindernisse nach § 60 Abs. 1 bis 8 AufenthG sind zu berücksichtigen, wobei die Behörde allerdings nicht an hierzu getroffene Feststellungen aus anderen Verfahren gebunden ist (vgl. § 58 a Abs. 3 AufenthG). Das Vorliegen von *Abschiebungsverboten* steht dem Erlass der Abschiebungsanordnung jedoch nicht entgegen (§ 58 a Abs. 3 Satz 2 i. V. m. § 59 Abs. 3 Satz 1 AufenthG). Vielmehr verhindern sie lediglich die Vollziehung der Abschiebungsanordnung (vgl. § 58 a Abs. 3 Satz 1 AufenthG). *Rechtsschutz* gegen die Abschiebungsanordnung ist nur in einer Instanz vor dem BVerwG möglich (§ 50 Abs. 1 Nr. 3 VwGO)[157]. Nach § 68 Abs. 1 Satz 2 Nr. 1 VwGO bedarf es *keines* vorherigen *Widerspruchverfahrens*. Ist eine Abschiebungsanordnung nach § 58 a AufenthG ergangen, kann der Ausländer einstweiligen Rechtsschutz innerhalb von 7 Tagen nach Bekanntgabe beantragen. Er kann einen Antrag auf Anordnung der aufschiebenden Wirkung nach § 80 Abs. 2 Satz 1 Nr. 3, Abs. 5 VwGO, § 58 a Abs. 1 Satz 2, Abs. 4 Satz 2 AufenthG stellen[158].

---

152  So Ziff. 58 a.0.1. AVwV-AufenthG.
153  Zur Kritik an dieser Norm s. *Erbslöh*, NVwZ 2007, 155–161.
154  S. hierzu *Hailbronner*, Ausländerrecht, Okt. 2006, § 58 a AufenthG, Rn. 6 ff.
155  S. hierzu *Hailbronner*, Ausländerrecht, § 58 a AufenthG, Rn. 8 ff.
156  Nr. 58 a.0.2 AVwV-AufenthG.
157  Vgl. zum Rechtsschutz *Sperlich*, InfAuslR 2005, 250.
158  Vgl. BVerwG v. 23.2.2005, Buchholz 310 zu § 80 VwGO Nr. 70.

Mit Erlass der Abschiebungsanordnung *erlischt* zugleich der *Aufenthaltstitel* **1224**
(§ 51 Abs. 1 Nr. 5 a AufenthG), die *Aufenthaltsgestattung* (§ 67 Abs. 1 Nr. 5 a
AsylG) und die *Duldung.* Hierdurch wird die Voraussetzung dafür geschaffen,
dass der Betroffene auf richterliche Anordnung in Abschiebungshaft genommen
werden kann. Des Weiteren treten die *Rechtswirkungen* des § 11 Abs. 1 AufenthG ein, so dass mit dem Vollzug der Abschiebungsanordnung eine erneute
(legale) Einreise nicht mehr möglich ist und überdies auch bei einem Anspruch
grundsätzlich kein Aufenthaltstitel mehr erteilt werden kann.

## IV.   Die vorübergehende Aussetzung der Abschiebung (Duldung), § 60 a AufenthG

**Fall 47:** A wendet gegen seine bevorstehende Abschiebung ein, er habe seine frühere
Staatsangehörigkeit verloren und sei nun staatenlos. Die Abschiebung sei auszusetzen,
da sie aus tatsächlichen Gründen unmöglich ist. Kann A abgeschoben werden?

### 1.   Allgemeines

Nach dem AuslG 1990 war die Duldung ausschließlich als Instrument der vorü-  **1225**
bergehenden Aussetzung des Vollzugs aufenthaltsbeendender Maßnahmen konzipiert, ohne dass daraus ein Aufenthaltsrecht abgeleitet werden konnte. Von
den im AuslG 1990 vorgesehenen Regelungen zur Aufnahme und zur Gewährung von Bleiberechten aus humanitären Gründen war indes relativ selten
Gebrauch gemacht worden, um die mit der Erteilung einer Aufenthaltsgenehmigung (heute Aufenthaltserlaubnis) verbundene Verfestigung des Aufenthaltsrechts auszuschließen. Statt dessen wurde das Instrument der Duldung in der
ausländerbehördlichen Praxis nicht selten als „Quasi-Aufenthaltsrecht" für Ausländer benutzt, deren Aufenthalt in rechtlicher oder tatsächlicher Hinsicht aufgrund von Abschiebungshindernissen nicht beendet werden konnte. Durch das
Zuwanderungsgesetz wurde der vielfach vorgetragenen Kritik an diesem System
dadurch Rechnung getragen, dass die Regelungen zur Aufnahme und zur Gewährung von Bleiberechten neu in einem gesonderten Abschnitt des AufenthG
zusammengefasst wurden, ohne dass sich die inhaltlichen Voraussetzungen im
Wesentlichen geändert haben[159]. Seit 1.1.2005 erhält ein Großteil des betroffenen Personenkreises und insbesondere diejenigen Personen, deren Ausreise aus
tatsächlichen oder rechtlichen Gründen unmöglich ist, einen Anspruch auf Erteilung einer humanitären Aufenthaltserlaubnis nach § 25 Abs. 5 AufenthG, sofern
mit dem Wegfall der Ausreisehindernisse in absehbarer Zeit nicht zu rechnen ist.
Die ursprünglich im Zuwanderungsgesetz 2002 noch vorgesehene vollständige
Abschaffung der Duldung konnte sich im Vermittlungsverfahren 2004 jedoch zu
Recht nicht durchsetzen. Die verabschiedete Fassung des AufenthG hält daher
an der Duldung unter gleichzeitiger Beschränkung ihres Anwendungsbereichs
fest und ermöglicht damit auch eine klarere Differenzierung zwischen schutzbedürftigen Personen und denjenigen, die ihrer Ausreisepflicht rechtsmissbräuchlich nicht nachkommen.

Die Duldung beseitigt weder die Ausreisepflicht noch deren Vollziehbarkeit, sie  **1226**
setzt nur den Vollzug zeitweilig aus (vgl. Absatz 3). Auch die Rechtmäßigkeit der
Abschiebungsandrohung bleibt unberührt. Mithin erschöpft sich die Duldung in
dem zeitlich befristeten Verzicht der Behörde auf die an sich gebotene Durchset-

---

159  §§ 22 ff. AufenthG.

zung der Ausreisepflicht mittels Abschiebung. Die Duldung verschafft dem Ausländer *keinen Aufenthaltstitel*, sondern bedeutet die *vorübergehende behördliche Tolerierung des Aufenthalts* trotz fehlenden Aufenthaltsrechts und den Aufschub der zwangsweisen Entfernung. Die wichtigste unmittelbare *Rechtsfolge* der Duldung besteht darin, dass sich der Ausländer durch seinen Aufenthalt im Bundesgebiet ohne Aufenthaltstitel in dem Zeitraum, während dessen die Abschiebung aus dem Bundesgebiet nicht möglich ist, nicht strafbar macht (vgl. § 95 Abs. 1 Nr. 2 AufenthG). Sein Aufenthalt ist aber dennoch nicht rechtmäßig i. S. des Aufenthaltsgesetzes[160]. Über die Aussetzung der Abschiebung ist dem Ausländer eine *Bescheinigung* auszustellen (§ 60 a Abs. 4 AufenthG). Die Duldung kann sowohl auf Antrag als auch von Amts wegen erteilt werden. Zu unterscheiden sind die generelle Aussetzung der Abschiebung nach § 60 a Abs. 1 AufenthG und der individuelle Abschiebungsstopp nach § 60 a Abs. 2 AufenthG.

**2.    Die generelle Aussetzung der Abschiebung nach § 60 a Abs. 1 AufenthG**

**1227**  § 60 a Abs. 1 AufenthG[161] ermöglicht eine allgemeine Gewährung von Abschiebungsschutz für bestimmte Ausländergruppen ohne Rücksicht auf das Vorliegen einer individuellen Gefährdung. Danach *kann* die *oberste Landesbehörde* aus „völkerrechtlichen" oder „humanitären" Gründen oder zur „Wahrung politischer Interessen der Bundesrepublik Deutschland" einen Abschiebungsstopp für längstens drei Monate erlassen. Bei dieser *Entscheidungsbefugnis* sind neben den in Satz 1 genannten humanitären Erwägungen auch außen- und innenpolitische Gemeinwohlerwägungen zu berücksichtigen. Der obersten Landesbehörde wird dabei ein weiter, im Wesentlichen politisch determinierter und daher nur *beschränkt gerichtlich überprüfbarer Entscheidungsspielraum* zugestanden[162]. Eine Anordnung nach § 60 a Abs. 1 AufenthG kann folglich allenfalls auf Willkür oder andere verfassungsrechtliche Gesichtspunkte gerichtlich überprüft werden[163]. Es gibt weder einen Anspruch auf ermessensfehlerfreie Entscheidung[164] noch einen auf Art. 19 Abs. 4 GG gestützten Anspruch, im Abschiebungsverfahren inzidenter die Rechtmäßigkeit des Unterlassens einer Anordnung nach § 60 a Abs. 1 AufenthG zur Überprüfung zu stellen.

**1228**  Frei ist die oberste Landesbehörde auch, die *begünstigte Gruppe* nach personellen und sachlichen Kriterien, wie z. B. Staatsangehörigkeit, regionale Herkunft, ethnische oder religiöse Zugehörigkeit, Abschluss eines Asylverfahrens, Aufenthaltsdauer, Erwerbstätigkeit und Straflosigkeit festzulegen[165], solange die Auswahl nicht dem verfassungsrechtlichen Willkürverbot widerspricht.

**1229**  Der Abschiebungsstopp entfaltet ähnliche *Wirkungen wie ein Rechtssatz*[166], weil er unmittelbar eine bestimmte Gruppe von Menschen begünstigt und die Ausländerbehörden bei der Umsetzung lediglich die Zugehörigkeit zu der begünstigten Gruppe und das Vorliegen eventueller Ausschlussgründe zu prüfen haben[167].

---

160  *Funke-Kaiser*, GK-AufenthG, § 60 a, Rn. 33 f.
161  Früher § 54 AuslG.
162  Vgl. *Jannasch*, VBlBW 1991, 45; *Bauer*, in: Bergmann/Dienelt, Ausländerrecht, § 60 a, Rn. 11.
163  Hess. VGH v. 27.7.1995, NVwZ-Beil. 9/1995, 67.
164  A. M. *Marx*, ZAR 1991, 125, 126.
165  *Bauer*, in: Bergmann/Dienelt, Ausländerrecht, § 60 a, Rn. 8.
166  A. A. BVerwG v. 19.9.2000, BVerwGE 112, 63 wonach Abschiebungsstoppregelungen als solche noch keine unmittelbare Rechtswirkung für den Einzelnen entfalten, sondern vielmehr ermessenslenkende Verwaltungsanweisungen darstellen.
167  Hess. VGH v. 27.7.1995, NVwZ-Beil. 9/1995, 67, 69.

Anordnungen nach § 60 a Abs. 1 AufenthG begründen somit bereits mit ihrem Erlass einen *Anspruch auf Erteilung einer Duldung*. Die *Form der Verwaltungsvorschrift* ist lediglich im Hinblick auf deren höhere Flexibilität gewählt.

Ausländer, die nicht unter eine aufgrund von § 60 a Abs. 1 AufenthG ergangene **1230** Aussetzungsregelung fallen, können sich im Rahmen eines individuellen Verfahrens auf Erteilung einer Duldung nicht auf eine vergleichbare humanitäre oder politische Lage berufen, die die Landesbehörde zum Erlass einer Anordnung nach Absatz 1 veranlasst hat. Daher sind weder die Ausländerbehörden noch die Verwaltungsgerichte befugt, zu prüfen, ob eine „Ausgrenzung" bestimmter Gruppen von Ausländern aus einer generellen Abschiebestopp-Regelung im Hinblick auf eine vergleichbare Schutzbedürftigkeit als zulässig angesehen werden kann[168]. Ob eine vergleichbare Schutzbedürftigkeit bei anderen Ausländergruppen vorliegt und ob eine gleichartige Aussetzungsanordnung gerechtfertigt erscheint, ist eine nach ausschließlich politischen Maßstäben zu treffende Entscheidung, die nur der Exekutive obliegt. Beruft sich ein Ausländer auf allgemeine Gefahren im Sinne von § 60 Abs. 7 AufenthG, die eine generelle Aussetzungsregelung nach § 60 a Abs. 1 AufenthG rechtfertigen könnten, so kann die Ausländerbehörde allenfalls auf eine Regelung der obersten Landesbehörde hinwirken.

Generelle Aussetzungsregelungen sind grundsätzlich auf die *Dauer von sechs* **1231** *Monaten* beschränkt. Im Falle einer längeren Zeitdauer bedarf es des Einvernehmens des BMI, da Aussetzungsanordnungen eine über das jeweilige Bundesland hinausreichende Bedeutung für Bund und Länder haben (vgl. § 60 a Abs. 1 Satz 1 a. E. und Satz 2 AufenthG). Mehrmalige allgemeine Aussetzungen der Abschiebung, wenn die Zeiträume insgesamt 6 Monate überschreiten, unterliegen nach dem Zweck der Vorschrift ebenfalls dem Einvernehmenserfordernis. Ein wiederholter Abschiebungsstopp, der die Gesamtdauer von 6 Monaten überschreitet, unterliegt nur dann nicht dem Einvernehmenserfordernis, wenn er auf einer veränderten allgemeinen Situation in dem betreffenden Herkunftsstaat beruht[169].

### 3.    Der individuelle Abschiebungsstopp nach § 60 a Abs. 2 AufenthG

**a) Anspruch auf Duldung aus rechtlichen oder tatsächlichen Gründen (Satz 1).** **1232** Nach § 60 a Abs. 2 Satz 1 AufenthG besteht ein *Anspruch* auf zeitweise Aussetzung der Abschiebung durch Erteilung einer befristeten Duldung, wenn die Abschiebung aus tatsächlichen oder rechtlichen Gründen unmöglich ist und keine Aufenthaltserlaubnis erteilt wird. Die Aussetzung der Abschiebung durch Erteilung einer Duldung ist also bei Vorliegen der Voraussetzungen *zwingend vorgesehen*. *Voraussetzungen* für die Erteilung einer Duldung sind ein *Duldungsgrund*, die *Nichterteilung einer Aufenthaltserlaubnis* sowie das Vorliegen einer *vollziehbaren Ausreisepflicht*.

**aa) Duldungsgründe.** § 60 a Abs. 2 Satz 1 AufenthG gewährt zunächst einen An- **1233** spruch auf Erteilung einer Duldung, wenn die *Abschiebung aus rechtlichen Gründen unmöglich* ist. Rechtliche Abschiebungshindernisse sind insbesondere im § 60 Abs. 2 bis 5, 7 AufenthG niedergelegt. Dabei ist zwischen *inlandsbezo-*

---

168  VGH BW v. 1.2.1995, AuAS 1995, 186–188; a. M. VGH BW v. 27.9.1991, VGHBW-Ls 1991, Beilage 12, B5 im Hinblick auf § 32 AuslG.

169  Hess. VGH v. 27.7.1995, NVwZ-Beil. 9/1995, 67, 69; *Goebel/Zimmermann*, ZAR 1995, 23; *Bäuerle/Kleindiek*, NVwZ 1995, 43, 45; *Bethäuser*, ZAR 1996, 12.

*genen* und *zielstaatsbezogenen* Abschiebungshindernissen zu unterscheiden. Für die Prüfung von inlandsbezogenen Abschiebungshindernissen ist die Ausländerbehörde zuständig, für die Prüfung zielstaatsbezogener Abschiebungshindernisse hingegen das BAMF. Nur wenn kein Asylantrag von dem Ausländer gestellt worden ist, ist die Ausländerbehörde auch für die Überprüfung der zielstaatsbezogenen (nationalen) Abschiebungsverbote des § 60 Abs. 5 oder 7 AufenthG zuständig. Die Ausländerbehörde ist an die Entscheidung des Bundesamtes über das Vorliegen der Voraussetzungen des § 60 Abs. 5 oder 7 AufenthG gebunden. Diese Bindung erstreckt sich auch auf negative Entscheidungen[170]. Folglich begründen zielstaatsbezogene Abschiebungshindernisse im Falle der Durchführung eines Asylverfahrens nur bei positiver Entscheidung des BAMF über das Bestehen von Abschiebungsverboten einen Anspruch auf Erteilung einer Duldung gegenüber der Ausländerbehörde nach § 60 a Abs. 2 Satz 1 AufenthG, sofern keine Aufenthaltserlaubnis erteilt wird. Bei inlandsbezogenen Abschiebungshindernissen hingegen ergibt sich auch im Anschluss an eine bestandskräftige negative Entscheidung des BAMF ein Anspruch auf eine Duldung.

**1234**   *Inlandsbezogene Abschiebungshindernisse* sind solche, die einer Vollstreckung der Ausreisepflicht entgegenstehen, weil anderenfalls ein geschütztes Rechtsgut im Bundesgebiet verletzt würde. Es handelt sich also um Einwände gegen den Vollzug der Abschiebung, d. h. gegen die Art und Weise (das „wie") oder den Zeitpunkt der Abschiebung (das „wann"). Solche Einwände können sich aus den verfassungsrechtlich geschützten Grundrechten (z. B. Art. 2 oder 6 GG) oder der EMRK (z. B. Art. 8 EMRK) ergeben. In der ausländerrechtlichen Praxis haben sich insbesondere zwei Kategorien von inlandsbezogenen Abschiebungshindernissen herauskristallisiert. Eine Gruppe von Abschiebungshindernissen betrifft die Geltendmachung eines Rechts auf Wahrung des Ehe- und Familienlebens im Bundesgebiet mit einem dort zum Aufenthalt berechtigten Familienangehörigen, das durch die Abschiebung beeinträchtigt würde. Eine zweite Gruppe von Fällen umfasst die Geltendmachung krankheitsbedingter Gefahren, die als spezifisch inlandsbezogene Abschiebungshindernisse gegenüber den Ausländerbehörden dann geltend gemacht werden können, wenn sie sich allein als Folge der Abschiebung und nicht wegen der spezifischen Verhältnisse im Zielstaat der Abschiebung ergeben[171]. So kann etwa geltend gemacht werden, wegen akuter Krankheit oder Schwangerschaft bestehe derzeit keine Reisefähigkeit[172]. Reiseunfähigkeit liegt auch dann vor, wenn das ernsthafte Risiko besteht, dass sich unmittelbar durch die Abschiebung oder als unmittelbare Folge davon der Gesundheitszustand des Ausländers voraussichtlich wesentlich oder lebensbedrohlich verschlechtert. Das ist bei einer psychischen Erkrankung der Fall, wenn im Rahmen einer Abschiebung das ernsthafte Risiko einer Selbsttötung gegeben ist und keine hinreichenden Vorkehrungen getroffen werden können, die das Risiko im Falle der Abschiebung verlässlich ausschließen[173].

**1235**   Für mit Art. 6 Abs. 1 GG unvereinbar sieht die Rechtsprechung die Trennung kleiner Kinder von ihren Eltern oder die Trennung von auf gegenseitige ständige Unterstützung angewiesener kranker oder pflegebedürftiger Familienangehöri-

---

170   BVerwG v. 7.9.1999, NVwZ 2000, 204–206.
171   BVerwG v. 21.9.1999, NVwZ 2000, 206.
172   S. hierzu VGH BW v. 6.2.2008 – 11 S 2439/07, juris.
173   So OVG NRW v. 9.5.2007 – 19 B 352/07; VGH BW v. 6.2.2008 – 11 S 2439/07, juris.

gen an[174]. Auch bei Dublin Überstellungen geht die Rechtsprechung grundsätzlich davon aus, dass durch den Abschiebungsvorgang keine Trennung der Mitglieder einer Kernfamilie (Eltern und minderjährige Kinder) erfolgen darf. Der Ablauf der Überstellungsfrist bewirkt daher regelmäßig ein Abschiebungshindernis für die übrigen Mitglieder der Kernfamilie[175]. Minderjährige Kinder, deren Asylanträge rechtskräftig abgelehnt worden sind, dürfen nicht ohne ihre Eltern abgeschoben werden, wenn die Eltern in Deutschland asylrechtlichen Abschiebungsschutz genießen[176]. Eltern eines Minderjährigen können im Regelfall dann nicht abgeschoben werden, wenn das familiäre Zusammenleben nur in Deutschland zumutbar ist[177]. Bei Kleinkindern wird generell eine Abschiebung ohne die in Deutschland ebenfalls ausreisepflichtigen Eltern nicht in Betracht kommen, wenn keine hinreichende familiäre Betreuung der Kleinkinder gesichert ist und wenn auch nur eine vorübergehende Trennung von den Eltern unzumutbar erscheint. Ein Duldungsanspruch besteht auch, wenn eine ausländische Staatsangehörige in Deutschland ein Kind geboren hat, das die deutsche Staatsangehörigkeit besitzt und das auf die dauernde Anwesenheit der Mutter angewiesen ist. In diesem Fall verbietet sich eine auch nur vorübergehende Trennung im Hinblick auf den verfassungsrechtlich gebotenen Schutz der Familieneinheit[178].

Ähnliche Grundsätze sind für pflegebedürftige Familienangehörige von der Rspr. **1236** entwickelt worden. Die Eltern eines pflegebedürftigen Kindes, das auf die ständige Pflege durch die Eltern angewiesen ist, genießen daher Abschiebungsschutz im Bundesgebiet[179]. Auch nicht pflegebedürftige Familienangehörige können jedoch auf die Lebenshilfe anderer Familienangehöriger angewiesen sein, so z.B. wenn erwachsene Familienangehörige für die Betreuung einer psychisch erkrankten Mutter und Schwiegermutter notwendig sind. Liegt in diesem Sinne eine Angewiesenheit auf die Lebenshilfe eines anderen Familienmitglieds vor, so kommt es nicht darauf an, ob die Beistandsgemeinschaft als Hausgemeinschaft gelebt wird, oder ob die tatsächlich erbrachte Lebenshilfe von anderen Personen erbracht werden kann[180]. Allerdings steht einem solchen Familienmitglied kein uneingeschränktes, „absolutes" Wahlrecht zwischen mehreren betreuungsfähigen erwachsenen Angehörigen zu. Vielmehr ist das öffentliche Interesse an der Ausreise eines ausländischen, betreuungsfähigen Familienmitglieds angemessen zur Geltung zu bringen und mit dem Auswahlinteresse des betreuungsbedürftigen Angehörigen und dem Verbleibeinteresse des „ausgewählten" ausländischen Familienmitglieds abzuwägen[181].

Ein Duldungsanspruch besteht auch, wenn eine ausländische Staatsangehörige **1237** in Deutschland ein Kind geboren hat, das die deutsche Staatsangehörigkeit besitzt und das auf die dauernde Anwesenheit der Mutter angewiesen ist. In diesem Fall verbietet sich eine auch nur vorübergehende Trennung im Hinblick auf den

---

174 Vgl. BVerfG v. 31.8.1999, NVwZ 2000, 59; VGH BW v. 19.4.2001, VBlBW 2001, 415; BayVGH v. 2.7.1999, AuAS 1999, 219.
175 VG Göttingen v. 17.12.2013 – 2 B 912/13; v. 6.11.2013 – 2 B 848/13.
176 BVerwG v. 21.9.1999, FamRZ 2000, 482; BVerwGE 109, 303.
177 OVG Lüneburg v. 18.1.2010 – 8 ME 222/09.
178 VG Frankfurt v. 10.10.1994, InfAuslR 1995, 8.
179 HessVGH v. 5.3.1998, ESVGH 48317.
180 BVerfG, 1. Kammer d. 2. Senats v. 1.8.1996, NVwZ 1997, 479; BVerwG v. 9.12.1997, BVerwGE 106, 13; VGH BW v. 5.7.1999, 13 S 110/99.
181 VGH BW v. 9.2.2004 – 11 S 1131/03.

verfassungsrechtlich gebotenen Schutz der Familieneinheit[182]. Die Sicherstellung der Familieneinheit für die Kernfamilie reicht nach der neueren Rechtsprechung auch bei EU-Mitgliedstaaten über den Abschiebungsvorgang hinaus, wenn Anhaltspunkte für ein Trennung infolge von Kapazitätsengpässen vorhanden sind. Das Bundesverfassungsgericht verlangt bei der Abschiebung von Familien mit Kleinstkindern im Rahmen des Dublin-Verfahrens nach Italien eine einzelfallbezogene Zusicherung der italienischen Behörden, dass die Familie in Italien eine gesicherte Unterkunft für alle Familienmitglieder erhalten werde[183].

**1238** Aus der Bindung zwischen volljährigen Kindern und ihren Eltern ergibt sich nur ausnahmsweise ein Schutz vor Abschiebung nach Art. 6 Abs. 1 GG, z. B. wenn ein Familienmitglied auf die Hilfe anderer Familienmitglieder angewiesen ist und diese Hilfe sich nur in der Bundesrepublik Deutschland erbringen lässt[184]. Für sonstige Familienangehörige und Ausländer, die in einer nichtehelichen Lebensgemeinschaft zusammenleben, besteht im Allgemeinen kein Abschiebungsschutz aus Art. 6 Abs. 1 GG, bzw. Art. 8 EMRK, wenn nicht ausnahmsweise ein Ausländer auf das Zusammenleben und die Lebenshilfe von einem im Bundesgebiet über ein sicheres Aufenthaltsrecht verfügenden Person angewiesen ist[185].

**1239** Die beabsichtigte Eheschließung mit einem deutschen Staatsangehörigen ist als solche kein rechtliches Abschiebungshindernis. Eine Ausnahme wird in der verwaltungsgerichtlichen Rspr. aus der Schutzpflicht nach Art. 6 Abs. 1 und Art. 8 EMRK dann abgeleitet, wenn eine Eheschließung unmittelbar bevorsteht[186].

**1240** Auch die Beziehungen eines Vaters mit seinem nichtehelichen Kind fallen in den Schutzbereich des Art. 6 Abs. 1 GG, wenn zwischen ihm und dem Kind eine sozial-familiäre Beziehung besteht[187]. Erforderlich ist, dass eine familiäre Lebensgemeinschaft tatsächlich besteht und dass das Kind auf deren Aufrechterhaltung angewiesen ist[188]. Der Ausländer muss daher in Verhältnissen leben, die Übernahme der elterlichen Verantwortung und eine gemeinsame Erziehung und Betreuung des Kindes sicher erwarten lassen[189]. Der ausländische Vater eines ungeborenen Kindes kann einen Anspruch auf Duldung im Falle einer Gefährdung der Mutter (Risikoschwangerschaft) oder des Kindes und der Angewiesenheit der Mutter auf die Unterstützung des Vaters besitzen[190]. Voraussetzung ist die Anerkennung der Vaterschaft und das Bestehen der deutschen Staatsangehörigkeit oder eines gesicherten Aufenthaltsrechts der schwangeren Mutter. Teilweise wird eine Abschiebung eines werdenden Vaters dann für unzulässig ange-

---

182 VG Frankfurt v. 10.10.1994, InfAuslR 1995, 8.
183 BVerfG v. 17.9.2014 – 2 BvR 939/14, NVwZ 2014, 1511, Rn. 4; v. 27.5.2015 – 2 BvR 3024/14, 2 BvR 177/15, 2 BvR 601/15; EGMR v. 4.11.2014, Nr. 29217/12, NVwZ 2015, 127.
184 VG Düsseldorf v. 8.4.2015 – 13 L 914.15.A.
185 Vgl. OVG Sachsen-Anhalt v. 10.12.2014 – 2 M 127/14.
186 Vgl. z. B. OVG Berlin-Brandenburg v. 25.3.2014 – 2 S 18.14; OVG Sachsen- Anhalt v. 1.10.2014 – 2 M 93/14; BayVGH v. 24.10.2012 – 10 CE 12.2125; OVG Saarland v. 7.7.2009 – 2 B 393/09, NVwZ-RR 2009, 738; OVG Lüneburg v. 7.7.2010 – 8 ME 139/10.
187 Vgl. VGH BW v. 29.6.2004 – 13 S 919/04.
188 Vgl. BVerfG v. 5.6.2013 – 2 BvR 586/13; BayVGH v. 11.8.2015 – 10 CE 15.1446; v. 10.8.2015 – 10 CE 15.1341 u. 10 C 15.1343.
189 OVG Hamburg v. 14.8.2008 – 4 Bs 84/08, NVwZ-RR 2009, 133; v. 10.12,2009 – 3 Bs 209/09, NVwZ-RR 2010, 701; für Berücksichtigung der Umstände des Einzelfalls OVG Bautzen v. 2.10.2009 – 3 B 482/09, NVwZ-RR 2010, 78.
190 OVG Sachsen–Anhalt v. 10.12.2014 – 2 M 127/14.

sehen, wenn eine Rückkehr vor der Geburt nicht sichergestellt werden kann[191]. Eine Duldung wird z. T. auch für den Vater eines neugeborenen Kindes zum Zweck der Gewährleistung einer gemeinsamen Überstellung der Familie in den für die Durchführung eines Asylverfahrens zuständigen EU-Mitgliedstaat bejaht[192].

Ausnahmsweise können sich auch aus der verfassungsrechtlichen Schutzpflicht **1241** für Leben und Gesundheit rechtliche Hindernisse ergeben, die den Vollzug der Abschiebung ausschließen. Ein Anspruch auf Duldung besteht daher wegen rechtlicher Unmöglichkeit, wenn bereits die Durchführung der Abschiebung als solche mit beachtlicher Wahrscheinlichkeit zu einem Gesundheitsschaden führen oder einen bestehenden Gesundheitsschaden weiter verfestigen wird[193]. Zwei Fallgruppen werden in der Rspr. unterschieden. Ist ein Ausländer wegen einer Erkrankung transportunfähig, d. h. verschlechtert sich sein Gesundheitszustand durch und während des Vorgangs der Abschiebung oder entsteht eine Lebens- oder Gesundheitsgefahr transportbedingt erstmals (Reiseunfähigkeit im engeren Sinne) scheidet eine Abschiebung aus. Zum Anderen unterbleibt eine Abschiebung, wenn sie – außerhalb des eigentlichen Abschiebungsvorgangs – eine erhebliche konkrete Gesundheitsgefahr für den Ausländer bedeutet, z. B. wenn das ernsthafte Risiko besteht, dass unmittelbar durch die Abschiebung als solche (unabhängig vom konkreten Zielstaat) sich der Gesundheitszustand des Ausländers wesentlich verschlechtert[194] (Reiseunfähigkeit im weiteren Sinne).

Die verfahrensrechtlichen Anforderungen an die Geltendmachung einer Erkran- **1242** kung, die wegen der als Folge einer Abschiebung eintretenden erheblichen Gesundheitsgefährdung oder Verschlechterung des Gesundheitszustandes als rechtliches Hindernis (Schutzpflicht zugunsten des Lebens und der körperlichen Unversehrtheit) der Abschiebung entgegengehalten werden kann, sind durch die neu in § 60 a AufenthG eingefügten Absätze 2 c und 2 d erheblich verschärft worden. Abs. 2 c Satz 1 postuliert eine Vermutung, dass der Abschiebung gesundheitliche Gründe nicht entgegenstehen. Die Vermutung beinhaltet, dass der Ausländer die Darlegungslast für das Vorliegen einer die Abschiebung hindernden Erkrankung trägt. Eine Beeinträchtigung der Abschiebung im Sinne des Satz 1 liegt auch vor, wenn die Abschiebung aufgrund der Erkrankung gänzlich ausgeschlossen ist. Die Vermutung kann nur dadurch widerlegt werden, dass der Ausländer eine ärztliche qualifizierte Bescheinigung durch einen approbierten Arzt vorlegt, mittels derer eine die Abschiebung hindernde Erkrankung glaubhaft gemacht wird.

Mit dem Erfordernis der Glaubhaftmachung soll auf praktische Probleme hin- **1243** sichtlich der Bewertung der Validität von ärztlichen Bescheinigungen im Vorfeld einer Abschiebung reagiert werden. Damit eine ärztliche Bescheinigung als hinreichend qualifiziert angesehen werden kann, muss sie eine Reihe von Anforderungen erfüllen, die in Abs. 2 c Satz 3 dargelegt sind. Diese Erfordernisse sind

---

191 OVG Sachsen v. 15.9.2006, InfAuslR 2006, 446; VG Dresden v. 19.7.2007 – 3 K 1343/07.
192 VG Göttingen v. 2.1.2014 – 2 B 889/13; OVG Lüneburg v. 2.5.2012 – 13 MC 22/12.
193 Vgl. z. B. VG Koblenz v. 23.2.2015 – 3 L 99/15.KO.
194 Vgl. dazu VGH BW v. 15.10.2004 – 11 S 2297/04; v. 10.7.2003, InfAuslR 2003, 423; vgl. auch BVerwG v. 21.9.1999, NVwZ 2000, 206.

als Sollerfordernisse grundsätzlich rechtlich verpflichtend. Es bedarf besonderer Begründung, wenn davon abgewichen werden soll. Als Abweichungsgründe können nur Umstände anerkannt werden, die sich aus den medizinischen Besonderheiten einer Erkrankung ergeben, d. h. ihre Ursache in fachlichen Gegebenheiten der zu überprüfenden Erkrankung und der sich daraus ergebenden Folgen haben. Im Allgemeinen wird aber nur dann ein ärztliches Attest als qualifiziert anzusehen sein, wenn alle in Satz 3 genannten Merkmale erfüllt sind. Bei den tatsächlichen Umständen, auf deren Grundlage eine fachliche Beurteilung erfolgt, ist darzulegen, ob diese auf den Angaben des Ausländers beruhen oder unabhängig hiervon und mittels welcher Methoden festgestellt worden sind. Die Diagnose sollte eine eindeutige Krankheitsfeststellung enthalten und, falls diese nicht möglich ist, die Gründe für die Unmöglichkeit einer eindeutigen Zuordnung festgestellter oder geltend gemachter Krankheitssymptome darlegen. Der Schweregrad der Krankheit und die daraus sich voraussichtlich ergebenden Folgen sind im Hinblick auf voraussichtliche Gesundheitsgefährdungen einer Abschiebung bezüglich der Transportfähigkeit und die zwangsweise Rückführung darzulegen. Aussagen zur rechtlichen Möglichkeit oder Unmöglichkeit einer Abschiebung sind ebenso wenig Gegenstand des ärztlichen Attests wie Vermutungen oder Feststellungen über die medizinische Situation bzw. Behandelbarkeit einer Krankheit im Zielstaat einer Abschiebung.

**1244**  § 60 a Abs. 2 d AufenthG regelt die Verpflichtungen des Ausländers im Zusammenhang mit der Geltendmachung einer Erkrankung als Abschiebungshindernis in Konkretisierung der allgemeinen Mitwirkungspflicht nach § 82 AufenthG. Die Obliegenheit bezieht sich auch auf ärztliche Atteste für minderjährige Familienangehörige des Ausländers, für deren Angelegenheiten er sorgepflichtig ist. Das Erfordernis der „unverzüglichen" Vorlage eines ärztlichen Attests soll der in der Praxis z. T. geübten Verhaltensweise vorbeugen, wonach Ausreisepflichtige „auf Vorrat" ein Attest einholen und dieses erst zu einem Moment der zuständigen Behörde vorlegen, wenn die Abschiebung bereits konkret und mit erheblichem Verwaltungsaufwand eingeleitet worden ist. Mit der Vorlage der Bescheinigung sozusagen in letzter Minute wird die Abschiebung zumindest erheblich zeitlich verzögert oder muss gänzlich storniert werden, da der konkrete Amtswalter in der Regel nicht in der Lage ist, den ärztlichen Befund ad hoc, z. B. durch ein anderes ärztliches Gutachten zu widerlegen[195]. Die Pflicht zur unverzüglichen Vorlage bezieht sich daher auch auf die Einholung des ärztlichen Gutachtens zu einem Zeitpunkt, ab dem der Ausländer mit dem Vollzug einer Abschiebungsandrohung vernünftigerweise rechnen musste, wie sich auch aus dem Wortlaut des Abs. 2 Satz 2 (Einholung der Bescheinigung) ergibt. Für die Vorlage eines ärztlichen Attests zur Bescheinigung eines PTBS, das einer Abschiebung entgegengehalten werden soll, wird nach der Begründung des Regierungsentwurfs regelmäßig eine Vorlage unmittelbar nach Erhalt der Abschiebungsandrohung zu verlangen sein, sofern die Erkrankung nicht auf traumatisierende Erfahrungen in der Bundesrepublik Deutschland zurückzuführen ist.

**1245**  Wird die ärztliche Bescheinigung nicht unverzüglich vorgelegt, so darf die Behörde das Vorbringen des Ausländers zu seiner Erkrankung nicht berücksichtigen. Die Präklusion kann nach dem Wortlaut der Vorschrift nur dadurch durchbrochen werden, dass der Ausländer an der Einholung einer qualifizierten

---

195  BT-Drs.18/7538, S. 19.

Bescheinigung gehindert war oder soweit anderweitig tatsächliche Anhaltspunkte für das Vorliegen einer lebensbedrohlichen oder schwerwiegenden Erkrankung vorliegen, die sich durch die Abschiebung wesentlich verschlechtern würden. Solche tatsächlichen Umstände können sich aus dem Akteninhalt oder daraus ergeben, dass der Ausländer aufgrund des Augenscheins offensichtlich nicht transportfähig ist. Das Erfordernis der schweren oder lebensbedrohlichen Erkrankung ist vor dem Hintergrund des schon bisher in der Rechtsprechung angewandten Kriteriums der Reiseunfähigkeit zu verstehen[196]. Kann ein schwer erkrankter Ausländer ggfs. unter Einhaltung besonderer Vorkehrungen in seinen Heimatstaat transportiert werden, kann die Abschiebung durchgeführt werden. Die bloße Suiziddrohung als solche begründet noch kein Abschiebungshindernis, unabhängig davon, ob es sich um eine ernsthafte Drohung handelt, wenn sie nicht auf eine psychische Erkrankung gestützt ist[197]. Auch eine ernsthafte Suizidgefahr wird man in diesem Sinne als lebensbedrohliche Verschlechterung der gesundheitlichen Situation eines Ausländers ansehen können.

Außerdem gewährt § 60 a Abs. 2 Satz 1 AufenthG einen Anspruch auf Erteilung **1246** einer Duldung, wenn die *Abschiebung aus tatsächlichen Gründen unmöglich* ist. *Tatsächliche Gründe* im Sinne des § 60 a Abs. 2 Satz 1 AufenthG liegen nur vor, wenn aufgrund objektiver Umstände, die in der Person des Ausländers oder in äußeren Gegebenheiten liegen, die Ausreisepflicht nicht durchgesetzt werden kann[198]. Von einer tatsächlichen Unmöglichkeit der Abschiebung wird in der Regel außer in den Fällen mangelnder tatsächlicher Aufnahmebereitschaft des Zielstaats im Allgemeinen nur dann auszugehen sein, wenn ein Abschiebungsversuch bereits einmal gescheitert ist[199]. Ist eine freiwillige Ausreise des Ausländers möglich, während eine Abschiebung nicht durchgeführt werden kann, z. B. weil ein Heimatstaat die Einreise von der Freiwilligkeit abhängig macht, so wird in der Rechtsprechung ein Anspruch auf Duldung wegen tatsächlicher Unmöglichkeit der Abschiebung bejaht[200]. Das BVerwG hat diese Auffassung bestätigt[201].

Das *Fehlen eines Reisepasses oder Ausweispapiers* begründet noch keinen Dul- **1247** dungsanspruch wegen tatsächlicher Unmöglichkeit der Abschiebung[202]. Zwar setzt die Anwendung der geltenden Rückübernahmeabkommen der Bundesrepublik Deutschland mit Drittstaaten regelmäßig den Nachweis der Identität des abzuschiebenden Ausländers in der Form gültiger Reisedokumente voraus[203]. Es handelt sich hierbei aber lediglich um zwischenstaatlich geltende Voraussetzungen, auf die sich Drittstaaten im Rechtsverkehr mit der Bundesrepublik Deutschland berufen können oder auch davon absehen können[204].

---

196 Vgl. z. B. OVG NRW v. 18.1.2005 – 19 B 1929/04.
197 *Funke-Kaiser*, in GK-AufenthG, März 2015, § 60a, Rn. 144.
198 Z. B. mangelnde Transportfähigkeit des Ausländers; Fehlen eines aufnahmebereiten Staates, vgl. BVerwG v. 29.6.1998 – 9 B 604/98, juris; vgl. VGH BW v. 30.7.1997, InfAuslR 1998, 18; VGH BW v. 3.11.1995, DVBl. 1996, 209; VG Hamburg v. 31.8.1995, InfAuslR 1996, 65.
199 VGH BW v. 30.7.1997, InfAuslR 1998, 18; BVerwG v. 21.5.1996, Buchholz 402 240 zu § 55 AuslG 1990 Nr. 1; Nds. OVG v. 27.12.1994 – 13 M 6040/94, juris.
200 VGH BW v. 3.11.1995, NVwZ-RR 1996, 356.
201 BVerwG v. 25.9.1997, InfAuslR 1998, 12.
202 A. A. VGH BW v. 19.5.1992, VBlBW 1993, 29; OVG Berlin v. 7.12.1994, InfAuslR 1994, 236.
203 Vgl. *Hailbronner*, Rückübernahme eigener und fremder Staatsangehöriger, 1996, S. 34 ff.
204 *Kliemt*, InfAuslR 1993, 219, 228.

**1248** Eine tatsächliche Unmöglichkeit der Abschiebung kann unter Umständen auch vorliegen bei Reiseunfähigkeit im Krankheitsfall (sofern sie nicht die Qualität eines rechtlichen Abschiebungshindernisses erreicht), fortdauernder Passlosigkeit, wenn nach den Erfahrungen der Ausländerbehörde die Abschiebung ohne Pass oder Passersatz nicht möglich ist, ein Abschiebungsversuch gescheitert ist oder die Verkehrswege (internationales Flugverbot) unterbrochen sind. Das Fehlen erforderlicher Reisedokumente (Transitbewilligung, Visum) oder geeigneter Transportmittel[205] kann eine tatsächliche Unmöglichkeit der Abschiebung begründen. Eine Abschiebung kann ferner aus tatsächlichen Gründen unmöglich sein, wenn der Zielstaat der Abschiebung nicht zur Aufnahme bereit ist oder die Rücknahmebereitschaft nicht hinreichend geklärt ist[206].

> **Lösung Fall 47:** Die Abschiebung eines Ausländers ist auszusetzen, solange die Abschiebung aus tatsächlichen oder rechtlichen Gründen unmöglich ist und keine Aufenthaltserlaubnis erteilt wird (§ 60 a Abs. 2 AufenthG). Die Aufgabe der Staatsangehörigkeit führt nicht zu einer tatsächlichen Unmöglichkeit der Abschiebung[207]. Da die Ausbürgerung während eines Auslandsaufenthalts die Aufnahmepflicht des bisherigen Heimatstaats nach h. M. unberührt lässt[208], kann nicht schon aus völkerrechtlichen Gründen auf die Unmöglichkeit einer Abschiebung gefolgert werden. Auch die Staatenlosigkeit führt nicht zwangsläufig zur tatsächlichen Unmöglichkeit der Abschiebung[209]. Entscheidend ist vielmehr, ob aufgrund objektiv feststehender Fakten (z. B. gescheiterter Abschiebungsversuch) die Nichtdurchführbarkeit der Abschiebung feststeht. Besteht ein Abkommen über die Rückführung und Rückübernahme, so lässt sich ohne vorherige Durchführung des darin vorgesehenen Verfahrens grundsätzlich nicht feststellen, ob eine Abschiebung aus tatsächlichen Gründen unmöglich ist[210].

**1249** **bb) Nichterteilung einer Aufenthaltserlaubnis.** Die Erteilung einer Duldung setzt ferner voraus, dass keine Aufenthaltserlaubnis erteilt wird (§ 60 a Abs. 2 Satz 1 am Ende) und die Ausreisepflicht vollziehbar ist. Eine Aufenthaltserlaubnis kann trotz rechtlicher oder tatsächlicher Abschiebungsverbote z. B. deshalb verweigert werden, weil in den Fällen des § 25 Abs. 1 bis 3 AufenthG ein Ausschlussgrund nach § 25 Abs. 1 Satz 2 AufenthG (Ausweisung aus schwerwiegenden Gründen der öffentlichen Sicherheit und Ordnung) vorliegt oder in den übrigen Fällen der Erteilung einer humanitären Aufenthaltserlaubnis von den Erteilungsvoraussetzungen des § 5 Abs. 1 und 2 AufenthG (z. B. Sicherung des Lebensunterhalts, Identitätsklärung) aus Ermessensgründen zulässigerweise nicht abgesehen wird.

**1250** **cc) Vollziehbare Ausreisepflicht.** Schließlich muss die Ausreisepflicht vollziehbar im Sinne des § 58 Abs. 2 AufenthG sein. Ob daneben die weiteren Abschiebungsvoraussetzungen – Abschiebungsgrund und Vollziehbarkeit der Abschiebungsandrohung – vorliegen müssen, ist umstritten[211].

---

205 Vgl. Nr. 60a.2.1.2.5 AVwV AufenthG; *Bauer*, in: *Renner/Bergmann/Dienelt*, § 60a, Rn. 31.
206 OVG NRW v. 28.4.2015 – 14 B 502/15.A; v. 3.3.2015 – 14 B 102/15.A; v. 10.3.2015 – 14 B 162/15.A.
207 Vgl. VGH BW v. 20.8.1992, NVwZ-RR 1993, 52; VGH BW v. 3.12.1992, EZAR 046 Nr. 2; Nds. OVG v. 27.12.1994 – 13 M 6040/94, juris.
208 Vgl. dazu *Hailbronner*, Rückübernahme eigener und fremder Staatsangehöriger, 1996, S. 38 ff.; *Kliemt*, AuslR 1993, 219, 222.
209 Nds. OVG v. 27.12.1994 – 13 M 6040/94, juris.
210 VGH BW, VBlBW RspDienst 1997, Beil. 4, B 6 für die Abschiebung restjugoslawischer Staatsangehöriger der Bundesrepublik Jugoslawien.
211 Vgl. einerseits *Funke-Kaiser*, in: GK-AuslR, § 55 AuslG, Rn. 11; a. M. *Fraenkel*, Einführende Hinweise, S. 291.

**b) Ermessensduldung aus dringenden humanitären oder persönlichen Gründen** **1251** **(Satz 3).** Nach dem durch das Richtlinienumsetzungsgesetz neu eingefügten § 60 a Abs. 2 Satz 3 AufenthG *kann* eine Duldung erteilt werden, wenn dringende humanitäre oder persönliche Gründe oder erhebliche öffentliche Interessen die vorübergehende weitere Anwesenheit des Ausländers im Bundesgebiet erfordern. Ziel dieser neuen Regelung ist es, vollziehbar ausreisepflichtigen Personen im Ermessenswege einen vorübergehenden Aufenthalt zu ermöglichen, wenn der vorübergehende Aufenthalt zwar aus den genannten Gründen erforderlich ist, sich der Aufenthaltszweck jedoch nicht zu einem rechtlichen Abschiebungshindernis nach § 60 a Abs. 2 Satz 1 AufenthG verdichtet hat und tatsächliche Abschiebungshindernisse nicht vorliegen[212]. Bei den Ermessenserwägungen nach § 60 a Abs. 2 Satz 3 AufenthG sind das Wohl eines betroffenen Kindes sowie die Lebensunterhaltssicherung des Ausländers im Sinne des § 2 Abs. 3 AufenthG (z. B. auch § 68 AufenthG) zu berücksichtigen[213].

*Dringende persönliche Gründe* im Sinne des § 60 a Abs. 2 Satz 3 AufenthG lie- **1252** gen vor, wenn sich bei der erforderlichen Interessenabwägung ergibt, dass dem privaten Interesse des Ausländers an einem vorübergehenden Aufenthalt im Bundesgebiet ein deutlich höheres Gewicht zukommt als der umgehenden Ausreise[214]. Danach können dringende persönliche Gründe z. B. sein[215]:
- Durchführung einer Operation oder Abschluss einer ärztlichen Behandlung, die im Herkunftsland nicht oder nicht in ausreichendem Maße gewährleistet ist,
- eine unmittelbar bevorstehende Heirat mit einem Deutschen oder einem Ausländer, der eine Aufenthaltserlaubnis oder Niederlassungserlaubnis besitzt[216],
- die vorübergehende Betreuung eines schwer erkrankten Familienangehörigen nach Maßgabe des § 27 Abs. 1 AufenthG,
- Abschluss eines sonstigen Schuljahres, wenn das Schuljahr nur noch wenige Wochen dauert,
- wenn der Ausländer für Zwecke der Erteilung einer Aufenthaltserlaubnis nach der Altfallregelung in § 104 a AufenthG einen Antrag auf vorzeitige Tilgung bei der Registerbehörde gestellt hat, dieser hinreichende Erfolgsaussichten aufweist, die sonstigen Voraussetzungen der Altfallregelung vorliegen und überwiegende gegenläufige öffentliche Interessen an der umgehenden Aufenthaltsbeendigung nicht bestehen[217],
- wenn der Beistand des werdenden nichtehelichen Vaters während der Schwangerschaft und Entbindung wegen erheblicher Gefahren für Mutter und Kind seinen vorübergehenden Aufenthalt im Bundesgebiet erfordert[218].

Dringende persönliche Gründe können auch vorliegen, wenn der Ausländer eine **1253** qualifizierte Berufsausbildung in Deutschland vor Vollendung des 21. Lebensjahres aufnimmt oder aufgenommen hat und nicht aus einem sicheren Herkunfts-

---

212 Nr. 60 a.2.3.0 AVwV-AufenthG.
213 vgl. § 25 Abs. 3 und die hierzu ergangenen Ziff. 25.4.1.4. bis 25.4.1.7 AVwV-AufenthG.
214 OVG NRW v. 27.11.2007 – 17 B 1779/07, juris.
215 Vgl. Ziff. 25.4.1.6. AVwV-AufenthG.
216 S. hiezu auch Bayr. VGH v. 6.2.2008 – 19 CE 07 3454, juris.
217 So OVG NRW v. 27.11.2007 – 17 B 1779/07, juris.
218 VGH BW v. 30.9.2007, NVwZ 2008, 233–234.

staat nach § 29 a AsylG stammt. Ausgeschlossen ist der Ermessensanspruch nach Abs. 2 Satz 3, wenn der Antragsteller aus einem sicheren Herkunftsstaat nach § 29 a AsylG stammt. Angesichts der großen Zahl von illegal einreisenden Antragstellern, die angeben, eine Berufsausbildung in Deutschland absolvieren zu wollen, ist es sachgemäß, eine deutliche Unterscheidung in der Weise vorzunehmen, dass von Integrationsmaßnahmen wie dem Zugang zu einer Berufsausbildung solche Personen ausgeschlossen werden, die von vornherein keine Aussicht auf eine internationale Schutzberechtigung besitzen und daher auf reguläre im Aufenthaltsgesetz vorgesehene Zugangsmöglichkeit zum Arbeitsmarkt und der beruflichen Ausbildung zu verweisen sind. Die Duldung für die Aufnahme einer Berufsausbildung kann für ein Jahr erteilt werden. Eine Duldung soll unabhängig vom Alter für jeweils ein Jahr verlängert werden, wenn die Berufsausbildung noch fortdauert und in einem angemessenen Zeitraum mit ihrem Abschluss zu rechnen ist.

**1254** Nicht ausreichend für die Annahme dringender persönlicher Gründe sind im Allgemeinen die Erbringung gewisser Integrationsleistungen (z. B. deutsche Sprachkenntnisse); das Erlöschen der Aufenthaltserlaubnis, die für einen anderen Zweck erteilt worden ist; die Absicht des Ausländers, eine Aufenthaltserlaubnis zu einem anderen Zweck zu beantragen; Sicherung der Durchsetzung von Ansprüchen oder die Durchführung eines Vaterschaftsanerkennungsprozesses; die Anhängigmachung eines Petitions- oder Härtefallverfahrens zum Zweck der Fortsetzung eines Aufenthaltsrechts[219]. Als dringende persönliche Gründe sind aber in der Rechtsprechung vereinzelt auch die Realisierung von begründeten Erwartungen und Chancen, z. B. auf Erhaltung der Möglichkeit, an einer Bleiberechtsregelung für nachhaltig integrierte Ausländer zu partizipieren, während andererseits durch die Abschiebung ein vollständiger Rechtsverlust eintritt, angesehen worden[220].

**1255** Nach der Verabschiedung des Integrationsgesetzes v. 31.7.2016[221] gilt, dass eine Duldung wegen dringender persönlicher Gründe unabhängig vom Alter zu erteilen ist, wenn der Ausländer eine qualifizierte Ausbildung in einem staatlich anerkannten Ausbildungsberuf aufgenommen hat und konkrete Maßnahmen zur Aufenthaltsbeendigung nicht bevorstehen. Die Duldung wird nicht erteilt, wenn der Ausländer wegen einer im Bundesgebiet begangenen vorsätzlichen Straftat verurteilt wird, wobei Geldstrafen von insgesamt bis zu 50 Tagessätzen oder bis zu 90 Tagessätzen bei ausländerspezifischen Delikten außer Betracht bleiben. Wird die Ausbildung nicht betrieben oder abgebrochen, so ist der Ausbildungsbetrieb verpflichtet, dies der zuständigen Ausländerbehörde mitzuteilen. Die Duldung erlischt in diesem Fall. Eine zum Zweck der Ausbildung erteilte Duldung kann nach erfolgreichem Abschluss der Ausbildung für bis zu 6 Monate zum Zweck der Arbeitssuche verlängert werden, wenn keine Weiterbeschäftigung im Ausbildungsbetrieb erfolgt. Für eine der erworbenen beruflichen Ausbildung entsprechende Beschäftigung wird nach § 18 a Abs. 1 a und b AufenthG (neu) eine Aufenthaltserlaubnis für die Dauer von zwei Jahren erteilt, wenn die Voraussetzungen des § 18 Abs. 1 AufenthG vorliegen und die Bundesagentur für Arbeit zustimmt. Die Aufenthaltserlaubnis wird widerrufen, wenn das der

---

219 Ziff. 25.4.1.6.2 AVwV-AufenthG.
220 Vgl. OVG Sachsen-Anhalt v. 31.3.2015 – 2 M 17/15.
221 BGBl. I, S. 1939.

Erteilung der Aufenthaltserlaubnis zugrundeliegende Arbeitsverhältnis aus Gründen, die in der Person des Ausländers liegen, aufgelöst wird oder der Ausländer wegen einer im Bundesgebiet liegenden vorsätzlichen Straftat, die die oben erwähnte Schwelle überschreitet, bestraft wird.

§ 60 a Abs. 2 b AufenthG sieht eine Duldung zur Ausübung der Personensorge **1256** im Fall des § 25 a AufenthG vor. In den Fällen, in denen die Eltern nicht die Voraussetzungen für die Erteilung eines Aufenthaltstitels nach § 25 a Abs. 2 erfüllen, soll bei Erteilung des Aufenthaltstitels nach § 25 a Abs. 1 an das minderjährige Kind bis zur Erreichung der Volljährigkeit die Abschiebung zur Ermöglichung der Ausübung der Personensorge ausgesetzt werden. Eine Aussetzung ist nicht möglich, wenn den Eltern das Sorgerecht entzogen wurde. Entsprechendes gilt für minderjährige Kinder, die in familiärer Lebensgemeinschaft mit ihren Eltern leben.

Erhebliche öffentliche Interessen, die eine Aussetzung des Vollzugs begründen **1257** können, liegen vor, wenn der Ausländer als Zeuge in einem Strafverfahren oder einem sonstigen Gerichts- oder Verwaltungsverfahren benötigt wird und § 25 Abs. 4 a oder 4 b oder § 60 a Abs. 2 Satz 2 AufenthG nicht einschlägig ist oder der Ausländer mit den deutschen Behörden bei der Ermittlung von Straftaten vorübergehend zusammenarbeitet.

§ 60 a Abs. 2 a AufenthG regelt den Status eines Ausländers im Falle einer ge- **1258** scheiterten Abschiebung. Vorgesehen ist eine kurzfristige Duldung für den Zeitraum einer Woche, wenn eine Zurückschiebung oder Abschiebung eines Ausländers gescheitert ist, Abschiebungshaft nicht angeordnet wird und die Bundesrepublik Deutschland – was in der Regel der Fall ist – entweder aufgrund der Rückführungsrichtlinie 2003/110/EG v. 25.11.2003 (D 11.13) oder aufgrund von völkerrechtlichen Rückübernahmevereinbarungen zur Rückübernahme eines Ausländers verpflichtet ist. In diesem Fall sieht Abs. 2 a eine kurzfristige, nicht verlängerbare Duldung desjenigen Ausländers vor, der in das Bundesgebiet zurück übernommen wird.

Die Duldung ist nach § 61 Abs. 1 AufenthG räumlich *auf das Gebiet* des Bundes- **1259** landes *beschränkt, in dem die Duldung erteilt* worden ist. Davon kann abgewichen werden, wenn der Ausländer zur Ausübung einer Beschäftigung unter Dispens von Vorrangprüfung berechtigt ist oder wenn dies für Schul- oder Ausbildungszwecke oder im Interesse der Familieneinheit erforderlich ist.

Die Duldung *erlischt* kraft Gesetzes mit der Ausreise (§ 60 a Abs. 5 Satz 1 Auf- **1260** enthG). Sie muss widerrufen werden, wenn die Duldungsgründe entfallen (Abs. 5 Satz 2). Der Ausländer wird unverzüglich nach dem Erlöschen (z. B. in Folge Fristablaufs oder Widerrufs) ohne erneute Abschiebungsandrohung und Fristsetzung abgeschoben, es sei denn, die Aussetzung wird erneuert (Abs. 5 Satz 3). Es bedarf nur dann der Setzung einer erneuten Ausreisefrist von mindestens einem Monat, wenn der Ausländer länger als ein Jahr geduldet ist. Ist die Abschiebung länger als ein Jahr ausgesetzt, ist die Abschiebung mindestens einen Monat vorher anzukündigen. Die Ankündigung ist zu wiederholen, wenn die Aussetzung für mehr als ein Jahr erneuert wurde (Abs. 5 Satz 4).

Geduldete Ausländer und Ausländer mit einer Aufenthaltsgestattung können mit **1261** Zustimmung der Bundesagentur für Arbeit eine Beschäftigung aufnehmen, wenn sie sich seit drei Monaten erlaubt, geduldet oder mit Aufenthaltsgestattung im Bundesgebiet aufhalten (§ 32 Abs. 1 BeschV). Die Zustimmung wird ohne Vorrangprüfung nach § 39 Abs. 2 AufenthG erteilt u. a. für eine Berufsausbildung in einem staatlich anerkannten Ausbildungsberuf, einem Praktikum, einer hochqualifizierten Beschäftigung oder nach 15 monatigem Aufenthalt im Bundesgebiet (§ 32 Abs. 2–5 BeschV). Mit dem Inkrafttreten des Integrationsgesetzes 2016 wird danach die Vorrangprüfung für die Aufnahme einer Beschäftigung für Asylbewerber und Geduldete aufgehoben. Geduldete Ausländer und Asylbewerber, die nach diesen Vorschriften ohne Vorrangprüfung eine Beschäftigung aufnehmen dürfen, können auch als Leiharbeitnehmer beschäftigt werden.

**1262** Eine Aufenthaltserlaubnis nach § 18 a erhalten im Übrigen qualifizierte Geduldete, die entweder eine qualifizierte Berufsausbildung im Bundesgebiet abgeschlossen haben, mit einem Hochschulabschluss eine qualifizierte Beschäftigung ausgeübt haben oder als Fachkraft seit drei Jahren eine Beschäftigung ausgeübt haben, die eine qualifizierte Berufsausbildung voraussetzt.

## 4. Rechtsschutz bei Nichtgewährung einer Duldung

**1263** Die Duldung ist ein *begünstigender* Verwaltungsakt[222]. Ihr Regelungsgehalt besteht in der verbindlichen Erklärung der Behörde, dass der Ausländer für eine bestimmte Zeit nicht abgeschoben wird. Statthafte Klageart ist daher die Verpflichtungsklage nach § 42 Abs. 1 VwGO mit dem Antrag, die Ausländerbehörde zur Erteilung einer Duldung zu verpflichten. Soweit kein Anspruch auf eine Duldung gem. § 60 a Abs. 2 Satz 1 AufenthG geltend gemacht wird, kann mit der Verpflichtungsklage nur eine Neubescheidung verlangt werden. Da das Widerspruchsverfahren nach § 83 Abs. 2 AufenthG ausgeschlossen ist, kann sofort nach der negativen Entscheidung der Ausländerbehörde geklagt werden. Die Ablehnung einer ausländerrechtlichen Duldung, der Widerruf oder die Rücknahme sind Maßnahmen der Verwaltungsvollstreckung[223]. Widerruf und Klage gegen diese Maßnahmen haben daher nach § 80 Abs. 2 Satz 2 VwGO keine aufschiebende Wirkung, soweit diese nach dem jeweiligen Landesrecht ausgeschlossen ist. Vorläufiger gerichtlicher Rechtsschutz kann mittels eines Antrags auf einstweilige Anordnung nach § 123 Abs. 1 Satz 1 VwGO, gerichtet darauf, der Ausländerbehörde einstweilen die Durchführung der Abschiebung zu untersagen, erlangt werden. Ein Anordnungsanspruch ist gegeben, wenn die Gefahr besteht, dass durch eine Veränderung des bestehenden Zustands die Verwirklichung eines Rechts des Antragstellers vereitelt oder wesentlich erschwert werden könnte (sog. Sicherungsanordnung[224]). Es müssen also ein Anordnungsgrund (Eilbedürftigkeit der vorläufigen Regelung) und ein Anordnungsanspruch, der mit dem materiellen Anspruch identisch ist, bestehen. Das Vorliegen beider ist glaubhaft zu machen (§ 123 Abs. 3 VwGO, §§ 920 Abs. 2, 294 ZPO). Ein Anordnungsgrund ist glaubhaft gemacht, wenn eine vorläufige Sicherung des in der Hauptsache verfolgten materiellen Anspruchs zur Gewährleistung eines effekti-

---

222  BVerwG in st. Rspr., BVerwG v. 25.9.1997, BVerwGE 105, 232–241 zu § 55 Abs. 2 AuslG 1990; VGH BW v. 11.12.1978, ESVGH 29, 15.

223  A. A. OVG Berlin v. 15.5.1998, EZAR 045 Nr 9.

224  Zum Teil wird aber auch vertreten, dass die Regelungsanordnung nach § 123 Abs. 1 Satz 2 VwGO einschlägig ist. Der überwiegende Teil der Rechtsprechung verzichtet sogar auf die Abgrenzung im konkreten Fall, so dass die unterschiedlichen Voraussetzungen beider Anordnungen verwischt werden.

ven Rechtsschutzes dringlich ist[225]. Ein Anordnungsanspruch besteht, wenn eine aufgrund summarischer Prüfung vorzunehmende Beurteilung der Erfolgsaussichten einer Hauptsacheklage ergibt, dass voraussichtlich ein Anspruch auf Duldung besteht[226].

# § 11   Asyl- und Flüchtlingsrecht, subsidiärer Schutz

## I.   Überblick

### 1.   Begriffe

Das deutsche Recht unterscheidet zwischen dem Asylgrundrech*t* nach Art. 16 a Abs. 1 GG und der Zuerkennung der Flüchtlingseigenschaft nach § 3 Abs. 4 und 1 AsylG in Verbindung mit § 60 Abs. 1 AufenthG. Das Asylrecht nach Art. 16 a Abs. 1 GG ist in Deutschland seit 1949 im Grundgesetz als individuelles Grundrecht verankert. Das Asylgrundrecht verbürgt nach der Rechtsprechung des BVerfG politisch Verfolgten einen Rechtsanspruch auf Aufenthaltsgewährung[1]. Dies schließt im Falle der Asylantragstellung grundsätzlich ein Recht auf Einreise in die Bundesrepublik Deutschland sowie ein vorläufiges Bleiberecht für die Dauer des Asylverfahrens als Ausfluss des Kernbereichs des Asylrechts ein. Die Unterscheidung zwischen der verfassungsrechtlichen Asylberechtigung und der Flüchtlingseigenschaft hat mit der unionsrechtlichen Regelung des Asylrechts weitgehend an praktischer Bedeutung verloren, da die weitaus größte Zahl der in Deutschland um Asyl nachsuchenden Ausländer über EU-Mitgliedstaaten als sicheren Drittstaaten nach Deutschland eingereist und damit nach Art. 16 a Abs. 2 GG vom verfassungsrechtlichen Asylanspruch ausgeschlossen sind[2]. Die Gewährung eines verfassungsrechtlichen Asylrechts kommt daher im Wesentlichen nur noch dann in Betracht, wenn die Einreise in die Bundesrepublik aus Verfolgerstaaten direkt auf dem Luftweg erfolgt ist oder der Antragsteller mittels eines Visums in die Bundesrepublik Deutschland eingereist ist.

**1264**

Aufgrund des historischen Höchststandes der Asylbewerberzahlen im Jahre 1992[3] wurde mittels einer Grundgesetzänderung eine Asylrechtsreform beschlossen, die am 1.7.1993 in Kraft getreten ist[4]. In Art. 16 a Abs. 2 GG wurde die sog. Drittstaatenregelung aufgenommen. Ausländer, die über sichere Drittstaaten einreisen, in denen sie keiner Verfolgung ausgesetzt sind, sondern Schutz finden können, haben danach keinen Anspruch auf Asyl. Art. 16 a Abs. 3 GG enthält eine sog. normative Vergewisserung über sichere Herkunftsstaaten. Durch Ge-

**1265**

---

225 Vgl. VGH BW v. 6.2.2008 – 11 S 2439/07, juris.
226 Zur früheren Rechtslage nach § 55 AuslG vgl. VGH BW v. 19.11.1993, VGHBW – LS 1994, Beilage 1, B3.
  1 BVerfG v. 26.9.1978, BVerfGE, 49, 168, 183 f.
  2 Im Jahr 2015 sind von insgesamt 137.136 als asylberechtigt anerkannten Personen 0.7 % aufgrund von Art. 16a Abs. 1 GG anerkannt, 47.8 % erhielten Flüchtlingsschutz aufgrund des Unionsrechts, dh. der EU-Richtlinie 2011/95 über die Normen für die Anerkennung von Drittstaatsangehörigen oder Staatenlosen als Personen mit Anspruch auf internationalen Schutz, für einen einheitlichen Status für Flüchtlinge oder für Personen mit Anspruch auf subsidiären Schutz und für den Inhalt des zu gewährenden Schutzes, v. 11.12.2011, Abl. EU L 337/9 (zur Statistik s. BAMF Pressemitt. v. 6.1.2016).
  3 Vgl. zu den Antragszahlen seit 1953 BAMF, Das Bundesamt in Zahlen, 2014, S. 10 ff.
  4 BGBl. 1993 I, S. 1062.

setz, das der Zustimmung des Bundesrates bedarf, können Staaten bestimmt werden, bei denen aufgrund der Rechtslage, der Rechtsanwendung und der allgemeinen politischen Verhältnisse gewährleistet erscheint, dass dort weder politische Verfolgung noch unmenschliche oder erniedrigende Bestrafung oder Behandlung stattfindet. Art. 16 a Abs. 4 GG sieht ferner eine erhebliche Einschränkung der Verfahrensrechte von Asylbewerbern vor. Die Vollziehung aufenthaltsbeendender Maßnahmen wird in den Fällen der Einreise aus sicheren Drittstaaten und in anderen offensichtlich unbegründeten Fällen der Berufung auf ein Asylrecht deutlich eingeschränkt. Das Gericht kann den Vollzug nur aussetzen, wenn ernstliche Zweifel an der Rechtmäßigkeit der Maßnahme bestehen. Das BVerfG hat die gesamte Neukonzeption des Asylrechts in Art. 16 a GG mit den Urteilen vom 14.5.1996 bestätigt[5].

**1266**  Die Grundsätze des Art. 16 a Abs. 2 bis 4 GG und die hierzu ergangenen Vorschriften des Asylverfahrensgesetzes (nunmehr Asylgesetzes) sind durch die vorrangigen Regeln des Unionsrechts über die Anerkennung internationaler Schutzberechtigung und die Verfahrensrechte zur Durchsetzung eines Schutzanspruchs weitgehend obsolet geworden. Das Asylverfahren und die Rechte von Asylsuchenden auf effektiven gerichtlichen Rechtsschutz sind durch die Richtlinie 2013/32 (Asylverfahrensrichtlinie)[6] umfassend geregelt. Das Asylgesetz ist im Einklang mit den unionsrechtlichen Regeln auszulegen. Die Anerkennungskriterien sind in der Richtlinie 2011/95 weitgehend in Anlehnung an die Genfer Konvention geregelt. Über die Flüchtlingsanerkennung hinausgehend sieht die Richtlinie 2011/95 unter dem Oberbegriff der „internationalen Schutzberechtigung" neben der Zuerkennung des Flüchtlingsstatus die Gewährung einer subsidiären Schutzberechtigung vor, die ebenfalls einen Anspruch auf Erteilung einer Aufenthaltserlaubnis beinhaltet, aber in Bezug auf die Befristung und den Familiennachzug hinter den Rechten eines anerkannten Flüchtlings zurückbleibt.

**1267**  *Asylberechtigt* sind in Deutschland nur Personen, die im Rahmen eines Asylverfahrens aufgrund einer Entscheidung des Bundesamtes für Migration und Flüchtlinge[7] unanfechtbar als asylberechtigt anerkannt wurden. Sie besitzen die Rechtsstellung eines Flüchtlings nach der Genfer Flüchtlingskonvention (§ 2 AsylG). Die Rechtstellung eines Flüchtlings genießen ferner Personen, denen nach § 3 AsylG die Flüchtlingseigenschaft zuerkannt wurde, weil sie sich aus begründeter Furcht vor Verfolgung wegen der Rasse, Religion, Nationalität, politischen Überzeugung oder Zugehörigkeit zu einer bestimmten sozialen Gruppe sich außerhalb des Herkunftslandes befinden, dessen Staatsangehörigkeit sie besitzen und dessen Schutz sie nicht in Anspruch nehmen können oder wegen der Verfolgungsfurcht nicht in Anspruch nehmen wollen. Entsprechendes gilt für Staatenlose, die in den Staat, in dem sie ihren vorherigen gewöhnlichen Aufenthalt hatten, nicht zurückkehren können oder wollen.

**1268**  Ein Ausländer, der als Asylberechtigter anerkannt ist, dem die Flüchtlingseigenschaft oder eine subsidiäre Schutzberechtigung zuerkannt worden ist, hat einen Anspruch auf eine Aufenthaltserlaubnis (§ 25 Abs. 1 und 2 AufenthG). Einheitliche Bedingungen gelten auch für die Aufnahme von Asylantragstellern, die

---

5  BVerfG v. 14.5.1996, BVerfGE 94, 49 ff., 115 ff., 166 ff.
6  Richtlinie 2013/32 zu gemeinsamen Verfahren für die Zuerkennung und Aberkennung des internationalen Schutzes v. 26.6.2013 (ABl. EU L 180/60).
7  Bis 1.9.2004: Bundesamt für die Anerkennung ausländischer Flüchtlinge.

Standards des Asylverfahrens und die sozialen Rechte nach Zuerkennung der Flüchtlingseigenschaft. Unterschiede zwischen der verfassungsrechtlichen Asylberechtigung bestehen im Wesentlichen nur noch in Bezug auf die Möglichkeit der Erhebung einer Verfassungsbeschwerde, die spezifisch auf das verfassungsrechtliche Asylrecht nach Art. 16 a GG gestützt ist[8]. Liegen die Voraussetzungen für eine verfassungsrechtliche Asylanerkennung, einen Flüchtlingsstatus oder eine subsidiäre Schutzberechtigung nicht vor, kann sich der Asylantragsteller nur auf „nationale" Abschiebungsverbote des § 60 Abs. 5 oder 7 AufenthG berufen.

Für die Prüfung eines Antrags auf Anerkennung als Asylberechtigter und/oder die Gewährung „internationalen Schutzes" ist das Bundesamt für Migration und Flüchtlinge ausschließlich zuständig. Das Asylverfahren besteht aus einer vierstufigen Prüfung der **1269**

1. verfassungsrechtlichen Asylberechtigung,
2. der Flüchtlingseigenschaft im Sinne der Genfer Flüchtlingskonvention,
3. des internationalen subsidiären Schutzes und
4. nationalen subsidiären Abschiebungsverbote nach § 60 Abs. 5 und 7 AufenthG.

Der Asylantrag ist damit begrifflich nicht mehr auf die Asylberechtigung und den Flüchtlingsstatus beschränkt, sondern umfasst den internationalen Schutz. Nationale Abschiebungsverbote fallen nicht darunter. Für ihre Prüfung ist aber weiterhin das Bundesamt im Rahmen einer Asylantragstellung zuständig, wenn es sich um „zielstaatsbezogene" Abschiebungsverbote handelt; ansonsten sind die Ausländerbehörden zuständig. Die Einbeziehung der international subsidiär Schutzberechtigten in den „Asylantrag" i. S. d. § 13 Abs. 1 AsylG. bewirkt – ungeachtet der statusrechtlichen Unterscheidung zwischen Flüchtling und international subsidiär Schutzberechtigtem – eine Verbesserung der Rechte international subsidiär Schutzberechtigter, insbesondere bei sozialen Rechten.

Neben der Präzisierung der Rechte von Ausländern, die internationalen subsidiären Schutz i. S. d. Art. 15 der RL 2011/95 genießen und der Schaffung eines eigenständigen internationalen subsidiären Schutzstatus hat das Gesetz zur Umsetzung der RL 2011/95 den Kreis der Familienangehörigen eines Asylberechtigten bzw. international Schutzberechtigten, denen gem. § 26 AsylG Familienasyl, Familienflüchtlingsschutz bzw. internationaler subsidiärer Schutz für Familienangehörige zuerkannt wird, erweitert. Daraus ergeben sich finanzielle Besserstellungen bei Leistungen nach dem SGB II und SGB XII. **1270**

## 2. Rechtsgrundlagen

Für die Voraussetzungen der Anerkennung als politisch Verfolgter im Sinne des Art. 16 a Abs. 1 GG gelten in Bezug auf die Verfolgungsgründe und die Verfolgungsgefahr im Wesentlichen die gleichen Grundsätze wie für die Zuerkennung der Flüchtlingseigenschaft nach § 3 AsylG. Modifikationen ergeben sich im Wesentlichen nur insoweit, als das verfassungsrechtliche Asylrecht eine Anerkennung der Asylberechtigung ausschließt, wenn ein Ausländer aus einem sicheren Drittstaat im Sinne des Art. 16 a Abs. 2 GG eingereist ist oder soweit im Sinne der verfassungsgerichtlichen Rechtsprechung keine staatliche Zurechenbarkeit **1271**

---

8 Eine Verfassungsbeschwerde kann darüber hinaus auch auf die Verletzung der in Art. 1 Abs. 1 und Art. 2 Abs. 1 GG garantierten Schutzpflichten gegenüber der Zurückweisung oder Abschiebung in einen Verfolgerstaat gestützt werden.

von Verfolgungsmaßnahmen angenommen werden kann oder weil subjektive Nachfluchtgründe erst nach Beendigung der Flucht geschaffen worden sind. Soweit die Anerkennung der Asylberechtigung nach Art. 16 a Abs. 1 GG aufgrund der Rechtsprechung des BVerfG an strengere materielle Voraussetzungen im Hinblick auf den Kausalzusammenhang zwischen Flucht und Verfolgung[9], das Vorliegen von Verfolgungsgründen oder die Staatlichkeit der Verfolgung[10] geknüpft worden sind, begegnet dies keinen unionsrechtlichen Bedenken, weil unabhängig von der Anerkennung als Asylberechtigter nach Art. 16 a Abs. 1 GG das Bestehen der Flüchtlingseigenschaft nach § 3 AsylG geprüft werden muss.

**1272**   Soweit das verfassungsrechtliche Asylrecht über die unionsrechtlichen Vorgaben für die Zuerkennung der Flüchtlingseigenschaft hinausgehend eine Asylberechtigung vorsieht, bestehen jedoch unionsrechtliche Bedenken im Hinblick auf die Gefahr der „Verwechselbarkeit". Zwar sind die Mitgliedstaaten nicht gehindert, humanitären Schutz aus anderen Gründen zu gewähren, als denjenigen, auf denen der internationale Flüchtlingsschutz der Qualifikationsrichtlinie beruht (so z. B. bei Schutzgewährung aus familiären oder sonstigen humanitären Gründen). Diese nationale Schutzgewährung darf jedoch nach der Rechtsprechung des EuGH nicht mit der Rechtsstellung eines Flüchtlings im Sinne der Qualifikationsrichtlinie verwechselbar sein[11]. Die verfassungsrechtliche Asylberechtigung ist aber kein „anderer" nationaler Schutz, sondern entspricht weitgehend der Rechtsstellung von Flüchtlingen[12]. Die Ausschlussgründe der Anerkennungsrichtlinie 2011/95 sind daher auch auf das verfassungsrechtliche Asylrecht anwendbar[13].

**1273**   Bei der Auslegung und Anwendung der Bestimmungen über die Zuerkennung des Flüchtlingsstatus nach § 3 Abs. 4 und 1 AsylG sowie des subsidiären Schutzes (§ 4 AsylG) sind sowohl die einschlägigen, in das innerstaatliche Recht übernommenen völkerrechtlichen Verträge, insbesondere das Genfer Abkommen über die Rechtsstellung der Flüchtlinge vom 28. Juli 1951[14] und die Europäische Menschenrechtskonvention vom 4.11.1950 als auch das in diesem Bereich ergangene Sekundärrecht der Europäischen Union und die hierzu ergangenen Entscheidungen des EuGH zu beachten.

**1274**   Durch die Anerkennungsrichtlinie 2011/95, die weitgehend der früheren „Qualifikationsrichtlinie 2004/38 entspricht, werden die Voraussetzungen für die Flüchtlingsanerkennung sowie für den subsidiären Schutzstatus innerhalb der Europäischen Union angeglichen. Ziel der Richtlinie ist die Festlegung einheitlicher Normen für die Anerkennung von Drittstaatsangehörigen oder Staatenlosen als Flüchtlinge oder als subsidiär geschützte Personen sowie der Festlegung des Schutzinhaltes (vgl. Art. 1 RL). Eine wesentliche Änderung betrifft die Einbeziehung des subsidiären Schutzes in das Konzept des internationalen Schutzes. Danach ist ein Ausländer subsidiär schutzberechtigt, wenn er einer ernsthaften individuellen Bedrohung des Lebens oder der Unversehrtheit einer Zivilperson infolge willkürlicher Gewalt im Rahmen eines internationalen oder innerstaatli-

---

9   BVerfG v. 26.11.1986, BVerfGE 74, 51, 65.
10  St. Rspr.; vgl. BVerfGE 9, 174, 180; 54, 341, 356 f., 358; 76, 243, 157 f., 169.
11  EuGH v. 9.11.2010, Rs. C-57/09 und C-101/09 – *Bundesrepublik Deutschland/B und D.*
12  BVerwG v. 31.3.2001 – 10 C 2/10; vgl. auch *Hailbronner,* ZAR 2009, 369.
13  So BVerwG a. a. O., Rn. 54.
14  S. hierzu bereits Rn. 1222 ff.

chen bewaffneten Konflikts ausgesetzt wäre, wenn er Folter oder unmenschliche oder erniedrigende Behandlung in seinem Herkunftsstaat im Falle seiner Rückkehr zu gewärtigen hätte oder ihm dort die Verhängung oder Vollstreckung der Todesstrafe droht.

Für das Verhältnis der nationalen Abschiebungsverbote zum internationalen **1275** Schutz gilt, dass der unionsrechtliche Schutz dem nationalen Abschiebungsschutz vorgeht und daher selbständig zu prüfen ist[15]. Ein Begehren auf Feststellung von Abschiebungsverboten ist daher im Zweifel auf vorrangige Feststellung von unionsrechtlichem Abschiebungsschutz gerichtet, wenn das Bundesamt über zielstaatsbezogene ausländerrechtliche Abschiebungsverbote ablehnend entschieden hat[16].

## II. Flüchtlingsstatus und internationaler Schutz nach §§ 3 Abs. 1, 4 AsylG

### 1. Genfer Abkommen über die Rechtsstellung der Flüchtlinge

Die Flüchtlingsdefinition in § 3 Abs. 1 AsylG n. F. übernimmt weitgehend unver- **1276** ändert den in Art. 1 A Nr. 2 GK niedergelegten Flüchtlingsbegriff[17]. Einer Person, die Flüchtling nach § 3 Abs. 1 AsylG ist, wird gem. § 3 Abs. 4 AsylG die Flüchtlingseigenschaft zuerkannt, es sei denn, sie erfüllt die Voraussetzungen (Ausschlussgründe) des § 60 Abs. 8 Satz 1 AufenthG.
Der Verweis in § 3 Abs. 1 AsylG auf das Genfer Abkommen über die Rechtsstellung der Flüchtlinge, verdeutlicht, dass der Gesetzgeber den Flüchtlingsstatus in Einklang mit den völkervertraglichen Pflichten bestimmen will[18]. Überlagert wird die gesetzliche Definition der Flüchtlingseigenschaft durch die unionsrechtlich vorrangige Anerkennungsrichtlinie 2011/95[19], die ihrerseits auf das Genfer Abkommen Bezug nimmt.

Das Genfer Abkommen über die Rechtsstellung der Flüchtlinge vom 28.7.1951 **1277** (Genfer Flüchtlingskonvention, GK), geändert durch das Protokoll von New York vom 31. Januar 1967, ist das wichtigste internationale Instrument zum Schutz von Flüchtlingen. Die Bundesrepublik Deutschland hat die GK am 1. Dezember 1953[20] und das Protokoll am 5. November 1969[21] ratifiziert.

Die GK beinhaltet jedoch kein Recht auf Asyl[22]. Die Vertragsstaaten sehen die **1278** Entscheidung über die Aufnahme von Flüchtlingen auf ihr Territorium als ihr souveränes Recht an. Dies kam auch in den Beratungen zur GK zum Ausdruck[23]. Die GK regelt daher nur die Rechtstellung *im* Asyl, nicht jedoch das Recht *auf*

---

15 BVerwG v. 24.6.2008, BVerwGE 131, 198.
16 BVerwG v. 29.6.2010 – 10 C 10/09, AuAS 2010, 249.
17 Vgl. *Keßler*, in: Hofmann (Hrsg.), Ausländerrecht § 3 AsylG, Rn. 3 ff.
18 Vgl. § 60 Abs. 1 AufenthG: „In Anwendung des Abkommens. ….".
19 Richtlinie 2011/95 v. 11.12.2011 über Mindestnormen für die Anerkennung und den Status von Drittstaatsangehörigen als Staatenlosen als Flüchtlinge oder als Personen, die anderweitig internationalen Schutz benötigen, und über den Inhalt des zu gewährenden Schutzes, ABl. Nr. 337/9 v. 20.12.2011, *Hailbronner*, Vorschriftensammlung Ausländer- und Asylrecht, D 12.7.
20 Zustimmungsgesetz vom 1. September 1953, BGBl. II S. 559.
21 BGBl 1969 II, S 1293; 1970 II, S. 194.
22 Vgl. *Klos*, ZAR 2000, 202; R. Marx, ZAR 1992, 3, 10; zur Diskussion über Art. 18 EuGrCH vgl. auch *Jochum*, in: Kölner GK, Europäische Grundrechtecharta 2006, Rn. 23 ff.
23 S. bei *Hathaway*, The Law of Refugee Status, S. 14.

Asyl. Jeder Vertragsstaat entscheidet selbst, wer konkret als Flüchtling im Sinne der GK anerkannt wird[24]. Die GK regelt lediglich die Rechte (soziale Rechte, Ausstellung eines Flüchtlingsausweises) und Pflichten von anerkannten Flüchtlingen. Kernstück der GK ist neben der Flüchtlingsdefinition in Art. 1 A Nr. 2 GK der Grundsatz des Non-Refoulement (Nichtzurückweisung) in Art. 33 Nr. 1 GK. Die Reichweite des Refoulement-Verbotes ist im Einzelnen umstritten[25]. Art. 33 Nr. 1 GK gewährt jedenfalls Schutz vor Abschiebung in den Verfolgerstaat und Schutz vor sog. Kettenabschiebung, d. h. auch vor Abschiebung in einen Staat, in dem die Gefahr der Verbringung des Ausländers in einen Verfolgerstaat besteht.

**1279**  Aufgrund der Entscheidung des Europäischen Gerichtshofs für Menschenrechte im Fall *Hirsi*[26] besteht auch außerhalb der Hoheitsgewässer eines EMRK-Mitgliedstaats die Verpflichtung, Flüchtlinge, die in Seenot aufgegriffen werden, nicht in ihre Heimatstaaten oder andere Staaten zu verbringen, wenn ihnen dort die Gefahr einer unmenschlichen oder erniedrigenden Behandlung oder Strafe nach Art. 3 EMRK droht. Der EGMR hat damit ein Abkommen Italiens mit Libyen, wonach Flüchtlinge aus Libyen, die durch italienische Küstenwachboote auf Hoher See aufgebracht wurden, nach Libyen zurückgeführt werden können, für EMRK-widrig erklärt. Das Refoulement-Verbot des Art. 3 EMRK ist nach Auffassung des EGMR auch außerhalb des Territoriums jedenfalls dann anwendbar, wenn ein Vertragsstaat außerhalb seines Staatsgebiets Hoheitsgewalt ausübt. „Bootsflüchtlingen" ist daher ein Recht auf Zugang zu einem Verfahren, in dem ein Antrag auf Schutz individuell geprüft wird, zu gewähren. Eine generelle Zurückweisung oder Zurückverbringung in einen Staat, in dem keine ausreichenden Schutzmöglichkeiten gewährleistet sind, verstößt nach Auffassung des EGMR nicht nur gegen das Gebot der menschenwürdigen Behandlung, sondern auch gegen das Verbot der Kollektivausweisung nach Art. 4 des 4. Zusatzprotokolls zur EMRK. Zwar gilt diese Entscheidung nicht unmittelbar für das Refoulement-Verbot der Genfer Flüchtlingskonvention. Wegen der Schwierigkeit der Unterscheidung zwischen einer Geltendmachung politischer Verfolgung im Sinne der Flüchtlingskonvention und einer Gefahr unmenschlicher oder erniedrigender Behandlung oder Strafe resultiert daraus im Ergebnis eine Verpflichtung zur Prüfung, ob eine Rückführung eine Gefahr unmenschlicher oder erniedrigender Behandlung zur Folge haben könnte. Eine Pflicht zur Aufnahme bzw. Rückführung von Flüchtlingen in jeweils zur Prüfung eines Schutzbegehrens zuständige EU-Mitgliedstaaten bzw. die Bundesrepublik Deutschland, soweit Hoheitsträger der Bundesrepublik Deutschland an Bord von Küstenwachbooten im Rahmen der Frontex Zusammenarbeit Kontrolle ausüben, kann daraus zwar nicht abgeleitet werden. Da aber eine Rückführung in einen im Hinblick auf gravierende Menschenrechtsverletzungen unsicheren Staat nicht zulässig ist, wird in der Praxis die Aufnahme von aus Seenot geretteten Flüchtlingen in einem zur Prüfung des Asylgesuchs zuständigen EU-Mitgliedstaat die einzig mögliche Alternative sein. Um die damit verbundenen massiven Anreize, sich einer ebenso

---

24  *Hathaway*, The Law of Refugee Status, S. 14.
25  Z. B. *Gornig*, Das Refoulementverbot im Völkerrecht, 1987; *Hailbronner*, in: Festschrift Bernhardt, 1995, S. 365 ff.; aus der neueren Lit. vgl. *Lauterpacht and Bethlehem*, The Scope and Content of the Principle of Non-Refoulement, in: UNHCR (Hrsg.), Refugee Protection in International Law, 2003, S 87 ff.
26  EGMR v. 23.2.2012 – *Hirsi/Italien*, Nr. 27 765/09.

gefährlichen und kostspieligen Flucht über den Seeweg zu bedienen, um die EU-Außengrenzen zu erreichen, ist der Abschluss von Vereinbarungen der EU und ihrer Mitgliedsstaaten mit Drittstaaten über eine unmittelbare Rückführung von Bootsflüchtlingen in sichere Zonen oder Aufnahmeländer zwingend geboten.

## 2.    Verfolgung

Art. 9 RL definiert die Verfolgungshandlung. Diese ist Ausgangspunkt für die **1280** Prüfung. Gem. Art. 9 Abs. 1 RL 2011/95 (vgl. § 3 a AsylG.) gelten als Verfolgung im Sinne von Art. 1 A der Genfer Flüchtlingskonvention Handlungen, die entweder (lit. a) aufgrund ihrer Art oder Wiederholung so gravierend sind, dass sie eine schwerwiegende Verletzung der grundlegenden Menschenrechte darstellen, insbesondere der Rechte, von denen gem. Art. 15 Abs. 2 der Europäischen Konvention zum Schutz der Menschenrechte und Grundfreiheiten keine Abweichung zulässig ist, oder (lit. b) in einer Kumulierung *unterschiedlicher* Maßnahmen, einschließlich einer Verletzung der Menschenrechte, bestehen, die so gravierend ist, dass eine Person davon in ähnlicher wie der unter Buchstabe a) beschriebenen Weise betroffen ist. Bei einem Eingriff in die körperliche Unversehrtheit oder die physische Freiheit liegt im Allgemeinen eine aufgrund ihrer Art gravierende Verletzung grundlegender Menschenrechte vor, sofern der Eingriff von Art. 3 EMRK erfasst wird. Wird der Eingriff nicht von Art. 3 EMRK erfasst, ist nach der Rechtsprechung des BVerwG eine Verfolgung anzunehmen, wenn die Verletzung des Rechts „schwerwiegend" i. S. der Nr. 1 ist[27].

Bei Eingriffen in Menschenrechte, von denen Abweichungen zulässig sind, wie **1281** z. B. das Recht auf Achtung des Privat- und Familienlebens kann das bloße Bestehen von einschränkenden Rechtvorschriften noch nicht als Maßnahme betrachtet werden, die einen Antragsteller in so schwerer Weise belastet, dass der Grad an Schwere erreicht ist, der erforderlich ist, um eine Strafbarkeit im Falle der Zuwiderhandlung als Verfolgung i. S. v. Art. 9 Abs. 1 RL 2011/95 ansehen zu können[28]. Es bedarf in diesem Fall einer zusätzlichen Feststellung, dass eine mit strafrechtlichen Sanktionen tatsächlich drohender Eingriff eine unverhältnismäßige oder diskriminierende Bestrafung i. S. v. Art. 9 Abs. 2 lit. c der Richtlinie darstellt[29].

§ 3a Abs. 2 AsylG (Art. 9 Abs. 2 RL 2011/95) nennt in nicht abschließender **1282** Aufzählung mögliche Verfolgungshandlungen wie z. B. Anwendung psychischer oder physischer, einschließlich sexueller Gewalt, gesetzliche, administrative, polizeiliche oder justizielle Maßnahmen, die als solche diskriminierend sind oder in diskriminierender Weise angewendet werden, Verweigerung gerichtlichen Rechtsschutzes, mit dem Ergebnis einer unverhältnismäßigen oder diskriminierenden Bestrafung, Strafverfolgung oder Bestrafung wegen Verweigerung des Militärdienstes in einem Konflikt, wenn der Militärdienst Verbrechen oder Handlungen umfassen würde, die unter die Ausschlussklauseln des § Abs. 2 (Kriegsverbrechen, Verbrechen gegen die Menschlichkeit) fallen, Handlungen, die an der Geschlechtszugehörigkeit anknüpfen oder gegen Kinder gerichtet sind

---

27  BVerwG v. 5.3.2009 – 10 C 59.07, BVerwGE 133, 221, Rn. 11; BVerwGE 80, 321, 324.
28  EuGH v. 7.11.2013, 1 C-199/12, C-200/12, C 201/12 – X, Y, Z, NVwZ 2014, 132, Rn. 55; v. 5.9.2012, C-71/11, C-99/11 – Y u. Z., NVwZ 2012, 1612.
29  So zur Strafbarkeit der Homosexualität EuGH v. 7.11.2013, a. a. O. Rn. 57 f.

(vgl. § 3 a Abs. 2 AsylG). In allen genannten Fällen muss die Verfolgung oder fehlende Schutzgewährung auf einer Verfolgungsmotivation i. S. d. § 3 Abs. 1 Nr. 1 (Rasse, Religion usw.) beruhen. Für die „Verknüpfung" i. S. v. Abs. 3 reicht ein Zusammenhang i. S. einer Mitverursachung aus. Angesichts einer häufig komplexen und multikausalen Situation, die zu Verfolgungsmaßnahmen führt, kann im Hinblick auf die Schutzintention der Genfer Flüchtlingskonvention nicht verlangt werden, dass ein bestimmter Verfolgungsgrund die zentrale Motivation oder die alleinige Ursache einer Verfolgungsmaßnahme sind.

**1283**  Eine drohende strafrechtliche Verfolgung wegen Militärdienstverweigerung oder Desertion kann nach Nr. 2 Verfolgungsschutz begründen, sofern mit einer diskriminierenden Verpflichtung zum Wehrdienst und/oder der Behandlung von Wehrpflichtigen während des Militärdienstes zugleich eine diskriminierende Behandlung aus einem der Verfolgungsgründe nach § 3 b und eine Einschüchterung bezweckt werden. Die Bestrafung wegen einer Militärdienstverweigerung als solcher kann dagegen noch nicht als Verfolgung qualifiziert werden und zwar auch dann, wenn keine Alternative zum Wehrdienst angeboten wird. Da ein Menschenrecht auf Verweigerung des Militärdienstes nicht universell anerkannt ist, hat auch die Bestrafung als solche noch keinen Verfolgungscharakter, sofern nicht aus der Höhe der Strafdrohung oder den Umständen der Heranziehung der betreffenden Personen ein Indiz für eine hinter der Strafnorm stehende Verfolgung aus einem Verfolgungsgrund nach § 3 b gesehen werden kann[30].

**1284**  Als besonderen Fall einer Verfolgung erwähnt die Richtlinie den Fall der Militärdienstverweigerung in einem bewaffneten Konflikt. Im Fall Shepherd hat der EuGH hierzu Grundsätze aufgestellt[31]. Art. 9 Abs. 2 lit. e der RL 2011/95 betrifft danach den Fall, in dem ein geleisteter Militärdienst die Begehung von Kriegsverbrechen in einem bewaffneten Konflikt umfassen würde, einschließlich der Fälle, in denen ein Asylbewerber nur mittelbar an der Begehung solcher Verbrechen (z. B. als Angehöriger des logistischen und unterstützenden Personals) beteiligt wäre, wenn es bei vernünftiger Betrachtung plausibel erscheint, dass er durch die Ausübung seiner Funktionen eine für die Vorbereitung oder Durchführung der Verbrechen unerlässliche Unterstützung leisten würde. Die Plausibilitätsprüfung obliegt den nationalen Behörden. Dabei ist zu berücksichtigen, dass eine militärische Intervention aufgrund eines Mandats des UN-Sicherheitsrats oder auf Grundlage eines Konsenses der internationalen Staatengemeinschaft stattfindet und dass der oder die durchführenden Staaten Kriegsverbrechen ahnden. Die Verweigerung des Militärdienstes muss das einzige Mittel darstellen, die es dem Asylbewerber erlaubt, der Beteiligung an den behaupteten Kriegsverbrechen zu entgehen.

**1285**  Geschlechtsbezogene Verfolgungshandlungen (gender specific persecution) sind typischerweise Handlungen wie z. B. sexueller Missbrauch, Vergewaltigung, Zwangsheirat, Sklaverei, häusliche Gewalt, genitale Verstümmelung und Zwangsabtreibung, die in der Regel von Männern gegen Frauen begangen wer-

---

30  BVerwG v. 25.6.1991, NVwZ 1992, 275; OVG RP v. 20.1.2000, NVwZ-Beil. I-Nr. 8/2000, S. 90 f.
31  EuGH v. 26.2.2015, Rs. C-472/13 – *Shepherd*, der Fall betraf die Verweigerung des Militärdienstes durch einen amerikanischen Soldaten unter Berufung auf behauptete Kriegsverbrechen der US-Streitkräfte im Irak.

den, nicht selten auch im Kontext bewaffneter Auseinandersetzungen[32]. Gegen Kinder gerichtete Handlungen bzw. kinderspezifische Formen von Verfolgung (so Erwägungsgrund Nr. 28 der Richtlinie) bezieht sich insbes. auf Zwangsrekrutierung von Kindern als Kindersoldaten, Vergewaltigung, sexuelle Ausbeutung und Missbrauch von Kindern, Kinderhandel, Zwangsheirat, Sklaverei und unverhältnismäßige Gewaltanwendung.

Die in Abs. 2 aufgeführten Arten von Verfolgungsmaßnahmen sind Beispielsfälle, die als solche noch nicht notwendig Verfolgung im Sinne des § 3 a darstellen, sofern nicht die zusätzlichen Merkmale des Abs. 1 Nr. 1 oder Nr. 2 hinzukommen. Die verschiedenen in Nr. 1 bis 6 beschriebenen Handlungen beziehen sich auf ganz unterschiedliche Kriterien. Teilweise wird auf den Urheber der Maßnahme, teilweise auf deren Eingriffsqualität, teilweise aber auch auf die damit verfolgte Absicht abgestellt. Die Merkmale überschneiden sich daher. **1286**

Die bloße Vorenthaltung oder Einschränkung politischer Mitwirkungsrechte oder von Minderheitenrechten begründet ebenso wie die Vorenthaltung ökonomischer und sozialer Rechte, die in völkerrechtlichen Verträgen wie z. B. der UN-Charta der sozialen und ökonomischen Rechte niedergelegt sind oder des Rechts auf ungehinderte berufliche und wirtschaftliche Betätigung im Allgemeinen keine Flüchtlingseigenschaft, wenn sie nicht nach Intensität und Schwere so erheblich sind, dass sie die Menschenwürde verletzen und über das hinausgehen, was die Bewohner des Heimatstaates aufgrund des dort herrschenden Systems allgemein hinzunehmen haben[33]. **1287**

§ 3 a Abs. 1 Nr. 2 sieht vor, dass eine Verfolgung auch in der Kumulation unterschiedlicher Verfolgungshandlungen liegen kann. Aus der Zusammenschau mit § 3 a Abs. 1 Nr. 1 folgt, dass die Kumulierung der unterschiedlichen Maßnahmen insgesamt so gravierend sein muss, dass der Schweregrad der Verletzung grundlegender Menschenrechte des Abs. 1 lit. a erreicht wird. Aus einer „Gesamtschau" mehrerer Gründe, die je für sich eine Verfolgung nur möglicherweise auslösen, lässt sich jedoch nicht herleiten, dass einer oder mehrere der Verfolgungsgründe mit beachtlicher Wahrscheinlichkeit zu politischer Verfolgung führe. Das BVerwG entschied, dass es nicht ausreicht, dass offen bleibt, aus welchen Gründen Verfolgung stattfindet, was den Aspekt der Kumulierung jedoch nicht betrifft[34]. Bei der Prüfung einer Verfolgungshandlung sind daher zunächst alle in Betracht kommenden Eingriffshandlungen in den Blick zu nehmen und zwar Menschenrechtverletzungen, sowie sonstige schwerwiegende Repressalien, Diskriminierungen, Nachteile und Beeinträchtigungen. In einem zweiten Schritt ist dann zu prüfen, ob die Summe dieser Eingriffe in ihrer Gesamtheit einer schwerwiegenden Menschenrechtsverletzung gleichkommt, wenn nicht bereits ein einzelner Eingriff diese Schwelle erreicht[35]. **1288**

---

32  Für Typen geschlechtsbezogener Verfolgung vgl. *Chetail/Bauloz,* Research Handbook on International Law and Migration, 2014, S. 504 ff.; EASO, Qualification for International Protection. 2016, Nr. 5.2.6.
33  So zum verfassungsrechtlichen Asylrecht BVerfG v. 2.7.1980, BVerfGE 54, 341, 357.
34  S. hierzu auch *Hailbronner,* Die Qualifikationsrichtlinie und ihre Umsetzung im deutschen Ausländerrecht, ZAR 2008, 209, 211.
35  Vgl. BVerwG v. 20.2.2013.

### 3.      Verfolgungsrisiko

**1289**    Für die Beurteilung der Gefahr gilt der gleiche Prognosemaßstab wie er zum Asylgrundrecht nach Art. 16 a Abs. 1 GG entwickelt wurde. Die Verfolgungsfurcht ist danach begründet, wenn dem Antragsteller bei verständiger Würdigung der gesamten Umstände des Falles politische Verfolgung mit beachtlicher Wahrscheinlichkeit droht, so dass ihm nicht zuzumuten ist, in sein Heimatland zurückzukehren[36]. Der Wahrscheinlichkeitsmaßstab widerspricht dem von der Genfer Konvention vorgegebenen Maßstab der begründeten Furcht vor Verfolgung nicht[37].

**1290**    Da einerseits zu dem Erfordernis der Furcht in Art. 1 A Nr. 2 GK das objektive Element der Wohlbegründetheit („well founded") hinzutreten muss und andererseits die deutsche Rechtsprechung in die Auslegung des objektiven Gefahrentatbestandes auch subjektive Aspekte einbezieht, wirken sich die unterschiedlichen rechtlichen Ausgangslagen in der Rechtspraxis im Ergebnis nicht aus[38]. Die Richtlinie 2011/95 enthält keine Definition der wohlbegründeten Furcht vor Verfolgung. In Art. 4 ist vorgesehen, dass alle Anträge individuell zu prüfen sind, wobei alle mit dem Herkunftsland verbundenen Tatsachen, die maßgeblichen Angaben des Antragstellers und die individuelle Lage und die persönlichen Umstände zu berücksichtigen sind. Auch nach der Rechtsprechung des BVerwG ist die individuelle Lage des Antragstellers zu berücksichtigen. Die Richtlinie stellt daneben nicht nur auf die individuelle Lage des Antragstellers ab, sondern auch auf die mit dem Herkunftsland verbundenen Tatsachen und enthält damit auch eine objektive Komponente (Art. 4 Abs. 3 lit. a). Dies stimmt mit der Gesamtbetrachtung durch die deutsche Rechtsprechung überein. Die bloß theoretische Möglichkeit einer Verfolgung ist nicht ausreichend. Ist jedoch aufgrund der Gesamtumstände des Falles vernünftigerweise von einer echten Gefahr der Verfolgung („reasonable fear test"[39], genuine risk[40]) auszugehen, wird auch ein verständiger Mensch das Risiko einer Rückkehr in den Heimatstaat nicht auf sich nehmen[41].

**1291**    Nach Art. 4 Abs. 4 RL 2011/95 gilt vom Gedanken der Zumutbarkeit der Rückkehr ausgehend eine Privilegierung für vorverfolgte Schutzsuchende, die bereits einen ernsthaften Schaden erlitten haben bzw. unmittelbar davon bedroht waren. Diese Privilegierung findet in Form einer Beweiserleichterung statt. Die Vorverfolgung ist als ein ernsthafter Hinweis zu berücksichtigen, dass der Antragsteller erneut von einer solchen Verfolgung bedroht ist[42]. Art 4 Abs. 4 QRL entlastet damit den Vorverfolgten von der Notwendigkeit, stichhaltige Gründe dafür darzulegen, dass sich die verfolgungsbegründenden bzw. schadensstiftenden Umstände bei Rückkehr in sein Herkunftsland erneut realisieren werden. Die vorausgegangene Verfolgung hat grundsätzlich Beweischarakter für die Gefahr

---

36 BVerwG v. 7.10.1975, BVerwGE 49, 202, 205; BVerwG v. 17.1.1980, Buchholz 402.24 zu § 28 AuslG a. F. Nr. 18.; kritisch *Marx*, Handbuch, S. 303 f.

37 Kritisch *Marx*, Handbuch zum Flüchtlingsschutz, s. 303 f. unter Hinweis auf die Unklarheit des Maßstabs.

38 S. hierzu auch *Hailbronner*, Ausländerrecht, § 3 AsylG, Rn. 3.

39 Vgl. EuGH v. 2.3.2010, Rs. C-175/08 – *Abdulla*, Rn. 89.

40 EuGH v. 7.11.2013 – *X, Y and Z*, Rn. 89 ("genuine risk").

41 BVerwG v. 5.11.1991, BVerwGE 89, 162 unter Verweis auf die Entscheidung des US Supreme Courts v. 9.3.1987 (INS v. Cardoza-Fonseca).

42 BVerwG v. 27.4.2010 – 10 C 5.09, Rn. 23.

erneuter Verfolgungen[43]. Liegen jedoch stichhaltige Gründe vor, die die Wiederholungsträchtigkeit solcher Vorverfolgung entkräften, so kommt der Vorverfolgung keine Bedeutung für die Annahme einer Verfolgungsgefahr mehr zu[44].

a) **Individualität und Zielgerichtetheit der Verfolgung.** Ein Anspruch auf eine **1292** Asylanerkennung oder die Zuerkennung eines Flüchtlingsstatus setzt eine individuelle Verfolgungsgefahr voraus[45]. Der Begriff der Verfolgung erfordert eine gezielte Zufügung von Nachteilen in Anknüpfung an einen der in § 3 b genannten Verfolgungsgründe. Nachteile, die jemand aufgrund der allgemeinen Zustände in seinem Heimatstaat zu erleiden hat, wie Hunger oder Naturkatastrophen oder Gefahren als Folge allgemeiner Auswirkungen von Unruhen, Revolution oder Kriegen stellen im Allgemeinen keine Verfolgung dar, sofern sie nicht auf eine Vorenthaltung staatlichen Schutzes aus den in § 3 b genannten Gründen zurückzuführen sind[46]. Die Verfolgungsgründe müssen in der Person des jeweiligen Antragstellers gegeben sein. In der Rechtsprechung wird unterschieden zwischen Individualverfolgung, Gruppenverfolgung und Einzelverfolgung wegen Gruppenzugehörigkeit. Unter bestimmten Voraussetzungen kann auch im Falle der Verfolgung einer bestimmten Bevölkerungsgruppe eine individuelle Verfolgungsgefahr gegeben sein.

> **Fall 48:** A flieht aus dem Irak. Er gehört dort der Religionsgemeinschaft der Yeziden an. A beantragt die Zuerkennung der Flüchtlingseigenschaft und trägt vor, Yeziden seien im Irak als nicht moslemische Minderheit gewalttätigen Übergriffen aus der Mitte der irakischen Bevölkerung ausgesetzt. Er selbst sei zwar bisher nicht direkt von Verfolgungsmaßnahmen betroffen gewesen. Aufgrund seiner Zugehörigkeit zur Religionsgemeinschaft der Yeziden müsse er jedoch damit rechnen, in absehbarer Zeit auch selbst Verfolgungsmaßnahmen ausgesetzt zu sein.
> Kann dem A die Flüchtlingseigenschaft zuerkannt werden?

aa) **Gruppenverfolgung.** Auch im Falle einer Gruppenverfolgung geht es darum, **1293** aus festgestellten Ereignissen die Gefahr der politischen Verfolgung eines bestimmten Antragstellers zu ermitteln. Dieser muss für seine Person eine begründete Furcht vor politischer Verfolgung hegen[47]. Die Besonderheit der Gruppenverfolgung liegt lediglich darin, dass die Rückschlüsse auf die individuelle Verfolgungsgefahr für den Antragsteller nicht oder nicht nur aus seinem persönlich erlittenen Schicksal, sondern aus Maßnahmen gegen eine ganze Gruppe gezogen werden, der der Antragsteller angehört[48].

Bei der Verfolgung einer *nach gemeinsamen Merkmalen gekennzeichneten* **1294** *Gruppe* von Menschen geht die Rechtsprechung von der Regelvermutung aus, dass jeder Gruppenangehörige als unmittelbar in seiner Person betroffen anzusehen ist, wenn nicht Tatsachen vorliegen, aus denen sich ergibt, dass der einzelne Gruppenangehörige von der Verfolgung ausgenommen war[49].

Eine Gruppenverfolgung wird angenommen, wenn die Gruppe als solches Ziel **1295** einer politischen Verfolgung ist, so dass jedes einzelne Mitglied der Gruppe allein

---

43 EuGH v. 2.3.2010, Rs. C-175/08 – *Abdullah*, Rn. 92 ff.
44 Vgl. BVerwG v. 27.4.2010, a. a. O., Rn. 23.
45 Vgl. BVerwG v. 27.4.1982, BVerwGE 65, 244.
46 Vgl. BVerfGE 80, 315, 335.
47 BVerwG v. 17.1.1980; Buchholz 402.24 zu § 28 AuslG Nr. 18; st. Rspr.
48 BVerwG v. 30.10.1984, BVerwGE 70, 232, 233 f.
49 BVerwG v. 2.8.1993, EZAR 203 Nr. 1; BVerwG v. 30.10.1984, BVerwGE 70, 232.

deswegen, weil es die gruppenspezifischen Merkmale besitzt, mit beachtlicher Wahrscheinlichkeit politische Verfolgung zu befürchten hat. Bei einer derartigen Gruppenverfolgung – möglicherweise durch historisch gewachsene generelle Abneigungen und Hassgefühle gegen ein Volk oder eine Rasse ausgelöst – ist jeder Angehörige der Gruppe als von deren Verfolgungsschicksal in seiner Person unmittelbar betroffen anzusehen[50].

**1296**  Erforderlich ist, dass jedes im Verfolgungsgebiet im Verfolgungszeitraum lebende Gruppenmitglied nicht nur möglicherweise latent oder potentiell, sondern wegen der Gruppenzugehörigkeit aktuell gefährdet ist, weil den Gruppenangehörigen insgesamt politische Verfolgung droht. Hierfür ist die Gefahr einer so großen Vielzahl von Angriffshandlungen in asylrechtlich geschützte Rechtsgüter („Verfolgungsdichte") erforderlich, dass es sich dabei nicht mehr nur um vereinzelt bleibende, individuelle Übergriffe oder um eine Vielzahl einzelner Übergriffe handelt, sondern dass die Verfolgungshandlungen im Verfolgungszeitraum und Verfolgungsgebiet auf alle sich dort aufhaltenden Gruppenmitglieder zielen und sich in quantitativer und qualitativer Hinsicht so ausweiten, wiederholen und um sich greifen, dass daraus für jeden Gruppenangehörigen nicht nur die Möglichkeit, sondern ohne weiteres die aktuelle Gefahr eigener Betroffenheit entsteht, weil auch keine verfolgungsfreien oder deutlich weniger gefährdeten Zonen oder Bereiche vorhanden sind[51].

**1297**  Eine Gruppenverfolgung kann sich auf ihre Mitglieder landesweit erstrecken, sie kann aber auch in der Weise regional oder lokal begrenzt sein, dass die Gruppe als solche nur in einem geographisch begrenzten Teil des Staatsgebietes betroffen ist und die Verfolgungsvermutung daher nur für diejenigen Gruppenmitglieder gilt, die in diesem Gebiet leben. Darüber hinaus ist bei einer nur örtlich begrenzten Gruppenverfolgung die Möglichkeit einer sogenannten inländischen Fluchtalternative[52] für die Gruppe ebenso zu prüfen, wie im Fall der Individualverfolgung für den einzelnen Verfolgten. Eines Schutzes der Gruppenangehörigen vor politischer Verfolgung im Ausland bedarf es nicht, wenn die Gruppenangehörigen den gebotenen Schutz vor ihr in anderen Landesteilen des Heimatstaates finden können[53].

**1298**  Auf Antragsteller, die bereits vor der Ausreise verfolgt waren, ist der Verweis auf eine bestehende interne Schutzalternative allerdings nicht anwendbar. Die Beweiserleichterung in Form einer widerlegbaren Vermutung knüpft nämlich an den Umstand einer erlittenen oder mittelbar drohenden Verfolgung, nicht aber an weitere Voraussetzungen, wie z. B. die Schutzmöglichkeit in anderen Landesteilen an[54]. Die Beweiserleichterung greift daher auch dann, wenn zum Zeitpunkt der Ausreise keine landesweit ausweglose Lage bestand[55].

**1299**  **bb) Einzelverfolgung wegen Gruppenzugehörigkeit.** Das BVerwG unterscheidet die Gruppenverfolgung von der Einzelverfolgung wegen Zugehörigkeit zu einer bestimmten durch gemeinsame Merkmale verbundenen Gruppe von Menschen.

---

50  BVerwG v. 30.10.1984, BVerwGE 70, 232, 233 f.
51  BVerwG v. 15.5.1990, BVerwGE 85, 139, 142; BVerwG v. 5.7.1994, NVwZ 1995, 175; BVerwG v. 8.2.1989, NVwZ-RR 1989, 502.
52  S. hierzu unten Rn. 1323.
53  BVerwG v. 30.10.1984, BVerwGE 70, 232, 233 f.; vgl. auch Art. 8 Abs. 1 QRL.
54  BVerwG v. 19.1.2009 – 10 C 52.07, BVerwGE 133, 55; v. 24.11.2009 – 10 C 24.08.
55  Ebenso OVG Hamburg v. 26.3.2010 – 2 A 208/07.A.

Bei der Einzelverfolgung wegen Gruppenzugehörigkeit werden aus bestimmten Anlässen einzelne oder einige Mitglieder aus einer Gruppe herausgegriffen und einer politischen Verfolgung unterworfen. Die missliebige Gruppe als solche bleibt unverfolgt[56].

**Lösung Fall 48:** Die Gefahr eigener Verfolgung kann sich nicht nur aus gegen den Flüchtling selbst gerichteten Maßnahmen ergeben, sondern auch aus gegen Dritte gerichtete Maßnahmen, wenn diese Dritten wegen eines asylerheblichen Merkmals verfolgt werden, das er mit ihnen teilt, und wenn er sich mit ihnen in einer nach Ort, Zeit und Wiederholungsträchtigkeit vergleichbaren Lage befindet. A ist Mitglied der Religionsgemeinschaft der Yeziden im Irak. Auch wenn er selbst noch keinen Verfolgungsmaßnahmen ausgesetzt war, könnte er aufgrund der bei der Gruppenverfolgung geltenden Regelvermutung eine begründete Furcht vor politischer Verfolgung haben. Die Yeziden stellen als Religionsgemeinschaft eine nach gemeinsamen Merkmalen gekennzeichnete Gruppe dar. Erforderlich ist ferner, dass die Verfolgungshandlungen im Verfolgungszeitraum und Verfolgungsgebiet auf alle sich dort aufhaltenden Gruppenmitglieder zielen und sich in quantitativer und qualitativer Hinsicht so ausweiten, wiederholen und um sich greifen, dass daraus für jeden Gruppenangehörigen nicht nur die Möglichkeit, sondern ohne weiteres die aktuelle Gefahr eigener Betroffenheit entsteht. Dabei müssen Anzahl und Intensität der Verfolgungsmaßnahmen auch zur Größe der Gruppe in Beziehung gesetzt werden. Für eine größere Gruppe wie die der Yeziden hat das BVerwG eine Verfolgungsdichte von etwa einem Drittel als im Ansatz für die Regelvermutung als ausreichend angesehen, die auf einer entsprechenden Tatsachengrundlage konkret belegt werden muss[57]. Bezogen auf die Gesamtzahl der im Irak lebenden Yeziden ist die Anschlagsdichte jedoch zu gering, um die erforderliche Verfolgungsdichte zu erreichen, so dass zum Entscheidungszeitpunkt keine Regelvermutung zugunsten des A aufgestellt werden kann.

## b) Nachfluchttatbestände                                                   **1300**

**Fall 49:** A hat sich zu Studienzwecken ein Jahr in Deutschland aufgehalten. Kurz vor Ablauf der Aufenthaltserlaubnis, die A für die Zeit des Studiums in Deutschland erhalten hat, möchte A nicht mehr in sein Heimatland zurückkehren und beantragt die Zuerkennung der Flüchtlingseigenschaft. Kann dem A die Flüchtlingseigenschaft zuerkannt werden, wenn A unverfolgt aus seinem Heimatland ausgereist ist und

a)   im Heimatland des A zwischenzeitlich ein Regimewechsel stattgefunden hat und A davon ausgeht, aufgrund seiner politischen Überzeugung bei seiner Rückkehr in sein Heimatland Verfolgungsmaßnahmen von Seiten der neuen Regierung ausgesetzt zu sein, da sein Vater und sein Bruder, die beide eine hochrangige Position unter der bisherigen Regierung innehatten, bereits mehrfach gewalttätigen Übergriffen seitens der neuen Regierung ausgesetzt waren. Der neuen Regierung sei bekannt, dass auch A Anhänger der bisherigen Regierungspartei sei.

b)   A sich in Deutschland erstmals politisch engagiert, sich einer exilpolitischen Organisation angeschlossen und an Demonstrationen gegen die Heimatregierung teilgenommen hat und in der Zwischenzeit auch in der Öffentlichkeit als einer der Wortführer und Hauptaktivisten auftritt. Seine politische Überzeugung habe bereits im Heimatland bestanden. Er befürchtet, aufgrund seiner Aktivitäten bei seiner Rückkehr von der Regierung des Heimatlandes wegen seiner politischen Überzeugung verfolgt zu werden.

**Fall 50:** B reist nach Deutschland ein und macht geltend, er werde in seinem Heimatstaat wegen seiner politischen Überzeugung verfolgt. Sein Asylantrag wird jedoch vom Bundesamt als unbegründet abgelehnt und die Abschiebung angedroht. Zwei Monate später tritt er einer Exilorganisation bei, die sich gegen die Regierung seines Heimat-

---

56   BVerwG v. 30.10.1984, BVerwGE 70, 232, 233 f.
57   BVerwG v. 30.4.1996, BVerwGE 101, 123.

staates politisch engagiert. Er bringt vor, in seinem Heimatstaat sei er auch bisher
schon mit den politischen Verhältnissen unzufrieden gewesen. Er organisiert nun Veranstaltungen und nimmt an diesen auch als Redner teil. Da er nunmehr aufgrund
dieser Tätigkeit bei seiner Rückkehr mit Verfolgungsmaßnahmen seitens der Regierung rechnet, stellt er einen Folgeantrag.

**1301**  Für das Asylgrundrecht nach Art. 16 a Abs. 1 GG hat das BVerfG festgestellt, es
beruhe auf dem Zufluchtsgedanken und setze von seinem Tatbestand her grundsätzlich einen kausalen Zusammenhang zwischen Verfolgung und Flucht voraus[58]. Das Asylrecht ist demnach darauf ausgerichtet, dem vor politischer Verfolgung „Flüchtenden" Zuflucht und Schutz zu gewähren. Eine Erstreckung des
Asylrechts auf erst nach der Flucht entstandene Verfolgungstatbestände – soge-
nannte *Nachfluchttatbestände* – kann daher nur insoweit in Frage kommen als
sie nach dem Sinn und Zweck der Asylverbürgung gefordert ist. Das BVerfG
unterscheidet in diesem Zusammenhang zwischen *objektiven* und *subjektiven
Nachfluchttatbeständen.* Diese Unterscheidung wurde in der Folge auch im Rahmen von § 60 Abs. 1 AufenthG für die Zuerkennung der Flüchtlingseigenschaft
nachvollzogen. Auch nach dieser Rechtsprechung blieben jedoch sog. Flüchtlinge
„sur-place", die erst nach der Ausreise aus ihrem Heimatland im Aufenthaltsstaat aufgrund subjektiver Nachfluchttatbestände einer Verfolgungsgefahr ausgesetzt waren, vor Abschiebung in den Verfolgerstaat geschützt, wohingegen sie
in der Regel von einer Asylberechtigung nach Art. 16 a Abs. 1 GG ausgeschlossen wurden. Für die Gewährung des Flüchtlingsstatus sind nunmehr die Kriterien
der Qualifikationsrichtlinie maßgeblich.

**1302**  aa) **Objektive Nachfluchttatbestände.** *Objektive Nachfluchttatbestände* werden
durch Vorgänge oder Ereignisse im Heimatland unabhängig von der Person des
Antragstellers ausgelöst. Für diese kommt eine Asylrelevanz in Betracht, obwohl
auch hier ein kausaler Zusammenhang zwischen Verfolgung und Flucht nicht
besteht. Die Verfolgungssituation ist ohne eigenes Zutun des Betroffenen entstanden. Es erschiene unzumutbar, den Asylsuchenden zunächst in das Verfolgerland zurückzuschicken und ihm dort das Risiko einer Verfolgung aufzubürden[59].
Entsprechendes gilt im Rahmen von § 60 Abs. 1 AufenthG.
Die Grundlage des objektiven Nachfluchttatbestandes ist regelmäßig eine Änderung des politischen Regimes im Heimatland in der Weise, dass nunmehr den
aus anderen Gründen im Gastland befindlichen Staatsangehörigen für den Fall
der Rückkehr ins Heimatland Verfolgung droht, z.B. wegen ihrer früher dort
gezeigten politischen Haltung oder wegen ihrer Zugehörigkeit zu einer nunmehr
politisch verfolgten Gruppe. Es ist jedoch nicht erforderlich, dass sich das Verfolgung auslösende Geschehen im Heimatstaat verwirklicht[60]. Auch Verhaltensweisen eines Dritten wie beispielsweise die Asylbeantragung durch einen Familienangehörigen und Geschehnisse und Vorgänge im Zufluchtsland können
asylrechtlich erhebliche objektive Nachfluchttatbestände sein. Entscheidend ist,
dass die Verfolgungssituation ohne eigenes Zutun des Betroffenen entstanden ist.
§ 28 Abs. 1a AsylG (Art. 5 Abs. 1 RL 2011/95) sieht dementsprechend vor, dass
die begründete Furcht vor Verfolgung oder die tatsächliche Gefahr, einen ernst-

---

58  BVerfG v. 26.11.1986, BVerfGE 74, 51; vgl. auch BVerwG v. 19.5.1987, BVerwGE 77, 258, 260;
    BVerwG v. 15.5.1990, BVerwGE 85, 139.
59  BVerfG v. 26.11.1986, BVerfGE 74, 51, 65; vgl. auch Art. 5 Abs. 1 QRL.
60  BVerwG v. 9.4.1991, BVerwGE 88, 92, 96.

haften Schaden zu erleiden, auf Ereignissen beruhen kann, die eingetreten sind, nachdem der Antragsteller das Herkunftsland verlassen hat.

**bb) Subjektive Nachfluchttatbestände.** Dadurch wird allerdings kein Freibrief **1303** eines unverfolgt ausreisenden Ausländers begründet, sich durch eine willkürliche Herbeiführung einer Gefahrenlage einen Asylgrund zu verschaffen[61]. § 28 Abs. 1 AsylG (Art. 5 Abs. 2) präzisiert die Regel des Abs. 1 durch die Feststellung, dass eine Verfolgungsgefahr „insbesondere" auf Aktivitäten eines Antragstellers beruhen kann, die nachweislich Ausdruck und Fortsetzung einer bereits im Herkunftsland bestehenden Überzeugung sind. Damit wird zwar noch kein Ausschlussgrund festgelegt. Abs. 2 kann aber als Anhaltspunkt dafür herangezogen werden, unter welchen Umständen nach Verlassen des Herkunftslandes gefahrenbegründende Aktivitäten als hinreichend ernsthaft anzusehen sind, um einen Anspruch auf internationalen Schutz begründen zu können. Folgeanträge, die auf Umstände gestützt sind, die der Antragsteller erst nach Verlassen des Herkunftslandes geschaffen hat, sind nach § 28 Abs. 3 (Art. 5 Abs. 3 RL 2011/95) regelmäßig als missbräuchlich anzusehen und daher unbeachtlich. Im Wesentlichen entspricht diese Regelung der Rechtsprechung, wonach ein Asylanspruch nicht begründet wird, wenn der Verfolgungstatbestand vom Ausländer selbst aus eigenem Willensentschluss, und ohne dass ein Risiko damit verbunden wäre, geschaffen wird. Der Ausländer könnte sich dadurch „durch eine risikolose Verfolgungsprovokation" ein Aufenthaltsrecht erzwingen. Eine Schutzberechtigung kann danach regelmäßig nur dann in Betracht gezogen werden, „wenn die selbstgeschaffenen Nachfluchttatbestände sich als Ausdruck und Fortführung einer schon während des Aufenthalts im Heimatstaat vorhandenen und erkennbar betätigten festen Überzeugung darstellen, mithin als notwendige Konsequenz einer dauernden, die eigene Identität prägenden und nach außen kundgegebenen Lebenshaltung erscheinen"[62].

**Lösung Fall 49:**    **1304**

a)  A ist zwar unverfolgt aus seinem Heimatland ausgereist, so dass kein Kausalzusammenhang zwischen Flucht und Verfolgung besteht. Im Heimatland des A hat während seines Studienaufenthaltes in Deutschland ein Regimewechsel stattgefunden. Gem. § 28 Abs. 1 a AsylG kann eine Bedrohung auf Ereignissen beruhen, die eingetreten sind, nachdem der Ausländer das Herkunftsland verlassen hat. A beruft sich damit auf einen objektiven Nachfluchttatbestand, der aufgrund von Ereignissen in seinem Heimatstaat ohne sein Zutun entstanden ist. Die politische Haltung des A ist der neuen Regierung bekannt; daneben sind Anhänger der bisherigen Regierung gewalttätigen Übergriffen ausgesetzt, wie dies bereits gegenüber A's Familienmitgliedern geschehen ist. A's Furcht vor Verfolgung aufgrund eines objektiven Nachfluchttatbestands ist daher begründet, so dass ihm die Flüchtlingseigenschaft zuzuerkennen ist.

b)  Gem. § 28 Abs. 1 a AsylG kann eine begründete Furcht vor Verfolgung oder die tatsächliche Gefahr, einen ernsthaften Schaden zu erleiden, auf Ereignissen beruhen, die eingetreten sind, nachdem der Ausländer das Herkunftsland verlassen hat, insbesondere auch auf einem Verhalten des Ausländers, das Ausdruck und Fortsetzung einer bereits im Herkunftsland bestehenden Überzeugung oder Ausrichtung ist. Eine Annahme von für § 28 Abs. 1 a AsylG relevanten subjektiven Nachfluchttatbeständen ist aufgrund des Wortlautes „insbesondere" jedoch auch dann möglich, wenn im Heimatstaat noch keine solche Überzeugung be-

---

61  BVerfG v. 26.11.1986, BVerfGE 74, 51, 66.
62  BVerfG v. 26.11.1986, BVerfGE 74, 51, 66.

stand. Die Bestimmung ist im Lichte von Art. 4 Abs. 3 lit. d RL 2011/95 auszulegen, so dass zu prüfen ist, ob die Aktivitäten des Antragsstellers seit Verlassen
des Herkunftslandes ausschließlich oder hauptsächlich aufgenommen wurden,
um die für die Beantragung des Schutzes erforderlichen Voraussetzungen zu
schaffen. A war in seinem Heimatland zwar bisher nicht politisch aktiv, jedoch
ist aufgrund der Intensität seines jetzigen Engagements davon auszugehen, dass
seine politische Überzeugung ernsthaft ist und seiner schon im Herkunftsland
bestehenden Überzeugung entspricht. A ist die Flüchtlingseigenschaft zuzuerkennen.

**Lösung Fall 50:** Gem. § 28 Abs. 2 Asyl kann einem Ausländer im Falle eines Folgean-
trages (§ 71 AsylG), d. h. wenn der Ausländer nach der Rücknahme oder unanfechtbaren Ablehnung seines Asylantrages erneut einen Asylantrag stellt, in der Regel nicht
die Flüchtlingseigenschaft zuerkannt werden, wenn er seinen erneuten Asylantrag auf
Umstände stützt, die er nach Rücknahme oder unanfechtbarer Ablehnung seines früheren Antrages selbst geschaffen hat. Die Vorschrift legt damit ein Regel-Ausnahme-
Verhältnis fest. Entscheidend ist daher, ob in der Person des B Umstände vorliegen,
die einen Ausnahmefall begründen. Ein Ausnahmefall liegt vor, wenn die Nachflucht-
aktivitäten nicht lediglich aus asyltaktisches Gründen vorgenommen werden, sondern
einem objektiv nachvollziehbaren und ernsthaften politischen Engagement bezüglich
der Verhältnisse im Herkunftsland entsprechen, das erst durch die Anwesenheit im
Bundesgebiet geweckt wird[63]. Für das Vorliegen der Umstände, die eine Ausnahme
vom Regelfall begründen, trägt der Antragsteller die Darlegungs- und Beweislast.

### 4. Verfolgungsgründe

**1305**  Die Verfolgungsgründe des § 3 b AsylG entsprechen im Wesentlichen Art. 10 RL
2011/95, der seinerseits auf der Genfer Flüchtlingskonvention beruht. Soweit
§ 3 b Abs. 1 Nr. 4 AsylG bezüglich der Verfolgung einer bestimmten sozialen
Gruppe, die allein an das Geschlecht oder die geschlechtliche Identität anknüpft,
zugunsten von Asylbewerbern eine günstigere Regelung als das Unionsrecht vorsieht, ist dies unbedenklich, dass die Richtlinie 2011/95 nach Art. 3 günstigerer
Normen zur Entscheidung darüber, wer als Flüchtling oder subsidiärer Schutzberechtigter gilt, zulässt.

### a) Verfolgung aufgrund der Religion

**1306**

    **Fall 51:** Y und Z, die aus Pakistan stammen, leben in Deutschland, wo sie Asyl bean-
tragen. Sie gehören der Ahmadiya-Glaubensgemeinschaft, einer islamischen Erneue-
rungsbewegung, an, die von den in Pakistan lebenden Muslimen als abtrünnig betrachtet wird und strengen Beschränkungen durch das pakistanische Strafrecht
unterworfen ist. Sie geben an, dass sie wegen ihrer Zugehörigkeit zu dieser Gemeinschaft gezwungen gewesen seien, Pakistan zu verlassen. Beide tragen sie vor, sie seien
in ihrer Heimat mehrfach auf dem Gebetsplatz geschlagen und mit Steinen beworfen
worden. Sie seien auch bei der Polizei wegen Beleidigung des Propheten Mohammed,
einer gegebenenfalls mit der Todesstrafe bedrohten Straftat angezeigt worden. Sie
könnten sich daher nicht öffentlich zu ihrem Glauben bekennen, ohne das Risiko zu
laufen, wegen Blasphemie bestraft zu werden.

**1307**  Der Religionsbegriff in § 3 b Abs. 1 Nr. 2 AsylG entspricht Art. 10 Abs. 1 lit. b
RL 2011/95. Entsprechend der verfassungsgerichtlichen Rechtsprechung zum
Schutz der positiven und negativen Religionsfreiheit ist der Begriff der Religion
in einem umfassenden Sinne zu verstehen[64]. Geschützt sind die theistische, nicht

---

63  Vgl. auch Bayr. VGH v. 5.9.2007 – 14 B 05/31 261, juris.
64  Vgl. *Kokott*, in: Sachs (Hrsg.), Grundgesetz, Art. 4, Rn. 17, 23 f.; *Sachs*, Handbuch des Staats-
    rechts, Bd. 5, § 126, Rn. 48.

theistische und atheistische Glaubensüberzeugung, die Teilnahme bzw. Nichtteilnahme an religiösen Riten im privaten oder öffentlichen Bereich, allein oder in Gemeinschaft mit anderen, sonstige religiöse Betätigungen oder Meinungsäußerungen und Verhaltensweisen Einzelner oder der Gemeinschaft, die sich auf eine religiöse Überzeugung stützen oder nach dieser vorgeschrieben sind. Der Begriff der religiösen Überzeugung ist nicht auf die herkömmlichen Weltreligionen und ihre verschiedenen Abspaltungen beschränkt, sondern erfasst auch Glaubensrichtungen und Weltanschauungen, sofern sie mit der religiösen Überzeugung einen metaphysisch begründeten Kanon über die Art und Weise der Lebensführung und einen Kult teilen. Der EGMR hat mangels eines europäischen Konsenses über den religiösen Charakter bestimmter Ideologien wie z. B. Scientology den Vertragsstaaten Beurteilungsspielräume eingeräumt[65]. Bloße politische Überzeugungen, Verhaltensweisen oder politische Propaganda für eine religiös fundierte Organisation sind aber von dem Begriff der Religion nicht erfasst[66].

Abweichend von den in der verfassungsgerichtlichen Rechtsprechung zu Art. 16 a Abs. 1 GG entwickelten Grundsätzen[67] können nicht nur Beeinträchtigungen der Religionsausübung eine asylrelevante Verfolgung begründen, die zum „religiösen Existenzminimum" gehören[68]. Geschützt ist neben der häuslichen Religionsausübung im privaten Bereich allein oder in Gemeinschaft mit anderen Gläubigen auch die Teilnahme oder Nichtteilnahme an religiösen Riten im öffentlichen Bereich. Danach kann religiöse Verfolgung sich auch äußern in Verboten, Mitglied einer Glaubensgemeinschaft zu sein, dem Verbot der Unterweisung in dieser Religion, dem Verbot, die Riten dieser Religion in Gemeinschaft mit anderen öffentlich auszuüben oder sonstige Formen schwerer Diskriminierung von Personen wegen ihrer Religionsausübung, ihrer Zugehörigkeit oder Zuordnung zu einer bestimmten Religionsgemeinschaft oder ihres Wechsels der Glaubensrichtung. Art. 10 Abs. 1 lit. b RL 201/95 und § 3b AsylG erfassen umfassend religiöse Betätigungen oder Meinungsäußerungen und Verhaltensweisen Einzelner oder der Gemeinschaft, die sich auf eine religiöse Überzeugung stützen oder nach dieser vorgeschrieben sind, gleichgültig, ob diese Betätigungen im öffentlichen oder privaten Bereich erfolgen oder an eigene Mitglieder der Religionsgemeinschaft oder missionierend an andere Personen gerichtet sind[69]. **1308**

Die Beeinträchtigung der freien Religionsausübung muss nach ihrer Intensität und Schwere eine schwerwiegende Verletzung darstellen und über das hinausgehen, was die Bewohner des Herkunftsstaates allgemein hinzunehmen haben[70]. Maßstab für die Beurteilung, ob eine asylrechtlich erhebliche Verletzung der Menschenwürde durch Einschränkungen der Religionsfreiheit vorliegt, ist, ob der einzelne Gläubige durch die ihm auferlegten Einschränkungen als religiös **1309**

---

65  Vgl. *Grabenwarter,* European Convention on Human Rights, 2014, Art. 9, Rn. 7–9.
66  So für die Betätigung in islamischen politischen Organisationen EGMR v. 18.1.2001, Nr. 41615/98, *Zaoui/Schweiz.*
67  BVerfGE 76, 143, 158; vgl. auch BVerfGE 81, 58, 66; vgl. Art. 16a GG, Rn. 120 f.
68  Sog. „forum internum" BVerwG v. 20.1.2004, DVBl 2004, 902 – zum Verbot für zum Christentum konvertierte Muslime im Iran, an öffentlichen oder offiziellen Gottesdiensten der christlichen Kirchen teilzunehmen; BVerwGE 80, 321; 87, 52.
69  EuGH v. 5.9.2012, Rs. C-71/11 u. C-99/11, Rn. 79; vgl. auch *Meyer/Schallenberg,* NVwZ 2005, 776 ff.; OVG Saarland, Urt. v. 26.6.2007 – 1 A 222/07; Bayr. VGH, Urt. v. 23.10.2007 – 14 B 06.30315; DVBl 2008, 67.
70  BVerfG v. 2.7.1980, BVerfGE 54, 341, 357; BVerfG v. 10.7.1989, BVerfG v. 10.7.1989, BVerfGE 80, 315, 335.

geprägte Persönlichkeit in ähnlich schwerer Weise wie bei Eingriffen in die körperliche Unversehrtheit oder die Freiheit in Mitleidenschaft gezogen wird, so dass er in eine Notsituation gerät, in der ein religiös ausgerichtetes Leben und damit ein vom Glauben geprägtes „Personsein" nicht mehr möglich ist. Die mit schwerwiegenden Sanktionen wie z. B. Freiheitsentzug oder einer Verletzung der körperlichen Integrität belegte öffentliche Religionsausübung fällt daher in den Schutzbereich von § 3 b, sofern die Sanktion tatsächlich droht[71]. Auch eine Kumulation verschiedener Maßnahmen in Verbindung mit schweren Formen der Diskriminierung kann einen derart schwerwiegenden Eingriff darstellen, wenn die Schwelle der unmenschlichen oder erniedrigenden Handlung überschritten wird. Insofern ist dem Begriff der Verfolgung ein Element der Relativierung eigen[72]. Neben dem objektiven Gesichtspunkt der Schwere des Eingriffs kommt nach Auffassung des EuGH dem subjektiven Gesichtspunkt, ob für den Betroffenen die Befolgung einer bestimmten religiösen Praxis in der Öffentlichkeit zur Wahrung der religiösen Identität besonders wichtig ist, eine Bedeutung für die Beurteilung der Schwere der Gefahr zu[73].

Dabei soll es nicht darauf ankommen, ob die religiöse Praxis oder Handlung einen „zentralen Bestandteil für die betreffende Glaubensgemeinschaft darstellt", denn aus dem Wortlaut der Vorschrift ergebe sich, dass ihr Schutzbereich sowohl Verhaltensweisen, die sich auf eine religiöse Überzeugung stützten als auch solche, die von der Glaubenslehre vorgeschrieben seien, erfasse[74]. Nicht notwendig ist zwar, dass der Einzelne innerlich zerbrechen oder schweren seelischen Schaden nehmen würde, wenn er auf eine entsprechende Praktizierung seines Glaubens verzichten müsste. Es reicht aber auch nicht aus, wenn es sich nur um eine unter die Berufung auf die Religionsfreiheit vorgenommene religiöse Handlung handelt, die vom Antragsteller selbst nicht als identitätsprägend verstanden wird, weil er zwar einer Glaubensgemeinschaft verbunden ist, aber seine Glaubensüberzeugung nicht in einer Weise lebt, die ihn im Herkunftsstaat der ernstlichen Gefahr einer Verfolgung aussetzen würde[75]. Maßgeblich ist, ob eine hinreichend gravierende Maßnahme oder Sanktion, die gegen die religiöse Freiheit gerichtet sind, vorliegt. Für die Abgrenzung ist unter anderem der subjektive Umstand, dass für den Betroffenen die Verfolgung einer bestimmten religiösen Praxis in der Öffentlichkeit zur Wahrnehmung seiner religiösen Identität besonders wichtig ist, ein relevanter Gesichtspunkt. Dies gilt selbst dann, wenn die Befolgung einer solchen religiösen Praxis keinen zentralen Bestandteil für die betreffende Glaubensgemeinschaft darstellt. Der Verfolgungsschutz umfasst nämlich sowohl Verhaltensweisen Einzelner und der Gemeinschaft, die die Person für sich selbst als unverzichtbar empfindet, als auch solche Verhaltensweisen, die nur von der Glaubenslehre angeordnet werden.

**1310** Liegt in diesem Sinne eine ernsthafte öffentliche oder private Glaubensbetätigung vor, die die Gefahr einer Verfolgung im Falle einer Rückkehr begründet, so kann die „Begründetheit der Furcht vor Verfolgung" nach der Entscheidung des EuGH im Fall Y und Z auch nicht mit dem Hinweis darauf verneint werden, der Betroffene könne die Gefahr der Verfolgung dadurch vermeiden, dass er auf

---

71  Vgl. BVerwG v. 20.2.2013 – 1 C 23/12, BVerwGE 146, 67, Rn. 32.
72  Vgl. *Marx*, in: Festschrift für K. Hailbronner, a. a. O., S. 217, 227.
73  BVerwG v. 20.2.2013, Rn. 30.
74  EuGH v. 5.9.2012, Rs. C-71/11 u. C-99/11, Rn. 70 ff.
75  BVerwG a. a. O.

die betreffende religiöse Betätigung verzichtet[76]. Der Asylbewerber muss aber die Tatsache, dass er die unterdrückte Betätigung seines Glaubens als für sich selbst verpflichtend zur Wahrung seiner religiösen Identität empfindet, zur vollen Überzeugung des Gerichts nachweisen. Die religiöse Identität kann nur aus dem Vorbringen des Asylbewerbers und mittels Rückschlüssen von äußeren Anhaltspunkten (u. a. Dauer der Zugehörigkeit zur Glaubensgemeinschaft, religiöse (öffentliche) Betätigung vor und nach der Einreise) auf die innere Einstellung festgestellt werden.

> **Lösung Fall 51:** Nach der Entscheidung des EuGH vom 5.9.2012 ist maßgeblich, ob der Eingriff in die Glaubensbetätigung hinreichend schwergewichtig ist. Danach liegt eine asylrelevante Verfolgung vor, wenn die angedrohten Sanktionen im Falle einer religiösen Betätigung den Antragsteller in Pakistan in schwerwiegender Weise beeinträchtigen. Dabei ist unerheblich, ob Y und Z im privaten Bereich ihre Religionsausübung fortsetzen könnten. Die öffentliche Glaubensbekundung stellt einen wesentlichen Teil ihrer religiösen Identität dar. Da sie mit schwerwiegenden Sanktionen bedroht ist, haben Y und Z einen Anspruch auf Zuerkennung der Flüchtlingseigenschaft.

**b) Nationalität.** § 3 b Nr. 3 AsylG nennt in Anlehnung an Art. 10 Abs. 1 c den **1311** Verfolgungsgrund der „Nationalität", der sich nicht auf die Staatsangehörigkeit oder das Fehlen einer solchen beschränkt, sondern insbesondere auch die Zugehörigkeit zu einer Gruppe, die durch ihre kulturelle, ethnische oder sprachliche Identität, gemeinsame geographische oder politische Herkunft, oder ihre Verwandtschaft mit der Bevölkerung eines anderen Staates bestimmt werde. Das Merkmal der Nationalität umfasst somit nicht nur Verfolgung im Hinblick auf die formale Zugehörigkeit zu einem bestimmten Staat, sondern in einem weitergehenden Sinne die Zugehörigkeit zu einer Gruppe, deren Identität durch ethnische, kulturelle, sprachliche, geographische oder politische Merkmale bestimmt wird. Die Vorschrift überschneidet sich daher in ihrem Anwendungsbereich mit § 3b Abs. 1 Nr. 1 AsylG.

Eine Ausbürgerung kann eine asylbegründende Verfolgung aus Gründen der Na- **1312** tionalität begründen, wenn sie sich gegen eine Gruppe eigener Staatsangehörige wegen derer Zugehörigkeit zu einer sprachlichen, ethnischen oder kulturellen Minderheit richtet, eine anderweitig leicht erreichbare Staatsangehörigkeit nicht zur Verfügung steht und wenn die Folgen der Ausbürgerung (faktische Staaten- und Schutzlosigkeit) so schwerwiegend sind, dass sie einer gravierende Menschenrechtsverletzung gleichkommen[77].

**c) Geschlechtsbezogene Verfolgung** **1313**

> **Fall 52:** Die Familie der F will diese entgegen ihrem Willen in ihrem Heimatstaat Kamerun mit einem ihr fremden Mann verheiraten. Hilfe von staatlicher Seite kann die F nicht erlangen, da es im Kamerun üblich ist, dass dem Familienoberhaupt die Entscheidungsbefugnis über die Eheschließung zukommt. F gelingt jedoch die Flucht nach Deutschland.
> Kann der F die Flüchtlingseigenschaft zuerkannt werden?

§ 3 b Nr. 4 AsylG definiert wie Art. 10 Abs. 1 lit. d RL 2011/95 eine bestimmte **1314** soziale Gruppe dadurch, dass die Mitglieder dieser Gruppe

---

76  EuGH v. 5.9.2012, Rs. C-71/11 u. C-99/11, Rn. 79.
77  Vgl. BVerwG v. 26.2.2009 – 10 C 50/07; OVG NS v. 20.6.2012 – 7 LB 140/06.

- angeborene Merkmale oder einen gemeinsamen Hintergrund, der nicht verändert werden kann, gemein haben,
- oder Merkmale oder eine Glaubensüberzeugung teilen, die so bedeutsam für die Identität oder das Gewissen sind, dass der Betreffende nicht gezwungen werden sollte, auf sie zu verzichten, und
- die Gruppe in dem betreffenden Land eine deutlich abgegrenzte Identität hat, da sie von der sie umgebenden Gesellschaft als andersartig betrachtet wird.

Der EuGH verlangt das kumulative Vorliegen beider Voraussetzungen für die Bestimmung einer Gruppe als „bestimmte soziale Gruppe" i. S. d. Art. 10 Abs. 1[78]. Dabei kann nach den Gegebenheiten im Herkunftsland als eine bestimmte soziale Gruppe auch eine Gruppe gelten, die sich auf das gemeinsame Merkmal der sexuellen Orientierung gründet. Handlungen, die nach deutschem Recht als strafbar gelten, fallen in Übereinstimmung mit Art. 10 Abs. 1 lit. d nicht unter den Begriff sexuelle Orientierung.

**1315**  Umstritten ist, unter welchen Umständen gegen Frauen gerichtete oder spezifisch auf Frauen bezogene Strafbestimmungen oder Verwaltungsmaßnahmen eine Verfolgung wegen Zugehörigkeit zu einer sozialen Gruppe begründen können.
In der deutschen Rechtsprechung ist Frauen aus bestimmten Herkunftsländern die Flüchtlingseigenschaft wegen drohender Zwangsverheiratung oder gravierender häuslicher Gewalt aufgrund der Verletzung des Rechtes auf sexuelle Selbstbestimmung zuerkannt worden[79]. Soweit derartige Praktiken darauf ausgerichtet sind, die sich weigernden Frauen als Gruppe unter Missachtung ihres religiösen und personalen Selbstbestimmungsrechts gesellschaftlich/religiösen Traditionen und damit verbundenen Herrschaftsansprüchen zu unterwerfen, kann eine Verfolgung aus Gründen der Zugehörigkeit zu einer bestimmten sozialen Gruppe vorliegen, sofern die Verfolgungsmaßnahme den erforderlichen Schweregrad erreicht. Auch Frauen, die aufgrund der gesellschaftlichen Verhältnisse dem konkreten Risiko ausgesetzt sind, ihrer grundlegenden Rechte auf Eheschließung oder Selbstbestimmung beraubt zu werden, können eine bestimmte soziale Gruppe bilden, sofern die daraus resultierenden Folgen nach den individuellen Umständen hinreichend schwerwiegend sind. Erforderlich ist jedoch auch nach der Richtlinie 2011/95 zusätzlich, dass identitätsprägende Merkmale bei Maßnahmen gegenüber Frauen oder einer bestimmten Kategorie von Frauen verfolgungsbegründend sind.

**1316**  Demgegenüber kann nach § 3 b Nr. 4 AsylG eine „allein an das Geschlecht oder die geschlechtliche Identität" anknüpfende Verfolgung als Verfolgung wegen der Zugehörigkeit zu einer bestimmten sozialen Gruppe zu qualifizieren sein. Damit geht § 3 b Nr. 4 zwar über die Richtlinie hinaus, andererseits ist die Verpflichtung zur angemessenen Berücksichtigung „geschlechtsbezogener" Aspekte hinreichend offen, um die in der Lebenswirklichkeit auftretenden Formen geschlechtsbezogener Diskriminierung zu erfassen. Auch die sexuelle Ausrichtung einer Person stellt ein Merkmal i. S. v. Art. 10 Abs. 1 lit. b RL dar, das so bedeutsam ist, dass sie nicht gezwungen werden darf, darauf zu verzichten.

---

78  EuGH v. 7.11.2013, Rs. C-199/12, C-200/12, C-201/12 – X, Y, Z, NVwZ 2014, 132, Rn. 45.
79  VG Stuttgart v. 29.1.2007 – A 4 K 1877/06, NVwZ 2007, 1335–1336; VG Hamburg v. 7.11.2005
    – 4 A 1970/03.

Der EuGH hat daher die mit schwerwiegender Strafandrohung verbotene Vor-        **1317**
nahme homosexueller Handlungen oder eines Bekenntnis zur homosexuellen Eigenschaft als Verfolgung einer bestimmten sozialen Gruppe qualifiziert. Zwar ist
nicht notwendigerweise jede Verletzung der Grundrechte eines homosexuellen
Asylbewerbers eine Verfolgung i. S. d. Art. 9 RL 2011/95. Das bloße Bestehen
von Rechtsvorschriften, nach denen Homosexualität unter Strafe gestellt ist,
reicht daher noch nicht aus, um eine Verfolgung darzulegen. Jedoch ist die tatsächliche Verhängung einer Freiheitsstrafe hinreichend schwerwiegend, dass sie
als Verfolgung zu qualifizieren ist. Unerheblich ist, ob ein Asylbewerber möglicher Strafe dadurch entgehen kann, dass er seine homosexuelle Ausrichtung ge-
heim hält. Da es sich um ein die Identität prägendes Merkmal handelt, kann –
parallel zum religiösen Bekenntnis – nicht verlangt werden, dass ein Asylbewerber seine Homosexualität verschweigt[80] (*EuGH*, a. a. O., Rn. 65 ff.). Soweit ein
Asylbewerber jedoch aus persönlichen oder familiären Motiven ein bestimmtes
Verhalten im Herkunftsland nicht ausüben würde, besteht keine begründete Verfolgungsgefahr aus den in § 3 b Nr. 4 aufgeführten Verfolgungsgründen.

> **Lösung Fall 52:** Der F droht eine an das Geschlecht anknüpfende Verfolgung. Gem.
> § 3b Nr. 4 AsylG kann eine Verfolgung wegen der Zugehörigkeit zu einer bestimmten
> sozialen Gruppe auch dann vorliegen, wenn die Bedrohung der Freiheit allein an das
> Geschlecht anknüpft. Infolge der zwangsweisen Verheiratung würde eine individuelle
> und selbstbestimmte Lebensführung der F aufgehoben und ihre sexuelle Identität als
> Frau grundlegend in Frage gestellt[81]. Der F kann daher die Flüchtlingseigenschaft
> zuerkannt werden.

**d) Politische Überzeugung.** Nach Art. 10 Abs. 1 lit. e QRL (vgl. § 3 b Nr. 5        **1318**
AsylVfG n. F.) ist unter dem Begriff der politischen Überzeugung insbesondere
zu verstehen, dass der Antragsteller in einer Angelegenheit, die die in Art. 6 genannten potentiellen Verfolger sowie deren Politiken oder Verfahren betrifft, eine
Meinung, Grundhaltung oder Überzeugung vertritt, wobei es unerheblich ist, ob
der Antragsteller aufgrund dieser Meinung, Grundhaltung oder Überzeugung
tätig geworden ist. Geschützt ist sowohl das *forum internum* als auch ein Mindestmaß an Äußerungs- und Betätigungsmöglichkeiten[82]. Nicht jede nach der
Rechtsordnung anderer Staaten zulässige Beeinträchtigung von im Bundesgebiet
geschützten Grundrechten stellt bereits eine asylerhebliche politische Verfolgung
dar[83]. Die politische Überzeugung wird jedoch dann in asylerheblicher Weise
unterdrückt, wenn ein Staat mit den Mitteln des Strafrechts auf Leib, Leben oder
die persönliche Freiheit des Einzelnen schon deshalb zugreift, weil dieser seine
abweichende politische Meinung nicht für sich behält, sondern sie nach außen
bekundet und sich mit ihr Dritten gegenüber „hören lässt" und damit notwendigerweise eine geistige Wirkung auf die Umwelt ausübt und meinungsbildend auf
andere einwirkt[84]. Zur asylrechtlich geschützten politischen Überzeugung gehört
daher auch die Möglichkeit, einem Dritten die eigene Überzeugung zu vermitteln, was die Absicht mit umfasst, dass der Dritte sich entsprechend dieser Überzeugung verhält. Stellt eine Strafnorm eine von dieser Absicht getragene Mei-
nungsäußerung unter Strafe, so greift die Norm auf die politische Überzeugung

---

80  EuGH v. 7.11.2013, Rs. C-199/12 bis C-201/12 – X, Y, Z, Rn. 65.
81  Vgl. VG Hamburg v. 7.11.2005 – 4 A 1970/03, juris.
82  BVerwG v. 19.5.1987, BVerwGE 77, 258; BVerwG v. 17.5.1983, BVerwGE 67, 184 und 195.
83  BVerwG v. 21.4.1987, InfAuslR 1987, 273; vgl. auch BVerwG v. 18.2.1986, BVerwGE 74, 31,
    37 f.
84  BVerwG v. 19.5.1987, BVerwGE 77, 258, 265.

zu und ist deshalb nach Auffassung des BVerwG „politisch motiviert"[85], bzw. erkennbar zielgerichtet[86].

**1319** Abs. 2 stellt klar, dass es bei der Bewertung der Frage, ob die Furcht eines Ausländers vor Verfolgung begründet ist, unerheblich ist, ob er tatsächlich die Merkmale der Rasse oder die religiösen, nationalen, sozialen oder politischen Merkmale aufweist, die zur Verfolgung führen. Entscheidend ist die Kausalität im Sinne der Motivation der Verfolger. Anspruch auf Flüchtlingsschutz hat daher auch derjenige Ausländer, der die verfolgungsbegründenden Merkmale tatsächlich nicht aufweist, wenn sie ihm von den in § 3 c aufgeführten Verfolgungsakteuren zugeschrieben werden.

### 5.  Verfolgungsakteure und Akteure, die Schutz bieten können

**1320** Eine Verfolgung kann vom Staat, Parteien oder Organisationen, die den Staat oder einen wesentlichen Teil des Staatsgebiets beherrschen oder auch von nichtstaatlichen Akteuren ausgehen, sofern der Staat oder den Staat beherrschende Parteien oder Organisationen einschließlich internationaler Organisationen erwiesenermaßen nicht in der Lage oder nicht willens sind, Schutz vor Verfolgung zu bieten. Damit sind auch Fälle fehlender staatlicher oder quasistaatlicher Strukturen wie insbesondere bei einer fortgeschrittenen Bürgerkriegssituation erfasst. Auch in einer Situation, in der ein Staat wegen des Zusammenbruchs der Staatsgewalt prinzipiell schutzunfähig ist, kann daher eine Verfolgung durch private Gruppen zur Zuerkennung der Flüchtlingseigenschaft führen[87]. Für den Anwendungsbereich von § 3 und § 4 ist daher eine Zurechenbarkeit von Verfolgungsmaßnahmen zu einer staatlichen oder quasi-staatlichen Herrschaftsgewalt nicht erforderlich.

**1321** § 3 d AsylG führt im Einklang mit Art. 7 AsylG die möglichen Schutzakteure auf. Danach ist Schutz generell gewährleistet, wenn der Staat oder Parteien oder Organisationen einschließlich internationaler Organisationen, die den Staat oder einen wesentlichen Teil des Staatsgebiets beherrschen, willens und in der Lage sind, wirksamen Schutz zu bieten. Ein derartiger Schutz darf nicht nur vorübergehender Natur sein. Generell geht § 3 d Abs. 2 AsylG davon aus, das ein solcher Schutz gewährleistet ist, wenn die in § 3 d Abs. 1 genannten Akteure geeignete Schritte einleiten, z. B. durch wirksame Rechtsvorschriften zur Ermittlung, Strafverfolgung und Ahndung von Handlungen, die eine Verfolgung oder einen ernsthaften Schaden darstellen, und wenn der Antragsteller Zugang zu diesem Schutz hat. Bei der Beurteilung der Frage, ob eine internationale Organisation einen Staat oder einen wesentlichen Teil seines Staatsgebiets beherrscht und Schutz bietet, sind die in den EU-Rechtsakten aufgestellten Leitlinien heranzuziehen.

**1322** Die Vorschrift beruht auf dem Gedanken der Subsidiarität, der dem internationalen Flüchtlingsrecht zugrunde liegt. Ein Verfolgter kann sich nicht auf eine Verfolgungsgefahr berufen, wenn er hinreichende Möglichkeiten hat, ausreichenden Schutz anderweitig zu erlangen, gleichgültig, ob dieser Schutz durch den Staat oder internationale Organisationen erfolgt. Die Ausdehnung des Kreises der Akteure, die Schutz vor Verfolgung bieten können, auf internationale Orga-

---

85  BVerwG v. 12.12.1989, Buchholz 402.25 zu § 1 AsylVfG a. F. Nr. 121; vgl. auch BVerwG v. 30.8.1988, BVerwGE 80, 136; BVerwG v. 6.12.1988, InfAuslR 1989, 137.
86  Vgl. auch Nds. OVG v. 23.1.1998, InfAuslR 1998, 196.
87  S. auch BVerwG v. 18.7.2006, BVerwGE 126, 243.

nisationen, ist daher jedenfalls dann unbedenklich, wenn nach Art und Ausmaß der übertragenen Befugnisse hinreichender Schutz vor Verfolgung gewährt werden kann. Erforderlich sind organisatorische Strukturen und eine Rechtsgrundlage, die den wirksamen Schutz vor Verfolgung durch Ausübung von Herrschaftsmacht gewährleistet. Die Wirksamkeit und nicht nur vorübergehende Natur des Schutzes bedeutet, dass ein Staat, eine Partei oder eine Organisation in der Lage sein müssen, mit den ihr zur Verfügung stehenden organisatorischen Vorkehrungen und Mitteln eine drohende Verfolgung so zu verhindern, dass der gleiche Schutzstandard erreicht wird, wie er normalerweise gegen Gewaltausübung und Angriffe auf wesentliche Rechtsgüter der Bevölkerung zur Verfügung steht. Dazu gehören auch spezifische Schutzmechanismen, wenn Teile der Bevölkerung, Minderheiten oder Einzelne besonderen Bedrohungen aus den in § 3 b genannten Gründen durch nichtstaatliche Organisationen oder Personengruppen ausgesetzt sind. Ein vollständiger Schutz gegen Verfolgungsgefahren durch nichtstaatliche Akteure ist nicht geschuldet. Es kann daher nicht verlangt werden, dass ein Staat sämtliche Risiken beseitigt. Maßgeblich ist ein pragmatischer Standard der vom Heimatstaat vernünftigerweise gegenüber der Bevölkerung geschuldeten Schutzpflichten[88].

### 6.    Keine inländische Fluchtalternative (interner Schutz)

Fall 53: F soll bei ihrer Rückkehr in die Türkei gegen ihren Willen verheiratet werden. Sie trägt vor, sie stamme aus dem Osten der Türkei. Dort herrschten strenge familiäre Regeln, die ein Leben als alleinstehende Frau, die von ihrer Familie abgelehnt werde, unmöglich machen würden. Zwar sei dies im Westen der Türkei anders. Sie könne jedoch nicht in den Westen der Türkei ausweichen, da sie dort keinerlei Angehörige habe, durch die sie Unterstützung erfahren könnte. Aufgrund ihrer geringen Schulbildung sei sie kaum des Lesens und Schreibens mächtig. Daneben leide sie an einer psychischen Erkrankung, die durch die Androhung der Zwangsheirat bei ihr ausgelöst wurde, so dass sie sich nicht auf sich allein gestellt in die dortigen Lebensverhältnisse integrieren könnte.

Entsprechend den zu Art. 16 a Abs. 1 GG vom BVerfG entwickelten Grundsätzen steht auch im Rahmen des § 3 e AsylG das Bestehen einer inländischen Fluchtalternative der Feststellung der Flüchtlingseigenschaft entgegen[89]. Eine relevante Gefährdung für Leben oder Freiheit besteht nicht, wenn ein Flüchtling in anderen Teilen seines Heimatstaates eine zumutbare Zuflucht finden kann. Wie Art. 16 a Abs. 1 GG setzt auch § 3e die Schutzlosigkeit voraus. Die Flüchtlingseigenschaft wird daher nur dann begründet, wenn Flüchtlinge des Schutzes desjenigen Staates entbehren, dem sie angehören[90].    **1323**

Bei der Frage des internen Schutzes geht es nicht darum, ob zum Zeitpunkt der Flucht innerhalb des Staates alternative Schutzmöglichkeiten zur Verfügung standen, sondern darum, ob der Flüchtling zum Zeitpunkt der Verfolgungsprognose in einem anderen Teil, Region oder Stadt des Heimatstaates vor Verfolgung (nichtstaatlicher oder quasi-staatlicher Art) sicher ist. Bei unmittelbarer staatlicher Verfolgung wird in der Regel interner Schutz jedenfalls so lange eine Ausnahme darstellen, als der Staat normalerweise eine Gebietsherrschaft über das ganze Territorium ausübt[91]. Anders verhält es sich, wenn innerhalb eines Staates    **1324**

---

88    Vgl. auch House of Lords, IJRL 2001, 174, 182, „*Horvath*".
89    VGH BW v. 15.4.1992 – 12 S 2149/90, juris.
90    BVerwG v. 6.8.1996, NVwZ 1997, 194, 196.
91    Vgl. BVerfGE 81, 58, 65; BVerfGE 80, 315, 334.

rivalisierende Gruppen um die Vorherrschaft kämpfen und in Teilen des Landes die staatliche Gebietsherrschaft verdrängt haben. Die Pflicht eines Flüchtlings, ggf. in anderen sicheren Teilen seines Heimatstaates Schutz zu suchen, ist daher als Ausprägung des Subsidiaritätsgrundsatzes in der Praxis der Staaten anerkannt[92].

**1325**  Nach der Rechtsprechung zu Art. 16 a Abs. 1 GG setzt eine inländische Fluchtalternative voraus, dass der Asylsuchende in dem in Betracht kommenden Gebiet vor politischer Verfolgung hinreichend sicher ist und ihm jedenfalls dort auch keine anderen Nachteile und Gefahren drohen, die nach ihrer Intensität und Schwere einer asylerheblichen Rechtsgutbeeinträchtigung gleichkommen, sofern diese existentielle Gefährdung am Herkunftsort so nicht bestünde[93]. Eine nur vorübergehende interne Schutzmöglichkeit reicht nicht aus. Der Flüchtling muss, um auf eine interne Schutzalternative verwiesen werden zu können, für eine gewisse Dauerhaftigkeit Schutz erhalten können und sich dort „niederlassen" können. Die Verweisung auf eine interne Fluchtalternative ist daher nur zumutbar, wenn dort nicht andere, unzumutbare Nachteile drohen. Für die Frage, unter welchen Voraussetzungen es von einem Antragsteller „vernünftigerweise" nicht erwartet werden kann, innerhalb seines Heimatstaates internen Schutz zu suchen, ist auf die Funktion des internen Flüchtlingsschutzes abzustellen. Zumutbarkeit kann daher nicht am Maßstab der politischen und ökonomischen Verhältnisse des Aufenthaltsstaates oder den von der Genfer Flüchtlingskonvention für sich rechtmäßig im Staatsgebiet aufhaltende Flüchtlinge vorgeschriebenen Schutzstandard[94] gemessen werden. Übereinstimmung besteht darüber, dass eine drohende konkrete Beeinträchtigung elementarer Menschenrechte eine Unzumutbarkeit begründen kann. Andererseits reicht die allgemein für die Bevölkerung des betreffenden Gebiets bestehende Gefahr der Verletzung von Menschenrechten aufgrund von Unruhen als solche noch nicht aus, um einen internationalen Schutzanspruch zu begründen.

**1326**  Zumutbar ist eine Rückkehr nur dann, wenn der Ort der inländischen Schutzalternative ein wirtschaftliches Existenzminimum ermöglicht z. B. durch zumutbare Beschäftigung oder auf sonstige Weise, oder durch Mittel der Existenzsicherung aufgrund von Leistungen humanitärer Organisationen[95]. Diese Voraussetzung ist nicht gegeben, wenn den Asylsuchenden am Ort der internen Schutzalternative ein Leben erwartet, das zu Hunger, Verelendung und zum Tod führt[96] oder wenn er dort nichts Anderes zu erwarten hat als ein „Dahinvegetieren am Rande des Existenzminimums"[97].

**1327**  Die Prognose, ob eine Verfolgungsgefahr droht, ist im Falle einer inländischen Fluchtalternative landesweit, d. h. für den gesamten Heimatstaat des Asylbewerbers, aufzustellen und nicht auf die ursprüngliche Heimatregion zu begrenzen.

---

92  Vgl. *Hathaway*, Interpretation of the Definition of „Refugee" under Art. 1 A (2) of the Convention Relating to the Status of Refugees, März 2001, S. 40 f.; für die internationale Rspr. vgl. *Carlier*, Who is a Refugee? A comparative case-law study, 1997, S. 53, 94, 151, 402.
93  BVerfG v. 10.11.1989, BVerfGE 81, 58, 65; BVerfG v. 10.7.1989, BVerfGE 80, 315, 343; BVerfG v. 22.3.1991, InfAuslR 1991, 198; BVerwG v. 15.5.1990, BVerwGE 85, 139; BVerwG v. 10.11.1990, EZAR 200 Nr. 27.
94  A.M. *Hathaway/Foster*, in: Refugee Protection in International Law, S: 357, 408 f.
95  BVerwG, EZAR 203 Nr. 10; BVerwG, Buchholz 402.24, § 28 AuslG Nr. 45.
96  BVerwG, Buchholz 402.25, § 1 AsylVfG Nr. 104; BVerwG, Buchholz 402.25, § 1 AsylVfG Nr. 145.
97  BVerwGE 78, 332.

Bei der Feststellung anderer Nachteile oder Gefahren werden ausnahmsweise auch asylfremde Aspekte wie wirtschaftliche Not und existentielle Gefährdung berücksichtigt. Außerdem muss das Zufluchtsgebiet für den Betroffenen sicher und legal erreichbar sein; praktische, in der Regel vorübergehende Rückkehrhindernisse, wie z. B. unterbrochene Verkehrsverbindungen in das Zufluchtsgebiet schließen daher die Annahme einer internen Schutzmöglichkeit aus[98]. „Sicher" i. S. d. Art. 8 Abs. 1 ist die Reise in den vorgesehenen Landesteil, wenn keine konkrete Gefahr der Beeinträchtigung im Hinblick auf eine unmenschliche oder erniedrigende Behandlung vonseiten staatlicher oder privater Organisationen droht.

Das Bestehen einer inländischen Fluchtalternative ist in der Regel nur bei einer **1328** Drittverfolgung in Betracht zu ziehen, während es bei unmittelbarer staatlicher Verfolgung eher die Ausnahme darstellt[99]. Ist der Asylsuchende von unmittelbarer staatlicher Verfolgung betroffen, so ist das Bestehen einer inländischen Fluchtalternative somit nur zu prüfen, wenn es konkrete Anhaltspunkte dafür gibt, dass der Verfolgerstaat „mehrgesichtig" ist, er also Personen, die er in einem Landesteil selbst aktiv verfolgt, in einem anderen Landesteil unbehelligt lässt[100]. Dabei ist nach der Rechtsprechung des BVerwG zu berücksichtigen, dass in einem zentralistisch organisierten Staat die Ordnungskräfte im Allgemeinen in der Lage sind, ein Verfolgungsinteresse auch landesweit durchzusetzen. Andererseits kann sich ein Staat im Rahmen der Abwehr separatistischer Bestrebungen auch darauf beschränken, bestimmte als Verfolgung einzustufende Maßnahmen nur in den Landesteilen einzusetzen, in denen ihm diese Bestrebungen besonders gefährlich erscheinen[101].

Nach Art. 8 Abs. 1 RL 2011/95 (bzw. § 3 e Abs. 2 AsylG) können die Mitglied- **1329** staaten feststellen, dass ein Antragsteller keinen internationalen Schutz benötigt, sofern in einem Teil des Herkunftslandes keine begründete Furcht vor Verfolgung bzw. keine tatsächliche Gefahr, einen ernsthaften Schaden zu erleiden, besteht oder er Zugang zu Schutz vor Verfolgung nach § 3 d AsylG hat, und von dem Antragsteller vernünftigerweise erwartet werden kann, dass er sich in diesem Landesteil aufhält. Hierbei berücksichtigen die Mitgliedstaaten die dortigen Gegebenheiten und die persönlichen Umstände des Antragstellers zum Zeitpunkt der Entscheidung über den Antrag. Zu diesem Zweck müssen sie genaue und aktuelle Informationen einholen. Dies bedeutet, dass sowohl eine generalisierende als auch eine individualisierte, flüchtlingsbezogene Prüfung stattzufinden hat. Eine lediglich generalisierende Betrachtung wird der RL 2011/95 nicht gerecht[102].

---

98  Die anderslautende Formulierung in Art. 8 Abs. 3 QRL 2004/83 ist durch die RL 2011/95 aufgehoben worden; vgl. auch § 3 e AsylG.
99  BVerfG v. 10.11.1989, BVerfGE 81, 58, 65.
100 BVerfG v. 10.7.1989, BVerfGE 80, 315, 334.
101 BVerfG v. 10.7.1989, BVerfGE 80, 315, 342.
102 So auch *Lehmann*, Das Konzept der inländischen Fluchtalternative in der deutschen Rechtsprechung, NVwZ 2007, 508, 511; VG Stuttgart v. 29.1.2007 – A 4 K 1877/06, Rn. 18; NVwZ 2007, 1335–1336: Im Hinblick auf die Frage, wann vom Antragsteller „vernünftigerweise erwartet werden kann", die interne Fluchtalternative zu wählen, wandte das Gericht eine einzelfallbezogene Herangehensweise an unter Erforschung der persönlichen Umstände der Antragstellerin; ebenso BayVGH v. 31.8.2007 – 11 B 02 31724, juris, Rn. 126.

**1330** Die Richtlinie 2011/95 enthält allerdings keine genaueren Angaben dazu, was „vernünftigerweise vom Antragsteller erwartet werden kann". Zweifelhaft ist, ob der bisher in ständiger Rechtsprechung herangezogene Vergleich der Lebensumstände in der Verfolgungsregion mit denjenigen der inländischen Fluchtalternative im Einklang mit unionsrechtlichen Zumutbarkeitsanforderungen steht. Das BVerwG geht davon aus, dass es unerheblich ist, ob eine Gefährdung am Herkunftsort in gleicher Weise besteht, wenn am Ort der inländischen Fluchtalternative eine existenzielle Gefährdung droht[103].

> **Lösung Fall 53:** Unter Heranziehung einer generalisierenden Betrachtungsweise erscheint es zwar möglich, dass eine allein stehende junge Frau im Westen der Türkei Fuß fassen und ein menschenwürdiges Leben führen könnte. Gem. § 3 e Abs. 2 AsylG kommt jedoch der Frage der Zumutbarkeit und der Berücksichtigung der individuellen Umstände des Antragstellers hinsichtlich der Frage, was von der Antragstellerin vernünftigerweise erwartet werden kann, ein wesentliches Gewicht zu. Die Situation der F ist durch persönliche Umstände gekennzeichnet, die ihr ein Ausweichen in den Westen der Türkei unzumutbar machen. Aufgrund der geringen Schulbildung der F wird eine Integration in die Lebensverhältnisse ohne jeden Beistand durch Familienangehörige erheblich erschwert. Daneben ist F aufgrund ihrer psychischen Erkrankung nicht in der Lage, sich auf sich allein gestellt im Westen der Türkei niederzulassen, da sie aufgrund der Erkrankung dafür nicht das notwendige Maß an persönlicher Stabilität hat[104]. Eine inländische Fluchtalternative besteht daher im Fall der F nicht. F hat daher einen Anspruch auf Zuerkennung der Flüchtlingseigenschaft.

## 7.     Gründe für den Ausschluss von der Flüchtlingseigenschaft

**1331** § 3 Abs. 4 AsylG verweist auf § 60 Abs. 8 Satz 1 AufenthG. Gem. § 60 Abs. 8 Satz 1 AufenthG findet § 60 Abs. 1 AufenthG keine Anwendung, wenn der Ausländer aus schwerwiegenden Gründen als eine Gefahr für die Sicherheit der Bundesrepublik Deutschland anzusehen ist oder eine Gefahr für die Allgemeinheit bedeutet, weil er wegen eines Verbrechens oder besonders schweren Vergehens rechtskräftig zu einer Freiheitsstrafe von mindestens drei Jahren verurteilt worden ist. Durch den in § 3 Abs. 4 AsylVfG geregelten Ausschluss der in § 60 Abs. 8 Satz 1 AufenthG genannten Personen von der Flüchtlingsanerkennung werden den Gründen für den Ausschluss von der Flüchtlingseigenschaft nach § 3 Abs. 2 und Abs. 3 AsylG die Ausnahmen vom Refoulement-Verbot nach Art. 33 Abs. 2 GK hinzugefügt. Diese Erweiterung begründet nach Auffassung des UNHCR einen Verstoß gegen die Prinzipien der Genfer Flüchtlingskonvention, da die Genfer Flüchtlingskonvention die Ausschlussgründe abschließend in Art. 1 D, E GK und insbesondere in Art. 1 F GK regle. Art. 1 F GK und das Refoulement-Verbot nach Art. 33 Abs. 2 GK verfolgten unterschiedliche Zielsetzungen. Der Zweck von Art. 33 Abs. 2 GK bestehe in der Gewährleistung der Sicherheit des Aufnahmelandes oder der Allgemeinheit, nicht jedoch in der Schaffung eines weiteren Grundes für die Beendigung oder den Ausschluss von der Flüchtlingseigenschaft[105]. Gegen diese Argumentation spricht, dass die Genfer Konvention die Vertragsstaaten nicht zur Gewährung des Flüchtlingsstatus verpflichtet, sondern lediglich zur Gewährung von Abschiebungsschutz. Entfällt daher nach der Konvention der Abschiebungsschutz, so kann kein vernünftiger Grund angenommen werden, Flüchtlingen weiterhin Statusrechte der Genfer

---

103 BVerwG v. 29.5.2008 – 10 C 10/07, – 10 C 11/07, – 10 C 12/07.
104 Vgl. VG Stuttgart v. 29.1.2007 – A 4 K 1877/06, NVwZ 2007, 1335.
105 Stellungnahme des UNHCR v. 21.5.2007, Innenausschuss des Deutschen Bundestags, A-Dr. 16 (4) 209 G, S. 9 f.

Konvention zuzuerkennen. Mit der Verwirkung des Schutzes vor Abschiebung nach Art. 33 Abs. 2 GK entfallen auch nach der Genfer Konvention vorgesehene Statusrechte, die denjenigen Flüchtlingen zuzuerkennen sind, die sich rechtmäßig im Vertragsstaat aufhalten. Der vom UNHCR angenommene prinzipielle Unterschied zwischen Ausschlussgründen und Wegfall des Abschiebungsschutzes kann daher weder systematisch noch teleologisch aus der Genfer Flüchtlingskonvention abgeleitet werden[106].

Gem. § 60 Abs. 8 Satz 2 AufenthG in Verbindung mit § 3 Abs. 2 AsylG findet **1332** § 60 Abs. 1 AufenthG keine Anwendung, wenn aus schwerwiegenden Gründen die Annahme gerechtfertigt ist, dass der Ausländer ein Verbrechen gegen den Frieden, ein Kriegsverbrechen oder ein Verbrechen gegen die Menschlichkeit begangen hat oder dass er vor seiner Aufnahme als Flüchtling ein schweres nicht-politisches Verbrechen außerhalb des Gebiets der Bundesrepublik Deutschland begangen hat oder sich hat Handlungen zuschulden kommen lassen, die den Zielen und Grundsätzen der Vereinten Nationen zuwiderlaufen. Dies gilt auch für Ausländer, die andere zu einer derartigen Straftat angestiftet oder sich in sonstiger Weise daran beteiligt haben (§ 3 Abs. 2 Satz 2 AsylG; vgl. auch Art. 12 Abs. 2 und Art. 17 Abs. 1 RL 2011/95).

Der Begriff des Kriegsverbrechens oder Verbrechens gegen die Menschlichkeit **1333** bestimmt sich nach der Rechtsprechung des BVerwG in erster Linie nach den im Römischen Statut des Internationalen Strafgerichtshofs vom 17.7.1998[107] ausgeformten Tatbeständen dieser Delikte[108]. Nach dem Statut wird bei Kriegsverbrechen zwischen Taten in internationalen und innerstaatlichen bewaffneten Konflikten unterschieden. Für den internationalen bewaffneten Konflikt ist maßgebend, ob schwere Verletzungen der vier Konventionen über den Schutz der Opfer bewaffneter Konflikte vom 12.8.1949 oder andere schwere Vergehen gegen die Gesetze und Gebräuche des völkerrechtlichen Kriegsrechts begangen worden sind. Bei innerstaatlichen bewaffneten Konflikten werden durch den Begriff der Kriegsverbrechen schwere Verstöße gegen den gemeinsamen Art. 3 der vier Genfer Konventionen vom 12.8.1949 erfasst, unter anderem Angriffe auf Leib und Leben von Personen, die nicht an Feindseligkeiten unmittelbar teilnehmen. Der Begriff des innerstaatlichen bewaffneten Konflikts ist abzugrenzen gegenüber Fällen innerer Unruhen und Spannungen, wie Tumulten, vereinzelt auftretenden Gewalttaten oder anderen ähnlichen Handlungen.

Das Statut setzt ferner voraus, dass zwischen staatlichen Behörden und organi- **1334** sierten bewaffneten Gruppen ein lang anhaltender bewaffneter Konflikt besteht. Dies markiert die „untere völkerrechtliche Relevanzschwelle für einen innerstaatlichen bewaffneten Konflikt auch im Kontext des Anwendungsbereichs von § 3 Abs. 2 AsylG[109]. Verbrechen gegen die Menschlichkeit im Sinne von Art. 7 Abs. 1 des Römischen Statuts erfassen darüber hinaus Einzeltaten, unter anderem vorsätzlicher Tötung, des Freiheitsentzugs oder der Folter, die im Rahmen eines ausgedehnten oder systematischen Angriffs gegen die Zivilbevölkerung und in Kenntnis des Angriffs begangen werden. Die verschiedenen in § 3 Abs. 2 Satz 1 Nr. 1 und 2 AsylG enthaltenen Ausschlussgründe sind in einem innerstaat-

---

106  S. auch *Hailbronner*, Ausländerrecht, § 3 AsylG, Rn. 79.
107  BGBl. 2000 II, S. 1394.
108  BVerwG v. 24.11.2009 – 10 C 24/08, NVwZ 2010, 979.
109  BVerwG a. a. O., Rn. 33.

lichen bewaffneten Konflikt nebeneinander anwendbar. Ungeachtet dessen kann das Vorliegen eines innerstaatlichen bewaffneten Konflikts mit den dafür vorgesehenen Regeln des humanitären Völkerrechts und deren völkerstrafrechtlicher Sanktionierung auch die Maßstäbe beeinflussen, nach denen sich in Nr. 2 die Verhältnismäßigkeit der Mittel beurteilt[110].

**1335**  Zu dem Ausschlussgrund der „schweren, nicht politischen Straftat" und der „Handlungen, die den Zielen und Grundsätzen der Vereinten Nationen zuwiderlaufen" (Art. 12 Abs. 2 lit. b und c RL 2011/95) hat auch der EuGH in einem Urteil vom 9.11.2010[111] Stellung genommen. Auf die Vorlagefrage, ob die Voraussetzungen des Art. 12 Abs. 2 lit. b und c vorliegen, wenn eine Person einer Organisation angehört hat, die wegen ihrer Beteiligung an terroristischen Handlungen in der Liste terroristischer Organisationen im Anhang des Gemeinsamen Standpunkts des Rates 2001/931 aufgeführt ist und den von dieser Organisation geführten bewaffneten Kampf aktiv unterstützt hat, hat der Gerichtshof entschieden, dass die Zugehörigkeit und die aktive Unterstützung des bewaffneten Kampfes dieser Organisation „nicht automatisch einen schwerwiegenden Grund darstellt, der zu der Annahme berechtigt, dass diese Person eine schwere nichtpolitische Straftat" oder „Handlungen, die den Zielen und Grundsätzen der Vereinten Nationen zuwiderlaufen" begangen hat. Erforderlich ist vielmehr eine Beurteilung der genauen tatsächlichen Umstände des Einzelfalls, um zu ermitteln, ob von der betreffenden Organisation begangene Handlungen die in den einschlägigen Bestimmungen festgelegten Voraussetzungen erfüllen und ob der betreffenden Person eine individuelle Verantwortung für die Verwirklichung dieser Handlungn zugerechnet werden kann, wobei dem in Art. 12 Abs. 2 verlangten Beweisniveau Rechnung zu tragen ist. Der Ausschluss von der Anerkennung als Flüchtling nach der Richtlinie setzt allerdings nicht voraus, dass von der betreffenden Person eine gegenwärtige Gefahr für den Aufnahmemitgliedstaat ausgeht. Sind diese Voraussetzungen erfüllt, so bedarf der Ausschluss von der Anerkennung als Flüchtling nach der Richtlinie keiner auf den Einzelfall bezogener Verhältnismäßigkeitsprüfung.

**1336**  Der Ausschlussgrund gilt nach Auffassung des EuGH nicht automatisch für eine Asylanerkennung nach nationalem Recht, soweit diese andere Form des Schutzes nicht die Gefahr der Verwechslung mit der Rechtsstellung des Flüchtlings im Sinne der Qualifikationsrichtlinie beinhaltet. Das BVerwG hat eine solche Verwechselungsgefahr für das verfassungsrechtliche Asylrecht nach Art. 16 a Abs. 1 GG bejaht. Eine nach Art. 12 Abs. 2 von der Anerkennung ausgeschlossene Person darf daher nicht als Asylberechtigter anerkannt werden. Eine ausgesprochene Anerkennung muss widerrufen werden[112]. Der Ausschluss bewirkt, dass Ausländer, die aus schwerwiegenden Gründen schwerster Verbrechen verdächtig sind, nicht mehr die Rechtsstellung nach der Genfer Flüchtlingskonvention beanspruchen können. Sie erhalten keinen Aufenthaltstitel, unterfallen den Einschränkungen des Asylbewerberleistungsgesetzes und unterliegen Beschränkungen ihrer Bewegungsfreiheit. Damit soll Deutschland als Ruheraum für international agierende terroristische Netzwerke weniger interessant werden[113].

---

110 BVerwG a.a.O., Rn. 43.
111 Rs. C-57/09, C-101/09 – *Bundesrepublik Deutschland/B und D.*
112 BVerwG v. 31.3.2011 – 10 C 2/10.
113 BT-Drs. 15/420, S. 91 f.

Die Verweisung von § 3 Abs. 4 AsylG bezieht sich auch auf den neu durch das **1337** Gesetz zur erleichterten Ausweisung von straffälligen Ausländern v. 11.3.2016[114] eingeführten fakultativen Ausschlussgrund des § 60 Abs. 8 Satz 3 AufenthG. Danach kann die Ausländerbehörde nach Ermessen vom Abschiebungsschutz absehen, wenn der Ausländer eine Gefahr für die Allgemeinheit bedeutet, weil er wegen einer oder mehrerer vorsätzlicher Straftaten gegen das Leben, die körperliche Unversehrtheit, die sexuelle Selbstbestimmung, das Eigentum oder wegen Widerstands gegen Vollstreckungsbeamt rechtskräftig zu einer Freiheitsstrafe von mindestens einem Jahr verurteilt worden ist, sofern die Straftat mit Gewalt, unter Anwendung von Drohung mit Gefahr für Leib oder Leben oder mit List begangen worden ist.

Gegen die Neuregelung wird Art. 33 GK eingewandt, der eine Ausnahme vom **1338** Verbot des Refoulements in Verfolgerstaaten nur zulässt, wenn der Ausländer eine Gefahr für die Sicherheit eines Landes oder die Allgemeinheit darstellt, weil er wegen eines Verbrechens oder „besonders schweren Vergehens" rechtskräftig verurteilt wurde. Weder Art. 33 GK noch Art. 14 RL 2011/95 sehen allerdings eine bestimmte Mindeststrafe vor. Erforderlich ist jedoch eine rechtskräftige Verurteilung wegen einer besonders schweren Straftat und eine sich hieraus ergebende konkrete Gefährdung für die Allgemeinheit oder, alternativ das Bestehen einer Gefahr für die Sicherheit des Aufnahmelandes (ohne dass eine rechtskräftige Verurteilung erforderlich ist). Wäre die Neuregelung als obligatorischer Ausschlussgrund zu verstehen, wäre sie mit diesen Vorgaben nicht in Einklang zu bringen, da eine Verurteilung zu einer einjährigen Freiheits- oder Jugendstrafe für eine der in § 60 Abs. 8 Satz 3 AufenthG bezeichneten Straftaten jedenfalls nicht generell als ausreichend für die Erfüllung des Tatbestandes des Art. 33 GK angesehen werden kann.

Der Gesetzgeber hat allerdings § 60 Abs. 8 Satz 3 als Ermessenstatbestand **1339** („kann abgesehen werden") ausgestaltet, der eine Ausübung des Ermessens entsprechend den verfassungs- und völkerrechtlichen Vorgaben erlaubt. Allerdings wäre auch eine Ermessensvorschrift dann völker- bzw. unionsrechtswidrig, wenn der vom Gesetzgeber eröffnete Handlungsspielraum der Verwaltung in der Substanz den rechtlichen Vorgaben widerspricht, d. h. eine rechtmäßige, mit Völker- und Unionsrecht vereinbare Ermessensausübung nicht zulässt. In diesem Zusammenhang ist zu beachten, dass die Genfer Flüchtlingskonvention ebenso wie das Unionsrecht den Mitgliedstaaten grundsätzlich einen Beurteilungsspielraum bei der Konkretisierung des Begriffs der Gefährdung der Allgemeinheit und dementsprechend der Qualifizierung derjenigen Straftaten, die als besonders schwerwiegend anzusehen sind, einräumt. Die Mitgliedstaaten können veränderten Situationen Rechnung tragen. Der Gesetzgeber ist daher nicht gehindert, einer spezifischen Gefährdungslage, wie sie sich nach seiner Auffassung aufgrund der Vorgänge in der Silvesternacht 2015/2016 ereignet haben, durch Einschränkung des Schutzes von Personen, die einen Flüchtlingsstatus begehren oder erlangt haben, Rechnung zu tragen und im Rahmen der völker- und unionsrechtlichen Vorgaben auch von einer etablierten Rechtsprechung abzurücken[115].

---

114  BGBl. I, S. 394.
115  Vgl. auch BVerwG v. 31.1.2013 – 10 C 17/12, BVerwGE 146, 31 Rn. 15.

**1340** Der Widerruf der Asyl- und Flüchtlingsgewährung kommt allerdings gegenüber straffälligen Flüchtlingen nur als ultima ratio in Betracht, wenn ihr kriminelles Verhalten die Schwelle der besonders schweren Strafbarkeit überschreitet[116]. Das Ermessen ist daher völker- bzw. unionsrechtskonform dahin auszuüben, dass die Erfüllung eines Tatbestandes des § 60 Abs. 8 Satz 3 AufenthG nicht ausreicht, wenn die Tat nicht dem Bereich der besonders schweren Straftaten zugeordnet werden kann. Im Allgemeinen wird diese Voraussetzung nur bejaht werden können, wenn die Strafhöhe in einem Bereich erfolgt, in dem der Gesetzgeber eine Regelstrafaussetzung zur Bewährung nicht vorsieht. Erforderlich ist zudem eine konkrete Wiederholungsgefahr[117]. Hierzu bedarf es einer zukunftsgerichteten Prognose, dass der Täter weitere Straftaten der in § 60 Abs. 8 Satz 3 bezeichneten Art begehen wird und damit für die Allgemeinheit eine Gefahr darstellt.

**1341** Ist ein Asylbewerber noch nicht anerkannt, kann ihm die Flüchtlingseigenschaft verweigert werden und die Erteilung eines Aufenthaltstitels abgelehnt werden (§ 3 Abs. 2 AsylG). Einem Asylbewerber kann grundsätzlich die Abschiebung angedroht werden. Über die Zulässigkeit einer Abschiebung ist damit noch nicht entschieden. § 60 Abs. 9 Satz 2 AufenthG stellt ausdrücklich klar, dass die Abschiebungsverbote des Abs. 2 bis 7 von der Einschränkung des Abschiebungsverbots unberührt bleiben. Damit wird der Rechtsprechung des EGMR, dass das Verbot der Abschiebung in ein Land, in dem einem Ausländer unmenschliche oder erniedrigende Behandlung droht, absolute Geltung entfaltet[118], Rechnung getragen.

**1342** Für subsidiär Schutzberechtigte sind die Ausschlussgründe in § 4 Abs. 2 AsylG und Art. 17 RL 2011/95 gesondert geregelt. Ausschlussgründe sind neben den weitgehend dem Flüchtlingsrecht entsprechenden Gründen der Kriegsverbrechen oder Verbrechen gegen die Menschlichkeit und Handlungen, die gegen die Ziele der Vereinten Nationen verstoßen, die Begehung einer schweren Straftat und die Gefährdung der Allgemeinheit oder der Sicherheit der Bundesrepublik Deutschland. Es müssen schwerwiegende Gründe vorliegen, die die Annahme eines Ausschlussgrundes rechtfertigen (§ 4 Abs. 2 AsylG). Entsprechende Ausschlusstatbestände gelten für die Erteilung einer Aufenthaltserlaubnis. Nach § 25 Abs. 2 AufenthG wird ein grundsätzlich bestehender Anspruch auf Erteilung einer Aufenthaltserlaubnis für Ausländer, denen die Flüchtlingseigenschaft oder subsidiärer Schutz zuerkannt wurde, ausgeschlossen, wenn der Ausländer aus schwerwiegenden Gründen der öffentlichen Sicherheit und Ordnung ausgewiesen worden ist. Für die „nationalen" Abschiebungsverbote nach § 60 Abs. 5 oder 7 AufenthG gelten vom Regelgebot der Erteilung einer Aufenthaltserlaubnis („soll eine Aufenthaltserlaubnis erteilt werden") nach § 25 Abs. 3 Satz 2 wiederum gesonderte Ausnahmen nach Satz 2 Nr. 1–4, die sich an die Ausschlussgründe des Unionsrechts anlehnen, teilweise aber auch darüber hinausgehen (vgl. z. B. § 25 Abs. 3 Nr. 2 – Begehung einer Straftat von erheblicher Bedeutung).

---

116 BVerwGv. 31.1.2013 – 10 C 17/12, BVerwGE 146, 31 Rn. 14.
117 Vgl zu Art. 14 Abs. 4b RL 2011/95 *Kraft*, in: Hailbronner /Thym, European Immigration and Asylum Law, 2. Aufl. 2016, D III, S. 1257.
118 Vgl. EGMR v. 28.7.1999, NJW 2001, 56 ff.; EGMR v. 28.2.2008, Nr. 37201/06 – *Saadi/Italy*.

## 8.      Rechtsfolgen der Zuerkennung der Flüchtlingseigenschaft

Einem Ausländer, der Flüchtling nach § 60 Abs. 1 AufenthG ist, wird gem. § 3      **1343**
Abs. 4 AsylG die Flüchtlingseigenschaft zuerkannt, es sei denn, er erfüllt die
Voraussetzungen des § 60 Abs. 8 Satz 1 AufenthG. Personen, denen die Flüchtlingseigenschaft zuerkannt wurde, dürfen nicht in einen Staat abgeschoben werden, in dem ihr Leben oder ihre Freiheit wegen ihrer Rasse, Religion, Nationalität, ihrer Zugehörigkeit zu einer bestimmten sozialen Gruppe oder wegen ihrer
politischen Überzeugung bedroht ist (vgl. § 60 Abs. 1 Satz 1 AufenthG). Sie haben den Status eines Konventionsflüchtlings und genießen internationalen Schutz
i. S. der RL 2011/95.

Mit Inkrafttreten des Zuwanderungsgesetzes am 1.1.2005 ist die Rechtsstellung      **1344**
von Flüchtlingen nach der Genfer Flüchtlingskonvention der Rechtsstellung
Asylberechtigter angeglichen worden. So ist einem Ausländer eine Aufenthaltser-
laubnis zu erteilen, wenn das Bundesamt für Migration und Flüchtlinge die
Flüchtlingseigenschaft i. S. d. § 3 Abs. 1 AsylG oder subsidiären Schutz i. S. d. § 4
Abs. 1 AsylG zuerkannt hat (vgl. § 25 Abs. 2 Satz 1 AufenthG. Der Übergang
in eine Niederlassungserlaubnis ist unter den Voraussetzungen des § 26 Abs. 3
AufenthG für Flüchtlinge bereits nach drei Jahren möglich. Über die aufenthalts-
rechtliche Gleichbehandlung hinaus werden Flüchtlinge (ebenso wie subsidiär
Schutzberechtigte) anerkannten Asylberechtigten hinsichtlich der Berechtigung
zur Ausübung einer Erwerbstätigkeit gleichgestellt (§ 25 Abs. 2 Satz 2 i. V. m.
Abs. 1 Satz 4 AufenthG).

Die besondere Niederlassungserlaubnis für Asylberechtigte und Flüchtlinge ist      **1345**
nach § 26 Abs. 3 AufenthG an den fünfjährigen Besitz der Aufenthaltserlaubnis,
die überwiegende Sicherung des Lebensunterhalts und hinreichende Deutschkenntnisse genknüpft. Die Aufenthaltszeit verkürzt sich auf drei Jahre, wenn die
Beherrschung der deutschen Sprache und eine weit überwiegende Sicherung des
Lebensunterhalts nachgewiesen wird. Erforderlich ist ferner, dass das Bundesamt
für Migration und Flüchtlinge nach § 73 Abs. 2 a AsylG mitgeteilt hat, dass die
Voraussetzungen für einen Widerruf oder die Rücknahme nichtvorliegen. Damit
wird die Verfestigung eines Aufenthaltsrechts verhindert, wenn entweder die Voraussetzungen für den Flüchtlingsstatus inzwischen entfallen sind (z. B. weil sich
die politische Lage im Heimatstaat inzwischen verändert hat) oder weil sich her-
ausgestellt hat, dass die Voraussetzungen für die Gewährung eines Flüchtlingsstatus von Anfang an nicht vorlagen (z. B. weil der Ausländer falsche Angaben
zum Bestehen einer Verfolgungsgefahr gemacht hat). Der privilegierte Zugang
zur Niederlassungserlaubnis besteht für Inhaber einer Aufenthaltserlaubnis nach
§ 25 Abs. 1 und 2 1. Alt. AufenthG und für Personen, die im Rahmen eines
Resettlementprogramms nach § 23 Abs. 4 AufenthG eine Aufenthaltserlaubnis
erhalten haben, sofern nicht die Voraussetzungen für eine Rücknahme vorliegen.
Im wesentlichen hat damit das Integrationsgesetzes[119] eine Angleichung der Erfordernisse für die Erteilung der Niederlassungserlaubnis für Flüchtlinge an diejenigen des § 9 AufenthG vorgenommen[120].

---

119 BGBl. I, S. 1939.
120 Siehe oben § 7 IV. 16.

**1346**  Sonderregelungen gelten für den Familiennachzug zu Personen, denen die Flüchtlingseigenschaft und die subsidiäre Schutzberechtigung zuerkannt wurde[121]. So
wird beim Nachzug des Ehegatten und des minderjährigen ledigen Kindes von
den Erteilungsvoraussetzungen der Sicherung des Lebensunterhalts und des
Nichtvorliegens von Ausweisungsinteressen abgesehen (vgl. § 29 Abs. 2 AufenthG). Besitzt der Ausländer, dem die Flüchtlingseigenschaft oder subsidiärer
Schutz zuerkannt wurde, eine Aufenthaltserlaubnis, so hat sein Ehegatte einen
Anspruch auf Erteilung einer Aufenthaltserlaubnis zum Zwecke des Familiennachzugs (§ 30 Abs. 1 Nr. 3 lit. c AufenthG). Des Weiteren ist seinem minderjährigen ledigen Kind eine Aufenthaltserlaubnis zu erteilen, wobei die Altersgrenze
der Vollendung des 16. Lebensjahres nicht gilt (vgl. § 32 Abs. 2 Nr. 1 AufenthG).
Der Familienflüchtlingsschutz ist vom Stammberechtigten abhängig. Im Falle
von Widerruf und Rücknahme der Zuerkennung der Flüchtlingseigenschaft des
Stammberechtigten führt dies zu Widerruf und Rücknahme des Familienflücht-
lingsschutzes.

### 9.  Ausweisungsschutz für anerkannte Flüchtlinge

**1347**  Personen, die als Asylberechtigte anerkannt sind, im Bundesgebiet die Rechtstellung eines ausländischen Flüchtlings genießen oder im Besitz eines in Deutschland ausgestellten Reiseausweises für Flüchtlinge sind, genießen besonderen Ausweisungsschutz gemäß § 53 Abs. 3 AufenthG. Eine Ausweisung ist im Rahmen
einer umfassenden Interessenabwägung zulässig, wenn das persönliche Verhalten
des Betroffenen gegenwärtig eine schwerwiegende Gefahr für die öffentliche Sicherheit und Ordnung darstellt, die ein Grundinteresse der Gesellschaft berührt
und die Ausweisung für die Wahrung dieses Interesses unerlässlich ist[122]. Ein
Asylbewerber kann nur unter der Bedingung ausgewiesen werden, dass das Asylverfahren unanfechtbar ohne Anerkennung als Asylberechtigter oder ohne die
Zuerkennung internationalen Schutzes abgeschlossen wird. Ausnahmen lässt
§ 53 Abs. 4 Satz 2 AufenthG jedoch zu, wenn ein Sachverhalt vorliegt, der auch
bei anerkannten Flüchtlingen eine Ausweisung rechtfertigen würde oder wenn
eine nach den Vorschriften des AsylG erlassene Abschiebungsandrohung vollziehbar geworden ist.

**1348**  Widerrufen werden muss die Zuerkennung der Flüchtlingseigenschaft und eine
Asylberechtigung, wenn die Voraussetzungen für sie nicht mehr vorliegen. Das
ist nach § 73 Abs. 1 Satz 2 AsylG insbesondere der Fall, wenn die Umstände,
die zur Schutzgewährung geführt haben, weggefallen sind und ein Flüchtling
daher gefahrlos in seinen Heimatstaat oder im Fall der Staatenlosigkeit in seinen
Wohnsitzstaat zurückkehren kann. Zurückgenommen wird die Zuerkennung der
Flüchtlingseigenschaft bei falschen Angaben oder Verschweigen von wesentlichen Tatsachen (§ 73 Abs. 2 AsylG). Die Voraussetzungen liegen ferner nicht
mehr vor, wenn Ausschlussgründe bestehen.

**1349**  Art. 21 Abs. 3 RL 2011/95 sieht einen Widerruf, Beendigung oder Ablehnung
der Verlängerung des Aufenthaltstitels vor, wenn die Voraussetzungen vorliegen,
unter denen ein Flüchtling, unabhängig von seiner Anerkennung, zurückgewie-

---

121  Für die entsprechende Anwendung des Familienasyls auf internationalen subsidiären Schutz genie-
    ßende Personen vgl. unten Rn. 1328 ff.
122  Zur Beschränkung des Abschiebungsschutzes von Flüchtlingen und Asylbewerbern nach § 60
    Abs. 8 und 9 siehe II. 2. e.

sen oder zurückgeschoben werden könnte. Dies ist der Fall, wenn es stichhaltige Gründe für die Annahme gibt, dass er eine Gefahr für die innere Sicherheit oder eine Gefahr für die Allgemeinheit dieses Staates darstellt, weil er wegen einer besonders schweren Straftat verurteilt wurde. Art. 24 RL bestimmt, dass international Schutzberechtigten ein verlängerbarer Aufenthaltstitel auszustellen ist, es sei denn, dass „zwingende Gründe der nationalen Sicherheit oder der öffentlichen Ordnung" dem entgegenstehen. Die beiden Vorschriften haben nach Auffassung des EuGH ungeachtet gewisser Überschneidungen gesonderte Anwendungsbereiche und gehören zu verschiedenen rechtlichen Regelungsbereichen[123]. Während Art. 21 Abs. 2 RL die Zurückweisung, in ein Land betrifft, in dem der Ausländer der Gefahr einer Verfolgung ausgesetzt sein könnte, betrifft Art. 24 nur die Versagung eines Aufenthaltstitels und dessen Widerruf, nicht aber die Zurückweisung, die wegen ihrer einschneidenden Wirkungen nur als ultima ratio in Betracht kommt.

Der Begriff der „zwingenden Gründe" i. S. d. Art. 24 Abs. 1 hat daher eine wei-    **1350** tere Bedeutung als der Begriff der stichhaltigen Gründe i. S. v. Art. 21 Abs. 2 RL 2011/95. Er ist nach der Rechtsprechung des EuGH anhand des Zusammenhangs und der Ziele der Bestimmung auszulegen.[124] Unter Rückgriff auf die Rechtsprechung zur UBRL fällt unter den Begriff der öffentlichen Sicherheit sowohl die innere wie die äußere Sicherheit eines Mitgliedstaats. Dazu gehört die Beeinträchtigung des Funktionierens der staatlichen Einrichtungen ebenso wie die Gefahr einer erheblichen Störung der auswärtigen Beziehungen oder des friedlichen Zusammenlebens der Völker oder eine Beeinträchtigung der militärischen Interessen[125]. Ferner muss die Beeinträchtigung einen besonders hohen Schweregrad aufweisen. Darunter fallen auch Fälle, in denen ein Drittstaatsangehöriger einer Vereinigung angehört, die den internationalen Terrorismus unterstützt oder er eine derartige Vereinigung unterstützt. Handlungen, die in den Anwendungsbereich des Gemeinsamen Standpunkts 2001/93 zur Bekämpfung des Terrorismus fallen, sind grundsätzlich ein Umstand, der belegen kann, dass die Voraussetzungen für die Anwendung der Ausnahmeregelung von Art. 24 Abs. 1 RL 2011/95 vorliegen. Fällt die fragliche Organisation, der Unterstützung geleistet wird, in die Liste der terroristischen Organisationen, so müssen zusätzlich in einem zweiten Schritt die genauen tatsächlichen Umstände daraufhin geprüft werden, ob die Unterstützung der fraglichen Organisation z. B. durch eine Mitwirkung beim Sammeln von Geldern und eine regelmäßige Teilnahme an Veranstaltungen in den Anwendungsbereich von Art. 24 Abs. 1 fallen. Allein der Umstand, dass die betreffende Person die Organisation unterstützt hat, führt noch nicht automatisch zur Aufhebung des Aufenthaltstitels[126]. Zu berücksichtigen ist der Schweregrad der Gefahr, die von den Handlungen des Betroffenen für die öffentliche Sicherheit und Ordnung ausgeht und ob ihm eine individuelle Verantwortlichkeit bei der Durchführung terroristischer Aktionen zugerechnet werden kann[127].

Weist ein Mitgliedstaat einen Flüchtling bei Erfüllung dieser Voraussetzungen    **1351** aus, setzt aber die Vollstreckung dieser Entscheidung aus, indem er z. B. eine

---

123  EuGH v. 24.6.2015, Rs. C-373/13 – *H.T.*
124  EuGH v. 5.2.1015, Rs. C-627/13 und C-2/14 – *M.*, Rn. 49.
125  EuGH v. 23.11.2010 Rs. C-145/09 – *Tsakouridis.*
126  EuGH v. 9.9.2010, Rs. C-57/09 und C-101/09 – *B und D*, Rn. 89.
127  EuGH v. 24.6.2015, Rs. C-373/13 – *H.T.*

Duldung ausstellt, so ist es mit der Anerkennungsrichtlinie nach Auffassung des EuGH unvereinbar, diesem Flüchtling den Zugang zu den durch die Anerkennungsrichtlinie gewährten Vergünstigungen zu versagen, sofern nicht eine in der Richtlinie selbst vorgesehene Ausnahme eingreift. Mit der Richtlinie unvereinbar sind daher eine Schmälerung der einem anerkannten Flüchtling zustehenden sozialen Rechte, das Recht auf Zugang zu einer Beschäftigung, zur Bildung und zu weiteren sozialen Rechten, die nach den einschlägigen Vorschriften des deutschen Rechts an den ordnungsgemäßen Besitz eines Aufenthaltstitels geknüpft sind. Eine Ausweisung, die nicht zugleich zu einer vollziehbaren Abschiebung führt und daher die zusätzlichen Voraussetzungen des Art. 21 Abs. 2 für eine Zurückweisung oder Abschiebung erfüllt, ist daher weitgehend praktisch bedeutungslos.

**1352** Das AsylG schreibt dafür ein besonderes Prüfungsverfahren vor, das spätestens nach Ablauf von drei Jahren nach der unanfechtbaren Asylentscheidung durchzuführen ist und dessen Ergebnis dem Ausländer mitzuteilen ist. Nach Ablauf der Dreijahresfrist steht ein Widerruf oder eine Rücknahme im Ermessen des Bundesamts, sofern nicht ausnahmsweise ein zwingender Widerrufsgrund nach § 60 Abs. 8 Satz 1 AufenthG (Gefahr für die Sicherheit der Bundesrepublik Deutschland oder Gefahr für die Allgemeinheit) oder nach § 3 Abs. 2 AsylG (Kriegsverbrechen, Verbrechen gegen die Menschlichkeit, schwere nicht politische Straftat, Zuwiderhandlung gegen Ziele und Grundsätze der Vereinten Nationen) vorliegt. Die Voraussetzungen dieser Vorschrift liegen auch dann vor, wenn nachträgliche Ausschlussgründe eintreten. Dies folgt u. a. auch aus Art. 14 Abs. 3 a RL 2011/95, der die Verwirkung eines Ausschlusstatbestandes unabhängig davon, wann die Ausschlussgründe entstanden sind, vorsieht[128].

## III.    Subsidiärer Schutz (§ 4 AsylG)

### 1.    Begriffe

**1353** Ein Ausländer kann subsidiären internationalen Schutz beanspruchen, wenn er tatsächliche Gründe für die Annahme vorgebracht hat, dass ihm in seinem Herkunftsland ein ernsthafter Schaden droht. Als solcher gilt: die Verhängung oder Vollstreckung der Todesstrafe, Folter oder unmenschliche oder erniedrigende Behandlung oder Strafe, oder eine ernsthafte individuelle Bedrohung des Lebens oder der Unversehrtheit einer Zivilperson infolge willkürlicher Gewalt im Rahmen eines internationalen oder innerstaatlichen bewaffneten Konflikts (§ 4 Abs. 1 AsylG; Art. 15 RL 2011/95).

**1354** Ein Asylantrag i. S. des § 13 AsylG umfasst neben den Verfolgungsgründen des § 3 Abs. 1 AsylG. (Flüchtlingseigenschaft) auch den subsidiären Schutz nach § 4 Abs. 1 AsylG. Mit jedem Asylantrag wird die Anerkennung als Asylberechtigter sowie internationaler Schutz beantragt. Gem. § 24 Abs. 2 AsylG ist das Bundesamt nach Stellung eines Asylantrags auch für die Prüfung von Abschiebungsverboten nach § 60 Abs. 5 oder 7 AufenthG zuständig. Macht ein Ausländer nur nationale Abschiebungshindernisse geltend, ohne sich auf internationalen Schutz zu berufen, so ist die Ausländerbehörde zuständig. Sie entscheidet jedoch gem.

---

128  BVerwG v. 31.3.2011 – 10 C 2/10, Rn. 26 ff.; vgl. dazu auch: *Berlit,* juris, BR BVerwG 13/2011; anderer Meinung: *Marx,* InfAuslR 2009, 218, 225.

§ 72 Abs. 2 AufenthG nach vorheriger Beteiligung des Bundesamtes über das Vorliegen der Voraussetzungen von Abschiebungsverboten nach § 60 Abs. 5 oder 7 AufenthG.

Die Zuständigkeit des Bundesamtes bezieht sich nur auf die Zuerkennung oder Ab-     **1355** erkennung internationalen Schutzes und im Rahmen des Asylantrags geltend gemachte nationale „zielstaatsbezogene" Abschiebungshindernisse[129]. Die Ausländerbehörde bleibt für die Durchführung der Abschiebung zuständig, insbesondere für die Entscheidung, ob die Abschiebung aus persönlichen Gründen nicht, noch nicht oder so nicht durchgeführt werden kann. Hindernisse, die einer Vollstreckung der Ausreisepflicht entgegenstehen, weil anderenfalls ein geschütztes Rechtsgut im Bundesgebiet verletzt würde („inlandsbezogene" Vollstreckungshindernisse), fallen nicht unter § 60 AufenthG. Sie sind daher nicht vom Bundesamt für Migration und Flüchtlinge im Asylverfahren, sondern von den für den Vollzug der Abschiebung zuständigen Ausländerbehörden zu berücksichtigen[130].

Gem. Art. 2 f RL 2011/95 sind Personen mit Anspruch auf subsidiären Schutz     **1356** Drittstaatsangehörige oder Staatenlose, die die Voraussetzungen für die Anerkennung als Flüchtling nicht erfüllen, aber stichhaltige Gründe dafür vorbringen, bei Rückkehr in ihr Heimatland einem „ernsthaften Schaden" i. S. der Art. 15 bzw. § 4 Abs. 1 AsylG ausgesetzt zu sein. Ausreichend ist die Verfolgung durch nichtstaatliche Akteure, ohne dass eine staatliche Zurechenbarkeit erforderlich ist. Art. 6 der RL gilt für alle Anträge auf internationalen Schutz im Sinne der RL und definiert damit auch für den Bereich des subsidiären Schutzes den Verfolgungsbegriff unter Einbeziehung nichtstaatlicher Akteure. Dementsprechend gelten für den subsidiären Schutz die §§ 3 c bis 3 e AsylG entsprechend (§ 4 As. 3 AsylG). Anwendbar ist auch Art. 4 RL 2011/95, so dass im Gegensatz zur früheren Rechtsprechung auch im Rahmen des subsidiären Schutzes im Falle von Vorverfolgung die Beweiserleichterung des Art. 4 Abs. 4 anzuwenden ist[131].

### 2.   Folter, unmenschliche oder erniedrigende Behandlung oder Bestrafung (§ 4 Abs. 1 Nr. 2 AufenthG)

**Fall 54:** Der vollziehbar ausreisepflichtige Iraner I wendet gegen seine bevorstehende Abschiebung ein,

a)   im Iran müsse man jederzeit damit rechnen, gefoltert zu werden,
b)   ihm drohe im Iran die Verhängung und Vollstreckung der Todesstrafe, wenngleich der Iran versichert habe, dass die Todesstrafe nicht verhängt bzw. nicht vollstreckt werde.

Kann I in den Iran abgeschoben werden?

Nach § 60 Abs. 2 AufenthG n. F. darf ein Ausländer nicht in einen Staat abge-     **1357** schoben werden, in dem ihm die in § 4 Abs. 1 AsylG bezeichneten ernsthaften Schäden drohen. Damit wird umfassend auf die Gründe für die Gewährung subsidiären Schutzes entsprechend Art. 15 RL 2011/95 verwiesen, der seinerseits an Art. 3 EMRK anknüpft[132]. Damit wird zugleich klargestellt, dass auch die

---

129  Vgl. für § 24 Abs. 2 AsylVfG a. F. und § 60 Abs. 1 AufenthG BVerwG v. 11.11.1997, BVerwGE 105, 322.
130  So für die Berücksichtigung des Familienlebens im Bundesgebiet nach Art. 8 EMRK BVerwG v. 11.11.1997, BVerwGE 105, 322.
131  Vgl. BVerwG v. 4.6.1996, NVwZ Beil. 11/1996, 89; BVerwG v. 17.5.1983, BVerwGE 67, 184 ff., 194; v. 3.11.1987; BVerwGE 78, 243, 249; BVerfG v. 20.12.1989, InfAuslR 1990, 122, 127.
132  KOM(2001)510 endg., S. 30.

Handlungen nichtstaatlicher Verfolgungsakteure im Gegensatz zur früheren Rechtsprechung[133] schutzbegründend sind.

**1358** Der EGMR anerkennt in ständiger Rechtsprechung das Recht der Vertragsstaaten die Einreise, den Aufenthalt und die Abschiebung von Ausländern zu kontrollieren[134]. Ein Asylrecht ist danach weder in der EMRK, noch in den Zusatzprotokollen garantiert. Allerdings ist die Freiheit der Staaten, über die Einreise und den Aufenthalt von Ausländern zu entscheiden, nach der Rechtsprechung nicht schrankenlos. Eine Ausweisung bzw. Abschiebung kann einen Verstoß gegen Art. 3 EMRK begründen und die Verantwortlichkeit des betreffenden Staates herbeiführen, wenn konkrete Anhaltspunkte dafür glaubhaft gemacht werden, dass die fragliche Person im Falle ihrer Ausweisung oder Abschiebung einem echten Risiko einer Art. 3 EMRK widersprechenden Behandlung ausgesetzt wäre[135]. Nach ständiger Rechtsprechung des EGMR verletzt die Ausweisung, Abschiebung oder Auslieferung eines Ausländers in einen Staat, in dem dem Betreffenden eine unmenschliche oder erniedrigende Behandlung oder Folter droht, Art. 3 EMRK[136]. Nicht die Ausweisung, Auslieferung oder Abschiebung selbst stellt dabei eine unmenschliche oder erniedrigende Behandlung durch den Vertragsstaat dar. Vielmehr ist der Vertragsstaat lediglich verpflichtet, die Abschiebung zu unterlassen, wenn dem Ausländer in dem Nicht-Vertragsstaat eine schwerwiegende Menschenrechtsverletzung in dem oben beschriebenen Sinne droht[137]. Nach Auffassung des BVerwG sind die dargestellten Grundsätze auf die Abschiebung in einen Vertragsstaat der EMRK nur eingeschränkt anwendbar, da hier die eigene Verantwortung des Abschiebezielstaates als Vertragsstaat für die Einhaltung der Konventionsrechte im Vordergrund steht (vgl. Art. 1 EMRK). Eine Mitverantwortung des abschiebenden Staates, den menschenrechtlichen Mindeststandard im Zielstaat der Abschiebung zu wahren, besteht nur dann, wenn dem Ausländer nach seiner Abschiebung Folter oder sonstige schwere und irreparable Misshandlungen drohen und effektiver Rechtsschutz auch durch den EGMR nicht oder nicht rechtzeitig zu erreichen ist[138].

**1359** Nachdem die Bundesrepublik Deutschland seit 1.6.1990 die UN-Anti-Folterkonvention ratifiziert hat[139], sind bei der Auslegung des Begriffs der *Folter* auch Wortlaut und Zweck der Anti-Folterkonvention heranzuziehen[140]. Darüber hinaus ist zu beachten, dass sich die Schutzpflicht für von der Folter bedrohte Personen auch aus Art. 3 EMRK ergibt, dessen Wortlaut sich in Art. 15 lit. b QRL wiederfindet. Der Folterbegriff der UN-Anti-Folterkonvention wird daher durch denjenigen der Europäischen Menschenrechtskonvention und des Verfassungsrechts überlagert. Soweit sich aus Art. 3 EMRK und dem Grundsatz der Men-

---

133 BVerwG v. 17.10.1995, BVerwGE 99, 331; a. M. EGMR v. 29.4.1997 – *H. L. R. /Frankreich,* InfAuslR 1997, 333.
134 Vgl. EGMR v. 15.11.1996 – *Chahal v. UK,* Nr. 70/1995/576/662; EGMR v. 30.10.1991 – *Vilvarajah,* Series A. No. 215, S. 34; EGMR v. 18.2.1991 – *Moustaquim,* Series A, Nr. 193, 19.
135 EGMR v. 15.11.1996 – *Chahal v. UK,* Nr. 70/1995/576/662, Rn. 74.
136 St. Rspr. des EGMR seit der Entscheidung v. 7.7.1989 im Fall *Soering/Vereinigtes Königreich,* 1/ 1989/161/217, EuGRZ 1989, 314; vgl. *Frowein/Peukert,* EMRK-Kommentar, 2. Aufl. 1996, Art. 3, Rn. 18 ff.
137 Vgl. *Ress,* in: Hailbronner (Hrsg.), Die allgemeinen Regeln des völkerrechtlichen Fremdenrechts, 2000, S. 107, 118.
138 BVerwG v. 7.12.2004, NVwZ 2005, 704 – *Kaplan.*
139 Vgl. BGBl. 1990 II, S. 491; Denkschrift zum Übereinkommen, BT-Drs. 11/5459.
140 Vgl. *Jannasch,* VBlBW 1991, 45, 46.

schenwürde nach Art. 1 GG ein weiterer Folterbegriff ableiten lässt, sind somit die in der UN-Anti-Folterkonvention vorgesehenen Einschränkungen im Hinblick auf die Schmerzen oder Leiden, die sich aus gesetzlich zulässigen Zwangsmaßnahmen ergeben, diesen anhaften oder als deren Nebenwirkungen auftreten, unbeachtlich. Als *Folter* hat die Europäische Kommission für Menschenrechte nur Zufügung von Leiden einer besonderen Intensität oder Grausamkeit bezeichnet[141], wobei die Kommission als Folter sowohl den massiven Eingriff in die körperliche Integrität, als auch sonstige Techniken, die die Freiheit der Willensentscheidung aufheben, betrachtet[142].

Zwischen Folter, unmenschlicher oder erniedrigender Behandlung wird nach der **1360** *Schwere der einzelnen Maßnahmen* graduell unterschieden[143]. Als *unmenschliche Behandlung* ist die absichtliche Zufügung schwerer psychischer oder physischer Leiden anzusehen[144]. Eine *erniedrigende Behandlung* ist dann gegeben, wenn bei dem Opfer Gefühle von Furcht, Todesangst und Minderwertigkeit verursacht werden, die geeignet sind, zu erniedrigen oder zu entwürdigen und möglicherweise den psychischen oder moralischen Widerstand zu brechen[145]. Die in Frage stehende Maßnahme muss ein Minimum an Schwere erreichen, um überhaupt in den Schutzbereich von Art. 3 EMRK zu gelangen. Die Beurteilung dieses Minimums hängt von den Umständen des Einzelfalles ab und erfordert eine wertende Betrachtung. Kriterien sind beispielsweise Art und Zusammenhang der Behandlung, Dauer, physische oder psychische Wirkungen sowie Geschlecht, Alter und Gesundheitszustand des Opfers[146].

Der betroffene Ausländer muss einer Gefahr in dem Staat, in den abgeschoben **1361** werden soll, *konkret* ausgesetzt sein[147]. Diese Voraussetzung ist erfüllt, wenn das Bestehen der Gefahr für diesen Ausländer mit beachtlicher, auf stichhaltigen Gründen beruhender Wahrscheinlichkeit anzunehmen ist. Eine generelle oder abstrakte Gefahr genügt damit regelmäßig nicht. Wann eine konkrete Gefahr vorliegt, orientiert sich am Einzelfall. Eine rein quantitative oder statistische Betrachtung ist nicht ausreichend[148]. Beruft sich der Ausländer auf die Gefahr der Folter in seinem Heimatstaat, so begründet dies einen Abschiebungsschutz nach der Rechtsprechung des Bundesverwaltungsgerichts dann, wenn zur Überzeugung der entscheidenden Behörde feststeht, dass er konkret mit überwiegender Wahrscheinlichkeit im Falle seiner Rückkehr gefoltert wird[149].

Durch Art. 6 RL 2011/95 und § 4 Abs. 3 Satz 1 AsylG ist klargestellt, dass allein **1362** die Verfolgung durch nichtstaatliche Akteure ausreichend ist. Nach bisheriger ständiger Rechtsprechung des BVerwG waren Misshandlungen durch nichtstaat-

---

141 Vgl. auch EGMR v. 18.1.1978 – *Irland/Vereinigtes Königreich*, Series A No. 25, EuGRZ 1979, 149.
142 Vgl. *Frowein/Peukert*, EMRK, 2. Aufl. 1996, Art. 3, Rn. 5 ff.
143 Vgl. auch EGMR v. 18.1.1978 – *Irland/Vereinigtes Königreich*, Series A, Nr. 25, EuGRZ 1979, 149.
144 Vgl. EKMR „*Griechenland*"-Fall, ECHR Yearbook 12, 186.
145 EGMR v. 18.1.1978, EuGRZ 1979, 149, 153 – *Irland/Vereinigtes Königreich*, EuGRZ 1979, 149, 153.
146 Vgl. EGMR v. 20.3.1991, Series A 201, EuGRZ 1991, 203, 212 – *Cruz Varas*; EGMR v. 7.7.1989, Series A 161, EuGRZ 1989, 314, 321 – *Soering/Vereinigtes Königreich* m. w. N.
147 Vgl. BT-Drs. 11/6321 zu § 53 AuslG 1990.
148 BVerwG v. 23.2.1988, EZAR 630 Nr. 25 = DVBl. 1988, 653.
149 BVerwG v. 9.1.1989, EZAR 201 Nr. 19.

liche Akteure nur dann für Art. 3 EMRK relevant, wenn sie dem Staat zugerechnet werden konnten[150]. Nach Art. 6 RL 2011/95 kann ein ernsthafter Schaden im Sinne von Art. 15 auch von nichtstaatlichen Akteuren ausgehen, sofern der Staat oder Parteien oder Organisationen, die den Staat oder einen wesentlichen Teil des Staatsgebietes beherrschen, einschließlich internationaler Organisationen, erwiesenermaßen nicht in der Lage oder nicht willens sind, Schutz vor ernsthaftem Schaden zu bieten. Der durch § 4 Abs. 1 Nr. 2 AsylG umgesetzte Art. 15 b übernimmt den Wortlaut von Art. 3 EMRK nahezu unverändert. Daraus folgt eine inhaltliche Orientierung an der EMRK, so dass grundsätzlich auch die einschlägige Rechtsprechung des EGMR übernommen werden kann[151]. § 60 Abs. 2 AufenthG ist wiederum richtlinienkonform auszulegen. Dies gilt allerdings nur mit Vorbehalt, soweit der EGMR auf die Zurechenbarkeit der Zufügung eines ernsthaften Schadens durch einen (staatlichen oder nichtstaatlichen) Verfolgungsakteur verzichtet. Im Fall Bodj hat der EuGH klargestellt, dass Art. 15 b nicht anwendbar ist auf eine Situation, in der eine unmenschliche oder erniedrigende Behandlung, die ein an einer schweren Krankheit leidender Antragstelle bei seiner Rückkehr in seinen Heimatstaat erfahren könnte, auf das Fehlen einer angemessenen Behandlung in diesem Land zurückzuführen ist, ohne dass dem Antragsteller die Versorgung absichtlich verweigert würde[152]. Der Umstand, dass ein an einer schweren Krankheit leidender Drittstaatsangehöriger nach der EGMR-Rechtssprechung in Ausnahmefällen nicht in ein Land zurückgeführt werden kann, in dem er keine angemessene medizinische Behandlung erfährt, bedeutet daher nicht, dass er den Status eines subsidiär Schutzberechtigten erlangt. Erforderlich ist daher immer eine „Behandlung" im Sinne einer absichtlichen Schadenszufügung durch einen verantwortlichen Akteur i. S. von § 3 c AsylG.

**1363**    Der EGMR vertritt demgegenüber in ständiger Rechtsprechung die Auffassung, dass Art. 3 EMRK auch dann anwendbar ist, wenn die Gefahr einer unmenschlichen oder erniedrigenden Behandlung auf Umständen beruht, die weder unmittelbar noch mittelbar in den Verantwortungsbereich der Behörden des Empfangsstaates fallen[153]. Im Falle *D./.UK* sieht der EGMR ausdrücklich sowohl vom Erfordernis einer staatlichen wie privaten „Verfolgung" ab und lässt die bloße Verschlechterung der Lebenssituation eines Ausländers als Folge medizinischer und sozialer Versorgung, wenn sie nur eine Intensitätsschwelle überschreitet, ausreichen. Allerdings ist zu berücksichtigen, dass sich der EGMR in seiner neueren Rechtsprechung durch den Hinweis auf die „hohe Schwelle" und relativ hohe Anforderungen an den Nachweis des tatsächlichen Bestehens eines Risikos um eine Begrenzung seiner Rechtsprechung bemüht, um dem Einwand zu begegnen, das aus Art. 3 EMRK abgeleitete Refoulementverbot sei letztlich auf jede Art unzureichender Lebensverhältnisse, seien sie auf ökonomische, medizinische oder soziale Ursachen rückführbar, anwendbar. Im Fall *H. L. R./.Frankreich* verlangt er daher *stichhaltige Gründe* für die Gefahr einer unmenschlichen oder erniedrigenden Behandlung, wobei die Feststellung einer allgemeinen Gewaltsi-

---

150 BVerwG v. 27.4.2000, NVwZ-Beil. 9/2000, 98 f.; BVerwG v. 17.10.1995, BVerwGE 99, 331; a. M. EGMR v. 29.4.1997 – *H. L. R./Frankreich*, InfAuslR 1997, 333.
151 *Hruschka/Lindner*, Der internationale Schutz nach Art. 15 b und c Qualifikationsrichtlinie im Lichte der Maßstäbe von Art. 3 EMRK und § 60 Abs. 7 AufenthG, NVwZ 2007, 645.
152 EuGH v. 18.1.2014, Rs. C-542 – *M'Bodj*.
153 EGMR v. 2.5.1997 – *D./.UK*, InfAuslR 1997, 381; EGMR v. 17.12.1996 – *Ahmet/Österreich*, NVwZ 1997, 1100.

tuation im Aufnahmeland nicht als ausreichend angesehen wird, solange die betroffene Person nicht darlegen kann, dass ihre Situation aufgrund besonderer Umstände schlechter sei als jene anderer Bewohner des Staates[154].

> **Lösung Fall 54 a):** Eine generelle oder abstrakte Gefahr einer Folterung reicht im Allgemeinen nicht aus, um ein Abschiebungsverbot zu begründen, da § 60 Abs. 2 AufenthG einen Individualschutz beinhaltet[155]. Kann allerdings die Foltergefahr dadurch konkretisiert werden, dass mit hinreichender Wahrscheinlichkeit inhaftierte Straftäter mit einer Folter zu qualifizierenden Bahandlung rechnen müssen, ist die Abschiebung unzulässig. Ob dies der Fall ist, hat das Gericht anhand von Berichten des Auswärtigen Amts und von Menschenrechtsorganisationen zu klären.

### 3. Verhängung oder Vollstreckung der Todesstrafe (§ 4 Abs. 1 Nr. 1 AsylG)

Gem. § 60 *Abs. 3* AufenthG darf ein Ausländer nicht in einen Staat abgeschoben **1364** werden, wenn dieser Staat den Ausländer wegen einer Straftat sucht und die *Gefahr der Verhängung oder Vollstreckung der Todesstrafe* besteht. In diesem Fall finden die Vorschriften über die Auslieferung entsprechende Anwendung. Der Betroffene kann sich durch die Begehung schwerer Straftaten oder durch eine entsprechende Selbstbezichtigung nicht schon deshalb einen unentziehbaren Aufenthalt verschaffen, weil in seinem Heimatstaat die Todesstrafe noch nicht abgeschafft ist[156]. Die Gefahr einer Todesstrafe ist daher erst dann beachtlich, wenn zum Zeitpunkt der Entscheidung der Ausländerbehörde *konkrete und ernsthafte Anhaltspunkte* dafür bestehen, dass der Betroffene individuell von der Todesstrafe bedroht ist[157]. Hierfür ist zumindest die positive Feststellung erforderlich, dass der Staat, in den der Ausländer abgeschoben werden soll, den Betroffenen wegen einer Straftat sucht, aufgrund derer die Todesstrafe verhängt werden kann. Diese Voraussetzung ist auch dann gegeben, wenn die „Suche" erst nach der Abschiebung einsetzt und wegen Straftaten erfolgt, die ein Ausländer im Bundesgebiet begangen hat[158].

§ 4 Abs. 1 Nr. 1 AsylG erfasst sowohl die drohende Vollstreckung als auch die **1365** Verhängung der Todesstrafe. Die Verhängung der Todesstrafe ist daher auch dann ausreichend, wenn offen ist, ob mit einer Vollstreckung zu rechnen ist. Nach dem bis 2005 geltenden Wortlaut des Absatzes 3, der lediglich auf die „Gefahr der Todesstrafe" abstellte, blieb offen, ob es entscheidend auf die Gefahr der Verhängung der Todesstrafe als solche ankam oder auf deren Vollzug. Handelte es sich bei dem Zielstaat um ein Land, in dem die Verhängung der Todesstrafe nicht zwingend zur Vollstreckung führte, war nach der bisherigen Rechtspraxis allein auf den Vollzug abzustellen[159]. In anderen Fällen, in denen der Betroffene in einen Staat abgeschoben werden soll, in dem die verhängte Todesstrafe regelmäßig auch vollstreckt wird, reichte die Verurteilung aus.

> **Lösung Fall 54 b):** Es besteht kein Bedürfnis, Abschiebungsschutz nach § 60 Abs. 3 AufenthG zu gewähren, wenn durch geeignete zwischenstaatliche Vereinbarungen die

---

154 EGMR v. 29.4.1997, NVwZ 1998, 163 – *H. L. R./Frankreich*; die restriktive Tendenz wird bestätigt durch EGMR v. 27.5.2008, Nr. 26 565/05 – *N./UK*.
155 BT-Drs. 11/6321 zu § 53 AuslG 1990.
156 BT-Drs. 11/6321 zu § 53 AuslG 1990.
157 Vgl. BVerwG v. 1.12.1987, InfAuslR 1988, 34; vgl auch für die Abschiebung drogenabhängiger Straftäter in den Iran VGH BW v. 21.9.1994 – 11 S 1019/94, juris.
158 Unentschieden VGH BW v. 21.9.1994 – 11 S 1019/94, juris.
159 S. Hinweise des BMI zur Anwendung der Richtlinie 2004/83/EG vom 13.10.2006, IV 2.4, S. 15.

Verhängung der Todesstrafe ausgeschlossen werden kann. Nicht ausreichend ist die bloße Zusicherung der Nichtvollstreckung einer Todesstrafe, wie das bisher der Fall war. Bleiben begründete Zweifel, so ist eine Abschiebung ausgeschlossen[160].

### 4. Ernsthafte individuelle Bedrohung als Opfer willkürlicher Gewalt in bewaffneten Konflikten (§ 4 Abs. 1 Nr. 3 AsylG)

**1366** Ein Ausländer genießt subsidiären internationalen Schutz, wenn er eine ernsthafte individuelle Bedrohung des Lebens oder der Unversehrtheit als Zivilperson infolge willkürlicher Gewalt im Rahmen eines internationalen oder innerstaatlichen bewaffneten Konflikts zu befürchten hat. Die Sperrwirkung des § 60 Abs. 7 Satz 2 AufenthG bezieht sich nicht auf Gefahren nach § 4 Abs. 1 Nr. 3 AsylG[161].

**1367** Das Merkmal der Bedrohung „infolge willkürlicher Gewalt" ist nach der Rechtsprechung des EuGH dahin auszulegen, dass es sich auf schädigende Eingriffe bezieht, die sich gegen Zivilpersonen ungeachtet ihrer Identität richten, wenn der den bestehenden bewaffneten Konflikt kennzeichnende Grad willkürlicher Gewalt ein so hohes Niveau erreicht, dass stichhaltige Gründe für die Annahme bestehen, dass eine Zivilperson bei einer Rückkehr in das betreffende Land oder gegebenenfalls die betreffende Region allein durch ihre Anwesenheit im Gebiet dieses Landes oder dieser Region tatsächlich Gefahr läuft, einer ernsthaften Bedrohung im Sinne der Richtlinie ausgesetzt zu sein[162]. Dies bleibt mit Blick auf die Erwägungsgründe der Richtlinie und die Systematik des Art. 15 allerdings einer „außergewöhnlichen Situation" vorbehalten, die durch einen so hohen Gefahrengrad gekennzeichnet ist, dass stichhaltige Gründe für die Annahme bestehen, dass die fragliche Person dieser Gefahr individuell ausgesetzt wäre[163].

**1368** Der Grad willkürlicher Gewalt, der vorliegen muss, damit der Antragsteller Anspruch auf subsidiären Schutz hat, kann umso geringer zu sein, je mehr ein Antragsteller möglicherweise belegen kann, dass er aufgrund von seiner persönlichen Situation innewohnenden Umständen spezifisch von dieser Gefahr betroffen ist[164]. Demnach müssen in jedem Fall Feststellungen über das Niveau willkürlicher Gewalt in dem betreffenden Gebiet getroffen werden. Liegen keine gefahrerhöhenden persönlichen Umstände vor, ist ein hohes Niveau willkürlicher Gewalt erforderlich; liegen gefahrerhöhende persönliche Umstände vor, genügt auch ein geringeres Niveau willkürlicher Gewalt.

**1369** Zu den gefahrerhöhenden Umständen gehören in erster Linie solche persönlichen Umstände, die den Antragsteller von der allgemeinen ungezielten Gewalt stärker betroffen erscheinen lassen, etwa weil er von Berufs wegen z. B. als Arzt oder Journalist gezwungen ist, sich nahe der Gefahrenquelle aufzuhalten. Dazu gehören aber auch solche Umstände, aufgrund derer ein Antragsteller als Zivilperson zusätzlich der Gefahr gezielter Gewaltakte ausgesetzt ist, sofern deswegen nicht schon eine Zuerkennung der Flüchtlingseigenschaft in Betracht kommt.

---

160 Zur Verbindlichkeit des von der Türkei praktizierten Verfahrens der Umwandlung von Todesstrafe in lebenslange Freiheitsstrafe OLG Düsseldorf, NJW 1994, 1485.
161 BVerwG v. 24.6.2008 – 10 C 43/07, BVerwGE 131, 198; *Hruschka/Lindner,* Der internationale Schutz nach Art. 15 b und c Qualifikationsrichtlinie im Lichte der Maßstäbe von Art. 3 EMRK und § 60 Abs. 7 AufenthG, NVwZ 2007, 645, 649.
162 Vgl. EuGH v. 17.2.2009, Rs. C-465/07 – *Elgafaji*; vgl. auch BVerwG v. 27.4.2010, 10 C 4/09, Rn. 32.
163 EuGH a. a. O., Rn. 36, 37.
164 EuGH a. a. O., Rn. 39.

Aber auch in diesem Fall muss ein hohes Niveau willkürlicher Gewalt bzw. eine hohe Gefahrendichte für die Zivilbevölkerung in dem fraglichen Gebiet festgestellt werden. Erforderlich ist daher eine zumindest annäherungsweise quantitative Ermittlung der Gesamtzahl der in dem betreffenden Gebiet lebenden Zivilpersonen einerseits und der Akte willkürlicher Gewalt andererseits, die von den Konfliktparteien gegen Leib oder Leben von Zivilpersonen in diesem Gebiet verübt werden, sowie eine wertende Gesamtbetrachtung im Hinblick auf die Anzahl der Opfer und die Schwere der Schädigungen[165].

Art. 15c RL 2011/95 bzw. § 4 Abs. 1 Nr. 3 sind nur auf Gewalt im Rahmen **1370** eines internationalen oder innerstaatlichen bewaffneten Konflikts anwendbar. Der EuGH hat im Urteil Aboubacar Diacite[166] in Kontrast zu der Auffassung einiger britischer und deutscher Gerichte[167] entschieden, den Begriff „innerstaatlicher bewaffneter Konflikt" autonom nach Sinn und Zweck, dem gewöhnlichen Sprachgebrauch und dem systematischen Zusammenhang der Vorschrift und nicht nach Maßgabe des humanitären Kriegsvölkerrechts auszulegen. Nach Auffassung des EuGH verfolgen das humanitäre Völkerrecht und die Regelung des subsidiären Schutzes unterschiedliche Ziele und führen klar voneinander getrennte unterschiedliche Schutzmechanismen für die Zivilbevölkerung ein. Die Feststellung des Vorliegens eines innerstaatlichen bewaffneten Konflikts darf daher nicht von einem bestimmten Organisationsgrad der vorhandenen bewaffneten Streitkräfte oder von einer bestimmten Dauer des Konflikts abhängig gemacht werden. Nicht maßgeblich ist, ob die Voraussetzungen des Art. 1 Abs. 1 II. Zusatzprotokoll zu den Genfer Konventionen (verantwortliche Führung, Kontrolle über einen Teil des Hoheitsgebiets) erfüllt sind. Der EuGH stellt stattdessen auf den humanitären Schutzzweck der Richtlinie, angemessenen Status für Personen, die eines solchen Schutzes bedürfen, auch wenn sie die Flüchtlingseigenschaft nach der GK nicht besitzen (Erwägungsgrund Nr. 6), d. h. auf die Schutzbedürftigkeit ab. Dies beurteile sich danach, ob aufgrund der bewaffneten Auseinandersetzungen, an denen die Streitkräfte beteiligt sind, tatsächlich das im Urteil Elgafaji erstmals herausgearbeitete hohe Niveau bzw. der Verdichtungsgrad willkürlicher Gewalt (BVerwG) entstanden sei und der Antragsteller tatsächlich Gefahr laufe, einer ernsthaften individuellen Bedrohung seines Lebens oder seiner Unversehrtheit ausgesetzt zu sein.

Für die nach § 4 Abs. 1 Nr. 3 AsylG erforderliche Gefahrenprognose ist bei ei- **1371** nem nicht landesweiten bewaffneten Konflikt auf den tatsächlichen Zielort des Ausländers bei einer Rückkehr abzustellen[168]. Ein Schutzanspruch besteht daher auch in dem Fall, dass sich der innerstaatliche bewaffnete Konflikt auf einen Teil des Staatsgebiets beschränkt und dem Ausländer die gesetzlich definierte Gefahr in diesem Landesteil droht.[169] Für den Zielort kommt es nach der Rspr. des BVerwG somit nicht darauf an, für welche Region sich ein unbeteiligter Beobachter vernünftigerweise entscheiden würde oder in welche Region der Aus-

---

165  So BVerwG v. 27.4.2010 – 10 C 4/09, Rn. 33.
166  EuGH v. 30.1.2014, Rs. C-285/12.
167  Vgl. UK Court of Appeal (2010) UKUT 331-HM; vgl. BVerwG v. 24.6.2008 – 10 C 43/07, BVerwGE 131, 198, 206; v. BVerwG v. 136, 361, 367 f.
168  Vgl. für § 60 Abs. 7 S. 2 AufenthG BVerwG v. 14.11.2012 – 10B 22.12, InfAuslR 2013, 81; BVerwG v. 14.7.2009 – 10 C 9.08, BVerwGE 134,188.
169  BVerwG v. 24.6.2008 – 10C43.07, BVerwGE 131, 198.

länder aus seinem subjektiven Blickwinkel strebt[170]. Maßgebend ist vielmehr die Herkunftsregion, in die er typischerweise zurückkehren wird. Scheidet die Rückkehr in diese Region aus, so kann der Ausländer nur unter den Voraussetzungen des Art. 8 der RL 2011/95 auf eine andere Region verwiesen werden[171].

## 5.  Beweisanforderungen

**1372**  Die Zuerkennung der Eigenschaft als subsidiär Schutzberechtigter nach § 4 setzt die Darlegung stichhaltiger Gründe für die Annahme voraus, dass dem Antragsteller in seinem Herkunftsland ein ernsthafter Schaden i. S. d. Abs. 2 droht. Der Maßstab der stichhaltigen Gründe ("substantial grounds", Art. 2 lit. f RL 2011/95) unterscheidet sich nicht von den für die Darlegung der "beachtlichen Wahrscheinlichkeit" einer Verfolgungsgefahr geltenden Anforderungen im Flüchtlingsrecht. Anzuwenden ist ein Maßstab der konkreten Gründe, aus denen sich die ernsthafte Gefahr eines Schadens (serious risk) i. S. des Abs. 2 ergibt[172]. Im Wesentlichen entspricht dies dem in der Rspr. zu Art. 16 a GG angewendeten Kriteriums der realen Möglichkeit der politischen Verfolgung[173]. Im Urteil M.S.S./Griechenland und Belgien[174] und den nachfolgenden Urteilen Sufi und Elmi/UK[175] stellt der Gerichtshof wesentlich auf die Lagebeurteilung von Menschenrechtsorganisationen und UNHCR ab, ohne die spezifische Situation des Antragstellers näher zu überprüfen. Beweist ein Antragsteller mit Hilfe derartiger Berichte, dass es ernsthafte und stichhaltige Gründe für eine Praxis unmenschlicher Behandlung im Bestimmungsland gibt und dass er der betroffenen Gruppe angehört, so greift der Schutz von Art. 3 EMRK ein[176].

## 6.  Ausschlussgründe

**1373**  Die Ausschlussgründe des § 4 Abs. 2 Nr. 1–3 und Satz 2 AsylG entsprechen inhaltlich ungeachtet eines geringfügig anderen Wortlauts den Ausschlussgründen für die Zuerkennung der Flüchtlingseigenschaft nach § 3 Abs. 2 Nr. 1–3 und Satz 2 AsylG. Der zusätzliche zwingend vorgeschriebene Ausschlussgrund der Gefahr für die Allgemeinheit oder die Sicherheit der Bundesrepublik Deutschland setzt nicht – wie beim Ausschluss der Flüchtlingseigenschaft nach Art. 14 Abs. 3 b – eine rechtskräftige Verurteilung voraus, sondern knüpft allein an das Bestehen einer Gefahr an. Der Schutz der Allgemeinheit betrifft insbesondere die Verhinderung von erheblichen Straftaten.

## 7.  Rechtsstellung der Personen, die subsidiären Schutz genießen

**1374**  Liegen die Voraussetzungen für die Gewährung unionsrechtlichen subsidiären Schutzes vor, so ist dem Ausländer eine Aufenthaltserlaubnis nach § 25 Abs. 2 AufenthG zu erteilen. Ein Unterschied zu Flüchtlingen besteht nur insoweit, als die Aufenthaltserlaubnis für Asylberechtigte und Flüchtlinge für drei Jahre erteilt

---

170  A. M. VGH BW v. 27.4.2012 – 11 S 3079/11.
171  Vgl. auch EuGH v. 17.2.2009, Rs. C-465/07 – *Elgafaji*.
172  Zur Praxis des EGMR vgl. VGH BW v. 29.1.1992 – 13 S 1898/91; OVG SH v. 8.10.1992, InfAuslR 1993, 18, 19.
173  BVerwG v. 5.11.1991, NVwZ 1992, 582, 584.
174  EGMR v. 21.1.2011, Nr. 30696, NVwZ 2011, 413.
175  V. 28.6.2011, Nr. 8319/07, NVwZ 2012, 681.
176  EGMR v. 28.2.2008, Nr. 37201/06 – *Saadi/Italien*, NVwZ 2008, 1130, Rn. 132.

wird, während subsidiär Schutzberechtigten eine Aufenthaltserlaubnis nur für ein Jahr erteilt wird, bei Verlängerung für zwei weitere Jahre.[177] Ausländer, die „nationalen" Abschiebungsschutz nach § 60 Abs. 5 oder 7 AufenthG genießen, „soll" nach § 25 Abs. 3 AufenthG eine Aufenthaltserlaubnis erteilt werden. § 25 Abs. 3 Satz 1 ist als Sollvorschrift ausgestaltet und begründet daher einen Rechtsanspruch auf Gewährung einer Aufenthaltserlaubnis, sofern kein atypischer Sonderfall vorliegt. Nach § 25 Abs. 3 Satz 2 AufenthG wird die Aufenthaltserlaubnis nicht erteilt, wenn schwerwiegende Gründe die Annahme rechtfertigen, dass der Ausländer Menschenrechtsverletzungen oder ähnliche schwere Straftaten begangen hat, oder wenn er wiederholt oder gröblich gegen Mitwirkungspflichten verstoßen hat, oder wenn die Ausreise in einen anderen Staat möglich oder zumutbar ist. Möglich ist die Ausreise, wenn die betroffene Person in den Drittstaat einreisen und sich – zumindest vorübergehend – dort aufhalten darf[178]. Die Ausreise ist zumutbar, wenn die mit dem Aufenthalt im Drittstaat verbundenen Folgen die betroffene Person nicht stärker treffen als die Bevölkerung des Drittstaates oder die Bevölkerungsgruppe, der der Betroffene angehört. Dies betrifft beispielsweise Fälle von gemischt-nationalen Ehen, wenn dem Ehepartner die Einreise und der Aufenthalt im Heimatstaat des anderen Ehepartners erlaubt wird oder wenn der betroffenen Person aufgrund ihrer ethnischen Zugehörigkeit Einreise und Aufenthalt in einem Drittstaat gestattet wird[179]. Unzumutbar ist die Ausreise in den Drittstaat insbesondere dann, wenn dem Ausländer dort die „Kettenabschiebung" in den Verfolgerstaat droht[180].

Unionsrechtlichen subsidiären Schutz genießende Personen haben kraft Gesetz **1375** eine Berechtigung zur Aufnahme einer Erwerbstätigkeit (§ 25 Abs. 1 Satz 3 AufenthG); nationalen subsidiären Schutz genießende Personen, die eine Aufenthaltserlaubnis nach § 25 Abs. 3 besitzen, kann die Erlaubnis zur Aufnahme einer Beschäftigung zustimmungsfrei erteilt werden (§ 31 BeschV). Hinsichtlich des Familiennachzugs besteht ein Nachzugsrecht für Ehegatten und Kinder von Flüchtlingen und subsidiär Schutzberechtigte, während für Personen, die aufgrund nationaler Abschiebungsverbote ein humanitäres Aufenthaltsrecht besitzen, weiterhin die Beschränkung des § 29 Abs. 3 AufenthG gilt, wonach eine Aufenthaltserlaubnis nur aus völkerrechtlichen oder humanitären Gründen oder zur Wahrung politischer Interessen der Bundesrepublik Deutschland erteilt werden darf.

Das Gesetz zur Einführung beschleunigter Asylverfahren v. 11.3.2016[181] hat al- **1376** lerdings in § 104 Abs. 13 AufenthG für subsidiär Schutzberechtigte diesen Anspruch für Inhaber einer nach dem 17.3.2016 erteilten Aufenthaltserlaubnis temporär eingeschränkt. Ein Familiennachzug wird bis zum 16.3.2018 subsidiär Schutzberechtigten nicht gewährt. Humanitäre Aufnahmen nach den §§ 22, 23 sind weiterhin möglich. Die Vereinbarkeit dieser Vorschrift wird unter Berufung

---

177 Vgl. § 26 Abs. 1 Satz 2 AufenthG n. F. Die Differenzierung soll gewährleisten, dass international subsidiär Schutzberechtigten, die nur ein vorübergehendes Schutzbedürfnis haben, nicht sofort eine langfristige Aufenthaltserlaubnis erteilt werden muss; vgl. BT-Drs. 17/13063, S. 24.
178 BT-Drs. 15/420, S. 79.
179 Vgl. BT-Drs. 15/420, S. 79.
180 BT-Drs. 15/420, S. 79.
181 BGBl. I, S. 390.

auf das Unionsrecht und verfassungsrechtliche Grundsätze zum Schutz der Ehe und Familie bestritten[182].

**1377** Unionsrechtliche Bedenken bestehen im Hinblick auf die Familiennachzugsrichtlinie (Art. 2 lit. f RL 2003/86) und die Anerkennungsrichtlinie (Art. 23 RL 2011/95) nicht, da die letztere Vorschrift auf die nationalen Verfahren verweist und der EU-Gesetzgeber ausdrücklich auf eine Gleichstellung von Flüchtlingen und subsidiär Schutzberechtigten verzichtet hat[183]. Problematischer ist die Frage der Vereinbarkeit einer zweijährigen Wartefrist mit Art. 8 EMRK und Art. 6 Abs. 1 GG. Ein Anspruch auf freie Wahl eines Aufnahmelandes zur Realisierung der familiären Einheit lässt sich aus dem Schutz von Ehe und Familie grundsätzlich nicht herleiten[184]. Es gilt der Grundsatz, wonach die Befugnis der Staaten, über die Einwanderung von Familienangehörigen unter Berücksichtigung öffentlicher und privater Interessen zu entscheiden, nur in besonderen Fällen Einschränkungen durch eine Verpflichtung zur Gewährung des Familiennachzugs erfährt[185]. Solche Besonderheiten können vorliegen, wenn keinerlei Alternativen zur Realisierung der Familieneinheit bestehen („elsewhere approach") und auch eine Wartezeit unter Berücksichtigung der legitimen öffentlichen Interessen an einer Beschränkung der Zuwanderung unzumutbar erscheint[186].

**1378** Bei der Anwendung dieser Grundsätze wird man allerdings die Besonderheiten einer bis dato in ihrer Größenordnung unbekannten Flüchtlingsbewegung und die damit verbundenen Unterbringungsprobleme in die Interessenabwägung einbringen müssen. Ein allgemeiner Grundsatz, dass mangels eines anderen aufnahmebereiten Drittstaats der Aufenthaltsstaat eines Ausländers unbeschränkt ohne Rücksicht auf ordnungs- und integrationspolitisch begründete öffentliche Interessen an einer Zuzugsbeschränkung den Familiennachzug gestatten muss, lässt sich der Rechtsprechung nicht entnehmen[187]. Danach kann die als vorübergehende Maßnahme konzipierte Aussetzung des Familiennachzugs nicht als völker- und verfassungswidrige Einschränkung des Art. 8 EMRK und Art. 6 Abs. 1 GG qualifiziert werden.

**1379** Strittig ist auch, ob subsidiär Schutzberechtigte räumlichen Beschränkungen unterworfen werden können. Für anerkannte Flüchtlinge sieht Art. 26 der Genfer Flüchtlingskonvention vor, dass ein Vertragsstaat den Flüchtlingen, die sich rechtmäßig auf seinem Staatsgebiet aufhalten, das Recht gewähren, dort ihren Aufenthalt zu wählen und sich frei zu bewegen, vorbehaltlich der Bestimmungen, die allgemein auf Ausländer unter den gleichen Bedingungen Anwendung finden. Daraus folgt, dass eine räumliche Verteilung von Flüchtlingen, die eine obligatorische Wohnsitznahme beinhalten, unzulässig sind. Für subsidiär schutzberechtigte Personen gilt diese Vorschrift nicht. Art. 33 der RL 2011/95 verpflichtet die Mitgliedstaaten dazu, international Schutzberechtigten die Bewegungsfreiheit unter den gleichen Bedingungen und Einschränkungen wie für andere Dritt-

---

182 Vgl. Stellungnahmen zur Anhörung im BT-Innnenausschuss zum Gesetzentwurf BT-Drs. 18/7538 v. 22.2.2016.
183 Vgl. *Hailbronner/Arevalo*, in: Hailbronner/Thym (Hrsg.), European Immigration and Asylum Law, 2016, CII, S. 325 f.; *Thym*, NVwZ 2016, 409; *ders.*, NVwZ 2015, 1625, 1632.
184 EGMR v. 28.5.1985, Nr. 9214/80 – *Abdulaziz*, Rn. 68; v. 30.7.2013, Nr. 948/12 – *Berisha*, Rn. 48.
185 Vgl. *Thym*, NVwZ 2015, 1625, 1632 f.; Nußberger, NVwZ 2013, 1305, 1310.
186 Vgl. dazu *Hailbronner*, Ausländerrecht, § 27 AufenthG, Rn. 27.
187 *Thym*, NVwZ 2015, 1633.

staatsangehörige, die sich rechtmäßig in ihrem Hoheitsbereich aufhalten, zu gestatten. Nach Auffassung des EuGH ist diese Bestimmung dahin auszulegen, dass eine Wohnsitzauflage unzulässig ist, die Personen mit subsidiärem Schutzstatus im Falle des Bezugs bestimmter Sozialleistungen erteilt wird, um eine angemessene Verteilung der mit der Gewährung dieser Leistungen verbundenen Lasten auf deren jeweilige Träger zu erreichen, wenn in der entsprechenden nationalen Regelung nicht vorgesehen ist, dass eine solche Maßnahme Flüchtlingen, Drittstaatsangehörigen, die sich aus anderen als humanitären, politischen oder völkerrechtlichen Regeln rechtmäßig im Hoheitsgebiet des betreffenden Staates aufhalten und Angehörigen dieses Mitgliedstaats im Fall des Bezugs der genannten Leistungen auferlegt wird[188].

Zulässig sind allerdings Wohnsitzauflagen, die subsidiär Schutzberechtigten im **1380** Fall des Bezugs bestimmter Sozialleistungen mit dem Ziel erteilt wird, die Integration von diesen Personen zu erleichtern, während die nationale Regelung anderen Drittstaatsangehörigen, die sich aus anderen als humanitären, politischen oder völkerrechtlichen Gründen im Hoheitsgebiet des betreffenden Staates rechtmäßig aufhalten, sofern sich die Personen mit subsidiärem Schutzstatus nicht in einer Situation befinden, die im Hinblick auf das genannte Integrationsziel mit der Situation dieser Drittstaatsangehörigen nicht objektiv vergleichbar ist. Es ist Sache der nationalen Gerichte, dies zu prüfen. Der Test der objektiven Vergleichbarkeit erfordert eine Analyse der spezifischen Integrationsbedürfnisse der Gruppe der subsidiär Schutzberechtigten. Dabei kann berücksichtigt werden, dass sich die Lage dieser Gruppe in Bezug auf Zugangsmöglichkeiten zum Arbeitsmarkt, Ausbildungsförderung, prognostizierte Aufenthaltsdauer usw. von derjenigen anderer Gruppen von Drittstaatsangehörigen unterscheidet. Das Integrationsgesetz v. 31.7.2016 sieht in § 12 a AufenthG räumliche Beschränkungen auf ein zur Durchführung des Asylverfahrens zugewiesenes Bundesland und die Möglichkeit des Erlasses von Wohnsitzauflagen für Ausländer vor, die diesen räumlichen Beschränkungen unterliegen[189]. In den Anwendungsbereich des Gesetzes fallen Ausländer, denen ab einem bestimmten Stichtag erstmalig eine Aufenthaltserlaubnis nach den §§ 22, 23 oder 25 Abs. 1 bis 3 erteilt worden ist (Flüchtlinge, subsidiär Schutzberechtigte, Ausländer, bei denen nationale Abschiebungsverbote festgestellt worden sind, Personen, die im Rahmen von Länderentscheidungen oder aufgrund eines Bundesprogramms aus völkerrechtlichen oder humanitären Interessen aufgenommen worden sind, Resettlement-Flüchtlinge).

Die im Integrationsgesetz 2016 nunmehr vorgesehene Möglichkeit des Erlasses **1381** einer Wohnsitzauflage wird im Hinblick auf die Vorgaben der EuGH Rechtsprechung auf die Erreichung integrationspolitischer Ziele (Versorgung mit angemessenem Wohnraum, Förderung der sprachlichen Kompetenzen, Erleichterung des Zugangs zum Arbeitsmarkt) beschränkt. Die Situation der unter § 12 a AufenthG fallenden Personengruppe ist nach Auffassung des Gesetzgebers mit der anderer Drittstaatsangehöriger, im Hinblick auf die Erleichterung der Integration objektiv nicht vergleichbar, da Drittstaatsangehörige, die nicht zu den unter die Neuregelung fallenden Schutzbedürftigen fallen, in der Regel ihren Lebensunter-

---

188 EuGH v. 1.3.2016, Rs. C-443/14 und C-444/14 – *Kreis Warendorf/Alo und Osso*, vgl. *Lehner/ Lippold*, ZAR 2016, 81 und *Pelzer /Pichl*, ZAR 2016, 96.
189 BGBl. I, S. 1939

halt zu decken verpflichtet sind und widrigenfalls zum Verlassen des Bundesgebiets verpflichtet sind. Die integrationspolitische Wirkung von Wohnsitzzuweisungen ergibt sich daraus, dass bereits für die Erstzuweisung wesentliche integrationspolitische Kriterien (Zugang zum Arbeitsmarkt, Bildungsinfrastruktur) abgebildet sind. Für die konkrete Integration auf lokaler Ebene bedarf es jedoch sowohl im Hinblick auf die Beschaffung angemessenen Wohnraums, als auch für die Integrationsförderung durch sprachliche Förderung und Ausbildungsförderungsmaßnahmen und zur Erhöhung der Chancen auf dem Arbeitsmarkt einer Weiterverteilung innerhalb der Länder[190].

## IV.  Das Asylverfahren

**1382**  Das Asylverfahren ist im Einzelnen im AsylG (bisher Asylverfahrensgesetz – AsylVfG) geregelt[191]. Seit dem Inkrafttreten der Asylverfahrensrichtlinie 2005/85[192] und der Nachfolgerichtlinie 2013/32[193] sind die Vorschriften des AsylG im Einklang mit der Richtlinie auszulegen. Kernpunkte der Neufassung sind die Erweiterung der Rechte von Asylsuchenden im Verfahren, insbesondere einen freien Zugang zu Rechts- und Verfahrensberatung, wobei den Mitgliedstaaten obliegt, in welcher Form diese Dienste zur Verfügung gestellt werden. Die besonders umstrittene Frage der Anwendung von Konzepten sicherer Dritt- und Herkunftsstaaten ist dahin geregelt worden, dass solche Konzepte weiterhin nach nationalem Recht angewendet werden dürfen, wobei die Mitgliedstaaten bei der Sicherheitsfestlegung bestimmte Kriterien und EASO Informationen berücksichtigen müssen. Die Herstellung einer EU-einheitlichen Liste sicherer Dritt- oder Herkunftsstaaten ist dagegen aufgegeben worden[194].

**1383**  Zuständig für die Entscheidung über einen Asylantrag ist das Bundesamt für Migration und Flüchtlinge (§ 5 Abs. 1 Satz 1 AsylG). Die Entscheidung über den Asylantrag ist in allen Angelegenheiten verbindlich, in denen die Asylanerkennung oder die Zuerkennung des internationalen Schutzes rechtserheblich ist (§ 6 Satz 1 AsylG). Das Bundesamt für Migration und Flüchtlinge (BAMF)[195] entscheidet im Rahmen des Asylverfahrens über die Anerkennung als Asylberechtigter sowie über die Gewährung internationalen Schutzes. Das Asylverfahren wird durch einen Asylantrag eingeleitet (§§ 1 Abs. 1, 14 AsylG). Asylanträge schließen grundsätzlich sowohl die Gewährung internationalen Schutzes als auch die Anerkennung als Asylberechtigter ein, sofern der Ausländer letzteres nicht ausdrücklich ablehnt (§ 13 Abs. 2 AsylG). Durch § 60 Abs. 1 Satz 3 AufenthG[196] wird klargestellt, dass auch dann ein Asylverfahren nach den Vorschriften des AsylG in der Zuständigkeit des Bundesamtes für Migration und Flüchtlinge

---

190  BT-Drs. 18/8615, S. 47 ff.

191  In der Fassung der Bekanntmachung v. 2.9.2008 (BGBl. I, S. 1798), zuletzt geändert durch Art. 5 des Gesetzes vom 31.7.2016 (BGBl. I, S. 1939).

192  Richtlinie 2005/85 über Mindestnormen für Verfahren in den Mitgliedstaaten zur Zuerkennung und Aberkennung der Flüchtlingseigenschaft, ABlEU L 326/13 v. 13.12.2005, *Hailbronner*, Ausländerrecht, D 12.8 R.

193  Richtlinie 2013/32 v. 26.6.2013 zum gemeinsamen Verfahren für die Zuerkennung und Aberkennung des internationalen Schutzes (ABL. EU L 180/60).

194  Vgl. *Vedsted-Hansen,* in: Hailbronner/Thym, EU Immigration and Asylum Law, 2. Aufl. 2016, D IV, S. 1284, 1358 f., 1361 f.

195  Bis 1.9.2004: Bundesamt für die Anerkennung ausländischer Flüchtlinge.

196  § 60 Abs. 1 Satz 5 AufenthG, zuletzt geändert durch das Gesetz v. 13.3.2016 (BGBl. I, S. 394).

durchzuführen ist, wenn nur ein Antrag auf Abschiebungsschutz nach § 60 Abs. 1 AufenthG gestellt wird. Damit soll vermieden werden, dass der Betroffene einen isolierten Antrag bei der Ausländerbehörde stellen kann, etwa um die Zuweisung der zuständigen Aufnahmeeinrichtung gem. § 46 AsylG zu umgehen[197]. Eine Feststellung des Bundesamtes erfolgt nicht bei Ausländern, die im Bundesgebiet die Rechtsstellung ausländischer Flüchtlinge genießen oder die außerhalb des Bundesgebiets als ausländische Flüchtlinge im Sinne der GK anerkannt sind (vgl. § 60 Abs. 1 Satz 3 AufenthG). Die Voraussetzungen nationaler Abschiebungsverbote nach § 60 Abs. 5 oder 7 sind nicht von einem Asylantrag nach § 13 Abs. 1 AsylVfG umfasst. Das Bundesamt ist jedoch gem. § 24 Abs. 2 AsylG nach Stellung eines Asylantrags auch für die Prüfung dieser Abschiebungsverbote zuständig.

Asylanträge sind bei der Außenstelle des Bundesamtes zu stellen, die der für die **1384** Aufnahme des Ausländers zuständigen Aufnahmeeinrichtung zugeordnet ist (§ 14 Abs. 1 AsylG). Besitzt der Ausländer nicht die erforderlichen Einreisepapiere, so hat er an der Grenze um Asyl nachzusuchen (§ 13 Abs. 3 AsylG). Die Grenzbehörde leitet ihn dann an die nächstgelegene Aufnahmeeinrichtung zur Meldung weiter (§ 18 Abs. 1 AsylG). Reist der Ausländer unerlaubt ein, so hat er sich unverzüglich bei einer Aufnahmeeinrichtung zu melden oder bei der Ausländerbehörde oder der Polizei um Asyl nachzusuchen (§ 13 Abs. 3 AsylG). Im Falle eines Asylersuchens bei einer Ausländerbehörde oder bei der Polizei leitet diese den Ausländer an die zuständige Aufnahmeeinrichtung zur Meldung weiter (§ 19 Abs. 1 AsylG). Der Ausländer, der in der Aufnahmeeinrichtung aufgenommen ist, ist gem. § 23 Abs. 1 AsylG verpflichtet, unverzüglich oder zu dem von der Aufnahmeeinrichtung genannten Termin bei der Außenstelle des Bundesamtes zur Stellung des Asylantrages persönlich zu erscheinen. Das Asylersuchen (formloser Asylantrag) ist von der Stellung des förmlichen Asylantrags bei der zuständigen Außenstelle des Bundesamtes zu unterscheiden. Die Aufenthaltsgestattung als vorläufiges Bleiberecht für die Dauer des Asylverfahrens entsteht kraft Gesetzes grundsätzlich ab dem Zeitpunkt, in dem der Ausländer einen Ankunftsnachweis nach § 63a erhält, nicht erst ab der förmlichen Asylantragstellung (§ 55 Abs. 1 AsylG). Dem Ausländer wird nach der Asylantragsstellung innerhalb von drei Arbeitstagen eine Bescheinigung über die Aufenthaltsgestattung ausgestellt. Der Bescheinigung kommt lediglich eine deklaratorische Funktion zu. Die Aufenthaltsgestattung ist kein Aufenthaltstitel im Sinne von § 4 Abs. 1 AufenthG.

Als Folge der großen irregulären Fluchtbewegungen ab Mitte 2015, die durch **1385** die Grenzpolizei nicht mehr ordnungsgemäß im Hinblick auf die Registrierung und Sicherheitsüberprüfung der einzelnen Flüchtlinge zu bewältigen waren, hat das Bundesamt ein „integriertes Flüchtlingsmanagement" im März 2016 beschlossen[198]. In der ersten Phase wird die erkennungsdienstliche Behandlung und Dublin-Prüfung (Feststellung eines für die Durchführung des Asylverfahrens zuständige Dublin-Staats) in einem Ankunftszentrum durchgeführt. Vorhandene Ausweispapiere werden auf ihre Echtheit überprüft. Die persönlichen Daten werden in ein deutschlandweites zentrales Kerndatensystem eingegeben, auf das alle zuständigen Behörden zugreifen können. Nach der Asylgesuchstellung wird eine

---

197 BT-Drs. 15/420, S. 91.
198 BAMF, Integriertes Flüchtlingsmanagement – Zielsystem Deutschland.

mit elektronischen Sicherheitsmerkmalen ausgestattete Bescheinigung über die Meldung als Asylsuchender (§ 63 a AsylG, sog. Ankunftsnachweis) ausgestellt. Dieses Dokument enthält alle für die Identifizierung eines Asylbewerbers wesentlichen persönlichen Daten ggfs. mit dem Vermerk, dass diese auf den eigenen Angaben des Antragstellers beruhen. Der Ankunftsnachweis wird von der Aufnahmeeinrichtung ausgestellt, auf die der Ausländer verteilt worden ist. Er dient als Grundlage für die Berechtigung zur Inanspruchnahme sozialer Rechte nach dem Asylbewerberleistungsgesetz. Die Daten werden in ein deutschlandweites, zentrales Kerndatensystem eingegeben und sind im AZR für die zuständigen Behörden für die Erledigung ihrer Aufgaben abrufbar. Wie lange der Asylbewerber im Ankunftszentrum bleibt, soll von seinem Herkunftsland und vom daraus resultierenden Fallprofil abhängen. Vier Fallprofile lassen sich unterscheiden:

– Herkunft aus einem unsicheren Herkunftsland. Der Bewerber hat somit eine gute Bleibeperspektive. In der Regel soll er gleich am Folgetag nach Ankunft das gesamte Asylverfahren durchlaufen.
– Herkunft aus einem sicheren Herkunftsland. Sein Asylantrag wird wahrscheinlich abgelehnt. In diesem Fall soll der Bewerber in die „Wartezone" des Ankunftszentrums geleitet werden und dort bis zum Ende des Asylverfahrens bleiben und nach Verfahrensabschluss zurückkehren bzw. zurückgeführt werden.
– Der Asylbewerber kommt aus einem sicheren Dublin-Staat. Er wird in eine besondere Wartezone für Dublin-Fälle geleitet und nach Erledigung der erforderlichen Formalitäten in den zuständigen Dublin-Staat abgeschoben.
– Die Prüfung des Asylverfahrens gestaltet sich komplex. Der Asylbewerber wird in die zuständige Aufnahmeeinrichtung weitergeleitet.

In der 2. Phase findet das Asylverfahren in der zuständigen Außenstelle des Bundesamts, die der Aufnahmeeinrichtung zugeordnet ist, statt. Bei Antragstellung wird eine elektronische Akte angelegt. Es folgt die Anhörung, bei der ein geschulter Entscheider die Asylgründe strukturiert aufnimmt und bewertet und ggfs. nach Einholung weiterer Informationen über den Antrag entscheidet. Je nach Art der Entscheidung verbleiben die Asylsuchenden in Deutschland und werden weiter in die Kommunen verteilt oder werden in ihr Herkunftsland zurückgeführt. In der 3. Phase werden anerkannte Antragsteller oder solche, die nicht in ihr Heimatland zurückgeführt werden können, in den Ausbildungs- und Arbeitsmarkt integriert. Dies soll dadurch erleichtert werden, dass Antragsteller mit guter Bleibeperspektive bereits während der Antragstellung gebeten werden, einen Kurzlebenslauf auszufüllen und über ihre schulischen und beruflichen Qualifikationen Auskunft zu geben. Alle anerkannten Asylsuchenden sollen die Gelegenheit erhalten, einen Integrationskurs zu absolvieren. Mit „Lotsenstrukturen" sollen die Asylsuchenden bei der Orientierung vor Ort unterstützt werden.

**1386** Für die Durchführung des Asylverfahrens sind grundsätzlich die Vorschriften des Asylgesetzes und der Asylverfahrensrichtlinie 2013/32 maßgeblich. Dabei ist zu berücksichtigen, dass das AsylG eine Reihe von Vorschriften enthält, die nur auf die Prüfung der verfassungsrechtlichen Asylberechtigung i. S. d. Art. 16 a Abs. 1 GG zugeschnitten sind. Insbesondere für die Regeln über die Zuständigkeit der Bundesrepublik Deutschland zur Durchführung eines Asylverfahrens und das Verfahren der Prüfung der Zuständigkeit und der Überstellung eines aus einem anderen EU-Mitgliedstaat eingereisten Asylbewerbers sind grundsätzlich die

Vorschriften der Dublin III Verordnung Nr. 604/2013[199] unmittelbar anwendbar. Die Dublin III VO sieht u. a. eine exklusive Zuständigkeit desjenigen Staates vor, in den ein Asylbewerber zuerst über eine EU-Außengrenze eingereist ist. Da ein nach Deutschland eingereister Asylbewerber im Allgemeinen über einen zuständigen EU-Mitgliedstaat nach Deutschland irregulär, d. h. unter Verletzung seiner Pflicht, einen Asylantrag im zuständigen EU-Mitgliedstaat zu stellen, eingereist sein wird, sofern er nicht direkt auf dem Luftweg oder mit einem gültigen Visum oder Aufenthaltstitel nach Deutschland gekommen ist, ist Deutschland an sich nur ausnahmsweise für die Durchführung des Asylverfahrens zuständig.

Die beispiellose Zunahme der Zahl förmlicher Asylantragstellungen seit 2015 **1387** erklärt sich im Wesentlichen aus dem partiellen Zusammenbruch des Dubliner Zuständigkeitssystems und der politischen Bereitschaftserklärung Deutschlands, schutzsuchende Flüchtlinge, die in anderen EU Mitgliedstaaten entweder keinen ausreichenden Zugang zum Asylverfahren erhalten haben oder in diesen Staaten keine ausreichenden Lebensperspektive sehen, unter Abweichung von den unionsrechtlichen Regeln zum Asylverfahren in Deutschland zuzulassen. Mehrere EU-Mitgliedstaaten haben unter dem Druck immer größerer Flüchtlingsbewegungen die Registrierung von Asylsuchenden und die Rücknahme von irregulär weiterreisenden Flüchtlingen aufgegeben. Faktisch ist daher das Dublin-System weitgehend funktionslos geworden. Es sind derzeit keine Anzeichen dafür erkennbar, dass die systemischen Mängel und der faktische Zusammenbruch des Systems in absehbarer Zeit durch Maßnahmen der EU und ihrer Mitgliedstaaten korrigiert werden könnten. Die sich daraus ergebende Rechtslage ist durch eine Gemengelage von unionsrechtlichen Pflichten zur Kooperation bei der Wiederherstellung der Sicherung der Grenzen und einer geordneten Aufnahme von Flüchtlingen in die Europäische Union als Bestandteil eines Gemeinsamen Europäischen Asylsystems und nationaler Rechtsvorschriften zur Steuerung und Kontrolle irregulärer Einwanderung unter Berücksichtigung der Aufnahmefähigkeit der Bundesrepublik Deutschland (vgl. § 1 AufenthG) gekennzeichnet. Inwieweit sich daraus eine Befugnis zum Rückgriff auf nationale Rechtsvorschriften ergibt, ist naturgemäß umstritten.

Die Vorschriften des Asylgesetzes sehen grundsätzlich die Zurückweisung von **1388** Ausländern, die aus sicheren Drittstaaten in die Bundesrepublik einreisen vor (vgl. § 18 Abs. 2 Nr. 1). Ein Ausländer, der aus einem sicheren Drittstaat im Sinne des Art. 16 a Abs. 2 GG einreist, kann sich nicht auf das Asylgrundrecht berufen; er wird nicht als Asylberechtigter anerkannt (§ 26 a Abs. 1 AsylG). Gleiches gilt, wenn der Ausländer bereits in einem sonstigen Drittstaat vor politischer Verfolgung sicher war (§ 27 Abs. 1 AsylG). Ein Asylantrag ist unzulässig, wenn offensichtlich ist, dass der Ausländer bereits in einem sonstigen Drittstaat vor politischer Verfolgung sicher war und die Rückführung in diesen Staat oder in einen anderen Staat, in dem er vor politischer Verfolgung sicher ist, möglich ist (§ 29 Abs. 1 AsylG).

Ein Asylantrag eines Ausländers aus einem sicheren Herkunftsstaat im Sinne des Art. 16 a Abs. 3 GG ist als offensichtlich unbegründet abzulehnen, es sei denn, die von dem Ausländer angegebenen Tatsachen oder Beweismittel begründen die Annahme, dass ihm abweichend von der allgemeinen Lage im Herkunftsstaat politische Verfolgung droht (§ 29 a Abs. 1 AsylG i. V. m. Anlage II zu § 29 a

---

199 Verordnung (EU) Nr. 604/2013 v. 26.6.2013, ABl. EU Nr. L 180, S. 31.

AsylG). Ferner ist ein Asylantrag offensichtlich unbegründet, wenn die Voraussetzungen für eine Anerkennung als Asylberechtigter und die Voraussetzungen für die Zuerkennung der Flüchtlingseigenschaft offensichtlich nicht vorliegen; dies ist insbesondere der Fall, wenn nach den Umständen des Einzelfalles offensichtlich ist, dass sich der Ausländer nur aus wirtschaftlichen Gründen oder um einer allgemeinen Notsituation zu entgehen im Bundesgebiet aufhält (vgl. § 30 Abs. 2 AsylG). Auch diese Vorschriften sind im Zusammenhang mit der Asylverfahrensrichtlinie 2013/32 auszulegen und anzuwenden. Die Richtlinie verbietet den Mitgliedstaaten nicht, die Prüfung bestimmter Kategorien von Asylanträgen, die nach der Staatsangehörigkeit oder dem Herkunftsland des Asylbewerbers festgelegt sind, unter Beachtung der in der Richtlinie festgelegten Grundsätze und Garantien in einem beschleunigten und vorrangigen Verfahren durchzuführen.[200] Zulässig und sinnvoll sind daher auch die Durchführung beschleunigter Prüfungsverfahren von Asylbewerbern aus bestimmten Herkunftsregionen, die erfahrungsgemäß aus primär wirtschaftlichen Gründen ins Bundesgebiet einreisen. Die Richtlinie eröffnet insoweit den Mitgliedstaaten erhebliche Spielräume zur Anwendung ihrer nationalen Vorschriften.

**1389**  Diese Vorschriften haben allerdings bisher die gewünschte Beschleunigung des Asylverfahrens nicht zu erreichen vermocht. Das Gesetz zur Einführung beschleunigter Asylverfahren v. 11.3.2016[201] sieht daher die Einführung beschleunigter Asylverfahren in einer Außenstelle des Bundesamts, die einer besonderen Aufnahmeeinrichtung zugeordnet ist, vor, wenn der Ausländer
1.  Staatsangehöriger eines sicheren Herkunftsstaates ist,
2.  die Behörden durch falsche Angaben oder Dokumente oder durch Verschweigen wichtiger Informationen oder durch Zurückhaltung von Dokumenten über seine Identität oder Staatangehörigkeit getäuscht hat,
3.  ein Identitäts- oder Reisedokument, das die Feststellung seiner Identität oder Staatsangehörigkeit ermöglicht hätte, mutwillig vernichtet oder beseitigt hat, oder die Umstände offensichtlich diese Annahme rechtfertigen,
4.  einen Folgeantrag gestellt hat,
5.  den Antrag nur zur Verzögerung oder Behinderung der Vollstreckung einer bereits getroffenen oder unmittelbar bevorstehenden Entscheidung, die zu seiner Abschiebung führen würde, gestellt hat,
6.  sich weigert, der Verpflichtung zur Abnahme seiner Fingerabdrücke nachzukommen,
7.  aus schwerwiegenden Gründen der öffentlichen Sicherheit oder öffentlichen Ordnung ausgewiesen wurde oder es schwerwiegende Gründe für die Annahme gibt, dass er eine Gefahr für die nationale Sicherheit oder die öffentliche Ordnung darstellt.
Wird von diesem Verfahren Gebrauch gemacht, so entscheidet das Bundesamt innerhalb einer Woche nach Antragstellung. Ist dies nicht möglich, wird der Asylantrag im regulären Verfahren geprüft. Asylbewerber im beschleunigten Verfahren müssen während der Dauer des Verfahrens in der für ihre Aufnahme zuständigen besonderen Aufnahmeeinrichtung wohnen. Dies gilt darüber hinaus bis zur Ausreise oder Abschiebung auch wenn das Asylverfahren eingestellt wird, der Asylantrag nach § 29 als unzulässig, nach § 29 a oder 30 AsylG als offen-

---

200 EuGH v. 31.1.2013, Rs. C-175/11 – H. I. D., B. A.
201 BGBl. I, S. 390.

sichtlich unbegründet abgelehnt wird oder im Fall eines unbeachtlichen Folgeantrags nach § 71 Abs. 4 AsylG.

Weitere Verfahrensbeschleunigungen sollen durch eine Verschärfung der Vor- **1390** schriften über das Nichtbetreiben des Verfahrens erreicht werden (§ 33 AsylG). Danach wird vermutet, dass ein Ausländer das Verfahren nicht betreibt, wenn er

1. einer Aufforderung zur Vorlage von für den Antrag wesentlichen Informationen oder einer Aufforderung zur Anhörung nicht nachkommt,
2. untergetaucht ist oder
3. gegen die räumliche Beschränkung seiner Aufenthaltsgestattung gemäß § 56 AsylG, der er wegen einer Wohnverpflichtung nach § 30 a Abs. 3 unterliegt, verstößt.

Das Asylverfahren wird in diesem Fall eingestellt. Ein Ausländer kann die Wiederaufnahme beantragen, sofern er nicht schon nachgewiesen hat, dass das Versäumnis auf Umstände zurückzuführen ist, auf die er keinen Einfluss hatte.

Wird der Ausländer nicht als Asylberechtigter anerkannt und ihm die Flücht- **1391** lingseigenschaft nicht zuerkannt und kein subsidiärer Schutz gewährt, so erlässt das Bundesamt für Migration und Flüchtlinge die Abschiebungsandrohung (§ 34 Abs. 1 Satz 1 AsylG). In den Fällen der Unzulässigkeit und der offensichtlichen Unbegründetheit des Asylantrags beträgt die dem Ausländer zu setzende Ausreisefrist eine Woche (§ 36 Abs. 1 AsylG), in den sonstigen Fällen, in denen das Bundesamt den Ausländer nicht als Asylberechtigten anerkennt und ihm die Flüchtlingseigenschaft nicht zuerkennt[202], einen Monat (§ 38 Abs. 1 Satz 1 AsylG).

Einem Ausländer, der um Asyl nachsucht, ist zur Durchführung des Asylverfah- **1392** rens der Aufenthalt im Bundesgebiet gestattet (§ 55 AsylG). Die Aufenthaltsgestattung ist räumlich auf den Bezirk der Ausländerbehörde beschränkt, in dem die für die Aufnahme des Ausländers zuständige Aufnahmeeinrichtung liegt (§ 56 Abs. 1 Satz 1 AsylG). Die räumliche Beschränkung erlischt, wenn sich der Ausländer seit drei Monaten ununterbrochen erlaubt, geduldet oder gestattet im Bundesgebiet aufhält. Die räumliche Beschränkung erlischt nicht, solange die Verpflichtung des Ausländers, in der für seine Aufnahme zuständigen Aufnahmeeinrichtung zu wohnen, fortbesteht. Im Übrigen können räumliche Beschränkungen u. a. aus kriminalpräventiven Gründen oder wenn konkrete Maßnahmen der Aufenthaltsbeendigung bevorstehen, angeordnet werden (§ 59b AsylG).

Das Verlassen des Aufenthaltsbereichs einer Aufnahmeeinrichtung kann dem **1393** Ausländer erlaubt werden, wenn zwingende Gründe es erfordern (§ 57 Abs. 1 AsylG); das Verlassen eines zugewiesenen Aufenthaltsbereichs ist in § 58 AsylG geregelt. Nach § 58 Abs. 4 AsylG kann ein Ausländer ohne Erlaubnis den Geltungsbereich der Aufenthaltsgestattung verlassen, wenn ein Gericht das Bundesamt zur Asylanerkennung oder Gewährung subsidiären unionsrechtlichen oder nationalen Schutzes verpflichtet hat. Die Richtlinie RL 2013/33 über die Aufnahmebedingungen von Asylsuchenden sieht in Art. 7 vor, dass die Mitgliedstaaten

---

202 § 38 Abs. 1 AsylG nennt die Ablehnung der Zuerkennung der Flüchtlingseigenschaft nicht. Dies ist jedoch aufgrund des Zusammenhangs der Regelung mit § 34 Abs. 1 und § 36 Abs. 1 i. V. m. § 30 Abs. 1 AsylG, die auch die Zuerkennung der Flüchtlingseigenschaft umfassen, als redaktionelles Versehen anzusehen.

aus Gründen des öffentlichen Interesses, der öffentlichen Ordnung oder wenn es für eine zügige Bearbeitung und wirksame Begleitung des betreffenden Antrags auf internationalen Schutz erforderlich ist, einen Beschluss über den Aufenthaltsort des Asylbewerbers fassen. Auch die Gewährung materieller Leistungen kann an den tatsächlichen Aufenthaltsort geknüpft werden, der dem Asylbewerber zugewiesen worden ist.

**1394** Wohnsitzauflagen gegenüber Ausländern, die nicht mehr verpflichtet sind, in einer Aufnahmeeinrichtung zu wohnen und deren Lebensunterhalt nicht gesichert ist, sind bezüglich des in der Verteilentscheidung nach § 50 Abs. 4 AsylG genannten Ortes obligatorisch. Die Wohnsitzauflage schließt das vorübergehende Verlassen des zugewiesenen Ortes nicht aus, sondern bezieht sich nur auf die Wohnsitznahme. Darüber hinaus sind Auflagen gegenüber einem Ausländer, der nicht bzw. nicht mehr verpflichtet ist, in einer Aufnahmeeinrichtung zu wohnen, und dessen Lebensunterhalt nicht gesichert ist, nach § 60 Abs. 2 AsylG zulässig in Bezug auf die Wohnungsnahme in einem bestimmten Ort, den Umzug in eine bestimmte Gemeinde oder die Wohnungsnahme oder Unterkunft in dem Bezirk einer anderen Ausländerbehörde desselben Landes.

**1395** Für die Dauer der Pflicht, in einer Aufnahmeeinrichtung zu wohnen, darf der Ausländer keine Erwerbstätigkeit ausüben (§ 61 Abs. 1 AsylG); im Übrigen kann einem Asylbewerber, der sich seit 3 Monaten gestattet im Bundesgebiet aufhält, unter den Voraussetzungen des § 61 Abs. 2 AsylG die Ausübung einer Beschäftigung erlaubt werden.

**1396** Mit dem Erlass des am 1.1.1993 in Kraft getretenen Asylbewerberleistungsgesetzes[203] sind Asylbewerber aus dem Anwendungsbereich des Sozialhilferechts ausgenommen worden. Das AsylbLG geht von einem Grundbedarf aus, der dem zum Lebensunterhalt Unerlässlichen entspricht. Kennzeichnend für das AsylbLG ist eine deutliche Absenkung des Leistungsstandards sowie die Statuierung eines grundsätzlichen Sachleistungsvorrangs. Dadurch soll die einen Asylmissbrauch begünstigende wirtschaftliche Anreizwirkung der bisherigen Sozialhilferegelungen beseitigt bzw. gemindert und Schlepperorganisationen der finanzielle Nährboden entzogen werden. Nachdem das Gesetz durch Entscheidung des BVerfG partiell für verfassungswidrig erklärt worden ist[204], ist das Asylbewerberleistungsgesetz[205] in wesentlichen Punkten neu geregelt worden und in seinem Leistungsniveau deutlich an die Erwerbsfähigen zustehenden Leistungen des SGB II angeglichen worden. Zur Verminderung der vom BVerfG ignorierten Anreizfunktion und zur Eindämmung unerwünschter migrationspolitischer Konsequenzen eines im europäischen Vergleich hohen Leistungsniveaus hat sich der Gesetzgeber mittlerweile gezwungen gesehen, Einschränkungen insbes. bei solchen Leistungsberechtigten vorzunehmen, die vollziehbar ausreisepflichtig sind und ihrer Ausreisepflicht nicht nachkommen. Das Integrationsgesetz v. 31.7.2016 sieht für Asylbewerber finanzielle Sanktionen beim Bezug von Asylbewerberleistungen vor, die sich weigern, eine für sie zumutbare Flüchtlingsintegrationsmaßnahme aufzunehmen oder fortzuführen[206].

---

203 In der Fassung der Bekanntmachung v. 5.8.1997 (BGBl. I, S. 2022) – BGBl. III/FNA 2178 – 1, zuletzt geändert durch das Gesetz v. 11.3.2016, BGBl. I,S. 390.
204 BVerfG v. 18.7.2012 – 1 BvL 10/10 und 2/11, ZAR 2012, 339.
205 Vgl. oben Rn. 48 ff.
206 Vgl. § 5a Abs. 3 AsylbLG.

Auf der Grundlage des Art. 10 Abs. 1 Verfahrensrichtlinie wurden mehrere Informationspflichten in das AsylG aufgenommen. § 24 Abs. 1 Satz 2 AsylG sieht vor, dass das Bundesamt den Ausländer nach der Asylantragstellung in einer Sprache, deren Kenntnis vernünftigerweise vorausgesetzt werden kann, über den Ablauf des Verfahrens und seine Rechte und Pflichten im Verfahren, insbesondere auch über Fristen und die Folgen einer Fristversäumung, unterrichtet. Nach § 31 Abs. 1 Satz 3 AsylG ist dem um asyl- bzw. subsidiären internationalen oder nationalen Schutz nachsuchenden Ausländer für den Fall, dass kein Verfahrensbevollmächtigter bestellt worden ist, eine Übersetzung der Entscheidungsformel und der Rechtsbehelfsbelehrung in einer Sprache beizufügen, deren Kenntnis vernünftigerweise vorausgesetzt werden kann. Wurde der Ausländer als asylberechtigt anerkannt oder ihm internationaler Schutz zuerkannt oder ein Abschiebungsverbot nach § 60 Abs. 5 oder 7 festgestellt, ist der Betroffene zusätzlich über die Rechte und Pflichten zu unterrichten, die sich aus dem entsprechenden Status ergeben (§ 31 Abs. 1 Satz 3 Halbsatz 2 AsylG). Kommt das Bundesamt dieser Verpflichtung zur Information nicht nach, darf sich dies in einem nachfolgenden aufenthaltsrechtlichen Verfahren nicht zum Nachteil des Ausländers auswirken. Gegebenenfalls kann ihm ein Amtshaftungsanspruch wegen pflichtwidrigen Verhalten des Amtes zustehen[207]. **1397**

Die Flughafenregelung des § 18 a AsylG betrifft in erster Linie Ausländer aus sicheren Herkunftsstaaten, die über einen Flughafen einreisen wollen und bei der Grenzbehörde um Asyl nachsuchen (vgl. § 18 a Abs. 1 Satz 1 AsylG)[208]. Insoweit gilt die Besonderheit, dass das Asylverfahren bereits vor der Entscheidung über die Einreise durchzuführen ist, soweit die Unterbringung auf dem Flughafengelände während des Verfahrens möglich ist. Letzteres ist nur dann der Fall, wenn sie so gestaltet ist, dass nicht nur die Anforderungen an eine menschenwürdige Behandlung gewahrt bleiben, sondern dass auch möglichen nachteiligen Auswirkungen der Unterbringungssituation auf das Asylverfahren im Ergebnis entgegengewirkt werden kann. Anwendbar ist § 18 a AsylG weiterhin auf Ausländer, die bei der Grenzbehörde auf einem Flughafen um Asyl nachsuchen und sich dabei nicht mit einem gültigen Pass oder Passersatz ausweisen (§ 18 a Abs. 1 Satz 2 AsylG). Wird der Asylantrag als offensichtlich unbegründet abgelehnt, droht das Bundesamt dem Ausländer vorsorglich für den Fall der Einreise die Abschiebung an (§ 18 a Abs. 2 AsylG); ihm ist die Einreise zu verweigern (§ 18 a Abs. 3 Satz 1 AsylG). **1398**

## V. Rechtsschutz

Die Ansprüche auf Anerkennung als Asylberechtigter nach Art. 16 a GG und auf Zuerkennung internationalen Schutzes nach §§ 3 oder 4 AsylG oder Feststellung nationaler Abschiebungsverbote nach § 60 Abs. 5 oder 7 AufenthG stehen in einem bestimmten Rangverhältnis in dem Sinne, dass Schutz vor geltend gemachten Gefahren im Heimatstaat oder einem sonstigen Zielstaat vorrangig auf der jeweils den umfassenderen Schutz vermittelnden Stufe zu gewähren ist[209]. Lehnt das Bundesamt für Migration und Flüchtlinge den Asylantrag ab und droht es **1399**

---

207 *Huber*, Das Gesetz zur Umsetzung aufenthalts- und asylrechtlicher Richtlinien der Europäischen Union, NVwZ 2007, 977.
208 § 18 a AsylVfG ist mit dem GG vereinbar, vgl. BVerfG v. 14.5.1996, BVerfGE 94, 166.
209 BVerwG v. 15.4.1997, NVwZ 1997, 1132.

unter Verneinung von Abschiebungsverboten nach § 60 Abs. 5 oder 7 AufenthG die Abschiebung in den Heimatstaat an, so richtet sich das Rechtschutzbegehren regelmäßig auf die Verpflichtung des Bundesamts zur Gewährung von Asyl nach Art. 16 a GG und/oder die Zuerkennung der Flüchtlingseigenschaft. Bleibt dieses Hauptbegehren erfolglos, wird regelmäßig subsidiäres Rechtschutzbegehren die Gewährung subsidiären Schutzes und zugleich Aufhebung der Abschiebungsandrohung wegen des Bestehens von Abschiebungsverboten nach § 60 Abs. 5 oder 7 AufenthG in Bezug auf das Abschiebezielland sein. Statthafte Klageart ist in allen drei Fällen die Verpflichtungsklage, welche die Anfechtung der negativen Feststellung des Bundesamts einschließt. Eine mit der Anfechtung der Bundesamtsentscheidung verbundene Feststellungsklage oder eine die Feststellung des Bundesamts ersetzende verwaltungsgerichtliche Feststellung sind ausgeschlossen[210]. Die verwaltungsgerichtliche Rechtsprechung begründet dies zutreffend mit dem Hinweis auf die ausschließliche Kompetenz des Bundesamts, nach § 24 Abs. 2 AsylG über Abschiebungsverbote nach § 60 Abs. 5 oder 7 AufenthG zu entscheiden. Dabei handelt es sich um einen gesonderten und mit einer eigenen Bindungswirkung (§ 42 Satz 1 AsylG) ausgestatteten feststellenden Verwaltungsakt, der gerichtlich nur mittels einer Verpflichtungsklage durchgesetzt werden kann (vgl. § 43 Abs. 2 Satz 1 VwGO). Einwendungen, die sich gegen die Ausreisepflicht als solche richten, sind nicht im Verfahren über das Bestehen von Abschiebungsverboten, sondern im Verfahren über die Rechtmäßigkeit aufenthaltsbeendender Maßnahmen (Ausweisung, nachträgliche Befristung) oder im Verfahren über die Erteilung einer Aufenthaltserlaubnis zu prüfen[211].

1400 Gem. § 11 AsylG findet gegen Entscheidungen des Bundesamtes kein Widerspruch statt. Die Klagefrist beträgt gem. § 74 Abs. 1 AsylG grundsätzlich zwei Wochen ab Zustellung der Entscheidung. In den Fällen der Ablehnung des Asylantrages als unbeachtlich (§ 29 AsylG) oder als offensichtlich unbegründet (§ 30 AsylG) beträgt die Klagefrist eine Woche ab Zustellung (§§ 74 Abs. 1, 36 Abs. 3 Satz 1 AsylG). Der Kläger hat gem. § 74 Abs. 2 AsylG die zur Begründung dienenden Tatsachen und Beweismittel innerhalb eines Monats nach Zustellung der Entscheidung anzugeben. Die Klage hat nach § 75 AsylG außer in den Fällen der § 38 Abs. 1 AsylG (Ablehnung des Asylantrages als unbegründet) keine aufschiebende Wirkung. Dasselbe gilt in den Fällen der §§ 73, 73 b und 73 c AsylG (Widerruf oder Rücknahme der Anerkennung als Asylberechtigter, der Zuerkennung der Flüchtlingseigenschaft, subsidiärer Schutzberechtigung oder der Feststellung nationaler Abschiebungsverbote), wenn der Widerruf oder die Rücknahme auf Ausschlussgründe des § 60 Abs. 8 Satz 1 AufenthG oder § 3 Abs. 2 AsylG oder eine fakultative Ausnahme vom Abschiebungsschutz nach § 80 Abs. 8 Satz 3 AufenthG („Silvesternachtdelikte") gestützt ist. Auch im Falle einer Ablehnung eines Asylantrages als unzulässig (§ 29 AsylG) oder als offensichtlich unbegründet (§ 30 AsylG) hat die Klage keine aufschiebende Wirkung. In diesen Fällen ist zusätzlich zur Klage in der Hauptsache ein Antrag auf Anordnung der aufschiebenden Wirkung nach § 80 Abs. 5 VwGO zu stellen.

1401 Der einstweilige Rechtsschutz richtet sich in den Fällen, in denen das Bundesamt einen Asylantrag als unbeachtlich oder als offensichtlich unbegründet abgelehnt

---

210 BVerwG v. 29.3.1996, DVBl. 1996, 1257; VGH BW v. 25.9.1996 – 16 S 221/95; a.A. OVG Sachsen-Anhalt v. 26.1.1995 – 2 L 16/94, juris.
211 Vgl. zu § 53 AuslG *Hailbronner,* JZ 1995, 127.

und festgestellt hat, dass Abschiebungsverbote nach § 60 Abs. 5 oder 7 AufenthG nicht vorliegen, nach § 36 Abs. 3 AsylG[212]. Mittels eines Antrags nach § 80 Abs. 5 VwGO kann die aufschiebende Wirkung der gegen den Bescheid des Bundesamts erhobenen Klage begehrt werden. Auch gegen die Abschiebungsandrohung in einen sicheren Drittstaat oder einen für die Durchführung des Asylverfahrens zuständigen Staat (insbesondere aufgrund der Dublin III-Verordnung Nr. 604/2013) ist einstweiliger Rechtsschutz nach § 80 Abs. 5 VwGO innerhalb einer Woche gegen eine Abschiebungsanordnung statthaft (vgl. § 34 a Abs. 2 AsylG). Die Abschiebung ist in diesen Fällen bei rechtzeitiger Antragstellung vor der gerichtlichen Entscheidung nicht zulässig. Die Vorschrift ermöglicht insbesondere die Gewährung einstweiligen Rechtsschutzes gegen Überstellungen im Dublin-Verfahren.

# § 12   Die Rechtsstellung der Unionsbürger

## I.   Rechtsquellen und innerstaatliche Geltung der Freizügigkeit

Das *Recht auf Freizügigkeit* gehört zu den ältesten Vorrechten der Angehörigen   **1402** der Mitgliedstaaten der Europäischen Union. Bereits die Römischen Verträge von 1957 sahen in Art. 48 des EWG-Vertrags (Vertrag zur Gründung einer Europäischen Wirtschaftsgemeinschaft) ein Recht der Arbeitnehmer vor, in anderen Mitgliedstaaten Arbeit zu suchen und eine Arbeit aufzunehmen und sich zu diesem Zweck ungehindert durch mitgliedstaatliche Beschränkungen im Gemeinschaftsgebiet aufhalten zu können. Ein entsprechendes Recht war für selbständig wirtschaftlich Tätige im EWG-Vertrag mit der Dienstleistungsfreiheit und der Niederlassungsfreiheit gewährleistet. Die Freizügigkeit für wirtschaftlich Tätige eines EWG-Mitgliedstaates und dessen Familienangehörige, gleich welcher Nationalität, entwickelte sich in der Folgezeit zu einer der wichtigsten Marktfreiheiten. Insbesondere durch eine dynamische und auf eine Weiterentwicklung umfassender Freizügigkeit ausgerichtete Rechtsprechung des EuGH wurden schrittweise Schranken im Bereich der Freizügigkeit abgebaut.

Der Gerichtshof nutzte die Bestimmungen der 1968 erlassenen grundlegenden   **1403** Verordnung über die Rechtsstellung der Arbeitnehmer (Verordnung Nr. 1612/68) und der zuvor erlassenen Richtlinien über das Recht der Mitgliedstaaten, aus Gründen der öffentlichen Ordnung und Sicherheit die Freizügigkeit einzuschränken (Richtlinie 64/221) dazu, strenge Maßstäbe im Hinblick auf Geeignetheit und Erforderlichkeit mitgliedstaatlicher Schranken zu entwickeln und im Zweifel der Freizügigkeit den Vorrang vor innerstaatlichen ordre-public-Erwägungen einzuräumen. Als wichtiges Instrument erwies sich hierbei die Konzeption des EuGH, Schranken der Freizügigkeit ausschließlich *nach gemeinschaftsrechtlichen Grundsätzen* auszulegen und auf die öffentliche Ordnung gestützte Einschränkungen der Freizügigkeit nur dann zuzulassen, wenn sie dem Schutz gewichtiger Rechtsgüter dienten und in gleicher Weise gegenüber eigenen Staatsangehörigen als Grundlage beschränkender Maßnahmen herangezogen wurden wie gegenüber Angehörigen anderer Mitgliedstaaten. Im Bereich der sozialen Rechte legte der Gerichtshof die Vorschrift, die den Arbeitnehmern gleiche sozi-

---

212  Vgl. für die Einzelheiten *Strauß*, VBlBW 1995, 422; *Hailbronner*, Ausländerrecht, März 2015, § 36 AsylG Rn. 36 ff.

ale und steuerliche Vergünstigungen einräumte[1], so weit aus, dass darunter jede Vergünstigung subsumiert werden konnte, die ein Staat seinen Bürgern zukommen ließ, gleichgültig ob sie an die Arbeitnehmereigenschaft anknüpfte oder nicht. Dementsprechend hat der EuGH auch das Recht eines Touristen, wie ein Angehöriger einer inländischen Minderheit nach nationalem Recht die Durchführung eines Strafverfahrens in seiner Heimatsprache verlangen zu können[2], als soziale Vergünstigung im Sinne dieser Bestimmung qualifiziert und eine unterschiedliche Behandlung zwischen Unionsbürgern und eigenen Staatsangehörigen für gemeinschaftsrechtswidrig erklärt.

**1404**  Die Freizügigkeit blieb aufgrund ihrer Verankerung in den Marktfreiheiten des EWG-Vertrags allerdings auf wirtschaftlich erwerbstätige Mitgliedstaatsangehörige und deren Familienmitglieder beschränkt. Erst zu Beginn der 1990er Jahre erfolgte mit drei Richtlinien eine Ausweitung der Freizügigkeit auf Studenten, Rentner und sonstige nicht Erwerbstätige. Mit der Einführung der Unionsbürgerschaft im Maastrichter Vertrag[3] und dem Amsterdamer Vertrag vom 2.10.1997[4] löste sich die Freizügigkeit auch in ihren vertragsrechtlichen Grundlagen endgültig von der wirtschaftlichen Erwerbstätigkeit. Art. 21 AEUV (ex 18 EGV) und Art. 45 der Europäischen Grundrechtecharta[5] gewähren nunmehr *jedem Unionsbürger* das Recht, „sich im Hoheitsgebiet der Mitgliedstaaten frei zu bewegen und aufzuhalten." Darüber hinaus gilt für Unionsbürger das umfassende *Diskriminierungsverbot* des Art. 18 AEUV, wonach unbeschadet besonderer Bestimmungen des Vertrags in seinem Anwendungsbereich jede Diskriminierung aus Gründen der Staatsangehörigkeit verboten ist.

**1405**  Die *Union hat das Recht*, Vorschriften zu erlassen, mit denen die Ausübung dieser Rechte erleichtert wird, wenn zur Erreichung dieses Ziels ein Tätigwerden der Gemeinschaft erforderlich erscheint und wenn der Vertrag hierfür keine Befugnisse vorsieht. Art. 21 AEUV garantiert allen Unionsbürgern ein Freizügigkeitsrecht, ohne Rücksicht auf ihre Absicht, sich wirtschaftlich grenzüberschreitend zu betätigen. Allerdings wird das Recht nicht schrankenlos garantiert. Art. 21 AEUV sieht einen *Vorbehalt* bezüglich der in dem Vertrag selbst und in den Durchführungsvorschriften vorgesehenen „Beschränkungen und Bedingungen" vor. Von Anfang an war umstritten, ob mit dieser Bestimmung der *Unionsbürgerschaft* eine neue eigenständige Rechtsqualität gegeben wird oder ob es sich insoweit nur um einen Verweis auf die bereits im Vertrag selbst und in den Durchführungsvorschriften vorgesehenen Schranken handelt[6]. Der EuGH hat sich mittlerweile klar zu der ersteren Auffassung bekannt und die Unionsbürgerschaft als „fundamentalen Status" des Unionsbürgers interpretiert, der nur in den engen Schranken des Grundsatzes der Verhältnismäßigkeit einschränkbar

---

1  Vgl. Art. 7 Abs. 2 der Verordnung Nr. 1612/68.
2  Vgl. EuGH v. 11.7.1985, Rs. C-137/84 – *Mutsch*, Slg. 1985, 2681; v. 24.11.1998, Rs. C-274/96 – *Bickel*, Slg. 1998, I-7637; vgl. auch *Hailbronner*, in Hailbronner/Wilms, Recht der Europäischen Union, Art. 39 EGV, Rn. 145.
3  Vertrag über die Europäische Union v. 7.2.1992, BGBl. II, S. 1253, 1256.
4  BGBl. 1998 II, S. 387, ber. BGBl. 1999 II, S. 416, geändert durch den Vertrag von Nizza v. 21.2.2001, BGBl. 2001 II, S. 1667, 1671.
5  Proklamation des Europäischen Rats in Nizza v. 7.12.2000, konsolid, Fassung ABl. EU Nr. C 83/ 389 v. 30.3.2010; vgl. *Tettinger/Stern* (Hrsg), Europäische Grundrechte Charta, 2006.
6  Vgl. *Christoph Schönberger*, Unionsbürger, Tübingen 2005, S. 320 ff.

ist. Die Aufnahme der Freizügigkeit in die EU-Grundrechtecharta (Art. 45) hat
diese Rechtsprechung bestätigt[7].

Mit dem *FreizügG/EU*[8] hat der Bundesgesetzgeber das unionsrechtliche Freizü- **1406**
gigkeitsrecht umgesetzt. Es regelt die Einreise und den Aufenthalt von Unionsbürgern und ihren Familienangehörigen ohne Rücksicht auf deren Staatsangehörigkeit. Da das FreizügG/EU spezielle Regelungen für Unionsbürger und deren
freizügigkeitsberechtigte Familienangehörige enthält, findet das AufenthG für
diesen Personenkreis grundsätzlich keine Anwendung. Allerdings verweist das
FreizügG/EU in folgenden Fällen auf das Aufenthaltsgesetz:
– falls das Aufenthaltsgesetz eine günstigere Rechtstellung vermittelt als das
  Freizügigkeitsgesetz,
– falls festgestellt wird, dass ein Freizügigkeitsrecht nicht oder nicht mehr
  besteht, oder
– falls Vorschriften des Aufenthaltsgesetzes ausdrücklich für entsprechend anwendbar erklärt werden (vgl. § 11 FreizügG/EU). Das gilt z. B. für Ausnahmen von der Passpflicht (§ 3 Abs. 2 AufenthG), die Erteilung einer Betretenserlaubnis (§ 11 Abs. 2 AufenthG), Datenübermittlungsvorschriften (§§ 85
  bis 88 AufenthG) usw.
Die Bundesregierung hat am 3.2.2016 eine Allgemeine Verwaltungsvorschrift
zum FreizügG/EU (AVV zum FreizügG/EU) erlassen[9], die unter Berücksichtigung
der neueren EuGH-Rechtsprechung für die Verwaltungsbehörden bindende Anweisungen zur Anwendung des FreizügG/EU vorsieht. Gerichte sind an die AVV
nicht gebunden.

Grundsätzlich nicht ergänzend anwendbar sind insbesondere die Vorschriften **1407**
des AufenthG über aufenthaltsbeendende Maßnahmen, Ausweisung und den
aufenthaltsrechtlichen Status. Vielmehr gelten insoweit ausschließlich die Vorschriften des FreizügG/EU, das allerdings mit insgesamt 15 Paragraphen eine
sehr schlanke Gesetzgebung darstellt, die zu ihrer Konkretisierung auf die Rechtsprechung des EuGH und die sekundärrechtlichen Vorschriften des Unionsrechts
angewiesen ist. Zur Präzisierung des Gesetzestexts verweist das Gesetz nicht selten auf die im Unionsrecht, insbesondere in der EuGH-Rechtsprechung entwickelten Begriffe als Maßstab für die Umschreibung und Begrenzung des Freizügigkeitsrechts[10]. Nicht ordnungsgemäß oder unzureichend umgesetzte
Vorschriften der UBRL entfalten unmittelbare Wirkung für Behörden und Gerichte, sofern die vom EuGH entwickelten Kriterien der hinreichenden Genauig-
keit und unbedingten Geltung erfüllt sind[11].

Ungeachtet dessen, dass die Unionsbürgerfreizügigkeit nicht an die Ausübung **1408**
wirtschaftlicher Tätigkeit gebunden ist, bestehen Unterschiede zwischen der
Rechtsstellung erwerbstätiger und nicht erwerbstätiger Unionsbürger. Zum einen
regelt die für Arbeitnehmer grundlegende Verordnung Nr. 492/2011 (ex VO

---

7 EuGH v. 17.9.2002, Rs. C-413/99 – Baumbast, Slg. 2002 I 7091, Rn. 82; v. 2.3.2010, Rs. C-135/
  08 – Rottmann, Slg. 2010 I-1449; v. 8.3.2011, Rs. C-34/09 – Ruiz Zambrano.
8 Gesetz über die allgemeine Freizügigkeit von Unionsbürgern; Hailbronner, Ausländerrecht, D 1; v.
  30.7.2004, BGBl I, S. 1950, zuletzt geändert durch das Gesetz zur Änderung des Freizügigkeitsge-
  setzes/EU und weiterer aufenthaltsrechtlicher Vorschriften vom 22.12.2015 (BGBl. I, S. 2557).
9 GMBl. 20016, Nr. 5 S. 86, vgl. Hailbronner, Ausländerrecht, D 1.1.
10 Vgl. z. B. § 6 Abs. 2 FreizügG/EU zum Verlust des Rechts auf Einreise und Aufenthalt.
11 Vgl. dazu Jochum, Europarecht I, 2. Aufl. 2012,S. 191 ff.

1612/68) als spezielle Norm die Beschäftigung, die Gleichbehandlung und die sozialen Rechte der Familienangehörigen von Arbeitnehmern. Zum anderen unterscheidet auch die Unionsbürgerrichtlinie für das Aufenthaltsrecht und den Zugang zu sozialen Leistungen zwischen erwerbstätigen und nicht erwerbstätigen Unionsbürgern.

**1409**   Für einen Zeitraum von bis zu drei Monaten haben alle Unionsbürger ohne weitere Formalitäten und Bedingungen ein Einreise- und Aufenthaltsrecht, das nur an die Pflicht geknüpft ist, über einen gültigen Personalausweis oder Reisepass zu verfügen. Drittstaatsangehörige Familienangehörige eines Unionsbürgers aus visumpflichtigen Staaten benötigen allerdings für die Einreise ins Bundesgebiet trotz des unionsrechtlich garantierten Freizügigkeitsrechts ein Visum. Nach Ablauf des Drei-Monats-Zeitraums ist für Nichterwerbstätige der weitere Aufenthalt vom Nachweis ausreichender Existenzmittel und eines Krankenversicherungsschutzes abhängig.

**1410**   Für ein über drei Monate hinausgehendes EU-Freizügigkeitsrechts macht § 2 FreizügG/EU für nicht erwerbstätige Unionsbürger das Aufenthaltsrecht im Grundsatz von weiteren Voraussetzungen wie insbes. ausreichende Mittel zum Lebensunterhalt und ausreichenden Krankenversicherungsschutz abhängig. Besondere Bestimmungen gelten für Arbeitssuchende und Unionsbürger, die sich schon mehr als 5 Jahre im Bundesgebiet aufhalten. § 4 a Abs. 1 FreizügG sieht entsprechend Art. 7 UBRL ein Recht auf Daueraufenthalt für die Unionsbürger und ihre Familienangehörigen vor, die sich seit fünf Jahren ständig rechtmäßig im Bundesgebiet aufgehalten haben. Das einmal erlangte Recht auf Daueraufenthalt ist keinen Bedingungen unterworfen. Es kann nur noch unter außergewöhnlichen Umständen aus schwerwiegenden Gründen der öffentlichen Sicherheit und Ordnung beendet werden. Nach einem zehnjährigen Aufenthalt sind aufenthaltsbeendende Maßnahmen nur aus zwingenden Gründen der „öffentlichen Sicherheit" zulässig.

**1411**   Der unionsrechtliche Gleichbehandlungsgrundsatz verbietet „im Anwendungsbereich" des Vertrags jede Ungleichbehandlung aus Gründen der Staatsangehörigkeit (Art. 18 AEUV). Im Anwendungsbereich des Vertrags liegt grundsätzlich jede einer unionsrechtlichen Regelung zugängliche Materie. Die EuGH Rechtsprechung zur Auslegung dieses Begriffs hat sich mit der Weiterentwicklung des Unionsbürgerrechts zum „fundamentalen Status" verändert. So fällt z. B. auch die Fürsorge eines Staates für seine unterstützungsbedürftigen Angehörigen grundsätzlich in den Anwendungsbereich des Gleichbehandlungsgrundsatzes des Unionsrecht, während der EuGH vor Einführung der Unionsbürgerschaft davon ausgegangen war, dass die Leistung von Sozialhilfe der alleinigen Verantwortung der Mitgliedstaaten obliegt und sich ein Unionsbürger für einen gleichen Zugang zum Sozialleistungssystem eines Mitgliedstaats daher nicht auf den Gleichbehandlungsgrundsatz berufen kann[12].

**1412**   Grundsätzlich werden damit alle Unionsbürger und ihre Familienangehörigen, die sich aufgrund der Unionsbürgerrichtlinie in einem Mitgliedstaat aufhalten, Inländern gleichgestellt. Da aber Art. 18 AEUV einen Vorbehalt zugunsten besonderer Bestimmungen des Vertrags zulässt und damit auch auf die im Freizü-

---

12   EuGH v. 20.9.2001, Rs. C-184/99 – *Grzelczyk*, Rn. 34–35; EuGH v. 21.6.1988, Rs. 197/86 – *Brown*, zur Förderung des Lebensunterhalts von Studierenden.

gigkeitsrecht vorgesehenen Beschränkungsvorbehalte verweist, bleibt es dem Unionsgesetzgeber vorbehalten, sachgerechte Einschränkungen der Gleichbehandlung vorzusehen. Derartige Einschränkungen sind insbesondere in Art. 24 UBRL für den Zugang von Arbeitssuchenden und Studierenden zu Fürsorgeleistungen und für Nichterwerbstätige in Art. 7 UBRL vorgesehen. Es bleibt den Aufnahmemitgliedstaaten überlassen, ob Unionsbürgern und ihren Familienangehörigen während der ersten drei Monate des Aufenthalts Sozialhilfe gewährt werden soll. Gleiches gilt auch für Unterhaltsbeihilfen zum Zwecke eines Studiums oder einer Berufsausbildung sowie für die Gewährung von Sozialhilfe für Arbeitssuchende vor Erwerb des Rechts auf Daueraufenthalt[13]. Aber auch für einen nachfolgenden Zeitraum sieht die Richtlinie grundsätzlich die Existenz eigener Mittel zum Lebensunterhalt für Nichterwerbstätige vor, schränkt allerdings das Recht auf Aufenthaltsbeendigung bei Abhängigkeit von Sozialhilfe ein. Erst mit Erwerb des Daueraufenthaltsrechts nach fünf Jahren rechtmäßigen Aufenthalts ist das Aufenthaltsrecht von Unionsbürgern und ihren Familienangehörigen von keinerlei weiteren Voraussetzungen abhängig, schließt also auch das Recht auf Aufenthalt bei dauernder Abhängigkeit von Sozialhilfe ein.

## II.   Aufenthaltsrecht nach dem FreizügG/EU

**Fall 55 a:** Die Italienerin I will zusammen mit ihrem libanesischen Ehemann L, der in Frankreich eine Aufenthaltskarte besitzt, aus Frankreich nach Deutschland umziehen und
a)   eine Anstellung als Maschinenbauingenieurin in einer Stuttgarter Firma annehmen,
b)   sich mit einem Konstruktionsbüro in Stuttgart selbständig machen,
c)   sich zur Arbeitssuche in Stuttgart aufhalten und hat noch keine konkrete Stelle in Aussicht.
Welche Voraussetzungen sind zu beachten?

*Freizügigkeitsberechtigten Unionsbürgern und ihren Familienangehörigen* steht    **1413** nach § 2 FreizügG/EU ein *Recht auf Einreise und Aufenthalt* zu, das nur von den im FreizügG/EU niedergelegten Voraussetzungen, die mit dem Unionsrecht in Einklang stehen müssen, abhängig gemacht werden kann. Nach der Abschaffung der Kontrollen an den Binnengrenzen der Gemeinschaft durch das Schengener Durchführungsübereinkommen findet in der Regel (Ausnahme: die nicht dem SDÜ angeschlossenen EU-Mitgliedstaaten Großbritannien und Irland) innerhalb der Europäischen Union keine Grenzkontrolle mehr statt. Unabhängig hiervon erlaubt es aber das Unionsrecht, das Einreise- und Aufenthaltsrecht auch der Unionsbürger von *bestimmten formalen Voraussetzungen* abhängig zu machen, die von der Rechtsprechung des EuGH im Allgemeinen eng ausgelegt werden.

Das im FreizügG/EU geregelte Recht auf Einreise und Aufenthalt ist *deklaratori-*    **1414** *scher Natur*, wird also nicht erst durch die im Freizügigkeitsgesetz vorgesehenen behördlichen Akte (Aufenthaltskarte für Familienangehörige) begründet[14]. Entsprechend gibt § 2 Abs. 1 FreizügG/EU lediglich eine bereits aufgrund des EG-

---

13  Vgl. Erwägungsgrund Nr. 21.
14  Vgl. Rspr. des EuGH zur Arbeitnehmerfreizügigkeit zu Art. 48 EWGV; EuGH v. 8.4.1976, Rs. C-S 48/75 – *Royer*, Slg. 1976, 497; v. 7.7.1976, Rs. C-118/75 – *Watson und Belmann*, Slg. 1976, 1185; v. 14.7.1977, Rs. C-8/77 – *Sagulo*, Slg. 1977, 1495.

Vertrags bestehende Rechtslage wieder. Die im FreizügG/EU geregelten Formalitäten haben daher keine konstitutive Wirkung, sondern dienen lediglich Beweiszwecken.

**1415** Das FreizügG/EU definiert den *freizügigkeitsberechtigten Personenkreis*[15] in § 2 Abs. 2 Nrn. 1 bis 7 folgendermaßen:
- Unionsbürger, die sich als Arbeitnehmer oder zur Berufsausbildung aufhalten wollen (Nr. 1),
- Unionsbürger, die sich zur Arbeitssuche aufhalten, für bis zu 6 Monaten und darüber hinaus nur, solange sie nachweisen können, dass sie weiterhin Arbeit suchen und begründete Aussicht haben, eingestellt zu werden (Nr. 1a),
- niedergelassene selbständige erwerbstätige Unionsbürger (Nr. 2),
- Unionsbürger, die als selbstständige Erwerbstätige berechtigterweise Dienstleistungen erbringen (Nr. 3),
- Unionsbürger, die Dienstleistungen empfangen (Nr. 4),
- nicht erwerbstätige Unionsbürger und ihre Familienangehörigen, wenn sie über ausreichenden Krankenversicherungsschutz und ausreichende Existenzmittel verfügen (Nr. 5),
- Familienangehörige im Sinne der §§ 3, 4 FreizügG/EU (Nr. 6),
- Unionsbürger und ihre Familienangehörigen, die ein Daueraufenthaltsrecht erworben haben (Nr. 7).

**1416** Die Einreise und ein *Aufenthalt bis zu drei Monaten* ist für Unionsbürger ohne weitere Bedingung und Formalität zulässig[16]. Insbesondere kann von Unionsbürgern grundsätzlich kein irgendwie gearteter Aufenthaltstitel verlangt werden (vgl. § 2 Abs. 4 Satz 1 und Abs. 5 FreizügG/EU). Die Unionsbürger sind lediglich verpflichtet, bei der *Einreise* in das Bundesgebiet einen *gültigen Personalausweis oder Reisepass* mit sich zu führen und einem zuständigen Beamten auf Verlangen zur Prüfung vorzulegen[17] sowie sich nach den melderechtlichen Vorschriften des Bundeslandes, in dem sie eine Wohnung beziehen, *bei der Meldebehörde anzumelden*. Eine Verpflichtung von Unionsbürgern, ständig während ihres Aufenthalts im Bundesgebiet einen Pass oder Personalausweis mit sich zu führen, besteht nicht. Vielmehr reicht der bloße „Besitz" für die Dauer des Aufenthalts aus. Dies gilt auch für *drittstaatsangehörige Familienangehörige* im Besitz eines anerkannten oder sonst zugelassenen Passes oder Passersatzes, die nicht die Staatsangehörigkeit eines Mitgliedstaates besitzen und die den Unionsbürger begleiten oder ihm nachziehen (Absatz 5).

**1417** Die Befreiung von der Visumpflicht gilt allerdings nur für Unionsbürger, *nicht aber für freizügigkeitsberechtigte Familienangehörige aus Drittstaaten* (vgl. § 2 Abs. 4 Satz 2 FreizügG/EU). Familienangehörige, die nicht Unionsbürger sind, bedürfen daher nach wie vor eines *Visums*, sofern sie Staatsangehörige eines Staates sind, für die nach der EU-Visumverordnung Nr. 539/2001[18] bzw. bei längerfristigen Aufenthalten nach § 6 Abs. 4 AufenthG i. V. m. der AufenthV eine Visumpflicht gilt. Visa werden kostenlos erteilt. Auch die Unionsbürgerrichtlinie hat an der Fortgeltung der Visumpflicht für Familienangehörige nichts

---

15 Näheres hierzu unten Rn. 1375.
16 Vgl. Art. 5 Abs. 1 Satz 2 der RL 2004/38/EG.
17 Bisher „auszuhändigen" (§ 8 FreizügG/EU a. F.); vgl. BR-Drs. 461/12, S. 5.
18 ABlEG Nr. L 81, S. 1.

geändert. Vorgesehen ist lediglich, dass die Mitgliedstaaten alle erforderlichen Maßnahmen zu treffen haben, um den visumpflichtigen Familienangehörigen die Beschaffung der erforderlichen Visa zu erleichtern und die Visa so bald wie möglich nach einem beschleunigten Verfahren unentgeltlich zu erteilen[19].

Die Beibehaltung der *Visumpflicht für drittstaatsangehörige Familienangehörige*  **1418** bedeutet allerdings nach der Rechtsprechung des EuGH nicht, dass ein nach Unionsrecht zur Einreise berechtigter Drittstaatsangehöriger, der Familienangehöriger eines Unionsbürgers ist, an der Grenze zurückgewiesen oder ihm im Falle einer unerlaubten Einreise die Erteilung einer Aufenthaltskarte verweigert werden könnte. Zwar hält der EuGH im Hinblick auf das Visumerfordernis grundsätzlich eine Zurückweisung an der Grenze für nicht ausgeschlossen[20]. Die *Zurückweisung oder Verweigerung eines Aufenthaltsrechts* ist jedoch *unverhältnismäßig* und deshalb untersagt, *wenn* der Staatsangehörige eines Drittstaats, der mit einem Staatsangehörigen eines Mitgliedstaates verheiratet ist, seine Identität und die Ehe mit einem Unionsbürger nachweisen kann und wenn es keinen Anhaltspunkt dafür gibt, dass er eine Gefahr für die öffentliche Ordnung, Sicherheit oder Gesundheit darstellt. Entsprechendes gilt auch für andere Familienangehörige, die ihr Freizügigkeitsrecht aufgrund der familiären Verbundenheit zu einem Unionsbürger nachweisen können[21].

Die Zuerkennung eines Aufenthaltsrechts durch einen Mitgliedstaat an einen  **1419** Unionsbürger darf ungeachtet der Pflicht, im Besitz eines gültigen Reisepasses oder Personalausweises zu sein, nicht davon abhängig gemacht werden, dass der Betreffende einen gültigen Personalausweis oder Reisepass vorlegt, wenn das Recht des Aufnahmemitgliedstaats den eigenen Staatsangehörigen keine solche Verpflichtung auferlegt[22]. Ein Unionsbürger, der sein Aufenthaltsrecht in einem anderen Mitgliedstaat für die Dauer von drei Monaten oder weniger ausübt, kann jedoch verpflichtet werden, seine Eigenschaft als Unionsbürger durch jedes andere geeignete Mittel nachzuweisen. Ihm muss die Gelegenheit gegeben werden, innerhalb angemessener Frist einen gültigen Personalausweis oder Reisepass vorzulegen. Unberührt bleibt davon die Befugnis, ein Ordnungswidrigkeitenverfahren wegen Verletzung der Pflicht zur Vorlage eines Visums bei der Einreise einzuleiten.

Außerdem darf ein Mitgliedstaat die Erteilung eines Visums bzw. die Einreise in  **1420** sein Hoheitsgebiet Drittausländern, die mit Unionsbürgern verheiratet sind, nicht allein deshalb verweigern, weil die betroffenen Drittausländer im Schengener Informationssystem zur Einreiseverweigerung ausgeschrieben sind, wenn er nicht zuvor festgestellt hat, ob von der Anwesenheit dieser Personen in seinem Hoheitsgebiet eine tatsächliche, gegenwärtige und erhebliche Gefahr für ein Grundinteresse der Gesellschaft ausgeht[23].

Freizügigkeitsberechtigten Familienangehörigen, die nicht Unionsbürger sind,  **1421** wird von Amts wegen innerhalb von sechs Monaten, nachdem sie die erforderli-

---

19  Art. 5 Abs. 2 der RL 2004/38/EG.
20  Vgl. auch EuGH v. 30.5.1991, Rs. C 68/89 – *Kommission/Niederlande*, Slg. 1991, I2637.
21  EuGH v. 25.7.2000, Rs. C-459/99 – *MRAX/Belgien*, EWS 2003, 28.
22  EuGH v. 17.2.2005, Rs. C-215/03 – *Oulane/Minister voor Vreemdelingenzaken*, EuZW 2005, 183.
23  EuGH v. 31.1.2006, Rs. C-503/03 – *Kommission/Spanien*, Slg. 2006, I-1097, Rn. 52.

chen Angaben gemacht haben, eine Aufenthaltskarteausgestellt (vgl. § 5 Abs. 1 FreizügG/EU). Voraussetzung für die Ausstellung der Aufenthaltskarte ist lediglich, dass die Voraussetzungen des Freizügigkeitsrechts nach § 2 Abs. 1 FreizügG/EU, also die Voraussetzungen für einen Aufenthalt für mehr als drei Monate anlässlich der meldebehördlichen Anmeldung in der Wohnsitzgemeinde glaubhaft gemacht werden (vgl. § 5 Abs. 1 und Abs. 2 Satz 1 FreizügG/EU).

**1422**    § 5 Abs. 2 Satz 2 und Satz 3 FreizügG/EU regeln das Verfahren, in dem die für das Freizügigkeitsrecht erforderlichen Angaben und Nachweise zu erbringen sind. Danach bedarf es keines förmlichen Verfahrens bei den Ausländerbehörden. Vielmehr können für die Glaubhaftmachung erforderliche Angaben bereits bei der polizeilichen Anmeldung bei den zuständigen Meldebehörden entgegengenommen werden. Diese leiten die Angaben und Nachweise an die zuständigen Behörden weiter. Eine darüber hinausgehende Verarbeitung oder Nutzung dieser Angaben durch die Meldebehörde erfolgt nicht. Das Gesetz geht bei einem Unionsbürger von einer Vermutung des Bestehens dieser Voraussetzungen aus, wenn der Unionsbürger erklärt, dass er freizügigkeitsberechtigt ist (z. B. als Arbeitnehmer) und keine Zweifel an seiner Erklärung bestehen. Lediglich wenn besondere Gründe vorliegen, kann das Bestehen dieser Voraussetzungen und ihr Fortbestand überprüft werden[24].

**1423**    Der Gesetzgeber hat damit eine erhebliche Vereinfachung des Verfahrens gegenüber dem bisherigen Aufenthaltserlaubnisverfahren bei den Ausländerbehörden vorgenommen. Im Grunde wird damit die Rechtsstellung des Unionsbürgers weitgehend an diejenige der Deutschen angeglichen. Ungeachtet dessen bestehen weiterhin Unterschiede der aufenthaltsrechtlichen Stellung zwischen deutschen Staatsangehörigen und Unionsbürgern. Unionsbürger und ihre freizügigkeitsberechtigten Familienangehörigen werden *im* Ausländerzentralregister registriert, während Deutsche lediglich meldepflichtig nach den allgemeinen Meldegesetzen der Länder sind[25]. Der EuGH hat auf ein Vorabentscheidungsersuchen des OVG NRW mit Urteil v. 16.12.2008[26] die Speicherung von Daten von Unionsbürgern für mit dem Unionsrecht vereinbar erklärt, sofern das AZRG nur solche Daten speichert, die zu aufenthaltsrechtlichen Zwecken erforderlich sind. Zur Kriminalitätsbekämpfung dürfen Daten von Unionsbürgern jedoch nicht genutzt werden, solange im AZR nur Daten von Unionsbürgern anderer EU-Mitgliedstaaten erfasst werden (Verstoß gegen Gleichbehandlungsgrundsatz). Das AZRG ist dementsprechend geändert worden.[27]

**1424**    Welche Dokumente für den Erhalt einer Aufenthaltskarte vorzulegen sind, ergibt sich aus § 5 a FreizügG/EU, der inhaltlich im Wesentlichen Art. 8 Abs. 5 UBRL entspricht. So kann von erwerbstätigen Arbeitnehmern nur die Vorlage des gültigen Personalausweises oder Reisepasses, die Einstellungsbestätigung des Arbeitgebers, eine Beschäftigungsbescheinigung oder ein Nachweis der Selbständigkeit verlangt werden (vgl. § 5 a Abs. 1 Nr. 1 und 2 FreizügG/EU). Nicht erwerbstä-

---

24  Vgl. § 5 Abs. 4 für den Fortbestand der Erteilungsvoraussetzungen – eine entsprechende Regelung muss aber sinngemäß auch für das Bestehen der Freizügigkeitsvoraussetzungen gelten.
25  Nach Auffassung der Europäischen Kommission liegt darin ein Verstoß gegen das Diskriminierungsverbot des Art. 18 AEUV.
26  Rs. C-524/06 – *Huber*, Slg. 2008 I-9705; vgl. auch OVG NRW v. 24.6.2009 – 17 A 805/03, AuAS 2010, 18.
27  Gesetz v. 20.12.2012, BGBl. I, S. 2745.

tige Unionsbürger hingegen müssen einen Nachweis über ausreichenden Krankenversicherungsschutz und ausreichende Existenzmittel erbringen. Allerdings dürfen die Mitgliedstaaten für den Nachweis der ausreichenden Existenzmittel keinen festen Betrag festlegen, den sie als ausreichend betrachten. Vielmehr muss die persönliche Situation des Betroffenen berücksichtigt werden. Der Betrag darf in keinem Fall über dem Schwellenbetrag liegen, unter dem der Aufnahmemitgliedstaat seinen Staatsangehörigen Sozialhilfe gewährt, oder, wenn dieses Kriterium nicht anwendbar ist, über der Mindestrente der Sozialversicherung des Aufnahmemitgliedstaates[28].

Von Studenten kann neben der Vorlage des Personalausweises oder Reisepasses **1425** eine Bescheinigung über die Einschreibung bei einer anerkannten Einrichtung und über den umfassenden Krankenversicherungsschutz und eine Erklärung des Studenten oder jedes andere gleichwertige Mittel seiner Wahl verlangt werden, mit dem glaubhaft gemacht wird, dass er versichert ist und für sich und seine Familienangehörigen über ausreichende Existenzmittel verfügt. Die Mitgliedstaaten dürfen auch hierbei nicht verlangen, dass sich diese Erklärung auf einen bestimmten Existenzmittelbetrag bezieht. Dies beruht auf der Rechtsprechung des EuGH, der eine fixe Existenzmittelgrenze für unzulässig erklärt hat[29].

> **Lösung Fall 55 a Alt. a):** Als Italienerin ist I Unionsbürgerin. Sie will sich als Arbeit- **1426**
> nehmerin in Deutschland aufhalten. Damit ist sie unionsrechtlich freizügigkeitsbe
> rechtigt im Sinne des § 2 Abs. 2 Nr. 1 FreizügG/EU. Ihr Aufenthaltsrecht richtet sich
> daher nicht nach dem AufenthG, so dass sie keine Aufenthaltserlaubnis zum Zweck
> der Erwerbstätigkeit beantragen muss. Vielmehr kann sie ohne Visum oder sonstigen
> Aufenthaltstitel in das Bundesgebiet einreisen und sich hier aufhalten. Voraussetzung
> ist lediglich, dass I die Voraussetzungen des Freizügigkeitsrechts für einen ständigen
> Aufenthalt in Deutschland glaubhaft macht, wenn dies von der zuständigen Auslän
> derbehörde verlangt wird. Die erforderlichen Angaben und Nachweise können aber
> auch von der zuständigen Meldebehörde bei der meldebehördlichen Anmeldung ent
> gegengenommen und sodann an die zuständige Ausländerbehörde weitergeleitet wer
> den (vgl. § 5 Abs. 2 Sätze 2 und 3 FreizügG/EU). Der libanesische Ehemann kann
> zusammen mit der I visumfrei nach Deutschland einreisen, da er im Besitz einer gülti
> gen Aufenthaltskarte Frankreichs ist (§ 2 Abs. 4 Satz 2 FreizügG/EU).
>
> **Alt. b):** Unionsrechtlich freizügigkeitsberechtigt sind auch Unionsbürger, die zur Aus
> übung einer selbständigen Erwerbstätigkeit berechtigt sind (niedergelassene selbstän
> dige Erwerbstätige), vgl. § 2 Abs. 2 Nr. 2 FreizügG/EU. Welche Dokumente sie hierfür
> vorlegen muss, ist in § 5 a FreizügG/EU geregelt.
>
> **Alt c):** Für das Freizügigkeitsrecht kommt es nicht darauf an, dass I noch keinen
> konkreten Arbeitsplatz in Aussicht hat, sondern sich zur Arbeitssuche in Deutschland
> befindet. Nach der Rechtsprechung des EuGH besteht das Freizügigkeitsrecht für ar
> beitsuchende Arbeitnehmer jedenfalls solange, wie eine ernsthafte Möglichkeit be
> steht, eine Erwerbstätigkeit aufzunehmen. I ist somit als arbeitsuchende Unionsbürge
> rin bis zur Dauer von 6 Monaten freizügigkeitsberechtigt im Sinne des § 2 Abs. 1
> Nr. 1 FreizügG/EU. Bei einem über drei Monate hinausgehenden Aufenthalt kann von
> I die Registrierung zur Arbeitssuche bei der Bundesagentur, für L der Nachweis der
> Eheschließung als Voraussetzung der Ausstellung einer Aufenthaltskarte verlangt wer
> den.

---

28  Vgl. Art. 8 Abs. 4 der Unionsbürgerrichtlinie.
29  EuGH v. 25.5.2000, Rs. C-424/98 – *Kommission/Italien*, Slg. 2000, I-4001, Rn. 44; EuGH v. 20.9.2001, Rs. C-184/99 – *Grzelczyk*, InfAuslR 2001, 481.

## III.   Der freizügigkeitsberechtigte Personenkreis

### 1.   Unionsbürgerschaft als Anknüpfungspunkt für das Freizügigkeitsrecht

**Fall 55 b:** Die von Sozialleistungen abhängige A, die die deutsche und die österreichische Staatsangehörigkeit besitzt, heiratet im November 2002 einen nigerianischen Staatsangehörigen während eines zweitägigen Aufenthalts in Dänemark. Nach der Rückkehr nach Deutschland wird durch die Ausländerbehörden dem Ehegatten eine Aufenthaltserlaubnis wegen illegaler Einreise und Nichterfüllung der Voraussetzungen für die Erteilung eines Aufenthaltstitels wegen mangelnder Fähigkeit, sich in deutscher Sprache zu verständigen, verweigert (§ 28 Abs. 1 Satz 4 i. V. m. § 30 Abs. 1 Satz 1 Nr. 2 AufenthG und § 5 Abs. 2 Nr. 1). A beruft sich demgegenüber auf ein Freizügigkeitsrecht nach der Unionsbürgerrichtlinie zur Erteilung eines Aufenthaltsrechts für ihren Ehegatten. Zu Recht?

**1427** § 2 Abs. 1 FreizügG/EU postuliert ein Recht auf Einreise und Aufenthalt für freizügigkeitsberechtigte Unionsbürger und deren Familienangehörige. Unionsbürger ist nach Art. 20 Abs. 1 a AEUV, wer die Staatsangehörigkeit eines Mitgliedstaates der Union besitzt. Daraus ergibt sich, dass die Unionsbürgerschaft ausschließlich durch die Staatsangehörigkeit der Mitgliedstaaten vermittelt wird[30]. Sie ergänzt also die nationale Staatsbürgerschaft, ersetzt sie aber nicht. Um in den Genuss des EU Freizügigkeitsrechts zu gelangen, müssen jedoch Unionsbürger ihr Recht auf Freizügigkeit innerhalb der Europäischen Union ausüben. Erforderlich für die Anwendung der UBRL und des FreizügG/EU ist daher ein Anknüpfungspunkt, der über die Grenzen eines EU-Mitgliedstaats hinausweist. Freizügigkeit wird zum Zweck des freien Aufenthalts und der freien Bewegung im Hoheitsgebiet der Europäischen Union gewährt. Freizügigkeitsberechtigt sind nicht nur Unionsbürger, sondern auch Familienangehörige von Unionsbürgern im Sinne des Art. 2 Abs. 2 UBRL, die einen Unionsbürger „begleiten oder ihm nachziehen"[31]. Das EU-Freizügigkeitsrecht ist insoweit „akzessorisch", d. h. abgeleitet vom Freizügigkeitsrecht eines Unionsbürgers. Voraussetzung ist, dass ein Unionsbürger im Sinne des Art. 3 Abs. 1 UBRL von seiner Freizügigkeit Gebrauch macht. Für die aufenthaltsrechtliche Stellung des Unionsbürgers gegenüber seinem eigenen Heimatstaat ist diese Begrenzung des Anwendungsbereichs des Freizügigkeitsrechts im Allgemeinen ohne Bedeutung, da er gegenüber seinem Heimatstaat bereits kraft Völkerrecht und gegebenenfalls kraft Verfassungsrechts ein uneingeschränktes Recht auf Einreise und Aufenthalt besitzt[32]. Demgegenüber ist die Frage des Anwendungsbereichs der EU-Freizügigkeit für das akzessorische Aufenthaltsrecht von Familienangehörigen, die die Staatsangehörigkeit eines Drittstaates besitzen, von großer praktischer Bedeutung, wenn das nationale Recht, wie z. B. bei der Erfüllung von Integrationsanforderungen striktere Regeln vorsieht, als sie im EU-Freizügigkeitsrecht zugelassen sind.

**1428** Grundsätzliche Voraussetzung für ein „Gebrauchmachen" im Sinne des Art. 3 Abs. 1 UBRL ist, dass sich ein Unionsbürger in einen anderen als den Mitgliedstaat, dessen Staatsangehöriger er ist, „begibt" oder sich dort aufhält. Daraus folgt, dass die Unionsbürgerrichtlinie keine Anwendung auf einen Unionsbürger findet, der noch nie von seinem Recht auf Freizügigkeit Gebrauch gemacht hat,

---

30  Grundlegend hierzu: *Ch. Schönberger*, in: *Grabitz/Hilf*, Art. 20 AEUV, August 2012, Rn. 28 ff.
31  Vgl. Art. 3 Abs. 1 UBRL.
32  So EuGH v. 5.5.2011, Rs. C-434/09 – *McCarthy*.

er sich stets in einem Mitgliedstaat, dessen Staatsangehörigkeit er besitzt, aufgehalten hat, und zwar auch dann, wenn er zusätzlich im Besitz der Staatsangehörigkeit eines anderen Mitgliedstaates ist[33]. Folglich kann sich auch ein Ehegatte oder ein Familienangehöriger, der die Staatsangehörigkeit eines Drittstaates besitzt, eines solchen Unionsbürgers nicht auf die EU-Freizügigkeit berufen. Entsprechend sind die Vorschriften des Aufenthaltsgesetzes über die Erteilung eines Aufenthaltstitels an ausländische Ehegatten und Familienangehörige eines deutschen Staatsangehörigen, der nicht von seinem EU-Freizügigkeitsrecht Gebrauch macht, weiterhin anwendbar.

Ein „grenzüberschreitender Anknüpfungspunkt"[34] fehlt daher, wenn sich ein **1429** drittstaatsangehöriger Ehegatte oder Familienangehöriger eines im Bundesgebiet wohnenden Deutschen auf EU-Freizügigkeit in Deutschland beruft. Eine Berufung im Hinblick auf ein akzessorisches Einreise- und Aufenthaltsrecht kommt daher allenfalls in Frage, wenn ein deutscher Staatsangehöriger nach Deutschland im Anschluss an eine Erwerbstätigkeit oder einen länger dauernden Aufenthalt in einem anderen Mitgliedstaat nach Deutschland zurückkehrt[35]. Voraussetzung für eine Berufung ausländischer Ehegatten und Familienangehöriger deutscher Staatsangehöriger auf die EU-Freizügigkeit ist allerdings, dass ein deutscher Staatsangehöriger „mit einer gewissen Nachhaltigkeit von seinem Freizügigkeitsrecht Gebrauch macht". Ein Kurzaufenthalt in einem anderen EU-Mitgliedstaat zum Zweck der Eheschließung reicht daher nicht aus[36]. Der EuGH hat diese Rechtsprechung bestätigt, indem er es abgelehnt hat, auch mehrere Kurzaufenthalte (z. B. an Wochenenden oder Ferien) in einem anderen EU-Mitgliedstaat zusammengerechnet als ausreichend anzuerkennen[37]. Nur ein Aufenthalt, der die Voraussetzungen der für einen Aufenthalt von mehr als drei Monaten geltenden Bestimmungen der UBRL erfüllt, kann ein abgeleitetes Freizügigkeitsrecht für drittstaatsangehörige Familienangehörige begründen.

Eine hinreichende Verknüpfung des Aufenthaltsrechts eines drittstaatsangehörigen Familienangehörigen mit der Freizügigkeit eines Unionsbürgers fehlt auch, wenn dieser sich rechtmäßig im Herkunftsmitgliedstaat seiner Ehefrau und Tochter aufhält, während diese sich in einem anderen Mitgliedstaat niedergelassen haben[38]. Das Erfordernis, dass der Familienangehörige den Unionsbürger in einen anderen als den Herkunftsstaat des Unionsbürgers begleitet hat oder ihm nachgezogen ist, ist nicht erfüllt. Auch das in der Charta der Grundrechte der EU garantierte Recht auf Achtung des Privat- und Familienlebens ist in diesem Fall nicht einschlägig, da kein Anknüpfungspunkt zum Unionsrecht besteht und die Charta folglich nicht anwendbar ist.

---

33 EuGH v. 5.5.2011, Rs. C-434/09 – *McCarthy*, Rn. 34–43; vgl. auch BayVGH v. 19.2.2010 – 10 ZB 09 2584.
34 GA Kokott, Schlussanträge im Fall *McCarthy* v. 25.11.2010, Rs. C-434/09, Rn. 31.
35 Vgl. dazu EuGH v. 7.7.1992, RS C-370/90 – *Singh*, Slg. 1992 I-4265; v. 11.12.2007, Rs. C-291/05 – *Eind*, Slg. 2007 I-10 719.
36 Vgl. BVerwG v. 16.11.2010 – 1 C 17/09, NVwZ 2011, 495, Rn. 12; v. 11.1.2011 – 1 C 23/09, NVwZ 2011, 871; v. 22.6.2011 – 1 C 11/10, NVwZ 2012, 52; vgl. auch VGH BW v. 25.1.2010 – 11 S 2181/09, NVwZ 2010, 529; OVG NRW v. 14.6.2010 – 18 B 432/10, NVwZ-RR 2010, 241.
37 EuGH v. 12.3.2014, Rs. C-456/12 und C-457/12 – *O, B, S und G.*
38 EuGH v. 8.11.2012, Rs. C-40/11 – *Lida/Stadt Ulm.*

**1431**  Anders verhält es sich, wenn ein Unionsbürger, von dem das Aufenthaltsrecht einer drittstaatsangehörigen Ehefrau abgeleitet werden soll, regelmäßig zur Ausübung seiner beruflichen Tätigkeit (Dienstleistungen) in andere EU-Mitgliedstaaten reist und dabei von seiner Ehefrau begleitet wird[39]. Maßgeblicher Zweck und Rechtfertigung des Freizügigkeitsrechts von Familienangehörigen aus Drittstaaten ist, dass seine Nichtanerkennung die Ausübung der Im AEUV garantierten Grundfreiheiten eines Unionsbürgers beeinträchtigen könnte. Maßgebliches Entscheidungskriterium ist daher, ob die Verweigerung des Freizügigkeitsrechts eine abschreckende Wirkung in Bezug auf die tatsächliche Ausübung der Grundrechte des Unionsbürgers und insbesondere seines Freizügigkeitsrechts hätte[40]. Ob dies im Falle eines Unionsbürgers, der zwar in seinem Herkunftsstaat wohnt (in dem der drittstaatsangehörige Familienangehörige ein Aufenthaltsrecht begehrt), sich aber im Rahmen seiner Berufstätigkeit regelmäßig in einen anderen Mitgliedstaat begibt[41], angenommen werden kann, überlässt der EuGH den nationalen Gerichten zur Beurteilung – mit dem Hinweis, dass es darauf ankommen kann, ob der Drittstaatsangehörige für das Kind des Unionsbürgers sorgt.

**1432**  Unabhängig vom Vorliegen eines grenzüberschreitenden Sachverhalts und der Anwendung der Unionsbürgerrichtlinie 2004/38 hat der EuGH in seiner neueren Rechtsprechung eine Berufung auf das in Art. 21 a EUV und Art. 45 der EU-Grundrechtecharta garantierte Recht auf Freizügigkeit zugelassen, wenn Maßnahmen eines Mitgliedstaats den „Kernbestand" der Rechte, die aus der Unionsbürgerschaft fließen, beeinträchtigt. Eine derartige Auswirkung liegt nach Auffassung des EuGH vor, wenn einer Drittstaatsangehörigen in einem Mitgliedstaat, in der ihr minderjähriges Kind, das die Staatsangehörigkeit dieses Staates besitzt und der sie Unterhalt gewährt, der Aufenthalt und eine Arbeitserlaubnis verwehrt werden. Dies hätte nach Auffassung des EuGH zur Folge, dass das minderjährige Kind ungeachtet seines Unionsbürgerrechts gezwungen wäre, das Gebiet der Europäischen Union zu verlassen , um seine sorgeberechtigten Eltern zu begleiten[42].

**1433**  Unklar ist, wann der Kernbestand des Rechts, der sich aus der Unionsbürgerschaft ergibt, beeinträchtigt ist und unter welchen Voraussetzungen das unmittelbar aufgrund von Art. 21 AEUV erlangte Aufenthaltsrecht Einschränkungen unterliegt[43]. Strittig ist ferner, inwiefern die „Kernbereichsdoktrin" auf das Aufenthaltsrecht anderer Familienangehöriger eines deutschen Staatsangehörigen als der drittstaatsangehörigen Eltern eines minderjährigen Kindes übertragbar sind. In der „Dereci-Entscheidung"[44] hat der EuGH das Aufenthaltsrecht des drittstaatsangehörigen Familienangehörigen eines Unionsbürgers nicht bereits deshalb dem Kernbestand des Unionsbürgerrechts zugeordnet, weil aus persönlichen oder wirtschaftlichen Gründen ein Zusammenleben wünschenswert wäre. Humanitäre Aspekte des Familiennachzugs, insbesondere der Schutz der

---

39  EuGH v. 11.7.2002, Rs. C-60/00 – *Carpenter*.
40  EUGH v. 12.3.2014, Rs. C-457/12 – *S und G*, v. 8.11.2012, *Lida*, Rs. C-40/11; v. 8.5.2013, Rs. C-87/12 – *Ymeraga und Ymeraga-Tafarhiku*; v. 10.10.2013, Rs. C-86/12 – *Alokpa*.
41  EUGH v. 12.3.2014, Rs. C-457/12 – *S und G*.
42  EuGH v. 8.3.2011, Rs. C-34/09 – *Ruiz Zambrano*; vgl. dazu *Hailbronner/Thym*, NJW 2011, 2008; *Nettesheim*, JZ 2011, 1030.
43  Vgl. dazu VGH BW v. 4.5.2011, 11 S 207/11 – Einschränkungen aufgrund des Verhältnismäßigkeitsgrundsatzes und unter Heranziehung der Kriterien des EGMR zu Art. 8 EMRK.
44  EuGH v. 15.11.2011, RS C-256/11 – *Murat Dereci*.

Privatsphäre und Familie aus Art. 8 EMRK, die von den nationalen Gerichten zu überprüfen sind, können daher nicht als ausreichend angesehen werden, um im Lichte der „Kernbestandstheorie" die Verweigerung von Aufenthaltsrechten zum Zweck des Familiennachzugs dem Anwendungsbereich von Art. 21 AEUV und Art. 45 der EU-Grundrechtecharta zu unterstellen[45]. Ein drittstaatsangehöriger Ehegatte eines Deutschen kann sich daher nicht schon aufgrund der Unionsbürgerschaft auf ein unionsrechtliches Freizügigkeitsrecht im Bundesgebiet berufen[46]. Dagegen gestattet es das Unionsrecht nicht, einen für einen minderjährigen Unionsbürger allein sorgeberechtigten Drittstaatsangehörigen allein wegen dessen Vorstrafen eine Aufenthaltserlaubnis zu verweigern oder eine Ausweisung aus dem Uniongebiet zu verfügen[47].

> **Lösung Fall 55 b:** Nach der EuGH-Rechtsprechung im Fall McCarthy ist in diesem Fall mangels eines „Gebrauchmachens" der drittstaatsangehörige Ehegatte der A nicht berechtigt, sich auf die Freizügigkeit der Unionsbürgerrichtlinie zu berufen. Grundsätzlich kommt zwar eine Anwendung des Freizügigkeitsrechts entsprechend den Vorschriften der Unionsbürgerrichtlinie, die an sich auf das Aufenthaltsrecht von Familienangehörigen deutscher Staatsangehöriger nicht anwendbar sind, dann in Frage, wenn ein Deutscher aus einem anderen Mitgliedstaat zurückkehrt, nachdem er von seinem Freizügigkeitsrecht innerhalb der Union Gebrauch gemacht hat. Erforderlich für die Anwendung des EU-Freizügigkeitsrechts auf Ehegatten ist jedoch ein „nachhaltiges" Gebrauchmachen. Nach der Rechtsprechung reicht hierfür der Kurzaufenthalt zum Zweck der Eheschließung nicht aus. Anwendbar sind daher die Vorschriften des Aufenthaltsrechts, die im vorliegenden Fall die Verweigerung einer Aufenthaltserlaubnis bereits wegen Nichterfüllung der Familiennachzugsvoraussetzungen erlauben.

## 2. Arbeitnehmer und Arbeitsuchende

§ 2 Abs. 2 Nr. 1 FreizügG/EU beruht auf dem primärrechtlich in Art. 45 AEUV **1434** und sekundärrechtlich in Art. 7 Abs. 1 lit. a UBRL geregelten Recht auf Freizügigkeit für Arbeitnehmer[48]. Ungeachtet der allgemeinen Unionsbürgerfreizügigkeit ist die Zuordnung zu einer der Kategorien des § 2 Abs. 2 FreizügG/EU, und insbesondere der Erwerb und die Beibehaltung der Arbeitnehmereigenschaft im unionsrechtlichen Sinne von großer praktischer Bedeutung, da der Zugang zu sozialen Leistungen und die Reichweite des Anspruchs auf Gleichbehandlung nicht selten davon abhängen. Im Prinzip gilt, dass EU-Arbeitnehmer – mit Ausnahme bestimmter politischer Mitwirkungsrechte – alle Rechte besitzen, die Inländern bzw. deutschen Staatsangehörigen zustehen.

§ 2 Abs. 2 Nr. 1 FreizügG/EU erfasst sämtliche Arbeitnehmer im Sinne des **1435** Art. 45 AEUV[49], wobei unter „Beschäftigung" eine Tätigkeit im Lohn- oder Gehaltsverhältnis zu verstehen ist[50]. Der EuGH hat den Arbeitnehmerbegriff autonom auf der Grundlage des Unionsrechts interpretiert[51]. Er hat die Begriffe „Arbeitnehmer" und „Tätigkeit im Lohn- oder Gehaltsverhältnis" „ausgehend vom

---

45 Vgl. dazu *Thym*, NVwZ 2012, 103.
46 OVG NRW v. 29.4.2011, 18 B 377/11, NVwZ 2011, 955.
47 EuGH v. 13.9.2016, Rs. C-165/14 und C-304/14 – *Alfredo Rendon Marin*.
48 Vgl. hierzu auch *Hailbronner*, in: Hailbronner/Wilms, Recht der Europäischen Union, Art. 39 EG, Rn. 14 f.; *Brechmann*, in: Calliess/Ruffert, EUV/EGV, 3. Aufl. 2006, Art. 39 EG, Rn. 74 f.
49 Vgl. Hess. VGH v. 4.12.1995, InfAuslR 1996, 133.
50 Vgl. auch Art. 1 VO 1612/68.
51 EuGH v. 19.3.1964, Rs. C-75/63 – *Unger*, Slg. 1964, 375; EuGH v. 262 1992, Rs. C-357/89 – *Raulin*, Slg. 1992, I-1027.

gewöhnlichen Sinn der Begriffe in ihrem Kontext und im Lichte der Ziele des Vertrags" ermittelt[52]. Grundsätzlich ist als Arbeitnehmer derjenige anzusehen, der während einer bestimmten Zeit für einen anderen nach dessen Weisungen Leistungen erbringt, für die er als Gegenleistung eine Vergütung erhält[53]. Der EuGH geht von einer extensiven Auslegung des Arbeitnehmerbegriffs aus und nimmt daher eine Arbeitnehmereigenschaft auch dann an, wenn es sich nur um eine Teilzeitbeschäftigung handelt, für die zusätzlich Sozialhilfe in Anspruch genommen werden muss[54]. Unerheblich ist, woher die Mittel für die Vergütung des Arbeitnehmers stammen, ob das Beschäftigungsverhältnis ein sozialversicherungspflichtiges Arbeitsverhältnis ist und ob der Betreffende eine für den Arbeitgeber produktive Leistung erbringt oder ob andere Aspekte, wie z. B. Weiterbildung oder humanitäre Gründe im Vordergrund stehen[55]. Auszubildende im dualen System sind im Allgemeinen Arbeitnehmer im Sinne des EU-Rechts. Lediglich gänzlich untergeordnete und unwesentliche Beschäftigungen scheiden aus dem Arbeitnehmerbegriff aus[56]. Kriterien sind u. a. die Höhe der Vergütung (wobei der EuGH bereits 175 Euro monatlich ausreichen lässt), das Bestehen eines Lohnfortzahlungsanpruchs, Urlaubsanspruchs, die Anwendbarkeit tarifvertraglicher Bestimmungen, die Bestandsdauer des Beschäftigungsverhältnisses[57]. In der Vergangenheit ausgeübte Gelegenheitsjobs begründen keine Arbeitnehmereigenschaft[58].

**1436**  Unter den unionsrechtlichen Arbeitnehmerbegriff fallen auch Beschäftigungsverhältnisse im öffentlichen Dienst. Dies folgt bereits daraus, dass es nicht in der Definitionsmacht des nationalen Gesetzgebers liegen kann, ob Art. 45 AEUV auf ein bestimmtes Beschäftigungsverhältnis Anwendung findet oder nicht. Auf einen etwaigen öffentlich-rechtlichen Status der Tätigkeit kommt es folglich nicht an[59], so dass Beamte ebenfalls Arbeitnehmer im Sinne des Gemeinschaftsrechts sind. Ausgenommen sind nur Beschäftigungen, die eine unmittelbare oder mittelbare Teilnahme an der Ausübung hoheitlicher Befugnisse und an der Wahrnehmung von Aufgaben mit sich bringen, die auf die Wahrung der allgemeinen Belange des Staates oder anderer öffentlich-rechtlicher Körperschaften gerichtet sind, so dass sie ein Verhältnis besonderer Verbundenheit des jeweiligen Stelleninhabers zum Staat sowie die Gegenseitigkeit der Rechte und Pflichten voraussetze, die dem Staatsangehörigkeitsband zugrunde liegen[60].

**1437**  Die Arbeitnehmereigenschaft verliert, wer nicht nur vorübergehend aus dem deutschen Arbeitsmarkt ausscheidet und für die Vermittlung einer Beschäftigung durch die Bundesagentur nicht mehr tatsächlich zur Verfügung steht. Das ist der Fall, wenn ein Arbeitnehmer das Rentenalter erreicht oder auf Dauer in seinen

---

52  EuGH v. 23.3.1982, Rs. C-53/81 – *Levin*, Slg. 1982, 1035.
53  Vgl. EuGH v. 3.7.1986, Rs. C-66/85 – *Lawrie Blum*, Slg. 1986, 2121, 2144; *Brechmann*; in:*Callies/ Ruffert*, EUV/EGV, 3. Aufl. Art. 39 EGV, Rn. 10 ff.; *Hailbronner*, in: Hailbronner/Wilms, Recht der Europäischen Union, 3. Aufl. 2004, Art. 39 EGV, Rn. 14 ff.
54  EuGH v. 23.2.1982, Rs. C-53/81 – *Levin*, Slg. 1982, 1035.
55  Vgl. AVV zum FreizügG/EU Nr. 2.2.1.1.
56  EuGH v. 7.9.2004, Rs. C-456/02 – *Trojani*, Slg. 2004, I-7573; v. 6.11.2003, Rs. C-413/01 – *Ninni-Orasche*; v. 4.6.2009, Rs. C-22/08, und C-23/08 – *Vatsouras und Koupatantze*.
57  EuGH v. 4.2.2010, Rs. C-14/09 – *Genc*; vgl. AVV zum FreizügG/EU Nr. 2.2.1.1.
58  OVG Hamburg v. 14.12.2005 – 3 Bs 79/05, juris.
59  EuGH v. 3.7.1986, Rs. C-66/85 – *Lawrie Blum*, Slg. 1986, 2121.
60  EuGH v. 10.9.2014, Rs. C-270/13 – *Haralambidis*, zur Frage, ob ein EU-Mitgliedstaat eine Stelle eigenen Staatsangehörigen vorbehalten darf.

Heimatstaat zurückkehrt oder vollständig und dauernd erwerbsunfähig wird. Die Einschränkung der Erwerbsfähigkeit steht dagegen dem Fortbestand der Arbeitnehmereigenschaft nicht entgegen, solange eine Teilzeitbeschäftigung ausgeübt werden kann. Von einem endgültigen Verlassen des Arbeitsmarktes kann auch ausgegangen werden, wenn ein ehemaliger Arbeitnehmer keinerlei ernsthafte Absicht verfolgt, eine Beschäftigung aufzunehmen oder wenn keine begründete Aussicht auf Wiederaufnahme einer Erwerbstätigkeit aufgrund der Qualifikation und des Arbeitsmarktbedarfs besteht[61]. Dies kann bei Vorliegen besonderer Umstände auch schon vor Ablauf des Sechsmonatszeitraums der Fall sein, der regelmäßig zur Arbeitssuche in Anschluss an den Verlust eines Arbeitsplatzes zur Verfügung steht.

§ 2 Abs. 3 FreizügigG/EU zählt die Fälle auf, in denen trotz Beendigung der Erwerbstätigkeit die Freizügigkeitsberechtigung eines Arbeitnehmers oder selbständig Erwerbstätigen bestehen bleibt. Inhaltlich entspricht diese Bestimmung der einschlägigen EuGH-Rechtsprechung zum Fortbestehen der Arbeitnehmereigenschaft nach Beendigung einer Erwerbstätigkeit, die in den Art. 7 Abs. 3 lit. a und lit. d UBRL ihren gesetzlichen Niederschlag gefunden hat. Danach berührt eine vorübergehende Arbeitsunfähigkeit infolge Krankheit oder Unfall (ärztliche Prognose) das Freizügigkeitsrecht nicht (Nr. 1). Das gilt sowohl für Arbeitnehmer wie für selbständig Erwerbstätige. **1438**

Bei Arbeitnehmern, die weniger als ein Jahr beschäftigt gewesen sind, bleibt im Falle unfreiwilliger Arbeitslosigkeit das Freizügigkeitsrecht während der Dauer von 6 Monaten unberührt. Bei längerdauernder Beschäftigung besteht die Freizügigkeit grundsätzlich unbefristet fort, solange die Agentur die Unfreiwilligkeit des Arbeitsplatzverlusts bescheinigt. Die Beschäftigungszeiten werden bei unmittelbar aufeinander folgenden Beschäftigungsverhältnissen mit verschiedenen Arbeitgebern zusammengerechnet. Die unfreiwillige Arbeitslosigkeit muss durch die Bundesagentur bestätigt werden. Die Bestätigung wird ausgestellt, wenn der Arbeitslose sich arbeitslos meldet, den Vermittlungsbemühungen der zuständigen Arbeitsagentur zur Verfügung steht und sich selbst bemüht, seine Arbeitslosigkeit zu beenden (§ 138 SGB III). Unfreiwillig ist der Arbeitsverlust, wenn der Arbeitnehmer die Gründe, die zur Auflösung des Arbeitsverhältnisses geführt haben, nicht zu vertreten hat[62]. Bei Selbstständigen müssen Umstände vorliegen, auf die der Selbstständige keinen Einfluss hatte (z.B unverschuldete Geschäftsaufgabe aus gesundheitlichen Gründen). **1439**

Freizügigkeitsberechtigt ist auch ein Unionsbürger, der sich *zum Zweck der Arbeitssuche* in einem anderen Mitgliedstaat aufhält (vgl. § 2 Abs. 2 Nr. 1, 2. Variante FreizügG/EU). Erforderlich ist , dass aufgrund der Qualifikation und der Arbeitsmarktsituation eine ernsthafte Möglichkeit besteht, eine Erwerbstätigkeit aufzunehmen. Als ausreichend für eine ernsthafte Arbeitssuche hat der *EuGH* im Fall „*Antonissen*"[63] einen Mindestzeitraum von sechs Monaten nicht beanstandet[64]. D*er Status des freizügigkeitsberechtigten Arbeitsuchenden* kann aber in den Fällen wegfallen, in denen aufgrund objektiver Umstände angenommen werden kann, dass ein Unionsbürger in Wirklichkeit keinerlei ernsthafte Absich- **1440**

---

61 AVV zum FreizügG/EU Nr. 2.2.1a2.
62 AVV zum FreizügG/EU Nr. 2.3.1.2.
63 EuGH v. 26.2.1991, Rs. C-292/89 – *Antonissen*, Slg. 1991, I-745.
64 Vgl. auch EuGH v. 26.5.1993, Rs. C-171/91 – *Tsiotras*, Slg. 1993, 2925.

ten verfolgt, eine Beschäftigung aufzunehmen. Voraussetzung für die Aufrechterhaltung dieses Status ist damit, dass der betreffende Arbeitslose auch tatsächlich
eine neue Arbeit sucht und der Arbeitsverwaltung zur Verfügung steht, um innerhalb eines angemessenen Zeitraums eine andere Beschäftigung zu finden[65].

### 3.  Studenten und Auszubildende

**Fall 56:** Die 21 jährige Italienerin I, als Kind im Jahre 1979 nach Deutschland eingewanderter Arbeitnehmer, die 2012 nach Sizilien zurückgekehrt sind, will an der Fachhochschule Esslingen im Rahmen eines Teilzeitbeschäftigungsverhältnisses mit der Arbeiterwohlfahrt in Teilzeit Kinderpädagogik studieren, nachdem sie schon früher
gelegentlich in einer Kindertagesstätte der Arbeiterwohlfahrt als Betreuerin beschäftigt war. Unter welchen Voraussetzungen ist dies möglich? Muss sie hierfür den Besitz
ausreichender Mittel zum Lebensunterhalt und eine studentische Krankenversicherung nachweisen oder reicht es aus, dass sie auf ihre Beschäftigungsvergütung in Höhe
von 400 Euro verweist?

**1441**  § 2 Abs. 2 Nr. 1 FreizügG/EU zählt neben „Arbeitnehmern" auch Unionsbürger,
die sich zur Berufsausbildung im Bundesgebiet aufhalten wollen, auf. Steht ein
Student oder Auszubildender in einem Arbeitsverhältnis, ist er als Arbeitnehmer
anzusehen und genießt alle weitergehenden Rechte, die Arbeitnehmern zustehen[66]. Nach § 2 Abs. 3 Nr. 3 FreizügG/EU gilt dies auch für solche Studenten
oder Auszubildende, die als ehemalige Arbeitnehmer eine Berufsausbildung beginnen, sofern zwischen der Ausbildung und der früheren Erwerbstätigkeit ein
Zusammenhang besteht. Studenten und Auszubildende, die keiner entgeltlichen
Ausbildungstätigkeit nachgehen, fallen hingegen unter § 2 Abs. 2 Nr. 5 FreizügG/EU. Sie sind für einen über drei Monate hinausgehenden Aufenthalt freizügigkeitsberechtigt nur unter den in § 4 FreizügG/EU aufgeführten Voraussetzungen.

**Lösung Fall 56:** Sofern I als Studentin eine entgeltliche Ausbildung absolviert, genießt
sie nach § 2 Abs. 2 Nr. 1, 3. Variante FreizügG/EU das EU-Freizügigkeitsrecht. Ob
die vorangegangene gelegentliche berufliche Tätigkeit als Arbeitnehmertätigkeit zu
qualifizieren ist, kann hier jedoch dahingestellt bleiben, da I jedenfalls aufgrund des
Teilzeitbeschäftigungsverhältnisses während des Studiums Freizügigkeit genießt. Sie
kann damit alle Rechte beanspruchen, die Arbeitnehmern zustehen. Unabhängig davon behält I nach dem Wegzug ihrer Eltern, von denen sie ihr Aufenthaltsrecht ableitet, bis zum Abschluss einer Ausbildung ihr Aufenthaltsrecht nach § 3 Abs. 4 FreizügG/EU.

### 4.  Niedergelassene selbständig Erwerbstätige

**1442**  Neben Arbeitnehmern genießen auch selbständig Erwerbstätige, die sich im Bundesgebiet niederlassen wollen, Freizügigkeit (§ 2 Abs. 2 Nr. 2 FreizügG/EU). Der
Gegenstand der Berufstätigkeit darf sich nicht vollkommen im Ausland befinden.
Das aus Art. 49 AEUV resultierende Niederlassungsrecht setzt zudem voraus,
dass im Aufenthaltsstaat eine dauernde selbständige wirtschaftliche Tätigkeit
ausgeübt wird[67]. Der erforderliche Wille zur Ausübung einer selbständigen Erwerbstätigkeit verlangt eine ernstzunehmende Gewinnerzielungsabsicht. Eine

---

65  Vgl. EuGH v. 7.7.2005, Rs. C-383/03 – *Dogan*, InfAuslR 2005, 350; v. 23.1.1997, Rs. C-171/95
    – *Tetik*, Slg. 1997, I-329, 353; OVG Hamburg v. 14.12.2005 – 3 Bs 79/05, Rn. 15.
66  Für Einzelheiten vgl. *Hailbronner*, in: Hailbronner/Wilms, Recht der Europäischen Union, Art. 39
    EGV 2004, Rn. 41–62 und *Hailbronner*, Ausländerrecht, § 2 FreizügG, Rn. 33 ff.
67  Vgl. *Hailbronner*, in: Hailbronner/Wilms, Recht der Europäischen Union, 2004, Art. 43 EGV,
    Rn. 14 ff.

völlig untergeordnete oder unwesentliche Tätigkeit genügt nicht, ebenso wenig wie bloß verbale Äußerungen, eine selbständige Erwerbstätigkeit aufnehmen zu wollen[68].

### 5. Erbringer und Empfänger von Dienstleistungen

Entsprechend der von Art. 56 AEUV garantierten Dienstleistungsfreiheit begünstigt § 2 Abs. 2 Nr. 3 und 4 FreizügG/EU solche Personen, die grenzüberschreitende Dienstleistungen innerhalb der Gemeinschaft erbringen oder empfangen wollen, ohne sich dabei im Bundesgebiet auf Dauer niederzulassen. Der Begriff der Dienstleistung ist weit zu verstehen. Unter ihn fällt jede gewerbliche oder berufliche Leistung, die an einen Empfänger in einem anderen Mitgliedstaat erbracht wird[69]. Auch Touristen, Patienten und Geschäfts- oder Studienreisende sind im Rahmen der „passiven" Dienstleistungsfreiheit freizügigkeitsberechtigt[70].  **1443**

### 6. Nicht erwerbstätige Unionsbürger

Nicht erwerbstätige Unionsbürger erwerben nach § 2 Abs. 2 Nr. 5 FreizügG/EU ein unionsrechtliches Freizügigkeitsrecht, sofern sie über ausreichenden Krankenversicherungsschutz und ausreichende Existenzmittel (§ 4 FreizügG/EU) verfügen. Die Bestimmung ist im Hinblick auf Art. 21 AEUV und die Vorgaben der UBRL dahin auszulegen, dass das Freizügigkeitsrecht nicht erwerbstätiger Unionsbürger nur dann von den in § 4 FreizügG/EU niedergelegten Voraussetzungen abhängt, wenn sie sich im Bundesgebiet für einen Zeitraum von über drei Monaten aufhalten[71], während das Aufenthaltsrecht im Bundesgebiet für einen Zeitraum von bis zu drei Monaten an keinerlei Bedingungen oder Formalitäten, außer der Pflicht, im Besitz eines gültigen Personalausweises oder Reisepasses zu sein, geknüpft ist[72]. Das voraussetzungslos geltende Freizügigkeitsrecht von Unionsbürgern für einen Zeitraum von bis zu drei Monaten bedeutet, dass nicht erwerbstätigen Unionsbürgern auch dann die Einreise und der weitere Aufenthalt nicht versagt werden kann, wenn sie keine ausreichenden Mittel zum Lebensunterhalt nachweisen können. Unionsbürgern steht das Freizügigkeitsrecht zu, solange sie die Sozialhilfeleistungen des Aufnahmemitgliedstaats nicht „unangemessen" in Anspruch nehmen (vgl. Art. 14 Abs. 1 UBRL).  **1444**

Ausreichende Existenzmittel sind alle gesetzlich zulässigen Einkommen oder Vermögen, einschließlich von Unterhaltsleistungen, Stipendien, Ausbildungshilfen, Arbeitslosengeld oder Rentenansprüchen oder anderweitige, auf eigenen Beiträgen beruhende soziale Leistungen. Nicht dazu gehören Ansprüche auf die zur Deckung des Grundbedarfs für Erwerbsfähige und die mit ihnen in einer Bedarfsgemeinschaft zusammenlebenden Personen nach SGB II gewährten Geldleistungen, sowie Leistungen der Sozialhilfe nach SGB XII. Nach Art. 8 Abs. 4 UBRL darf kein fester Betrag verlangt werden, sondern es muss die persönliche Situation des Betroffenen berücksichtigt werden. Der Betrag darf nicht über dem Schwellenwert liegen, unter dem deutschen Staatsangehörigen Sozialhilfe ggfs.  **1445**

---

68  OVG NRW v. 3.11.1995, NVwZ-RR 1996, 708, 709.
69  Vgl. Art. 1 Abs. 1 a RL 73/148 und Art. 50 EG.
70  EuGH v. 31.1.1984, Rs. C-286/82 und 26/83 – *Luisi und Carbone*, Slg. 1984, 377, EuGH v. 2.2.1989, Rs. C-186/87 – *Cowan*, Slg. 1989, I-195 f.; EuGH v. 19.1.1999, Rs. C-348/96 – *Calfa*, Slg. 1999, I-11 f.
71  Vgl. Art. 7 Abs. 1 lit. b UBRL.
72  Vgl. Erwägungsgrund Nr. 9 UBRL; Art. 6 Abs. 1 UBRL.

abhängig von den jeweiligen regionalen Verhältnissen (Unterkunftskosten) gewährt wird. Der Krankenversicherungsschutz muss die den gewöhnlichen Umfang der gesetzlichen Krankenversicherung abdeckenden Leistungsarten umfassen[73].

## 7. Familienangehörige

**Fall 57 a:** Der nigerianische Staatsangehörige S, der im Jahr 2007 nach illegalem Aufenthalt in Österreich nach Deutschland weiter gereist ist, beantragt politisches Asyl, das im Jahr 2008 abgelehnt wird. Im Jahr 2009 beantragt S eine Aufenthaltserlaubnis als Ehegatte einer in Deutschland wohnenden, von Sozialhilfe abhängigen Leistungen rumänischen Staatsangehörigen, die er in Deutschland im Anschluss an die Ablehnung seines Asylantrags kennen gelernt habe. Sein Antrag wird u. a. wegen fehlender Deutschkenntnisse und unzureichender Mittel zum Lebensunterhalt abgelehnt, da er die Voraussetzungen nach § 30 Abs. 1 i. V. m. § 5 Abs. 1 und Abs. 2 AufenthG nicht erfülle. Er habe auch kein Recht auf EU-Freizügigkeit, da er unabhängig von der rumänischen Staatsangehörigen illegal nach Deutschland eingereist sei und erst anschließend mit ihr die Ehe geschlossen habe. Sein Aufenthalt richte sich daher ausschließlich nach den Voraussetzungen des AufenthG, die im vorliegenden Fall nicht erfüllt seien.

**Fall 57 b:** Wie Fall 55 a. Der Ehemann E der Italienerin I und seine Mutter M, sowie seine drei Kinder aus einer früheren Ehe möchten auf Dauer in Deutschland mit ihr zusammenleben. E ist
a)    spanischer Staatsangehöriger
b)    Marokkaner.
Kann E ein Freizügigkeitsrecht beanspruchen oder muss er nach den Vorschriften des AufenthG die Erteilung einer Aufenthaltserlaubnis zum Zweck des Familiennachzugs beantragen?

**1446**  Ein unionsrechtliches Freizügigkeitsrecht genießen nach § 2 Abs. 2 Nr. 6 FreizügG/EU auch ohne Rücksicht auf ihre Staatsangehörigkeit die Familienangehörigen freizügigkeitsberechtigter Unionsbürger, wenn sie den Unionsbürger *begleiten oder ihm nachziehen* (vgl. § 3 Abs. 1 Satz 1 FreizügG/EU). Nichterwerbstätige Familienangehörige, die den Unionsbürger begleiten oder ihm nachziehen, müssen zudem die Voraussetzungen des § 4 FreizügG/EU (ausreichender Krankenversicherungsschutz und ausreichende Existenzmittel) erfüllen. Familienangehörige in diesem Sinne sind der Ehegatte, der Lebenspartner und die Verwandten in gerader absteigender Linie, die noch nicht 21 Jahre alt sind, sowie die Verwandten in aufsteigender und in absteigender Linie der in § 2 Abs. 2 Nr. 1 bis 5 und Nr. 7 genannten Unionsbürger, denen diese Personen oder ihre Ehegatten oder Lebenspartner Unterhalt gewähren (vgl. § 3 Abs. 2 FreizügG/EU). Für Studenten gilt gemäß § 4 Satz 2 FreizügG/EU ein eingeschränkter Familienangehörigenbegriff. Danach hat nur die Kernfamilie, also Ehegatten, Lebenspartner und Kinder, denen Unterhalt gewährt wird, ein Freizügigkeitsrecht.

**1447**  Verfügt der Unionsbürger, von dem ein Familienangehöriger ein Nachzugsrecht ableitet (sog. Stammberechtigter), über ausreichende eigene Mittel zur Existenzsicherung der Familie, so reicht dies für den Nachweis der ausreichenden Mittel zum Lebensunterhalt. Ansonsten müssen nachziehende Familienangehörige, die nicht selbst erwerbstätig sind, in eigener Person über ausreichende Existenzmittel und Krankenversicherungsschutz verfügen. Ein Anlass zur Überprüfung, ob diese Voraussetzung (weiterhin) gegeben ist, wird insbesondere dann vorliegen,

---

73  AVV zum FreizügG/EU Nr. 4.1.1.

wenn nicht erwerbstätige Unionsbürger oder deren Familienangehörige Leistungen nach SGB II oder SGB XII in Anspruch nehmen wollen. Zu beachten ist, dass der Bezug derartiger Leistungen jedoch nicht automatisch zum Wegfall der EU Freizügigkeit führt[74].

Für die *Unterhaltsgewährung* an Verwandte in aufsteigender und absteigender **1448** Linie von Unionsbürgern kommt es im Übrigen allein auf die tatsächliche, wenn auch bescheidene Unterhaltsgewährung durch den Unionsbürger an, ohne Rücksicht darauf, aus welchen Gründen eine Unterstützung geleistet wird und ob der Verwandte tatsächlich unterstützungsbedürftig ist[75]. Die Inanspruchnahme von Sozialhilfe darf daher nicht als ein Indiz für eine mangelnde Unterhaltsgewährung gewertet werden[76]. Als Mindestanforderung kann jedoch verlangt werden, dass eine fortgesetzte und regelmäßige Leistung in einem Umfang erfolgt, der zumindest zur Deckung eines Teils des Lebensunterhalts ausreicht[77].

Das abgeleitete Freizügigkeitsrecht eines Familienangehörigen, der einem Dritt- **1449** staat angehört, ist nicht davon abhängig, dass sich ein Verwandter in gerade absteigender Linie, der 21 Jahre oder älter ist, um als Person, der Unterhalt gewährt wird, nachweist, dass er vergeblich versucht hat, Arbeit zu finden, von den Behörden seines Herkunftslandes Hilfe zum Lebensunterhalt zu erlangen und/oder auf andere Weise seinen Lebensunterhalt zu verdienen. Der EuGH hat die Argumentation verschiedener Mitgliedstaaten, keine Anreize zur Untätigkeit und zur willkürlich herbeigeführten Untätigkeit mittels eines Freizügigkeitsrechts für nachziehende erwachsene Familienangehörige zu schaffen, unter Verweis auf den Grundsatz einer weiten Auslegung des EU-Freizügigkeitsrechts zurückgewiesen[78]. Die Tatsache, dass ein Familienangehöriger aufgrund persönlicher Umstände, wie Alter, Ausbildung und Gesundheit gute Voraussetzungen dafür mitbringt, eine Arbeit zu finden, und darüber hinaus beabsichtigt, im Aufnahmemitgliedstaat einer Arbeit nachzugehen, ist daher unerheblich für die Auslegung des Erfordernisses „denen [...] Unterhalt gewährt wird".

Bezüglich eines unionsrechtlichen Freizügigkeitsrechts sind drittstaatsangehörige **1450** gleichgeschlechtliche „Lebenspartner eines freizügigkeitsberechtigten Unionsbürgers" den Ehegatten durch das Gesetz zur Änderung des Freizügigkeitsgesetzes/ EU und weiterer aufenthaltsrechtlicher Vorschriften vom 21.1.2013 gleichgestellt worden. Da sie als Familienangehörige von Unionsbürgern in Bezug auf ihr Recht auf Einreise und Aufenthalt Freizügigkeit genießen, haben auch Verwandte von Lebenspartnern in absteigender Linie, die noch nicht 21 Jahre alt sind, und Verwandte in auf- und absteigender Linie, denen Unterhalt gewährt wird, das Recht auf Einreise und Aufenthalt nach dem Freizügigkeitsgesetz/EU. Entsprechendes gilt für die Rechte des Ehegatten bei Scheidung oder Aufhebung der Ehe.

---

74  AVV zum FreizügG/EU Nr. 5.3.2.
75  Vgl. EuGH v. 18.6.1987, Rs. 316/85 – *Lebon*, Slg. 1987, 281; *Hailbronner*, in: Hailbronner/Wilms, Recht der Europäischen Union, Art. 39 EGV, 2004, Rn. 76; *Schneider/Wunderlich*, in: Schwarze, EU-Kommentar, 2. Aufl. 2009, Art. 39, Rn. 101.
76  Vgl. *Brechmann*, in: Callies/Ruffert, EUV, Art. 39, Rn. 23.
77  Vgl. BVerwG v. 20.10.1993, BVerwGE 94, 239; *Schneider/Wunderlich*, in: Schwarze, EU-Kommentar, Art. 39, Rn. 105.
78  EuGH v. 16.1.2014, Rs. C-472/12 – *Flora May Reyes;* differenzierend GA Mengozzi v. 6.11.2013, Rn. 41 f.

**1451** Familienangehörige eines Unionsbürgers aus Drittstaaten im weiteren Sinne, die nicht unter die Definition des Familienangehörigen i. S. v. § 3 Abs. 2 FreizügG/EU[79] fallen, haben kein Recht auf EU-Freizügigkeit. Ihnen ist aber der Aufenthalt zu *„erleichtern"*, wenn ihnen der Unionsbürger im Herkunftsland Unterhalt gewährt oder er mit ihnen im Herkunftsland in häuslicher Gemeinschaft gelebt hat, oder wenn schwerwiegende gesundheitliche Gründe, die persönliche Pflege des Familienangehörigen durch den Unionsbürger zwingend erforderlich machen[80]. Die Umsetzung dieser Erleichterungsklausel wurde bislang durch die „Härteklausel" des § 36 AufenthG als im Wesentlichen gewährleistet angesehen.

**1452** In seinem „Rahman-Urteil" vom 5.9.2012[81] hat der EuGH aus der Unionsbürgerrichtlinie die Verpflichtung abgeleitet, im innerstaatlichen Recht Kriterien niederzulegen, die es den genannten Personen ermöglichen, eine Entscheidung über ihren Antrag auf Einreise und Aufenthalt zu erhalten, die auf einer eingehenden Untersuchung ihrer persönlichen Umstände beruht und im Falle der Ablehnung begründet wird. Die Mitgliedstaaten haben hinsichtlich der Wahl der relevanten Umstände einen großen Ermessensspielraum; die Kriterien müssen sich aber mit der gewöhnlichen Bedeutung des Ausdrucks „erleichtert" und der in Art. 3 Abs. 2 in Bezug auf die Abhängigkeit verwendeten Begriffe vereinbaren lassen und dürfen dieser Bestimmung nicht ihre praktische Wirkung nehmen. Außerdem fällt unter die Kategorie „Familienangehörige, denen Unterhalt gewährt wird" nur eine Person, die in ihrem Herkunftsland von solchen Leistungen abhängig ist. Es reicht daher nicht aus, wenn im Falle des Nachzugs eine solche Abhängigkeit besteht. Die Mitgliedstaaten dürfen auch Voraussetzungen bezüglich der Art und Dauer der Abhängigkeit von Unterhaltsleistungen festlegen, sofern diese Voraussetzungen mit der gewöhnlichen Bedeutung der in Art. 3 Abs. 2 UBRL verwendeten Begriffe vereinbar sind.

**1453** Da das deutsche Recht für „ständige Lebensgefährten" unterschiedlichen Geschlechts kein Bescheinigungsverfahren ihrer Beziehung vorsieht, scheidet eine aufenthaltsrechtliche Privilegierung von drittstaatsangehörigen „ständigen Lebensgefährten" eines Unionsbürgers nach dem FreizügG/EU aus. Aus dem gleichen Grund kann auch nicht auf die allgemeine Erleichterungspflicht in Art. 3 Abs. 2 lit. b UBRL zurückgegriffen werden. Ebenfalls verwehrt ist der direkte Rückgriff auf die allgemeine Erleichterungspflicht nach Art. 3 Abs. 2 lit. a UBRL für „sonstige Familienangehörige".

**1454** Für die Freizügigkeit von Familienangehörigen sind die in der EuGH-Rechtsprechung entwickelten Grundsätze heranzuziehen. So ist die Freizügigkeit des drittstaatsangehörigen Ehegatten nicht von der Aufrechterhaltung einer tatsächlichen ehelichen Lebensgemeinschaft, wohl aber vom Bestehen der Ehe abhängig. Daher kann auch der dauerhaft getrennt lebende Ehegatte aus einem Drittstaat bis zur Ehescheidung ein EU-Freizügigkeitsrecht beanspruchen[82].

**1455** Allgemeine Voraussetzung des Freizügigkeitsrechts von Familienangehörigen ist, dass der Familienangehörige oder Ehegatte den Unionsbürger „begleitet oder

---

79  Art. 2 Nr. 2 UBRL.
80  Vgl. Art. 3 Abs. 2 UBRL.
81  EuGH v. 5.9.2012, Rs. C-83/11.
82  Vgl. EuGH v. 13.2.1985, Rs. C-267/83 – *Diatta*, Slg 1985, 567; vgl. auch *Hailbronner*, in: Hailbronner/Wilms, Recht der Europäischen Union, Art. 39 EGV, Rn. 74.

ihm nachzieht". Diese Voraussetzung ist im Allgemeinen dann erfüllt, wenn entweder ein drittstaatsangehöriger Ehegatte oder Familienangehöriger zu einem in Deutschland lebenden Unionsbürger zieht. Entsprechendes gilt aber auch, wenn ein Drittstaatsangehöriger als Ehegatte eines Unionsbürgers, der sich in einem anderen Mitgliedstaat aufgehalten hat, einen gemeinsamen Wohnsitz in Deutschland begründen will. Nach der *Metock*-Rechtsprechung[83] ist das Freizügigkeitsrecht eines drittstaatsangehörigen Ehegatten eines Unionsbürgers unabhängig davon, wann oder wo die Ehe geschlossen wurde oder wie der betreffende Drittstaatsangehörige in den Aufnahmemitgliedstaat eingereist ist. Nicht erforderlich ist auch, dass ein Drittstaatsangehöriger, der Ehegatte eines Unionsbürgers ist, der sich in einem anderen Mitgliedstaat aufhält, sich vor seiner Einreise rechtmäßig in einem anderen Mitgliedstaat aufgehalten hat, um sich auf die Freizügigkeit berufen zu können.

Der EuGH leitet dies daraus ab, dass es im Hinblick auf den familienrechtlichen **1456** Schutz keine Rolle spielen könne, ob Drittstaatsangehörige, die Familienangehörige eines Unionsbürgers seien, in den Aufnahmemitgliedstaat eingereist seien, bevor oder nachdem sie Familienangehörige des Unionsbürgers geworden seien, da die Weigerung eines Aufnahmemitgliedstaats ihnen ein Aufenthaltsrecht einzuräumen, geeignet sei, den betreffenden Unionsbürger davon abzuhalten, sich weiter in diesem Mitgliedstaat aufzuhalten. Umfasst seien daher sowohl Familienangehörige und Ehegatten, die mit diesem in den Aufnahmemitgliedstaat eingereist seien, als auch diejenigen, die sich mit ihm dort aufhalten, ohne dass unterschieden werden könne, ob die Drittstaatsangehörigen vor oder nach dem Unionsbürger oder bevor oder nachdem sie dessen Familienangehörige oder Ehegatten wurden, in den Aufnahmemitgliedstaat eingereist seien. Unter Abweichung von einer früheren Rechtsprechung, die einen rechtmäßigen Aufenthalt von Familienangehörigen verlangt hatte[84], ist darüber hinaus auch kein rechtmäßiger Voraufenthalt in einem anderen Mitgliedstaat erforderlich. Entscheidend ist vielmehr, ob es sich um einen Familienangehörigen bzw. Ehegatten handelt, der sein Recht auf Freizügigkeit ausgeübt hat, indem er sich in einem anderen Mitgliedstaat als dem, dessen Staatsangehörigkeit er besitzt, niedergelassen hat.

> **Lösung Fall 57 a:** Obwohl die RL 2004/38 voraussetzt, dass es sich um Familienangehörige handelt, die den Unionsbürger bei der Ausübung seines Freizügigkeitsrechts begleiten „oder ihm dorthin nachziehen", ist nicht erforderlich, dass der Familienangehörige sich vorher bereits in einem anderen Mitgliedstaat rechtmäßig aufgehalten hat und einem Unionsbürger, der von seinem Freizügigkeitsrecht Gebrauch macht, „nachzieht" bzw. zusammen mit diesem in einen anderen EU-Mitgliedstaat zieht. Es besteht daher kraft Gesetzes ein Freizügigkeitsrecht, ohne dass es einer Aufenthaltserlaubnis bedürfte.
> Da diese Voraussetzung erfüllt ist, kann sich S auf EU-Freizügigkeit berufen. Entscheidend ist somit, ob die R als Ehefrau des S die nach dem EU-Freizügigkeitsgesetz erforderlichen Voraussetzungen für ein EU-Freizügigkeitsrecht (ausreichende Mittel zum Lebensunterhalt usw.) erfüllt.

*Stirbt ein freizügigkeitsberechtigter Unionsbürger*, so behält sein drittstaatsange- **1457** höriger Familienangehöriger sein abgeleitetes Aufenthaltsrecht gemäß § 3 Abs. 3 FreizügG/EU, wenn

---

83  EuGH v. 25.7.2008, Rs. C-127/08 – *Metock*.
84  EuGH v. 23.9.2003, Rs. C-109/01 – *Akrich*, Slg. 2003, I-9607.

- er selbst entweder Arbeitnehmer, Selbständiger oder Erbringer von Dienstleistungen ist bzw. als nicht Erwerbstätiger die Voraussetzungen des § 4 FreizügG/EU erfüllt,
- er sich mindestens ein Jahr rechtmäßig im Bundesgebiet als Familienangehöriger des verstorbenen freizügigkeitsberechtigten Unionsbürgers aufgehalten hat.

**1458** Liegen diese Voraussetzungen kumulativ vor, so behält der Familienangehörige sein Aufenthaltsrecht. Allerdings gewährt ihm das FreizügG/EU nicht den gleichen Status wie einem freizügigkeitsberechtigten Unionsbürger. § 3 Abs. 3 Satz 2 FreizügG/EU schließt nämlich für drittstaatsangehörige Familienangehörige die im Vergleich zum AufenthG privilegierenden Vorschriften des FreizügG/EU aus. Dies betrifft die Anwendung der Familiennachzugsregelungen des FreizügG/EU (§ 3 Abs. 1 und 2) sowie des erweiterten Ausweisungsschutzes (§§ 6 und 7 FreizügG/EU). Insoweit ist das AufenthG anzuwenden. Diese Regelung stützt sich auf die Unionsbürgerrichtlinie, die in diesem Fall vorsieht, dass der drittstaatsangehörige Familienangehörige das Aufenthaltsrecht „ausschließlich auf persönlicher Grundlage" behält (Art. 12 Abs. 2 und Abs. 3 UBRL).

**1459** Unabhängig davon finden die Regelungen des AufenthG immer dann Anwendung, wenn sie für ein Aufenthaltsrecht des verbleibenden Familienangehörigen ausnahmsweise günstiger sein sollten (vgl. § 11 Abs. 1 FreizügG/EU). Demnach muss z. B. die Voraussetzung des einjährigen Voraufenthalts im Bundesgebiet im Falle des Todes des Ehegatten nicht erfüllt sein, wenn der Tod während des Bestandes der ehelichen Lebensgemeinschaft im Bundesgebiet eingetreten ist. Dann greift die günstigere Regelung des § 31 Abs. 1 AufenthG.

**1460** Für den Fall des Wegzugs oder Todes eines Unionsbürgers sieht das FreizügG/EU ferner in § 3 Abs. 4 (vgl. Art. 12 Abs. 3 UBRL) ein Fortbestehen des Aufenthaltsrechtes seiner in Ausbildung befindlichen Kinder und des Elternteils, der die elterliche Sorge für die Kinder tatsächlich ausübt, vor. Das Aufenthaltsrecht gilt bis zum Abschluss einer Ausbildung der Kinder im Bundesgebiet, wenn sich die Kinder im Bundesgebiet aufhalten und eine Ausbildungseinrichtung besuchen. Als Ausbildungseinrichtung gilt jede staatliche oder anerkannte private Ausbildungseinrichtung, die zum Abschluss einer Ausbildung im Sinne des Erwerbs einer beruflichen Qualifikation führt. Einbezogen ist nach dem Sinn der Vorschrift aber auch die schulische Ausbildung, die Voraussetzung für die Aufnahme einer weiterbildenden beruflichen Ausbildung ist. Nicht ausreichend ist der Besuch von bloßen Sprach- und Schulungskursen zum Erwerb bestimmter Fähigkeiten oder Kenntnissen, die nicht als schulische oder berufliche Ausbildung zu einem beruflichen Qualifikationsnachweis führen.

**1461** Nach § 3 Abs. 5 FreizügG/EU behält ein Ehegatte oder Lebenspartner auch im Falle der *Scheidung oder Aufhebung der Ehe* sein Aufenthaltsrecht, wenn
- er selbst entweder Arbeitnehmer, Selbständiger oder Erbringer von Dienstleistungen ist bzw. als nicht Erwerbstätiger die Voraussetzungen des § 4 FreizügG/EU erfüllt,
- die Ehe oder Lebenspartnerschaft bis zur Einleitung des Scheidungs- oder Aufhebungsverfahrens mindestens drei Jahre und davon mindestens ein Jahr im Bundesgebiet bestand,
- ihm die elterliche Sorge für die Kinder des Unionsbürgers übertragen worden ist,

–  es zur Vermeidung einer besonderen Härte erforderlich ist, oder
–  ihm das Recht zum persönlichen Umgang mit dem minderjährigen Kind nur im Bundesgebiet eingeräumt wurde.

§ 3 Abs. 5 (Art. 13 Abs. 2 UBRL) ist dahin auszulegen, dass ein Drittstaatsange-  **1462** höriger, der von einem Unionsbürger geschieden wurde, die Aufrechterhaltung des Aufenthaltsrechts nicht beanspruchen kann, wenn der Einleitung des gerichtlichen Scheidungsverfahrens der Wegzug des Ehegatten, der Unionsbürger ist, aus diesem Mitgliedstaat vorausgegangen ist[85]. Zwar ist nach der EuGH-Rechtsprechung das Zusammenwohnen von Eheleuten unter einem gemeinsamen Dach keine Voraussetzung des Freizügigkeitsrechts. Erforderlich ist aber das Zusammenleben im Aufnahmemitgliedstaat, in dem der Unionsbürger wohnt. Verlässt ein Unionsbürger den Aufnahmemitgliedstaat, so entfällt diese Voraussetzung. Art. 13 Abs. 2 setzt für die „Aufrechterhaltung" des Aufenthaltsrechts voraus, dass dieses zum Zeitpunkt der Einleitung des Scheidungsverfahrens nicht bereits erloschen war.

Der Wegzug eines Unionsbürgers vom Aufnahmemitgliedstaat oder sein Tod  **1463** führt im Übrigen weder für Kinder, noch für einen drittstaatsangehörigen Elternteil, der das Sorgerecht für ein Kind besitzt, bis zum Abschluss der Ausbildung zum Verlust des Aufenthaltsrechts, und zwar unabhängig davon, ob er im Übrigen die Voraussetzungen der Unionsbürgerrichtlinie (ausreichende Mittel zum Lebensunterhalt, Krankenversicherung) erfüllt[86]. Ein Aufenthaltsrecht besitzt daher auch ein drittstaatsangehöriger Elternteil im Aufnahmemitgliedstaat, dem die elterliche Sorge für ein Kind eines Wanderarbeitnehmers zukommt, während das Kind eine Ausbildung in diesem Staat absolviert, wenn der Unionsbürger, von dem das Aufenthaltsrecht abgeleitet wird, mittlerweile aus dem Aufnahmemitgliedstaat verzogen ist[87]. Entsprechendes gilt für Kinder eines Unionsbürgers, der in einem anderen EU-Mitgliedstaat beschäftigt ist oder gewesen ist und dem Elternteil, der die elterliche Sorge für die Kinder tatsächlich wahrnimmt, ohne dass dieses Recht davon abhängig ist, dass sie über ausreichende Existenzmittel und einen umfassenden Krankenversicherungsschutz verfügen[88].

## 8.  Daueraufenthaltsberechtigte

Nach Ablauf eines fünfjährigen rechtmäßigen Aufenthalts im Bundesgebiet er-  **1464** halten Unionsbürger, ihre Familienangehörigen und Lebenspartner ein *Daueraufenthaltsrecht* (vgl. § 4 a FreizügG/EU), das vom Fortbestehen der allgemeinen Freizügigkeitsvoraussetzungen (z. B. ausreichende Mittel zum Lebensunterhalt und Krankenversicherungsschutz bei nicht erwerbstätigen Unionsbürgern) unabhängig ist. Voraussetzung ist ein fünfjähriger, ständiger rechtmäßiger Aufenthalt im Bundesgebiet zum Zeitpunkt des Erwerbs des Daueraufenthaltsrechts. Nach § 4 a Abs. 2 FreizügG/EU können erwerbstätige Unionsbürger ein Daueraufenthaltsrecht sogar nach bereits drei Jahren Aufenthalt im Bundesgebiet erhalten[89]. Der Nachzug von Familienangehörigen von freizügigkeitsberechtigten Drittstaatsangehörigen richtet sich auch nach dem Erwerb eines Daueraufenthaltsrechts des Familienangehörigen nach EU-Freizügigkeitsrecht, wenn die Voraus-

---

85  EuGH v. 16.7.2015, Rs. C-218/14 – *Singh*.
86  Vgl. Art. 12 VO UBRL 2004/38.
87  EuGH v. 23.2.2010, Rs. C-480/08 – *Teixeira*.
88  EuGH v. 23.2.2010, Rs. C-310/08 – *Ibrahim*.
89  Zu Begriff des rechtmäßigen Aufenthalts siehe unten Rn. 1465.

setzungen eines Familiennachzugs zu dem Unionsbürger weiterhin vorliegen, z. B. wenn der Drittstaatsangehörige weiterhin mit dem stammberechtigten Unionsbürger verheiratet ist. Anders verhält es sich, wenn ein Familiennachzug zu Drittstaatsangehörigen stattfindet, deren Aufenthaltsrecht sich nach Beendigung der familiären Beziehung mit dem Unionsbürger allein auf eine mittlerweile erworbene Rechtstellung nach § 4 a Abs. 1 Satz 2 FreizügG/EU stützt. In diesem Fall sind für den Nachzug die allgemeinen Regeln der Familiennachzugsrichtlinie 2003/86 und des AufenthG entsprechend anwendbar[90].

**1465**    Der Begriff des rechtmäßigen Aufenthalts ist nach unionsrechtlichen Grundsätzen einheitlich auszulegen. Der EuGH hat aus dem Gesamtzusammenhang der Vorschrift und ihrer Zielsetzung abgeleitet, dass der Begriff des rechtmäßigen Aufenthalts als ein Aufenthalt zu verstehen ist, der mit den in der UBRL aufgeführten Voraussetzungen im Einklang steht. Ein Unionsbürger, der im Hoheitsgebiet eines Aufnahmemitgliedstaats eine Aufenthaltszeit von über 5 Jahren nur aufgrund des nationalen Rechts dieses Staates zurückgelegt hat, kann daher nicht so betrachtet werden, als habe er das Recht auf Daueraufenthalt erworben, wenn er während dieses Aufenthalts die in der Richtlinie aufgeführten Voraussetzungen nicht erfüllt hat[91]. Ein Daueraufenthaltsrecht wird daher nicht erworben, wenn ein Unionsbürger sich zwar in Deutschland aufgehalten hat, sein Aufenthalt aber nicht auf der Grundlage eines EU-Freizügigkeitsrechts beruhte. Andererseits muss der Aufenthalt nicht aufgrund der Unionsbürgerrichtlinie zurückgelegt worden sein. Aufenthaltszeiten eines Drittstaatsangehörigen in einem Mitgliedstaat, die vor dem Beitritt des betreffenden Staates zur Union zurückgelegt worden sind, sind daher, soweit sie im Einklang mit den materiellen Vorschriften der Richtlinie zurückgelegt wurden, zu berücksichtigen[92]. Der Betroffene muss für eine Aufenthaltszeit von mindestens fünf Jahre ununterbrochen die Freizügigkeitsvoraussetzungen des Art. 7 Abs. 1 UBRL erfüllt haben[93]. Das folgt aus Sinn und Zweck der Regelung, der durch den Voraufenthalt erhöhten Integration durch das voraussetzungslose Daueraufenthaltsrecht Rechnung zu tragen.

**1466**    Bei den Familienangehörigen und Lebenspartnern, die nicht die Staatsangehörigkeit eines EU-Mitgliedstaates besitzen, ist fraglich, ob jeder rechtmäßige ständige Aufenthalt ausreicht, oder ob ein fünfjähriger rechtmäßiger Aufenthalt als Familienangehöriger eines Unionsbürgers erforderlich ist. Drittstaatsangehörige Familienangehörige, die sich zwar aufgrund eines anderen Aufenthaltszwecks in Deutschland aufgehalten haben, sich aber nicht „fünf Jahre lang ununterbrochen zusammen mit dem Unionsbürger" im Bundesgebiet aufgehalten haben, erwerben kein Daueraufenthaltsrecht[94]. Im Einklang mit dem Wortlaut des Art. 16 Abs. 2 UBRL macht § 4 Abs. 1 FreizügG/EU deutlich, dass Familienangehörige, die nicht Unionsbürger sind, das Daueraufenthaltsrecht nur erwerben, „wenn sie sich seit fünf Jahren mit dem Unionsbürger ständig rechtmäßig" (d. h. im

---

90  Vgl. § 4a Abs. 1 Satz 3; Vgl. AVV zum FreizügG/EU Nr. 4a.1.3.
91  EuGH v. 21.12.2011, Rs. C-424/10 – *Ziolkowski* und C-425/10 – *Szeja*.
92  EuGH v. 21.12.2011 und 6.9.2012, Rs. C-424/10 – *Ziolkowski* 147/11 und C-425/10, *Szeja* 148/11 – *Czop und Punova*.
93  BVerwG v. 31.5.2012 – 10 C 8.12; v. 16.7.2015 – 1 C 22.14.
94  VG Augsburg v. 28.11.2005 – 1 S 05 948, juris; zu diesem Problem s. ferner *Hailbronner*, Ausländerrecht, § 4 a FreizügG, Rn. 6.

Einklang mit den materiellen Voraussetzungen der UBRL) im Bundesgebiet aufgehalten haben.

Da das eheliche Band unionsrechtlich solange nicht als aufgelöst angesehen werden kann, solange dies nicht durch die zuständige Stelle ausgesprochen worden ist, ist die Trennung unerheblich[95]. Unschädlich ist es daher auch, wenn sich die Ehegatten in diesem Zeitraum getrennt haben und jeweils mit anderen Partnern zusammengelebt haben und die von dem Drittstaatsangehörigen genutzte Wohnung diesem nicht mehr von seiner Ehefrau, einer Unionsbürgerin beschafft oder zur Verfügung gestellt wurde[96]. Der EuGH stützt sich für diese Auslegung auf das Ziel der Richtlinie, insbesondere das in Art. 13 und Art. 18 UBRL anerkannte Aufenthaltsrecht für ehemalige Ehegatten nach einer Scheidung. **1467**

Der für die Begründung des Daueraufenthaltsrechts erforderliche ständige Aufenthalt wird nicht berührt durch Abwesenheiten bis zu insgesamt 6 Monaten im Jahr, Abwesenheiten zur Ableistung des Wehrdienstes oder eines Ersatzdienstes, sowie eine einmalige Abwesenheit von bis zu 12 aufeinanderfolgenden Monaten aus wichtigem Grund. Als solcher wird Schwangerschaft und Entbindung, schwere Krankheit, Studium und Berufsausbildung oder eine berufliche Entsendung beispielhaft angesehen. Die Kontinuität des „ständigen" Aufenthalts wird durch Zeiträume unterbrochen, in denen in einem Aufnahmemitgliedstaat eine Freiheitsstrafe von einem Drittstaatsangehörigen verbüßt wird, der Familienangehöriger eines Unionsbürgers ist, der während dieser Zeiträume das Daueraufenthaltsrecht in dem betreffenden Mitgliedstaat erworben hat[97]. **1468**

> **Lösung Fall 57 b Alt. a):** Als Spanier ist E Unionsbürger. Als Ehegatte der freizügigkeitsberechtigten Unionsbürgerin I ist er Familienangehöriger im Sinne des § 3 Abs. 1 Satz 1 FreizügG/EU (vgl. § 3 Abs. 2 Nr. 1 FreizügG/EU) und mithin selbst freizügigkeitsberechtigt (§ 2 Abs. 2 Nr. 6 FreizügG/EU), wenn er zu I nachzieht. Für die Einreise ins Bundesgebiet benötigt er kein Visum (§ 2 Abs. 4 Satz 1 FreizügG/EU). Bis zum Ablauf von drei Monaten genügt es für seinen Aufenthalt, wenn er einen gültigen Personalausweis oder Reisepass besitzt (§ 2 Abs. 5 Satz 1 FreizügG/EU). Danach kann die Ausländerbehörde zum Nachweis seiner Freizügigkeitsrechts nur die Vorlage der in § 5 Abs. 2 FreizügG/EU aufgeführten Nachweise verlangen. Die Kinder von E genießen ebenfalls Freizügigkeit nach § 3 Abs. 1. Die Mutter von E kann Freizügigkeit nach § 3 Abs. 2 Nr. 2 jedoch nur beanspruchen, wenn nachgewiesen wird, dass I oder der E der Mutter Unterhalt gewähren. Dies braucht nicht der volle Unterhalt zu sein. Erforderlich ist aber mindestens ein substantieller Beitrag zum Unterhalt. Dies ist zumindest für I fraglich. Maßgeblich ist daher, ob E für die drei Kinder aus erster Ehe den Lebensunterhalt bestreiten kann. Ist er regulär erwerbstätig, kann hiervon ausgegangen werden. Andernfalls wird eine besondere Prüfung der Einkommensverhältnisse des E angezeigt sein.
>
> **Alt. b):** E ist Marokkaner und damit kein Unionsbürger. Als Familienangehöriger der freizügigkeitsberechtigten Unionsbürgerin I erlangt er ein abgeleitetes unionsrechtliches Aufenthaltsrecht (vgl. § 2 Abs. 2 Nr. 6 i. V. m. § 3 Abs. 1 Satz 1 und § 3 Abs. 2 Nr. 1 FreizügG/EU), wenn er die I begleitet oder zu ihr nachzieht. Da E kein Unionsbürger und im Besitz einer Aufenthaltskarte eines anderen EU-Mitgliedstaates ist, benötigt er nach § 2 Abs. 4 Sätze 2 und 3 FreizügG/EU für die Einreise ein Visum. Dieses wird ihm nach den Bestimmungen des Aufenthaltsgesetzes erteilt. Nach § 2 Abs. 5 Satz 2 FreizügG/EU genügt für einen Dreimonatsaufenthalt der Besitz eines

---

95  EuGH v. 8.11.2012, Rs. C-40/11 – *Lida.*
96  EuGH v. 10.7.2014, Rs. C-244/13 – *Ogieriakhi.*
97  EuGH v. 16.1.2014, Rs. C-378/12 – *Nnamdi Onuekwere.*

anerkannten oder sonst zugelassenen Passes oder Passersatzes. Danach ist eine sog. Aufenthaltskarte erforderlich. Diese wird ihm von Amts wegen innerhalb von sechs Monaten ausgestellt (vgl. § 5 Abs. 2 FreizügG/EU). Für die Ausstellung einer Aufenthaltskarte kann die Ausländerbehörde überprüfen, ob E in der Lage ist, seinen Lebensunterhalt aufgrund des Einkommens der I oder eigener Erwerbstätigkeit zu decken.

## IV. Beendigung des Aufenthaltsrechts

**Fall 58:** Wie Fall 50. I hat ihr Studium nach zwei Semestern abgebrochen. Sie ist nicht mehr erwerbstätig. Da ihre Ersparnisse aufgebraucht sind und sie auch nicht mehr krankenversichert ist, will die Ausländerbehörde den Verlust des Freizügigkeitsrechts der I feststellen. Ist das möglich?

**Fall 59:** Der als Kind algerischer Einwanderer in Frankreich aufgewachsene französische Staatsangehörige F, der seit 6 Jahren in Deutschland lebt, dort eine Ausbildung als Automechaniker absolviert hat und wegen kleinerer Delikte wie Trickdiebstahl und Hehlerei zu einer zur Bewährung ausgesetzten Freiheitsstrafe von 7 Monaten verurteilt wurde, wird u. a. wegen einer in der Silvesternacht 2015/2016 verübten sexuellen Belästigung in Verbindung mit einem Handtaschendiebstahl und Handel mit Drogen zu 1 Jahr und 1 Monat rechtskräftig verurteilt. Die Ausländerbehörde ist der Auffassung, dass das Freizügigkeitsrecht des F zu beenden ist. Sie erlässt einen Bescheid dahingehend, dass der Verlust des Freizügigkeitsrechts des F festgestellt wird, da er straffällig geworden sei und daher ein vorrangiges öffentliches Interesse an der Beendigung seines Aufenthalts im Bundesgebiet bestehe. Wie sind die Erfolgsaussichten eines Rechtsmittels gegen diesen Bescheid?

### 1. Systematik

**1469**  Das FreizügG/EU regelt im Grundsatz abschließend und umfassend die Beendigung bzw. Beschränkung des Aufenthaltsrechts von Unionsbürgern und ihrer freizügigkeitsberechtigten Familienangehörigen. Das FreizügG/EU unterscheidet dabei zwischen dem Nichtbestehen eines EU-Freizügigkeitsrechts wegen Nichterfüllung der Voraussetzungen und den Verlust des Rechts auf Einreise und Aufenthalt aus Gründen der öffentlichen Ordnung, Sicherheit oder Gesundheit und dem Verlust des Freizügigkeitsrechts wegen Wegfalls der Voraussetzungen. Ferner unterscheidet es nach der Länge des Aufenthalts im Bundesgebiet und danach, ob der Aufenthalt eines Unionsbürgers oder eines drittstaatsangehörigen Familienangehörigen beendet werden soll.

### 2. Nichtbestehen des Freizügigkeitsrechts (§ 2 Abs. 7 FreizügG/EU)

**1470**  Mit dem Gesetz zur Änderung des Freizügigkeitsgesetzes vom 21.1.2013 hat der Gesetzgeber ein bisher im FreizügG nicht vorgesehenes Feststellungsverfahren zum Nichtbestehen des Freizügigkeitsrechts für Unionsbürger und drittstaatsangehörige Familienangehörige eines Unionsbürgers eingeführt, wenn feststeht, dass die betreffende Person das Vorliegen der Voraussetzungen eines Freizügigkeitsrechts durch die Verwendung von gefälschten oder verfälschten Dokumenten oder durch Vorspiegelung falscher Tatsachen vorgetäuscht hat. Materiellrechtlich ändert sich hierdurch nichts. Ob ein Unionsbürger oder ein Drittstaatsangehöriger aufgrund seiner Eigenschaft als Familienangehöriger eines Unionsbürgers ein EU-Freizügigkeitsrecht besitzt, beurteilt sich nach den Vorgaben des Unionsrechts und des EU-Freizügigkeitsgesetzes. Die Ausstellung einer Aufenthaltskarte oder eines Visums für Familienangehörige hat lediglich deklaratorische Bedeutung. § 2 Abs. 7 kommt im Wesentlichen verfahrensmäßige Bedeutung zu, indem der Anschein über das Bestehen eines Freizügigkeitsrechts, der sich aus der Staatsangehörigkeit eines EU-Mitgliedsstaats bzw. der Eigenschaft eines Familienangehörigen eines Unionsbürgers, mittels einer förmlichen Verlustfeststellung beseitigt werden kann.

Voraussetzung für die Anwendung der Vorschrift ist der Nachweis einer Täuschungshandlung durch Verwendung gefälschter oder verfälschter Urkunden oder falsche Angaben. Nicht erforderlich ist die Durchführung eines Strafverfahrens oder eine strafgerichtliche Verurteilung. Erforderlich ist jedoch eine umfassende Ermittlung und Prüfung aller maßgebliche Umstände des Einzelfalles, die zu dem Ergebnis führen muss, dass das Vorliegen einer Voraussetzung des Freizügigkeitsrechts lediglich vorgetäuscht wurde. Steht fest, dass die Voraussetzungen eines Freizügigkeitsrechts nicht gegeben sind, kann bei Familienangehörigen, die nicht Unionsbürger sind, die Aufenthaltskarte versagt oder eingezogen oder das erforderliche Visum nicht erteilt werden. Ist das Nichtbestehen eines Aufenthaltsrechts nach § 2 Abs. 7 festgestellt worden, so sind die betreffenden Unionsbürger oder ihre Familienangehörigen ausreisepflichtig. Die Ausländerbehörden können nach § 7 Abs. 2 ein befristetes Wiedereinreiseverbot verfügen, wenn dies zur Verhinderung unerlaubter Einreise erforderlich ist[98]. **1471**

Bei Familienangehörigen, die nicht Unionsbürger sind, kann ein nicht bestehendes Freizügigkeitsrecht darüber hinaus festgestellt werden, wenn nach umfassender Ermittlung und Prüfung aller Umstände des Einzelfalls zur Überzeugung der zuständigen Behörde feststeht, dass das Begleiten des Unionsbürgers oder der Nachzug zu dem Unionsbürger nicht der Herstellung oder Wahrung einer familiären Lebensgemeinschaft mit einem Unionsbürger dient. Die Vorschrift knüpft nicht an den Bestand der Ehe, der Lebenspartnerschaft oder des sonstigen Verwandtschaftsverhältnisses an. Maßgeblich ist vielmehr der Zweck des Begleitens oder Nachziehens (wobei die eingeschränkte Auslegung des Begriffs „Begleitens oder Nachziehens" im Sinne der EuGH-Rechtsprechung zu berücksichtigen ist). Wenn feststeht, dass nicht das Führen einer ehelichen oder familiären Lebensgemeinschaft im Bundesgebiet Ziel des Begleitens des Unionsbürgers oder des Nachzugs zu dem Unionsbürger ist, sondern die missbräuchliche Erlangung des Freizügigkeitsrechts zu anderen Zwecken als dem des familiären Zusammenlebens, kann das Nichtbestehen des Freizügigkeitsrechts festgestellt werden. Eine Feststellung des Vorliegens einer „Scheinehe" ist daher nicht erforderlich. Vielmehr soll auf den Zweck des „Begleitens oder Nachziehens" abgestellt werden. Da nicht zwischen einem Erstzuzug ins Bundesgebiet und der Freizügigkeit innerhalb der Europäischen Union unterschieden werden kann, spielt es keine Rolle, ob sich ein Drittstaatsangehöriger bereits in einem Mitgliedsstaat aufhält oder zuvor aufgehalten hat oder ob er den Unionsbürger erstmals in das Unionsgebiet begleitet oder ihm dorthin nachzieht. Ebenso wenig ist entscheidend, ob die Begründung der Ehe oder eines Verwandtschaftsverhältnisses vor oder nach der Zuwanderung in die Europäische Union erfolgt ist. **1472**

Die Regelung stützt sich auf Art. 35 UBRL, wonach die Mitgliedstaaten die erforderlichen Maßnahmen erlassen können, die notwendig sind, um ein Freizügigkeitsrecht im Falle von Rechtsmissbrauch oder Betrug – wie z. B. durch Eingehung von Scheinehen – verweigern, aufheben oder widerrufen zu können. Dabei **1473**

---

98  Vgl. AVV zum FreizügG/EU Nr. 7.2.

können die Grundsätze, die für die Auslegung von Art. 35 UBRL gelten, auch für die Auslegung von § 2 Abs. 7 herangezogen werden. Systematische oder anlasslose Prüfungen, ob ausschließlicher Zweck einer Eheschließung oder der Begründung eines familiären Verwandtschaftsverhältnisses die Erlangung eines Aufenthaltsrechts ist, sind nicht zulässig. Vielmehr ist grundsätzlich bei Unionsbürgern und ihren Familienangehörigen vom Bestehen der Voraussetzungen für die Ausübung des Freizügigkeitsrechts auszugehen. Es müssen daher im Einzelfall begründete Zweifel an der Absicht der Herstellung einer ehelichen Lebensgemeinschaft oder eines familiären Verwandtschaftsverhältnisses bestehen. Die Beweislast bezüglich der Voraussetzungen für die Feststellung des Nichtbestehens liegt grundsätzlich bei der prüfenden Behörde („wenn feststeht"). Unabhängig davon besteht eine Mitwirkungsobliegenheit, gegebenenfalls auch im Rahmen einer Befragung durch die Ausländerbehörden. Auch im Rahmen von § 2 Abs. 7 gilt, dass grundsätzliche Voraussetzung für die Erteilung einer Aufenthaltserlaubnis zum Zweck des Familiennachzugs die Herstellung einer familiären Lebensgemeinschaft bzw. einer Ehe ist.

**1474** Typische Anwendungsfälle des § 2 Abs. 7 sind die formale Eingehung von Ehen oder Vaterschaftsanerkennungen ohne das Ziel, eine familiäre Lebensgemeinschaft zu führen, der Gebrauch ge- oder verfälschter Urkunden über das Bestehen einer familiären Beziehung oder Täuschungshandlungen z. B. über einen tatsächlich nicht bestehenden Wohnsitz oder über ein Arbeitsverhältnis[99].

### 3.    Verlust des Freizügigkeitsrechts wegen Wegfalls der Voraussetzungen

**1475** Im Fall des Wegfalls der Voraussetzungen sieht § 5 Abs. 4 Satz 1 FreizügG/EU ein besonderes Feststellungsverfahren über den Verlust des Freizügigkeitsrechts vor, wenn die Voraussetzungen des EU-Freizügigkeitsrechts innerhalb von fünf Jahren nach Begründung des ständigen rechtmäßigen Aufenthalts im Bundesgebiet entfallen sind. Im Fall von drittstaatsangehörigen Familienmitgliedern ist die Aufenthaltskarte oder Daueraufenthaltskarte einzuziehen. Eine Verlustfeststellung kann auch dann erfolgen, wenn der Unionsbürger nur ein Freizügigkeitsrecht für einen Kurzaufenthalt besitzt, was sich bereits aus dem Wortlaut des Art. 14 Abs. 1 UBRL ergibt[100]. Die Verlustfeststellung verliert auch nicht ihre Wirkung, wenn der Betroffene sein Freizügigkeitsrecht vor Erlass der gerichtlichen Entscheidung verliert[101].

**1476** Der Wortlaut der Vorschrift („Feststellung") und der Richtlinie[102] („steht das Aufenthaltsrecht zu, solange sie die dort genannten Voraussetzungen erfüllen") spricht für eine Auslegung, die die Rechtmäßigkeit des Aufenthalts von der Erfüllung der dort genannten Voraussetzungen abhängig macht, so dass der Feststellung eine lediglich deklaratorische Wirkung zukommt. Allerdings würde die Systematik des Freizügigkeitsrechts verkannt, wenn der Verlustfeststellung keine eigenständige rechtliche Bedeutung zugemessen würde. Die bloße Eigenschaft als Unionsbürger und die Herausnahme aus dem Geltungsbereich des Aufenthaltsgesetzes begründet die Vermutung der Freizügigkeit[103]. Die Nichtanwendung des Freizügigkeitsrechts setzt daher eine Feststellung der zuständigen Behörden

---

99 Vgl. AVV zum FreizügG/EU Nr. 2.7.0. zur Strafbarkeit in derartigen Fällen vgl. § 9 FreizügG/EU.
100 Vgl. VG Freiburg v. 19.7.2010 – 5 K 762/10.
101 VG Freiburg v. 19.7.2010 – 5 K 762/10.
102 Vgl. Art. 14 Abs. 2 UBRL.
103 BVerwG v. 16.7.2015 – 1 C 22.14, Rn. 12.

voraus[104]. Die Feststellung des Verlusts des Freizügigkeitsrechts führt zur Widerlegung der Vermutung des unionsrechtlichen Aufenthaltsrechts und zur Verlassenspflicht.

Die Verlustfeststellung knüpft an den Wegfall der Voraussetzungen des Freizü- **1477**
gigkeitsrechts an, wie sie in Art. 7 Abs. 1 UBRL niedergelegt sind. Sie kann auch
noch nach Ablauf eines 5-jährigen ständigen Aufenthalts getroffen werden[105].
Die Entstehung des Daueraufenthaltsrechts setzt den Nachweis eines 5-jährigen
ständigen und rechtmäßigen Aufenthaltsrechts voraus. Entscheidend ist daher,
ob während der 5-jährigen Zeitspanne ununterbrochen die Voraussetzungen des
Art. 7 UBRL vorgelegen haben. Nicht erwerbstätige Unionsbürger müssen danach bei Aufenthalten über drei Monate über ausreichenden Krankenversicherungsschutz und ausreichende Mittel zum Lebensunterhalt verfügen.

In allen Fällen eines Wegfalls derjenigen Voraussetzungen, die für die Begrün- **1478**
dung eines Freizügigkeitsrechts erforderlich sind, muss eine zusätzliche Prüfung
erfolgen, ob im Hinblick auf den Verhältnismäßigkeitsgrundsatz der Verlust des
Freizügigkeitsrechts geeignet, angemessen und verhältnismäßig ist[106]. Die Verhältnismäßigkeitsprüfung hat sich dabei an der Rechtsprechung des EuGH, insbesondere an den Fällen *Grzelczyk* und *Baumbast* zu orientieren[107]. Der EuGH
vertritt die Auffassung, dass auch die im sekundären Unionsrecht niedergelegten
Voraussetzungen für ein unionsrechtliches Freizügigkeitsrecht (z. B. Nachweis
ausreichender Existenzmittel und umfassender Krankenversicherungsschutz) als
„Beschränkungen" anzusehen sind, die am Maßstab der Verhältnismäßigkeit zu
überprüfen sind. Er unterscheidet dabei nicht zwischen Bedingungen und Beschränkungen. Für die Verlustfeststellung, die zur Ausreisepflicht führt, bedarf
es einer Ermessensentscheidung, im Rahmen derer zu prüfen ist, ob die Voraussetzungen für ein EU-Freizügigkeitsrecht nicht oder nicht mehr vorliegen. Wird
ein Anspruch auf Sozialleistungen nach SGB II oder SGB XII gestellt, besteht im
Allgemeinen ein Anlass für die Überprüfung des Vorliegens der Freizügigkeitsvoraussetzungen[108].

Unter Berufung auf die Unionsbürgerschaft als dem fundamentalen Status des **1479**
Unionsbürgers hat der EuGH insbesondere eine Reihe von *Kriterien entwickelt*,
anhand derer aufenthaltsbeschränkende Maßnahmen gegenüber Unionsbürgern,
die die Voraussetzungen für ein unionsrechtliches Freizügigkeitsrecht nicht oder
nicht mehr erfüllen, zu überprüfen sind. So hat der EuGH z. B. im Fall *Baumbast*[109] generell festgestellt, dass die im sekundären Unionsrecht niedergelegten
Bedingungen und Beschränkungen unter Einhaltung der einschlägigen unionsrechtlichen Grenzen und im Einklang mit den allgemeinen Grundsätzen des Unionsrechts, insbesondere dem Grundsatz der Verhältnismäßigkeit, anzuwenden
seien. Es sei daher ein unverhältnismäßiger Eingriff in das Aufenthaltsrecht von
Unionsbürgern aus Art. 18 Abs. 1 EGV (nunmehr Art. 21 AEUV), wenn diesen

---

104 BVerwG a. a. O. unter Hinweis auf BT-Drs. 15/240, S. 106.
105 BVerwG v. 16.7.2015 – 1 C 22.14.
106 Vgl. auch *Groß*, ZAR 2005, 81, 82.
107 EuGH v. 20.9.2001, RS C-184/99 – *Grzelczyk*, Slg. 2001, I-6139; v. 17.9.2002, RS C-413/99 –
*Baumbast*, Slg. 2002, I-7091.
108 Vgl. AVV zum FreizügG/EU Nr. 5.4.1.5.
109 EuGH v. 17.9.2002, Rs. C-413/99 – *Baumbast*, Slg. 2002, I-7091.

ein Aufenthaltsrecht mit der Begründung versagt würde, dass ihre Krankenversicherung eine Notversorgung im Aufnahmemitgliedstaat nicht abdecke[110].

**1480** Daraus folgt, dass der EuGH an die Beendigung des Aufenthalts von Unionsbürgern, die die Voraussetzungen für ein unionsrechtliches Aufenthaltsrecht (ausreichende Mittel zum Lebensunterhalt, umfassender Krankenversicherungsschutz) nicht mehr erfüllen, Anforderungen stellt, die nicht mit denjenigen identisch sind, die nach der EuGH-Rechtsprechung und sekundärem Unionsrecht für eine Beschränkung bzw. Beendigung des Aufenthaltsrechts aus Gründen der öffentlichen Ordnung, Sicherheit und Gesundheit erforderlich sind.[111]

**1481** Soweit die Feststellung des Rechtsverlusts und die Einziehung einer Aufenthaltskarte auf das Nichtvorhandensein ausreichender Mittel zum Lebensunterhalt und eine Abhängigkeit von Sozialhilfe gestützt werden soll, muss nach der Rechtsprechung des EuGH im Fall *Grzelczyk* zusätzlich geprüft werden, ob eine „unangemessene" Inanspruchnahme von Sozialhilfeleistungen vorliegt. Die Tatsache der Inanspruchnahme von Sozialhilfeleistungen allein dürfe nicht „automatisch" zu einer aufenthaltsbeendenden Maßnahme führen[112]. In Art. 14 Abs. 1 UBRL ist deshalb auch die Aufrechterhaltung des Aufenthaltsrechts bis zu drei Monaten vorgesehen, solange Unionsbürger die Sozialhilfeleistungen des Aufnahmemitgliedstaates nicht „unangemessen" in Anspruch nehmen. Grundsätzlich wird man davon ausgehen können, dass ausreichende Existenzmittel nur solche sind, die sicherstellen, dass der Freizügigkeitsberechtigte die Sozialhilfe des Aufnahmemitgliedstaats nicht in Anspruch nehmen muss, Art. 14 Abs. 3 UBRL untersagt jedoch – unter Übernahme einschlägiger Formulierungen der EuGH-Rechtsprechung – eine an den Bezug von Sozialhilfe anknüpfende automatische Ausweisung.

**1482** Aus der Rechtsprechung des EuGH zum Zugang von Unionsbürgern zu Sozialhilfeleistungen lässt sich nicht hinreichend deutlich entnehmen, welches die Maßstäbe für eine Unverhältnismäßigkeit einer Inanspruchnahme von Sozialhilfe im Zusammenhang mit einer Ausweisung sind. Im Urteil *Grzelczyk* hat der EuGH aus dem Unionsrecht „eine bestimmte finanzielle Solidarität der Angehörigen eines Aufnahmemitgliedstaats mit denen der anderen Mitgliedstaaten" abgeleitet, insbesondere, wenn die Schwierigkeiten, auf die der Aufenthaltsberechtigte stößt, nur vorübergehender Natur seien[113]. Nach den Erwägungsgründen der UBRL (Nr. 16) sollte daher der Aufnahmemitgliedstaat prüfen, ob es sich um vorübergehende Schwierigkeiten handelt und die Dauer des Aufenthalts, die persönlichen Umstände und den gewährten Sozialhilfebetrag berücksichtigen, um zu prüfen, ob ein Leistungsempfänger die Sozialhilfeleistungen unangemessen in Anspruch genommen hat. Im Urteil *Brey* verlangt der EuGH eine umfassende Beurteilung der Frage, welche Belastungen dem nationalen Sozialhilfesystem in seiner Gesamtheit aus der Gewährung dieser Leistung nach Maßgabe der

---

110 Das einschlägige sekundäre Gemeinschaftsrecht sieht demgegenüber eine „umfassende" Krankenversorgung vor.
111 Vgl. auch. § 6 Abs. 1 FreizügG/EU: „Der Verlust des Rechts .... kann, unbeschadet des § 2 Abs. 7 und § 5 Abs. 4 nur aus Gründen der öffentlichen Ordnung ... festgestellt werden."
112 Vgl. EuGH v. 7.9.2004, Rs. C-456/02 – *Trojani*, DVBl. 2005, 630.
113 EuGH v. 20.9.2001, RS C-184/99 – *Grzelczyk*, Rn. 44.

individuellen Umstände, die für die Lage des Betroffenen kennzeichnend sind, konkret entstünde[114].

Die Unbrauchbarkeit dieser Formel, die sich daraus ergibt, dass eine auch dauer-  **1483** hafte Inanspruchnahme von Sozialhilfe niemals das System in seiner Gesamtheit tangiert[115], wird in der neueren Rechtsprechung modifiziert. Der EuGH weist darauf hin, dass eine individuelle Prüfung bei Fallgestaltungen, in denen das Unionsrecht bereits eine abgestufte Regelung für die Aufrechterhaltung, bzw. den Verlust der Erwerbstätigeneigenschaft vorgenommen habe, wie z. B. in Art. 7 Abs. 3 lit. b UBRL, nicht erforderlich sei[116]. Entsprechendes gilt für Nichterwerbstätige, die ins Bundesgebiet einreisen, um Sozialleistungen nach SGB II zu beantragen[117]. Für die Entscheidung der Frage, ob die Gewährung der Sozialhilfe an einen einzelnen Antragsteller eine unverhältnismäßige Belastung darstelle, müsse in diesem Fall auf die Summe der potentiellen individuellen Ansprüche abgestellt werden, die sehr wohl eine derartige unverhältnismäßige Belastung begründen könnten. Wenngleich diese Ausführungen unmittelbar jeweils nur zur Frage des gleichen Zugangs zur Sozialhilfe ergangen sind, wird in der Argumentation des Gerichts nicht zwischen dem Anspruch auf Sozialhilfe und der beiläufig erwähnten Frage aufenthaltsbeender Konsequenzen unterschieden. Daraus lässt sich schließen, dass für eine auf die Beantragung von Sozialhilfe gegründete Verlustfeststellung zwischen der Ablehnung eines Anspruchs auf Sozialhilfe und der Feststellung des Verlusts bei dauernder Sozialhilfeabhängigkeit nicht unterschieden werden kann. Kann daher ein Arbeitssuchender nach Ablauf eines 6-Monatszeitraums nicht nachweisen, dass er eine begründete Aussicht auf Erfolg hat, verliert er seinen Status als freizügigkeitsberechtigter Unionsbürger[118].

> **Lösung Fall 58:** I war als Studentin nach § 2 Abs. 2 Nr. 5 i. V. m. § 4 Satz 1 FreizügG/ EU unter der Voraussetzung freizügigkeitsberechtigt, dass sie über ausreichenden Krankenversicherungsschutz und ausreichende Existenzmittel verfügte. Mit dem Abbruch ihres Studiums und dem Wegfall des Krankenversicherungsschutzes sowie der ausreichenden Existenzmittel ist ihr Freizügigkeitsrecht entfallen, und zwar innerhalb von fünf Jahren nach Begründung des ständigen Aufenthalts im Bundesgebiet. Damit kann der Verlust des Freizügigkeitsrechts gem. § 5 Abs. 4 Satz 1 FreizügG/EU festgestellt werden. Geprüft werden muss aber zusätzlich, ob der Verlust des Freizügigkeitsrechts nicht unverhältnismäßig ist. Dies ist hier anzunehmen, da es sich nicht um eine nur vorübergehende Inanspruchnahme von Sozialhilfe handelt. Für drittstaatsangehörige Familienangehörige gilt Entsprechendes. Die Feststellung des Verlusts ist hier mit einer Entziehung der Aufenthaltskarte zu verbinden.

## 4.  Verlust des Daueraufenthaltsrechts

Nach § 5 Abs. 6 FreizügG/EU gilt für den Verlust des Daueraufenthaltsrechts in  **1484** Folge längerer Abwesenheit (§ 4 a Abs. 7 FreizügG/EU) die Regelung des § 5 Abs. 4 Satz 1 FreizügG/EU bezüglich Feststellung des Verlusts und Einziehung der Bescheinigung entsprechend. Die Vorschrift stellt klar, dass der Verlust des Daueraufenthaltsrechts in Folge einer Abwesenheit aus einem seiner Natur nach nicht vorübergehenden Grund von mehr als zwei aufeinander folgenden Jahren

---

114  EuGH v. 19.9.2013, Rs. C-140/12 – Brey, Rn. 64.
115  Vgl. *Hailbronner*, JZ 2014, 869; *Thym*, NZS, 2014, 81, 85.
116  EuGH v. 15.9.2015, Rs. C-67/14 – *Alimanovic*, Rn. 62; v. 25.2.2016, Rs. C-299/14 – *Garcia-Nieto*, Rn. 50.
117  EuGH v. 11.11.2014, Rs. C-333/13 – *Dano*, Rn. 83.
118  Vgl Sächs. OVG v. 20.8.2012 – 3 B 202/12.

(§ 4 a Abs. 7 FreizügG/EU) in einem förmlichen Verfahren festgestellt werden muss und die Bescheinigung über den Daueraufenthalt eingezogen und die Daueraufenthaltskarte[119] widerrufen werden kann. Eine Verpflichtung zur Feststellung des Verlusts des Daueraufenthaltsrechts bei Eintreten eines Verlusttatbestandes besteht nach dem Wortlaut nicht („kann der Verlust des Rechts nach § 2 Abs. 1 festgestellt .... werden"). Bei der Ausübung des behördlichen Ermessens, das sich auf die Einleitung des Verlustverfahrens bezieht, ist der Verhältnismäßigkeitsgrundsatz zu beachten.

**1485**    Für das *Feststellungsverfahren* nach § 5 Abs. 4 Satz 1 FreizügG/EU sieht das FreizügG/EU keine besonderen Verfahrensregeln vor. Nach Art. 15 UBRL finden jedoch die in den Art. 30 und 31 UBRL niedergelegten Verfahrensregeln sinngemäß auf jede Entscheidung Anwendung, die die Freizügigkeit von Unionsbürgern und ihren Familienangehörigen einschränkt und nicht aus Gründen der öffentlichen Ordnung, Sicherheit oder Gesundheit erlassen wird. Erforderlich ist danach, dass die Feststellung des Verlusts des Freizügigkeitsrechts schriftlich mitgeteilt wird (Art. 30 UBRL) und die Gründe für den Wegfall des Freizügigkeitsrechts, die der Feststellungsentscheidung zugrunde liegen, genau und umfassend angegeben werden. Nach Art. 30 Abs. 3 UBRL ist ferner in der Feststellungsentscheidung anzugeben, bei welchem Gericht oder bei welcher Verwaltungsbehörde der Betroffene einen Rechtsbehelf einlegen kann, innerhalb welcher Frist der Rechtsbehelf einzulegen ist und ggf. binnen welcher Frist er das deutsche Hoheitsgebiet zu verlassen hat. Die Frist zum Verlassen des Hoheitsgebiets muss mindestens einen Monat, gerechnet ab dem Zeitpunkt der Mitteilung, betragen.

### 5.    Wirkungen der Feststellungsentscheidung des Verlusts des Freizügigkeitsrechts – Einreisesperre

**1486**    Zu unterscheiden von dem Verfahren nach § 5 Abs. 4 Satz 1 FreizügG/EU wegen nachträglichen Wegfalls oder Nichtbestehens der Voraussetzungen des Freizügigkeitsrechts sind die in § 6 FreizügG/EU geregelten Aufenthaltsbeendigungsgründe. Nach § 6 Abs. 1 Satz 1 FreizügG/EU kann der Verlust des Freizügigkeitsrechts nach § 2 Abs. 1 FreizügG/EU nur aus Gründen der öffentlichen Ordnung, Sicherheit oder Gesundheit (Art. 45 Abs. 3, Art. 52 Abs. 1 AEUV) festgestellt und die Bescheinigung über das Daueraufenthaltsrecht und die Aufenthaltskarte oder Daueraufenthaltskarte eingezogen werden. Aus den gleichen Gründen kann nach § 6 Abs. 1 Satz 2 FreizügG/EU auch die Einreise verweigert werden[120]. Die Regelung des § 6 FreizügG/EU ist abschließend, so dass ein Rückgriff auf das allgemeine Ausweisungsrecht des AufenthG ausgeschlossen ist.

**1487**    Der Anwendungsbereich der Regeln über den Verlust des Rechts auf Einreise und Aufenthalt ist nicht auf die „freizügigkeitsberechtigten" Unionsbürger und deren Familienangehörige im Sinne des § 2 Abs. 1 FreizügG/EU beschränkt, wie die Formulierung des § 6 FreizügG/EU nahe legen könnte („Der Verlust des Rechts nach § 2 Abs. 1 kann [...] festgestellt werden"), sondern umfasst alle Unionsbürger, deren Freizügigkeitsrecht in Frage steht.

---

119  Hierzu vgl. § 5 Abs. 5 FreizügG/EU.
120  S. hierzu *Hailbronner*, Ausländerrecht, § 6 FreizügG/EU, Rn. 87; dem Betroffenen sind bei einer Einreiseverweigerung aus Gründen der öffentlichen Ordnung und Sicherheit die wesentlichen Gründe der Entscheidung mit Ausnahme sicherheitsrelevanter Informationen mitzuteilen; vgl. EuGH v. 4.6.2013, Rs. C-300/11 – *ZZ/Secretary of State for the home department*.

Das Feststellungsverfahren nach § 6 FreizüG/EU dient der rechtsförmlichen Be- **1488** stimmung des Rechtsstatus eines Unionbürgers und seiner Familienangehörigen. Die Feststellung des Verlusts des Freizügigkeitsrechts führt zur Ausreisepflicht und zur Verpflichtung, der Ausländerbehörde die Aufenthaltskarte auszuhändigen (vgl. § 7 Abs. 1 Satz 1). Weitere Konsequenz des Verlustes des Aufenthaltsrechtes nach § 6 Abs. 1 FreizügG/EU ist die Einreisesperre. Danach darf der betroffene Unionsbürger nicht wieder in das Bundesgebiet einreisen und sich darin aufhalten (vgl. § 7 Abs. 2 Satz 1 FreizügG/EU). Verlustfeststellung und Einreisesperre sind zwei getrennte Entscheidungen, die ein unterschiedliches rechtliches Schicksal haben können[121]. Die Einreisesperre ist von Amts wegen zu befristen (§ 7 Abs. 2 Satz 2 FreizügG/EU). Auf die Befristung besteht ein Anspruch. Ändern sich die Umstände derart, dass eine der Befristung zugrundeliegende Annahme der Gefährdung der öffentlichen Ordnung und Sicherheit nicht mehr aufrechterhalten werden kann, muss die Befristung jederzeit aufgehoben werden. Nach Wegfall der Einreisesperre lebt das Freizügigkeitsrecht kraft Gesetzes wieder auf. Anders als das Einreise- und Aufenthaltsverbot nach § 11 AufenthG führt die Einreisesperre nach § 7 Abs. 2 nicht zu einer Ausschreibung zur Einreiseverweigerung im SIS nach Art. 96 Abs. 3 SDÜ.

Für die Feststellung eines Nichtbestehens des Freizügigkeitsrechts nach § 2 **1489** Abs. 7 (Vortäuschung der Voraussetzungen eines Freizügigkeitsrechts) schreibt § 7 Abs. 2 Satz 2 keine obligatorische Einreisesperre vor. Die Ausländerbehörde kann es aber Unionsbürgern und ihren Familienangehörigen untersagen, erneut in das Bundesgebiet einzureisen und sich darin aufzuhalten. Liegt ein besonders schwerer Fall vor, insbesondere ein wiederholtes Vortäuschen oder beeinträchtigt der Aufenthalt die öffentliche Ordnung und Sicherheit in erheblicher Weise, so soll eine Einreisesperre verfügt werden (§ 7 Abs. 2 Satz 3 FreizügG/EU). Einen besonders schweren Fall wird man annehmen können, wenn der Betroffene auf der Grundlage eines missbräuchlich erlangten Aufenthaltsrechts weitere ungerechtfertigte Vorteile zu erlangen sucht, wie z. B. den Bezug von Kindergeld aufgrund einer aktiven Täuschung über die Arbeitnehmereigenschaft. Dagegen reicht die bloße, mit der Beantragung einer entsprechenden Leistung verbundene unzutreffende Behauptung, freizügigkeitsberechtigt oder Arbeitnehmer zu sein, nicht aus[122]. Eine erhebliche Beeinträchtigung der öffentlichen Ordnung liegt insbesondere vor, wenn der Betreffende auf der Grundlage des missbräuchlich erlangten Aufenthaltsrechts weitere erhebliche Rechtsverstöße begeht oder wenn weitere Rechtsverstöße von erheblicher Bedeutung zeigen, dass auch in Zukunft keine rechtmäßige Ausübung des Freizügigkeitsrechts zu erwarten ist[123].

Über die Dauer der Einreisesperre entscheidet die Ausländerbehörde unter Be- **1490** rücksichtigung aller Umstände des Einzelfalles. Zu berücksichtigen sind insbesondere die Dauer des Aufenthalts des Betroffenen in Deutschland, sein Alter, sein Gesundheitszustand, seine familiäre und wirtschaftliche Lage, seine soziale und kulturelle Integration in Deutschland und das Ausmaß seiner Bindungen zum Herkunftsstaat (§ 7 Abs. 2 Satz 4 i. V. m. § 6 Abs. 3 FreizügG/ EU). Die Entscheidung ist als „gebundene Entscheidung" auch bezüglich der Dauer ge-

---

121 BVerwG v. 25.3, 2015 – 1 C 18.14.
122 Vgl. AVV zum FreizügG/EU Nr. 7.2.3.2.
123 Vgl. AVV zum FreizügG/EU Nr. 7.2.3.3.

richtlich in vollem Umfang überprüfbar[124]. Für die Dauer der Sperre bedarf es einer prognostischen Einschätzung im jeweiligen Einzelfall, wie lange das Verhalten des Betroffenen, das der Verlustfeststellung zugrunde liegt, das öffentliche Interesse daran, dass er das Bundesgebiet nicht erneut betritt, zu tragen vermag[125].

**1491** Die Frist darf 5 Jahre nur überschreiten, wenn eine Verlustfeststellung auf der Grundlage des § 6 Abs. 1, d. h. aus Gründen der öffentlichen Ordnung, Sicherheit und Gesundheit erfolgt. Da die Fristfestsetzung auf einer Prognose fortbestehender Gefährdung beruht, geht das BVerwG davon aus, dass ein Zeitraum von 10 Jahren in der Regel den Zeithorizont darstellt, für den eine Prognose noch realistischer Weise gestellt werden kann[126]. Wird eine langfristige Gefährdung und eine Wiederholungsgefahr festgestellt, so ist ein entsprechend langfristiges Verbot der Wiedereinreise nicht ausgeschlossen. Umgekehrt kann aber auch eine Befristung nachträglich zu Ungunsten des Betroffenen verlängert werden, wenn die Gefährdung fortdauert[127]. Auch bei der nachträglichen Befristung einer unbefristeten Altausweisung/Verlustfeststellung ist die Höchstdauer von 10 Jahren ab Ausreise zu beachten[128].

**1492** Der Betroffene kann nach angemessener Frist, in jedem Fall aber drei Jahre nach Ausreise einen Antrag auf Aufhebung eines Einreise- und Aufenthaltsverbots stellen oder auf Fristverkürzung stellen, wenn sich die für das Verbot oder die für die Dauer der Frist maßgeblichen Tatsachen geändert haben. Über einen solchen Antrag muss innerhalb eines Zeitraums von 6 Monaten entschieden werden[129]. Die Einreisesperre gilt solange fort. Grundlage einer solchen Entscheidung ist eine aktuelle Tatsachenbewertung zum Entscheidungszeitpunkt unter Einbeziehung des Verhaltens des Betroffenen nach der Ausreise, nicht dagegen auf die Situation zur Zeit der Ausreise. Nach der Rechtsprechung kann dies im Einzelfall auch zu einer Befristung auf null führen, wenn keine Ausreise stattgefunden hat, weil die Ausreisepflicht nicht durchgesetzt werden darf oder er unverschuldet nicht ausreisen kann, und eine Prüfung ergibt, dass von dem Betroffenen keine Gefahr für die öffentliche Ordnung und Sicherheit mehr ausgeht[130].

**1493** Für Verlustfeststellungen nach § 6 Abs. 1 FreizügG/EU und ihnen gleichzustellende „Altausweisungen", d. h. solche, die vor Inkrafttreten des Freizügigkeitsgesetzes am 1.1.2005 bestandskräftig waren, gelten die Höchstfristen des § 7 Abs. 2 nicht. Ein langfristiger Ausschluss der Wiedereinreise ist insoweit nach dem eindeutigen Willen des Gesetzgebers nicht ausgeschlossen, wenn eine Gefährdung bzw. Rückfallgefahr fortbesteht. Die Unterscheidung zwischen der Verlustfeststellung nach § 6 Abs. 1 und der derjenigen nach § 2 Abs. 7 erklärt sich daraus, dass in den Fällen des § 6 Abs. 1 eine vom Unionsbürger ausgehende Gefahr für die öffentliche Sicherheit und Ordnung Tatbestandsvoraussetzung ist.

---

124 BVerwG v. 28.4.2015 – 1 C 20.14; v. 25.3.2015 – 1 C 18.14; VGH BW v. 24.3.2016 – 11 S 992/15.
125 AVV zum FreizügG/EU Nr. 7.2.6.1.
126 BVerwG v. 13.12.2012 – 1 C 20.11; v. 14.5.2013 – 1 C 18.14.
127 BVerwG v. 25.3.2015 – 1 C 18.14.
128 VGH BW v. 30.4.2014 – 11 S 244/14.
129 Für die Rechtsfolgen bei Nichteinhaltung dieser Frist siehe VGH BW v. 30.4.2014 a. a. O. Rn. 111.
130 AVV zum FreizügG/EU Nr. 7.2.8.2.

Bei schwerwiegenden Gründen der öffentlichen Sicherheit und Ordnung kommt hier auch eine über 10 Jahre hinaus andauernde Einreisesperre in Betracht[131].

### 6. Verlust des Freizügigkeitsrechts aus Gründen der öffentlichen Ordnung, Sicherheit oder Gesundheit

Einschränkungen des Aufenthaltsrechts von Unionsbürgern aus Gründen der öf- **1494** fentlichen Ordnung, Sicherheit oder Gesundheit sind nur unter Einhaltung der unionsrechtlichen materiellen und verfahrensrechtlichen Grundsätze zulässig[132]. Mithin müssen bei der Auslegung der UBRL und der §§ 6 und 7 FreizügG/EU die einschlägige EuGH-Rechtsprechung sowie die in Art. 27 f. der UBRL nieder- gelegten Regeln und Grundsätze beachtet werden. Ergänzend ist auch hier der allgemeine *Verhältnismäßigkeitsgrundsatz* als ungeschriebener Grundsatz des Unionsrechts für jede freizügigkeitsbeschränkende Maßnahme zu beachten (vgl. Art. 27 Abs. 2 Satz 1 UBRL). Mithin führt das Vorliegen eines der aufgeführten Verlustgründe als solches nicht zum automatischen Verlust des Freizügigkeits- rechts. Es bedarf daher einer behördlichen Ermessensentscheidung, die den Ver- lust des Aufenthaltsrechts feststellt. Eine allein an die Tatsache einer Vorstrafe anknüpfende Ausweisung eines Drittstaatsangehörigen, der das alleinige Sorge- recht für einen minderjährigen Unionsbürger hat, ist daher unzulässig[133]. Folg- lich ist eine *zweistufige Prüfung* notwendig: Zunächst muss das Vorliegen eines der in § 6 Abs. 1 Satz 1 FreizügG/EU genannten Verlustgründe festgestellt und sodann geprüft werden, ob das öffentliche Interesse am Schutz der öffentlichen Ordnung, Sicherheit oder Gesundheit im Sinne des Art. 45 Abs. 3 AEUV das private Interesse des Unionsbürgers an seinem Verbleib im Bundesgebiet deutlich überwiegt[134].

Der *Begriff der öffentlichen Ordnung* ist als Einschränkung des Prinzips der **1495** Freizügigkeit grundsätzlich eng auszulegen[135]. Nach der Rechtsprechung des EuGH handelt es sich um einen unionsrechtlichen Begriff, der der Nachprüfung durch die Organe der Union zugänglich ist. Den mitgliedstaatlichen Behörden wird nur in beschränktem Maße ein Beurteilungsspielraum eröffnet. Sie müssen bei jeder Beschränkung der Freizügigkeit die besondere Rechtsstellung der vom Unionsrecht privilegierten Personen und die entscheidende Bedeutung des Grundsatzes der Freizügigkeit berücksichtigen[136].

Der *Begriff der öffentlichen Sicherheit* ist mit dem des deutschen Polizeirechts **1496** nicht identisch. Unionsrechtlich ist der Begriff der öffentlichen Sicherheit eng mit dem Begriff der öffentlichen Ordnung verbunden. Der *EuGH* verwendet regelmäßig den Begriff der öffentlichen Ordnung bei der Überprüfung von Frei- zügigkeitsbeschränkungen, die aus Gründen strafbarer Handlungen vorgenom- men werden, bezieht sich dabei aber der Sache nach auf den „ordre public" im Sinne der „öffentlichen Ordnung und Sicherheit". Dabei wird keine scharfe

---

131 BVerwG v. 28.4.2015 – 1 C 20.14; v. 25.3.2015 – 1 C 18.14; VGH BW v. 24.3.2016 – 11 S 992/ 15.
132 EuGH v. 7.6.2007, Rs. C-50/06 – *Kommission/Niederlande*; v. 31.1.2006 – *Kommission/Spanien*, Rs. C-503/03, Slg. 2006, I-1097, Rn. 43 und 44.
133 Schlußanträge GA Szupnar v. 4.2.2016, Rs. C-165/14 und C-304/14.
134 Vgl. BVerwG v. 3.8.2004, NVwZ 2005, 220.
135 Vgl. EuGH v. 4.12.1974, Rs. C-41/74 – *van Duyn*, Slg. 1974, 1337/1350; vgl. auch *Hailbronner*, in: Hailbronner/Wilms, Recht der Europäischen Union, Art. 39 EGV Rn. 21 f. sowie BVerwG v. 3.8.2004, NVwZ 2005, 220.
136 BVerwG v. 3.8.2004, NVwZ 2005, 220.

Trennung zwischen öffentlicher Sicherheit und Ordnung vorgenommen. Vielmehr versteht der EuGH den ordre public-Vorbehalt als eine umfassende Freizügigkeitsbeschränkungsklausel, für die die ursprünglich in der RL 64/221 und nunmehr der UBRL niedergelegten Grundsätze maßgeblich sind[137].

**1497**  § 6 Abs. 2 FreizügG/EU kodifiziert *Grundsätze*, die sich früher in der Richtlinie 64/221 und der Rechtsprechung des EuGH fanden. Die Tatsache einer strafrechtlichen Verurteilung genügt für sich allein nicht, um Maßnahmen der öffentlichen Ordnung, Sicherheit oder Gesundheit zu begründen. Es dürfen nur im Bundeszentralregister noch nicht getilgte strafrechtliche Verurteilungen und diese nur insoweit berücksichtigt werden, als die ihnen zugrunde liegenden Umstände ein persönliches Verhalten erkennen lassen, das eine gegenwärtige Gefährdung der öffentlichen Ordnung darstellt. § 6 Abs. 2 Satz 3 FreizügG/EU nimmt eine in der EuGH-Rechtsprechung ständig gebrauchte Formulierung auf, wonach „eine tatsächliche und hinreichend schwere Gefährdung vorliegen [muss], die ein Grundinteresse der Gesellschaft berührt"[138]. Im Einzelfall ist allerdings auch denkbar, dass eine solche Gefährdung auch von einzelnen strafrechtlichen Verurteilungen ausgehen kann, so dass eine Ausweisung gerechtfertigt sein kann[139]. Strafrechtliche Verurteilungen müssen einen gewissen Schweregrad erreichen. Auch eine wiederholte Begehung von Straftaten im Bereich der einfachen Kriminalität oder mehrfache gravierende Ordnungsverstöße reichen im Allgemeinen nicht aus, um die schwere Gefährdung eines Grundinteresses der Gesellschaft im Sinne der EuGH-Rechtsprechung annehmen zu können. Bei mittelschwerer oder schwerer Straffälligkeit, deren Gefährdungscharakter auch in der Strafhöhe zum Ausdruck kommt, wird im Allgemeinen sorgfältig zu prüfen sein, ob eine konkrete Gefahr der Wiederholung gravierender Straftaten vorliegt, die eine Verlustfeststellung erlaubt. Ein automatischer lebenslanger Verlust der Freizügigkeit wegen einer strafrechtlichen Verurteilung verstößt gegen Art. 45 AEUV[140]. Eine Ausweisung aus Gründen der Generalprävention ist unzulässig, da gem. Art. 27 Abs. 2 UBRL ausschließlich auf das persönliche Verhalten des Betroffenen abgestellt werden darf[141].

**1498**  Die deutsche Rechtsprechung entspricht diesen Grundsätzen. Voraussetzung für eine Verlustfeststellung ist danach das Vorliegen einer *konkreten* Gefahr neuer Störungen der öffentlichen Sicherheit und Ordnung[142]. Erforderlich sind die Existenz spezialpräventiver Gründe und der Nachweis einer tatsächlichen und hinreichend schweren Gefährdung eines gewichtigen Rechtsguts. Die konkrete Gefahr neuer gravierender Straftaten muss bei individueller Würdigung des Einzelfalls hinreichend wahrscheinlich sein[143]. Auch bei schwerwiegenden Delikten,

---

137  Vgl. *Hailbronner*, in: Hailbronner/Wilms, Recht der Europäischen Union, Art. 39 EGV, Rn. 224 f.; *Brechmann*, in: Callies/Ruffert, 3. Aufl. 2006, Art. 39 EG, Rn. 92 f.

138  Vgl. EuGH v. 27.10.1977, Rs. C-30/77 – *Bouchereau*, Slg. 1977, 1999/2014; EuGH v. 19.1.1999, Rs. C-348/96 – *Calfa*, Slg. 1999, I-21; BVerwG v. 7.12.1999, BVerwGE 110, 140 f.

139  Vgl. BVerwG v. 4.11.1990, Buchholz 402.26 zu § 12 AufenthG/EWG.

140  EuGH v. 19.1.1999, Rs. C-348/96 – *Calfa*, Slg. 1999, I-21; vgl. hierzu auch *Franzen*, in: Streinz, EUV/EGV, Art. 39 Rn. 134.

141  EuGH v. 22.5.2012, Rs. C-348/09 – *Infusino*; v. 26.2.1975, Rs. C-67/74 – *Bonsignore*, Slg. 1975, 297/308; EuGH v. 29.4.2004, Rs. C-482/01, DVBl. 2004, 876, mit Anmerkung *Renner*, ZAR 2004, 195; vgl. auch BVerwG v. 2.7.1975, BVerwGE 49, 60.

142  BVerwG v. 27.10.1978, BVerwGE 57, 61, 65; BVerwG v. 18.8.1981, BVerwGE 64, 13, 19.

143  BVerwG v. 27.10.1978, BVerwGE 57, 61, 65; *Franzen*, in: Streinz, EUV/EGV, Art. 39, Rn. 137; *Hailbronner*, in: Hailbronner/Wilms, Recht der Europäischen Union, Art. 39 EGV, Rn. 231.

zu denen z. B. Drogendelikte gehören, dürfen die Anforderungen an die Wiederholungsgefahr nicht zu gering angesetzt werden, da sonst der besondere Ausweisungsschutz für EU-Bürger leer liefe[144]. Im umfassenden Sinne müssen alle relevanten Fakten erforscht werden, wenn es um die Feststellung einer von einer
Person ausgehenden tatsächlichen und hinreichend schwerwiegenden Gefahr
geht. Für die Überprüfung, ob eine konkrete Gefahr von einem Unionsbürger
ausgeht, ist der gesamte Zeitraum bis zur letzten mündlichen Tatsachenverhandlung in einem Klageverfahren über die Rechtmäßigkeit einer Verlustfeststellung
zu berücksichtigen[145]. Die Ausländerbehörde hat daher auch nach Erlass einer
behördlichen Entscheidung, durch die der Verlust des Freizügigkeitsrechts festgestellt wird, das Fortbestehen der Gefährdung zu überprüfen und gegebenenfalls
ihre Entscheidung abzuändern.

Die Unionsbürgerrichtlinie hat diese Anforderungen in Art. 28 UBRL und das    **1499**
FreizügG/EU in § 6 Abs. 3 FreizügG/EU in der Weise kodifiziert, dass *vor* einer
Verlustfeststellung aus Gründen der öffentlichen Ordnung, Sicherheit oder Gesundheit die Dauer des Aufenthalts des Betroffenen im Hoheitsgebiet, sein Alter,
sein Gesundheitszustand, seine familiäre und wirtschaftliche Lage, seine soziale
und kulturelle Integration im Aufnahmemitgliedstaat und das Ausmaß seiner
Bindungen im Herkunftsstaat zu berücksichtigen sind.

Gemäß der Unionsbürgerrichtlinie berücksichtigt auch das FreizügG/EU die Dif-    **1500**
ferenzierungen zwischen Unionsbürgern, die lediglich ein Aufenthaltsrecht genießen, solchen, die ein Daueraufenthaltsrecht genießen und wiederum denjenigen
Unionsbürgern, die ihren Aufenthalt in den letzten zehn Jahren im Aufnahmemitgliedstaat gehabt haben oder minderjährig sind. Während für die Aufenthaltsbeendigung von Unionsbürgern die oben erwähnten allgemeinen Grundsätze gelten, darf nach § 6 Abs. 4 FreizügG/EU bei Unionsbürgern, die das Recht
auf Daueraufenthalt genießen, eine Feststellung des Verlustes des Aufenthaltsrechtes „nur aus schwerwiegenden Gründen der öffentlichen Ordnung oder Sicherheit" erfolgen. Insoweit ist eine höhere Schwelle für die Aufenthaltsbeendigung von Daueraufenthaltsberechtigten beabsichtigt, als sie für
Unionsbürger im Allgemeinen gilt. Schwerwiegende Gründe im Sinne des § 6
Abs. 4 FreizügG/EU liegen daher vor, wenn die drohende Beeinträchtigung zu
schweren Gefahren für die öffentliche Ordnung und Sicherheit führt. Das ist
anzunehmen, wenn es sich um besonders schwere Straftaten handelt und die
konkrete Gefahr besteht, dass bei einer weiteren Anwesenheit des Ausländers
überragende Interessen der Allgemeinheit an der Verhütung solcher Straftaten
tangiert werden. Für den besonderen Schutz des Minderjährigen ist maßgeblich
auf das Alter zum Entscheidungszeitpunkt abzustellen. Dies ergibt sich aus dem
Gedanken des Schutzes der familiären Bande, indem ein Minderjähriger nicht
ohne schwerwiegenden Anlass von seiner Familie getrennt werden soll[146].

Eine noch höhere Schwelle besteht nach § 6 Abs. 5 Satz 1 FreizügG/EU bei Uni-    **1501**
onsbürgern und ihren Familienangehörigen, wenn sie entweder ihren Aufenthalt
in den letzten zehn Jahren im Aufnahmemitgliedstaat gehabt haben oder minderjährig sind. Etwas anderes gilt nur, wenn der Verlust des Aufenthaltsrechts zum

---

144  VGH BW v. 15.6.1987, InfAuslR 1987, 328.
145  BVerwG v. 15.11.2007 – 1 C 45/06; v. 3.8.2004, BVerwGE 121, 297, 308; 121, 315, 321.
146  BayVGH v. 27.8.2012 – 10 ZB 11.1908, Rn. 4.

Wohl des Kindes notwendig ist (Satz 2). Der Begriff „Wohl des Kindes" orientiert sich an den Vorgaben des Übereinkommens der Vereinten Nationen vom 20. November 1989 über die Rechte des Kinds[147].

**1502** Eine Feststellung des Verlustes des Aufenthaltsrechts darf in diesen Fällen nicht verfügt werden, es sei denn, die Entscheidung beruht auf zwingenden Gründen der öffentlichen Sicherheit, die von den Mitgliedstaaten festgelegt wurden. § 6 Abs. 5 Satz 3 FreizügG/EU setzt § 28 Abs. 3 UBRL dadurch um, dass zwingende Gründe nur dann angenommen werden können, wenn der Betroffene wegen einer oder mehrerer vorsätzlicher Straftaten rechtskräftig zu einer Freiheits- oder Jugendstrafe von mind. fünf Jahren verurteilt wurde oder bei der letzten rechtskräftigen Verurteilung Sicherungsverwahrung angeordnet worden ist, wenn die Sicherheit der Bundesrepublik Deutschland betroffen ist oder wenn vom Betroffenen eine terroristische Gefahr ausgeht[148]. Liegen in diesem Sinne zwingende Gründe vor, so hat die Behörde eine Ermessensentscheidung vorzunehmen, bei der die in § 6 Abs. 3 FreizügG/EU aufgeführten Ermessenserwägungen zu berücksichtigen sind. Das Vorliegen von zwingenden Gründen führt somit nicht notwendig zu einer Verlustfeststellung nach § 6 Abs. 1 FreizügG/EU[149].

**1503** Voraussetzung des besonderen Schutzes nach Art. 28 Abs. 3 a UBRL ist die Anwesenheit eines Unionsbürgers in den letzten zehn Jahren vor einer Ausweisung im Aufnahmemitgliedstaat. Vorübergehende Abwesenheiten von bis zu insgesamt sechs Monaten im Jahr oder längere Abwesenheiten von höchstens zwölf aufeinanderfolgenden Monaten aus wichtigen Gründen, wie Schwangerschaft, schwere Krankheit, Studium oder Berufsausbildung oder berufliche Entsendung in einen anderen Mitgliedstaat oder einen Drittstaat berühren die Kontinuität des Aufenthalts vor Erwerb des EG-Daueraufenthaltsrechts nicht. Zu einem Verlust des Aufenthaltsrechts führt nur die Abwesenheit vom Aufnahmemitgliedstaat, die zwei aufeinanderfolgende Jahre überschreitet.

**1504** Die Frage, ob diese Kriterien entsprechend auf die Annahme eines zehnjährigen rechtmäßigen Aufenthalts angewendet werden können, hat der EuGH dahin beantwortet, dass allein maßgeblich ist, ob sich aufgrund einer umfassenden Prüfung aller Umstände des Einzelfalls der Mittelpunkt der persönlichen, familiären oder beruflichen Interessen des Betroffenen in einen anderen Mitgliedstaat verlagert hat. Von Bedeutung ist dabei insbesondere die Dauer jeder einzelnen Abwesenheit des Betroffenen vom Aufnahmemitgliedstaat, die Gesamtdauer und die Häufigkeit der Abwesenheiten, sowie die Gründe, die ihn dazu veranlasst haben, diesen Mitgliedstaat zu verlassen[150]. Der Umstand, dass der Betroffene zur Verbüßung einer Haftstrafe zwangsweise in den Aufnahmemitgliedstaat zurückgebracht wurde, und die im Gefängnis verbrachte Zeit können ebenfalls berücksichtigt werden, um zu bestimmen, ob die zuvor mit dem Aufnahmemitgliedstaat geknüpften Integrationsverbindungen abgebrochen sind. Dies haben in letzter Instanz die nationalen Gerichte zu entscheiden.

---

147 BGBl. 1992 II, S. 121.
148 Zur näheren Bestimmung dieser Varianten s. *Hailbronner*, Ausländerrecht, § 6 FreizügG/EU, Rn. 61 ff.
149 Vgl. BT-Drs. 16/5065, S. 399.
150 EuGH v. 23.11.2010, Rs. C-145/09 – *Tsakouridis*.

Der Begriff der „zwingenden Gründe der öffentlichen Sicherheit" setzt nicht nur **1505** das Vorliegen einer Beeinträchtigung der öffentlichen Sicherheit voraus, sondern darüber hinaus, dass die Beeinträchtigung einen besonders hohen Schweregrad aufweist. Grundsätzlich umfasst der unionsrechtliche Begriff der inneren Sicherheit sowohl die innere als auch die äußere Sicherheit eines Mitgliedstaats[151]. Zur äußeren Sicherheit gehört das Funktionieren der Einrichtungen des Staates und seiner wichtigsten öffentlichen Dienste sowie das Überleben der Bevölkerung und die Gefahr einer erheblichen Störung der auswärtigen Beziehungen oder des friedlichen Zusammenlebens der Völker oder eine Beeinträchtigung der militärischen Interessen[152]. Zur inneren Sicherheit gehören der Schutz der Bevölkerung vor schweren Straftaten, wie z. B. die Bekämpfung der mit bandenmäßigem Handel mit Betäubungsmitteln verbundenen Kriminalität[153] oder der Schutz von Kindern vor fortgesetztem sexuellen Missbrauch. Der EuGH betont in diesem Zusammenhang die hohe Gefährlichkeit derartiger Straftaten, durch die die Ruhe und die physische Sicherheit der Bevölkerung insgesamt oder eines großen Teils derselben unmittelbar bedroht würden. Liegt in diesem Sinne ein zwingender Grund der öffentlichen Sicherheit vor, so muss der „außergewöhnliche Charakter" der Bedrohung der öffentlichen Sicherheit aufgrund des persönlichen Verhaltens der betroffenen Person nach Maßgabe der verwirkten und verhängten Strafen, des Grades der Beteiligung an der kriminellen Aktivität, des Umfangs des Schadens und gegebenenfalls der Rückfallneigung gegen die Gefahr abgewogen werden, die Resozialisierung des Unionsbürgers in dem Staat, in den er vollständig integriert ist, zu gefährden[154]. In diesem Zusammenhang wird auch zu berücksichtigen sein, ob ein Unionsbürger die meiste oder die gesamte Zeit seiner Kindheit und Jugend rechtmäßig im Aufnahmemitgliedstaat verbracht hat. Im letzteren Falle müssen sehr stichhaltige Gründe vorgebracht werden, um eine aufenthaltsbeendende Maßnahme zu rechtfertigen[155].

Neu eingeführt durch die Unionsbürgerrichtlinie ist die Befugnis der Mitglied- **1506** staaten, erforderlichenfalls *andere Mitgliedstaaten um Auskünfte über das Vorleben des Betroffenen in strafrechtlicher Hinsicht zu ersuchen*, wenn sie dies für unerlässlich halten, um festzustellen, ob der Betroffene eine Gefahr für die öffentliche Ordnung oder Sicherheit darstellt. Diese Prüfung kann bei der Ausstellung der Anmeldebescheinigung oder spätestens drei Monate nach dem Zeitpunkt der Einreise des Betroffenen in das Hoheitsgebiet oder nach dem Zeitpunkt, zu dem der Betroffene seine Anwesenheit im Hoheitsgebiet gemeldet hat, oder bei Ausstellung der Aufenthaltskarte vorgenommen werden. Die Anfragen dürfen aber nicht systematisch erfolgen. Der ersuchte Mitgliedstaat muss seine Antwort binnen zwei Monaten mitteilen[156].

§ 6 Abs. 1 FreizügG/EU sieht eine Freizügigkeitsbeschränkung auch aus *Gesund-* **1507** *heitsgründen* vor. Eine Feststellung des Verlustes des Aufenthaltsrechtes aus Gründen der öffentlichen Gesundheit kann aber nur erfolgen bei Krankheiten

151 EuGH v. 23.11.2010, a.a.O., Rn. 43; ebenso EuGH v. 11.1.2000, Rs. C-285/98 – *Kreil*, Slg. 2000, I-69; v. 11.3.2003, Rs. C-186/01 – *Dory*, Slg. 2003, I-2479, Rn. 32.
152 EuGH v. 10.7.1984, Rs. 72/83, *Campusoil*, Slg. 1984, 2727, Rn. 34 und 35; v. 25.10.2001, Rs. C-398/98, Kommission/Griechenland, Slg. 2001, I-7915, Rn. 29.
153 EuGH v. 23.11.2010 – *Tsakouridis*, Rn. 46 ff.
154 A. a. O., Rn. 50.
155 *Tsakouridis*, a.a.O., Rn. 53.
156 Vgl. Art. 27 Abs. 3 Unionsbürgerrichtlinie.

mit epidemischen Potential im Sinne der einschlägigen Rechtsinstrumente der WHO und sonstigen übertragbaren, durch Infektionserreger oder Parasiten verursachten Krankheiten, sofern gegen die Krankheiten Maßnahmen im Bundesgebiet getroffen werden. Ausgeschlossen sind nach dieser Definition Geisteskrankheiten. Ebenso wie bei der Verlustfeststellung aus Gründen der öffentlichen Sicherheit und Ordnung dürfen auch bei der Entscheidung aus Gesundheitsgründen die Ermessensgesichtspunkte des § 6 Abs. 3 FreizügG/EU nicht vergessen werden.

**1508**    Lösung Fall 59: Wäre F Drittstaatsangehöriger, so lägen die Voraussetzungen für ein besonders schwerwiegendes Ausweisungsinteresse nach § 54 Abs. 1a AufenthG vor. Da F als Franzose Unionsbürger ist, ist ausschließlich § 6 FreizügG/EU anwendbar. Eine Aufenthaltsbeendigung ist demnach nur auf der Grundlage einer ausländerbehördlichen Ermessensentscheidung aus Gründen der öffentlichen Ordnung, Sicherheit oder Gesundheit möglich (§ 6 Abs. 1 Satz 1 FreizügG/EU). Die Tatsache einer strafrechtlichen Verurteilung genügt für sich allein nicht für den Verlust des Aufenthaltsrechts, obwohl jede Gesetzesverletzung eine Störung der öffentlichen Ordnung darstellt. Vielmehr müssen die ihr zugrunde liegenden Umstände ein persönliches Verhalten erkennen lassen, dass eine gegenwärtige Gefährdung der öffentlichen Ordnung darstellt. Die erste Verurteilung reicht nicht aus, um die Schwelle einer schweren Gefährdung eines Grundinteresses der Gemeinschaft zu erreichen. Dies könne allenfalls für die zweite Verurteilung angenommen werden. Dabei kann auch berücksichtigt werden, dass der Gesetzgeber der Verhinderung der in § 54 Abs. 1a beschriebenen Delikte eine besonders große Bedeutung für die Erreichung gewichtiger öffentlicher Interessen zuweist. Es muss jedoch die hinreichende Besorgnis neuer schwerwiegender Verfehlungen begründet sein. Hierbei kann berücksichtigt werden, dass die Strafe nicht zur Bewährung ausgesetzt wurde und F schon früher straffällig geworden ist. Letztlich lässt sich aber nur aufgrund der konkreten Umstände des Einzelfalls und der aktuellen Gefährdungsprognose beurteilen, ob eine konkrete Wiederholungsgefahr besteht und ob eine Verlustfeststellung verhältnismäßig wäre. Dagegen spricht, dass die Höhe der Strafe sich noch im Bereich der einfachen bis mittleren Kriminalität bewegt und dass F bereits aufgrund seiner Ausbildung erhebliche Integrationsleistungen erbracht hat. In der Gesamtabwägung spricht daher einiges dafür, dass die Voraussetzungen für eine Verlustfeststellung nicht vorliegen.

**1509**    Das FreizügG/EU sieht für den Verlust des Rechts auf Einreise und Aufenthalt grundsätzlich ein ähnliches Verfahren vor wie im Fall der Einziehung einer Aufenthaltskarte wegen Wegfalls der Voraussetzungen für ein Aufenthaltsrecht. Vorgesehen ist eine förmliche Feststellung des Rechtsverlusts und ggfls. die Einziehung der Aufenthaltskarte oder Daueraufenthaltskarte (bei freizügigkeitsberechtigten Drittstaatsangehörigen). Vor einer Feststellung „soll" der Betroffene angehört werden. Die Feststellung bedarf der Schriftform (vgl. § 6 Abs. 8 FreizügG/EU). Zuständig für die Verlustfeststellung oder die Einziehung der Aufenthaltskarte oder Daueraufenthaltskarte sind die Ausländerbehörden.

**1510**    Da das FreizügG/EU neben der Regelung in § 6 Abs. 8 FreizügG/EU keine weiteren Bestimmungen über das Feststellungsverfahren nach § 6 FreizügG/EU enthält, gelten für das Verwaltungsverfahren im Allgemeinen die Vorschriften der Verwaltungsverfahrensgesetze der Länder. Diese sind allerdings unter Berücksichtigung der Verfahrensbestimmungen der UBRL auszulegen.

## V.  Politische und soziale Rechte der Unionsbürger

Art. 18 AEUV verbietet unbeschadet besonderer Bestimmungen des Vertrages **1511** „in seinem Anwendungsbereich" jede Diskriminierung aus Gründen der Staatsangehörigkeit. Darüber hinaus enthält der Vertrag zahlreiche spezielle Diskriminierungsverbote, so unter anderem für Arbeitnehmer gemäß Art. 45 AEUV. Das Recht der Arbeitnehmerfreizügigkeit beinhaltet daher auch einen Anspruch auf Gleichbehandlung. Das Diskriminierungsverbot nach Art. 45 Abs. 2 AEUV gilt für alle Arbeitsbedingungen, insbesondere für die Entlohnung. Es ist jedoch nach dem Verständnis des EuGH nur die Ausprägung eines allgemeinen Gleichheitssatzes, der jede unterschiedliche Behandlung verbietet. Der Inhalt des Gleichbehandlungsgrundsatzes nach Art. 45 Abs. 2 AEUV wird insbesondere durch die Art. 7 bis 9 der Verordnung Nr. 492/2011 (ex VO 1612/68) konkretisiert, die durch die Unionsbürgerrichtlinie 2004/38/EG nicht aufgehoben wurden. Allerdings überlagert die in der Unionsbürgerrichtlinie vorgesehene Gleichbehandlungsklausel die spezifischen Diskriminierungsverbote der Verordnung Nr. 492/2011 und ergänzt sie.

Der Arbeitnehmer hat nach Art. 7 Abs. 2 der Verordnung Nr. 492/2011 insbe- **1512** sondere Anspruch auf die gleichen sozialen und steuerlichen Vergünstigungen wie inländische Arbeitnehmer. Der EuGH legt diese Klausel (Art. 7 Abs. 2 der VO Nr. 1612/66)[157] sehr weit aus mit dem Ziel, alle Benachteiligungen, die der Mobilität der Arbeitnehmer entgegenstehen könnten, zu beseitigen[158]. Zu den sozialen Vergünstigungen gehören nach dieser Rechtsprechung nicht nur berufsbezogene Beihilfen und Förderungsmaßnahmen für den Arbeitnehmer, sondern auch soziale Hilfen für die Familienangehörigen. Die Gleichbehandlung wird daher in einem umfassenden Sinn der Herstellung einer materiellen Gleichheit ausgelegt. Erfasst sind *alle Vergünstigungen* – ob sie an einen Arbeitsvertrag anknüpfen oder nicht –, die den inländischen Arbeitnehmern hauptsächlich wegen ihrer objektiven Arbeitnehmerschaft oder ihres Wohnsitzes im Inland gewährt werden und zur Integration des Arbeitnehmers und seiner Familie beitragen sowie die Mobilität des Arbeitnehmers in der Gemeinschaft erleichtern[159].

Eine Verbindung von Sozialleistungen mit einer unselbständigen Erwerbstätig- **1513** keit ist demnach nicht erforderlich; entscheidend stellt der EuGH darauf ab, ob die Gewährung der Leistung geeignet ist, die Freizügigkeit und die Integration von Arbeitnehmern zu fördern. Unerheblich ist auch, ob die Leistung auf Gesetz, Arbeitsvertrag, Kollektivvereinbarung oder freiwilliger Entscheidung des privaten Arbeitgebers beruht oder ob sie in Form von Geld- oder Sachleistungen gewährt wird. Insoweit entfaltet der Gleichbehandlungsgrundsatz „Drittwirkung" auch in den privatrechtlichen Beziehungen zwischen Arbeitgeber und ausländischem Arbeitnehmer[160]. So hat die Rechtsprechung zu den sozialen Vergünstigungen, z. B. Erziehungsgeld, die Gewährung zinsloser Geburtsdarlehen, die Auszahlung von Babygeld, Vergünstigungen für kinderreiche Familien, ein Nach-

---

157  Identisch mit Art. 7 Abs. 2 VO 492/2011.
158  Vgl. *Franzen*, in: Streinz, EUV/EGV, Art. 39 EGV, Rn. 105; *Hailbronner*, in: Hailbronner/Wilms, Recht der Europäischen Union, Art. 39 EGV, Rn. 126 f.
159  Vgl. EuGH v. 29.10.1998, Rs. C-185/96 – *Kommission/Griechenland*, Slg. 1998, I6601; für weitere Nachweise aus der Rspr. vgl. *Hailbronner/Wilms*, Recht der Europäischen Union, Art. 39 EGV, Rn. 136.
160  Vgl. *Wölker/Grill*, in: von der Groeben/Schwarze, EU/EG, Art. 39 EG, Rn. 16.

zugsrecht eines ledigen Partners eines Arbeitnehmers, Überbrückungsgelder für junge Arbeitslose und Leistungen für Behinderte, sowie Bestattungsgelder, Beihilfen zu Weiterbildung und Qualifikation sowie das Recht auf Gewährung einer Trennungsentschädigung gerechnet[161].

**1514** In seiner neueren Rechtsprechung hat der EuGH die Rechtfertigung für Beschränkungen sozialer Leistungen auf im Bundesgebiet wohnhafte Personen oder Sachverhalte mit Inlandsbezug unter Berufung auf die Freizügigkeitsvorschriften des AEUV-Vertrags deutlich eingeschränkt. Als rechtswidrig hat der EuGH daher z. B. die Beschränkung der Eigenheim-Zulage[162] auf die Herstellung oder Anschaffung einer Wohnung im Bundesgebiet angesehen und den deutschen Gesetzgeber verpflichtet, die Eigenheimzulage für im Bundesgebiet steuerpflichtige Personen für den Kauf einer Wohnung in einem anderen Mitgliedstaat zu gewähren.[163] In gleicher Weise muss die gem. § 421 g Abs. 1 Satz 2 SGB III an einen privaten Arbeitsvermittler gezahlte Vergünstigung auch für die Vermittlung einer Erwerbstätigkeit in einem anderen EU-Mitgliedstaat gezahlt werden.[164]

**1515** Von einer früheren Rechtsprechung, wonach der Anspruch auf Sozialhilfe nicht in den Anwendungsbereich des gemeinschaftsrechtlichen Diskriminierungsverbots fiel, hat sich der EuGH mittlerweile unter Hinweis auf die Einführung der Unionsbürgerschaft in den AEU-Vertrag distanziert. Nach Auffassung des EuGH stellt die Unionsbürgerschaft den grundlegenden Status der Angehörigen der Mitgliedstaaten dar, der es denjenigen unter ihnen, die sich in der gleichen Situation befinden, erlaubt, unabhängig von ihrer Staatsangehörigkeit und unbeschadet der ausdrücklich vorgesehenen Ausnahmen, die gleiche rechtliche Behandlung zu genießen[165]. Hatte der EuGH früher die Gleichbehandlung nur auf den gleichberechtigten Zugang zur Berufsausbildung[166] beschränkt und demgemäß (nur) diskriminierende Studiengebühren für unzulässig erklärt[167], so schließt er nunmehr *aus dem grundlegenden Status der Unionsbürgerschaft*, dass ein Bürger, der sich rechtmäßig auf dem Gebiet des Mitgliedstaates aufhält, sich auch *in Bezug auf die allgemeinen Sozialhilfesysteme auf die Gleichbehandlungsklausel* berufen kann. Studenten können sich daher für die Frage eines Zugangs zu Beihilfesystemen, die zur Deckung der Unterhaltskosten in Form vergünstigter Darlehen oder Stipendien gewährt werden, auf den Gleichbehandlungsgrundsatz berufen[168]. Ähnlich wird für arbeitsuchende Unionsbürger in *Collins* ausgeführt, dass es angesichts der Einführung der Unionsbürgerschaft nicht mehr möglich sei, vom Anwendungsbereich des Vertrags eine finanzielle Leistung auszunehmen, die den Zugang Arbeitssuchender zum Arbeitsmarkt eines Mitgliedstaates

---

161 Für Nachweise s. *Hailbronner/Wilms*, Recht der Europäischen Union, Art. 39 EGV, Rn. 139.
162 Vgl. § 2 Abs. 1 Satz 1 Eigenheimzulagegesetz in der Fassung des Haushaltsbegleitgesetzes, BGBl. 2003 I, S. 3076.
163 EuGH v. 17.1.2008, Rs. C-152/05 – *Kommission/Bundesrepublik Deutschland*.
164 EuGH v. 11.1.2007, Rs. C-208/05 – *ITC Innovative Technology/Bundesagentur für Arbeit*, EuR 2007, 9.
165 EuGH v. 20.9.2001, Rs. C-184/99 – *Grcelczyk*, Slg. 2001, I-6193.
166 EuGH v. 13.2.1985, Rs. 293/83 – *Gravier*, Slg. 1985, 606; vgl. *Oppermann*, Von der EG-Freizügigkeit zur gemeinsamen europäischen Ausbildungspolitik?, 1988.
167 EuGH v. 2.2.1988, Rs. 309/85 – *Barra*, Slg. 1988, 371, 377; EuGH v. 21.6.1988, Rs. C-197/86 – *Brown*, Slg. 1988, 3205.
168 EuGH v. 15.3.2005, Rs. C-209/03 – *Bidar/London Borough of Healing*; EuGH v. 20.9.2001, Rs. C-184/99 – *Grzelczyk*, Slg. 2001, I-6193.

erleichtern soll[169]. In *Trojani* stellt der Gerichtshof fest, dass Sozialhilfe wie ein belgisches Mindesteinkommen in den Anwendungsbereich der Klausel fällt. Somit könne sich auch ein nicht erwerbstätiger Unionsbürger grundsätzlich auf Art. 12 EGV (nunmehr Art. 18 AEUV) berufen, so lange er sich nur rechtmäßig in einem Mitgliedstaat aufhält[170].

Allerdings postuliert der Gerichtshof keinen unbedingten Gleichbehandlungsan- **1516** spruch, sondern stellt fest, die Gleichbehandlungsklausel hindere die nationale Gesetzgebung nicht daran, den Anspruch auf Zugang zu Sozialhilfeleistungen an Kriterien wie z. B. eine tatsächliche Verbindung zum Arbeitsmarkt oder ein gewisses Maß an Integration zu knüpfen. In den Fällen von Studienbeihilfen wies der EuGH darauf hin, dass es jedem Mitgliedstaat freisteht, darauf zu achten, dass die Gewährung von Beihilfen zur Deckung des Unterhalts von Studenten aus anderen Mitgliedstaaten nicht zu einer übermäßigen Belastung werde, die Auswirkungen auf das gesamte Niveau der Beihilfe haben könnte, die dieser Staat gewähren kann. Es sei daher legitim, dass ein Aufnahmemitgliedstaat eine derartige Beihilfe nur solchen Studenten gewähre, die nachgewiesen hätten, dass sie sich bis zu einem gewissen Grad in die Gesellschaft dieses Staates integriert hätten.

Die *Unionsbürgerrichtlinie* hält grundsätzlich an der Unterscheidung zwischen **1517** Arbeitnehmern und nicht erwerbstätigen Unionsbürgern fest. Danach wird das Aufenthaltsrecht nicht erwerbstätiger Unionsbürger prinzipiell vom Nachweis ausreichender Mittel zum Lebensunterhalt und einem umfassenden Krankenversicherungsschutz abhängig gemacht. Der Gleichbehandlungsanspruch wird allerdings in § 24 Abs. 2 UBRL für die ersten drei Monate im Bereich der Sozialhilfeleistungen eingeschränkt. Bei Arbeitssuchenden kann der Zugang zu Sozialhilfeleistungen für die gesamte Dauer der Arbeitsuche eingeschränkt werden. Das Aufenthaltsrecht im Anschluss an einen Drei-Monats-Zeitraum ist grundsätzlich vom Bestehen ausreichender Mittel zum Lebensunterhalt abhängig. Erst mit dem Erwerb eines Daueraufenthaltsrechts im Anschluss an einen fünfjährigen rechtmäßigen Aufenthalt wird die Freizügigkeit unabhängig vom Nachweis ausreichender Mittel zum Lebensunterhalt. Auch für Studenten besteht erst ab diesem Zeitpunkt ein uneingeschränkter Zugang zu Unterhaltsbeihilfen inklusive Studiendarlehen.

Diesen Vorgaben in der UBRL folgend, sind nach § 7 Abs. 1 Satz 2 SGB II vom **1518** Anspruch auf Grundsicherung für Arbeitsuchende (SGB II) ausgenommen:
–  Ausländer, die weder in der Bundesrepublik Deutschland Arbeitnehmer oder Selbständige noch aufgrund des § 2 Abs. 3 FreizügG/EU freizügigkeitsberechtigt sind, und ihre Familienangehörigen für die ersten drei Monate ihres Aufenthalts (§ 7 Abs. 1 Satz 2 Nr. 1 SGB II)
–  Ausländer, deren Aufenthaltsrecht sich allein aus dem Zweck der Arbeitsuche ergibt und ihre Familienangehörigen (§ 7 Abs. 1 Satz 2 Nr. 2 SGB II). Dies gilt auch für Arbeitssuchende, die entweder in Deutschland noch nicht gearbeitet haben oder deren Aufenthaltsrecht nach Verlust der Arbeitnehmereigenschaft erloschen ist.

---

169 EuGH v. 23.3.2004, Rs. C-138/02 – *Collins/Secretary of State for Work and Pensions*, Slg. 2004, I-2703.
170 EuGH v. 7.9.2004, Rs. C-456/02 – *Trojani*, Slg. 2004, I-7573.

**1519** Der Ausschlusstatbestand der Nr. 1 zielt auf Unionsbürger, die von ihrem Recht auf Freizügigkeit Gebrauch machen. Unionsbürger, die sich nach § 2 Abs. 5 FreizügG/EU in Deutschland aufhalten – dreimonatiges voraussetzungsloses Aufenthaltsrecht – können in dieser Zeit keine Leistungen nach SGB II erhalten. Dies gilt auch für die Familienangehörigen dieser Personen. Ausgenommen vom Leistungsausschluss sind Arbeitnehmer und Selbständige sowie Personen, die aufgrund des Erhalts ihrer Arbeitnehmereigenschaft (vorübergehende Erwerbsminderung, unfreiwillige Arbeitslosigkeit, Aufnahme einer Berufsausbildung, wenn zwischen der Ausbildung und der früheren Erwerbstätigkeit ein Zusammenhang besteht) ihre Freizügigkeit behalten haben. Nach Ablauf der ersten drei Monate des Aufenthalts ist das weitere Aufenthaltsrecht vom Aufenthaltszweck abhängig. Soweit eine Person danach ihr Aufenthaltsrecht allein aus der Arbeitssuche herleitet, soll sie von Leistungen nach SGB II nach Nr. 2 und von Sozialhilfe nach SGB XII ausgeschlossen bleiben[171].

**1520** In Literatur und Rechtsprechung war zunächst heftig umstritten, inwieweit § 7 Abs. 1 Satz 2 Nr. 2 SGB II mit Unionsrecht vereinbar ist[172]. In seinem Urteil vom 4.6.2009 hat der EuGH den Ausschluss arbeitssuchender Unionsbürger nach Art. 24 Abs. 2 UBRL grundsätzlich für mit Art. 18 AEUV vereinbar erklärt[173]. Als „Sozialhilfeleistungen" im Sinne des Art. 24 Abs. 2 UBRL, von denen arbeitssuchende Unionsbürger für die Zeit der Arbeitssuche ausgeschlossen werden können, qualifiziert der EuGH solche finanziellen Leistungen, die spezifisch der Existenzsicherung dienen, nicht aber finanzielle Leistungen, die unabhängig von ihrer Einstufung nach nationalem Recht den Zugang zum Arbeitsmarkt erleichtern sollen. Es sei Sache der nationalen Gerichte, insoweit nicht nur das Vorliegen einer tatsächlichen Verbindung mit dem Arbeitsmarkt festzustellen, sondern auch die grundlegenden Merkmale dieser Leistungen zu prüfen, insbesondere ihren Zweck und die Voraussetzungen ihrer Gewährung.

**1521** Der EUGH hat die Zulässigkeit eines Ausschlusses nicht Erwerbstätiger oder von Unionsbürgern, deren Aufenthaltsrecht sich allein aus der Arbeitssuche ableitet, mittlerweile in den Entscheidungen *Dano*[174], *Alimanovic*[175] und *Garcia-Nieto*[176] bestätigt. Im Fall *Dano* betont der Gerichtshof, dass die Ungleichbehandlung eine zwangsläufige Folge des Systems der Unionsbürgerrichtlinie ist. Andernfalls würden Unionsbürger, die nach ihrer Ankunft in einem anderen Mitgliedstaat nicht über ausreichende Existenzmittel verfügten, automatisch in den Genuss von beitragsunabhängigen Sozialhilfeleistungen kommen. Der Begriff der Sozialhilfeleistungen wird dabei grundsätzlich in einem weiten Sinne interpretiert. Unter Art. 24 Abs. 2 UBRL fallen daher sämtliche von öffentlichen Stellen eingerichtete Hilfssysteme, die auf nationaler, regionaler oder örtlicher Ebene bestehen und die ein Einzelner in Anspruch nimmt, der nicht über ausreichende Existenzmittel verfügt[177]. Nicht erwerbstätigen Unionsbürgern könnten daher Leistungen der Grundsicherung nach SGB II ungeachtet der Ausstellung einer Freizügigkeitsbescheinigung versagt werden. Im Fall *Alimanovic* wird dies

---

171  BT-Drs. 16/5065, S. 458 f.
172  Vgl. hierzu *Hailbronner*, ZfSH-SGB 2009, 195; *Frings*, ZAR 2012, 317.
173  EuGH v. 4.6.2009, Rs. C-22/08 und C-23/08 – *Vatsouras* und *Koupatantze*.
174  EuGH v. 11.11.2014, Rs. C-333/13 – *Dano*, Rn. 83.
175  EuGH v. 15.9.2015, Rs. C-67/14 – *Alimanovic*, Rn. 62.
176  EuGH v. 25.2.2016, Rs. C-299/14 – *Garcia-Nieto*, Rn. 50.
177  EuGH v. 15.9.2015, Rs. C-67/14 – Alimanovic, Rn. 44.

auch für Unionsbürger, die ihre Erwerbstätigeneigenschaft gemäß Art. 7 Abs. 3 c UBRL nach mehr als 6 Monaten Arbeitslosigkeit verloren haben, bestätigt. In Abweichung von seiner Entscheidung im Fall *Brey*[178] hält es der EuGH in diesen Fällen auch nicht für notwendig, individuell zu prüfen, ob der Betroffene eine unangemessene Belastung des Sozialsystems verursacht. Die Richtlinie halte nämlich in § 7 ein abgestuftes System für die Aufrechterhaltung der Erwerbstätigeneigenschaft bereit, aus dem sich die Rechte und Pflichten des Einzelnen eindeutig ergäben. Eine individuelle Prüfung, welche Belastung eine einzelne Sozialhilfegewährung für das Gesamtsystem darstelle, sei auch im Hinblick auf die Summierung aller Anträge unpassend.

Die EuGH-Rechtsprechung hat damit die Grundlagen eines Ausschlusses nicht **1522** erwerbstätiger Unionsbürger vom Zugang zu Sozialhilfeleistungen nach Art. 24 Abs. 2 UBRL klargestellt. Über die Frage eines verfassungsrechtlich begründeten Anspruchs auf Sozialhilfeleistungen für im Bundesgebiet wohnhafte Unionsbürger ist damit nicht entschieden. Das BSG hat mit Entscheidungen v. 3.12.2015[179] entschieden, dass für sozialhilfeabhängige Unionsbürger, deren Aufenthalt nicht beendet werde, grundsätzlich kraft des verfassungsrechtlichen Gebots der menschenwürdigen Behandlung Sozialhilfe nach den Vorschriften des SGB XII geleistet werden müsse. Dies ergebe sich aus der Rechtsprechung des BVerfG zum Existenzminimum für ausreisepflichtige oder im Besitz einer Aufenthaltsgestattung befindliche Ausländer nach dem Asylbewerberleistungsgesetz. Auch bei fehlender Freizügigkeitsberechtigung seien zumindest im Ermessenweg Sozialhilfeleistungen zu erbringen. Im Fall eines verfestigten Aufenthalts sei das Ermessen dahin reduziert, dass regelmäßig zumindest Hilfe zum Lebensunterhalt in gesetzlicher Höhe zu erbringen sei. Dieser Rechtsprechung halten mehrere Instanzgerichte zutreffend entgegen, dass die Anwendung der Grundsätze des Bundesverfassungsgerichts nur für die nach den Umständen unabweisbare Hilfeleistung für Personen, die typischerweise an der Rückkehr gehindert seien, gelte[180]. Für Unionsbürger bestehe eine gänzlich andere Ausgangslage. Die unabweisbare Hilfe erfasse daher in diesem Fall nur die Deckung der Kosten für die Rückkehr.

Auf die Leistungen der Ausbildungs- und Arbeitsförderung nach SGB III haben **1523** freizügigkeitsberechtigte Unionsbürger grundsätzlich die gleichen Ansprüche wie Inländer. Insoweit können sich Fragen im Wesentlichen nur beim Zugang von Ehegatten oder Lebenspartnern sowie Kinder von Unionsbürgern stellen. § 59 Abs. 1 Nr. 3 SGB III beschränkt den Zugang zu Berufsausbildungsbeihilfen auf Ehegatten, Lebenspartner und Kinder. Dies wird aus unionsrechtlicher Sicht für bedenklich gehalten, da insoweit der weitere Begriff des Familienangehörigen von Art. 2 Nr. 2 UBRL zu berücksichtigen sei[181]. Diese Auffassung trifft jedoch nicht zu, da aus dem unionsrechtlichen Gleichbehandlungsgrundsatz nur die Gleichbehandlung, nicht aber eine Privilegierung abgeleitet werden kann.

---

178 EuGH v. 19.9.2013, Rs. C-140/12 – Brey, Rn. 64.
179 BSG v. 3.12.2015 – B 4 ASS 59/13; B 4 AS 44/15; B 4 AS 43/15R.
180 LSG v. 22.2.2016 – L 9 AS 1335/15 B ER; v. 7.3.2016 – L 15 AS 185/15 BER: im gleichen Sinne LSG NRW v. 7.3.2016 – SO 79/16 B ER; LSG RP v. 11.2.2016 – L 3 AS 668/15 B ER; a. M. LSG Berlin-Brandenburg v. 13.4.2016 – L 23 SO 46/ 16 B ER; LSG NRW v. 22.3.2016 – L 7 AS 354/ 16 B ER.
181 IQ Netzwerk Niedersachsen, Der Zugang zu den Instrumenten der Ausbildungs- und Arbeitsförderung, März 2016.

**1524**    Ausbildungsförderung nach dem BAFöG[182] ist Unionsbürgern unter gleichen Voraussetzungen wie Inländern zu gewähren, wenn sie vor dem Beginn der Ausbildung im Inland in einem Beschäftigungsverhältnis gestanden haben, dessen Gegenstand mit dem der Ausbildung in inhaltlichem Zusammenhang steht oder wenn sie als Unionsbürger ein Recht auf Daueraufenthalt im Sinne des FreizügG/EU besitzen oder als Ehegatten oder Lebenspartner oder Kinder von Unionsbürgern nach den Voraussetzungen des § 3 FreizügG/EG freizügigkeitsberechtigt sind. Nach der EuGH-Rechtsprechung fällt grundsätzlich der Anspruch auf Sozialleistungen, einschließlich von Studienbeihilfen, in den Anwendungsbereich des Gleichbehandlungsgrundsatzes des Unionsrechts[183]. Allerdings sind die Mitgliedstaaten befugt, den Zugang zu Studienbeihilfen und vergleichbaren finanziellen Leistungen davon abhängig zu machen, dass sich ein nicht erwerbstätiger Unionsbürger im Aufnahmemitgliedstaat für eine bestimmte Dauer rechtmäßig aufgehalten hat. Im Fall *Förster*[184] hat der EuGH das Erfordernis eines fünfjährigen ununterbrochenen Aufenthalts im Hinblick auf die Anforderungen an den Grad der Integration von Ausländern im Aufnahmemitgliedstaat nicht als grundsätzlich unverhältnismäßig angesehen.

**1525**    Elterngeld erhalten Unionsbürger und freizügigkeitsberechtigte Familienangehörige nach dem Bundeselterngeld- und Elternzeitgesetz v. 5.12.2006[185] sofern sie einen Wohnsitz oder gewöhnlichen Aufenthalt in Deutschland besitzen. Freizügigkeitsberechtigte Ausländer sind insoweit Deutschen völlig gleichgestellt. Sonderregelungen bestehen lediglich nach § 1 Abs. 7 für nicht freizügigkeitsberechtigte Ausländer. Die Unionsbürgerrichtlinie sieht im Übrigen in Art. 24 Abs. 1 vorbehaltlich spezifischer Bestimmungen im Vertrag und im sekundären Unionsrecht volle Gleichbehandlung für alle freizügigkeitsberechtigten Unionsbürger und ihre Familienangehörigen, die nicht die Staatsangehörigkeit eines Mitgliedstaates besitzen und das Recht auf Aufenthalt oder das Recht auf Daueraufenthalt genießen, vor.

**1526**    Neben dem Recht auf ungehinderten Zugang zum Arbeitsmarkt und dem Recht auf gleichen Zugang zu Sozialleistungen besitzen Unionsbürger auch das *aktive und passive Wahlrecht bei Kommunalwahlen* im Bundesgebiet (vgl. Art. 18 Abs. 1 Satz 3 GG)[186]. Hierdurch soll die politische Integration der Unionsbürger gefördert werden, indem ihnen die Beteiligung am politischen Leben ermöglicht wird. Die Einzelheiten für das Kommunalwahlrecht von Unionsbürgern sind in der RL 94/80/EG geregelt[187]. In Deutschland erstreckt sich das Wahlrecht sowohl auf die Gemeinde als auch auf die Kreisebene. Das Wahlrecht gilt aber nur für die unmittelbaren Wahlen zur kommunalen Vertretung. An der Bundestagswahl dürfen Unionsbürger aus anderen Mitgliedstaaten nicht teilnehmen.

---

182   Bundesgesetz über individuelle Förderung der Ausbildung, neu gefasst durch Bekanntmachung v. 7.12.2010, BGBl. I, 1952; zuletzt geändert durch Art. 31 Gesetz v. 20.12.2011, BGBl. I, 2854.
183   Vgl. EuGH v. 11.7.2002, Rs. C-224/98 – *D'Hoop*, Slg. 2002, I 6191; v. 15.3.2005, Rs. C-209/03 – *Bidar*, Slg. 2005, I-2119.
184   EuGH v. 18.11.2008, Rs. C-158/07 – *Förster*.
185   BGBl. I, 2006, 2748, zuletzt geändert durch Art. 10 des Gesetzes v. 20.10.2012, BGBl. I, 2246.
186   Nähere Ausführungen hierzu in: *Hailbronner/Jochum*, Europarecht II, S. 73 ff.
187   ABl. EG 1994, Nr. L 368/34.

# § 13   Die Rechtsstellung türkischer Staatsangehöriger

## I.   Überblick

Türkische Staatsangehörige unterliegen als *Drittstaatsangehörige* im Prinzip den **1527**
allgemeinen Regeln des AufenthG für die Erteilung und Verlängerung einer Aufenthaltserlaubnis. Eine *Privilegierung* türkischer Staatsangehöriger und ihrer Familienangehöriger ergibt sich allerdings aus dem *Assoziationsabkommen der
Türkei mit der EWG und ihren Mitgliedstaaten* vom 12.9.1963 und dem hierzu
ergangenen *Zusatzprotokoll* vom 23.11.1970, das dem Assoziierungsabkommen
als Anlage beigefügt worden ist. Das Assoziationsabkommen hat nach seinem
Art. 2 Abs. 1 zum *Ziel*, durch die schrittweise Herstellung der Freizügigkeit der
Arbeitnehmer (Art. 12) sowie die Aufhebung der Beschränkungen der Niederlassungsfreiheit (Art. 13) und des freien Dienstleistungsverkehrs (Art. 14) eine be-
ständige und ausgewogene Verstärkung der Handels- und Wirtschaftsbeziehun-
gen zwischen den Vertragsparteien zu fördern, um die Lebenshaltung des
türkischen Volkes zu verbessern und später den *Beitritt der Republik Türkei zur
Gemeinschaft zu erleichtern* (vierter Erwägungsgrund der Präambel und Art. 28
Assoziierungsabkommen). Langfristiges Ziel des Abkommens ist also, die Türkei
über eine verstärkte Koordinierung der Wirtschaftspolitik und die Errichtung
einer Zollunion (seit 1. Januar 1996) auf einen Beitritt zur Europäischen Union
vorzubereiten.

Das Zusatzprotokoll von 1970 sieht in Art. 36 vor, dass die Freizügigkeit der    **1528**
Arbeitnehmer zwischen den Mitgliedstaaten der Gemeinschaft und der Türkei
schrittweise hergestellt wird und dass der Assoziationsrat die hierfür erforderlichen Regeln festlegt. Auf der Grundlage dieser Bestimmung hat der Assoziationsrat verschiedene Beschlüsse erlassen, insbesondere die Assoziationsratsbeschlüsse
Nr. 2/76 und den in der Praxis besonders wichtigen Beschluss ARB Nr. 1/80.

Zwar konnte mit den Beschlüssen das ursprüngliche Ziel einer schrittweisen    **1529**
Herstellung der Freizügigkeit aufgrund der geänderten arbeitsmarktpolitischen
Gegebenheiten bis zu dem im Zusatzprotokoll niedergelegten Zeitpunkt nicht
erreicht werden. Die Türkei und die EWG-Mitgliedstaaten einigten sich jedoch
im Assoziationsrat auf eine *Privilegierung türkischer Arbeitnehmer beim Zugang
zum Arbeitsmarkt*. Nach Art. 6 ARB Nr. 1/80 hat ein türkischer Arbeitnehmer,
der dem regulären Arbeitsmarkt eines Mitgliedstaates angehört, in diesem Mitgliedstaat
– nach einem Jahr ordnungsgemäßer Beschäftigung Anspruch auf Erneuerung
  seiner Arbeitserlaubnis bei dem gleichen Arbeitgeber, wenn er über einen
  Arbeitsplatz verfügt;
– nach drei Jahren ordnungsgemäßer Beschäftigung – vorbehaltlich des den
  Arbeitnehmern aus den Mitgliedstaaten der Gemeinschaft einzuräumenden
  Vorrangs – das Recht, sich für den gleichen Beruf bei einem Arbeitgeber
  seiner Wahl auf ein unter normalen Bedingungen unterbreitetes und bei den
  Arbeitsämtern dieses Mitgliedstaats eingetragenes anderes Stellenangebot
  zu bewerben;
– nach vier Jahren ordnungsgemäßer Beschäftigung freien Zugang zu jeder
  von ihm gewählten Beschäftigung im Lohn- oder Gehaltsverhältnis.

In einer Reihe grundlegender Entscheidungen hat der EuGH nicht nur dem Asso-    **1530**
ziationsabkommen selbst und dem hierzu ergangenen Zusatzprotokoll, sondern

auch den zur Durchführung des Assoziationsabkommens ergangenen Assoziationsratsbeschlüssen die Rechtswirkung als integrierende Bestandteile der Gemeinschaftsrechtsordnung zuerkannt[1].

**1531** Nach der ständigen Rechtsprechung des EuGH gelten daher die unionsrechtlichen Regeln über Vorrang und *unmittelbare Wirkung* auch für die Bestimmungen der Assoziationsratsbeschlüsse in Durchführung des Assoziationsabkommens mit der Türkei. Voraussetzung für eine unmittelbare und vorrangige Geltung ist daher, *ob* die Bestimmungen des Assoziationsratsbeschlusses Nr. 1/80 unter Berücksichtigung ihres Wortlauts und im Hinblick auf Sinn und Zweck des Abkommens *eine klare Verpflichtung enthalten,* deren Erfüllung oder deren Wirkungen *nicht vom Erlass eines weiteren Aktes abhängen.* Der EuGH hat diese Voraussetzungen für die zentralen Bestimmungen des ARB Nr. 1/80 bejaht.

**1532** Danach wäre türkischen Arbeitnehmern nach einer bestimmten Anzahl von Jahren ordnungsgemäßer Beschäftigung in einem Mitgliedstaat das Recht auf freien Zugang zu jeder von ihnen gewählten Beschäftigung im Lohn- oder Gehaltsverhältnis gewährleistet.

**1533** Von entscheidender Bedeutung für die praktische Anwendung des ARB Nr. 1/80 war freilich nicht nur seine Anerkennung als integraler Bestandteil des Gemeinschaftsrechts, sondern die Auslegung als *„implizite" aufenthaltsrechtliche Begünstigung türkischer Arbeitnehmer,* die bereits dem Arbeitsmarkt eines Mitgliedstaates angehören. Der EuGH stellt fest, dass die Bestimmungen des ARB Nr. 1/80 nach ihrer Intention eine weitere Stufe bei der Herstellung der Freizügigkeit der Arbeitnehmer im Geiste der Art. 39, 40 EGV (nunmehr Art. 45, 46 AEUV) bilden sollten[2]. Das Assoziationsrecht regele zwar lediglich die *beschäftigungsrechtliche,* nicht aber die *aufenthaltsrechtliche Stellung* der türkischen Arbeitnehmer. Jedoch seien die beiden Aspekte eng miteinander verknüpft. Indem der ARB Nr. 1/80 diesen Arbeitnehmern nach einem bestimmten Zeitraum ordnungsgemäßer Beschäftigung in dem betreffenden Mitgliedstaat Zugang zu jeder von ihnen gewählten Beschäftigung gewähre, impliziere er zwangsläufig, dass der türkische Arbeitnehmer zumindest zu diesem Zeitpunkt ein Aufenthaltsrecht habe. Andernfalls sei das Recht, das er diesem Arbeitnehmer zubilligt, wirkungslos. Folglich impliziert nach Auffassung des EuGH die praktische Wirksamkeit dieses Rechts zwangsläufig ein entsprechendes Aufenthaltsrecht, das ebenfalls auf dem Gemeinschaftsrecht beruht[3]. Zwar berührt der ARB Nr. 1/80 „beim gegenwärtigen Stand des Gemeinschaftsrechts" nicht die Befugnis der Mitgliedstaaten, einem türkischen Staatsangehörigen die Einreise in ihr Hoheitsgebiet und die Ausübung einer ersten, unselbständigen Erwerbstätigkeit in ihrem Hoheitsgebiet zu verwehren, und steht auch grundsätzlich nicht der Befugnis der Mitgliedstaaten entgegen, die Bedingungen seiner Beschäftigung bis zum Ablauf des in Art. 6 Abs. 1, 1. Spiegelstrich ARB Nr. 1/80 genannten Jahres zu regeln.

---

1   EuGH v. 20.9.1990, Rs. C-192/89 – *Sevince*, Slg. 1990, I-3497; vgl. *Akyürek,* Das Assoziationsabkommen EWG/Türkei, 2005; *Gutmann,* Die Assoziationsfreizügigkeit türkischer Staatsangehöriger, 1999.
2   EuGH v. 6.6.1995, Rs. C-434/93 – *Bozkurt,* Slg. 1995, I-1475; EuGH v. 23.1.1997, Rs. C-171/95 – *Tetik,* Slg. 1997, I-329; EuGH v. 19.11.1998, Rs. C-210/97 – *Akman,* Slg. 1998, I-7519.
3   Vgl. EuGH v. 20.9.1990, Rs. C-192/89 – *Sevince*, Slg. 1990, I-3461; EuGH v. 16.12.1992, Rs. C-237/91 – *Kazim Kus,* Slg. 1992, I-6781; EuGH v. 23.1.1997, Rs. C-171/95 – *Tetik,* Slg. 1997, I-329.

Nach Ablauf der Einjahresfrist ist es jedoch nach ständiger Rechtsprechung den Mitgliedstaaten verwehrt, den Inhalt des Systems der schrittweisen Eingliederung der türkischen Staatsangehörigen in den Arbeitsmarkt des Aufnahmemitgliedstaates zu verändern[4]. Die Mitgliedstaaten sind daher nicht mehr befugt, aufenthaltsrechtliche Maßnahmen zu ergreifen, die die Ausübung der Rechte beeinträchtigen können, die dem türkischen Staatsangehörigen, der die Voraussetzungen nach dem ARB Nr. 1/80 erfüllt und daher in den Aufnahmemitgliedstaat eingegliedert ist, durch den Beschluss ARB Nr. 1/80 verliehen werden[5].

Auf der Grundlage der These des „impliziten Aufenthaltsrechts" hat der EuGH in einer umfangreichen Rechtsprechung zum ARB Nr. 1/80 zahlreiche *Grundsätze* zur Ermittlung von *Inhalt und Grenzen des gemeinschaftsrechtlich gewährleisteten Aufenthaltsrechts türkischer Staatsangehöriger*, die dem regulären Arbeitsmarkt eines Mitgliedstaates angehören, und seiner Familienangehörigen entwickelt, die ungeachtet der allgemeinen Geltung des AufenthG für türkische Staatsangehörige dazu führen, dass eine Reihe von besonderen Regeln zu beachten sind, wenn aufenthaltsrechtliche Maßnahmen gegenüber türkischen Staatsangehörigen getroffen werden. Dabei geht der EuGH in ständiger Rechtsprechung von dem Grundsatz aus, dass die Bestimmungen der Assoziationsratsbeschlüsse entsprechend der Zielsetzung, die schrittweise Herstellung der Freizügigkeit türkischer Arbeitnehmer zu fördern, auszulegen sind. Daher seien diejenigen Grundsätze, die nach Gemeinschaftsrecht für die Freizügigkeit von Unionsbürgern und ihren Familienangehörigen gelten, „soweit wie möglich auf die türkischen Arbeitnehmer, die die im Beschluss ARB Nr. 1/80 eingeräumten Rechte besitzen", und ihre Familienangehörigen zu übertragen[6]. Die diesen Grundsätzen folgende Rechtsprechung hat türkischen Arbeitnehmern und ihren Familienangehörigen, sofern ihnen der Aufenthalt in einem Mitgliedstaat gestattet worden ist, eine weitgehend gleichartige aufenthaltsrechtliche Stellung wie Unionsbürgern eingeräumt. Voraussetzung ist allerdings, dass die Mitgliedstaaten einem türkischen Arbeitnehmer die Einreise und den Aufenthalt auf ihrem Territorium zum Zweck der Ausübung einer unselbständigen Erwerbstätigkeit gestattet haben. Aus den vom EuGH entwickelten Grundsätzen folgt ferner, dass z. B. bei der Bestimmung des Umfangs der in Art. 14 Abs. 1 ARB Nr. 1/80 vorgesehenen Ausnahme der öffentlichen Ordnung, die aufenthaltsbeendende Maßnahmen rechtfertigt, darauf abzustellen ist, wie die gleiche Ausnahme im Bereich der Freizügigkeit der Arbeitnehmer, die Angehörige der Mitgliedstaaten der Gemeinschaft sind, ausgelegt wird.

**1534**

Insgesamt lässt sich aus der EuGH-Rechtsprechung die Tendenz ableiten, die aufenthaltsrechtliche Stellung türkischer Arbeitnehmer und ihrer Familienangehörigen im Sinne einer effet-utile-Rechtsprechung zur EG-Freizügigkeit im Zweifel weit auszulegen. Der EuGH betont in allen Entscheidungen, dass das Ziel, das der Assoziationsrat beim Erlass der Bestimmungen des Beschlusses Nr. 1/80 verfolge, darin bestehe, zu einer weiteren Stufe bei der Herstellung der Freizügigkeit der Arbeitnehmer überzugehen. Aus der Formel, die Rechte von EU-Arbeitnehmern *„soweit wie möglich"* auf assoziationsrechtlich berechtigte türkische

**1535**

---

4  Vgl. zuletzt EuGH v. 26.11.1998, Rs. C-1/97 – *Birden*, Slg. 1998, I-7747.
5  EuGH v. 10.2.2000, Rs. C-340/97 – *Nazli*, Slg. 2000, I-957.
6  In diesem Sinne EuGH v. 6.6.1995, Rs. C-434/93 – *Bozkurt*, Slg. 1995, I-1475; EuGH v. 23.1.1997, Rs. C-171/95 – *Tetik*, Slg. 1997, I-329; EuGH v. 30.9.1997, Rs. C-36/96 – *Günaydin*, Slg. 1997, I-5143; EuGH v. 30.9.1997, Rs. C-98/96 – *Ertanir*, Slg. 1997, I-5179.

Staatsangehörige zu übertragen, ergeben sich eine Fülle von Fragen zu den Grenzen des impliziten Aufenthaltsrechts. Nicht immer lassen sich der Rechtsprechung voraussehbare Kriterien dafür entnehmen, wie weit „soweit als möglich" reicht. Fragen ergeben sich auch im Hinblick auf die Befugnis der Mitgliedstaaten, Vorschriften über die Einreise türkischer Staatsangehöriger in ihr Hoheitsgebiet als auch über die Voraussetzungen für deren erste Beschäftigung zu erlassen. Grundsätzlich bleibt diese Befugnis nach Auffassung des EuGH unberührt, während das Assoziationsrecht lediglich die Stellung türkischer Arbeitnehmer, die bereits ordnungsgemäß in den Arbeitsmarkt der Mitgliedstaaten integriert sind, regelt. Im Allgemeinen kann davon ausgegangen werden, dass ein Mitgliedstaat keine Befugnis mehr besitzt, den Aufenthalt derjenigen türkischen Staatsangehörigen, die objektiv die Voraussetzungen der Zugehörigkeit zum regulären Arbeitsmarkt erfüllen, aus anderweitigen, bildungspolitischen oder einwanderungspolitischen Gründen zu beschränken. Daher richtet sich z. B. die Verlängerung der Aufenthaltserlaubnis von türkischen Staatsangehörigen, die bereits eine assoziationsrechtliche Rechtsposition erreicht haben, nicht mehr nach § 8 i. V. m. § 18 und § 39 AufenthG, sondern lediglich nach Art. 6 ARB Nr. 1/80. In gleicher Weise ist die Einschränkung der Verlängerungsmöglichkeiten aufgrund einer ausländerrechtlichen Auflage nach § 8 Abs. 2 AufenthG gegenüber denjenigen türkischen Staatsangehörigen nicht zulässig, die nach ARB Nr. 1/80 einen Anspruch auf Verlängerung ihrer „impliziten" Aufenthaltserlaubnis erlangt haben.

**1536**  Das AufenthG trägt in § 4 Abs. 1 Satz 1, 3. Variante der besonderen Stellung türkischer Staatsangehöriger bereits dadurch Rechnung, dass ein Aufenthaltstitel für Ausländer dann entbehrlich ist, sofern „auf Grund des Abkommens vom 12.9.1963 zur Gründung einer Assoziation zwischen der Europäischen Wirtschaftsgemeinschaft und der Türkei (Assoziationsabkommen EWG/Türkei) ein Aufenthaltsrecht besteht". Aus § 4 Abs. 5 AufenthG ergibt sich allerdings, dass auch türkischen Staatsangehörigen auf Antrag eine Aufenthaltserlaubnis ausgestellt wird. Türkische Staatsangehörige, die assoziationsrechtlich bereits ein Aufenthaltsrecht besitzen, sind verpflichtet, ihr Aufenthaltsrecht durch den Besitz der Aufenthaltserlaubnis nachzuweisen. Der Besitz der Aufenthaltserlaubnis begründet in derartigen Fällen allerdings nicht erst das Aufenthaltsrecht; vielmehr wird aufgrund der EuGH-Rechtsprechung das Aufenthaltsrecht bereits durch das vorrangige Unionsrecht *(Assoziationsrecht)* begründet. Der nach § 4 Abs. 5 AufenthG erteilten Aufenthaltserlaubnis kommt also keine konstitutive, sondern nur eine deklaratorische Bedeutung zu. Eine fehlende Aufenthaltserlaubnis stellt daher lediglich einen Formverstoß dar.

**1537**  Diese Privilegierung gilt allerdings nur für solche türkischen Staatsangehörigen, die bereits aufgrund des Assoziationsrechts ein Aufenthaltsrecht haben. *Sind die Voraussetzungen des ARB Nr. 1/80 nicht erfüllt*, gelten insoweit für türkische Staatsangehörige die gleichen Grundsätze wie für andere Drittstaatsangehörige. Folglich gelten für die Ersteinreise türkischer Staatsangehöriger einschließlich des damit verbundenen Visumverfahrens sowie deren erstmalige Erwerbstätigkeitsaufnahme die allgemeinen Bestimmungen des Aufenthaltsgesetzes[7]. Hierzu bestehen keine besonderen assoziationsrechtlichen Regelungen oder Verpflichtungen.

---

7  Vgl. AH-BMI, Rn. 4.5.2.

Mithin hängt die Geltendmachung der Rechte aus Art. 6 Abs. 1 ARB Nr. 1/80 **1538** nicht davon ab, zu welchem Zweck einem türkischen Arbeitnehmer ursprünglich die Einreise und der Aufenthalt im Bundesgebiet erlaubt worden waren. Nach mittlerweile ständiger Rechtsprechung des EuGH ist die Zuerkennung eines Anspruchs aus Art. 6 Abs. 1 ARB Nr. 1/80 von keinen weiteren Voraussetzungen als den ausdrücklich in Art. 6 Abs. 1 ARB Nr. 1/80 aufgeführten und insbesondere nicht von den Gründen abhängig, unter denen das Recht auf Einreise und Aufenthalt erlangt worden ist[8]. Dies hat zur Konsequenz, dass immer und sobald ein türkischer Arbeitnehmer mehr als ein Jahr (Art. 6 Abs. 1, 1. Spiegelstrich ARB 1/80) ununterbrochen bei demselben Arbeitgeber ordnungsgemäß beschäftigt war, er ein assoziationsrechtliches Aufenthaltsrecht besitzt, selbst wenn ihm die Aufenthaltserlaubnis, über die er verfügt, ursprünglich zu anderen Zwecken als zur Ausübung einer abhängigen Beschäftigung erteilt worden war (z. B. zum Zwecke der Herstellung der ehelichen Lebensgemeinschaft mit einem Deutschen)[9].

## II. Das Aufenthaltsrecht türkischer Staatsangehöriger, die dem regulären Arbeitsmarkt der Bundesrepublik Deutschland angehören (Art. 6 ARB Nr. 1/80)

### 1. Die drei zeitlich gestaffelten Arbeitsmarktzugangsrechte

**Fall 60:** Der türkische Staatsangehörige T ist
a) seit einem Jahr,
b) seit drei Jahren,
c) seit vier Jahren
als Schlosser im Betrieb des X beschäftigt. Er denkt über eine berufliche Veränderung nach und möchte wissen, welche Möglichkeiten ihm in beschäftigungsrechtlicher Hinsicht zustehen.

Art. 6 Abs. 1 ARB Nr. 1/80 regelt mehrere Alternativen, unter denen ein türki- **1539** scher Arbeitnehmer beschäftigungsrechtliche und folglich auch aufenthaltsrechtliche Ansprüche erwirbt.

Nach Art. 6 Abs. 1, 1. Spiegelstrich ARB Nr. 1/80 besteht ein Anspruch auf Er- **1540** neuerung der Arbeitserlaubnis bei demselben Arbeitgeber und somit auf Erhalt eines assoziationsrechtlichen Aufenthalts- und Beschäftigungsrechtes[10], wenn der türkische Arbeitnehmer *ein Jahr ununterbrochen bei ein und demselben Arbeitgeber* im Bundesgebiet ordnungsgemäß *beschäftigt* war. Diese Voraussetzung ist auch dann erfüllt, wenn dem türkischen Arbeitnehmer der Aufenthaltstitel, über den er verfügt, ursprünglich zu anderen Zwecken als der Aufnahme einer Beschäftigung erteilt worden war[11].

Art. 6 Abs. 1, 2. Spiegelstrich ARB Nr. 1/80 gewährt nach dreijähriger rechtmä- **1541** ßiger Beschäftigung ein Recht auf Bewerbung; gemeint ist aber auch das Recht auf Erwerbstätigkeit als solches bei einem anderen Arbeitgeber.

---

8  EuGH v. 16.12.1992, Rs. C-237/91 – *Kazim Kus*, Slg. 1992, I-6781.
9  BMI- AAH – ARB 1/80, Rn. 1.6.2.
10 BVerwG v. 22.11.1993, InfAuslR 1993, 100.
11 EuGH v. 29.9.2011, Rs. C-187/10 – *Unal*.

**1542** Im Gegensatz zu Absatz 1, 3. Spiegelstrich ist mit dem Recht auf „Bewerbung" aber kein Anspruch auf ungehinderte Arbeitsuche verbunden, sondern nur das Recht, auf ein Stellenangebot eines anderen Arbeitgebers in der gleichen Berufssparte (im Anschluss an eine Bewerbung) zu reagieren[12]. Wechselt der türkische Staatsangehörige den Arbeitgeber vor dem Zeitpunkt, ab dem er nach dreijähriger ordnungsgemäßer Beschäftigung nach Art. 6 Abs. 1, 2. Spiegelstrich ARB Nr. 1/80 das Recht erwirbt, sich für den gleichen Beruf bei einem anderen Arbeitgeber zu bewerben, führt dies dazu, dass die Jahresfrist des Art. 6 Abs. 1, 1. Spiegelstrich ARB Nr. 1/80 neu zu laufen beginnt. Fraglich ist, ob das Erfordernis des Art. 6 Abs. 1, 2. Spiegelstrich erfüllt ist, wenn ein Arbeitnehmer trotz des Arbeitgeberwechsels im Wesentlichen denselben Arbeitsplatz beibehalten hat. Entscheidend ist, ob eine Verfestigung seines Arbeitsverhältnisses eingetreten ist, was nach der EuGH-Rechtsprechung voraussetzt, dass er bei demselben Arbeitgeber beschäftigt ist[13]. Art. 6 Abs. 1 ARB Nr. 1/80 legt ein System der schrittweisen Eingliederung in den Arbeitsmarkt zugrunde. Das bedeutet, dass die verschiedenen Stufen eine nach der anderen durchlaufen werden müssen, um die höchste Stufe der Vergünstigungen beim Zugang zum Arbeitsmarkt zu erreichen. Das in Art. 6 Abs. 1, 3. Spiegelstrich gewährte Recht setzt daher voraus, dass jeweils die vorhergehenden Stufen durchlaufen worden sind[14].

**1543** In einer dritten Stufe wird nach vier Beschäftigungsjahren der Vorrang der EU-Arbeitnehmer beseitigt. Der Arbeitnehmer genießt unbeschränkte Freiheit, jede unselbständige Erwerbstätigkeit aufzunehmen. Ihm steht ferner ein unbeschränktes Recht auf Arbeitsuche und Arbeitsaufnahme zu, ohne dass die Priorität der EU-Arbeitnehmer entgegengehalten werden könnte[15]. Das beinhaltet nach Auffassung des EuGH auch das Recht für den Betroffenen, der bereits ordnungsgemäß in den Arbeitsmarkt des Aufnahmemitgliedstaats eingegliedert ist, eine Erwerbstätigkeit aufzugeben, um eine andere zu suchen, die er frei wählen kann[16]. Denn anders als der 1. und der 2. Spiegelstrich dieser Vorschrift verlangt der 3. Spiegelstrich nicht die grundsätzlich ununterbrochene Ausübung einer Beschäftigung. Daraus leitet der EuGH in Übertragung der für arbeitsuchende EU-Angehörige geltenden Grundsätze[17] ab, dass ein türkischer Arbeitnehmer, der seine Arbeitsstelle freiwillig aufgegeben hat, eine angemessene Zeit zur Verfügung hat, um sich eine neue Arbeitsstelle zu suchen[18]. Grundsätzlich steht die Festlegung der Dauer des Aufenthaltsrechts, über die ein Arbeitnehmer zur Arbeitsuche verfügt, im Ermessen des Aufenthaltsstaates. Die nationale Regelung oder Praxis darf aber die Substanz des mit Art. 6 Abs. 1, 3. Spiegelstrich ARB Nr. 1/80 gewährten Rechts auf Stellensuche nicht beeinträchtigen.

## 2. Begriff des „Arbeitnehmers"

**1544** Art. 6 ARB Nr. 1/80 findet nur auf türkische Staatsangehörige Anwendung, die im Bundesgebiet als Arbeitnehmer ordnungsgemäß beschäftigt sind. Die in Art. 6

---

12 EuGH v. 23.1.1997, Rs. C-171/95 – *Tetik,* Slg. 1997, I-329.
13 Hess. VGH v. 19.4.1999, AuAS 1999, 158; eine unfreiwillige Betriebsübernahme kann jedoch nicht zu Lasten des Arbeitnehmers gehen.
14 EuGH v. 29.9.2011, Rs. C-187/10 – *Unal,* NVwZ 2012, 31, Rn. 28; v. 10.1.2006, Rs. C-23/03 – *Sedef.*
15 EuGH v. 23.1.1997, Rs. C-171/95 – *Tetik,* Slg. 1997, I-329.
16 EuGH v. 10.2.2000, Rs. C-340/97 – *Nazli,* Slg. 2000, I-957.
17 Vgl. EuGH v. 26.2.1991, Rs. C-292/89 – *Antonissen,* Slg. 1991, I – 745.
18 Ebenso Hess. VGH v. 11.11.1996 – 12 UE 1533/96, juris; *Gutmann,* ZAR 1996, 70.

Abs. 1 ARB Nr. 1/80 aufgeführten Arbeitsmarktzugangsrechte erfordern mithin, dass der türkische Staatsangehörige Arbeitnehmer ist. Gemäß der Zielsetzung in Art. 12 Assoziationsabkommen ist im Rahmen des Anwendungsbereichs des ARB Nr. 1/80 grundsätzlich der unionsrechtliche Arbeitnehmerbegriff des Art. 45 AEUV in der Auslegung, die er durch die Rechtsprechung des EuGH erfahren hat, zugrunde zu legen. Ein türkischer Staatsangehöriger gilt danach grundsätzlich dann als „Arbeitnehmer" im Sinne des ARB 1/80, wenn er im Rahmen eines Arbeitsverhältnisses während einer bestimmten Zeit eine tatsächliche, echte und nicht nur völlig geringfügige Tätigkeit für einen anderen nach dessen Weisung ausübt, für die er als Gegenleistung eine Vergütung erhält[19]. Dabei ist nur auf objektive Kriterien abzustellen. Die rechtliche Einordnung des Verhältnisses zwischen Empfänger und Geber der Arbeitsleistung nach nationalem Recht ist unerheblich[20]. Erforderlich ist eine Gesamtbewertung, die in die Zuständigkeit der nationalen Gerichte fällt[21].

Auch Teilzeitbeschäftigte sowie Arbeitnehmer, die ihre Tätigkeit neben einer Berufsausbildung ausüben, fallen danach grundsätzlich unter den Arbeitnehmerbegriff; außer Betracht bleiben nur Tätigkeiten mit so geringem Umfang, dass sie sich als völlig untergeordnet und unwesentlich darstellen[22]. Demnach ist auch eine sozialversicherungsfreie, geringfügige Beschäftigung vom Arbeitnehmerbegriff umfasst[23]. Keine Arbeitnehmertätigkeit im Sinne von Art. 6 Abs. 1 ARB Nr. 1/80 liegt dagegen vor, wenn bestimmte Leistungen nicht kraft eines Arbeitsverhältnisses, sondern aufgrund von selbständiger Erwerbstätigkeit erbracht werden[24]. Selbständig erwerbstätige türkische Staatsangehörige können sich also nicht auf Art. 6 Abs. ARB Nr. 1/80 berufen. **1545**

Auch für die Frage, inwieweit Auszubildende für die Dauer der Ausbildung oder Studenten, die eine Nebenerwerbstätigkeit ausüben, die Eigenschaft als Arbeitnehmer erfüllen, ist auf die für die Abgrenzung des Arbeitnehmerbegriffs im Rahmen der EG-Freizügigkeit entwickelten Grundsätze zurückzugreifen. Dies gilt ohne Rücksicht darauf, ob die Aufenthaltserlaubnis zum Zweck der Ausbildung erteilt worden war. Nach Ansicht des EuGH kann der Umstand, dass einem türkischen Staatsangehörigen gestattet worden ist, als Student[25] in das Hoheitsgebiet eines Mitgliedstaats einzureisen, ihm nicht die Eigenschaft als Arbeitnehmer nehmen und ihn nicht von der Zugehörigkeit zum regulären Arbeitsmarkt im Sinne von Art. 6 Abs. 1 des ARB Nr. 1/80 ausschließen. Etwas Anderes gilt nur dann, wenn die Betreffenden einen Anspruch auf Einreise in das Hoheitsgebiet eines Mitgliedstaats durch Täuschung erlangt haben, indem sie wahrheitswidrig die Absicht bekundet haben, zu studieren[26]. **1546**

---

19  EuGH v. 30.1.1997, Rs. C-340/94 – *De Jaeck*, ZFSH/SGB 1997, 232.
20  BVerwG v. 19.4.2012, 1 C 10.11, InfAuslR 2012, 243, Rn. 15.; VGH BW v. 29.10.2012, 11 S 24.12, InfAuslR 2013, 50.
21  EuGH v. 4.2.2010, Rs. C-14/09 – *Genc*, Slg. 2010, I-931, Rn. 26 ff.
22  EuGH v. 23.3.1982, RS. C-53/81 – *Levin*, Slg. 1982, 1035, NJW 1983, 1249; v. 4.12.2010, RS C-14/09 – *Genc*, Slg. 2010 I-00 931, Rn. 17 ff.
23  OVG NRW v. 21.10.1998, InfAuslR 1999, 101 für eine Teilzeitbeschäftigung von monatlich 5 Stunden; BVerwG v. 19.4.2012, a. a. O., Rn. 16 – für eine Wochenarbeitszeit von zunächst 5,5 Stunden, später 10 Stunden.
24  So OVG NRW v. 18.11.1996, NWVBl. 1997, 223, für eine Tätigkeit als Sprachlehrer auf Honorarbasis bei einem Privatinstitut.
25  Gleiches gilt für Au-Pair-Kräfte.
26  Vgl. EuGH v. 24.1.2008, Rs. C 294/06 – *Payir u. a.*, Slg. 2008, 1.

**1547** Erbringt danach ein Student nicht völlig untergeordnete[27] Leistungen, die tatsächliche und echte wirtschaftliche Tätigkeiten darstellen, nach den Weisungen eines Arbeitgebers und erhält er hierfür eine Vergütung als Gegenleistung, ist er als Arbeitnehmer im Sinne von Art. 6 Abs. 1 ARB Nr. 1/80 anzusehen.

**1548** Ein Hineinwachsen in eine aufenthaltsrechtliche Position nach Art. 6 Abs. 1 ARB 1/80 kann somit durch eine Nebenbestimmung in der für Studienzwecke erteilten Aufenthaltserlaubnis, wonach eine unselbstständige Erwerbstätigkeit nur bis zu 120 vollen bzw. 240 halben Arbeitstagen im Jahr gestattet ist, nicht verhindert werden[28].

**1549** Auch eine entgeltliche Beschäftigung, die primär zur Weiterbildung oder zur beruflichen Aus- und Fortbildung im Anschluss an eine Berufsausbildung erfolgt (z. B. Promotion), begründet die Arbeitnehmereigenschaft und eine Zugehörigkeit zum regulären Arbeitsmarkt[29]. Entsprechendes gilt für eine Tätigkeit im Rahmen einer Berufsausbildung, die bei einem Arbeitgeber gegen Vergütung abgeleistet wird. Der Auszubildende ist in diesen Fällen in den Arbeitsmarkt integriert und erwirbt – abhängig von der Dauer der Tätigkeit – eine Rechtsstellung nach Art. 6 Abs. 2 ARB Nr. 1/80[30]. Unerheblich ist auch, ob die zum Zweck der beruflichen Weiterbildung erteilte Aufenthaltserlaubnis befristet erworben und eine Verlängerung ausgeschlossen worden ist.

**1550** Bereits in der Rechtssache *Eroglu* ist der EuGH implizit davon ausgegangen, dass Art. 6 Abs. 1 ARB Nr. 1/80 auch auf einen türkischen Staatsangehörigen, der Absolvent einer Hochschule ist und aufgrund einer Aufenthaltsbewilligung für zwei Jahre und entsprechender Arbeitserlaubnisse, die ihm zur Vertiefung seiner Kenntnisse im Rahmen einer beruflichen Tätigkeit oder eines fachbezogenen Praktikums erteilt worden sind, Anwendung findet[31]. Auch ein befristetes Arbeitsverhältnis als wissenschaftlicher Mitarbeiter, das nach Beendigung des Studiums Gelegenheit zur wissenschaftlichen Weiterbildung geben soll, begründet daher aufenthaltsrechtliche Ansprüche nach Art. 6 Abs. 1 ARB Nr. 1/80[32]. Im Fall Günaydin hat der EuGH dementsprechend für unerheblich erklärt, ob eine im Übrigen rechtmäßige Beschäftigung im Aufnahmemitgliedstaat den Zweck hat, den türkischen Staatsangehörigen nach einigen Jahren der Beschäftigung bei seinem Arbeitgeber für die Übernahme einer Stelle in einem Tochterunternehmen in der Türkei zu schulen[33].

**1551** Umstritten ist in der verwaltungsgerichtlichen Rechtsprechung die Frage, inwiefern *familiäre Betreuungsverhältnisse* in den Anwendungsbereich des Art. 6 Abs. 1 ARB Nr. 1/80 fallen. Soweit bereits nach unionsrechtlichen Grundsätzen ein Arbeitsverhältnis ausscheidet, kommt auch eine Berufung auf die Rechte des

---

27  Im Fall *Payir* Beschäftigung als Au-Pair-Kraft für 15 bis ca. 25 Stunden pro Woche gegen eine wöchentliche Vergütung von 103 Euro und Unterkunft und Verpflegung; im Fall *Akyuz und Ozturk* studentische Nebentätigkeit als Kellner für maximal 20 Stunden pro Woche.
28  Vgl. § 16 Abs. 3 AufenthG n. F.; Hess.VGH v. 8.4.2009, 11 A 2264/08.
29  I. d. S. *Huber*, NVwZ 1993, 246, 247; *Gutmann*, InfAuslR 1993, 49; VG Regensburg v. 26.6.1991, InfAuslR 1991, 265, für ein Arbeitsverhältnis zur innerbetrieblichen Qualifizierung eines Arbeitnehmers; a. M. *Saenger*, InfAuslR 1993, 34, 37.
30  EuGH v. 19.11.2002, Rs. C-188/00 – *Kurz*, Slg. 2002, I-10 691; ebenso BVerwG v. 19.9.2000, DVBl 2001, 220–223.
31  EuGH v. 5.10.1994, Rs. C-355/93 – *Eroglu*, Slg. 1994, I-5113.
32  A. M. OVG Bremen v. 25.5.1997, NVwZ-RR 1998, 202.
33  EuGH v. 30.9.1997, Rs. C-36/96 – *Günaydin*, Slg. 1997, I-5143.

ARB Nr. 1/80 nicht in Betracht. Wird einer türkischen Staatsangehörigen ein Aufenthaltsrecht ausschließlich zum Zweck der Betreuung der in der Bundesrepublik Deutschland lebenden Enkelkinder und zur Erlangung von Unterhalt in der Form von Unterkunft, Verpflegung und Krankenversicherung erteilt, ist regelmäßig keine Zugehörigkeit zum regulären Arbeitsmarkt gegeben[34]. Ob eine Kinderbetreuung erwerbsmäßig ausgeübt wird und daher eine Arbeitnehmereigenschaft begründet, hängt vor allem vom Inhalt der zugrunde liegenden Vereinbarung, vom Willen zur Bindung an eine vertragliche Arbeitspflicht sowie von Art und Höhe der Gegenleistung ab. Indizien sind, ob Steuern und Versicherungsleistungen abgeführt sind und die Arbeitserlaubnis eingeholt wird, wobei zu beachten ist, dass der zum Haushalt gehörende Arbeitnehmer keiner Arbeitserlaubnis bedarf[35]. Entscheidend ist, ob das Beschäftigungsverhältnis die Grundmerkmale eines Arbeitsverhältnisses aufweist, nämlich ein Abhängigkeitsverhältnis und die Zahlung einer Vergütung für die erbrachte Leistung. Daher begründet auch ein familiäres Beschäftigungsverhältnis wie z. B. die unentgeltliche Mitarbeit im Geschäft des Ehepartners mangels Zugehörigkeit zum regulären Arbeitsmarkt nicht die Arbeitnehmereigenschaft. Innerfamiliäre Unterhaltsleistungen sind nicht als Entlohnung für die erbrachte Leistung anzusehen[36].

### 3. Ordnungsgemäßheit der Beschäftigung

*Voraussetzung für das implizite Aufenthaltsrecht* nach allen drei Varianten des   **1552**
Art. 6 Abs. 1 ARB Nr. 1/80 ist die *Ordnungsgemäßheit der Beschäftigung.* Nach der ständigen Rechtsprechung des EuGH[37] bedeutet dies eine *„gesicherte und nicht nur vorläufige Position"* des betroffenen türkischen Arbeitnehmers auf dem deutschen Arbeitsmarkt und damit das Bestehen eines nicht bestrittenen[38] Aufenthaltsrechtes. Mithin dient dieses Kriterium als Korrekturmechanismus einer allzu weit reichenden Privilegierung faktisch erwerbstätiger türkischer Arbeitnehmer. Ein Arbeitnehmer kann sich daher die Möglichkeit zur Erfüllung dieser Voraussetzung nicht allein dadurch verschaffen, dass er, nachdem ihm von den nationalen Behörden eine für diesen Zeitraum gültige Aufenthaltserlaubnis verweigert wurde, die im nationalen Recht vorgesehenen Rechtsbehelfe gegen die Weigerung beschreitet und in Folge der aufschiebenden Wirkung einer Klage bis zum Ausgang des Rechtsstreits vorläufig in dem betreffenden Mitgliedstaat bleiben und dort eine Beschäftigung ausüben darf. Ein durch den Suspensiveffekt der Klage in der Schwebe gehaltenes Aufenthaltsrecht begründet nur dann die erforderliche gesicherte Position am Arbeitsmarkt, wenn es nachträglich gerichtlich bestätigt wird[39]. Ein gesichertes und nicht nur vorläufiges Aufenthaltsrecht liegt ferner nicht vor, wenn lediglich ein fiktives Aufenthaltsrecht infolge eines Antrags auf Verlängerung eines Aufenthaltstitels besteht, oder wenn der Aufenthaltstitel widerrufbar oder rücknehmbar ist, weil er aus materiellen Gründen durch grob vorwerfbares Verhalten, z. B. durch Täuschung oder Schließung einer

---

34  I. d. S. VGH BW v. 15.7.1993, InfAuslR 1994, 89–91; a. M. OVG SH v. 9.3.1993, EZAR 025 Nr. 6.
35  Hess. VGH v. 29.11.1996, AuAS 1997, 77–79 (zum früheren Rechtszustand nach der AEVO); vgl. nunmehr § 32 Nr. 3 BeschV.
36  BVerwG v. 29.6.2007 – 1 B 133/06, juris.
37  Vgl. z. B. EuGH v. 20.5.1990, Rs. C-192/89 – *Sevince*, Slg. 1990, I-3461, Rn. 30.
38  EuGH v. 26.11.1998, Rs. C-1/97 – *Birden*, Slg. 1998, I-7747.
39  BayVGH v. 18.1.2008 – 24 ZB 06 421, juris.

Scheinehe erlangt worden ist[40]. Wird ein nur vorläufiges nationales Aufenthaltsrecht allerdings später durch eine für den türkischen Arbeitnehmer positive unanfechtbare Entscheidung bestätigt oder entfällt die Rücknehmbarkeit des Aufenthaltstitels, so ist der Ausländer assoziationsrechtlich rückwirkend so zu behandeln, als habe er während des fraglichen Zeitraums die für eine ordnungsgemäße Beschäftigung vorausgesetzte gesicherte Stellung auf dem Arbeitsmarkt besessen[41].

**1553** Die *Rechtmäßigkeit des Aufenthaltsrechts* als Voraussetzung einer ordnungsgemäßen Beschäftigung wird nicht schon dadurch nachgewiesen, dass der türkische Staatsangehörige im Besitz einer formal ordnungsgemäßen Aufenthaltserlaubnis ist. Rechtmäßig ist ein Aufenthaltsrecht nur, wenn auch die materiellen Voraussetzungen für die Erteilung eines Aufenthaltsrechts vorliegen. Entscheidend ist, dass sich der Arbeitnehmer nach den Gesetzen des Aufnahmemitgliedstaats in einer rechtmäßigen Situation befindet[42].

**1554** Hat ein türkischer Staatsangehöriger eine Aufenthaltserlaubnis zum Zwecke des Familiennachzugs durch vorsätzliche strafbare Täuschung über das Bestehen einer ehelichen Lebensgemeinschaft erwirkt, so stellen Beschäftigungen, die aufgrund einer durch dieses Verhalten erzielten Aufenthaltserlaubnis zurückgelegt worden sind, keine ordnungsgemäße Beschäftigung im Sinne des Art. 6 Abs. 1 ARB Nr. 1/80 dar[43]. Die Aufenthaltserlaubnis ist in diesem Falle rechtswidrig erteilt worden, da die gesetzlich zwingend geforderten Voraussetzungen für die Erteilung bzw. Verlängerung einer Aufenthaltserlaubnis nicht gegeben waren. Unerheblich ist, ob der türkische Staatsangehörige im fraglichen Zeitraum über ein formal ordnungsgemäßes Aufenthaltsrecht verfügt hat und während dieser Zeit formal rechtmäßig einer Beschäftigung nachgegangen ist. Ebenso unerheblich ist, ob das durch arglistige Täuschung erschlichene Aufenthaltsrecht nach allgemeinen verwaltungsverfahrensrechtlichen Grundsätzen über die Rücknahme von Verwaltungsakten zurückgenommen[44] oder mittels Ausweisung beendet wird.

**1555** Keine *ordnungsgemäße Beschäftigung* liegt vor, wenn einem türkischen Staatsangehörigen lediglich ein funktionell beschränktes Aufenthaltsrecht zum Zwecke der Durchführung eines Asylverfahrens und insoweit ein Arbeitsrecht (vgl. § 55 AsylVfG) gewährt worden ist[45]. Es fehlt hier bereits an der Zugehörigkeit zum regulären Arbeitsmarkt, weil der Gesetzgeber dem türkischen Staatsangehörigen kein prinzipiell der Verfestigung offenes Beschäftigungsrecht eingeräumt hat. Der Aufenthalt von Asylsuchenden dient der ordnungsgemäßen Abwicklung des Asylverfahrens. Das Beschäftigungsrecht ist insoweit akzessorisch, als dem Asylsuchenden Gelegenheit gegeben wird, zu den Kosten seines asylverfahrensbe-

---

40  Vgl. EuGH v. 5.6.1997, Rs. C-285/95 – *Suat Kol,* Slg. 1997, I-3069; *v.* 16.12.1992, Rs. C-237/91 – *Kazim Kus,* Slg. 1992, I-6781; BVerwG v. 12.4.2005, BVerwGE 123, 190–203; VGH BW v. 15.10.2003, FamRZ 2004, 1103–1104.
41  VGH BW v. 15.10.2003, FamRZ 2004, 1103–1104; EuGH v. 16.12.1992, Rs. C-237/91 – *Kazim Kus,* Slg. 1992, I-6781.
42  Vgl. Generalanwalt *Darmon,* Rs. C-355/93 – *Eroglu,* Slg. 1994, I-5113, Schlussanträge Rn. 41.
43  BVerwG v. 17.6.1998, BVerwGE 107, 58–75; OVG NRW v. 29.9.1998, AuAS 1999, 2; VGH BW v. 31.1.1994, InfAuslR 1994, 171, zur Frage einer Scheinehe vgl. auch BVerwG v. 12.4.2005, BVerwGE 123, 190–203; im gleichen Sinne OVG RP v. 3.4.1996, NVwZ-RR 1997, 69.
44  Vgl. § 48 VwVfG, BVerwG v. 23.5.1995, NVwZ 1995, 1119.
45  BVerwG v. 27.8.1997 – 1 B 169.97; VGH BW v. 30.11.1994 – 13 S 2416/94, juris.

dingten Aufenthalts beizutragen. Allerdings können auch als Asylbewerber eingereiste Ausländer ein assoziationsrechtliches Aufenthaltsrecht erwerben, wenn sie im Anschluss an das Asylverfahren aufgrund eines Aufenthaltsrechts die Voraussetzungen des Art. 6 Abs. 1 ARB Nr. 1/80 erfüllen[46].

### 4. Zugehörigkeit zum regulären deutschen Arbeitsmarkt

Ferner muss der türkische Arbeitnehmer dem *regulären deutschen Arbeitsmarkt angehören*[47]. Dem regulären Arbeitsmarkt gehört nach der EuGH-Rechtsprechung die Gesamtheit der Arbeitnehmer an, die als solche die im Aufenthaltsstaat geltenden Vorschriften über Aufenthalt und Erwerbstätigkeit erfüllen und somit das Recht haben, eine Berufstätigkeit in seinem Hoheitsgebiet auszuüben[48]. Generell ist hierunter also eine „legale Beschäftigung" zu verstehen, also eine *Beschäftigung, die im Einklang mit den arbeitserlaubnis- und aufenthaltsrechtlichen Vorschriften* des jeweiligen Mitgliedsstaates steht[49]. Rechtsverstöße gegen Steuer- und Sozialversicherungsrecht durch den türkischen Arbeitnehmer sind allenfalls dann für diese Voraussetzung erheblich, wenn der türkische Arbeitnehmer mit der Ausübung der Beschäftigung gegen ihn selbst treffende Rechtspflichten verstößt oder wenn er sich an entsprechenden Rechtsverstößen des Arbeitgebers kollusiv beteiligt, etwa indem er mit ihm die Abrede trifft, dass die Arbeitsvergütung ohne Berücksichtigung von Steuern und Sozialversicherungsbeiträgen – „schwarz" – ausgezahlt werden soll[50].  **1556**

Außerdem ist erforderlich, dass das *Arbeitsverhältnis im Hoheitsgebiet eines Mitgliedstaates* lokalisiert werden kann oder eine *hinreichend enge Verknüpfung* mit diesem Gebiet aufweist, wobei insbesondere der Ort der Einstellung eines türkischen Arbeitnehmers, das Gebiet, in dem oder von dem aus die Tätigkeit ausgeübt wird, und die nationalen Vorschriften im Bereich des Arbeitsrechts und der nationalen Sicherheit zu berücksichtigen sind[51]. Nach Auffassung des OVG Berlin wird diese Voraussetzung nicht erfüllt bei einem türkischen Maurer, der als Werkvertragsarbeitnehmer auf einer Baustelle in Deutschland für einen türkischen Arbeitgeber tätig ist[52]. Die Art einer derartigen Beschäftigung lasse keine hinreichende Verknüpfung mit dem bundesdeutschen Arbeitsmarkt erkennen[53].  **1557**

Eine Zugehörigkeit zum regulären Arbeitsmarkt begründet nach der EuGH-Rechtsprechung auch die arbeitserlaubnisfreie Beschäftigung[54]. Für einen im grenzüberschreitenden Lkw-Verkehr für einen niederländischen Arbeitgeber tätigen türkischen Staatsangehörigen hat der EuGH festgestellt, dass auch eine arbeitserlaubnisfreie Tätigkeit im grenzüberschreitenden Verkehr eine Zugehörig-  **1558**

---

46  VGH BW v. 30.6.2005 – 13 S 881/05, juris.
47  Vgl. hierzu auch *Kemper*, ZAR 1995, 114; *Mallmann*, JZ 1995, 916, 918.
48  Vgl. EuGH v. 26.11.1998, Rs. C-1/97 – *Birden*, NVwZ 1999, 1099; EuGH v. 24.1.2008, Rs. C-294/06 – *Payir u. a.*, Slg. 2008, I-0.
49  BVerwG v. 24.1.1995, DVBl. 1995, 847; v. 19.4.2012, 1 C 10/11.
50  Vgl. VGH BW v. 10.10.2007 – 11 S 2967/06, juris.
51  Vgl. EuGH, Rs. C-434/93 – *Bozkurt*, Slg. 1995, I-1475; EuGH v. 30.9.1997, Rs. C-98/96 – *Ertanir*, EuZW 1998, 533; EuGH v. 26.11.1998, Rs. C-1/97 – *Birden*, NVwZ 1999, 1099.
52  OVG Berlin v. 11.2.2003, NVwZ-RR 2003, 526; ebenso *Benassi*, InfAuslR 1998, 473; a. M. *Gutmann*, GK-AuslR, Art. 6 ARB Nr. 1/80, Rn. 77 f.
53  Vgl. auch VGH BW v. 7.6.2001, NVwZ-RR 2001, 791 – für den Fall einer in der Türkei angestellten und dort sozialversicherten Lehrkraft für muttersprachlichen Unterricht an einer deutschen Schule.
54  EuGH v. 6.6.1995, Rs. C-434/93 – *Bozkurt*, Slg. 1995, I-1475.

keit zum regulären Arbeitsmarkt eines Mitgliedstaats im Sinne des Art. 6 ARB Nr. 1/80 begründet.

**1559** Auch das Recht auf freie Arbeitsuche nach dem 3. Spiegelstrich setzt die weitere Zugehörigkeit zum regulären Arbeitsmarkt voraus[55]. Diese entfällt, wenn ein Arbeitnehmer, der arbeitslos geworden ist, faktisch nicht mehr vermittelt werden kann. Die freiwillige Aufgabe einer Arbeitsstelle und die dadurch eingetretene Arbeitslosigkeit können jedoch nach Auffassung des EuGH angesichts des unbeschränkten Rechts auf Suche einer neuen Beschäftigung nicht als Aufgabe der Zugehörigkeit zum regulären Arbeitsmarkt gewertet werden. Voraussetzung ist, dass der Arbeitnehmer nach der Aufgabe seiner bisherigen Beschäftigung alle erforderlichen Formalitäten nach dem Recht des Aufenthaltsstaates erfüllt, um sich als Arbeitssuchender registrieren zu lassen, und dass er in den vorgeschriebenen Zeiträumen der Arbeitsverwaltung zur Verfügung steht. Auf diese Weise soll nach Ansicht des EuGH auch vermieden werden können, dass ein türkischer Arbeitnehmer tatsächlich keiner ernsthaften Arbeitsuche nachgeht und sein implizites Aufenthaltsrecht zu anderen Zwecken missbraucht.

**1560** Nicht mehr dem regulären Arbeitsmarkt gehört derjenige türkische Arbeitnehmer an, der Opfer eines Arbeitsunfalls geworden ist, der zu seiner dauernden Arbeitsunfähigkeit geführt hat[56]. Entsprechendes gilt, wenn ein Arbeitnehmer aufgrund objektiver oder subjektiver Gegebenheiten nicht mehr vermittelbar ist. Das Assoziationsrecht gewährt dem türkischen Arbeitnehmer anders als EU-Angehörigen kein Recht, nach Beendigung einer Beschäftigung im Beschäftigungsstaat zu verbleiben. Die einschlägigen Vorschriften des Unionsrechts über das Recht der Arbeitnehmer, nach Beendigung einer Beschäftigung im Hoheitsgebiet eines Mitgliedstaats zu verbleiben, sind auf türkische Staatsangehörige nicht anwendbar[57].

**1561** Hingegen gehört ein türkischer Arbeitnehmer, der länger als vier Jahre ununterbrochen eine ordnungsgemäße Beschäftigung in einem Mitgliedstaat ausgeübt hat, aber anschließend länger als ein Jahr wegen einer Straftat in Untersuchungshaft gehalten wurde, für die er später rechtskräftig zu einer Freiheitsstrafe verurteilt wurde, deren Vollstreckung zur Bewährung ausgesetzt wurde, nach wie vor zum regulären Arbeitsmarkt des Aufnahmemitgliedstaats, wenn er innerhalb eines angemessenen Zeitraums nach seiner Haftentlassung wieder eine Beschäftigung findet[58]. Denn nach Ansicht des EuGH stellt die vorübergehende Abwesenheit aufgrund der Untersuchungshaft die weitere Teilnahme des Betroffenen am Erwerbsleben nicht in Frage.

## 5. Ununterbrochene Beschäftigung

**1562** Für die Berechnung der Dauer der ordnungsgemäßen Beschäftigung ist auf den Tag abzustellen, an dem der Arbeitsvertrag in Kraft tritt[59].

---

55  So ausdrücklich EuGH v. 23.1.1997, Rs. C-171/95 – *Tetik,* Slg. 1997, I-329, Rn. 40.
56  EuGH v. 6.6.1995, Rs. C-434/93 – *Bozkurt,* Slg. 1995, I-1475.
57  EuGH v. 6.6.1995, Rs. C-434/93 – *Bozkurt,* Slg. 1995, I-1475.
58  EuGH v. 10.2.2000, Rs. C-340/97 – *Nazli,* Slg. 2000, I-957.
59  §§ 187 Abs. 2, 188 Abs. 2 BGB; VGH BW v. 9.2.1994, InfAuslR 1994, 170.

Ein Wechsel des Arbeitgebers, auch wenn er mit Zustimmung der Ausländerbe- **1563** hörde erfolgte, führt zu einer Unterbrechung, die die Anwartschaft der ersten Verfestigungsstufe entfallen lässt[60].

Art. 6 Abs. 2 ARB Nr. 1/80 regelt, in welcher Weise Fehlzeiten und Unterbre- **1564** chungen der Beschäftigung für die Berechnung der Beschäftigungszeiten, die nach den verschiedenen Alternativen des Art. 6 Abs. 1 ARB Nr. 1/80 für die Entstehung von Anwartschaftsrechten erforderlich sind, berücksichtigt werden. Art. 6 Abs. 2 ARB Nr. 1/80 sieht daher Erleichterungen für den türkischen Ar- beitnehmer, der zeitweise seiner Arbeit nicht nachgehen kann, für die Berech- nung der erforderlichen Beschäftigungszeiten vor. Dabei ist zwischen der Anrech- nung von Fehlzeiten als Beschäftigungszeit (Satz 1) und der Unterbrechung einer Beschäftigungszeit durch Fehlzeiten (Satz 2) zu unterscheiden.

Fehlzeiten infolge Urlaubs, Mutterschaft, Krankheit oder Unfall, die nur eine **1565** *kurzzeitige Abwesenheit* von der Beschäftigung zur Folge haben, werden so be- handelt, als handle es sich um Zeiten ordnungsgemäßer Beschäftigung. Fehlzei- ten ordnungsgemäßer Beschäftigung, die nicht in Art. 6 Abs. 2 Satz 1 ARB Nr. 1/ 80 als unschädlich anerkannt sind, bringen Ansprüche aus Art. 6 Abs. 1 ARB Nr. 1/80 zum Erlöschen[61].

Art. 6 Abs. 2 Satz 2 ARB Nr. 1/80 regelt die Berücksichtigung *längerer Abwesen-* **1566** *heitszeiten infolge unverschuldeter Arbeitslosigkeit oder langer Krankheit.* Diese Zeiten sind Beschäftigungszeiten zwar nicht gleichgestellt; sie führen aber auch nicht zu einem Rechtsverlust, wenn der Arbeitnehmer bereits aufgrund vorheri- ger Beschäftigungszeiten Ansprüche erworben hatte[62]. Aus der Formulierung „Ansprüche" in Art. 6 Abs. 2 Satz 2 ARB 1/80 ergibt sich, dass Zeiten unver- schuldeter Arbeitslosigkeit und langer Krankheit erst zu berücksichtigen sind, wenn die Jahresschwelle des Art. 6 Abs. 1, 1. Spiegelstrich ARB 1/80 erreicht bzw. überschritten worden ist, da zuvor – in der „vorassoziationsrechtlichen Anwartschaftsphase" – noch keine Ansprüche begründet wurden, die unberührt bleiben könnten[63]. Der Eintritt einer verschuldeten Arbeitslosigkeit vor Ablauf eines Jahres ist aber nicht unbeachtlich. Sie führt dazu, dass das Erneuerungs- recht nach Art. 6 Abs. 1, 1. Spiegelstrich ARB 1/80 erst gar nicht entsteht.

Nicht anwendbar ist Art. 6 Abs. 2 ARB Nr. 1/80 von dem Zeitpunkt an, zu dem **1567** der türkische Arbeitnehmer die Voraussetzungen von Art. 6 Abs. 1, 3. Spiegel- strich ARB Nr. 1/80 erfüllt und daher das in dieser Bestimmung vorgesehene uneingeschränkte Recht auf freien Zugang zu jeder von ihm gewählten Beschäfti- gung im Lohn- oder Gehaltsverhältnis sowie das diesem entsprechende Aufent- haltsrecht bereits erworben hat[64].

Der einzige Zweck des Art. 6 Abs. 2 Satz 2 ARB Nr. 1/80 besteht nach der **1568** EuGH-Rechtsprechung darin, zu verhindern, dass ein türkischer Arbeitnehmer, der nach längerer Krankheit oder unverschuldeter Arbeitslosigkeit (chômage non

---

60 EuGH v. 29.5.1997, Rs. C-386/95 – *Eker*, Slg. 1997, I-2697.
61 Vgl. BVerwG v. 23.5.1995, BVerwGE 98, 298; v. 27.6.1995, BVerwGE 99, 28; v. 29.4.1997, NVwZ 1998, 81–84.
62 Vgl. hierzu VGH BW v. 28.4.1993, InfAuslR 1993, 362–366; VGH BW v. 13.7.1993, InfAuslR 1994, 46–47.
63 Vgl. BMI-AAH – ARB 1/80, Rn. 2.7.5.
64 EuGH v. 7.7.2005, Rs. C-383/03 – *Dogan*, Slg. 2005, I-6237, Rn. 16.

fautif) wieder eine Arbeit aufnimmt, verpflichtet ist, in gleicher Weise wie ein erstmalig erwerbstätiger türkischer Arbeitnehmer Zeiten ordnungsgemäßer Beschäftigung, die für die Anwartschaftsrechte der Verfestigungsstufen des Art. 6 Abs. 1 ARB Nr. 1/80 erforderlich sind, erneut zurückzulegen[65]. Art. 6 Abs. 2 ARB Nr. 1/80 garantiert somit den Fortbestand des Anspruchs auf Beschäftigung in den Fällen unverschuldeter Abwesenheit infolge Arbeitslosigkeit oder Krankheit und setzt damit zwangsläufig die Fähigkeit zu einem solchen Fortbestand – wenn auch nach einer zeitweiligen Unterbrechung – voraus[66]. Ist die Arbeitslosigkeit hingegen selbst verschuldet, führt die Unterbrechung der Beschäftigung zum Erlöschen der Anwartschaften, die aufgrund der vorherigen Beschäftigungszeit erworben worden sind. Verschuldet ist die Arbeitslosigkeit immer dann, wenn den türkischen Arbeitnehmer an der Entlassung ein „persönliches Dafürkönnen" trifft[67].

**1569**  Eine *Zeit der Beschäftigungslosigkeit*, die von keinem der in Art. 6 Abs. 2 ARB Nr. 1/80 ausdrücklich vorgesehen Fälle erfasst wird, bewirkt aber nicht immer den Verlust der aufgrund der früheren Beschäftigungszeiten erworbenen Rechte. Das gilt insbesondere für die Rechte nach vierjähriger Beschäftigungszeit. Die Verurteilung eines türkischen Arbeitnehmers zu einer zur Bewährung ausgesetzten Freiheitsstrafe bewirkt ebenso wenig wie seine 13-monatige Inhaftierung zu Untersuchungszwecken den Verlust seiner zuvor gemäß Art. 6 Abs. 1, 3. Spiegelstrich ARB Nr. 1/80 erworbenen Rechte[68]. Ein solcher Arbeitnehmer gehört also weiterhin dem regulären Arbeitsmarkt dieses Staates an, sofern er innerhalb eines angemessenen Zeitraums tatsächlich eine andere Beschäftigung findet, und genießt dort während dieses Zeitraums ein Aufenthaltsrecht. Diese aus dem Urteil Bozkurt abgeleitete Argumentation hat der EuGH auf die Untersuchungshaft sowie die ausgesprochene Haftstrafe, die zur Bewährung ausgesetzt wurde, übertragen. Der EuGH stellt in diesem Fall jedoch maßgeblich darauf ab, dass es sich um eine vorübergehende Unterbrechung gehandelt hat. Auch im Fall Dogan[69] hat der EuGH entschieden, dass ein türkischer Arbeitnehmer sein Recht aus Art. 6 Abs. 1, 3. Spiegelstrich ARB Nr. 1/80 nicht deshalb verliert, weil er während seiner – auch mehrjährigen – Inhaftierung keine Beschäftigung ausübt, wenn seine Abwesenheit vom regulären Arbeitsmarkt des Aufnahmemitgliedstaats nur vorübergehend ist. Wird ein türkischer Arbeitnehmer jedoch vor Ablauf der Vier-Jahres-Frist zu einer Freiheitsstrafe verurteilt, so unterbricht die Verbüßung der Freiheitsstrafe die Zugehörigkeit zum Arbeitsmarkt und die ordnungsgemäße Beschäftigung[70].

**1570**  Arbeitsunterbrechungen, die auf anderen als den in Art. 6 Abs. 2 Satz 1 ARB Nr. 1/80 aufgeführten Gründen beruhen, können den Zeiten ordnungsgemäßer Beschäftigung zwar nicht gleichgestellt, aber ggf. als Zeiten unverschuldeter Arbeitslosigkeit im Sinne des Art. 6 Abs. 2 Satz 2 ARB Nr. 1/80 angesehen werden und mithin die bereits erworbenen Ansprüche unberührt lassen. So hat der

---

65  EuGH v. 23.1.1997, Rs. C-171/95 – *Tetik*, Slg. 1997, I- 329, Rn. 39.
66  EuGH v. 6.6.1995, Rs. C-434/93 – *Bozkurt*, Slg. 1995, I-1475.
67  Vgl. BMI- AAH – ARB 1/80, Rn. 2.7.5.
68  EuGH v. 10.2.2000, Rs. C-340/97 – *Nazli*, Slg. 2000, I-957.
69  EuGH v. 7.7.2005, Rs. C-383/03 – *Dogan*, Slg. 2005, I-06 237.
70  OVG RP v. 16.3.1992, NVwZ-RR 1992, 660, 661; Hess. VGH v. 15.12.1993, EZAR 025 Nr. 8; OVG SH v. 16.2.1993, InfAuslR 1993, 166; OVG NRW v. 20.9.1994, NVwZ-RR 1995, 353–354; *Rumpf*, NVwZ 1994, 1189; *Huber*, Handbuch des Ausländerrechts, B 402 B, Art. 6 Rn. 67.

EuGH im Fall Sedef Unterbrechungen der Beschäftigung, die typisch für den betreffenden Beruf sind, nach Art. 6 Abs. 2 Satz 2 ARB Nr. 1/80 als unschädlich angesehen, wenn diese Unterbrechungen unabhängig vom Willen des Arbeitnehmers sind[71].

Für das Recht auf freie Suche und Aufnahme einer neuen Beschäftigung nach **1571** vierjähriger Beschäftigungszeit (3. Spiegelstrich) bewirkt nach der EuGH-Rechtsprechung die freiwillige Aufgabe der bisherigen Arbeitsstelle und eine dadurch verursachte Arbeitslosigkeit keinen Verlust der Anwartschaftsrechte aus Art. 6 Abs. 1 ARB Nr. 1/80, solange eine ernsthafte Arbeitssuche beabsichtigt ist. Andernfalls werde dem türkischen Arbeitnehmer verwehrt, ein neues Beschäftigungsverhältnis einzugehen und damit sein unbeschränktes Zugangsrecht zum Arbeitsmarkt wahrzunehmen[72].

Die *verspätete Beantragung der Verlängerung der Aufenthaltserlaubnis* führt **1572** nicht zur Unterbrechung der Zeitdauer des rechtmäßigen Aufenthalts als Voraussetzung einer ordnungsgemäßen Beschäftigung[73]. Eine entgegenstehende deutsche Rechtsprechung ist seit dem Urteil des EuGH in der Rechtssache Ergat[74] nicht mehr anwendbar. Bezogen auf das Aufenthaltsrecht aus Art. 7 Satz 1 ARB Nr. 1/80 stellt der EuGH fest, dass der Kläger alle Voraussetzungen für die Inanspruchnahme der Rechte aus Art. 7 Satz 1, 2. Spiegelstrich ARB Nr. 1/80 erfüllte (hier: den fünfjährigen, ordnungsgemäßen Aufenthalt), und stellte fest, dass eine Aufenthaltserlaubnis lediglich deklaratorische Bedeutung und Beweisfunktion habe, da das Aufenthaltsrecht dem Betroffenen unmittelbar aufgrund des ARB Nr. 1/80 zustehe. Der EuGH folgerte somit, „die nationalen Behörden dürfen folglich die Zeit nach Ablauf seiner Aufenthaltserlaubnis keinesfalls als einen Zeitraum ansehen, in dem er keinen ordnungsgemäßen Wohnsitz hatte, so dass er das Aufenthaltsrecht verlieren würde, das ihm unmittelbar aufgrund des Beschlusses Nr. 1/80 zusteht und das es ihm ermöglicht, sein sich aus Art. 7 Satz 1, 2. Spiegelstrich ARB Nr. 1/80 ergebendes Recht auf freien Zugang zu jeder von ihm gewählten Beschäftigung im Lohn- oder Gehaltsverhältnis weiter auszuüben".

**Lösung Fall 60:** Aufgrund seiner Beschäftigung als Schlosser im Betrieb des X gehört T dem regulären Arbeitsmarkt in Deutschland an. Seine beschäftigungsrechtlichen Ansprüche hängen von der bisherigen Beschäftigungsdauer ab:
a)  Nach einem Jahr ordnungsgemäßer Beschäftigung hat T einen Anspruch auf Erneuerung der Arbeitserlaubnis bei dem gleichen Arbeitgeber, wenn er über einen Arbeitsplatz verfügt. Er ist damit berechtigt, als Schlosser im Betrieb des X weiterzuarbeiten (Art. 6 Abs. 1, 1. Spiegelstrich ARB Nr. 1/80).
b)  Nach drei Jahren ordnungsgemäßer Beschäftigung hat T das Recht, sich für den gleichen Beruf bei einem Arbeitgeber seiner Wahl auf ein unter normalen Bedingungen unterbreitetes und bei der Bundesagentur für Arbeit eingetragenes anderes Stellenangebot zu bewerben, d. h. T kann eine Tätigkeit als Schlosser in einem anderen Betrieb aufnehmen (Art. 6 Abs. 1, 2. Spiegelstrich ARB Nr. 1/80).

---

71  Vgl. EuGH v. 10.1.2006, Rs. C-203/03 – *Sedef*, DVBl 2006, 360, 363 und Anmerkung *Glupe*, InfAuslR 2006, 253–255.
72  EuGH v. 27.1.1997, Rs. C-171/95 – *Tetik*, Slg. 1997, I-329.
73  So auch OVG NRW v. 8.11.2006, NWVBl 2007, 344–345; A. M. BVerwG v. 29.4.1997, InfAuslR 1997, 346–350; Hess. VGH v. 6.2.1995, DÖV 1995, 477; Hess. VGH v. 4.12.1995, InfAuslR 1996, 133; VGH BW v. 28.4.1993, InfAuslR 1993, 362–366.
74  EuGH v. 16.3.2000, Rs. C-329/97 – *Ergat*, Slg. 2000, I-1487.

c)     Nach vier Jahren ordnungsgemäßer Beschäftigung hat T freien Zugang zu jeder von ihm gewählten Beschäftigung im Lohn- oder Gehaltsverhältnis (Art. 6 Abs. 1, 3. Spiegelstrich ARB Nr. 1/80).

## III.    Verlust des Aufenthaltsrechts

**1573**   Der Verlust der Rechte, die dem türkischen Staatsangehörigen durch Art. 6 Abs. 1 ARB Nr. 1/80 im Bereich der Beschäftigung und entsprechend im Bereich des Aufenthalts eingeräumt werden, kann zum einen *nur aus Gründen der öffentlichen Ordnung, Sicherheit und Gesundheit* gemäß Art. 14 Abs. 1 ARB Nr. 1/80 erfolgen. In diesen Fällen kann der Staat aufenthaltsbeendende Maßnahmen wie z. B. eine Ausweisung ergreifen[75]. Hat ein türkischer Arbeitnehmer einen Zugang zur Beschäftigung aufgrund einer Täuschung über die Voraussetzungen eines Aufenthaltsrechts erlangt oder lediglich aufgrund einer bis zur endgültigen Entscheidung über das Bestehen eines Aufenthaltsrechts gerichtlich gewährten vorläufigen Erlaubnis eine Beschäftigung ausgeübt, so wird ein assoziationsrechtliches implizites Aufenthaltsrecht nicht wirksam begründet[76]. Eine Rücknahme mit Rückwirkung für den Zeitpunkt, ab dem die Gründe für die Erteilung eines Aufenthaltsrechts nach nationalem Recht entfallen sind, ist jedoch nach der EuGH-Rspr. nicht zulässig, wenn der Arbeitnehmer keine Täuschung begangen hat und die Rücknahme nach Ablauf des in Art. 6 Abs. 1 erster Gedankenstrich genannten Zeitraums von einem Jahr ordnungsgemäßer Beschäftigung erfolgt.[77] Nach Auffassung des EuGH folgt dies daraus, dass Art. 6 Abs. 1 ARB 1/80 nicht dahin ausgelegt werden darf, dass es einem Mitgliedstaat gestattet ist, einseitig den Inhalt des Systems der schrittweisen Eingliederung türkischer Arbeitnehmer in den Arbeitsmarkt des Aufnahmemitgliedstaates zu verändern, indem einem türkischen Arbeitnehmer nachträglich die Rechte aus Art. 6 Abs. 1 entzogen werden.

**1574**   Zum anderen führt das endgültige, dauerhafte Ausscheiden aus dem regulären Arbeitsmark*t* bzw. das Überschreiten eines angemessenen Zeitraumes zur Eingehung eines neuen Arbeitsverhältnisses nach einer vorübergehenden Beschäftigungslosigkeit zum Verlust der Rechtsposition nach Art. 6 Abs. 1 ARB Nr. 1/80[78]. Das ist zum Beispiel der Fall, wenn ein türkischer Arbeitnehmer aufgrund eines Arbeitsunfalls dauerhaft arbeitsunfähig ist oder das Rentenalter erreicht hat[79]. Entsprechendes gilt, wenn ein Arbeitnehmer aufgrund objektiver oder subjektiver Gegebenheiten nicht mehr vermittelbar ist. Gleiches gilt im Falle einer Inhaftierung, wenn der betreffende türkische Staatsangehörige den Zeitraum überschritten hat, der angemessen ist, um nach seiner Freilassung eine neue Beschäftigung im Lohn- oder Gehaltsverhältnis zu finden[80]. Was als angemessener Zeitraum anzusehen ist, beurteilt sich nach den Umständen des Einzelfalls.

**1575**   Auch die *längerfristige Ausreise* aus dem Bundesgebiet führt regelmäßig *zum Verlust* der aufgrund der vorherigen Beschäftigungs- und Wohnsitzzeit nach

---

75   Näheres hierzu unten Rn. 1552.
76   EuGH v. 5.6.1997, Rs. C-285/95 – *Kol*, Slg. 1997, I-3069.
77   EuGH v. 8.11.2012, Rs. C-268/11 – *Gülbahce*, InfAuslR 2013,11.
78   EuGH v. 10.2.2000, Rs. C-340/97 – *Nazli*, Slg. 2000, I-957, Rn. 44.
79   EuGH v. 6.6.1995, Rs. C-434/93 – *Bozkurt*, Slg. 1995, I-1475.
80   EuGH v. 7.7.2005, Rs. C-383/03 – *Dogan*, Slg. 2005, I-6237.

Art. 6 ARB Nr. 1/80 erworbenen Ansprüche[81]. Dies gilt zumindest dann, wenn die Ausreise zu einer mehr als sechsmonatigen Abwesenheit des türkischen Staatsangehörigen geführt hat. Dies folgt daraus, dass der Beschluss die Verbesserung der beschäftigungsrechtlichen Stellung eines zum regulären Arbeitsmarkt eines Mitgliedstaats angehörenden Arbeitnehmers zum Ziel hat. Von einer Zugehörigkeit zum Arbeitsmarkt kann aber dann nicht mehr gesprochen werden, wenn ein Arbeitnehmer seinen Arbeitsplatz aufgegeben hat und aus dem Bundesgebiet nicht nur vorübergehend ausgereist ist[82]. Voraussetzung für die Entstehung der Ansprüche aus Absatz 1 ist die Zugehörigkeit zum regulären Arbeitsmarkt. Hieran fehlt es, wenn ein Arbeitnehmer wegen seiner Ausreise dem inländischen Arbeitsmarkt auf unabsehbare Zeit nicht mehr zur Verfügung steht[83]. Die Begrenzung auf sechs aufeinander folgende Monate ergibt sich aus der entsprechenden Anwendung des – mittlerweile aufgehobenen – Art. 6 Abs. 2 Richtlinie 68/360, wonach Aufenthaltsunterbrechungen, die sechs aufeinander folgende Monate nicht überschreiten, die Gültigkeit der Aufenthaltserlaubnis nicht beeinträchtigen bzw. nunmehr aus der Unionsbürgerrichtlinie 2004/38/EG vom 29.4.2004[84], die in Art. 11 Abs. 2 und Art. 16 Abs. 3 den gleichen Zeitraum vorsieht. Für eine entsprechende[85] Anwendung dieser Vorschrift spricht die Rechtsprechung des EuGH, soweit als möglich die Freizügigkeitsvorschriften für Angehörige der EU-Mitgliedstaaten auf türkische Staatsangehörige zu übertragen, die in den Anwendungsbereich des Assoziationsrechts fallen. Die Vorschrift des § 51 Abs. 1 Nr. 6 und 7 AufenthG ist hingegen auf assoziationsberechtigte türkische Staatsangehörige nicht anwendbar[86]. Hierfür spricht auch die zu Art. 7 ARB Nr. 1/80 ergangene EuGH-Rechtsprechung[87]. Danach verliert ein türkischer Staatsangehöriger, der ein Aufenthaltsrecht nach Art. 7 ARB Nr. 1/80 besitzt, seine Rechtsstellung nur dann, wenn er das Gebiet der Bundesrepublik Deutschland für einen nicht unerheblichen Zeitraum ohne berechtigte Gründe verlassen hat[88]. Es ist in erster Linie Sache der nationalen Gerichte, festzustellen, ob diese Voraussetzung erfüllt ist. Dabei kann berücksichtigt werden, welchen Verfestigungsgrad das implizite Aufenthaltsrecht erlangt hat[89].

Hat ein Ausländer das Bundesgebiet verlassen, so gelten die allgemeinen ausländerrechtlichen Bestimmungen. Das Assoziationsrecht lässt insoweit die Befugnis der Mitgliedstaaten unberührt, Vorschriften über die (Wieder-) Einreise türkischer Staatsangehöriger und über deren Zugang zum Arbeitsmarkt zu erlassen. **1576**

---

81  OVG NRW v. 8.4.1998, InfAuslR 1998, 348; VGH BW v. 15.7.1993, InfAuslR 1994, 89–91; v. 17.2.1993, EZAR 019 Nr 2; BSG v. 23.6.1982, InfAuslR 1983, 7; a. M. *Gutmann*, InfAuslR 1992, 130.
82  BVerwG v. 2.9.1997 – 1 B 135.97, juris; VGH BW v. 15.7.1993, InfAuslR 1994, 89–91.
83  OVG NRW v. 20.2.1995, InfAuslR 1995, 282.
84  ABlEG v. 29.6.2004, Nr. L 229, S. 35, s. auch *Hailbronner*, Ausländerrecht, D 2.2.
85  Gegen eine direkte Anwendung dieser Vorschrift: OVG NRW v. 20.2.1995, InfAuslR 1995, 282; OVG NRW v. 16.12.1993, NVwZ 1994, 1234; a. M. *Gutmann*, InfAuslR 1993, 192.
86  Vgl. Bayr. VGH v. 21.9.2005, – 10 CE 05 2527; VG Karlsruhe v. 14.1.2005, – 6 K 1763/03; VG Augsburg v. 8.3.2006 – Au 6 K 05 2009, juris; VGH BW v. 31.7.2007, InfAuslR 2007, 373.
87  S. die Nachweise Rn. 65 und dort in Fußnote 7.
88  Vgl. u. a. EuGH v. 16.3.2000, Rs. C-329/97 – *Ergat*, InfAuslR 2000, 217; v. 18.7.2007, Rs. C-325/05 – *Derin*, InfAuslR 2007, 326; v. 16.2.2006, Rs. C-502/04 – *Torun*, NWwZ 2006, 556; Nds. OVG v. 11.1.2008, DVBl 2008, 268; EuGH v. 22.12.2010, Rs. C-303/08 – *Bozkurt*, Rn. 42; v. 4.2.2010, Rs. C-14/09 – *Genc*, Rn. 42; v. 18.12.2008, Rs. C-337/07 – *Altun*, Rn. 62; v. 25.9.2008, Rs. C-453/07, ER, Rn. 30 ff.
89  Zu den Aufenthaltsrechten nach Art. 7 vgl. VGH BW v. 15.4.2011, 11 S 189/11.

**1577** Zweifelhaft ist, ob auch die Aufnahme einer selbständigen Erwerbstätigkeit und die damit verbundene Abwesenheit vom „regulären Arbeitsmarkt" zu einem Verlust der aufgrund von Art. 6 Abs. 1 ARB Nr. 1/80 erworbenen Ansprüche führt. Der VGH BW ist der Ansicht, dass eine selbständige Erwerbstätigkeit nicht zu den besonders in Art. 6 Abs. 2 Satz 2 ARB Nr. 1/80 aufgeführten Tatbeständen gehört, die aufgrund vorangegangener Beschäftigungen erworbene Ansprüche unberührt lassen. Daraus schließt er, dass in derartigen Fällen ein assoziationsrechtliches Aufenthaltsrecht erlischt, wenn der Bezug zu einem unselbständigen Beschäftigungsverhältnis dauerhaft beendet ist. Der Wiedererwerb der beschäftigungsrechtlichen Position sei in diesem Fall erst nach einem erneuten Zuzug möglich, dessen Voraussetzungen durch den nationalen Gesetzgeber festgelegt werden[90]. Hiergegen spricht, dass nach Auffassung des EuGH eine einmal erworbene beschäftigungsrechtliche Position nur durch endgültiges Ausscheiden aus dem Arbeitsmarkt verloren geht[91]. Von einem dauerhaften Ausscheiden aus dem Arbeitsmarkt kann aber im Falle der Aufnahme einer selbständigen Erwerbstätigkeit nach dem Sinn von Art. 6 Abs. 1 ARB Nr. 1/80 nicht ausgegangen werden[92]. Anders verhält es sich, wenn ein türkischer Arbeitnehmer nach Beendigung einer abhängigen Beschäftigung über mehrere Jahre unerlaubt selbständig erwerbstätig gewesen ist. Voraussetzung für den Erhalt der Verfestigungsposition nach Art. 6 Abs. 2 Satz 2 ARB Nr. 1/80 ist grundsätzlich, dass der türkische Staatsangehörige alle Formalitäten erfüllt, die im betreffenden Mitgliedstaat vorgeschrieben sind, z. B. indem er sich als Arbeitssuchender meldet und der Arbeitsverwaltung während des vorgeschriebenen Zeitraums zur Verfügung steht. Entsprechendes muss aber auch für die Aufnahme einer selbständigen Erwerbstätigkeit gelten[93].

## IV.    Familienangehörige (Art. 7 ARB Nr. 1/80)

### 1.    Anspruch aufgrund eines Wohnsitzes (Art. 7 Satz 1 ARB Nr. 1/80)

**Fall 61:** E ist die thailändische Ehefrau des türkischen Arbeitnehmers T., der unter Beibehaltung der türkischen Staatsangehörigkeit in Deutschland eingebürgert worden ist. Sie ist im Besitz einer Aufenthaltserlaubnis zwecks Ehegattennachzugs. E und T leben seit 4½ Jahren zusammen in Deutschland. T ist seither als Maler im Betrieb des X beschäftigt. E möchte nun ebenfalls eine Erwerbstätigkeit aufnehmen. Welche Rechte stehen ihr nach dem ARB Nr. 1/80 zu?

**1578** **a) Überblick.** Familienangehörigen steht nach Art. 7 ARB Nr. 1/80 ebenfalls ein Recht auf Zugang zur Beschäftigung zu, sofern der Arbeitnehmer, von dem sie ihr Aufenthaltsrecht in der Form eines Familiennachzugsrechts ableiten, dem regulären Arbeitsmarkt angehört. Das Beschäftigungsrecht der Familienangehörigen ist nach der Dauer des ordnungsgemäßen Wohnsitzes im Bundesgebiet abgestuft (vgl. Art. 7 Satz 1 ARB Nr. 1/80). Nach drei Jahren ordnungsgemäßen Wohnsitzes haben die Familienangehörigen das Recht, sich auf jedes Stellenangebot zu bewerben (1. Spiegelstrich); nach fünf Jahren ordnungsgemäßer Wohn-

---

90  VGH BW v. 21.7.2004 – 11 S 1303/04; juris.
91  EuGH v. 7.7.2005, Rs. C-383/03 – *Dogan*, Slg. 2005, I-6237, Rn. 23; EuGH v. 10.2.2000, Rs. C-340/97 – *Nazli*, Slg. 2000, I-957, Rn. 44.
92  BVerwG v. 9.8.2007, NVwZ 2007, 1453.
93  Weitergehend Hess. VGH v. 9.2.2004, DÖV 2004, 539 für den Fall einer mehrjährigen selbständigen Tätigkeit als Geschäftsführer und Gesellschafter einer GmbH im Anschluss an eine abhängige Tätigkeit.

sitznahme haben sie Zugang zu jeder von ihnen gewählten unselbständigen Erwerbstätigkeit (2. Spiegelstrich).

Das *Recht auf Bewerbung* versteht der EuGH als *Recht auf freien Zugang zur* **1579** *Beschäftigung*[94]. Der Unterschied zwischen dem 1. und 2. Spiegelstrich besteht lediglich darin, dass im ersteren Fall das Recht, sich auf jedes Stellenangebot zu bewerben, noch vom Vorrang der EU-Arbeitnehmer abhängig ist.

Außerdem ist das *Recht auf Zugang zu jeder frei gewählten Beschäftigung* nach **1580** Art. 7 Satz 1, 2. Spiegelstrich ARB Nr. 1/80 inhaltlich mit dem Recht nach Art. 6 Abs. 1, 3. Spiegelstrich ARB Nr. 1/80 vergleichbar. Das sich hieraus ergebende Daueraufenthaltsrecht umfasst einen unbeschränkten Arbeitsmarktzugang. Die Aufenthaltserlaubnis muss auf mindestens 5 Jahre befristet sein und eindeutig erkennen lassen, dass sie ein assoziationsrechtliches Daueraufenthaltsrecht beinhaltet, da nur aufgrund dieser Angabe im Rechtsverkehr das Aufenthaltsrecht auf einfache und praxisgerechte Weise dokumentiert werden kann.[95] Daraus folgt, dass ein Familienangehöriger insoweit auch das Recht besitzt, seinen Arbeitsplatz aufzugeben und sich eine neue Beschäftigung zu suchen. Für die Dauer der Arbeitsplatzsuche gelten die vom EuGH in den Fällen Tetik[96] und Antonissen[97] entwickelten Grundsätze entsprechend. Daraus folgt aber auch, dass ein Kind eines türkischen Arbeitnehmers, das nicht mehr auf ernsthafter Arbeitsplatzsuche ist oder aus dem regulären Arbeitsmarkt wegen mangelnder Vermittelbarkeit ausgeschieden ist, keine Rechte aus Art. 7 Satz 1, 2. Spiegelstrich ARB Nr. 1/80 ableiten kann[98]. Einen Anspruch auf eine Niederlassungserlaubnis begründet jedoch das assoziationsrechtliches Daueraufenthaltsrecht nicht, wenn nicht zugleich die Voraussetzungen des § 9 AufenthG erfüllt sind (z. B. Sicherung des Lebensunterhalts).

Art. 7 Satz 1 ARB Nr. 1/80 stellt keine abschließende Regelung für Familienange- **1581** hörige derart dar, dass Familienangehörige türkischer Arbeitnehmer nur über Art. 7 ARB Nr. 1/80 ein Beschäftigungsrecht erwerben können. Sind die in Art. 6 Abs. 1 ARB Nr. 1/80 genannten Voraussetzungen erfüllt, so kann ein Familienangehöriger unabhängig von Art. 7 ARB Nr. 1/80 ein Beschäftigungs- und (implizites) Aufenthaltsrecht auch nach Art. 6 Abs. 1 ARB Nr. 1/80 erwerben[99]. Dies folgt daraus, dass Art. 7 ARB Nr. 1/80 Familienangehörige privilegiert, ohne im Übrigen Anwartschaftsrechte einschränken zu wollen[100]. Art. 6 und 7 ARB 1/80 sind nebeneinander (kumulativ) anwendbar[101]. Allerdings ist zu beachten, dass Art. 7 gegenüber Art. 6 Abs. 1 ARB Nr. 1/80 *lex specialis* ist[102].

Seit der Entscheidung des EuGH im Fall *Eroglu*[103] gelten für die Rechte der **1582** Familienangehörigen türkischer Arbeitnehmer in Bezug auf das „implizite Auf-

---

94  Vgl. auch EuGH v. 7.7.2005, Rs. C-373/03 – *Aydinli*, Slg. 2005, I-6181, Rn. 29.
95  BVerwG v. 22.5.2012 – 1 C 6.11.
96  EuGH v. 23.1.1997, Rs. C-171/95 – *Tetik*, Slg. 1997, I-329.
97  EuGH v. 26.2.1991, Rs. C292/89 – *Antonissen*, Slg. 1991, I-745.
98  Hess. VGH v. 25.11.1996, AuAS 1997, 16.
99  BVerwG v. 24.1.1995, DVBl. 1995, 847; vgl. auch EuGH v. 5.10.1994, Rs. C-355/93 – *Eroglu*, Slg. 1994, I-5113.
100 Vgl. auch BVerwG v. 23.12.1993, Buchholz 42 240, § 17 AuslG 1990 Nr. 2.
101 BMI – AAH – ARB 1/80, Rn. 3.2.
102 Vgl. EuGH v. 18.7.2007, Rs. C-325/05 – *Derin*, Rn. 55, juris.
103 EuGH v. 5.10.1994, Rs. C-355/93, Slg. 1994, I-5113.

enthaltsrecht" im Wesentlichen die gleichen Prinzipien, die der Gerichtshof für die mittelbaren Rechte türkischer Arbeitnehmer aus Art. 6 Abs. 1 ARB Nr. 1/80 abgeleitet hat. Ebenso wie Art. 6 Abs. 1 kommt Art. 7 ARB Nr. 1/80 somit in den Mitgliedsstaaten der EU unmittelbare Wirkung zu[104]. Das Beschäftigungsrecht, das Familienangehörige türkischer Arbeitnehmer je nach der Aufenthaltsdauer besitzen, wäre nach dieser Argumentation wirkungslos, wenn es nicht zugleich ein Aufenthaltsrecht beinhalten würde[105]. Ein Familienangehöriger eines türkischen Arbeitnehmers, der die Voraussetzungen des Art. 7 Satz 1 ARB Nr. 1/80 erfüllt, kann sich daher unmittelbar auf diese Bestimmung berufen, um neben dem Zugang zum Arbeitsmarkt die Verlängerung seiner Aufenthaltserlaubnis zu erreichen[106].

**1583**  **b) Voraussetzungen.** Im Einzelnen sind, wie bei Art. 6 Abs. 1 ARB Nr. 1/80, die *Voraussetzungen*, unter denen nach Art. 7 Satz 1 ARB Nr. 1/80 das „implizite Aufenthaltsrecht" besteht, umstritten, da das Assoziationsrecht ausdrücklich lediglich die beschäftigungsrechtliche Stellung türkischer Arbeitnehmer und deren Familienangehöriger regelt.

**1584**  Der *Begriff des Familienangehörigen* ist in Art. 7 Satz 1 ARB Nr. 1/80 nicht definiert. Er ist auf der Ebene des Unionsrechts autonom und einheitlich nach dem mit ihm verfolgten Zweck und dem Zusammenhang, in den er sich einfügt, auszulegen[107]. Zum Kreis der Familienangehörigen zählen aber in jedem Fall der *Ehegatte* des türkischen Arbeitnehmers, der (gleichgeschlechtliche) Lebenspartner bei einer eingetragenen Lebenspartnerschaft sowie die *minderjährigen unverheirateten Kinder*. Im Fall *Ayaz*[108] hat der EuGH bei der Bestimmung der Bedeutung des Begriffs „Familienangehöriger" in Art. 7 Satz 1 ARB Nr. 1/80 auf das Freizügigkeitsrecht der Unionsbürger zurückgegriffen[109]. Der Begriff des Familienangehörigen ist daher *nicht auf Blutsverwandte* beschränkt, sondern umfasst auch den nicht 21 Jahre alten oder Unterhalt beziehenden Stiefsohn eines türkischen Arbeitnehmers, der dem regulären Arbeitsmarkt eines Mitgliedstaates angehört[110]. Nach Ansicht des EuGH erwirbt *auch das volljährige Kind* eines in einem Mitgliedstaat seit mehr als drei Jahren ordnungsgemäß beschäftigen türkischen Wanderarbeitnehmers, das in diesem Staat eine Berufsausbildung abgeschlossen hat, ein Recht aus Art. 7 Abs. 2 ARB 1/80[111].

**1585**  Für beide Varianten des Art. 7 Satz 1 ARB Nr. 1/80 ist erforderlich, dass
– der türkische Arbeitnehmer, von dem der Familienangehörige sein Recht ableitet, dem regulären Arbeitsmarkt angehört, und
– dass der Familienangehörige die Genehmigung erhalten hat, zu ihm zu ziehen[112].

---

104  So für Art. 7 Abs. 2 ARB Nr. 1/80 EuGH v. 5.10.1994, Rs. C-355/93 – *Eroglu*, Slg. 1994, I-5113 Rn. 17.
105  EuGH v. 5.10.1994, Rs. C-355/93 – *Eroglu*, Slg. 1994, I-5113 Rn. 20.
106  BVerwG v. 22.5.1995, InfAuslR 1995, 265.
107  EuGH, Urteil *Ayaz*, Rn. 40; v. 19.7.2012, Rs. C-451/11 – *Dülger*, Rn. 36.
108  EuGH v. 30.9.2004, Rs. C-275/02 – *Ayaz*, NVwZ 2005, 73.
109  Vgl. entsprechend EuGH v. 16.9.2004, Rs. C-465/01 – *Kommission/Österreich*, Slg. 2004, I-8291.
110  EuGH v. 30.9.2004, Rs. C-275/02 – *Ayaz*, NVwZ 2005, 73.
111  EuGH v. 16.2.2006, Rs. C-502/04 – *Torun*, DVBl. 2006, 567; ebenso EuGH v. 4.10.2007, Rs. C-349/06 – *Murat*, NVwZ 2008, 59.
112  S. zuletzt EuGH v. 11.11.2004, Rs. C 467/02 – *Cetinkaya*, Slg. 2004, I-10 895; v. 5.10.1994 – *Eroglu*, InfAuslR 1994, 383.

– dass der Familienangehörige seit einer bestimmten Zeit seinen Wohnsitz im Aufnahmemitgliedstaat hat.

Sind diese Voraussetzungen erfüllt, so besteht ein Aufenthaltsrecht ungeachtet **1586** der Staatsangehörigkeit des Familienangehörigen[113]. Entsprechendes gilt aber auch, wenn der türkische Staatsangehörige von dem der Familienangehörige sein Recht ableitet, die Staatsangehörigkeit des Aufnahmemitgliedstaats unter Beibehaltung der türkischen Staatsangehörigkeit erlangt. Würde eine Einbürgerung des türkischen Arbeitnehmers in den Aufnahmemitgliedstaat als Doppelstaater dazu führen, dass die Rechte von Familienangehörigen verloren gehen, würde nach Auffassung des EuGH der Zweck des Art. 7 Satz 1, die Integration zu fördern, verfehlt[114]. Der Zweck des Art. 7 besteht nämlich darin, die dauerhafte Eingliederung der Familie des türkischen Wanderarbeitnehmers dadurch zu fördern, dass dem betreffenden Familienangehörigen nach drei Jahren ordnungsgemäßen Wohnsitzes selbst der Zuzug zum Arbeitsmarkt ermöglicht wird.

Art. 7 ARB Nr. 1/80 enthält somit kein Recht auf Familiennachzug, sondern **1587** setzt voraus, dass nach den innerstaatlichen Vorschriften ein rechtmäßiger Familiennachzug stattgefunden hat[115]. Gewährt also ein Mitgliedstaat nach nationalem Recht auch sonstigen Personen ein Nachzugsrecht zwecks Familienzusammenführung, können diese ebenfalls Rechte aus Art. 7 S. 1 ARB Nr. 1/80 erwerben, wenn sie dessen Voraussetzungen erfüllen.

Erforderlich ist jedoch, dass in der Person des türkischen Arbeitnehmers alle **1588** Voraussetzungen für eine Rechtsstellung nach Art. 6 Abs. 1 ARB Nr. 1/80 erfüllt sein müssen, um ein Aufenthaltsrecht nach Art. 7 ARB Nr. 1/80 zu begründen. So muss der Arbeitnehmer u. a. zum Zuzugszeitpunkt dem „regulären Arbeitsmarkt" angehören. Die Begriffe „Arbeitnehmer" und „regulärer Arbeitsmarkt" sind grundsätzlich in derselben Weise wie bei der Anwendung des Art. 6 ARB 1/80 auszulegen.

Umstritten ist, ob die Arbeitslosigkeit im Sinne von Art. 7 ARB Nr. 1/80 die **1589** Zugehörigkeit zum regulären Arbeitsmarkt ausschließt. Grundsätzlich geht der EuGH davon aus, dass die Zugehörigkeit zum regulären Arbeitsmarkt lediglich „die Gesamtheit der Arbeitnehmer (bezeichnet), die den Rechts- und Verwaltungsvorschriften des betroffenen Staates nachkommen und somit das Recht haben, eine Berufstätigkeit in seinem Hoheitsgebiet auszuüben"[116]. Im Gegensatz zu Art. 6 Abs. 1 ARB Nr. 1/80, der den Begriff der ordnungsgemäßen Beschäftigung *und* den Begriff der Zugehörigkeit zum regulären Arbeitsmarkt enthält, stellt Art. 7 ARB Nr. 1/80 lediglich auf die Zugehörigkeit zum regulären Arbeitsmarkt ab. Dies spricht für eine Auslegung, wonach eine Arbeitslosigkeit im relevanten Zeitraum die Entstehung eines eigenständigen Aufenthaltsrechts des Familienangehörigen nicht hindert[117]. Für diese Auffassung spricht auch, dass die Arbeitnehmereigenschaft nicht mit Arbeitslosigkeit endet, sondern bestehen bleibt, solange sich der Arbeitslose als Arbeitssuchender aus gemeinschaftsrecht-

---

113 EuGH v. 19.7.2012, Rs. C-451/11 – *Dülger*, NVwZ 2012, 1235.
114 EuGH v. 29.3.2012, Rs. C-7/10, C-9/10 – *Kahveci* und *Inan*, NVwZ 2012, 1022.
115 *Gutmann*, Die Assoziationsfreizügigkeit, S. 114.
116 EuGH v. 26.11.1998, Rs. C-1/97 – *Birden*, InfAuslR 1999, 6.
117 VGH BW v. 16.12.2004 – 13 S 2510/04, zum einstweiligen Rechtsschutzverfahren, juris.

licher Sicht berechtigt zum Zweck der Arbeitssuche weiterhin im Staat der Beschäftigung aufhält[118].

**1590** Die zweite Voraussetzung verlangt grundsätzlich, dass dem Familienangehörigen eine Aufenthaltserlaubnis zum Zwecke der Familienzusammenführung mit dem türkischen Arbeitnehmer im Bundesgebiet nach Maßgabe des innerstaatlichen Rechts erteilt worden ist. Nicht begünstigt sind daher – unbeschadet der familiären Bindungen, die ein Betroffener hat – diejenigen Familienangehörigen türkischer Arbeitnehmer, die zu anderen Zwecken (z. B. Berufsausbildung) nach Deutschland gekommen sind und nur während dieser Ausbildung gelegentlich bei ihren anderen Familienangehörigen wohnen[119]. Auf den Zweck des Aufenthaltstitels kommt es allerdings dann nicht entscheidend an, wenn der nachziehende Familienangehörige tatsächlich mit dem Arbeitnehmer in familiärer Gemeinschaft zusammenlebt[120]. Art. 7 Satz 1 ARB Nr. 1/80 erlaubt ferner den Ausschluss derjenigen Familienangehörigen, die unter Verstoß gegen die Vorschriften des Aufnahmemitgliedstaats eingereist sind[121]. Nicht erforderlich ist, dass der Familienangehörige im Ausland geboren worden ist. Mithin können auch die in Deutschland geborenen und aufgewachsenen Kinder eines türkischen Arbeitnehmers, der eine aufenthaltsrechtliche Position nach Art. 6 ARB Nr. 1/80 erlangt hat, ein Aufenthaltsrecht nach Art. 7 Satz 1 ARB Nr. 1/80 erwerben, wenn sie sich erlaubt im Bundesgebiet aufhalten[122].

**1591** Weitere Voraussetzung ist nach Art. 7 Satz 1, 1. Spiegelstrich ARB Nr. 1/80 ein dreijähriger rechtmäßiger Wohnsitz bei dem dem regulären Arbeitsmarkt angehörigen türkischen Arbeitnehmer. In den Einzelheiten umstritten sind die Kriterien zur Berechnung der Dauer des ordnungsgemäßen Wohnsitzes. Art. 6 ARB Nr. 1/80 ist unmittelbar auf Unterbrechungen der Aufenthaltsdauer nicht anwendbar. Nach Wortlaut und Zweck des Art. 7 Satz 1 ARB Nr. 1/80 bedarf es zur Erfüllung der drei- bzw. fünfjährigen Aufenthaltsdauer eines ununterbrochenen rechtmäßigen Aufenthalts[123]. Schon der Wortlaut „seit mindestens drei bzw. fünf Jahren" lässt kaum eine andere Deutung zu. Wie für Art. 6 Abs. 1 ARB Nr. 1/80 gilt auch hier, dass die in Art. 7 Satz 1 ARB Nr. 1/80 vorgesehene schrittweise Integration auf einer Eingewöhnung in die Lebensverhältnisse des Aufenthaltsstaates beruht. Mehrere Aufenthalte, die durch längerfristige Auslandsaufenthalte unterbrochen worden sind und zum Verlust des Aufenthaltsrechts geführt haben, können daher für die Berechnung des Wohnsitzes in Art. 7 ARB Nr. 1/80 nicht zusammengerechnet werden.

**1592** Das BVerwG stellt zutreffend auf den Sinnzusammenhang der Vorschrift ab, wonach der zuletzt aufgrund der Zuzugsgenehmigung begründete Wohnsitz gemeint sei[124]. Auch der EuGH hat im Fall Kadiman aus dem Geist und dem Regelungszweck des Art. 7 Satz 1 ARB Nr. 1/80 abgeleitet, dass der Familienangehörige grundsätzlich seinen Wohnsitz während dieser drei Jahre ununterbro-

---

118 Vgl. auch OVG Berlin v. 25.9.1996, InfAuslR 1997, 190.
119 BMI – AAH – ARB 1/80, Rn. 3.3.1.
120 Vgl. zu Art. 7 S. 2 EuGH v. 5.10.1994, RS C-355/93 – *Eroglu*, Slg. 1994, I-5113.
121 EuGH v. 11.11.2004, Rs. C 467/02 – *Cetinkaya*, Slg. 2004, I-10 895, Rn. 23.
122 Hess. VGH v. 29.12.2004, DVBl. 2005, 320; EuGH v. 11.11.2004, Rs. C-467/02 – *Cetinkaya*, Slg. 2004, I-10 895.
123 BVerwG v. 22.2.1995, InfAuslR 1995, 265; LSG BW v. 15.3.1995, InfAuslR 1995, 230; VGH BW v. 12.3.1996, BWVPr. 1996, 183.
124 BVerwG v. 22.2.1995, InfAuslR 1995, 265, 268.

chen bei dem dem regulären Arbeitsmarkt angehörenden türkischen Arbeitnehmer haben muss[125], solange er nicht selbst das Recht auf Zugang zum Arbeitsmarkt hat, d. h. bis zum Ablauf des nach Art. 7 S. 1 ARB vorgesehenen Zeitraums von drei Jahren[126]. Da die Familienangehörigen in den ersten drei Jahren nicht berechtigt sind, durch die Aufnahme einer Beschäftigung ein selbständige Leben zu führen, ist ihr Aufenthalt im Aufnahmemitgliedstaat während dieses Zeitraums allein durch die Familienzusammenführung gerechtfertigt. Der Aufnahmemitgliedstaat darf jedoch nicht allein aus der Tatsache, dass ein Familienangehöriger nach Eintritt der Volljährigkeit vor Ablauf des Dreijahreszeitraums geheiratet hat, aber tatsächlich weiterhin beim Arbeitnehmer wohnt, den Schluss ableiten, dass damit im Sinne des Art. 7 ARB Nr. 1/80 die tatsächliche Familiengemeinschaft beendet ist[127].

Unschädlich ist es, wenn ein Ehepaar zwei Jahre zusammengelebt und anschließend trotz Scheidung weiterhin in häuslicher Gemeinschaft bis zu einer zweiten Eheschließung zusammengelebt hat[128].                                       **1593**

Grundsätzlich muss zwar die familiäre Einheit für die gesamte zur Entstehung der Rechte aus Art. 7 ARB Nr. 1/80 erforderliche Aufenthaltsdauer nachgewiesen werden[129]. Für die EU-Freizügigkeit von Ehegatten EU-Angehöriger hat der EuGH im Fall Diatta festgestellt, dass ein Familienangehöriger eines Wanderarbeitnehmers im Sinne des Art. 10 der Verordnung 1612/68 nicht ständig bei diesem wohnen muss, um ein Aufenthaltsrecht in Anspruch nehmen zu können[130]. Dem Ehegatten eines freizügigkeitsberechtigten Arbeitnehmers steht daher auch dann ein Aufenthaltsrecht zu, wenn er die gemeinsame Ehewohnung verlässt, seine eigene Wohnung bezieht und sich von seinem Ehegatten auf Dauer trennt[131].                                       **1594**

Aus der EuGH-Rechtsprechung im Fall „Gürol"[132] ergibt sich ferner mittelbar, dass die Aufnahme eines Studiums das Zusammenwohnen mit den Eltern im Sinne des Art. 7 Satz 1 jedenfalls dann nicht ausschließt, wenn ein türkisches Kind mit Aufnahme seines Studiums seinen Hauptwohnsitz vom Wohnort seiner Eltern an den im selben Staat gelegenen Ort der Schul- oder Ausbildungseinrichtung verlegt. Daraus lässt sich mittelbar entnehmen, dass das Aufenthaltsrecht nach Art. 7 Satz 1, 2. Spiegelstrich ARB Nr. 1/80 auch ein Aufenthaltsrecht zur Fortsetzung eines Studiums beinhaltet[133].                                       **1595**

Da sich der Familienangehörige durchgehend bei dem Arbeitnehmer, von dem er sein Recht ableitet, für drei Jahre aufhalten muss[134], führt eine Unterbrechung der familiären Lebensgemeinschaft grundsätzlich zu einem Verlust der Anwartschaft. Etwas anderes gilt nur, wenn objektive Gegebenheiten es rechtfertigen,                                       **1596**

---

125 EuGH v. 17.4.1997, Rs. C-351/95 – *Kadiman*, Slg. 1997, I-2133.
126 Urteil *Bozkurt*, NVwZ 2011, 483, Rn. 33 und 34.
127 EuGH v. 16.6.2011, Rs. C-484/07 – *Pehlivan*, NVwZ 2011, 1187, Rn. 57 – 61.
128 EuGH v. 22.6.2000, Rs. C-65/98 – *Eyüp*), Slg. 2000, I-4747.
129 Vgl. EuGH v. 17.4.1997, Rs. C-351/95 – *Kadiman*, Slg. 1997, I-2133.
130 EuGH v. 13.2.1985, Rs. C-267/83 – *Diatta*, Slg. 1985, 567.
131 BVerwG v. 21.5.1985, NJW 1985, 2099; vgl. dazu *Hailbronner*, in: Hailbronner/Wilms, Recht der Europäischen Union, Art. 39 EGV, Rn. 66 f.
132 EuGH v. 7.7.2005, Rs. C-374/03 – *Gürol*, NVwZ-RR 2005, 854.
133 A. M. OVG NRW v. 3.4.2001, NVwZ-RR 2001, 793.
134 Urteil *Pehlivan*, Rn. 47.

dass der türkische Arbeitnehmer und sein Familienangehöriger im Aufnahmemitgliedstaat nicht zusammenleben[135]. Solche objektiven Gegebenheiten liegen z. B. bei einem unfreiwilligen Aufenthalt des Betroffenen von weniger als sechs Monaten in seinem Heimatstaat vor. Soweit das Aufenthaltsrecht in den ersten drei Jahren an nationale Bedingungen geknüpft ist, durch die lediglich gewährleistet wird, dass die Anwesenheit Sinn und Zweck des Art. 7 S. 1 ARB Nr. 1/80 entspricht, ist dies mit dem Assoziationsrecht vereinbar.

**1597** Erforderlich ist ferner, dass der Aufenthalt rechtmäßig ist. Hierfür bedarf es einer nach innerstaatlichem Recht zu beurteilenden Aufenthaltserlaubnis bzw. gegebenenfalls einer Befreiung vom Erfordernis der Aufenthaltserlaubnis[136]. Nicht ausreichend ist eine lediglich vorläufige aufenthaltsrechtliche Position, wie sie z. B. durch einen Aufenthaltserlaubnisantrag aufgrund einer Erlaubnisfiktion oder eine Duldung begründet wird[137].

**1598** Nach Auffassung des EuGH bleibt dem Mitgliedstaat lediglich die Befugnis, die Voraussetzungen zu regeln, unter denen der Familienangehörige in das Hoheitsgebiet einreisen und sich dort bis zu dem Zeitpunkt aufhalten kann, zu dem er das Recht hat, sich auf jedes Stellenangebot zu bewerben. Unabhängig davon stehen den Familienangehörigen eines türkischen Arbeitnehmers die Rechte aus Art. 7 Satz 1 ARB Nr. 1/80 zu, ohne Rücksicht darauf, ob die Behörden des Aufnahmemitgliedstaats ein bestimmtes Verwaltungsdokument wie eine Aufenthaltserlaubnis ausstellen. Der Zeitraum, währenddessen ein Familienangehöriger nicht im Besitz einer Aufenthaltserlaubnis war, wird unter diesen Umständen nicht als geeignet angesehen, den Ablauf des in Art. 7 Satz 1 ARB Nr. 1/80 vorgesehenen Drei-Jahres-Zeitraums zu beeinträchtigen, wenn die zuständigen Behörden des Aufnahmemitgliedstaats nicht aus diesem Grund die Ordnungsmäßigkeit seines Wohnsitzes im nationalen Hoheitsgebiet in Frage gestellt, sondern ihm vielmehr eine neue Aufenthaltserlaubnis erteilt haben[138].

**1599** Für die Auslegung von Art. 7 Satz 1 ARB Nr. 1/80 ist von grundlegender Bedeutung, dass – wie der Gerichtshof mehrfach festgestellt hat – der Aufenthaltsstaat berechtigt ist, die Einholung einer Aufenthaltserlaubnis in den Formen und nach den Regeln des nationalen Rechts zu verlangen. Zwar besteht unter den Voraussetzungen des Art. 7 Satz 1 ARB Nr. 1/80 aufgrund dieser Vorschrift selbst ein Anspruch auf Erteilung einer Aufenthaltserlaubnis. Dies ändert aber nichts daran, dass diese Aufenthaltserlaubnis lediglich als notwendiger Bestandteil des freien Rechts auf Zugang zu Beschäftigung garantiert ist und somit die Erfüllung der nationalen aufenthaltsrechtlichen Bedingungen voraussetzt. Ein Mitgliedstaat kann verlangen, dass der zugezogene Familienangehörige sich ordnungsgemäß mit festem Wohnsitz anmeldet. Auch der EuGH hat im Urteil Akman diese Auslegung bestätigt, indem er feststellt, dass türkische Staatsangehörige, „die sich rechtmäßig im Aufnahmemitgliedstaat aufhalten", das Recht auf freien Zugang zur Beschäftigung haben[139]. Der Verweis auf das nationale Aufenthaltsrecht kann aber nicht bedeuten, dass die Rechtsvorschriften des Mitgliedstaates die den Familienangehörigen nach Art. 7 ARB Nr. 1/80 gewährten Rechte entzie-

---

135  EuGH v. 17.4.1997, Rs. C-351/95 – *Kadiman*, Slg. 1997, I-2133; Urteil *Pehlivan*, Rn. 46.
136  Unzutreffend daher SG Braunschweig v. 19.7.1995, AuAS 1995, 376.
137  OVG NRW v. 10.1.1996, NWVBl. 1996, 194.
138  EuGH v. 17.4.1997, Rs. C-351/95 – *Kadiman*, Slg. 1997, I-2133.
139  EuGH v. 19.11.1998, Rs. C-210/97 – *Akman*, Slg. 1998, I-7519, Rn. 50.

hen können. Auch darf durch die Auslegung und Anwendung nationaler aufenthaltsrechtlicher Vorschriften die praktische Wirksamkeit der in Art. 7 ARB
Nr. 1/80 gewährten Rechte nicht in Frage gestellt werden. Der EuGH anerkennt
in der Rechtssache Ergat, dass die Mitgliedstaaten von den in ihrem Gebiet an-
wesenden Ausländern verlangen können, dass sie eine gültige Aufenthaltserlaubnis besitzen und, wenn diese nur befristet erteilt worden ist, rechtzeitig ihre Verlängerung beantragen[140], und dass diese daher auch befugt sind, Verstöße gegen
solche Obliegenheiten zu ahnden[141].

Allerdings sieht der EuGH solche Obliegenheiten dann nur als „Formalitäten"    **1600**
an, unabhängig von Häufigkeit und Länge der Verstöße, und verweist auf die
ständige Rechtsprechung zur Nichtbeachtung von Formalitäten[142]: „[...] dürfen
die Mitgliedstaaten für Verstöße gegen solche Obliegenheiten zwar Sanktionen
verhängen, die denen entsprechen, die bei geringfügigeren Zuwiderhandlungen
von Inländern gelten; sie dürfen jedoch keine unverhältnismäßige Sanktion vorsehen, die eine Beeinträchtigung dieses Aufenthaltsrechts schaffen würde". Der
EuGH lehnt daher explizit eine Ausweisung oder eine Freiheitsstrafe aufgrund
dieser Obliegenheitsverletzungen ab[143].

Nach Art. 7 Satz 1 ARB Nr. 1/80 sind diejenigen türkischen Staatsangehörigen    **1601**
privilegiert, die beabsichtigen, „sich auf ein Stellenangebot zu bewerben". Daraus könnte geschlossen werden, dass Art. 7 Satz 1 ARB Nr. 1/80 türkischen
Staatsangehörigen ein Aufenthaltsrecht nur zum Zweck der tatsächlichen Ausübung einer Beschäftigung oder zum ernsthaften Betreiben des Zugangs zum
Arbeitsmarkt verleiht, nicht aber ein Aufenthaltsrecht, ohne arbeiten zu wollen.
Nach Ansicht des EuGH gewährt jedoch Art. 7 Satz 1 ARB Nr. 1/80, 1. und
2. Spiegelstrich den Familienangehörigen eines türkischen Arbeitnehmers Zugang zu einer Beschäftigung, er legt ihnen jedoch keine Verpflichtung auf, eine
Beschäftigung im Lohn- oder Gehaltsverhältnis auszuüben, wie sie in Art. 6
Abs. 1 ARB Nr. 1/80 vorgesehen ist[144]. Die Beschäftigungssituation eines Familienangehörigen ist daher für die Berufung auf Art. 7 Satz 1 ARB Nr. 1/80 nach
der EuGH-Rechtsprechung völlig irrelevant. Entscheidend ist danach allein, ob
ein ordnungsgemäßer Wohnsitz bei dem türkischen Arbeitnehmer, von dem das
Recht abgeleitet wird, für drei Jahre bestand[145].

c) **Verlust der Rechtsposition aus Art. 7 Satz 1 ARB Nr. 1/80.** Nach ständiger    **1602**
Rechtsprechung des EuGH können die Rechte, die Art. 7 Satz 1 ARB Nr. 1/80
den Familienangehörigen eines türkischen Arbeitnehmers, die die Voraussetzun-
gen dieses Satzes erfüllen, zuerkennt, nur nach Maßgabe des Art. 14 Abs. 1 ARB
Nr. 1/80 erlöschen, d. h. aus Gründen der öffentlichen Ordnung, Sicherheit und
Gesundheit, oder aufgrund des Umstands, dass der Betroffene das Hoheitsgebiet

---

140 EuGH v. 16.3.2000, Rs. C-329/97 – *Ergat*, Slg. 2000, I-1487, Rn. 52.
141 EuGH a. a. O., Rn. 36.
142 EuGH v. 19.11.1998, Rs. C-210/97 – *Akman*, Slg. 1998, I-7519, Rn. 50.
143 EuGH v. 19.11.1998, Rs. C-210/07 – *Akman*, Slg. 1998, I-7519, Rn. 57.
144 EuGH v. 7.7.2005, Rs. C-373/03 – *Aydinli*, Slg. 2005, I-6181, Rn. 29.
145 EuGH v. 22.12.2010, Rs. C-303/08 – *Bozkurt*; a. M. die bisherige deutsche Rechtsprechung OVG
    NRW v. 10.12.2004, DVBl. 2005, 323; *Benassi*, InfAuslR 1998, 473, 481 sowie die Vorlageent-
    scheidung des BVerwG v. 3.8.2004, Buchholz 451 901, Assoziationsrecht Nr. 41 und *Dörig*,
    DVBl. 2005, 1221, 1225.

des Aufnahmemitgliedstaats für einen nicht unerheblichen Zeitraum ohne berechtigte Gründe verlassen hat[146].

**1603**   Nähere Ausführungen zu der Frage, unter welchen Voraussetzungen von einem Verlassen des Aufnahmemitgliedstaats für einen nicht unerheblichen Zeitraum ohne berechtigte Gründe auszugehen ist, lassen sich der Rechtsprechung des Europäischen Gerichtshofs und deutscher Gerichte allerdings nicht entnehmen. Die Auslegung hat sich in erster Linie am Regelungszweck des Art. 7 Satz 1 ARB 1/80 zu orientieren[147]. Die Vorschrift bezweckt, die Beschäftigung und den Aufenthalt des türkischen Arbeitnehmers, der dem regulären Arbeitsmarkt eines Mitgliedstaats angehört, dadurch zu fördern, dass ihm in diesem Staat die Aufrechterhaltung seiner familiären Bande ermöglicht wird. Zur Förderung der dauerhaften Eingliederung der Familie des türkischen Arbeitnehmers gewährt die Vorschrift den Familienangehörigen des Arbeitnehmers nicht nur ein Aufenthaltsrecht, sondern überdies nach einer bestimmten Zeit das Recht, im Aufnahmemitgliedstaat eine Beschäftigung auszuüben. Die fortschreitende persönliche Integration des türkischen Arbeitnehmers und seiner Familienangehörigen im Aufnahmemitgliedstaat soll erleichtert und gefördert werden[148]. Unter Berücksichtigung dieser Zielsetzung können nach Ansicht des Nieders. OVG Abwesenheiten vom Hoheitsgebiet des Aufnahmemitgliedstaats ihrem Zeitraum nach jedenfalls dann nicht mehr als unerheblich angesehen werden, wenn sie der Verfestigung der persönlichen Integration des aufenthaltsberechtigten türkischen Staatsangehörigen entgegenstehen. Die Abwesenheit vom Aufnahmemitgliedstaat dürfe sich nicht auf einen derart langen Zeitraum erstrecken, dass sie dem Regelungszweck des Art. 7 Satz 1 ARB 1/80, dem türkischen Arbeitnehmer die Aufrechterhaltung seiner familiären Bande im Aufnahmemitgliedstaat zu ermöglichen und die dauerhafte Eingliederung der Familie zu fördern, zuwiderläuft[149]. Dementsprechend hat das Gericht das Erlöschen des assoziationsrechtlichen Aufenthaltsrechts und der nach nationalem Recht erteilten Aufenthaltserlaubnis bei einem nahezu dreieinhalbjährigen Internatsaufenthalt des Kindes in Jordanien bejaht.

**1604**   Auch nach Ansicht des OVG NRW und des Bayr. VGH ist für die Bestimmung des Begriffes „nicht unerheblicher Zeitraum" entscheidend, ob der assoziationsberechtigte türkische Staatsangehörige den Integrationszusammenhang durch Aufgabe des Lebensmittelpunktes im Bundesgebiet auf Dauer beseitigt hat. Es ist zu prüfen, ob das Verhalten des Betroffenen bei objektiver Betrachtungsweise den Schluss zulässt, dass er die Bundesrepublik freiwillig und auf Dauer verlassen wollte. Zur Bejahung dieser Frage genüge eine Abwesenheit für bestimmte Zeit jedoch nicht. Mithin ist die Frage nicht nur anhand der Abwesenheitsdauer, sondern unter Einbeziehung weiterer Kriterien zu beantworten (z.B. Ausreisezweck, Kündigung von Wohnung und/oder Arbeitsplatz, melderechtliche Abmel-

---

146 EuGH v. 18.7.2007, Rs. C-325/05 – *Derin*, InfAuslR 2007, 326 ff; v. 16.3.2000, Rs. C-329/97 – *Ergat*, Slg. 2000, I-1487, Rn. 45, 46 und 48; v. 11.11.2004, Rs. C-467/02 – *Cetinkaya*, Slg. 2004, I-10 895, Rn. 36 und 38, sowie v. 7.7.2005, Rs. C-373/03 – *Aydinli*, Slg. 2005, I-6181, Rn. 27.
147 Vgl. BVerwG v. 30.4.2009 – 1 C 6.08, BVerwGE 134, 27 ff., Rn. 27; BayVGH v. 15.10.2009 – 19 CS 09 2194; OVG NS v. 11.1.2008 – 11 ME 418/07; VGH BW v. 15.4.2011 – 11 S 189/11; *Kurzidem* ZAR 2010, 121, 124 f.
148 EuGH v. 17.4.1997, Rs. C-351/95 – *Kadiman*, Slg. 1997, I-2133.
149 Nds. OVG v. 11.1.2008 – 11 ME 418/07, juris.

dung)[150]. Eine mehr als zweijährige Abwesenheit stellt in der Regel einen nicht unerheblichen Zeitraum dar. Ein fixer Zeitraum, den ein Familienangehöriger ohne Gefahr eines Verlusts seiner Rechte aus Art. 7 S. 1 außerhalb des Bundesgebiets verbringen könnte, wird dadurch jedoch nicht festgelegt. Eine Gleichstellung mit einem daueraufenthaltsberechtigten Unionsbürger (vgl. Art. 16 Abs. 4 UBRL) ist unionsrechtlich wegen der grundsätzlichen Unterschiede zwischen der verfestigten Unionsbürgerschaft und dem assoziationsrechtlichen Status nicht angezeigt[151]. Eine Ausreise, um für einen nicht überschaubaren Zeitraum einer im Bundesgebiet drohenden Strafverfolgung zu entgehen, führt zum Verlust der Rechte aus Art. 7 Satz 1 und Satz 2 ARB Nr. 1/80[152].

Ein einmal erworbenes Aufenthaltsrecht des Familienangehörigen nach Art. 7 **1605** Satz 1 ARB Nr. 1/80 geht nicht allein dadurch verloren, dass der türkische Arbeitnehmer, zu dem der Nachzug stattgefunden hat, nach drei- oder fünfjährigem gemeinsamen Zusammenleben endgültig aus dem Erwerbsleben ausgeschieden ist[153]. Es erlischt ferner auch nicht dadurch, dass der Familienangehörige etwa durch Verbüßung einer Freiheitsstrafe, der sich eine Drogentherapie anschließt, längere Zeit dem Arbeitsmarkt nicht (mehr) zur Verfügung steht[154]. Gleiches gilt, wenn er älter als 21 Jahre ist und von seinen Eltern keinen Unterhalt mehr erhält, sondern im betreffenden Mitgliedstaat ein selbständiges Leben führt[155]. Familienangehörige verlieren ihre Rechtsstellung nach Art. 7 Satz 1 ARB Nr. 1/ 80 auch dann nicht, wenn sie – etwa nach Verlust des Arbeitsplatzes in abhängiger Beschäftigung – eine selbständige Erwerbstätigkeit aufnehmen. Gleiches gilt für die Rechtsposition aus Art. 7 Satz 2 ARB Nr. 1/80[156]. Auch verliert ein türkischer Staatsangehöriger sein Aufenthaltsrecht aus Art. 7 Satz 1 ARB Nr. 1/80 nicht allein deshalb, weil er mehrere Monate lang für die deutschen Behörden nicht auffindbar war[157].

> **Lösung Fall 61:** E ist als Ehefrau des T die Familienangehörige eines dem regulären Arbeitsmarkt in Deutschland angehörenden türkischen Arbeitnehmers. Sie ist im Wege des Familiennachzugs nach Deutschland gekommen. Gem. Art. 7 Satz 1, 1. Spiegelstrich ARB Nr. 1/80 hat E, da sie seit über drei Jahren ihren ordnungsgemäßen Wohnsitz in Deutschland hat, vorbehaltlich des Vorrangs der EU-Arbeitnehmer auf dem Arbeitsmarkt das Recht, sich auf jedes Stellenangebot zu bewerben. Sobald E seit mindestens fünf Jahren ihren ordnungsgemäßen Wohnsitz in Deutschland hat, hat sie nach Art. 7 Satz 1, 2. Spiegelstrich ARB Nr. 1/80 freien Zugang zu jeder von ihr gewählten Beschäftigung im Lohn- oder Gehaltsverhältnis, d. h. nach fünf Jahren ordnungsgemäßen Aufenthalts entfällt der Vorrang der EU-Arbeitnehmer auf dem Arbeitsmarkt. Unerheblich ist die thailändische Staatsangehörigkeit, da es nach Wortlaut und Zweck des Art. 7 Satz 1 allein auf die Integration des Familienangehörigen

---

150 OVG NRW v. 17.1.2007 – 19 E 990/06; BayVGH v. 21.3.2006 – 24 ZB 06 233; s. auch VG Aachen v. 23.2.2010 – 9 K 423/09; BayVGH v. 21.9.2005 – 10 CE 05 2527, juris.
151 A. M.: VG Düsseldorf v. 17.3.2010 – 7 K 5686/09; offen gelassen von VGH BW v. 15.4.2011 – 11 S 189/11.
152 VGH BW v. 15.4.2011 – 11 S 189/11.
153 EuGH v. 11.11.2004, Rs. C-467/02 – *Cetinkaya*, DVBl. 2005, 103; OVG RP v. 14.1.2005 – 10 A 11 017/04, juris.
154 EuGH v. 11.11.2004, Rs. C-467/02 – *Cetinkaya*, Slg. 2004, I-10 895, Rn. 36; Hess. VGH v. 29.12.2004, DVBl 2005, 20.
155 EuGH v. 18.7.2007, Rs. C-325/05 – *Derin*, InfAuslR 2007, 326–330; EuGH v. 4.10.2007, Rs. C-349/06 – *Polat*, NVwZ 2008, 59.
156 BVerwG v. 9.8.2007, DVBl. 2007, 1377.
157 BayVGH v. 21.9.2005 – 10 CE 05 2527, juris.

im Aufnahmemitgliedstaat ankommt[158]. Auch der Einwand, T. habe zwischenzeitlich die deutsche Staatsangehörigkeit erworben, führt nicht zu einem Rechtsverlust, solange T. seine türkische Staatsangehörigkeit beibehalten hat[159].

## 2. Anspruch aufgrund des Abschlusses einer Berufsausbildung (Art. 7 Satz 2 ARB Nr. 1/80)

**Fall 62:** Der 19-jährige S ist der Sohn der türkischen Hausfrau H und des türkischen Arbeitnehmers A, der seit 4 ½ Jahren als Kfz-Mechaniker im Betrieb des X beschäftigt ist. S hat in Deutschland eine Berufsausbildung zum Einzelhandelskaufmann abgeschlossen und eine Stelle als Verkäufer in einem Geschäft angetreten. Nach drei Vierteljahren wird ihm gekündigt, weil er drogensüchtig ist und wegen Handels mit Heroin zu einer Freiheitstrafe von drei Jahren verurteilt worden ist. Welche Rechte stehen ihm nach dem ARB Nr. 1/80 zu?

**1606**    a) **Überblick.** Besonders privilegiert sind nach Art. 7 Satz 2 ARB Nr. 1/80 Kinder türkischer Arbeitnehmer, die in Deutschland eine Berufsausbildung abgeschlossen haben. Sie können sich unabhängig von der Dauer ihres Aufenthaltes auf jedes Stellenangebot bewerben, sofern ein Elternteil in Deutschland seit mindestens drei Jahren ordnungsgemäß beschäftigt ist. Nach der Rechtsprechung des EuGH[160] beinhaltet die Inanspruchnahme dieses Rechts zwangsläufig auch die Anerkennung eines – kraft Gesetzes bestehenden – Aufenthaltsrechtes. Andernfalls würde dem Recht auf Zugang zum Arbeitsmarkt und auf tatsächliche Ausübung einer Beschäftigung jede Wirkung genommen.

**1607**    Der Anspruch aus Art. 7 Satz 2 ARB Nr. 1/80 entsteht unabhängig von der Aufenthaltsdauer und dem Zweck, zu dem ursprünglich der Aufenthalt erlaubt worden ist. Die Tatsache, dass eine Aufenthaltserlaubnis ursprünglich nicht zum Zwecke der Familienzusammenführung, sondern z. B. zu Studienzwecken erteilt wurde, vermag daher das Kind eines türkischen Arbeitnehmers, das die Voraussetzungen des Art. 7 Satz 2 ARB Nr. 1/80 erfüllt, nicht von den Rechten auszuschließen, die ihm Art. 7 Satz 2 ARB Nr. 1/80 verleiht[161]. Mit der Wendung „im Aufnahmeland abgeschlossen haben" wird sichergestellt, dass nur diejenigen Kinder assoziationsrechtlich begünstigt sind, die sich bereits in einem Mitgliedstaat längere Zeit aufhalten und dort eine Berufsausbildung abgeschlossen haben[162].

**1608**    Art. 7 Satz 2 ARB Nr. 1/80 stellt nach der Rechtsprechung des EuGH eine gegenüber Art. 7 Satz 1 ARB Nr. 1/80 günstigere Bestimmung dar, die unter den Familienangehörigen der türkischen Arbeitnehmer die Kinder besonders begünstigen wolle, indem sie ihnen den Eintritt in den Arbeitsmarkt nach Abschluss einer Berufsausbildung zu erleichtern sucht, damit die Freizügigkeit der Arbeitnehmer gemäß dem Zweck dieses Beschlusses schrittweise verwirklicht wird[163].

---

158 EuGH v. 19.7.2012, Rs. C-451/11 – *Dülger*, NVwZ 2012, 1235.
159 EuGH v. 29.3.2012, Rs. C-7/10 und 9/10 – *Kahveci*, NVwZ 2012, 1022.
160 Vgl. EuGH v. 16.2.2006, Rs. C-502/04 – *Torun*, Slg. 2006, I-1563, Rn. 20.
161 EuGH v. 5.10.1994, Rs. C-355/93 – *Eroglu*, Slg. 1994, I-5113, Rn. 22; BVerwG v. 12.12.1995, DVBl. 1996, 618; VGH BW v. 14.9.1994, InfAuslR 1995, 51–53; VGH BW v. 7.11.1994, InfAuslR 53–55.
162 Vgl. auch *Nachbaur*, JZ 1992, 351.
163 Vgl. EuGH v. 16.2.2006, Rs. C-502/04 – *Torun*, Slg. 2006, I-1563, Rn. 23.

Der Anspruch aus Art. 7 Satz 2 ARB Nr. 1/80 besteht auch für volljährige Kinder **1609** türkischer Arbeitnehmer[164]. Dies folgt zum einen daraus, dass tatbestandlich der Anspruch nicht an eine Altersgrenze geknüpft ist; zum anderen aus dem Zweck der Vorschrift, den im Aufenthaltsstaat ausgebildeten Kindern türkischer Arbeitnehmer einen bevorrechtigten Zugang zum Arbeitsmarkt zu verschaffen. Außerdem würde die Norm durch eine andere Auslegung einen großen Teil ihrer Substanz verlieren. Schließlich kann Satz 2 des Artikels 7 nicht restriktiver ausgelegt werden als Satz 1[165].

**b) Voraussetzungen.** Erforderlich ist in jedem Fall eine ordnungsgemäße Beschäf- **1610** tigung eines Elternteiles seit mindestens drei Jahren. Der Wortlaut der Vorschrift „seit mindestens drei Jahren beschäftigt war" spricht dafür, dass für die Entstehung des Anspruchs nicht erforderlich ist, dass der Elternteil zum Zeitpunkt der Entstehung des Anspruchs noch beschäftigt ist, sofern er während der Berufsausbildung mindestens seit drei Jahren beschäftigt war[166]. Der EuGH hat im Hinblick auf die unterschiedliche Fassung der Vorschrift in den verschiedenen Vertragssprachen wesentlich auf Sinn und Zweck der Regelung abgestellt[167]. Art. 7 Satz 2 ARB Nr. 1/80 bezweckt danach insbesondere eine gegenüber Satz 1 günstigere Behandlung der Kinder türkischer Arbeitnehmer. Daher dürfe die Bestimmung nicht eng ausgelegt werden und könne mangels eindeutiger dahingehender Anhaltspunkte nicht so verstanden werden, dass sie verlange, dass der türkische Wanderarbeitnehmer auch im Aufnahmemitgliedstaat beschäftigt sei, wenn sein Kind dort in das Arbeitsleben eintreten wolle. In Anbetracht von Sinn und Zweck der fraglichen Bestimmung sowie des Kontextes, in den sie sich einfüge, könne somit die zweite, in Art. 7 Satz 2 des ARB Nr. 1/80 aufgestellte Voraussetzung dahin verstanden werden, dass sie lediglich verlange, dass der Elternteil irgendwann vor dem Zeitpunkt, zu dem sein Kind seine Berufsausbildung beendet habe, im Aufnahmemitgliedstaat mindestens drei Jahre lang ordnungsgemäß beschäftigt gewesen sei. Ein Elternteil braucht dagegen zu dem Zeitpunkt, zu dem sein Kind im fraglichen Mitgliedstaat ins Arbeitsleben eintreten will, nicht mehr dort zu arbeiten oder zu wohnen.

Das Kind des türkischen Arbeitnehmers muss im Bundesgebiet eine Berufsausbil- **1611** dung abgeschlossen haben. Welche Ansprüche an die Berufsausbildung zu stellen sind, wird in Art. 7 Satz 2 ARB Nr. 1/80 nicht geregelt. Hochschulstudiengänge erfüllen im Allgemeinen die Voraussetzungen einer Berufsausbildung im Sinne des Art. 7 Satz 2 ARB Nr. 1/80[168]. Etwas anderes gilt bei Zugrundelegung der EuGH-Rechtsprechung allenfalls für besondere Studiengänge, die sich aufgrund ihrer Eigenart an Personen richten, die eher ihre Allgemeinbildung vertiefen, als einen Zugang zum Berufsleben anstreben wollen[169].

Ebenso wie Art. 7 Satz 1 ARB Nr. 1/80 verlangt auch Art. 7 Satz 2 ARB Nr. 1/ **1612** 80 nach der Rechtsprechung des EuGH nicht das Bestehen einer Beschäftigungs-

---

164　BVerwG v. 12.12.1995, DVBl. 1996, 618; ebenso der EuGH inzidenter im Fall *Eroglu*, Rs. C-355/93, Slg. 1994, I-5113 sowie ausdrücklich im Fall *Torun*, EuGH v. 16.2.2006, Rs. C-502/04, Slg. 2006, I-1563, Rn. 27.
165　EuGH v. 16.2.2006, Rs. C-502/04 – *Torun*, Slg. 2006, I-1563, Rn. 28.
166　So OVG Bremen v. 18.1.1995, InfAuslR 1995, 285; *Rittstieg*, InfAuslR 1994, 170.
167　EuGH v. 19.11.1998, Rs. C-210/97 – *Haydar Akmen*, Slg. 1998, I-7519.
168　BVerwG v. 12.12.1995, DVBl. 1996, 618; VGH BW v. 14.9.1994, InfAuslR 1995, 51.
169　BVerwG JVBl. 1996, 618 unter Hinweis auf EuGH v. 2.2.1988, Rs. C-24/86 – *Blaizot*, Slg. 1988, 379, und EuGH v. 13.2.1985, Rs. C-293/83 – *Gravier*, Slg. 1985, 593.

absicht im Sinne eines ernsthaften Betreibens des Zugangs zum Arbeitsmarkt. Gegen diese Auffassung sind die gleichen Einwände zu erheben wie zur Auslegung des Art. 7 Satz 1 ARB Nr. 1/80[170]. Die aufenthaltsrechtliche Seite des Rechts aus Art. 7 Satz 2 ARB Nr. 1/80 würde vom Wortlaut und der Zweckbestimmung abgekoppelt und zu einem eigenständigen und zweckungebundenen Aufenthaltsrecht.

**1613**  **c) Verlust der Rechtsposition aus Art. 7 Satz 2 ARB Nr. 1/80.** Die durch Art. 7 Satz 2 ARB Nr. 1/80 verliehenen Rechte können nach Ansicht des EuGH nicht unter den gleichen Umständen verloren bzw. beschränkt werden wie die durch Art. 6 ARB Nr. 1/80 verliehenen. Hierfür spreche, dass Art. 7 ARB Nr. 1/80 einen geringeren Arbeitsmarktbezug als Art. 6 ARB Nr. 1/80 aufweise, indem stärker auf die Integration von Familienangehörigen abgestellt werde[171].

**1614**  Ein türkischer Staatsangehöriger, dem Rechte nach Art. 7 Satz 2 ARB Nr. 1/80 zuerkannt worden sind, verliert diese Rechte daher weder, weil er wegen einer strafrechtlichen Verurteilung zu einer dreijährigen Freiheitsstrafe keine Beschäftigung ausgeübt hat, noch aufgrund der Tatsache, dass er das Aufenthaltsrecht verloren hat, das aus dem zuvor nach Art. 6 Abs. 1 ARB Nr. 1/80 erworbenen Recht auf Beschäftigung abgeleitet wurde. Wie bei den Rechten aus Art. 7 Satz 1 ARB Nr. 1/80 können nach Ansicht des EuGH auch das Recht aus Art. 7 Satz 2 ARB Nr. 1/80, sich auf jedes Stellenangebot zu bewerben, und das daraus abgeleitete Aufenthaltsrecht nur in den Fällen des Art. 14 Abs. 1 ARB Nr. 1/80 oder dann erlöschen, wenn das (volljährige) Kind des türkischen Arbeitnehmers das Hoheitsgebiet des Aufnahmemitgliedstaats für einen nicht unerheblichen Zeitraum ohne berechtigte Gründe verlässt[172].

**1615**  Ein Verlust tritt folglich auch nicht dadurch ein, dass der türkische Staatsangehörige einer Beschäftigung als Arbeitnehmer im Arbeitsmarkt der Bundesrepublik Deutschland nachgegangen ist und dadurch in eigener Person ein Aufenthaltsrecht nach Art. 6 Abs. 1 ARB Nr. 1/80 erworben hat[173]. Nach ständiger Rechtsprechung bestehen die Rechte aus Art. 7 Satz 2 und Art. 6 Abs. 1 ARB Nr. 1/80 nebeneinander. Unerheblich ist deshalb auch, wenn ein Familienangehöriger, der gleichzeitig Rechte nach Art. 6 Abs. 1 ARB Nr. 1/80 besitzt, seine Rechtsstellung nach Art. 6 Abs. 1 ARB Nr. 1/80 wieder verliert, weil er aus einem Beschäftigungsverhältnis aufgrund drogensuchtbedingter Kündigung durch den Arbeitgeber ausgeschieden ist. Ebenso geht das Aufenthaltsrecht nach Auffassung des EuGH nicht dadurch verloren, dass ein volljähriger türkischer Staatsangehöriger, der als Kind im Wege der Familienzusammenführung nach Deutschland eingereist ist, hier ein selbständiges Leben führt und dem Arbeitsmarkt wegen einer längeren Freiheitsstrafe nicht zur Verfügung gestanden hat[174].

> **Lösung Fall 62:** In Betracht kommt ein Recht des S aus Art. 7 Satz 2 ARB Nr. 1/80, das auch volljährigen Kindern türkischer Arbeitnehmer zusteht. S hat eine Berufsausbildung in Deutschland abgeschlossen; sein Vater ist seit über drei Jahren ordnungsgemäß in Deutschland beschäftigt. S kann sich daher unabhängig von der Dauer seines Aufenthalts im Bundesgebiet auf jedes Stellenangebot in Deutschland bewerben. Un-

---

170  Vgl. VG Düsseldorf v. 22.3.2006 – 24 K 3404/04, juris.
171  Vgl. EuGH v. 16.2.2006, Rs. C-502/04 – *Torun*, Slg. 2006, I-1563, Rn. 26.
172  Vgl. EuGH v. 16.2.2006, Rs. C-502/04 – *Torun*, Slg. 2006, I-1563, Rn. 29.
173  Vgl. dazu BVerwG v. 3.8.2004, BVerwGE 121, 324–336.
174  EuGH v. 4.10.2007, Rs. C-349/06 – *Polat*, NVwZ 2008, 59.

erheblich ist, dass er seine Rechte aus Art. 6 Abs. 1 wegen seiner Drogensucht und Verurteilung zu einer Freiheitsstrafe verloren hat.

## V. Aufenthaltsbeendende Maßnahmen

Beschränkungen der impliziten Aufenthaltsrechte aus Art. 6 und Art. 7 ARB Nr. 1/80 dürfen nach Art. 14 Abs. 1 ARB Nr. 1/80 nur aus Gründen der öffentlichen Ordnung, Sicherheit und Gesundheit vorgenommen werden. Für die Auslegung dieser ordre public-Klausel, die sich in ihrem Wortlaut an die auch im Gemeinschaftsrecht üblichen ordre public-Klauseln (vgl. z. B. Art. 45 Abs. 3 AEUV) anlehnt, wendet der EuGH die für Unionsbürger geltenden Grundsätze an. Der EuGH hat ungeachtet der Unterschiede zwischen dem assoziationsrechtlichen Recht auf Zugang zu Beschäftigung und dem daraus folgenden impliziten Aufenthaltsrecht und dem unionsrechtlichen Freizügigkeitsrecht entschieden, dass bei der Bestimmung des Umfangs der in Art. 14 Abs. 1 ARB Nr. 1/80 vorgesehenen Beschränkung von Rechten nach dem ARB Nr. 1/80 darauf abzustellen ist, wie die gleiche Beschränkung der Rechte von freizügigkeitsberechtigten Unionsbürgern ausgelegt wird[175]. Der EuGH begründet diese Auffassung zum einen mit dem gleichartigen Wortlaut, zum anderen mit der Zielsetzung des Assoziationsrechts. Bereits das Zusatzprotokoll vom 23.11.1970 sehe in Art. 36 die schrittweise Herstellung der Freizügigkeit der Arbeitnehmer vor. Auf der Grundlage des Art. 12 ARB 1/80 und des Art. 36 Zusatzprotokoll habe der Assoziationsrat mehrere Beschlüsse, insbesondere den Beschluss Nr. 1/80 erlassen, der nach seiner 3. Begründungserwägung im sozialen Bereich zu Gunsten der Arbeitnehmer und ihrer Familienangehörigen zu einer besseren Regelung führen solle, als mit dem Beschluss Nr. 2/76 eingeführt worden war. Diese Vorschriften bildeten somit eine weitere Stufe bei der Herstellung der Freizügigkeit der Arbeitnehmer im Geiste der Art. 48, 49 EGV (nunmehr Art. 45 und 46 AEUV)[176]. Da der EuGH bereits in ständiger Rechtsprechung angenommen habe, dass die im Rahmen der Art. 48, 49 und 50 EGV geltenden Grundsätze soweit wie möglich auf die türkischen Arbeitnehmer übertragen werden sollten, müsse Entsprechendes für die Auslegung von Art. 14 Abs. 1 ARB Nr. 1/80 gelten.

**1616**

Dieser Rechtsprechung folgend wendet auch das BVerwG auf assoziationsrechtlich privilegierte türkische Staatsangehörige Art. 14 Abs. 1 ARB Nr. 1/80 unter Heranziehung der für freizügigkeitsberechtigte EU-Angehörige geltenden Grundsätze, so wie sie in der Entscheidung des EuGH vom 29.4.2004[177] dargestellt sind, an[178]. Daraus folgt, dass assoziationsrechtlich privilegierte türkische Staatsangehörige nur auf der Grundlage einer ausländerbehördlichen Ermessensentscheidung und unter Beachtung der einschlägigen unionsrechtlichen Grundsätze ausgewiesen werden dürfen[179]. Zu beachten ist des Weiteren der besondere Ausweisungsschutz nach § 53 Abs. 3 AufenthG.

**1617**

---

175 EuGH v. 10.2.2000, Rs. C-340/97 – *Nazli*, Slg. 2000, I-957.
176 Unter Verweis auf EuGH v. 6.6.1995, Rs. C-434/93 – *Bozkurt*, Slg. 1995, I-1475, Rn. 14, 19; EuGH v. 23.11.1997, Rs. C-171/95 – *Tetik*, Slg. 1997, I-329, Rn. 20; EuGH v. 19.11.1998, Rs. C-210/97 – *Akman*, Rs. Slg. 1998, I-7519, Rn. 20.
177 EuGH v. 29.4.2004, verb. Rs. C-482/01 u. 493/01 – *Orfanopoulos u. Oliveri*, DVBl. 2004, 876.
178 Vorlagebeschluss des BVerwG v. 15.7.1997, InfAuslR 1998, 4; v. 11.6.1996, InfAuslR 1997, 8, 15; BVerwG v. 3.8.2004, BVerwGE 121, 315–324.
179 BVerwG v. 3.8.2004, BVerwGE 121, 315–324; BVerwG v. 10.7.2012, 1 C 19.11.

**1618**  Folglich darf das implizite Aufenthaltsrecht nach Art. 6 oder 7 ARB Nr. 1/80 nur beendet oder eingeschränkt (z. B. durch Ausweisung[180]) werden, wenn die Anwesenheit des türkischen Staatsangehörigen aufgrund seines persönlichen Verhaltens (z. B. eine strafbare Handlung) eine gegenwärtige, tatsächliche und hinreichend schwere Gefährdung der öffentlichen Ordnung darstellt, die ein Grundinteresse der Gesellschaft berührt[181].

**1619**  Wie bei den freizügigkeitsberechtigten Unionsbürgern und Familienangehörigen ist auch bei den assoziationsrechtlich privilegierten Personen eine *zweistufige Prüfung* notwendig[182]: Zunächst muss das Vorliegen einer der in Art. 14 Abs. 1 ARB Nr. 1/80 genannten Beschränkungsgründe festgestellt und sodann geprüft werden, ob das öffentliche Interesse am Schutz der öffentlichen Ordnung, Sicherheit oder Gesundheit das private Interesse des türkischen Staatsangehörigen an seinem Verbleib im Bundesgebiet deutlich überwiegt. Dem unionsrechtlichen Grundsatz der Verhältnismäßigkeit kommt somit auch hier besondere Bedeutung zu[183].

**1620**  Maßgeblicher Zeitpunkt für die Beurteilung der Rechtmäßigkeit der Ausweisungsverfügung ist die Sach- und Rechtslage zum Zeitpunkt der letzten mündlichen Verhandlung oder der Entscheidung des Tatsachengerichts[184].

**1621**  Voraussetzung für die Prüfung der Rechtmäßigkeit einer Ausweisungsverfügung nach diesen ordre public-Grundsätzen ist jedoch, dass der türkische Staatsangehörige im Zeitpunkt aufenthaltsbeendender Maßnahmen noch über ein assoziationsrechtliches Aufenthaltsrecht verfügt. Ist das Aufenthaltsrecht aus Art. 6 Abs. 1 oder Art. 7 ARB Nr. 1/80 bereits erloschen[185] oder hat es nie bestanden (z. B. wegen Erschleichung einer aufenthaltsrechtlichen Position durch Schließung einer Scheinehe[186]), kommt eine Berufung auf die Grundsätze des Unionsrechts über die Beschränkung von aufenthaltsbeendenden Maßnahmen nicht in Betracht. In diesen Fällen ist der türkische Staatsangehörige bereits nach § 50 Abs. 1 AufenthG zur Ausreise verpflichtet[187].

**1622**  Bei der Prüfung auf der ersten Stufe ist der Beschränkungsgrund der öffentlichen Ordnung, wie alle Beschränkungsgründe, nach einem Grundprinzip des Vertrages auch für türkische Staatsangehörige eng auszulegen. Bei der Berufung auf die öffentliche Ordnung ist insbesondere erforderlich, dass „außer der Störung der öffentlichen Ordnung, die jede Gesetzesverletzung darstellt, eine gegenwärtige, tatsächliche und hinreichend schwere Gefährdung vorliegt, die ein Grundinteresse der Gesellschaft berührt"[188]. Erforderlich ist, dass die zugrunde liegenden

---

180  Eine Feststellung allein wie bei freizügigkeitsberechtigten Unionsbürgern genügt nicht; vgl. OVG NRW v. 2.3.2006 – 18 A 142/06, juris.
181  S. u. a. EuGH v. 16.2.2006, Rs. C-502/04 – *Torun*, Slg. 2006, I-1563.; vgl. dementsprechend § 53 Abs. 3 AufenthG n. F.
182  So auch BayVGH v. 8.1.2008 – 10 B 07 304, juris.
183  BVerwG v. 3.8.2004, BVerwGE 121, 315–324.
184  BVerwG v. 3.8.2004, BVerwGE 121, 315–324 – Änderung der bisherigen Rechtsprechung; EuGH v. 8.12.2011, RS C-371/08, Ziebell, Rn. 84.
185  S. hierzu unter Rn. 1549 ff.; 1509 ff.
186  EuGH v. 5.6.1997, Rs. C-285/95 – *Suat Kol*, Slg. 1997, I-300; BVerwG v. 12.4.2005, BVerwGE 123, 190–203; VGH BW v. 31.1.1994, InfAuslR 1994, 171.
187  Hess. VGH v. 29.12.2004, InfAuslR 2005, 132.
188  EuGH v. 10.2.2000, Rs. C-340/97 – *Nazli*, Slg. 2000, I-957, Rn. 57 unter Hinweis auf EuGH v. 27.10.1977, Rs. C-30/77 – *Bouchereau*, Slg. 1977, 1999, Rn. 35.

Umstände ein persönliches Verhalten erkennen lassen, das eine gegenwärtige Gefährdung der öffentlichen Ordnung darstellt[189]. Es muss also eine konkrete Gefahr neuer erheblicher Störungen, die von erheblichem Gewicht sein müssen, vorliegen[190]. Erforderlich ist somit eine einzelfallbezogene Prüfung, die vom persönlichen Verhalten des Ausländers ausgeht. Die dabei anzustellende Gefahrenprognose hat sich auf spezialpräventive Gesichtspunkte zu beschränken und darf sich nicht allein an einer strafgerichtlichen Beurteilung bzw. Verurteilung orientieren.

Das bedeutet, dass eine Ausweisung eines assoziationsrechtlich begünstigten Arbeitnehmers oder Familienangehörigen nur aus spezialpräventiven Gründen, nicht jedoch aus generalpräventiven Gründen, d. h. zum Zweck der Abschreckung anderer Ausländer, erfolgen darf[191]. **1623**

Für die Frage, ob Straftaten von ausreichendem Gewicht sind, um eine hinreichend schwere Gefährdung eines Grundinteresses der Gesellschaft zu begründen, ist im Allgemeinen auf die Schwere der strafrechtlichen Sanktionen abzustellen. Straftaten, die zu Verfahrenseinstellungen oder Geldstrafen geführt haben, werden im Allgemeinen nicht ausreichend sein, um eine Gefährdung des Grundinteresses der Gesellschaft zu begründen. Erforderlich ist jedoch insoweit eine Gesamtwürdigung der strafrechtlichen Auffälligkeit und Berücksichtigung, welche Straftaten in jugendlichem Alter begangen worden und welche Straftaten mit relativ geringfügigen Strafen geahndet worden sind. Allerdings kann auch bei einer Häufung von Delikten von kleinerem oder mittlerem Gewicht, die für sich allein genommen nicht geeignet sind, eine tatsächliche und hinreichend schwere Gefährdung eines Grundinteresses der Gesellschaft zu begründen, eine aufenthaltsbeendende Maßnahme erfolgen[192]. Voraussetzung ist aber auch hier, dass das persönliche Verhalten des türkischen Staatsangehörigen in der Gesamtschau eine tatsächliche und hinreichend schwere Gefährdung darstellt, die ein Grundinteresse der Gesellschaft berührt[193]. **1624**

Das System der abgestuften Ausweisungsgründe nach Art. 27, 28 Abs. 2 und 3 UBRL ist auf türkische Staatsangehörige nicht übertragbar[194]. Nach der UBRL ist die Ausweisung eines daueraufenthaltsberechtigten Unionsbürgers bzw. drittstaatsangehörigen Familienangehörigen nur aus schwerwiegenden Gründen der öffentlichen Ordnung oder Sicherheit zulässig. Ein Unionsbürger, der seinen Aufenthalt in den letzten zehn Jahren im Aufnahmemitgliedstaat gehabt hat oder minderjährig ist, kann nur aufgrund zwingender Gründe der öffentlichen Sicher- **1625**

---

189 EuGH v. 10.2.2000, Rs. C-340/97 – *Nazli,* Slg. 2000, I-957, Rn. 58; EuGH v. 19.1.1999, Rs. C-348/96 – *Calfa,* Slg. 1999, I-11, Rn. 22–24.

190 Hess. VGH v. 5.7.2000, InfAuslR 2000, 428; BVerwG v. 15.7.1997, InfAuslR 1998, 4–7; v. 15.5.1990, Buchholz, 402.26, § 12 AufenthG/EWG Nr. 7; Bayr. VGH v. 15.11.2001, NVwZ-Beil. 1/2002, 1, 4.

191 EuGH v. 10.2.2000, Rs. C-340/97 – *Nazli,* Slg. 2000, I-957 und EuGH v. 26.2.1975, Rs. C-67/74 – *Bonsignore,* Slg. 1975, 297 sowie BVerwG v. 6.10.2005 – 1 C 5/04, juris.

192 Vgl. aber Hess. VGH v. 5.7.2000, InfAuslR 2000, 428 f.; vgl. zur Ausweisung türkischer Staatsangehöriger auch BVerfG v. 1.3.2004, DVBl. 2004, 1097.

193 Vgl. EuGH v. 4.10.2007, Rs. C-349/06 – *Polat,* NVwZ 2008, 59.

194 EuGH v. 8.12.2011, Rs. C-371/08 – *Ziebell*; so auch *Hailbronner,* Ausländerrecht, Art. 14 ARB Nr. 1/80, Rn. 11 ff.; BayVGH v. 8.1.2008, 10 B 07.304; OVG NRW v. 15.5.2007, DVBl. 2007, 852; Nds. OVG v. 5.10.2005, NVwZ-RR 2006, 257; v. 6.6.2005, NVwZ-RR 2005, 654; a. M. *Gutmann,* IntAuslR 2006, 165 ff. sowie OVG RP v. 5.12.2006, NVwZ-RR 2007, 488; HessVGH v. 12.7.2006, InfAusR 2006, 395.

heit ausgewiesen werden[195]. Dem gegenüber weist der EuGH darauf hin, dass eine Übertragung der unionsrechtlichen Grundsätze über Freizügigkeit nur durch das in Art. 12 des Assoziierungsabkommens festgeschriebene Ziel der Assoziation EWG – Türkei gerechtfertigt ist, schrittweise die Freizügigkeit der Arbeitnehmer herzustellen, da der Assoziation ein ausschließlich wirtschaftlicher Zweck zugrunde liegt, während die Unionsbürger-RL die Ausübung des den Unionsbürgern unmittelbar aus dem Vertrag erwachsenen Freizügigkeitsrechts bezweckt[196]. Es scheidet daher eine Übertragung der für die Unionsbürger eingeführten erheblich verstärkten Garantien in Bezug auf die Ausweisung auf türkische Staatsangehörige wegen der erheblichen Unterschiede, die nicht nur im Wortlaut, sondern auch hinsichtlich des Gegenstands und Zwecks zwischen dem Assoziationsrecht und dem die Unionsbürgerschaft betreffenden Unionsrecht bestehe, auf türkische Staatsangehörige aus.

**1626** Maßgeblich ist daher als Bezugsrahmen Art. 12 der RL 2003/109 über langfristig aufenthaltsberechtigte Drittstaatsangehörige und die entsprechende Anwendung der für die Freizügigkeit von EU-Arbeitnehmern allgemein geltenden Regeln[197]. Bei der Ermessenentscheidung über eine Ausweisung ist bei sich seit mehr als 10 Jahren im Bundesgebiet aufhaltenden Ausländern die Notwendigkeit aufenthaltsbeendender Maßnahmen zum Schutz der öffentlichen Ordnung gegen tatsächlich vorliegende Integrationsfaktoren abzuwägen, die die Wiedereingliederung des Betroffenen in die Gesellschaft ermöglichen. Dabei ist zu prüfen, ob das Verhalten gegenwärtig eine hinreichend schwere Gefahr für ein Grundinteresse der Gesellschaft darstellt[198].

**1627** Die Frage, ob auch die verfahrensrechtlichen Regeln, die für aufenthaltsbeendende Maßnahmen gegenüber Unionsbürgern aufgrund der mittlerweile aufgehobenen RL 64/221 gelten, auf assoziationsrechtlich privilegierte türkische Staatsangehörige übertragen werden können, hat der EuGH dahin entschieden, dass jedenfalls die Rechtsschutzgarantien der Art. 8 und 9 RL 64/221 (nunmehr Unionsbürgerrichtlinie) auch auf türkische Arbeitnehmer übertragbar sind[199]. Nach Aufhebung dieser Vorschriften durch Art. 38 Abs. 2 UBRL ist Art. 12 der Daueraufenthalts-RL 2003/109 als Bezugsschema heranzuziehen[200]. Eine Weitergeltung dieser Vorschriften im Hinblick auf die Stillstandsklausel des Art. 13 ARB Nr. 1/80 ist nicht möglich, da diese Vorschrift nur Verfahrensregeln für aufenthaltsbeendende Maßnahmen betrifft und damit nicht als aufenthaltsrechtliche Rahmenbedingung des Zugangs türkischer Arbeitnehmer zum Arbeitsmarkt angesehen werden kann. Ihre Anwendbarkeit würde ferner gegen Art. 59 des Zusatzprotokolls (Verbot einer Besserstellung assoziationsrechtlich begünstigter Personen gegenüber Unionsbürgern) verstoßen[201].

**1628** Die Rechtschutzgarantien der UBRL und des Unionsrechts gelten für Ausweisungsentscheidungen entsprechend. Im Rechtsbehelfsverfahren hat das Gericht

---

195 Vgl. hierzu EuGH v. 23.11.2010, Rs. C-145/09 – *Tsakouridis*, Rn. 23.
196 EuGH v. 8.12.2011, *Ziebell*, Rn. 78 ff.
197 Vgl. EuGH v. 4.10.2007, Rs. C-349/06 – *Polat*, NVwZ 2008, 59.
198 EuGH v. 8.12.2011, RS C-371/08, Ziebell, Rn. 86; vgl. auch BVerwG v. 13.12.2012, 1 C 20.11 – zur Ausweisung eines in Deutschland geborenen türkischen Drogenhändlers im Falle negativer Gefahrenprognose.
199 EuGH v. 2.6.2005, Rs. C-136/03 – *Dörr und Unal*, NVwZ 2006, 72.
200 BVerwG v. 10.7.2012 – 1 C 19.11, Rn. 22.
201 BVerwG v. 10.7.2012, a. a. O., Rn. 25.

nicht nur die Rechtmäßigkeit der ausländerbehördlichen Entscheidung zu überprüfen, sondern auch die Tatsachen und Umstände, auf denen die Entscheidung
beruht (Art. 31 Abs. 3 UBRL). Art. 31 Abs. 2 UBRL sieht vor, dass eine Abschiebung aus dem Hoheitsgebiet nicht erfolgen darf, solange über den Antrag auf
vorläufigen Rechtsschutz nicht entschieden wurde, es sei denn, die in Art. 31
Abs. 2 UBRL niedergelegten besonderen Voraussetzungen liegen vor.

## VI.   Stand-Still-Klauseln im Assoziationsrecht Türkei–EU

In völkerrechtlichen Verträgen vereinbarte Stand-Still-Klauseln[202] verbieten den    **1629**
Mitgliedstaaten, nach Inkrafttreten des Vertrages neue, negative bzw. beschränkende Regelungen einzuführen. Dementsprechend hat der EuGH in ständiger
Rechtsprechung entschieden, dass die in Art. 41 Abs. 1 des Zusatzprotokolls[203]
enthaltene Stillhalteklausel es einem Mitgliedstaat verwehrt, neue Maßnahmen
zu erlassen, die zum Zweck oder zur Folge haben, dass die Niederlassung und
der freie Dienstleistungsverkehr und damit einhergehend der Aufenthalt eines
türkischen Staatsangehörigen in diesem Mitgliedstaat verschärften Voraussetzungen unterworfen werden. Eine entsprechende Stillhalteklausel ist in
Art. 13 ARB Nr. 1/80 enthalten. Mitgliedstaaten der Gemeinschaft und die Türkei dürfen danach für Arbeitnehmer und ihre Familienangehörigen, deren Aufenthalt und Beschäftigung in ihrem Hoheitsgebiet ordnungsgemäß sind, keine
neuen Beschränkungen für den Zugang zum Arbeitsmarkt einführen.

Da diese Bestimmungen klare, präzise und nicht an Bedingungen geknüpfte, ein-    **1630**
deutige reine Unterlassungspflichten der Vertragsparteien enthalten, entfalten sie
in den Mitgliedstaaten unmittelbare Wirkung. Folglich können sich türkische
Staatsangehörige, vor den nationalen Gerichten auf die Rechte, die sie ihnen
verleiht, berufen, um die Anwendung entgegenstehender Vorschriften des innerstaatlichen Rechts auszuschließen. Allerdings verleiht Art. 41 Abs. 1 des Zusatzprotokolls aus sich heraus einem türkischen Staatsangehörigen kein Niederlassungsrecht bzw. Dienstleistungsrecht und kein damit einhergehendes
Aufenthaltsrecht, das sich unmittelbar aus dem Unionsrecht ergäbe[204]. Die in
Art. 41 Abs. 1 des Zusatzprotokolls enthaltene Stillhalteklausel als solche verleiht also einem türkischen Staatsangehörigen keine positiven Rechte auf dem
Gebiet der Niederlassungsfreiheit. Art. 41 Abs. 1 des Zusatzprotokolls stellt vielmehr lediglich eine verfahrensrechtliche Vorschrift dar, die in zeitlicher Hinsicht
festlegt, nach welchen Bestimmungen eines Mitgliedstaats die Situation eines tür-
kischen Staatsangehörigen zu beurteilen ist, der in diesem Mitgliedstaat von der
Niederlassungsfreiheit bzw. Dienstleistungsfreiheit Gebrauch machen will[205].
Entsprechendes gilt für die Arbeitnehmerfreizügigkeit in Art. 13 ARB Nr. 1/80.

In seiner ursprünglichen Rechtsprechung hat der EuGH auf einen Vergleich des    **1631**
nationalen Rechts, das zum Zeitpunkt des Inkrafttretens des Art. 41 ZP bzw.
des Art. 13 RB Nr. 1/80 galt, mit demjenigen Recht, das zum Entscheidungszeit-

---

202  Zum Teil wird auch der Begriff Stillhalteklausel verwendet.
203  Zusatzprotokoll zum Assoziationsabkommen v. 12.9.1963 zwischen der EWG und der Türkei,
     BGBl. 1972 II, S. 385; s. *Hailbronner*, Ausländerrecht, D 5.1.
204  Vgl. EuGH v. 11.5.2000, Rs. C-37/98 – *Savas*, Slg. 2000, I-2927, Rn. 64 und 61 3. Spiegelstrich,
     sowie EuGH v. 21.10.2003, Rs. C-317/01 – *Abatay u.a.*, Slg. 2003, I12 301, Rn. 62.
205  EuGH v. 20.9.2007, Rs. C-15/05 – *Tum und Dari*, Rn. 55, NVwZ 2008, 61.

punkt in dem betreffenden Mitgliedstaat galt, abgestellt. War das ursprünglich geltende nationale Recht günstiger, z. B. weil unter erleichterten Bedingungen eine Erlaubnis zur selbständigen Erwerbstätigkeit beantragt werden konnte, so musste dieses Recht angewendet werden. In seiner neueren Rechtsprechung hat der EuGH die Beschränkung auf den Zeitpunkt des Inkrafttretens der Stillhalteklausel in dem betreffenden Mitgliedstaat aufgegeben und wendet die Stillhalteklausel auf jede nachträgliche Verschlechterung des nationalen Rechts an, auch wenn sie sich lediglich daraus ergibt, dass ein Mitgliedstaat zu irgend einem Zeitpunkt nach Inkrafttreten der Stillhalteklausel eine Rechtsänderung durchgeführt hat, die sich im Vergleich zum früheren Recht für türkische Staatsangehörige als nachteilig in Bezug auf die assoziationsrechtliche Rechtsstellung erweist[206]. Die Stillhalteklausel wird daher als Verbot interpretiert, neue Beschränkungen der Niederlassungs-, Dienstleistungs- oder Arbeitnehmerfreizügigkeit türkischer Staatsangehöriger, die sich auf das Assoziationsrecht berufen können, einzuführen. Entgegen ihrer ursprünglichen Zwecksetzung, den zum Zeitpunkt des Inkrafttretens der Stillhalteklauseln erworbenen Rechtsbestand als Grundlage einer Weiterentwicklung des Assoziationsrechts zu gewährleisten, werden damit die Stillhalteklauseln zu dynamischen „Zementierungsklauseln", die den Mitgliedstaaten jede Möglichkeit nehmen, auf Veränderungen faktischer Gegebenheiten mittels rechtlicher Änderung zu reagieren und ggfs. auch wieder zurückzunehmen, wenn sie sich als ungeeignet erweisen. Temporäre oder experimentelle Öffnungen, z. B. des Arbeitsmarktes für bestimmte Kategorien türkischer Arbeitnehmer, scheiden damit von vornherein aus, will ein Mitgliedstaat nicht entgegen dem Regelungszweck seine Änderungsbefugnis verlieren.

**1632** Weitreichende Ausweitungen des Anwendungsbereichs der Stillhalteklauseln hat der EuGH aber auch in Bezug auf den Anwendungsbereich der Stillhalteklauseln vorgenommen. Die Stillhalteklauseln des Assoziationsrechts beziehen sich durchgängig auf die jeweils in Bezug genommenen wirtschaftlichen Freiheiten, d. h. die Niederlassungsfreiheit, den freien Dienstleistungsverkehr und die Freizügigkeit von Arbeitnehmern. Sie sollen die wirtschaftlichen Entfaltungsmöglichkeiten türkischer Staatsangehöriger in den EU-Mitgliedstaaten fördern, indem die bestehenden Möglichkeiten der wirtschaftlichen Betätigung für türkische Staatsangehörige gewährleistet und Verschlechterungen z. B. bez. des Zugangs türkischer Arbeitnehmer zum Arbeitsmarkt eines Mitgliedstaats, ausgeschlossen werden. Dem liegt eine Unterscheidung zwischen Normen, die die Aufnahme von Erwerbstätigkeit regeln und dem Aufenthaltsrecht bzw. Freizügigkeitsrecht, zugrunde[207].

**1633** Der EuGH hat die Fokussierung der Stillhalteklauseln auf die Entfaltung wirtschaftlicher Betätigungsmöglichkeiten türkischer Staatsangehöriger in den Mitgliedstaaten der Europäischen Union allerdings nie in dem Sinne interpretiert, dass nur arbeits- und gewerberechtliche Regelungen dem Verschlechterungsverbot unterfallen. Vielmehr sollen die Stillhalteklauseln auch die aufenthaltsrechtlichen Rahmenbedingungen einschließlich der Regeln über Erteilung und Verlängerung von Aufenthaltstiteln, Erteilungsverfahren und Gebühren erfassen. Zwar lässt sich auch nach der Rechtsprechung des EuGH unmittelbar aus den Stillhalteklauseln des Assoziationsrechts kein Aufenthaltsrecht für einen türkischen

---

206 EuGH v. 9.12.2010, Rs. C-300/09 und C-301/09.
207 Vgl. auch BVerwG v. 10.7.2012 – 1 C 19/11, Rn. 25.

Staatsangehörigen ableiten, dem noch kein Aufenthaltstitel erteilt worden ist. Sieht aber das nationale Recht aufenthaltsrechtliche Positionen in Verbindung mit dem Zugang zu Erwerbstätigkeiten zu irgend einem Zeitpunkt für türkische Staatsangehörige vor, so kann es als Regelung der Rahmenbedingung wirtschaftlicher Betätigungsrechte türkischer Staatsangehöriger nicht mehr eingeschränkt werden. So hat der EuGH z. B. Einschränkungen des Aufenthaltsrechts von Ehegatten türkischer Staatsangehöriger im Zusammenhang mit der Aufnahme einer Erwerbstätigkeit nach Auflösung der ehelichen Gemeinschaft als von der Stillhalteklausel erfasst, qualifiziert[208]. Im Fall Sahin hat der EuGH eine als unverhältnismäßig qualifizierte Erhöhung von Gebühren für die Erteilung von Aufenthaltstiteln zur Aufnahme einer Beschäftigung in den Anwendungsbereich des Art. 13 RB Nr. 1/80 einbezogen[209].

Die Stillhalteklausel ist nach der EuGH-Rechtsprechung auch auf nachträglich **1634** eingeführte Beschränkungen des Familiennachzugs zu türkischen Staatsangehörigen, die einer Erwerbstätigkeit im Bundesgebiet nachgehen, anwendbar. Auf Ehegatten von im Bundesgebiet wohnenden türkischen Staatsangehörigen, die zum Zweck der Familienzusammenführung ins Bundesgebiet einreisen, sind daher nachträglich eingeführte Beschränkungen, wie z. B. den Nachweis einfacher deutscher Sprachkenntnisse vor Einreise ins Bundesgebiet nicht anwendbar[210]. Der EuGH stellt eine Verknüpfung mit der durch das Assoziationsabkommen gewährten Arbeitnehmer- und Niederlassungsfreiheit dadurch her, dass er die Familienzusammenführung als ein „unerlässliches Mittel zur Ermöglichung des Familienlebens türkischer Erwerbstätiger", die sowohl zur Verbesserung der Qualität ihres Aufenthalts als auch zu ihrer Integration in diesem Staat beiträgt[211], qualifiziert. Maßgeblicher Test für die Anwendbarkeit der Stillhalteklauseln und die Frage, ob eine nationale Maßnahme eine Einschränkung der assoziationsrechtlich gewährten Rechte auf wirtschaftliche Betätigung ist, ob die fragliche Maßnahme sich negativ auswirken könnte und sich der türkische Staatsangehörige deshalb unter Umstanden zu einer Entscheidung zwischen seiner Tätigkeit in dem betreffenden Mitgliedstaat und seinem Familienleben in der Türkei gezwungen sehen könne[212]. Entgegen Wortlaut, Systematik und Zweck der Stillhalteklauseln, die einen Bestandsschutz für die Rahmenbedingungen wirtschaftlicher Betätigung gewährleisten sollten, während die Mitgliedstaaten frei sein sollten, über Einreise und Aufenthalt von Familienangehörigen zu entscheiden, konstruiert damit der EuGH eine Zementierung des Einreiserechts.

Auf die Stillhalteklausel können sich nach Ansicht des EuGH[213] nicht nur diejenigen türkischen Staatsangehörigen berufen, die in einen Mitgliedstaat ordnungsgemäß eingereist sind, sondern z. B. auch türkische Staatsangehörige, die ohne das erforderliche Visum eingereist und erfolglos Asyl beantragt haben. Entsprechendes gilt für türkische Staatsangehörige, die als Studenten in einen EU-Mitgliedstaat eingereist sind und denen die Aufnahme einer selbständigen Er- **1635**

---

208 EuGH v. 9.12.2010, Rs. C-300/09 und C 301/09 – *Toprak*.
209 EuGH v. 17.9.2009, Rs. C-242 – *Sahin*, Slg. 2009, I-8465.
210 EuGH v. 10.7.2014, Rs. C-138/13 – *Dogan*, Rn. 34.
211 EuGH v. 19.7.2012, Rs. C-451/11, Rn. 42.
212 EuGH v. 10.7.2014, Rs. C-138/13 – *Dogan*, Rn. 35.
213 EuGH v. 20.9.2007, Rs. C-15/05 – *Tum und Dari*, Rn. 59 u. 68, NVwZ 2008, 61.

werbstätigkeit untersagt wird[214]. Lediglich Personen mit betrügerischer oder missbräuchlicher Absicht ist die Berufung auf diese Bestimmung verwehrt[215].

**1636**　Außerdem ist nach der EuGH-Rechtsprechung die *Stillhalteklausel* in Art. 41 Abs. 1 des Zusatzprotokolls *auch auf die Regelung über die erstmalige Aufnahme türkischer Staatsangehöriger in einem Mitgliedstaat*, in dessen Hoheitsgebiet diese von der Niederlassungsfreiheit bzw. Dienstleistungsfreiheit nach Maßgabe des Assoziierungsabkommens Gebrauch machen wollen, *anwendbar*. Mithin können sich auch diejenigen türkischen Staatsangehörigen auf die Klausel berufen, die noch nicht in einen Mitgliedstaat eingereist sind. Dies stelle die grundsätzliche Zuständigkeit der Mitgliedstaaten zur Festlegung ihrer nationalen Einwanderungspolitik nicht in Frage. Denn nach Ansicht des EuGH tastet die in der Stillhalte-Klausel enthaltene Unterlassungspflicht, durch die der Handlungsspielraum der EU-Mitgliedstaaten auf diesem Gebiet in gewissem Umfang beschränkt wird, nicht ihre souveräne Zuständigkeit für das Ausländerrecht in ihrem Wesensgehalt an[216].

**1637**　Die Grenzen der Anwendbarkeit der Stillhalteklausel sind jedoch erreicht, wenn eine Gesetzgebung oder Maßnahme keinen Bezug zu einer wirtschaftlichen Erwerbstätigkeit eines assoziationsrechtlich begünstigten türkischen Staatsangehörigen aufweist. Für die Visumpflicht türkischer Fernfahrer, die im Auftrag türkischer Transportunternehmen in Deutschland zur Erbringung von Dienstleistungen tätig sind, hat der EuGH ungeachtet der EU-einheitlich geltenden Visumpflicht aufgrund der EU-Visumverordnung 539/2001 die Anwendung der Visumpflicht für türkische Staatsangehörige als Verstoß gegen Art. 41 Abs. 1 ZP qualifiziert. Türkische Fernfahrer und sonstige türkische Staatsangehörige, die zum Zweck der Erbringung einer spezifischen konkreten Dienstleistung nach Deutschland einreisen, unterliegen daher keiner Visumpflicht für die Einreise und einen kurzfristigen Aufenthalt in Deutschland, während gegebenenfalls für die Einreise in andere EU-Mitgliedstaaten unverändert die Visumpflicht gilt[217]. Da türkische Staatsangehörige gegebenenfalls beim Grenzüberschritt zum Nachweis des Rechts auf visumfreie Einreise den Zweck der Einreise und des Aufenthalts darlegen müssen, besteht die Möglichkeit, bei den deutschen Auslandsvertretungen eine (nicht obligatorische) Bescheinigung über die Erbringung einer Dienstleistung zu erlangen[218].

**1638**　Auf die allgemeine Visumfreiheit türkischer Touristen und Besucher, die zum Zweck eines kurzfristigen Aufenthalts nach Deutschland einreisen, ohne eine Dienstleistung erbringen zu wollen, ist diese Rechtsprechung jedoch nicht übertragbar[219]. Zwar umfasst die Dienstleistungsfreiheit des Unionsrechts auch die „passive Dienstleistung"[220]. Da das Assoziationsrecht lediglich die Förderung wirtschaftlicher Betätigungsmöglichkeiten für türkische Staatsangehörige bezweckt, während die Visumfreiheit für Unionsbürger, auch wenn sie ursprünglich

---

214　EuGH v. 21.7.2011, Rs. C-186/10 – *Oguz*, NVwZ 2011, 1447.
215　EuGH v. 21.2.2006, Rs. C-255/02 – *Halifax u. a.*, Slg. 2006, I-1609, Rn. 68.
216　EuGH v. 20.9.2007, Rs. C-15/05 – *Tum und Dari*, Rn. 58 u. 63, NVwZ 2008, 61.
217　Vgl. EuGH v. 19.2.2009, Rs. C-228/06 – *Soysal* und *Savatli*, NVwZ 2009, 5013, Rn. 45; vgl. auch EuGH v. 21.10.2003, Rs. C-317/01 und C-369/01 – *Abatay*, Slg. 2003 I-12 301, Rn. 52.
218　Vgl. hierzu Bundespolizeipräsidium v. 5.6.2009, Erlass BMI v. 27.5.2009, B3 – 645 347/1.
219　Vgl. EuGH v. 24.9.2013, Rs. C-221/11 – *Demirkan*.
220　Ständige Rspr. vgl. EuGH v. 31.1.1984, Rs. 286/82 und 26/83 – *Luisi* und *Carbone*, Slg. 1984, 377.

vom EuGH im Kontext der passiven Dienstleistungsfreiheit entwickelt worden ist, als Baustein für die umfassende Personenfreizügigkeit anzusehen ist, scheidet die Ableitung einer allgemeinen Visumbefreiung für kurzfristige Besuchsaufenthalte und touristische Aufenthalte für türkische Staatsangehörige mangels Vergleichbarkeit der Zielsetzung von Art. 41 Abs. 1 ZP mit den Zielsetzungen des Unionsbürgerrechts aus. Im Fall *Demirkan*[221] hat der EuGH daher festgestellt, dass der Begriff „freier Dienstleistungsverkehr" in Art. 41 Abs. 1 des Zusatzprotokolls zum Assoziationsabkommen die Freiheit türkischer Staatsangehöriger nicht umfasst, sich als Dienstleistungsempfänger in einen EU-Mitgliedstaat zu begeben, um dort eine Dienstleistung in Anspruch zu nehmen.

## VII. Soziale Rechte türkischer Staatsangehöriger

Türkische Arbeitnehmer und ihre Familienangehörigen genießen auch im *Bereich der sozialen Rechte*[222] eine privilegierte Rechtsstellung. Derartige Rechte ergeben sich zum einen aus dem ARB Nr. 1/80 in Bezug auf die Zugangsrechte von Kindern türkischer Arbeitnehmer zum allgemeinen Schulunterricht, zur Lehrlingsausbildung und zur beruflichen Bildung. Daraus ergibt sich ein Gebot der Gleichbehandlung in Bezug auf sämtliche Vorteile, die im Bereich der schulischen und der beruflichen Ausbildung gewährt werden. Der EuGH hat daraus abgeleitet, dass auch türkische Kinder, die Ausbildungsförderung bzw. die Sicherung des Lebensunterhalts zum Zwecke der Durchführung eines Studiums beanspruchen, die gleiche Behandlung erfahren müssen wie eigene Staatsangehörige und Unionsbürger. Daher darf türkischen Kindern eine Gleichbehandlung bezüglich einer Ausbildungsförderung für ein Auslandsstudium auch nicht deshalb vorenthalten werden, weil sie ein Hochschulstudium in der Türkei absolvieren wollen[223]. **1639**

Aufgrund des Assoziationsratsbeschlusses Nr. 3/80 sind ferner türkische Arbeitnehmer und ihre Familienangehörigen Unionsbürgern weitgehend bei der Koordinierung sozialer Versicherungsleistungen analog der EG-Koordinierungsverordnung 1408/71 gleichgestellt. Daraus folgt, dass bezüglich der von dem Beschluss erfassten sozialen Leistungssysteme (z. B. Unfall, Mutterschaft) im Wesentlichen ähnliche Koordinierungslinien gelten wie in Bezug auf Unionsbürger zwischen den EU-Mitgliedstaaten. **1640**

---

221  Rs. C-221/11.
222  S. hierzu auch unter Rn. 934 f.
223  EuGH v. 7.7.2005, Rs. C-374/03 – *Gürol*, Slg. 2005, I-6199.

# C.   Anhang. Schemata – Übersichten – Definitionen

## I.   Übersichten

### Übersicht 1: Aufenthaltszwecke nach dem AufenthG

→ Rn. 436 ff.

**1.   Aufenthalt zum Zweck der Ausbildung, §§ 16, 17 AufenthG**

a)   Studienbewerbung, § 16 Abs. 1 – 3 AufenthG
b)   Studium einschließlich studienvorbereitender Maßnahmen, § 16 Abs. 1 – 3 AufenthG
c)   Arbeitsplatzsuche nach erfolgreichem Studienabschluss, § 16 Abs. 4 AufenthG
d)   Sprachkurse, die nicht der Studienvorbereitung dienen, § 16 Abs. 5 AufenthG
e)   Schulbesuch, § 16 Abs. 5 AufenthG
f)   Betriebliche Aus- und Weiterbildung, § 17 AufenthG

**2.   Aufenthalt zum Zweck der Erwerbstätigkeit, §§ 18 – 21 AufenthG**

→ Rn. 327 ff.

a)   Beschäftigung, die keine qualifizierte Berufsausbildung voraussetzt, § 18 Abs. 3 AufenthG
b)   Beschäftigung, die eine qualifizierte Berufsausbildung voraussetzt, § 18 Abs. 4 AufenthG
c)   Blaue Karte EU (§ 19 a AufenthG)
d)   Niederlassungserlaubnis für Hochqualifizierte, § 19 AufenthG
e)   Selbständige Tätigkeit, § 21 AufenthG
f)   Aufenthaltserlaubnis für qualifizierte Geduldete (§ 18 a AufenthG)
g)   Niederlassungserlaubnis für Absolventen deutscher Hochschulen (§ 18bAufenthG)
h)   Aufenthalt zur Arbeitsplatzsuche fülr qualifizierte Fachkräfte (§ 18cAufenthG)
i)   Forscher (§ 20 AufenthG)

**3.   Aufenthalt aus völkerrechtlichen, humanitären oder politischen Gründen, §§ 22 – 26 AufenthG**

→ Rn. 477 ff.

a)   Aufnahme aus dem Ausland, § 22 AufenthG
b)   Aufenthaltsgewährung durch die obersten Landesbehörden, § 23 AufenthG
c)   Aufenthaltsgewährung in Härtefällen, § 23 a AufenthG
d)   Aufenthaltsgewährung zum vorübergehenden Schutz, § 24 AufenthG
e)   Asylberechtigte, § 25 Abs. 1 AufenthG
f)   Konventionsflüchtlinge, § 25 Abs. 2 AufenthG

# Übersicht 2: Aufenthaltsbeendende Maßnahmen

## 1. Beendigung der Rechtmäßigkeit des Aufenthalts

→ **Rn. 990 ff.; Sch 5 S. 558**

a) *Aufenthaltsbeendende Verwaltungsakte*
- aa) Ausweisung des Ausländers, §§ 53 ff. AufenthG
  - – Ist-Ausweisung, § 53 AufenthG
  - – Regel-Ausweisung, § 54 AufenthG
  - – Kann-Ausweisung, § 55 AufenthG
- bb) Widerruf des Aufenthaltstitels, § 52 AufenthG
- cc) Rücknahme des Aufenthaltstitels, § 48 VwVfG
- dd) Bekanntgabe einer Abschiebungsanordnung, § 58 a AufenthG

a) *Gesetzliche Erlöschensgründe*
- aa) Ablauf der Geltungsdauer des Aufenthaltstitels, § 51 Nr. 1 AufenthG
- bb) Eintritt einer auflösenden Bedingung, § 51 Nr. 2 AufenthG
- cc) Ausreise aus einem seiner Natur nach nicht vorübergehenden Grund, § 51 Nr. 6 AufenthG
- dd) Ausreise ohne Wiedereinreise innerhalb von sechs Monaten oder einer von der Ausländerbehörde bestimmten längeren Frist, § 51 Nr. 7 AufenthG

## 2. Durchsetzung der Ausreisepflicht

→ **Rn. 1141**

a) *Voraussetzungen der Abschiebung, §§ 58 ff. AufenthG*
- aa) Vollziehbare Ausreisepflicht, §§ 58 Abs. 2, 50 Abs. 1 AufenthG
- bb) Abschiebungsgrund, § 58 Abs. 1 AufenthG
  - – freiwillige Erfüllung der Ausreisepflicht nicht gesichert
  - – Erforderlichkeit einer Überwachung der Ausreise, vgl. § 58 Abs. 3 AufenthG
- cc) Abschiebungsandrohung, § 59 Abs. 1 AufenthG
  - – Schriftform, § 59 Abs. 1 AufenthG
  - – Bestimmung einer Ausreisefrist, § 59 Abs. 1 AufenthG
  - – Bezeichnung des Zielstaates, § 59 Abs. 2 AufenthG
  - – Hinweis auf Abschiebemöglichkeit in andere Staaten, § 59 Abs. 2 AufenthG
  - – Ausschluss der Abschiebemöglichkeit in bestimmte Staaten bei Vorliegen von Abschiebungsverboten, § 59 Abs. 3 AufenthG
- dd) Keine Ausreise innerhalb einer nach § 59 Abs. 1 oder § 50 Abs. 2 AufenthG gesetzten oder verlängerten Ausreisefrist
- ee) Keine Abschiebungsverbote oder Abschiebungshindernisse, § 60 AufenthG

b) *Rechtsfolgen der Abschiebung*
- aa) Verbot erneuter Einreise, § 11 Abs. 1 Satz 1 AufenthG
- bb) Aufenthaltsverbot, § 11 Abs. 1 Satz 1 AufenthG
- cc) Sperrwirkung für die Erteilung eines neuen Aufenthaltstitels, § 11 Abs. 1 Satz 2 AufenthG
- dd) Ausschreibung zur Einreiseverweigerung im Schengener Informationssystem, Art. 96 Abs. 3 SDÜ

## Übersicht 3: Rechtsakte der Europäischen Gemeinschaft/Europäischen Union

- Verordnung (EU) 2016/199 über einen Gemeinschaftskodex für das Überschreiten der Grenzen durch Personen (Schengener Grenzkodex) v. 9.3. 2016, ABl. EU Nr. L 77/1 v. 23.3.2016.
- Richtlinie (EU) 2016/801 über die Bedingungen für die Einreise und den Aufenthalt von Drittstaatsangehörigen zu Forschungs- oder Studienzwecken, zur Absolvierung eines Praktikums, zur Teilnahme an einem Freiwilligendienst, Schüleraustauschprogrammen oder Bildungsvorhaben und zur Ausübung einer Au-pair-Tätigkeit, v. 11.5.2016, Abl. EU L 132/21 v. 21.5.2016.
- Verordnung (EU) Nr. 603/2013 des Europäischen Parlaments und des Rates vom 26. Juni 2013 über die Einrichtung von Eurodac für den Abgleich von Fingerabdruckdaten zum Zwecke der effektiven Anwendung der Verordnung (EU) Nr. 604/2013 zur Festlegung der Kriterien und Verfahren zur Bestimmung des Mitgliedstaats, der für die Prüfung eines von einem Drittstaatsangehörigen oder Staatenlosen in einem Mitgliedstaat gestellten Antrags auf internationalen Schutz zuständig ist und über der Gefahrenabwehr und Strafverfolgung dienende Anträge der Gefahrenabwehr- und Strafverfolgungsbehörden der Mitgliedstaaten und Europols auf den Abgleich mit Eurodac-Daten sowie zur Änderung der Verordnung (EU) Nr. 1077/2011 zur Errichtung einer Europäischen Agentur für das Betriebsmanagement von IT-Großsystemen im Raum der Freiheit, der Sicherheit und des Rechts (ABl. EU v. 29.6.2013, L 180/1).
- Verordnung (EU) Nr. 604/2013 des Europäischen Parlaments und des Rates vom 26. Juni 2013 zur Festlegung der Kriterien und Verfahren zur Bestimmung des Mitgliedstaats, der für die Prüfung eines von einem Drittstaatsangehörigen oder Staatenlosen in einem Mitgliedstaat gestellten Antrags auf internationalen Schutz zuständig ist (ABl. EU v. 29.6.2013, L 180/31).
- Richtlinie 2013/32/EU des Europäischen Parlaments und des Rates vom 26. Juni 2013 zu gemeinsamen Verfahren für die Zuerkennung und Aberkennung des internationalen Schutzes (ABl. EU v. 29.6.2013, L 180/60).
- Richtlinie 2013/33/EU des Europäischen Parlaments und des Rates vom 26. Juni 2013 zur Festlegung von Normen für die Aufnahme von Personen, die internationalen Schutz beantragen (ABl. EU v. 29.6.2013, L 180/96).
- Richtlinie 2011/95 v. 13.12.2011 über Normen für die Anerkennung von Drittstaatsangehörigen oder Staatenlosen als Personen mit Anspruch auf internationalen Schutz für Flüchtlinge oder für Personen mit Anrecht auf subsidiären Schutz und für den Inhalt des zu gewährenden Schutzes (ABl. EU L 337/9 v. 20.12.2011)
- Richtlinie 2011/98 v. 13.12.2011 über ein einheitliches Verfahren zu Beanstandung einer kombinierten Erlaubnis für Drittstaatsangehörige, sich im Hoheitsgebiet eines Mitgliedstaats aufzuhalten und zu arbeiten, sowie über ein gemeinsames Bündel von Rechten für Drittstaatsarbeitnehmer, die sich rechtmäßig in einem Mitgliedstaat aufhalten (ABl. EU L 343/1 v. 23.12.2011).
- Richtlinie 2004/114/EG des Rates vom 13.12.2004 über die Bedingungen für die Zulassung von Drittstaatsangehörigen zur Absolvierung eines Studiums oder zur Teilnahme an einem Schüleraustausch, einer unbezahlten Aus-

bildungsmaßnahme oder einem Freiwilligendienst (ABlEG Nr. L 375 vom 23.12.2004, S. 12)

- Richtlinie 2003/9 des Rates vom 29.4.2004 über Mindestnormen für Verfahren in den Mitgliedstaaten zur Zuerkennung oder Aberkennung der Flüchtlingseigenschaft ABl.EU L 31/18 v. 6.2.2003) Richtlinie 2004/83/EG des Rates vom 29.4.2004 über Mindestnormen für die Anerkennung und den Status von Drittstaatsangehörigen und Staatenlosen als Flüchtlinge oder als Personen, die anderweitigen internationalen Schutz benötigen (ABlEG Nr. L 304 vom 30.9.2004, S. 12)
- Richtlinie 2004/81/EG des Rates vom 29.4.2004 über die Erteilung von Aufenthaltstiteln für Drittstaatsangehörige, die Opfer des Menschenhandels sind oder denen Beihilfe zur illegalen Einwanderung geleistet wurde und die mit den zuständigen Behörden kooperieren (ABlEG Nr. L 261 vom 6.8.2004, S. 19)
- Richtlinie 2004/38/EG des Europäischen Parlaments und des Rates vom 29.4.2004 über das Recht der Unionsbürger und ihrer Familienangehörigen, sich im Hoheitsgebiet der Mitgliedstaaten frei zu bewegen und aufzuhalten (ABlEG Nr. L 158 vom 30.4.2004, S. 77; ber. ABlEG Nr. L 229 vom 29.6.2004, S. 35)
- Richtlinie 2005/85 v. 1.12.2005 über Mindestnormen für Verfahren in den Mitgliedstaaten zur Zuerkennung und Aberkennung der Flüchtlingseigenschaft (ABl.EU L 326/13 v. 13.12.2005)
- Richtlinie 2003/110/EG des Rates vom 25.11.2003 über die Unterstützung bei der Durchbeförderung im Rahmen von Rückführungsmaßnahmen auf dem Luftwege (ABlEG Nr. L 321 vom 6.12.2003, S. 26)
- Richtlinie 2003/109/EG des Rates vom 25.11.2003 betreffend die Rechtsstellung der langfristig aufenthaltsberechtigten Drittstaatsangehörigen (ABlEG Nr. L 16 vom 23.1.2004, S. 44)
- Richtlinie 2003/86/EG des Rates vom 22.9.2003 betreffend das Recht auf Familienzusammenführung (ABlEG Nr. L 251 vom 3.10.2003, S. 12)
- VO/EG 343/2003 des Rates vom 18.2.2003 zur Festlegung der Kriterien und Verfahren zur Bestimmung des Mitgliedstaats, der für die Prüfung eines von einem Drittstaatsangehörigen in einem Mitgliedstaat gestellten Asylantrags zuständig ist (ABlEG Nr. L 50 vom 25.2.2003, S. 1)
- Richtlinie 2003/9/EG des Rates vom 27.1.2003 zur Festlegung von Mindestnormen für die Aufnahme von Asylbewerbern in den Mitgliedstaaten (ABlEG Nr. L 31 vom 6.2.2003, S. 18)
- Rahmenbeschluss des Rates vom 28.11.2002 betreffend die Verstärkung des strafrechtlichen Rahmens für die Bekämpfung der Beihilfe zur unerlaubten Ein- und Durchreise und zum unerlaubten Aufenthalt (ABlEG Nr. L 328 vom 5.12.2002, S. 1)
- Richtlinie 2002/90/EG des Rates vom 28.11.2002 zur Definition der Beihilfe zur unerlaubten Ein- und Durchreise und zum unerlaubten Aufenthalt (ABlEG Nr. L 328 vom 5.12.2002, S. 17)
- Rahmenbeschluss des Rates vom 19.7.2002 zur Bekämpfung des Menschenhandels (ABlEG Nr. L 203 vom 1.8.2002, S. 2)
- Richtlinie 2001/55/EG des Rates vom 20.7.2001 über Mindestnormen für die Gewährung vorübergehenden Schutzes im Falle eines Massenzustroms von Vertriebenen und Maßnahmen zur Förderung einer ausgewogenen Verteilung der Belastungen, die mit der Aufnahme dieser Personen und den

Folgen dieser Aufnahme verbunden sind, auf die Mitgliedstaaten (ABlEG Nr. L 212 vom 7.8.2001, S. 12)
- Richtlinie 2001/40/EG des Rates vom 28.5.2001 über die gegenseitige Anerkennung von Entscheidungen über die Rückführung von Drittstaatsangehörigen (ABlEG Nr. L 149 vom 2.6.2001, S. 34)
- VO/EG 539/2001 des Rates vom 15.3.2001 zur Aufstellung der Liste der Drittländer, deren Staatsangehörige beim Überschreiten der Außengrenzen im Besitz eines Visums sein müssen, sowie der Liste der Drittländer, deren Staatsangehörige von dieser Visumspflicht befreit sind (ABlEG Nr. L 81 vom 21.3.2001, S. 1)
- VO/EG 2725/2000 des Rates vom 11.12.2000 über die Einrichtung von „Eurodac" für den Vergleich von Fingerabdrücken zum Zwecke der effektiven Anwendung des Dubliner Übereinkommens (ABlEG Nr. L 316 vom 15.12.2000, S. 1)
- Richtlinie 2008/115 v. 16.12.2008 über gemeinsame Normen und Verfahren in den Mitgliedstaaten zur Rückführung illegal aufhältiger Drittstaatsangehöriger (ABl.EU L 348/98 v. 24.11.2008)
- Verordnung Nr 810/2009 g. 13.7.2009 über einen Visakodex der Gemeinschaft (Visakodex)(Abl. EU L 243/1 v. 15.9.2009)
- Verordnung Nr. 562/2006 v. 15.3.2006 über einen Gemeinschaftskodex für das Überschreiten der Grenzen durch Personen (Schengener Grenzkodex) (ABl.EU L 105/1 v. 13.4.2006)
- Richtlinie 2004/114 v. 13.12.2004 über die Bedingungen für die Zulassung von Drittstaatsangehörigen zur Absolvierung eines Studiums oder zur Teilnahme an einem Schüleraustausch, einer unbezahlten Ausbildungsmaßnahme oder einem Freiwilligendienst (ABl.EU L 375/12 v. 23.12.2004)
- Richtlinie 2009/50 v. 25.5.2009 über die Bedingungen für die Einreise und den Aufenthalt von Drittstaatsangehörigen zur Ausübung einer hochqualifizierten Beschäftigung (ABl. EU L 155/17 v. 25.5.2009)
- Richtlinie 2005/71 v. 12.10.2005 über ein besonderes Zulassungsverfahren für Drittstaatsangehörige zum Zwecke der wissenschaftlichen Forschung (ABl.EU L 289/15 v. 3.11.2005)

## II.  Schemata

### Schema 1: Aufenthalt zum Zweck der Erwerbstätigkeit (§§ 18, 18 b, 19, 19 a AufenthG)

→ Rn. 327 ff.; Ü1 Nr. 2 S. 546

**Übersicht: Aufenthalt zum Zweck der Erwerbstätigkeit (§§ 18 bis 21 AufenthG)**

| Art der Zuwanderung zum Zweck der Erwerbstätigkeit | Beschäftigung ohne qualif. Berufsausbildung, § 18 Abs. 3 i.V.m. § 18 Abs. 2 Satz 1 | Qualifizierte, § 18 Abs. 4 | Hochqualifizierte, § 19 Niederlassungserlaubnis | Niederlassungserlaubnis für Absolventen deutscher Hochschulen § 18b | Blaue Karte EU § 19a |
|---|---|---|---|---|---|
| Allgemeine Voraussetzungen | 1. konkretes Arbeitsplatzangebot<br>2. unselbständige Beschäftigung<br>3. für diese keine qualifizierte Berufsausbildung notwendig (§ 18 Abs. 3)<br>4. Erteilung der Aufenthaltserlaubnis für diese Beschäftigung zulässig,<br>  a) auf Grund zwischenstaatlicher Vereinbarung oder<br>  b) auf Grund RVO nach § 42, mithin nach §§ 11 ff. BeschV die Erteilung der Zustimmung der Bundesagentur f. Arbeit für diese Beschäftigung zulässig (§ 18 Abs. 3)<br>5. Zustimmung der Bundesagentur für Arbeit (§ 39), es sei denn entbehrlich wegen RVO nach § 42 oder zwischenstaatliche Vereinbarung (§ 18 Abs. 2 Satz 1). Ausnahmen vom Zustimmungserfordernis u.a. bei zweijähriger Ausübung einer Beschäftigung oder dreijährigem erlaubtem, gestattetem oder geduldetem Aufenthalt oder bei karitativen Tätigkeiten, Praktika (§§ 9, 14, 15 BeschV). Nach 15 Monaten Ausnahme von Vorrangprüfung für Asylbewerber und Geduldete; im Übrigen generelle Ausnahme vom Vorrangprinzip für Beschäftigung in Bezirken, in dem dies die regionale Arbeitsmarktsituation zulässt | 1. konkretes Arbeitsplatzangebot<br>2. unselbständige Beschäftigung<br>3. für diese qualifizierte Berufsausbildung notwendig (§ 18 Abs. 4)<br>4. Erteilung der Aufenthaltserlaubnis für diese Beschäftigung zulässig,<br>  a) Beschäftigung gehört einer Berufsgruppe an, die durch RVO nach § 42 zugelassen ist (Abs. 4 Satz 1) bzw.<br>  b) an der Beschäftigung besteht im begründeten Einzelfall in öffentliches, insb. ein regionales, wirtschaftliches oder arbeitsmarktpolitisches Interesse (Abs. 4 Satz 2)<br>5. Zustimmung der Bundesagentur für Arbeit (§ 39), Zustimmung nicht erforderlich u.a. bei Führungskräften, leitenden Angestellten, Wissenschaftlern, Absolventen dt. Auslandsschulen (§§ 2 bis 5 BeschV), Verzicht auf Vorrangprüfung bei Ausbildungsberufen (bei ausländischer Qualifikation Anerkennung erforderlich § 6 BeschV). | 1. Besonders hohe wissenschaftliche Qualifikation des Ausländers oder herausgehobene leitende Funktion, vgl. § 19 Abs. 2<br>2. konkretes Arbeitsplatzangebot, § 18 Abs. 5<br>3. Zustimmung der Bundesagentur für Arbeit (§ 39 Abs. 5), nicht erforderlich (§ 2 BeschV)<br>4. Annahme gerechtfertigt, dass die Integration in das Lebensverhältnisse der Bundesrepublik Deutschland und<br>5. Sicherung des Lebensunterhalts ohne staatliche Hilfe gewährleistet, § 19 Abs. 1 Satz 1 | 1. Abschluss einer Hochschulausbildung an einer deutschen Hochschule<br>2. Besitz einer Aufenthaltserlaubnis nach §§18, 18a, 19a oder 21 seit zwei Jahren.<br>3. Leistung von mindestens 24 Monaten von Pflichtbeiträgen oder freiwilligen Beiträgen für allgemeine Rentenversicherung. Entsprechende Geltung der allgemeinen Voraussetzungen für Niederlassungserlaubnis, z. B. Sicherung des Lebensunterhalts. Keine entgegenstehenden Ausweisungsinteressen | 1. Hochschulabschluss<br>2. Zustimmungsfreiheit der Beschäftigung oder ggfls. Zustimmung durch Bundesagentur (wenn Gehalt nicht mindestens 2/3 der jährlichen Beitragsbemessungsgrenze in der allgemeinen Rentenversicherung, aber mindestens 52 % hiervon erreicht und Beschäftigung in den „Engpassberufen" erfolgt (§ 2 Abs. 1 Nr. 2 und Abs. 2 BeschV).<br>3. Mindestgehalt<br>4. Erfüllung der allgemeinen Erteilungsvoraussetzungen des § 5 AufenthG |
| Aufenthaltstitel | befristete Aufenthaltserlaubnis, Verlängerung möglich | befristete Aufenthaltserlaubnis, Verlängerung möglich | Niederlassungserlaubnis, § 19 Abs. 1; Aufenthaltstitel zur Suche ev. Zustimmung nach Abs. 1 S. 2 erforderlich | Niederlassungserlaubnis | Vier Jahre oder Dauer des Arbeitsvertrags |

## Schema 2: Aufenthalt zum Zweck der Erwerbstätigkeit (§§ 18 a, 20, 21 AufenthG)

| Übersicht: Aufenthalt zum Zweck der Erwerbstätigkeit (§§ 18 bis 21 AufenthG) | | | | |
|---|---|---|---|---|
| Art der Zuwanderung zum Zweck der Erwerbstätigkeit | Qualifizierte Geduldete, § 18a | Forscher, § 20 Abs. 1 | Selbständige, § 21 Abs. 1 Satz 1 | Freiberufler, § 21 Abs. 1 Satz 1 |
| Allgemeine Voraussetzungen | 1. Abschluss des Studiums oder qualifizierte Berufsausbildung im Bundesgebiet oder Ausübung qualifizierter Beschäftigung mit Hochschulabschluss Seit 2 Jahren im Bundesgebiet oder Ausübung einer qualifizierten Tätigkeit als Fachkraft aufgrund qualifizierter Berufsausbildung<br>2. Allgemeine Erfordernisse (Wohnraum, ausreichende Deutschkenntnisse, keine Täuschung der Ausländerbehörde, keine Behinderung der Aufenthaltsbeendigung<br>3. Neu: Alternativ zu Nr. 1 erfolgreicher Abschluss einer Berufsausbildung für Inhaber einer Duldung, die nach § 60a Abs. 2 Satz 4 erteilt wurde für eine der erworbenen Qualifikation entsprechende Beschäftigung. Voraussetzung vorangegangene qualifizierte Berufsausbildung in einem staatlich anerkannten oder vergleichbar geregelten Ausbildungsberuf. Duldung erlischt bei strafrichterlicher Verurteilung wegen vorsätzlicher Straftaten (Schwelle: 50 Tagessätze oder 90 Tagessätze bei ausländerspezifischer Straftat)<br>4. Zustimmung der Bundesagentur für Arbeit nach § 39 AufenthG. | 1. wirksame Aufnahmevereinbarung zur Durchführung eines Forschungsvorhabens mit einer dafür anerkannten Forschungseinrichtung abgeschlossen<br>2. Anerkannte Forschungseinrichtung hat sich schriftlich zur Übernahme der Kosten verpflichtet, die öffentlichen Stellen durch einen unerlaubten Aufenthalt in einem Mitgliedstaat der Europäischen Union entstehen können,<br>3. Keine Ausschlussgründe nach § 20 Abs. 7 AufenthG | 1. Wirtschaftliches Interesse Deutschlands oder regionales Bedürfnis, Abs. 1 Satz 1 Nr. 1<br>2. Tätigkeit lässt positive Auswirkungen auf die Wirtschaft erwarten, Nr. 2<br>3. Sicherung der Finanzierung des Vorhabens durch Eigenkapital oder Kreditzusage, Nr. 3<br><br>Kriterien:<br>(1) Tragfähigkeit der Geschäftsidee, unternehmerische Erfahrung, Höhe des Kapitaleinsatzes, Auswirkungen auf Beschäftigungs- und Ausbildungssituation, Beitrag für Innovation und Forschung<br>(2) Wenn Ausländer älter als 45 Jahre, kann Aufenthaltserlaubnis von angemessener Altersversorgung abhängig gemacht werden (§ 21 Abs. 3)<br>(3) § 21 Abs. 2: Erteilung einer Aufenthaltserlaubnis zwecks Ausübung selbständiger Tätigkeit auf Grund völkerrechtlicher Verträge<br>(4) Bei Absolventen eines Studiums, Forschern oder Wissenschaftlern Dispensierung von Nr. 1 (§ 21 Abs. 2a) | Erforderliche Erlaubnis zur Ausübung des freien Berufs erteilt oder ihre Erteilung zugesagt |

| Übersicht: Aufenthalt zum Zweck der Erwerbstätigkeit (§§ 18 bis 21 AufenthG) | | | | |
|---|---|---|---|---|
| Art der Zuwanderung zum Zweck der Erwerbstätigkeit | Qualifizierte Geduldete, § 18a | Forscher § 20 Abs. 1 | Selbständige, § 21 Abs. 1 Satz 1 | Freiberufler § 21 Abs. 1 Satz 1 |
| Beteiligungs-Erfordernisse | | keine | § 21 Abs. 1 Satz 3:<br>– fachkundige Körperschaften,<br>– Gewerbebehörden,<br>– Öffentlich-rechtliche Berufsvertretungen<br>– Für die Berufszulassung zuständige Behörden sind bei der Prüfung zu berücksichtigen | § 21 Abs. 5 Satz 3 i.V.m. § 21 Abs. 1 Satz 4:<br>– fachkundige Körperschaften,<br>– Gewerbebehörden,<br>– Öffentlich-rechtliche Berufsvertretungen<br>Für die Berufszulassung zuständige Behörden sind bei der Prüfung zu berücksichtigen |
| Aufenthaltstitel | Aufenthaltserlaubnis für zwei Jahre mit Widerrufsmöglichkeit, wenn das der Erteilung dieser Aufenthaltserlaubnis zugrundeliegende Arbeitsverhältnis aus Gründen, die in der Person des Ausländers liegen, aufgelöst wird oder der Ausländer wegen einer im Bundesgebiet begangenen vorsätzlichen Straftat (Schwelle wie oben) verurteilt wurde. | Befristete Aufenthaltserlaubnis für mind. 1 Jahr, es sei denn Dauer des Forschungsvorhabens ist kürzer (§ 20 Abs. 4), Verlängerung möglich | Befristete Aufenthaltserlaubnis für 3 Jahre, dann evtl. Niederlassungserlaubnis nach Abs. 4 | Befristete Aufenthaltserlaubnis, wie Selbständiger |

## Schema 3: Anwendbarkeit der §§ 27 bis 36 AufenthG

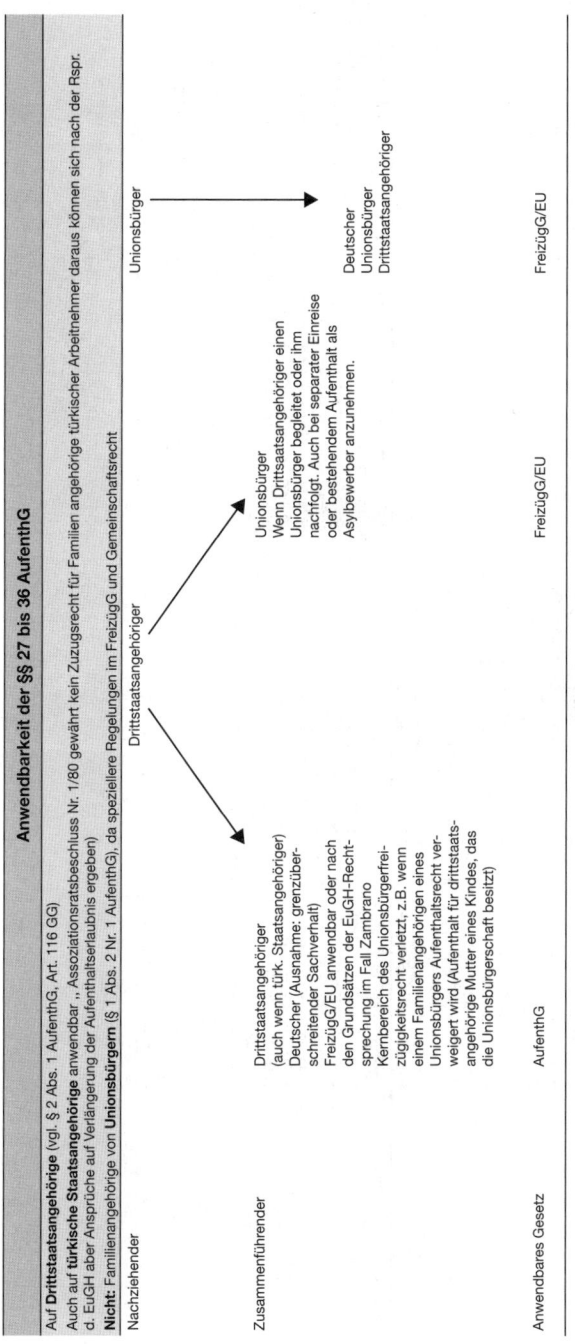

**Anwendbarkeit der §§ 27 bis 36 AufenthG**

Auf **Drittstaatsangehörige** (vgl. § 2 Abs. 1 AufenthG, Art. 116 GG).
Auch auf **türkische Staatsangehörige** anwendbar „Assoziationsratsbeschluss Nr. 1/80 gewährt kein Zuzugsrecht für Familien angehörige türkischer Arbeitnehmer daraus können sich nach der Rspr. d. EuGH aber Ansprüche auf Verlängerung der Aufenthaltserlaubnis ergeben)
**Nicht:** Familienangehörige von **Unionsbürgern** (§ 1 Abs. 2 Nr. 1 AufenthG), da speziellere Regelungen im FreizügG und Gemeinschaftsrecht

| Nachziehender | Drittstaatsangehöriger | Unionsbürger |
|---|---|---|
| Zusammenführender | Drittstaatsangehöriger (auch wenn türk. Staatsangehöriger) Deutscher (Ausnahme: grenzüberschreitender Sachverhalt) FreizügG/EU anwendbar oder nach den Grundsätzen der EuGH-Rechtsprechung im Fall Zambrano Kernbereich des Unionsbürgerfreizügigkeitsrecht verletzt, z.B. wenn einem Familienangehörigen eines Unionsbürgers Aufenthaltsrecht verweigert wird (Aufenthalt für drittstaatsangehörige Mutter eines Kindes, das die Unionsbürgerschaft besitzt) | Unionsbürger Wenn Drittstaatsangehöriger einen Unionsbürger begleitet oder ihm nachfolgt. Auch bei separater Einreise oder bestehendem Aufenthalt als Asylbewerber anzunehmen. | Deutscher Unionsbürger Drittstaatsangehöriger |
| Anwendbares Gesetz | AufenthG | FreizügG/EU | FreizügG/EU |

# Schema 4: Familiennachzug (§§ 27–36 AufenthG)

| | Übersicht: Familiennachzug (§§ 27–36 AufenthG) | |
|---|---|---|
| Aufenthaltszweck | Aufenthaltserlaubnis zur Herstellung und Wahrung der familiären Lebensgemeinschaft im Bundesgebiet, § 27 Abs. 1 (Schutz von Ehe und Familie, Art. 6 GG) bzw. einer lebenspartnerschaftlichen Gemeinschaft, § 27 Abs. 2 | |
| Art des Nachzugs | **Nachzug eines Ausländers zu einem Ausländer, §§ 29 ff** | **Nachzug zu einem Deutschen, § 28** |
| allgemeine Voraussetzungen des Familiennachzugs (§ 27 AufenthG i. V. m. .....) | – Vorliegen einer dem Schutz des Art. 6 GG unterfallenden familiären Lebensgemeinschaft oder eingetragene Lebenspartnerschaft (§ 27 Abs. 1 oder Abs. 3)<br>– Anspruchsberechtigt: Ehegatten u. minderjährige ledige Kinder<br>– Erstrebte Aufenthaltserlaubnis soll der Herstellung oder Wahrung dieser geschützten familiären Lebensgemeinschaft dienen<br>– Allgemeine Erteilungsvoraussetzungen des § 5 (u.a. Sicherung des Lebensunterhalts und kein Ausweisungsinteresse) müssen erfüllt sein. Stammberechtigter darf nicht für den Unterhalt von anderen Familienangehörigen auf Leistungen nach SGB II oder XII angewiesen sein (§ 27 Abs. 3).<br>– Ausnahmen von Lebensunterhalt- und Wohnungsvoraussetzungen für anerkannte Flüchtlinge und Resettlementflüchtlinge (§ 23 Abs. 4) oder gewöhnlich Inhaber einer Niederlassungserlaubnis (§ 26 Abs. 4) nach § 29 Abs. 2, insbes. wenn Herstellung fam. Lebensgemeinschaft in anderem Staat nicht möglich.<br>– Ausnahmen für Inhaber einer Aufenthaltserlaubnis zum vorübergehenden Schutz (§ 24 Abs.1 – ohne prakt. Bedeutung).<br>– Stammberechtigter im Besitz eines gültigen Aufenthaltstitels (§ 29 Abs. 1 Nr. 1): Einschränkungen des Familiennachzugs für Inhaber bestimmter humanitärer Aufenthaltserlaubnisse oder einer Aufenthaltserlaubnis für gut integrierte Jugendliche oder Heranwachsende oder bei nachhaltiger Integration (§§ 25a Abs. 1, 25b Abs. 1) nach § 29 Abs. 3 (Nachzug nur bei Vorliegen völkerrechtlicher oder humanitärer Gründe oder zur Wahrung polit. Interessen)<br>– **Familiennachzug ausgesetzt** bis 16.3.2018 für subsidiär Schutzberechtigte im Besitz einer Aufenthaltserlaubnis ab 17.3.2016 (§ 104 Abs. 13). | – Vorliegen einer dem Schutz des Art. 6 GG unterfallenden familiären Lebensgemeinschaft oder eingetragene Lebenspartnerschaft (§ 27 Abs. 1 oder Abs. 3)<br>– Erstrebte Aufenthaltserlaubnis soll der Herstellung oder Wahrung dieser geschützten familiären Lebensgemeinschaft dienen<br>– Keine Versagung nach § 27 Abs. 3 Satz 1 AufenthG, weil Stammberechtigter für den Unterhalt von anderen Familien- oder Haushaltsangehörigen auf Sozialleistungen angewiesen ist.<br>– Gewöhnlicher Aufenthalt des Deutschen im Bundesgebiet, § 28 Abs. 1 Satz 1 bzw. Abs. 3 |
| besondere Voraussetzungen des Familiennachzugs | **Ehegattennachzug: § 30**<br>– Beide Ehepartner mind. 18 Jahre alt (§ 30 Abs. 1 Satz 1 Nr. 1), es sei denn Ausnahme gem. § 30 Abs. 1 Satz 2 und Abs. 2 Satz 1 AufenthG<br>– Einfache deutsche Sprachkenntnisse (§ 30 Abs. 1 Satz 1 Nr. 2 AufenthG), es sei denn Ausnahme nach § 30 Abs. 1 Satz 2 Nrn. 1 bis 3 und 30 Abs. 1 Satz 3 Nrn. 1 bis 5 AufenthG (u.a. Angehörige von visumbefreiten Staaten; Blaue Karte EU).<br>– Zweijähriger Besitz einer Aufenthaltserlaubnis oder qualifizierter Aufenthaltstitel (Niederlassungserlaubnis, Erlaubnis zum Daueraufenthalt EU, Flüchtlinge, Forscher, Blaue Karte EU), oder Bestehen der Ehe bei Erteilung der Aufenthaltserlaubnis.<br>– Rechtsfolge: Anspruch auf Erteilung einer Aufenthaltserlaubnis für mind. 1 Jahr<br>– Ausnahmeregelung: § 29 Abs. 2; § 29 Abs. 4 Satz 1; § 30 Abs. 2; § 30 Abs. 3. | **§ 28 Abs. 1 Satz 1 Nr. 1, § 28 Abs. 1 Satz 1 Satz 5 i.V.m. § 30 Abs. 1 Satz 1 Nrn. 1 u. 2, Satz 3 u. Abs. 2 Satz 1**<br>– Beide Ehepartner mind. 18 Jahre alt (§ 30 Abs. 1 Satz 1 Nr. 1), es sei denn Ausnahme gem. § 30 Abs. 2 Satz 1 AufenthG<br>– Einfache deutsche Sprachkenntnisse (§ 30 Abs. 1 Satz 1 Nr. 2 AufenthG), es sei denn Ausnahme nach § 30 Abs. 1 Satz 3 Nrn. 1 bis 5 AufenthG sowie nach maßgabe der Rspr. des BVerwG bei Ehegattenzuzug zu deutschen Staatsangehörigen, wenn Integrationsanforderungen unzumutbar.<br>– Rechtsfolge: Anspruch auf Erteilung einer Aufenthaltserlaubnis für mind. 1 Jahr; nach 3 Jahren Niederlassungserlaubnis nach § 28 Abs. 2 Satz 1<br>– Ausnahmeregelung: § 28 Abs. 1 Satz 3 (Befreiung vom Erfordernis der Lebensunterhaltssicherung bei Ausnahmeregelungen) |

## Übersicht: Familiennachzug (§§ 27–36 AufenthG)

### Kindernachzug zu Ausländern:

- Minderjährig
- Ledig
- Aufenthaltstitel
- Keine weitere Voraussetzung, wenn
  a) Minderjähriger unter 16 Jahren oder
  b) Einreise gemeinsam mit den Eltern oder dem allein sorgeberechtigten Elternteil oder
  c) Kind von anerkannten Flüchtlingen, Niederlassungsberechtigten, Inhabern einer Blauen Karte
- Ansonsten: Erfüllung eines Integrationskriteriums erforderlich, wenn Minderjähriger über 16 Jahre
  (a) Beherrschung der deutschen Sprache oder
  (b) Gewährleistung der Integration auf Grund des bisherigen Lebensweges
- Rechtsfolge: Anspruch auf Erteilung einer Aufenthaltserlaubnis gemäß § 32 Abs. 1 bis Abs. 3, bei Erfüllung der allgemeinen Voraussetzungen des § 5
- Ausnahmeregelungen: § 29 Abs. 2; § 29 Abs. 4 Satz 1
- Aufenthaltserlaubnis nach Ermessen, wenn auf Grund der Umstände des Einzelfalls zur Vermeidung einer besonderen Härte erforderlich, § 32 Abs. 4
- bes. Aufenthaltsrechte der Kinder, erleichterte Verlängerung der Aufenthaltserlaubnis nach § 32 Abs. 1; Aufenthaltserlaubnis bei Geburt im Bundesgebiet nach § 33

### Nachzug sonstiger Familienangehöriger:

- § 36: Aufenthaltserlaubnis nach Ermessen, wenn zur Vermeidung einer außergewöhnlichen Härte erforderlich
- §§ 30 Abs. 3, 31, 34 entsprechend anwendbar

### Nachzug der Eltern:

- eines minderjährigen Ausländers mit Asyl- oder Flüchtlingsstatus, § 36 Abs. 1
- wie sonstige Familienangehörige, § 36 Abs. 2

### Nachzug von Lebenspartnern:

- Lebenspartner eines Ausländers/Lebenspartnerin einer Ausländerin: § 27 Abs. 2
- Entsprechende Anwendung der Rgelungen für Ehegatten: §§ 9 Abs. 3, 27 Abs. 1a u. 3, 29 bis 31, 51 Abs. 2

### Ehegatten/Lebenspartner zu Ausländern

- Verlängerung der Aufenthaltserlaubnis gemäß § 31 Abs. 1
- § 31 Abs. 2 bei Vorliegen einer besonderen Härte

### Kinder:

- gemäß § 34 Abs. 2 mit Eintritt in die Volljährigkeit
- Anspruch auf Niederlassungserlaubnis gemäß § 35 Abs. 1
- Aufenthaltstitel nach Ermessen gemäß § 35 Abs. 3 Satz 2

---

### § 28 Abs. 1 Satz 1 Nr. 2, Abs. 3 i.V.m. § 32 zu Deutschen:

- Voraussetzungen entsprechend dem Kindernachzug zu Ausländern
- statt Aufenthaltstitel gewöhnlicher Aufenthalt im Bundesgebiet
- Dispens vom Erfordernis der Sicherung des Lebensunterhalts (§ 5 Abs. 1 Nr. 1), § 28 Abs. 1 Satz 2 AufentG

- Rechtsfolge: Anspruch auf Erteilung einer Aufenthaltserlaubnis

- Ausnahmeregelung: § 38 Abs. 1 Satz 1

- §§ 28 Abs. 4, 36 Abs. 2

- §§ 28 Abs. 1 Satz 1 Nr. 3 zur Ausübung der Personensorge nach § 28 Abs. 1 Satz 1 Nr. 3
- Dispens vom Erfordernis der Sicherung des Lebensunterhalts, § 28 Abs. 1 Satz 2 AufenthG

- § 27 Abs. 2;
- entsprechend anwendbar: §§ 9 Abs. 3, 27 Abs. 1a u. 3, 28, 30 bis 31, 51 Abs. 2

### zu Deutschen

- §§ 28 Abs. 3, 31

- §§ 28 Abs. 3, 35

## Schema 5: Ausweisung (§§ 53–56 AufenthG)

| Übersicht: Ausweisung (§§ 53–55 AufenthG) | | | |
|---|---|---|---|
| Interesse | Besonders schwerwiegendes Ausweisungsinteresse | Schwerwiegendes Ausweisungsinteresse | Schwerwiegendes Bleibeinteresse |
| **Allgemeine Voraussetzungen**<br><br>Gefährdung der öffentlichen Sicherheit und Ordnung, der freiheitlichen demokratischen Grundordnung oder sonstiger erheblicher Interessen der Bundesrepublik Deutschland.<br><br>Abwägung der Interessen an der Ausreise mit den Interessen an einem weiteren Verbleib des Ausländers erforderlich unter Berücksichtigung aller Umstände des Einzelfalls. Abwägung muss ergeben, dass das öffentliche Interesse an der Ausweisung überwiegt.<br><br>Insbesondere sind zu berücksichtigen die Dauer des Aufenthalts, die persönlichen und wirtschaftlichen Bindungen im Bundesgebiet und im Herkunftsstaat oder in einem anderen zur Aufnahme bereiten Staat, die Folgen der Ausweisung für Familienangehörige und Lebenspartner sowie rechtstreues Verhalten des Ausländers. | – Nr. 1: Freiheits- oder Jugendstrafe wegen einer oder mehrerer vorsätzlicher Straftaten von mindestens zwei Jahren wegen vorsätzlicher Tat, oder Sicherungsverwahrung<br>– Nr. 1a: Freiheits- oder Jugendstrafe von mindestens einem Jahr wegen einer oder mehrerer vorsätzlicher Straftaten gegen das Leben, die körperliche Unversehrtheit, die sexuelle Selbstbestimmung, das Eigentum oder wegen Widerstands gegen Vollstreckungsbeamte, sofern die Straftat mit Gewalt, unter Anwendung von Drohung mit Gefahr für Leib oder Leben oder mit List begangen worden ist; bei serienmäßiger Begehung von Straftaten gegen das Eigentum auch dann, wenn Täter keine Gewalt, Drohung oder List angewendet hat.<br>– Nr. 2: Gefährdung der freiheitlich demokratischen Grundordnung oder der Sicherheit der Bundesrepublik Deutschland. Hiervon ist auszugehen bei Zugehörigkeit zu oder Unterstützung einer terroristischen Vereinigung oder Vorbereitung einer schweren staatsgefährdenden Gewalttat nach § 89a StGB.<br>– Nr. 3: Leiter eines verbotenen Vereins.<br>– Nr. 4: Beteiligung an der Aufruf zu Gewalttätigkeiten zur Verfolgung politischer oder religiöser Ziele.<br>– Nr. 5: Aufruf zu Hass gegen Teile der Bevölkerung. Hiervon ist auszugehen bei gezielter und andauernder Einwirkung auf eine andere Person, um Hass auf Angehörige bestimmter ethnischer Gruppen oder Religionen zu erzeugen oder öffentlich in einer Versammlung oder Verbreiten von Schriften in einer Weise, die geeignet ist, die öffentliche Sicherheit und Ordnung zu stören. | – Nr. 1: Rechtskräftige Verurteilung zu einer Freiheitsstrafe von mindestens einem Jahr<br>– Nr. 1a: Verurteilung zu einer Freiheits- oder Jugendstrafe wegen einer oder mehrerer vorsätzlicher Straftaten gegen das Leben, die körperliche Unversehrtheit, die sexuelle Selbstbestimmung, das Eigentum oder wegen Widerstands gegen Vollstreckungsbeamte, sofern die Straftat mit Gewalt, unter Anwendung von Drohung mit Gefahr für Leib oder Leben oder mit List begangen worden ist; bei serienmäßiger Begehung von Straftaten gegen das Eigentum auch dann, wenn Täter keine Gewalt, Drohung oder List angewendet hat.<br>– Nr. 2: Verurteilung zu einer Jugendstrafe von mindestens einem Jahr ohne Bewährung wegen einer oder mehrerer vorsätzlicher Straftaten.<br>– Nr. 3: Verwirklichung eines Tatbestandes nach § 29 Abs. 1 Satz 1 Nr. 1 BtMG.<br>– Nr. 4: Verbrauch von Heroin oder Kokain oder vergleichbar gefährlicher Rauschmittel und mangelnde Bereitschaft zur Drogentherapie.<br>– Nr. 5: Hinderung einer Person in verwerflicher Weise, am wirtschaftlichen, kulturellen oder gesellschaftlichen Leben in Deutschland teilzunehmen.<br>– Nr. 6: Nötigung einer Person zur Eingehung der Ehe.<br>– Nr. 7: Verheimlichung oder falsche Angaben über Verbindungen zu terroristischen oder verfassungsfeindlichen Personen oder Organisationen.<br>– Nr. 8: Falsche oder unvollständige Angaben in einem Verwaltungsverfahren, das von Behörden in einem Schengen Staates durchgeführt wurde, im In- oder Ausland zur Erlangung eines Aufenthaltstitels oder Schengen Visums oder Verweigerung der Mitwirkung an Maßnahmen der zuständigen Behörden.<br>– Nr. 9: Nicht nur vereinzelter oder geringfügiger Rechtsverstoß gegen Rechtsvorschriften oder gerichtliche Verfügungen oder behördliche Entscheidungen. | – Nr. 1: Minderjährigkeit und Besitz einer Aufenthaltserlaubnis<br>– Nr. 2: Besitz einer Aufenthaltserlaubnis und fünfjähriger Mindestaufenthalt<br>– Nr. 3: Ausübung des Personenrechts für einen sich im Bundesgebiet rechtmäßig aufhaltenden ledigen Minderjährigen oder Ausübung des Umgangsrechts<br>– Nr. 4: Minderjährigkeit und rechtmäßiger Aufenthalt der Eltern oder eines personensorgeberechtigten Elternteils<br>– Nr. 5: Wahrung der Belange des Kindeswohls<br>– Nr. 6: Besitz einer Aufenthaltserlaubnis nach § 25 Abs. 4a Satz 1. |

## Übersicht: Ausweisung (§§ 53–55 AufenthG)

| Besonders schwerwiegendes Bleibeinteresse | Besonderer Ausweisungsschutz |
|---|---|
| – Nr. 1: Besitz einer Niederlassungserlaubnis und fünfjähriger rechtmäßiger Aufenthalt im Bundesgebiet. | – Nr. 1: Asylberechtigter. |
| – Nr. 2: Besitz einer Aufenthaltserlaubnis und Geburt im Bundesgebiet oder Einreise ins Bundesgebiet als Minderjähriger und fünfjähriger rechtmäßiger Aufenthalt. | – Nr. 2: Ausländer, der die Rechtsstellung eines ausländischen Flüchtlings genießt. |
| | – Nr. 3: Inhaber eines von deutschen Behörden ausgestellten Reiseausweises für Flüchtlinge |
| – Nr. 3: Besitz einer Aufenthaltserlaubnis, fünfjähriger rechtmäßiger Aufenthalt und Zusammenleben mit einem Ausländer nach Nr. 1 oder Nr. 2 in ehelicher oder lebenspartnerschaftlicher Gemeinschaft. | – Nr. 4: Türkische Staatsangehörige, die ein assoziationsrechtliches Aufenthaltsrecht genießen. |
| | – Nr. 5: Ausländer im Besitz einer Daueraufenthaltserlaubnis-EU. |
| | – Nr. 6: Asylbewerber. |
| – Nr. 4: Zusammenleben mit deutschem Familienangehörigen oder Lebenspartner und Ausübung des Personensorgerechts oder Umgangsrechts in Bezug auf einen minderjährigen ledigen Deutschen. | Ausweisung von Personen nach Nr. 1 bis Nr. 5 nur zulässig, wenn das persönliche Verhalten des Betroffenen gegenwärtig eine schwerwiegende Gefahr für die öffentliche Sicherheit und Ordnung darstellt, die das Grundinteresse der Gesellschaft berührt und die Ausweisung für die Wahrung dieses Interesses unerlässlich ist. |
| – Nr. 5: Rechtstellung eines subsidiär Schutzberechtigten. | Ausweisung von Asylbewerbern (Nr. 6) nur zulässig unter der Bedingung, dass das Asylverfahren unanfechtbar ohne Anerkennung als Asylberechtigter oder ohne die Zuerkennung internationalen Schutzes abgeschlossen wird. Von dieser Bedingung wird abgesehen, wenn ein Sachverhalt vorliegt, der auch bei der Personengruppe Nr. 1 bis 5 eine Ausweisung rechtfertigt, oder eine nach den Vorschriften des Asylgesetzes erlassene Abschiebungsandrohung vollziehbar geworden ist. |
| – Nr. 6: Besitz einer humanitären Aufenthaltserlaubnis nach §§ 23 Abs. 4, den §§ 24, 25 Abs. 4a Satz 3 oder nach § 29 Abs. 2 oder 4. | |

# Schema 6: Zuwanderung zum Zweck der Ausbildung (§§ 16–17a AufenthG)

**Übersicht: Zuwanderung zum Zweck der Ausbildung**

| Art der Zuwanderung zum Zweck der Ausbildung | Studium (§ 16 Abs. 1) und studienvorbereitende Sprachkurse und Studienkolleg | Studienbewerbung (Art. 16 Abs. 1a) | Betriebliche Aus- und Weiterbildung (§ 17) | Anerkennung der im Ausland erworbenen Berufsqualifikation (§ 17a) – Anpassungsmaßnahme – Durchführung der Prüfung | Teilnahme an Sprachkursen, die nicht der Studienvorbereitung dienen, Schulbesuch (Art. 16 Abs. 5) |
|---|---|---|---|---|---|
| Voraussetzungen (zusätzlich zu den allgemeinen Voraussetzungen für die Erteilung einer Aufenthaltserlaubnis nach § 5 AufenthG) | 1. Zulassung zur Ausbildungseinrichtung, 2. Sprachkenntnisse, sofern nicht bereits bei der Zulassungsentscheidung berücksichtigt oder Erwerb durch studienvorbereitende Maßnahmen | Erfüllung der allgemeinen Voraussetzungen für die Zulassung zum Studium an einer staatlichen oder staatlich anerkannten Hochschule oder vergleichbaren Bildungseinrichtung – Anerkennung der Hochschulzugangsberechtigung. Kein Wechsel des Aufenthaltszwecks erlaubt | Zustimmung der Bundesagentur nach § 39 AufenthG i.V.m. § 8 BeschV. Entfallen der Vorrangprüfung nach § 17a Abs. 1 Satz 3 für die Beschäftigung während der Bildungsmaßnahme oder bei befristeter praktischer Tätigkeit als Voraussetzung qualifizierter Beschäftigung nach § 8 Abs. 3 BeschV | 1. Feststellung, dass Anpassungsmaßnahmen oder weitere Qualifikationen erforderlich 2. Eignung der Bildungsmaßnahme zur Förderung der Anerkennung oder des Berufszugangs 3. Zustimmung der BA oder Zustimmungsfreiheit bei betrieblicher Durchführung der Bildungsmaßnahme 4. u.U. konkretes Arbeitsplatzangebot für spätere Beschäftigung | Allgemeine Erteilungsvoraussetzungen des § 5 AufenthG. Kein Wechsel des Aufenthaltsstatus erlaubt. Keine Verlängerungsmöglichkeit. Schulbesuch nur ausnahmsweise |
| Aufenthaltstitel | Aufenthaltserlaubnis für 1 bis 2 Jahre mit Verlängerungsmöglichkeit | Aufenthaltserlaubnis für maximal neun Monate | Bis zwei Jahre mit Verlängerungsmöglichkeit | Aufenthaltserlaubnis für die Dauer der Ausbildungsmaßnahme bis zu 18 Monaten | Aufenthaltserlaubnis für die Dauer des Sprachkurses. |
| Nebentätigkeit erlaubt? | Bis zu 120 Tage oder 240 halbe Tage im Jahr | Nebentätigkeit ausgeschlossen | Bis zu 10 Stunden pro Woche | Bis zu 10 Stunden pro Woche | Nur, wenn Schulbesuch einer qualifizierten Berufsausbildung dient, Beschäftigung bis zu 10 Stunden pro Woche |
| Übergang in Beschäftigung möglich? | Verlängerung bis zu 18 Monaten möglich zur Suche eines dem Abschluss angemessenen Arbeitsplatzes | Übergang nur möglich bei erfolgreich absolviertem Studium | Verlängerung der Aufenthaltserlaubnis bis zu einem Jahr zur Suche eines dem Abschluss angemessenen Arbeitsplatzes, sofern er nach den §§ 18 und 21 von Ausländern besetzt werden darf | Verlängerung der Aufenthaltserlaubnis bis zu einem Jahr zur Suche eines dem Abschluss oder der Anerkennung der Qualifikation angemessenen Arbeitsplatzes | Nicht möglich |

## Schema 7: Aufenthalts- und sozialrechtliche Stellung von Asylbewerbern, Flüchtlingen und Geduldete

**Übersicht: Aufenthalts- und sozialrechtliche Stellung von Asylbewerbern, Flüchtlingen und Geduldete**

| | Asylbewerber | Inhaber einer Duldung (§ 60a) | Inhaber einer Duldung ohne Bleibeperspektive | Flüchtlinge und Inhaber subsidiärer Schutzberechtigung |
|---|---|---|---|---|
| Aktueller Aufenthaltszweck | Asylverfahren | Aufenthaltsstatus nach Ablehnung des Asylantrags – Aufschub der Vollziehung | Aufenthalt nach Ablehnung des Asylantrags als unzulässig oder offensichtlich unbegründet | Humanitäre Aufnahme für befristeten oder Daueraufenthalt |
| Voraussetzungen | Asylgesuch und anschließender Asylantrag bei Außenstelle des BAMF | Erteilung einer Duldung | Erteilung einer Duldung nach § 60a Abs. 2 | Anerkennung als Asylberechtigter, Flüchtling oder subsidiär Schutzberechtiger oder Aufnahme als Resettlementflüchtling |
| Aufenthaltsstatus | Aufenthaltsgestattung – Unterbringung bis zu max. drei Monaten in Aufnahmeeinrichtung | Ausreisepflicht – Aufschub der Vollziehung bis Ablauf der Duldungsfrist | Ausreisepflicht – Aufschub Vollziehung bis Ablauf der Duldungsfrist; Wohnpflicht in Aufnahmeeinrichtung bis Ausreise oder Vollzug. | Aufenthaltserlaubnis für drei Jahre, bzw. für ein Jahr (subsidiär Schutzberechtigte) |
| Zugang zum Arbeitsmarkt | Nach drei Monaten, nach 15 Monaten ohne Vorrangprüfung durch BA, sowie Engpassbeschäftigung, Ausbildungsberufe und betriebliche Weiterbildung. Neu: generell für Beschäftigung in Regionen mit geringer Arbeitslosigkeit | Nach drei Monaten gestatteten, geduldeten oder erlaubten Aufenthalts, nach 15 Monaten vorrangprüfungsfrei Neu: generelle Zustimmungsfreiheit wie linke Spalte. | Kein Zugang zum Arbeitsmarkt für die Dauer der Wohnpflicht in Aufnahmeeinrichtung (§ 61) Ansonsten wie bei Spalte 2. Zugang zu Arbeitsgelegenheiten nach Arbeitsmarktprogramm, sofern keine Herkunft aus sicheren Herkunftsstaaten | Unbeschränkter Zugang |
| Zugang zu sozialen Leistungen | Asylbewerberleistungsgesetz, nach 15 Monaten SGB II, Maßnahmen der Arbeitsförderung nach SGB III, sofern rechtmäßiger und dauerhafter Aufenthalt zu erwarten ist (§ 132 Abs. 1 SGB III) nach drei oder fünfzehn Monaten | Wie Asylbewerber nach AsylBLG. Differenzierter Zugang zu Maßnahmen der Arbeitsförderung nach § 132 SGB III, sofern rechtmäßiger und dauerhafter Aufenthalt zu erwarten ist (§132 Abs. 2 SGB III) nach drei oder 12 Monaten oder 6 Jahren | Asylbewerberleistungsgesetz für 15 Monate, danach entsprechende Anwendung SGB XII. Leistungskürzungen möglich bei Verweigerung von Flüchtlingsintegrationsmaßnahmen | Inländergleichbehandlung – Arbeitsförderung nach SGB III – Sonderregelungen für Ausbildungsförderung von Ausländern nach § 132 SGB III |
| Zugang zur Berufsausbildung | Vorrangfrei Praktikum, Berufsausbildung, Aus- oder Weiterbildung Neu: Anspruch auf Duldung für gesamte Dauer der Berufsausbildung mit Anspruch auf Verlängerung und Übergang in Aufenthaltserlaubnis nach § 60a Abs. 2 | | Grundsätzlich Zugang zur Berufsausbildung wie Spalte 2 aber kein Anspruch auf längerfristige Duldung zum Zweck der Berufsausbildung, wenn konkrete Maßnahmen zur Aufenthaltsbeendigung | Unbeschränkter Zugang eröffnet – besondere Förderungsmaßnahmen für Flüchtlinge nach Förderungsprogrammen des Bundes und der Länder |
| Zugang zu Integrationskurs | Wenn rechtmäßiger und dauerhafter Aufenthalt zu erwarten ist (§ 44 Abs. 4 Nr. 1) und berufsbezogene Sprachförderung | Ja, bei Duldung nach § 60a Abs. 2 Satz 4-6 | | Anspruch auf Teilnahme nach § 44 Abs. 1c AufenthG und ggfs. berufsbezogene Deutschsprachförderung |

## III. Definitionen

**Abschiebung:** zwangsweise Durchsetzung der Ausreisepflicht eines Ausländers durch dessen Entfernung aus dem Bundesgebiet; sie muss nach § 58 Abs. 1 AufenthG erfolgen, wenn die Ausreisepflicht vollziehbar ist und die freiwillige Erfüllung der Ausreisepflicht nicht gesichert ist oder aus Gründen der öffentlichen Sicherheit und Ordnung eine Überwachung der Ausreise erforderlich erscheint (vgl. § 58 Abs. 1 AufenthG);

**Abschiebungs-anordnung:** Maßnahme nach § 58 a AufenthG, die von der obersten Landesbehörde gegen einen Ausländer aufgrund einer auf Tatsachen gestützten Prognose zur Abwehr einer besonderen Gefahr für die Sicherheit der Bundesrepublik Deutschland oder einer terroristischen Gefahr ohne vorhergehende Ausweisung erlassen wird; sie ist sofort vollziehbar; einer Abschiebungsandrohung bedarf es nicht (vgl. § 58 a Abs. 1 AufenthG);

**Asylberechtigte:** Ausländer, die vom Bundesamt für Migration und Flüchtlinge oder einem Verwaltungsgericht als asylberechtigt nach Art. 16 a GG anerkannt worden sind; sie genießen im Bundesgebiet die Rechtsstellung nach der Genfer Flüchtlingskonvention (vgl. § 2 Abs. 1 AsylVfG);

**Asylbewerber:** Ausländer, die Schutz als politisch Verfolgte nach Art. 16 a Abs. 1 GG oder Schutz vor Abschiebung oder einer sonstigen Rückführung in einen Staat beantragen, in dem ihr Leben oder ihre Freiheit wegen ihrer Rasse, Religion, Staatsangehörigkeit, ihrer Zugehörigkeit zu einer bestimmten sozialen Gruppe oder wegen ihrer politischen Überzeugung bedroht ist (vgl. § 1 Abs. 1 AsylVfG);

**Aufenthaltserlaubnis:** befristeter Aufenthaltstitel, der zu den im AufenthG genannten Aufenthaltszwecken erteilt wird (vgl. § 7 AufenthG):
– Aufenthalt zum Zweck der Ausbildung, §§ 16 – 17 AufenthG
– Aufenthalt zum Zweck der Erwerbstätigkeit, §§ 18 – 21 AufenthG
– Aufenthalt aus völkerrechtlichen, humanitären oder politischen Gründen, §§ 22 – 26 AufenthG
– Aufenthalt aus familiären Gründen, §§ 27 – 36 AufenthG
besondere Aufenthaltsrechte, §§ 37, 38 AufenthG;

**Aufenthalts-genehmigung:** Aufenthaltstitel nach dem am 1.1.2005 außer Kraft getretenen AuslG 1990:
– befristete Aufenthaltserlaubnis, §§ 15 ff. AuslG 1990
– unbefristete Aufenthaltserlaubnis, §§ 24 ff. AuslG 1990

|                           |                                                                                                                                                                                                                                                                                                                                                                 |
|---------------------------|-----------------------------------------------------------------------------------------------------------------------------------------------------------------------------------------------------------------------------------------------------------------------------------------------------------------------------------------------------------------|
|                           | – Aufenthaltsberechtigung, § 27 AuslG 1990<br>– Aufenthaltsbewilligung, §§ 28, 29 AuslG 1990<br>– Aufenthaltsbefugnis, §§ 30 ff. AuslG 1990;                                                                                                                                                                                                                     |
| **Aufenthaltsgestattung:** | Aufenthaltstitel, der einem Ausländer, der um Asyl nachsucht, den Aufenthalt im Bundesgebiet zur Durchführung des Asylverfahrens gestattet (vgl. § 55 Abs. 1 AsylVfG);                                                                                                                                                                                            |
| **Ausländer:**            | jeder, der nicht Deutscher i. S. d. Art. 116 Abs. 1 GG ist (vgl. § 2 Abs. 1 AufenthG);                                                                                                                                                                                                                                                                           |
| **ausreichender Wohnraum:** | hierfür wird nicht mehr gefordert, als für die Unterbringung eines Wohnungssuchenden in einer öffentlich geförderten Sozialmietwohnung genügt; der Wohnraum ist nicht ausreichend, wenn er den auch für Deutsche geltenden Rechtsvorschriften hinsichtlich Beschaffenheit und Belegung nicht genügt; Kinder bis zur Vollendung des zweiten Lebensjahres werden bei der Berechnung des für die Familienunterbringung ausreichenden Wohnraums nicht mitgezählt (vgl. § 2 Abs. 4 AufenthG); |
| **Ausreisepflicht:**      | liegt vor, wenn der Ausländer einen erforderlichen Aufenthaltstitel nicht oder nicht mehr besitzt oder ein Aufenthaltsrecht nach dem Assoziationsabkommen EWG/Türkei nicht oder nicht mehr besteht (vgl. § 50 Abs. 1 AufenthG);                                                                                                                                   |
| **Ausweisung:**           | aufenthaltsbeendende Maßnahme, die von der zuständigen Ausländerbehörde als Ordnungsverfügung in Form eines Ausreisegebotes gegenüber einem Ausländer in einem Einzelfall ausgesprochen wird;                                                                                                                                                                     |
| **Duldung:**              | vorübergehende Aussetzung der Abschiebung gemäß § 60 a AufenthG, entweder<br>– für Ausländer aus bestimmten Staaten oder für in sonstiger Weise bestimmte Ausländergruppen aufgrund einer Anordnung der obersten Landesbehörde aus völkerrechtlichen oder humanitären Gründen oder zur Wahrung politischer Interessen der Bundesrepublik Deutschland (§ 60 a Abs. 1 AufenthG), oder<br>– für einen Ausländer, solange dessen Abschiebung aus tatsächlichen oder rechtlichen Gründen unmöglich ist und ihm keine Aufenthaltserlaubnis erteilt wird (§ 60 a Abs. 2 AufenthG);<br>die Ausreisepflicht eines Ausländers, dessen Abschiebung ausgesetzt ist, bleibt unberührt (§ 60 a Abs. 3 AufenthG); |
| **Erwerbstätigkeit:**     | die selbständige Tätigkeit und die Beschäftigung i. S. d. § 7 SGB IV (vgl. § 2 Abs. 2 AufenthG);                                                                                                                                                                                                                                                                 |
| **Familiennachzug:**      | Aufenthaltserlaubnis zur Herstellung und Wahrung der familiären Lebensgemeinschaft im Bundesgebiet, die zum Schutz von Ehe und Familie gemäß Art. 6 GG                                                                                                                                                                                                            |

|                                      | erteilt und verlängert wird (vgl. § 27 Abs. 1 Auf-enthG); |
|--------------------------------------|-----------|
| freizügigkeits-berechtigte Unionsbürger: | die in § 2 FreizügG/EU genannten Personen:<br>– Arbeitnehmer, Arbeitssuchende oder Personen, die sich zur Berufsausbildung in Deutschland aufhalten wollen,<br>– niedergelassene selbständige Erwerbstätige,<br>– Erbringer von Dienstleistungen,<br>– Empfänger von Dienstleistungen,<br>– Verbleibeberechtigte, d. h. ehemalige Arbeitnehmer und Selbständige,<br>– nicht erwerbstätige Unionsbürger, wenn sie über ausreichenden Krankenversicherungsschutz und ausreichende Existenzmittel verfügen,<br>Familienangehörige i. S. d. §§ 3, 4 FreizügG/EU; |
| gesicherter Lebensunterhalt: | wenn der Ausländer ihn einschließlich ausreichenden Krankenversicherungsschutzes ohne Inanspruchnahme öffentlicher Mittel bestreiten kann; dabei bleiben das Kindergeld, Erziehungsgeld sowie öffentliche Mittel, die auf Beitragsleistungen beruhen oder die gewährt werden, um den Aufenthalt im Bundesgebiet zu ermöglichen, außer Betracht (vgl. § 2 Abs. 3 AufenthG); |
| Hochqualifizierte: | sind nach § 19 Abs. 2 AufenthG insbesondere<br>– Wissenschaftler mit besonderen fachlichen Kenntnissen,<br>– Lehrpersonen in herausgehobener Funktion oder wissenschaftliche Mitarbeiter in herausgehobener Funktion, oder<br>Hochqualifizierten kann in besonderen Fällen unter den Voraussetzungen des § 19 Abs. 1 AufenthG von Anfang an eine Niederlassungserlaubnis erteilt werden; |
| Integrationskurs: | Grundangebot zur Integration rechtmäßig auf Dauer im Bundesgebiet lebender Ausländer in das wirtschaftliche, kulturelle und gesellschaftliche Leben in der Bundesrepublik Deutschland, bestehend aus einem Basis- und einem Aufbausprachkurs von jeweils gleicher Dauer zur Erlangung ausreichender Sprachkenntnisse sowie einem Orientierungskurs zur Vermittlung von Kenntnissen der Rechtsordnung, der Kultur und der Geschichte in Deutschland (vgl. § 43 AufenthG); |
| Internationaler Schutz: | Zuerkennung der Flüchtlingseigenschaft oder internationalen subsidiären Schutzes nach §§ 3, 4 AsylVfG n. F. m. Art. 44 RL 2011/95; |
| Konventions-flüchtlinge: | Ausländer, die in Anwendung der Genfer Flüchtlingskonvention in Deutschland einen Flüchtlingsstatus genießen. (vgl. § 60 Abs. 1 AufenthG); |
| Niederlassungs-erlaubnis: | unbefristeter Aufenthaltstitel, der zur Ausübung einer Erwerbstätigkeit berechtigt, zeitlich und räumlich unbeschränkt ist und – abgesehen von § 47 AufenthG – |

| | |
|---|---|
| | nicht mit einer Nebenbestimmung versehen werden darf (vgl. § 9 AufenthG); |
| **Schengen-Visum:** | der einheitliche Sichtvermerk nach Maßgabe der als Schengen-Besitzstand in das Gemeinschaftsrecht über-führten Bestimmungen (ABlEG 2000 Nr. L 239, S. 1) und der nachfolgend ergangenen Rechtsakte (vgl. § 2 Abs. 5 AufenthG); |
| **sichere Drittstaaten:** | Mitgliedstaaten der Europäischen Union oder andere Drittstaaten, in denen die Anwendung der Genfer Flüchtlingskonvention und der Europäischen Menschenrechtskonvention sichergestellt ist und die durch ein Gesetz, das der Zustimmung des Bundesrates bedarf, zu sicheren Drittstaaten bestimmt werden (vgl. Art. 16 a Abs. 2 GG); |
| **sichere Herkunftsstaaten:** | Staaten, bei denen aufgrund der Rechtslage, der Rechtsanwendung und der allgemeinen politischen Verhältnisse gewährleistet erscheint, dass dort weder politische Verfolgung noch unmenschliche oder erniedrigende Bestrafung oder Behandlung stattfindet und die durch ein Gesetz, das der Zustimmung des Bundesrates bedarf, zu sicheren Herkunftsstaaten bestimmt werden (vgl. Art. 16 a Abs. 3 Satz 1 GG); es wird vermutet, dass ein Ausländer aus einem solchen Staat nicht verfolgt wird, solange er nicht Tatsachen vorträgt, die die Annahme begründen, dass er entgegen dieser Vermutung politisch verfolgt wird (vgl. Art. 16 a Abs. 3 Satz 2 GG); |
| **Spätaussiedler:** | deutsche Volkszugehörige, die die Republiken der ehemaligen Sowjetunion, Estland, Lettland oder Litauen nach dem 31.12.1992 im Wege des Aufnahmeverfahrens verlassen und ihren ständigen Aufenthalt im Bundesgebiet begründet haben (vgl. § 4 Abs. 1 BVFG); auch: deutsche Volkszugehörige aus anderen Aussiedlungsgebieten, die die genannten Voraussetzungen erfüllen und glaubhaft machen, dass sie am 31.12.1992 oder danach Benachteiligungen aufgrund ihrer deutschen Volkszugehörigkeit erlitten haben (vgl. § 4 Abs. 2 BVFG); |
| **Subsidiärer Schutzstatus:** | Anerkennung eines Drittstaatsangehörigen oder Staatenlosen als Person, die Anspruch auf subsidiären Schutz hat, weil im Herkunftsland Verhängung oder Vollstreckung der Todesstrafe, Folter oder unmenschliche Behandlung oder eine ernsthafte individuelle Bedrohung des Lebens oder der Unversehrtheit einer Zivilperson infolge willkürlicher Gewalt im Rahmen eines internationalen oder innerstaatlichen bewaffneten Konflikts droht; |

| | |
|---|---|
| **unerlaubte Einreise:** | liegt nach § 14 Abs. 1 AufenthG vor, wenn der Ausländer |
| | – einen erforderlichen Pass oder Passersatz gemäß § 3 Abs. 1 AufenthG nicht besitzt, |
| | – den nach § 4 AufenthG erforderlichen Aufenthaltstitel nicht besitzt, oder |
| | nach § 11 Abs. 1 AufenthG nicht einreisen darf, es sei denn, er besitzt eine Betretenserlaubnis nach § 11 Abs. 2 AufenthG; |
| **vollziehbare Ausreisepflicht:** | liegt nach § 58 Abs. 2 AufenthG vor, wenn der Ausländer |
| | – unerlaubt eingereist ist, |
| | – noch nicht die erstmalige Erteilung des erforderlichen Aufenthaltstitels oder nach Ablauf der Geltungsdauer noch nicht die Verlängerung beantragt hat und der Aufenthalt nicht nach § 81 Abs. 3 als erlaubt oder der Aufenthaltstitel nach § 81 Abs. 4 AufenthG nicht als fortbestehend gilt, oder |
| | aufgrund einer Rückführungsentscheidung eines anderen Mitgliedstaates der Europäischen Union gemäß Art. 3 der Richtlinie 2001/40/EG des Rates vom 28.5.2001 über die gegenseitige Anerkennung von Entscheidungen über die Rückführung von Drittstaatsangehörigen (ABlEG Nr. L 149, S. 34) ausreisepflichtig wird, sofern diese von der zuständigen Behörde anerkannt wird; |
| **vorübergehender Schutz i. S. d. AufenthG:** | Aufenthaltsgewährung in Anwendung derRichtlinie 2001/55/EG des Rates vom 20.7.2001 über Mindestnormen für die Gewährung vorübergehenden Schutzes im Falle eines Massenzustroms von Vertriebenen und Maßnahmen zur Förderung einer ausgewogenen Verteilung der Belastungen, die mit der Aufnahme dieser Personen und den Folgen dieser Aufnahme verbunden sind, auf die Mitgliedstaaten (ABlEG Nr. L 212, S. 12; vgl. § 2 Abs. 6 AufenthG); |
| **Unionsbürger:** | Personen, die die Staatsangehörigkeit eines Mitgliedstaates der Europäischen Union besitzen; |
| **Zurückweisung:** | Einreiseverweigerung; polizeiliche Maßnahme zur Verhinderung einer unerlaubten Einreise (vgl. § 15 AufenthG). |

# D.    Literatur

## 1. Kommentare

*Bergmann, Jan/Dienelt, Klaus,* Ausländerrecht, München, 11. Auflage 2016

*Fritz, Roland/Vormeier, Jürgen (Hrsg.),* Gemeinschaftskommentar zum Aufenthaltsgesetz, Köln, Loseblattwerk

*Fritz, Roland/Vormeier, Jürgen (Hrsg.),* Gemeinschaftskommentar zum Asylverfahrensgesetz, Köln, Loseblattwerk

*Hailbronner, Kay (Hrsg.),* Ausländerrecht, Heidelberg, Loseblattwerk

*Hailbronner, Kay/Thym, Daniel (Hrsg.),* EU Immigration and Asylum Law, A Commentary, München, Baden-Baden, Oxford, 2. Auflage 2016

*Hohm, Karlheinz (Hrsg.),* Gemeinschaftskommentar zum Asylbewerberleistungsgesetz, Köln, Loseblattwerk

*Hofmann, Rainer M. (Hrsg.),* Ausländerrecht, Baden-Baden, 2. Auflage 2016

*Huber, Berthold (Hrsg.),* Aufenthaltsgesetz mit Freizügigkeitsgesetz/EU, ARB 1/80 und §§ 2–4 AsylG, München, 2. Auflage 2016

*Kloesel, Arno/Christ, Rudolf/Häußer, Otto,* Deutsches Aufenthalts- und Ausländerrecht, Stuttgart, Loseblattwerk

*Kluth, Winfried/Heusch, Andreas,* Ausländer- und Asylrecht, München, angekündigt für Herbst 2016

*Kluth, Winfried/Hund, Michael/Maaßen, Hans-Georg,* Handbuch Zuwanderungsrecht, München, 2. Auflage angekündigt für Herbst 2016

*Linhart, Helmut/Adolph, Olgierd,* Sozialgesetzbuch II, Sozialgesetzbuch XII, Asylbewerberleistungsgesetz, Heidelberg, Loseblattwerk

## 2. Hand- und Lehrbücher

*Göbel-Zimmermann, Ralph/Eichhorn, Alexander,* Asyl- und Flüchtlingsrecht, München, in Vorbereitung für 2017

*Haubner, Petra/Kalin, Maria,* Einführung in das Asylrecht, Baden-Baden, 2016

*Hofmann, Rainer M./Oberhäuser, Thomas/Keßler, Stefan,* Das neue Migrationsrecht, Die aktuellen Neuregelungen, Baden-Baden, 2016

*Heusch, Andreas/Haderlein, Nicola/Schönenbroicher, Klaus,* Das neue Asylrecht, München, 2016

*Huber, Bertold/Eichenhofer, Johannes/Endres de Oliveira, Pauline,* Aufenthaltsrecht, München, in Vorbereitung für 2017

*Kliebe, Tim/Giesler, Susanne/Otto-Hanschmann, Wiebke,* Migrationsrecht, München, in Vorbereitung für 2017

*Marx, Reinhard,* Aufenthalts-, Asyl- und Flüchtlingsrecht, Handbuch, Baden-Baden, 6. Auflage 2016

*Marx, Reinhard, Ausländer- und Asylrecht,* Baden-Baden, 3. Auflage 2016

# Sachverzeichnis

Das Sachverzeichnis verweist auf die Randnummern.

Stefan Korioth

# Staatsrecht I

## Staatsorganisationsrecht unter Berücksichtigung europäischer und internationaler Bezüge

Das Lehrbuch vermittelt Studierenden aller Ausbildungsstufen einen kompakten Überblick über das Staatsorganisationsrecht. Die Neuauflage berücksichtigt aktuelle verfassungsgerichtliche Verfahren, in denen das Bundesverfassungsgericht zu grundlegenden und ausbildungsrelevanten Fragen des Staatsorganisationsrechts Stellung bezogen hat. Diese betreffen vor allem die Rechtsposition der Bundestagsabgeordneten, insbesondere ihr Fragerecht gegenüber der Regierung, die Zulässigkeit parteipolitischer Äußerungen von Amtsträgern und die Rechtsstellung der Bundesversammlung.

Am Ende des Buches findet sich ein umfangreiches Wiederholungskapitel, das mit Übersichten und Schemata sowie einer Zusammenstellung möglicher Prüfungsgegenstände aus dem Staatsorganisationsrecht der Vorbereitung auf die Zwischenprüfung sowie die Erste Juristische Staatsprüfung dienen soll.

Der Autor: **Professor Dr. Stefan Korioth** ist seit 2000 Inhaber des Lehrstuhls für Öffentliches Recht und Kirchenrecht an der Ludwig-Maximilians-Universität München.